U0920067

铁路科技图书出版基金资助出版

中国铁路桥梁

（1980—2020）

陈良江　文望青　编著

中国铁道出版社有限公司

2020年·北京

内 容 简 介

本书选录了不同地理环境下的各种类型桥梁共计206座，按照基本信息、概况、结构形式、施工方法、主要技术经济指标、技术特点和创新点、获奖情况的顺序进行叙述，充分体现了40年来铁路桥梁技术的发展和创新，反映了不同历史时期我国铁路桥梁建设领域的最高技术水平和自主创新能力。本书共10章，分别为绪论、简支梁桥、平原地区桥梁、艰险山区桥梁、长江大桥、黄河大桥、大江大河桥梁、沿海跨海大桥、严酷环境地区桥梁和技术挑战与展望。

本书内容丰富，图文并茂，通俗易懂，可供从事铁路桥梁设计、施工、建设管理以及科研等的人员参考借鉴。

图书在版编目(CIP)数据

中国铁路桥梁：1980—2020/陈良江，文望青编著．—北京：中国铁道出版社有限公司，2020.9

ISBN 978-7-113-27200-5

Ⅰ.①中… Ⅱ.①陈… ②文… Ⅲ.①铁路桥-桥梁工程-概况-中国-1980—2020 Ⅳ.①U448.13

中国版本图书馆CIP数据核字(2020)第156167号

书　　名：中国铁路桥梁(1980—2020)
作　　者：陈良江　文望青

策　　划：赵昱萌
责任编辑：赵昱萌　　**编辑部电话**：(010)51873626　　**电子信箱**：crphzym@163.com
封面设计：崔丽芳
责任校对：焦桂荣
责任印制：高春晓

出版发行：中国铁道出版社有限公司(100054，北京市西城区右安门西街8号)
网　　址：http://www.tdpress.com
印　　刷：中煤(北京)印务有限公司
版　　次：2020年9月第1版　2020年9月第1次印刷
开　　本：880 mm×1 230 mm 1/16　**印张**：42.25　**字数**：1 245千
书　　号：ISBN 978-7-113-27200-5
定　　价：240.00元

编审委员会

编写组成员

周勇政　夏正春　邓运清　杨少军　郑继平　王新国
张　雷　刘　伟　黄小军　何　涛　赵会东　孙宗磊
杨鹏健　韩晓强　许三平　刘振标　谢　珲　徐　勇
陈怀智　王　冰　高　策　牟兆祥　刘　琛　文　强
陈　伟　潘湘文　陈应陶　宁伯伟

参编人员

张　杰　高静青　鄢　勇　梅新咏　曾甲华　王俊杰
艾智能　张文华　雷晓峰　雷慧锋　陈顺平　胡玉珠
宋子威　金　令　石建华　张　珍　李的平　陈建峰
严章荣　杨利卫　印　涛　李　艳　任万敏　徐永利
康　晋　陈海涛　贠庭贵　罗春林　陈继太　郭伦波
曹华杰　张夫健　崔苗苗　谢海清　刘玉亮

主编单位

中国铁道学会桥隧委员会
中国铁路经济规划研究院有限公司
中铁第四勘察设计院集团有限公司

参编单位

中国铁路设计集团有限公司
中铁第一勘察设计院集团有限公司
中铁二院工程集团有限责任公司
中铁工程设计咨询集团有限公司
中铁大桥勘测设计院集团有限公司

序言一

改革开放40多年来，我国铁路特别是高速铁路快速发展，铁路营业里程由1979年底的4.9万km发展到2019年底超过13.9万km，其中高速铁路突破3.5万km。高速铁路行车速度高、基础设施建设标准高、线路曲线半径大，必然会出现大量的桥隧工程，目前我国铁路桥梁运营长度突破2万km，高速铁路桥梁达1.6万km，位居世界第一。伴随着一条条铁路新线建成通车，一座座结构新颖、现代化品位高、蕴含高科技成果的铁路桥梁耸立于江河湖泊之上，架设于崇山峻岭之间，像一座座丰碑，记载着广大建设者的辛勤劳动，也见证了中国铁路桥梁建设发展的历程。

桥梁是铁路的重要构筑物，高速铁路的桥梁比例更高，占线路长度的50%左右。40多年来，铁路桥梁在跨度、结构形式、新材料、施工工艺和装备等方面均取得了明显进步。在大跨度铁路拱桥方面，建成了以南京大胜关长江大桥（主跨2×336 m的钢桁拱桥）、北盘江特大桥（主跨445 m的上承式钢筋混凝土拱桥）、肇庆西江特大桥（主跨486 m的中承式钢箱提篮拱桥）等为代表的一批跨江和山区铁路桥梁。在大跨度铁路斜拉桥方面，建成了以武汉天兴洲长江大桥（主跨504 m）、铜陵长江大桥（主跨630 m）等为代表的公铁两用钢桁梁斜拉桥，特别是主跨1 092 m的沪苏通铁路长江公铁大桥开通运营，主跨1 176 m的常泰长江大桥开工建设，表明我国已具备建造超千米跨度铁路桥梁的技术实力。昌赣客运专线赣江大桥（主跨300 m）、商合杭铁路裕溪河大桥（主跨324 m）则成为高速铁路大跨度无砟轨道斜拉桥的代表。在大跨度铁路悬索桥方面，丽香铁路金沙江特大桥（主跨660 m）和连镇铁路五峰山长江大桥（主跨1 092 m）的建设，标志着我国已进入大跨度铁路悬索桥时代，五峰山长江大桥作为世界首座高速铁路悬索桥，在世界悬索桥发展史上具有标志性意义。

中国铁道学会桥隧委员会自成立以来，积极开展桥隧技术交流活动，多次主办高层次的技术论坛，今年适逢2020年度铁路桥梁设计年会在福建泉州召开，为加强技术交流，不断积累经验，推动我国铁路桥梁技术发展，中国铁道学会桥隧委员会与中铁四院牵头，组织经规院、中国铁设、铁一院、铁二院、中铁设计、大桥院等单位的铁路桥梁专家，编著出版这本《中国铁路桥梁（1980—2020）》，把改革开放以来中国铁路桥梁建设成果和最新技术呈现给大家，目的是激励铁路桥梁工作者奋发图强，不断创新和发展，建造出更富时代特点和现代品位的铁路桥梁，谱写出更加绚丽的篇章，为“交通强国、铁路先行”作出新的更大贡献。

“一桥飞架南北，天堑变通途。”1957年，武汉长江大桥建成通车，使京广铁路成为通畅的南北大动脉；1968年，南京长江大桥将京沪铁路连为一体，百年浦口要津成为历史；1995年，九江长江大桥通车，新的南北大动脉京九铁路宣告建成；2000年，芜湖长江大桥完工，铁路桥梁建设迈进新世纪；2007年起高速铁路建设时代来临，京广高速铁路天兴洲桥、郑州新黄河桥、东平水道桥，京沪高速铁路大胜关桥、济南黄河大桥，合福高速铁路铜陵长江大桥等一系列大跨度高速铁路桥梁，将铁路桥梁建设推向了新的高峰；刚刚开通的沪苏通长江公铁大桥和连镇铁路五峰山长江大桥更是实现了铁路桥梁的千米级跨越。根据我国铁路新的中长期规划，到2030年我国铁路运营总里程将突破20万km，还有更多更复杂的桥梁工程投入建设和运营，即将开工的川藏铁路沿线有多座千米级悬索桥和500 m级大跨度拱桥等复杂铁路桥梁，技术和施工难度更大，需要我国桥梁技术人员和广大工程建设者发挥聪明才智，迎接挑战，取得更加辉煌成就！

值此《中国铁路桥梁(1980—2020)》出版之际，我谨向多年来一直为中国铁路桥梁作出贡献的桥梁建设者们致以敬意和感谢，对编辑出版本书的同志们表示感谢，也算是对广大铁路桥梁建设者的期盼。

卢春房

2020年7月于北京

序言二

作为国民经济的大动脉，中国铁路承载着中华民族伟大复兴的梦想。1978 年我国拉开了改革开放的序幕，吹响了经济发展的号角，掀起了铁路建设的高潮。20 世纪 80 年代以来，我国铁路得到了快速发展，尤其是近 20 年在高速铁路建设上取得了创新与突破，已建成世界上通车里程最长、标准最高、速度最快、客流最大、技术最先进的高速铁路网络。

铁路桥梁不仅能跨越河流、峡谷等自然环境障碍，还能通过高架方式支撑轨道结构，以便节约宝贵的土地资源。我国已建成通车的高速铁路已突破 3.5 万 km，其中桥梁超过 1.6 万 km；经过桥梁建设者的不懈努力，铁路桥梁从跨越障碍、满足列车通行的基本功能需求，到全面解决了高速铁路桥梁动力性能、工后沉降及变形控制、行车安全性及舒适性等一系列难题，并建成一批具有世界领先水平的大跨度铁路桥梁。本书收录了我国 40 年来建造的二百余座铁路桥梁，记载了铁路桥梁 40 年来的发展历程、技术进步和科技创新，这既展现了桥梁建设者的创造能力和建设水平，也从一个侧面反映出改革开放在铁路领域所取得的巨大成就。

随着国民经济向高质量发展和铁路网的延伸，以及“一带一路”基础设施的建设，未来仍将建设大量的铁路桥梁。随着对旅行速度的追求越来越高，将规划建设时速 400 km 的更高速轮轨铁路以及时速 600～1 000 km 的高速磁浮铁路，因此标准、规范上要研究构建更高速轮轨铁路及超高速磁浮铁路桥梁等全套新的技术体系；随着越来越多的跨海铁路通道和艰险山区铁路的建设，铁路桥梁建设也将面临环境条件更复杂、跨度需求更大、水下基础更深等的严峻挑战。例如，正在设计研究的甬舟铁路西堠门公铁两用大桥的主跨达 1 488 m、基础处水深达 60 m、桥位处设计风速达 44.8 m/s；正在设计研究的川藏铁路拱桥跨度达 500 m；规划建设的盐泰锡常宜铁路长江大桥主跨达 1 780 m；正在开展前期研究的琼州海峡跨海桥梁跨度预计超过 1 500 m、基础处水深达 75 m。面对如此复杂的建设条件与极高的技术要求，现有的工程技术、建筑材料、施工设备等均难以完全适应建设需求，需要桥梁技术工作者继续发挥聪明才智，积极创新。材料上需要开展更高强度与更加耐久的混凝土和结构钢研究，超高强度钢丝和钢绞线及锚固技术研究，以及海洋强腐蚀环境下新型高耐久防腐涂装体系研发。结构体系上需要开展斜拉—悬吊协作体系等新型大跨度结构研究，适应不同水深和不同水下地质条件的深水基础形式研究，以及超大水深基础的设计与施工技术研究。施工设备上需要开展跨海桥梁深水基础的水下爆破、开挖、基底整平等重大装备研发，解决海上强风大浪、海流潮汐复杂环境下的深水大跨桥梁建造技术难题。防灾减震上需要开展特殊风环境中桥梁抗风分析及试验研究，解决超大跨桥梁抗风安全及风—车—桥动力响应的突出难题；需要开展川藏铁路高烈度地震区大跨度桥梁减隔震技术攻关，深化近断层强震区铁路桥梁抗震及安全防控技术研究等。另外，随着BIM技术和大数据、云计算、5G、人工智能等现代科技的发展，要积极研究高新技术与铁路桥梁的勘察、设计、施工、监测、养护和维修全寿命过程的深度融合，推动铁路桥梁勘察设计、建造、运营养护为一体的数字化、信息化、智能化建设，提升桥梁建造品质及运营安全水平。

"交通强国、铁路先行。"希望广大桥梁建设者和科技人员，继续大力发扬创新精神，奋发进取，积极探索，大胆实践，不断提升我国的铁路桥梁建设水平，实现从桥梁大国向桥梁强国的转变，引领世界铁路桥梁技术的发展。

何华武

2020年7月于北京

前言

20 世纪 80 年代以来，我国以大秦、京九、南昆、秦沈等铁路新线建设为契机，开始了高速铁路桥梁技术研究、既有线提速试验和秦沈线时速 250 km 综合试验，相继建设了京津城际、京沪高速、京广深、徐兰、沪昆客运专线、杭深、商合杭、京福、沪汉等一批铁路，系统掌握了 32 m 简支箱梁动力性能、徐变精细控制、大型装备（提梁机、运梁车、架桥机）研发等成套技术，大规模实现了 900 t 级箱梁的梁场预制、现场整孔架设。近年来，研发的 40 m 整孔箱梁、1 000 t 级运架设备已在多个铁路项目成功运用，总体处于世界领先水平。

为了保持桥上轨道的平顺性，必须严格控制无砟轨道混凝土梁的徐变变形。徐变控制一直是国际混凝土桥设计的难题，我国采用了限制梁体恒载应力差及设置拱、钢桁、拉索等加劲结构，通过减小弹性变形有效实现了徐变变形的控制。创建了基于徐变、温度变形等综合控制的铁路大跨度混凝土桥设计理论，创新了桥梁竖、横向刚度评价方法，创建了多联梁拱组合、梁桁组合、索加劲、钢—混混合梁及上承式劲性骨架拱桥等高速铁路新桥型，建成了一批具有世界领先水平的大跨度混凝土桥，实现了高速铁路混凝土桥跨度 100 m 至 400 m 级的技术突破。

高速铁路大量采用无砟轨道，对结构的变形要求更加严格，而大跨度桥相对刚度小、温度跨度大，梁端伸缩位移大，受温度、风的影响，桥上线路平纵断面变化明显。经过多年来桥梁、轨道专业联合攻关，解决了无砟轨道与桥梁协调性及梁端平稳性、桥梁变形适应性等难题，在时速 350 km 昌赣客运专线赣江特大桥上成功铺设无砟轨道，无砟轨道桥梁最大跨度由 185 m 提到了 300 m。商合杭铁路裕溪河大桥（主跨 324 m）则成为高速铁路大跨度无砟轨道斜拉桥的代表。

混合梁斜拉桥边跨采用了预应力混凝土梁，在实现压重的同时参与结构受力。通过对铁路斜拉桥的行车动力性能、合理构造、钢—混结合段的疲劳等方面的系统研究，攻克了铁路大跨度混合梁斜拉桥的关键技术难题，成果推广应用于深茂铁路、福厦铁路、广州南沙港铁路等重大项目的关键控制性桥梁，最大跨度达 600 m，拓展了铁路斜拉桥的技术体系和工程类型，改变了大跨铁路斜拉桥普遍采用钢桁梁的单一技术格局，实现了基于建桥环境的多类型桥型结构合理化选择，从而大幅降低工程投资。

钢管劲性骨架分段、分层主拱的建造方法是我国工程师的自主创新，极大地拓展了上承式拱桥的应用。多年来，通过大跨度拱桥合理结构形式、竖横向合理刚度限值、抗震性能目标与抗震设计方法等研究，先后攻克了主拱施工线形控制、截面应力重分布规律、徐变特性、施工工艺等关键技术问题，一大批艰险山区铁路大跨度拱桥陆续建成，形成了混凝土拱、钢桁拱及钢管拱三大结构体系，建成了世界最大跨度的钢筋混凝土拱桥——主跨 445 m 的沪昆客运专线北盘江大桥，以及大瑞铁路怒江大桥（主跨 490 m）的上承式钢桁拱桥。

天兴洲、安庆、铜陵、沪苏通等长江大桥采用三片主桁的空间桁架新结构，减小了主桁杆件内力和尺寸，有利于制造、运输和吊装。特别是沪苏通长江公铁大桥采用了新型箱桁组合结构，有效增加了加劲梁横断面的受力面积，突破了桥梁跨度受制于钢梁杆件因受力大而难于设计、制造的瓶颈，成功研发了 Q500qE 高性能钢和 2 000 MPa 高强钢丝索，在三桁三索面的空间受力特征研究、刚度控制、疲劳设计、高强度桥梁钢应用、大位移梁端伸缩装置和轨道调节器、深水基础施工、大型施工装备研发等方面形成了成套技术，处于国际领先水平，为更大跨度和荷载铁路桥梁的修建提供了强有力的技术支撑。

2015 年开工建设的丽香铁路金沙江大桥，为主跨 660 m 上承式钢桁梁悬索桥，是国内首座铁路悬索桥，打破了铁路不能修悬索桥的禁区。连镇铁路五峰山长江大桥（主跨为 1 092 m）即将开通运营，标志着我国已进入了大跨度高速铁路悬索桥时代，在世界悬索桥发展史上具有标志性意义。

目前世界最长跨海公铁大桥、我国第一座跨海公铁大桥——平潭海峡公铁大桥即将开通运营，标志着我国铁路跨海桥梁工程取得又一次重大突破，复杂海况（无覆盖层、岩面倾斜、风大浪高）跨海桥梁的结构选型、合理构造、抗风研究、大型施工装备及工艺等形成了成套技术，处于世界领先水平。

为展现 40 年来铁路桥梁的发展成果，中国铁道学会桥隧委员会与中铁四院牵头组织经规院、中国铁设、铁一院、铁二院、中铁设计、大桥院、铁五院以及中铁上海院等单位的铁路桥梁专家，编著出版《中国铁路桥梁（1980—2020）》，以供关心中国铁路桥梁技术发展的同仁参考和借鉴。

本书以图文并茂的形式，通过有代表性的 200 余座桥梁的介绍，概括和总结了近 40 年来铁路桥梁结构形式、桥梁技术、材料用量以及新材料、新工艺、新装置的应用。全书分为绪论、简支梁桥、平原地区桥梁、艰险山区桥梁、长江大桥、黄河大桥、大江大河桥梁、沿海跨海大桥、严酷环境地区桥梁、技术挑战与展望等章节，涵盖预制箱梁、大跨度混凝土桥、钢桥、大跨度拱桥、大跨度斜拉桥和悬索桥等各种典型桥梁。谨向提供各章节内容文字、图片资料的单位和个人一并表示感谢。文中涉及单位在 40 年间名称均有变化，在不引起误解的前提下，文中使用了其现在的名称。

未来十年仍是我国交通基础设施建设高速发展的黄金时期，也是践行“交通强国、铁路先行”战略的关键阶段，以川藏铁路为代表的艰险山区复杂桥梁建设、以甬舟铁路为代表的跨海大桥建设是桥梁工程科技人员面临的重大使命，桥梁如何满足超大跨度、超大水深、艰险山区的复杂建设条件，如何研发应用高强材料、高性能新材料，如何进一步完善桥梁技术标准体系，如何提升桥梁数字化、信息化、智能化、装配化、云计算、BIM 技术等，实现铁路桥梁精细化建造和维护，是桥梁技术人员需要解决的难题。希望本书的出版，能为铁路桥梁的设计和施工提供有益的借鉴。

本书在编辑过程中，得到了国铁集团领导的亲切关怀和中国铁道学会的大力支持，由于本书规模较大，出版时间仓促，参加编写的人员较多，风格很难统一，且作者水平有限，难免有疏漏和错误之处，敬请读者提出宝贵意见。

编　者

2020 年 7 月

九江长江大桥

青藏铁路拉萨河特大桥

八渡南盘江特大桥

宜万铁路宜昌长江大桥

京沪高速铁路丹昆特大桥

沪昆客运专线北盘江特大桥

京张高速铁路官厅水库特大桥

昌赣客运专线赣江特大桥

沪苏通长江公铁大桥

福平铁路平潭海峡公铁两用大桥

目　录

第1章　绪　　论

1978年12月18日，党的十一届三中全会拉开了改革开放的序幕，也开启了铁路建设的大潮。改革开放以来，随着铁路大规模既有线改造、新建扩建和六次大提速，铁路建设进入快速发展和加速创新时期，铁路营业里程由1979年底的4.9万km增长到2019年底的13.9万km以上，其中高速铁路已突破3.5万km，居世界第一。铁路建设取得了举世瞩目的成就，极大地方便了人们的出行，高速铁路已成为亮丽的“国家名片”。

铁路桥梁是铁路线路的重要组成部分，铁路建设给铁路桥梁的发展带来了蓬勃生机。改革开放以来的40多年，是铁路桥梁发展的黄金时期，在引进和吸收国外先进技术的基础上，铁路桥梁人坚持走自主建设和创新发展的道路，经历了20世纪80年代“奋起直追”，90年代“跟踪提高”，到21世纪“创新突破”，从跟踪学习到引领技术发展，铁路桥梁已成为展示中国改革开放成果的靓丽名片之一。截至2019年底，我国已建成高速铁路桥梁1万余座，总长超过1.6万km。全路已建和在建的桥梁中，跨度200 m及以上的达110余座，超过400 m的25座，超过500 m的11座，超过1 000 m的3座。通过多年的研究、探索和工程实践，我国高速铁路桥梁的建设规模和技术水平已经处于世界前列，成为名副其实的桥梁大国，形成了具有我国特色的桥梁建设技术体系。

回顾40年铁路桥梁的建设历程，奋发图强的建设者用智慧和汗水在广袤的祖国大地上，铸造起一座又一座桥梁建设史上的丰碑。在运营速度上，铁路桥梁从适应100 km/h到满足350 km/h高速舒适运行(运行试验最高时速达486.1 km)；在桥梁比例上，从早期的不足10%提升到占高速铁路线路长度的45.2%(其中京沪高速、京津城际、合福等铁路的桥梁比例在85%以上，沪杭客运专线高达98%)；在结构类型方面，常用跨度简支梁从吊装运输能力控制设计的多片式T梁，发展到静动力及景观性能更优、可制运架一体化的整孔箱梁；大跨度特殊结构从受力、构造较简单的几十米跨预应力混凝土连续梁、百米跨左右的钢桁梁，发展到跨度100～300 m各类组合结构、500 m级大跨拱桥、千米级大跨斜拉桥及悬索桥。在工程材料方面，经历了从普通混凝土到高强及高性能混凝土、从低合金钢到高强及高性能钢的跨越。在设计理念上，从传统的以安全、经济为主的实用理念，转变到统筹考虑安全、舒适、经济耐久、绿色环保并兼顾美学景观的当代先进设计理念。在建造环境方面，桥梁建设从跨越平原江河湖泊向艰险山区、近海水域、高原冻土、戈壁大风、严寒冻胀等复杂严酷环境挺进。

1.1　20世纪80年代

继新中国成立初期学习国外技术建成武汉长江大桥、20世纪60年代自主创新建成南京长江大桥之后，20世纪70年代致力于“四新”技术(新结构、新技术、新材料、新设备)的研发应用，建成了一批技术先进的铁路桥梁，推动了勘察设计、技术装备和施工能力的进步，为后续40年铁路桥梁的可持续发展奠定了坚实基础。

20世纪80年代的铁路桥梁建设进入快速发展时期。在大规模既有线路改造的同时，积极推进新干线的建设，组织了“南攻衡广、北战大秦、中取东华”的铁路建设会战，在设计理论、计算手段、材料技术等方面进展较快，施工技术达到较高水平，跨度也越来越大。1981年至1990年，共新建铁路4 230 km，建成铁路桥梁5 470座，总延长454.25 km。

预应力混凝土简支梁是20世纪80年代铁路桥梁的主要结构形式，以24 m、32 m常用跨度预应力混凝土简支梁为主。80年代总体上铁路建设规模不大，为尽可能节约工程投资，各条线路上的桥梁比例不高，桥梁长度约为线路长度的3%～10%，桥梁的设置主要是跨越道路或河流，单座桥梁长度相对较短，且布设比较分散。为提高桥梁的施工质量，全路在全国范围统一布置标准制梁场，集中工厂预制，通过铁路运输送达桥位现场。因运距较长，且受限于当时的运输条件，需要控制梁重和尺寸，故常用跨度简支梁多为T梁，分片运输（标准T梁的运输质量约为120 t），现场架桥机架设。

在20世纪80年代，对于常用跨度简支梁不能满足的工点，多采用下承式钢桁梁结构，以64、96、108、128 m跨度为主，有简支梁结构，也有连续结构。下承式钢桁梁受力明确、构造较简单，且建筑结构高度低，能有效降低纵断面高度，减少桥梁长度，节省投资，单个杆件质量轻，运输和安装方便，杆件工厂焊接、工地栓接，制造和架设方便。1985年建成的新菏铁路长东黄河一桥采用了9×96 m简支钢桁梁和7×108 m连续钢桁梁，广茂铁路肇庆西江公铁桥采用了5×144 m一联的连续钢桁梁，均为这一时期钢桁梁桥的典型代表。

20世纪80年代，我国开始发展重载铁路，作为我国第一条开行重载煤运的专用铁路——大秦铁路上的郑重庄桥，采用了高架旱桥新形式。邯长铁路上的浊漳河大桥，采用主跨82 m的预应力混凝土斜腿刚构，为山区桥梁建设提供了一种新的结构形式。

1981年建成的湘桂铁路红水河斜拉桥，正桥为主跨96 m的双塔三跨预应力混凝土结构，是我国第一座铁路斜拉桥，也是当时世界上第四座同类型的铁路桥梁（跨度位居第二），同时也是我国第一个采用泵送高强混凝土的铁路工程项目。1982年建成的安康铁路专用线汉江钢箱斜腿刚构桥，斜腿底铰中心距176 m，位居当时世界同类型桥梁跨度第一。1981年、1982年建成的跨度20 m、24 m的预应力钢筋混凝土槽形简支梁桥，建筑高度小、节省钢材，为中小跨度铁路桥提供了一种新的梁型。1987年建成的南防铁路茅岭江特大桥，采用主跨80 m的变截面预应力混凝土连续梁结构，时为我国跨度最大的单线预应力混凝土箱形连续梁桥。1988年衡广复线建成通车，全线岩溶发育地区采用钻（挖）孔桩基础的桥梁有28座，攻克了复杂岩溶区钻孔桩桥梁基础设计和施工的难题，为岩溶地区建桥积累了宝贵的经验；其中白面石武水桥采用主跨64 m预应力混凝土连续梁结构，时为我国跨度最大的双线预应力混凝土箱形连续梁桥。

20世纪80年代，在安全、实用、经济的基础上，在分析计算能力非常有限的条件下，桥梁人结合工程建设条件开展技术创新，取得了一系列新技术成果，如首次采用柔性墩轻型结构，建成世界最大跨度的钢斜腿刚构桥，建成国内首座铁路混凝土斜拉桥，把混凝土连续梁的跨度提高到80 m，在大跨度钢梁中普遍采用栓焊结构，使用钻挖机械施工桩基础等。

1.2　20世纪90年代

20世纪90年代，是我国的“八五”“九五”计划时期，国家作出加强能源和基础设施建设的决定，组织“强攻京九、兰新，速战宝中、侯月，再取华东、西南”铁路建设大会战。20世纪90年代初开始建设广深准高速、京九、宝中、侯月、南昆等铁路，1998年继续扩充和完善铁路网建设，达万、广大、新长、湛海、神延、梅坎、西康、渝怀、内昆、青藏等重点铁路项目开始建设。这一时期新建铁路10 690 km，建成铁路桥梁12 160座，总延长1 110.5 km，几乎是80年代的2.5倍，铁路桥梁建设达到全新的高度。

20世纪90年代初对简支梁开发了专桥2059系列图，该图提高了适应性、兼容性，扩大了模板的适用范围，方便了工厂的生产管理。为了适应京九线等铁路项目的快速建设，在专桥2059系列梁图基础上，先后开展了旅客列车时速140 km铁路预应力混凝土桥梁标准设计（专桥2051系列）、时速160～200 km客货共线铁路桥梁标准设计（专桥9753系列）和整孔预制箱梁（专桥秦沈系列图）设计。大跨度的混凝土简支梁也得到发展，如采用移动支架法拼装施工的简支箱梁（专桥（95）2104），跨度增加到64 m。整孔预制箱梁突破了以往预制梁分片式T梁的局限，吊装吨位也从之前T梁的120 t提高到550 t。

1994 年底开通的广深铁路是我国第一条准高速铁路，它的建设标志着我国高速铁路建设已经拉开了序幕。广深铁路石龙特大桥采用(40.5＋3×72＋40.5) m 预应力连续梁，是我国第一座大跨度部分预应力混凝土连续梁，充分发挥材料性能，降低了梁高。

石长铁路湘江混凝土连续梁桥最大跨度达 96 m，时为国内铁路同类桥梁跨度之首；攀枝花金沙江铁路桥为采用双薄壁墩的 3 孔 PC 连续刚构桥，主跨达 168 m，时为我国已建成的最大跨度单线铁路 PC 梁桥。

随着南昆铁路、内昆铁路的开工建设，一批具有代表性的复杂山区铁路预应力混凝土梁桥应运而生，墩高、跨度均突破百米，进一步完善了高墩爬模现浇施工、梁部轻型挂篮悬臂灌注施工的成套施工技术。南昆铁路清水河大桥为主跨 128 m 的预应力混凝土连续刚构，墩高达 100 m，首次采用矩形空心墩体与箱梁墩梁固结，首次突破宽跨比 1/20 的限值。南昆铁路八渡南盘江特大桥的主跨为 2×90 m，是我国铁路第一座带 V 形刚构的部分预应力混凝土连续梁桥。内昆铁路李子沟特大桥集超大群桩基础、超高墩、大跨、长联与新结构于一体，是我国第一座预应力混凝土刚构—连续组合梁铁路桥。这些桥梁的建成，为山区大跨度高墩桥梁的建设积累了经验，提升了我国铁路预应力混凝土桥梁的建桥综合技术水平。

水柏铁路上主跨 236 m 的北盘江大桥，首次将钢管混凝土拱结构用于大跨度铁路桥梁，采用转体法施工，是当时世界上最大跨度、最大单铰转体质量的铁路钢管混凝土拱桥，我国由此开始构建铁路钢管混凝土拱桥技术体系。

京九铁路越过了中国六大流域中的五大流域，几乎跨尽华夏大川，桥梁涉及平原、丘陵、软土地区、岩溶地区等。桥梁建设中将先进性和适用性结合起来，大量采用双主墩、板凳墩、轻型桥台、小跨连续刚构、超低高度梁等新结构、新技术和新工艺，如淮滨淮河特大桥等采用浮桥或浮式平台实现水中基础施工，泰和赣江特大桥在深水基础中采用钢筋混凝土薄壁围堰、钢围堰，店子干渠桥首次在铁路桥梁上应用部分预应力混凝土整孔箱梁，孙口黄河连续钢桁梁桥首次采用整体节点技术，卫运河桥在我国铁路桥梁上首次采用斜拉式预应力混凝土连续桁架结构等。九江长江大桥是我国首座三跨刚性梁柔性拱公铁两用大桥，主跨 216 m，首创双壁钢围堰大直径钻孔基础，首次采用 15 MnVN 低合金高强度钢栓焊新技术，标志着我国铁路钢桥技术水平达到了新的高度。

主跨 312 m 的芜湖长江大桥，采用低塔斜拉索加劲的连续钢桁梁结构，成功开发了强度高、塑韧性优、可焊性好的 14 MnNb 钢，在我国首次采用板桁结合新型桥面构造。

在设计标准方面，为总结铁路桥梁科技的发展成果，1985 年颁布了《铁路桥涵设计规范》(TBJ 2—1985)(以下简称 85 桥规)，1999 年又在此基础上颁布了一套 5 本的新铁路桥涵设计系列规范。在施工装备方面，大跨度架梁技术作为“八五”科技发展重点项目之一，试制出适于大跨度双悬臂节段拼装的移动支架，成功应用于石长铁路长沙湘江大桥 96 m 预应力混凝土桥的对称悬拼施工。与此同时，桥梁计算机技术开始起步并快速发展起来，在结构计算分析、绘图、勘察设计等软件方面上了一个新台阶，设计的手段和效率不断提升。

20 世纪 90 年代，铁路桥梁首次采用部分预应力混凝土梁结构，在钢桁梁上采用了整体节点，九江长江大桥在设计、施工中采用了大量的先进技术并创造了多项全国第一，芜湖长江大桥使铁路桥梁跨度突破了 300 m，艰险山区南昆铁路高墩大跨桥的建设使墩高突破了 100 m，钢管混凝土拱开始应用于铁路桥梁。桥梁建设的蓬勃发展，新桥式、新材料、新技术的不断涌现，工程纪录的不断刷新，表明20 世纪 90 年代的铁路桥梁设计和建造技术迈上了新的台阶。

1.3　21 世纪首个 10 年

21 世纪首个 10 年，随着国家铁路交通建设的快速推进，铁路桥梁在结构形式、结构跨度、设计理论、施工工艺、装备水平、桥梁美学等方面均得到蓬勃发展。

2001 年至 2005 年，是我国“十五”时期，铁路建设快速推进，建成朔黄、水柏、达万、西康、宜万、长荆、西南、新长、洛湛、粤海、内昆、渝怀、胶新、遂渝、宁启、赣龙、青藏（二期）等铁路，新建铁路长 6 280 km，建成铁路桥梁 6 260 座，总延长 781.2 km。2004 年，党中央作出重大决策，《中长期铁路网规划》颁布，吹响了向大规模规划建设高速铁路进军的号角，推动高速铁路桥梁的设计和研究。

2006 年至 2010 年，是我国“十一五”时期，铁路迎来了史无前例的高速发展，铁路建设规模之大、标准之高，在铁路发展史前所未有。“十一五”期间，高速铁路建设提速。随着“全国铁路第六次大提速”的实施，京哈、京沪等既有干线的时速达到或超过 200 km；2006 年 7 月世界上海拔最高的青藏铁路建成通车；2008 年 8 月 1 日，设计时速 350 km 的京津城际铁路正式通车；2009 年至 2010 年，郑西、武广、沪宁、沪杭等客运专线相继开通。截至 2010 年底，全国铁路营业里程达到 9.1 万 km，位居世界第二，其中高速铁路 8 358 km，位居世界第一。高速铁路对桥梁的设计理论、施工技术、质量控制和养护维修等提出了全新的要求，这大大促进了铁路桥梁科技的发展。

铁路建设取得了飞跃发展，铁路梁桥也取得了显著成就。结合高速铁路标准梁桥设计，发展完善了双向预应力混凝土 T 梁、混凝土箱梁、节段拼装箱梁、结合梁、钢桁梁等多种简支梁结构形式，其中 24 m、32 m 整孔预制混凝土箱梁的吊装吨位突破 800 t；对连续结构，形成了主跨 48～100 m 预应力混凝土连续梁系列标准图；速度等级涵盖了高速铁路、城际铁路、客货共线铁路、重载铁路。大跨度梁桥也迎来新的发展和突破，其中预应力混凝土连续刚构的跨度在中老铁路阿墨江大桥达到 216 m；钢桁、拱及斜拉加劲的预应力混凝土连续刚构技术得到进一步发展和推广。

青藏铁路是穿越世界屋脊高原冻土带的铁路，拉萨河大桥是青藏铁路的标志性工程之一，也是我国第一座大跨度下承式钢管混凝土叠拱连续拱桥，设计中注重桥梁美学设计理念，实现了技术与艺术的完美结合。由于青藏铁路冻融作用及高耐久性桥梁设计均超出了桥梁设计规范的范围，在三岔河特大桥设计中首次系统提出了我国耐久混凝土梁和－40 ℃环境条件下钢梁混凝土桥面板结合梁设计标准。

秦沈客运专线是中国大陆第一条设计时速达 250 km 的高速铁路，首次在国内铁路采用了预制双线整孔箱梁、无砟轨道箱梁、连续结合梁、刚构连续梁等一批新的桥梁结构。

宣杭铁路东苕溪桥，采用 112 m 的尼尔森体系钢管混凝土下承提篮式系杆拱桥，采用先拱后梁法施工，系我国干线铁路首次采用，并为今后系杆拱桥的广泛使用积累了经验。

京津城际铁路是中国大陆第一条设计时速 350 km 的高速铁路，桥梁工程占全线总长度的 87.7%，全面采用了双线箱梁整孔预制架设、无砟轨道桥梁等先进技术。其中，跨北京四环路特大桥在国内首次采用了(60＋128＋60) m 预应力混凝土连续箱梁和钢管混凝土拱组合结构。

铁路桥梁开始向海洋延伸，温福铁路白马河特大桥的成功建设，形成了近海环境下桥梁的结构选型、耐久性设计，沿海强台风环境下列车走行性和舒适性的设计，海洋环境桥梁架设等整套技术。

2010 年 12 月建成通车的宜万铁路宜昌长江大桥，采用主跨 2×275 m 的连续刚构双联拱组合桥，将连续刚构和钢管混凝土拱两种结构结合在一起，建设期间首次提出的“大跨度混凝土桥的徐变控制技术”，是我国铁路组合结构桥的典型代表和优秀范例，已成功推广应用到全国铁路桥梁上。主跨 360 m 的宜万铁路万州长江大桥，主桥采用三跨单拱连续钢桁梁新型结构，此种结构体系为国内首次采用，建成时是国内最大跨度的铁路桥，也是世界上跨度最大的铁路拱桥。

武广客运专线是我国当时开工建设的线路最长、标准最高、投资规模最大的客运专线。武汉天兴洲长江大桥是世界上第一座四线铁路大跨度公铁两用斜拉桥，首次采用三索面三主桁新型结构，4 线铁路 6 车道公路为当时世界上荷载最大的公铁两用桥，主跨 504 m 也是当时同类型铁路桥梁世界纪录，创下了当时铁路桥梁跨度、荷载、速度、宽度的 4 项世界第一。

武广客运专线武汉站采用桥建合一的综合体系——上部大型建筑与下部桥梁共同作用的新型结构，满足了高速铁路、地铁、市政道路三者的无缝衔接，实现了武汉站作为新型现代化的大型铁路旅客站房“功能齐全、技术先进、创意卓越”的设计理念，是我国站房内高架桥梁设计技术发展的一个重要标志。

21 世纪首个 10 年，继青藏铁路桥梁全面提升结构耐久性、秦沈客运专线首次大规模采用预制箱梁后，铁路桥梁进入了高铁时代，形成了以跨度 32 m 双线简支箱梁为主，整孔预制、逐跨架设的建造模式，系统掌握了混凝土徐变控制技术，通过自主创新，建立了具有世界一流水平的高速铁路桥梁工程技术体系。建成了武广客运专线武汉天兴洲长江大桥、宜万铁路宜昌长江大桥和万州长江大桥、青藏铁路拉萨河大桥等一批新型的大跨度特殊结构桥梁，高速铁路桥梁跨度突破了 500 m 大关，我国大跨度特殊结构桥梁工程已处于世界先进水平。

1.4　21 世纪第二个 10 年

21 世纪第二个 10 年，铁路建设呈现跨越式发展，建成了广珠城际铁路、京沪高速铁路、广深港铁路、哈大客运专线、京石武客运专线、宁杭铁路、杭长铁路、贵广/南广客运专线、合福铁路、南昆客运专线、莞惠城际铁路、郑徐客运专线、渝万客运专线、兰渝铁路、渝贵铁路、深湛铁路、杭黄铁路、济青铁路、青盐铁路、怀邵衡铁路、京沈客运专线、新通铁路、京包客运专线、张大客运专线、徐盐客运专线、日兰铁路、郑阜铁路、京港铁路、成贵铁路、昌赣客运专线、郑万铁路、商合杭铁路、京张高速铁路等铁路线。截至 2019 年底，铁路营业里程由 2010 年底的 9.1 万 km 增加到 13.9 万 km，其中高速铁路由 8 358 km 增加到 3.5 万 km，当代中国已经成为世界铁路桥梁运营里程最长、在建规模最大的国度。

我国已建成了世界上最长的铁路桥梁、最大跨度的高速铁路公铁两用桥。高速铁路桥梁已经形成了设计、施工、制造、管养成套技术，其中，制运架一体化的预制箱梁建造技术（最大跨度 40 m，自重 1 000 t）、大跨度斜拉桥和悬索桥成套建造技术、近海桥梁成套建造技术等位居世界前列。

2011 年 6 月 30 日，世界上技术标准最高的高速铁路京沪高速铁路投入运营，标志着中国高速铁路标准体系与技术体系的完善和成熟。京沪高速铁路南京大胜关长江大桥是世界首座六线铁路大桥，在我国首次采用了 Q420qE 级高强度、高韧性与良好焊接性能的新型高性能钢材，其诸多新结构、新材料、新技术均为首次采用。京沪高速铁路京津联络线矮塔斜拉桥是我国第一座铁路预应力混凝土矮塔斜拉桥，三塔四跨，主跨 2×115 m。

哈大客运专线是我国第一条位于高纬度严寒地区的 350 km/h 客运专线，桥梁建设克服了严寒、冻胀、冻融剥蚀、基础融沉等诸多技术难题。兰新客运专线是我国第一条穿越戈壁大风区高速铁路，通过大风区长达 580 km，铁路建设解决了“强风力、长风期条件下高速铁路如何安全、高效运营”的世界性技术难题。其中，主跨 136 m 连续梁拱是国内首次在强风区建造的最大跨度梁拱组合结构。这些桥梁的建设，提高了严酷环境下我国高速铁路桥梁的适应能力。

大跨度铁路拱桥异军突起，形成了自主创新的大跨度拱桥技术体系。主跨 445 m 的沪昆客运专线北盘江大桥、主跨 490 m 的大瑞铁路怒江大桥、主跨 352 m 的林织铁路纳界河特大桥、主跨 436 m 的成贵铁路鸭池河大桥、主跨 430 m 的拉林铁路藏木大桥等项目的建设，为在艰险山区建造经济合理的铁路桥梁开辟出广阔的途径。主跨 450 m 的南广铁路西江特大桥、主跨 2×336 m 的南京大胜关长江大桥、主跨 336 m 的沪通铁路天生港桥、主跨 2×360 m 的南沙港铁路洪奇沥大桥、主跨 336 m 的成贵铁路金沙江大桥等项目的建设，形成了风格各异、特色鲜明的拱桥结构。

伴随着桥梁科技创新，大跨度钢桁梁斜拉桥发展迅猛。例如，主跨 432 m 的渝利铁路重庆涪陵韩家沱长江大桥，首次提出了大跨度钢桁梁铁路斜拉桥横、竖向刚度取值标准建议；主跨 567 m 的武冈城际铁路黄冈长江大桥，首次采用上宽下窄的新型倒梯形主桁断面；主跨 630 m 的铜陵公铁两用长江大桥，首次采用全焊箱桁组合主梁结构；主跨 2×406 m 的蒙华铁路洞庭湖大桥，首次采用钢箱钢桁叠合主梁形式用于双线重载铁路；主跨 432 m 的渝黔铁路新白沙沱长江特大桥，首次采用 6 线铁路双层桥面布置；主跨 588 m 的商合杭铁路芜湖长江公铁大桥，首次采用不等高的矮塔斜拉桥。2020 年 7 月 1 日通车的沪苏通长江公铁大桥，采用主跨 1 092 m 的公铁两用钢桁梁斜拉桥，是世界上首座跨度超千米的公铁两用桥梁。建设中的主跨 1 176 m 的常泰长江大桥，将创造公铁合建斜拉桥跨度的新纪录。

主跨 300 m 的温州瓯江特大桥是国内首座大跨度铁路双塔混凝土斜拉桥，也是目前世界最大跨度铁路混凝土斜拉桥，标志着我国混凝土铁路斜拉桥的跨度突破。主跨 468 m 的宁波枢纽甬江大桥首次采用大跨度混合梁结构，攻克了铁路混合梁斜拉桥的关键技术难题，成果推广应用于深茂铁路、新福厦铁路、广州南沙港等重大铁路项目的关键控制性桥梁，目前最大跨度达 600 m（南沙港铁路西江特大桥）。混合梁结构拓展了铁路斜拉桥的技术体系和构造类型，改变大跨铁路斜拉桥普遍采用钢桁梁的单一技术格局。主跨 300 m 的昌赣客运专线赣江特大桥和主跨 324 m 的商合杭铁路裕溪河大桥，设计时速 350 km，采用无砟轨道，将高速铁路无道砟桥的最大跨度由 185 m 提到了 300 m 及以上，成为高速铁路大跨度无砟轨道结合梁斜拉桥和箱桁斜拉桥的代表。

即将建成的连镇铁路五峰山长江大桥为主跨 1 092 m 的公铁合建悬索桥，标志着我国已进入大跨度高速铁路悬索桥时代。正在建设的丽香铁路金沙江特大桥为主跨 660 m 的双线铁路悬索桥，打破了不能修建纯铁路悬索桥的禁区。

主跨 3×340 m 的珠机城际铁路金海公铁合建特大桥、主跨 522 m 的宜宾临港公铁两用长江大桥，均采用了公铁同层布置，开辟了公铁合建钢箱斜拉桥车道布置的新形式。

作为世界上最长的跨海公铁大桥，我国第一座公铁两用跨海峡大桥——平潭海峡公铁大桥即将开通运营，这是我国铁路跨海桥梁工程取得的又一次重大突破，标志着我国铁路桥梁从陆地江河湖泊延伸至海洋环境。

践行"绿水青山就是金山银山"的可持续发展理念，桥梁建设更注重绿色建造和环境保护，工厂化制造、快速化施工的节段预制装配式桥梁在多个工程项目中得到应用；为进一步节能降耗和节省投资，精细化设计也正在工程实践中稳步推进。广汕铁路主跨 260 m 的增江特大桥首次在大跨度铁路混凝土斜拉桥上采用节段预制拼装工法，为大跨度铁路桥梁采用装配化工艺积累了宝贵的经验。

随着铁路网的密集建设，特别是高速铁路建设标准高、平面曲线半径大，出现了大量与河道、道路小角度斜交的情况，需要建设跨度在 150～300 m 之间的桥梁。我国的桥梁人充分发挥聪明才智，创造出了连续梁（刚构）—柔性拱组合结构、混凝土梁—桁组合结构新体系，进一步发展了部分斜拉桥结构体系。这些结构均以混凝土梁为主，辅以或柔性拱、或钢桁、或部分斜拉加劲，增大了混凝土梁的跨越能力，降低了主梁高度，具有显著的技术经济性。通过主动调整梁体的受力状态，大幅度减小了结构的工后徐变变形，具有优越的高速行车动力性能，大量应用于我国铁路桥梁的建设，并建成了一批具有世界领先水平的铁路大跨度混凝土桥梁。代表性的有商合杭铁路淮河特大桥，为主跨 224 m 的连续梁柔性拱；汉十铁路崔家营汉江特大桥，为主跨 2×300 m 的连续刚构柔性拱；郑阜铁路界临特大桥，为主跨 172 m 的钢桁加劲混凝土连续梁；福平铁路乌龙江特大桥，为主跨 288 m 的部分斜拉桥。这些桥梁的成功建成通车，引领了铁路大跨度混凝土桥梁技术的发展。

为总结我国高速、城际、客货共线和重载铁路桥涵建设、运营的实践经验和科研成果，2017 年再次修订发布了新一版的铁路桥涵设计系列规范，2018 年发布了《铁路桥涵设计规范（极限状态法）》，这为进一步完善设计规范体系和提升设计水平奠定了坚实基础。

高强、高性能和新材料的应用日益普遍。2 000 MPa 的高强钢丝和 Q500qE 高性能钢材已成功应用于沪苏通长江公铁大桥，常泰长江大桥的温度自适应塔梁约束体系中采用了 CFRP 拉杆构件，耐候钢、不锈钢复合板、UHPC、新型涂料等在铁路桥梁上得到积极应用。新型装备、人工智能、数字化技术、信息化技术、BIM 技术等在铁路桥梁上的应用进展较快。

21 世纪第二个 10 年，铁路桥梁结构向多样化、轻型化、节约化发展，制造施工向标准化、工厂化、大节段及整体吊装发展。开发应用了高强度钢、高性能混凝土等材料，更加注重耐久性设计，并且将数字化、信息化、智能化技术应用到桥梁的勘察设计和建造中。形成了完善的标准图，标准梁通用图涵盖高速铁路简支箱梁、客货共线铁路简支箱梁和 T 梁等常用跨度梁型。连续梁、连续刚构的跨度不断刷新，混凝土连续刚构的最大跨度达到 216 m，钢桁梁的最大跨度达到 264 m。系杆拱、梁—拱组合体系、矮塔斜拉桥等的结构性能和技术经济性突出，成为200～300 m跨度范围内有竞争力的桥型。无砟轨道在高速铁路大跨度桥梁上的成功应用，克服了限速“卡顿”的难题。针对多线和公铁两用功能需求而研发的钢桁梁斜拉桥，成为超大跨铁路桥梁的主力桥型；混凝土梁和混合梁斜拉桥的工程实践，也为大跨度铁路斜拉桥提供了新的桥型选择。针对艰险山区发展了大跨度混凝土拱桥、钢桁拱桥、钢管混凝土拱桥、钢—混凝土组合拱结构，最大跨径接近500 m。以沪苏通长江公铁大桥、五峰山长江大桥、常泰长江大桥等为代表的一批工程项目，使我国铁路斜拉桥和悬索桥迈进千米级大关，开始引领世界铁路桥梁技术的发展。

40年风雨历程、40年沧桑巨变。从长江到黄河，从平原到峡谷，从陆地到海洋，造型各异的铁路梁桥、拱桥、斜拉桥、悬索桥，跨越天堑，巍峨挺立，树立起一座座工程丰碑。我国铁路尤其是高速铁路的迅猛发展，使我国已发展成为世界上铁路桥梁运营里程最长、在建规模最大、建设条件最复杂多样的国家。数不胜数的大跨铁路桥梁，五彩纷呈，举世瞩目；一大批规划、设计、在建中的桥梁，创新突出，成果可期。我国的铁路桥梁建造技术，已从远远落后于西方发达国家到开始跻身于世界先进行列。务实的桥梁人用自己的智慧和勇气，在中国大地上谱写出一曲曲动人的绚丽乐章。有理由相信，21世纪的中国铁路桥梁建设，将以技术创新为发展驱动力，更加注重安全性和耐久性，充分协调经济、环保与美观的关系。随着国家经济和科技的不断发展，铁路桥梁设计理论将更加完善，关键技术将不断取得突破，结构形式将更加丰富多彩，更多的跨度大、技术新、造型美的铁路桥梁，将会一一呈现在世人面前。

20 世纪 80 年代 JQ130 型架桥机架桥施工

20 世纪 90 年代 DF450 型架桥机

21 世纪 YL900 运梁车送箱梁

21 世纪 900 t 箱梁架桥

第2章　简支梁桥

2.1　综　　述

我国铁路桥梁建设中大量采用常用跨度简支梁，约占铁路桥梁长度的90%以上，主要结构形式包括预应力混凝土分片式T梁、预应力混凝土板梁、预应力混凝土整孔预制箱梁、节段拼装混凝土箱梁和钢桁梁等。本章通过22座桥梁工点介绍40年来铁路简支梁桥的发展概况。

2.1.1　20世纪80年代

20世纪80年代初期，简支梁桥上部结构主要为分片式T梁，以叁标桥2019为代表，采用预应力混凝土T梁结构，该图以75桥规为基础，腹板采用双排管道，预应力体系采用高强钢丝为主筋，腹板不设加劲肋，梁端不设梗斜，主要应用于大秦铁路、孝柳铁路等铁路工程建设中。之后原铁道部专业设计院开始研究以钢绞线为主筋、配合YC-120千斤顶及JM锚具的张拉体系的标准设计图，主要特点是变腹板上的双管道为单管道，加大底板宽，降低钢束重心，以节省钢材，增强刚度和稳定性，先后设计了专桥2037～2042等设计图。20世纪80年代的预制梁基本采用了工厂集中制造、铁路运输、桥位边铺边架的方式，架桥机最大架设吨位为120 t，分片式T梁吊装吨位为112 t。部分预应力混凝土技术在20世纪80年代也得到了较大发展，如广深铁路深圳铁路高架桥，为满足净空限制，设计上大胆提出应用超低高度部分预应力(B类)混凝土梁的新构想并付诸实践，这是我国首次将部分预应力混凝土技术用于铁路桥梁。

20世纪80年代起，我国铁路钢桥一直沿用纵横梁体系的明桥面，明桥面钢梁具有建筑高度较低、分析计算简单、工厂制造标准化等优点，在净空受到限制时能很好地适应，但也存在冲击力大、噪声大、养护维修费用高等缺点，同时对于建筑高度较低的中小跨度钢梁来说其桥面系的疲劳问题又是设计中的关键，明桥面钢梁较低的横向刚度和较差的动力性能也限制了列车的运行速度。在降低纵横梁体系建筑高度的同时，开始研究新的桥面系——有砟正交异性板钢桥面系。1987年专业设计院设计了我国第一孔32 m有砟正交异性钢桥面板下承板梁。

2.1.2　20世纪90年代

20世纪90年代初专业设计院依据85桥规，针对人行道宽度加大、收缩徐变损失增加等因素，在总结以往标准设计的基础上，考虑几种锚具的通用性，加宽腹板厚度，优化截面尺寸和预应力筋配置，提出了截面简统化系列图集，即专桥2059系列T梁图，该图提高了适应性、兼容性，扩大了模板的适用范围，方便了工厂的生产管理。专桥2059系列梁图广泛应用于大秦、京九、达成、渝淮、宝兰、西合、兖石、南昆、株六以及浙赣复线等铁路线。

为了满足桥下泄洪、通航或立交等要求，减少抬高线路标高的控制因素，低高度、超低高度梁则具有较好的生命力，专业设计院在这一时期开展了多套低高度梁设计工作，设计的超低高度后张法部分预应力混凝土梁(专桥2091)，在以往低高度梁的基础上，进一步降低了梁高，对受标高限制桥梁工程的设计具有较好的应用价值。

由于这一时期京九铁路的快速建设，预制梁数量大，以往单一的工厂制造、铁路运输已不能满足现场需要，自这一时期起，预制梁的生产从桥梁厂发展到了沿铁路线设场的预制方式。随着我国铁路建设发展，为适应重载、快速铁路建设需要，在大量应用专桥 2059 系列梁图基础上，先后开展了旅客列车时速 140 km 的铁路预应力混凝土桥梁标准设计（专桥 2051 系列）和时速 160～200 km 客货共线铁路桥梁标准设计（专桥 9753 系列）。

20 世纪 90 年代后期的秦沈客运专线桥梁设计中常用跨度桥梁结构设计与普通铁路有很大不同，在桥面结构形式、桥梁类型、结构构造、设计计算方法等方面采用了多项新技术。对于预制梁首次设计了整孔预制箱梁，突破了以往预制梁局限于分片式 T 梁的限制，吊装吨位由之前 T 梁的 120 t 提高到 550 t，并首次采用轮胎式运梁车，采用先架后铺的运架模式。秦沈客运专线整孔箱梁的应用，是我国首次实现大吨位整孔简支箱梁的预制、运输和架设，填补了国内空白，为后期高速铁路大规模应用奠定了基础。梁部设计除按规范进行静力指标验算外，首次综合考虑机车车辆、线路、桥梁的共同作用，根据机车车辆的安全性与乘坐舒适性指标、桥梁动力响应限值来控制桥梁的竖向、横向刚度限值，进行动力设计。在桥面结构形式上首次采用双线整体桥面，将人行道、遮板及栏杆（或声屏障）、电缆槽、接触网支柱等设置在桥上，两孔梁间梁缝首次采用橡胶止水带，实现全桥密闭防水整体结构。在这一时期现场设置预制场已成为普遍方式，减少了长距离的运输成本。

20 世纪 90 年代大跨度简支梁也在不断发展，利用“八七抢修梁”在灵武支线黄河大桥上采用节段拼装法施工 10 孔 46 m 预应力混凝土简支箱梁，在南昆铁路的打埂大桥、白水河大桥进行了 56 m 移动支架拼架法施工的大跨度简支箱梁设计，之后编制了跨度 40～64 m 移动支架拼架法简支箱梁标准图。

2.1.3 21 世纪

21 世纪我国铁路建设取得了飞跃发展，铁路简支梁桥也取得了显著成就，结构形式上包括混凝土 T 梁、混凝土箱梁、节段拼装箱梁、钢桁梁等多种形式；整孔预制箱梁从 24 m 到 32 m 再到 40 m，吊装吨位突破 900 t，设备起吊能力达 1 000 t；速度等级涵盖高速铁路、城际铁路、客货共线铁路、重载铁路；轨道类型上分为有砟轨道和无砟轨道。

21 世纪初针对青藏铁路桥梁施工条件恶劣、强紫外线作用、冻融循环侵蚀、养护不便、高地震烈度、环境保护等特殊条件，提出了高耐久性桥梁的设计理念，对青藏铁路桥梁形式和提高桥梁耐久性措施进行了专门研究，以长寿命观点，综合考虑梁体、桥面、支座、附属设备及墩台的高耐久性，从结构、材料、工艺等方面着手，采用了以先张结构为主、高性能混凝土、真空压浆、新型支座、耐低温防水层等十多项提高耐久性措施，研制了施工简便、养护维修少的高耐久性桥梁。对钢—混结合梁，考虑了 −45 ℃ 低温的影响，采取了针对性的防脆断设计，并结合青藏铁路恶劣环境混凝土桥面采用了预制拼装方案以减少现场工作量。

为适应客货共线铁路建设需要，编制了客货共线铁路简支 T 梁图集，该系列图集先后发布了 6 个版本，2001 版根据既有线提速实践经验对梁体横向刚度的要求，增加了横向预应力和桥面板部分连接；2005 版根据桥规加大了钢筋保护层厚度（从 30 mm 增至 35 mm）、预应力管道保护层厚度，满足大型养路机械养护要求（桥面宽度从 3.9 m 增至 4.9 m），调整了混凝土轴心抗压强度，混凝土共增加 11 m^3，梁自重增至 139.3 t；2012 版依据相关技术条件，T 梁桥面防护层厚度从 4 cm 增至 6 cm，梁自重增至 142.2 t；2016 版采用高强钢筋，减少了钢筋用量；2017 版采用了 ZKH 荷载，人行道结构为预埋 T 形钢连接工字形钢横梁，上铺 U 形槽，U 形槽上铺 RPC 盖板，梁自重未发生变化。各次修订 T 梁刚度和竖向基频变化不大，横向基频有所改善。

2014 年在科研成果基础上，吸收高速铁路简支箱梁的成功经验，首次采用单排管道、大吨位锚具等技术，编制了客货共线铁路简支箱梁通用图，提升了耐久性，减少了维护成本，扩大了客货共线铁路梁型的选择范围，2019 年结合规范变化对图纸进行了相关修订，并对桥面布置进行了调整。

为适应重载铁路建设需要，先后编制了晋中南桥 2103 系列梁图和蒙华桥 2103 系列梁图。与普通铁路相比较，重载铁路列车轴重大，列车活载效应相当于标准中活载的 1.35 倍左右，考虑到单片预制梁能够通过既有铁路运输，单片梁自重可以控制在 148 t 以下。

近 20 年间，桥梁设计的标准规范发生了较大变化，《铁路桥涵设计基本规范》《高速铁路设计规范》《城际铁路设计规范》相继颁布并历经修订和完善，铁路预制梁的设计也不断完善。设计理念也在推陈出新，引入了耐久性设计、景观设计、环境保护等理念，特别形成了我国特有的高速铁路桥梁常用跨度桥梁体系。高速铁路标准梁桥建设采用沿线设置预制梁场模式，根据工期和运架设备能力，确定梁场、制存梁台座的配置，并创新提出双层存梁技术，减少梁场占地。形成工厂化制造、运梁车运输和架桥机架设的快速、绿色、环保的建设模式。研究提出先架后铺架梁方式，一次施作无砟轨道及铺设无缝线路，确保了轨道铺设精度。提出"预初终"三阶段预施应力技术，通过预张拉工艺有效避免了箱梁早期开裂问题，解决了高速铁路整孔箱梁混凝土体积大、水化热高和温差裂纹控制的技术难题；采用初张拉工艺加快施工速度、有效减少了制梁台座数量，减少梁场占地，绿色环保。提出箱梁混凝土温度控制措施，通过计算箱梁温差应力和实测梁体温度场，提出拆模时混凝土芯部与表层、表层与环境温差不宜大于 15 ℃控制措施，保证不同地域、不同环境下箱梁质量。采用固定外模、移动式液压收缩内模、"集中预扎、整体吊装"钢筋骨架等工艺，加快制梁台座周转，减少台座配置。创新整孔箱梁运架工艺控制技术与标准，基于桥梁结构受力和装备能力等因素，提出箱梁运输支点距梁端 3 m、四支点受力平衡限值 2 mm、前后吊点高差限值 100 mm 等运架工艺控制标准；基于提高架设速度，提出千斤顶落梁、重力式灌注支座砂浆的快速落梁技术；形成了整孔箱梁提梁、运输、架设、落梁成套技术。

时速 350 km 高速铁路简支箱梁通用图主要有 2005 版、2008 版、2013 版和 2016 版（现行）等 4 个版本，涵盖无砟和有砟轨道。历次修订考虑模板及施工设备的持续利用，模板和箱梁外形尺寸维持不变。2005 版：无砟和有砟桥面宽 13.4 m；2008 版：无砟桥面宽 12.0 m，有砟 12.6 m，主要考虑箱梁过隧需要；2013 版：无砟和有砟桥面统一为 12.6 m，主要解决桥面布置紧张问题；2016 版：桥面宽维持 12.6 m 不变，主要推广应用 HRB400 高强钢筋。

时速 250 km 高速铁路简支箱梁通用图主要有客专（单箱单室和单箱双室）和客兼货两个系列。目前铁路建设中普遍采用单箱单室梁（2229 系列）通用图，有 2009 版和 2016 版（现行）2 个版本，涵盖有砟和无砟轨道，桥面宽 12.2 m、梁高 2.6 m。2016 版梁图主要推广应用 HRB400 高强钢筋。近年来，单箱双室 2224 梁和客兼货梁工程使用极少，暂未修订。

21 世纪，其他铁路大跨度简支梁桥也在持续创新发展，简支钢桁梁的跨度从 128 m 拓展到 156 m，桁梁结构形式不断推陈出新。随着铁路列车速度的提高，原有的明桥面钢桥已经不能适应需要，同时随着我国炼钢技术迅速发展、工厂制造技术的提高以及施工机具能力的发展，具有整体节点、整体桥面的铁路钢桥应运而生。整体节点采用箱形杆件工厂焊接、工地四面拼接，具有高强度螺栓使用少、工地连接工作量小等优点，因此被广泛采用；桥面主要有密横梁正交异性钢桥面板形式、纵横梁与混凝土板结合形式、密横梁与混凝土板结合形式及纵横梁与混凝土桥面板不结合形式等等。大跨度混凝土梁节段拼装梁由干接、湿接发展为胶接，并采用节段预制移动支架造桥机胶接拼装施工，跨度从 32 m 拓展到 64 m。

近 20 年来，铁路桥梁通用图随着标准发展不断修订完善。一是 2005 版桥规和耐久性规范发布后，T 梁通用图增加了钢筋保护层厚度、预应力管道保护层厚度，满足大型养路机械侧向 2.2 m 净宽要求，梁体构造和自重有较大增加；二是客货共线 ZKH 荷载图式和高强钢筋标准实施后，推进相关梁部、桥墩等通用图全面修订，采用了 HRB400 高强钢筋；三是在总结蒙华铁路 T 梁经验的基础上，采用钢横梁人行道，提升了 T 梁附属设施的安全可靠性；四是总结京津城际铁路、京沪高速铁路、武广客运专线等铁路建设经验，优化高速铁路箱梁桥面宽度；五是对 40 m 简支箱梁的合理结构形式、结构设计、提运架设备、BIM 和信息化技术应用、技术经济性等开展了系统研究，形成了高速铁路 40 m 简支梁建造成套技术。伴随新材料、新工艺等技术进步以及信息时代的到来，以及 BIM 技术逐渐应用于简支梁桥的设计、施工领域，智能建造将会使简支梁桥的设计、施工更趋精细化，打造更多简支梁桥精品。

2.2 北京铁路枢纽斜军线永定河特大桥

桥　　名：永定河特大桥
工程项目：北京铁路枢纽斜军联络线
工程位置：北京市
桥　　长：1 047.1 m
梁　　型：简支 T 梁（叁标桥 2019）
建设单位：北京铁路局
设计单位：中铁工程设计咨询集团有限公司
　　　　　中国铁路设计集团有限公司
施工单位：中铁三局集团有限公司
设计人员：中铁咨询 王振华　王作声　邹鸿仁　范今印
　　　　　中国铁设 庚镇戳　陈茂麟　汪遵路　林锡祜
通车时间：1985 年

2.2.1 概　　况

北京铁路枢纽斜河涧至军庄联络线（简称斜军线）为丰沙铁路和北京铁路西北环线的联络线，设计速度 120 km/h，采用有砟轨道，单线，于北京西山东缘跨越永定河。桥位处永定河弯曲环绕，线路依山傍河，下覆土层为砂性土、碎石土，下伏砂岩、玄武岩，永定河河谷为卵石土。桥址区为大陆性气候，年平均气温 11.6 ℃，历年极端最低气温 −21.2 ℃，极端最高气温 39.8 ℃，地震基本烈度为 7 度。

永定河特大桥跨永定河而设，永定河设计流量 Q=6 500 m^3/s，主河道设计流速 v=4.48 m/s，桥址下游约 1 km 处有三家店水库，常水位受其节制，河水冬季结冰，最高结冰水位高程为 108.80 m。永定河特大桥全长 1 047.1 m，孔跨式样：1～2 孔为 20 m 普通钢筋混凝土低高度 T 形梁（叁标桥 1024A），3～27 孔为 32 m 预应力钢筋混凝土 T 形梁（叁标桥 2019），28～30 孔为 24 m 预应力钢筋混凝土 T 形梁（叁标桥 2019），32～34 孔为 20 m 普通钢筋混凝土 T 形梁（叁标桥 1023A）。桥梁立面示意如图 2-2-1 所示。

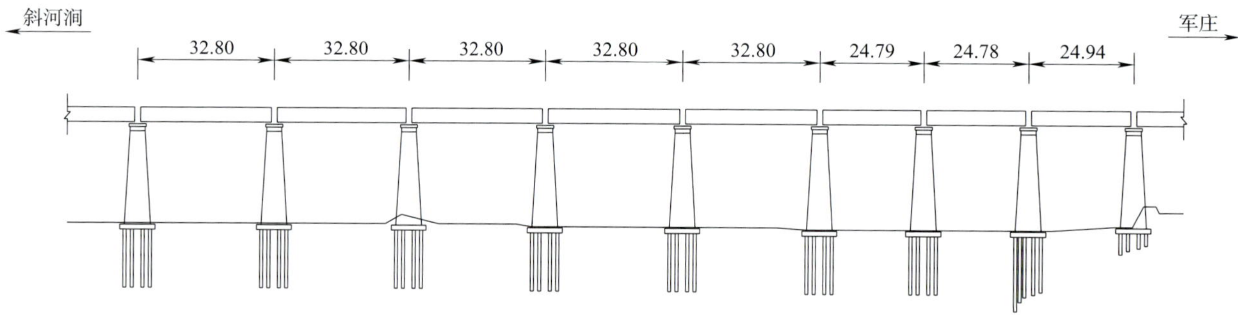

图 2-2-1　桥梁立面示意（单位：m）

2.2.2 结构设计

（1）叁标桥 2019T 梁设计

①主要技术标准

设计依据：《铁路工程技术规范》（1975 年版桥规）第二篇桥涵；设计活载：中—活载；设计行车速度：120 km/h；设计跨度：32 m、24 m；人行道采用角钢支架人行道形式；人行道宽度：0.5 m、0.75 m、1.05 m、1.55 m；适用于直线及曲线线路。跨度 32 m 按 $R \geqslant 600$ m 设计，并考虑已成线路上使用 $R \geqslant 450$ m 的要求；跨度 24 m 按 $R \geqslant 400$ m 设计，并考虑已成线路上使用 $R \geqslant 300$ m 的要求。

②主要材料

跨度 32 m、跨度 24 m 曲线上梁混凝土(按工厂制造条件考虑):500 号;跨度 24 m 直线上梁混凝土(按工厂制造条件考虑):450 号;预应力筋采用抗拉极限强度 15 000 kg/cm^2 的 ϕ5 高强钢丝,每束 24 根;张拉锚固体系采用拉丝式 TD-60 型三作用千斤顶,锚具采用钢质锥形锚;普通钢筋采用 16Mn 螺纹钢筋和 A3 光圆钢筋;采用铸钢支座;防水层采用石棉沥青上下各一层,中间为沥青浸制的麻布一层,总厚度为 10 mm;保护层采用沥青混凝土,厚度为 30 mm。

③结构构造(图 2-2-2)

梁顶面全宽 3.9 m,每线均由两片 T 梁组成一孔梁。32 m 梁梁高 2.5 m,24 m 梁梁高 2.1 m。双线及多线铁路上使用时,两线间间隙采用特制的混凝土或铁盖板覆盖,两孔梁间采用铁盖板覆盖。

(2)下部结构

本桥主河道墩高约 28 m,采用圆形桥墩(图 2-2-3),桥台为耳墙式桥台,1～9 孔为扩大基础,10～30 孔为桩基础,31～33 孔为扩大基础。

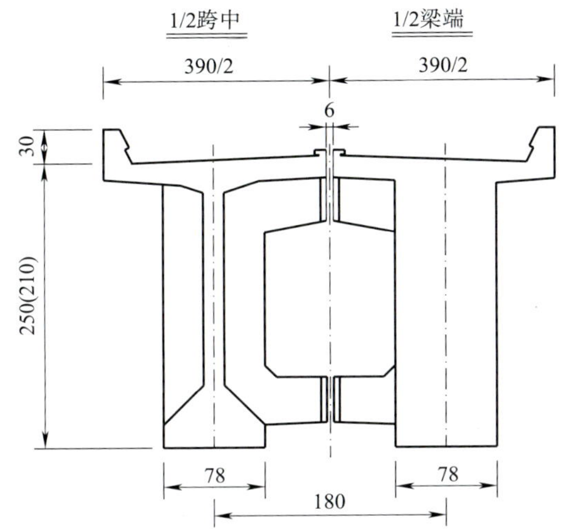

图 2-2-2 叁标桥 2019 截面图(单位:cm)

图 2-2-3 大桥全景

2.2.3 施工方法

T 梁在桥梁厂预制,通过铁路运输到桥位,由架桥机架设,墩台为现浇施工。

2.2.4 主要技术经济指标

主要技术经济指标见表 2-2-1。

表 2-2-1 主要技术经济指标表(每片梁)

图　号	叁标桥 2019	
	32 m 跨度	24 m 跨度
跨中抗裂安全系数(直线/曲线)	1.241/1.25	1.27
跨中强度安全系数(直线/曲线)	2.0/2.065	2.01
混凝土体积(m^3)	42.5	29.8
预应力钢筋(直线/曲线)(t)	2.5/3.1	1.3/1.5
普通钢筋(直线/曲线)(t)	3.5/3.7	2.5/2.6
梁重(t)	111	78

2.2.5 技术特点和创新点

本图依据《铁路桥梁跨度》(GB 904—1965),设计跨度将 31.7 m 定为 32 m、将 23.8 m 定为 24 m,

系标准图设计中首次采用。

2.2.6 梁型应用情况

叁标桥 2019 梁应用于大秦线(共 929 孔)、北京铁路枢纽斜军联络线、孝柳铁路等铁路工程建设中。

2.3 广深铁路深圳铁路高架桥

桥　　名：深圳铁路高架桥
工程项目：广深铁路复线
工程位置：广东省深圳市罗湖区
桥　　长：860.52 m
梁　　型：简支板梁、连续板梁
建设单位：广深铁路公司
设计单位：中铁工程设计咨询集团有限公司
施工单位：中国土木工程集团有限公司
设计人员：邵厚坤　肖正兴　李兴云　沈　波　付晨华
　　　　　吕嘉欣　蒙连仲　陈　烨
通车时间：1987 年 1 月

2.3.1 概　　况

广深铁路 1987 年底双线建成通车，1994 年底准高速线路改造和增建第三线工程正式投入运营，2007 年 4 月完成提速改造后速度可达 200 km/h，成为全国第一条城际公交化客运专线。深圳铁路高架桥是位于深圳核心城区的城市铁路立交工程，大桥南端紧接深圳罗湖口岸的深圳火车站，铁路穿越深圳市区的繁华商业区。桥址处为第四系地层，自上而下依次为全新统人工堆积层(含素填土、粉质黏土、中砂、圆砾、碎石等)、海冲积层(依次为淤泥质粉土、黏土、粉砂、中砂、粗砂、砾砂、圆砾等)、下伏花岗片麻岩及花岗岩。

受深圳火车站及与香港铁路衔接轨顶高程限制，需尽量压低梁高以满足桥下道路的通行净空要求，按照常规的铁路桥梁设计思路和既有的铁路标准图根本无法满足，在此情况下，设计上大胆提出应用超低高度部分预应力(B 类)混凝土梁的新构想并付诸实践，这是我国首次将部分预应力混凝土技术用于铁路桥梁。

本桥为双线铁路桥，按双单线桥设计，桥长 860.52 m，采用跨度 8 m 和 10 m 超低高度简支板梁，跨城市道路采用小跨度连续板梁。桥跨形式有：8 m 简支板梁、10 m 简支板梁、20 m 简支 T 梁、(10＋12.56＋12.56＋10) m 连续板梁。其中 20 m 简支 T 梁跨布吉河，两联连续梁分别跨越当时的特区主干道解放路和深南大道。桥梁立面(局部)如图 2-3-1 所示。

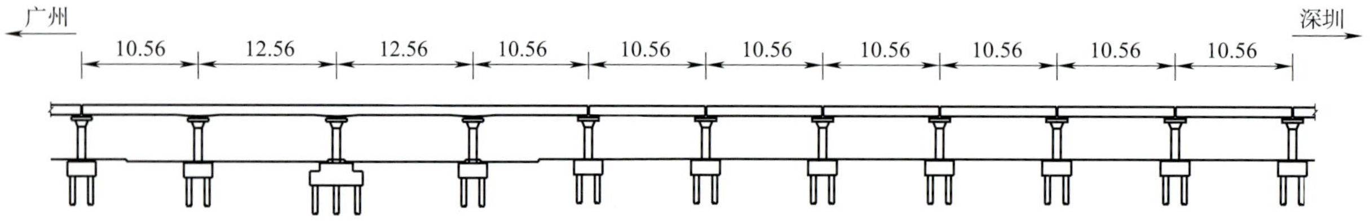

图 2-3-1　桥梁立面(局部)(单位：m)

2.3.2 结构设计

(1)超低高度部分预应力板梁

设计执行《铁路工程技术规范》(1975 年版桥规)第二篇桥涵，其中部分预应力设计参考了 CEB-

FIP1970 年版《混凝土结构设计与施工建议》和国内在编的《部分预应力混凝土结构设计建议》。

板梁按单线梁设计，简支梁跨度 8 m 和 10 m，梁顶宽 4.1 m(其中道砟槽宽 3.9 m)，梁底宽 2.3 m，板梁结构高度为 0.6 m(图 2-3-2)。简支梁最小高跨比约 1/17，连续梁最小高跨比 1/21。混凝土标号为 500 号，简支梁预应力筋采用 85/55 级 ϕ32 预应力粗钢筋，预应力管道采用橡胶抽拔管成形；连续梁预应力筋采用 1 500 MPa 级钢绞线，预应力管道采用波纹管成形。受力钢筋采用预应力筋与普通钢筋混合配筋，普通钢筋采用 T20MnSi。预应力度按 $\lambda>0.75$ 控制，确保在恒载下受拉区有足够的预压应力储备。

(2)结构静动载试验和疲劳试验

在制梁场对跨度 10 m 梁进行了静载试验，试验分两阶段进行：第一阶段加载至 1.3 倍设计荷载；第二阶段加载至 2.2 倍设计荷载(即设计破坏荷载)。加载至设计荷载时，裂缝宽度小于 0.1 mm；加载至 1.3 倍设计荷载时，裂缝宽度小于 0.2 mm，经过 6 次循环加载后，卸载至恒载状态时，裂缝全部闭合，试验结果符合设计预期。开裂后梁体刚度有所降低，实测设计荷载状态下开裂后梁体刚度是不开裂状态的 0.93 倍，实测刚度大于设计时采用的刚度折减值。加载至 2.2 倍设计荷载(即设计破坏荷载)时，梁体未发生破坏，受拉区裂缝扩展至翼缘，裂缝宽度达 0.55 mm，卸荷后裂缝仍能闭合，据此推算梁体发生破坏时的强度安全系数为 2.35～2.46。

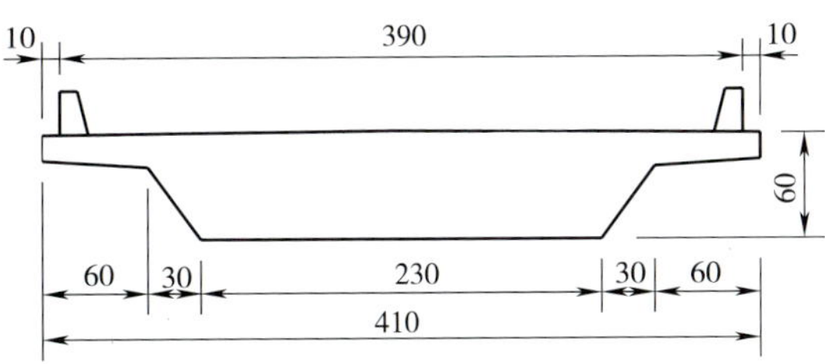

图 2-3-2　简支板梁截面(单位:cm)

在西南交通大学结构工程实验室对 8 片模拟梁进行了 300 万次循环加载的疲劳试验，并对经疲劳加载的梁进行了静载破坏试验，试验结果与理论计算基本吻合。

高架桥正式通车前，采用广深铁路运行的最大机车 DF_4 进行了动载加载试验，试验表明高架桥竖向、横向刚度均满足要求。

(3)下部结构

本桥按两条单线桥设计，每线有独立的梁和墩台。桥墩采用矩形截面钢筋混凝土桥墩，基础采用打入桩。

2.3.3　施工方法

简支梁在制梁场预制，汽车吊吊装架设；连续梁采用桥位支架现浇施工。

2.3.4　主要技术经济指标

主要技术经济指标见表 2-3-1。

表 2-3-1　板梁主要工程数量指标表

跨　度	8 m 板梁	10 m 板梁
混凝土体积(m^3)	12.9	16.4
预应力钢筋(t)	1.2	1.6
普通钢筋(t)	1.2	1.2
梁重(t)	34	43

2.3.5　技术特点和创新点

在国内首次将部分预应力(B 类)理论应用于铁路桥梁设计，有效满足了因铁路轨顶高程和桥下净空双重限制条件下对桥梁结构高度的要求，简支梁最小高跨比约 1/17，连续梁最小高跨比 1/21。

2.3.6 获奖情况

(1)获 1988 年国家优质工程银奖。

(2)获 1990 年深圳市优秀科学技术成果一等奖。

2.4 达成铁路沱江特大桥

桥　　名：沱江特大桥
工程项目：达成铁路
工程位置：四川省金堂县赵镇
桥　　长：647.12 m
梁　　型：简支 T 梁(专桥 2059)
建设单位：成都铁路局达成铁路建设指挥部
设计单位：中铁工程设计咨询集团有限公司
　　　　　中铁二院工程集团有限责任公司
施工单位：成都桥梁厂　中铁十九局
设计人员：中铁设计 郭　康　黄　坚　邓运清　谢先传
　　　　　中铁二院 许志艳　徐公望　陈俊虎
通车时间：1997 年 12 月

2.4.1 概　　况

达成铁路为国铁Ⅰ级客货共线单线铁路，设计速度 120 km/h，有砟轨道，设计活载为中—活载。达成铁路在金堂县城南赵镇下游 5 km、沱江映口上游约 800 m 处跨越沱江。大桥孔跨布置为 2×24 m+13×32 m(简支 T 梁)+2×64 m(下承式栓焊钢桁梁)+1×32 m(简支 T 梁)，全桥长 647.12 m，系地形和水文控制设计。桥梁立面如图 2-4-1 所示。

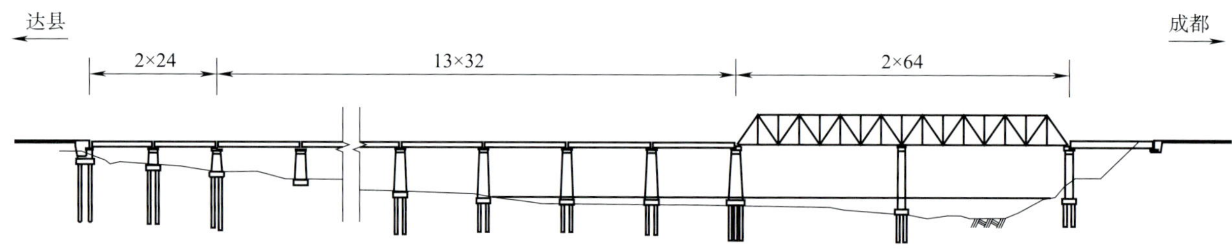

图 2-4-1　桥梁立面示意(单位：m)

2.4.2 结构设计

(1)T 梁设计

①结构尺寸

曲线半径按不小于 600 m 选取，同时考虑既有线半径大于等于 400 m 地段的要求，直曲线梁轮廓尺寸相同。

上部结构采用的 32 m 简支梁为多片式 T 梁，单线由两片 T 梁组成(图 2-4-2)，横向连接采用横隔板角钢焊接的方式，挡砟墙上浆砌 L 形挡砟块，人行道通过预埋 U 形螺栓连接。

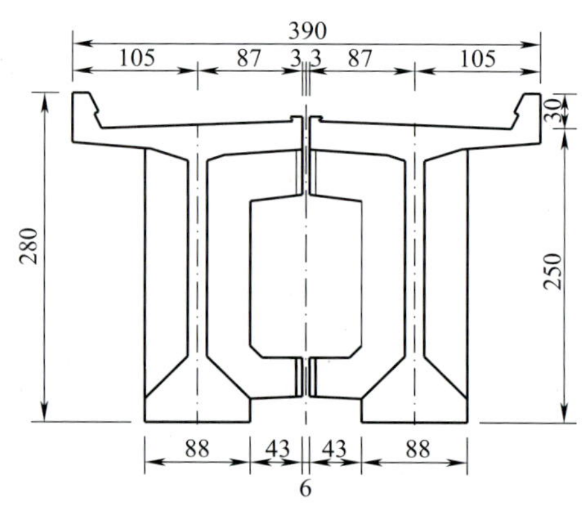

图 2-4-2　专桥 2059 截面图(单位：cm)

②主要材料

混凝土：500 号，$E_h=35$ GPa；预应力筋：$\phi 5$ 高强度钢丝$R_y^j=$

1 600 MPa，E_g＝200 GPa；普通钢筋：T20MSi 螺纹钢筋及 A3 圆钢筋；支座：ZG35 级铸钢。

(2)下部结构

桥台采用 T 形桥台，采用 150 号混凝土。桥墩均采用实体圆端形桥墩，墩顶和托盘采用 200 号混凝土，墩身采用 150 号混凝土。其中连续梁中间墩墩高 23 m，墩身纵横向均为直坡，墩颈纵向宽 2.8 m，墩颈横向宽 6.6 m(图 2-4-3)。墩身设护面钢筋。

除大里程桥台采用挖方内桥台直接设置在砂岩上以外，其余墩台基础均采用钻孔桩基础，桩径为 1.25 m，承台和桩身均为 200 号钢筋混凝土。

2.4.3　施工方法

采用工厂集中预制，铁路运输到桥位架桥机架设的方式架梁，即先铺后架方式(图 2-4-4)。

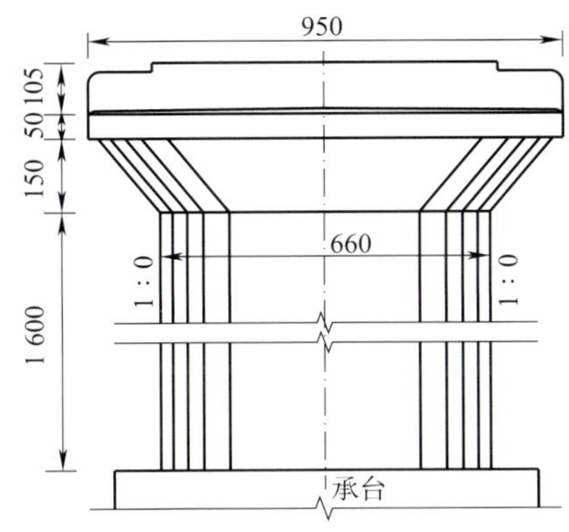

图 2-4-3　桥墩构造图(单位：cm)

图 2-4-4　架设 32 m 简支 T 梁

2.4.4　主要技术经济指标

主要技术经济指标见表 2-4-1。

表 2-4-1　主要技术经济指标(单线孔)

图　　号	专桥 2059A
竖向挠跨比	1/1 550～1/1 775
混凝土体积(m^3)	85.4
预应力钢筋(t)	5.8
普通钢筋(t)	8.5
梁重(t)	112

2.4.5　技术特点和创新点

采用的 2059 简支 T 梁图其突出优点是实现了截面简统化，提高了适应性、兼容性，扩大了模板的适用范围，方便了工厂的生产管理。T 梁底宽采用 880 mm，加大了下缘断面，提高了梁体刚度；腹板厚度采用 160 mm，同一截面不仅适用于不同的主筋(钢丝、钢绞线)、不同的张拉锚具(弗氏锚、XM、QM 锚、JM 锚、OVM 锚)，并能迅速转产，生产出适应重载及其他特殊要求的梁，满足了铁路发展的需要。

2.4.6　获奖情况

(1)获 1994 年全国工程建设优秀标准设计铜奖。

(2)获 1994 年北京市金桥计划一等奖。

2.4.7 梁型应用情况

85 桥规颁布后，专业设计院在总结以往标准设计经验的基础上，也在专桥 2039、2040、2041、2042 的基础上扬长避短并考虑几种锚具的通用性，加大了腹板厚度，调整了截面尺寸及钢束位置，编制了 8 套标准图及 4 套设计图，图号分别是专桥 2059A、B、C、D(以钢丝为主筋、弗氏锚)，专桥 2059E、F、G、H(以钢绞线为主筋、JM15 锚)，设计图的图号是专桥 2051、2052、2054、2055(以钢丝或钢绞线为主筋，XM 或 QM 锚)。专桥 2059 系列梁图广泛应用于大秦、京九、达成、渝淮、宝兰、西合、兖石、南昆、株六以及浙赣复线等铁路。

2.5 浙赣复线向西总干渠桥

桥　　名：向西总干渠桥
工程项目：浙赣复线
工程位置：江西省南昌市
桥　　长：60.4 m
梁　　型：超低高度后张法部分预应力混凝土梁(专桥 2091)
建设单位：上海铁路局
设计单位：中铁工程设计咨询集团有限公司
　　　　　中铁上海设计院集团有限公司
施工单位：南昌工程总公司
设计人员：中铁设计　李国强　雷慧锋　刘侍颐　肖正兴　陈正光
　　　　　中铁上海院　李德植　刘枝松　戴镇辉　郭杏金　杨玲芝
通车时间：1995 年 12 月

2.5.1 概　　况

浙赣复线为单线客货共线铁路，设计速度 120 km/h，有砟轨道，设计活载为中—活载。本桥位于江西省南昌市，桥址范围上部为第四系新统淤积层粉细砂，厚 6～7 m，下部为上更新统冲积层砂砾层，厚约 16 m，基岩为第三系粉砂岩。地震设防烈度为 6 度，桥址处地震动峰值加速度为 0.05g，地震动反应谱特征周期 0.35 s。

本桥跨越赣抚平原灌溉渠的总干渠，该渠系人工渠，最大设计流量 44.53 m^3/s，流速 0.68 m/s，设计水位 24.49 m。全桥长 60.4 m，全桥设一墩两台，梁跨分别为 1 孔 16 m 超低高度部分预应力混凝土梁和 1 孔 32 m 超低高度部分预应力混凝土梁。桥梁立面如图 2-5-1 所示。

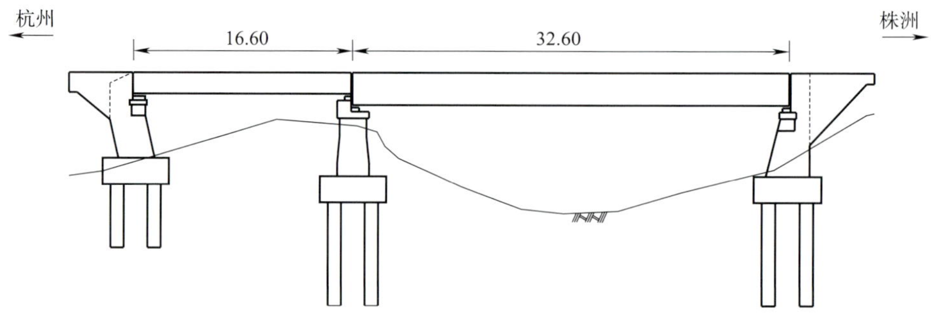

图 2-5-1　桥梁立面示意(单位：m)

2.5.2　结构设计

(1)超低高度 T 梁设计

铁路线路纵断面设计时，为了满足桥下泄洪、通航或立交等要求，经常不得不抬高线路。但复线铁路设计时，既有桥梁的建筑高度又往往制约了复线桥的设计，这时梁的建筑高度在线路方案技术、经济比较中，具有举足轻重的作用。原铁道部专业设计院设计的超低高度后张法部分预应力混凝土梁(专桥 2091)，在以往低高度梁的基础上，进一步降低了梁高，这对受标高限制桥梁工程的设计是十分重要的。

浙赣复线向西总干渠桥就是该梁型应用的代表，浙赣铁路跨向西总干渠既有老桥为 2 孔 8 m 钢筋混凝土梁，复线设计时，由于干渠标准提高，渠内不允许设墩，经多次协商研究，最后决定采用 32 m 跨度一跨过渠，经技术经济比选后采用了超低高度梁(专桥 2091)，这是首次在我国铁路建设中使用大跨度超低高度后张法部分预应力混凝土梁(为当时部分预应力梁标准设计简支梁中的最大跨度)。专桥 2091 设计跨度有 24 m、32 m，跨度 24 m 梁的曲线梁按曲线半径 $R \geqslant 400$ m 设计，跨度 32 m 梁的曲线梁按曲线半径 $R \geqslant 800$ m 设计(图 2-5-2、图 2-5-3)。

①结构构造

采用两片 T 梁组合，两侧设置带栏杆的人行道，人行道有 1.05 m、1.30 m 及 1.55 m 三种宽度类型。

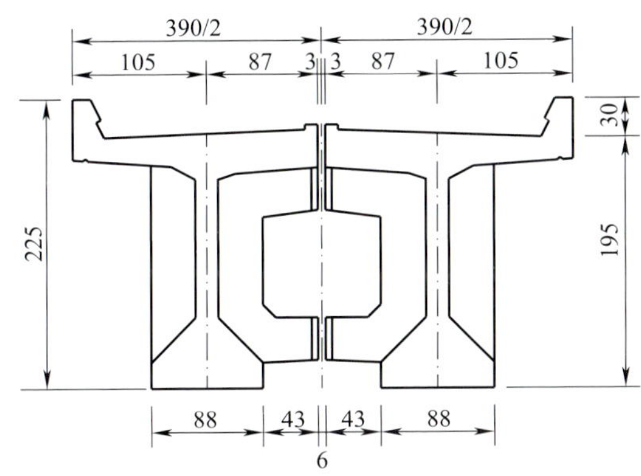

图 2-5-2　32 m 梁跨中截面图(单位：cm)

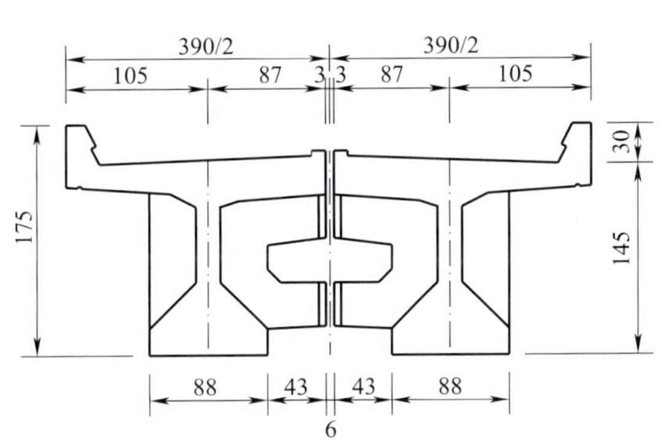

图 2-5-3　24 m 梁跨中截面图(单位：cm)

②主要材料

直线梁梁体混凝土采用 500 号，曲线梁梁体混凝土采用 550 号，封端混凝土标号不低于梁体标号的 80%。纵向预应力筋采用公称直径为 15.2 mm 的钢绞线，抗拉强度为 1 570 MPa，锚具采用 XM 锚。管道形成：抽拔 $\phi72$ 橡胶管形成张拉管道，并按 XM 型预应力体系要求在靠近锚固端处设置扩孔段。普通钢筋采用 20MnSi 热轧带肋钢筋及 A3 光圆钢筋。支座采用 TPZ 盆式橡胶支座。

(2)下部结构

桥墩为圆端形实体桥墩，支座为盆式橡胶支座。墩台均采用钻孔灌注桩基础，杭州方向桥台采用了 4 根钻孔桩，桥墩采用了 6 根钻孔桩，株洲方向桥台采用了 6 根钻孔桩。

2.5.3　施工方法

采用架桥机架设施工。

2.5.4 主要技术经济指标

主要技术经济指标见表 2-5-1。

表 2-5-1 主要技术经济指标

跨 度	32 m 直线梁	24 m 直线梁
竖向挠跨比	1/825	1/842
混凝土体积(m^3)	42.6	28.8
预应力钢筋(t)	2.7	1.8
普通钢筋(t)	5.2	3.3
梁重(t)	114	78

2.5.5 技术特点和创新点

本桥采用的 32 m 超低高度部分预应力混凝土梁为当时预应力梁标准设计简支梁中的最大跨度，该梁也是首次在我国铁路建设中使用的大跨度超低高度部分预应力混凝土梁。

(1)专桥 2091 第一次将部分预应力理论应用于铁路大跨度的桥梁工程，取得了很大的经济效益，解决了平原、河网地区桥梁下的净空问题，适应了沿海铁路干线技术改造的急迫需求。

(2)部分预应力混凝土梁可以减少持续压应力引起的徐变拱度，避免出现沿管道产生的纵向水平裂缝，低强度钢筋使梁具有良好的抗震性能，避免出现脆性破坏，一般可节省预应力筋约 20%，并可以减少制梁和张拉的施工作业量。

2.5.6 获奖情况

“超低高度后张法部分预应力混凝土梁”(专桥 2091)获 1994 年全国工程建设优秀标准设计金奖。

2.5.7 梁型应用情况

该超低高度后张法部分预应力混凝土梁应用于浙赣复线向西总干渠桥和古江桥等。

2.6 内昆铁路沙沙坡横江 7 号大桥

桥　　名：沙沙坡横江 7 号大桥
工程项目：内昆铁路
工程位置：云南省昭通市
桥　　长：240.15 m
梁　　型：简支 T 梁(专桥(01)2051)
建设单位：铁道部内昆铁路建设指挥部
梁部设计：中铁工程设计咨询集团有限公司
　　　　　中铁二院工程集团有限责任公司
施工单位：中铁二局集团有限公司　中铁一局集团有限公司
设计人员：中铁设计　吴栖碧　沈　平　陈良江　施顺涛
　　　　　　　　　　雷慧锋　王振华　常　喆　阮继红
　　　　　中铁二院　刘名君　吕　联　秦光祥　何　强
　　　　　　　　　　李　锐　谢长江　徐公望
通车时间：2002 年 5 月

2.6.1 概　　况

内昆铁路是国铁Ⅰ级客货共线单线电气化铁路，是国家“九五”重点建设项目，其中云南水富至贵州梅花山段于 1998 年开工，2002 年 5 月建成投入运营。沙沙坡横江 7 号大桥位于云南省昭通市，是一座三线桥，孔跨布置为 7×32 m 预应力混凝土简支 T 梁，桥梁全长 240.15 m（图 2-6-2）。大桥小角度跨越横江，系地形和水文控制设计。为减少对行洪的影响，桥墩采用圆柱式刚架墩，三墩柱顺水流方向布置。桥梁立面如图 2-6-1 所示。

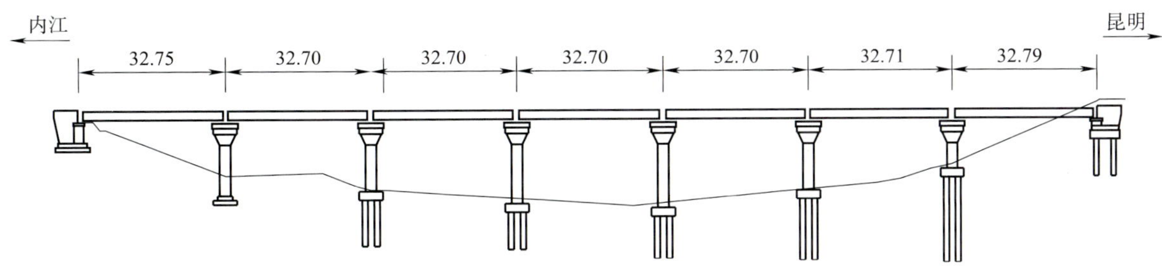

图 2-6-1　桥梁立面示意（单位：m）

2.6.2　结构设计

（1）T 梁设计

①主要技术标准

设计依据：《铁路桥涵钢筋混凝土和预应力混凝土结构设计规范》（TB 10002.3—1999）；设计活载：中—活载；设计行车速度：140 km/h；设计跨度：32 m、24 m、20 m、16 m；人行道采用角钢支架人行道形式；人行道宽度：1.05 m、1.55 m；适用于直线及曲线线路。

②主要材料

跨度 32 m：C50 混凝土；跨度 24 m：C45 混凝土；其他跨度：C40 混凝土；预应力钢筋采用抗拉极限强度 1 860 MPa 的 7ϕ5 高强钢绞线；普通钢筋采用 20MnSi 螺纹钢筋和 Q235 光圆钢筋；支座采用铸钢支座或盆式橡胶支座；防水层采用 TQF-1 型；保护层采用纤维混凝土。

③结构构造

梁顶面全宽 3.9 m，每线均由两片梁组成一孔梁（图 2-6-2）。腹板中心距：跨度 32 m、24 m 为 2.0 m，跨度 20 m、16 m 为 1.8 m。两片梁间横向联结采用在横隔板处施加预应力的联结方式。跨度 32 m 梁桥面每隔 2 m 采用湿接方式连成整体。双线及多线铁路上使用时，两线间间隙应采用特制的混凝土或铁盖板覆盖，两孔梁间采用铁盖板覆盖。

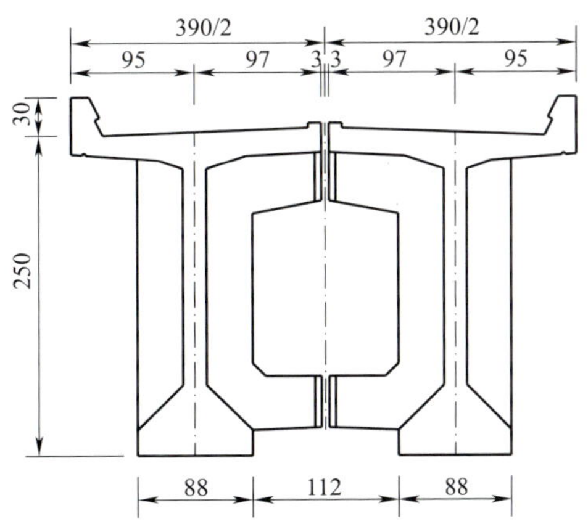

图 2-6-2　专桥（01）2051 截面图（单位：cm）

（2）下部结构

桥墩为钢筋混凝土三柱式刚架墩，垫石采用 400 号混凝土，顶帽、托盘和墩身墩柱采用 200 号混凝土。采用变截面实体圆形墩，最大墩高 19.85 m。墩顶圆弧直径 5.8 m，墩颈圆弧直径 2.8 m，墩身外壁均为直坡（图 2-6-3）。桥墩基础采用钻孔桩基础，桩径 1.25 m，最大桩长 35 m。

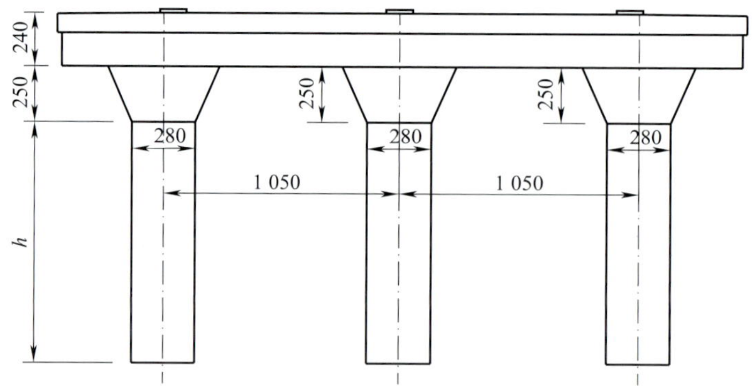

图 2-6-3　桥墩构造图（单位：cm）

2.6.3　施工方法

采用工厂集中预制，铁路运输到桥位架桥机架设的方式架梁，即先铺后架方式。

2.6.4　主要技术经济指标

主要技术经济指标见表 2-6-1。

表 2-6-1　主要技术经济指标（每片梁）

图　　号	专桥（01）2051	
类　　别	32 m 直线	32 m 曲线
竖向挠跨比	1/1 682	1/1 539
跨中抗裂安全系数	1.241	1.25
跨中强度安全系数	2.0	2.065
混凝土体积（m^3）	42.5	42.5
预应力钢筋（t）	2.5	3.1
普通钢筋（t）	3.5	3.7
梁重（t）	111	111

2.6.5　技术特点和创新点

（1）首次采用横向预应力联结两片梁，大大提高了梁体的横向刚度，使 T 梁向适应更高的行车速度迈进。

（2）设计中在管道压浆中掺入迁移性钢筋阻锈剂，可有效防止预应力钢筋的锈蚀，提高结构耐久性。

2.6.6　获奖情况

专桥（01）2051 获 2001 年全国工程建设优秀标准设计金奖。

2.6.7　梁型应用情况

专桥（01）2051 广泛应用于益湛、宝兰二线、绥佳、图佳、王万、迁曹、新建扎兰屯至阿荣旗地方铁路工程、新建地方铁路乐坝至巴中段、改建铁路沪汉蓉通道等铁路工程建设中。

2.7 格库铁路台特玛湖特大桥

桥　　名：台特玛湖特大桥
工程项目：格库铁路新疆段
工程位置：新疆维吾尔自治区若羌县
桥　　长：24.558 km
梁　　型：简支 T 梁(通桥 2101)
建设单位：乌鲁木齐铁路局
设计单位：中铁工程设计咨询集团有限公司
　　　　　中铁第一勘察设计院集团有限公司
施工单位：中铁二十一局集团有限公司
设计人员：中铁设计 沈　平　刘玉亮　徐立松　梁　磊　汪鹏翔
　　　　　中铁一院 张　宇　张振钛　陈　彪　袁国涛　徐辉元　宋德龙
通车时间：预计 2020 年 10 月

2.7.1 概　　况

格库铁路是设计速度 160 km/h 的单线铁路，采用有砟轨道。格库铁路台特玛湖特大桥穿越塔里木河尾闾台特玛湖及塔克拉玛干和库鲁塔格沙漠风沙通道，湖区长度约 7.5 km，平均水深 1.0 m 左右，最大水深约 2.0 m。设计时坚持“生态铁路”设计理念，以高架桥从南到北纵贯台特玛湖。台特玛湖湖区经多年的演变后，由西向东天然形成两个较大的湖区，地形大体西高东低，湖水经塔里木达里亚，平缓流向罗布泊。台特玛湖常水位 802.50 m，最高水位 804.50 m。

桥址范围内分布地层主要为第四系全新统人工填筑土、湖积粉质黏土、粉土、盐层及粉砂。不良地质作用主要为风沙、风蚀及地震液化。特殊岩土主要为松软土及盐渍土。盐渍土具硫酸盐、氯盐及盐类结晶侵蚀性，环境作用等级为 H3～H4、L3、Y4。地震动峰值加速度为 0.10g，地震动反应谱特征周期为 0.55 s。

全桥孔跨样式为 749×32 m+2×24 m 简支 T 梁，桥梁全长 24.558 km，梁部采用通桥 2101 系列 T 梁，桥墩全部采用花瓶式桥墩。桥梁纵贯台特玛湖区，既确保了湖水的自然流动，又为生活在湖区的野生动物留下了穿越湖区的通道，有效保护了湖区的自然生态，最大限度地减少了施工及运营期间对环境的干扰。桥梁立面(局部)及俯瞰如图 2-7-1、图 2-7-2 所示。

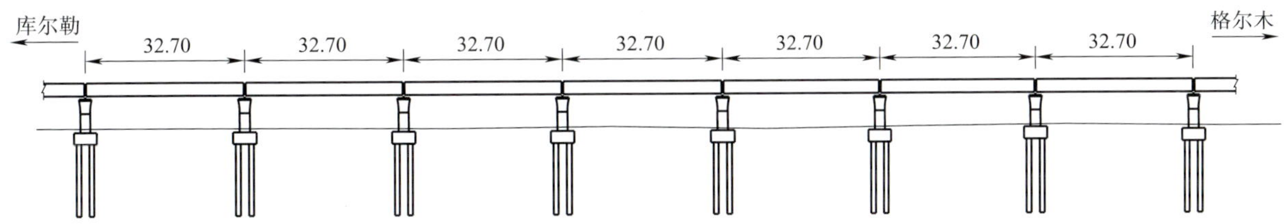

图 2-7-1　桥梁立面(局部)示意(单位:m)

2.7.2 结构设计

(1)T 梁设计

通桥 2101 为时速 160 km 客货共线铁路预制简支 T 梁通用参考图，含 5 册图纸，分别为 32 m、24 m、20 m、16 m 和 12 m 梁设计图，含单线和双线。结构类型为有砟轨道后张法预应力混凝土简支 T 梁。该系列图集于 2005 年首次颁布实施，2012 年、2016 年和 2017 分别进行了修编，目前在用的是 2017 年修编版本，图号为通桥(2017)2101。

①主要标准

环境类别及作用等级：一般大气条件下无防护措施的地面结构，环境类别为碳化环境，作用等级为 T1、T2；设计速度：客车 160 km/h，货车 120 km/h（转 8A 货车为 80 km/h）；线路情况：双线，正线直、曲线；线间距为 4.2 m；最小曲线半径为 1 200 m，并考虑小半径曲线段适用条件。

列车活载：2005、2012、2016 版本设计采用中—活载，2017 版本设计采用 ZKH 活载。

中—活载图式如图 2-7-3、图 2-7-4 所示。

图 2-7-2　台特玛湖特大桥俯瞰

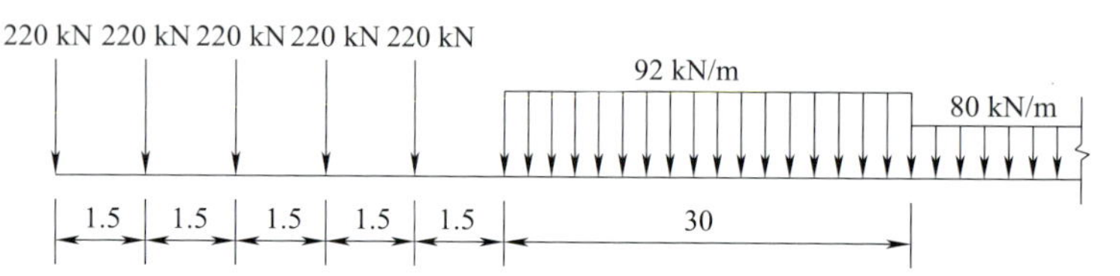

图 2-7-3　中—活载特载图式 1（单位：m）

图 2-7-4　中—活载特载图式 2（单位：m）

ZKH 活载图式如图 2-7-5、图 2-7-6 所示。

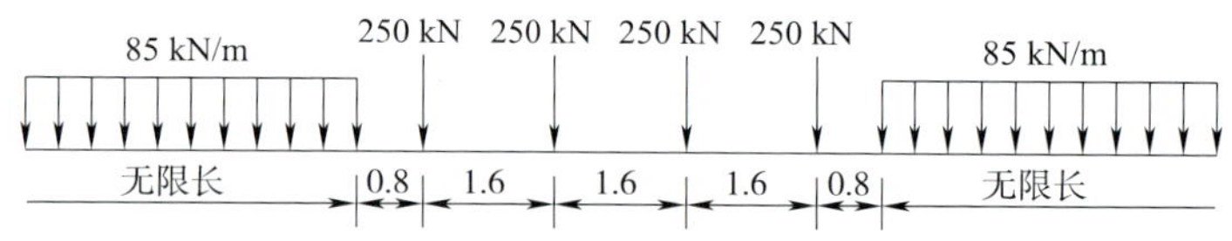

图 2-7-5　ZKH 活载标准图式 1（单位：m）

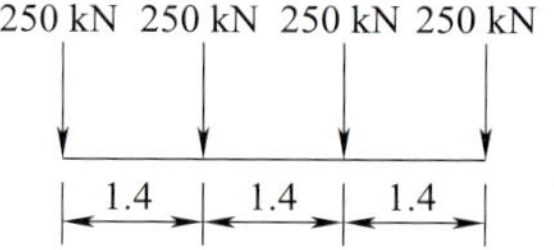

图 2-7-6　ZKH 活载特载图式 2（单位：m）

线路设备：轨枕为Ⅲ型枕，正线钢轨为 60 kg/m 轨。轨底枕下道砟厚度最小为 300 mm，轨底至梁顶的设计计算高度取 650 mm。

②主要材料

不同年代的设计图纸略有差别，2005 版梁设计时为节省工程造价，预制梁混凝土强度等级根据结构受力需要确定，尽可能采用低等级混凝土，跨度 32 m、24 m 和 20 m 梁采用 C55，跨度 16 m、12 m 梁采用 C50，桥面及横隔板湿接缝混凝土强度等级与梁体相同。2012 年修编时考虑到实际工程项目中跨度 16 m 和 12 m 梁数量很少，采用两种强度等级混凝土成本降低有限，反而不利于生产组织，因此将跨度 16 m 和 12 m 梁的混凝土强度等级提高为 C55。湿接缝现浇混凝土强度等级降为 C50，2016 年修编时进一步降到了 C40，2017 版仍采用 C40。

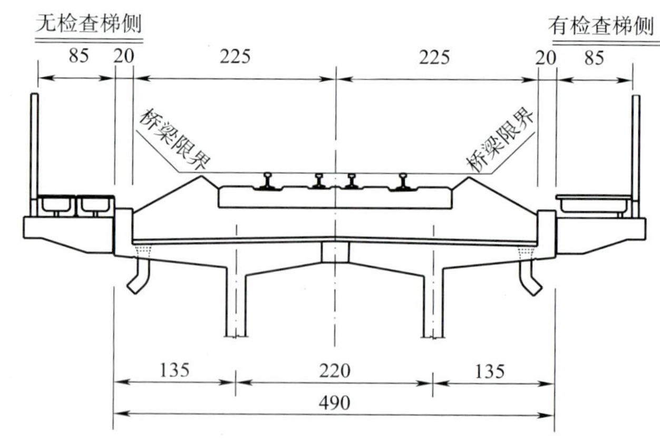

图 2-7-7　单线梁桥面布置图（单位：cm）

人行道板、L 形挡砟块混凝土强度等级为 C40。电缆槽盖板采用 RPC 盖板，内设 E5 钢筋网。

纵向预应力筋采用公称直径为 15.2 mm 的钢绞线，抗拉强度为 1 860 MPa，弹性模量为 1.95×10^5 MPa。横向预应力筋在 2016 版之前采用的是钢绞线，2017 年修编时改为了公称直径 16 mm 的预应力钢棒。

2005、2012 版普通钢筋采用 HPB235 钢筋及 HRB335 钢筋，2016、2017 版普通钢筋采用了 HPB300 和 HRB400 钢筋。

2005、2012、2016 版人行道角钢支架栏杆及预埋 T 钢采用 Q225 钢料；2017 版横梁钢料、预埋钢板采用 Q345，栏杆采用 Q235。

③结构构造

单线采用两片边梁(图 2-7-7)，双线采用两片边梁和两片中梁(图 2-7-8)。桥面两侧设人行道，2005、2012、2016 版人行道均采用角钢支架上铺人行道板方式，电缆槽采用外挂式电缆槽设置于栏标上外侧。2017 版人行道采用钢横梁结构上铺设预制混凝土 U 形槽＋RPC 盖板形式。电缆置于 U 形槽内。

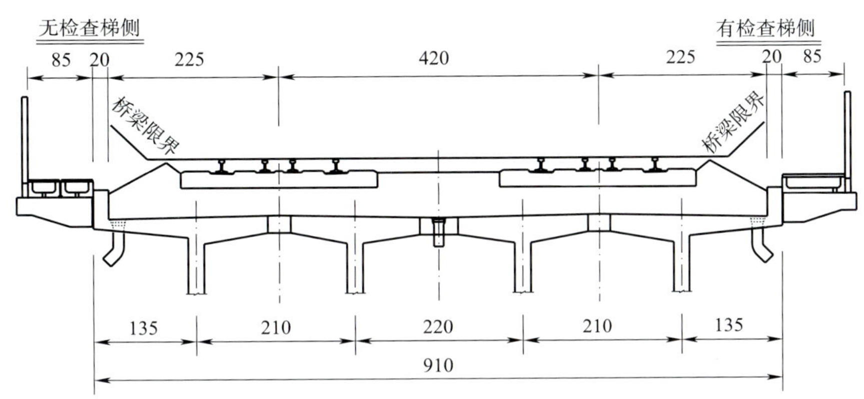

图 2-7-8　双线梁桥面布置图(单位：cm)

线间距 4.2 m 时，单线铁路预制梁桥面宽 4.9 m，双线铁路预制梁桥面宽 9.1 m。

预制边梁顶宽为 2.3 m，中梁顶宽 1.7 m，下缘宽均为 0.88 m；腹板厚度 0.21 m。跨度 32 m 梁梁高 2.5 m。

(2)下部结构

桥墩采用了易于风沙通过的流线型花瓶墩。

2.7.3　施工方法

简支 T 梁采用工厂预制、架桥机架设，墩台现浇施工；湖区承台采用修建筑岛平台，拉森钢板桩围堰防护施工。

2.7.4　主要技术经济指标

主要技术经济指标见表 2-7-1。

表 2-7-1　主要技术经济指标

图　号	通桥(2017)2101 (跨度 32 m 梁)	
	边　梁	中　梁
竖向挠跨比	1/1 825	1/1 672
跨中抗裂安全系数	1.25	1.24
跨中强度安全系数	2.05	2.03
混凝土体积(m^3)	53.7	50.0
预应力钢筋(t)	3.0	3.0
普通钢筋(t)	6.9	6.2
梁重(不含防水层保护层)(t)	134	125

2.7.5　技术特点和创新点

(1)简支 T 梁

①桥面、横隔板通过湿接缝混凝土连成整体，加大了跨中和端部横隔板尺寸，并于横隔板处增设横

向预应力筋，增强了每孔梁的整体性，使动力特性满足列车运行安全性和舒适性要求。

②人行道与梁体间的连接件由预埋 U 形螺栓调整为预埋 T 形钢，增加了连接件安全性和耐久性。

③人行道支架采用组合工字形钢横梁，钢横梁上铺设 U 形槽，顶部采用 RPC 混凝土盖板覆盖，U 形槽作为电缆槽使用，取消了外挂电缆槽。电缆槽设置于人行道下方，为电缆的养护维修提供了便利条件，且节省造价效果明显。工字形钢横梁在工厂焊接成型，质量易于保证。

(2)桥梁工点

本桥充分考虑环保需求，设计考虑湖区、强风沙、强侵蚀等环境特点并采取针对性措施，主要技术特征及解决方案如下：

①强侵蚀环境：针对桥址范围内侵蚀环境作用等级 L3、H4、Y4 的特点，结合西北地区工程经验，设计采用高性能混凝土，基础底部加铺沥青混凝土，基础四周涂刷热沥青、墩身涂刷防腐涂料等针对性措施。施工反馈相关措施可行，防腐效果良好。

②强风沙环境：针对强风沙范围桥跨，设计通过专题研究，风沙区桥下净空高度按不小于 10 m 控制，桥梁混凝土采用满足磨蚀、干旱、侵蚀等条件的高性能混凝土，桥墩采用易于风沙通过的流线型花瓶墩。

2.7.6 获奖情况

(1)时速 160 km、200 km 客货共线铁路预制后张法简支 T 梁(钢横梁人行道方案)获 2019 年中国中铁优秀工程设计三等奖。

(2)时速 200 km 客货共线铁路预制后张法简支 T 形梁获 2007 年铁道部铁路工程建设优秀标准设计二等奖。

2.7.7 梁型应用情况

与通桥 2101 同期发布实施的简支 T 梁通用参考图还有时速 200 km 客货共线铁路预制简支 T 梁，即通桥 2201 系列。从 2005 年开始，通桥 2101 和 2201 系列通用参考图广泛用于我国时速 160、200 km 客货共线铁路建设中，在部分高速铁路和客运专线的联络线上亦有使用。

2.8 青藏铁路三岔河特大桥

桥　　名：三岔河特大桥
工程项目：青藏铁路
工程位置：青海省西宁市
桥　　长：690.19 m
梁　　型：简支 T 梁(专桥青藏系列)
建设单位：青藏铁路公司
设计单位：中铁工程设计咨询集团有限公司
　　　　　中铁第一勘察设计院集团有限公司
施工单位：中铁十四局集团有限公司
设计人员：中铁设计　柳学发　陈良江　邓运清　侯建军
　　　　　　　　　　王文利　罗静峰　王振华　刘春彦
　　　　　中铁一院　张志英　陶玉莲　周致强　高翰青
　　　　　　　　　　吴少海　杨少军　郑继平　黎祖周
通车时间：2006 年 7 月

2.8.1 概　　况

青藏铁路是国铁Ⅰ级单线非电气化客货共线铁路，设计最高行车速度 120 km/h，设计活载为中—活载，全线桥长约 160 km，其中冻土区桥梁总长约 116 km。

三岔河特大桥位于青藏铁路格拉段纳赤台上游约 15 km 的山前区，桥址处地层为第四系全新统冲积圆砾土、粗砂、细砂的互层，拉萨侧局部出露古生界石灰岩，石灰岩灰白色，石质坚硬，强风化层 0.5～6.5 m，Ⅳ层为软石，弱风化，Ⅴ层为次坚石，最大冻结深度 2.2 m。抗震设计按 8 度考虑。本桥为单线桥，全长 690.19 m，孔跨布置为 1×24 m+20×32 m 预应力混凝土简支梁。桥梁立面及大桥远景如图 2-8-1、图 2-8-2 所示。

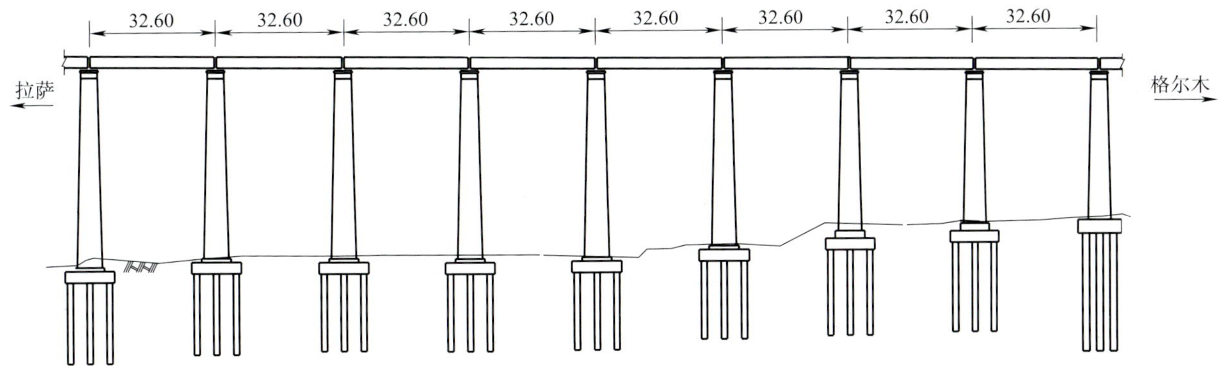

图 2-8-1　桥梁立面布置(单位:m)

青藏铁路桥梁要克服施工条件恶劣、强紫外线作用、冻融循环侵蚀、养护不便、高地震烈度、环境保护等工程难题，针对工程特点提出了高耐久性桥梁的设计理念，对青藏铁路桥梁形式和提高桥梁耐久性措施进行了专门研究：以长寿命观点，综合考虑梁体、桥面、支座、附属设备及墩台的高耐久性，从结构、材料、工艺等方面着手，采用了以先张梁结构为主、高性能混凝土、真空压浆、新型支座、耐低温防水层等 10 多项提高耐久性措施，研制了施工简便、养护维修少的高耐久性桥梁。对钢—混结合梁，考虑了−45 ℃低温的影响，采取了针对性的防脆断设计；结合青藏铁路恶劣环境，混凝土桥面采用了预制拼装方案以减少现场工作量。

由于青藏铁路冻融作用及高耐久性桥梁设计均超出了桥梁设计规范的范围，桥梁标准设计有其不适应性，为此提出了青藏铁路冻土区桥梁设计原则和设计标准，经过 75 种梁型的比选，选定了 10 种预应力混凝土梁和 3 种结合梁，完成施工图 15 套，其中跨度 24 m 先张梁折线配筋在我国首次使用。

图 2-8-2　大桥远景

针对青藏铁路特殊的低温和冻融现象，原铁道部组织开展了“青藏线常用跨度桥梁技术和提高耐久性措施试验研究”“青藏铁路钢—混结合梁的试验研究”两项科研，编制了《青藏铁路高原冻土区预制预应力混凝土简支梁 技术条件和检验方法》。这些科研项目填补了我国高原冻土区桥梁研究的空白，提出了提高耐久性的措施，为钢—混结合梁的低温防脆断设计提供了理论指导，部分成果纳入了现行桥梁设计规范中。

2.8.2　结构设计

(1)T 梁设计

①主要设计原则

线路标准：Ⅱ级，预留Ⅰ级条件，桥梁按Ⅰ级线路设计。曲线半径一般为 1 000 m，困难地段为 600 m，桥梁按最小半径 600 m 设计；设计活载：中—活载；线路设备轨枕为Ⅱ型枕，钢轨为 50 kg/m 轨，钢轨处枕下道砟厚度最小为 250 mm，轨底至梁顶的高度取 600 mm。

跨度 8 m、12 m、16 m、24 m 采用先张梁；跨度 32 m 采用后张梁（抗震烈度 9 度以下地区）或结合梁（抗震烈度 9 度地区）。

道砟槽顶面外缘宽度为 4.2 m，人行道宽 0.5 m，其结构仍采用标准图形式。避车台按《桥规》要求设置。电缆槽置于人行道支架外侧。

②截面设计

各种跨度预应力混凝土梁均采用两片式 T 梁（图 2-8-3），由于传力锚固时混凝土应力、运营时钢绞线应力幅等设计指标比标准设计更加严格，同时为减小徐变上拱度，减少养护维修工作量，本设计中较大跨度及低高度梁梁高较标准图适当加高（表 2-8-1）。实际工程中青藏铁路冻土区建筑高度不控制，适当提高梁高未引起工程量的显著增加。

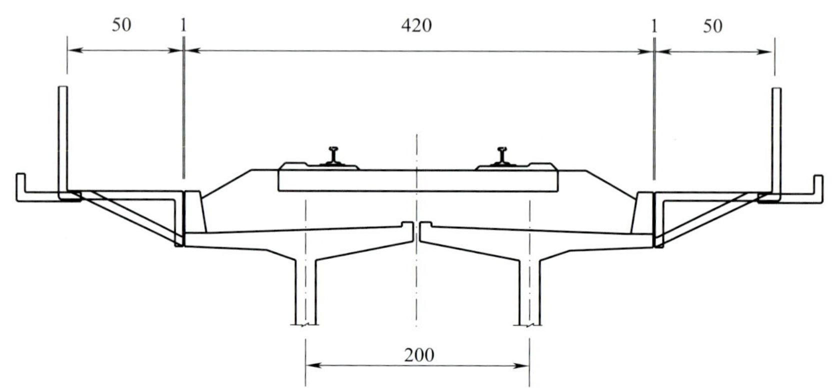

图 2-8-3　耐久梁桥面布置图（单位：cm）

表 2-8-1　主要结构尺寸

图　号	图　名	全长（m）	梁高（m）	梁顶/底宽（m）	支座中心距（m）
专桥青藏 01	跨度 8 m 普通高度先张法　预应力混凝土梁	8.5	1.1	2.07/0.68	2.0
专桥青藏 02	跨度 12 m 普通高度先张法　预应力混凝土梁	12.5	1.55	2.07/0.68	2.0
专桥青藏 03	跨度 16 m 普通高度先张法　预应力混凝土梁	16.5	1.90	2.07/0.68	2.0
专桥青藏 05	跨度 16 m 低高度先张法　预应力混凝土梁	16.5	1.30	2.07/1.06	2.0
专桥青藏 04	跨度 24 m 普通高度先张法　预应力混凝土梁	24.6	2.20	2.07/0.88	2.0
专桥青藏 06	跨度 24 m 低高度先张法　预应力混凝土梁	24.6	1.70	2.07/1.06	2.0
专桥青藏 07	跨度 32 m 普通高度后张法　预应力混凝土梁	32.6	2.6	2.07/0.88	2.0
专桥青藏 08	跨度 32 m 低高度后张法　预应力混凝土梁	32.6	2.2	2.07/1.06	2.0
专桥青藏 09	跨度 24 m 普通高度后张法　预应力混凝土梁	24.6	2.20	2.07/0.88	2.0
专桥青藏 10	跨度 24 m 低高度后张法　预应力混凝土梁	24.6	1.70	2.07/1.06	2.0

③新材料、新工艺

设计时考虑了冻融循环作用对梁体的影响，冻融循环标准取 300 次；我国铁路桥梁中第一次使用折线配筋先张梁，第一次使用跨度 24 m 先张法预应力混凝土梁；后张梁纵向预应力管道采用真空压浆；梁体混凝土采用高性能混凝土，加入Ⅰ级粉煤灰和硅灰。

（2）下部结构

三岔河特大桥为青藏铁路最高的桥，桥高 53 m。桥台采用 T 台，3～19 孔采用空心圆形桥墩，1、2 孔及 20 孔采用实体圆端形桥墩。桥台采用明挖基础，1、2、19、20 孔采用挖井基础，3～18 孔采用钻孔桩基础；3～5 孔桩径采用 180 cm，6～18 孔桩径采用 150 cm。

2.8.3 施工方法

各种孔跨耐久梁均为梁场预制、架桥机架设。T 梁架设实景如图 2-8-4 所示。

图 2-8-4 T 梁架设

2.8.4 主要技术经济指标

主要技术经济指标见表 2-8-2。

表 2-8-2 主要技术经济指标(每片梁)

图号	专桥青藏 07	专桥青藏 04
跨度(m)	32	24
竖向挠跨比(直线/曲线)	1/1 979、1/1 769	1/2 834、1/1 769
跨中抗裂安全系数(直线/曲线)	1.23/1.21	1.33/1.28
跨中强度安全系数(直线/曲线)	2.11/2.05	2.16/2.12
混凝土体积(m^3)	47.5	32.6
预应力钢筋(直线/曲线)(t)	2.4/2.7	1.2/1.3
普通钢筋(直线/曲线)(t)	5.6	4.3
梁重(t)	123	85

2.8.5 技术特点和创新点

(1)针对青藏铁路特殊的低温冻融等恶劣条件,在我国桥梁中首次提出耐久性概念。

(2)首次系统提出了我国耐久混凝土梁和－40 ℃环境条件下钢梁混凝土桥面板结合梁设计标准和设计原则,填补了我国高原冻土区桥梁的空白。

(3)以全寿命观点,综合考虑桥面、梁体、支座、附属设备及墩台的高耐久性,从结构、材料、工艺等方面着手,提出了施工简便、高耐久性的桥梁新结构。

(4)提出了设计时冻融循环作用对梁体的影响标准:冻融循环取 300 次。

(5)我国铁路工程第一次在先张法预应力混凝土梁中使用折线配筋新工艺,将我国先张法预应力混凝土梁使用跨度从 20 m 拓展到 24 m。

(6)取得多项科研成果,填补我国高原冻土区桥梁研究的空白,形成了一套高原冻土区桥梁设计方法。

2.8.6 获奖情况

青藏铁路获 2008 年国家科学技术进步特等奖。

2.8.7 梁型应用情况

青藏铁路耐久梁桥梁总长：116 km，共 5 853 孔，其中先张梁 3 346 孔，后张梁 2 507 孔。

2.9 浩吉铁路华洪运河特大桥

桥　　名：华洪运河特大桥
工程项目：浩吉铁路
工程位置：湖南省岳阳市君山区
桥　　长：2.840 km
梁　　型：简支 T 梁（蒙华桥 2103B、2104B）、连续梁
建设单位：浩吉铁路股份有限公司
设计单位：中铁工程设计咨询集团有限公司
施工单位：中铁十六局　中交三航局
设计人员：徐升桥　王德华　沈　平　李海霞　刘玉亮　高　策　胡国华　梁　磊
通车时间：2019 年 9 月

2.9.1 概　　况

浩吉铁路（原蒙华铁路）设计速度 120 km/h，有砟轨道，重载铁路，双线、线间距 4.0 m。线路北起东乌铁路浩勒报吉站，经内蒙古、陕西、山西、河南、湖北、湖南、江西七省（自治区），终点到达江西省吉安，线路全长 1 814.33 km，为世界上一次建成最长的重载铁路，是国家投融资体制改革的示范项目。

华洪运河特大桥位于湖南省岳阳市君山区，处于东洞庭湖国家级自然保护区，跨越华洪运河、白浪湖、省道 306 及建新垸分洪区。桥址附近地势较为平坦，多为农田水塘。以 1954 年建新垸水位 33.03 m 作为设计水位，华洪运河通航等级为Ⅶ级，桥位处最高通航水位为 30.50 m。桥址区地层按成因分类，主要为第四系冲积覆盖层，下伏基岩为元古界石英砂岩及燕山期花岗岩，淤泥质粉质黏土流塑～软塑层厚 2.6～21.1 m，硬塑层厚 20～30 m，其下为细砂、全风化石英砂岩。桥址区地震动峰值加速度为 0.10g，地震动反应谱特征周期为 0.35 s。

本桥为双线桥，桥上线间距为 4.08～4.13 m，无缝线路有砟轨道，按重型轨道设计，双线地段重车方向预留特重型轨道结构。全桥以“蒙华桥 2103B（无声屏障）”“蒙华桥 2104B（设声屏障）”系列32 m、24 m 预制架设简支 T 梁为主，桥梁孔跨：75×32 m＋5×24 m 简支 T 梁＋（32＋48＋32）m 连续梁＋（40＋56＋40）m 连续梁。桥梁立面如图 2-9-1 所示。

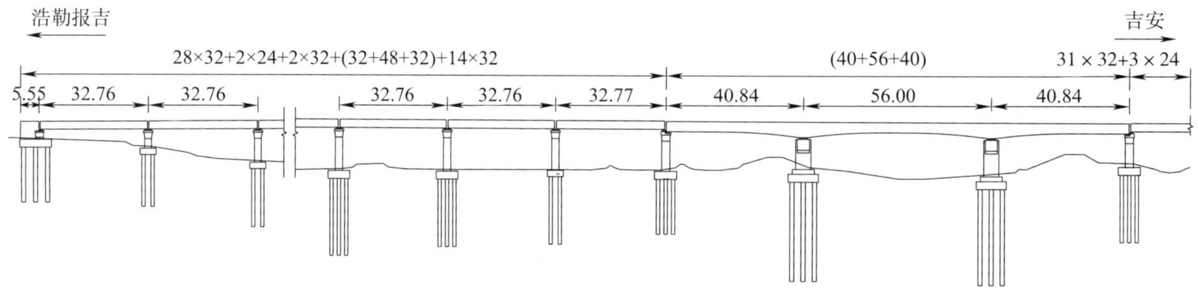

图 2-9-1　桥梁立面示意（单位：m）

2.9.2 结构设计

(1)T 梁设计

①主要标准

环境类别及作用等级:一般大气条件下无防护措施的地面结构,环境类别为碳化环境,作用等级为T1、T2;设计速度:客车 160 km/h,重载货物列车 100 km/h(C_{62}、C_{64} 为 80 km/h);线路情况:双线,正线直、曲线,线间距 4.0~5.0 m。满足大型养路机械养护要求的最小曲线半径 1 200 m,结构承载力允许最小曲线半径 800 m;特殊困难条件下,单线梁最小曲线半径 600 m。列车活载:采用中—活载(2005)ZH 标准(z=1.2)(图 2-9-2、图 2-9-3);线路设备轨枕为Ⅲ型枕,轨底枕下道砟厚度最小为 350 mm,轨底至梁顶的设计计算高度取 700 mm。

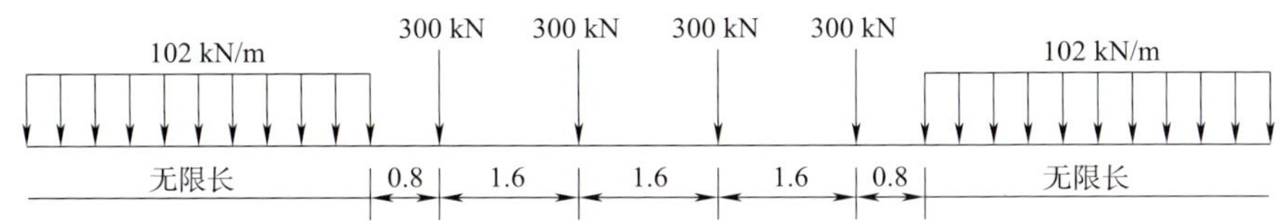

图 2-9-2 标准图式(单位:m)

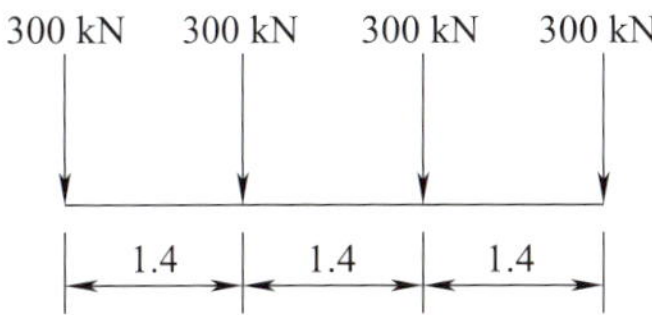

图 2-9-3 特载图式(单位:m)

②主要材料

梁体混凝土强度等级 C60。封锚混凝土采用补偿收缩细石混凝土,纵向预应力封锚混凝土强度等级为 C60,横向预应力封锚混凝土强度等级为 C40。现场浇筑横隔板及桥面板连接湿接缝混凝土采用补偿收缩细石混凝土,强度等级为 C40。人行道板、L 形挡砟块混凝土强度等级为 C40。电缆槽盖板采用 RPC 盖板,内设 E5 钢筋网。纵向预应力筋采用公称直径为 15.2 mm 的钢绞线,抗拉强度为 1 860 MPa,弹性模量为 1.95×10^5 MPa。横向预应力筋采用公称直径 16 mm 的预应力混凝土用钢棒,抗拉强度 1 420 MPa,弹性模量为 2.0×10^5 MPa、松弛率 2%。普通钢筋采用 HPB300 钢筋及 HRB400 钢筋。人行道横梁钢料、预埋钢板采用 Q345,预埋套筒采用 45 号钢调制。

③结构构造

单线由两片边梁组成,双线由两片边梁和两片中梁组成(图 2-9-4、图 2-9-5)。桥面两侧设人行道,无检查梯侧人行道宽为 0.85 m,设检查梯侧人行道宽为 1.0 m,声屏障立柱基座内侧至线路中心线分别为 3.30 m、3.45 m。人行道采用钢横梁结构上铺设预制混凝土 U 形槽+RPC 盖板形式,挡砟墙上预埋套筒。钢横梁与声屏障基座焊接成整体,采用螺栓与预埋套筒连接。

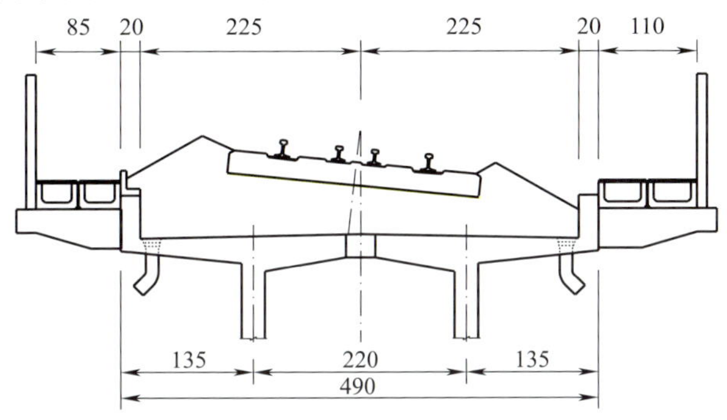

图 2-9-4 单线梁桥面布置图(单位:cm)

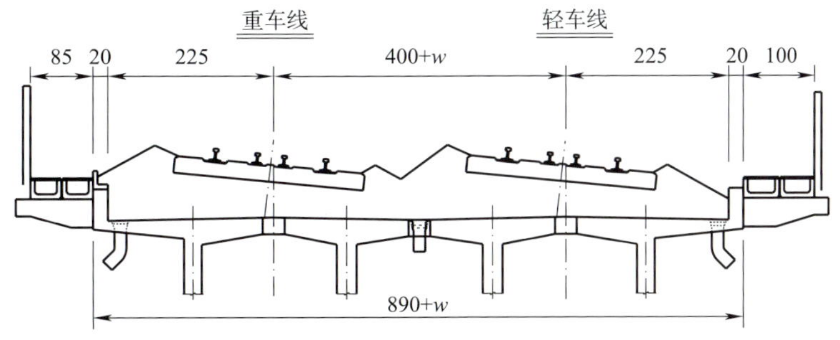

图 2-9-5 双线梁桥面布置图(单位:cm)

单线铁路预制梁桥面宽 4.9 m，双线铁路预制梁标准桥面宽 8.9 m；双线梁按线间距 4.0 m 设计，当线间距在 4.0～5.0 m 之间时，调整中梁间湿接缝宽度，当线间距大于 5.0 m 时采用双单线并置布置，同一座桥全桥采用一种布置形式。两单线间缝隙采用钢盖板覆盖，盖板尺寸根据线间距相应调整。预制边梁顶宽为 2.3 m，中梁顶宽 1.7 m，下缘宽均为 0.88 m。腹板厚度 0.24 m。跨度 32 m 梁梁高 2.6 m。电缆铺设于人行道板内，顶部采用 RPC 混凝土盖板覆盖。两孔梁梁缝间用钢盖板覆盖。

（2）下部结构

简支 T 梁桥墩采用圆端形桥墩，如图 2-9-6 所示。全桥墩台基础均采用钻孔灌注桩基础，桩径根据不同跨度和地质条件分别采用 1.0 m、1.25 m、1.5 m。

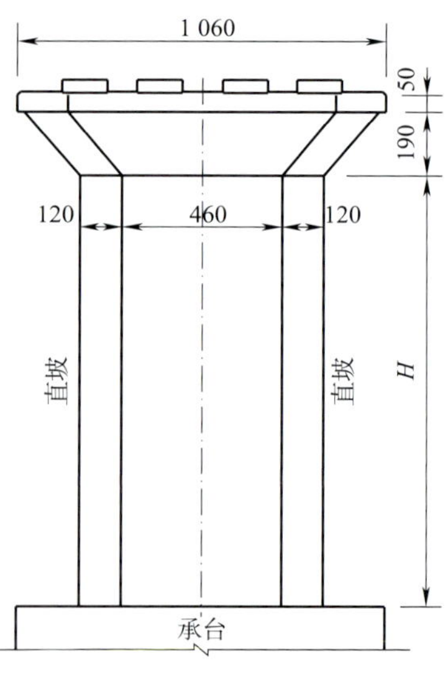

图 2-9-6　桥墩大样图（单位：cm）

2.9.3　施工方法

32 m 和 24 m 简支 T 梁由君山梁场预制，架桥机架设。T 架现场架设情况如图 2-9-7 所示，大桥近景如图 2-9-8 所示。

图 2-9-8　大桥近景

图 2-9-7　T 梁架设

2.9.4　主要技术经济指标

主要技术经济指标见表 2-9-1。

表 2-9-1　主要技术经济指标

图　号	蒙华 2103B（跨度 32 m 梁）	
	边　梁	中　梁
竖向挠跨比	1/1 723	1/1 589
跨中抗裂安全系数	1.28	1.28
跨中强度安全系数	2.08	2.09
混凝土体积（m^3）	56.2	53.6
预应力钢筋（t）	3.1	3.3
普通钢筋（t）	9.1	8.4
梁重（t）	150	141

2.9.5　技术特点和创新点

（1）结构设计满足重载铁路要求。

(2)人行道支架采用组合工字形钢横梁,钢横梁上铺设双 U 形板,每侧提供两个电缆槽道,顶部采用 RPC 混凝土盖板覆盖。工字形钢横梁在工厂焊接成型,质量易于保证,与梁体采用螺栓连接,在挡砟处预埋套筒,方便施工。U 形人行道板结构每侧提供了 2 个电缆槽,取消了外挂电缆槽。电缆槽设置于人行道下方,为电缆的养护维修提供了便利条件,且节省造价效果明显。

(3)调整人行道宽度,使线路中心至人行道栏杆内侧的净距满足不小于 3.25 m 的要求,取消避车台、增设检查梯,精减结构,降低造价。

2.9.6　梁型应用情况

浩吉铁路全线简支梁均采用了蒙华桥 2103B 和蒙华桥 2104B 系列梁型。蒙华桥 2103B 为无声屏障梁,蒙华桥 2104B 为设声屏障梁。

2.10　秦沈客运专线月牙河特大桥

桥　　名：月牙河特大桥
工程项目：秦沈客运专线
工程位置：辽宁省盘山县
桥　　长：10.263 km
梁　　型：简支箱梁(专桥秦沈系列)
建设单位：秦沈客运专线指挥部
设计单位：中铁工程设计咨询集团有限公司
　　　　　中国铁路设计集团有限公司
施工单位：中铁大桥局集团有限公司
设计人员：中铁设计 邓运清　陈良江　盛黎明　侯建军
　　　　　　　　　 刘建瑞　徐立松
　　　　　中国铁设 张文建　谢跃军
通车时间：2002 年 12 月

2.10.1　概　　况

秦沈客运专线设计速度 200 km/h,采用有砟轨道,双线、线间距 4.6 m,是我国自行设计修建的第一条双线电气化客运专线,同时也在我国铁路建设史上第一次大规模采用预应力混凝土整孔简支箱梁作为主导梁型。

月牙河特大桥地处东北的辽西走廊,位于辽宁省盘山县境内的月牙河附近,地质由上而下分布软砂黏土层、砂黏土层等,属中温带季风气候区,最低气温 −33 ℃,最大冻土深度达 1.46 m。桥址位于 7 度地震区,桩基础需穿过可液化土层,桥梁设置防止落梁措施。主要不良地质表现为:约 10 km 范围的软土、松软土层及盐渍土地区。根据地质报告要求,桥址区按照地下水对混凝土具硫酸盐中等侵蚀考虑。相应范围的墩台、基础采取抗侵蚀性的措施。大桥全长 10 263.26 m,为当时国内最长的双线铁路桥,桥式孔跨由 405×24 m 和 12×20 m 预应力混凝土简支箱梁组成。桥梁基础类型区别地质条件采用打入桩和钻孔桩基础。桥梁立面如图 2-10-1 所示。

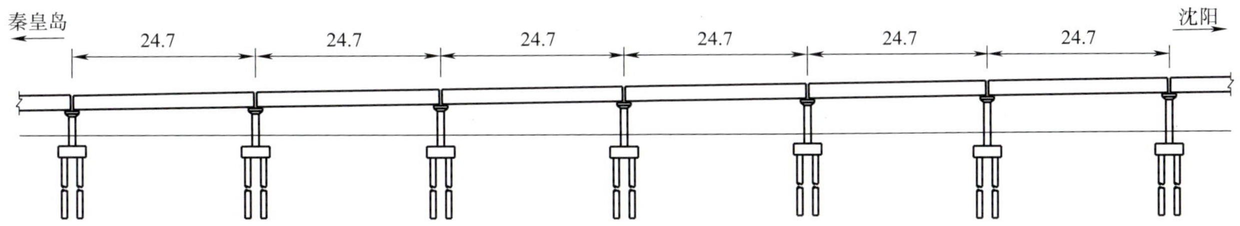

图 2-10-1　桥梁立面示意(单位:m)

2.10.2 结构设计

由于客运专线主要技术标准与普速铁路存在很大差异，现有普速铁路桥梁梁部、墩台结构设计已经不再适用，所以合理的桥跨结构形式是月牙河特大桥设计首先要解决的问题。

在本桥设计过程中，对常用桥跨结构形式进行了全面的综合技术经济比选，比选中考虑了双线箱梁、单线箱梁、Π形梁、T梁等梁部形式，12～32 m不同梁跨，分别按排洪桥、旱桥等桥梁类型，考虑明挖基础、桩基等不同基础类型，并针对梁部施工分别考虑架桥机架设、满布支架现浇、移动支架现浇多种施工方式。依据综合技术经济比选成果，确定了以24 m跨度箱梁作为常用梁跨，20 m跨度箱梁为调跨梁跨的设计原则。

(1)箱梁设计

①主要标准

设计速度为200 km/h，基础设施预留250 km/h；设计活载为ZK活载，有砟轨道，双线、直曲线，线间距4.6 m。计算跨度：24 m，桥面全长24.6 m；桥面宽度：两侧人行道栏杆内侧净距为12.1 m，桥面顶宽为12.4 m，如图2-10-2所示。大桥近景如图2-10-3所示。

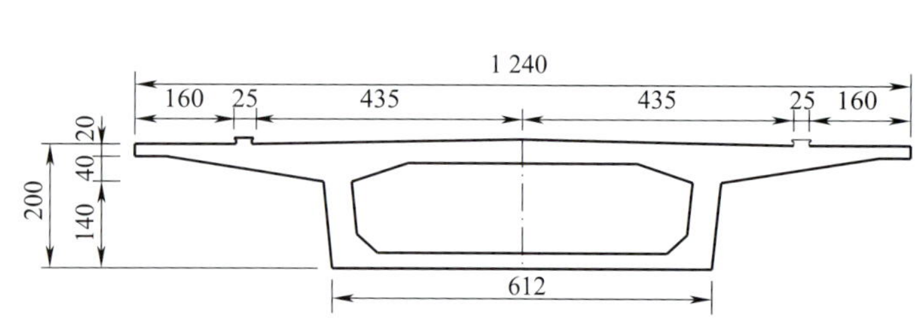

图2-10-2 箱梁截面构造图(单位：cm)

图2-10-3 大桥近景

②结构尺寸

单箱单室等高度预应力混凝土简支箱梁，两端腹板局部加宽，并在端部设置隔墙，梁上腹板设置通风孔。进人孔设在梁端底板处。

③主要材料

梁体混凝土标号为500号；封端混凝土采用环氧砂浆或不低于350号混凝土；保护层为400号纤维混凝土；遮板及挡砟墙采用400号混凝土。预应力筋采用1×7标准型高强低松弛钢绞线，其强度级别为1 860 MPa，公称直径为15.2 mm，其技术条件符合GB/T 5224—1995的标准；锚固体系采用STM、XYM、AM、OVM系列锚具及与其配套的支承垫板、弹簧圈等，纵向管道的形成采用抽拔橡胶棒或波纹管成孔。钢筋采用20MnSi热轧带肋钢筋、A3热轧光圆钢筋。防水层采用氯化聚乙烯防水卷材和聚氨酯防水涂料共同构成的TQF-Ⅰ型防水层。保护层采用400号纤维混凝土。箱梁支座采用QSPZ型盆式橡胶支座。

(2)下部结构

桥台采用双线耳墙式桥台，河道内采用双线双圆柱桥墩及双线圆端形桥墩，其余均采用双线矩形双柱桥墩，全桥平均墩高约4.5 m。桥台及河道内桥墩采用直径100 cm钻孔桩基础，其余均采用直径55 cm打入桩基础。

2.10.3 施工方法

月牙河特大桥采用的箱形梁自重大、梁体宽，梁场整体预制(图2-10-4)，梁体重达530 t，梁部运架施工是一个新的课题，国内原有的架桥机都不能满足梁部施工需要。经多方论证比选，最终确定月牙河特大桥的箱梁以 JQ600 下导梁轮轨式架桥机运架一体化施工法进行安装(图 2-10-5),架桥机和运梁车在吊装及运输能力上从过去的 160 t 飞跃至 550 t,较常规的架设方式有了新的突破。

图 2-10-4　整孔箱梁在梁场存梁

图 2-10-5　整孔箱梁架设

2.10.4　主要技术经济指标

主要技术经济指标见表 2-10-1。

表 2-10-1　主要技术经济指标

图　　号	专桥秦沈(施)21
竖向刚度	1/4 000
混凝土体积(m^3)	204.3
预应力钢筋(t)	6.3
普通钢筋(t)	34.8
梁重(t)	511

2.10.5　技术特点和创新点

(1)本桥是中国铁路建设中混凝土箱梁的第一次大范围运用。由于箱梁体积大、梁体自重大、桥面宽,架桥机设计吊装能力从过去的 160 t 级飞跃至 450～600 t 级,在起吊能力、运输方式、架梁程序、操作方式、安全监控等方面均有了新的突破。解决了大吨位混凝土箱形梁的架设难题,开创了铁路桥梁施工的先例。秦沈客运专线整孔箱梁的应用,是我国首次实现大吨位整孔简支箱梁的预制、运输和架设,填补了国内空白。

(2)由于没有经过实践验证,新的设计能否满足时速 200 km 客运专线安全、平稳、舒适运营的要求,是本桥及秦沈全线设计中的又一个难题。梁部设计除按规范进行静力指标验算外,首次综合考虑机车车辆、线路、桥梁的共同作用,根据机车车辆的安全性与乘坐舒适性指标、桥梁动力响应限值来控制桥梁的竖向、横向刚度限值,进行动力设计。

(3)在桥面结构形式上首次采用双线整体桥面,将人行道、遮板及栏杆(或声屏障)、电缆槽、接触网支柱等设置在桥上,两孔梁间梁缝首次采用橡胶止水带,形成全桥密闭防水整体结构。

2.10.6　获奖情况

获 2006 年国家优质工程银奖。

2.10.7　梁型应用情况

秦沈客运专线使用的预制梁由原铁道专业设计院设计,有多片式 T 梁和简支箱梁。多片式 T 梁采用双线四片 T 梁，架设后将横隔墙和桥面通过横向预应力连成整体，使各片主梁之间能共同分担活载，跨度有 12 m、16 m 两种。简支箱梁针对不同工点，设计了有砟、无砟、单、双线箱梁，包括跨度 20 m、24 m、单双线简支箱梁及跨度 32 m 单线简支箱梁，其中双线整孔箱梁桥面宽度为 12.4 m，跨度为 24 m，最大吊装吨位为 530 t；单线整孔箱梁桥面宽度为 6.15 m，跨度为 32 m，最大吊装吨位为 381 t。

2.11 合宁铁路襄滁河特大桥

桥　　名：襄滁河特大桥
工程项目：合宁铁路
工程位置：安徽省滁州市
桥　　长：10.802 km
梁　　型：简支箱梁（通桥（2005）2221）
建设单位：合宁铁路有限公司
设计单位：中铁工程设计咨询集团有限公司
　　　　　中铁第四勘察设计院集团有限公司
施工单位：中铁二十四局　中铁二局
设计人员：中铁设计 邓运清　徐升桥　盛黎明　陈进昌
　　　　　　　　　 侯建军　王文利　李国强　罗静峰
　　　　　中铁四院 潘茂盛　万立新　凌玉芳　陈耀春
　　　　　　　　　 周　翔
通车时间：2008 年 4 月

2.11.1 概　　况

合宁铁路是中国第一条高速铁路客运专线，设计速度 250 km/h，为Ⅰ级双线电气化铁路，线间距 4.6 m，有砟轨道。襄滁河特大桥跨越滁河、襄河及其圩区，圩区内河沟纵横交错，桥址处襄河水文 $Q_{1\%}=786.4\ m^3/s$，$H_{1\%}=14.0$ m（不破堤），$H_{破1\%}=12.45$ m；滁河水文 $H_{1\%}=13.34$ m（不破堤），$H_{破1\%}=11.04$ m；均系六级通航河流。桥址处地层依次为 Q_4^{al} 的砂黏土，淤泥质黏土、黏土、粉砂、中砂、砾砂、角砾土、卵石土，基岩为 K 砂岩和灰岩，风化极严重～严重，灰岩地带节理裂隙及岩溶发育。本桥地震动峰值加速度 0.05g，大桥近景如图 2-11-1 所示。

图 2-11-1　大桥近景

襄滁河特大桥全长 10 802 m，桥孔布置为 117×32 m 整孔箱梁＋188×24 m 整孔箱梁＋（32＋40＋32）m 钢混结合梁＋90×24 m 整孔箱梁。桥梁立面如图 2-11-2 所示。

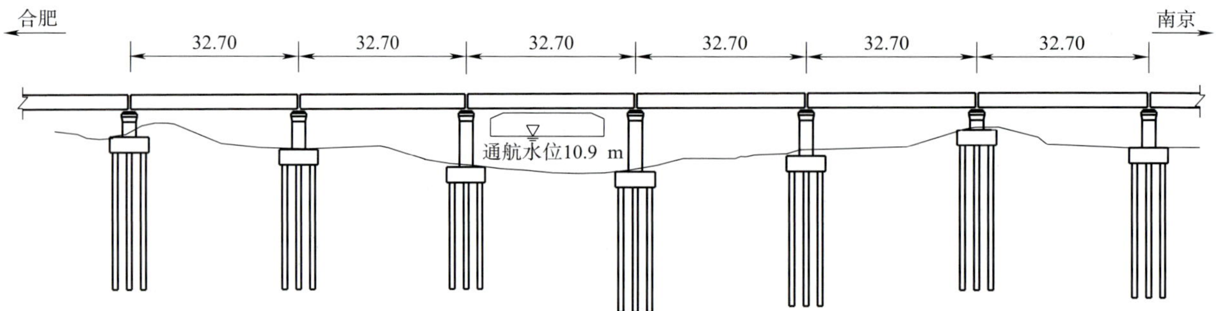

图 2-11-2　桥梁立面示意（单位：m）

2.11.2　结构设计

(1)箱梁设计

①主要标准

设计速度为客车 250 km/h 及以下，货车 120 km/h(C_{62}、C_{64} 为 80 km/h)及以下。设计荷载中列车竖向活载计算分别采用 ZK 标准活载和中-活载普通活载。线路情况：双线，直、曲线，最小曲线半径 4 000 m，正线线间距为 4.6 m、5.0 m。桥上人行道栏杆内侧净宽 12.8 m，桥梁宽 13.0～13.4 m，桥梁建筑总宽 13.4～13.8 m。环境类别及作用等级：环境类别为碳化环境，作用等级为 T1、T2。设计使用年限：正常使用条件下梁体结构设计使用寿命为 100 年。

②结构构造

在设计中考虑后张法预应力混凝土梁与先张法预应力混凝土梁的互换，从模板简化角度出发，同一跨度形式的先张梁和后张梁采用同一截面(图 2-11-3)，梁端采用底板向下加厚的方式，最大限度地提供内模工作空间，同时结构外形保持一致，为采用带模张拉工艺创造了条件。

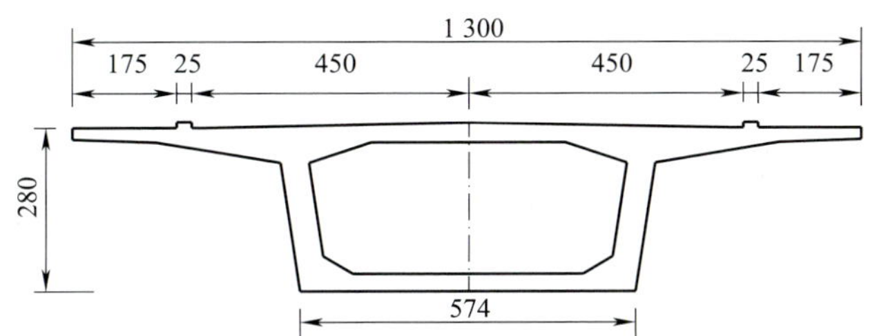

图 2-11-3　箱梁截面图(单位：cm)

截面类型单箱单室等高度简支箱梁，梁端顶板、底板及腹板局部向内侧加厚，梁长 32.6 m，箱梁跨中梁高 2.8 m，支点梁高 3.0 m，顶板宽 12.2 m，底板宽 5.74 m；跨中截面底板厚 30 cm，梁体中心线处顶板厚 34 cm，腹板 48 cm；支点截面底板厚 70 cm，箱梁支点处顶板厚 64 cm，腹板 108 cm。

③主要材料

梁体混凝土强度等级为 C50，封锚采用强度等级为 C50 的干硬性补偿收缩混凝土，防护墙、遮板及电缆槽竖墙混凝土强度等级为 C40；预应力钢绞线为 1×7-15.2-1860-GB/T 5224-2003，管道形成采用抽拔管成孔。普通钢筋采用 HPB235 钢筋及 HRB335 级钢筋。支座采用盆式橡胶支座。

④试制、试验

我国新建时速 200～250 km 客运专线(兼顾货运)铁路桥梁大量采用 24 m、32 m 简支箱梁，并主要采用现场预制、架桥机架设的施工工艺和方法。由于跨度 32 m 简支箱梁体积大、桥面宽，在设计、施工、运输及架设等方面均缺乏成熟的经验，设计时速 250 km 的 32 m 有砟轨道双线整孔简支箱梁的预制和架设在合宁铁路为国内首次。同时高性能混凝土在我国客运专线建设中广泛应用尚无先例，因此，采用高性能混凝土后预制梁的施工工艺需要进一步研究确定。为此，铁道部建设司、科技司设立“目标时速 200～250 km 客运专线(兼顾货运)铁路 24 m、32 m 简支箱梁试制、试验”科研项目，由合宁铁路公司、中铁工程设计咨询集团有限公司、铁道科学研究院、中铁二局共同承担时速 250 km 24 m、32 m 简支箱梁的试制、试验和合理工艺研究等任务，先后完成了箱梁的设计优化、高性能混凝土配比、工艺准备、模型制造及 6 孔后张法预应力混凝土试验梁、3 孔先张法预应力混凝土简支箱梁试制及试验等工作(图 2-11-4)。

图 2-11-4　成品梁试验

通过时速 250 km 整孔箱梁的试制和试验，达到了验证设计、检验施工工艺、完善技术条件等目的，为后续大吨位简支箱梁的应用提供了经验。

(2)下部结构

全桥采用圆端形桥墩，墩身纵向宽度 2.6 m，墩底横向宽度 6.0 m，顶帽宽度 8.3 m。基础采用钻孔桩基础，桩径 1.0 m 和 1.5 m。

2.11.3 施工方法

梁场集中预制、架桥机架设施工。施工流程：梁场认证→梁场制梁→梁场存梁→运梁车运梁→架桥机架设→桥面附属设施。

2.11.4 主要技术经济指标

主要技术经济指标见表 2-11-1。

表 2-11-1 主要技术经济指标

图　　号	通桥(2005)2221-Ⅱ	通桥(2008)2221A
竖向挠跨比	1/3 942	1/3 913
混凝土体积(m^3)	315.2	310.6
预应力钢筋(t)	12.0/12.2	11.7
普通钢筋(t)	56.8	56.2
梁重(t)	788	777

2.11.5 技术特点和创新点

(1)静力设计与动力设计相结合，采用多种列车进行车桥耦合计算、不同活载图示进行承载能力计算，保证列车运行和结构的安全性。

(2)从结构使用寿命出发，在结构参数的选取、原材料的选择以及施工工艺等方面考虑结构耐久性的要求。

(3)箱梁结构外形简洁，断面设计充分考虑采用先进液压内模施工的条件，带模张拉工艺，有利于提高工效，保证结构质量；构造细节上考虑了施工的便利及养护维修的可行性。

(4)采用整孔预制工艺，施工环节程序化，有利于保证质量。

(5)大吨位架桥机整孔架设，桥梁上部结构与下部结构施工可同步进行，施工周期短；吊点设置在桥梁顶部，梁体吊装、架设操作安全可靠。

(6)在质量保证、施工周期、使用性能上具有较好的技术、经济效益。

2.11.6 获奖情况

(1)“时速 250 km 客运专线铁路无砟轨道后张法预应力混凝土双线简支箱梁”(通桥(2005)2221)获 2007 年铁道部优秀标准设计三等奖。

(2)“新建合肥至南京铁路关键技术”获 2009 年中国铁道学会科学技术一等奖。

(3)获 2009 年铁道部中国建设工程“火车头”奖。

(4)“客运专线铁路先张法预应力混凝土简支箱梁设计与试验研究”获 2011 年中国施工企业管理协会科学技术一等奖。

2.11.7 梁型应用情况

2005 年 9 月图纸编制完成第一版时速 250 km 客运专线铁路(近期兼顾货运)系列图纸，结构类型包括单线、双线及组合箱梁三种类型，其中双线整孔箱梁包括后张法和先张法两种预应力方式。2008 年该系列梁图进行了针对桥面系的优化，双线桥面宽度由 13.0 m 调整为 12.2 m。该系列梁图主要应用于合宁、合武、甬台温、南广、吉图珲等多条线路桥梁上。

2.12　昌九城际铁路永修特大桥

桥　　名：永修特大桥
工程项目：昌九城际铁路
工程位置：江西省永修县
桥　　长：11.66 km
梁　　型：简支箱梁(通桥(2008)2224A)
建设单位：昌九城际铁路公司
设计单位：中铁第四勘察设计院集团有限公司
施工单位：中铁二十局集团有限公司
设计人员：王新国　黄中平　杨　勇　桂　婷　张　莉　张　玲
通车时间：2010 年 9 月

2.12.1　概　　况

南昌至九江城际铁路设计速度 250 km/h，双线、线间距 4.6 m，有砟轨道，设计荷载 ZC。永修特大桥为全线控制性桥梁工程，位于江西省永修县境内，全长 11.66 km。桥址区地形较为平坦，受鄱阳湖壅水影响，设计流量 $Q_{1\%}=10\ 400\ m^3/s$，设计水位 $H_{1\%}=21.5$ m。内河Ⅴ-(3)级航道，最高通航水位 20.53 m，通航孔净高不小于 8 m，通航净宽 80 m。地层岩性自上而下为粉质黏土，软塑～硬塑；卵石土，密实、饱和，褐黄色，$\sigma_0=300$ kPa；砂岩，褐红色，全风化～弱风化，泥质胶结，块状构造，节理较发育。地震动峰值加速度为 0.05g。

本桥跨修水河主桥采用(31.75＋128＋31.75) m 等高连续梁钢箱拱肋刚架系杆拱，引桥全部采用通桥(2008)2224A 系列简支箱梁。桥梁立面如图 2-12-1 所示。

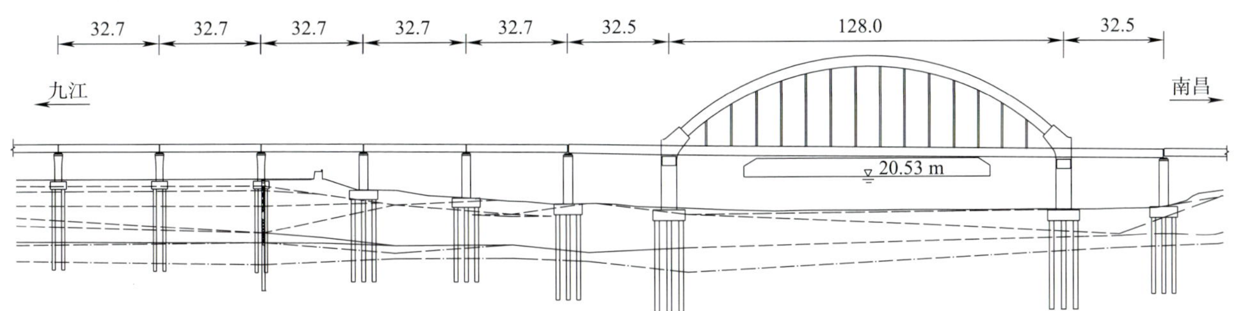

图 2-12-1　桥梁立面(单位：m)

2.12.2　结构设计

(1)箱梁设计

通桥(2008)2224A 系列简支梁为“时速 250 km 客运专线铁路(城际铁路)有砟轨道预制后张法预应力混凝土简支整孔箱梁(双线，单箱双室)”系列图纸，混凝土强度等级 C50。该梁经历了多阶段的研究、设计和优化工作，2008 年 10 月、12 月，铁道部经济规划研究院于分别以“经规标准〔2008〕160 号”“经规标准〔2008〕220 号”文件发布了通桥(2008)2224-Ⅰ～Ⅲ、通桥(2008)2224A-Ⅰ～Ⅵ。桥面布置如图 2-12-2 所示。

2009 年 1 月海南东环线开展了通桥(2008)2224A-Ⅳ试制试验工作，试验表明箱梁的设计、制造、移梁和运梁满足要求。

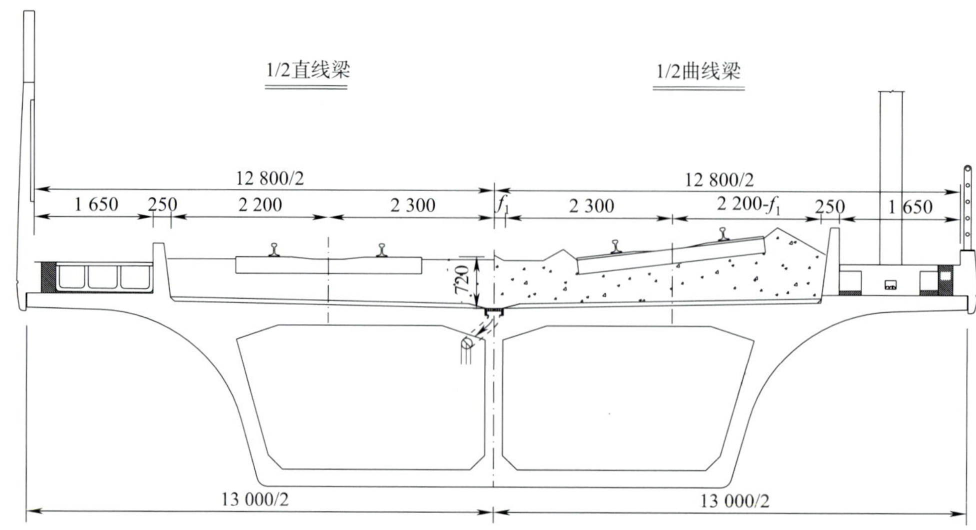

图 2-12-2　桥面布置（单位：mm）

箱梁采用单箱单室、斜腹板的形式，腹板与顶板采用圆弧过渡，半径 2 100 mm，梁高 2.7 m；跨中截面顶板厚度采用 29 cm、梁端截面顶板厚度采用 49 cm；跨中截面处底板厚度为 24 cm、梁端截面处底板厚度为 70 cm；跨中截面处腹板厚度为 24 cm、梁端截面处腹板厚度为 50 cm。32 m 简支梁轮廓尺寸如图 2-12-3 所示，主要尺寸见表 2-12-1。

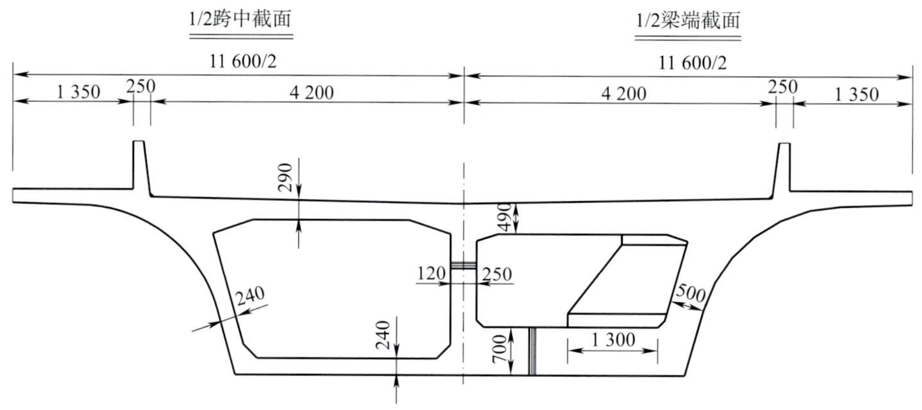

图 2-12-3　箱梁截面构造（单位：mm）

表 2-12-1　主要尺寸

图　　号	通桥(2008)2224-Ⅰ	通桥(2008)2224A-Ⅰ	通桥(2008)2224A-Ⅳ
轨道形式	有砟	有砟	无砟
梁长(m)	32.6	32.6	32.6
跨度(m)	31.5	31.5	31.5
顶宽(m)	13	12.2	11.6
底宽(m)	6.5	6.5	6.5
梁高(中心/外缘)(m)	2.5/2.7	2.5/2.7	2.55/2.7
顶板厚(跨中/支点)(m)	0.24/0.44	0.24/0.44	0.29/0.49
底板厚(跨中/支点)(m)	0.24/0.7	0.24/0.7	0.24/0.7
腹板厚(跨中/支点)(m)	0.24/0.5	0.24/0.5	0.24/0.5
横桥向支座中心距(m)	5.6	5.6	5.6

(2)下部结构

墩台设计着重考虑了与梁型的协调,采用圆端形实体墩;同时,对桥墩外形,亦根据建造美学原则考虑了与环境的协调,造型采用了流线型花瓶形状。15 m 以下桥墩墩底纵向尺寸为 2.2 m,横向尺寸为 6.0 m,具有较好的经济性(图 2-12-4)。

线条流畅美观,与梁部相互衬托,使本线桥梁具有独特的效果(图 2-12-5)。桥台也采用与梁型匹配的矩形空心桥台。

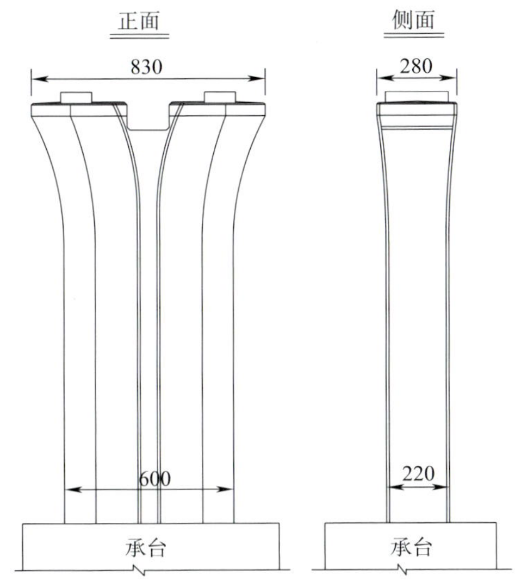

图 2-12-4　桥墩构造图(单位:cm)

图 2-12-5　桥梁实景

在墩高 15 m 以下桥墩基础一般选用 8 根直径 1.0 m 的钻孔钻,可保证墩台和基础整体具有足够的纵横向刚度,可以满足高速行车的安全性和旅客乘坐的舒适度。桥台一般采用 12 根直径 1.0 m 的钻孔钻。

2.12.3 主要技术经济指标

(1)结构性能指标见表 2-12-2。

表 2-12-2　结构性能指标

图　号	通桥(2008)2224-Ⅰ	通桥(2008)2224A-Ⅰ	通桥(2008)2224A-Ⅳ
竖向挠跨比	1/3 706	1/3 646	1/3 551
梁端转角(rad)	0.85‰	0.86‰	0.89‰
工后徐变(mm)	5.3	5.15	6.52
跨中抗裂安全系数	1.37	1.34	1.30
跨中强度安全系数	2.15	2.08	2.04

(2)主要工程量见表 2-12-3。

表 2-12-3　主要工程量

图　号	通桥(2008)2224-Ⅰ	通桥(2008)2224A-Ⅰ	通桥(2008)2224A-Ⅳ
混凝土体积(m^3)	278.7	273.7	270.6
预应力钢筋(t)	10.2	9.8	8.8
普通钢筋(t)	61.6	62.1	61.6
梁重(t)	697	684	677

2.12.4 施工方法

采用整孔预制架设方法施工。施工流程:梁场认证→梁场制梁→梁场存梁→运梁车运梁→架桥机架设→桥面附属设施。

2.12.5 技术特点和创新点

(1)梁图外轮廓采用了大斜腹、大圆弧的设计方案,造型优美。

(2)单箱双室截面,顶、底及腹板尺寸较小,减小了箱梁混凝土方量,具有较好的经济性。

(3)推荐采用全工厂化、预制化的桥面附属设施构造,如预制电缆槽、盖板、钢筋混凝土栏杆等,进一步简化施工、降低造价。

2.12.6 获奖情况

(1)获 2012 年中国铁建优秀工程设计二等奖。

(2)获 2013 年铁道部优秀工程设计二等奖。

(3)获 2013—2014 年国家优质工程银奖。

2.12.7 梁部应用情况

该图经历了 2007 年的设计、2008 年的优化和 2009 年的试验工作,已应用于昌九城际铁路、海南东环铁路、沪宁城际铁路、长吉铁路、向莆铁路、武黄城际铁路、武咸城际铁路、汉孝城际铁路、武冈城际铁路等项目中。

2.13 张呼铁路集宁南特大桥

桥　　名：集宁南特大桥
工程项目：张呼铁路
工程位置：内蒙古自治区乌兰察布市
桥　　长：7.015 km
梁　　型：简支箱梁(通桥(2009)2229)、连续梁
建设单位：呼张铁路客运专线有限责任公司
设计单位：中铁工程设计咨询集团有限公司
　　　　　中铁第四勘察设计院集团有限公司
施工单位：中铁十九局集团有限公司
设计人员：中铁设计 邓运清 侯建军 陈海涛 王文利
　　　　　　　　　田　杨 邱柏初 张夫健 刘　刚
　　　　　中铁四院 王新国 严定国 张　玲 周　继
　　　　　　　　　王庭正 文望青 李元俊
通车时间：2017 年 8 月

2.13.1 概　　况

张呼铁路设计速度 250 km/h,有砟轨道,双线、线间距 4.6 m,是内蒙古自治区首条客运专线铁路。大桥桥面如图 2-13-1 所示。张呼铁路集宁南特大桥位于乌兰察布市区南部,全长 7.015 km。桥址区为黄旗海湖积平原边缘,地势平坦开阔,局部发育小型冲沟。地层岩性主要为第四系全新统冲洪积层的粉质黏土、砂类土,第三系上更新统的泥岩、玄武岩互层,地质构造不发育。桥址处地震动峰值加速度 0.10g,地震动反应谱特征周期 0.40 s,最大冻结深度 191 cm。

集宁南特大桥先后跨越了察哈尔大道、工业大道、国道 208、京包铁路、张集铁路、二广高速公路等。除跨越等级道路和铁路采用了连续梁外,全桥以通桥(2009)2229 系列 32 m、24 m 预制架设简支箱梁为主,孔跨类型有:2 孔 20 m 简支梁、15 孔 24 m 简支梁、180 孔 32 m 简支梁、1 联(24+34.5+24) m

图 2-13-1　大桥桥面

连续梁、1 联(32+48+32) m 连续梁、1 联(40+64+40) m 连续梁、2 联(48+80+48) m 连续梁。桥梁立面如图 2-13-2 所示。

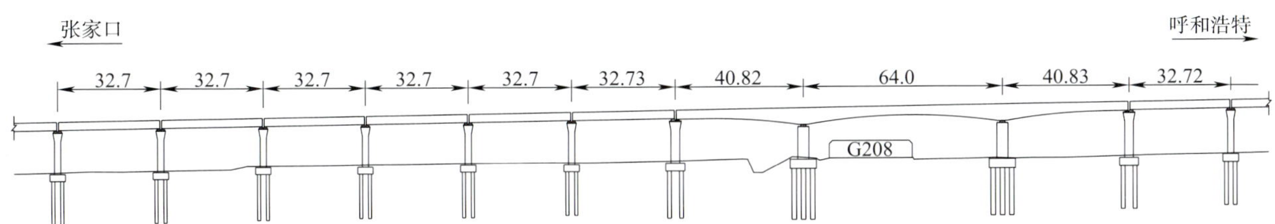

图 2-13-2　桥梁立面布置示意(单位:m)

2.13.2　结构设计

(1)箱梁设计

①主要标准

通桥(2009)2229 设计最高运行速度 250 km/h,包含有砟轨道和无砟轨道,设计活载为 ZK 活载;双线,直、曲线,最小曲线半径 4 000 m,正线线间距为 4.6 m;为后张法预应力混凝土双线整孔简支箱梁。

②主要材料

梁体混凝土强度等级为 C50;纵向预应力筋采用公称直径为 15.2 mm 的钢绞线,抗拉强度为 1 860 MPa。

③结构构造

时速 250 km 高速铁路简支箱梁,经历了两个阶段的研究、设计和优化工作,先后发布的图纸有 2009 版和 2016 版。2016 年修订设计考虑模板及施工设备的持续利用,模板和箱梁外形尺寸维持不变,如图 2-13-3 所示。

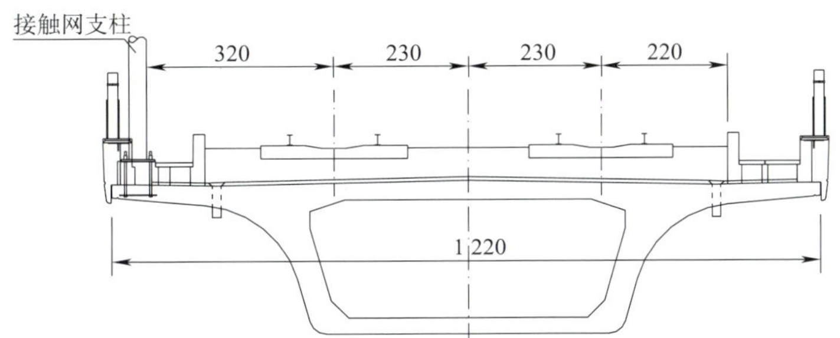

图 2-13-3　通桥(2016)2229 桥面布置(单位:cm)

箱梁桥面宽度为 12.2 m,截面采用单箱单室、斜腹板的形式(图 2-13-4),腹板斜率为 1∶3.5,梁高 2.6 m;梁体中心线处的跨中截面顶板厚度采用 33.6 cm、梁端截面顶板厚度采用 58.6 cm,跨中截面处底板厚度为 28 cm、梁端截面处底板厚度为 60 cm,跨中截面处腹板厚度为 45 cm、梁端截面处腹板厚度为 100 cm。

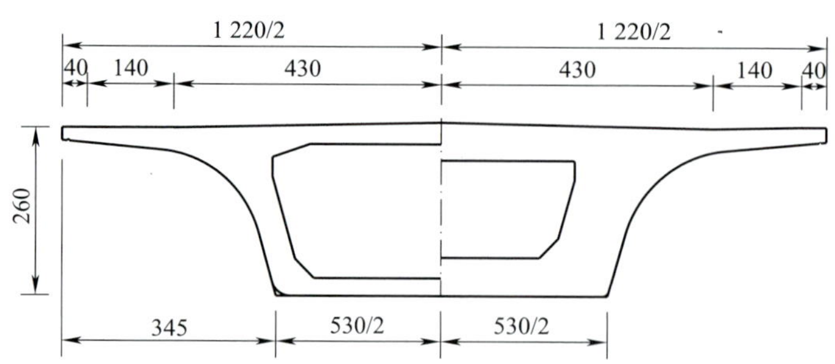

图 2-13-4　通桥(2016)2229 截面图(单位:cm)

④试制试验

2009 年 12 月,在南广铁路罩塘梁场开展了通桥(2009)2229-Ⅰ试制试验工作(图 2-13-5),研究表明:箱梁的设计、制造、移梁和运梁满足要求。

(2)下部结构

桥墩采用圆端形实体桥墩,桩基础采用钻孔灌注桩,以 1.0 m、1.25 m 桩径为主(图 2-13-6)。

图 2-13-5　梁场试制试验结构形式

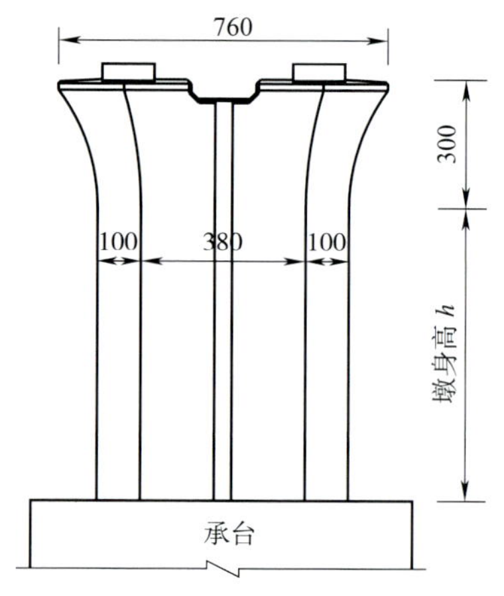

图 2-13-6　桥墩构造图(单位:cm)

2.13.3　施工方法

采用整孔预制架设方法施工。施工流程:梁场认证→梁场制梁→梁场存梁→运梁车运梁→架桥机架设→桥面附属设施。

2.13.4　主要技术经济指标

主要技术经济指标见表 2-13-1。

表 2-13-1　主要技术经济指标

图　　号	通桥(2016)2229-Ⅰ	通桥(2016)2229-Ⅳ
竖向挠跨比	1/3 684	1/3 795
跨中抗裂安全系数	1.35	1.32
跨中强度安全系数	2.04	2.06
混凝土体积(m^3)	285.9	285.5
预应力钢筋(t)	11.1	9.8
普通钢筋(t)	52.0	51.7
梁重(t)	715	714

2.13.5 技术特点和创新点

2229 系列梁图在编制过程中，总结了国内外高速铁路简支梁设计、施工的成熟经验，在满足规范、规定、标准及技术条件的前提下，对简支箱梁的设计进行了优化，具体体现如下：

(1)箱梁结构外形考虑景观设计需要，腹板采用 1∶3.5 斜度的同时，在结构内外侧的腹板与顶板相交处采用半径 1 800 mm 大圆弧倒角过渡。

(2)优化了顶底板尺寸，并采用高强钢筋，具有较好的经济性。

2.13.6 获奖情况

(1)通桥(2009)2229-Ⅰ～Ⅵ获 2011—2012 年铁道部铁路工程优秀标准设计一等奖。

(2)通桥(2016)2229-Ⅳ～Ⅵ获 2017—2018 年国家铁路局铁路工程优秀标准设计一等奖。

2.13.7 梁型应用情况

2009 年 7 月，中铁设计、铁四院编制完成“时速 250 km 客运专线(城际铁路)后张法预应力混凝土简支箱梁(有(无)砟轨道、整孔箱梁、单箱单室、双线)”系列图纸。

2016 年，结合通桥(2009)2229 在已建和在建高速铁路中的实际使用情况，采用 HRB400 高强钢筋，对图纸进行修订。

2229 系列箱梁已应用于南广铁路黎塘段、柳南铁路、张呼铁路、连镇铁路、哈牡铁路、大张铁路、吴中铁路、安六铁路、郑焦城际铁路、川南城际铁路、云桂铁路、京雄城际铁路、郑万铁路郑州南枢纽线、牡佳铁路等铁路工程建设项目中。

2.14 京沪高速铁路镇江京杭运河特大桥

桥　　名：镇江京杭运河特大桥
工程项目：京沪高速铁路
工程位置：江苏省镇江市
桥　　长：11.888 km
梁　　型：简支梁(通桥(2008)2322A)、连续梁、连续梁拱
建设单位：京沪高速铁路股份有限公司
设计单位：中铁工程设计咨询集团有限公司
　　　　　中铁第四勘察设计院集团有限公司
施工单位：中铁三局集团有限公司
设计人员：中铁设计 邓运清　徐升桥　盛黎明　陈进昌
　　　　　　　　　 侯建军　陈海涛　王文利　田　杨
　　　　　中铁四院 文望青　许三平　李光伟　陈　裕
　　　　　　　　　 黄纳新　潘文怡　洪　埬　雷素敏
通车时间：2011 年 6 月

2.14.1 概　　况

京沪高速铁路设计速度 350 km/h，线间距 5.0 m，CRTSⅡ板式无砟轨道，最小曲线半径 7 000 m，线路在丹阳市跨越京杭大运河。京杭大运河主要为航运与灌溉的河道，与长江相连，是太湖流域主要的排洪河道。

本桥位于镇江丹徒区，桥址处地势平坦，线路两侧多为耕地。桥梁自西向东分别跨越规划莱山路、338 省道(沿江公路)、既有沪宁铁路、京杭运河等。桥址主要分布有人工填土、第四系冲洪积沉积层、白垩系赤山组泥质砂岩、侏罗系大王山组凝灰岩，桥址地震动峰值加速度 0.1g。

全桥共设 343 孔简支梁、2 处连续梁、1 处连续梁拱，墩台类型有实体墩、矩形空心墩、双柱墩、矩形空心台等。桥梁立面如图 2-14-1 所示。

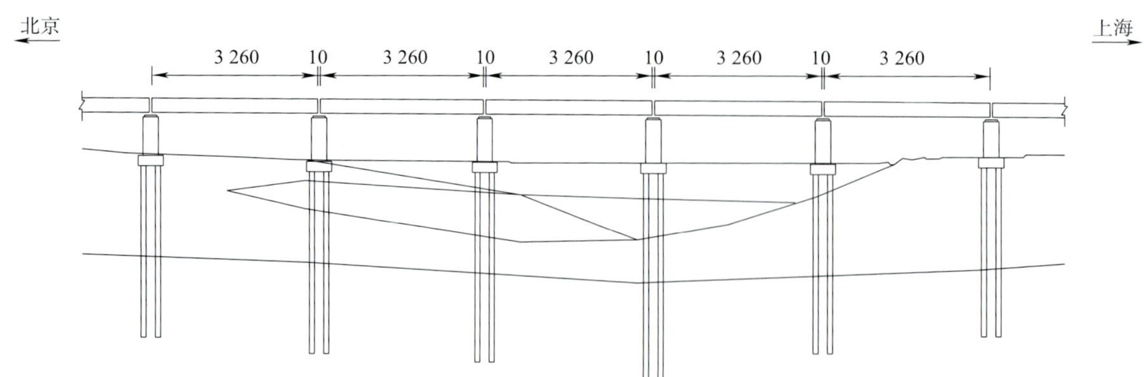

图 2-14-1　桥梁立面示意(单位：cm)

2.14.2　结构设计

(1)箱梁设计

①主要材料

梁体混凝土强度等级为 C50；纵向预应力筋采用公称直径为 15.2 mm 的钢绞线，抗拉强度为 1 860 MPa。

②结构构造

时速 350 km 高速铁路简支箱梁，经历了多个阶段的研究、设计、优化、修编工作，先后发布的图纸有 2005 版、2008 版、2013 版和 2016 版。历次修订考虑模板及施工设备的持续利用，模板和箱梁外形尺寸维持不变。桥面布置如图 2-14-2 所示。

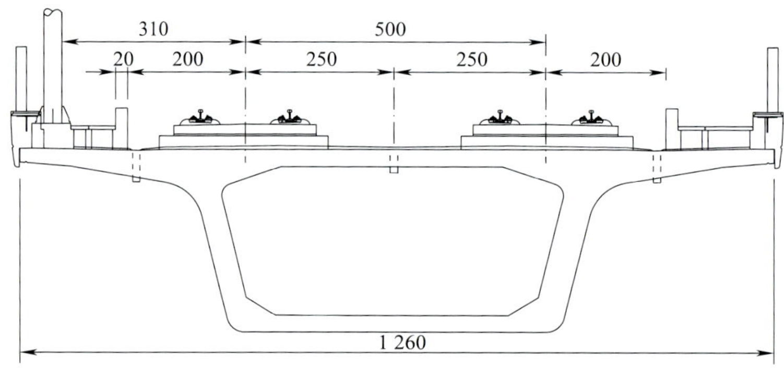

图 2-14-2　桥面布置(单位：cm)

2013 版和 2016 版的时速 350 km 高速铁路简支箱梁桥面宽度为 12.6 m，为单箱单室等高度简支箱梁(图 2-14-3)。箱梁截面采用单箱单室、斜腹板的形式，腹板斜率为 1 ∶ 4，梁高 3.0 m；跨中截面顶板厚度采用 28.5 cm、梁端截面顶板厚度采用 59.5 cm，跨中截面处底板厚度为 28 cm、梁端截面处底板厚度为70 cm，跨中截面处腹板厚度为 45 cm、梁端截面处腹板厚度为 105 cm。

③试制试验

铁道部建设司、科技司设立“目标时速 300～350 km 客运专线铁路 32 m 简支箱梁试制、试验”科研项目，由郑西客运专线有限公司、中铁工程设计咨询集团有限公司、铁道科学研究院、中铁二十三局共同承担，先后完成了箱梁的设计优化、高性能混凝土配合比、工艺准备、模型制造、3 孔后张法预应力混凝土试验梁试制及试验等工作，达到验证设计、检验施工工艺、完善技术条件等目的。

(2)下部结构

简支梁桥墩采用双柱墩、矩形空心墩和圆端形空心墩，特殊跨桥墩采用矩形实体墩和圆端形实体

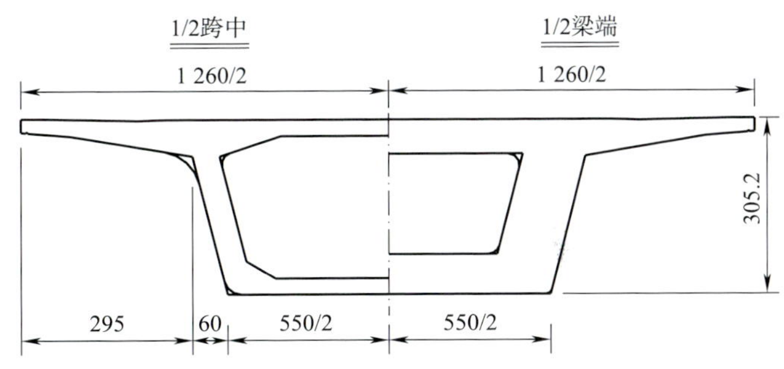

图 2-14-3 箱梁截面尺寸构造图(单位:cm)

墩,桥台采用矩形空心台。

全桥墩台基础均采用钻孔灌注桩基础,桩径根据不同跨度和地质条件分别采用 1.0 m、1.25 m、1.5 m、2.2 m。京杭运河连续梁拱桥实景如图 2-14-4 所示。

2.14.3 施工方法

32 m 和 24 m 简支梁由梁场预制,架桥机架设,部分地段受施工组织影响,简支梁采用现浇施工。一般地段连续梁,主跨大于 48 m 的采用悬臂灌注法施工,其他采用支架法施工,受施工组织影响的连续梁采用支架现浇施工。(90+180+90) m 连续梁拱采用先梁后拱法施工,拱肋采用现场支架分段吊装施工方法。

图 2-14-4 京杭运河连续梁拱桥实景

2.14.4 主要技术经济指标

主要技术经济指标见表 2-14-1。

表 2-14-1 主要技术经济指标

图　　号	通桥(2016)2322A
竖向挠跨比	1/5 482
跨中抗裂安全系数	1.43
跨中强度安全系数	2.01
混凝土体积(m^3)	316.1
预应力钢筋(t)	9.1
普通钢筋(t)	53.0
梁重(t)	790

2.14.5 技术特点和创新点

(1)通桥 2322A

①设计中静力设计与动力设计相结合,在满足结构承载能力的同时,加强线形控制,保证高速列车运行安全性以及乘坐舒适性。

②设计中从结构使用寿命出发,在结构参数的选取、原材料的选择以及施工工艺等方面考虑结构耐久性的要求。

③采用斜腹板、大倒角截面,外形简洁,具有较好的景观效果;断面设计充分考虑采用先进液压内模施工的条件,带模张拉工艺,有利于提高工效,保证结构质量;构造细节上考虑了施工的便利及养护维修的可行性。

④采用整孔预制工艺，施工环节程序化，有利于保证质量。大吨位架桥机整孔架设，桥梁上部结构与下部结构施工可同步进行，施工周期短；吊点设置在桥梁顶部，梁体吊装、架设操作安全可靠。

⑤与现浇梁相比不仅节省工期、减少临时支架等费用，在质量保证、施工周期、使用性能上具有较好的技术、经济效益。

(2)镇江京杭运河特大桥

①本桥跨越区域大、地形地貌、地质条件变化大、跨越区域控制点多。结合桥面布置、维养条件对标准简支梁桥面进行了优化工作，首次采用了“时速 350 km 客运专线简支箱梁”(通桥(2008)2322A)，桥面宽 12 m，为时速 350 km 高速铁路最小桥面宽。

②配套简支梁研究了与矩形空心墩外形一致、便于施工的双矩形柱桥墩，既减少了桥墩圬工量，也极大地方便了桥墩外模的制作、倒用，可节省工期、墩形简洁流畅、经济性好。

③首创高速铁路无砟轨道主跨 180 m 连续梁拱结构，为当时铺设无砟轨道的最大跨度高速铁路桥梁。

2.14.6 获奖情况

(1)“时速 350 km 客运专线铁路无砟轨道后张法预应力混凝土双线简支箱梁”(通桥(2005)2322)获 2007 年铁道部优秀标准设计一等奖、2008 年全国工程建设优秀标准设计金奖、2009 年全国工程勘察设计行业国庆 60 周年“作用显著标准设计项目”大奖。

(2)“客运专线铁路常用跨度桥梁技术”获 2010 年中国铁路工程总公司科学技术特等奖。

(3)“高速铁路常用跨度桥梁技术”获 2012 年中国铁道学会科学技术特等奖。

(4)“高速铁路标准梁桥技术与应用”获 2016 年国家科学技术进步二等奖。

(5)镇江京杭运河特大桥获 2012 年中国铁道学会科学技术一等奖、2011—2012 年铁道部优秀工程设计一等奖、2012 年中国铁建优秀工程设计一等奖。

2.14.7 梁型应用情况

时速 350 km 客运专线铁路简支箱梁，后期改为时速 350 km 高速铁路简支箱梁，经历了多个阶段的研究、设计、优化、修编工作，先后发布的图纸有 2005 版、2008 版、2013 版和 2016 版。

2005 版为应用于工程的第一版图纸，于 2005 年正式颁布，主要应用于京津城际铁路、郑西客运专线、武广客运专线等第一批修建的高速铁路。

结合原铁道部有关桥面系优化的要求，2008 年主要针对有列车通过时桥上没有人员通行、接触网支柱设置于桥面板外边缘，接触网支柱外侧不设检查车通道的情况，综合考虑使用、维修、经济造价、景观、施工工艺等因素，结合挡砟墙(防护墙)的设置，重点进行了桥面宽度、桥面布置、电缆槽构造、遮板构造及施工方法、防排水措施、伸缩缝构造等方面的优化工作。优化后的 32 m 整孔箱梁桥面宽度 12.0 m，可以满足运梁车托运预制箱梁通过隧道的条件，方便了梁场布设，有效减少大临费用，主要用于京沪高速铁路、哈大客运专线、合蚌、杭甬、大西、沪昆客运专线、合福、津秦、成渝等铁路。

2013 年，从设计规范、标准的更新，桥面宽度、箱梁截面尺寸、梁体钢筋、结构细部构造、桥面附属设置等方面进行深入分析对比，同时借鉴图纸在已建工程中的应用经验，优化桥面布置中附属设施的空间构造，细化桥面构造线形。此次修编桥面宽度由 12.0 m 调整为 12.6 m，同时附属设施进行相应调整，主要应用于郑徐、京沈、皖赣等铁路。

2016 年，以利用现有施工设备及模板为原则，对双线箱梁图纸进行局部修订。简支箱梁修编梁体钢筋采用 HRB400 高强钢筋，并对梁体钢筋的布置进行了优化设计。本次优化充分发挥了高强钢筋的作用，通过调整普通钢筋间距、直径等方式，使箱梁普通钢筋用量降低 7%～10%。

2.15　郑济铁路郑州黄河特大桥引桥

桥　　名：郑州黄河特大桥引桥
工程项目：郑济铁路
工程位置：河南省郑州市、新乡市
桥　　长：34.322 km
梁　　型：简支箱梁(通桥 2321A、通桥 2322A、通桥 2131 及跨度 40 m 简支梁系列)、连续钢桁梁、简支钢桁梁、连续梁、连续 T 构、连续刚构
建设单位：河南城际铁路有限公司
设计单位：中铁工程设计咨询集团有限公司
施工单位：中铁二局　中铁七局　中铁十六局　中铁大桥局
设计人员：徐升桥　邓运清　任为东　金　令　雷昕弋　陈海涛　郭　剑　汪鹏翔　冯同同
通车时间：预计 2021 年 12 月

2.15.1　概　　况

郑济铁路设计速度 350 km/h，濮阳至黄河北大堤采用 CRTSⅢ板式无砟轨道，共建段采用 CRTSⅠ型双块式板式无砟轨道，黄河南大堤至郑州东站间采用有砟轨道，双线、线间距 5.0 m。

郑州黄河特大桥起于平原新区站，止于郑州东站，途经郑州、新乡地区，跨越的铁路、道路、河流多达 50 余处。桥位处属黄河冲积平原，地势平坦，人工沟渠、堰塘较多，其中 DK381＋304.15～DK393＋484.34 段为郑济铁路与预留市域铁路、公路共用桥位的郑州黄河特大桥公铁共建段，公铁共建段共计 12.180 km，为黄河上公铁共建长度最大的桥梁。桥址范围第四系地层发育，主要为粉土、粉细砂、中砂、粉质黏土等地层。郑州黄河特大桥共建段分别位于 7 度 0.15g 和 8 度 0.2g 震区，地震动反应谱特征周期 0.45 s。部分共建段桥梁立面如图 2-15-1 所示，郑州段跨京港澳高速公路实景如图 2-15-2 所示。

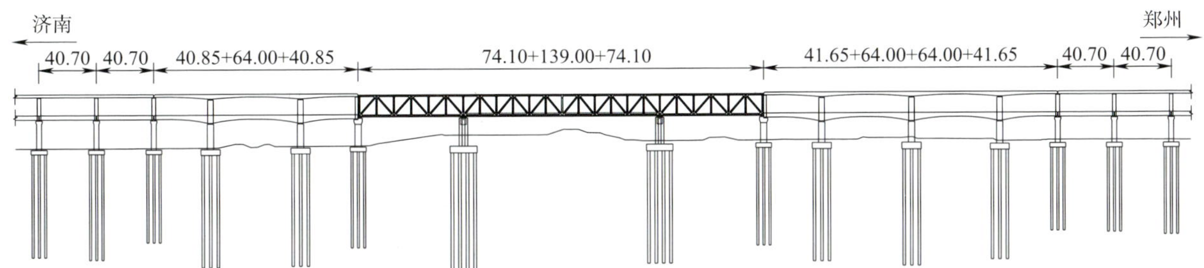

图 2-15-1　部分共建段桥梁立面布置图(单位：m)

全桥共设 58 处特殊结构，其中正线连续梁 25 处、道岔连续梁 4 处、简支钢桁梁 8 孔，连续钢桁梁 2 联、六线简支梁 1 处、变宽简支箱梁 8 孔、非标跨简支梁 5 孔、连续 T 构 1 处、连续刚构 4 处。简支箱梁中通桥(2016)2321A 共 383 孔、通桥(2016)2322A 共 177 孔、通桥(2014)2131 共 36 孔，跨度 39.3 m“时速 350 km 预制无砟轨道预应力混凝土简支箱梁”172 孔、跨度 38.9 m“时速 350 km 现浇无砟轨道预应力混凝土简支箱梁”55 孔，跨度 39.3 m“市域铁路预制无砟轨道预应力混凝土简支箱梁”172 孔、跨度 31.5 m 9 孔，跨度 38.9 m“市域铁路现浇无砟轨道预应力混凝土简支箱

图 2-15-2　郑州段跨京港澳高速公路实景

梁”55 孔、跨度 30.9 m 10 孔。

2.15.2 结构设计

(1)箱梁设计

①主要标准

正线设计速度 350 km/h,ZK 活载,线间距为 5.0 m;市域铁路设计速度 160 km/h,ZC 活载,线间距为 5.0 m。

②主要材料

梁体混凝土强度等级为 C50。纵向预应力筋采用公称直径为 15.2 mm 的钢绞线,抗拉强度为 1 860 MPa。

③结构构造

40 m 正线简支箱梁(郑济(豫)梁通-26):为单箱单室等高度简支箱梁(图 2-15-3),梁端顶板、底板及腹板局部向内侧加厚,梁长 40.6 m,箱梁梁高 3.2 m,顶板宽 12.6 m,底板宽 5.4 m;跨中截面底板厚 28 cm,箱梁顶板厚 28.5 cm,腹板 36 cm;箱梁支点截面底板厚 70 cm,顶板厚 68.5 cm,腹板 95 cm。

40 m 市域铁路简支箱梁:除桥面宽度为 11.4 m 外,其余结构尺寸与 40 m 正线简支箱梁一致。

40 m 正线简支箱梁(钢横梁人行道):为了运梁时便于通过连续钢桁梁桥,以 40 m 正线预制简支箱梁为基础,防护墙外侧的人行道结构采用钢横梁上铺设 U 形槽形式(图 2-15-4)。

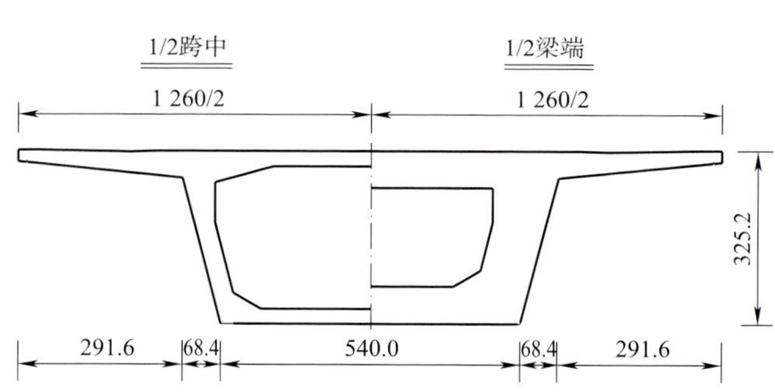

图 2-15-3 40 m 正线简支箱梁截面图(单位:cm)

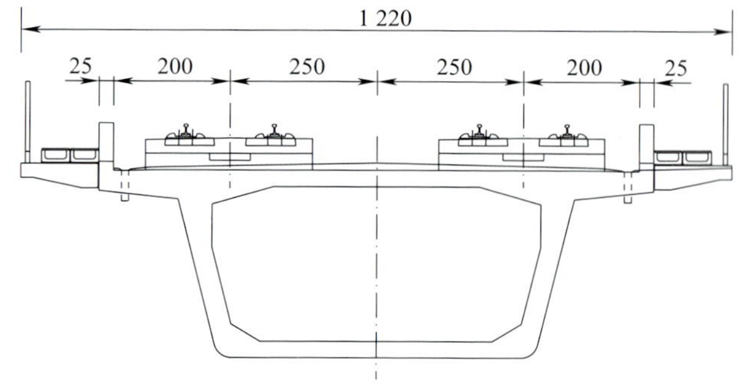

图 2-15-4 40 m 简支箱梁(钢横梁人行道)(单位:cm)

时速 350 km 有砟轨道简支箱梁(通桥(2016)2321A)(图 2-15-5):为单箱单室等高度简支箱梁,梁端顶板、底板及腹板局部向内侧加厚,梁长 32.6 m,箱梁梁高 3.0 m,顶板宽 12.6 m,底板宽 5.5 m;跨中截面底板厚 28 cm,箱梁截面中心顶板厚 36 cm,腹板 45 cm;箱梁支点截面底板厚 70 cm,截面中心顶板厚67 cm,腹板 105 cm。

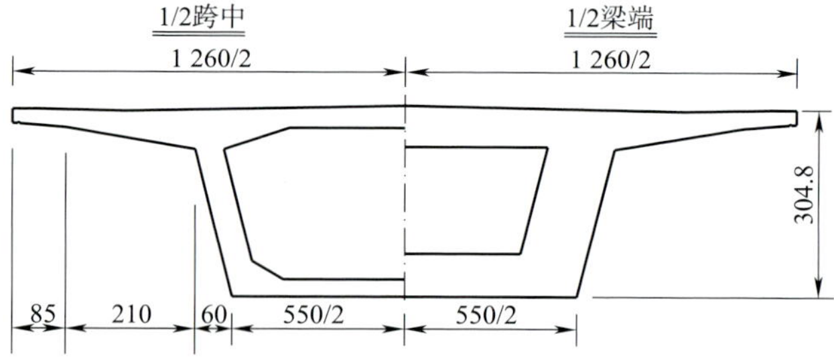

图 2-15-5 通桥(2016)2321A 截面图(单位:cm)

(2)下部结构

简支梁桥墩采用圆端形实体墩,特殊跨桥墩采用圆端形实体墩,为减少混凝土数量,部分特殊跨采用 M 形墩(图 2-15-6)。

全桥墩台基础均采用钻孔灌注桩基础,桩径根据不同跨度和地质条件分别采用 1.0 m、1.25 m、1.5 m、1.8 m。

2.15.3 施工方法

24 m、32 m、40 m 简支箱梁由梁场预制,架桥机架设(图 2-15-7)。

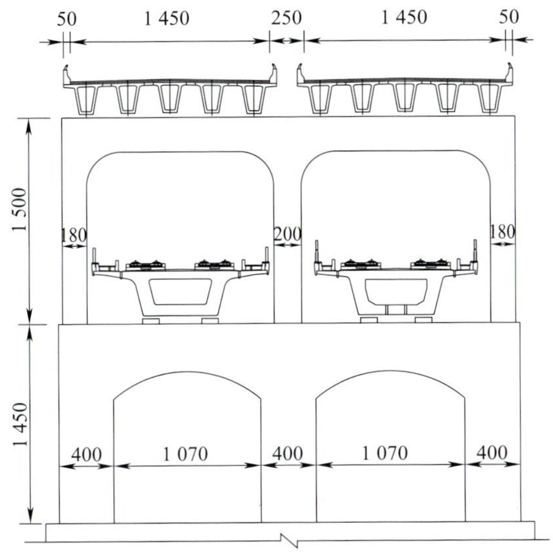

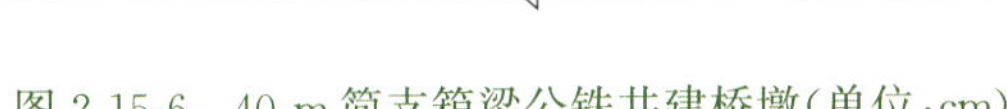
图 2-15-6 40 m 简支箱梁公铁共建桥墩(单位:cm)

图 2-15-7 40 m 简支箱梁架设

2.15.4 主要技术经济指标

主要技术经济指标见表 2-15-1。

表 2-15-1 主要技术经济指标

图 号	郑济(豫)梁通-26	通桥(2016)2321A
竖向挠跨比	1/3 358	1/5 630
跨中抗裂安全系数	1.31	1.41
跨中强度安全系数	2.02	2.03
混凝土体积(m^3)	370.0	324.9
预应力钢筋(t)	15.1	10.0
普通钢筋(t)	68.0	53.8
梁重(t)	925	812

2.15.5 技术特点和创新点

黄河特大桥引桥 40 m 简支箱梁总结和吸纳了高速铁路预制架设简支箱梁的工程实践经验及相关科研成果。腹板采用大吨位锚具,优化了预应力布置,合理确定了梁高、腹板厚度等设计参数。采用 BIM 技术进行协同辅助正向设计,优化了钢筋布置,提高了设计精度。

2.15.6 梁型应用情况

40 m 简支箱梁应用于郑济高铁郑州黄河特大桥引桥,其中正线 40 m 梁预制架设 172 孔、现浇 55 孔,市域铁路 40 m 梁预制架设 172 孔、现浇 55 孔。

2.16 南昆铁路白水河 1 号大桥

桥　　名：白水河 1 号大桥
工程项目：南昆铁路
工程位置：贵州省兴义市
桥　　长：480.850 m
梁　　型：移动支架法施工简支箱梁(专桥(95)2104)
建设单位：铁道部南昆铁路建设指挥部
设计单位：中铁工程设计咨询集团有限公司
　　　　　中铁二院工程集团有限责任公司
施工单位：中铁五院　中铁五局
设计人员：中铁设计 邓运清　盛黎明　李　琛　陈小军
　　　　　中铁二院 郭建勋　刘名君　杨诚道
通车时间：1997 年 3 月

2.16.1 概　　况

南昆铁路为Ⅰ级单线电气化铁路，有砟轨道，设计活载为中—活载。白水河 1 号大桥全桥长 480.55 m，孔跨布置为 8×56 m 移动支架拼装预应力混凝土箱形简支梁，该拼装梁计算跨度为 56 m，桥面全长为 58.2 m，人行道宽度 1.55 m。全桥 7 个桥墩位于水库范围内，最大墩高 65.2 m。该桥系地形和水文控制设计。河底基岩裸露，墩台基础置于白云岩夹白云质灰岩或灰岩上。桥梁立面如图 2-16-1 所示。

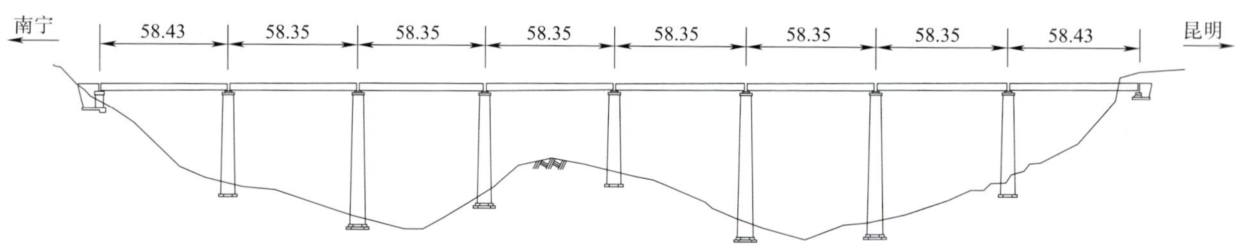

图 2-16-1　主桥立面示意(单位：m)

2.16.2 结构设计

(1)箱梁设计

①结构尺寸

单箱单室等高度预应力混凝土简支箱梁(图 2-16-2)，两端腹板局部加宽，并在端部及跨中设置隔墙，梁上腹板设置通风孔。进人孔设在梁端两孔梁腹板空隙处。

②主要材料

梁体及湿接缝混凝土采用 500 号，封端混凝土标号不低于 400 号。纵向预应力筋采用公称直径为 15.2 mm 的钢绞线，抗拉强度为 1 860 MPa；锚具采用 15-12 及 15-9。管道形成：梁段采用抽拔橡胶棒成孔，湿接缝采用波纹管成孔。普通钢筋采用 20MnSi 热轧带肋钢筋及 A3 光圆钢筋。支座采用专桥 8156 图之 4 000 kN 盆式橡胶支座。

390　30　410　380　264

图 2-16-2　箱梁截面图(单位：cm)

③试验

湿接缝拉弯强度试验：西南交通大学进行了分段施工 PC 梁施工接缝弯拉强度试验，试验按照 1/7～1/8 比例尺，模型梁长 4.9 m、高 50 cm，三片模型梁试验结果 R_1 折减系数为 0.50～0.69，平均为 0.61。

混合管道摩阻试验：专业设计院先后对打埂大桥和白水河 1 号大桥进行了三孔梁的管道摩阻试验，根据测试结果对梁体理论张拉控制应力进行了调整，保证了梁体的预应力度。

静、动载试验：中铁建工程试验检测中心于 1997 年 5 月 28 日至 30 日对该桥进行了静、动载试验，试验结果表明，该桥承载能力及工作状况符合设计要求，能在规范的设计荷载内安全运营。对湿接缝处的对比测试表明，湿接缝处的混凝土弹性模量略小于预制梁段，但仍大于规范值，验证了设计理论和施工方法的可靠性。

（2）下部结构

桥台采用 T 形桥台，台身采用 200 号混凝土，桥台基础采用明挖扩大基础，150 号混凝土。桥墩采用圆形空心墩，最大墩高 65.2 m。墩颈外圆弧直径 4.6 m，墩颈壁厚 0.5 m，墩身外壁坡度 45∶1，墩身内壁坡度 85∶1。垫石采用 400 号混凝土，顶帽、托盘和墩身采用 250 号混凝土，桥墩基础采用八角形明挖扩大基础，200 号混凝土。

2.16.3 施工方法

56 m 箱梁分段预制后将预制梁段吊运到移动支架上（图 2-16-3），以湿接缝连接后进行整孔组拼，整孔张拉，其特点就是桥下预制梁段在支架上以湿接缝连接，为了提高梁体跨中性能，全梁梁段做奇数分段，跨中不设湿接缝。综合现场吊装能力、湿接缝施工便利、端块受力状况、人行道支架布置以及模板简统化等因素，56 m 箱梁共分 11 个梁段，最大吊重 60 t，湿接缝长度 60 cm。

图 2-16-3 造桥机施工箱梁

预施应力分两个阶段，一期主要承受自重、支架反力和其他施工荷载，二期预施应力在完成防水层、保护层、铺设道砟后进行。

2.16.4 主要技术经济指标

主要技术经济指标见表 2-16-1。

表 2-16-1 主要技术经济指标

图　号	专桥(95)2104
竖向挠跨比	1/1 092
混凝土体积(m^3)	252.5
预应力钢筋(t)	18.1
普通钢筋(t)	22.4
梁重(t)	651

2.16.5 技术特点和创新点

（1）梁部采用的 56 m 预应力混凝土简支箱梁是我国铁路桥梁第一次使用专用移动支架式造桥机施工的最大跨度和最大张拉吨位的预应力混凝土简支箱梁，打破了我国铁路混凝土桥梁几十年一贯制的建造模式，为中等跨度混凝土简支梁提供了一种新的施工方法。

（2）该种结构形式特别适用于铁路通过深沟大河、跨越路网、河网地段，避免了采用小跨度简支梁而出现的高墩林立现象，适用的跨度范围较广，32～64 m 各种跨度简支箱梁在多跨连续时均可采用移动支架拼架法施工。

（3）施工速度较快。在移动支架上整孔组拼，可使梁部施工与墩台施工同步进行，最快施工速度达到 12 天 1 孔梁，平均日成 4.85 m。

(4)除端部外,跨中各节段外形尺寸相同,可有效地简化模板类型,大量节省模板数量,有利于模板的简统化,现场制梁节省了运输费用及运梁时间,具有较好的经济性。

(5)能有效保证施工质量和安全。

2.16.6 获奖情况

(1)56 m梁获1998年铁道部优秀设计一等奖、中国铁建科技进步一等奖。

(2)获1999年全国工程建设优秀标准设计铜奖、南昆线优秀科技成果二等奖。

2.16.7 梁型应用情况

2002年完成了移动支架拼架法预应力混凝土简支箱梁系列标准图(02)2081,跨度包括32 m、40 m、48 m、56 m、64 m,并获铁道部优秀设计二等奖,之后结合工点情况在多条线上进行了移动支架拼架法施工的简支箱梁设计。

2.17 黄韩侯铁路芝水沟特大桥

桥　　名:芝水沟特大桥
工程项目:黄韩侯铁路
工程位置:陕西省韩城市
主　　跨:64 m
梁　　型:节段预制胶拼大跨简支梁
建设单位:西安铁路局黄韩侯铁路工程指挥部
设计单位:中铁第一勘察设计院集团有限公司
施工单位:中铁第五勘察设计院集团有限公司
中铁二十二局集团有限公司
设计人员:高明昌　杨少军　李承根　刘建萍
张　鹏　曹增华　李小军　刘　琛
通车时间:2015年12月

2.17.1 概　　况

黄韩侯铁路为Ⅰ级双线电气化铁路,设计速度120 km/h,线间距4 m。芝水沟特大桥位于黄韩侯铁路北塬至芝阳新建双线段落,桥址地处黄土沟壑区。桥址范围内地层为第四系全新统冲积黏质黄土,第四系上更新统风积黏质黄土,上更新统冲积黏质黄土、粉质黏土、粉土、粉砂、细砂、砾砂、细圆砾土、粗圆砾土、卵石土,第四系中更新统风积黏质黄土,下伏二叠系上统砂岩、泥岩。桥址地震动峰值加速度值为0.15g,地震动反应谱特征周期为0.40 s。

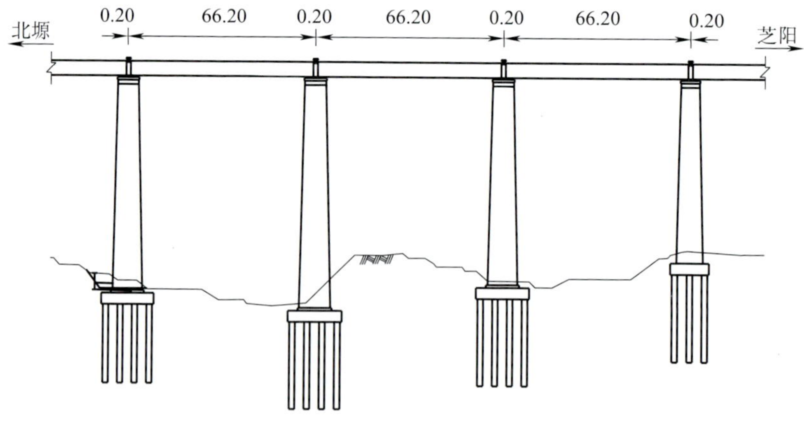

图2-17-1　桥梁立面示意(单位:m)

孔跨布置为(1×48 m+1×64 m+1×48 m+18×64 m)预应力混凝土简支箱梁+(6×32 m+1×24 m)简支T梁方案,平均墩高65 m。桥梁立面示意如图2-17-1所示。

2.17.2　结构设计

(1)箱梁设计

①结构设计

本桥 64 m 梁采用单箱单室等高度预应力混凝土简支箱梁，计算跨度 63.8 m，梁长 66.2 m，梁顶宽 9.1 m，底宽 5.2 m，梁高 5.2 m(图 2-17-2)，轨底至梁顶高度 0.65 m。跨中截面顶板厚 35 cm，底板厚 35 cm，腹板厚 52 cm。支点附近适当加厚。

箱梁预制段长度根据梁段质量控制在 160 t 内及减少梁段种类的原则，共分为 3.2 m、4.6 m 两种，分为 15 个梁段，14 个接缝。

剪力键采用与预制梁段一次成型的混凝土密键，在腹板上除预应力孔道位置外满布，箱梁顶板及底板布置少量剪力键，剪力键采用梯形键，键槽与键块上、下侧面的倾斜角为 45°，键高 5 cm，键宽 5 cm，剪力键根部高 15 cm(图 2-17-3)。

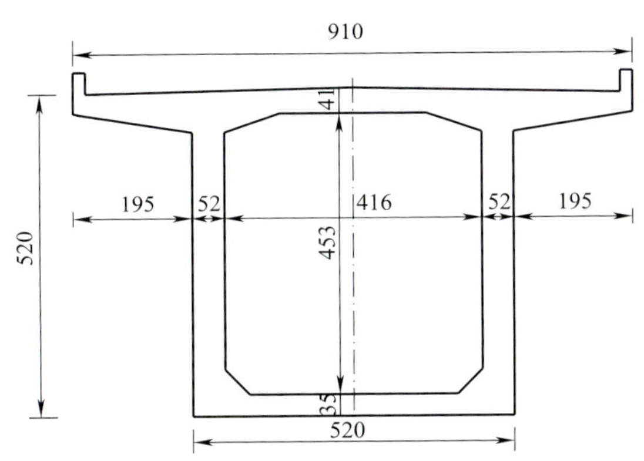

图 2-17-2　跨中断面(单位：cm)

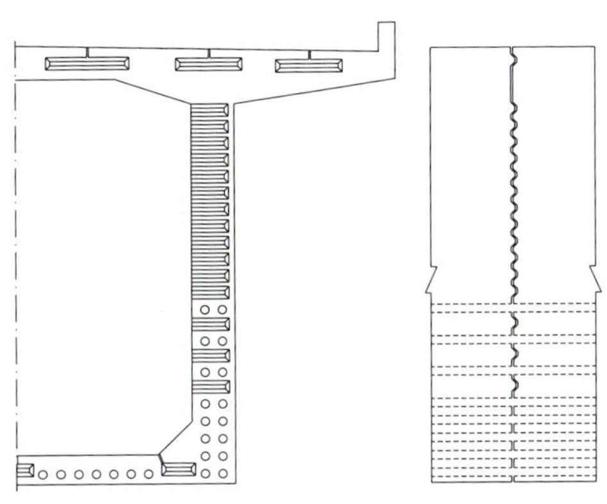

图 2-17-3　中间梁段剪力键示意

②主要材料

梁体采用 C60 混凝土，接缝采用环氧密封胶，纵向预应力筋采用公称直径为 15.2 mm、抗拉强度为 1 860 MPa 的钢绞线，塑料波纹管成孔。

③试验

本桥开展了 4 个方面的试验研究：胶接缝密闭性能试验，小构件模型试验，8 m 节段模型梁弯剪破坏试验，24 m 模型梁破坏试验。

(2)下部结构

下部采用圆端形空心桥墩及钻孔桩基础。

2.17.3　施工方法

芝水沟特大桥采用长短线结合法预制节段，节段预制主要工序：端节段预制→端节段定位→刷隔离剂→吊装钢筋笼→波纹管连接→安装模板→混凝土浇筑及布设控制点→吊离节段。

节段拼装主要工序：节段吊装、运送、摆放(图 2-17-4)→涂胶并张拉临时预应力→组拼剩余节段→穿钢绞线→张拉永久预应力束→造桥机前行至下一孔位并重复上述步骤。

图 2-17-4　节段摆放

2.17.4 主要技术经济指标

主要技术经济指标见表 2-17-1。

表 2-17-1 主要技术经济指标

项　　目	64 m 胶拼梁
静活载挠度(mm)	26.1
梁端转角(rad)	1.3‰
混凝土体积(m^3/m)	12.0
预应力钢筋(t/孔)	48.2
普通钢筋(t/孔)	117.1
梁重(t/孔)	2 071

2.17.5 技术特点和创新点

(1)首次建成国内大跨度节段预制胶接拼装铁路简支梁桥，为今后铁路节段拼装桥梁由胶接取代湿接技术奠定基础。

(2)国内首次系统提出了铁路节段预制胶接拼装桥梁的计算方法、主要构造、剪力键布置、破坏形态和裂缝开展，并通过模型试验加以验证。

(3)首次提出铁路节段预制胶接拼装桥梁接缝面密闭措施。

(4)首次提出适用于铁路节段预制胶接桥梁环氧密封胶物理、力学性能的施工工艺要求。

(5)首次提出铁路节段预制胶结拼装箱梁的技术条件、施工工艺和流程。

2.17.6 获奖情况

(1)获 2015 年中国铁建科技进步一等奖。

(2)获 2018 年中国铁道学会科学技术二等奖。

(3)获 2018 年国家铁路局优秀工程设计二等奖、中国铁路优质创新工程奖。

2.17.7 梁型应用情况

拉林铁路贡嘎雅鲁藏布江特大桥和绒乡雅鲁藏布江特大桥、银西客运专线漠谷河 2 号特大桥、西法城际铁路渭河特大桥等均采用了本桥的设计研究成果。

2.18 浙赣复线浦阳江大桥

桥　　名：浦阳江大桥
工程项目：浙赣复线铁路
工程位置：浙江省杭州市萧山区
桥　　长：173.1 m
梁　　型：128 m 单线铁路栓焊下承桁梁(明桥面)+32 m 单线铁路半穿栓焊桁梁(明桥面)
建设单位：上海铁路局
设计单位：中铁工程设计咨询集团有限公司
　　　　　中铁上海设计院集团有限公司
施工单位：中铁二十四局集团有限公司
设计人员：中铁设计 刘春彦　高静青　李兴云　东玉振　徐　成　沈企芬　魏凤香
　　　　　中铁上海院 汪征淏　奚晋良　金惟荣　袁之刚　倪孝培
通车时间：1995 年 12 月

2.18.1 概　　况

浙赣复线为单线客货共线铁路，设计速度 120 km/h，有砟轨道，设计活载为中—活载。浦阳江大桥位于浙江省杭州市萧山区，场地地貌单元属海湖积平原，地势相对较平坦，地面高程约 4.2～5.5 m。桥址范围上部为第四系粉质黏土，下部为第三系粉质黏土。地震设防烈度为 6 度，桥址处地震动峰值加速度为 0.05g，地震动反应谱特征周期 0.45 s。

本桥跨越浦阳江，设计流量 $Q_{1\%}$ =1 863.1 m^3/s，流速 $v_{1\%}$ =1.39 m/s，设计水位 $H_{1\%}$ =10.16 m。全桥长 173.1 m，设一墩二台，梁跨分别为 1 孔 128 m 单线明桥面栓焊下承桁梁和 1 孔 32 m 单线半穿栓焊桁梁，128 m 桁梁全长 129.1 m。桥梁立面如图 2-18-1 所示，成桥近景如图 2-18-2 所示。

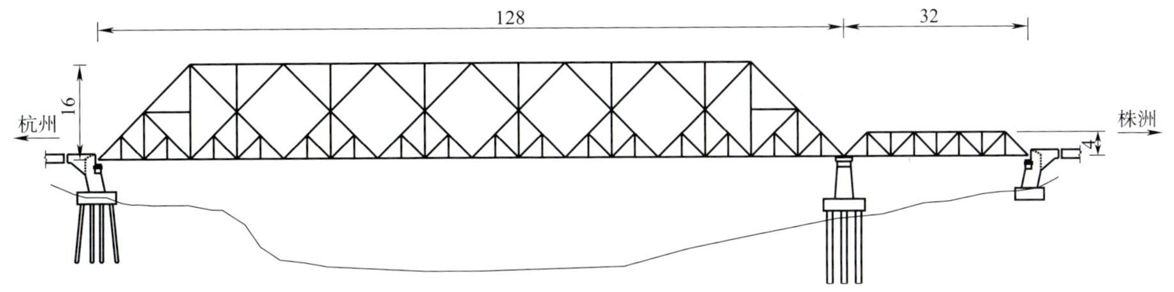

图 2-18-1　桥梁立面示意（单位：m）

2.18.2 结构设计

1. 钢桁梁设计

(1)128 m 单线铁路栓焊下承桁梁(专桥 9535A)结构构造

①因浦阳江大桥建筑高度较低(跨中轨底至梁底 1 200 mm)，主桁采用了米字再分式钢桁梁。主桁跨度为 128 m，全长 129.1 m，桁高 16 m(图 2-18-3)，主桁中心距 6.4 m，上弦节间长 8 m，下弦节间长 4 m。所有连接均采用高强度螺栓连接。

②主桁杆件均采用焊接 H 形截面，杆件宽度均为 600 mm，上、下弦杆及端斜杆根据受力情况，选用了 760 mm和 790 mm 两种高度，腹杆及竖杆采用了 420 mm 和 260 mm 两种高度。

图 2-18-2　成桥近景

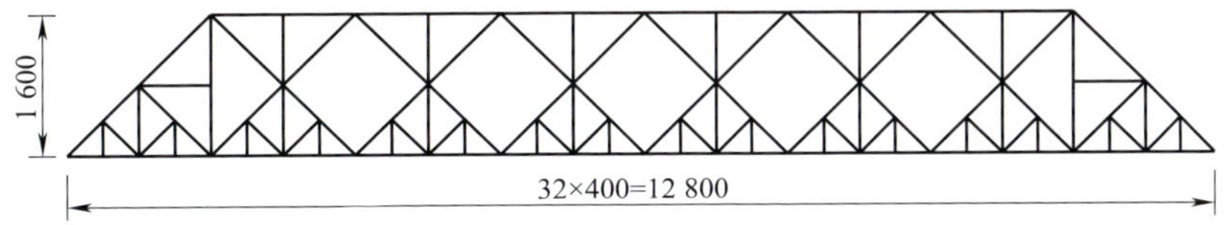

图 2-18-3　主桁立面示意(单位：cm)

③桥面为明桥面纵横梁体系。纵梁高 550 mm，横梁高 1 130 mm，均为焊接工形截面。纵梁顶比横梁顶低近一根枕木高度。

④跨度中间设置活动纵梁，1/4 处设置制动联结系。

⑤上、下平纵联及制动联结系均为焊接工形截面；桥门架及横向联结系分别采用了焊接工形及焊接 T 形截面。

⑥支座分为固定支座和活动支座,采用铸钢辊轴支座。

⑦设置双侧梁外人行道及梁内双侧员工走道,未设置避车台。

(2)32 m 单线铁路半穿栓焊桁梁(专桥 9537A)结构构造

①由于 128 m 跨度采用拖拉法架设,本桥作为 128 m 拖拉架设时的导梁,设计采用了半穿桁梁。主桁跨度为 32 m,全长 32.7 m,桁高 4 m,主桁中心距 6.4 m,节间长 4 m。所有连接均采用高强度螺栓连接。

②主桁杆件均采用焊接 H 形截面,杆件宽度均为 460 mm,上、下弦杆高度为 450 mm,腹杆及竖杆采用了 420 mm 和 260 mm 两种高度。

③桥面为明桥面纵横梁体系。纵梁高 550 mm,横梁高 970 mm,均为焊接工形截面。纵梁顶比横梁顶低近一根枕木高度。

④下平纵联采用交叉式,斜杆为焊接 T 形截面,且与纵梁不连接。

⑤支座分为固定支座和活动支座,采用铸钢摇轴支座。

⑥设置双侧梁外人行道及梁内双侧员工走道,设置下弦检查车及上弦活动检查梯。

(3)主要材料

钢桥的主桁、桥面系、联结系均采用 16Mnq 普通低合金钢,人行道及上弦检查设备等附属设备均采用 A3 钢,高强度螺栓采用 20MnTiB,支座铸件采用 ZG25Ⅱ。

2. 下部结构

下部结构采用圆端形实体桥墩。该桥 1 号墩基础为 14 根直径 1.2 m 的钢桩沉至岩面,每根长 34 m,壁厚为 10 mm,钢桩内灌注 300 级混凝土。杭台为预应力直径 55 cm 混凝土管桩基础,共 24 根,其中直桩 16 根,斜桩 8 根,每根沉桩入土深度 30 m,桩长 38 m。桩台为扩大基础。

2.18.3 施工方法

128 m 钢桁梁的架设方案采用浮托法。首先在岸边路基上组拼钢梁,将 32 m 半穿桁梁作为 128 m 桁梁浮托架设时的导梁,拖拉钢梁向对岸方向移动,当移动到 128 m 主桁悬出 32 m 时,浮船进入并支承在 128 m 主桁与 32 m 半穿主桁的下弦连接点下,作为临时活动支墩。浮船沿线路方向前移,钢梁也随着移动,当 128 m 梁前端所接 32 m 桁梁过前方桥墩 12 m 时,浮船撤走,采用拖拉方法使两孔梁就位。

2.18.4 主要技术经济指标

主要技术经济指标见表 2-18-1。

表 2-18-1 钢桁梁主要技术经济指标

图　　号	专桥 9535A	专桥 9537A
跨度(m)	128	32
竖向挠跨比	1/1 053	1/1 339
主桁(t)	515.1	40.7
联结系(t)	68.0	3.6
桥面系(t)	101.1	25.5
高强度螺栓(t)	40.9	5.1

2.18.5 技术特点和创新点

(1)梁部采用 128 m 栓焊下承钢桁梁,是 20 世纪 90 年代明桥面钢桁梁的代表之一。

(2)128 m 栓焊下承钢桁梁的建筑高度仅为 1.2 m,为满足如此低的建筑高度,在结构细节上采用了纵横梁不等高及把横梁底面下移到与下弦杆底边接近齐平的措施，纵梁顶比横梁顶低近一根枕木的高度。

(3)为减少桥面系与主桁共同作用的影响，在跨中节间设活动纵梁，在跨度的四分之一处节间对称设置制动联结系。

2.18.6　梁型应用情况

1990 年完成了 128 m 单线铁路栓焊下承桁梁（专桥 9535）及 32 m 单线铁路半穿栓焊桁梁（专桥 9537）设计，之后在浙赣复线等多条线上进行了应用。

2.19　包西铁路黄河特大桥

桥　　名：黄河特大桥
工程项目：包西铁路通道包头至鄂尔多斯段新建工程
工程位置：内蒙古自治区包头市
桥　　长：3 918.06 m
梁　　型：简支钢桁梁（有砟）
建设单位：新包神铁路有限公司
设计单位：中铁工程设计咨询集团有限公司
施工单位：中铁十九局集团有限公司
设计人员：徐升桥　杨　帆　陈进昌　刘永锋　孙旭东　侯建军
通车时间：2009 年 10 月

2.19.1　概　　况

包西铁路通道为Ⅰ级干线、双线电气化铁路，线间距 4.4 m，设计速度 160 km/h，预留 200 km/h，设计荷载为中—活载。线路跨越河段泥沙含量高、主槽摆幅大、冰凌危害严重。跨越处黄河水位 $H_{0.33\%}=1\ 008.97$ m、$H_{1\%}=1\ 008.76$ m，通航水位 $H=1\ 006.02$ m，通航净空 45 m×8 m。桥址范围第四系地层发育，沉积了粉细砂、粉质黏土、粗砂等松散软弱的地层。地震设防烈度为 8 度，设计地震动峰值加速度 0.2g，地震反应谱特征周期 0.35 s。

包西铁路黄河特大桥全长 3 918.06 m，主桥采用 8×108 m 简支钢桁梁，其他采用常用跨 32 m 标准简支梁及 48 m 简支箱梁。桥梁立面如图 2-19-1 所示。

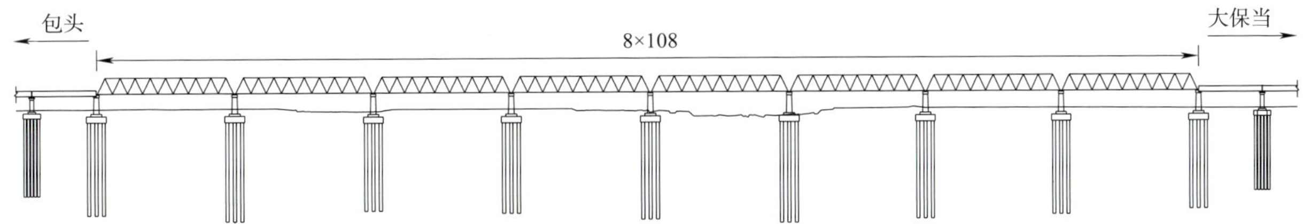

图 2-19-1　桥梁立面（单位：m）

2.19.2　结构设计

(1)钢桁梁设计

主桁上、下弦杆截面均采用焊接箱形断面，主桁节点采用整节点形式。主桁上、下弦杆内宽为 800 mm，竖板高度分别为 1 175 mm 和 1 150 mm。腹杆除端斜杆采用对接形式四面拼接外，其余采用插入式与主桁整体节点连接，对接式腹杆内宽与弦杆内宽相同，插入式腹杆外宽为 798 mm，比节点板内宽小 2 mm，便于插入节点内。主梁标准截面如图 2-19-2 所示。

桥面系采用纵、横梁等高形式，纵、横梁截面均为工形断面，梁高分别为 1 700 mm 和 2 500 mm。横梁通过整体结点板内侧焊有与横梁连接的板，在下翼缘、腹板采用螺栓拼接，上翼缘采用焊接。纵梁通过横梁上的伸出板在下翼缘、腹板采用螺栓拼接，上翼缘采用焊接。纵梁上翼缘焊有剪力钉以固定混凝土桥面板。桥面系结构图如图 2-19-3 所示。

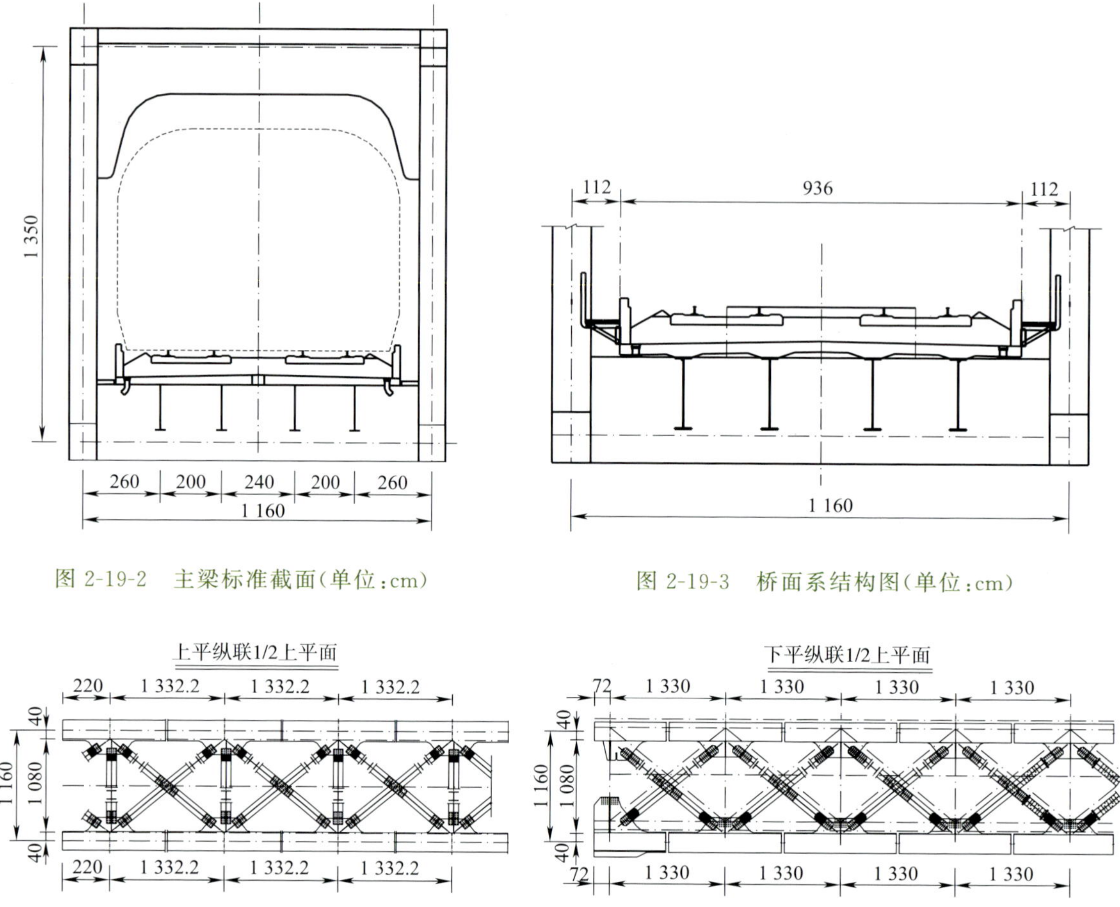

图 2-19-2　主梁标准截面(单位:cm)

图 2-19-3　桥面系结构图(单位:cm)

图 2-19-4　上、下平纵联详图(单位:cm)

上、下平纵联的斜杆及支杆截面均为工形断面，采用交叉式(图 2-19-4)。为便于施工，杆件采用对拼式与平联节点板相连。上、下平纵联节点板焊于整体节点板上。在 E4、E4′节点处设有制动联结系，以承受制动力。

(2)下部结构

主桥及引桥均采用混凝土实体墩(图 2-19-5)。主桥采用 11 根直径 2.5 m 的桩基，引桥采用 9 根直径 1.5 m 的桩基。

2.19.3　施工方法

主桥钢梁采用半悬臂施工方法架设，利用栈桥上的桅杆吊机在临时支墩上拼装 4 个节间。在拼装好的 4 个节间上压重作为平衡梁，用移动式吊机拼装其余 4 个节间，完成第一孔梁的架设。在两相邻简支梁间拼装临时杆件，在跨中设置临时支墩，用移动式吊机架设另一孔钢梁，重复以上步骤架设全部钢梁。桥面板采用预制浇筑，吊装拼接完成。

堤内引桥采用梁场预制梁段，桥位利用造桥机拼接梁段，现场浇筑湿接缝，张拉预应力钢束联成整体。整孔箱梁划分 9 段，最大梁段长度 5.6 m；梁段最大吊重 147 t。梁段就位后，梁段间通过 0.6 m 湿接缝连接，待湿接缝混凝土抗压强度达到设计强度的 80%以上时进行一期张拉，当湿接缝混凝土强度及弹性模量达到设计值且龄期不少于 15 d 时进行二期张拉。成桥近景如图 2-19-6 所示。

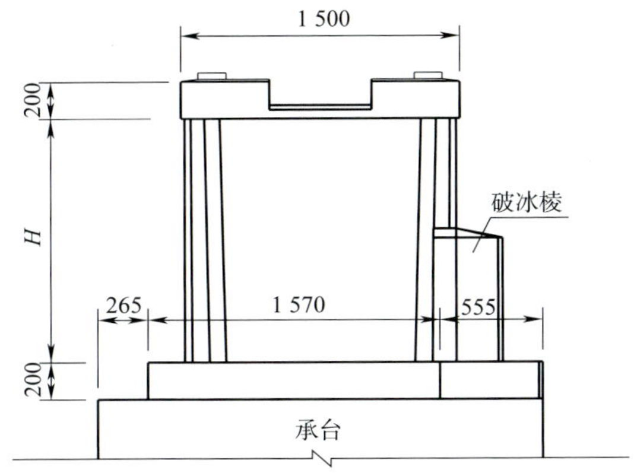

图 2-19-5　桥墩大样图(单位:cm)

图 2-19-6　成桥近景

2.19.4　主要技术经济指标

主要技术经济指标见表 2-19-1。

表 2-19-1　主要技术经济指标

项目内容	数　值
竖向挠跨比	1/1 265
梁端转角(rad)	2.062‰
横向挠跨比	1/5 538
主梁用钢量(t/m)	23.0
钢桥面柔性防水保护层(m^2/m)	9.5

2.19.5　技术特点和创新点

(1)系统采用减震设计技术。

(2)在铁路范围内首次采用预制节段拼装工艺施工双线整孔箱梁。

(3)主桥钢桁梁采用新型的道砟槽板有砟桥面，解决了明桥面钢桁梁无法行驶 200 km/h 列车的技术难题。

2.19.6　获奖情况

(1)获 2011 年中国中铁优秀工程设计一等奖。

(2)获 2011—2012 年铁道部优秀工程设计二等奖。

(3)获 2012 年中国铁路工程总公司科学技术一等奖。

(4)获 2012 年中国铁道学会科学技术二等奖。

(5)获 2013 年第十六届北京市优秀工程设计三等奖。

2.20 集包第二双线铁路古城湾特大桥

桥　　名：古城湾特大桥
工程项目：集包二线
工程位置：内蒙古自治区包头市
主　　跨：132 m
梁　　型：简支钢桁梁桥
建设单位：蒙冀铁路有限责任公司
设计单位：中铁第一勘察设计院集团有限公司
施工单位：中铁四局集团有限公司
设计人员：赵会东　吴文华　李承根　贠庭贵　赵　亮
　　　　　冯亚成　陈　刚　姚宝辉　刘红云　徐　斌
通车时间：2012 年 11 月

2.20.1 概　　况

集包第二双线铁路设计标准为国铁Ⅰ级、时速 200 km 的有砟轨道客货共线铁路。古城湾特大桥位于包头市东河区，为小角度跨越既有京包铁路而设（两线夹角 14°）。该桥建设环境复杂，跨越既有繁忙干线，建筑高度受控，处地震动峰值加速度为 0.3g 的高烈度地震区和极端最低气温为－31.4 ℃的严寒地区，地层为粉细砂，表层液化。

全桥孔跨布置为 24 孔 32 m 简支 T 梁＋1 孔 132 m 简支钢桁梁＋39 孔 32 m 简支 T 梁，全长 2 210.77 m，其中主桥位于 R＝4 000 m 圆曲线上，线间距 4.6 m，平坡。桥台采用 T 形桥台，除主桥桥墩采用矩形桥墩外其余均采用圆端形桥墩，全桥均采用钻孔灌注桩基础。桥梁立面如图 2-20-1 所示。

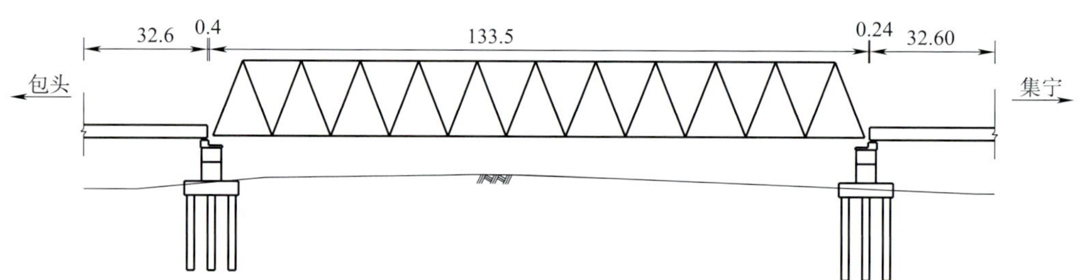

图 2-20-1　桥梁立面（单位：m）

2.20.2 结构设计

主桥采用 1 孔 132 m 无竖杆整体节点平行弦三角形下承式简支钢桁梁小角度跨越既有京包铁路，道砟桥面。计算跨度 132 m，全长 133.5 m，桁高 16 m，桁宽 13 m，节间长 12 m，横桥向支座中心距为 13 m（图 2-20-2）。采用平分中矢布置，挡砟墙和钢桁梁按直线外包设计，梁端的挡砟墙与 32 m 的 T 梁顺接处理。

主桁上、下弦杆均采用焊接箱形截面，竖板高 1 300 mm，内宽 1 100 mm，板厚 20～46 mm。腹杆采用箱形及 H 形截面，箱形截面高 1 000 mm，外宽 1 098 mm，板厚 20～46 mm；H 形截面高 700～1 000 mm，外宽 1 098 mm，板厚 20～36 mm。主桁节点采用整体节点形式，上、下弦杆在节点外拼接，腹杆插入节点板之间拼接，弦杆采用全截面拼接，腹杆采用两面拼接。主桁弦杆及腹杆的连接采用 M27 的高强度螺栓（ϕ29 孔）。

桥面系由纵梁、横梁和纵梁间联结系组成，均为焊接工字形截面。4 道纵梁间距均为 2 300 mm，梁高

1 700 mm。横梁梁高 2 500 mm,纵梁间联结系梁高 1 700 mm。横梁通过整体节点板内侧焊有与横梁连接的板,采用高强度螺栓拼接。纵梁与横梁上伸出板,在下缘、腹板采用螺栓拼接,上翼缘采用焊接。纵梁上翼缘在桥面板预留孔处焊有剪力钉以固定 RPC 混凝土桥面板。为减小桥面系与主桁共同作用的影响,在 E10E10′节间设有活动纵梁。纵梁与横梁间先临时用小直径普通螺栓连接,待钢桁梁其他杆件(制动联结系除外)均安装完成并拆除支架后才换为永久高强度螺栓,此时由于钢桁梁已经受力,弦杆已经伸长,为减小纵梁的安装应力和横梁横弯,纵梁加长了 2 mm。横梁与整体节点、纵梁与横梁、纵梁横联与纵梁的连接螺栓采用 M24 的高强度螺栓。

上、下平纵联的斜杆及支撑杆均为工字形截面,采用交叉式。在 E6、E6′节点处设有制动联结系,以承受制动力。钢桁梁梁端斜杆上设斜向桥门架、在 E4A5、E8A9、A9′E8′、A5′E4′斜杆上设中间横联,桥门架及横联均采用桁式结构。

图 2-20-2　主桥横截面图(单位:cm)

钢桁梁采用有砟桥面结构,为了便于施工和后期维护,采用两线分离的道砟槽板,道砟槽板为预制 RPC 混凝土结构,厚 12～21.1 cm,预制段纵向长 249～299 cm,横向宽 505 cm,每块桥面板间纵向设1 cm 的缝,横向设 2 cm 的缝。桥面板置于纵梁上,每块板设 4 个后期与纵梁连接的 27 cm×27 cm 的方孔,对应位置的纵梁上每个孔内预设 9 个剪力钉,后期采用环氧砂浆填充方孔实现桥面板与纵梁的连接。在桥面板与纵梁间设 3 cm 厚的环氧砂浆和高密度橡胶条以适应桥面板与纵梁的密贴和变形。

2.20.3　施工方法

施工流程:主桥桩基及墩身施工→施工临时墩及支架→拼装钢桁梁(图 2-20-3)→架设滑道梁→无平衡重平面转体就位→安装永久支座并落梁→安装桥面板→桥面系→附属设施。

图 2-20-3　钢桁梁拼装

2.20.4　主要技术经济指标

主要技术经济指标见表 2-20-1。

表 2-20-1　主要技术经济指标

项目内容	数　值
竖向挠跨比	1/1 728
梁端转角(rad)	2.91‰
横向挠跨比	1/4 203
主桁用钢量(t)	1 798.3
联结系(t)	175.6
高强度螺栓(t)	84.6
RPC 混凝土(m^3)	343.0

2.20.5　技术特点和创新点

(1)在国内首次采用无平衡重平面转体就位的方法进行施工,为国内转体施工方法提供了新的思路和范例。

（2）在国内将活性粉末混凝土（RPC）材料首次运用于铁路桥的主要构件，充分发挥RPC材料超高强度、超强的断裂韧性、抗冻融性能好、耐久性极好的特性，为RPC材料在铁路工程中的使用积累了关键的经验。

（3）本桥为国内跨度最大的有砟轨道双线铁路简支钢桁梁，杆件内力大，且设计温度低，设计中解决了钢桥低温防脆断的难题，对类似桥梁设计具有参考价值。

2.20.6 获奖情况

（1）获2013年铁道部优秀工程设计二等奖。

（2）获2013年中国铁建科学技术一等奖。

2.21 西成客运专线跨西宝客运专线特大桥

桥　　名：跨西宝客运专线特大桥
工程项目：西成客运专线
工程位置：陕西省西安市
主　　跨：132 m
梁　　型：再分式简支钢桁梁
建设单位：西成铁路客运专线陕西有限责任公司
设计单位：中铁第一勘察设计院集团有限公司
施工单位：中铁十一局集团有限公司
设计人员：乔雷涛　聂晋涛　方桂芬　张小坤　吴延伟　陈应陶　魁兆宁　闫　岩　陈　举　谢小兰
通车时间：2017年12月

2.21.1 概　　况

西成客运专线设计活载为ZK活载，设计速度250 km/h，桥面铺设无砟轨道。在西安市六村堡同时上跨西宝客运专线及福银高速公路，呈两层立交，福银高速路面宽40 m，西成客运专线与西宝客运专线夹角仅14.2°，桥址范围内均为第四系地层，主要以粗砂、中砂为主。地震动峰值加速度为0.2g，地震动反应谱特征周期0.47 s。

在不影响高速铁路及高速公路正常运营的前提下，采用了1×132 m再分式简支钢桁梁，采用横移施工方案有效降低了施工对既有线的干扰。桥梁立面如图2-21-1所示。

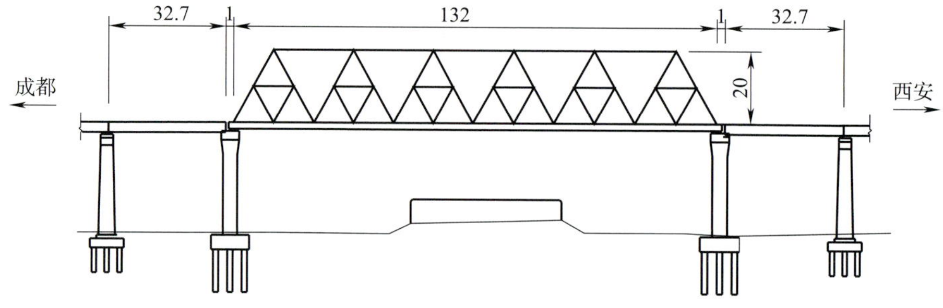

图2-21-1　桥梁立面布置（单位：m）

2.21.2　结构设计

本桥位于半径为 7 000 m 的圆曲线上，按直线梁外包设计，主桁采用正三角内置倒三角的再分式桁架结构，主桥全长 134 m，计算跨径 132 m，桁高 20 m(图 2-21-2)，节间长度 11 m，总共 12 个节间，两片主桁中心距为 13.9 m。

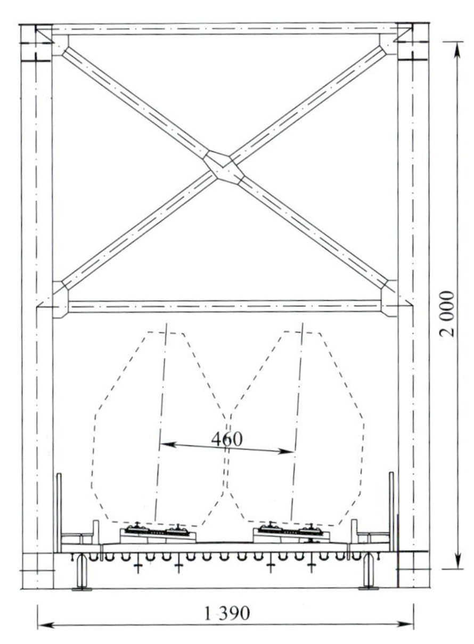

图 2-21-2　横断面布置图(单位：cm)

上弦采用箱形截面，竖板及顶、底板均设置加劲肋，截面高 1 350 mm，内宽 1.1 m。下弦采用箱形截面，截面内高 1 350 mm，内宽 1 100 mm。端腹杆及相邻的两个斜腹杆采用箱形截面，其中端斜杆内宽 1 100 mm，高 1 000 mm；其余箱形截面内宽 1 100 mm，高 860 mm。其余腹杆均采用 H 形截面，截面腹板高 1 100 mm，翼缘板宽 860 mm。再分桁的腹杆采用 H 形截面，截面腹板高 1 100 mm，翼缘板宽 760 mm。主桁采用整体节点技术，杆件和节点板均在工厂完成，所有主桁杆件与节点板均采用对接方式进行现场拼接。

为适应无砟轨道行车要求，本桥和临跨简支梁之间设置了过渡梁，过渡梁结构采用的具体技术方案：在两侧桥梁梁顶与两侧桥梁支座对应位置处设置过渡梁小吨位支座，小吨位支座采用固定支座及纵向活动支座，支座上方安装与轨道板同宽的 40 mm 厚钢板，钢板上浇筑混凝土，混凝土与钢板之间通过剪力钉实现有效连接，最终形成一种新型的过渡梁结构。

通过桥面焊接剪力钉后铺设 30 cm 混凝土板，再利用混凝土板预埋轨道板钢筋将正交异性钢桥面与无砟轨道结合，形成正交异性钢桥面板铺设无砟轨道结构体系。

2.21.3　施工方法

为减少桥梁施工对既有线正常运营的影响，利用既有线的运营天窗时间，采用与铁路平行拼装钢桁梁后进行横移架设就位的施工方案。成桥远景如图 2-21-3 所示。

2 800 t“巨无霸”空中横移 38 m 跨越西宝客运专线及福银高速公路并顺利就位的建造技术，成功攻克了钢桁梁长距离横移跨越既有高速铁路、高速公路的施工难题。

图 2-21-3　成桥远景

2.21.4　主要技术经济指标

主要技术经济指标见表 2-21-1。

表 2-21-1　主要技术经济指标

项目内容	数　值
竖向挠跨比	1/1 094
梁端转角(rad)	1.8‰
横向挠跨比	1/6 950
主桁(t)	2 015.0
桥面系(t)	510.2
平纵联(t)	70.6
横联(t)	39.3
高强螺栓(t)	100.4

2.21.5 技术特点和创新点

（1）首次将再分式桁架结构应用于高速铁路桥梁中，提高了主梁刚度，解决了长腹杆稳定性难题。

（2）首次在简支钢桁梁正交异性板钢桥面系上铺设无砟轨道，解决了高速铁路大跨度钢梁正交异性板桥面板铺设无砟轨道的难题。

（3）研发了一种新型的改善梁端转角的过渡梁结构，解决了梁端转角过大的难题。

（4）创新采用横移法施工技术，攻克了同时并小角度跨越既有运营高速铁路及高速公路的难题，丰富了我国铁路桥梁建设施工技术。

2.21.6 获奖情况

（1）获 2018 年中国铁建科学技术一等奖。

（2）获 2019 年国家优质工程奖。

（3）获 2020 年陕西省优秀工程设计二等奖。

2.22 京张高速铁路官厅水库特大桥

桥　　名：官厅水库特大桥
工程项目：京张高速铁路
工程位置：河北省张家口市
主　　跨：8×110 m
梁　　型：曲弦钢桁梁（无砟）
建设单位：京张城际铁路有限公司
设计单位：中铁工程设计咨询集团有限公司
施工单位：中铁大桥局集团有限公司
设计人员：徐升桥　李　辉　高静青　金　令　夏　龙
　　　　　杨永明　冯　祁　刘子剑　杨喜文　邱柏初
通车时间：2019 年 12 月

2.22.1 概　　况

京张高速铁路设计速度 350 km/h，无砟轨道，双线、线间距 5 m，是中国第一条智能化高速铁路。京张高速铁路于河北省怀来县东花园和狼山乡之间跨越官厅水库，桥址处地势较平坦，属平原微丘区，桥址范围主要有第四系全新统湖积层，第四系上更新统冲洪积层及第四系上更新统湖积层。地震基本烈度 8 度，地震动峰值加速度 0.20g，地震动反应谱特征周期 0.45 s。

京张高速铁路官厅水库特大桥与京藏高速公路官厅水库大桥并行跨越官厅水库，采用 8×110 m 简支曲弦钢桁梁桥。其轮廓外形与拱桥相近，采用多孔布置，线条柔美而有韵律，古典中融合现代技术，充分体现人文京张设计理念。桥梁立面如图 2-22-1 所示。

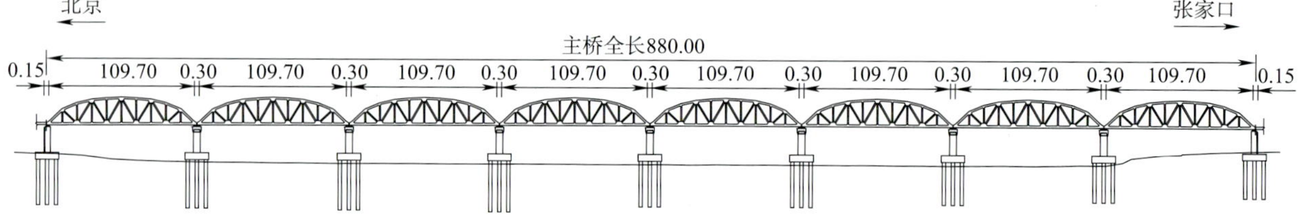

图 2-22-1　桥梁立面（单位：m）

2.22.2 结构设计

(1)钢桁梁设计

采用 8 孔有竖杆整体节点三角桁架下承式有砟桥面简支钢桁梁，上弦采用变高度桁式，近似拱形。钢梁计算跨度 108 m，梁长 109.7 m，主桁支点桁高 11.0 m，跨中桁高 19.0 m，桁宽 13.8 m(图 2-22-2)，节间长 10.8 m。桥面系采用正交异性钢桥面板，钢桥面板上挡砟墙内侧铺设 20 cm 厚混凝土道砟槽板。

主桁上、下弦杆截面均采用焊接箱形断面。上弦杆内高 1 200 mm，内宽 900 mm，板厚 28～32 mm，加劲肋宽 200 mm 或 220 mm，板厚 20～28 mm；下弦杆内宽 900 mm，板厚 24～36 mm。

斜杆截面形式部分采用箱形截面，部分采用 H 形截面。端斜杆为箱形截面，杆件内宽 900 mm，高 1 320 mm，板厚 40 mm；其他腹杆外宽 900 mm，高 680 mm 或 720 mm，板厚 16～28 mm。

主桁上、下弦杆节点均采用整体节点形式。上、下弦杆均采用四面拼接，除端斜杆采用四面拼接外其余腹杆均插入节点板内拼接。主桁拼接采用 M30 高强度螺栓。

桥面系为正交异性钢桥面板，道砟桥面。横梁均采用倒 T 形截面，端支点处设置端支点横梁；其他节点处设节点横梁，间距 10.8 m；相邻节点横梁间设 3 片节间横梁。每线铁路下设 2 道纵梁，间距 1.5 m，纵梁采用倒 T 形截面。

钢桥面板板厚 16 mm，纵向采用 U 形加劲肋和板式加劲肋。桥面板与主桁的连接在工地现场完成。桥面板顶板连接采用焊接，纵横梁腹板、底板和桥面板纵肋连接采用 M24 高强度螺栓拼接。道砟槽板混凝土采用工地现浇施工。

联结系包括上平纵联、桥门架及中间横联。上平纵联由斜杆、横撑组成，采用交叉形，除桥门架处撑杆采用箱形截面外，其余上平纵联截面均为焊接工字形截面。为降低高强螺栓延迟断裂对高速列车的潜在伤害风险，限界上方联结系采用全焊连接设计。

(2)下部结构

主墩采用双柱式矩形截面桥墩(图 2-22-3)，每个墩柱横桥向 4.0 m，顺桥向 5.0 m；距墩顶 3.1 m 处设置系梁，梁高 1.6 m，宽 3.2 m；桩基采用 15 根直径 2.5 m 桩。

边墩采用双柱＋单柱式矩形截面桥墩，主桥侧墩横桥向 4.0 m，顺桥向 4.0 m；引桥侧墩横桥向 6.3 m，顺桥向 2.0 m；桩基采用 12 根直径 2.5 m 桩。

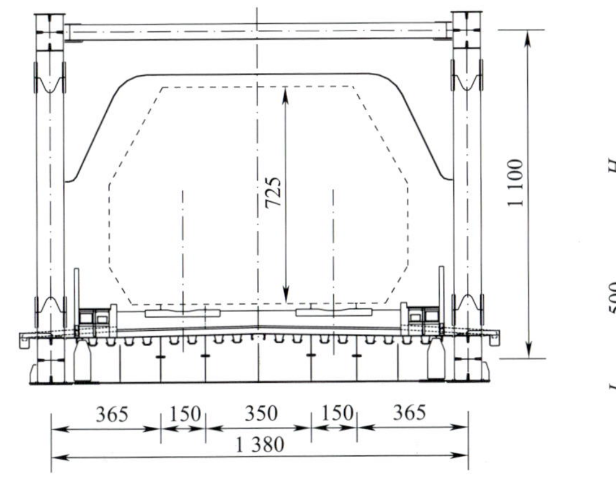

图 2-22-2 主梁截面(单位：cm)

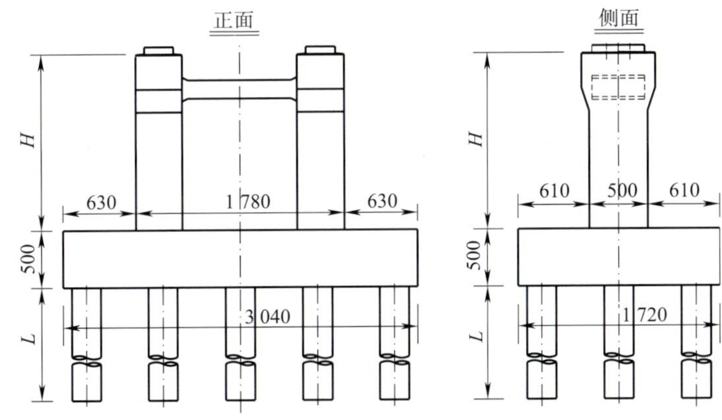

图 2-22-3 主墩构造(单位：cm)

2.22.3 施工方法

水中区域设置临时栈桥，主桥水中桥墩基础利用栈桥搭设水中平台施工，钢梁采用设置前导梁的长联顶推法施工。主要步骤如下：在张家口岸引桥侧搭设拼装支架(图 2-22-4)，利用龙门吊拼装首两孔主梁及导梁，并在两联钢梁之间安装临时连接；顶推两孔钢梁移出拼装支架，拼装剩余两孔钢梁及临时连接；四孔钢梁同时向中间墩进行顶推，以此拼装剩余钢梁，直至 8 孔钢梁顶推完毕；拆除导梁和临时连接；钢梁落架，施工桥面系及附属。

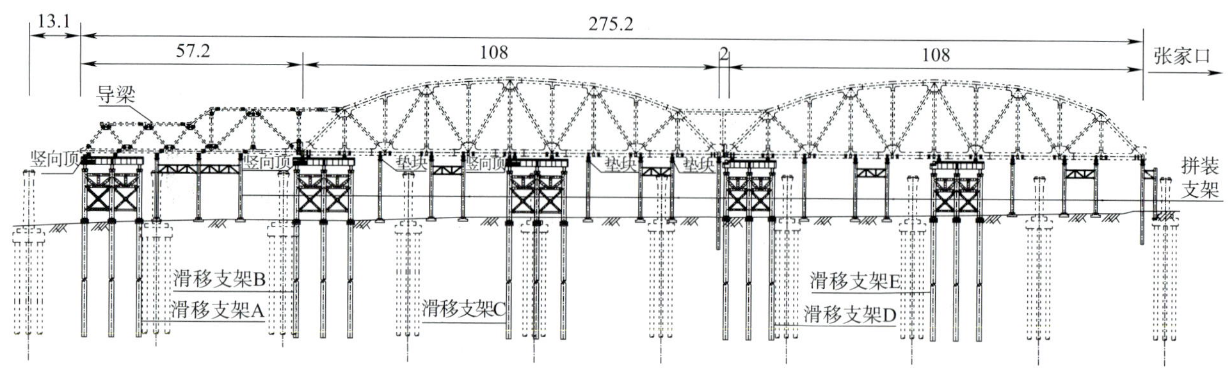

图 2-22-4 张家口侧钢梁拼装与滑移支架布置(单位：m)

2.22.4 主要技术经济指标

主要技术经济指标见表 2-22-1。

表 2-22-1 主要技术经济指标

项目内容	数　值
竖向挠跨比	1/3 396
梁端转角(下弦杆/纵梁)(rad)	1.252‰/1.616‰
横向挠跨比	1/5 094
主梁用钢量(t/m)	16.96

2.22.5 技术特点和创新点

(1)无砟轨道长大钢桁梁桥技术

为满足无砟轨道铺设条件，桥梁设计采取了对应措施，采用曲弦桁架结构使主桥具备良好的整体刚度，通过钢—混组合技术提升桥面局部刚度，给无砟轨道板的连接提供了良好的条件。

轨道结构由钢轨、WJ-8B 型扣件、道床板、限位凹槽、混凝土底座等组成。

道床板和底座均采用 C40 钢筋混凝土现场浇筑，等长、等宽分块设计(在主桁架节点处断开)(图 2-22-5)，主桥上道床板长度有 5 300 mm、4 245 mm 两种类型。钢桥面上设 20 cm 厚混凝土板，无砟轨道底座通过预留钢筋与桥面连接成整体。

图 2-22-5 无砟轨道

(2)超耐候钢桥防腐涂装技术

主桥钢结构采用超耐候防腐涂装技术，提高耐候性能，最大程度地延长涂装体系寿命，减少桥梁全寿命期内重新涂装次数，以降低涂装作业产生的各种污染。

(3)长寿命桥面雨水收集系统

为避免对水库水体造成污染，主桥设置桥面雨水收集系统，可将桥面雨水收集后排入两岸的沉淀/蒸发池。雨水收集系统采用由不锈钢复合钢板制成的新型开放式结构，有效避免常规排水管堵塞、冻涨、破裂、老化等一系列问题，大幅降低漏水概率且易于清理维护。设计使用寿命与主体结构相同，远高于 PVC 排水管 3～5 年的寿命。

(4)长寿命过渡板支座

考虑桥梁梁缝处过渡板支座检修困难，研究设计了超长寿命过渡板支座，通过采用耐腐蚀材料和设置润滑脂替换结构，提高其可靠性，将过渡板支座维护量降至最低。

(5)曲弦桁架桥智能检查车技术(图 2-22-6)

为解决曲弦钢桁梁桥的检查维修，配套研发了曲弦桁架智能检查车辆，可在最大坡度 46°曲弦上行走自如，搭载机器视觉技术可对大桥主体结构进行无人无损巡查，发现问题后可为养护人员提供能承受 250 kg 荷载的维修平台，非检修期可自主装卸至平板车回库贮存保养，综合技术领先国外同类产品。

(6)环保施工技术

①采用设置长导梁的整体顶推架设施工方案(图 2-22-7)，取消临时墩，尽可能削减库区水中临时工程。

②为避免对库区原有地形地貌的破坏，水中临时工程均采用钢结构，工程修建完成后全部予以拆除。

③在水中施工平台上设置全封闭泥浆循环池，防止泥浆进入水体。

图 2-22-6　智能检查车

图 2-22-7　施工顶推

2.23　银西客运专线渭河特大桥

桥　　名：渭河特大桥
工程项目：银西客运专线
工程位置：陕西省西安市
主　　跨：60 m
梁　　型：加劲钢斜撑 PC 组合简支梁
建设单位：西成铁路客运专线陕西有限责任公司
设计单位：中铁第一勘察设计院集团有限公司
施工单位：中铁五局集团有限公司
设计人员：李小军　高明昌　许云生　缪文辉　孙宇佳　盖小红
通车时间：预计 2020 年 12 月

2.23.1　概　　况

银西客运专线设计速度 350 km/h，有砟轨道，正线双线、线间距 4.6 m。渭河特大桥途经陕西省西安市经济开发区、西咸新区秦汉新城，线路依次通过渭河河床、漫滩、一级、二、三级阶地，与渭河呈 88°交角，地势向西安方向缓倾，区域多已辟为城市建设用地，交通便利。桥梁跨越渭河，线路通过渭河处河床宽约 200 m，河岸两侧地形平坦。桥址范围内地表分布人工杂填土，地层主要为第四系全新统冲积黏质黄土、粉质黏土，砂类土、细圆砾土；上更新统风积黏质黄土，冲积粉质黏土、砂类土。桥址地震动峰值加速度值为 0.20g，地震动反应谱特征周期为 0.40 s。

渭河特大桥需与西安至阎良城际铁路接轨并共用渭河桥位，主桥创新性地采用了 17 孔 60 m 加劲钢斜撑 PC 组合简支梁，主桥全长 1.23 km。梁部采用四线整体设计，中间双线为银西客运专线（采用 ZK 标准活载），两侧为西安至阎良城际铁路（采用 ZC 标准活载），线间距（5.3＋4.6＋5.3）m。桥梁立面如图 2-23-1 所示。

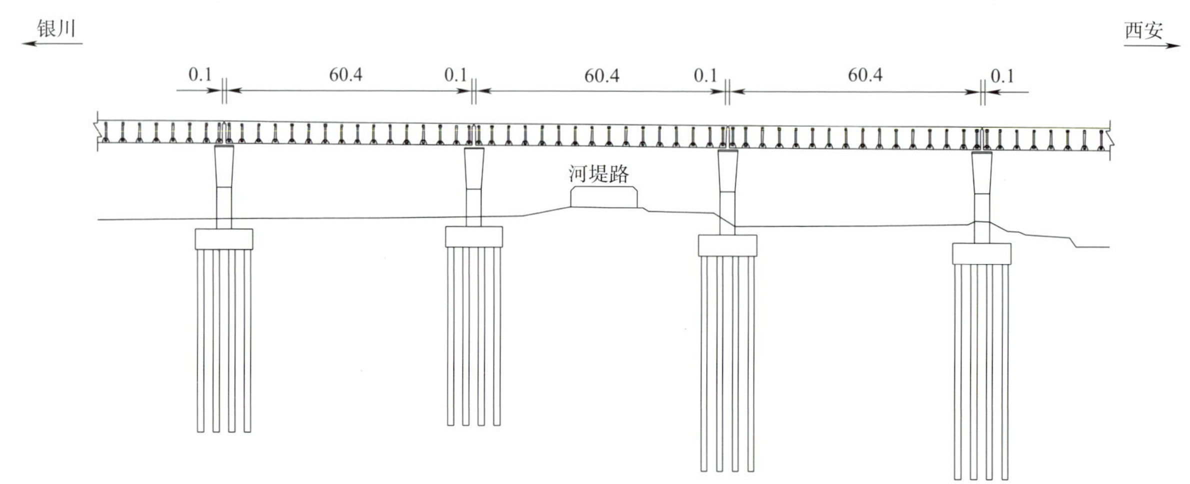

图 2-23-1　桥梁立面（单位：m）

2.23.2　结构设计

（1）加劲钢斜撑 PC 组合简支梁设计

①结构尺寸

60 m 加劲钢斜撑 PC 组合简支梁截面类型为单箱双室等高度箱梁，梁端顶板、底板及腹板局部内侧加厚，悬挑翼缘设置钢斜撑杆。钢斜撑杆直径 360 mm，壁厚 18 mm。桥梁横向布置如图 2-23-2 所示。

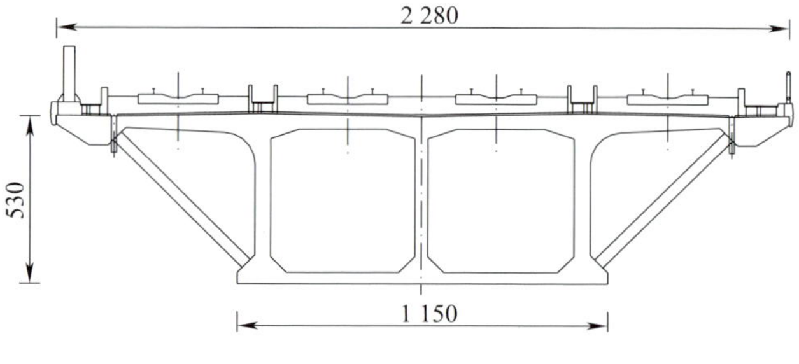

图 2-23-2　桥梁横向布置（单位：cm）

②主要材料

梁体混凝土强度等级为 C55，封端采用强度等级为 C55 的干硬性补偿收缩混凝土。纵向预应力筋采用公称直径为 15.2 mm 的钢绞线，抗拉强度为 1 860 MPa，并采用配套锚具。钢斜撑杆采用 Q345qD 钢材。

（2）下部结构

渭河特大桥 60 m 加劲钢斜撑 PC 组合简支箱梁下部采用圆端形花瓶实体墩。

2.23.3　施工方法

60 m 加劲钢斜撑 PC 组合简支梁箱梁采用支架现浇的施工方法（图 2-23-3）。斜撑杆及其锚固件等钢构件均在工厂制造加工完成后运送至施工现场，然后在现浇支架上定位安装至设计位置（图 2-23-4）后浇筑梁体混凝土。主桥水中墩施工采用创新性梁柱式结构支架整孔现浇，多工作面同时施工，减少施工周期。

图 2-23-3　现场施工

图 2-23-4　撑杆支架安装

2.23.4　主要技术经济指标

主要技术经济指标见表 2-23-1。

表 2-23-1　主要技术经济指标

指标类型		数　值
结构性能指标	竖向挠跨比	1/6 600
	梁端转角(rad)	0.5‰
	强度安全系数	2.24
主要工程量	混凝土体积(m^3)	1 613.5
	预应力钢筋(t)	76.3
	普通钢筋(t)	295.8
	钢材(t)	30.3

2.23.5　技术特点和创新点

(1)本桥主桥为加劲钢斜撑 PC 组合简支梁，为国内首次采用。60 m 加劲钢斜撑 PC 组合简支箱梁的应用，满足了渭河河道防洪、下游公路桥梁冲刷等需求，创造了单孔整孔现浇梁跨度最大、单体质量最大的高速铁路之最。

(2)60 m 加劲钢斜撑 PC 组合简支箱梁为四线整体箱梁，采用加劲钢斜撑杆的设计，在满足四线功能需求的同时减小了箱底宽度，进而为结构的下部优化创造了条件，结构形式新颖，外形美观，为国内首次采用。

(3)随着我国高速铁路及城际铁路的快速发展，大跨多线桥梁的工程逐渐增多，加劲钢斜撑 PC 组合结构为大跨多线桥梁的设计提供了一个创新性的桥型。

2.23.6　梁型应用情况

2020 年 6 月完成 17 孔梁部结构施工，为加劲钢斜撑 PC 组合结构的推广与应用奠定了工程实践基础。

昌九城际铁路永修特大桥

第 3 章　平原地区桥梁

3.1 综　　述

3.1.1 平原地区概况

本章主要介绍华北平原、长江中下游平原、渭河平原和珠江三角洲平原等地区 40 年来铁路桥梁发展概况。东北平原铁路桥梁发展参见本书第 9 章。

华北平原北抵燕山南麓，南达大别山北侧，西倚太行山、伏牛山，东临渤海和黄海，跨越京、津、冀、鲁、豫、皖、苏 7 省市，面积 30 万 km^2。平原地势平坦，河湖众多，交通便利，经济发达，平原人口和耕地面积约占中国的 1/5。华北平原是华北陆台上的新生代断陷区，晚第三纪和第四纪时期，形成连片的大平原。华北平原海拔多不及百米，地势平缓倾斜，是典型的冲积平原，这是由于黄河、海河、滦河等所带的大量泥沙沉积所致，多数地方的沉积厚达七八百米，最厚的开封、商丘、徐州一带达 5 000 m。平原地面平坦，土壤肥沃，是我国主要的农业区，也是我国人口稠密、城镇集中、经济繁荣的地区。

长江中下游平原是指中国长江三峡以东的中下游沿岸带状平原，长江中下游平原西起巫山东麓，东到黄海、东海滨，北接桐柏山、大别山南麓及黄淮平原，南至江南丘陵及钱塘江、杭州湾以北沿江平原，地跨中国鄂、湘、赣、皖、苏、浙、沪等 7 省市，东西长约 1 000 km，南北宽 100～400 km，总面积约 20 万 km^2，素有“水乡泽国”之称。长江中下游平原位于扬子准地台褶皱断坳带内，由燕山运动产生的一系列断陷盆地经长江切通、贯连和冲积后形成，地形的显著特点是地势低平，河渠纵横，湖泊星布，一般海拔 5～100 m，但海拔大部在 50 m 以下。长江中下游平原居中国南北和东西交通网的枢纽地带，水陆交通发达；长江贯穿中部，成为一条东西向的水运大动脉，加上其众多支流，构成一庞大水道交通运输网。

渭河平原又称关中平原，位于陕西省中部，介于秦岭和渭北北山之间，西起宝鸡，东至潼关，长 300 余 km，海拔约 323～800 m，面积约 3.6 万 km^2。渭河平原是断层陷落区即地堑，后经渭河及其支流泾河、洛河等冲积而成，属于渭河断陷盆地带的关键主体部分。渭河平原形成后，不仅有黄土堆积其间，更有渭河及其两侧支流携带大量泥沙填充淤积其中，第四纪松散沉积。这里自古灌溉发达，是中国重要的粮食产区。

珠江三角洲平原位于广东省中南部，面积约 1.1 万 km^2，平均海拔 50 m 左右。这里河网纵横，孤丘散布，是中国商品粮基地之一。珠江三角洲是华南地区的经济中心，有“南海明珠”的美誉。

这些平原地区的地形、地质、气象、水文，以及工农业生产、交通运输等自然和人文环境，决定了这些地区铁路桥梁具有自身的特点。

3.1.2 20 世纪 80 年代

20 世纪 80 年代，由于国家全面推进经济建设，铁路运量增长很快，运输紧张的局面越来越突出，铁道部提出以“扩能”为中心加快铁路建设，在大规模对既有铁路进行技术改造的同时，推进铁路新线建设。平原地区铁路桥梁结合平原区特点，在上、下部结构形式方面均有新的进展；京秦铁路双桥立交桥应用了当时国内跨度最大的简支槽形梁桥；皖赣铁路郭溪桥采用板壁式柔性墩，是铁路桥梁推广柔性墩的试验工程；新菏铁路跨京广立交桥位于黄河冲击平原地带，采用以桥代路的形式，少占大量良田，为以后长大立交桥的建设提供了丰富的经验。

20 世纪 80 年代以来，中国重载铁路迅速发展。大秦铁路是中国第一条开行重载单元列车的煤运专用铁路，应用了低高度预应力钢筋混凝土梁、钢筋混凝土连续刚架、整孔式低高度钢筋混凝土梁等新形式。

3.1.3 20 世纪 90 年代

20 世纪 90 年代，国家做出加强能源和基础设施建设的决定，铁路建设进入快速发展的新时期。铁路桥梁建设处于大发展中，一大批重点工程建设项目建成或铺通，路网有较大发展，铁路桥梁建设创出了新的水平。

京九铁路纵贯南北，越过了中国六大流域中的五大流域，桥梁建设工程浩大，创新经验丰富。京九铁路桥梁把先进性和适用性结合起来，广泛应用一些比较成熟的新技术，除九江长江大桥新技术外，还包括 16 m、20 m、24 m、32 m 超低高度预应力混凝土 T 梁，两侧拼接式 24 m 部分预应力混凝土整孔箱梁，斜拉式预应力混凝土连续桁架梁，大跨预应力混凝土箱形连续梁悬灌快速施工成套技术，大应变法检测钻孔桩承载力技术，深水岩溶地基基础钻孔桩施工技术，空心墩爬模施工技术，新型架桥机研制及应用等。这些技术均取得了成功，收到良好的效果。桥梁大量采用轻型结构，如双柱墩、板式墩、板凳墩、轻型桥台、小跨度连续刚构、超低高度梁等，轻型结构实用、美观、可节省圬工数量，减少基坑开挖量，降低路基高度，经济效益显著。

广深铁路列车运行时速达到 200 km，其中石龙特大桥在我国铁路首次采用了部分预应力连续梁。

宣杭铁路水阳江特大桥大批量采用预制先张法部分预应力钢筋混凝土梁，在国内尚属首次。此外在我国干线铁路首次采用了尼尔森体系钢管混凝土下承提篮式系杆拱桥。

3.1.4 21 世纪首个 10 年

在 21 世纪的第一个 10 年里，铁路桥梁不仅在普速桥梁结构中继续有所发展，而且还迎来了属于中国的高铁时代，实现了数十年来中国人的高铁梦。秦沈客运专线开通运营后，京津城际铁路、郑西客运专线、沪杭客运专线等一批铁路相继建成。由于平原地区大多良田广袤、交通网络发达，为减少占用耕地、控制基础沉降、提高乘坐舒适性，平原地区高速铁路很多采用了“以桥代路”的工程模式，桥梁所占线路比例显著增加。为解决跨越道路、河流等需要，连续梁结构被更多地采用。当跨度要求进一步加大时，梁拱组合结构体系因为具有良好的刚度和较小的徐变变形，被越来越多地应用在铁路桥梁中。

2003 年 10 月 11 日开通运营的秦沈客运专线是我国第一条客运专线，是国内第一条设计时速达 250 km 的高速铁路，缩短了与世界高速铁路先进技术水平的差距，为后来我国兴建高速铁路打下了坚实的技术基础。该线首次在国内铁路中采用了预制双线整孔箱梁、无砟轨道箱梁等一批新的桥梁结构。

2008 年 8 月 1 日开通运营的京津城际铁路是国内第一条设计时速达 350 km 的高速铁路，桥梁工程占全线总长度的 87.7%，全面采用了双线箱梁整孔预制架设、无砟轨道桥梁等先进技术，将高速铁路连续梁及拱加劲连续梁的主跨提高到 128 m。

2010 年 2 月 6 日通车运营的郑西客运专线是我国第一条建设于湿陷性黄土地域的铁路，并在国内外首次建成了设置于桥梁上的时速 350 km 通过式车站。

2010 年 10 月 26 日开通的沪杭客运专线，即沪昆客运专线沪杭段，与杭长铁路、长昆铁路共同构成纵贯中国东西向的沪昆客运专线，采用的大跨度自锚上承式拱桥具有技术特色。

3.1.5 21 世纪第二个 10 年

21 世纪的第二个 10 年中，平原地区铁路桥梁的结构形式、结构跨度、设计理论、施工工艺和装备水平等各方面，都取得了长足发展，桥梁建设水平进入世界先进行列。高速铁路建设取得突飞猛进的快速发展，成为中国的一张亮丽名片。

这一时期的平原地区铁路桥梁取得了很多技术创新。梁拱组合体系、钢桁—混凝土梁组合体系、拱桥等的结构形式有了更多的发展，跨度不断增大。矮塔斜拉桥、斜拉桥等新结构成功应用于铁路桥梁，并在跨度上不断取得突破，更好地适应了建设条件对跨越能力的需求。跨越繁忙的铁路、公路时，桥梁越来越多采用转体施工方法。代表先进建造方向的装配式桥梁技术成功应用于高速铁路建设。采用全封闭声屏障的桥梁体现了铁路与环境和谐共生的环保理念。

2011年6月30日开通运营的京沪高速铁路是世界上一次建成线路最长（全长1 318 km）、标准最高的高速铁路，是我国第一条具有世界先进水平的、具有里程碑意义的铁路，构建了中国高速铁路标准体系与技术体系，支撑了中国高速铁路的快速发展，打造了技术先进、安全可靠、性价比高的中国高铁品牌，在国内首次采用了预应力混凝土矮塔斜拉桥、中承式钢箱拱桥、空间刚架等新结构。针对平原建设条件特点，大量采用了“以桥代路”形式，其中丹昆特大桥是目前世界最长的桥梁。

京广客运专线武广段、郑武段和京郑段分别于2009年12月26日、2012年9月28日和2012年12月26日开通运营，其中武汉站是超大型桥建合一的综合结构体系。

2013年12月1日投入运营的津秦客运专线将东北、华北、华东地区的快速客运通道连接成网，大大缩短了东北到关内地区的铁路交通时间，在我国高速铁路长联连续梁上首次应用阻尼器解决抗震问题。

此外，我国还建设了多条高速铁路，至2017年12月28日石济客运专线石家庄至齐河段开通运营，中国铁路“四横四纵”快速通道全部建成通车。在2010年至2018年期间，中国已在长三角、珠三角、环渤海等地区城市群建成高密度高速铁路网，东部、中部、西部和东北四大板块区域之间完成高速铁路互联互通。

2019年12月1日开通的郑阜铁路，在我国高速铁路中首次应用了节段预制胶拼连续梁、曲弦钢桁加劲预应力混凝土连续梁、新型纵向约束体系等新技术。

2019年12月1日开通的商合杭铁路商合段，采用了塔梁分离的半漂浮体系部分斜拉桥和钢—混连续结合梁等技术。

目前在建的京雄城际铁路固霸特大桥在国内高速铁路中首次应用了装配式桥墩的设计建造技术，也是全球首座适用于时速350 km全封闭声屏障工程，体现了现代铁路高度重视环保的设计理念。

3.2　京九铁路卫运河特大桥

桥　　名：卫运河特大桥
工程项目：京九铁路
工程位置：山东省临清市
主　　跨：65 m
桥　　型：斜拉式预应力混凝土连续桁架梁
建设单位：铁道部
设计单位：中国铁路设计集团有限公司
施工单位：中铁十四局集团有限公司
设计人员：周四思　周世东　张红旭　高玉林　张广凯
通车时间：1994年9月

3.2.1　概　　况

京九铁路为国家Ⅰ级铁路，设计速度160 km/h，采用有砟轨道，双线、线间距4.0 m，于山东省临清市跨越卫运河。桥位处属黄河冲积平原，地势平坦，下覆土层为砂黏土、粉砂、黏土和中砂，地震基本烈度为 7 度，设计最高气温 +30 ℃，最低气温 −10 ℃。

桥址处卫运河为人工河道，堤距 700～1 100 m，桥址处堤内肩距 690 m，主槽宽约 150 m，底宽约 60 m。该桥按卫运河限泄流量 5 500 m^3/s 设计，超出流量时在漳卫之间大名地区破堤泄洪，设计水位 37.1 m，设计流速 1.38 m/s。主桥采用(32.5+65+32.5) m 斜拉式预应力混凝土连续桁架梁，引桥分别采用 32 m 简支梁和 32 m 超低高度简支梁。主桥立面如图 3-2-1 所示。

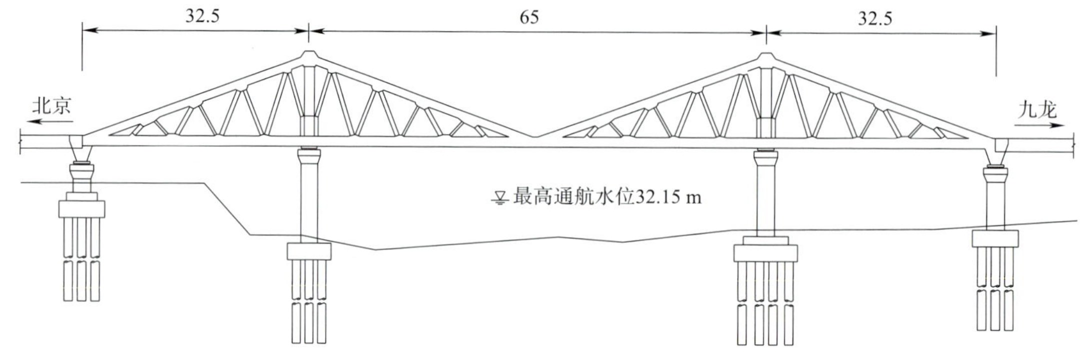

图 3-2-1　主桥立面(单位：cm)

3.2.2　结构设计

(1)主梁

主梁采用两片桁架，桁架中心距 10.1 m，节间长度 6.5 m，主桁立柱高 15 m。主梁支点横断面如图 3-2-2 所示。

上弦杆为 1.18 m(宽)×0.88 m(高)的实体矩形截面。下弦杆除跨中合龙段和下弦节点块为实体矩形截面外，其余外围尺寸均为 1.2 m(宽)×1.5 m(高)的箱形截面，下弦杆和下弦节点块整体预制，并用湿接头与相邻杆件相连。

压腹杆为实体矩形截面，有 0.88 m(宽)×0.34 m(高)及 0.88 m(宽)×0.50 m(高)两种，与上弦节点整体预制并用干接头与相邻杆件相连。拉腹杆为 0.88 m(宽)×0.6 m(高)实体矩形截面，立柱为 1.2 m(宽)×1.5 m(高)的实体矩形截面，与上下节点整体灌注。

本梁只在立柱顶上弦节点处布置一根强大横撑，以保证立柱的稳定并承受风荷载，横撑采用 1.2 m(宽)×2.2 m(高)箱形截面。

桁架上、下弦杆和拉腹杆均布置 7-7ϕ5 预应力钢绞线束；上弦杆布置有分段束和通长束，分段束锚固在各节间杆端和跨中节点。

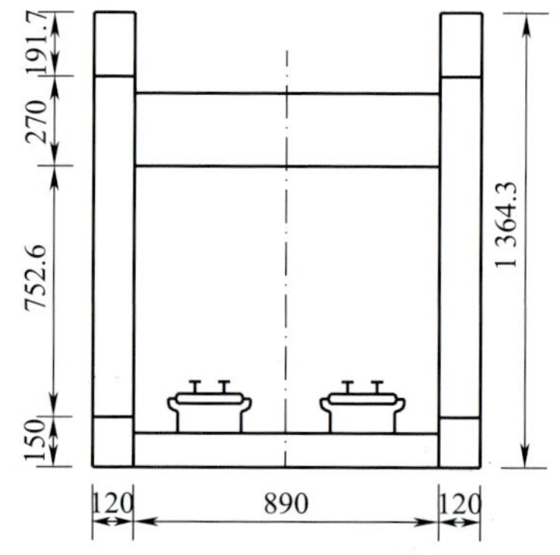

图 3-2-2　主梁支点横断面(单位：cm)

(2)桥面系

桥面采用纵横梁分离体系，即纵梁简支于横梁上。纵梁按跨度分有 5.7 m、5.0 m、4.0 m、1.7 m 四种，梁高有 0.4 m 和 0.5 m 两类。横梁计算跨度为 10.1 m，分端横梁，立柱下横梁及标准横梁三种，梁高均为 1.4 m，端横梁和立柱下横梁为就地灌注，标准横梁位于距主桁节点中心 0.6 m 处。

(3)墩身及基础

引桥桥墩采用双线分离式圆端形板式墩，基础采用桩径 55 cm、壁厚 10 cm 的预应力管桩。为满足主河道通航要求，正桥采用(32.5+65 +32.5) m 斜拉式预应力混凝土连续桁架梁形式，并在 5 号及 10 号墩的墩顶处设置 0.5 m 间梁。主桥墩身各为两个圆形单柱墩组成，基础采用直径 1.0 m 钻孔桩。

3.6.2　结构设计

(1)钢箱梁

主梁采用 2×90 m 整体式连续钢箱梁,梁端悬出边支点以外 2.0 m,钢箱梁总长 184.0 m。钢箱梁采用单箱多室等高度箱形截面,顶宽 14.80 m,底宽 12.60 m,中支点附近局部底宽 13.10 m,钢箱梁底板横向水平,各腹板不等高,顶板横向倾斜形成 2%的双向横坡,最大梁高为 2.20 m(图 3-6-2)。

钢箱梁顶板厚 22 mm,底板厚 16 mm。钢箱梁两侧外腹板下部设为圆弧面,中间设 8 道直腹板,其中与拱肋对应的 4 道腹板在标准梁段板厚为 24 mm,在梁拱结合段加厚为 32 mm,其余腹板厚均为 16 mm。钢箱梁标准梁段一般每隔 2.0 m 设一道横隔板,其中与吊杆对应的横隔板厚为 16 mm ,其余横隔板厚为 12 mm。

钢箱梁顶板在挡砟墙范围内设有 8 mm 厚 U 形纵向加劲肋,挡砟墙以外顶板、各腹板、底板设有 12 mm 厚板式纵向加劲肋。顶板上板式纵向加劲肋在吊杆孔处和拱座对应区域有局部间断,其余纵向加劲肋均贯穿箱梁内横隔板,全桥连续。U 形纵向加劲肋在分段点处用封端板密封。

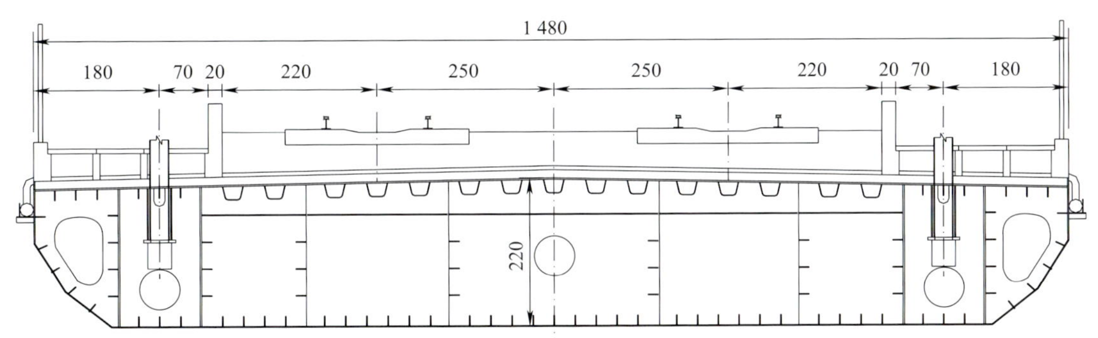

图 3-6-2　标准钢箱梁构造图(单位:mm)

(2)钢箱拱

主拱采用两榀平行钢箱拱肋,拱脚与钢箱梁固结,两榀拱肋横向中心距 11.2 m,计算跨度 $l=90.00$ m,设计矢高 $f=18.00$ m,矢跨比 $f/l=1/5$,拱轴线采用二次抛物线,设计拱轴线方程:$y=-x^2/112.5+0.8x$。主拱肋采用等高度箱形截面,箱高 2.80 m,箱宽 1.20 m,顶、底板厚均为 32 mm,腹板厚一般为 24 mm。主拱肋截面如图 3-6-3 所示。

(3)辅拱及斜腿

辅助拱采用两榀平行钢箱拱肋,拱脚固结在主拱拱顶,拱顶断开,同时在辅拱顶与主拱之间设置斜腿支撑,用以改善辅拱受力状况及全桥景观。两榀辅拱肋横向中心距 11.2 m,设计矢高 $f=25.00$ m,辅拱肋采用变高度箱形截面,拱肋上下缘均为圆曲线。拱肋箱宽 1.00 m,拱肋箱高 1.00～1.60 m。

斜腿采用等高度箱形截面,箱宽 1.00 m,箱高 0.80 m。

(4)横撑

每孔主拱两榀拱肋之间共设 7 道一字横撑和 2 道 X 形组合横撑,一字横撑和组合横撑之主撑采用 0.80 m×0.80 m 箱形截面,壁厚为 16 mm,箱内设 12 mm 厚横隔板和 12 mm 厚纵向加劲肋。全桥辅拱共设 8 道一字横撑,辅拱横撑采用 0.60 m×0.60 m 箱形截面。

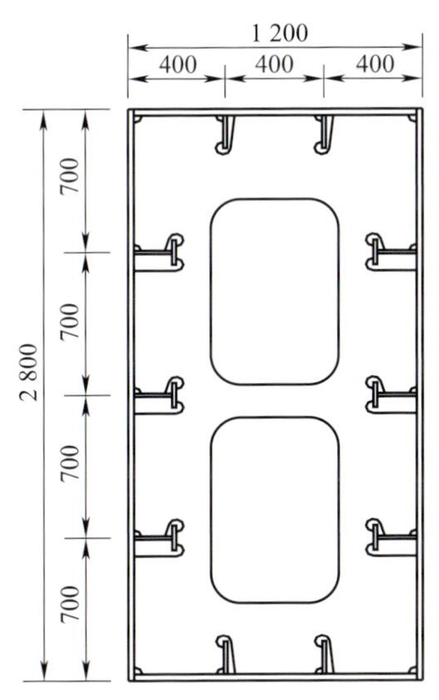

图 3-6-3　主拱肋截面(单位:mm)

(5)吊杆

吊杆顺桥向间距 6 m,每孔主桥设 13 对吊杆。吊杆采用 PES

(FD)7-127 型低应力防腐拉索(平行钢丝束),外套复合不锈钢管,配套使用 OVMLZM7-127 型冷铸镦头锚。吊杆上端锚于主拱箱内张拉底座,吊杆下端锚于钢箱梁内固定底座。

(6)桥墩及基础

边墩设计为钢筋混凝土 T 形墩,墩身横桥向 13.00 m,顺桥向 4.60 m,采用 12 根直径 1.25 m 钻孔灌注桩基础。中墩设在高速公路两幅道中间,为矩形板式墩,墩身横桥向 8.40 m,顺桥向 3.00 m;钢筋混凝土结构,顶帽采用型钢混凝土结构。中墩采用 13 根直径 1.50 m 钻孔灌注桩基础,墩身与承台斜交,承台为六边形,承台厚 4.00 m,钻孔桩按梅花形布置,桩尖进入强风化岩层,按摩擦桩设计。主墩大样图如图 3-6-4 所示,主墩顶帽型钢布置如图 3-6-5 所示。

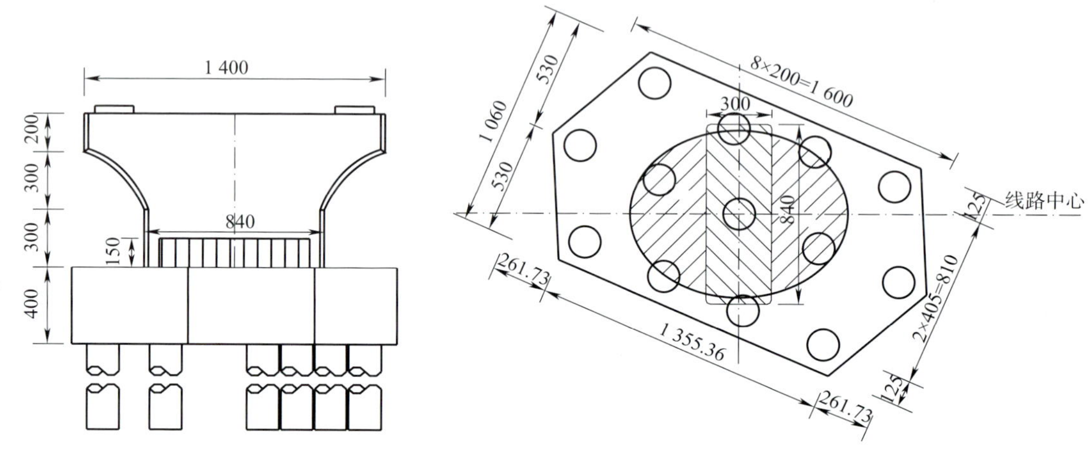

图 3-6-4　主墩大样图(单位:cm)

3.6.3　施工方法

梁部次采用无导梁整体钢箱梁拖拉方案,拱肋采用梁上支架拼装方法。

由于甬台温高速公路交通繁忙,充分利用钢箱系梁,采用无导梁整体钢箱梁拖拉施工方案,取消传统的拖拉导梁,节省了大量临时工程。施工简便快捷,对高速公路运营干扰小。

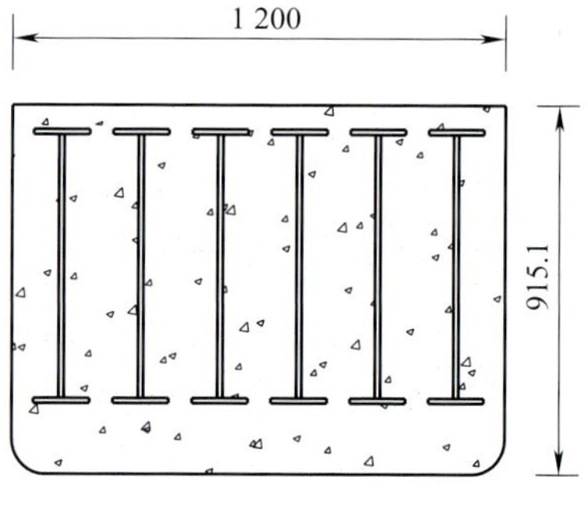

图 3-6-5　主墩顶帽型钢布置(单位:cm)

3.6.4　主要技术经济指标

主要技术经济指标见表 3-6-1。

表 3-6-1　主要技术经济指标

指标类型		数　值
结构性能指标	竖向挠跨比	1/2 727
	梁端下挠转角(rad)	1.97‰
主要工程量	钢箱梁主梁(t)	2 395.7
	钢箱梁(t/m)	13.0
	钢筋混凝土桥面板(m^3)	326.8
	钢箱拱肋(t)	1 042.7
	吊杆(t)	29.8

3.6.5　技术特点和创新点

(1)该桥是我国首次采用钢箱梁、钢箱拱、梁拱固结、三拱叠合的全焊钢结构的桥梁。

该桥三拱叠合全焊钢结构技术在国内铁路桥中为首次应用，它集钢箱梁、系杆拱、叠合拱的美学优点于一体。受桥下高速公路及铁路车站影响，由于梁拱的共同作用，钢箱梁支点、跨中梁高均仅为 2.2 m，降低了铁路路肩标高和整体工程造价，提高了桥梁的竖向刚度和动力性能。

(2)合理的钢箱梁、钢箱拱固结结合部设计，确保了桥梁结构整体受力性能。

通过拱梁结合部局部应力分析和整体受力分析，根据拱和梁受力钢板的主次关系和合理结合，较好地解决了钢箱梁拱结合部位的结构构造，确保梁拱共同受力，三拱有效叠合，使全焊钢结构桥梁整体性和稳定性更强。

(3)重视景观设计，桥梁景观与风景名胜区和谐一体。

本桥位于国家级 5A 级旅游雁荡山风景区，上跨甬台温高速公路，本桥设计创新采用三拱叠合桥式，一改拱桥单一形式，通过辅助拱的优美曲线将两跨拱肋柔美结合，产生令人意想不到的美观效果，犹如出水芙蓉，令人耳目一新、惊喜赞叹。桥型新颖独特，柔美中不乏强劲的力感，透露出人与自然、建筑与自然的和谐一体，与雁荡山风景完美融合、互映生辉。大桥近景及全景如图 3-6-6、图 3-6-7 所示。

图 3-6-6　大桥近景

图 3-6-7　大桥全景

3.6.6　获奖情况

(1)获 2010 年铁道部优秀工程设计一等奖。

(2)获 2011 年中国铁道学会科学技术二等奖。

(3)获 2012—2013 年国家优质工程奖。

3.7　温福铁路昆阳特大桥

桥　　名：昆阳特大桥
工程项目：温福铁路
工程位置：浙江省温州市
主　　跨：136 m
桥　　型：连续梁拱
建设单位：沿海铁路浙江有限公司
设计单位：中铁第四勘察设计院集团有限公司
施工单位：中铁大桥局集团有限公司
设计人员：严爱国　王德志　陈顺平　黄纳新　洪　琼
　　　　　陈裕民　余泽宽
通车时间：2009 年 9 月

3.7.1　概　　况

温福铁路设计速度 250 km/h，采用有砟轨道，双线、线间距 4.6 m，中—活载，于浙江省温州市跨越同三高速公路。桥址范围第四系地层发育，沉积淤泥、黏性土等松散软弱的地层，厚度在 60～70 m 左右；其下部沉积全风化花岗岩。区域地质构造不发育。桥址处地震动峰值加速度为 0.05g，地震动反应谱特征周期 0.35 s。

昆阳特大桥主桥与同三高速公路轴线夹角 28°，同三高速公路路幅宽度 28 m，为满足桥下净空要求并降低铁路路肩高程，主桥采用（64＋136＋64）m 预应力混凝土连续梁与钢管混凝土柔性拱组合结构，桥梁全长 3 308.9 m。主桥立面如图 3-7-1 所示。

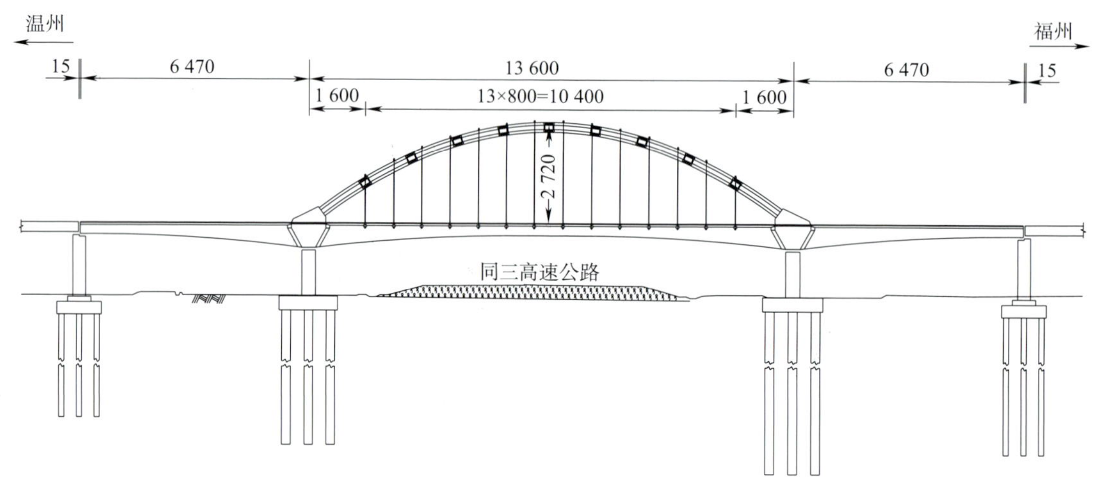

图 3-7-1　主桥立面（单位：cm）

3.7.2　结构设计

（1）主梁

主梁采用 C55 混凝土，单箱双室变高度箱形截面，跨中及边支点处梁高 3.5 m，中支点处梁高 7.0 m，梁高按圆曲线变化，梁底圆曲线半径 R＝449.75 m。主梁顶宽 14.0 m，中支点附近局部顶宽 16.1 m；顶板厚 0.40 m，中支点附近局部顶板厚 0.55 m；底宽 10.4 m，中支点附近局部底宽 12.6 m（图 3-7-2），底板厚度由跨中 0.35 m 渐变至根部 0.8 m；腹板采用直腹板，厚度分为 0.35 m、0.50 m、0.60 m，中支点附近局部加厚至 1.30 m。

主梁共设 5 道横隔板，边支点横隔板厚 1.4 m，中支点横隔板厚 3.0 m，中孔跨中横隔板厚 0.3 m。主梁于各吊杆处共设 14 道吊点横梁，吊点横梁高 1.2 m，厚 0.3 m。

主梁全长 265.4 m，共划分为 61 个梁段，梁拱结合部 0 号梁段长 15 m，中孔合龙梁段长 2.0 m，边孔直线段梁段长 6.7 m，其余梁段长分为 3.5 m、4.0 m、4.5 m 三种。主梁除 0 号梁段、边孔直线段在支架上施工外，其余梁段均采用挂篮悬臂浇筑，悬浇梁段最大质量 216 t。

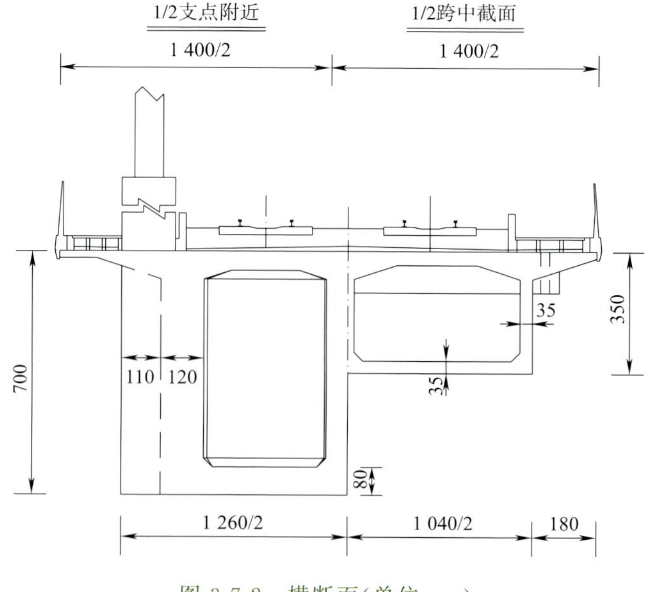

图 3-7-2　横断面（单位：cm）

（2）主梁预应力

主梁设置纵向和竖向双向预应力，因主梁为单箱双室横截面，横向不需布置预应力，按钢筋混凝土结构设计。中支点截面上缘共布置 30 束 19ϕ15.24 腹板下弯钢索和 84 束 15ϕ15.24 顶板钢索，边孔底板布置 21 束 15ϕ15.24 钢索，中孔跨中截面上下缘分别布置 14 束和 30 束 15ϕ15.24 钢索。纵向预应力钢索均采用两端张拉，19ϕ15.24 钢索锚下张拉力 3 562 kN，15ϕ15.24 钢索锚下张拉力 2 656 kN。

主梁竖向预应力采用 ϕ32、ϕ25 两种直径的高强精轧螺纹钢筋，竖向预应力筋顺桥向间距一般为 0.5 m。腹板厚 0.60 m 梁段，横桥向各腹板布置两根 ϕ32 竖向预应力筋；腹板厚 0.50 m 梁段，横桥向各腹板布置一根 ϕ32 竖向预应力筋；腹板厚 0.35 m 梁段，横桥向各腹板布置一根 ϕ25 竖向预应力筋。竖向预应力筋均于梁顶张拉，ϕ32 竖向预应力筋张拉控制力 560.9 kN，ϕ25 竖向预应力筋张拉控制力 342.4 kN。

(3)拱肋

拱肋采用钢管混凝土结构，计算跨度 $l=136.0$ m，设计矢高 $f=27.20$ m，矢跨比 $f/l=1/5$，拱轴线为二次抛物线线形，设计拱轴线方程：$y=-1/170x^2+0.8x$。拱肋采用等高度哑铃形截面，截面高度 2.8 m，拱肋弦管直径 800 mm，由 16 mm 厚的钢板卷制而成，弦管之间用 $\delta=16$ mm 厚钢缀板连接（图 3-7-3），拱肋弦管及缀板采用 Q345qD 钢，其内填充 C50 微膨胀混凝土。两榀拱肋间横向中心距 11.1 m。

拱肋于拱顶设置最大 0.15 m 预拱度，施工矢高 $f=27.35$ m，施工拱轴线方程：$y=-0.005\ 915x^2+0.804\ 412x$，拱肋实际施工均采用施工拱轴线制作和拼装。拱肋钢管在工厂制作加工后，运至现场拼装，为便于运输，每榀拱肋划分为 15 个节段（含拱座预埋段），节段最大长度小于 13.5 m。

每榀拱肋上下弦管仅在拱顶分别设置一处灌注混凝土隔仓板，于吊杆附近分别设置 30 道加劲钢箍；为了防止泵送混凝土时缀板变形，腹腔内设置 3 处灌注混凝土隔仓板，并沿拱轴线均匀设置 ϕ25 加劲拉筋，加劲拉筋间距 0.5 m。

(4)横撑

两榀拱肋之间采用空间桁架撑连接，因哑铃形拱肋截面绕自身竖轴惯性矩较小，为确保拱肋横向稳定性，全桥共设置 9 道横撑。各横撑由 4 根 $\phi450\times12$ mm 主钢管和 32 根 $\phi250\times10$ mm 连接钢管组成（图 3-7-4），横撑钢管采用 Q235qD 钢，内部不填混凝土。

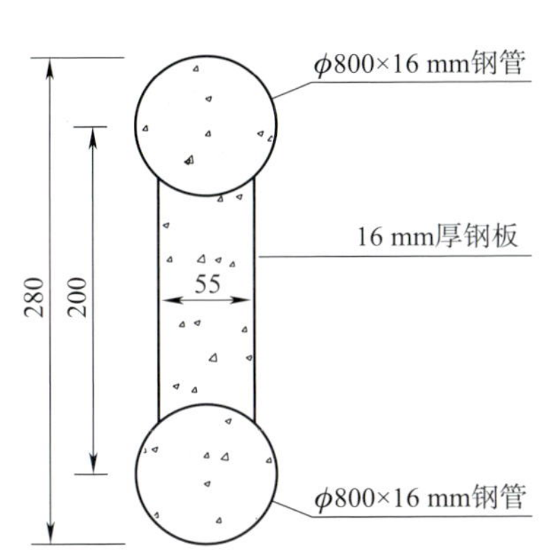

图 3-7-3　拱肋截面（单位：cm）

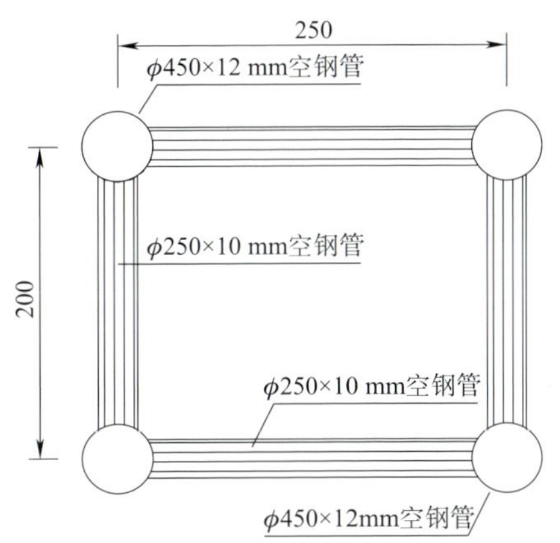

图 3-7-4　横撑截面（单位：cm）

(5)吊杆

吊杆顺桥向间距 8 m，全桥共设 14 对吊杆。吊杆采用 PES(FD)7-109 型低应力防腐拉索（平行钢丝束），其 $f_{pk}=1\ 670$ MPa，$E_p=2.0\times10^5$ MPa。吊杆外套复合不锈钢管，配套使用 LZM7-109 型冷铸镦头锚，上端穿过拱肋，锚于拱肋上缘张拉底座，下端锚于横梁下缘固定底座。

图 3-7-5　主梁悬臂浇筑

3.7.3　施工方法

本桥主桥采用“先梁后拱”施工方法，依次为：利用挂篮悬臂浇筑主梁（图 3-7-5）；合龙主梁边孔；合龙主梁中孔；在桥面架设支架，拼装钢管拱肋(图 3-7-6)；泵送拱肋上弦管、下弦管、缀板内混凝土；按指定次序张拉吊杆，调整吊杆力；施工桥面系；张拉主梁后期纵向钢索；调整吊杆力达到设计索力，完成全桥施工(图 3-7-7)。

图 3-7-6　拱肋合龙

图 3-7-7　成桥远景

3.7.4　主要技术经济指标

主要技术经济指标见表 3-7-1。

表 3-7-1　主要技术经济指标

指标类型		数　值
结构性能指标	竖向挠跨比	1/3 885
	梁端下挠转角(rad)	1.0‰
	梁端反弯转角(rad)	0.5‰
主要工程量	纵横梁混凝土(m^3)	5 646
	拱肋用钢量(t)	388.2
	吊杆(t)	28.2

3.7.5　技术特点和创新点

(1)昆阳特大桥主桥是我国首次设计、最早开工建设的铁路连续梁拱桥，也是国内首次采用时速 250 km 技术标准设计和开工建设的客运专线连续梁拱桥。

(2)主桥结构有效地发挥梁拱组合结构的性能，从而有效地降低梁部结构高度。连续梁拱桥将部分恒载及活载通过吊杆传至拱肋，中支点高跨比为 1/19.42，与同等跨度的连续梁桥相比，该桥梁部高度降低了 3 m 以上。

(3)梁拱组合结构提高了桥梁的竖向刚度和动力性能。将预应力混凝土连续梁与钢管混凝拱相组合，显著地提高了桥梁的竖向刚度和动力性能。本桥挠跨比为 1/3 885，远小于规范限值 1/1 200。本桥竖向刚度较大，动力性能较好。

(4)首次提出了铁路连续梁拱桥主梁横向内力简化计算方法。该桥属于刚性梁柔性拱，主梁为主要承重结构，通过模拟实际施工和运营过程，研究无吊杆区和有吊杆区一定长度梁体的横向内力情况，并与多种分析方法相比较，提出了主梁横向内力简化计算方法：即将吊杆力分为恒载、活载施加在吊点处，按腹板下缘三点弹性支承计算。

(5)合理的梁拱结合部设计，确保了梁拱组合结构整体受力性能。采取了调整拱轴线起拱点在主梁中的位置来改善梁拱结合部的受力状况，以及加强拱座与主梁结合面普通钢筋和竖向预应力筋等措施，确保了梁拱结合部受力与传力的性能，使整个结构处于合理的受力状态。

3.7.6　获奖情况

获 2015 年湖北省勘察设计“四优”优秀工程设计二等奖。

3.8　武广客运专线武汉高架站桥

桥　　名：武汉高架站桥
工程项目：武广客运专线
工程位置：湖北省武汉市
主　　跨：48 m、36 m
桥　　型：连续刚构拱桥、简支梁
建设单位：武广铁路客运专线有限责任公司
设计单位：中铁第四勘察设计院集团有限公司
施工单位：中国建筑第三工程局有限公司
设计人员：金福海　史　娣　王小莉　张晓江　吴智勇　翟润奇　高　原　罗春林
通车时间：2009 年 12 月

3.8.1　概　　况

武广客运专线武汉站是超大型桥建合一的综合结构体系，车站为铁路桥梁与站房结合的建筑，是我国站房内高架桥梁设计技术发展的一个重要阶段。武汉站上部房屋结构采用树枝状钢柱支撑波浪状网壳结构，造型独特，寓意丰富，包含“千年鹤归”“江城武汉”“中部崛起”“九省通衢”之意，表现了武汉重要的地域特色。根据站房使用功能及建筑造型上的需要，站房核心区桥梁采用空间异形预应力混凝土连续刚构拱桥，首次采用鱼腹式横断面，梁的高跨比为 1/7，造型独特，流畅美观；其余部分桥梁采用36 m 简支箱梁，均采用鱼腹式横断面。高架站台梁采用独特的钢—玻璃组合结构，结构高度小，质量轻，同时也解决了地面层采光的问题。武汉站剖面示意如图 3-8-1 所示。

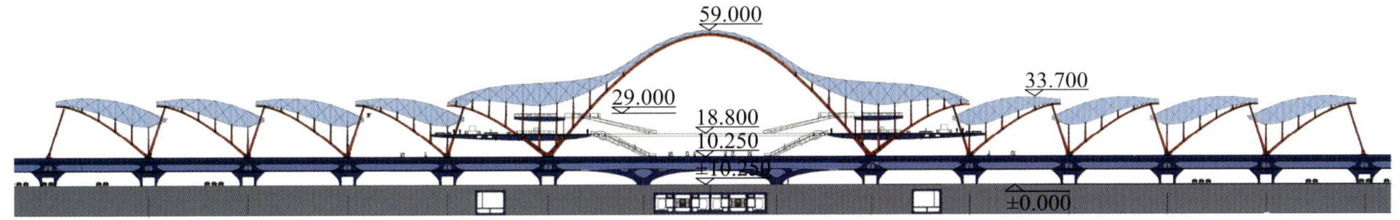

图 3-8-1　武汉站剖面示意(单位:m)

3.8.2　结构设计

车站轨道层由双线铁路箱梁和站台板构成，这些混凝土结构由混凝土桥墩和混凝土桥台支撑。混凝土桥墩包括两种主要形式：A 型桥墩承受铁路轨道部分、站台及屋面荷载；B 型桥墩仅承受铁路轨道部分和站台部分荷载。

站台均为独立结构，支撑在混凝土箱梁上。

两条有砟轨道线路构成一组，铺设在双线预应力箱梁上。

(1)轨道梁结构

两条轨道线路构成一组，由预应力混凝土箱梁形成的桥梁承担。跨度分别为 5×36 m 简支梁＋(22～34) m＋48 m＋(22～34) m 连续梁拱桥＋5×36 m 简支梁(图 3-8-2)。中间 3 跨长度不同，最大值分别为(34＋48＋34) m 连续梁拱桥，最小跨度为(22＋48＋22) m 连续梁拱桥。轨道梁截面如图 3-8-3 所示。

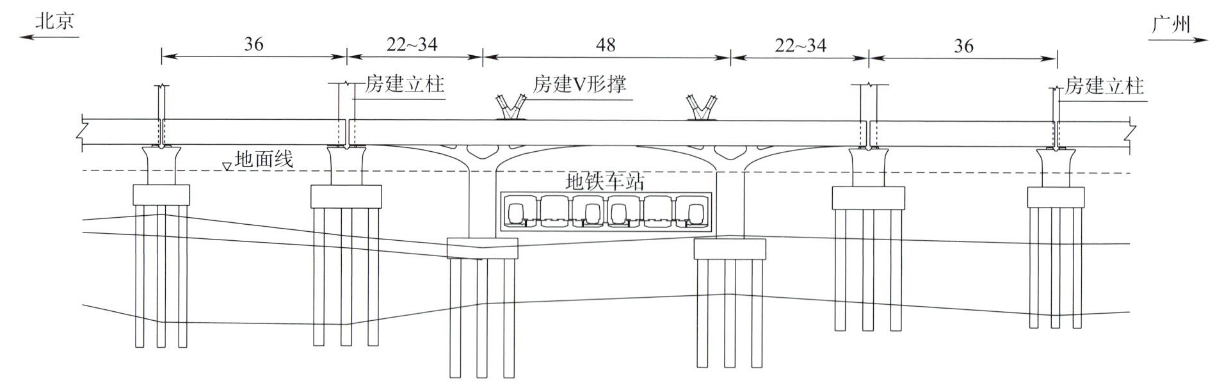

图 3-8-2　轨道梁立面布置(单位:m)

(2)站台支撑结构

站台结构为钢结构＋玻璃结构。

(3)桥墩

桥墩满足武汉站整体建筑造型的需要，采用圆形截面，与鱼腹式桥梁梁部浑然一体。

桥墩均为钢筋混凝土结构，其中核心区主墩墩身为直径 5.3 m 圆墩，墩高 13 m。

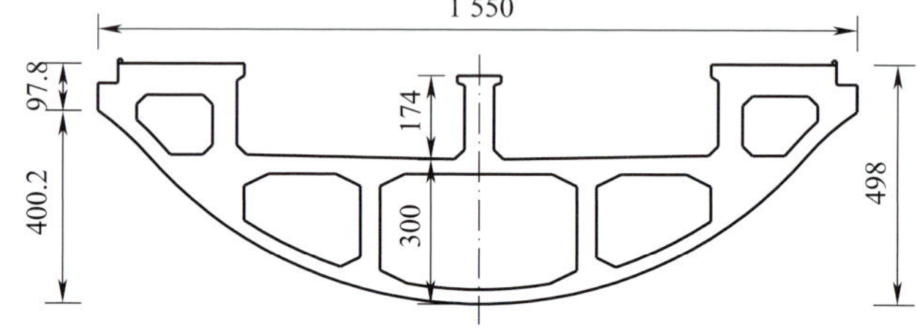

图 3-8-3　轨道梁截面(单位:cm)

(4)基础

主墩基础采用 9 根直径 2.0 m 钻孔灌注桩基础，3×3 行列式布置，桩间距 5.25 m，承台为正方形，长×宽为 13.8 m×13.8 m，承台厚度 4.0 m。

3.8.3　施工方法

武汉站桥梁结构均采用支架现浇的施工方法。

3.8.4　主要技术经济指标

主要技术经济指标见表 3-8-1。

表 3-8-1　主要技术经济指标

指标类型		36 m 等跨简支梁	48 m 连续梁拱桥
结构性能指标	竖向挠跨比	1/1 020	1/20 600
	梁端下挠转角(rad)	0.25‰	0.05‰
主要工程量	混凝土(m^3)	755.0	2 161～2 659
	纵向预应力钢绞线(t)	15.0	115.3～118.4

3.8.5　技术特点和创新点

武汉站站房内高架铁路桥的上部结构除承受高速铁路荷载以外，还承受了最大跨度为 116 m 房建结构的中央主拱的全部荷载；高架铁路桥下部结构除承受上部结构传递的所有荷载以外，还承受了地铁武汉站结构传递的荷载，这种复杂的结构受力关系为国内桥梁罕见。

轨道梁横断面首次采用鱼腹式，轨道部分梁高 3 m，站台部分高 1.98 m。采用鱼腹式截面具有以下两个突出优点：

(1)利用结构横向的弧形将轨道梁和站台梁两者合二为一形成鱼腹式横断面，使整个梁的外形与建筑结构相统一。

(2)利用站合面比轨道面高的特点，将梁的横断面设计为两侧高、中间低的结构形式，使站台部分不仅参与梁体纵向共同受力，同时也增加了结构的竖向刚度，比通常的铁路桥节省了预应力钢筋的用量，造价经济。

铁路高架桥梁之间的站台梁采用钢—玻璃组合结构，结构高度仅 25 cm，经济合理，透光性强，美观协调，为技术先进、造型独特的站台梁结构。

高架桥桥墩采用异形空间体桥墩，使高架桥梁、桥墩与建筑造型相协调。

整个武汉站高架桥梁的设计在满足功能性、系统性、先进性、文化性、经济性需求的同时，也实现了武汉站作为新型现代化的大型铁路旅客站房"功能齐全、技术先进、创意卓越"的设计理念。武汉站高架桥建成实景如图 3-8-4 所示。

图 3-8-4　武汉站高架桥建成实景图

3.8.6　获奖情况

(1)获 2010 年铁道部优秀工程设计一等奖。

(2)获 2011 年中国铁道学会科学技术一等奖。

(3)获 2011 年中国土木工程詹天佑奖。

(4)"桥建合一及可视化离题疏解客流铁路车站设计建造技术"获 2013 年国家科技进步二等奖。

(5)获 2013 年中国建筑结构设计金奖。

3.9　武广客运专线汀泗河特大桥

桥　　名：汀泗河特大桥
工程项目：武广客运专线
工程位置：湖北省赤壁市官塘驿镇
主　　跨：140 m
桥　　型：下承式钢箱系杆拱桥
建设单位：武广客运专线有限公司
设计单位：中铁第四勘察设计院集团有限公司
施工单位：中铁十一局集团有限公司
设计人员：金福海　薛照钧　文功启　徐　勇　张文华　张水先　黎顺生
通车时间：2009 年 12 月

3.9.1　概　　况

武广客运专线设计速度 350 km/h，采用双块式无砟轨道，双线、线间距 5.0 m，ZK 活载。

汀泗河特大桥位于直线上，主桥与京珠高速公路轴线夹角为 30°，京珠高速公路为双向四车道，沥青路面，路面宽度 28 m，沿武广客运专线方向的宽度约 56 m，主桥采用 1×140 m 下承式钢箱系杆拱结构。主桥立面如图 3-9-1 所示。

3.9.2　结构设计

(1)结构布置

计算跨度 140 m，梁长 143.0 m，总宽 18 m，梁与拱刚性连接形成系杆拱结构。两拱肋平行布置，等宽变高的变截面钢箱，拱肋宽 2.0 m，拱脚理论高度 4.0 m，拱顶高 3.0 m，最大板厚 40 mm。系梁高

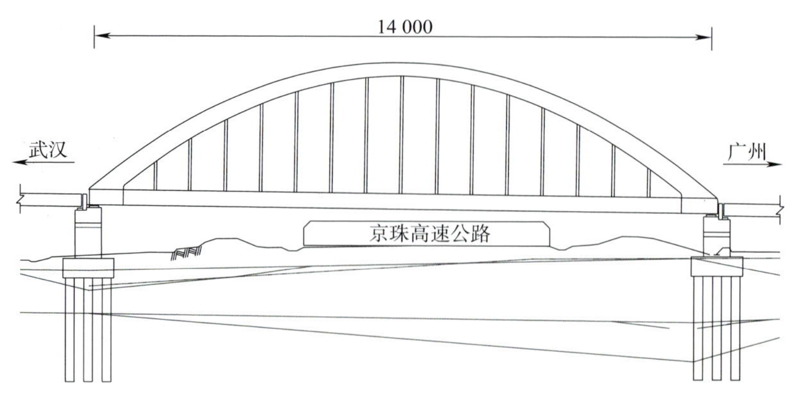

图 3-9-1　主桥立面（单位：cm）

3.5 m，箱内宽同拱肋均为 1.94 m。吊杆间距离 8 m，全桥设 5 道横撑，各撑高度适应拱肋线形变化。

（2）桥面结构

桥面由混凝土桥面板与纵横梁结合形成，桥面板厚 30 cm，结合方式为半结合，即在纵梁及横梁上布置柔性栓钉，整个桥面板连续，且不与系梁结合。

（3）拱肋

拱肋采用变截面钢箱拱结构，起拱点相距 140 m，拱轴线方程：$y=0.857x-6.122\times10^{-3}x^2$，拱脚截面高 4.5 m，拱顶 3.0 m，中间截面高按内线直插。拱肋共分 9 个节段（不包括拱脚段），成桥线形设计以直代曲，各分段间用高强度螺栓拼接。

钢箱内设横隔板，板厚为 20 mm 和 16 mm，横隔板间距不大于 3 000 mm，为防腐，两端横隔板要求密封。在梁端设置流水孔，腹板设置进人孔以便安装。

拱肋钢箱内宽 1 940 mm，外高 3 000～4 500 mm 变化（图 3-9-2）。钢箱第一段腹板厚为 36 mm，顶底板厚 40 mm；其他段腹与顶底板厚均为 30 mm；各板均设置纵向加劲肋，加劲肋宽 200 mm，厚度分别为 20 mm（对应 36 mm、40 mm 板厚）和 18 mm（对应 30 mm 板厚）。

（4）系梁

系梁与两拱肋对应布置，截面采用等截面钢箱，系梁宽2 000 mm，梁高 3 500 mm，梁长 143 m，共分为 9 个梁段，各梁段间连接用高强螺栓拼接。钢箱第一段腹板厚为 36 mm，顶底板厚 40 mm；其他段腹与顶底板厚均为 30 mm；各板均设置纵向加劲肋，加劲肋宽 200 mm，厚度分别为 24 mm 和 20 mm。钢箱内设横隔板，板厚为 20 mm 和 16 mm，两端横隔板要求密封。在梁端设置流水孔，腹板设置进人孔。在钢箱内侧设整体节点与桥面横梁连接。

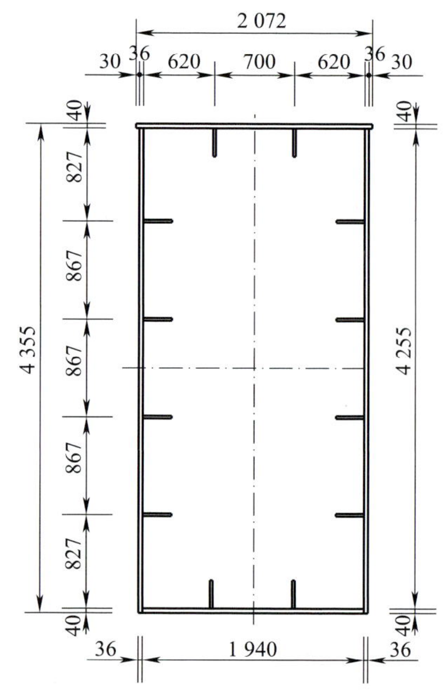

图 3-9-2　拱肋钢箱截面（单位：mm）

（5）吊杆

吊杆采用工字形钢形吊杆，吊杆间距 8 m。其中，第一、二吊杆截面：腹板 1-□1 152 mm×16 mm，翼缘 2-□600 mm×24 mm；其他吊杆：腹板 1-□752 mm×16 mm，翼缘 2-□600 mm×24 mm。为减少风振，在吊杆腹板上开设过风孔。

（6）横撑

全桥共设横撑 5 道一字形横撑，各横撑均为钢箱截面，钢箱内宽 1 180 mm，外高适应拱肋线形的变化，高度分别为 1 800 mm、2 018 mm 和 2 332 mm。横撑截面腹板厚 14 mm，顶底板厚 20 mm。

（7）桥面系纵横梁

桥面由纵横梁与混凝土桥面板形成结合梁，桥面板厚 30 cm，在纵横梁处加厚到 35 cm，即在纵梁及横梁上布置柔性栓钉，整个桥面板连续，不与系梁结合。在板边设置高 77 cm，宽 40 cm 的边梁，以减少板边的混凝土拉应力。桥面板采用现浇的高配筋混凝土。横梁为抵抗较大的面外弯矩均设为箱形截面，其中，端横梁为适应梁端布置及受力要求，采用了较大的横向截面；纵梁一般采用与横梁等高(2.0 m)的工形截面，在与端横梁连接的端纵梁采用了箱形截面，以减少梁端桥面板的拉应力。

(8)墩身及基础

桥墩采用混凝土流线型带洞矩形实体墩，12 根直径 2.0 m 的钻孔桩基础。

3.9.3　施工方法

钢箱拱肋及对应桥面钢箱系杆，采用高净螺栓搭接，桥面采用钢纵横梁与混凝土桥面板用栓钉连接，吊杆为工字形截面钢结构，其上下与拱肋和钢箱系杆栓接。施工方法采用原拉拼装，采用先梁后拱施工方案。施工情况及成桥近景如图 3-9-3～图 3-9-5 所示。

图 3-9-3　系梁和桥面系纵横梁拼装施工

图 3-9-4　拱肋顶合龙施工

图 3-9-5　成桥近景

3.9.4　主要技术经济指标

主要技术经济指标见表 3-9-1。

表 3-9-1　主要技术经济指标

指标类型		数　值
结构性能指标	竖向挠跨比	1/2 817
	梁端转角(rad)	1.86‰
主要工程量	主梁用钢量(t/m)	25.0
	桥面板混凝土(m^3)	693.0
	桥面板钢筋(t)	399.9

3.9.5 技术特点和创新点

（1）梁、拱相互作用，结构受力特性的合理匹配，由于主体结构梁、拱、桥面及吊杆等相互影响，主体结构表现出较强的空间受力特性。

（2）在纵横梁结合桥面上铺设无砟轨道，提高了结构刚度，桥面结构具有可靠的受力性能，满足高速行车的竖向、侧向和扭转刚度，同时还须具备一定质量和阻尼以减小车桥的振动响应。

（3）设置剪力榫。由于主桥系梁中心间距宽达 16 m，在整体升（降）温 20 ℃时，不计其他横向荷载作用，按照常规支座的布置情况下，主跨与邻跨右线中心处，需对钢轨支点的位移做限位设计，在与相邻梁横向固定支座对应处，于主桥端横梁下设置横向剪力榫，将支座承载功能与限位功能进行分离。

（4）轨道预拱度。为保证列车行车的平顺性，在轨道预拱设计时，采用单线满载实际运营列车活载作用下的挠度值作为轨道预拱设置的依据。此种线型接近半波曲线，易于模拟设置，实桥行车试验表明效果良好。

（5）在梁端设置过渡短梁，解决梁端转角超限问题。

3.9.6 获奖情况

（1）获 2010 年铁道部优秀工程设计一等奖。

（2）获 2011 年中国铁道学会科学技术一等奖。

（3）获 2012 年中国铁建优秀工程设计二等奖。

3.10 郑西客运专线渭南渭河特大桥

桥　　名：渭南渭河特大桥
工程项目：郑西客运专线
工程位置：陕西省华阴市、西安市
主　　跨：4×80 m、5×64 m
桥　　型：主河槽设长联连续梁（滩地设 44 m 节段预制拼接简支梁）
建设单位：郑西铁路客运专线有限责任公司
设计单位：中铁第一勘察设计院集团有限公司
施工单位：中铁二十三局集团有限公司
　　　　　中铁一局集团有限公司
设计人员：张多平　陈　堃　张景利　姜志慧　康　炜
　　　　　王兴盛　张小坤　聂晋涛
通车时间：2010 年 2 月

3.10.1 概　　况

郑西客运专线设计时速为 350 km/h，采用无砟轨道，双线、线间距 5.0 m。桥位处于渭河冲积平原东南部，东起华阴市新华山车站，两跨渭河后，西到西安市新临潼车站。桥址地表第四系冲积黏质（砂质）黄土多具湿陷性，湿陷厚度一般 3～8 m，分布长度 68.016 km，占桥全长的 85.3%。桥址区地震动峰值加速度 0.25g，场地特征周期 0.5 s。

渭南渭河特大桥全桥共设 32 m 简支箱梁 2 071 孔，24 m 简支箱梁 161 孔，44 m 节段预制架设简支梁 26 孔，(32+48+32) m 连续梁 14 联（其中两联桥面变宽连续梁），(32+3×48+32) m 连续梁 1 联，(32+48+56+48+32) m 连续梁 1 联，(40+64+40) m 连续梁 10 联，(40+2×64+40) m 连续梁 1 联，(40+5×64+40) m 连续梁 2 联，(48+4×80+48) m 连续梁 7 联，桥梁全长 79.732 km。部分主桥立面如图 3-10-1 所示。

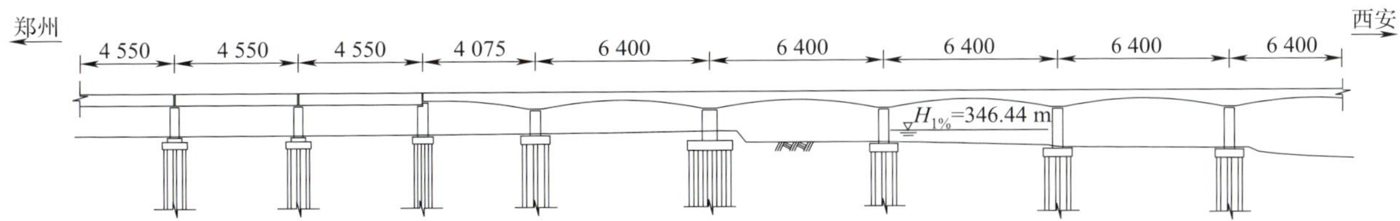

图 3-10-1　部分主桥立面(单位:cm)

3.10.2　结构设计

箱梁截面刚度大,整体性能好,是高速铁路桥梁理想的截面形式;箱梁架设后,无后续工作,可立即作为运梁通道,加快预制构部件的运输、架设速度。全桥各种跨度各类型梁均采用箱形截面。全桥总计 14 联(32+48+32) m 连续梁(其中两联双线变四线变宽度连续梁),1 联(32+3×48+32) m 连续梁,变宽连续梁采用单箱双室断面(图 3-10-2),其余均采用单箱单室断面(图 3-10-3)。

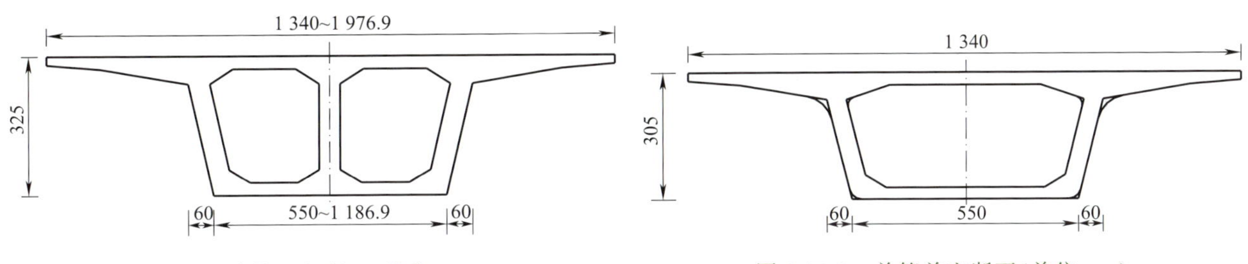

图 3-10-2　单箱双室断面(单位:cm)

图 3-10-3　单箱单室断面(单位:cm)

主跨 56 m、64 m 及 80 m 的连续梁均采用单箱单室变高度截面,梁高分别为 3.35~4.35 m、3.05~6.05 m 和 3.85~6.65 m。滩地 26 孔 44 m 节段预制拼接简支梁为梁高 4.2 m 的单箱单室截面。

3.10.3　施工方法

主河槽内连续梁采用挂篮悬灌施工(图 3-10-4),渭南车站变宽连续梁采用搭设支架现浇施工,一跨渭河滩地的 44 m 箱梁采用节段预制拼接施工(图 3-10-5),24 m 及 32 m 梁采用梁场预制、架桥机架设施工(图 3-10-6)。

图 3-10-4　二跨渭河 7 联连续梁挂篮施工

图 3-10-5　一跨渭河 44 m 节段预制拼接梁吊装

图 3-10-6　架桥机架设 24 m、32 m 简支箱梁

3.10.4 主要技术经济指标

利用移动造桥机架设的 44 m 简支梁每孔梁重达 1 400 t，控制预制段经济吊装质量在 200 t 之内。梁体共划分 11 个梁段，两端为 300 cm 梁段，中间均为 350 cm 梁段。为确保施工质量要求，梁段之间连接方式采用现浇混凝土湿接缝。44 m 简支梁主要技术经济指标见表 3-10-1。

表 3-10-1 主要技术经济指标

指标类型		数 值
结构性能指标	竖向挠跨比	1/4 444
	梁端转角(rad)	0.65‰
	梁体徐变上拱值(mm)	6.42
主要工程量	单孔梁 C55 混凝土(m^3)	549.0
	主梁钢绞线用量(t)	21.7
	普通钢筋用量(t)	106.5

3.10.5 技术特点和创新点

(1)新渭南站是国内外首座时速 350 km 通过式车站设置于桥梁上。

(2)在地震动峰值加速度 0.25g 高烈度地区，(48＋4×80＋48) m 连续梁是目前上部质量最大的混凝土铁路桥梁。

(3)首次在高速铁路桩基础设计中采用了后压浆工艺。

3.10.6 获奖情况

获 2010 年铁道部优秀工程设计一等奖。

3.11 郑西客运专线偃师特大桥

桥　　名：偃师特大桥
工程项目：郑西客运专线
工程位置：河南省洛阳市、偃师市
主　　跨：80 m
桥　　型：V 形墩连续刚构、连续梁、简支梁
建设单位：郑西高速铁路股份有限公司
设计单位：中铁第四勘察设计院集团有限公司
施工单位：中铁十六局集团有限公司
设计人员：文望青　李义发　彭文成　史　娣　雷素敏
柳晓萍　梁淑芳　高银水　陈　玉　寇延春
通车时间：2010 年 2 月

3.11.1 概　　况

郑西客运专线设计速度 350 km/h，采用无砟轨道，双线、线间距 5.0 m，ZK 活载。

偃师特大桥位于河南省洛阳市及偃师市境内，桥全长 28 575.78 m。桥梁经过伊洛河二级阶地和伊河一级阶地，经过的部分地段已规划为洛阳市开发区。桥址区分布的砂质黄土局部具湿陷性，湿陷系数范围值为 0.017～0.070 之间，局部具自重湿陷性，最大湿陷厚度 18 m，地下水位以下黄土不具湿陷性，该桥是我国在湿陷性黄土地区修建的第一条时速 350 km 的高速铁路桥梁。桥址区地震烈度为 6 度，地震动峰值加速度为 0.10g。

偃师特大桥主桥与洛界高速公路夹角为 55°，洛界高速公路为双向六车道，桥面宽 26.62 m。主桥采用(48+80+48) m 的 V 形墩连续刚构跨越高速公路，该结构首次在国内、外时速 350 km 高速铁路上采用。主桥立面如图 3-11-1 所示。

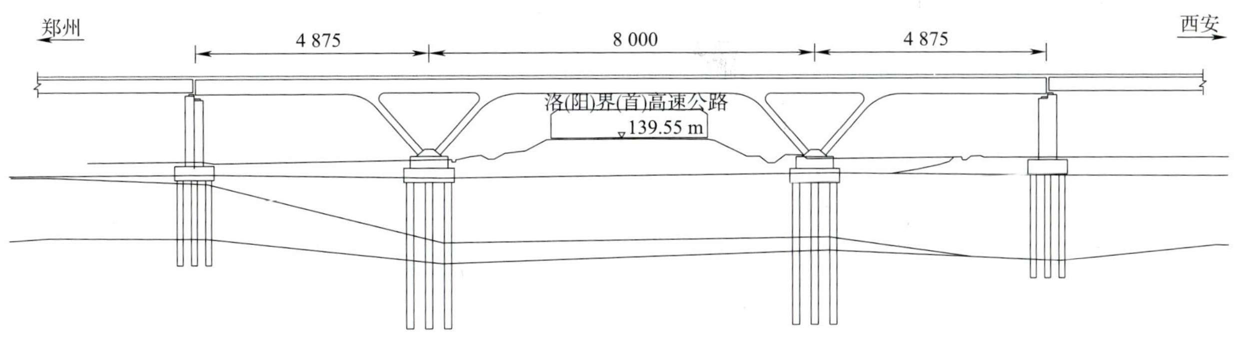

图 3-11-1　主桥立面(单位:cm)

3.11.2　结构设计

(1)主梁

梁体采用单箱单室等高度预应力混凝土梁，梁高 3.65 m(图 3-11-2)。顶板宽度 13.4 m，箱内顶板厚度 0.4 m；底板底缘宽度 5.2 m，底板厚度 V 墩顶处为 0.8 m，跨中为 0.4 m；腹板采用斜腹板，斜率 4∶1，腹板厚度 V 墩顶处为 0.9 m(水平向)，跨中处为 0.5 m。

梁体在 V 墩顶和边支座顶共设置 6 道横梁，V 墩顶横梁厚度 2.0 m，边支座处横梁厚度 1.6 m。横梁中间均设置 0.8 m×0.9 m 进人洞。梁体在腹板上下交错设置两排 ϕ100 通风孔，间距 2 m。

V 墩身采用板式截面，截面尺寸为 5.2 m×1.4 m，墩身与水平线夹角为 49.31°。墩身采用钢筋混凝土结构。

刚构的平转采用平面转盘体系，转动面由直径 2.2 m 的不锈钢板和四氟板组成；所需转动力矩为 1 402 kN·m，转体重量为 3 793 t，转动角度为 2×37°。

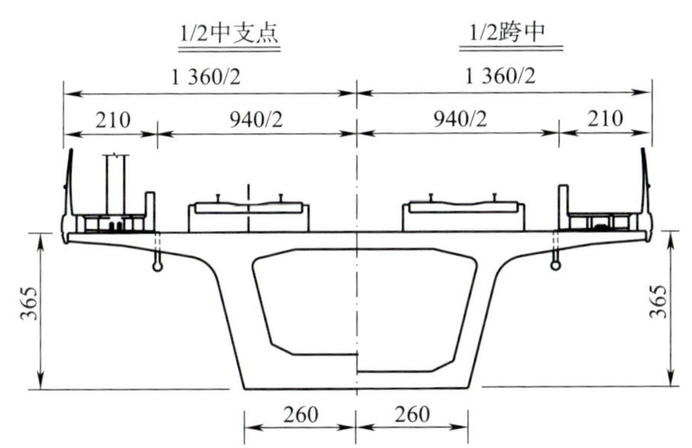

图 3-11-2　梁部横截面图(单位:cm)

图 3-11-3　双柱桥墩

(2)墩身及基础

简支梁桥墩采用双柱墩、矩形空心墩和圆端形空心墩，特殊跨桥墩采用矩形实体墩和圆端形实体墩，桥台采用矩形空心台，其中双柱桥墩率先在高速铁路上采用(图 3-11-3)。

全桥墩台基础除个别地段地质条件好采用扩大基础外，其他均采用钻孔灌注桩基础，桩径根据不同跨度和地质条件分别采用 1.0 m、1.25 m、1.5 m。

3.11.3 施工方法

为减小施工期对高速公路行车影响，确保施工安全，80 mV 形墩连续刚构采用了转体施工方法。转体采用平面转盘体系，转体质量为 3 793 t，转动力矩为 1 402 kN·m。施工情况及成桥实景如图 3-11-4～图 3-11-7 所示。

图 3-11-4 架桥机过桥

图 3-11-5 V 构转盘施工

图 3-11-6 V 构转体施工

图 3-11-7 成桥实景

3.11.4 主要技术经济指标

主要技术经济指标见表 3-11-1。

表 3-11-1 主要技术经济指标

指标类型		数值
V 形墩连续刚构结构性能指标	竖向挠跨比	1/4 024
	梁端转角(rad)	0.75‰
	最大上拱值(mm)	8.9
	最大下挠值(mm)	9.7
主要工程量	简支梁(孔)	841
	特殊梁(联)	5
	主梁混凝土(m^3)	2 929.4
	墩台混凝土(万 m^3)	12.6

3.11.5 技术特点和创新点

偃师特大桥主桥采用(48＋80＋48) m 的 V 形墩连续刚构桥式方案，自通车以来，桥梁行车平稳、安全，运营情况良好，为我国铁路跨线桥梁增加了一种新的桥式方案。

该结构体系的主要受力特点如下：

(1)梁部为多支承连续刚构体系，结构高度低，竖向刚度大，景观效果较好。

(2)首次在国内高速铁路铁路桥梁建设中采用了转体施工方案。

(3)首次在高速铁路上采用双柱墩，桥墩体量小，极大地方便施工、维养，社会、经济效益好。

3.11.6 获奖情况

获2011年中国铁建优秀工程设计二等奖。

3.12 包西铁路跨西禹高速立交特大桥

桥　　名：跨西禹高速立交特大桥
工程项目：包西铁路
工程位置：陕西省蒲城县
主　　跨：96 m
桥　　型：V撑连续梁
建设单位：包西铁路建设总指挥部
设计单位：中铁第一勘察设计院集团有限公司
施工单位：中铁十一局集团有限公司
设计人员：殷俊章　康　炜　唐　英　郭　波　杨少军　李承根
通车时间：2010年10月

3.12.1 概　　况

包西铁路位于包柳通道的北段，设计为国铁Ⅰ级干线，跨西禹高速立交特大桥位于延安至张桥段，旅客列车速度目标值200 km/h，一次建成双线，线间距4.4 m，设计活载为中—活载。桥址范围内地层上部为第四系上更新统风积砂质黄土、黏质黄土，下部为第四系中更新统风积砂质黄土、黏质黄土。桥址区地震动峰值加速度为0.15g，地震动反应谱特征周期为0.40 s。

跨西禹高速立交特大桥主桥立面位于6‰的纵坡上，平面位于直线上，与西禹高速公路夹角47°。西禹高速公路远期规划双向八车道，路基宽45 m，要求立交净空5.5 m。由于线路高度较低，考虑景观效果主桥采用(23+41+96+41+23) m的V撑连续梁，引桥采用32 m简支T梁，全桥长540.63 m。主桥立面如图3-12-1所示。

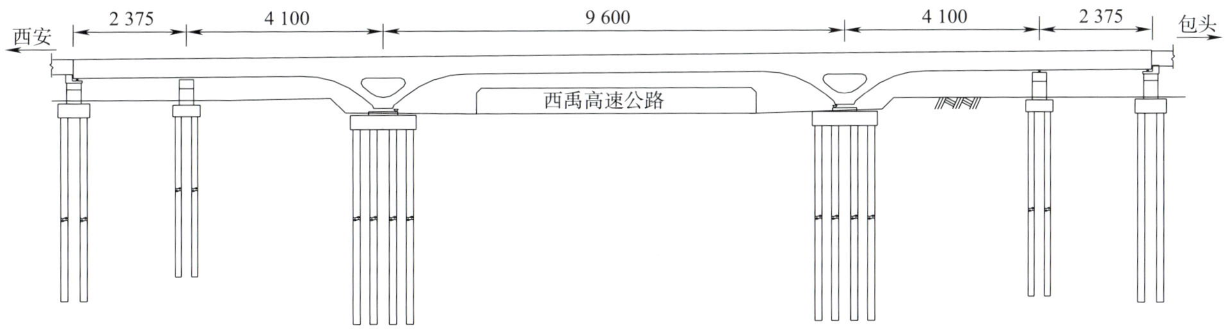

图3-12-1　主桥立面(单位：cm)

3.12.2 结构设计

主梁采用单箱单室等高度箱形截面，V撑三角区内梁高4.2 m，其余梁段梁高均为4.0 m。箱梁顶板宽 11.46 m，底板宽 6.0 m，顶板厚 40 cm 支承处 70 cm；底板厚 46～80 cm，V 撑三角区内 90 cm；腹板采用直腹板，厚度 50～90 cm，V 撑三角区内厚度为 80 cm。

V 撑全高 11.0 m，轴线与竖直面夹角为 50°，V 撑与箱梁相交处以半径 R=23 m 的圆曲线过渡；V 撑底座高 2.4 m，顺桥向长 4.0 m，横桥向宽 6.0 m，局部加宽至 6.4 m。V 撑构造如图 3-12-2、图 3-12-3 所示。

梁体设计为纵、竖双向预应力体系，按全预应力构件设计。纵向预应力筋采用钢绞线，竖向预应力采用 PSB830 螺纹钢筋。T 构每侧划分为 9 个悬灌梁段，边跨现浇段长度 15 m。

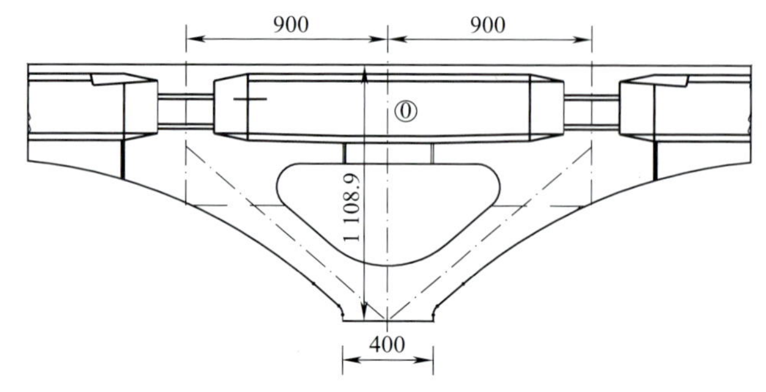

图 3-12-2　主梁 V 撑构造（单位：cm）

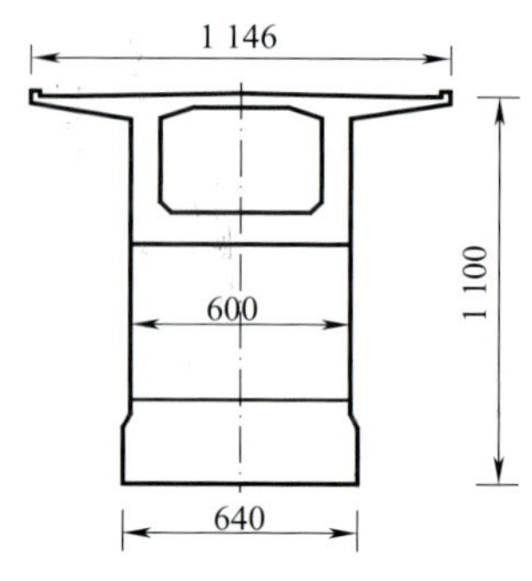

图 3-12-3　V 撑横截面（单位：cm）

V 撑采用钢筋混凝土结构，底座承受荷载很大，横向采用部分预应力混凝土结构，预应力筋采用 PSB830 螺纹钢筋。

主梁采用 C55 混凝土，V 撑及底座采用 C45 混凝土。

主桥采用球型钢支座，边墩及辅助墩支座自重 7 000 kN，间距 4.8 m，V 撑支座自重 40 000 kN，间距 4.0 m，辅助墩支座尚应满足承受 3 000 kN 拉力的要求。

边墩采用双线圆端形桥墩，基础采用直径 125～150 cm 钻孔桩。

3.12.3　施工方法

主墩、辅助墩及边墩分别完成桩基、承台和墩身施工，主墩搭设支架现浇 V 撑，然后采用悬灌法浇注梁体并合龙形成（64＋96＋64）m 连续梁体系（图 3-12-4），最后在辅助墩墩顶施加 1 500 kN 顶推力，安装辅助墩支座，完成体系转换，形成最终（23＋41＋96＋41＋23）m 的 V 撑连续梁桥式。

图 3-12-4　主梁悬灌施工

3.12.4　主要技术经济指标

主要技术经济指标见表 3-12-1。

表 3-12-1　主桥主要技术经济指标

指标类型		数值
结构性能指标	竖向挠跨比	1/2 341
	梁端转角（rad）	0.2‰
主要工程量	主梁 C55 混凝土（m^3）	3 590.9
	主梁混凝土（m^3/m）	15.9
	V 撑及其底座 C45 混凝土（m^3）	385.6
	主梁钢绞线（t）	198.6
	普通钢筋（t）	656.4
	主梁用钢量（t/m）	2.91

3.12.5　技术特点和创新点

（1）首次在连续梁结构体系中设置辅助墩。V 撑连续梁梁高较低，跨中竖向变形大，合龙后在辅助墩墩顶施加顶推力，调整梁体的变形，从而改善桥面二期恒载及活载的内力分配，提高梁体的竖向刚度。

（2）本桥 V 撑体系采用无墩身构造形式，V 撑直接支撑在承台上，减小了 V 撑施工难度，同时提升了景观效果。

（3）首次在大跨度桥梁中采用拉压支座。

3.12.6　获奖情况

（1）获 2012 年陕西省优秀工程设计二等奖。

（2）获 2012 年中国铁建优秀工程设计三等奖。

3.13　沪杭客运专线跨沪杭高速公路特大桥

桥　　名：跨沪杭高速公路特大桥
工程项目：沪杭客运专线
工程位置：浙江省嘉善县
主　　跨：160 m
桥　　型：自锚上承式拱桥
建设单位：沪杭铁路客运专线股份有限公司
设计单位：中铁第四勘察设计院集团有限公司
施工单位：中铁十二局集团有限公司
设计人员：薛照钧　严爱国　尹书军　钟昌卫
通车时间：2010 年 10 月

3.13.1　概　　况

沪杭客运专线设计速度 350 km/h，采用Ⅱ型板式无砟轨道，双线、线间距 5.0 m。跨沪杭高速公路特大桥位于上海市和浙江省境内，桥位处属苏嘉杭平原，河网密布，地势平坦，桥址范围第四系地层发育，沉积了黏性土、粉土、粉细砂等松散软弱的地层，厚度一般 60～80 m，局部地段厚度超过 100 m；其下部沉积砂砾土，桥址处地震动峰值加速度为 0.05g，地震动反应谱特征周期 0.35 s。

线路在浙江省嘉善县境内跨越沪杭高速公路，交叉处铁路与高速公路轴线夹角为 33°，沪杭高速公路双向八车道，路肩正宽 41.5 m，交通十分繁忙。跨沪杭高速公路主桥采用（88＋160＋88）m 自锚式上承式拱桥，引桥采用常用跨 32 m、24 m 标准简支梁及 40～80 m 常用跨度的预应力混凝土连续梁。主桥立面如图 3-13-1 所示。

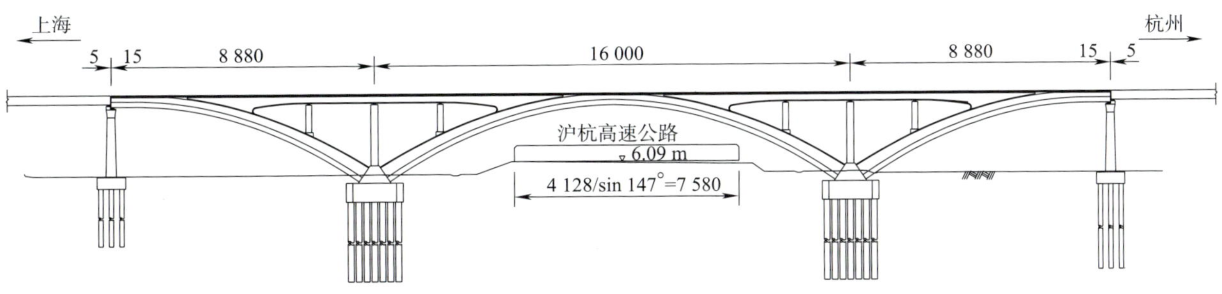

图 3-13-1　主桥立面（单位：cm）

3.13.2 结构设计

主桥(88+160+88) m 自锚上承式钢筋混凝土拱桥,主跨 160 m、拱肋计算跨度为 153 m,矢跨比为 1/6,计算矢高为 25.5 m,拱肋线形采用二次抛物线。拱肋采用预应力混凝土结构,拱墩基础固结、拱梁固接。主墩采用 18ϕ2.0 m 桩基础,主桥边墩采用 10ϕ1.5 m 桩基础。

(1)拱肋

采用单箱单室拱肋截面,拱顶截面高为 4.0 m、拱脚截面高度为 6.0 m,截面高度按立特规律变化,拱肋横向宽度采用 7.5 m。拱肋顶板、底板厚度为 0.6 m,腹板厚度 0.6 m (图 3-13-2)。

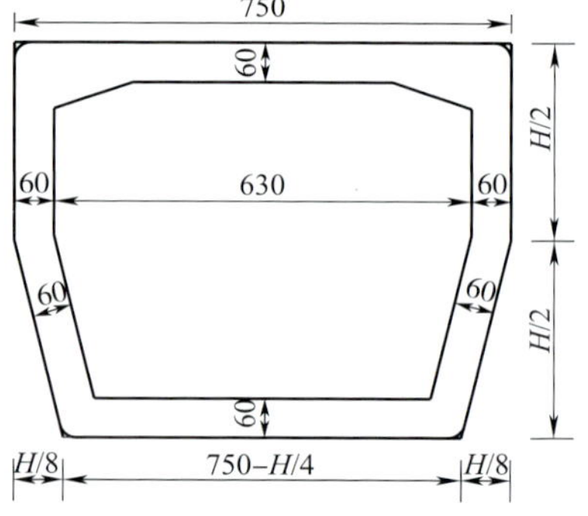

图 3-13-2 拱肋横截面图(单位:cm)

(2)拱上结构

为使拱上连续梁的受力合理及线形易于控制,拱上连续梁采用先简支后连续的施工方法,后浇湿接缝宽度为 0.8 m。湿接缝在拆除支架后现浇,形成与拱肋固接的连续梁。拱上连续梁一般截面高度为 3.0 m(图 3-13-3),拱上连续梁与拱肋固接处为梁高 4.5 m。

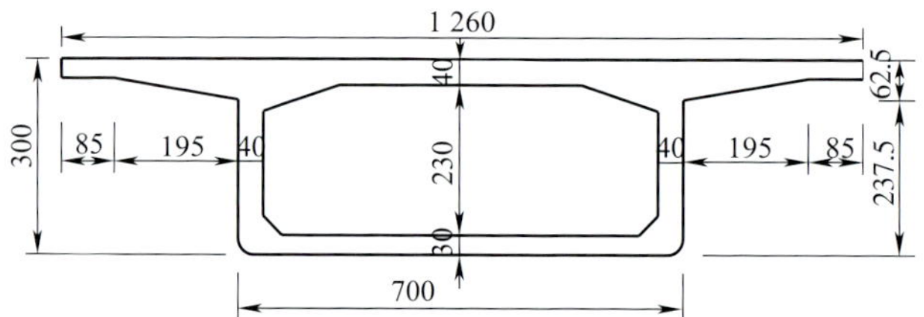

图 3-13-3 拱上连续梁横截面图(单位:cm)

拱上立柱均采用圆端形实体截面,拱脚立柱纵向厚度为 2.0 m,两边拱肋立柱纵向厚度为 1.8 m。各立柱横向宽度为 6.0 m,上部采用花瓶形状,横向宽度由 6.0 m 过渡到 7.8 m。

(3)拱座为实体截面,与拱肋、拱上立柱、基础固结,是拱肋、拱上立柱重要的传力结构。拱座高 6.0 m,拱座上顶顺桥向宽 3.0 m,下底顺桥向宽 11.0 m;拱座上顶横桥向宽 11.0 m,下底横桥向宽 14.0 m。

(4)系杆

永久系杆采用可换式钢绞线系杆,每根系杆由 85 根 ϕ15.2 镀锌涂油外包 PE 钢绞线,其抗拉标准强度为 f_{pk}=1 860 MPa。系杆张拉采用单根张拉、整体调索工艺,并配以电子传感器和电脑精确控制索力,施工工艺完全可逆。本桥共设置永久系杆索 10 束,设置在箱梁内,锚固在边跨拱肋端部。

(5)转动体系

本桥转动体系由上转盘、球铰、下盘、保险腿、转动牵引体系、助推系统、轴线微调系统组成。转体结构下盘及桩基础作为整个系统的基础,拱肋、拱上连续梁与上转盘设置临时转动铰连接。本桥转体重量 1.68 万 t,转体结构总长 158 m,转体高度 33.5 m;钢球铰分上下两片,球体半径 R=8 m,球面直径 4 m。根据基础的规模确定下盘尺寸长×宽×高=19.1 m×22.9 m×3.5 m,下转盘需要设置纵横向预应力筋。为满足转体过程中结构的平稳及转体的顺利进行,在上转盘周围对称布置 6 个撑脚;在撑脚的下方(即下盘顶面)设有 1.2 m 宽的滑道,滑道中心半径 5.0 m。

(6)墩身和基础

桥墩采用圆端形实体桥墩,基础采用钻孔桩基础。主桥边墩采用 10ϕ1.5 m 钻孔桩,桩长分别为 81.5 m、83.5 m,主墩采用 18ϕ2.0 m 钻孔桩,桩长 129 m。

3.13.3　施工方法

为减少桥梁建设期间对桥下交通的干扰，(88＋160＋88) m 自锚上承式钢筋混凝土拱桥采用"支架现浇、水平转体就位"的施工方法，即先平行沪杭高速公路方向完成拱肋以及拱上连续梁现浇施工，然后再水平转动 33°到设计桥位后合龙(图 3-13-4)。

图 3-13-4　转体施工

3.13.4　主要技术经济指标

主要技术经济指标见表 3-13-1。

表 3-13-1　主要技术经济指标

指标类型		数　　值
结构性能指标	竖向挠跨比	1/5 885
	梁端转角(rad)	0.73‰
	工后徐变(mm)	1/13 008
主要工程量	主梁混凝土(m^3)	16 220.0
	墩台混凝土(m^3)	1 613.0
	预应力钢绞线(t)	714.0
	普通钢筋(t)	2 243.0

3.13.5　技术特点和创新点

(1)高速铁路桥中首次采用带边跨的自锚式上承式拱桥结构体系，基础产生的水平力小，能适用软土地区。

(2)拱上结构与拱肋采用了全固接方式，结构刚度大、整体性好。

(3)拱上连续梁施工时采用后浇湿接缝与拱肋形成固结，较好地解决了系杆拉力的直接传递问题。

(4)拱肋采用了较小的矢跨比 1/6，能降低轨面高程，且景观性较好。

3.13.6　获奖情况

(1)获 2012 年中国铁建优秀工程设计一等奖。

(2)获 2012 年铁道部优秀工程设计一等奖。

3.14　京沪高速铁路北京特大桥

桥　　名：北京特大桥
工程项目：京沪高速铁路
工程位置：北京市
主　　跨：5×24.9 m
桥　　型：空间刚架桥
建设单位：京沪高速铁路股份有限公司
设计单位：中国铁路设计集团有限公司
施工单位：中铁十七局集团有限公司
设计人员：苏　伟　王　祯　孙大斌　田万俊　施　威
　　　　　马胜双　孙宗磊　王淑敏
通车时间：2011 年 6 月

3.14.1 概　　况

京沪高速铁路设计速度 350 km/h，采用Ⅱ型板式无砟轨道，双线、线间距 5.0 m，于北京市区跨越既有京山四线及西黄左线。桥位处属永定河冲洪积平原，地形平坦开阔，下覆土层为粉质黏土、细砂、粉砂和粗圆砾土，属暖温带大陆性季风气候，年平均气温 11.4 ℃，场地类别为Ⅲ类，地震基本烈度 8 度，动峰值加速度 0.20*g*，反应谱特征周期为一区 0.45 s。

北京特大桥主桥位于 4 000 m 半径的圆曲线上，纵坡为平坡，与京山四线及西黄左线夹角 20°37′，京山四线及西黄左线均为直线，建筑限界要求净高 7.5 m，五线线间距为 20.7 m。在交叉角度小、桥下净空受限时，一般采用框架墩支承简支或连续梁，但此结构形式纵向刚度小、结构整体性差。空间刚架受力体系与刚架墩类似但又有不同，是一种横向支承、空间受力的新型桥梁结构，主桥采用 5×24.9 m 空间刚架，联长 124.62 m，引桥采用常用跨度 24 m、32 m 标准简支梁。主桥立面如图 3-14-1 所示。

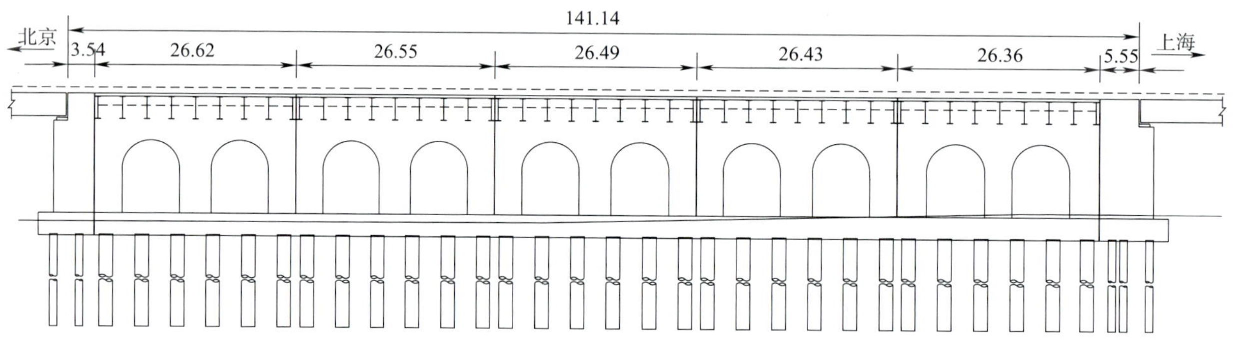

图 3-14-1　主桥立面(单位：m)

3.14.2 结构设计

(1)总体布置

空间刚架共设五孔独立结构，大、小里程均接异形桥墩。沿大里程方向划分为 1 号刚架至 5 号刚架，五孔刚架与前后异型墩孔跨布置为：3.54 m(异形桥墩)＋26.62 m＋26.55 m＋26.49 m＋26.43 m＋26.36 m＋5.15 m(异形桥墩)。

空间刚架沿既有线纵向分节跨度 5×24.9 m，节间缝隙为 3 cm。空间刚架为反对称结构，1 号刚架与 5 号刚架结构相同，为双孔异形门式刚架；2 号刚架与 4 号刚架结构相同，为单孔门式刚架；3 号刚架为单孔门式刚架。主跨刚架横向跨度为 32.8 m(跨越既有五线铁路)(图 3-14-2)，1 号、5 号刚架侧跨跨度由 11.390 m 渐变为 0，侧跨边墙与主跨侧墙角度为 21°，结构长度为 24.9 m(沿既有五线铁路方向)，承台顶至桥面高 16 m(图 3-14-3、图 3-14-4)。

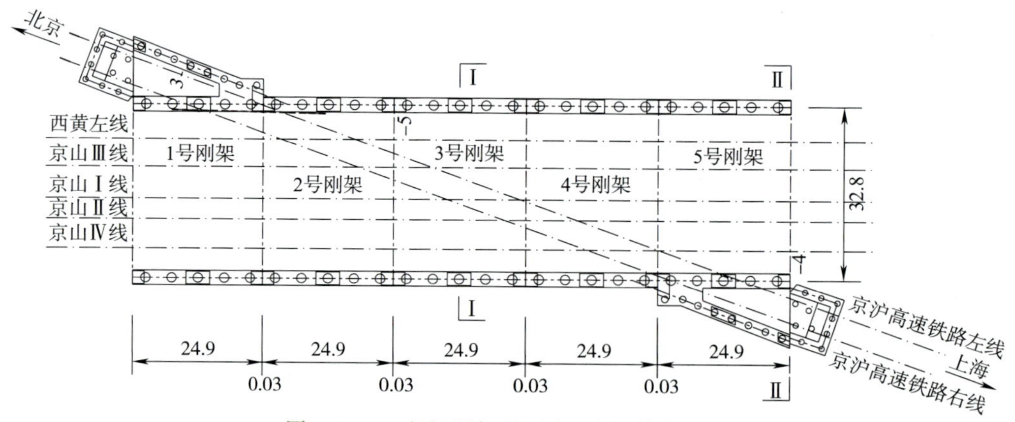

图 3-14-2　空间刚架平面布置图(单位：m)

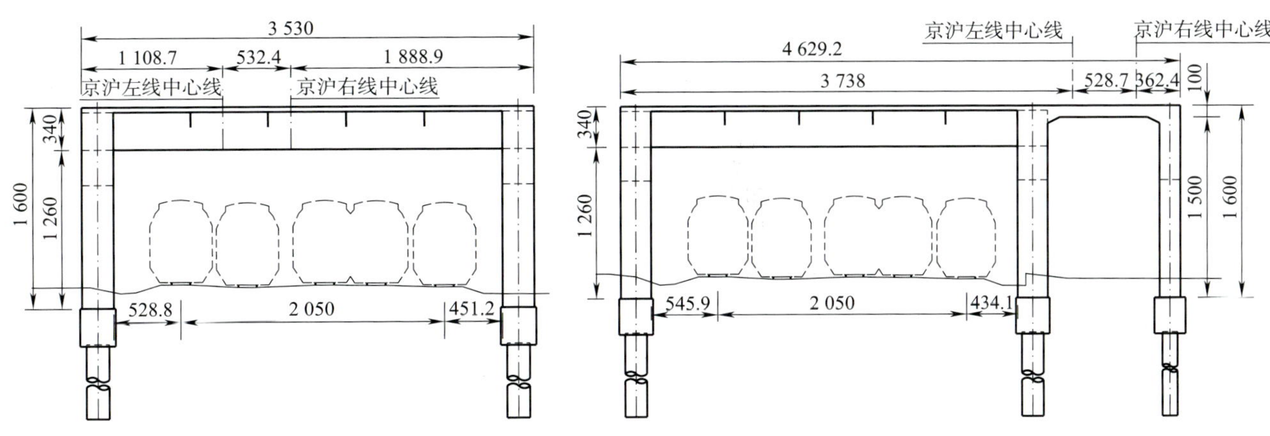

图 3-14-3　Ⅰ-Ⅰ截面布置图(单位:cm)　　　图 3-14-4　Ⅱ-Ⅱ截面布置图(单位:cm)

(2)桥面系

桥面系为工字钢纵、横梁与混凝土桥面板构成的钢混结合梁板结构,由钢横梁、钢纵梁、预制钢筋混凝土板及现浇钢筋混凝土层组成。

其中钢横梁沿侧墙方向布置,每个刚架设 9 根,中心距为 3 m。横梁梁高 3.0 m。端横梁两侧预留过人孔,以供检查人员通过。纵梁沿结构跨度方向布置,共设 4 道,间距为 6.06 m。纵梁梁高 1.2 m。

钢横梁通过梁端的连接节点构件与侧墙钢结构连接,并浇混凝土固结。

钢横梁在纵梁之间设交叉型横向联结系,共设五道,与对应板肋栓接。钢横梁下缘设水平纵向联结系,通过节点板与钢横梁下翼缘连接。

在钢纵、横梁顶面设置传剪用圆柱头焊钉,与混凝土桥面板形成钢混结合梁板结构。桥面板总厚度 0.4 m,由预制钢筋混凝土板和现浇钢筋混凝土层构成。

(3)侧墙及基础

空间刚架主跨两侧墙采用 M 形孔洞的连续刚架墙。竖墙纵向长为 24.9 m,高度为 15.6 m,墙厚 2.5 m。竖墙为钢箱混凝土结构,与承台结构固结。钢箱结构由外墙钢板及横、竖向 PBL 剪力板组成。横、竖向 PBL 剪力板孔洞间贯穿钢筋,以保证钢结构与混凝土间的紧密结合。单侧竖墙钢结构共划分 15 个制造节段,节段间采用先栓后焊(内部板肋栓接,外墙板焊接)的连接方式。侧墙通过 PBL 剪力板及钢筋混凝土与承台固结。竖墙钢箱结构横向设置钢筋拉杆,与竖向剪力板焊接,以防止灌注混凝土时竖墙钢箱外鼓变形。

1 号及 5 号刚架侧跨为钢筋混凝土结构,并采用与主跨侧墙对应的 M 形孔洞的连续刚架墙,长度 26.672 m,侧墙厚 1.6 m。

主跨刚架承台宽 2.8 m,高 3 m,纵向长度 124.62 m,桩基沿结构纵向布置,采用直径 1.8 m 摩擦桩。1 号和 5 号刚架侧跨对应异形承台与主跨承台固结,与主跨承台成 21°角,承台宽 2.4 m,高 3 m,主刚架方向投影长度 24.9 m。基础采用直径 1.25 m 摩擦桩。

(4)异形桥墩

空间刚架与两端简支梁连接采用异形桥墩结构。异形桥墩墩高 16 m。承台厚 3 m,采用直径 1 m 摩擦桩。

3.14.3　施工方法

首先进行施工防护,并施工既有京山四线及西黄左线两侧主体刚架的桩基础;然后施工主体刚架的两侧墙;然后利用龙门吊吊装钢横梁(图 3-14-5)、纵梁及预制部分桥面板,连接钢结构桥面系,桥面板现浇施工;然后施工楔形刚架的

图 3-14-5　吊装钢横梁节段

桩基础、侧墙，支架现浇桥面板；最后施工桥面附属设施，进行钢结构涂装，铺设轨道，成桥。施工时既有线运营及成桥实景如图 3-14-6、图 3-14-7 所示。

图 3-14-6　施工时既有线运营

图 3-14-7　成桥实景

3.14.4　主要技术经济指标

主要技术经济指标见表 3-14-1。

表 3-14-1　主桥主要技术经济指标

指标类型		数　值
结构性能指标	竖向挠跨比	1/2 686
	梁端转角(rad)	0.22‰
	横向挠跨比	1/4 894
	自振频率(Hz)	5.72
主要工程量	主梁混凝土(m^3)	3 186.0
	主梁钢材(t)	4 190.1
	桥墩混凝土(m^3)	17 241.0

3.14.5　技术特点和创新点

(1)首次提出了空间刚架桥梁结构形式，完善了高速铁路桥梁结构体系，技术合理且经济有效地解决了小角度跨越繁忙干线铁路遇到的设计、施工等方面多项技术难题。空间刚架结构与传统大跨桥梁结构相比经济指标更优异。

(2)空间刚架通过采用竖、横向限位措施，保证了相邻刚架之间、刚架与异形墩之间梁缝钢轨支承点相对变形协调一致，解决了高速铁路行车安全问题。

3.14.6　获奖情况

获 2012 年中国铁道学会科学技术一等奖。

3.15　京沪高速铁路跨京开高速公路特大桥

桥　　名：跨京开高速公路特大桥
工程项目：京沪高速铁路
工程位置：北京市大兴区
主　　跨：108 m
桥　　型：中承式钢箱拱桥
建设单位：京沪高速铁路股份有限公司
设计单位：中国铁路设计集团有限公司
施工单位：中铁十七局集团有限公司
设计人员：刘爱乔　苏　伟　李凤芹　宋顺忱　吴大宏　赵　磊　周岳武　郭新伟
通车时间：2011 年 6 月

3.15.1 概　　况

京沪高速铁路设计速度 350 km/h，采用Ⅱ型板式无砟轨道，双线、线间距 5.0 m，于北京市大兴区跨越京开高速公路。桥位处属永定河冲洪积平原，地形平坦开阔，下覆土层以细砂、粉质黏土、粉土、中砂、圆砾土为主，属暖温带大陆性季风气候，年平均气温 11.4 ℃，年最大风速为 21.7 m/s，场地类别为Ⅲ类，地震基本烈度 8 度，动峰值加速度 0.20g，反应谱特征周期为一区 0.45 s。

跨京开高速公路特大桥主桥与京开高速公路轴线夹角为 81.2°，桥位处高速铁路为平坡、直线。京开高速公路由主辅四条车道组成，行车道断面宽 65 m，净高要求 5.5 m。高速铁路线位左侧是既有京山铁路，其中心与京山铁路限界最小距离为 33.5 m。本桥位于第三层，第一层为既有京山铁路，第二层为京开高速公路跨京山线公路桥，公路桥台尾距高速铁路线路中心最近处约 12 m。为了降低线路高度，满足净空要求，减小桥梁施工对繁忙的高速公路行车干扰，本桥主桥采用(32＋108＋32) m 飞燕式中承钢箱拱结构，引桥采用 24 m、32 m 常用跨度的标准简支梁。主桥立面如图 3-15-1 所示。

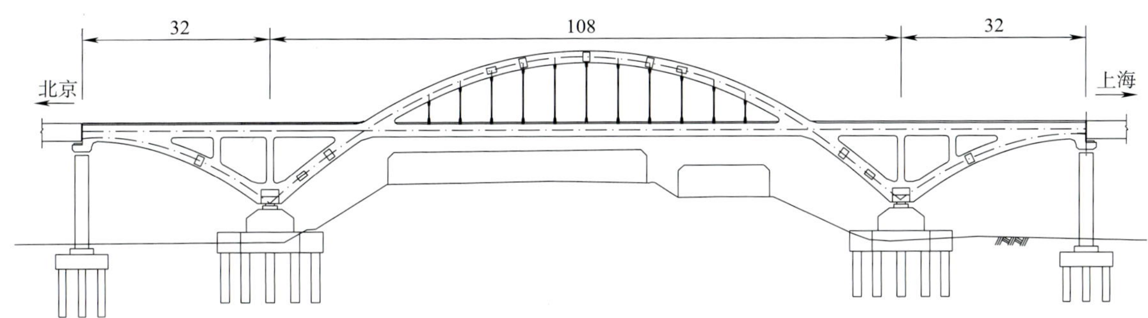

图 3-15-1　主桥立面(单位：m)

3.15.2 结构设计

(1)拱肋、主纵梁

主桥拱肋中心距 12 m。主跨拱肋矢高采用 25 m(系杆中心线上下各为 12.5 m)(图 3-15-2)，矢跨比为 1/4.32。边拱肋中心距 12 m，矢高 11.75，矢跨比为 1/5.19。主拱肋及边拱肋拱轴线均采用二次抛物线。主拱肋和主纵梁固结。

边拱肋和主拱肋采用变截面钢箱混凝土截面，主纵梁采用钢箱截面。主拱肋截面宽 1.6 m，截面高度由拱顶的 2 m 到理论拱脚处的 2.6 m；边拱肋截面宽 1.6 m，截面高度由拱顶的 1.9 m 到理论拱脚处的 2.6 m。边拱肋钢箱在转体前支架上灌注混凝土；主拱肋钢箱在转体到位，支座安装后完成体系转换，主拱肋顶升灌注混凝土。

主纵梁截面宽 1.6 m，高 2.1 m，主纵梁顶面焊有剪力钉与混凝土桥面连接，同时主纵梁内设置四束预应力系杆。

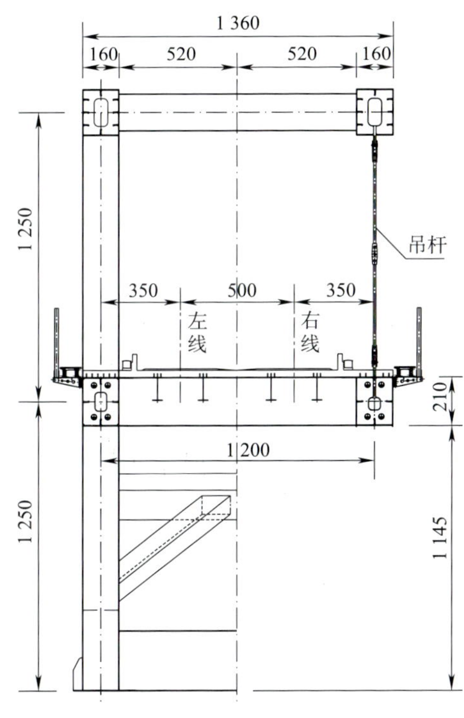

图 3-15-2　中跨截面图(单位：cm)

(2)桥面系

除端横梁为箱形截面外，其他横梁和小纵梁均为焊接工形截面，在纵梁、横梁及主纵梁上翼缘焊有剪力钉与混凝土桥面连接。纵横梁顶面与主纵梁顶面平齐，横梁间距 4.5～5.95 m，梁高除端横梁为 4.55 m 外其他横梁为 2.1 m。端横梁伸出牛腿长 1.87 m，相邻简支梁压在牛腿上，作为平衡边墩负反力的压重。

桥面系设 4 片小纵梁，每条线下设置两片，间距 2.0 m，两线之间小纵梁间距 3.0 m；小纵梁梁高 1.0 m，翼缘板宽 0.45 m。小纵梁连续设置，不设伸缩纵梁。

端横梁在转体到位后，钢箱内灌注混凝土。

桥面板采用混凝土桥面板，板顶为平坡，桥面板宽 13.6 m，厚 30 cm，通过保护层形成排水坡(图 3-15-3)。

桥面板顶部对应横梁中心以及在两道横梁之间设宽 10 mm、深 20 mm 的凹槽。

桥面板在拱梁固结点至边拱肋支墩顶范围局部设纵向预应力钢束，在先浇段混凝土达到设计强度后张拉。

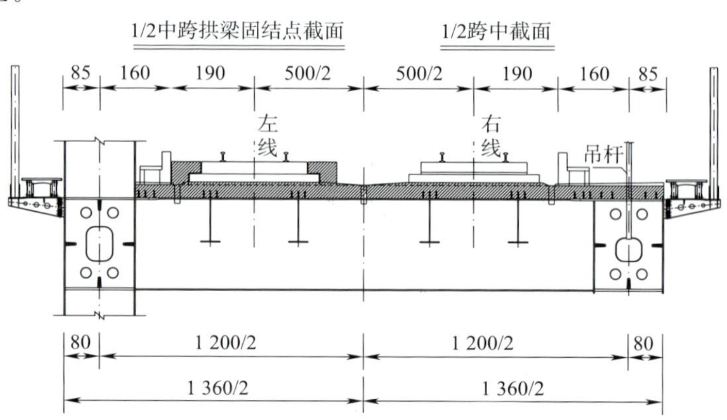

图 3-15-3　桥面布置图(单位：cm)

(3)横撑

主跨桥面以上设一道一字横撑和两道 K 撑，桥面以下设两道 K 撑；边跨桥面以下设一字横撑。

横撑和斜撑均采用箱形截面，横撑截面高 1.6 m、宽 1.2 m，斜撑截面高 1.0 m、宽 1.0 m。横撑和斜撑均与拱肋焊接。

(4)支墩

在拱脚处和边拱肋上距拱脚 9 m 处各设一支墩。支墩采用钢箱截面，截面高 1.2 m、宽 1.6 m，支墩上下均固结。

(5)钢拱座和拱脚横梁

拱座为钢箱混凝土结构，钢箱结构使得边拱肋和主拱肋传力路径清晰，受力明确。拱座高 3.5 m，宽 2.972 m。拱座上下翼缘板与边拱肋、主拱肋的上下翼缘板对接焊，拱座腹板和边拱肋及主拱肋共用，拱座钢箱内灌注混凝土。

拱脚钢横梁高 2.6 m，宽 3.0 m。拱脚钢横梁两端底板加厚段与拱座一起制作。

(6)吊杆

吊杆对应主跨小横梁设置，间距 5.4 m，全桥共设 11 对吊杆。吊杆采用直径 120 mm 合金钢圆形吊杆，间距 5.4 m，吊杆上下端采用销轴连接。

(7)桥梁下部结构

边墩采用流线型圆端实体墩，顶帽线形与相邻简支梁桥墩线形一致。基础采用 12 根直径 1.25 m 钻孔灌注桩。

拱脚支座直接设在承台上，基础采用 19 根直径 1.5 m 钻孔灌注桩。撑角结构如图 3-15-4 所示。

3.15.3　施工方法

本桥施工受施工场地限制及外部环境的影响，采用非对称的中承式钢箱拱平转施工工艺和方法(图 3-15-5、图 3-15-6)，转体重量为33 000 kN，系统采用中心限位，撑脚受力水平转到桥位，吊装合龙段，然后拱肋灌注混凝土，利用纵横梁上的永久钢模板做平台施工混凝土桥面板，再安装人行道板等附属设施，进行钢箱拱保护涂装等。该施工方法有效解决了施工期间桥下交通干扰和安全问题。

图 3-15-4　撑脚结构

图 3-15-5　转体施工之前

图 3-15-6　转体施工完成

3.15.4　主要技术经济指标

主要技术经济指标见表 3-15-1。

表 3-15-1　主桥主要技术经济指标

指标类型		数　值
结构性能指标	竖向挠跨比	1/6 585
	梁端转角(rad)	0.51‰
	横向挠跨比	1/20 000
主要工程量	拱肋及梁部用钢量(t)	2 575.0
	吊杆及锚具用钢量(t)	25.4
	主纵梁系杆(t)	56.3
	拱肋混凝土(m^3)	1 437.0
	桥面板混凝土(m^3)	694.0
	边墩混凝土(m^3)	785.0

3.15.5　技术特点和创新点

(1)主跨 108 m 飞燕式中承钢箱混凝土拱桥结构在国内外高速无砟轨道铁路上首次应用。

(2)考虑将桥面温度变形叠加到轨道不平顺中的车桥耦合动力分析,对以后类似的高速铁路桥梁具有指导意义。

(3)直径 120 mm 合金钢圆形钢吊杆首次应用于高速铁路钢桥上。

(4)采用非对称的中承式钢箱拱平转施工工艺和方法,有效解决了施工期间桥下交通干扰和安全问题。

3.15.6　获奖情况

(1)获 2012 年中国铁道学会科学技术一等奖。

(2)获 2014 年中国铁路工程总公司科学技术二等奖。

3.16 京沪高速铁路跨济兖公路特大桥

桥　　名：跨济兖公路特大桥
工程项目：京沪高速铁路
工程位置：山东省济南市
主　　跨：2×96 m
桥　　型：四线钢箱梁拱组合桥
建设单位：京沪高速铁路股份有限公司
设计单位：中国铁路设计集团有限公司
施工单位：中国水利水电第十一工程局有限公司
设计人员：颜志华　苏　伟　宋顺忱　马胜双
通车时间：2011 年 6 月

3.16.1 概　　况

京沪高速铁路于济南市市中区跨越济兖公路和高速公路匝道，桥址区地貌单元属山间平地，下覆土层为素填土、新黄土、硬塑黏土、粗圆砾土等，地震基本烈度 6 度，地震动峰值加速度 0.05g，场地土类别为Ⅲ类，反应谱特征周期 0.65 s。

跨济兖公路特大桥主桥位于半径 R=12 000 m 缓和曲线上，线路坡度 13.5‰，为一次建成四线桥，中间双线为高速铁路正线，两边为联络线，线间距依次为 6.5 m、5.0 m、6.5 m，高速铁路正线设计速度 350 km/h，联络线设计速度 160 km/h。高速铁路正线采用Ⅱ型板式无砟轨道，两侧联络线采用Ⅰ型板式无砟轨道。

跨济兖公路特大桥主桥与济兖公路轴线夹角 84°，济兖公路主干道宽 56 m，是济南市主要交通干道。由于受济南西站的限制并考虑城市景观要求，避免济南站变成高架站，节省工程投资，主桥孔跨布置采用 2×96 m 四线下承式简支钢箱系杆拱，引桥采用 24 m、32 m 简支梁。主桥立面如图 3-16-1 所示。

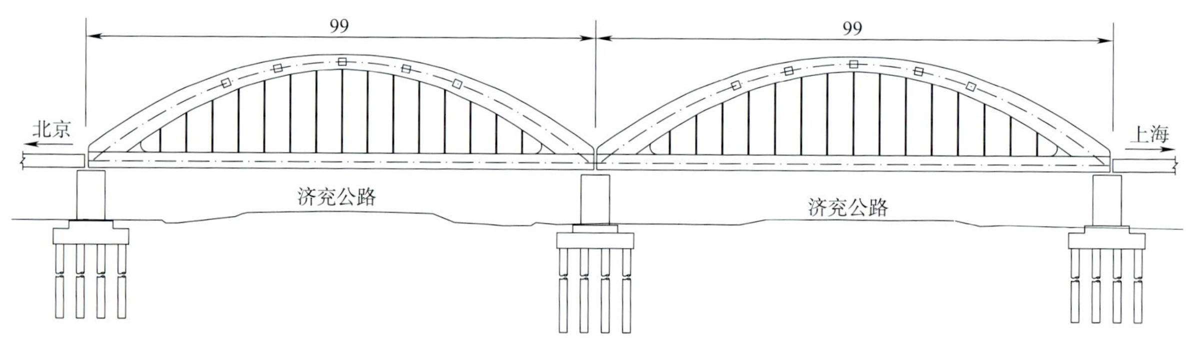

图 3-16-1　主桥立面(单位:m)

3.16.2 结构设计

(1)结构体系

本桥结构体系为简支钢箱拱梁组合桥，计算跨径 96 m，钢箱梁总长 98 m，支座中心距梁端 1 m。桥面总宽 25.7 m，两主拱间中心距 11.68 m(图 3-16-2)。大桥结构体系可分为钢箱拱、钢箱梁、拱肋横撑、吊杆索及其锚点构造、两端支座、梁端横向限位装置及现浇混凝土桥面板，钢箱梁不仅承受竖向荷载，还在整个结构中担当系杆作用。

(2)主拱构造

主拱拱轴线采用二次抛物线，拱截面采用变高度箱形截面，拱脚截面理论高 5.5 m，拱顶截面高

2.8 m;矢高 19.2 m,矢跨比 1∶5,两主拱间中心距为 11.68 m,拱脚处与主梁固结。两拱肋间通过 5 道钢箱横撑连接,共分为 11 个节段。拱肋上吊杆索水平投影间距为 5 m。

(3)钢箱梁

主梁采用梁高 3 m 等截面单箱九室截面,顶面宽度 25.7 m,底宽 22.5 m,桥面采用正交异性桥面板构造。标准钢梁段纵向分为 5 m 一段,每一纵向节段横向分为三段,每一纵向节段均设置两道横肋,一道吊杆索锚固用隔板。拱脚段钢梁纵向长度为 11.5 m,横向分为五段。

(4)拱肋横撑

两拱肋间共设置五道箱形横撑,其中两道 K 撑,三道一字撑。撑与拱肋间设整体节点,除 K 撑斜腿与两端采用高强螺栓连接外,其余部分整体节点与横撑间连接为全断面熔透焊接。

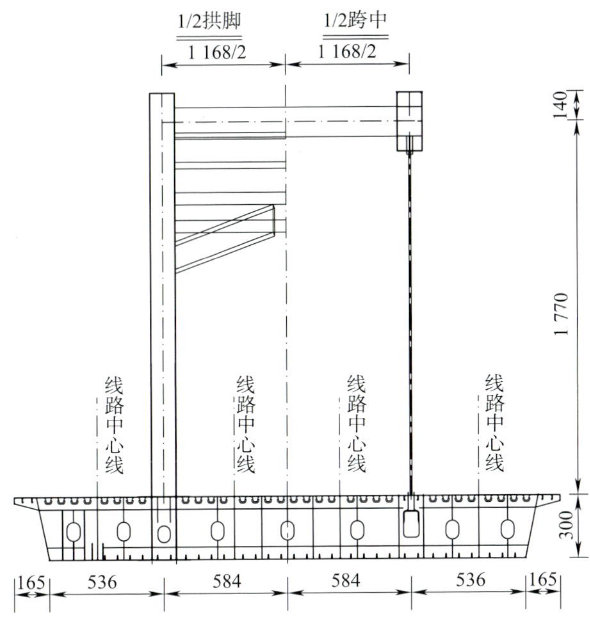

图 3-16-2 主梁横断面图(单位:cm)

(5)吊杆索及其锚点构造

吊索桥轴纵向中心间距为 5 m。横桥向梁段内沿箱梁横向隔板设锚点,采用双侧双吊杆索,横向中心距 11.68 m。

3.16.3 施工方法

本桥采用支架拼装施工方法。

四线桥梁桥面宽度 25.7 m,采用单箱九室截面。钢桥面板不仅受力复杂,焊接、拼接等施工过程也很复杂,研究了多腹板箱梁的制造加工顺序。

施工方案如下:

(1)主桥施工范围进行地基处理。

(2)在既有公路上分段施工临时支墩并搭设支架。

(3)在支架上定位拱脚节段的钢箱梁定位节,然后拼装钢箱梁节段(图 3-16-3)。钢箱梁节段拼装完毕并调整标高后,进行焊接。

(4)钢箱梁安装焊接结束后,在钢箱梁两侧的安全防护区用汽车起重机吊装拱肋(图 3-16-4)和合龙段就位。钢箱拱吊装就位后,自拱脚向拱顶调整线形及标高,加劲肋栓接定位后再进行焊接。

(5)安装吊杆,拆除拱肋支架和主梁支架。

(6)结构防腐及防护。桥面系及成桥实景如图 3-16-5、图 3-16-6 所示。

图 3-16-3 钢梁拼装施工

图 3-16-4 拱肋拼装施工

图 3-16-5　桥面系实景

图 3-16-6　成桥实景

3.16.4　主要技术经济指标

主要技术经济指标见表 3-16-1。

表 3-16-1　主桥主要技术经济指标

指标类型		数　值
结构性能指标	竖向挠跨比	1/3 322
	梁端转角(rad)	0.78‰
	横向挠跨比	1/10 600
主要工程量	主梁钢材用量(t)	5 720.0
	吊索(t)	30.7

3.16.5　技术特点和创新点

(1)跨度 96 m 四线双拱肋钢箱梁拱组合结构在高速铁路中首次采用，该结构形式竖向刚度大、动力特性好，而且结构高度低，跨越道路时显得通透、轻盈，与两侧简支结构衔接较为协调。

(2)为考虑拱脚对主梁内力的影响，建立了剪力柔性梁格模型进行内力修正系数研究。

(3)根据列车过桥的随机性特点，运用概率理论分析四线列车在桥上的相遇概率和次数以及四线铁路桥梁在各种相遇情况下的损伤度，推导出四线铁路桥梁疲劳检算中四线系数的计算公式。

(4)在钢梁下方增设横向限位装置，保证钢箱梁与正线相邻混凝土箱梁变形协调；采用随动结构保证钢箱梁与联络线相邻混凝土 T 梁变形协调。

(5)选取最高、最低温度变形幅度的中值点进行无砟轨道铺设，可满足高速铁路钢桥无砟轨道铺设线形控制要求。

(6)钢筋套扣栓接方案有效解决了正交异性钢桥面板铺设无砟轨道技术问题。

3.16.6　获奖情况

获 2012 年中国铁道学会科学技术一等奖。

3.17　京沪高速铁路津沪联络线特大桥

桥　　名：津沪联络线特大桥
工程项目：京沪高速铁路
工程位置：天津市西外环互通交汇处
主　　跨：2×115 m
桥　　型：三塔预应力混凝土部分斜拉桥
建设单位：京沪高速铁路股份有限公司
设计单位：中国铁路设计集团有限公司
施工单位：中铁电气化局集团有限公司
设计人员：张　雷　苏　伟　乔晋飞　吴大宏
通车时间：2011 年 6 月

3.17.1　概　　况

京沪高速铁路天津枢纽津沪联络线设计速度 160 km/h，采用有砟轨道，双线、线间距 4.2 m，于天津市西外环互通交汇处跨越 2 处市政道路以及陕津线高压煤气管道、空军通信光缆等地下管线。桥址处地层为第四系全新统冲积层及海相沉积层、第四系上更新统冲积层及海相沉积层，表覆第四系全新统人工堆积层，主要为黏土及粉砂。桥址所处地带属暖温带亚湿润季风气候区，四季分明。极端最高气温 39.9 ℃，极端最低气温 −16.5 ℃，年平均气温 13.5 ℃，历年年平均风速 2.7 m/s，历年最大风速 13.0 m/s。桥址处抗震设防烈度 7 度，地震动峰值加速度值 0.15g，场地类别Ⅲ类，特征周期分区 2 区。

津沪联络线特大桥主桥跨越两条 50 m 宽的市政公路，根据桥下交通、管线等的跨越要求，以及该桥所处的自然、人文环境，主桥采用孔跨布置为(64.6＋115＋115＋64.6) m 的三塔预应力混凝土部分斜拉桥，结构体系为刚构连续梁体系，即中塔与梁、墩固结，边塔与梁固结、墩梁分离设置活动支座，边墩设活动支座。主桥立面如图 3-17-1 所示。

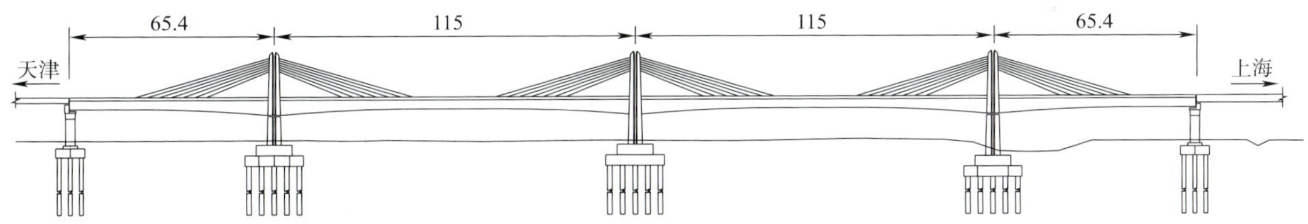

图 3-17-1　主桥立面(单位：m)

3.17.2　结构设计

(1)主梁

主梁为预应力混凝土结构，截面为倒梯形单箱三室箱形。支点处梁高 6 m，跨中范围梁高 4 m，下缘按二次抛物线变化。箱梁顶宽 14.4 m，底宽支点处 8.4 m 至跨中范围 10 m(图 3-17-2)。中间两片腹板为直腹板，外侧腹板为斜腹板，厚度由支点处 0.8 m 至跨中范围 0.45 m 变化。顶板厚度一般为 0.4 m，底板厚度由支点处 1.0 m 至跨中范围 0.4 m 变化。在各墩支点处、1～7 号索锚固处设置横隔板，以提高索锚固处截面的横向刚度。主梁顶板、腹板及底板内

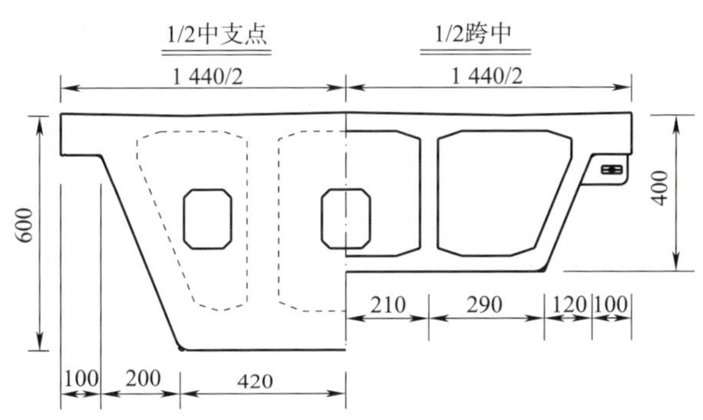

图 3-17-2　主梁截面(单位：cm)

布置纵向预应力钢束，规格为 19-7ϕ5 钢绞线。腹板设置竖向预应力粗钢筋。桥面板横向按钢筋混凝土结构设计，不设横向预应力。斜拉索锚固于腹板外侧。

（2）索塔

索塔采用钢筋混凝土结构，梁顶面以上全高 15.0 m（图 3-17-3）。采用实心截面，外轮廓作倒角、凹槽等处理，以增强建筑造型表现力。塔柱横向宽度均为 2.0 m，竖向从塔顶 3.0 m 变宽为梁顶面 3.7 m。经过结构分析及景观比较，塔柱横向不设横联。

（3）斜拉索

斜拉索横向为双索面布置。每个索塔设 7 对斜拉索，纵向半扇形布置。塔上索距 0.7 m，梁上索距 6 m。斜拉索在索塔内通过，并通过索鞍构造锚固于塔身，两侧对称锚固于梁体。索体采用环氧涂层高强钢绞线，规格为 31ϕ15.2，抗拉强度标准值为 1 860 MPa，允许疲劳应力幅为 250 MPa。防护采用热挤压 PE 护套。索鞍采用分丝管索鞍。

（4）桥墩基础

桥墩为钢筋混凝土实体结构，中塔墩与主梁固结，边塔墩及边墩墩顶设置支座。塔墩横桥向采用上大下小圆曲线变宽的结构形式，以获得良好的造型表现力。边墩采用与引桥形式相同的钢筋混凝土圆端形桥墩。

基础均采用钻孔灌注桩，中塔墩、边塔墩钻孔桩桩径 1.5 m，边墩钻孔桩桩径 1.25 m。由于地下水对混凝土具有一定侵蚀性，承台及桩基础采用抗侵蚀混凝土，并注重耐久性设计。

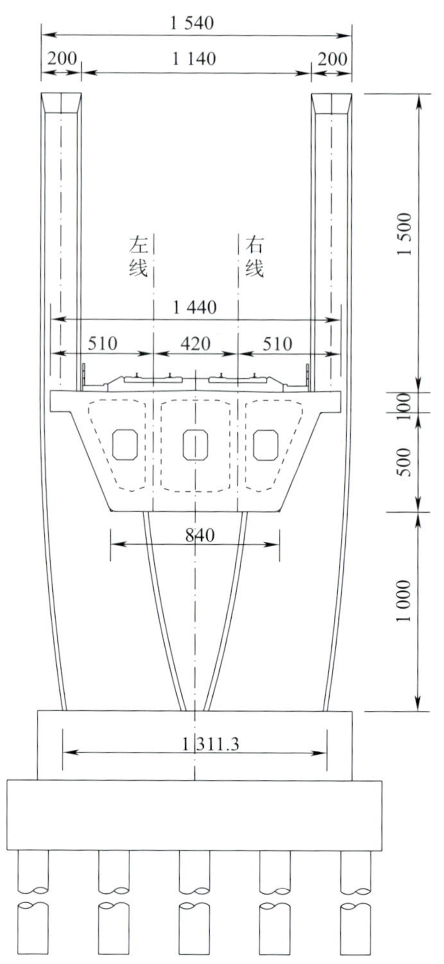

图 3-17-3　索塔结构图（单位：cm）

3.17.3　施工方法

墩顶现浇段采用支架或托架现浇法施工，其他梁段采用悬臂浇筑法施工。施工情况及成桥实景如图 3-17-4～图 3-17-6 所示。

图 3-17-4　索塔施工

图 3-17-5　成桥实景

图 3-17-6　桥塔实景

3.17.4　主要技术经济指标

主要技术经济指标见表 3-17-1。

表 3-17-1　主桥主要技术经济指标

指标类型		数　值
结构性能指标	中跨竖向挠跨比	1/1 989
	边跨竖向挠跨比	1/3 569
	梁端转角(rad)	0.94‰
	工后残余徐变值(mm)	2.3
主要工程量	主梁混凝土(m^3)	9 393.0
	预应力钢束(t)	428.8
	索塔混凝土(m^3)	536.0
	拉索(t)	117.7
	桥墩混凝土(m^3)	2 388.0

3.17.5　技术特点和创新点

(1)首次在铁路上应用预应力混凝土矮塔斜拉桥,结构上采用了三塔四跨刚构—连续梁体系,对结构静力、地震响应、车—桥耦合振动、索鞍构造等方面进行了分析与试验研究,证明该结构体系适用于铁路要求。

(2)经过理论研究及模型试验分析,该桥采用的分丝管索鞍及锚固装置安全可靠,可以应用于铁路矮塔斜拉桥。

(3)与常规斜拉索比较,该桥采用的环氧喷涂钢绞线斜拉索具有较好的抗腐蚀性能。

(4)设计过程中注重结构造型设计,整体比例匀称、线条流畅,细节造型丰富,建成后与当地自然、人文环境良好融合。

3.17.6　获奖情况

获 2012 年中国铁道学会科学技术一等奖。

3.18　京沪高速铁路丹昆特大桥

桥　　名：丹昆特大桥
工程项目：京沪高速铁路
工程位置：江苏省丹阳、常州、无锡、苏州、昆山市
桥　　长：165.841 km
桥　　型：连续梁拱、系杆拱、连续梁、简支梁
建设单位：京沪高速铁路股份有限公司
设计单位：中铁第四勘察设计院集团有限公司
施工单位：中交集团　中铁三局　中铁五局　中铁八局
设计人员：文望青　许三平　王　斌　李光伟　陈裕民
　　　　　潘文怡　洪　琼　赵　昱　文功启　冯楚桥
通车时间：2011 年 6 月

3.18.1　概　　况

京沪高速铁路设计速度 350 km/h,区间桥上线间距为 5.0 m,采用Ⅱ型板式无砟轨道。线路自丹

阳北站至昆山试验段前全部采用桥梁通过，并先后7次跨越阳澄湖的西、中、东湖区，在常州、无锡、苏州、昆山设了4个高架车站，桥梁全长164.851 km，为世界最长桥梁，主要经过的工程地质包括残丘剥蚀区及长江冲积平原区、冲湖积平原、湖沼积平原区，多分布为松软土。

图 3-18-1　常州桥段系杆拱实景

全桥共设139处特殊结构，其中正线连续梁88处、道岔连续梁41处、系杆拱9处、连续梁拱1处，其中跨娄江及常州西二环采用了主跨136 m连续梁拱和128 m系杆拱（图3-18-1）。主要桥梁类型有：连续梁拱、系杆拱、道岔连续梁、连续梁、正线简支梁、到发线简支梁、门式墩、实体墩、矩形空心墩、圆端形空心墩、花瓶墩、双柱墩、矩形空心台、框架台等。

3.18.2　结构设计

（1）128 m系杆拱（图3-18-2）

主桥拱肋采用哑铃形钢管混凝土组合截面，内倾角9°；预应力混凝土系梁，吊杆按尼尔森体系布置吊杆。

图 3-18-2　128 m系杆拱全景

拱肋：钢管直径为1 200 mm，由厚18 mm的钢板卷制而成，腹板厚16 mm，外边距0.96 m。两拱肋拱顶中心距7.846 m，拱脚处中心距16.2 m。拱轴线采用悬链线，拱轴线系数$m=1.347$。

系梁：单箱三室截面，桥面箱梁顶宽17.8 m，箱梁底宽17.8 m，梁高2.5 m。系梁吊点处设横梁，横梁为实体截面，中间设进人孔。

吊杆：吊杆布置成斜吊杆即尼尔森式拱，每根吊杆采用127根$\phi 7$的平行钢丝束，双层PE防护，吊杆间距为8 m。

（2）（70＋136＋70）m连续梁拱

主梁为预应力混凝土结构，采用单箱双室变高度箱形截面，跨中及边支点处梁高4.0 m，中支点处梁高7.5 m，梁高按圆曲线变化。箱梁顶宽14.4 m，中支点处局部顶宽16.0 m。

拱肋：计算跨度$l=136.0$ m，设计矢高$f=27.2$ m，矢跨比$f/l=1/5$，拱轴线采用二次抛物线。拱肋为钢管混凝土结构，拱肋采用等高度哑铃形截面，截面高度2.8 m。拱肋弦管直径0.8 m，弦管之间用钢缀板连接，拱肋弦管及缀板内填充微膨胀混凝土。

吊杆：吊杆顺桥向间距8 m，全桥共设14对吊杆。吊杆采用PES(FD)7-109型低应力防腐拉索（平行钢丝束），配套使用冷铸镦头锚。吊杆上端穿过拱肋，锚于拱肋上缘张拉底座，下端锚于吊点横梁下缘固定底座。

（3）墩身及基础

简支梁桥墩采用双柱墩、矩形空心墩和圆端形空心墩，特殊跨桥墩采用矩形实体墩和圆端形实体墩。上海台采用矩形空心台，北京台在昆山试验段工程中已完成桩基础及承台施工，为避免新建1号墩与北京台之间产生过大的沉降差，其间采用框架连接过渡。

全桥墩台基础均采用钻孔灌注桩基础，桩径根据不同跨度和地质条件分别采用1.0 m、1.25 m、1.5 m、1.8 m。

3.18.3　施工方法

32 m 和 24 m 简支梁由梁场预制，架桥机架设，部分地段受施工组织影响，简支梁采用现浇施工。一般地段连续梁，主跨大于 48 m 的采用悬臂灌注法施工，其他采用支架法施工，受施工组织影响的连续梁采用支架现浇施工。96 m、112 m 系杆拱根据跨越道路及航道情况分别采用先梁后拱或先拱后梁法施工。128 m 系杆拱采用先梁后拱法施工、道岔区连续梁一般采用支架法施工，(70＋136＋70) m 连续梁拱采用先梁后拱法施工，拱肋采用现场拼装、纵向平移施工方法，如图 3-18-3、图 3-18-4 所示。

图 3-18-3　系杆拱拱肋吊装施工

图 3-18-4　连续梁拱拱肋纵移施工

3.18.4　主要技术经济指标

主要技术经济指标见表 3-18-1。

表 3-18-1　主要技术经济指标

指标类型		数　值
(70＋136＋70) m 连续梁拱结构性能指标	竖向挠跨比	1/3 886
	梁端转角(rad)	0.77‰
	工后徐变(mm)	13.9
128 m 系杆拱结构性能指标	竖向挠跨比	1/6 275
	梁端转角(rad)	0.83‰
	工后徐变(mm)	1.7
主要工程量	简支梁(孔)	4 955
	特殊桥梁(联)	139
	主梁混凝土(万 m^3)	184.5
	墩台混凝土(万 m^3)	85.3
	预应力钢绞线(t)	68 000.0
	普通钢筋(t)	54 5000.0

3.18.5　技术特点和创新点

(1)本桥跨越区域大、地形地貌、地质条件变化大、跨越区域控制点多，各种桥梁结构几乎概括客运专线绝大多数桥型及桥梁施工方法，堪称桥型陈列室。

(2)本桥结合各工点边界条件、经济比较、景观效果等因素共设了 9 处系杆拱和 1 处连续梁拱共 10 处拱桥，是最早开展系杆拱研究的项目及首次采用平移施工拱肋方法的铁路客运专线桥梁。

(3)综合考虑全桥共设常州北站、无锡东站、苏州北站、昆山南站 4 个高架车站。在一座桥上设四个高架车站，注定使丹昆特大桥成为世界上独一无二的桥梁。其中“京沪高速铁路桥上无砟轨道无缝道岔及桥梁结构设计”研究为高速铁路道岔区桥梁设计提供了理论依据。

（4）阳澄湖区桥梁采用“双排桩筑坝围堰”的施工方案，桥梁施工均在分段的条形围堰内进行，将湖区桥梁水中施工改为陆地施工，开创了湖区绿色施工的先河。

3.18.6 获奖情况

（1）获 2012 年中国铁道学会科学技术一等奖。

（2）获 2012—2013 年中国建设工程鲁班奖。

（3）获 2013 年中国铁建优秀工程设计二等奖。

3.19 沪昆客运专线长沙西北上行联络线跨武广客运专线特大桥

桥　　名：长沙西北上行联络线跨武广高铁特大桥
工程项目：沪昆客运专线
工程位置：湖南省长沙市
主　　跨：112 m
桥　　型：预应力混凝土槽形梁斜拉桥
建设单位：沪昆客运专线湖南公司
设计单位：中铁第四勘察设计院集团有限公司
施工单位：中铁三局集团有限公司
设计人员：金福海　江荣丰　饶少臣　曾　敏
　　　　　徐　勇　张　勇
通车时间：2011 年 6 月

3.19.1 概　　况

沪昆客运专线长沙西北上行联络线设计速度 160 km/h，采用有砟轨道，单线，于长沙枢纽区跨越武广高速铁路。桥位处属低丘地势，起伏不大，桥址范围覆盖为粉质黏土、砂类土，基岩为泥质砂岩。桥址处地震动峰值加速度为 0.05g，地震动反应谱特征周期 0.35 s。

主桥轴线与武广高速铁路夹角为 21°，武广高速铁路设计速度 350 km/h，无砟轨道，邻近施工安全风险问题突出。主桥采用（32＋80＋112）m 预应力混凝土槽形梁转体施工斜拉桥。主桥立面如图 3-19-1 所示。

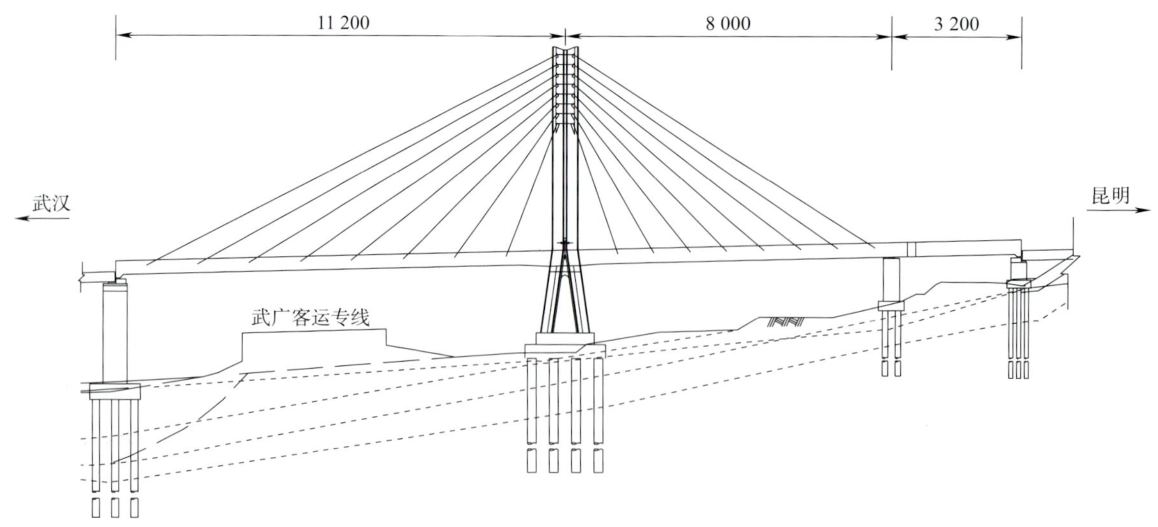

图 3-19-1　主桥立面图（单位：cm）

3.19.2　结构设计

结构体系为(32.0＋80.0＋112.0)m 单线铁路独塔预应力混凝土槽形梁斜拉桥，采用不对称独塔双索面塔梁固结体系。小主跨 80.0 m 大主跨 112.0 m 预应力混凝土槽形梁结构，边辅跨 32.0 m 截面与小主跨 80.0 m 梁相同，桥塔与槽形梁边箱融为一体。

(1)主梁

梁部采用预应力混凝土槽形梁结构形式，跨越武广高速铁路侧的大主跨梁高 3.5 m，小主跨及边辅助跨梁高 3.7 m，塔梁固结处局部以 1/15.226 4 的坡率加高到 4.0 m，且为梁顶齐平，小跨侧高出的 0.2 m 设在梁底面。主梁横截面构造如图 3-19-2 所示。

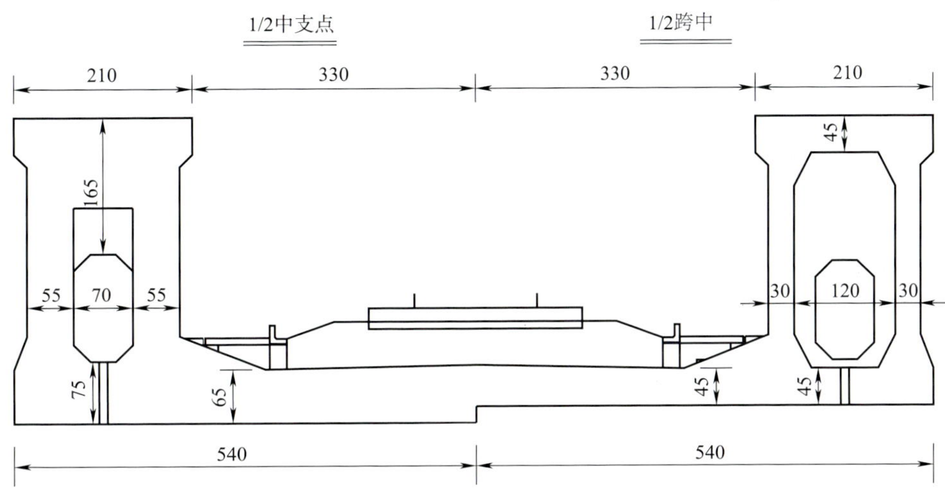

图 3-19-2　主梁横截面构造(单位:cm)

(2)桥塔

上塔柱纵 6.0 m 厚 0.55 m、横 4.4 m 厚 0.7 m，下塔柱腿纵 3.0 m、横 3.6 m、厚纵横向均为 0.7 m；为减小转体质量，须尽量压缩结构尺寸，设计在处理塔梁固结构造上没有按一般的做法将主梁夹在桥塔内侧，并留出一定间隙，而是以满足槽形梁内的铁路限界为前提尽量内收塔柱，将槽形梁的两边箱“插入”塔柱中形成塔梁固结。桥塔结构如图 3-19-3 所示。

(3)斜拉索

斜拉索采用强度等级 1 670 MPa 的平行钢丝束，冷铸墩头锚，梁上为锚固端，塔上为张拉端，均直接锚固在混凝土结构上。

(4)转动体系

转动体系包括球铰，上、下转盘，环形滑道，支撑支腿，牵引驱动反力座。球铰平面直径 4.0 m，球面半径 8.0 m，中心设定位轴套管。

(5)基础

采用上小下大的两层圆形承台，下承台直径 21.3 m，上转盘＋下承台仅 6.5 m 厚，桥塔基础采

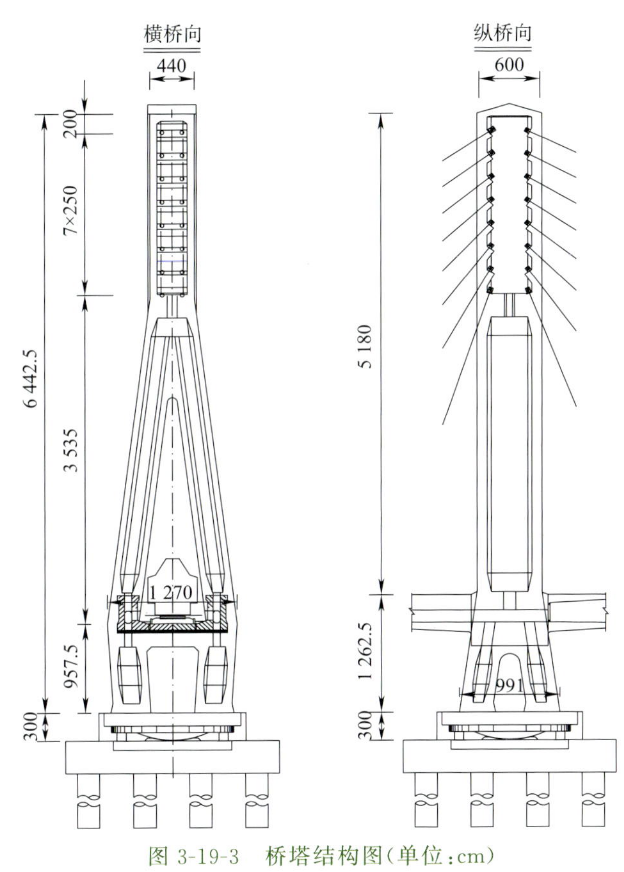

图 3-19-3　桥塔结构图(单位:cm)

用 12 根直径 2.2 m 的钻孔桩基础。

3.19.3 施工方法

在钻孔桩施工完成后立模浇筑下承台，充分考虑与转盘结构相关的各种特殊要求；临时固定上承台（上转盘）后，采用爬模现浇施工桥塔并预留塔梁固结部分主梁纵向预应力管道和钢筋等，然后沿武广客运专线一侧搭支架施工槽形梁边跨和 112.0 m 主跨，辅助跨在桥位处同时支架现浇施工，待转体到位后随即择时浇筑 2.0 m 合龙段，然后进行桥面轨道设施施工、完成二期恒载后调整成桥索力。施工全过程进行监测，确保施工质量及既有客运专线安全。现场施工情况如图 3-19-4～图 3-19-6 所示。

图 3-19-4 支架现浇施工

图 3-19-5 转体两侧同时上墩后

图 3-19-6 临近客运专线施工

3.19.4 主要技术经济指标

主要技术经济指标见表 3-19-1。

表 3-19-1 主要技术经济指标

指标类型		数　值
结构性能指标	竖向挠跨比	1/1 836
	梁端转角（rad）	1.98‰
	工后徐变（mm）	12
主要工程量	主梁混凝土（m^3）	3 475.0
	桥塔混凝土（m^3）	2 561.0
	墩台基础混凝土（m^3）	5 885.0
	斜拉索（t）	148.0
	预应力钢绞线（t）	172.0
	普通钢筋（t）	1 716.0
	钢材（t）	312.0

3.19.5　技术特点和创新点

(1)首次提出了非对称槽形梁独塔斜拉桥结构体系，开发了大跨度非对称无合龙段转体施工槽型梁独塔斜拉桥结构体系、边箱式槽形截面主梁及锚固结构、双 A 形塔柱主梁融合结构，形成了运营高铁枢纽立交疏解节点安全快速建造的设计关键技术。

(2)首创桥梁无合龙段转体直接上墩体系转换技术，提出了"分级配重、张拉"的斜拉索张拉方法，规避了跨运营高速铁路合龙段施工安全风险；开发了"无级差空间三维微调"技术，提高了球铰定位精度及效率；提出长度 196 m 主梁"先板后箱"的浇筑方法，解决了槽形梁因底板和边箱刚度差异大导致开裂的难题，形成非对称边箱式槽形梁独塔斜拉桥快速、精细施工成套技术。

3.19.6　获奖情况

(1)获 2015 年中国铁建优秀工程设计一等奖。

(2)获 2016 年湖南省优秀工程设计一等奖。

(3)获 2016 年国家优质工程奖。

(4)获 2017 年铁路优秀工程设计一等奖。

(5)获 2012 年中国铁道学会科学技术二等奖。

(6)获第十六届中国土木工程詹天佑奖。

3.20　西平铁路太峪大桥

桥　　名：太峪大桥
工程项目：西平铁路
工程位置：陕西省彬州市(彬县)
主　　跨：80 m
桥　　型：钢—混凝土组合桁架
建设单位：西平铁路有限责任公司
设计单位：中铁第一勘察设计院集团有限公司
施工单位：中铁隧道局集团有限公司
设计人员：赵会东　蔡　正　吴少海　李小军　李燕宁
　　　　　周友权　童卫华　欧阳辉来
通车时间：2013 年 12 月

3.20.1　概　　况

西安至平凉铁路为国铁Ⅰ级铁路，设计时速 120 km/h，双线、线间距 4.0 m，于彬州市太峪镇跨越福银高速公路及太峪河。桥址处的地层主要为第四系全新统冲积黏质黄土、细圆砾土、粗圆砾土、卵石土、漂石土；上更新统风积黏质黄土；三叠系中统砂岩夹页岩等。桥址处地震动峰值加速度为 0.05g，地震动反应谱特征周期 0.45 s。

太峪大桥西安端接永寿梁长隧道，该隧道为线间距 30 m 的双线单洞，平凉端为太峪车站进站端，线间距 5 m，因此太峪大桥为两条单线合并至双线的桥梁。太峪大桥主桥与福银高速公路斜交角度为 55°，福银高速公路路面宽度 30 m，为降低太峪车站高程，减少车站填方，跨越高速公路主跨采用 1×80 m 钢—混凝土组合桁架。左线孔跨布置为：1×32 m 简支 T 梁＋1×80 m 钢—混凝土组合桁架＋10×32 m 简支 T 梁，桥长 459.71 m；右线孔跨布置为：3×32 m 简支 T 梁＋1×80 m 钢—混凝土组合桁架＋9×32 m 简支 T 梁，桥长 492.66 m。主桥立面如图 3-20-1 所示。

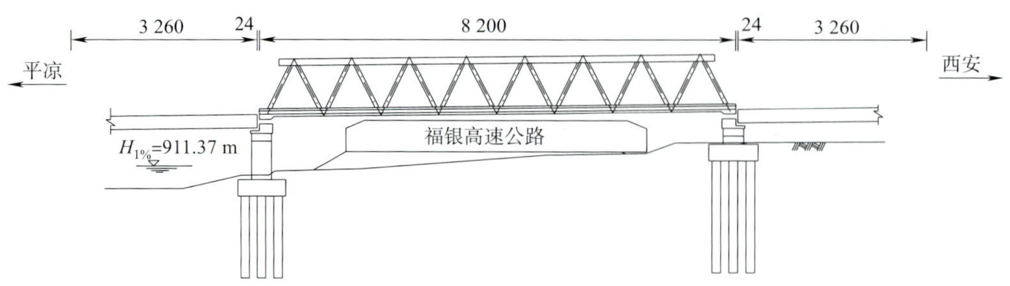

图 3-20-1　主桥立面(单位:cm)

3.20.2　结构设计

80 m钢—混凝土组合桁架梁长 82 m,采用无竖杆三角桁,桁高 9 m,节间距 10 m,桁中心距 6.7 m。上弦杆采用 1.1 m宽、1.2 m高的钢筋混凝土矩形截面,下弦采用槽形截面,一般梁高为 1.5 m,梁端梁高 2.0 m,道床板厚度采用 40～45 cm 的钢筋混凝土板,梁端板厚 90～95 cm,梁底宽为 7.8 m,顶宽 9.4 m(图 3-20-2),腹杆采用 650 mm×550 mm 的矩形钢箱,钢箱材质采用 Q345qE。

太峪大桥桥墩采用实体圆端形桥墩,钻孔灌注桩基础;桥台采用 T 形桥台。

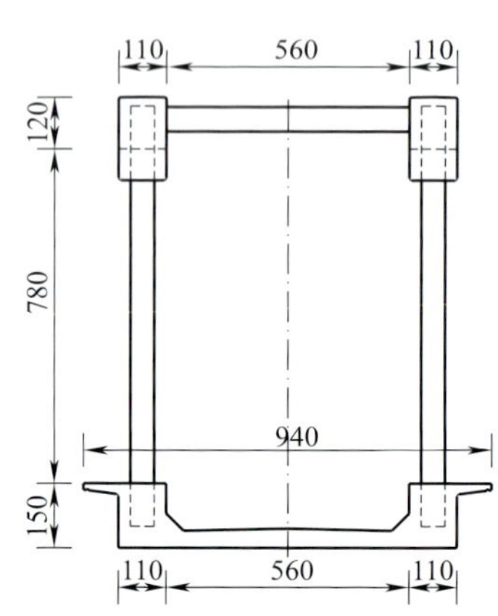

图 3-20-2　钢桁梁断面图(单位:cm)

3.20.3　施工方法

施工方案采用满堂支架法,由于钢—混凝土组合桁架没有弦杆,同时腹杆的下节点也没有横向联结,因此腹杆拼装的难度远超钢桁梁,通过定制工装的配合,在施工实践中形成了一套腹杆拼装、定位的工作方法,取得了良好的效果。施工情况及成桥实景如图 3-20-3、图 3-20-4 所示。

图 3-20-3　钢桁梁拼装施工

图 3-20-4　成桥实景

3.20.4　主要技术经济指标

主要技术经济指标见表 3-20-1。

表 3-20-1　主桥主要技术经济指标

指标类型		数　值
结构性能指标	竖向挠跨比	1/5 473
	强度安全系数	2.39
	腹杆轴力(kN)	9 000

续上表

指标类型		数　值
主要工程量	主梁用钢量(t/m)	3.5
	主梁混凝土(m^3/m)	9.7

80 m 钢—混凝土组合桁架桥由于结构合理，充分发挥了钢及混凝土的材料特性，其经济性远优于同跨度钢桁，与连续梁基本相当，但是由于结构高度低，可以大幅降低线路高度，节省项目投资。

3.20.5　技术特点和创新点

(1)钢—混组合桁架具有用钢量低、易于养护、结构刚度大、动力特性好等优点。80 m 组合桁架的轨底至梁底的高度不到 1.2 m，采用该梁可以显著降低线路高程。组合桁架自重较小，并且该结构同时适用于有砟和无砟道床，可以通行高速客车。

(2)该梁是国内首次将钢—混凝土组合桁架应用于铁路桥梁建设，课题组完成了结构合理构造及计算方法、节点区大比例模型破坏试验及非线性有限元分析、行车动力特性、施工工艺及质量控制措施等关键技术研究，提出了钢—混组合桁梁设计方法，其 80 m 的跨度居世界前列。

3.20.6　获奖情况

(1)获 2014 年中国铁道学会科学技术二等奖、建总科学技术一等奖。

(2)获 2015 年陕西省优秀工程设计一等奖。

(3)获 2017 年陕西省科学技术二等奖。

3.21　西宝客运专线咸阳西立交特大桥

桥　　名：咸阳西立交特大桥
工程项目：西宝客运专线
工程位置：陕西省咸阳市、兴平市
主　　跨：136 m
桥　　型：连续梁拱
建设单位：西兰铁路客运专线陕西有限责任公司
设计单位：中铁第一勘察设计院集团有限公司
施工单位：中铁一局集团有限公司
设计人员：郑继平　吴延伟　殷俊章　郑萍萍　文　强　陈　堃　方桂芬　王兴盛
通车时间：2013 年 12 月

3.21.1　概　　况

西安至宝鸡客运专线设计速度 350 km/h，双线、线间距 5.0 m，于咸阳市秦都区、兴平市境内跨越咸阳西立交。桥位处于关中平原西部，桥址范围地层主要为第四系全新统人工填筑土及上更新统风积黏质黄土夹黏质黄土(古土壤)、冲积粉质黏土、粉土、细砂、中砂、粗砂、砾砂、圆砾土等；桥址黄土具不同程度的湿陷性。桥址区地震基本烈度为 7 度，地震动峰值加速度为 0.165g，地震动反应谱特征周期 0.47 s。

咸阳西立交特大桥沿线交通发达，人口稠密；跨越陇海铁路、西宝高速公路、咸阳市石头河输水管道等重要铁路、公路、水利工程 17 处，桥梁全长 18.794 km，设计采用(63.4＋136＋63.4) m 钢筋混凝土连续梁—拱结构跨越西宝高速公路；采用(15.26＋22＋22＋15.26) m 门形薄壁刚构桥小角度上跨咸阳西上行联络线，联络线上行线与客专正线夹角 10.6°，采用(21.38＋2×28＋17.24) m 双腿刚构桥结构小角度跨越输水管道，本线与管线夹角 19°。主桥立面如图 3-21-1 所示。

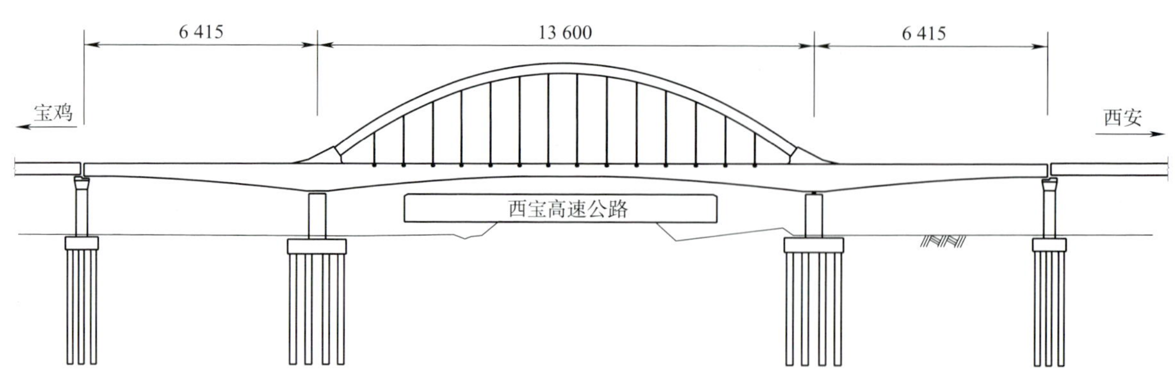

图 3-21-1　主桥立面(单位:cm)

3.21.2　结构设计

跨越西宝高公路采用(63.4＋136＋63.4) m 连续梁—拱，拱轴线采用二次抛物线，计算跨径 l＝136 m，计算矢高 f＝27.2 m，矢跨比 1/5。主梁采用预应力混凝土连续梁，横截面为单箱双室截面。主桥设两道拱肋，拱肋采用外径 100 cm 的钢管混凝土哑铃形截面。

(15.26＋22＋22＋15.26) m 门形薄壁刚构桥(图 3-21-2)用于小角度上跨咸阳西上行联络线，主梁采用钢筋混凝土等截面实体板梁，梁顶宽 12.0 m(图 3-21-3)。跨中梁高 1.35 m，主梁全长 74.42 m。刚臂墩顺桥向宽 2.0 m，与主梁正交，横桥向刚臂墩分为两肢，按跨越的咸阳西联络线限界要求，两肢间距 5.8 m，墩高分别为 21.5 m、22 m、22.5 m。门形刚构桥上跨铁路联络线实景如图 3-21-4 所示。

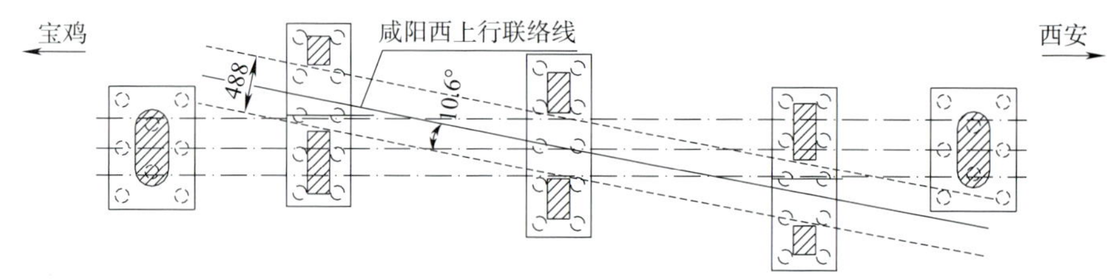

图 3-21-2　门形刚构桥平面布置(单位:cm)

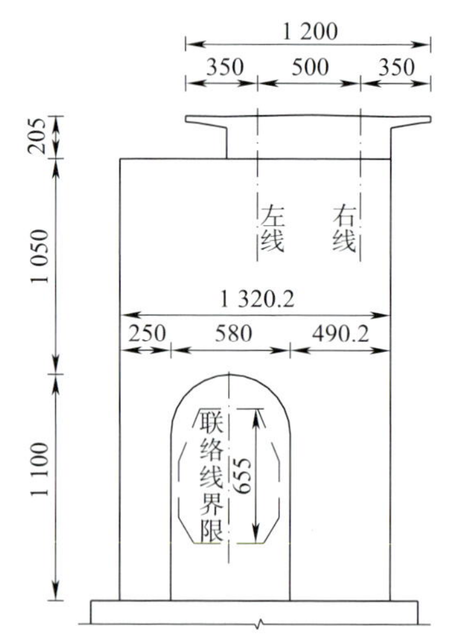

图 3-21-3　门形刚构桥横断面布置(单位:cm)

图 3-21-4　门形刚构桥上跨铁路联络线

(21.38＋2×28＋17.24) m 双腿刚构桥为跨越石头河输水管道(图 3-21-5)而设置，刚构主梁采用等高度普通钢筋混凝土实体板梁，梁顶宽 1 200 cm，跨中梁高 150 cm，主梁全长 95.62 m。

3.21.3　施工方法

本桥(63.4+136+63.4) m 连续梁拱采用“先梁后拱”的施工方法。即连续梁按常规施工方法体系合龙后，在主跨梁顶搭设拱肋支架，在其上安装拱肋空钢管及横、斜撑，拱肋泵送管内混凝土。待拱肋混凝土达到强度后，拱肋脱离支架；安装并张拉吊杆，确认与设计相符后拆除临时拱架，施工桥面等工程。

门形薄壁刚构桥及双腿刚构桥均采用满堂支架法现浇施工。主跨合龙实景如图 3-21-6 所示。

图 3-21-5　双腿刚构桥小角度跨越输水管道

图 3-21-6　连续梁—拱主跨合龙

3.21.4　主要技术经济指标

主要技术经济指标见表 3-21-1。

表 3-21-1　连续梁拱主要技术经济指标

指标类型		数　值
结构性能指标	竖向挠跨比	1/1 580
	梁端转角(rad)	0.6‰
主要工程量	主梁混凝土(m^3)	7 863.0
	拱肋(t)	501.3
	吊杆(t)	21.7

3.21.5　技术特点和创新点

(1)(63.4+136+63.4) m 连续梁—拱组合结构梁体结构富于变化，线条流畅，造型美观，景观效果好，优美的拱弧线与周边环境完美融合。本结构建成后已成为西宝客专的标志性工程。

(2)设计采用(15.26+22+22+15.26) m 钢筋混凝土门形薄壁刚构桥小角度上跨咸阳西上行联络线；采用(21.38+2×28+17.24) m 双腿刚构桥小角度跨越输水管道，降低了施工难度，节约了工程投资。

3.21.6　获奖情况

获 2015 年中国铁建优秀工程设计三等奖。

3.22 宿淮铁路京杭运河特大桥

桥　　名：京杭运河特大桥
工程项目：宿淮铁路
工程位置：江苏省宿迁市
主　　跨：132 m
桥　　型：连续梁拱
建设单位：宿淮铁路有限公司
设计单位：中铁上海设计院集团有限公司
施工单位：中铁十一局集团有限公司
设计人员：张蓓雯　王法武　李　涛　桂　婷　陈怀智　陈东巨　潘湘文　陈　杰
通车时间：2013 年 12 月

3.22.1 概　　况

宿淮铁路为客货共线铁路，设计速度 160 km/h，采用有砟轨道，单线，于安徽省宿迁市跨越京杭运河。桥位处属江淮平原，河网密布，地势平坦。桥址范围 70.00 m 厚度内均为第四系全新统、上更新统沉积地层。地震基本烈度为 7 度，桥址处地震动峰值加速度为 0.15*g*，地震动反应谱特征周期为 0.45 s。

京杭运河特大桥主桥轴线与京杭运河水流线夹角 90°。京杭运河为Ⅱ级三线航道，通航净宽 90 m，通航净高 7 m，最高通航水位 17.56 m，最低通航水位 15.84 m。主桥采用(62＋132＋62) m 预应力混凝土连续梁拱组合结构桥跨越京杭运河，为当时国内最大跨度单线连续梁拱，其他采用常用跨 32 m、24 m 标准简支梁。主桥立面如图 3-22-1 所示。

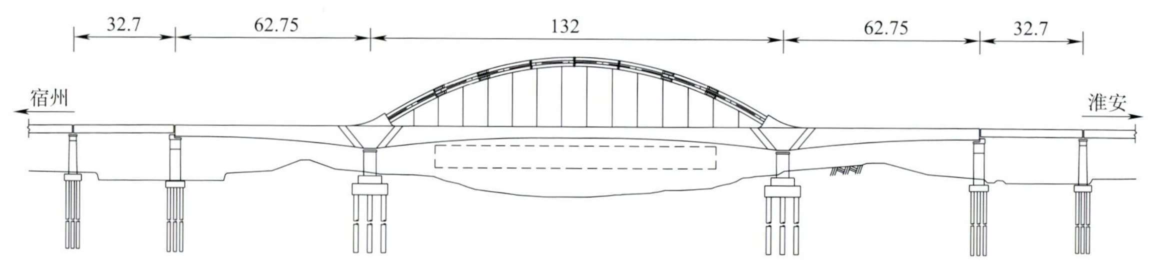

图 3-22-1　主桥立面(单位：m)

3.22.2 结构设计

(1)主梁

主梁采用单箱单室变高度箱梁，中支点处梁高 7.0 m，跨中及边支点处梁高 3.5 m。梁底曲线采用二次抛物线。箱梁顶板宽 10.6 m，底板宽 6.5 m，中支点附近底板加宽至 8.9 m(图 3-22-2)。腹板采用直腹板。主梁在端支点、中支点及吊点处共设 18 道横隔板，边支点横隔板厚 1.5 m，中支点横隔板厚 4.0 m，吊点处横隔板厚 0.35 m。

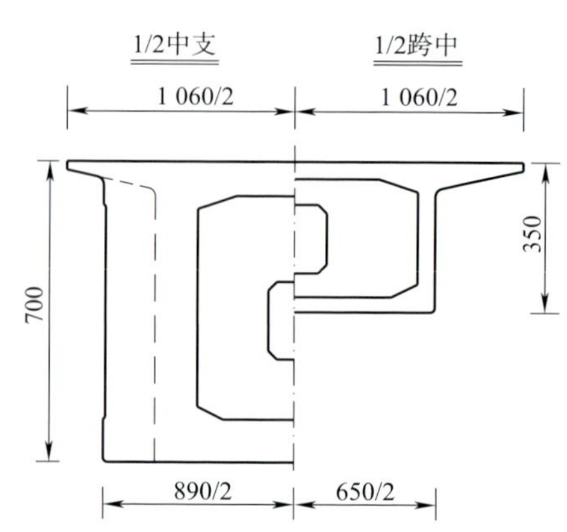

图 3-22-2　主梁横断面图(单位：cm)

主梁全长 257.5 m，共划分为 63 个梁段。梁拱结合部 0 号块长 16 m，中跨合龙段长 3.0 m，边跨合龙段长 2.0 m，边跨现浇段长 4.75 m，其余梁段长分别为 2.5 m、3.5 m、4.0 m、4.5 m。主梁设置纵向、竖向双向预应力。

(2)拱肋

拱肋采用钢管混凝土结构，计算跨度 $L=132$ m，设计矢高 $f=22$ m，矢跨比 $f/l=1/6$，拱轴线采用二次抛物线，设计拱轴方程为 $y=-x^2/198+2x/3$。拱肋采用等高度哑铃形截面，截面高度 2.8 m，拱肋钢管直径 1.0 m，拱肋钢管及缀板采用 Q345qD 钢，其内填充 C50 微膨胀混凝土(图 3-22-3)。全桥共设置了 4 道 K 撑和 3 道一字撑。横撑和斜撑均采用 Q235qD 钢材，内部不填混凝土。

280
110
t=20 mm
100

图 3-22-3　拱肋横断面(单位：cm)

(3)吊杆

吊杆顺桥向间距 8 m，全桥共设 14 对吊杆。吊杆采用 PES(FD)7-85 型低应力防腐拉索(平行钢丝束)。吊杆采用双层 HDPE 护层，并外套不锈钢护套。

(4)桥墩及基础

主墩和边墩分别采用 15 根直径 1.5 m 和 8 根直径 1.0 m 的钻孔桩，均为圆端实体墩。

3.22.3　施工方法

本桥采用“先梁后拱”的施工方法，依次为：利用挂篮悬臂浇注主梁；合龙主梁边跨；合龙主梁中跨(图 3-22-4)；采用浮吊吊装大节段拱肋，合龙拱肋(图 3-22-5)；依次顶升拱肋下弦管、上弦管、腹腔内混凝土；按指定次序张拉吊杆；施工桥面系；完成全桥施工。

图 3-22-4　主梁中跨合龙

图 3-22-5　拱肋钢结构吊装就位

3.22.4　主要技术经济指标

主要技术经济指标见表 3-22-1。

表 3-22-1　主桥主要技术经济指标

指标类型		数　值
结构性能指标	竖向挠跨比	1/6 804
	梁端转角(rad)	0.67‰
	残余徐变拱度值(mm)	16
主要工程量	主梁 C55 混凝土(m^3)	4 624.0
	纵向预应力钢绞线(t)	240.6
	32 mm 精轧螺纹钢筋(t)	44.7
	普通钢筋(t)	760.3
	钢管拱钢材(t)	293.1
	吊杆(根/m)	28/498.6

3.22.5 技术特点和创新点

（1）主跨 132 m 连续梁拱组合体系系当时国内外单线铁路同类结构最大跨度，设计指标先进，扩大了这种桥式结构在铁路的应用范围。

（2）首次提出并采用了“主梁—吊杆整体式锚固结构”新技术，改善了主梁与吊杆锚固点局部受力状况，提高了结构耐久性。

（3）研究开发的“侧开模式挂篮”施工技术及装备，解决了箱梁悬臂浇筑过程中挂篮前移时与腹板外肋的干扰难题。

（4）研究采用了以承压钢板、栓钉及预应力钢筋共同作用的拱脚节点综合加强措施，优化了拱脚连接构造，提高了梁拱节点的受力可靠性和结构耐久性。

3.22.6 获奖情况

（1）获 2014 年中国铁道学会科学技术二等奖。

（2）获 2014 年中国施工企业协会科学技术一等奖。

（3）获 2014 年中国铁建优秀工程设计二等奖。

3.23 赣韶铁路浈江特大桥

桥　　名：韶关疏解线浈江特大桥
工程项目：赣韶铁路
工程位置：广东省韶关市
主　　跨：88 m
桥　　型：钢—混组合桁架梁
建设单位：广州铁路（集团）公司
　　　　　赣韶铁路有限公司
设计单位：中铁第五勘察设计院集团有限公司
施工单位：中铁十局集团有限公司
　　　　　武昌船舶重工集团有限公司
设计人员：苏国明　薛宪政　胡　明　高　磊　孙昆鹏
　　　　　刘桂红　范静涛
通车时间：2014 年 9 月

3.23.1 概　况

赣韶铁路为客货共线、单线电气化铁路，设计速度客车 160 km/h、货车 120 km/h，采用有砟轨道，韶关疏解线于广东省韶关市跨越京广铁路。桥位处地形较为平坦，但跨越建筑物众多，地物复杂。桥址范围内地表覆盖层主要为粉质黏土、粗圆砾土等，下伏基岩主要为灰岩、泥质灰岩等，岩溶发育强烈，岩溶主要形态为溶洞，以水平发育为主。桥址处地震动峰值加速度为 0.05g，地震动反应谱特征周期为 0.35 s。

浈江特大桥与京广铁路夹角为 30°，京广铁路属繁忙干线，为双线电气化铁路。受铁路线位控制，桥下净空受限。钢—混凝土组合桁架梁具有质量轻、跨越能力强、建筑高度低等特点，既能解决净空受限问题，又能确保后期养护维修方便。考虑施工期间对京广铁路运营的影响，主桥采用 1×88 m 钢—混组合桁架梁跨越京广铁路，横移法施工。主桥立面如图 3-23-1 所示。

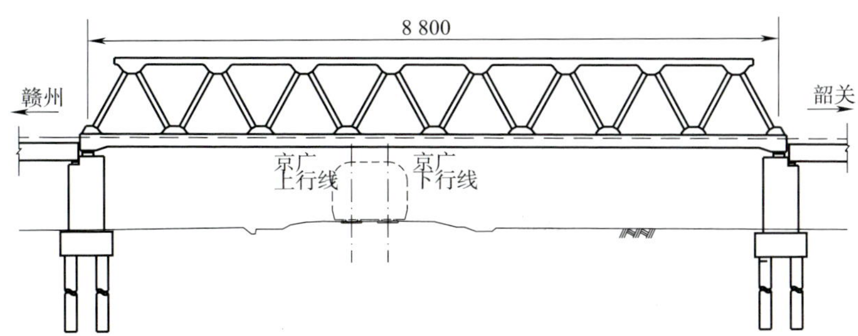

图 3-23-1 主桥立面(单位:cm)

3.23.2 结构设计

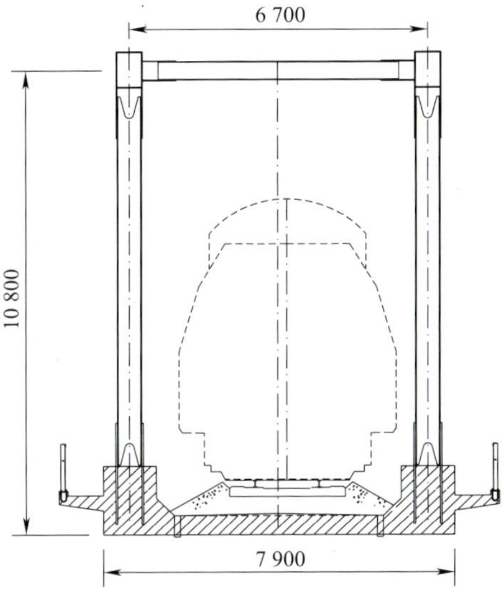

(1)主梁及桥面结构

桥面系部分采用预应力混凝土槽形梁结构，桥面以上采用钢桁架结构，桁高 10 m，节间距 11 m，两片主桁中心距 6.7 m(图 3-23-2)。主梁位于缓和曲线上，曲梁直做。桥面横向布置：0.2 m 栏杆底座＋0.8 m 人行道＋1.2 m 腹板＋5.5 m 道砟＋1.2 m 腹板＋0.8 m 人行道＋0.2 m 栏杆底座，梁顶宽 9.9 m。

(2)下部结构

交接墩采用圆端形混凝土实体墩，墩高 9.55 m，顺桥向宽度 4.5 m，顶帽宽度 10.5 m；基础采用 6 根直径 1.5 m 的桩基，嵌岩桩。

6 700
10 800
7 900

图 3-23-2 主梁截面图(单位:mm)

3.23.3 施工方法

考虑到既有线上方搭支架现浇及拼装对铁路运营干扰过大，施工方案采用在线路一侧浇筑预应力混凝土槽形梁并拼装完毕钢桁架，整体横移就位，横移距离 33.3 m，最后交替落梁就位。施工情况及成桥近景如图 3-23-3～图 3-23-6 所示。

图 3-23-3 侧位现浇施工

图 3-23-4 横移施工

图 3-23-5 落梁施工

图 3-23-6 成桥近景

3.23.4 主要技术经济指标

主要技术经济指标见表 3-23-1。

表 3-23-1 主桥主要技术经济指标

指标类型		数　值
结构性能指标	竖向挠跨比	1/3 826
	梁端转角(rad)	2.2‰
	横向挠跨比	1/5 625
主要工程量	钢桁梁用钢量(t/m)	6.0
	主梁混凝土(m^3)	679.5

3.23.5 技术特点和创新点

(1)钢—混组合桁架梁上弦及腹杆采用钢结构，下弦采用混凝土槽形梁。槽形梁的轨道板建筑高度低，有效解决了净空受限的难题，且在铁路上方采用该结构，代替钢桥面解决了运营后期涂装维护的问题；上弦及腹杆采用钢结构，增大了结构刚度，减小了结构自重，且加快了施工进度。

(2)主桁腹杆与埋入槽形梁中的节点板对拼连接、节点板与槽形梁采用剪力钉及 PBL 剪力键连接，有效确保了钢—混结点可靠传力。

(3)施工采用侧位现浇、横移到位落梁的施工方案。横移梁段重 2 400 t，横移距离 33.3 m，横移过程中考虑两墩顶滑道梁下挠位移不同，首次提出带支座横移，支座充分考虑横移过程中的转角及限位功能。横移到位后，首次采用了带自锁同步功能的智能千斤顶并倒扣设置进行落梁施工。

3.23.6 获奖情况

(1)获 2015 年中国铁建优秀工程设计三等奖。

(2)获 2017 年中国铁路广州局集团有限公司科学技术二等奖。

3.24 贵广南广铁路穗盐路特大桥

桥　　名：穗盐路特大桥
工程项目：贵广南广铁路
工程位置：广东省广州市
主　　跨：2×175 m
桥　　型：扁平钢箱混合梁独塔曲线斜拉桥
建设单位：中国铁路广州局集团有限公司
设计单位：中铁第四勘察设计院集团有限公司
施工单位：中铁大桥局集团有限公司
设计人员：罗世东　廖祖江　饶少臣　曾　敏
通车时间：2014 年 12 月

3.24.1 概　　况

贵阳至广州、南宁至广州客运专线铁路在三眼桥至广州南段四线合建，设计速度 200 km/h，采用有砟轨道，线间距(5.32+4.8+4.92) m。桥位处属冲积平原区，地势平坦，桥址范围覆盖为粉质黏土、砂类土，基岩为泥质砂岩。桥址处地震动峰值加速度为 0.05g，地震动反应谱特征周期 0.35 s。

穗盐路特大桥在广州市境内以桥梁形式上跨广州北环高速公路及市区道路交叉口，与高速公路桥梁的夹角很小，呈骑跨状。主桥采用(32.6＋2×175＋32.6) m 对称独塔双索面钢箱混合梁弯斜拉桥。主桥立面如图 3-24-1 所示。

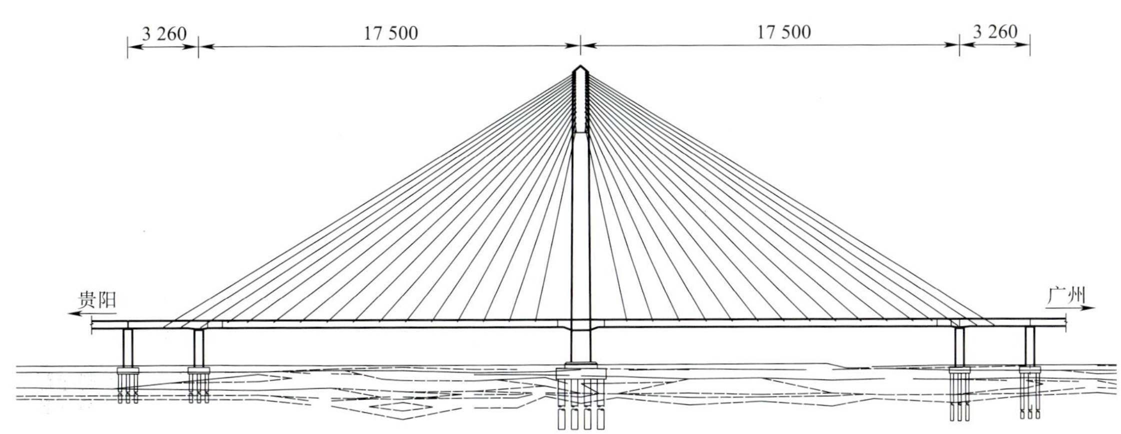

图 3-24-1 主桥立面图(单位：cm)

3.24.2 结构设计

受环境制约，桥塔骑跨高速公路的形式使主桥跨径减小一半，塔梁融合的固结方式使建筑高度降低约 5 m，边墩和辅助墩上设纵向滑动支座，横向采用 E 形钢阻尼装置改善提高性能。

(1)主梁。主跨采用扁平钢箱梁，边跨采用预应力混凝土多室扁平箱梁，钢箱梁与边跨混凝土梁、钢箱梁与桥塔下横梁相连处均设钢混结合段，梁高 3.5 m，各类钢板厚 8～24 mm(图 3-24-2)。

从辅助墩、桥塔分别往主跨方向 4～10 m 范围设钢混结合段，采用预应力混凝土与钢板构造。纵向力、弯矩从连接部位梁段的剪力键到后面的承压板，再传递到钢梁加劲部位，直至整个钢梁上。

(2)桥塔。双塔柱受力需要在上部设 2 道横梁，设计在造型上进行融合，取意“鼎足圆通”；下横梁与主梁纵横交叉融为一体，构成塔梁固结体系，为纵横双向预应力的弯剪扭结构。桥面以上塔高 118.9 m，桥面以下塔高 20 m，塔柱为矩形空心截面，两塔柱中心间距在塔底为 46.3 m，塔顶为 24 m。

(3)斜拉索。双索面斜拉索采用 ϕ7 平行钢丝索，梁上横桥向吊点间距 23.12 m，主跨钢箱梁上顺桥向吊点间距 12 m，预应力混凝土边跨吊点间距 7 m，拉索长度 91.7～221.9 m。斜拉索的上、下锚固点均采用钢锚箱形式。

(4)桥墩及基础。因曲线内外侧基础受力不均且横向间距较大，外侧塔柱基础纵向受力较大，内侧塔柱基础横向受力较大，故对内外两基础采取差异设计处理。

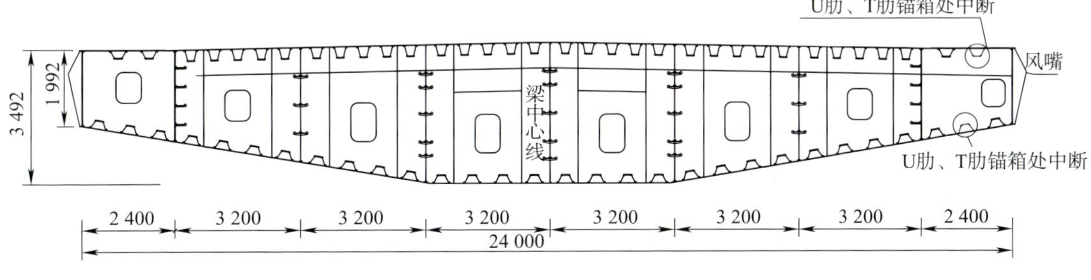

图 3-24-2 标准段钢箱主梁截面(单位：mm)

3.24.3 施工方法

由于桥址环境异常复杂，桥塔爬模施工、主梁悬臂拼装施工难度均较大。塔柱受起吊伸臂限制，钢锚箱需分散吊装后焊接；受场地条件限制，钢箱梁节段从桥塔侧起吊、横移至桥中心、纵移出悬臂端一定距离后平转 90°（由施工单位首创）、纵退移与悬臂端密贴、临时锁定、拼接、挂索并适度张拉。

桥上采用防护棚架进行防护（图 3-24-3），高塔邻近既有高速铁路运营线施工采取多层封闭式防护体系，避免高空坠物落入到武广高速铁路。

图 3-24-3 道桥上防护棚架及桥塔施工防护

3.24.4 主要技术经济指标

主要技术经济指标见表 3-24-1。

表 3-24-1 主要技术经济指标

指标类型		数值
结构性能指标	竖向挠跨比	1/1 004
	梁端转角（rad）	0.81‰
	工后徐变（mm）	9.4
主要工程量	主梁混凝土（m^3）	3 550.0
	主梁钢材（t）	7 577.5
	桥塔混凝土（m^3）	11 380.0
	斜拉索（t）	1 201.0
	预应力钢绞线（t）	365.0
	普通钢筋（t）	2 850.0

3.24.5 技术特点和创新点

（1）曲线铁路斜拉桥不仅适应了复杂的建桥环境、解决了扁平梁体柔性体系的刚度问题，而且结合曲线桥的受力特点在外观造型上也获得较佳的效果。

（2）首创混合梁斜拉桥钢混结合段的刚度过渡设计方法，使桥上有车时的轨道平顺度更高，列车行驶更加安全平稳。

（3）首次研发设置桥塔横向预偏心、上塔柱板式横梁强连接、多腹板钢混结合箱梁、曲线内外侧桥塔基础差别设计、适应曲线桥温度变形的墩顶约束装置等一系列创新技术，用于改善结构整体受力状态，并克服了桥塔下横梁受扭的技术难点。

（4）首次研发桥塔下横梁与主梁相融合的固结技术，降低结构高约 5 m，解决了线路标高上下均受到限制的技术难题，使最佳线位方案得以顺利实施。

3.24.6 获奖情况

（1）获 2015 年中国铁建科学技术一等奖。

（2）获 2016 年中国铁道学会科学技术二等奖。

3.25　山西中南部铁路东平湖滞洪区特大桥

桥　　名：东平湖滞洪区特大桥
工程项目：山西中南部铁路
工程位置：山东省东平县、梁山县
主　　跨：128 m、112 m
桥　　型：钢桁梁、混凝土连续梁
建设单位：晋豫鲁铁路通道股份有限公司
设计单位：中铁工程设计咨询集团有限公司
施工单位：中铁大桥局集团有限公司
　　　　　中交第二公路工程局有限公司
设计人员：徐　辉　严章荣　沈　平　张世基　傅　源
　　　　　郭　剑　冯　凯　殷晓波
通车时间：2014 年 12 月

3.25.1　概　　况

山西中南部铁路通道(瓦日铁路)为国铁Ⅰ级双线重载铁路，设计速度 120 km/h，采用有砟轨道，双线、线间距 4 m，设计轴重 30 t，于山东省东平县跨越东平滞洪区。东平湖滞洪区是黄河下游防洪体系的重要组成部分，担负着分滞黄河洪水、接纳调蓄汶河洪水、保障艾山站以下黄河防洪安全的重要任务，是运用概率最高的滞洪区，在防御黄河下游超标准洪水运用中具有不可替代的作用。为了满足防洪要求，铁路以桥梁形式跨越整个滞洪区。桥址区地层主要为第四系全新统冲洪积层粉质黏土、粉砂、细砂、中砂、粗砂、砾砂、细角砾土等。桥址处地震动峰值加速度为 0.10g，地震动反应谱特征周期 0.4 s。

东平湖滞洪区特大桥全桥长 24 110.18 m，分别跨越柳长河、东平滞洪区和梁济运河。

柳长河原为东平湖库区排涝河流，现为南水北调东线工程，目前两堤间距 80 m，改造后两堤间距约 93 m，采用了(65＋112＋65) m 预应力混凝土连续梁跨越，保证净宽 70 m，净高 7 m。跨柳长河桥梁立面如图 3-25-1 所示。

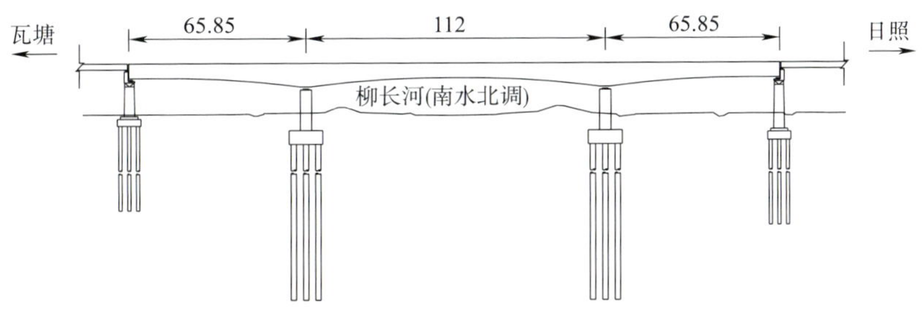

图 3-25-1　跨柳长河桥梁立面(单位：m)

跨越东平湖滞洪区东西围堤均采用 128 m 钢桁梁(图 3-25-2)，堤顶公路净高按不小于 4.5 m 控制，同时保证桥墩基础开挖至大堤坡脚安全距离不小于 5 m。

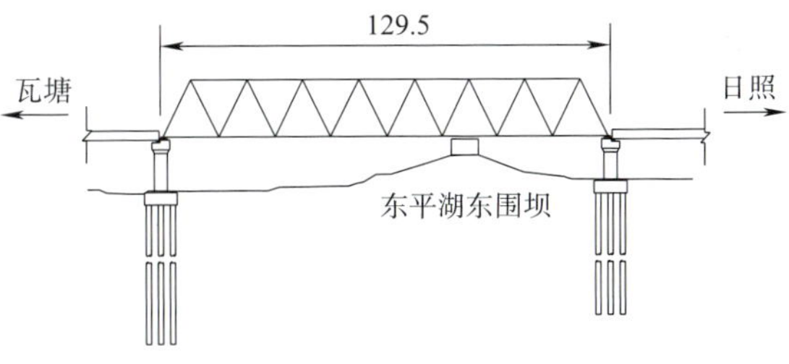

图 3-25-2　跨东平湖东围坝立面(单位：m)

梁济运河属京杭运河一部分，是济宁以北地区主要排水河道，全长 88 km，流经梁山、汶上、嘉祥等县区，总流域面积 3 306 km^2，线路所跨越梁济运河段目前淤积严重，采用了(32＋48＋32) m 混凝土连续梁跨越。其余孔跨采用 32 m、24 m 标准跨度简支梁。

3.25.2 结构设计

(1)128 m 钢桁梁

主桁上、下弦杆截面均采用焊接箱形断面，竖板设板式加劲肋。上、下弦杆截面形式为箱形，斜杆截面形式主要为箱形，部分采用 H 形截面。

主桁节点采用整体节点形式，主桁上、下弦杆以控制内高、内宽为基准，腹杆除端斜杆采用对接式拼接外，其余均采用插入式与主桁整体节点连接，对接式腹杆内宽与弦杆内宽相同。

上平纵联节点板焊于整体节点板上，焊缝要求熔透，焊后必须打磨匀顺。上、下弦杆拼接采用四面拼接。

钢梁主体结构材质除桥门架、横联、上平纵联采用 Q345qE 外，其余均采用 Q370qE 钢，连接型钢采用 Q345C 钢。

桥面板与下弦杆件的连接采用弦杆顶板加宽伸出弦杆竖板、与钢桥面板工地对接焊，节点板范围内桥面板开槽以便节点板穿过，该连接方法须要处理好节点两端箱形杆件竖板、节点板与桥面板焊接的平顺过渡。

(2)(65＋112＋65) m 连续梁

主梁为预应力混凝土结构，梁体为单箱单室、变高度、变截面箱梁，截面底板、腹板、顶板局部向内侧加厚，均按直线线性变化。全联在端支点、中支点处设横隔板，横隔板设有孔洞，供检查人员通过。

曲线上梁按曲梁曲做布置，梁体沿线路左线中心线布置，相应的梁体轮廓尺寸均为沿线路左线中心线的展开尺寸。位于曲线段时，梁体轮廓、普通钢筋、预应力钢束及管道等均以线路左线中心线为基准线沿径向依据曲率进行相应的调整，支座亦按径向布置。

(3)桥墩及基础

简支梁桥墩采用圆端形墩，特殊跨桥墩采用矩形实体墩和圆端形实体墩。桥台采用矩形空心台，252、253 孔跨越总干渠采用框架墩。

全桥墩台基础均采用钻孔灌注桩基础，桩径根据不同跨度和地质条件分别采用 1.0 m、1.25 m、1.5 m 和 2.0 m。

3.25.3 施工方法

跨大堤 128 m 钢桁梁采用支架拼装，跨越柳长河(65＋112＋65) m 连续梁、跨越梁济运河(32＋48＋32) m 连续梁均采用悬臂节段浇筑施工，其余常用跨度简支梁采用架桥机架设。

墩台采用现浇法施工，桩基础采用钻孔灌注法施工。连续梁施工及成桥桥面如图 3-25-3、图 3-25-4 所示。

图 3-25-3 跨越梁济运河连续梁施工

图 3-25-4 128 m 钢桁梁桥面

3.25.4　主要技术经济指标

主要技术经济指标见表 3-25-1。

表 3-25-1　主要技术经济指标

指标类型		数　值
结构性能指标	连续梁竖向挠跨比	1/2 170
	连续梁梁端转角(rad)	0.839‰
	连续梁残余徐变拱度(mm)	11.4
	钢桁梁竖向挠跨比	1/1 667
	钢桁梁梁端转角(rad)	2.88‰
	钢桁梁主桁应力(MPa)	200.6
主要工程量	32 m 简支 T 梁(孔)	705
	24 m 简支 T 梁(孔)	15
	128 m 钢桁梁(孔)	2
	(65+112+65) m 连续梁(联)	1
	(32+48+32) m 连续梁(联)	1
	下部结构混凝土(万 m^3)	45.7
	下部结构钢筋用量(万 t)	2.3

3.25.5　技术特点和创新点

当黄河下游发生较大洪水时，东平湖滞洪区将滞蓄黄河、汶河洪水，控制艾山下泄流量，是黄河下游处理大洪水、确保防洪安全的关键工程。

(1)本桥为跨越滞洪区西大堤、梁济运河、柳长河采用了钢桁梁及连续梁方案，其中钢桁梁存在施工技术复杂、拼装难度大、吊装精确度高、高空作业危险性大等困难，设计结合地形地质情况，采用合理施工辅助措施及防护措施，确保了施工过程安全。

(2)跨梁济运河预应力混凝土连续梁，为确保梁济运河水质安全，工程采用绿色施工标准较高的全封闭挂篮施工技术，保证不让一滴泥浆落进河里，实现了河道零污染，开创了绿色施工的先河。

3.26　深茂铁路小鸟天堂特大桥

桥　　名：小鸟天堂特大桥
工程项目：深茂铁路
工程位置：广东省江门市
主　　跨：24 m、32 m
桥　　型：全封闭声屏障桥
建设单位：中国铁路广州局集团有限公司
设计单位：中铁第四勘察设计院集团有限公司
施工单位：中铁四局集团有限公司
设计人员：刘振标　曾　敏　康小英　文望青　严爱国　雷　彬　胡　喆　马　广
通车时间：2018 年 7 月

3.26.1　概　　况

新建深圳至茂名铁路为客货共线，设计速度 200 km/h，双线、线间距 4.2 m，采用有砟轨道，中—活载。桥址属南亚热带海洋性气候，多年平均气温 21.9 ℃，设计基本风压 1 250 Pa，位于台风影响区。桥址为珠三角冲积平原，属于江门水道的河流冲积阶地，地势平缓开阔，场地地表多为水田、菜地、鱼塘等。桥址区地震基本烈度为 7 度，设计地震动峰值加速度 0.10g，场地类别为Ⅱ类。

小鸟天堂特大桥全长 6.982 km，与小鸟天堂风景区线路区段并行长约 3 km，为减小铁路运营噪声对鸟类繁衍的影响，该段设置了 2.037 km 全封闭声屏障，包括 320 m 长的 ECC 混凝土板全封闭声屏障段、1 680 m 长的金属吸声板全封闭声屏障段、1 700 m 长的 5.0 m 高半封闭光屏障段。

深茂铁路小鸟天堂特大桥全封闭声屏障为全球首例铁路桥上全封闭声屏障，现场实测深茂铁路的运营没有增加小鸟天堂核心区背景噪声值，历经超过强台风天鸽、山竹检验，表明降噪效果显著且结构安全合理。主桥立面如图 3-26-1 所示。

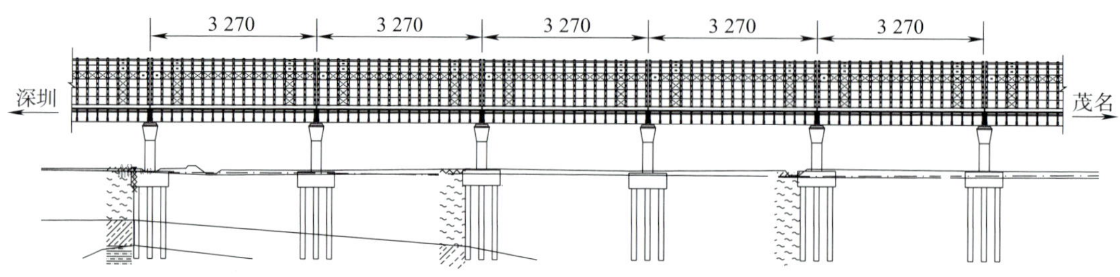

图 3-26-1　主桥立面(单位：cm)

3.26.2　结构设计

(1)金属吸声板全封闭声屏障设计方案

金属吸声板全封闭声屏障主体结构由拱形钢立柱、纵联、金属单元板、压条四部分组成，拱形钢立柱与纵联形成受力骨架。一榀全封闭声屏障共 49 块单元板组成，包括 46 块宽 50 cm 标准金属吸声板、2 块宽 32 cm 异型金属吸声板、1 块宽 2 m 亚克力板透景窗，声屏障单元板沿纵桥向标准长度均为 181 cm，安装时与挡板间隙为 2 cm。

金属吸声板主要由 1.5 mm 厚铝合金板、吸声材料、骨架、防水透气膜组成，标准厚度 80 cm，通过限位挡板固定在钢骨架上。亚克力板透景窗厚度不小于 20 mm，四面加铝合金框并安装固定在钢骨架上。

金属吸声板全封闭声屏障结构如图 3-26-2 所示。

(2)ECC 混凝土板全封闭声屏障设计方案

ECC 混凝土声屏障主体结构由拱形钢立柱、纵联、ECC 板、压条四部分组成，拱形钢立柱与纵联形成受力骨架。

ECC 板采用改性高韧性纤维增强水泥基复合材料 ECC，板厚 5 cm，通过钢板压条扣紧在骨架上。亚克力板透景窗厚度不小于 20 mm，四面加铝合金框并安装固定在钢骨架上。

(3)全封闭声屏障简支箱梁结构设计

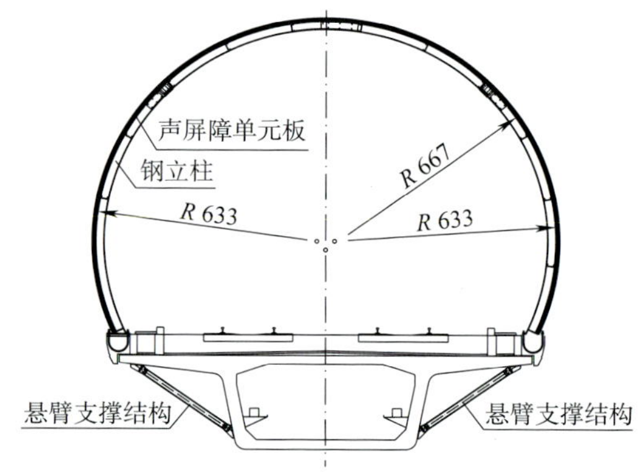

图 3-26-2　金属吸声板声屏障结构(单位：cm)

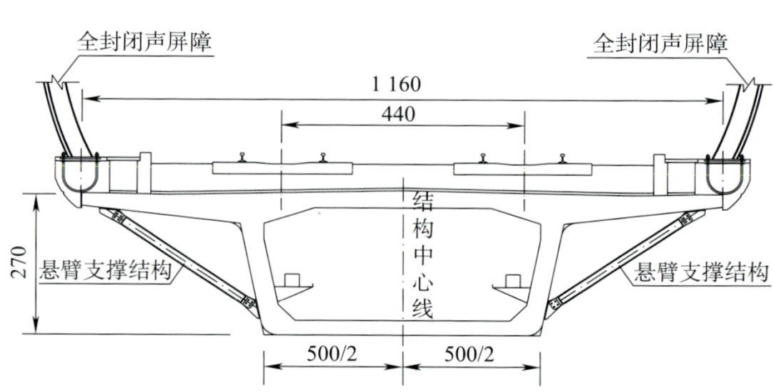

图 3-26-3　声屏障区段桥梁横断面(单位：cm)

24 m、32 m 全封闭声屏障简支箱梁轮廓尺寸采用"通桥(2014)2232-Ⅲ、Ⅳ"系列参考图尺寸，在通用参考图的基础上，通过适当的加强措施，使设计满足规范要求。24 m、32 m 混凝土简支箱梁顶宽 11.6 m，底宽 5.0 m，桥面最低处梁高 2.7 m，横桥向支座中心间距 4.4 m(图 3-26-3)。

为满足桥上设置全封闭声屏障的受力要求，在保持几何尺寸及钢束形状不变的基础上做出以下补强措施：翼缘板底部设置斜撑、梁体顶底板横向配筋加强措施、腹板配筋加强措施、纵向预应力索加强措施、箱梁混凝土等级由 C50 提高至 C60。通过以上加强措施，箱梁纵向、横向强度、抗裂、应力等指标均满足规范要求。

3.26.3　施工方法

32 m 和 24 m 简支梁由梁场预制，架桥机架设，架设完成后安装钢斜撑。拱形钢立柱分三段制造，预先拼接好后整体进行吊装，声屏障单元板自底部至顶部依次安装。施工情况及成桥如图 3-26-4～图 3-26-7 所示。

图 3-26-4　拱形立柱吊装

图 3-26-5　金属单元板安装

图 3-26-6　ECC 混凝土板吊装

图 3-26-7　成桥运营

3.26.4　主要技术经济指标

主要技术经济指标见表 3-26-1。

表 3-26-1　主要技术经济指标

指标类型		24 m	32 m
结构性能指标	竖向挠跨比	1/7 691	1/3 346
	梁端下挠转角	0.42‰	0.96‰
	金属吸声板声屏障自重(kN/m)	47	55.5

续上表

指标类型		24 m	32 m
主要工程量	主梁混凝土(m^3)	206.5	266.2
	钢筋(t)	55.3	72.4
	钢绞线(t)	5.2	11.6
	声屏障拱形钢立柱用钢量(t/m)	2.4	

3.26.5 技术特点和创新点

(1)本工程为全球首例铁路桥梁全封闭声屏障结构，采用三段式圆弧曲线拼接，与通用梁的翼缘板底部斜撑、底板构成环形受力结构，简化了声屏障板材种类，拓展了声屏障梁部结构的通用性，减小了外部风阻和内部列车气动力，提升了行车安全性和乘坐舒适性，克服了全封闭声屏障的受力难题。

(2)揭示了铁路全封闭声屏障外部横风、内部列车气动力的分布规律，得到曲线声屏障外部体形系数，提出了内、外气动力荷载组合标准，提出了声屏障的较准确的基频及阻尼比测试方法，形成了全封闭声屏障结构的关键静力与动力设计方法。

(3)研发了一种高强、高韧性、低黏度的改性 ECC 混凝土材料及其制备方法，提出并采用了装配式钢骨架＋改性 ECC 混凝土板的全封闭声屏障结构，推动了工厂化、标准化建设，提升了全封闭声屏障结构的经济性、耐久性和可维护性。

(4)提出了铁路桥上全封闭声屏障振动及综合降噪效果预测方法，揭示了桥梁＋声屏障二次结构噪声对综合降噪效果的影响规律，解决铁路全封闭声屏障降噪效果测评的技术难题。

3.26.6 获奖情况

获 2019 年中国铁建科学技术二等奖。

3.27 连盐铁路灌河特大桥

桥　　名：灌河特大桥
工程项目：连盐铁路
工程位置：江苏省连云港市、盐城市
主　　跨：228 m
桥　　型：连续钢桁—柔性拱
建设单位：中国铁路上海铁路局集团有限公司
　　　　　苏北铁路工程建设指挥部
设计单位：中铁第五勘察设计院集团有限公司
施工单位：中交第三航务工程局有限公司
　　　　　中铁九桥工程有限公司
设计人员：温贵生　苏国明　薛宪政　胡　明　刘桂红
　　　　　高　磊　王国炜
通车时间：2018 年 12 月

3.27.1 概　　况

连盐铁路设计速度 200 km/h，采用有砟轨道，双线、线间距 4.4 m，于江苏省连云港市与盐城市交界处跨越灌河。桥位处属苏北平原，河网、路网密布，地势平坦，灌河为三级航道并通航 1 000 t 海轮，最高通航水位 3.8 m。桥址范围主要分布第四系黏土、粉土、粉砂、细砂、中砂等地层。桥址处地震动峰值加速度为 0.05g，地震动反应谱特征周期 0.9 s。

灌河特大桥主桥与灌河轴线夹角为 3°，灌河通航净空要求为 200 m×21 m(净宽×净高)，航运十分繁忙，为苏北地区的黄金水道。主桥采用(120＋228＋120) m 连续钢桁—柔性拱桥，其他采用常用跨度32 m、24 m 标准简支梁及主跨 48 m 预应力混凝土连续梁。主桥立面如图 3-27-1 所示。

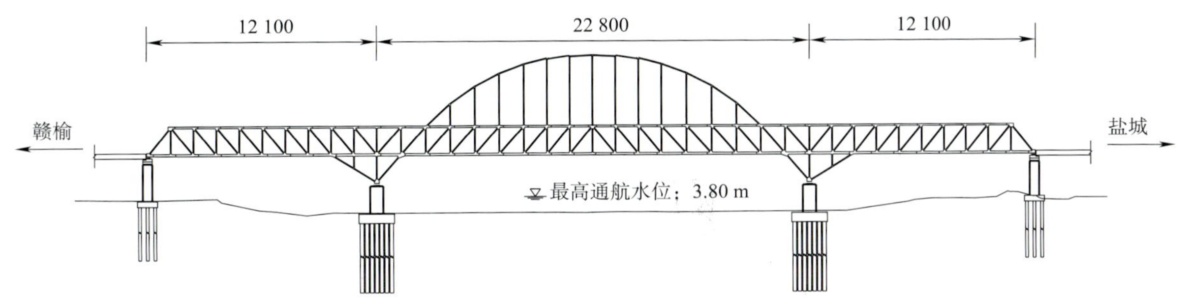

图 3-27-1　主桥立面(单位:cm)

3.27.2　结构设计

(1)主梁及桥面结构

主梁采用 N 形桁式,桁高 15 m,桁宽 13.5 m(图 3-27-2),节间长度边跨及中跨跨中 12 个节间为 12 m,中跨靠近中支点处 6 个节间距为 13 m;中间支点处设加劲弦,加劲弦高 15 m;拱肋采用圆曲线,矢高 69 m,矢跨 228 m,矢跨比为 1/3.3,拱肋在拱脚与主桁杆件通过节点相连。

(2)桥墩及基础

桥墩均采用圆端形实体墩,交接墩基础采用 18 根直径 1.5 m 钻孔灌注桩;主墩基础采用 25 根直径 2.0 m 钻孔灌注桩。

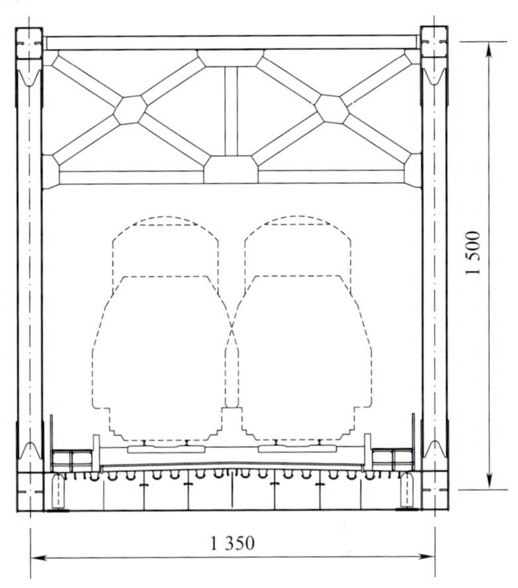

图 3-27-2　主梁横截面图(单位:cm)

3.27.3　施工方法

边跨采用膺架法施工,主跨采用吊索塔架辅助全回转架梁吊机悬臂施工,架设方向从两岸向跨中施工,最后跨中合龙。施工情况及成桥实景如图 3-27-3～图 3-27-5 所示。

图 3-27-3　钢桁合龙

图 3-27-4　柔性拱架设

图 3-27-5　成桥实景

3.27.4 主要技术经济指标

主要技术经济指标见表 3-27-1。

表 3-27-1 主桥主要技术经济指标

指标类型		数 值
结构性能指标	竖向挠跨比	1/2 533
	梁端转角(rad)	3.0‰
	横向挠跨比	1/5 205
主要工程量	主梁用钢量(t/m)	21.8

3.27.5 技术特点和创新点

(1)研制了新型液体质量双调谐阻尼器(TLMD)装置，可有效减小大跨度拱桥吊杆驰振、涡激振动效应，达到吊杆施工及成桥阶段的综合减振效果，并具有免维护功能。

(2)研制了新型阻尼消能防撞系统，采用新型高分子防腐涂装、高分子阻尼材料、模块化设计技术，实现了长效防腐、缓冲消能、分舱防沉没、模块化制造、方便安装和拆卸。

3.27.6 获奖情况

获 2019 年中国钢结构协会科学技术创新奖。

3.28 宁启铁路圩角河特大桥

桥　　名：圩角河特大桥
工程项目：宁启铁路
工程位置：江苏省南通市海门市
主　　跨：64 m
桥　　型：单线连续槽形梁
建设单位：南京铁路枢纽工程建设指挥部
设计单位：中铁上海设计院集团有限公司
施工单位：中铁十五局集团有限公司
设计人员：张蓓雯　李　涛　桂　婷　齐　林　王法武　陈怀智　傅丽娟　潘湘文　凌夏青
通车时间：2018 年 12 月

3.28.1 概　　况

宁启铁路南通至启东段为单线客货共线铁路，设计时速 160 km/h，采用有砟轨道，单线，于海门市境内跨越圩角河。桥位处属长江三角洲河口段前缘冲(海)积平原地貌，地势平坦开阔，地面标高多介于 2.0～4.0 m 之间。地表河网较为发达，大多为人工开挖，水陆交通便利。桥址范围 80.00 m 厚度内均为第四系全新统、上更新统海陆交互相沉积地层。地震基本烈度为 6 度，桥址处地震动峰值加速度为 0.05g，地震动反应谱特征周期 0.35 s。

圩角河特大桥与圩角河水流线法线夹角为 2°，圩角河为规划六级航道，通航净宽为 30 m、净空为 4.5 m，最低通航水位 1.12 m，最高通航水位 2.51 m。圩角河特大桥与德海线法线夹角为 1°，德海线现状双向四车道，两侧设置人非车道，现状路宽 32 m；规划为双向六车道，规划路宽 45 m。主桥采用 (40＋64＋40) m 连续槽形梁跨越圩角河、德海线，引桥采用常用跨度 32 m、24 m 标准简支梁。主桥立面如图 3-28-1 所示。

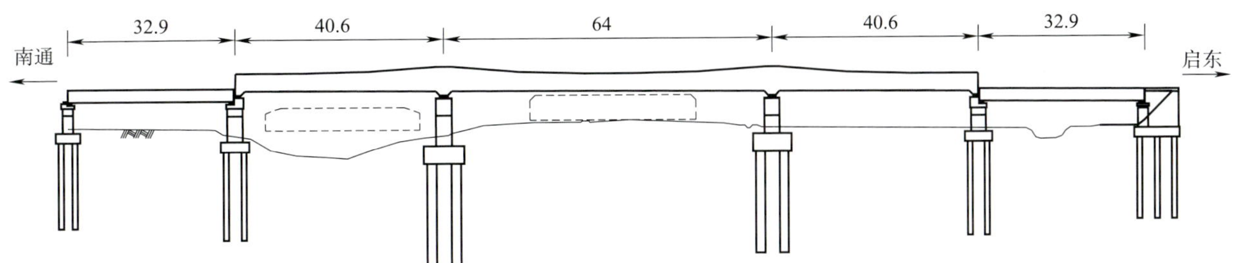

图 3-28-1　主桥立面图(单位:m)

3.28.2　结构设计

(1)主梁及桥面结构

主梁跨中梁高 3.5 m,边支点处梁高 4.3 m,中支点处梁高 5.6 m,梁顶由支点向跨中按圆曲线变化,曲线半径为 260.65 m。槽形梁总宽度为 10.8 m(图 3-28-2),内侧净宽 6.9 m。挡砟墙高度 0.70 m,底宽 0.25 m,顶宽 0.2 m。纵梁腹板宽度 0.3~0.4 m,按折线变化;顶板厚度 0.47 m,道床板厚度为 0.45 m,支点处设置横梁,高 1.25 m,边支点处宽度 1.1 m,中支点处宽度 1.5 m。全桥在支点处隔墙设置 1 m 高进人孔,共计 8 处。全桥共分 4 个梁段,跨中 A1 号梁段长度 34.0 m,中支点处 A2 梁段长度 25.0 m,中跨 A3 合龙段长度 2.5 m,边跨 A4 号梁段长度 28.05 m。

(2)下部结构

中墩采用门形实体桥墩(图 3-28-3),边墩采用圆端形实体桥墩。边墩基础采用 6 根直径 1.0 m 钻孔灌注桩基础,中墩基础采用 6 根 1.8 m 钻孔灌注桩基础。

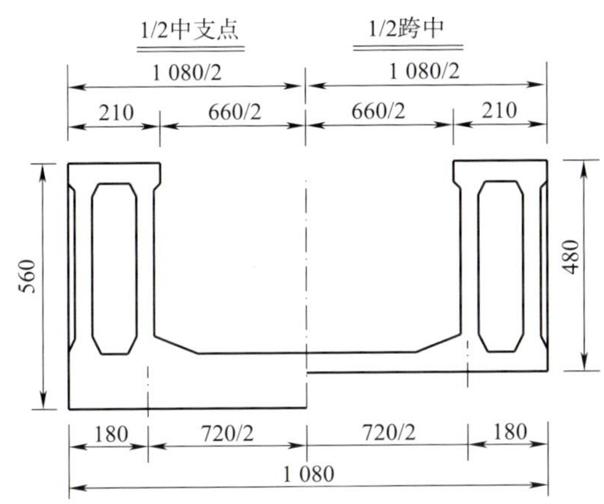

图 3-28-2　主梁截面(单位:cm)

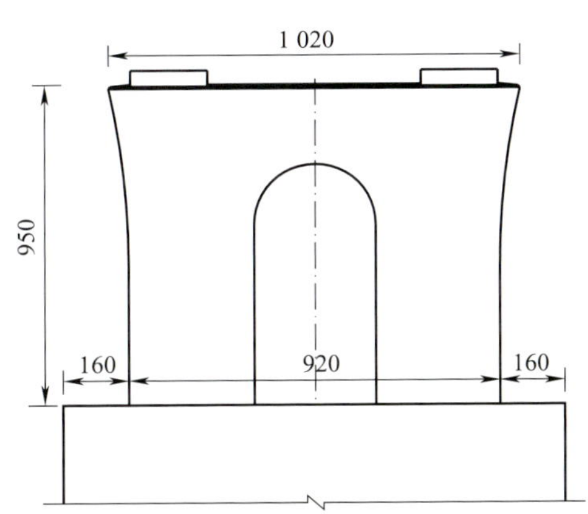

图 3-28-3　中墩正面(单位:cm)

3.28.3　施工方法

(40+64+40) m 单线连续槽形梁采用支架现浇施工,如图 3-28-4 所示。

图 3-28-4　支架现浇施工

3.28.4 主要技术经济指标

主要技术经济指标见表 3-28-1。

表 3-28-1 主桥主要技术经济指标

指标类型		数 值
结构性能指标	竖向挠跨比	1/5 872
	梁端转角(rad)	0.307‰
主要工程量	主梁混凝土(m^3/m^2)	1.2
	主梁钢绞线(kg/m^3)	58.5

3.28.5 技术特点和创新点

(1)槽形梁结构梁体结构高度低，有效降低线路标高，经济效益显著。

(2)槽形梁结构体系，有效降低了铁路运营噪声。

(3)通过合理结构计算、构造优化，保证槽形梁结构体系具有足够的强度与刚度。

(4)通过槽形梁附属设施细化设计，保证与其他梁体的合理过渡。

3.29 郑阜铁路周淮特大桥

桥　　名：周淮特大桥
工程项目：郑阜铁路
工程位置：河南省周口市
主　　跨：56 m
桥　　型：胶拼连续梁桥
建设单位：郑万客专河南有限责任公司
设计单位：中国铁路设计集团有限公司
施工单位：中铁十八局集团有限公司
设计人员：张　雷　苏　伟　周岳武　浑铁链　季伟强　谢远超　宋　威
通车时间：2019 年 12 月

3.29.1 概　　况

郑阜铁路设计速度 350 km/h，采用Ⅲ型板式无砟轨道、无缝线路，双线、线间距 5.0 m，于河南省周口市跨越新运河。桥位处地貌为淮河平原，桥址范围内地层简单，主要为第四系黄土、二叠系中统砂岩夹泥岩，岸坡稳定，无断裂构造及不良地质，工程地质条件较好。桥址处抗震设防烈度 6 度，地震动峰值加速度为 0.10g。

周淮特大桥主桥与新运河水流线夹角 40°，新运河系颍河支流，是周口市一条主要的排水河道，设计流量 878 m^3/s，设计水位 47.55 m。主桥孔跨布置采用(40＋56＋40) m 节段预制胶拼梁，为我国高速铁路首座胶拼连续梁桥，其他孔跨为 24 m、32 m 常用跨度的标准简支梁和 56～128 m 常用跨度的连续梁。主桥立面如图 3-29-1 所示。

3.29.2 结构设计

(1)主梁

箱梁采用单箱单室、变高度截面，中支点截面中心处梁高 4.335 m，跨中及边跨等高段截面中心处梁高 3.035 m，梁底下缘除等高段外按 1.8 次抛物线变化。中跨跨中等高段长 37.0 m，边跨等高段长

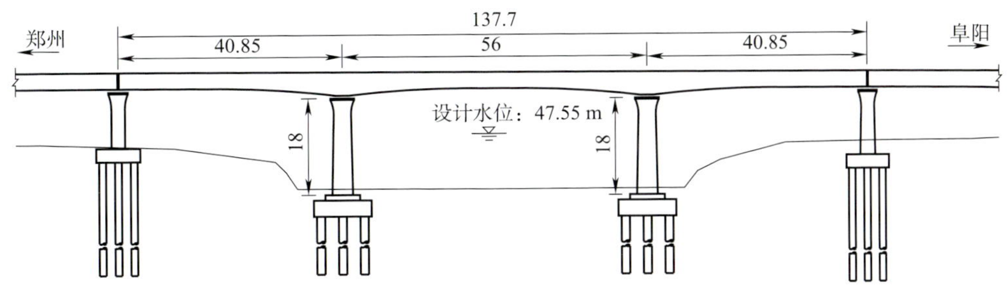

图 3-29-1　主桥立面(单位：m)

31.0 m，梁端设 0.25 m 长的悬臂板以满足施工时操作空间的需要。箱梁顶宽 12.6 m，底宽 6.7 m(图 3-29-2)。箱梁顶板厚 0.37 m，边支点局部加厚到 0.62 m；底板厚从等高段的 0.4 m 按照 1.8 次抛物线变化至中支点 0.8 m；腹板厚 0.5～0.82～0.92 m，边支点 0.6 m，按折线变化。全联在端支点、中支点处设横隔板，横隔板设孔洞，供检查人员通过。

该桥位于圆曲线上，曲线半径为 10 000 m，一联胶拼连续梁共 32 个预制节段，主跨跨中采用湿接缝合龙，长度 1 m。预制节段长 3.5 m、3.75 m、4.0 m、4.25 m、4.5 m，节段最大吊重为 212 t。

(2)接缝面

接缝面剪力键按密键形式布置，除在腹板布置剪力键外，还在顶板和底板布置一定数量的剪力键，剪力键采用梯形，腹板剪力键键顶宽 5 cm，顶板和底板剪力键键顶宽 10 cm，剪力键设置 45°倒角，键高均为 5 cm(图 3-29-3)。接缝面密封胶采用无溶剂型双组分触变性桥梁专用环氧黏结剂。接缝密封措施采用密封垫圈＋涂胶方式，采用闭孔发泡聚乙烯材料作为密封垫圈材料，密封圈环宽 10 mm，内环直径比预应力孔道直径大 5 mm，厚 5 mm。

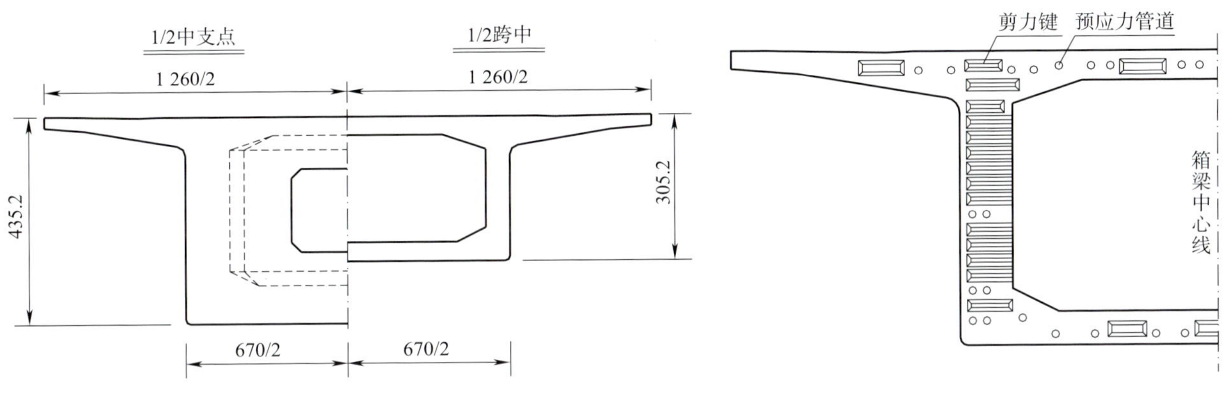

图 3-29-2　主梁截面图(单位：cm)

图 3-29-3　主梁接缝面示意

(3)预应力

管道成孔采用内径 $\phi 100$ 的塑料波纹管成孔。纵向预应力钢束采用低松弛钢绞线，抗拉强度标准值均为 1 860 MPa。管道压浆采用微膨胀水泥浆，标号不低于 M50，并掺入阻锈剂。管道压浆采用真空辅助压浆工艺。

3.29.3　施工方法

箱梁采用节段预制拼装法施工，接缝采用环氧树脂胶接缝，先后在造桥机上拼装半联梁，跨中现浇合龙。为避免预应力管道压浆液从接缝处漏出和梁体挤压时胶体进入预应力孔道造成孔道堵塞，需对接缝面预应力管道接头采取可靠的构造处理措施，确保密封性能。

图 3-29-4　梁段运输

图 3-29-5　节段吊装 1

图 3-29-6　节段吊装 2

图 3-29-7　成桥实景

与支架现浇、悬臂浇注等传统工法相比，节段预制胶拼技术优势明显，首先它可采用流水施工，箱梁预制、安装可分开进行，桥梁上部结构节段预制和下部结构施工可同时进行，施工速度更快。其次，梁体工厂化、标准化预制，采用专业施工装备，施工质量更好，而且节段箱梁养护时间较长，成桥后梁体的徐变和预应力损失较小。梁段运输、吊装及成桥实景如图 3-29-4～图 3-29-7 所示。

3.29.4　主要技术经济指标

主要技术经济指标见表 3-29-1。

表 3-29-1　主桥主要技术经济指标

指标类型		数　值
结构性能指标	竖向挠跨比	1/3 145
	梁端转角(rad)	0.748‰
	残余徐变变形值(mm)	0.86
主要工程量	主梁混凝土(m^3)	1 748.0
	预应力钢束(t)	94.0
	环氧树脂胶(m^3)	1.16

3.29.5　技术特点和创新点

(1)首次将节段预制胶拼工艺应用于高速铁路预应力混凝土连续梁设计与建造。

(2)形成了一套适用于铁路预应力混凝土连续梁节段预制胶拼法建造的技术标准，在铁路连续梁节段预制胶拼领域实现技术重大突破。

(3)节段预制胶拼作为桥梁绿色建设的代表工法，不仅能促进传统产业的转型升级，还能降低劳动成本，节约建筑材料，降低能耗，减少扬尘。

3.30　郑阜铁路界临特大桥

桥　　名：界临特大桥
工程项目：郑阜铁路
工程位置：安徽省临泉县
主　　跨：172 m
桥　　型：曲弦钢桁加劲预应力混凝土连续箱梁桥
建设单位：郑万客专河南有线责任公司
设计单位：中国铁路设计集团有限公司
施工单位：中国交通建设集团有限公司
设计人员：张　雷　张　上　李伟强　周岳武　温旭明　浑铁链　宋　威
通车时间：2019 年 12 月

3.30.1　概　　况

郑阜铁路设计速度 350 km/h，采用Ⅲ型板式无砟轨道、无缝线路，双线、线间距 5.0 m，于安徽省临泉县跨越泉河。桥位处属黄淮平原，地形平坦，下覆土层为粉土、黏土、粉质黏土、细砂，属于大陆性暖温带半湿润季风气候，桥址区抗震设防烈度为 6 度，地震动峰值加速度 0.05g。

界临特大桥主桥与泉河水流线夹角为 123°，泉河是淮河一级支流沙颍河右岸支流，桥址处设计流量为 2 035.3 m^3/s，设计水位为 38.106 m；泉河为限制性Ⅳ级航道，航道部门要求净宽 90 m，净高 8 m，最高通航水位为 34.800 m。主桥采用(45＋75＋172＋75＋45) m 曲弦钢桁加劲预应力混凝土连续箱梁，为第一座采用新型约束体系且跨度最大的组合桁梁结构，引桥采用 24 m、32 m 常用跨度标准简支梁和 48 m、64 m 常用跨度连续梁。主桥立面如图 3-30-1 所示。

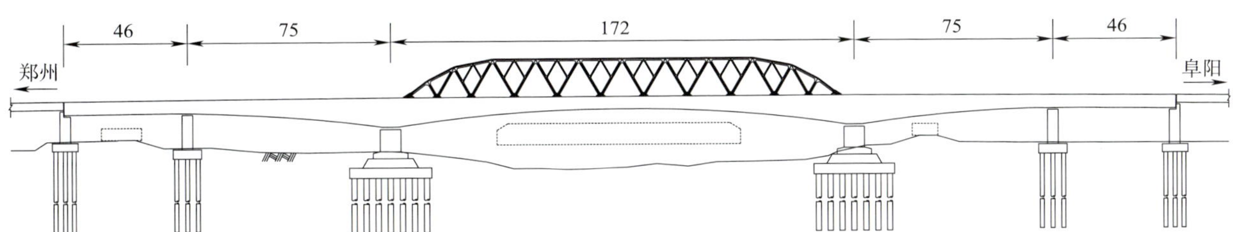

图 3-30-1　主桥立面(单位：m)

3.30.2　结构设计

(1)主梁

主梁平面采用三折线布置，主跨和两个边跨各为一段直梁，主跨和边跨之间折角为 179°。

主梁采用单箱双室变高度箱形截面，中跨跨中及边支点处梁高 5 m，中支点处梁高 11 m，梁高按二次抛物线变化。

主梁顶宽一般段 15.6 m(图 3-30-2)，边支点处考虑与邻跨标准梁相接顶宽线性变化为 12.6 m，顶板厚 0.45～0.6～1 m，中支点附近顶板加厚为 1 m；边支点处局部顶板加厚为 0.45 m。

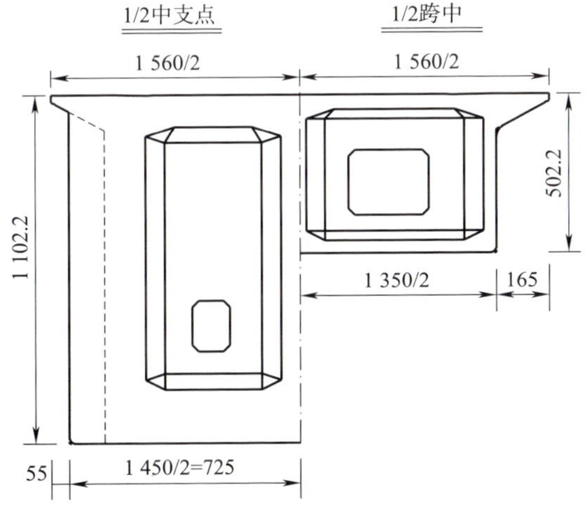

图 3-30-2　主梁截面图(单位：cm)

主梁底宽 12.3 m，底板厚度 0.4～1.7 m，边支点处局部底板厚 0.7 m。采用直腹板，腹板板厚按折线 0.4～0.6～0.8～1.3 m 变化。

全联在端支点、中支点及钢桁—混凝土梁结合节点处共设 17 道横隔板，横隔板设有孔洞，供检查人员通过。

(2)加劲钢桁

钢桁采用再分式桁架，桁高 14 m，节间距 16 m（图 3-30-3）。在中支点位置采用曲弦方式和混凝土梁相接。

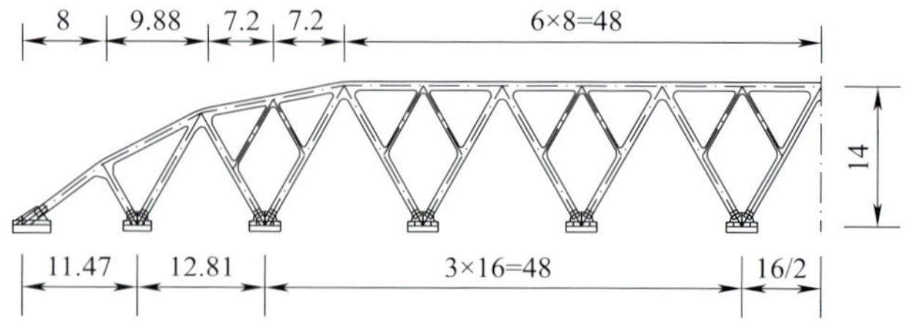

图 3-30-3 钢桁立面图（单位：m）

钢桁结构上弦杆采用箱形截面，尺寸 0.8 m×0.8 m，板厚为 24～48 mm。腹杆采用工字形截面，高 0.8 m，翼缘板宽 0.8 m，腹板厚度 20～28 mm，翼缘板厚度 24～28 mm。再分腹杆采用工字形截面，高 0.8 m，翼缘板宽 0.4 m，腹板厚度 16 mm，翼缘板厚度 16 mm。上平联采用 X 形构造，工字形截面，两端平联高 0.47 m，翼缘板宽 0.6 m，板厚 20 mm，其余平联高 0.47 m，翼缘板宽 0.5 m，板厚 16 mm。钢桁下弦节点采用 PBL 剪力键与混凝土梁相连，在节点板范围内设置凸台，外包钢板，内灌混凝土。

桥门架、横联全桥共计对称设置 4 道，钢板厚度 20 mm（图 3-30-4）。

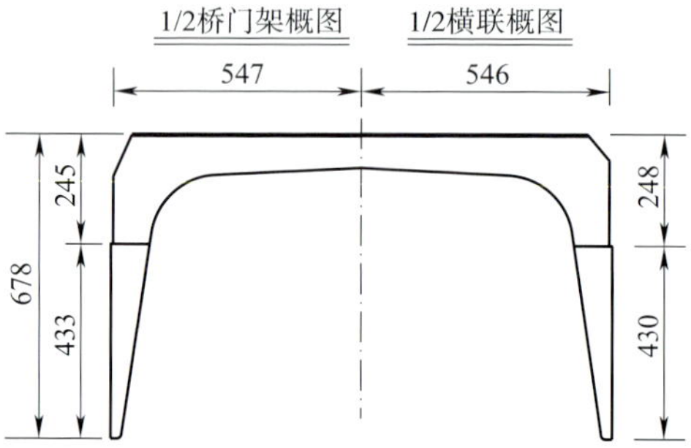

图 3-30-4 桥门架结构图（单位：cm）

(3)新型纵向约束体系

本桥采用了一种新型纵向约束体系（图 3-30-5、图 3-30-6），实现了大跨度连续梁可不设置钢轨伸缩调节器的技术创新。

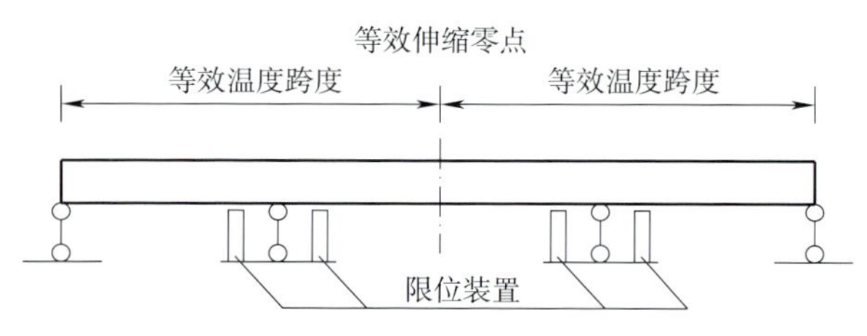

图 3-30-5 纵向约束体系示意

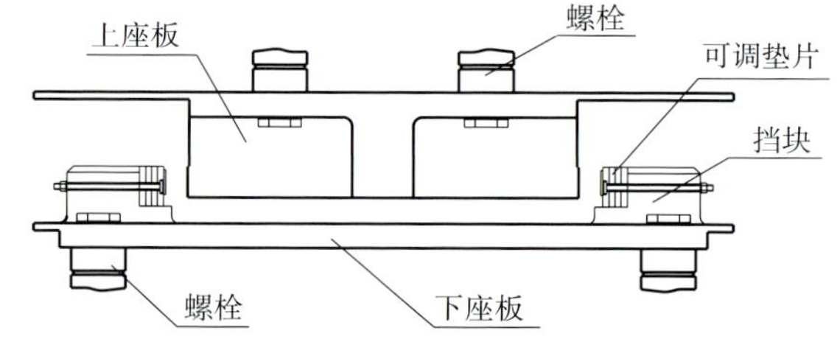

图 3-30-6 纵向限位装置结构示意

该纵向约束体系的设计构思为：全联均采用活动支座，不设纵向固定支座，在主墩墩顶设置温度限位装置、阻尼器及防落梁装置。桥梁纵向力由支座摩阻、温度限位装置、速度锁定器、防落梁装置协同承担，通过限位间距的精确设定，将结构等效温度伸缩零点设置在全梁中部，从而显著减小了梁端温度伸缩量。该约束体系中的温度限位装置将全梁温度跨度零点限制于中跨跨中附近，同时需要抵抗支座摩阻力、制动力和牵引力、风力、长钢轨作用力、断轨力、常遇地震力等；速度锁定装置则将地震力由梁传递到墩，对温度伸缩、风力等不起作用；防落梁装置使桥梁在罕遇地震时不发生落梁。

3.30.3 施工方法

采用先梁后钢桁的施工方法，混凝土连续梁采用挂篮悬臂浇筑施工，钢桁结构在合龙的混凝土梁桥面上拼装。施工及成桥实景如图 3-30-7～图 3-30-9 所示。

图 3-30-7　主梁合龙

图 3-30-8　钢桁完成拼装

图 3-30-9　成桥实景

3.30.4　主要技术经济指标

主要技术经济指标见表 3-30-1。

表 3-30-1　主桥主要技术经济指标

指标类型		数　值
结构性能指标	竖向挠跨比	1/4 006
	梁端转角(rad)	0.26‰
主要工程量	主梁混凝土(m^3)	14 309.0
	预应力钢束(t)	875.6
	预应力粗钢筋(t)	210.2
	加劲钢桁钢材(t)	1 126.0

3.30.5　技术特点和创新点

(1)界临特大桥创新采用了曲弦钢桁加劲混凝土连续梁,钢桁加劲增大了铁路连续梁的适用跨度,桁端曲弦构造使得钢桁与混凝土梁之间传力顺畅。

(2)曲弦钢桁加劲连续梁新型结构造型新颖,实现了曲弦钢桁结构美观与受力的和谐统一,具有建筑高度小、结构自重较轻、结构刚度大、竖向徐变变形小、景观效果好等优点。

(3)新型纵向约束体系将结构等效温度伸缩零点设置在全梁中部,显著减小了梁端温度伸缩量,实现了大跨度连续梁可不设置钢轨伸缩调节器的技术创新。

3.31 商合杭铁路颍上特大桥

桥　　名：颍上特大桥
工程项目：商合杭铁路
工程位置：安徽省颍上县
主　　跨：220 m
桥　　型：部分斜拉桥
建设单位：京福客专安徽公司
设计单位：中国铁路设计集团有限公司
施工单位：中交第三航务工程局有限公司
设计人员：左家强　周岳武　季伟强　邓江涛　万　明
通车时间：2019 年 12 月

3.31.1 概　　况

商合杭铁路设计速度 350 km/h，采用Ⅲ型板式无砟轨道、无缝线路，双线、线间距 5.0 m，于安徽省颍上县境内跨越颍河。桥位处属淮北平原，地形平坦开阔，略有起伏，地层局部覆盖第四系全新统人工堆积层填筑土及素填土，各地层主要为粉土、粉质黏土、黏土、粉砂、细砂及中砂。桥址处地震基本烈度 6 度，地震动峰值加速度 0.05g，场地类别Ⅲ类，特征周期分区为一区。

颍上特大桥主桥与颍河水流线夹角为 95°，颍河为淮河最大的支流，桥位处河道弯曲，河槽宽度约 180 m，深槽偏靠右岸侧，设计流量 Q=5 200 m^3/s，设计水位 $H_{1\%}$=29.59 m。颍河现为Ⅳ级航道，通航净空标准为 90×8 m。主桥孔跨布置采用(94.2+220+94.2) m 部分斜拉桥，引桥采用 24 m、32 m 常用跨度的标准简支梁。主桥立面如图 3-31-1 所示。

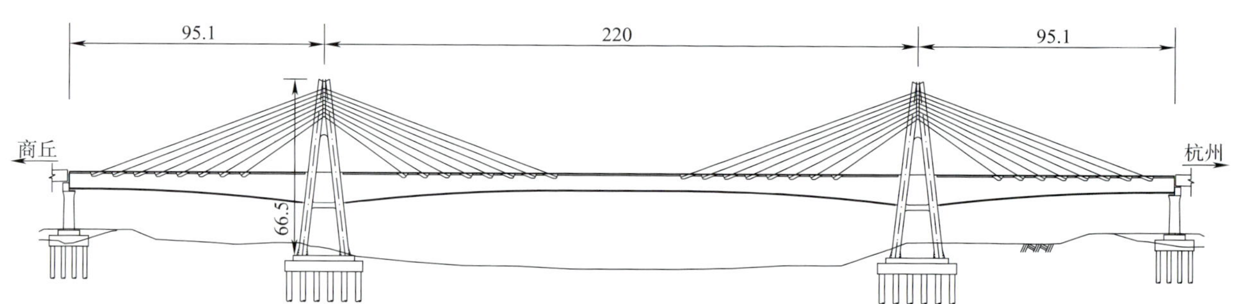

图 3-31-1　主桥立面(单位：m)

3.31.2 结构设计

主桥为(94.2+220+94.2) m 半漂浮体系部分斜拉桥，每个塔和梁之间设置 4 个黏滞阻尼器，并设纵向限位装置，边支点采用双向活动拉压支座和横向限位措施，该结构体系受力合理，能满足无砟轨道温度跨度的要求，避免设置轨道温度调节器，减少后期养护维修工作并改善行车条件。

(1)主梁

主梁采用直腹板单箱双室混凝土箱梁，梁高 6.5～11.5 m，中支点梁高与主跨比为 1/19.13，跨中梁高与中支点梁高比为 1/1.77。边支点等高段长 7 m，中支点等高段长 16 m，跨中等高段长 44 m，变高段长 80 m，按照二次抛物线变化。箱梁顶宽

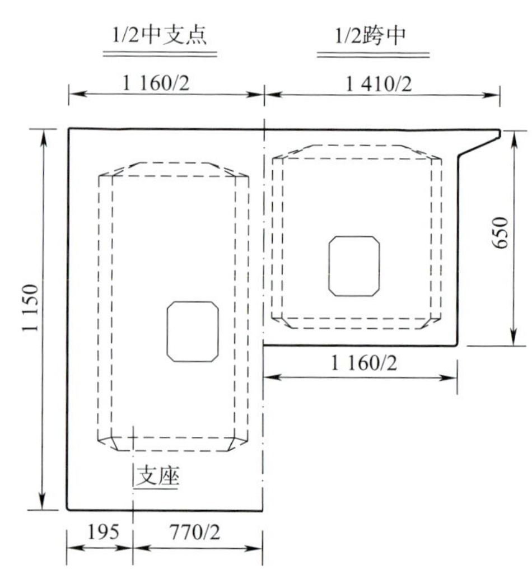

图 3-31-2　主梁截面图(单位：cm)

14.1 m,底宽 11.6 m(图 3-31-2),为方便梁体自由变形,中支点 14.114 m 范围切除悬臂。箱梁顶板厚 0.45 m,中支点局部加厚到 1.0 m;底板厚从跨中 0.52 m 按照二次抛物线变化至中支点 1.2 m,中支点局部加厚至 1.8 m;中跨腹板厚 0.5～0.62～0.9 m,边跨腹板厚 0.7～0.9 m,按折线变化。全联在端支点、中支点、跨中处共设置 7 道横隔板,斜拉索锚固点位置设 0.8 m 宽的横梁,以提高主梁截面的横向刚度和整体性。

全桥梁部共分为 97 个梁段,中支点 0 号块长 21 m,一般梁段长度分别为 3.5 m、4.0 m、4.5 m,中、边跨合龙段长度分别为 2.0 m 和 1.5 m。

(2)主塔

桥塔为纵向 A 形桥塔,每个塔上布置 2 排支座,纵向间距 11.7 m,这能同时减小梁体温度荷载下的竖向变形和残余徐变变形,提高列车运行舒适性。塔全高 66.5 m(图 3-31-3),桥面以上 35.0 m,桥面以上塔高与主跨比为 1/6.29,每个桥塔对称设 8 对环氧喷涂钢绞线斜拉索,塔上索距 1.5 m,梁上索距 8.0 m,中间无索区长 46.2 m,斜拉索在梁上张拉,塔上采用分丝管鞍座。

桥塔底部横桥向镂空,设下支座横梁和上横梁,纵向在支座横梁处设 2 m 高纵向联系梁,塔底纵向双肢间距 16.0 m,梁顶间距 8.895 m,壁厚 3.0 m。桥塔采用单侧圆端形截面,横桥向宽 3.5 m,纵桥向宽 3.0 m。

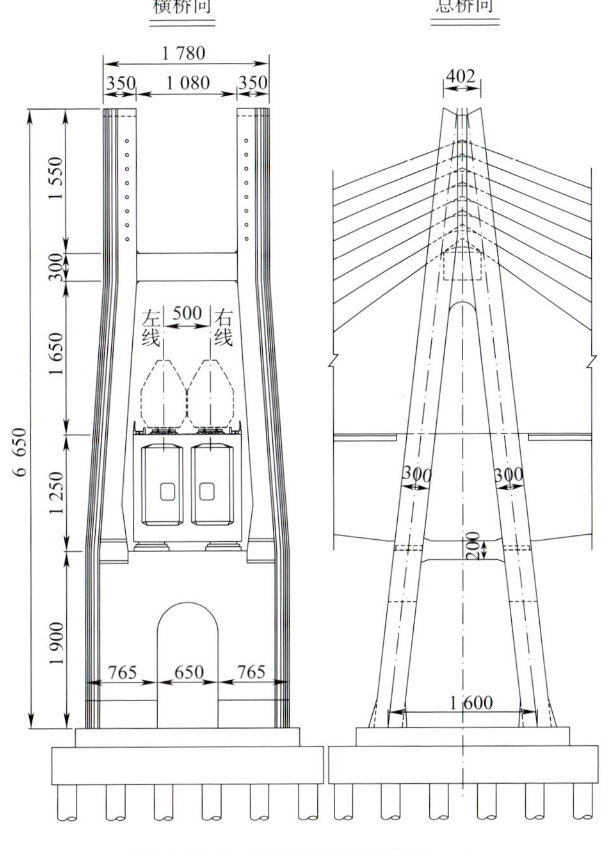

图 3-31-3　桥塔构造图(单位:m)

(3)斜拉索及索鞍

斜拉索横向为双索面布置,立面为半扇形布置。每个索塔设 8 对斜拉索,斜拉索通过索鞍构造在索塔内通过,两侧对称锚固于梁体。索体采用环氧涂层高强钢绞线,抗拉强度标准值为 1 860 MPa。

索鞍采用分丝管形式,每根斜拉索对应一个分丝管索鞍,分丝管为多根钢管组焊而成。索鞍两侧斜拉索通过边跨单侧双向抗滑锚固装置实现抗滑的目的。

(4)基础

每个桥塔采用 36 根直径 2 m 的钻孔桩基础,桩长 102 m,承台厚 6 m,基坑开挖时采用钢板桩围堰防护。

3.31.3　施工方法

主梁采用挂篮悬臂浇注法施工,挂篮计算质量 250 t,在托架上现浇边跨现浇段。由于中跨有 5 个节段的不平衡段,为减小施工过程中结构不平衡受力,边跨挂篮待中跨合龙完后再拆除。为减小中跨残余徐变变形,施工部分桥面附属后再进行斜拉索二次调索,随后立即铺设无砟轨道板。斜拉索索鞍抗滑键安装后立即锁定,采用两侧不平衡二次调索力,减小成桥后两侧不平衡索力,改善桥塔和基础受力。施工情况及成桥实景如图 3-31-4～图 3-31-7 所示。

图 3-31-4　主梁悬臂施工

图 3-31-5　主梁跨中合龙

图 3-31-6　主梁施工完成

图 3-31-7　成桥实景

3.31.4　主要技术经济指标

主要技术经济指标见表 3-31-1。

表 3-31-1　主桥主要技术经济指标

指标类型		数　值
结构性能指标	竖向挠跨比	1/12 076
	梁端转角(rad)	0.33‰
主要工程量	主梁混凝土(m^3/m)	38.1
	主梁预应力钢束(t)	831.4
	索塔混凝土(m^3)	8 651.9
	索塔预应力钢束(t)	72.5
	斜拉索(t)	259.8

3.31.5　技术特点和创新点

(1)主桥采用半漂浮体系,结构受力合理,且满足无砟轨道温度跨度的要求,避免设置轨道温度调节器,减少后期养护维修工作并改善行车条件。

(2)桥塔采用纵向 A 形空间桁架结构,单塔纵向布置双排支座,能同时减小梁体温度荷载下的竖向变形和残余徐变变形,提高列车运行舒适性。

(3)施工部分桥面附属后再进行底板部分预应力张拉和斜拉索二次调索,随后立即铺设无砟轨道板,有效减小大跨预应力混凝土结构残余徐变。

(4)全桥纵向设黏滞阻尼器,边支点采用拉压支座并设横向限位措施,以满足抗震需求。

3.32　徐盐铁路徐洪河特大桥

桥　　名：徐洪河特大桥
工程项目：徐盐铁路
工程位置：江苏省宿迁市
主　　跨：200 m
桥　　型：连续梁拱桥
建设单位：苏北铁路有限公司
设计单位：中铁第五勘察设计院集团有限公司
施工单位：中铁十五局集团有限公司
设计人员：苏国明　张　扬　胡　明　吕奇伟　王　冰
　　　　　郭丰哲　朱勇战　刘　俊
通车时间：2019 年 12 月

3.32.1　概　　况

徐盐铁路设计时速 250 km/h，采用有砟轨道，双线、线间距 4.6 m，于江苏省宿迁境内跨越徐沙河。桥位地处黄淮冲积平原区，地势宽广平坦，河网交错。徐沙河为规划三级航道，最高通航水位 19.31 m。工点范围内第四系地层发育，沉积了粉质黏土、粉土、黏土、砂类土、细圆砾土等地层。桥址位于郯庐断裂带，地震动峰值加速度为 0.34g，地震动反应谱特征周期 0.75 s。

徐洪河特大桥与徐沙河轴线夹角为 32°，徐沙河通航净空要求为 70 m×7.5 m(净宽×净高)，考虑到徐沙河船闸引航道宽度以及线路与河道斜交角度，主桥采用(100＋200＋100) m 连续梁—拱组合结构一跨跨越徐沙河通航水域。主桥立面如图 3-32-1 所示。

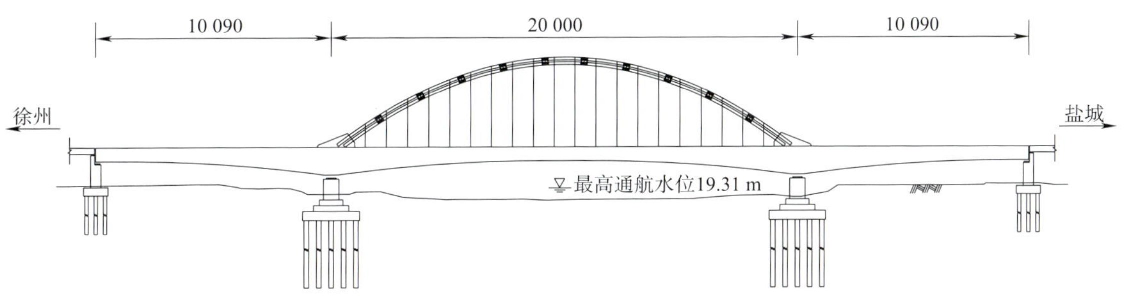

图 3-32-1　主桥立面(单位：cm)

3.32.2　结构设计

(1)主梁及桥面结构

主梁采用单箱双室、变高度、变截面结构，两边腹板为直腹板。边跨直线段和跨中处梁高为 6.0 m，中支点处梁高 12.0 m；箱梁顶宽 14.2 m，箱梁底宽 12.0 m，在中支座处 20 m 范围内顶宽加宽到17.2 m，底宽加宽到 15.2 m(图 3-32-2)。

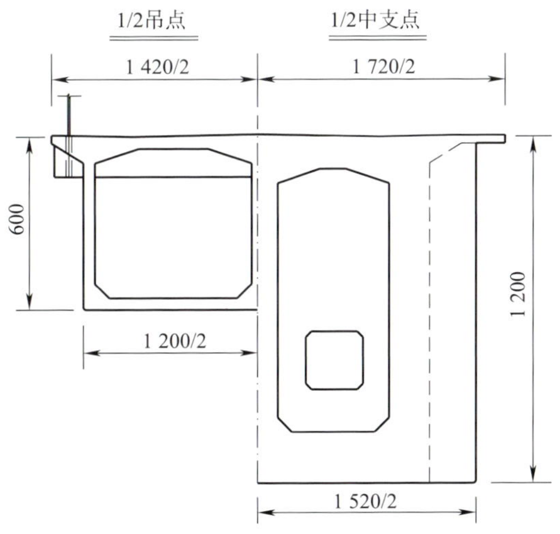

图 3-32-2　主梁断面图(单位：cm)

顶板厚 43～56 cm，底板厚度 40～110 cm，按圆曲线变化至中支点梁根部，顶板及底板均在隔墙位置加厚；箱梁采用直腹板形式，腹板厚度为 40～55～70 cm，按折线变化，腹板上下设置直径为 10 cm 通风孔，用以降低箱梁内外温差；全桥(除吊杆处外)共设 6 道横隔梁，分别设于中支点、端支点及 1/4 中跨。箱梁在每个中支点处设置 1 道厚 450 cm 的横隔板；梁端支座处设置厚 180 cm 的端横隔板；1/4 跨处设置厚 40 cm 的端横隔板。各横隔板均设置进人洞以便施工和养护维修，边跨底板处设有进人孔，供检查人员通过。梁体在每个吊点处均设置一道横隔梁，横隔梁宽 40 cm，靠近两中支点处 5 道隔墙高 1.6 m，跨中 10 道隔墙高 1.4 m。

主梁设纵、横、竖三向预应力体系。梁体纵、横向预应力筋采用 ϕ15.2 预应力钢绞线，竖向预应力采用 ϕ32 预应力混凝土用螺纹钢筋。

(2)拱肋及横撑

拱肋采用钢管混凝土哑铃形拱形结构，计算跨度 $l=200$ m，设计矢高 40.0 m，矢跨比 $f/l=1/5$，拱轴线采用二次抛物线，设计拱轴线方程 $y=-1/250x^2+0.8x$。

拱肋直径 1.2 m，管壁厚 24 mm（拱脚附近局部加厚至 28 mm），拱管内灌注 C55 补偿收缩混凝土（图 3-32-3）。上下拱管之间设置腹腔，腹腔宽 0.80 m，壁厚 20 mm；两榀拱肋中心距 13.0 m，拱肋之间采用桁架式横撑，各横撑由 4 根 ϕ600×14 mm 主钢管和 32 根 ϕ300×12 mm 连接钢管组成，钢管为空钢管，内部不填充混凝土。共设置 10 道横撑，横撑间距 18 m。

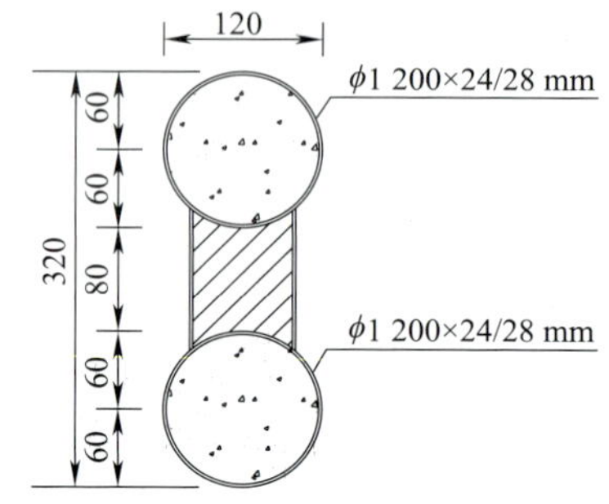

图 3-32-3　拱肋结构图(单位：cm)

(3)吊杆

吊杆顺桥向间距 9.0 m，全桥共设置 20 组双吊杆，吊杆采用 PES(FD)7-61 型低应力防腐拉索（平行钢丝束），外套复合不锈钢管，配套使用冷铸镦头锚。吊杆上端穿过拱肋，锚于拱肋上缘张拉底座，下端锚于吊点翼缘与腹板相交处固定底座。吊杆索采用箱外牛腿锚固形式。吊杆内设磁通量传感器便于对施工过程及后期吊杆应力进行监测。

(4)下部结构

主墩及交接墩均采用混凝土圆端形实体墩，主墩墩高 9.0 m，顺桥向宽度为 6.6 m，横桥向宽度为 19.4 m，交接墩墩高 10.4 m，墩身顺桥向宽度为 4.5 m，横桥向宽度 15.0 m。基础采用钻孔灌注摩擦桩，主墩采用 30 根直径 2.0 m 的桩基，交接墩采用 15 根直径 1.5 m 的桩基。

(5)支座

徐洪河特大桥每个桥墩横向各设置 2 个双曲面摩擦摆减隔震支座，支座吨位分别为 12 500 kN 和 14 000 kN，摩擦摆支座设计摩擦系数为 0.05。

3.32.3　施工方法

本桥上部结构采用先梁后拱施工顺序，主梁挂篮悬灌施工（图 3-32-4），直至主梁边、中跨合龙。全桥合龙后，在主梁桥面搭设塔架，搭设完成后，采用支架原位拼装法将拱肋安装到位（图 3-32-5）；按顺序灌注钢管内混凝土。待混凝土灌注完毕，达到设计强度后，安装、张拉吊杆至设计索力；施工桥面附属设施；成桥投入运营（图 3-32-6）。

图 3-32-4　主梁悬灌施工

图 3-32-5　钢管拱肋拼装

图 3-32-6　成桥实景

3.32.4　主要技术经济指标

主要技术经济指标见表 3-32-1。

表 3-32-1　主桥主要技术经济指标

指标类型		数　值
结构性能指标	竖向挠跨比	1/4 132
	梁端转角(rad)	0.640‰
	工后残余徐变值(mm)	17.6
主要工程量	主梁混凝土(m^3/m)	36.2
	预应力钢束(t)	818.9
	普通钢筋(t)	2 653.1
	吊杆(t)	57.4
	拱肋钢材(t)	915.6

3.32.5　技术特点和创新点

(1)针对高烈度地震区铁路大跨度梁—拱组合结构桥梁抗震设计难题,徐洪河特大桥引入先进的抗震设计理念和合理的减隔震技术,有效减小了地震作用下地震动响应及梁体位移,控制桩基础规模,大大降低了工程投资。

(2)通过采用改善结构刚度、合理布置预应力钢束等降低大跨度梁拱组合结构徐变变形的综合措施,有效控制了桥梁工后徐变。

3.33　徐盐铁路盐城特大桥

桥　　名:盐城特大桥
工程项目:徐盐铁路
工程位置:江苏省盐城市
主　　跨:312 m
桥　　型:钢桁梁斜拉桥
建设单位:苏北铁路有限公司
设计单位:中铁第五勘察设计院集团有限公司
施工单位:中铁四局集团有限公司
设计人员:王　冰　李方柯　苏国明　胡　明　王合希
　　　　　刘桂红　高　磊　吕奇伟
通车时间:2019 年 12 月

3.33.1 概　　况

徐盐铁路设计时速 250 km/h，有砟轨道，双线、线间距 4.6 m，于江苏省盐城市亭湖区跨越新洋港。桥址位于滨海平原区，地势宽广平坦，区内灌溉及排水河渠交错。新洋港为规划三级航道，最高通航水位 2.16 m。工点范围内第四系地层发育，沉积了粉质黏土、粉土、黏土、砂类土等地层。桥址地震动峰值加速度为 0.15g，地震动反应谱特征周期 0.35 s。

盐城特大桥主桥跨越处位于相交河道喇叭口，跨越处现状河道水面宽约 240 m，根据通航论证要求，水中不宜设墩，需一跨跨过 292 m 宽的规划通航区域，设计采用(72＋96＋312＋96＋72) m 钢桁梁斜拉桥跨越新洋港。主桥立面如图 3-33-1 所示。

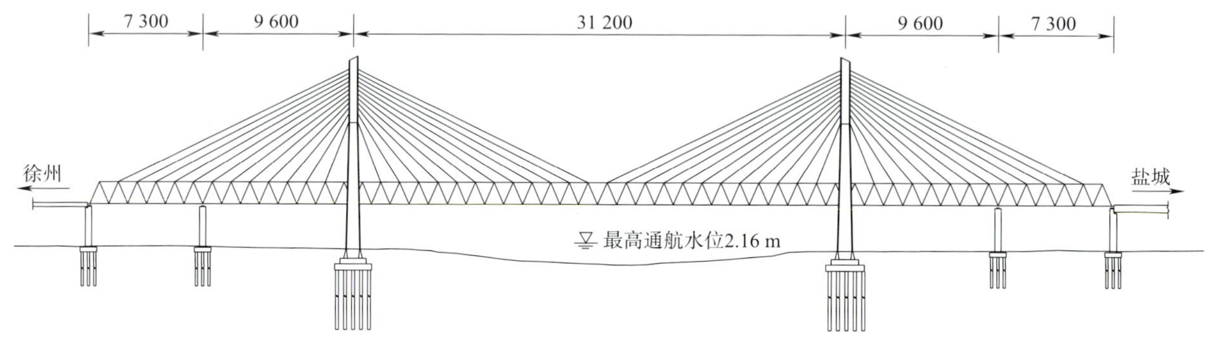

图 3-33-1　主桥立面(单位：cm)

3.33.2 结构设计

盐城特大桥跨新洋港主桥采用带纵向阻尼约束的半漂浮体系。主梁采用双主桁、三角形桁式的钢桁结构；桥塔采用 H 形花瓶状结构，塔高 128.5 m，主塔每侧设 12 对斜拉索；边墩和辅助墩采用拱形双柱式门式墩。

(1)主梁及桥面结构

主梁采用钢桁结构，两片主桁，三角形桁式，节间长度 12 m，全桥共 54 个节间，主桁高度 14 m，两主桁中心距 15 m(图 3-33-2)。主桁采用焊接整体节点形式，以 Q370qE 钢板为主，除节点板外主桁杆件的板厚控制在 50 mm 以下。

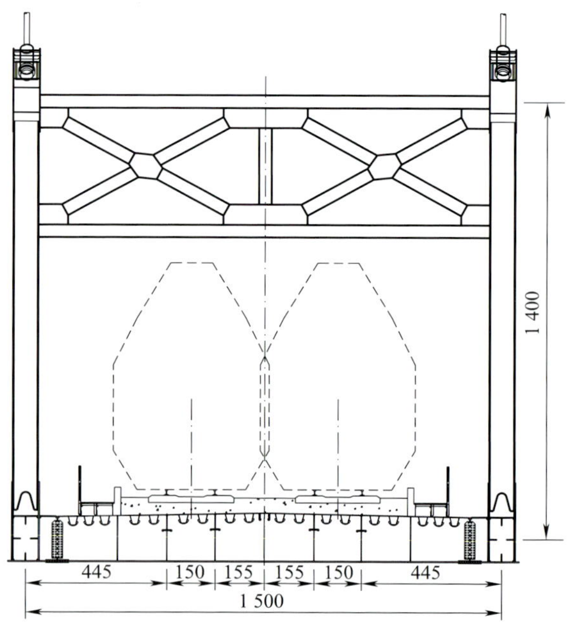

图 3-33-2　主梁截面图(单位：cm)

主桁的上弦杆、下弦杆均采用箱形截面，下弦杆内高 1 400 mm，内宽 800 mm，上弦杆内高 800 mm，内宽 800 mm。斜腹杆采用箱形截面和工字形截面。上弦平面内设上平纵联，采用交叉式结构。

桥面采用有砟轨道正交异性钢桥面。桥面板在宽 9.5 m 道砟槽范围内采用热轧不锈钢复合钢板，基材为 16 mm 厚的 Q370qE 钢板，面板为厚 3 mm 的不锈钢板。桥面板下设置 18 道 U 形肋，在每条轨道下设一道倒 T 形截面纵梁。沿桥纵向每隔 3 m 设置一道横梁，与下弦杆等高。压重范围横梁下翼缘板中间范围焊接相连并设纵向加劲板，形成下缘封闭的压重隔舱。

(2)桥塔

采用 H 形花瓶状混凝土塔，C50 混凝土，塔座以上全高 123 m，桥面以上塔高 98 m，高跨比为1/3.184(图 3-33-3)。塔柱均采用空心矩形截面，四角设倒角。上塔柱顺桥向 6 m 等宽，塔柱根部顺桥向 9.6 m，上横梁至塔底按 45 ∶ 1 坡比渐变。下塔柱高度 25 m，横桥向宽4～6.5 m；中塔柱高度 54 m，横桥向宽 4 m；上塔柱高度 44 m，横桥向宽 4 m。桥塔横梁为单箱单室截面，下横梁高 4.5 m，顺桥向宽 7.5 m；上横梁高 4 m，顺桥向宽 5 m。

(3)斜拉索

斜拉索采用抗拉标准强度 1 670 MPa 的环氧钢丝拉索，布置为平行的扇形双索面。全桥共 48 对索，斜拉索在钢桁梁上间距 12 m，塔上理论锚点竖向索距 2.5 m，斜拉索采用 PES(C)7-199、223、313、349 四种型号。斜拉索最长约 163 m，最短约 45 m，采用阻尼器、气动措施并用的综合减振设计，HDPE 护套表面设螺旋线，拉索两端设内置式减震装置，索长大于 100 m 的拉索，在梁端另设外置式磁流变阻尼器以抑制风雨振。

(4)下部结构

主塔基础均采用 40 根直径 2 m 的钻孔灌注摩擦桩，行列式布置，桩长分别为 108 m 和 106 m。交接墩和辅助墩采用拱形双柱式门式墩，顺桥向宽 4 m，基础均布置 18 根直径 1.5 m 钻孔灌注桩。

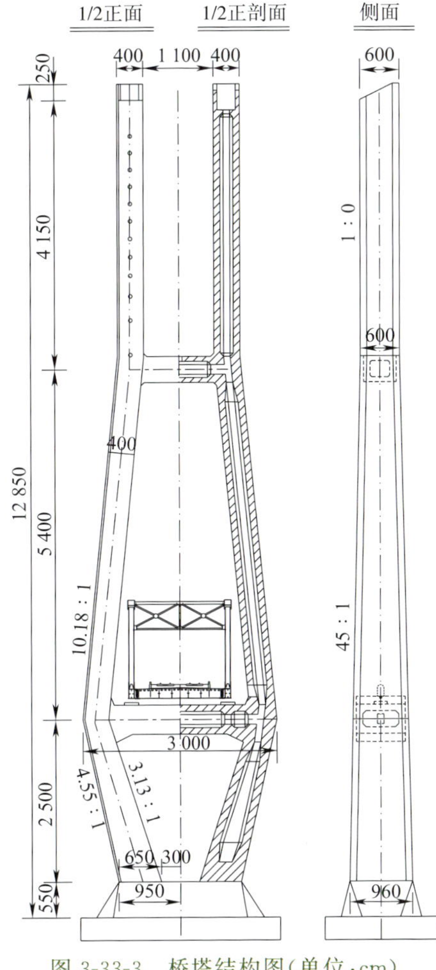

图 3-33-3　桥塔结构图(单位：cm)

3.33.3　施工方法

主塔深基坑采用拉森Ⅵ型钢板桩围堰及高压旋喷桩止水帷幕防护施工，其余桥墩基础采用钢板桩防护施工。H 形桥塔内部设劲性骨架，采用爬模法分节段施工。横梁采用钢管支架现浇施工，塔柱与横梁异步施工。

钢桁梁采用散拼法施工。考虑施工期间台风影响周期较长，且强度较大，钢桁梁双向悬拼抗风稳定性差，经比选最终采用支架单向悬拼的施工方案，即边跨和次边跨钢梁在承重支架上，利用提升设备进行安装(北岸采用履带吊、南岸采用龙门吊)，主跨钢桁梁利用 2 台 70 t 全回转架梁吊机单向悬拼架设，并挂设斜拉索，斜拉索采用不对称张拉，主梁在中跨跨中实现合龙。施工情况及成桥实景如图 3-33-4～图 3-33-7 所示。

图 3-33-4　桥塔施工

图 3-33-5　中跨悬拼

图 3-33-6 钢桁合龙

图 3-33-7 成桥实景

3.33.4 主要技术经济指标

主要技术经济指标见表 3-33-1。

表 3-33-1 主桥主要技术经济指标

指标类型		数 值
结构性能指标	竖向挠跨比	1/977
	梁端转角(rad)	1.07‰
	横向挠跨比	1/4 205
主要工程量	主梁用钢量(t/m)	16.8
	斜拉索(t)	821.0
	桥塔混凝土(m^3)	15 000.0

3.33.5 技术特点和创新点

(1)利用本桥边跨位于岸上的特点，斜拉桥钢梁采用单悬臂拼装施工，配合新型钢桁梁抗风措施，有效提高了的结构抗风稳定性，施工过程中成功经受了 9 级台风的考验。

(2)在国内铁路斜拉桥中首次采用了热轧不锈钢复合钢桥面板，解决了道砟下钢桥面板腐蚀难题，降低了后期运营维护的难度。

(3)采用在正交异性钢桥面板上铺设钢筋混凝土板的临时局部加强方案，满足 900 t 运梁车通行条件，成为国内铁路钢桁梁斜拉桥通行 900 t 运梁车的先例，保证了建设工期。

3.34 张呼铁路怀安站特大桥

桥　　名：怀安站特大桥
工程项目：张呼铁路
工程位置：河北省张家口怀安县
桥　　长：7.095 km
桥　　型：转体连续梁、道岔连续梁、站台梁、简支梁
建设单位：呼张铁路客运专线有限责任公司
设计单位：中铁工程设计咨询集团有限公司
施工单位：中铁十七局集团有限公司
设计人员：徐升桥　邱柏初　李　辉　张夫健　邹永伟　汪鹏翔　薛洪卫　刘静杰
通车时间：2019 年 12 月

3.34.1　概　　况

张呼铁路设计速度 250 km/h，采用有砟轨道，双线、线间距 4.6 m。桥位位于怀安县城北侧、西洋河南岸，桥址处于西洋河南岸阶地，地形平坦，地层岩性主要为第四系全新统人工填土层、第四系全新统冲洪积层，饱和粉土、砂类土在地震作用下部分会产生液化。桥址处地震动峰值加速度 0.10g，地震动反应谱特征周期 0.35 s。最大冻结深度 1.38 m。

怀安站为张呼铁路的中间站，大张铁路自呼和浩特端按方向别引入怀安站，呼和端咽喉区按双渡线设计，满足立折条件。车站形成两台六线布置形式。受跨越京包铁路、京藏高速公路连接线高程控制，车站范围轨面至地面 18～21 m，车站设计为高架站。

怀安站特大桥梁全长 7.095 km，主要跨越西洋河、京包铁路、北环路、京藏高速公路连接线、京新高速公路连接线。主桥立面如图 3-34-1 所示。

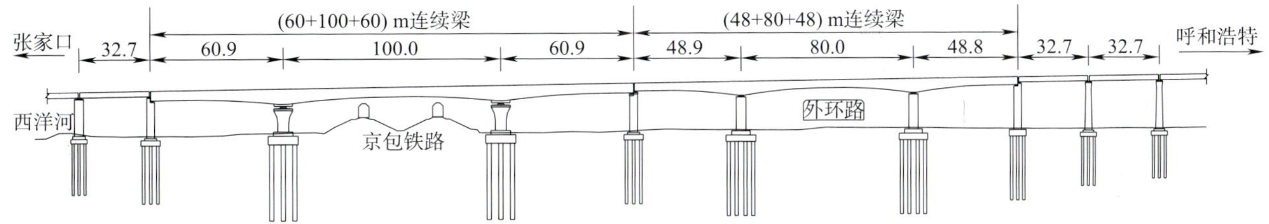

图 3-34-1　大桥立面布置图(单位：m)

桥梁于 DK40＋470～DK40＋720 跨越西洋河，西洋河与线路交角 32°，河槽宽 130 m，采用 7 孔 32 m 简支箱梁跨越河槽，根据行洪要求，河槽内 8 个桥墩采用圆形桥墩(图 3-34-2)。

桥梁于 DK40＋850 跨越既有京包铁路，既有京包铁路与线路交角 60°，跨越处为路基段，双线、线间距 30 m，采用主跨 100 m 连续梁跨越，在国内铁路首次采用永临结合的墩顶转体法施工(图 3-34-3)。

图 3-34-2　跨西洋河圆墩

图 3-34-3　跨京包铁路墩顶转体

桥梁于 DK41＋040 跨越怀安外环路，怀安外环路与线路交角 27°，采用(48＋80＋48) m 连续梁跨越。

怀安高架车站由于大张铁路接入，且需满足立折条件，道岔布置复杂，渡线多。为满足桥上道岔设置要求，道岔范围内分别布置 4×32.7 m 双线变四线道岔连续梁、5×32.7 m 双线变三线道岔连续梁、6×32.7 m 双线等宽道岔连续梁、6×32.7 m 双线变宽道岔连续梁、7×32.7 m 双线等宽道岔连续梁、7×32.7m 双线变三线道岔连续梁(图 3-34-4)。

图 3-34-4　怀安站呼和浩特端道岔梁

怀安高架站设 450 m×11.5 m×1.25 m 岛式站台 2 座，6 条到发线(含正线)，线间距为(15.0＋6.0＋4.6＋6.0＋15.0) m(图 3-34-5)。

怀安站特大桥站内97～111号墩，梁部横向布置为32 m单线简支箱梁＋站台梁（宽11.5 m）＋32 m单线简支箱梁＋32 m双线简支箱梁（线间距4.6 m）＋32 m单线简支箱梁＋站台梁（宽11.5 m）＋32 m单线简支箱梁，桥墩横向布置为框架墩＋双线实体墩＋框架墩，每个框架墩横梁上布置两孔单线简支箱梁和一孔站台梁。该桥墩横向布置方式使桥下站房空间利用最优。

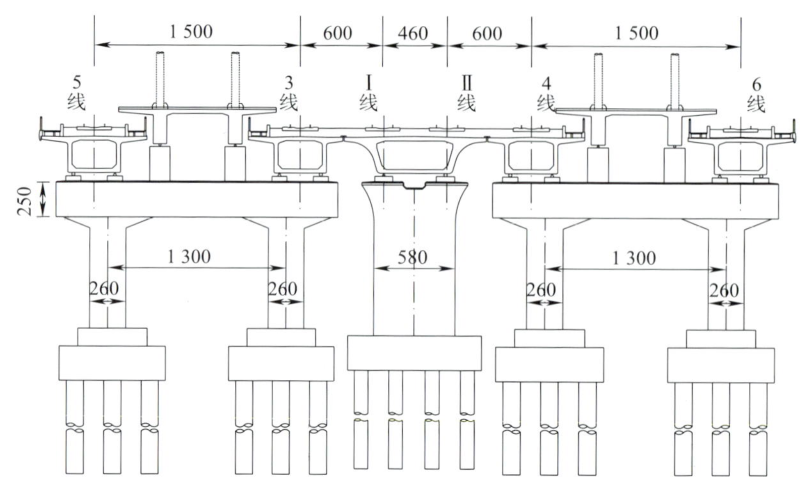

图 3-34-5　站内桥梁横向布置（单位：cm）

京藏高速连接线道路全宽为48.5 m，道路横断面布置为：6 m非机动车道＋3 m机非分隔绿化带＋30.5 m宽双向八车道＋3 m机非分隔绿化带＋6 m非机动车道，由于受立交净高控制，采用主跨34 m连续梁跨越京藏高速连接线（3 m宽机非分隔绿化带设置桥墩）。

3.34.2　结构设计

（1）（60＋100＋60）m悬臂现浇＋墩顶转体施工预应力混凝土双线连续梁

连续梁结构为（60.75＋100＋60.75）m，采用单箱单室变高度直腹板箱形截面，中支点处截面梁高7.204 m，跨中10 m直线段及边跨15.75 m直线段截面梁高4.604 m，梁底下缘按二次抛物线变化。边支座横桥向中心距5.12 m，中支座横桥向中心距5.52 m。为适应墩顶转体上转盘安装，对0号块进行局部调整，上转盘结构直径8.46 m，0号块底部加高1.0 m。

（2）站台内桥梁设计

站台内桥梁，每个框架墩横梁上布置两孔单线简支箱梁和一孔站台梁。框架墩立柱截面尺寸为2.6 m×2.6 m，框架墩柱中心距13 m。框架墩横梁长20.5 m，宽3.4 m，高2.5 m，横梁采用预应力混凝土结构。

3.34.3　施工方法

32 m、24 m标准双线简支箱梁采用梁场预制，架桥机架设，站场范围非标简支箱梁、道岔连续梁采用支架现浇施工。（60＋100＋60）m连续梁跨越既有京包铁路，采用先挂篮悬臂浇筑，再墩顶转体合龙施工；（48＋80＋48）m连续梁采用挂篮悬臂现浇，主跨34 m连续梁采用支架现浇施工。现场施工情况如图3-34-6、图3-34-7所示。

图 3-34-6　跨京包铁路100 m连续梁墩顶转体

图 3-34-7　站内简支箱梁支架现浇施工

3.34.4 主要技术经济指标

主要技术经济指标见表 3-34-1。

表 3-34-1 主要技术经济指标

指标类型		数　值
转体连续梁结构性能指标	竖向挠跨比	1/2 680
	梁端转角(rad)	0.687‰
	残余徐变挠跨比	1/15 151
主要工程量	双线简支箱梁(孔)	158
	单线简支箱梁(孔)	119
	站台梁(孔)	24
	道岔连续梁(联)	15
	等宽标准连续梁(联)	5
	墩台混凝土(万 m^3)	7.9
	承台混凝土(万 m^3)	8.2

3.34.5 技术特点和创新点

(1)怀安站特大桥采用主跨 100 m 连续梁跨越京包铁路,在国内铁路首次采用永临结合的墩顶转体法施工,设计创新了转体施工新方法。

(2)转体机构布置于墩顶,通过采用钢管混凝土转台、抽取夹层钢板等创新措施设计,实现了球铰和抗震挡块的永临结合,解决了常规墩底转体大吨位球铰加工运输难度大、高墩转体施工稳定性差等技术难题。

3.34.6 获奖情况

(1)获 2017 年铁路建设工程部级工法 1 项。

(2)获 2017 年及 2019 年铁路重大科技创新成果共 2 项。

(3)获 2018 年中国铁路工程总公司科学技术奖一等奖。

3.35 连徐铁路东海特大桥

桥　　名:东海特大桥
工程项目:连徐铁路
工程位置:江苏省东海县
主　　跨:168 m
桥　　型:系杆拱连续梁
建设单位:上海铁路局徐州枢纽指挥部
设计单位:中铁第四勘察设计院集团有限公司
施工单位:中铁北京工程局集团有限公司
设计人员:王新国　高文军　柯朝辉　谭　宏　余燕霞　李桂林　郭远航　柳　鸣
通车时间:预计 2020 年 12 月

3.35.1 概　　况

连徐铁路设计速度 350 km/h,无砟轨道,双线、线间距 5.0 m,于江苏省东海县境内跨越 S323 省道。桥位处属位于剥蚀堆积平原地区，地势平坦、开阔。桥址范围第四系地层发育，沉积了黏性土、砂土层等地层，下伏基岩为片麻岩、花岗片麻岩，基岩埋深较浅。桥址处地震动峰值加速度为 0.20g，地震动反应谱特征周期 0.45 s。

东海特大桥主桥与省道 323 轴向夹角为 19°，省道 323 为双向四车道，路肩正宽 23 m。主桥采用（40＋168＋40）m 系杆拱连续梁，主梁采用等高度预应力混凝土箱形截面。主桥立面如图 3-35-1 所示。

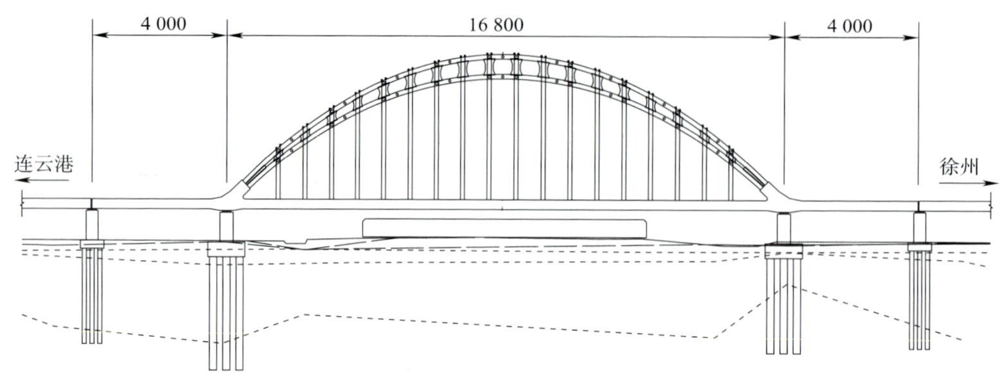

图 3-35-1 主桥立面图(单位:cm)

3.35.2 结构设计

拱肋为钢管混凝土结构，采用叠合拱截面形式，拱肋弦管直径 1.4 m，由 28 mm、36 mm 厚的钢板卷制而成，两榀拱肋间横向中心距 12.0 m。上、下钢管均为钢—混组合结构，钢管及腹腔内填充 C55 补偿收缩混凝土(图 3-35-2)。

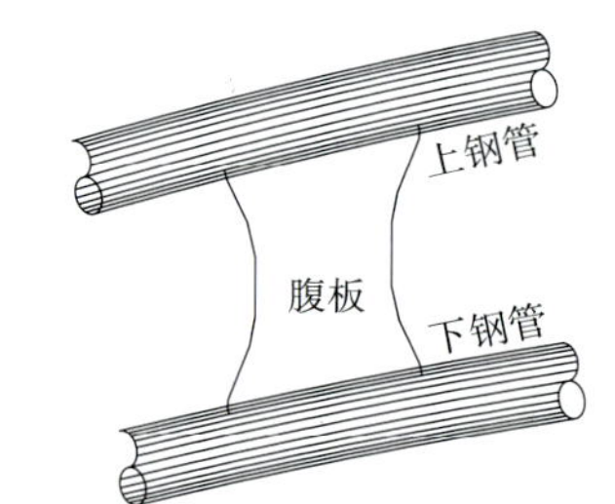

图 3-35-2 单侧拱肋横断面(单位:mm)

上、下拱肋计算跨度分别为 $L=170.1$ m、165.75 m，设计矢高分别为 $f=45$ m、39 m，上下钢管拱轴线均采用悬链线，悬链线系数分别为 $m=1.05$、1.40。

主梁为预应力混凝土结构，采用单箱三室等高度箱形截面，最低点梁高 3.0 m，箱梁顶宽 13.6 m(图 3-35-3)，中支点处局部顶宽 16.6 m；箱梁顶板厚 0.3 m，底板厚 0.32 m，边腹板厚 0.35 m，中腹板厚 0.30 m，边支点及中支点处局部加厚。

箱梁共设 4 道支点横隔板，边支点横隔板厚 1.80 m，中支点横隔板厚 7.0 m；箱梁于各吊杆处共设 18 道吊点横梁，吊点横梁厚 0.5 m，高 1.30 m。

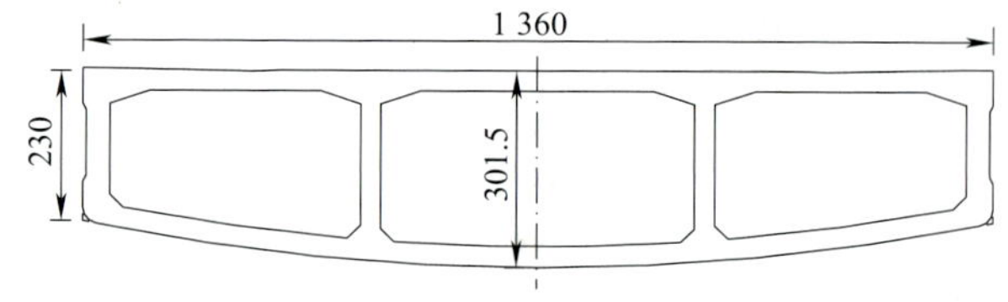

图 3-35-3 主梁标准截面横断面(单位:cm)

拱脚混凝土分两次现浇，在现浇第一次混凝土前，应将拱肋钢管、加劲钢材等安放到位，拱肋完成后浇筑二次混凝土。

吊杆顺桥向间距 8 m，全桥共设 18 组双吊杆。吊杆采用 PES(FD)7-73 型低应力防腐拉索(平行钢丝束)，外套复合不锈钢管，配套使用冷铸镦头锚。吊杆上端穿过拱肋，锚于拱肋上缘张拉底座，下端锚于吊点横梁下缘固定底座。

吊杆更换须在无列车通行期间进行，且一次只能更换一根吊杆，禁止同时进行多根吊杆的更换。

两榀拱肋之间共设 9 道横撑，横撑均采用空间桁架撑，钢管内部不填混凝土，其内外表面均需作防腐处理。

3.35.3 施工方法

本桥采用“先梁后拱”施工方法，即利用满堂直接施工主梁；以桥面为工作面，支架拼装钢管拱肋；依次灌注拱肋上弦管、下弦管内混凝土及腹腔内混凝土；按指定次序张拉吊杆；施工桥面系成桥。具体施工流程为：施工准备→基础施工→桥墩施工→满堂支架施工→系梁施工→梁上支架施工→吊装拱肋→安装吊杆→拆除支→桥面系→附属设施。施工情况如图 3-35-4、图 3-35-5 所示。

图 3-35-4 拱肋钢管节段吊装

图 3-35-5 拱肋合龙钢管节段吊装

3.35.4 主要技术经济指标

主要技术经济指标见表 3-35-1。

表 3-35-1 主要技术经济指标

指标类型		数 值
结构性能指标	竖向挠跨比	1/4 118
	梁端转角(rad)	0.791‰
主要工程量	主梁混凝土(m^3)	4 040.0
	拱肋用钢量(t)	950.0
	吊杆(t)	41.4

3.35.5 技术特点和创新点

(1)充分利用桥址地形特点，采用系杆拱连续梁结构，既有效增加主桥跨度，又避免了主梁梁高过大抬高线路整体标高，整体结构显得轻盈、简洁，桥梁景观与苏北平原和谐统一。

(2)国内铁路最大跨度的系杆拱结构，拱肋首次采用下承式平行钢管混凝土叠合拱截面。

(3)上下钢管仅在对应吊杆位置采用腹板连接，既可减小腹腔灌注混凝土时发生钢板肿胀、裂开等施工风险，又可节省腹腔混凝土。

(4)主梁采用等高度鱼腹式箱梁，拱肋采用半通透式截面，整体结构轻盈、简洁、优美。

3.36 京雄城际铁路固霸特大桥

桥　　名：固霸特大桥
工程项目：京雄城际铁路
工程位置：河北省廊坊市
主　　跨：32 m
桥　　型：装配式一体化简支桥梁
建设单位：雄安高速铁路有限公司
设计单位：中国铁路设计集团有限公司
施工单位：中铁上海工程局集团有限公司
设计人员：刘　凯　吴长发　冯　沛　张　帅　周继超
通车时间：预计 2020 年 12 月

3.36.1 概　　况

京雄城际铁路设计速度 350 km/h，采用Ⅲ型板式无砟轨道、无缝线路，双线、线间距 5.0 m。固霸特大桥位于河北省廊坊市境内，桥址位于华北平原北缘，冲积平原，地形平坦开阔，地层以黏性土为主，夹粉土、粉砂、细砂，桥址区地震基本烈度为 7 度，地震动峰值加速度 0.1g。

固霸特大桥桥梁全长 13.6 km，孔跨布置由 12×24 m 混凝土简支梁＋3×(24～32) m 混凝土伸缩梁＋370×32 m 混凝土梁＋1 联(32＋48＋32) m 连续梁＋1 联(45＋2×70＋45) m 连续梁＋1 联(72＋128＋72) m 连续梁＋2×24 m＋16×32 m 混凝土鱼腹梁组成，其中 349～380 号桥墩采用节段预制拼装桥墩。主桥立面如图 3-36-1 所示。

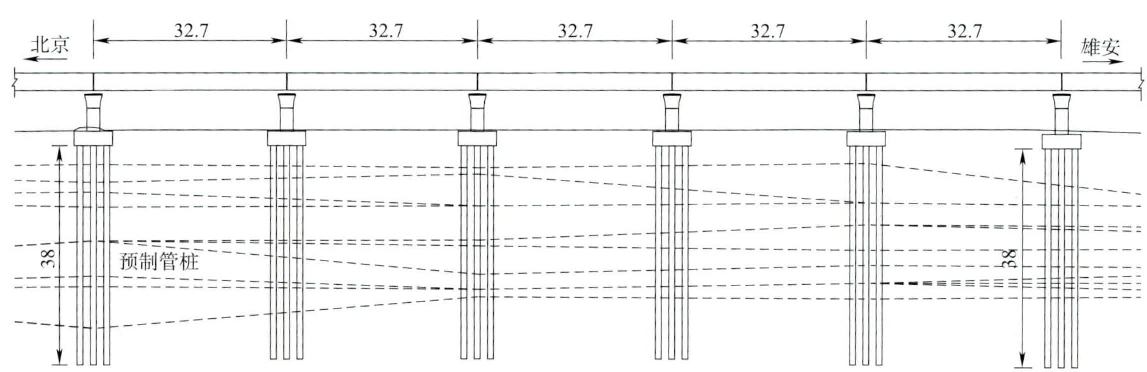

图 3-36-1　主桥立面(单位:m)

3.36.2 结构设计

(1)大直径高强度预应力管桩

装配式管桩直径 1.0 m，桩身采用 C80 高强混凝土。基础配置 8 根或 10 根，梅花形式布置，桩长 30～39 m，单根管桩由 2～3 节组成，端板焊接连接，开口型桩尖。

(2)装配式桥墩

装配式墩身由两个墩柱和一个墩帽组成，墩身质量 70～74 t，墩帽质量 104 t。承台与墩柱、墩柱与墩帽采用钢筋套筒灌浆连接，墩身坐浆法施工。桥墩结构如图 3-36-2 所示。

(3)装配式桥面系

桥面附属采用整体装配式桥面系，取消遮板，含底板、边墙、竖墙、防护墙设计为整体结构，每块长度为 2 m，质量为 2.2～2.4 t，箱梁与预制块采用 4 个螺栓相连，箱梁与预制件之间采用 M35 砂浆调平层。

(4)全封闭声屏障结构

固霸特大桥在 DK78＋082.72～DK78＋929.97 穿越北落店村，段落全长 847.25 m，根据环评批复要求设置国内首个适用于 350 km/h 的全封闭声屏障结构。下部桥梁采用鱼腹式混凝土梁，上部主体结构采用 500 mm×350(250) mm×12 mm×20 mm 圆弧形钢骨架，跨度 12.08 m，高 9.4 m，标准间距 2 m。吸隔声围护结构采用金属插板式声屏障板单元板，标准规格 500 mm×140 mm×1 880 mm，总面积约 2.3 万 m^2。出入洞口内倾式 45°造型，通过铝单板进行装饰。

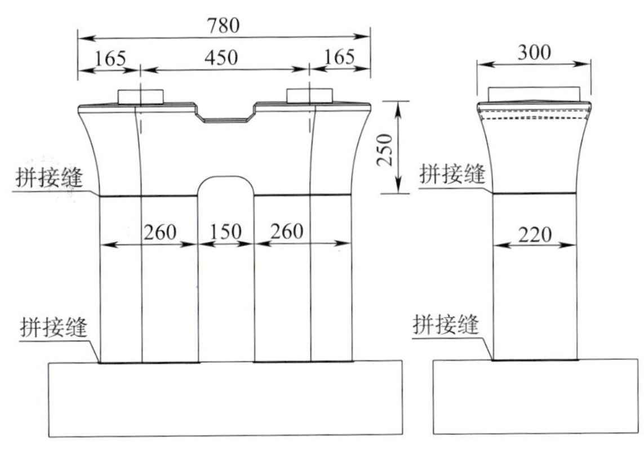

图 3-36-2　桥墩结构图(单位:cm)

3.36.3　施工方法

管桩采用长螺旋钻机辅助引孔沉桩工艺，解决了管桩在砂层地区施工困难的难题。引孔深度以第 2、3 节设计底部标高以上 1 m 控制，沉桩以标高、锤击数和贯入度控制。

装配式桥墩单构件拼装采用 260 t 履带吊。场内预制含台座底座定位、灌浆套筒安装、拼装固定支撑和翻转架安装、钢筋笼吊装、墩身侧模拼装、墩身浇筑、拆模、养护及存放等工艺。安装施工包括区域凿毛、测量放样、拼装、坐浆、灌浆、养生等工序。

装配式桥面系场内预制包括预埋件安装、钢筋绑扎、入模安装、混凝土浇筑、养生、拆模、翻转等组成。现场安装由高程及平面调整、封边及灌浆施工、养生等工序组成。

装配式桥梁较传统施工作业更安全，更有利于质量控制。构件预制和现场安装同步进行，大大加快施工进度。现场作业量明显减少，泥浆、粉尘、噪声等污染显著降低。施工情况及成桥实景如图 3-36-3～图 3-36-7 所示。

图 3-36-3　管桩施工

图 3-36-4　装配式桥墩施工

图 3-36-5　装配式桥面施工

图 3-36-6　全封闭声屏障骨架全景

图 3-36-7　成桥实景

3.36.4　主要技术经济指标

主要技术经济指标见表 3-36-1。

表 3-36-1　主要技术经济指标

指标类型		数　值
结构性能指标	简支梁竖向挠跨比	1/4 976
	简支梁梁端转角(rad)	0.65‰
主要工程量	单孔简支梁混凝土(m^3)	316.0
	预制桥墩混凝土(m^3)	2 822.0
	预制桥墩钢筋(t)	490.6
	灌浆套筒(个)	5 120

3.36.5　技术特点和创新点

(1)固霸特大桥首次在国内铁路建设中引入桥梁装配式一体化的设计理念，下部结构采用高强预应力混凝土管桩、预制拼装圆端形实体墩和现浇承台；上部结构采用预制简支梁和装配式桥面附属。

(2)在国内首次采用适用于 350 km/h 高速铁路的全封闭声屏障结构。

3.37　潍莱铁路潍莱右线跨青荣铁路特大桥

桥　　名：潍莱右线跨青荣铁路特大桥
工程项目：潍莱铁路
工程位置：山东省莱西市
主　　跨：120 m
桥　　型：双曲弦连续钢桁梁＋框架墩体系
建设单位：山东潍莱高速铁路有限公司
设计单位：中国铁路设计集团有限公司
施工单位：中铁十局集团有限公司
设计人员：孙宗磊　左家强　张　上　林鸿洸　甄津津
通车时间：预计 2020 年 12 月

3.37.1　概　　况

潍莱铁路设计速度 160 km/h，采用有砟轨道，Ⅲ型轨枕，单线，于莱西北站后疏解段落跨越青荣城际铁路。桥位处属胶莱平原区，地势平缓，波状起伏，表覆杂填土、填筑土、粉质黏土，下伏泥质粉砂岩、砂岩、斜长角闪岩、花岗片麻岩，历年极端最高气温 39.8 ℃，历年极端最低气温－21.1 ℃。桥址区地震基本烈度为 6 度，地震动峰值加速度 0.05g。

潍莱右线跨青荣铁路特大桥与青荣城际夹角 8.5°，桥址处青荣城际铁路为路基段，青荣城际铁路设计速度 250 km/h，双线、线间距 4.6 m，主桥孔跨布置采用(120+82) m 双曲弦连续钢桁梁+框架墩体系，引桥采用 24 m、32 m 常用跨度单线简支梁。主桥立面如图 3-37-1 所示。

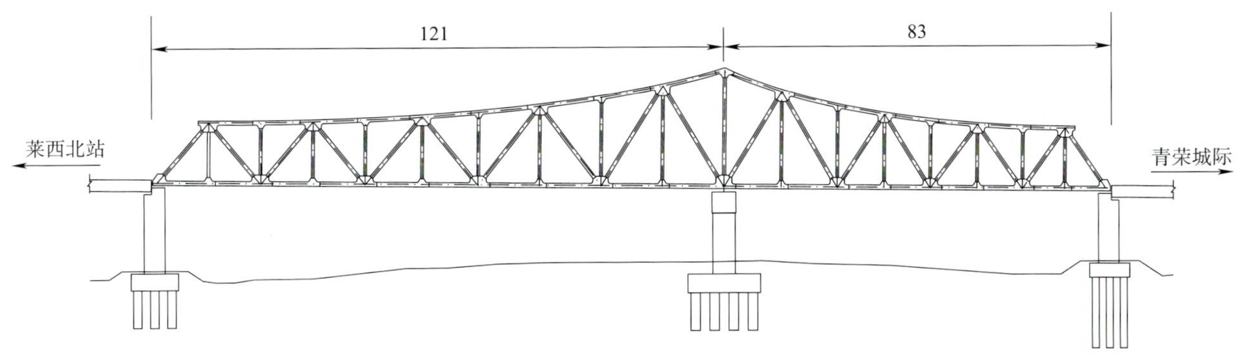

图 3-37-1　主桥立面图(单位：m)

3.37.2　结构设计

(1)主桁

主桁采用有竖杆三角桁，桁高 13～25 m，节间长度 9～13 m，主桁中心距 10.0 m。上、下弦杆均采用箱形截面，上弦杆高 0.8 m，下弦杆高约 1 m，内宽均为 0.8 m。斜腹杆采用箱形截面、H 形截面，中直腹杆采用箱形截面，其余直腹杆采用 H 形截面。主桥横截面如图 3-37-2 所示。

主桁节点采用整体节点形式，上、下弦杆在节点外焊接，腹杆采用对接形式与整体节点焊接，其腹板接头板焊于节点板上。上、下弦杆及腹杆均采用全焊接形式。

(2)板桁结构整体节点

本桥采用正交异性钢桥面板结构，钢桥面板与带整体节点的主桁下弦杆通长连接，共同承受主桁内力。因此在下弦节点的构造上，不同于一般桁架结构的整体节点。板桁结构整体节点重点要处理好节点两端箱形杆件竖板、节点板与桥面板焊接的平顺过渡，使得该部分传力顺畅。

(3)桥面结构

钢桥面由桥面板、节点横梁及节间横梁、纵肋四个部分组成，其中钢桥面板全桥纵、横向连续，纵向与下弦顶板伸出肢焊接，横向分段焊接。

节点横梁间距分别为 9 m、10 m、11 m、12 m 和13 m，其中 9 m 和 10 m 间距设置两道节间横梁，其余均设置三道节间横梁。左端横梁采用箱形截面，横梁中间接转体球铰；其余横梁均采用倒 T 形截面。横梁腹板及底板与主桁伸出接头采用栓接。

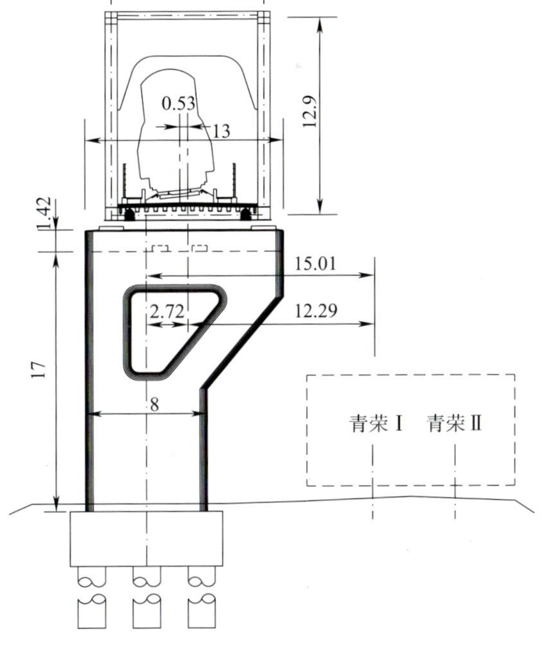

(a)小里程边支点

图 3-37-2

(4)上平纵联

上平纵联采用交叉式的腹杆体系，横撑及斜杆均采用工字形截面，与平联节点板的连接形式为对接熔透焊。节间内交叉斜杆连接形式采用焊接。上平纵联系统线中心距为 9.2 m。

(5)桥门架及横联

钢桁梁端斜杆上设斜向桥门架，桥门架采用板式结构，在上弦节点间隔设置 8 道中间横联。

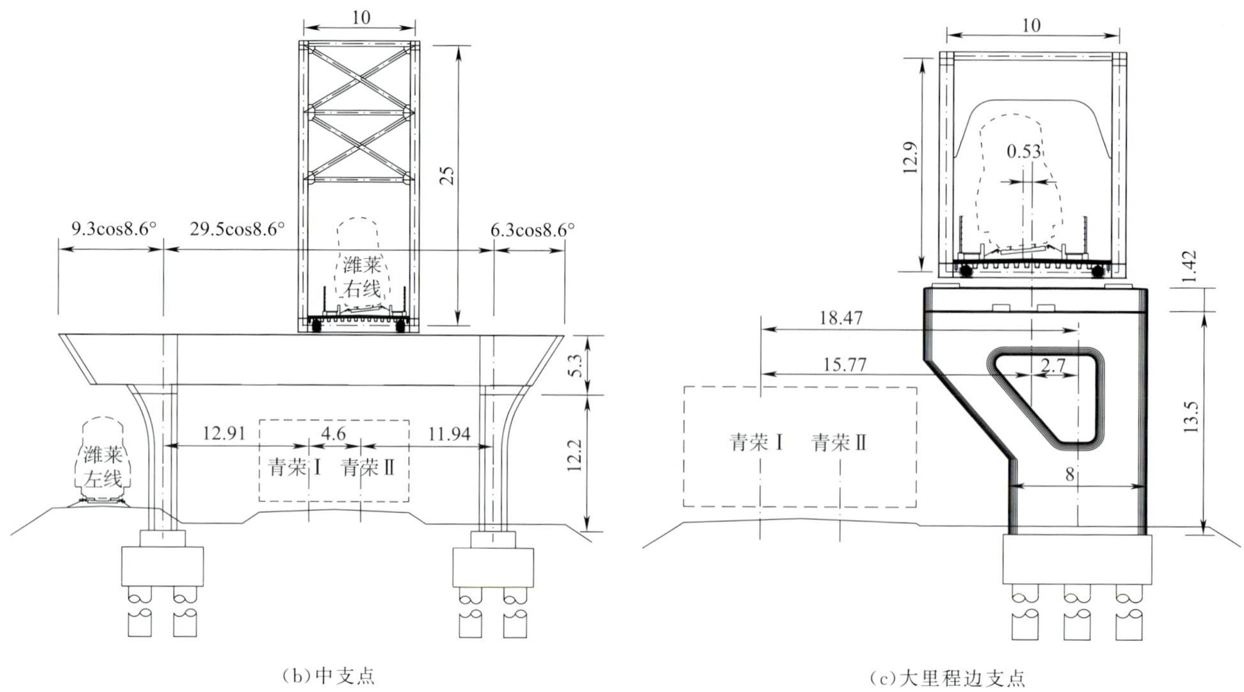

(b)中支点　　(c)大里程边支点

图 3-37-2　主桥横截面图(单位:m)

3.37.3　施工方法

主桥施工采用大悬臂平转施工，在钢桁梁一个边支点设置转体球铰，另一个边支点处于悬臂状态，不设滑道梁，中支点采用框架墩作为拼装支架及平转滑道梁，实现了永临结合，该工法为国内首创。施工情况及成桥实景如图 3-37-3～图 3-37-7 所示。

图 3-37-3　钢桁梁施工模拟

图 3-37-4　钢桁梁拼装

图 3-37-5　钢桁梁转体施工

图 3-37-6　钢桁梁转体完成

图 3-37-7　成桥实景

3.37.4　主要技术经济指标

主要技术经济指标见表 3-37-1。

表 3-37-1　主桥主要技术经济指标

指标类型		数　值
结构性能指标	120 m 跨竖向挠跨比	1/2 824
	82 m 跨竖向挠跨比	1/4 100
	120 m 跨梁端转角(rad)	1.836‰
	82 m 跨梁端转角(rad)	1.329‰
主要工程量	主梁用钢量(t)	1 985.4
	主梁用钢量(t/m)	9.7

3.37.5　技术特点和创新点

(1)该桥采用的大跨钢桁梁(框架墩)结构体系、大悬臂转体施工方案均为世界首创。

(2)该桥是国内首座全焊接免涂装耐候钢钢桁梁桥。全桥采用耐候钢,避免了以往钢桥烦琐的涂装防锈措施,减少了后期运营维护工作量。同时,该桥还采用了全焊接形式,避免了螺栓脱落风险,真正意义实现了全桥免维护。

(3)(120+82) m 变高度不等跨钢桁梁桁式为铁路领域首次采用。

(4)主桥设计充分考虑景观性,尤其注重力与美的统一,大跨钢桁梁(框架墩)体系增加了桥下通透性,一改传统简支梁框架墩群杂乱、压抑的弊端,主体结构拔地而起,宏伟雄壮,以桥衬景。

3.38　常益长铁路沅江特大桥

桥　　名:沅江特大桥跨石长铁路桥
工程项目:常益长铁路
工程位置:湖南省常德市汉寿县
主　　跨:2×90 m
桥　　型:拱塔斜拉桥
建设单位:怀邵衡铁路有限公司
设计单位:中铁第四勘察设计院集团有限公司
施工单位:中铁三局集团有限公司
设计人员:刘振标　周　刚　文望青　严爱国　印　涛　李海泉
通车时间:预计 2022 年 7 月

3.38.1 概　　况

常益长铁路设计速度 350 km/h，采用无砟轨道，双线、线间距 5.0 m，中—活载，于湖南省常德市汉寿县内跨越既有石长线。桥址处岩土层划分为素填土、粉质黏土、细圆砾土、全风化泥质粉砂岩、强风化泥质粉砂岩、弱风化泥质粉砂岩等工程地质层，持力层弱风化层 $\sigma_0=450$ kPa。桥址区地震基本烈度为 7 度，地震动峰值加速度 0.15g，地震动反应谱特征周期为 0.35 s。

沅江特大桥跨石长铁路桥与既有石长线交角为 18°，既有石长线为双线铁路，线间距 12～14 m，路基总宽度约 44 m。主桥位于平坡、曲线上，曲线半径 $R=2\ 800$ m，孔跨布置采用(32＋90＋90＋32) m 钢混结合梁拱塔斜拉桥，为国内首座跨既有铁路的拱塔斜拉桥。主桥立面如图 3-38-1 所示。

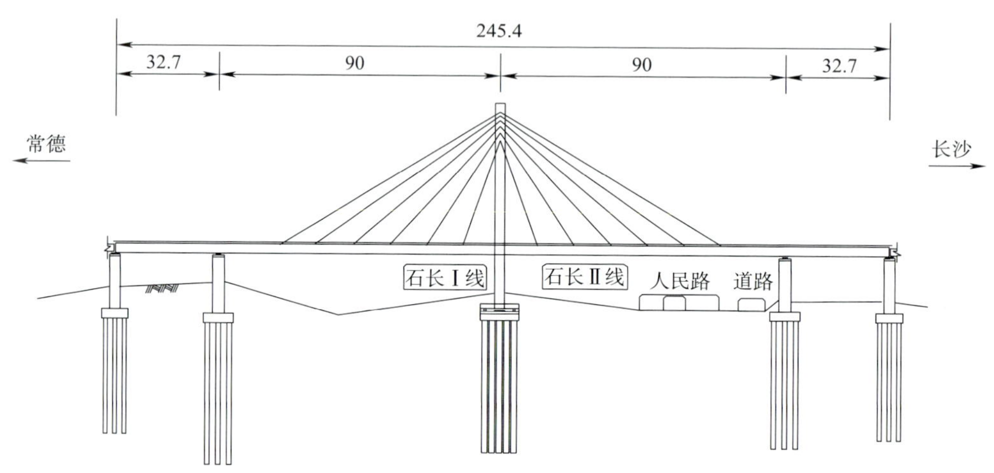

图 3-38-1　主桥立面(单位：m)

3.38.2 结构设计

(1)主梁

加劲梁采用纵肋倒置式钢混组合桥面板，桥面全宽 16.3 m(图 3-38-2)，中心线处梁高 3.05 m(钢梁底面至混凝土板顶)，钢混组合梁桥面板标准厚度 25 cm，采用板式加劲肋，横隔板标准间距 3.0 m。

两侧边箱梁工厂加工，整体陆路运输到现场，顶、底、腹板及顶板加劲肋现场焊接，底、腹板加劲肋及横隔梁腹板通过高强螺栓连接，形成钢梁节段，随后主梁双向拖拉跨中高精度对接合龙。

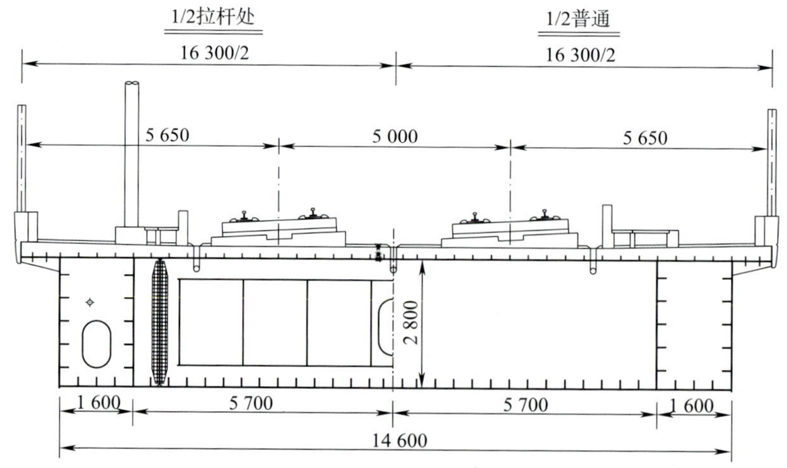

图 3-38-2　主梁截面图(单位：mm)

(2)桥塔

采用拱形桥塔,承台以上桥塔全高为 66 m,桥面以上塔高 45 m,桥面以下塔高 21 m(图 3-38-3)。拱轴线线型采用椭圆曲线,塔柱截面采用等高等宽箱形截面,截面尺寸为 3.0 m(顺桥向)×4.0 m(横桥向),加劲肋采用板肋。在主塔下部设置桥塔横梁,横梁高 2.8 m,宽度 3.0 m,加劲肋采用板肋。主梁与横梁刚性连接。

桥塔各节段之间采用全焊连接方式,桥塔塔柱采用先竖转后平转的施工方式,即异形拱塔低位智能化竖转再平转合龙固结,塔间横梁与主梁的双合龙口固结。

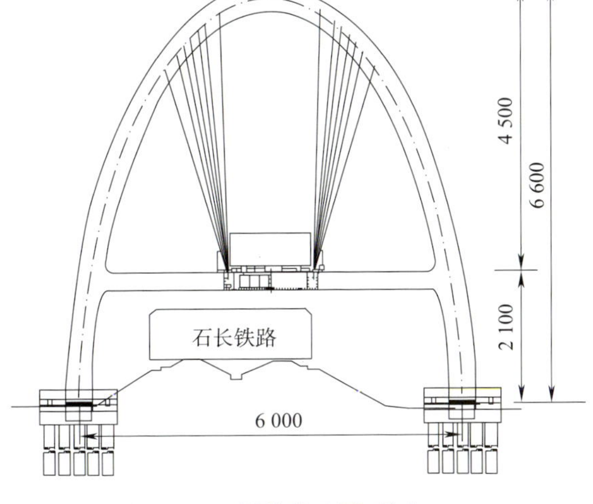

图 3-38-3 桥塔构造图(单位:cm)

(3)斜拉索

斜拉索采用抗拉标准强度 1 860 MPa 镀锌平行钢丝拉索,空间双索面体系,辐射形布置,全桥共设 13 对斜拉索,梁上索距 12 m。

索塔及索梁锚固采用钢锚箱的锚固方式,张拉端设置在主梁上。

(4)墩身及基础

边墩及辅助墩采用矩形双柱墩,墩顶设横梁。边墩采用 12 根直径 1.0 m 桩基础,辅助墩采用 12 根直径 1.25 m 桩基础。

主塔采用直径 12 m 圆形承台,承台高度 3.6 m,基础采用 7 根直径 1.8 m 桩基础。

3.38.3 施工方法

加劲梁采用双向拖拉施工(图 3-38-4),由两侧向跨中整体拖拉合龙。桥塔采用先竖转后平转的施工方式(图 3-38-5),桥塔塔柱平转合龙后,竖转桥塔横梁(图 3-38-6),完成塔梁刚性连接。

图 3-38-4 主梁双向拖拉施工

图 3-38-5 桥塔塔柱竖转施工

图 3-38-6 桥塔横梁竖转施工

3.38.4 主要技术经济指标

主要技术经济指标见表 3-38-1。

表 3-38-1 主要技术经济指标

指标类型		数 值
结构性能指标	竖向挠跨比	1/849
	梁端转角(rad)	0.65‰
	横向挠跨比	1/17 565
主要工程量	主梁钢材用量(t)	2 415.0
	主梁钢材用量(t/m)	9.9
	主梁混凝土桥面板(m^3)	1 065.0
	桥塔钢材用量(t)	1 042.0
	斜拉索(t)	75.0

3.38.5 技术特点和创新点

(1)针对平曲线、与既有线小角度交叉等复杂边界条件，结合桥址地质、桥塔横梁设置条件以及建筑美学，开展了桥型结构适应性、合理拱轴线、斜拉索锚固等关键技术研究。

(2)钢塔采用低位卧拼，智能化、快速化平竖转施工技术，解决了跨越既有高速铁路异形拱塔施工的难题。

(3)开展了加劲梁双向大悬臂曲线拖拉、多点三维坐标高精度控制，以及辅助合龙措施等研究，实现主梁双向拖拉跨中高精度对接合龙。

(4)对施工过程中的线形变化进行精细化分析，研究温度敏感钢梁钢塔结构对线形影响，以满足无砟轨道铺设要求。

(5)融合物联网、云计算等现代信息化技术，实现桥梁建造全过程的智能控制。

3.39 新福厦铁路木兰溪特大桥

桥　　名：木兰溪特大桥
工程项目：新福厦铁路
工程位置：福建省莆田市
主　　跨：2×145 m
桥　　型：独塔斜拉桥
建设单位：东南沿海铁路福建有限责任公司
设计单位：中铁第四勘察设计院集团有限公司
施工单位：中铁十六局集团有限公司
设计人员：文望青　王德志　柯朝辉　杨　恒　张晓江　任　征　梁金宝
通车时间：预计 2022 年 9 月

3.39.1 概　况

新福厦铁路设计速度 350 km/h，采用Ⅱ型板式无砟轨道，ZK 活载，双线、线间距 5.0 m，于福建省莆田市境内跨越分离式沈海高速公路。桥位处属海积平原，局部为丘间谷地及缓丘，区内村落房屋星罗棋布，良田沃野阡陌纵横，鱼塘、水田及水沟发育，呈网状分布。桥址范围第四系地层发育，表层分布淤泥、粉质黏土、细砂等松散软弱的地层，厚度一般为 15～30 m，下伏基岩为花岗岩，局部有闪长岩。桥址处地震动峰值加速度为 0.10g，地震动反应谱特征周期 0.45 s。

主桥与分离式沈海高速公路轴线夹角分别为 30°、67°，沈海高速公路为双线四车道，正宽分别为 22 m、28 m，交通十分繁忙。主桥邻近既有福厦铁路木兰溪特大桥 1×128 m 系杆拱桥，线路中心距 22 m。结合桥址地形特点，为降低路肩标高，充分利用分离式高速公路两幅间隙设置主墩，两主跨分别跨越高速公路，主桥采用(30＋2×145＋30) m 独塔混凝土斜拉桥，塔梁墩固结体系，等高度鱼腹式箱形梁。主桥立面如图 3-39-1 所示。

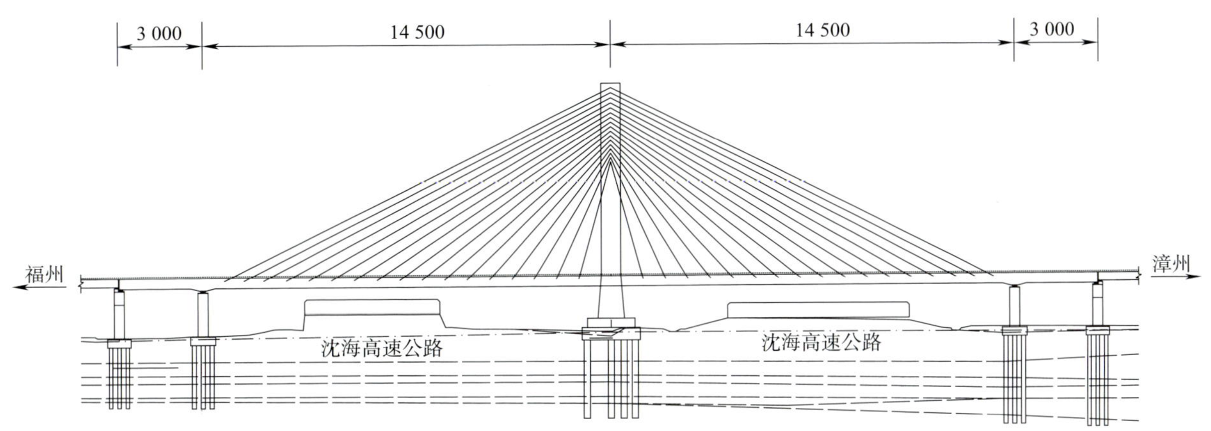

图 3-39-1　主桥立面图(单位:cm)

3.39.2　结构设计

(1)主梁

主梁采用预应力混凝土箱梁，单箱三室等高截面，截面全宽 18 m，中心处梁高 3.8 m(图 3-39-2)，高跨比分别为 1/38.2。

混凝土箱梁每 7 m、8 m 设置一道厚 60 cm 斜拉索横隔梁，与斜拉索位置对应设置。桥塔、连接墩及辅助墩支点处各设置一道加厚横隔梁，辅助墩处横隔梁厚 2.0 m，连接墩处端横隔梁厚 1.7 m。斜拉索梁端锚固于顶板、边腹板和横隔梁交会处。

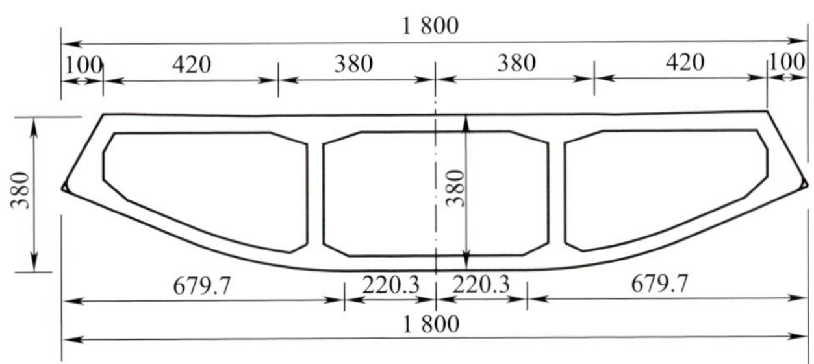

图 3-39-2　主梁标准横断面(单位:cm)

(2)桥塔

桥塔采用花瓶式桥塔，塔高 85.5 m，其中桥面以上塔高 70 m，桥面以上塔的高跨比为 1/2.07。桥塔顺桥向尺寸为 7.0～9.5 m，横桥向尺寸塔顶处宽度为 6.0 m，塔底处宽度为 12.0 m(图 3-39-3)。

上塔柱为斜拉索锚固区，单箱单室截面，顺桥向截面宽 7.0 m，壁厚 1.4 m，横桥向截面宽 6.0 m，壁厚 1.0 m。桥塔锚固区配置环向预应力钢绞线。

中塔柱为两分离式倾斜塔柱，中心线倾斜度 1∶3.889，单箱单室截面，顺桥向截面宽 7.0 m。壁厚 1.6 m，横桥向截面宽 4.2 m，壁厚 1.1 m。

下塔柱为两分离式倾斜塔柱，矩形实体截面。中塔柱和下塔柱在塔梁交接处设下横梁，下横梁采用矩形截面，截面宽约 7.0 m，高 6.0 m。下横梁采用全预应力混凝土结构，ϕ15.2 低松弛预应力钢绞线，

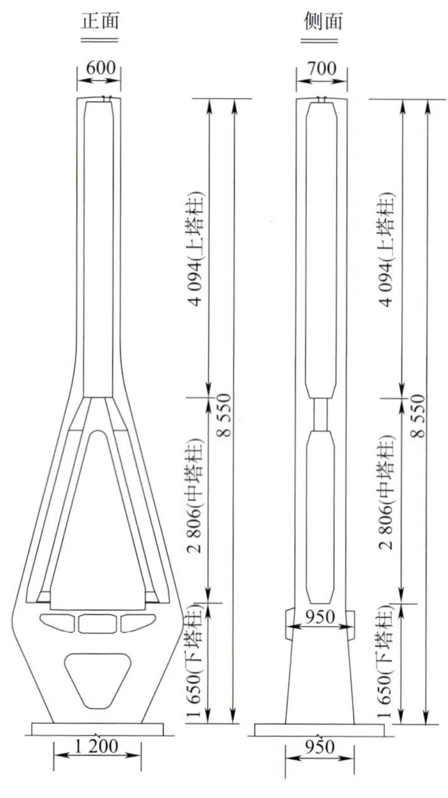

图 3-39-3 桥塔轮廓图(单位:cm)

锚固于桥塔外侧壁上。

(3)斜拉索

斜拉索采用抗拉标准强度 1 860 MPa 钢绞线拉索，空间双索面体系，扇形布置，全桥共 34 对斜拉索。斜拉索梁上基本间距 7 m、8 m，斜拉索张拉端设置在塔内，在塔端的锚固采用混凝土锚固齿块结构，斜拉索采用单根张拉。

(4)基础

边墩及辅助墩采用矩形实体墩，基础分别采用 11ϕ1.25 m、12ϕ1.50 m，桥塔基础采用 23ϕ2.20 m，均为钻孔灌注桩基础。

转体结构由下转盘、球铰、上转盘、转体牵引系统、助推系统、轴线微调系统组成，其中转体球铰吨位为 1.2 万 t。转体撑脚安装情况如图 3-39-4 所示。

图 3-39-4 转体撑脚安装

3.39.3 施工方法

桥塔采用侧位现浇＋平转施工方案(图 3-39-5)，下塔柱及下横梁采用支架现浇施工，中塔柱和部分上塔柱采用液压爬模法现浇施工，当中塔柱施工合龙后(图 3-39-6、图 3-39-7)，将桥塔转体约 90°。当桥塔转体至设计位置时，固结转体系统，继续采用液压爬模法施工上塔柱至塔顶，桥塔施工完成。

主梁 0 号梁段与桥塔下横梁一起支架现浇施工(图 3-39-8)，1 号～2 号梁段采用支架现浇施工，3 号～17 号梁段采用牵索式挂篮悬浇施工，19 号梁段采用支架现浇施工，合龙段采用吊篮现浇施工。

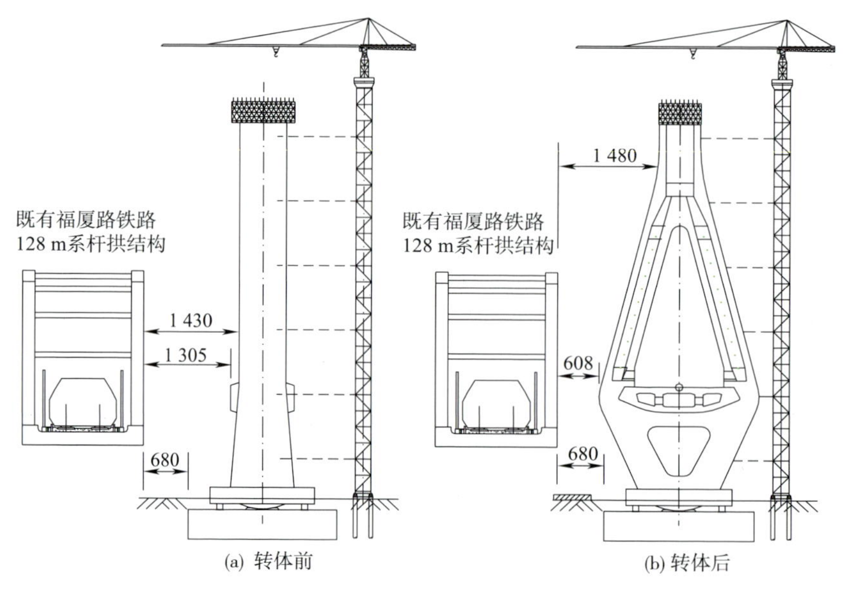

图 3-39-5 桥塔转体施工示意(单位:cm)

图 3-39-6　中塔柱施工

图 3-39-7　桥塔转体前

图 3-39-8　塔座混凝土浇筑

3.39.4　主要技术经济指标

主要技术经济指标见表 3-39-1。

表 3-39-1　主要技术经济指标

指标类型		数　值
结构性能指标	竖向挠跨比	1/1 810
	梁端转角(rad)	0.52‰
主要工程量	主梁混凝土(m^3)	8 786.0
	桥塔混凝土(m^3)	4 611.0
	斜拉索(t)	411.7

3.39.5　技术特点和创新点

(1)是目前国内高速铁路最大跨度的混凝土独塔斜拉桥。

(2)主梁采用等高度鱼腹式箱形梁,建筑结构低,可降低线路整体标高,且索梁锚固块位于箱内,后期维修养护方便,景观性好。

(3)主梁采用牵索式挂篮悬浇施工,与梁上斜拉索间距相适应,对桥下高速公路运营影响小。

(4)裸塔桥塔施工首次采用侧位现浇+平转施工方法,减小了对既有铁路的干扰。

宣杭铁路东苕溪特大桥

第 4 章　艰险山区桥梁

4.1　综　　述

4.1.1　概　　述

我国幅员辽阔、山峦起伏，是一个多山的国家，山区面积约占陆地国土面积的 67%。山区铁路综合建造技术是我国铁路建设的宝贵财富。山区桥梁，特别是艰险山区桥梁的综合建造技术是其中绚丽多彩的重要篇章。

艰险山区桥梁受深切峡谷的限制，往往需要通过增加桥梁跨度、桥墩高度来跨越障碍，规避不良地质。山区地形复杂、交通不便，运输条件和施工场地受限，大型杆件和大型机具往往无法运输到桥址。高墩大跨预应力混凝土连续结构因建筑材料运输便捷、刚度大、温度变形小、维护工作少及经济性好而成为艰险山区铁路中等跨度桥梁优先选用的结构形式。

受材料自重及结构性能的制约，预应力混凝土连续结构桥的跨度多在 200 m 左右。需要更大跨度时，混凝土拱桥展现了良好的适应性和经济性。对于高烈度地震区，钢桁、钢管混凝土结构因其自重轻、强度高的特点而受到青睐。

我国艰险山区铁路桥梁这 40 年的建设发展史，基本就是一部"高墩大跨"桥梁的发展史。

4.1.2　40 年发展历程

(1)20 世纪 80 年代

20 世纪 80 年代，我国山区铁路的建设重点在陕南、粤北山区，主要有宝成复线铁路宝鸡至略阳段、衡广复线铁路等。那个时期，铁路整体技术标准相对较低，山区展线技术运用比较广泛，桥梁也以标准跨度的简支梁为主。山区代表性大跨度桥梁主要以中等跨度的预应力混凝土连续结构为主，如铁道部为发展新技术而批准修建的我国第一座预应力混凝土斜腿刚构桥——邯长铁路浊漳河大桥，是主跨为 82 m 的预应力混凝土斜腿刚构，该桥在钢拱形支架上现浇施工而成；"七五"铁路建设"三大战役"之一"南攻衡广"中修建的我国当时最大跨度的双线预应力混凝土箱形连续梁桥——衡广复线白面石武水大桥，是主跨为 64 m 的预应力混凝土连续梁，该桥梁部采用悬臂灌注法施工。

(2)20 世纪 90 年代

20 世纪 90 年代，南昆铁路、内昆铁路、水柏铁路先后开工建设，一大批具有代表性的复杂山区铁路桥梁应运而生。

根据《"八五"铁路技术进步规划》，为把南昆铁路建设成一条具有 20 世纪 90 年代先进技术水平的长大干线铁路，铁道部通过以南昆铁路清水河大桥、喜旧溪大桥、板其二号大桥和八渡南盘江特大桥为代表的高墩深基础、双薄壁横联墩、平弯梁、高墩 V 形支撑大跨度预应力混凝土箱形梁桥建设，形成了大跨高墩结构刚度控制标准，使高墩爬模现浇施工、梁部轻型挂篮悬臂灌注法施工技术和工艺更加成熟并得以推广，有力推动了铁路大跨度混凝土桥梁技术的发展，实现了用大跨度预应力混凝土梁代替大跨度钢桁梁，将混凝土梁式桥的跨度从 80 m 大幅提升到 128 m，促进了艰险山区铁路建造技术的进步和发展。

1999 年开工建设的水柏铁路北盘江大桥为主跨 236 m 上承式钢管混凝土拱桥，是当时世界最大跨度的单线铁路拱桥。钢管拱肋采用单铰平转施工，转体质量达 10 400 t，是我国铁路建桥史上一个新的里程碑。

至此，形成了以“高墩大跨”为特点的艰险山区铁路桥梁技术体系。

(3)21 世纪首个 10 年

进入 21 世纪，我国铁路建设的步伐继续往艰险山区挺进。穿越渝东鄂西山区的渝怀铁路、宜万铁路、渝利铁路，泛亚铁路的大瑞铁路大理至保山段，襄渝增建二线铁路陆续开工建设。

这十年中，预应力混凝土连续(刚构)桥的跨度和墩高进一步发展，襄渝增建二线铁路牛角坪特大桥把预应力混凝土刚构的最大跨度发展到 192 m，最高桥墩为渝利铁路蔡家沟特大桥的 139 m A 形桥墩。

适应山区 V 形峡谷的拱桥开始大量应用。其中的代表有赣龙铁路吊钟岩大桥主跨 140 m 劲性骨架混凝土拱桥、宜万铁路野三河大桥主跨 124 m 中承式不对称钢管拱桥和宜万铁路落步溪大桥主跨 178 m 上承式劲性骨架混凝土拱桥。2008 年，大瑞铁路澜沧江大桥主跨 342 m 上承式钢筋混凝土提篮拱桥开工建设，劲性骨架钢管采用“二次竖转”工法施工。

(4)21 世纪第二个 10 年

21 世纪第二个 10 年，为解决东西部发展不平衡，响应国家国家新时代的“西部大开发”“交通强国”战略和“一带一路”倡议，铁路尤其是高速铁路向西部山区快速推进。中老铁路，进藏铁路中的拉林铁路、丽香铁路等山区铁路相继开工建设。我国高速铁路从平原向艰险山区拓展，贵广铁路、沪昆客运专线、云桂铁路及成贵铁路等山区高速铁路陆续建成通车。铁路桥梁设计师的创作热情也得以迸发，各类创新结构如雨后春笋般出现，桥梁跨度一再突破。艰险山区“高墩大跨”铁路桥梁迎来了新的提升和突破。

这 10 年中，山区预应力混凝土连续刚构最大跨度在中老铁路阿墨江大桥突破到 216 m。钢桁、拱及斜拉加劲的预应力混凝土连续刚构技术得到进一步发展和推广：黔张常铁路阿蓬江大桥主跨 240 m 矮塔斜拉桥建成通车；郑万铁路神农溪大桥(109＋220＋109) m 钢管拱加劲预应力混凝土连续刚构即将合龙；银西铁路漠谷河 2 号特大桥(97＋2×180＋97) m 钢桁加劲预应力混凝土连续刚构合龙竣工。

预应力混凝土连续刚构受结构自重、抗震性能的制约，其跨度进一步的发展也受到限制。2016 年开工建设的中老铁路元江大桥提供了新的工程解决方案，主桥采用 249 m 上承式连续钢桁梁，154 m 高墩采用带交叉形钢横梁的混凝土双柱墩，抗震性能优良，整体结构轻盈通透。

经过 20 多年的沉淀和积累，艰险山区铁路大跨度拱桥技术在 21 世纪第二个 10 年得到了全面的爆发式发展，混凝土拱、钢桁拱、钢管拱、钢箱拱及钢—混凝土结合拱桥在跨度、技术难度上不断突破，取得了举世瞩目的成就，达到了世界领先的水平。

混凝土拱的代表性桥梁有渝黔铁路夜郎河大桥、云桂铁路南盘江大桥和沪昆客运专线北盘江大桥，主要技术特点为采用钢管混凝土结构作为施工劲性骨架，外包混凝土形成拱圈。其中，2016 年底建成通车的沪昆客运专线北盘江大桥，设计时速 350 km，是目前世界最大跨度的钢筋混凝土拱桥，推动了高速铁路混凝土拱桥跨径从 270 m 到 445 m 的巨大提升，为艰险山区高速铁路绕避不良环境条件提供了更大的自由度。

钢桁拱的代表性桥梁有林织铁路纳界河大桥和大瑞铁路怒江大桥，主要技术特点为结构轻、抗震性能好和采用斜拉扣挂悬臂拼接，其中 2019 年底主体结构竣工的大瑞铁路怒江大桥主跨 490 m 上承式钢桁拱桥，是世界最大跨度的铁路拱桥。

钢管拱的代表性桥梁有拉林铁路藏木大桥和张吉怀铁路酉水大桥，钢管拱综合了前述两类拱桥的特点。其中，2020 年 6 月主体结构竣工的拉林铁路藏木大桥主跨 430 m，是世界最大跨度的铁路钢管混凝土拱桥。

钢箱拱及钢—混凝土结合拱桥的代表来自 2019 年底通车的成贵铁路。宜宾金沙江公铁两用大桥 336 m 跨主拱采用钢箱系杆拱桥，公铁桥面上下层分离，是世界上最大跨度的公铁两用钢箱系杆拱桥；

鸭池河特大桥主桥采用跨度436 m中承式拱桥，拱肋结构首次采用钢箱—混凝土结合桁架拱结构形式，充分发挥了组合结构的优点。世界十大铁路拱桥见表4-1-1。

表4-1-1 世界十大铁路拱桥

序号	桥名	国别	建成年份	主拱结构	跨度(m)	备注
1	怒江特大桥	中国	2019	上承式钢桁拱	490	山区
2	Chenab Bridge	印度	停建	上承式钢桁拱	467	山区
3	西江特大桥	中国	2014	中承式钢箱肋拱	450	
4	北盘江特大桥	中国	2016	上承式钢筋混凝土拱	445	山区
5	鸭池河特大桥	中国	2019	中承式钢—混结合拱	436	山区
6	藏木特大桥	中国	2020	中承式钢管混凝土拱	430	山区
7	南盘江特大桥	中国	2016	上承式钢筋混凝土拱	416	山区
8	阿尔蒙特河大桥	西班牙	2018	上承式钢筋混凝土拱	370	
9	夜郎河特大桥	中国	2018	上承式钢筋混凝土拱	370	山区
10	准朔铁路黄河大桥	中国	2018	上承式钢管混凝土拱	360	

2015年开工的丽香铁路金沙江大桥翻开了山区铁路桥梁建设的新篇章。主桥采用(110＋660＋98) m上承式钢桁梁悬索桥，利用悬索桥的超大跨越能力、灵活的边跨配设条件，跨越了金沙江虎跳峡峡谷，是我国首座纯铁路悬索桥。

4.1.3 展 望

40年来，艰险山区铁路桥梁设计建造技术通过几代桥梁人的艰苦奋斗、传承和创新，不断积累沉淀，形成了以预应力混凝土连续梁(刚构)、拱桥为代表的"高墩大跨"技术体系，并通过各类加劲的预应力混凝土结构和钢桁梁悬索桥使"高墩大跨"技术体系得到进一步丰富和提升，我国艰险山区高速铁路桥梁建造总体技术水平已处于世界领先行列。未来十年，我国将迎来世纪工程——川藏铁路建设的高峰，跨度超过1 000 m的悬索桥、跨度500 m级的拱桥将会陆续设计建成，复杂山区桥梁技术必将创造新的辉煌。

4.2 邯长铁路浊漳河大桥

桥　　名：浊漳河大桥
工程项目：邯长铁路
工程位置：山西省黎城、潞城县界处
主　　跨：82 m
桥　　型：斜腿刚构
建设单位：邯长铁路有限责任公司
设计单位：中国铁路设计集团有限公司
施工单位：中铁三局集团有限公司
设计人员：彭道广　吴斌元　邹希泉　孔繁孝　孙承祖
　　　　　许东林　周开炯　周四思
通车时间：1984年5月

4.2.1 概 况

邯长铁路为国家Ⅰ级单线铁路，采用有砟轨道，于山西省黎城与潞城两县交界处跨越浊漳河。桥址两岸地势陡峭，基岩裸露，岩石完整坚硬，河谷宽约75 m，呈U形峡谷，地层表层20 m为卵石、中砂夹土，其下为一断层破碎带，地震基本烈度为7度。

浊漳河大桥主桥轴线于浊漳河水流线基本正交，浊漳河属海河流域漳卫南运河水系，常年有水。根据桥址地形、地质特点，宜修建大跨度推力式结构，设计中比较了刚性梁柔性推力拱、预应力混凝土斜腿刚构两个方案。预应力混凝土斜腿刚构为三次超静定结构，梁与斜腿为刚性联结，梁的两端设活动支座，斜腿下设铰支座。由于斜腿对梁提供中间支承，梁部结构成为类似有弹性支承的三跨连续梁，大大减少了梁的弯矩。同时，梁的中段与斜腿均承受轴向力，结构又近似于折线拱的性质。与拱桥相比，在相当长一段结构内以梁代替拱上结构，因而用料省，经济效益好，而且外形轻巧、美观。最终主桥采用 1×82 m 预应力混凝土斜腿刚构，引桥采用 3 孔 20 m、1 孔 16 m 钢筋混凝土简支梁，桥梁全长 171.12 m，桥高约 40 m。主桥立面如图 4-2-1 所示。

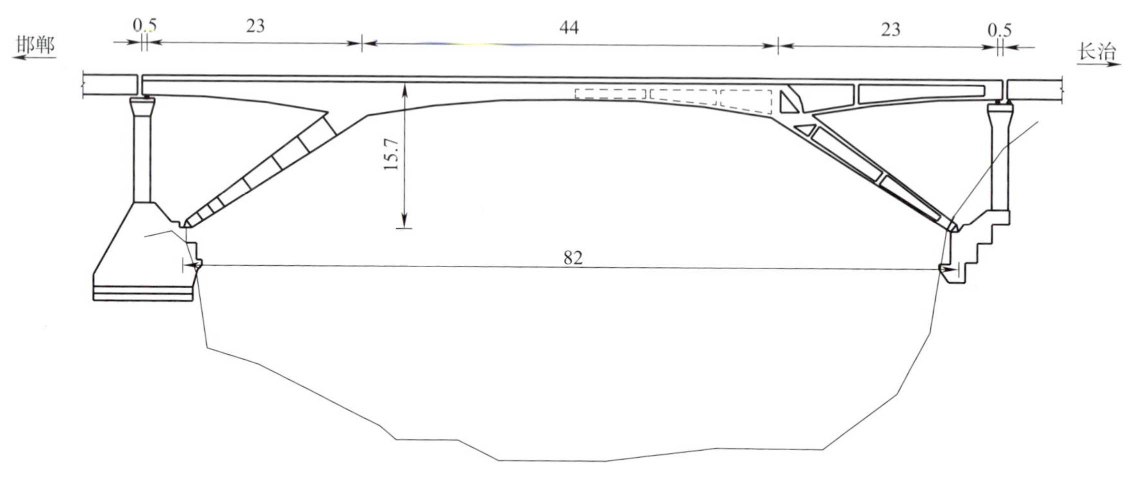

图 4-2-1　主桥立面(单位:m)

4.2.2　结构设计

桥面梁体为预应力混凝土单室箱形结构，沿梁高为变截面的空心结构。两个斜腿为钢筋混凝土单室箱形结构，斜腿下端设铰支座。

斜腿刚构全长 91 m，中跨 44 m，两边跨为 23.5 m。梁宽 3.0 m，端部梁高 1.8 m，跨中梁高 2.1 m(图 4-2-2)，隅节点梁高 4.5 m，腿趾处斜腿截面为 5.4 m×1.0 m，隅节点处斜腿截面为 3 m×3.04 m。

基础除 1 号墩在断层破碎带的碎石层上外，其余均置于基岩上。

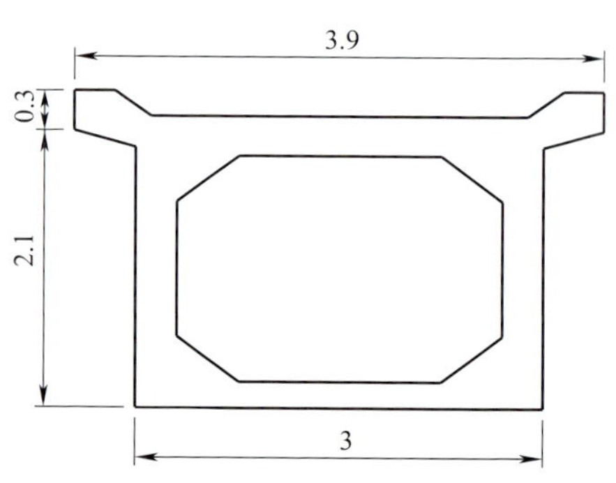

图 4-2-2　跨中横断面图(单位:m)

4.2.3　施工方法

斜腿刚构混凝土浇筑在钢拱架上进行，钢拱架由 6 片组成，经组成拼装单元后，采用缆索吊机悬臂拼装，并进行加载预压，以消除非弹性变形。混凝土浇筑前在钢拱架跨中部位 6 个节点上预加载 204 t，同时浇筑两个斜腿的钢筋混凝土，然后自跨中逐段连续向两侧对称浇筑梁段预应力混凝土，并相应卸载。施工步骤如图 4-2-3 所示。

全桥共设置后张法预应力筋 6 股 7ϕ5 钢绞线 46 束。当斜腿和中跨混凝土浇筑完成，形成门式刚构时，首先对 4 束钢绞线进行张拉，以使其在拱架脱离后能承受自重，并在以后的预应力张拉过程中，梁体的变形不受钢拱架的约束。钢拱架的落架通过砂箱进行。

该桥于 1974 年 6 月开工，1981 年 10 月铺轨。桥梁完工后，对斜腿刚构进行了静、动载试验，对挠度、隅节点应力等进行了测试，均获得了满意的结果。成桥实景如图 4-2-4 所示。

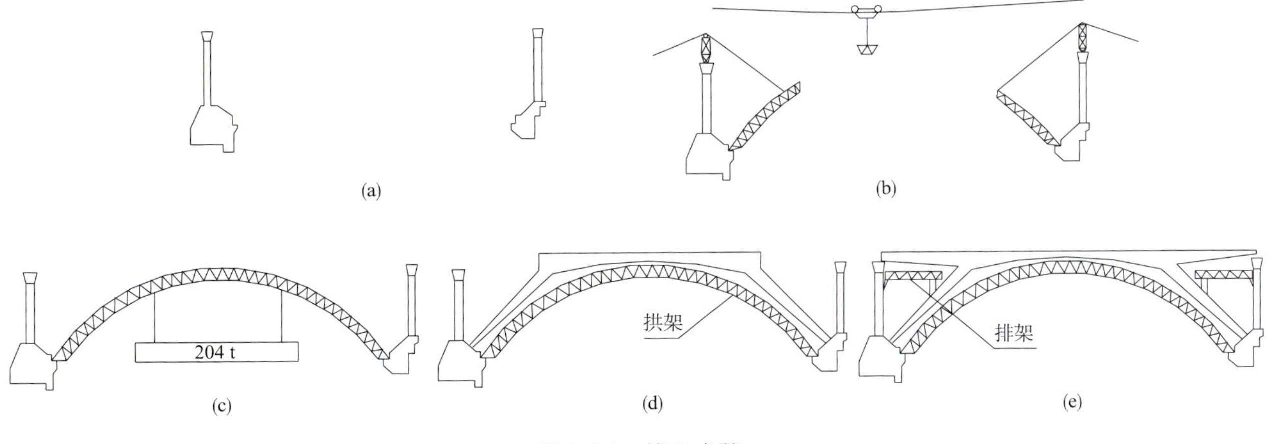

图 4-2-3　施工步骤

图 4-2-4　成桥实景

4.2.4　主要技术经济指标

主要技术经济指标见表 4-2-1。

表 4-2-1　主桥主要技术经济指标

指　标　类　型		数　值
结构性能指标	跨中静活载竖向挠度(mm)	8.66
主要工程量	钢筋混凝土(m^3)	506.0
	木材(m^3)	333.0
	预应力钢绞线(t)	18.2
	钢材(t)	76.0
	钢拱架(t)	294.0

4.2.5　技术特点和创新点

(1)本桥对腿跨、中跨、边跨的比例和梁高做了充分的比较,选择了较为合理的比值,采用了“吻合索”配筋,减少了收缩、徐变等因素对结构内力的影响。在设计中对横向振动、平面外稳定、隅节点受力状态、抗震计算等问题,都进行了初步探讨。

(2)本桥为中国铁路干线第一座斜腿刚构,整体性好,外观优美,兼有连续梁和拱的优点,它的建成为铁路建造大跨度预应力混凝土桥梁提供了实践经验。

4.2.6 获奖情况

获 1983 年国家优质工程银奖。

4.3 衡广复线白面石武水大桥

桥　　名：白面石武水大桥
工程项目：京广铁路衡广第二线
工程位置：广东省韶关市乐昌市坪石镇
主　　跨：64 m
桥　　型：预应力混凝土箱形连续梁
建设单位：广州铁路局
设计单位：中铁第四勘察设计院集团有限公司
施工单位：中铁隧道局集团有限公司
设计人员：方　强　沈永良　刘明华　龙英琪　王家骧　邱锡元
通车时间：1988 年 11 月

4.3.1 概　　况

衡广复线为客货共线，设计速度 120 km/h，双线中—活载，有砟轨道，线间距 4.0 m。白面石武水大桥位于京广铁路衡广第二线坪（石）乐（昌）段，中心里程 DK1980＋150，坪乐段河段蜿蜒曲折，坡陡流急，素有“九龙十八滩”之称。桥梁于坪石镇以东白面石处跨越武水。武水为珠江水系北江之支流，坪石至张滩为武水峡谷区段，广东省计划在乐昌峡修建水库；水库建成以后武水航道条件大为改善。坪石至乐昌通行 100 t 以上的船舶，通航净宽 40 m，净高按十年一遇的洪水位（计入回水）考虑。在考虑斜交及墩宽的影响后，桥梁主跨采用 64 m。主桥立面如图 4-3-1 所示。

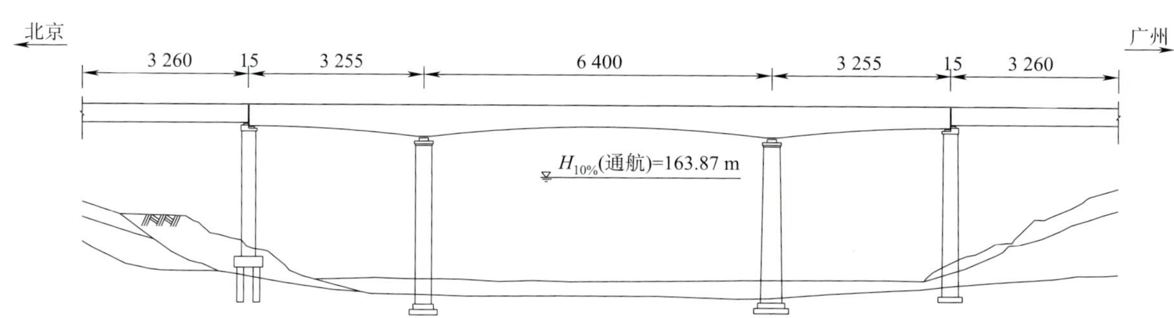

图 4-3-1　主桥立面（单位：cm）

白面石武水大桥主跨采用了跨度（32＋ 64＋32） m 预应力混凝土箱形连续梁，两端各配有跨度为 31.7 m 预应力混凝土简支梁两跨，桥梁全长计 273.8 m。主跨连续梁采用悬臂灌注法施工工艺。

4.3.2 结构设计

（1）主梁

主梁采用直腹板的单箱双室截面，中支点梁高 5.0 m，中跨跨中及梁端梁高为 3.0 m（图 4-3-2），梁体下缘采用半径为 241.25 m 的圆曲线。箱宽 6.0 m，截面上部横向双侧尚有宽 1.5 m 之悬臂板，箱顶总宽为 9.0 m。箱梁截面顶底板厚为 0.28 m，局部加厚至 0.38～0.45 m，中支点附近的底板最厚处为 0.7 m。腹板系采用三块腹板等宽，每一板宽 0.26～0.38 m，中支点附近加宽至 0.45 m。悬臂板上沿桥梁纵向每 2 m 装有钢筋混凝土托架，其上再铺装钢筋混凝土步行板以形成人行道。

(2)预应力体系

白面石武水大桥设计前，我国后张式预应力混凝土桥梁，多年来均习用以钢丝成束的预应力钢索。随着预应力混凝土梁逐渐向大的跨度发展，更趋向于采用钢绞线束取代钢丝束以方便施工。为此本梁创新性的决定采用由 6 根 7ϕ5 钢绞线成束的 1 000 kN 级的预应力系统，配合的千斤顶选用建筑工程部科学研究院研制的 YC-120 型千斤顶。钢绞线预留孔道采用 ϕ62 多层帆布胶管抽拔成孔，孔道直径 60 mm。

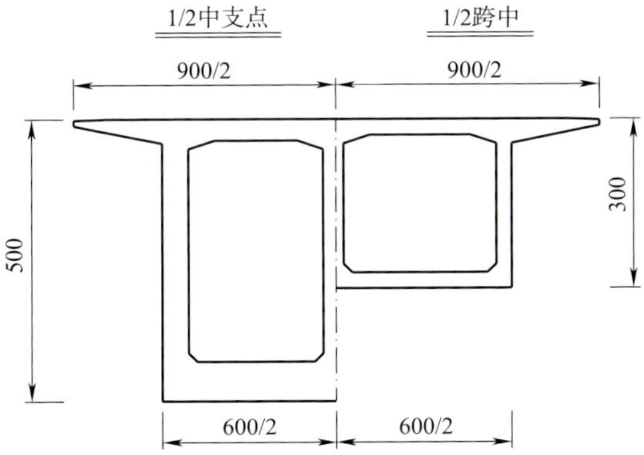

图 4-3-2　主梁截面图(单位：cm)

(3)下部结构

大桥采用双线圆端形桥墩及双线 T 形桥台，主跨桥墩基础采用直径为 10.5 m 的圆形沉井基础，直接落于基岩上；其余桥墩和桥台基础分别采用 1.25 m 直径的钻孔桩基础和扩大基础。

4.3.3　施工方法

白面石武水大桥采用平衡伸臂悬臂灌注法施工(图 4-3-3)，墩上现浇梁段系在墩顶部由双侧墩旁托架及墩顶帽共同组成之工作平台上施工，其余分块梁段均利用梁上吊篮桁架悬吊施工，最后在中跨跨中合龙(图 4-3-4)。

图 4-3-3　悬臂灌注法施工

图 4-3-4　中跨合龙

全梁沿着纵向轴线共分为 47 个梁段，主墩上现浇段长度为 6.8 m，除零号段长 4.15 m 及合龙段长 1.2 m 外，其余梁段共分 3.0 m 及 2.4 m 两种长度。自 1986 年 3 月 25 日开盘灌注 3 号主墩上 10 号梁段开始，至 1986 年 12 月 15 日 21 号梁段灌注混凝土合龙，前后共计总工天 282 天，施工一对梁段 11～13 d，最快仅有用 6 d 就完成，施工效率较高。

4.3.4　主要技术经济指标

主要技术经济指标见表 4-3-1。

表 4-3-1　主要技术经济指标

指标类型		数　值
结构性能指标	竖向挠跨比	1/2 030
主要工程量	混凝土(m^3/m)	9.2
	预应力钢绞线(kg/m^3)	51.6
	钢筋(kg/m^3)	102.5

4.3.5 技术特点和创新点

白面石武水桥设计的一些指标如梁跨、预应力索等在当时是比较先进的，在下列范畴内，本桥做了一些有突破性的工作：

(1)本桥为我国第一座双线铁路大跨度预应力混凝土箱梁，由于连续梁经常受偏心活载，要求对扭转有较深入的研究，除了进行理论上分析外，设计过程中做了 1/20 的有机玻璃模型试验，建桥后又进行了实桥测试予以验证，解决了该结构有关约束扭转的主要问题，积累了大量宝贵试验资料。

(2)设计计算方面对温度应力的研究，徐变影响以及双室闭合箱形截面剪应力计算等方面均做了仔细的演算，对后来同类型梁跨设计中及发展大跨度预应力混凝土梁，均具有参考价值。

(3)本桥在设计年代由于跨度较大，并且又是双线铁路桥，因此支点反力较大，从而采用了设计反力 13 000 kN 的盆式橡胶支座，这不仅是铁路桥梁所采用的最大的盆式橡胶支座，即使与当时国内公路桥梁比较也是首屈一指的。

(4)本桥改变了当时广泛使用的 60 t 级的 24ϕ5 高强度钢丝束预施应力系统，而采用 6-7ϕ5 钢绞线成束的百吨级强大预应力钢索，这为后来采用更大跨度预应力梁创造了条件。

(5)本桥采用了不需进行支点起顶的调整反力悬臂施工法，不但简化了施工程序，还缩短了工期，这在国内尚属第一次。

4.3.6 获奖情况

(1)依托本桥的科研项目“双线铁路单箱双室预应力混凝土连续梁”获 1989 年铁道部科技进步二等奖。

(2)获 1989 年铁道部优质工程一等奖。

4.4 侯月铁路海子沟大桥

桥　　名：海子沟大桥
工程项目：侯月铁路
工程位置：山西省翼城县
主　　跨：2×84 m
桥　　型：预应力混凝土连续梁
建设单位：中国铁路工程发包公司
设计单位：中铁第一勘察设计院集团有限公司
施工单位：中铁三局集团有限公司
设计人员：彦文清　王　弘　李承根　王　胜　李　涛　兰　林　徐　兴　安全华
通车时间：1993 年 6 月

4.4.1 概　　况

侯月铁路连接侯马至月山，国铁Ⅰ级干线，双线，线间距 4.0 m。海子沟大桥位于侯月铁路西段翼城车站附近，地处山西省翼城县北捍乡。海子沟为黄土深沟，岸坡陡峻，冲沟发育，沟内有少量泉水，塬面为 Q_3 黄土，持力层为 Q_2 老黄土。流水沟槽两岸及塬面均为耕地，属 7 度地震烈度区。

桥梁孔跨布置为：1×32 m 预应力混凝土梁+(63+2×84+63) m 预应力混凝土箱形连续梁+1×32 m 预应力混凝土梁。主桥立面如图 4-4-1 所示。

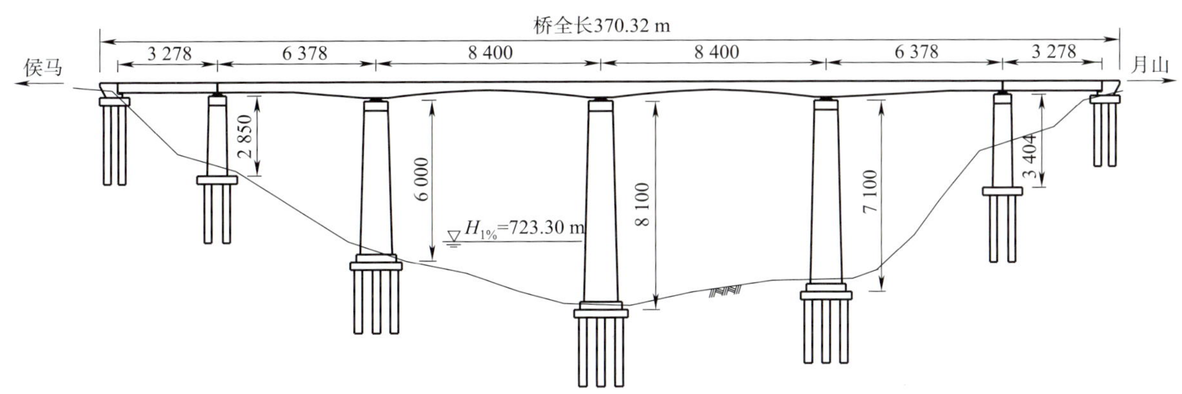

图 4-4-1　主桥立面(单位:cm)

4.4.2　结构设计

桥梁上部结构,连续梁设计采用预应力混凝土单箱、单室、变截面连续梁,支点处梁高 6.5 m,跨中梁高 3.8 m,梁底为二次抛物线;中跨 84 m,边跨 63 m(直线段长 21.7 m),主要是按地形条件布孔确定。

按双线构造要求,顶板宽为 7.9 m(两侧设 1.3 m 宽人行道),底板宽 4.8 m(在支点处局部加宽为 5.7 m),满足支座设置要求(图 4-4-2)。顶板厚 35 cm,底板支点处厚 140 cm,分段渐变至跨中厚 45 cm。腹板支点处厚 80 cm,分段渐变至跨中厚 45 cm。支点处设厚 1.6 m,跨中处设厚 0.6 m 的横隔板。梁体采用盆式支座。预应力体系为三向预应力,波纹管成孔。

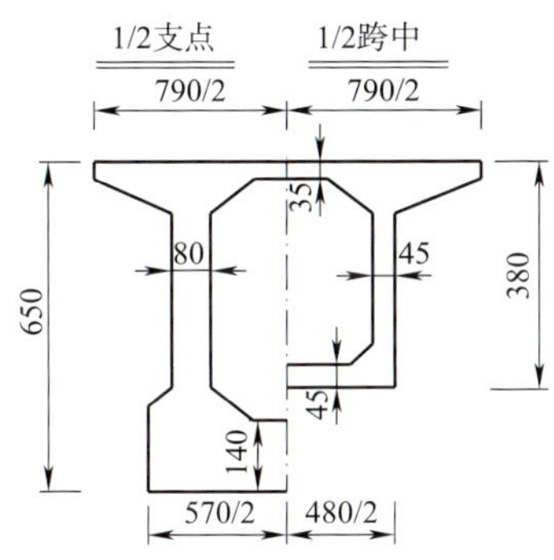

图 4-4-2　梁部横截面(单位:cm)

4.4.3　施工方法

空心高墩采用爬模施工,连续梁采用轻型斜拉式挂篮悬臂灌注法施工。

4.4.4　主要技术经济指标

主要技术经济指标见表 4-4-1。

表 4-4-1　主要技术经济指标表

指标类型		数值
结构性能指标	竖向挠跨比	1/4 500
	自振特性:一阶横向周期(s)	1.1
主要工程量	主梁混凝土(m^3)	2 706.0
	主梁预应力钢绞线(t)	121.0
	主梁普通钢筋(t)	430.0

4.4.5　技术特点和创新点

(1)本桥建设时,跨度居国内同类铁路桥梁之首,墩高最高。

(2)该桥为偶数跨,合龙顺序对内力影响较大。采用在高墩上先完成三个 T 形,3 号墩两侧不同时合龙,可减小 3 号墩顶处弯矩,最后合龙边跨。

(3)由于边跨直线段长达 21.7 m,梁下地形陡峻,采用单柱悬臂梁支架对争取工期及经济效益均有利。

4.4.6 获奖情况

获 1995 年铁道部优秀工程设计一等奖。

4.5 南昆铁路清水河大桥

桥　　名：清水河大桥
工程项目：南昆铁路
工程位置：贵州省兴义市、兴仁县和普安县
主　　跨：128 m
桥　　型：预应力混凝土连续刚构
建设单位：南昆铁路建设指挥部
设计单位：中铁二院工程集团有限责任公司
施工单位：中铁十六局集团有限公司
设计人员：马庭林　陈克坚　徐　勇　徐学仁　徐公望
通车时间：1997 年 8 月

4.5.1 概　　况

南昆铁路为国家Ⅰ级单线电气化铁路,有砟轨道,设计荷载为中—活载。清水河大桥在贵州省兴义市、兴仁县和普安县三地交界处跨越清水河峡谷。桥址地处云贵高原峰丛峡谷地区,河谷深切呈 V 形,谷槽两壁陡峭,从河底至桥面高 183 m,谷底宽约 35 m。桥址处东岸上部较缓,西岸坡高百余米,边坡陡峻。基岩石质坚硬,岩层倾角平缓。桥址不良地质主要有岩溶、岩堆和危石。桥址地震基本烈度小于 6 度。

清水河大桥孔跨布置为 2×32 m+(72+128+72) m 预应力混凝土连续刚构,桥梁全长 360.5 m。两主墩为钢筋混凝土矩形空心墩,高度分别为 86 m 和 100 m。主桥立面如图 4-5-1 所示。

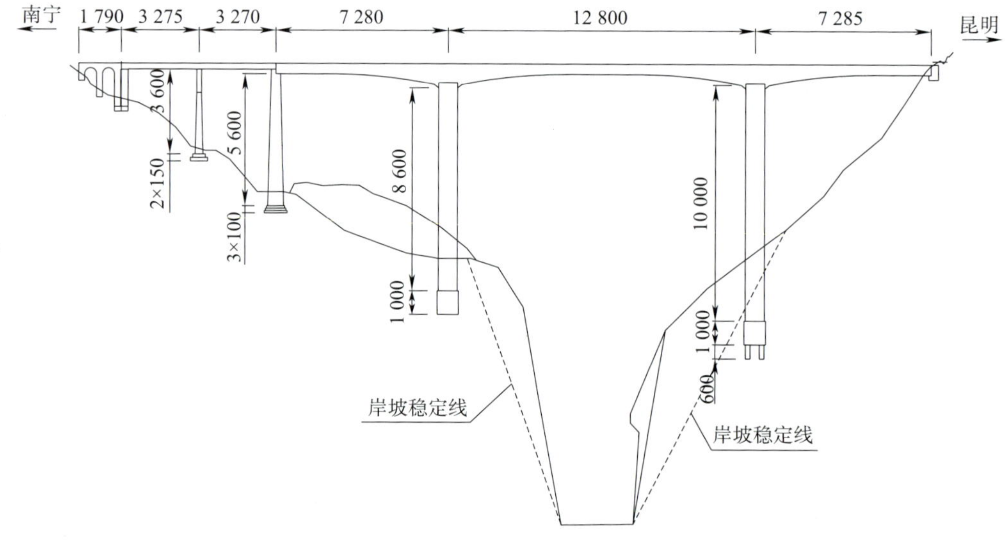

图 4-5-1　主桥立面(单位:cm)

4.5.2　结构设计

(1)主梁构造

主梁采用单箱单室、变高度、变截面箱形结构。箱梁底宽 6.1 m,顶宽 8.1 m,主墩处梁高 8.8 m,中跨跨中梁高 4.4 m,底板厚度 40～90 cm,腹板厚度 40～70 cm(图 4-5-2)。梁体下缘除中跨中部的 34 m 和边跨端部 25.7 m 为 4.4 m 的等高直线段外,其余为半径 212.3 m 的圆曲线。梁体采用 500 号混凝土。

梁体采用三向预应力体系。纵向预应力采用 12-7ϕ5 高强度、低松弛钢绞线(R_y=1 860 MPa);顶板每 0.5 m 设一束 4 根 7ϕ5 横向预应力钢束,单端张拉;腹板中采用双排冷拉Ⅳ级 ϕ25 粗钢筋竖向预应力筋,间距 40～50 cm。

悬灌段长度有 3 m、3.5 m 和 4 m 三种,0 号段长 12 m。

(2)墩梁结合部

采用两个矩形箱体正交:纵向两壁墩上延至箱体内成两横隔板,横向两壁与腹板连接(图 4-5-3)。为了避免可能的局部应力集中导致混凝土开裂,在墩壁与箱梁底板的交界处设置横向预应力粗钢筋,并将腹板的竖向预应力筋延伸至墩身内 3 m。

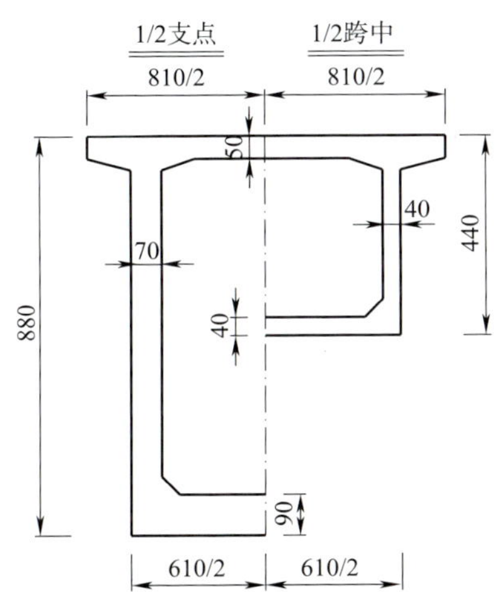

图 4-5-2　主梁截面(单位:cm)

图 4-5-3　墩梁结合部构造(单位:cm)

(3)主墩及基础

主墩采用矩形空心单墩,采用 300 号混凝土。墩顶横向宽度 7.6 m,墩身纵向宽度 8 m;墩身横向外坡 25∶1 及 40∶1 的分段双坡,墩身横向内坡 60∶1;墩身纵向内外坡均采用 1∶0,壁厚 1.1 m。

主墩基础采用嵌岩基础,嵌岩基础深度 10 m,下设 6 根 2.0 m×2.0 m 的挖孔方桩。

4.5.3　施工方法

深基坑开挖采用基坑岩壁挂网喷锚支护,分层分台阶打眼,周边光面爆破。百米高墩施工采用大块翻转钢模法施工。梁部施工采用菱形挂篮的悬臂灌注法,挂篮自重 46 t,适用最大梁段自重 160 t。

4.5.4　主要技术经济指标

主要技术经济指标见表 4-5-1。

表 4-5-1　主要技术经济指标表

指标类型		数值
结构性能指标	竖向挠跨比	1/3 765
	横向挠跨比	1/4 923
	一阶横向周期(s)	1.63

续上表

指标类型		数值
主要工程量	主梁混凝土(m^3)	3 718.0
	主梁预应力钢绞线(t)	195.9
	主梁普通钢筋(t)	360.6
	刚构墩混凝土(m^3)	8 937.0
	刚构墩普通钢筋(t)	526.4

4.5.5 技术特点和创新点

清水河大桥是铁路桥梁上首次采用预应力混凝土连续刚构形式，墩高与跨度当时都居国内干线铁路之首。

(1)建成了高墩、大跨预应力混凝土连续刚构桥，为艰险山区铁路选线提供了较大的自由度，钢梁也不再是铁路大跨桥梁的唯一选择。

(2)采用矩形空心墩体及箱形墩梁正交连接的结构，应力分布状态较好，有效解决了局部应力集中的问题。

(3)制定了整体结构横向一阶自振周期不大于 1.7 s 和跨中水平挠度 $f<l/4\ 000$ 两个横向刚度控制指标，对我国铁路预应力混凝土连续(刚构)桥梁建设具有深远影响。

(4)梁部顶板横向预应力束采用曲线布束形式，对横框应力有较好的改善。

(5)49 m 深基施工中采用了分部台阶开挖微裂松动爆破技术，保证了坑壁的稳定。

(6)合龙段采用顶梁、体外支撑、钢楔和临时预应力束锁定等技术在国内属领先水平。

4.5.6 获奖情况

(1)获 1998 年中国铁路工程总公司科技进步一等奖。

(2)获 2000 年国家建筑工程鲁班奖。

(3)获 2001 年贵州省科技进步一等奖。

4.6 南昆铁路八渡南盘江特大桥

桥　　名：八渡南盘江特大桥
工程项目：南昆铁路
工程位置：广西田林县、贵州册亨县
主　　跨：2×90 m
桥　　型：混凝土 V 形支撑连续梁
建设单位：南昆铁路建设指挥部
设计单位：中铁第一勘察设计院集团有限公司
施工单位：中铁十八局集团有限公司
设计人员：胡　明　王芳卿　栗恒斌　张多平　王吉盈　马有强　卢　明　李凤英
通车时间：1997 年 8 月

4.6.1 概　　况

八渡南盘江特大桥位于南昆铁路中段的南盘江上，单线Ⅰ级铁路桥。表层为第四系残积砂黏土和冲积漂卵石、块石土层，下伏三叠系中统边阳组的砂夹泥岩、页岩。地震烈度小于 6 度。桥跨布置为 4×32 m 预应力混凝土简支梁＋1 联(54＋2×90＋54) m 部分预应力混凝土 V 形支撑连续梁＋3×

32 m 预应力混凝土简支梁。主桥立面如图 4-6-1 所示。

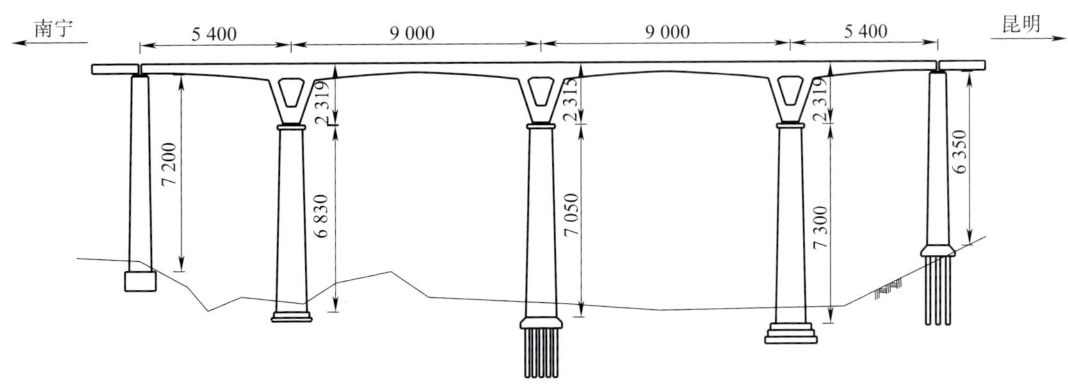

图 4-6-1 主桥立面(单位:cm)

4.6.2 结构设计

箱梁梁体为单箱单室、变高度、变截面结构,箱梁顶板宽为 6.02 m,底板宽 4.2 m。顶板厚度,全梁均为 36 cm;箱梁内顶板处设 60 cm×30 cm 梗肋,底板处设 20 cm×40 cm 梗肋。自支点向跨中,腹板和底板厚度由 50 cm 渐变至 34 cm,板厚均在箱梁内按直线变化。

在 V 形支撑与主梁固结处各设一道横隔墙,厚 2.0 m;中跨跨中及边跨端横隔墙厚度分别为 0.6 m 和 1.3 m。横隔墙上设宽度 1.2 m、高 1.5 m 的过人洞。为减少梁体内外温差的影响,腹板设直径为 10 cm 的通风孔。V 形支撑与主梁固结处梁高 6.0 m(图 4-6-2),V 形支撑顶部梁高 5.5 m,中跨跨中合龙段及边跨端部现浇段梁高 3.4 m,梁体下缘除 V 形支撑顶部、中跨跨中 3.0 m 长合龙段及边跨端部 11.2 m 长现浇段为直线外,其余部位梁体下缘为 $R=230.194$ m 的圆曲线。

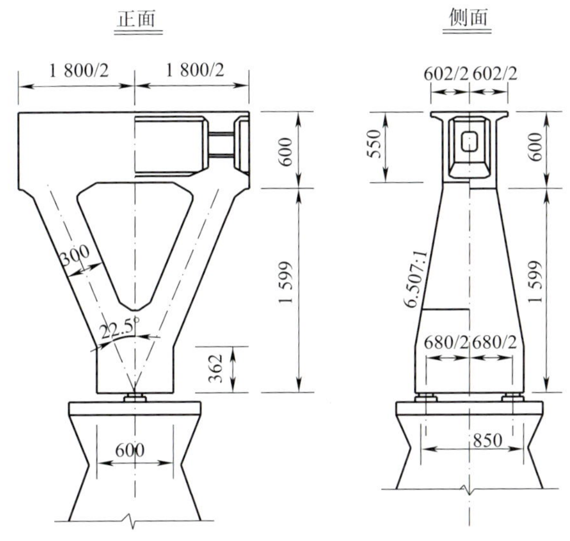

图 4-6-2 主梁 V 撑构造(单位:cm)

4.6.3 施工方法

空心高墩采用液压翻模施工,V 撑部分采用斜拉式轻型悬臂平台及桁式劲性骨架加对拉杆等施工措施,连续梁采用挂篮悬臂灌注法施工。

4.6.4 主要技术经济指标

主要技术经济指标见表 4-6-1。

表 4-6-1 主要技术经济指标

指 标 类 型		数 值
结构性能指标	竖向挠跨比	1/5 357
	横向挠跨比	1/5 685
	梁端转角(rad)	1.67
	自振特性:一阶横向周期(s)	4 728

续上表

指 标 类 型		数 值
主要工程量	主梁混凝土(m^3)	165.0
	主梁预应力钢绞线(t)	760.0
	主梁普通钢筋(t)	2 009.0
	刚构墩混凝土(m^3)	308.0
	刚构墩普通钢筋(t)	308.0

4.6.5 技术特点和创新点

(1)开展“南昆铁路八渡南盘江特大桥高墩上 90 m 跨度 PPC V 撑连续梁新技术设计研究”等多项科研课题试验研究，结构理论、设计计算、结构形式创新都有很大的突破。

(2)提出的 PPC 变截面拉—弯—剪复合受力构件结构设计理论及 PPC B 类设计理论当时处于国内领先地位并填补了现行规范的空白，高墩 V 撑技术为国际领先水平。

(3)该桥主跨一联(54＋2×90＋54) m 部分预应力混凝土 V 形支撑连续梁为国内铁路干线上首次使用，在 80 多米高空进行 V 形支撑施工在国际上也是首次，90 m 跨度按部分预应力理论设计也体现了 20 世纪 90 年代铁路桥梁的先进水平。

(4)大桥的建成，为我国铁路桥梁建设创造了新的桥型，拓宽了预应力混凝土结构的应用领域。

4.6.6 获奖情况

(1)南昆铁路获 1999 年铁道部科技进步奖。

(2)南昆铁路获 2000 年国家科技进步奖。

(3)获 2000 年国家优质工程银质奖。

4.7 南昆铁路喜旧溪大桥

桥　　名：喜旧溪大桥
工程项目：南昆铁路
工程位置：云南省罗平县
主　　跨：88 m
桥　　型：预应力混凝土连续刚构
建设单位：南昆铁路建设指挥部
设计单位：中铁二院工程集团有限责任公司
施工单位：中铁十六局集团有限公司
设计人员：倪鹤龄　陈　列　马庭林　曾昭强　许志艳
　　　　　涂　强　谢尚英　杨诚道
通车时间：1997 年 5 月

4.7.1 概　　况

南昆铁路为国家Ⅰ级单线电气化铁路，有砟轨道。喜旧溪大桥位于云南省罗平县，跨越山区河谷，桥高约 70 m。全桥在直线上，除昆明台局部在 6‰上坡外其余均在 3‰坡道上，桥址处极端最高气温 35.7 ℃，极端最低气温－4.9 ℃，河流百年流量 $Q_{1\%}$＝4 810 m^3/s，百年流速 $v_{1\%}$＝3.64 m/s，最大风速为 20 m/s，河床基岩裸露，为石英砂岩夹页岩。南宁侧河岸受断层影响较大，地质破碎。桥址地震基本烈度为 6 度。

喜旧溪大桥孔跨布置为 32 m＋(56＋88＋56) m 预应力混凝土连续刚构＋3×32 m，桥梁全长

344.45 m。主墩为设有两个横联的双薄壁墩，高度分别为 55.5 m 和 59.5 m。主桥立面如图 4-7-1 所示。

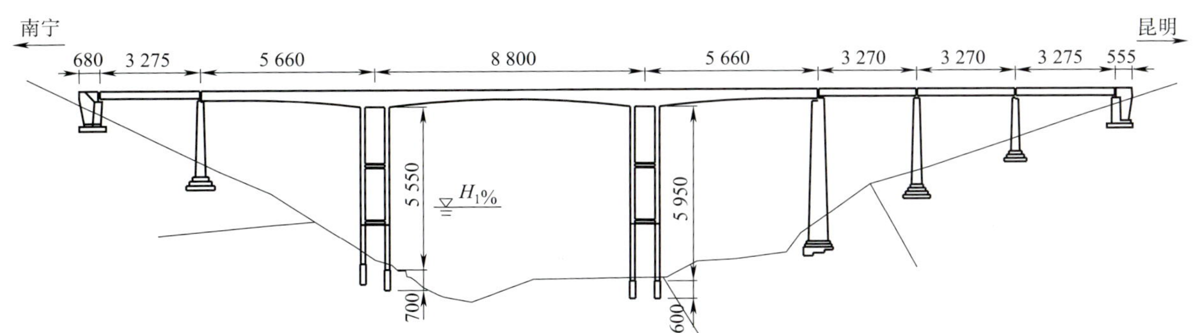

图 4-7-1 主桥立面(单位:cm)

4.7.2 结构设计

(1)主梁构造

主梁采用单箱单室、变高度、变截面箱形结构。箱梁底宽 4.0 m，顶宽 6.0 m，根部梁高 5.8 m，中跨跨中梁高 3.3 m，底板厚度 33～60 cm，腹板厚度 30～50 cm(图 4-7-2)。梁体下缘除中跨中部的 10 m 和边跨端部 17.5 m 为 3.3 m 的等高直线段外，其余按二次抛物线变化。梁体采用 500 号混凝土。

梁体设纵向和竖向预应力体系。纵向预应力采用 9-7ϕ5 钢绞线，抗拉强度 1 500 MPa；腹板内竖向预应力筋用冷拉Ⅳ级 ϕ25 粗钢筋，抗拉强度 850 MPa，间距在梁端附近为 0.3 m，其他部位为 0.5 m。另外，在双壁墩与梁部连接部位也布置横向 ϕ25 预应力粗钢筋。主梁悬灌段长度有 3 m、4 m 两种，0 号段长 12 m。

(2)桥墩及基础

主墩采用双壁式桥墩，300 号混凝土，顶部与梁固结。上部 40 m 墩高范围为矩形，横宽 4～6 m；百年水位以下的 20 m 范围为圆端形，横宽 7.5 m。双壁中心距为 8 m，中间设两个高 1.6 m 的横联(图 4-7-3)。

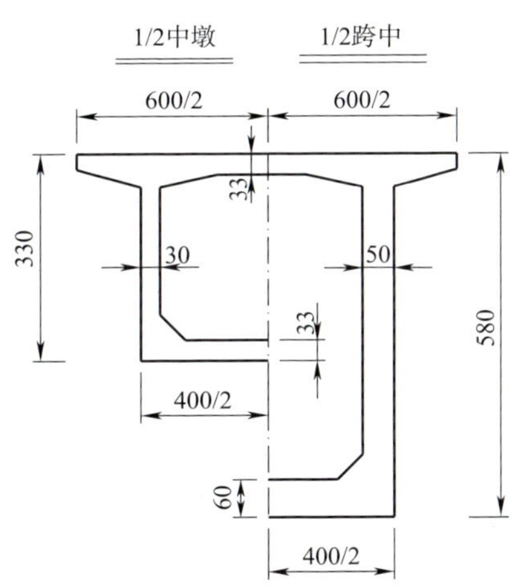

图 4-7-2 主梁截面(单位:cm)

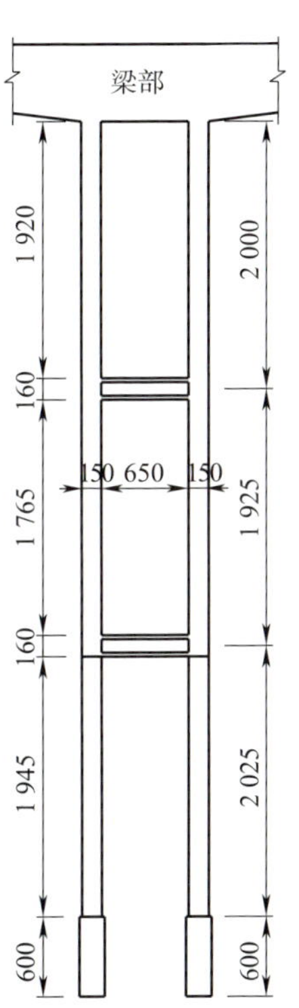

图 4-7-3 主墩构造(单位:cm)

主墩采用分离式嵌固基础，基础深 6～7 m，横截面为 1.9 m×7.9 m，为 200 号混凝土。边墩横截面选用 H 形，200 号混凝土，翼缘板厚 0.8～1.22 m，腹板厚 1.2 m，其基础为扩大基础。

4.7.3 施工方法

梁部采用悬臂灌注法施工，每节长 3～4 m，先合龙中跨，再合龙边跨。

4.7.4 主要技术经济指标

主要技术经济指标见表 4-7-1。

表 4-7-1 主要技术经济指标表

指 标 类 型		数 值
结构性能指标	竖向挠跨比	1/3 035
	横向挠跨比	1/4 889
	一阶横向周期(s)	1.68
主要工程量	主梁混凝土(m^3)	1 498.7
	主梁预应力钢绞线(t)	72.2
	主梁普通钢筋(t)	169.1
	刚构墩混凝土(m^3)	8 937.0
	刚构墩普通钢筋(t)	197.3

4.7.5 技术特点和创新点

喜旧溪大桥是铁路桥梁上首次采用双薄壁高墩预应力混凝土刚构，具有以下特点：

(1)由于横联有约束双壁墩纵向变形的作用，抵抗双壁墩的纵向变形，因此，双壁墩可以设计得较薄而仍能满足纵向位移的要求。

(2)双薄壁墩能有效降低梁部内力和温度变形影响，在竖向荷载作用下，较薄的双壁板承受不同的压力以抵抗弯矩，薄壁板本身的弯矩不大，结构安全系数大。

(3)该桥式除具有一般连续刚构的优点，外形轻巧美观，梁部及墩身工程量更为节省，有较好的经济效益，整体技术达到国际先进水平。

4.7.6 获奖情况

(1)获 1998 年中国铁路工程总公司科技技术二等奖。

(2)获 1998 年中国土木工程学会优秀工程项目奖。

(3)获 1998 年中国中铁优秀工程设计二等奖。

4.8 内昆铁路李子沟特大桥

桥　　名：李子沟特大桥
工程项目：内昆铁路
工程位置：贵州省威宁县
主　　跨：3×128 m
桥　　型：刚构—连续组合梁
建设单位：内昆铁路建设总指挥部
设计单位：中铁二院工程集团有限责任公司
施工单位：中铁十八局集团有限公司
设计人员：马庭林　鄢　勇　廖尚茂　陈克坚　刘明君
　　　　　陈　列　周　义　郭建勋
通车时间：2002 年 5 月

4.8.1　概　　况

内昆铁路为国家Ⅰ级单线电气化铁路，设计速度 120 km/h，设计荷载采用中—活载。李子沟大桥位于贵州省威宁县境内，横跨李子沟大峡谷，属构造侵蚀中低山峡谷地貌，峡谷相对高差 50～400 m，自然坡度 35°～60°，沟槽内地势较为平坦。桥位属亚热带季风湿润气候区，由于海拔高，具有高原季风气候特点。桥址处揭示主要地层岩性有第四系坡、残积之砂黏土，下伏基岩为石炭系下统大塘阶旧司段之炭质页岩、页岩夹泥灰岩。桥区地震基本烈度为 6 度。

李子沟特大桥主桥为(72＋3×128＋72) m 预应力混凝土刚构—连续组合梁结构，桥梁全长 529.4 m。两个主墩墩高超过百米，墩型为圆弧端面矩形变坡空心超高墩。主桥立面如图 4-8-1 所示。

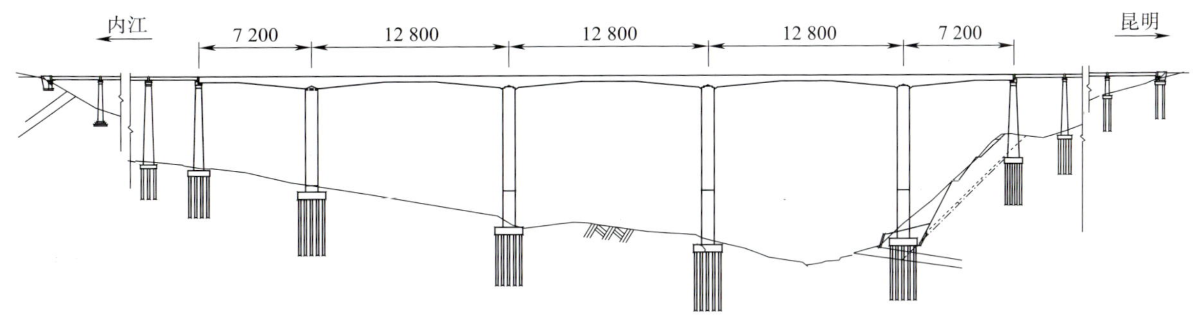

图 4-8-1　主桥立面(单位：cm)

4.8.2　结构设计

大桥主桥为(72＋3×128＋72) m 预应力混凝土刚构—连续组合梁，主桥 4 个主墩(8～11 孔)高分别为 70 m、94.5 m、107 m 和 103 m。

(1)主梁构造

主桥梁部为变截面、变高度预应力混凝土箱形梁，梁高 4.4～8.8 m，箱宽 6.1 m(图 4-8-2)。主桥在连续梁墩墩顶设两个 3 250 t 支座，在连续刚构墩与主梁以箱体正交连接。

(2)桥墩及基础

主墩墩身采用横向端面为圆弧的空心墩，主墩采用横向双变坡结构，梁底以下 70 m 墩身横向边坡为 20∶1，70 m 以下至承台顶为 5∶1，使桥墩横向呈扫把形；为减小主桥结构的纵向抗推刚度，在满足墩身截面强度、纵向位移和整体及局部稳定要求的前提下，墩身的纵向尺寸也考虑减小。该桥主墩纵向墩壁宽均为 8 m，壁厚 1.1 m。主墩构造及实景如图 4-8-3、图 4-8-4 所示。

主墩采用超大群桩基础。内江侧两主墩为 45 根长度 39 m 的 ϕ1.5 m 钻孔桩基础，昆明侧两主墩采用 50 根长度 40 m 的 ϕ1.5 m 钻孔桩基础。墩身与群桩基础通过承台联结，承台的尺寸必须保证将墩底的巨大荷载向群桩基础传递，本桥主墩承台厚达 5 m，纵、横向尺寸为 18.1 m×37.6 m。

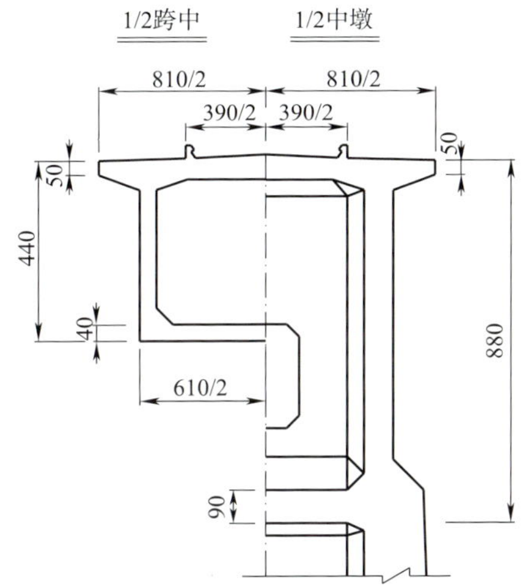

图 4-8-2　主梁截面(单位：cm)

4.8.3　施工方法

桥高墩施工采用抗风液压自升式平台翻模施工，主桥梁体采用悬灌施工。

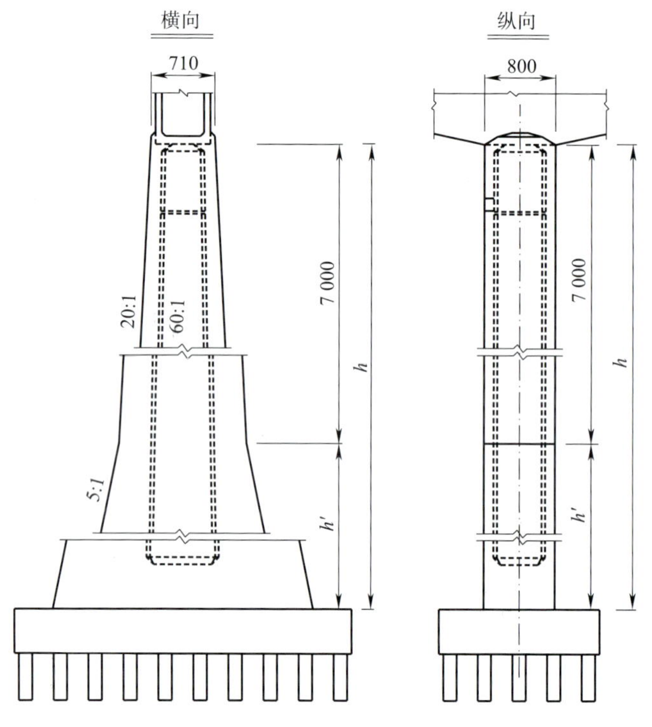

图 4-8-3　主墩构造图(单位:cm)

图 4-8-4　主墩实景

4.8.4　主要技术经济指标

主要技术经济指标见表 4-8-1。

表 4-8-1　主要技术经济指标

指标类型		数值
结构性能指标	竖向挠跨比	1/2 327
	横向挠跨比	1/4 652
	一阶横向周期(s)	1.55
主要工程量	主梁混凝土(m^3)	7 418.9
	主梁预应力钢绞线(t)	405.9
	主梁普通钢筋(t)	758.3
	主墩混凝土(m^3)	26 564.2
	主墩普通钢筋(t)	1 040.2

4.8.5　技术特点和创新点

大桥集超大群桩、超百米高墩、大跨、长联与新结构于一体，其技术特点和创新点如下：

(1)首次在铁路桥梁中采用刚构—连续组合梁体系，极大改善了主桥各部受力。

(2)国内首次采用双变坡圆弧面矩形空心超高墩，综合改善主桥的静、动力受力性能。

4.8.6　获奖情况

(1)获 2003 年铁道部科技进步一等奖。

(2)获 2003 年铁道部优秀工程设计二等奖。

(3)获 2004 年获国家优秀工程设计铜奖。

4.9 水柏铁路北盘江大桥

桥　　名：北盘江大桥
工程项目：水柏铁路
工程位置：贵州省六盘水市
主　　跨：236 m
桥　　型：上承式钢管混凝土拱桥
建设单位：水柏铁路公司
设计单位：中铁二院工程集团有限责任公司
施工单位：中铁大桥局集团有限公司
设计人员：马庭林　陈克坚　徐　勇　何庭国　郭建勋　李慧君
通车时间：2001 年 11 月

4.9.1 概　况

水柏铁路为单线客货共线铁路，设计时速 120 km，有砟轨道，设计荷载采用中—活载。北盘江大桥位于贵州省六盘水市境内的崇山峻岭地区，大桥与北盘江约呈 80°交角。河谷深切呈 V 形，六盘水岸崖高约 158 m，呈直立状，崖底约有 3 m 倒悬；柏果岸陡壁约 71°倾角，高约 177 m。六盘水岸基岩零星出露，柏果岸顶桥址基岩裸露，两岸及谷底有零星块石，漂石。北盘江属山区剧烈下切河流，纵坡陡，河水湍急，含砂量较大。大气降水沿坡面及溶蚀裂隙流向陡崖，汇入北盘江中。六盘水市年平均气温为 18.8 ℃，年平均降水量 1 119.7 mm。桥址地震基本烈度 6 度。

北盘江桥跨布置为 3×24 m 简支梁+236 m 上承式提篮形钢管混凝土拱+5×24 m 简支梁，桥梁全长 468.2 m。主桥立面如图 4-9-1 所示。

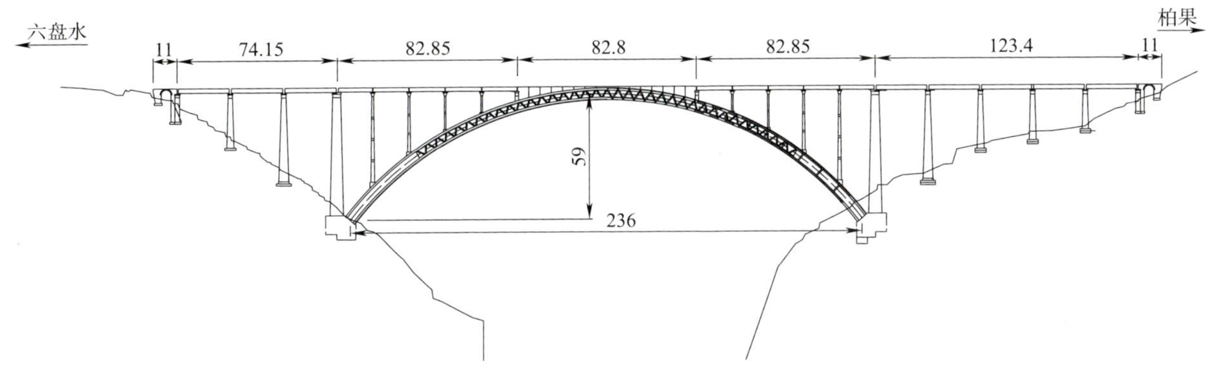

图 4-9-1　主桥立面(单位：m)

4.9.2 结构设计

(1)拱圈

主桥结构为上承式提篮形钢管混凝土拱，拱趾中心跨度 236 m，矢高 59 m，矢跨比 1/4，拱轴系数 3.2，拱肋横向内倾角 6.5°。拱肋拱趾处中心距 19.6 m，拱顶中心距 6.156 m。拱肋高 5.4 m，宽 2.5 m(图 4-9-2)，每肋由 4 肢 ϕ1 000×16 mm 钢管构成，其上下弦各由两肢钢管与其间的两块 12 mm 厚钢板联结呈哑铃形，在拱肋的全长上

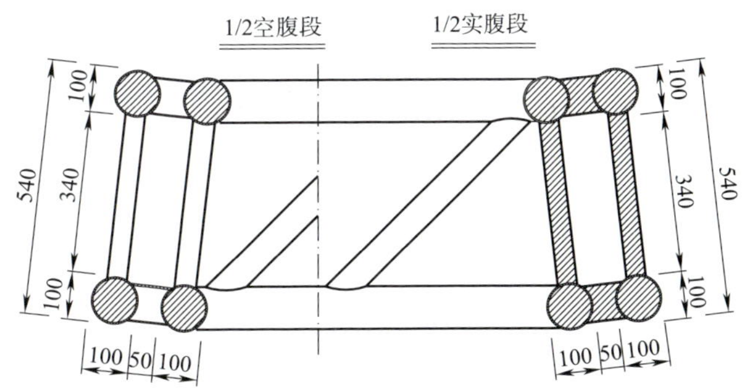

图 4-9-2　拱圈断面图(单位：cm)

均为等截面；从拱趾起两跨 16 m 梁范围的钢管拱肋上下弦之间各由两块 12 mm 厚钢板联结，构成实腹段，使拱肋断面呈箱形。拱肋的中部其上下弦之间通过 H 形杆件，通过焊接在上下弦钢管的节点板由高强度螺栓连接形成桁架式连接，拱肋上下弦及实腹段内均灌注 C50 微膨胀混凝土。两条拱肋之间其上下弦采用 ϕ600×14 mm 和ϕ800×14 mm 钢管组成的多道“Ж”字形和 N 字形的平联连接；上下弦平联之间采用 ϕ450×14 mm 钢管斜向连接，以此组成拱肋横向联结系。主桥拱肋及横向连接采用 Q345d 钢材。

(2)拱上结构

拱上结构为：5×16 m 超低高度 PPC 简支梁＋82 m 拱顶 Π 形刚架＋5×16 m 超低高度 PPC 简支梁。刚架墩墩柱为钢筋混凝土矩形空心墩，墩柱间采用钢筋混凝土 K 形撑连接，以增强刚架墩的横向刚度。墩柱横向内倾 6.5°，与拱肋倾角一致。拱上墩柱高 7.339～40.84 m(图 4-9-3)。拱顶 Π 形刚架纵向分为 7 个节段(7.9＋2×9＋30.82＋2×9＋7.9) m，每段间留 3 cm 伸缩缝。Π 形刚架顶板宽 7.0 m(图 4-9-4)，厚度 25 cm，除中间 30.82 m 段腹板厚度为 60 cm 外，其他节段腹板厚度均为 20 cm。腹板横向倾斜 6.5°，与拱肋倾斜一致。Π 形刚架纵向每 2.7～3 m 设置一道厚度为 20 cm 的横隔板，横隔板下部掏空，呈 Π 形。

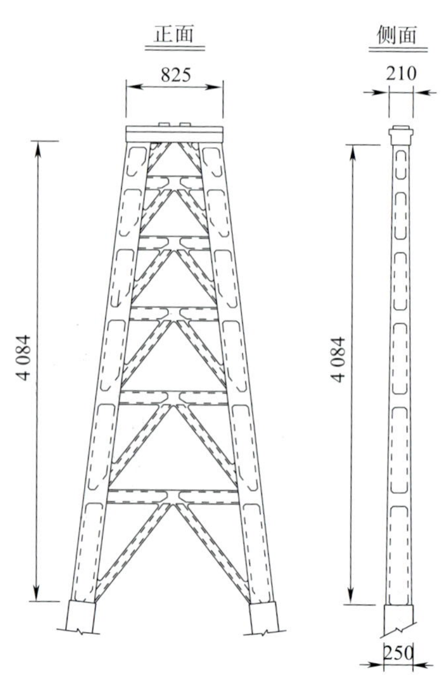

图 4-9-3 拱上刚架墩(单位：cm)

(3)转体系统

主拱肋采用单铰平转法施工，六盘水岸平转 135°，柏果岸平转 180°。整个转体系统由上盘、下盘、球铰、交界墩、扣索和背索、牵转系统等组成。上盘预应力束、背索、扣索均采用 1 860 MPa 级 ϕ15.24 钢绞线。转体时半拱钢结构自重约为 G=12 014 kN，重心距拱脚临时铰中心水平距离 S=48.86 m，施工转体实际总重为 104 000 kN。上盘平面呈十字形，横向最大宽度 26 m，纵向最大长度 20.03 m，球铰支撑部位纵向向前突出 3.5 m，上盘厚度 6 m。上盘底面距球铰中心 3.5 m 半径的圆周上，等距离设 6 根保险腿撑脚。每根撑脚由两根 ϕ1 000×14 mm 的钢管混凝土连接而成。

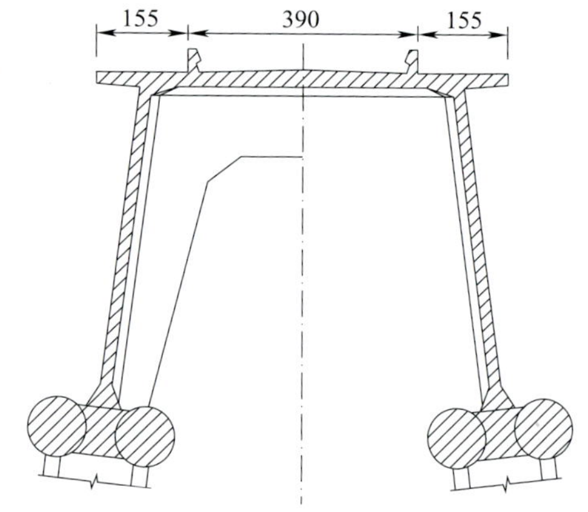

图 4-9-4 拱顶 Π 形刚架(单位：cm)

下盘为转体结构的基础，转体完成后，与上盘共同形成主拱基础。其上附设保险腿滑道、牵引反力座等。转体球铰由上下两个球面组成，球面半径 R=8 m，采用 25 mm 厚钢板压制而成。上球面位于上盘底部，为凸面，下球面位于转体下盘上，为凹面，球铰直径 3.5 m。

(4)交界墩

转体施工时交界墩为主要的受力构件，兼作为转体平衡压重。其结构为矩形空心墩，位于上盘顶面，墩高为 53.878 m，墩身采用 C30 级混凝土，托盘及顶帽采用 C40 级混凝土。由于转体扣索和背索均锚固于其顶帽上，设计对顶帽进行了加强，顶帽厚度 4 m，纵向宽度 4.5 m，横向宽度 7.2 m。顶帽设 4 层一共 28 束 12ϕ15.24 的横向预应力钢绞线。墩顶截面横向壁厚 60 cm，纵向壁厚 65 cm；墩身纵横两个方向放坡，纵向外坡 40∶1，内坡 50∶1；横向外坡 50∶1，内坡 55∶1。

4.9.3 施工方法

钢管拱桁架采用有平衡重单铰平面转体法施工，如图 4-9-5、图 4-9-6 所示。

图 4-9-5　转体施工

图 4-9-6　成桥实景

4.9.4　主要技术经济指标

主要技术经济指标见表 4-9-1。

表 4-9-1　主要技术经济指标

指 标 类 型		数　值
结构性能指标	竖向挠跨比	1/9 593
	横向挠跨比	1/36 532
	一阶横向周期(s)	1.54
主要工程量	C30 混凝土 Ⅱ 型梁(m^3)	351.6
	C50 预应力混凝土 T 梁(m^3)	419.0
	主拱 Q345qD 钢材(t)	2 016.1
	墩身 C30 混凝土(m^3)	3 759.0
	拱座 C30 混凝土(m^3)	6 154.5

4.9.5　技术特点和创新点

(1)为当时世界上最大跨度的上承式铁路钢管混凝土拱桥、世界最大跨度的单线铁路拱桥。

(2)其桥型、钢管混凝土、焊接管结构均为我国铁路桥梁首次采用。

(3)实现了单铰转体施工最大质量由 3 600 t 到 10 400 t 的飞跃,首次发明凹面钢制球铰。

(4)钢桁拱上下弦管与腹杆连接首次采用焊接在弦管上的钢板与 H 形腹杆螺栓连接,有效解决了其连接的疲劳控制难题。

4.9.6　获奖情况

(1)获 2003 年贵州省科技进步一等奖。

(2)获 2003 年建筑工程鲁班奖。

(3)获第四届詹天佑土木工程大奖。

(4)获 2004 年国家优秀工程设计银奖。

(5)获 2005 年国家科技进步二等奖。

4.10 赣龙铁路吊钟岩特大桥

桥　　名：吊钟岩特大桥
工程项目：赣龙铁路
工程位置：福建省上杭县
主　　跨：140 m
桥　　型：上承式劲性骨架钢筋混凝土拱桥
建设单位：赣龙铁路有限责任公司
设计单位：中铁第四勘察设计院集团有限公司
施工单位：中铁十一局集团有限公司
设计人员：薛照钧　潘茂盛　冯楚桥　鄢国成　徐　勇　刘振标　桂　婷　张　宇
通车时间：2005 年 4 月

4.10.1 概　　况

赣龙铁路为国铁Ⅰ级单线铁路，设计速度 100 km/h，有砟轨道。吊钟岩特大桥地处闽西武夷山余脉，在龙岩市上杭境内跨越汀江二级支流南水河谷。桥址水文 $Q_{1\%}=2\ 333\ \mathrm{m^3/s}$，$H_{1\%}=492.0$ m，山体表层为粉质黏土，后伏石英砂岩、砾岩，节理裂隙较发育，岩体较破碎。桥梁位于吊钟岩隧道和黄岩隧道之间，两岸坡陡沟深，山体基岩出露。赣州侧山坡陡峻，山高约 300 m，龙岩侧依山傍有 319 国道，桥梁飞架河谷与 319 国道之上，桥高 80 m。主桥立面如图 4-10-1 所示。

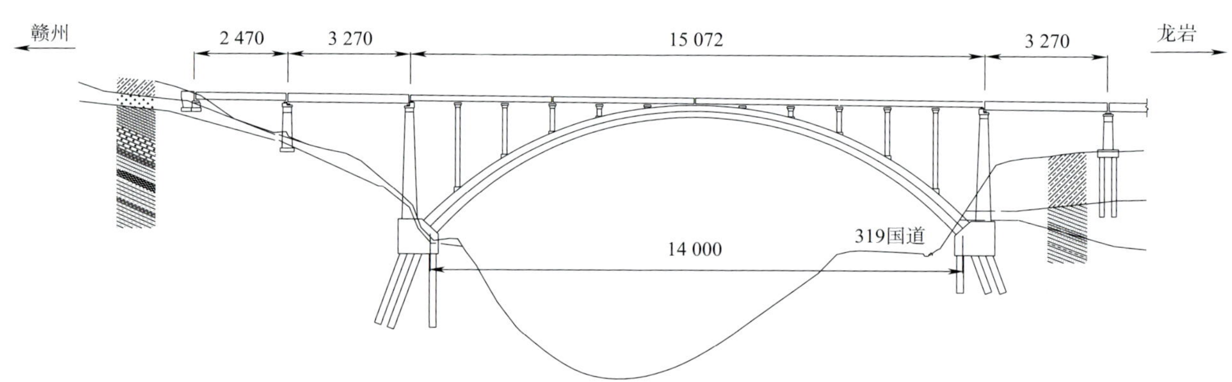

图 4-10-1　主桥立面(单位：cm)

4.10.2 结构设计

(1)拱肋

拱肋为劲性骨架钢筋混凝土箱形肋。拱顶处两拱肋中心距采用 3.8 m，外缘间距 6 m；拱脚处拱肋中心距 10.2 m，外缘间距 12.4 m。因此拱顶内倾 3.2 m，其倾角为 5.8726°。

拱轴线为悬链线，拱轴系数 $m=2.514$，计算跨径 140 m，矢高 31.275 m，矢跨比 1/4.48。

拱肋采用变高箱形截面，顶、底板厚 0.40 m、腹板厚 0.36 m，拱顶截面高 3.2 m、宽 2.2 m，拱脚截面高 4.8 m、宽 2.2 m，如图 4-10-2 所示。

拱肋外包混凝土采用钢骨架挂模施工，按“四环六面法”浇注完成，即沿拱轴线将拱肋截面分为底板、下倒角、侧板、上倒角和顶板共四个层面。拱肋混凝土采用 C45。

(2)劲性骨架

每拱肋劲性骨架由 4 根 ϕ377×12 mm 钢管和节点板、角钢焊接成空间劲性骨架，如图 4-10-3 所示，转体合龙。钢管内灌注 C55 微膨胀混凝土后作为拱肋混凝土施工支架，施工完毕后与拱肋混凝土一起形成劲性骨架钢筋混凝土结构，承受桥梁荷载。

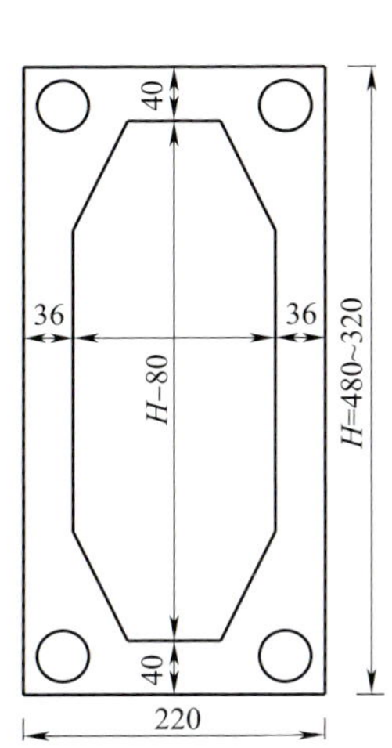

图 4-10-2　拱肋截面大样图(单位：cm)

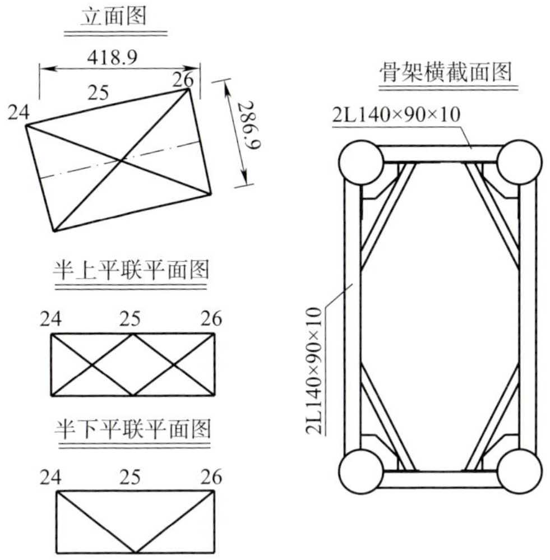

图 4-10-3　标准节钢桁拱间图(单位：cm)

(3)拱肋横撑

桥梁拱肋顶部 25 m 范围连成一体，为单箱三室截面。拱顶至两拱脚间对应拱上立柱设拱肋横撑，共 8 处。横撑为钢筋混凝土构件，箱形截面，箱宽 1.6 m，箱高随拱肋截面高变化，在浇注拱肋混凝土过程中分两次浇完。

(4)拱上立柱

拱上立柱采用带孔板双斜柱刚架墩，其截面为 1.2 m(纵向)×1.35 m(横向)。两斜柱间设厚 0.35 m 带孔薄板，以增大立柱的横向刚度。拱顶处梁底至拱肋间距较小，将支承垫石直接设在拱肋上。立柱施工分两次完成，先浇 4、6、8 号立柱以及 1、2、10、11 号立柱的一半，再将剩余的施工完毕，立柱混凝土采用 C30。考虑后续施工拱肋的变位，立柱支承垫石顶面需设预超高值。

(5)桥面纵梁

桥面纵梁采用 3 孔一联钢筋混凝土连续梁，共四联。连续梁为箱形截面，梁高 1.5 m、顶板宽 3.9 m、底板宽 3.0 m，顶板厚 0.2 m、底板厚 0.22 m、腹板厚 0.25 m。纵梁采用满布支架现浇 C40 混凝土的施工方式，由两拱脚向拱顶对称浇注，施工前应将支座安装到位。

(6)拱座基础

主桥基础为 12 根直径 1.8 m 挖孔桩，C30 混凝土，置于 W2 基岩中，要求桩底基本承载力 $\sigma_0 \geqslant$ 1 000 kPa。拱座为 10.5 m(长)×14.3 m(宽)×9.27 m(高)的整体钢筋混凝土构件，预埋有拱肋骨架连接钢管，与骨架钢管焊接后有效传递拱肋内力。拱座上部为 C45 混凝土，下部 C30 混凝土。

(7)转体设计

本桥转体系统设计为平铰，由上转盘、下转盘、平铰、拱座墩、扣索、背索、牵转系统组成。转体轴心按转动结构重心位置确定，距上转盘前端 4.4 m，转动结构重 30 000 kN。

上转盘为钢筋混凝土结构，平面呈矩形，长 10.5 m，宽 14.3 m，厚 5.5 m。上转盘底面设有平铰上磨心、内保险腿。下转盘厚 3.0 m，表面布置有平铰下磨心、内保险腿滑道、外保险腿、牵转系统反力座等。扣索、背索均采用 ϕ15.2 钢绞线，扣索为临时体外索。

平铰结构传递转体重量，保证体系转动，并兼作转体定位轴，是转动体系中最重要的结构，主要由上、下磨心钢板、不锈钢板、橡胶板、四氟滑板、定位轴等组成。

设计对常规的平铰系统做了改进，在上下转盘钢板间增加橡胶垫板，以适应钢板制作、施工时的不平整，从而保证钢板及其混凝土受力均匀。

(8)桥面系及桥梁检查设备

桥面系采用有砟桥面，挡砟墙宽 3.9 m，设双侧人行道及钢栏杆，人行道宽 1.30 m；避车台设在 2、4、6、8、10 号立柱处，交错设置，其中 6 号立柱处两侧均设避车台，方便养护人员上拱肋。

拱上立柱设围栏、吊篮、检查梯等检查设备；拱肋顶面设检查护栏，每片拱肋各设一套活动检查设备。

4.10.3 施工方法

施工方案经充分研究，选择小直径钢管劲性骨架，采用转体合龙，再在钢管内填充混凝土；拱肋外包混凝土采用钢骨架挂模施工，按“四环六面法”浇注完成；拱上立柱及纵梁采用现浇施工。施工情况及成桥实景如图 4-10-4～图 4-10-6 所示。

图 4-10-4 劲性骨架合龙施工

图 4-10-5 拱上纵梁现浇施工

图 4-10-6 成桥实景

4.10.4　主要技术经济指标

主要技术经济指标见表 4-10-1。

表 4-10-1　主要技术经济指标

指标类型		数　值
结构性能指标	竖向挠跨比	1/4 886
主要工程量	拱肋用钢量(t)	346.6
	拱肋混凝土(m^3)	1 923.5
	拱上立柱混凝土(m^3)	449.8
	纵梁混凝土(m^3)	415.6

4.10.5　技术特点和创新点

(1)吊钟岩特大桥主跨采用 140 m,是当时国内已建成和正在运营的最大跨径的单线铁路上承式劲性骨架钢筋混凝土提篮拱桥。

(2)铁路桥梁首次采用劲性骨架钢筋混凝土箱形肋。

(3)拱肋提篮式布置,造型美观,加强了桥梁横向稳定性。

(4)采用小直径钢管劲性骨架平铰平转,拱肋混凝土挂模施工,较好地解决了大跨度圬工拱桥一般采用支架施工引起的对桥下道路干扰和环境保护的难题,节省投资。

4.10.6　获奖情况

获 2006 年铁道部优秀工程设计二等奖。

4.11　石太客运专线孤山大桥

桥　　名：孤山大桥
工程项目：石太客运专线
工程位置：山西省阳泉市盂县
主　　跨：60 m
桥　　型：斜腿刚构
建设单位：石太铁路客运专线有限责任公司
设计单位：中国铁路设计集团有限公司
施工单位：中铁十一局集团有限公司
设计人员：白鸿国　孙宗磊　张金芝　张　莉　李世光
　　　　　金　莉　张志国　赵　磊
通车时间：2009 年 4 月

4.11.1　概　　况

石太客运专线设计客运速度 250 km/h,货运速度 120 km/h,采用无砟轨道,于山西省阳泉市盂县跨越太行山大峡谷和 314 省道。桥位处山峰挺拔陡峭、峡谷深切、坡陡谷深,地势起伏剧烈,岩层单一,下伏基岩为灰岩,地震基本烈度为 7 度,地震动峰值加速度为 0.10g,最大冻结深度 1.01 m。

孤山大桥分为左、右两座单线桥,两端与单线双洞长隧道(南梁隧道、太行山隧道,线间距 35 m)相连,314 省道是连接冀、晋两省的重要通道,交通繁忙。全桥孔跨布置均采用(42.5+60+42.5) m 斜腿刚构桥,左线全桥长 163.8 m,右线全桥长 167.4 m。斜腿倾角 56.43°,垂直长度 22.63 m,立于 V 形山谷两侧陡壁上。主桥立面如图 4-11-1 所示。

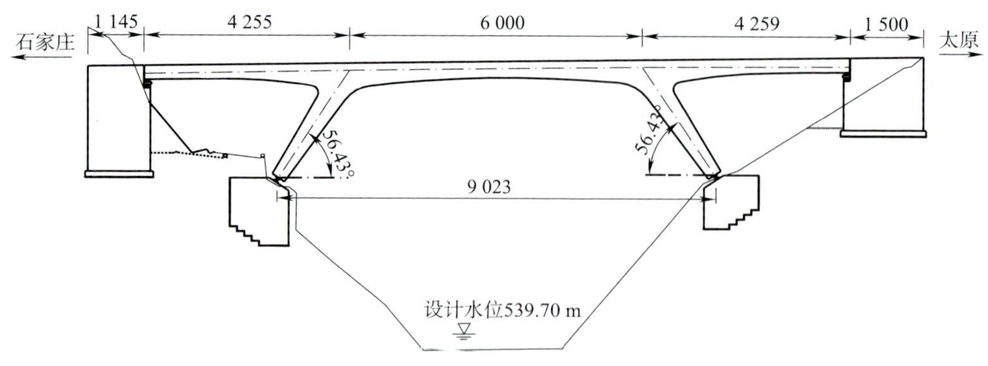

图 4-11-1　主桥立面(单位:cm)

4.11.2　结构设计

(1)梁部

梁部采用单箱单室截面,端部梁高 3.0 m,中跨中梁高 3.4 m,中支点梁高 4.65 m,梁高变化采用二次抛物线变化,顶板宽 8.4 m,厚 0.30 m;底板宽 3.8 m,厚 0.25～0.50 m(图 4-11-2);一般段腹板厚 0.5 m,中支点处厚 0.70 m。

(2)斜腿

斜腿上部与梁部刚结,下部采用铰接形式与基础连接,斜腿采用箱形截面,纵桥向由 5.7 m 变化至 3.0 m;横桥向底部 2.0 m 范围宽 6.6 m,自底部往上 6.0 m 以上横桥向 3.8 m(图 4-11-3),中间 4.0 m 范围宽度线性变化;壁厚 0.6 m,与顶、底部相接处适当加厚。

斜腿下部采用铰接形式与基础连接,大吨位铰支座设计承载力 19 000 kN。

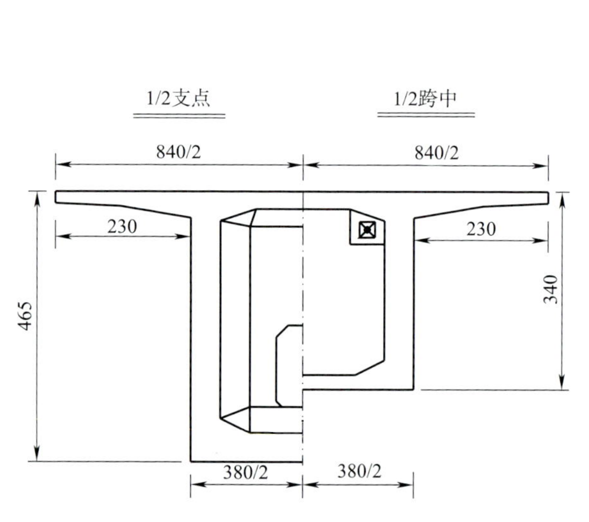

图 4-11-2　主梁截面图(单位:cm)

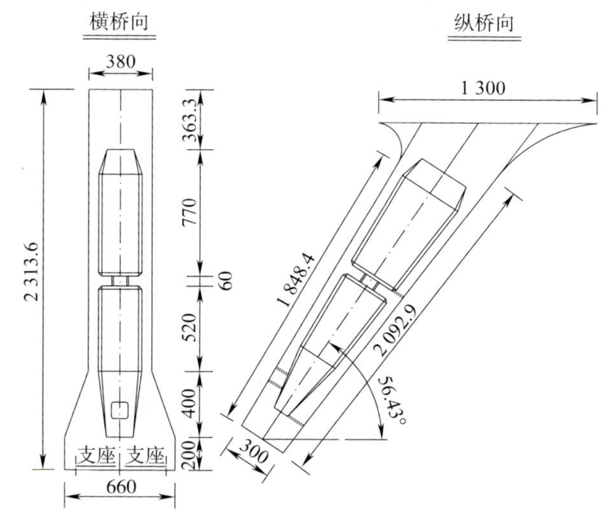

图 4-11-3　刚构墩构造图(单位:cm)

4.11.3　施工方法

由于桥位处岸陡谷深、场地狭窄,同时为尽量减小对 314 省道正常通行的影响,本桥施工采用了斜腿直做后竖向转体(图 4-11-4、图 4-11-5)、背索平衡悬臂法浇筑主跨梁体的无支架施工新工艺(图 4-11-6),减小了对既有公路通行的影响,解决了跨越深谷施工的技术问题。

通过有效的施工监测和监控措施,结构应力、线形与理论计算吻合,保证了施工安全与质量。结合转体工艺研制的铰轴钢支座具有受力性能好、转动灵活、永临结合、耐久性好、养护工作量小等优点,满足了工程建设和运营的需要。

图 4-11-4　斜腿竖转施工

图 4-11-5　斜腿施工

图 4-11-6　主梁悬臂浇筑施工

4.11.4　主要技术经济指标

主要技术经济指标见表 4-11-1。

表 4-11-1　主桥主要技术经济指标

指标类型		数值
结构性能指标	中跨竖向挠跨比	1/6 896
	边跨竖向挠跨比	1/7 464
	梁端转角(rad)	0.376‰
主要工程量	主梁混凝土(m^3)	1 193.2
	主梁混凝土(m^3/m)	8.24
	主梁预应力钢束(t)	46.1
	斜腿混凝土(m^3)	312.6

4.11.5　技术特点和创新点

(1)本桥采用的单线无砟预应力混凝土斜腿刚构桥首次在国内客运专线桥梁建设中应用。

(2)设计采用无支架施工新工艺，即斜腿先进行竖向施工，而后转体，通过背索平衡采用悬臂法浇筑梁体，目前此种施工方法国内尚无先例，填补了国内铁路桥梁设计建造技术的空白。

(3)该桥结构合理、轻盈美观、整体性好，受力兼有连续梁和拱桥的优点。

4.11.6　获奖情况

(1)获 2011 年中国铁道学会科学技术三等奖。

(2)获 2010 年铁道部优秀工程设计二等奖。

4.12 石长铁路资水特大桥

桥　　名：资水特大桥
工程项目：石长铁路
工程位置：湖南省桃江县
主　　跨：4×80 m
桥　　型：预应力混凝土箱形连续梁
建设单位：广州铁路（集团）公司
设计单位：中铁第四勘察设计院集团有限公司
施工单位：中铁五局集团有限公司
设计人员：王庭正　张石波　唐　可　张希贤　陈大敬　刘传京
通车时间：1998 年 10 月

4.12.1 概　　述

石长客货共线铁路，设计速度 120 km/h，单线，有砟轨道，在湖南省桃江县境内跨越资水。桥址阶地上覆盖第四系冲积层，厚约 27 m，下伏变质砂岩风化严重～轻微。河漫滩表层为卵石土，厚约 9 m，下伏变质细砂岩及泥质砂岩板岩为桥梁持力层。桥址线位与资水正交，位于桃江县下游 4.1 km 处，桥址流域面积 F=26 704 km²，通过历史最大洪水取设计水位 H_{1926}=40.923 m，设计流量 $Q_{1\%}$=21 500 m³/s。三百年校核水位 $H_{0.3\%}$=40.923 m，三百年校核流量 $Q_{0.3\%}$=23 358 m³/s。

资水通航等级为五级航道，桥孔净高不低于 5.5 m，净跨 38～46 m，设置两个通航孔。主桥采用（50.5+4×80+50.5）m 预应力混凝土连续梁，其他均为 32 m 简支梁。主桥立面如图 4-12-1 所示。

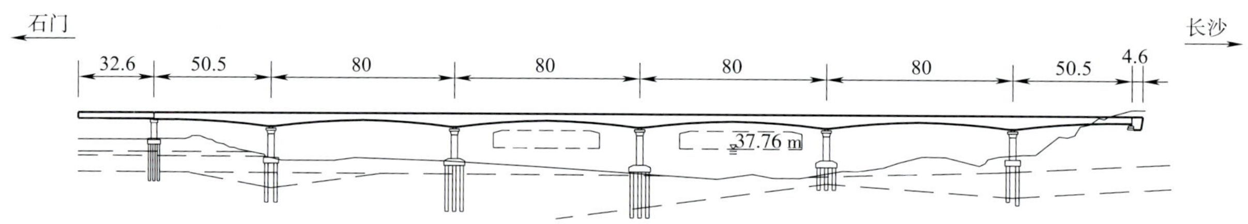

图 4-12-1　主桥立面图（单位：m）

4.12.2 结构设计

（1）主梁

主梁为变截面六跨连续梁，主跨跨中梁高 3.0 m，中间支点处梁高 5.8 m。端支点下缘有 10.5 m 平段，中间支点两侧各有 1.5 m 平段，两平段间以半径为 266.088 m 的圆曲线相连。主梁横截面采用单箱单室截面，箱梁底宽 4.0 m，顶宽 6.0 m（图 4-12-2）。顶板厚 35 cm，腹板厚 30～50 cm，中支点处局部加厚至 100 cm。底板厚 30～50 cm，中支点处局部加厚至 100 cm。腹板上梗肋 25 m×80 cm（竖×横），下梗肋 40 cm×20 cm（竖×横）。

箱梁抗扭刚度较大，全梁只在支点及大跨跨中各设横隔板一处，中支点处横隔板厚 1.7 m，跨中横隔板 0.5 m，全梁共设横隔板 11 处（包括两端实体段）。

本桥所用道砟槽宽度在主跨连续梁上采用 4.2 m，道砟槽于主梁合龙后再灌注。挡砟墙一般按 4 m 一节，节间间隙 1 cm，挡砟墙外设 1.55 m 作业走道，不设避车台。走道挑梁通过预埋件与主梁及挡砟墙箱梁，挑梁上设步板以形成走道。

（2）预应力体系

梁体采用单向(纵向)预应力,预应力索采用 7ϕ15 钢绞线束,YM15-7 锚具,YCD-120 型千斤顶张拉,为简化构造及降低摩阻损失,所有钢索只在竖直平面内弯曲,无平弯,亦无全联通长索,所有钢索管道(除合龙段外)均采用外径 65 mm 橡胶管抽拔成孔,钢索张拉锚定处设张拉底座以承受锚下局部应力。视锚具位置不同,全梁共有甲、乙、丙、丁四类底座。

(3)下部结构

该桥简支梁采用钢筋混凝土板式桥墩,连续梁采用圆端形桥墩。石门台采用耳墙式桥台,长沙台尾挖方台。主跨桥墩基础采用直径为 1.5 m 的圆形钻孔桩基础,其余桥墩基础采用直径 1.0 m 的钻孔桩基础或扩大基础,桥台采用扩大基础。

1/2中支点　1/2跨中
600/2　600/2
555　300
400/2　400/2

图 4-12-2　箱梁横截面图(单位:cm)

4.12.3　施工方法

主梁采用悬臂灌注施工。墩顶梁段首先在墩顶及墩旁托架上灌注,其余梁段用活动挂篮平衡悬臂灌注,挂篮及附属设备(含模板)质量不大于 60 t。中支点墩顶梁段施工时,正式支座及临时支座(即混凝土支墩)均先就位,并将活动支座临时锁定。

全梁沿着纵向轴线共分为 133 个梁段,一般节段长 3.0 m,中支点梁段长 6.4 m,端支点梁段长 9.7 m,合龙段 1.6 m。施工情况及成桥实景如图 4-12-3、图 4-12-4 所示。

图 4-12-3　悬臂灌注施工

图 4-12-4　成桥实景

4.12.4　主要技术经济指标

主要技术经济指标见表 4-12-1。

表 4-12-1　主要技术经济指标

指标类型		数值
结构性能指标	竖向挠跨比	1/1 722
主要工程量	500 号钢筋混凝土(m^3/ m)	7.18
	钢绞线(kg/m^3)	66.14
	钢筋(kg/ m^3)	120.10

4.12.5　技术特点和创新点

(1)国内首座多跨长联主跨最大联长最长单线铁路部分预应力混凝土连续梁桥。

(2)国内首座在设计中采用 OVM 锚固体系设计的铁路部分预应力混凝土连续梁。

(3)采用张拉力和伸长量双控,保证了张拉力达到设计要求,大桥最后两个合龙口的高低误差 2 mm、中线误差 6 mm。

4.13　浩吉铁路洛河大桥

桥　　名：洛河大桥
工程项目：浩吉铁路
工程位置：河南省三门峡市卢氏县
主　　跨：220 m
桥　　型：上承式钢管混凝土拱桥
建设单位：浩吉铁路股份有限公司
设计单位：中铁第四勘察设计院集团有限公司
施工单位：中铁五局集团有限公司
设计人员：文望青　许三平　罗春林　董　伟　谢晓慧　董春燕　张　杰　康红兵
通车时间：2019 年 9 月

4.13.1　概　　况

浩吉(蒙华)铁路为双线重载铁路,设计速度 120 km/h,线间距为 4.0 m,有砟轨道,在河南省三门峡市卢氏县跨越洛河水库。桥址处河面宽约 180 m,百年一遇设计流量 $Q_{1\%}=6\ 127\ \mathrm{m^3/s}$,设计水位 $H_{1\%}=505.59$ m,设计流速 $v_{1\%}=5.15$ m/s。桥址处地层简单,河谷表层为粗圆砾土,基岩为安山岩,岩体较完整,基本承载力 1 000 kPa。地震基本烈度为 6 度。

结合桥区地形、地质等条件,采用主跨 1×220 m 上承式钢管混凝土拱桥,一跨跨越洛河,为国内重载铁路同类型桥梁最大跨度。主桥立面如图 4-13-1 所示。

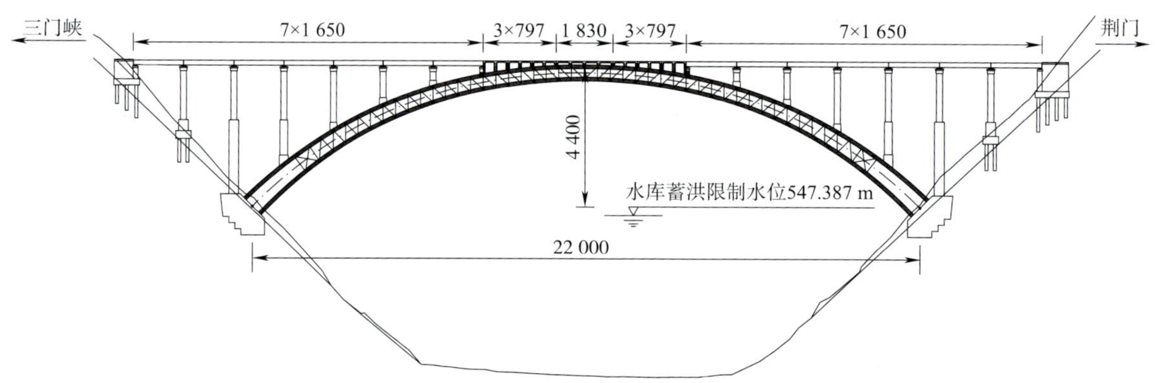

图 4-13-1　主桥立面图(单位:m)

4.13.2　结构形式

两个拱座墩中心距为 232.4 m,拱顶 66.3 m 范围内采用混凝土 Π 形刚架,Π 形刚架范围以外的拱上建筑主梁采用 16 m 跨度的简支 T 梁,拱上建筑孔跨布置为 5×16 m 简支 T 梁＋66.3 mπ 形刚架＋5×16 m 简支 T 梁,16 m 简支梁墩中心距为 16.6 m;拱顶 Π 形刚架分成 16 段,每段之间设 3 cm 缝隙。

主拱计算跨度 $l=220$ m,矢高 $f=44.0$ m(拱平面内),矢跨比 $f/l=1/5$。拱轴线采用悬链线,拱轴系数 $m=3.0$。主拱结构由两根拱肋与横向联结系组成,拱肋横向内倾角为 6.5°,拱肋中心距在拱顶为 6.0 m,在拱脚为 15.962 m。

单片拱肋由四根弦管组成,肋宽 3.2 m,弦管外径为 1.2 m,钢管横向中心距 2.0 m(图 4-13-2),横向两个弦管与平联板形成哑铃式,平联高度 0.8 m,弦管及平联腔内均灌注混凝土。拱脚处拱肋高度 8.2 m,弦管中心距 7.0 m,拱顶处拱肋高度 5.2 m,弦管中心距 4.0 m,拱肋高度按李特规律变化,截面惯性矩从拱顶到拱脚逐渐增大,拱厚变化系数 $n=0.467\ 5$。

拱肋在靠近拱脚长度 15.8 m 范围内(水平距离)为实腹段,上、下弦管之间设置两块腹板形成腹腔,腹腔内灌注混凝土。拱顶部分为空腹 Pratt 桁式拱肋,实腹与空腹之间设 X 形撑腹杆过渡。

本桥共设 21 道横撑,横撑均为一字型。其中两侧靠近拱脚的 3 道为四肢桁架结构,其余为双肢结构,两根横撑主管连接拱肋上下弦内管,横撑上下主管以竖向斜杆连接。

拱上 G1～G4、G7～G10 号排架墩采用矩形截面空心墩,墩高 6.2～31.1 m,立柱横向宽度 2.4 m,G1～G4、G7～G10 号排架墩顶帽采用钢筋混凝土结构,立柱底部设置钢箱墩座与拱肋连接。排架墩立柱之间横向设置 K 形横撑,横撑直杆采用矩形空心截面,直杆截面尺寸为 1.2 m×1.2 m(宽×高),壁厚为 20 cm;除横撑斜顶部一对横撑斜杆采用矩形实心截面外,下部斜杆均采用矩形空心截面,截面尺寸为 1.2 m×0.8 m(宽×高),壁厚为 20 cm。

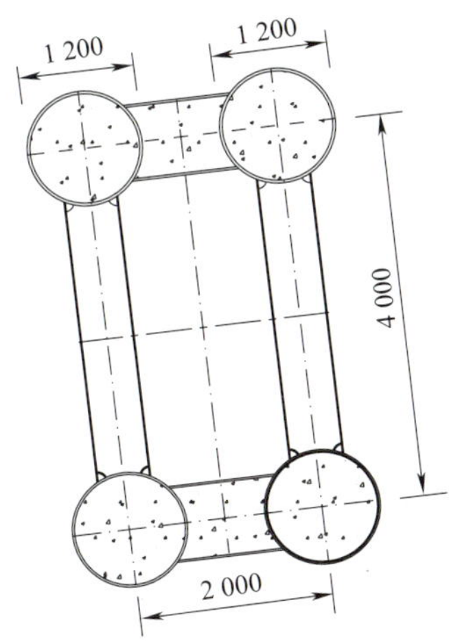

图 4-13-2　主拱肋截面(单位 mm)

拱座采用扩大基础,基础基底及背面均埋置在稳定边坡线内,持力层为弱风化安山岩,基本承载力为 1 000 kPa。拱座基础高 13.5 m,纵向最大尺寸 14.6 m,横桥向宽度 24.0 m。

4.13.3　施工方法

拱肋采用 2×150 t 缆索吊装悬臂扣挂法进行施工。钢管拱单元采用工厂制造,桥位预拼场内进行预拼,拱肋节段整体拼装后,采用缆索吊双组索起吊安装拱肋节段,主拱施工采用扣挂法悬拼,两岸同步进行,在拱顶处合龙。

拱上立柱采用钢板外包混凝土结构,通过外包钢板作为施工模板,根据墩高情况,分节浇筑施工,拱顶 Π 形刚架采用现场预制,缆索吊装施工,拱上 T 梁采用架桥机以及缆索吊对称架设施工。施工情况及成桥如图 4-13-3～图 4-13-5 所示。

图 4-13-3　主拱肋合龙

图 4-13-4　拱上墩施工

图 4-13-5　成桥运营

4.13.4 主要技术经济指标

主要技术经济指标见表 4-13-1。

表 4-13-1 主要技术经济指标

指 标 类 型		数 值
结构性能指标	竖向挠跨比	1/5 789
主要工程量	主拱用钢量(t)	3 066.6
	主拱钢管内混凝土(m^3)	3 206.0
	Π 形刚架(m^3)	411.8
	桥墩(m^3)	4 076.1
	拱座混凝土(含基础)(m^3)	7 624.9

4.13.5 技术特点和创新点

(1)本桥是国内外首座大跨度重载双线铁路上承式钢管混凝土拱桥，适用于重载铁路的大跨度钢管混凝土拱桥结构体系以及合理的拱上结构支撑体系，实现重载铁路上承式拱桥拱肋及拱上结构在重载作用下各构件的协调受力。

(2)提出并采用了适应于重载铁路荷载特点的上承式钢管混凝土拱肋线形优化方法，保证了拱肋受力状态合理均衡；研究了拱肋内倾角度对横向刚度和稳定性能的影响，确定合理内倾角度。

(3)提出了桁架式拱肋中 H 形腹杆和圆形弦管连接的“大节点”焊接构造，解决了重载铁路对桁式钢拱肋构件连接疲劳性能要求高的技术难题。

(4)创新提出了适用于复杂山区地形的大、小缆索吊装系统相结合的缆索吊装系统布置，并解决施工材料和机具运输问题，避免了在水源保护区设置施工便道，保护了生态环境。

4.14 襄渝增建二线铁路牛角坪特大桥

桥　　名：牛角坪特大桥
工程项目：襄渝增建二线铁路
工程位置：陕西省汉中市镇巴县
主　　跨：192 m
桥　　型：预应力混凝土连续刚构
建设单位：西安铁路局襄渝铁路工程指挥部
设计单位：中铁二院工程集团有限责任公司
施工单位：中铁大桥局集团有限公司
设计人员：马庭林　陈克坚　陈思孝　刘　伟　岳　强
　　　　　司秀勇
通车时间：2009 年 10 月

4.14.1 概　况

襄渝增建二线铁路为国家Ⅰ级单线客货共线铁路，设计速度 140 km/h。牛角坪特大桥地处川陕交界的大巴山山脉北部镇巴县，属构造剥蚀中山河谷地貌。线路跨越双沟河及深切河谷，常水面宽 20～50 m，两岸山体陡峻。上覆第四系冲洪积、坡残积的卵石土、粉质黏土等，下伏基岩为三叠系下统嘉陵江组灰岩、震旦系下统南沱群凝灰质砂岩。地震动峰值加速度为 0.05g，反应谱特征周期为 0.35 s。

牛角坪特大桥孔跨布置为 1×24 m＋(100＋192＋100) m 预应力混凝土连续刚构＋3×32 m＋2×

24 m，桥梁全长 577.40 m，最大墩高 98 m。桥上预留复线，线间距 4.2 m，设计荷载采用中—活载。主桥立面如图 4-14-1 所示。

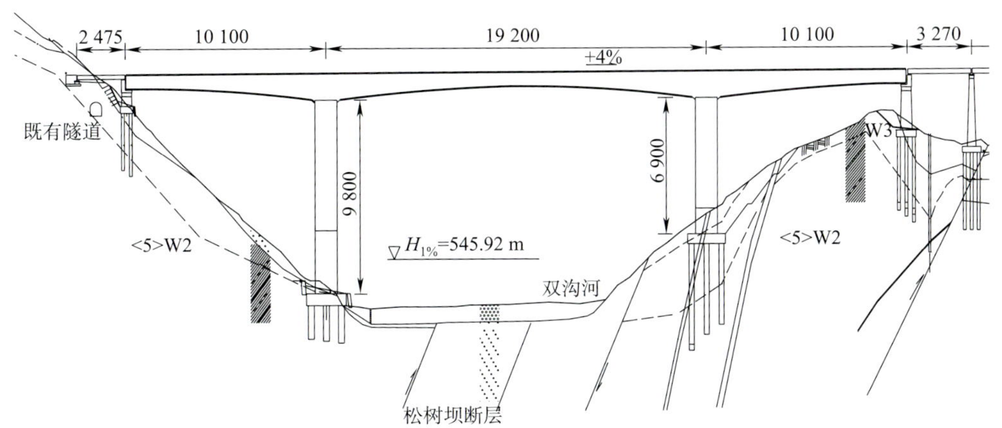

图 4-14-1 主桥立面(单位：cm)

4.14.2 结构设计

牛角坪大桥主桥为(100+192+100) m 预应力混凝土连续刚构，两个主墩墩高分别为 98 m、69 m。主桥梁部为变截面、变高度预应力混凝土箱形梁，梁高 7.2～13.5 m，箱宽 9.2 m，桥面宽 11.2 m(图 4-14-2)。主墩墩身纵宽 11.0 m，墩顶横宽 9.2 m 与梁体箱宽一致(图 4-14-3)。为保证结构横向刚度，主墩横向采用二次放坡，上段横坡为 12∶1，下段采用圆弧形放坡，圆弧半径分别为 9 734 cm、4 188 cm，墩底横宽分别为 36.8 m、25.0 m。

主墩基础采用超大群桩基础。2 号主墩采用 18 根长度 17～19 m 直径 3.0 m 挖孔桩，3 号主墩采用 21 根长度 39～51 m 直径 2.5 m 钻孔桩。两主墩承台厚度分别为 6.0 m、5.0 m，平面纵、横向尺寸分别为 19.8 m×40.8 m、19.0 m×36.4 m。

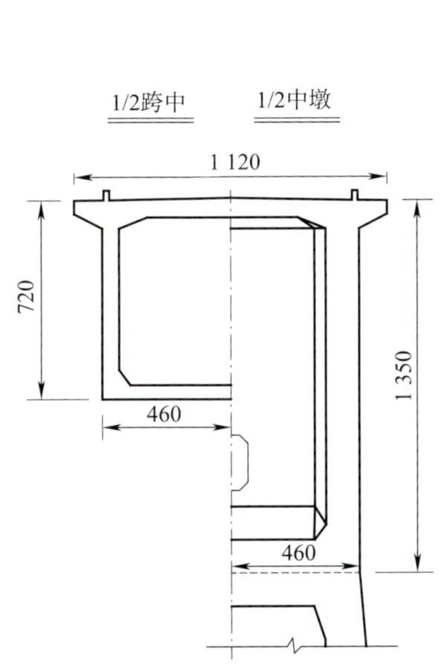

图 4-14-2 主梁截面图(单位：cm)

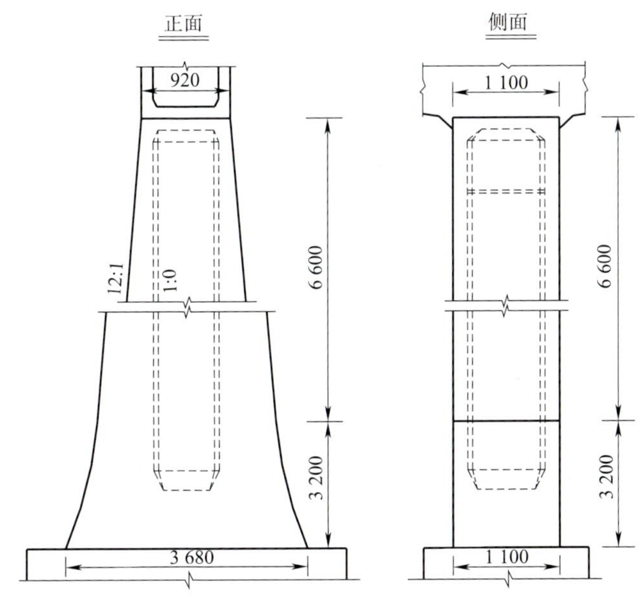

图 4-14-3 主墩构造图(单位：cm)

4.14.3 施工方法

高墩采用液压爬模节段浇筑，主桥梁体采用悬灌灌注法施工。大桥合龙及远景如图 4-14-4、图 4-14-5所示。

图 4-14-4 大桥合龙

图 4-14-5 大桥远景

4.14.4 主要经济技术指标

主要经济技术指标见表 4-14-1。

表 4-14-1 主要技术经济指标

指标类型		数值
结构性能指标	竖向挠跨比	1/4 048
	横向挠跨比	1/8 918
	梁端转角(rad)	0.52‰
	自振特性：一阶横向周期(s)	1.54
主要工程量	主梁混凝土(m^3)	12 233.1
	主梁预应力钢绞线(t)	683.4
	主梁普通钢筋(t)	1 402.7
	刚构墩混凝土(m^3)	22 932.5
	刚构墩普通钢筋(t)	1 202.8

4.14.5 主要特点和创新点

(1)主跨 192 m，为当时国内最大跨度的铁路预应力混凝土连续刚构。

(2)首次在主墩下段横桥向采用曲线圆弧端形二次放坡空心墩，较好地保证了结构的横向刚度。

4.14.6 获奖情况

(1)获 2010 年中国中铁优秀工程设计一等奖。

(2)获 2012 年四川省工程勘察设计一等奖。

(3)获 2011 年中国铁道学会科学技术二等奖。

(4)获 2011 年中国施工企业协会科学技术一等奖。

4.15 宜万铁路马水河大桥

桥　　名：马水河大桥

工程项目：宜万铁路

工程位置：湖北省恩施土家族苗族自治州建始县

主　　跨：116 m

桥　　型：T构

建设单位：宜万铁路建设总指挥部

设计单位：中铁第四勘察设计院集团有限公司

施工单位：中铁十八局集团有限公司

设计人员：毕玉琢　王小莉　廖祖江　陈晓波　郗宏庆　史　娣　寇延春　蔡德强

通车时间：2010年10月

4.15.1 概　　况

宜万铁路为国家Ⅰ级电气化铁路，设计速度160 km/h，客货共线，双线中—活载，线间距4.2 m，有砟轨道。宜万铁路不仅穿越崇山峻岭，而且地质地形条件极为复杂，顺层、滑坡、岩堆、岩溶、暗河等不良地质随处可见。马水河大桥桥址为峡谷地貌，左岸陡峭、基岩裸露，右岸相对平缓。

为适应本桥位复杂的山区条件，采用了(116＋116) m大跨高墩T构桥桥式方案，很好地解决了深峡谷的跨越问题，同时，桥梁施工对既有山体几乎不会造成破坏，既符合环保理念，又极大地降低了施工安全风险。主桥立面如图4-15-1所示。

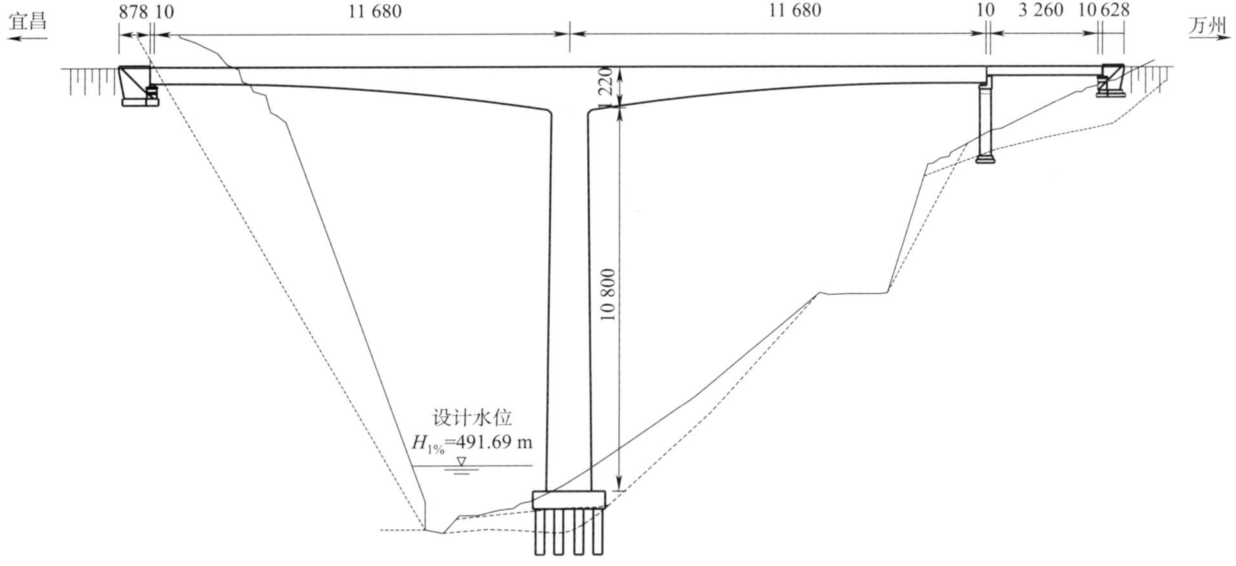

图4-15-1　主桥立面图(单位:cm)

4.15.2 结构设计

该桥墩高 108 m、跨度(116＋116) m。梁部为变截面预应力混凝土箱梁，单箱单室直腹板，墩顶截面梁高为 12.2 m，边支点梁高为 4.7 m，底缘为圆曲线过渡变化，箱梁顶宽 10.7 m、底宽 6.0 m(图 4-15-2)；桥墩为矩形空心墩，横向变坡点设在墩顶以下 76 m 处，76 m 以上外坡按 1∶16.888 9；76 m 以下外坡按 1∶4 迅速扩大横宽，墩底设 7.5 m 实体段与桩基承台相接；墩梁固结区采用纵向墩壁与梁体根部两道 1.6 m 厚的横隔板对应，以利传递荷载、扩散应力。

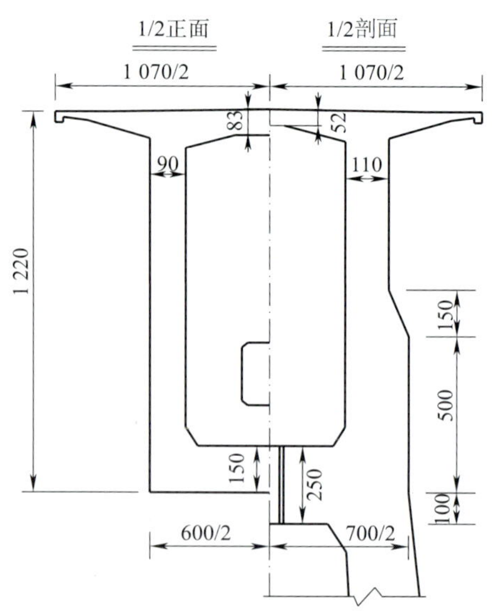

图 4-15-2　墩顶梁部截面图(单位:cm)

4.15.3 施工方法

采用常规的爬模方法施工高墩、悬臂挂篮施工梁体，为缩短施工周期，利用地形条件设置了支架现浇段及边墩侧合拢段，减短悬臂施工长度，避免了墩顶顶板索受施工阶段控制的问题。在后来的小跨度 T 构推广运用中，又提出取消边墩侧的现浇及合龙段，形式上更加丰富，推动了该技术进步。施工情况如图 4-15-3、图 4-15-4 所示。

图 4-15-3　基础施工

图 4-15-4　墩身施工

4.15.4 主要技术经济指标

主要技术经济指标见表 4-15-1。

表 4-15-1　主要技术经济指标

指标类型		数　值
结构性能指标	竖向挠跨比	1/1 710
主要工程量	梁部混凝土(m^3)	4 810.0
	墩身混凝土(m^3)	14 733.0
	预应力钢索(t)	323.0
	钢筋(t)	6 147.0

4.15.5 技术特点和创新点

(1)作为我国建造的第一座高墩大跨 T 构，对墩梁匹配刚度进行研究比较，提出矩形空心高墩的构造设计细则。

(2)通过动力仿真控制横向自振周期以满足行车要求。

(3)针对混凝土受温度影响的特点,研究提出了基于混凝土温度场的厚壁、中厚壁、薄壁概念。

4.15.6　获奖情况

(1)“宜万铁路山区复杂地形桥式结构试验研究”获 2011 年中国铁道学会科学技术二等奖。

(2)“宜万铁路大跨 T 构设计与施工试验研究”获 2012 年中国铁道学会科学技术三等奖、2013 年中国铁建科学技术二等奖。

(3)获 2013 年铁道部优秀工程设计二等奖。

4.16　宜万铁路野三河大桥

桥　　名:野三河大桥
工程项目:宜万铁路
工程位置:湖北省巴东县
主　　跨:124 m
桥　　型:不对称坡拱桥
建设单位:宜万铁路建设总指挥部
设计单位:中铁第四勘察设计院集团有限公司
施工单位:中铁二局集团有限公司
设计人员:罗世东　毕玉琢　黎曙文　廖祖江　陈晓波
　　　　　郗宏庆　尹书军　陈　艳　张朝霞
通车时间:2010 年 10 月

4.16.1　概　　况

宜万铁路为国家双线Ⅰ级电气化铁路,客货共线,线间距 4.2 m,有砟轨道;设计最高行车速度 160 km/h,设计活载采用中—活载。野三河大桥位于巴东县境内,跨清江支流野三河上游,桥址处河谷深切,河道狭窄,两岸陡峭,桥面离谷底 135 m。两岸分布为粉质黏土、灰岩,桥址地区为灰岩,岩溶不发育。

野三河大桥采用主跨 124 m 半中承半下承的平行双肋钢管混凝土非对称坡拱形式,桥面系采用预应力混凝土纵横梁格构体系,跨径组合为(3×9.75+11.25+10×9.75) m。主桥立面如图 4-16-1 所示。

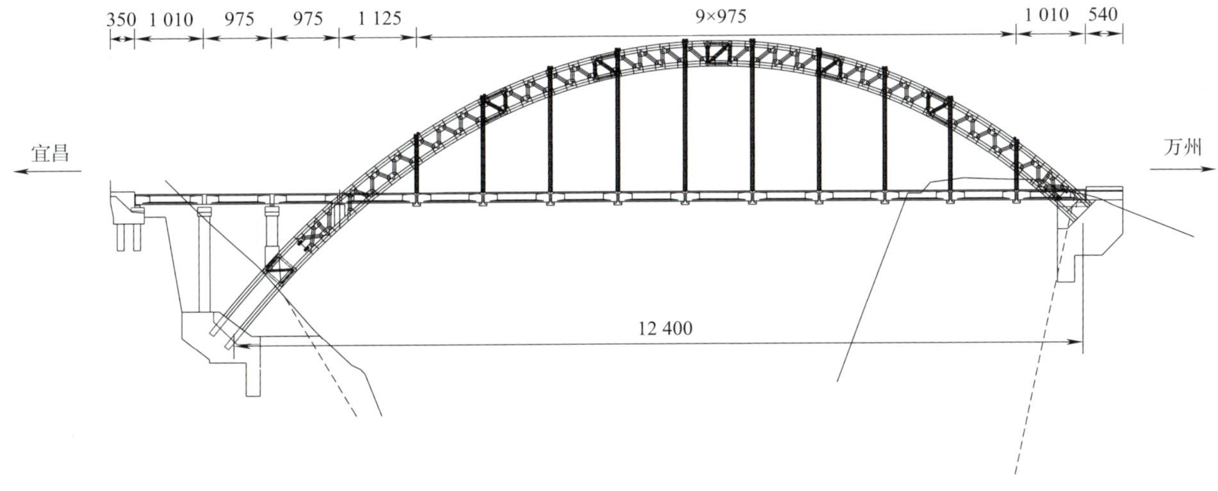

图 4-16-1　主桥立面图(单位:cm)

4.16.2 结构设计

（1）拱肋

宜昌侧拱脚和万州侧拱脚高差 15.85 m，拱肋中心线采用悬链线，拱顶两侧采用不同的拱轴系数。左半拱长 70.375 m，高 40 m，拱轴系数 $m=1.9$；右半拱长 53.625 m，高 24.17 m，拱轴系数 $m=1.7$。拱顶两片拱肋横桥向中心距 13.1 m。拱肋之间横向采用 6 片一字形桁架横撑。

拱肋采用 4ϕ800 钢管组成的桁架式结构，肋高 3.8 m，单片拱肋横向宽 2.2 m。上下平联外围高 520 mm，腹杆均为同一规格的 H 形钢，和弦管间通过焊接在弦管外表面的异形端焊接。弦管、上下平联、腹板灌注 C50 微膨胀混凝土。桥梁横断面如图 4-16-2 所示。

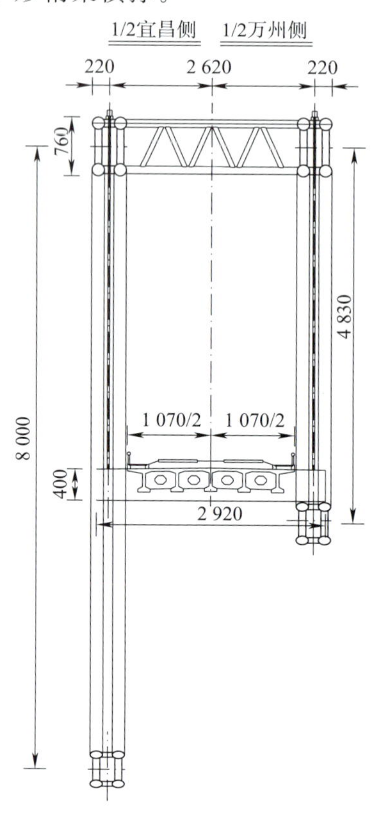

图 4-16-2　1/2 桥梁横断面图（单位：cm）

（2）吊杆

主桥吊杆采用纵向双吊杆体系，共设 20 对吊杆，吊点中心距为 9.75 m。

（3）桥面系

横梁采用预应力混凝土结构，梁高 2.0 m，长 14.6 m，工字形截面。上缘宽 95 cm，下缘宽 115 cm，腹板厚 35 cm，为满足吊杆预埋管道通过横梁端部，横梁端部作局部加宽至 130 cm 处理。

桥面横向共设五片纵梁，横向中心距 2.14 m，纵向按（3×9.75＋11.25＋10×9.75）m 的跨径布置，全桥共 70 片纵梁。纵梁均为部分预应力结构。梁高 1.5 m，边梁（中梁）上翼缘宽 1.86（1.58）m，下翼缘宽 80 cm，腹板厚度跨中 20 cm，梁端80 cm，在跨中设 20 cm 厚横隔板一道，桥面板厚 18 cm。顶板设置双向 1.5％排水坡。

（4）桥墩

1 号墩立于宜昌侧拱座上，为双柱式钢筋混凝土墩；2 号墩采用门式刚架形式，立于拱肋上。墩柱向内以 13.1°的角度倾斜。帽梁为 1.8 m（宽）×1.6 m（高）的矩形截面，立柱径向为 1.6 m×1.4 m 的矩形截面。墩座为纵向1.8 m，横向 1.637 m 的矩形钢套箱结构。

4.16.3 施工方法

施工流程：施工准备→拱座和桥台→拱肋施工→1 号墩和拱上立柱→安装吊杆→吊装横梁→安装纵梁→纵横梁固结→桥面系→附属设施。施工情况及成桥实景如图 4-16-3、图 4-16-4 所示。

图 4-16-3　拱肋吊装

图 4-16-4　成桥实景

4.16.4 主要技术经济指标

主要技术经济指标见表 4-16-1。

表 4-16-1 主要技术经济指标

指标类型		数值
结构性能指标	竖向挠跨比	1/2 944
	梁端下挠转角(rad)	0.122 1‰
	横向挠跨比	1/25 000
主要工程量	纵横梁混凝土(m^3)	9 559.0
	拱肋用钢量(t)	1 319.0
	吊杆(t)	52.0

4.16.5 技术特点和创新点

(1)大跨度、大落差不对称拱桥首次应用于复杂山区铁路建设。

(2)纵横梁预应力混凝土格构桥面系首次应用于大跨铁路拱桥。

(3)在复杂山区采用后锚移动式缆索起重机解决桥梁施工问题。

(4)注重景观设计,桥式结构与山区美景和谐统一。

4.16.6 获奖情况

(1)获 2011 年中国铁道学会科学技术二等奖。

(2)获 2011—2012 年铁道部优秀工程设计二等奖。

(3)获 2011 年中国铁建科学技术一等奖。

4.17 宜万铁路落步溪大桥

桥　　名:落步溪大桥

工程项目:宜万铁路

工程位置:湖北省宜昌市点军区

主　　跨:178 m

桥　　型:劲性骨架混凝土拱桥

建设单位:宜万铁路建设总指挥部

设计单位:中铁第四勘察设计院集团有限公司

施工单位:中铁三局集团有限公司

设计人员:毕玉琢　瞿国钊　廖祖江　陈晓波　郗宏庆　陈　艳

通车时间:2010 年 10 月

4.17.1 概　　况

宜万铁路为双线Ⅰ级电气化铁路,设计速度 160 km/h,客货共线,双线中—活载,线间距 4.2 m,有砟轨道,在宜昌市点军区跨青龙峡落步溪中下游,桥址处两岸山坡陡峭,岩层外突,临溪山坡呈陡崖状。河谷两侧为块石土层,宜昌侧为三叠系灰岩。

该桥位于直线上，桥上纵坡为17.7‰，孔跨布置为1×24 m后张梁+1×178 m上承式拱桥+1×32 m后张梁。拱圈采用了裸拱合龙相对较容易的劲性骨架混凝土拱圈方案，减小了大跨度桥梁的施工难度。拱座采用扩大基础，主拱圈正置，调整拱上立柱的高度来形成线路纵坡。主桥立面如图4-17-1所示。

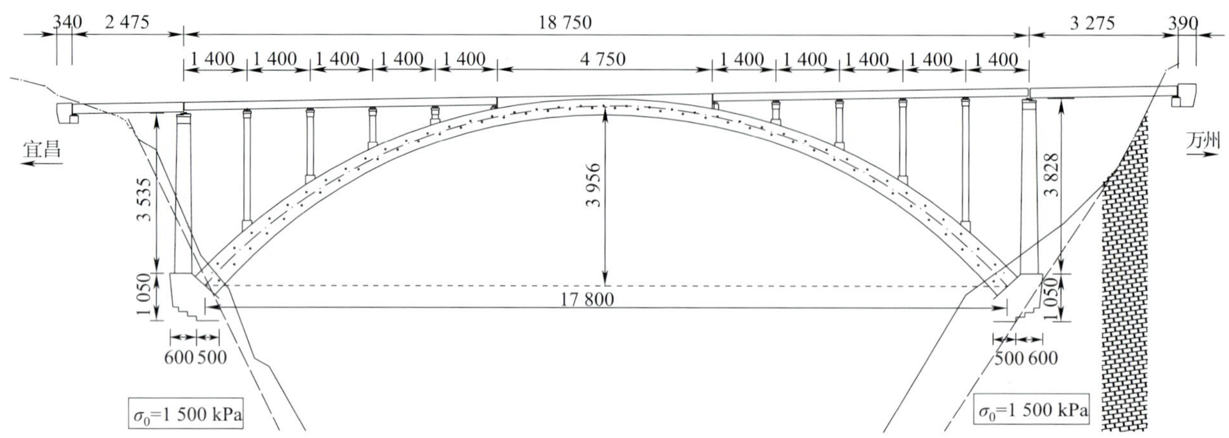

图4-17-1　主桥立面（单位：cm）

4.17.2　结构设计

落步溪大桥肋拱拱轴线为悬链线，拱肋采用单箱单室箱形截面，拱顶采用钢筋混凝土框架，拱上纵梁采用钢筋混凝土箱梁。

(1)拱顶结构

拱顶47.5 m一段设计为框架式结构；框架顶板和两侧墙间采用混凝土铰（图4-17-2）。

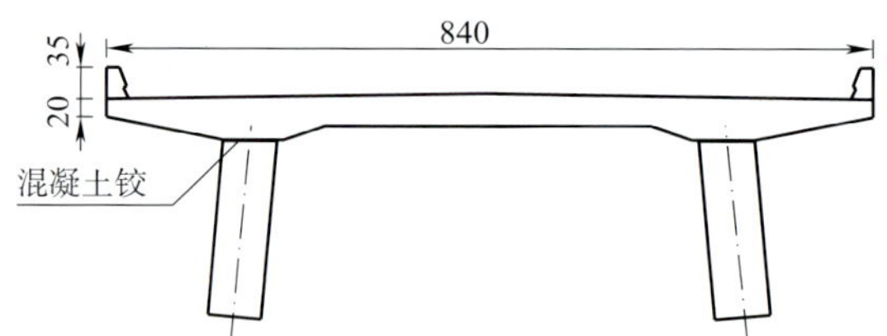

图4-17-2　拱顶框架横截面（单位：cm）

(2)桥面纵梁

拱顶框架两端各采用5×14.0 m的桥面纵梁。该梁为梁高1.8 m的等高度C40钢筋混凝土连续梁，顶板宽8.4 m，采用单箱单室截面，箱梁底宽5.40 m，跨中腹板厚40 cm，顶、底板厚30 cm，支点截面腹板厚度采用80 cm。每联纵梁固定支座设在拱顶侧，其余各墩采用活动支座。

(3)拱上立柱

拱上立柱采用双斜柱，两立柱布置在倾斜的拱肋平面内。两柱间设带空洞薄板和横撑代替剪刀立柱采用C30混凝土。

(4)拱座墩

拱座墩顶帽一侧为连续梁，一侧为简支梁。墩身采用矩形截面，纵横向坡度均为1∶40。

(5)拱肋截面

拱肋截面除拱脚以上3 m为实体外，其余均为箱形，侧板厚40 cm，顶、底板厚50 cm，拱脚至第1根拱上立柱之间顶、底板加厚至1 m；顶、底板与侧板间设0.8 m×0.4 m梗肋。拱肋箱形截面宽2.5 m，

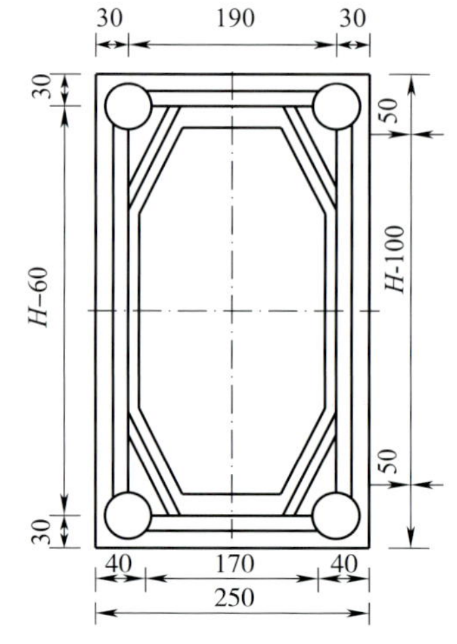

图4-17-3　拱肋截面（单位：cm）

拱顶截面高 3.5 m，拱脚截面高 6.0 m（图 4-17-3）。

4.17.3　施工方法

本桥拱肋钢骨架安装采用了缆索吊施工，然后压注钢管混凝土。钢骨安装完后，浇筑拱肋混凝土，然后施工拱顶框架、拱上立柱、桥面纵梁。拱肋混凝土采用“三环六面”法施工。施工情况如图 4-17-4、图 4-17-5 所示。

图 4-17-4　劲性骨架施工

图 4-17-5　拱顶梁部施工

4.17.4　主要技术经济指标

主要技术经济指标见表 4-17-1。

表 4-17-1　主要技术经济指标

指标类型		数值
主要工程量	拱肋及拱上结构混凝土（m^3）	4 373.0
	拱上立柱墩混凝土（m^3）	2 952.0
	拱座混凝土（m^3）	3 625.0
	拱肋劲性骨架用钢量（t）	482.7

4.17.5　技术特点和创新点

（1）拱顶部分采用了设有混凝土铰和横向断缝的拱顶框架，避免了其与拱圈共同受力而使顶板产生较大的顺桥向压力，减小单线行车时，拱肋的不均匀沉降对框架产生的较大内力。

（2）拱上立柱采用双斜柱，两柱间设带空洞的薄板和横撑代替剪刀撑。全桥立面简洁、流畅，动力特性也较好。

（3）拱上连续梁增强了桥面纵横向刚度，改善了行车条件。

（4）该桥为国内同期双线铁路劲性骨架混凝土拱桥的最大跨度，该桥的设计和施工推动了大跨度劲性骨架混凝土拱桥的发展和在铁路上的应用。

4.17.6　获奖情况

（1）获 2011 年中国铁道学会科学技术二等奖。

（2）获 2012 年中国铁建科学技术二等奖、优秀工程设计二等奖。

4.18 渝利铁路蔡家沟特大桥

桥　　名：蔡家沟特大桥
工程项目：渝利铁路
工程位置：重庆市涪陵区
主　　跨：144 m
桥　　型：刚构—连续梁组合桥
建设单位：渝利铁路有限责任公司
设计单位：中铁二院工程集团有限责任公司
施工单位：中铁大桥局集团有限公司
设计人员：陈克坚　陈思孝　李　锐　钟亚伟　袁　明　王　聪　方　健
通车时间：2013 年 12 月

4.18.1 概　　况

渝利铁路为设计时速 200 km 的国铁Ⅰ级客货共线铁路，双线，线间距 4.4 m。蔡家沟特大桥于重庆市涪陵区李渡镇跨越蔡家沟 U 形深切沟谷。桥址地处中亚热带湿润季风气候区，常年平均气温 18.0 ℃，极端最高气温 42.2 ℃，极端最低气温 −2.2 ℃，年均降水量为 1 072 mm，平均相对湿度 81%，最大风速 14.3 m/s。桥址覆土较薄，两岸坡坡度为 25°～45°，基岩多裸露。地层上覆第四系坡洪积层、坡残积层、坡崩积层，下伏侏罗系中统上沙溪庙组泥岩夹砂岩、砂岩。桥区地震动峰值加速度为 0.05g，地震动反应谱特征周期为 0.35 s。

蔡家沟特大桥桥梁全长 2 057.4 m，主桥为(80＋3×144＋80) m 的预应力混凝土刚构—连续梁组合桥，主桥最大墩高 139 m。主桥立面如图 4-18-1 所示。

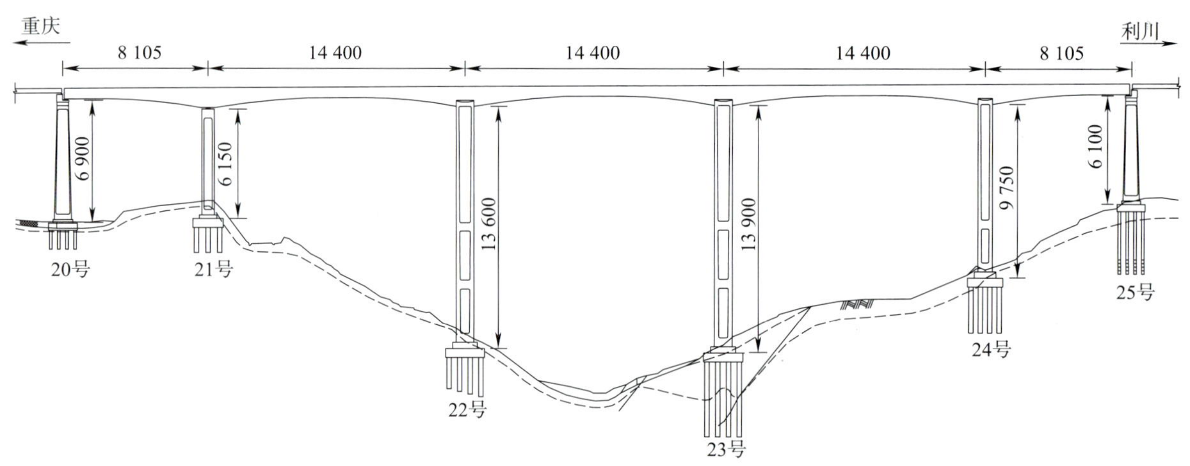

图 4-18-1　主桥立面(单位:cm)

4.18.2 结构设计

该桥梁部为变截面预应力混凝土箱梁，单箱单室直腹板，墩顶截面梁高为 11.0 m，跨中及边支点梁高为 6.0 m，梁底下缘按圆曲线变化，圆曲线半径 R＝350.62 m。箱梁顶板宽 10.96 m、箱宽 7.2 m(图 4-18-2)，两侧人行道宽各 0.8 m，人行道栏杆在梁体翼缘板外侧。

本桥刚构墩 22～24 号墩墩高分别为 136.0 m、139.0 m 和 97.5 m。为了保证整个结构具有足够的刚度，同时结构合理、工程量较小，本桥刚构墩采用 A 形结构桥墩，此桥墩结构形式首次应用于铁路梁桥中。

A 形桥墩采用矩形空心截面，为减小风力对高墩的影响并考虑美观，墩身横向端面加设圆弧。桥墩横向墩宽 8 m，壁厚 1.5 m，考虑全桥的美观，A 形墩上部单柱空心墩高均取 65 m，横向外坡按 13∶1 放坡，内壁按 20∶1 放坡；墩顶以下 65 m 至墩底为 A 形墩叉区及斜腿部分，墩壁外侧边缘按曲线 $x=5\times h^2/65^2+4$ 曲线变化，墩壁内侧边缘按曲线 $x=4\times h^2/65^2-4$ 曲线变化，(h 为计算点距墩顶的距离，x 为曲线与桥墩横桥向中心线的距离）。墩顶以下 65～70 m 范围为 A 形墩叉区，采用 5 m 厚的实体段；叉区以下为 A 形墩斜腿部分，斜腿壁厚按 $t=(h-70)^2/60.5^2+1.5$ 变化，24 号墩斜腿壁厚按 $t=0.3\times(h-70)^2/19^2+1.5$ 变化。主墩号墩在距墩顶 97.5 m 处设置横梁连接两斜腿，以提高 A 形墩的横向刚度，横梁采用高 5 m、壁厚 1 m 的箱形截面，与横梁相交的斜腿部分采用实体段。为方便检查，在叉区及斜腿实体段均开设检查孔。

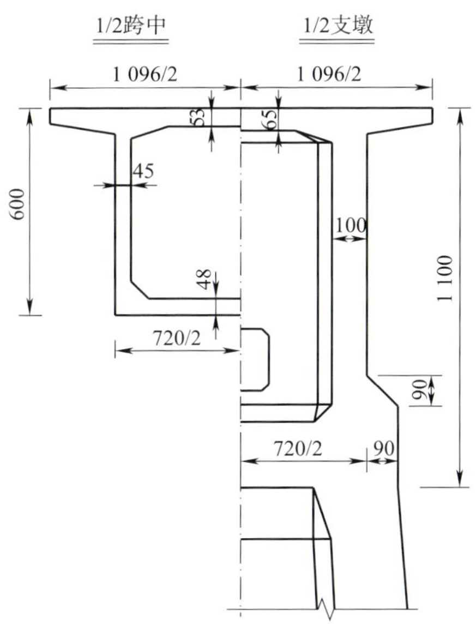

图 4-18-2 主梁截面(单位：cm)

主墩号墩在墩顶处沿桥纵向墩宽 10 m，外坡为直坡，壁厚墩顶 1.5 m，墩底 2.5 m，线性变化；边墩顶处沿桥纵向墩宽 8 m，外坡为直坡，壁厚墩顶 1.5 m，墩底2.0 m，线性变化。A 形墩在墩底设 5 m 厚的实体段。

图 4-18-3 墩身施工

4.18.3 施工方法

A 形桥墩采用劲性骨架配合液压爬模的工法施工(图 4-18-3)。梁部先合拢第三跨、第四跨，然后合龙第二跨并悬灌浇筑第五跨的不平衡梁段，接着悬灌浇筑第一跨的不平衡梁段，最后浇筑边跨墩顶部分，合龙边跨，实现全桥合龙。刚构墩间中跨合龙前对合龙段两侧施加对顶力。

4.18.4 主要技术经济指标

主要技术经济指标见表 4-18-1。

表 4-18-1 主要技术经济指标

指标类型		数值
结构性能指标	竖向挠跨比	1/2 737
	梁端转角(rad)	0.72‰
	一阶横向周期(s)	1.48
主要工程量	主梁混凝土(m^3)	13 807.0
	主梁预应力钢绞线(t)	884.5
	主梁普通钢筋(t)	1 844.2
	刚构墩混凝土(m^3)	42 930.0
	刚构墩普通钢筋(t)	4 005.0

4.18.5 技术特点和创新点

(1)墩高 139 m 是当时墩高最高的预应力混凝土刚构连续梁桥。

(2)首次采用 A 形桥墩，对 A 形高墩的合理结构形式、受力行为及岔区节点应力以及桥梁的地震反应、车桥耦合动力、抗风性能等进行了系统研究。

4.18.6 获奖情况

(1)获 2015 年中国铁路工程总公司科学技术特等奖。

(2)获 2015—2016 年国家铁路局铁路优秀工程设计一等奖。

(3)获 2015 年中国中铁优秀工程设计一等奖。

4.19 山西中南部铁路蔚汾河特大桥

桥　　名：蔚汾河特大桥
工程项目：山西中南部铁路
工程位置：山西省兴县蔡家崖
主　　跨：3×120 m
桥　　型：预应力混凝土刚构连续梁桥
建设单位：晋豫鲁铁路通道股份有限公司
设计单位：中国铁路设计集团有限公司
施工单位：中铁十二局集团有限公司
设计人员：左家强　杨建良　郭志胜　吴向明
通车时间：2014 年 12 月

4.19.1 概　况

山西中南部铁路通道设计速度 120 km/h,采用有砟轨道,设计荷载为 1.2 倍 ZH 活载(2005),双线,于山西省兴县蔡家崖跨越蔚汾河。桥址位于吕梁山西麓,属黄土高原东部,地形起伏大,冲沟较发育,沟壁陡立,地面最大高差 100 m 左右,桥址区岩土类型为粗圆砾土、砂岩、泥岩,地震基本烈度为 6 度,地震动峰值加速度 0.05g,地震动反应谱特征周期为 0.45 s。

蔚汾河特大桥位于半径 800 m 的反向曲线上,线间距 5.0～5.18～4.0 m,主桥轴线与蔚汾河水流线夹角 95°,蔚汾河为黄河中游一级支流,桥址处设计水位为 900.14 m。主桥孔跨布置采用(70+3×120+70) m 刚构连续梁,最大墩高 90 m,引桥采用 32 m 简支 T 梁和(70+70) m T 构。主桥立面如图 4-19-1 所示。

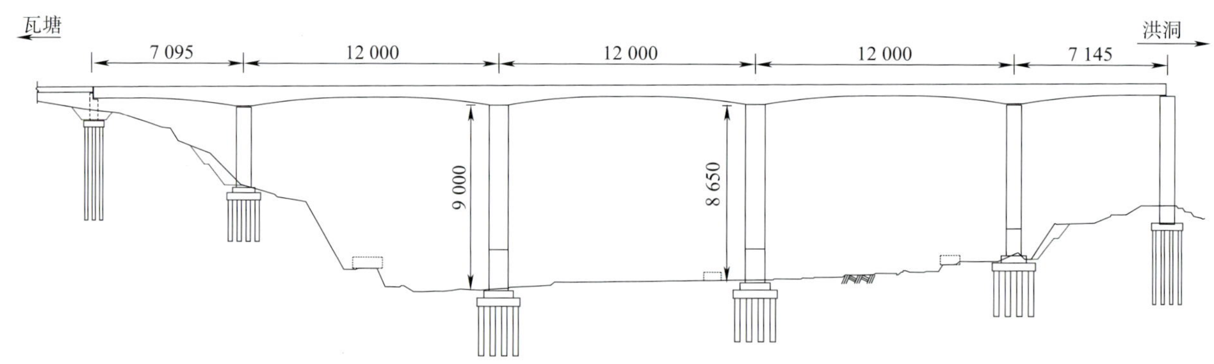

图 4-19-1　主桥立面(单位:cm)

4.19.2 结构设计

本桥曲梁曲做,梁体沿横截面中心线对称布置,相应的梁体纵向轮廓尺寸为沿左线中心线的展开尺寸,横向尺寸为径向尺寸,支座、桥墩均径向布置。

(1)主梁构造

主梁采用单箱单室、直腹板、变高度箱形截面。端支座处及边跨直线段和中跨跨中处为 5.5 m,中支点处梁高 9.5 m,梁底下缘按圆曲线变化,圆曲线半径 R=266.50 m。箱梁顶宽 12.20～12.38～11.20 m(图 4-19-2),箱梁底宽 6.80 m,在中支座处 8 m 范围内加宽到 8.50 m。顶板变宽通过悬臂长度调整。顶板厚 50 cm，底板厚度 50～128.0 cm，按圆曲线变化至中支点梁根部，中支点处局部加厚。腹板厚度分别为 60～80～100 cm，按折线变化。

全桥共设 11 道横隔梁，分别设于刚构墩、中支点、端支点和跨中。刚构墩设 2 道 1.3 m 厚横隔梁，中支点处设置厚 3.2 m 的横隔梁，边支点处设置厚 1.5 m 的端隔梁，跨中横隔梁厚 0.6 m。横隔梁处设有孔洞，供检查人员通过。

主梁梁体采用 C55 混凝土，全桥共分 125 个梁段，0 号梁段长度 12 m，一般梁段分成 3.0、3.5、4.0 和 4.5 m，合龙段长 2.0 m，边跨直线段长 5.25 m，最大悬臂浇筑块重 2 360 kN。

(2)刚构墩构造

本桥 3 号、4 号墩为刚构墩，墩高分别为 90 m 和 86.5 m，采用矩形空心墩，混凝土强度等级 C55。在墩梁固结处沿纵向墩顶宽 9.0 m(图 4-19-3)，墩壁厚 1.3 m；沿横向墩宽 8.50 m，墩壁厚 1.3 m。主墩纵向墩壁内外侧不设坡度。横向墩壁内侧为 60∶1，外侧在 70 m 处变坡，由 20∶1 变为 6∶1。3 号墩底以上 8 m、4 号墩底以上 6 m 范围为实体段。为了便于施工和养护维修，在刚构墩墩顶梁底板上设置进人洞。

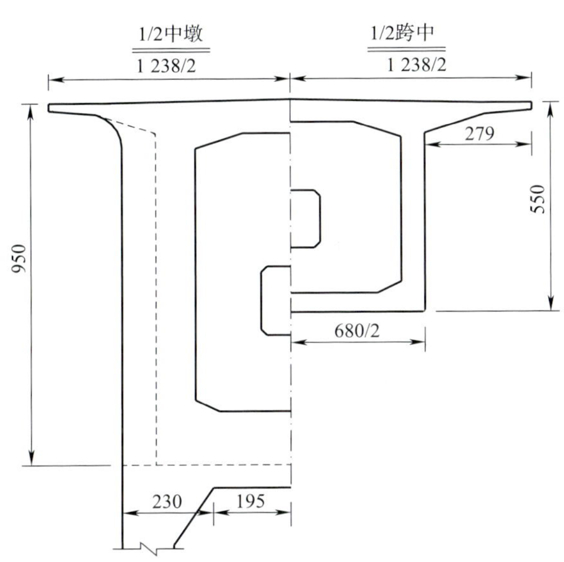

图 4-19-2　主梁截面图(单位：cm)

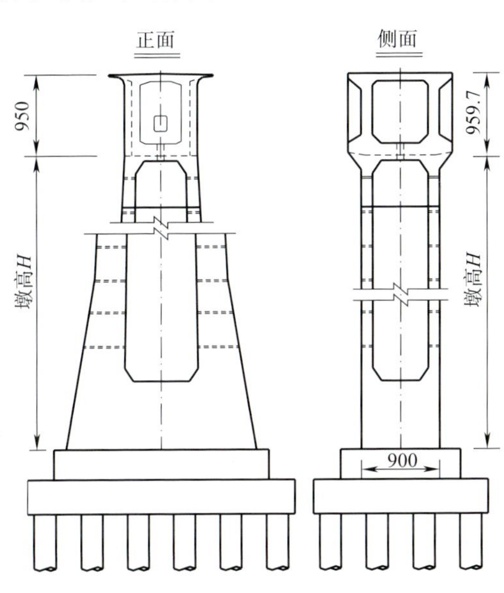

图 4-19-3　刚构墩构造(单位：cm)

4.19.3　施工方法

图 4-19-4　刚构墩施工

主墩采用爬模施工，主梁采用挂篮悬臂浇筑施工。

由于本桥边墩较高，边跨现浇段采用落地支架难度很大。设计中考虑先合龙次边跨，体系转换后再悬臂浇筑一个边跨梁段，以缩短边跨现浇段。采用在边墩上设置托架的施工方法进行边跨合龙，降低了施工难度。在边跨合龙后，在中跨跨中合龙段两侧施加顶推力，用悬吊支架现浇中跨合龙段。施工情况如图 4-19-4、图 4-19-5 所示。

图 4-19-5　主跨合龙施工

4.19.4 主要技术经济指标

主要技术经济指标见表 4-19-1。

表 4-19-1 主桥主要技术经济指标

指标类型		数值
结构性能指标	竖向挠跨比	1/4 260
	梁端转角(rad)	0.91‰
	横向挠跨比	1/4 858
	墩顶纵向位移(mm)	52.5
	墩顶横向位移(mm)	41.6
主要工程量	主梁混凝土(m^3)	5 689.9
	刚构墩混凝土(m^3)	14 033.4

4.19.5 技术特点和创新点

(1)该桥型集“高墩、大跨、长联”于一身，并且主梁位于半径 $R=800$ m 的曲线上，在国内重载铁路桥梁设计上为首创。该桥型为连续梁与连续刚构的组合，并兼顾了两者的优点，在结构受力、使用功能和适应环境等方面具有一定的优越性。

(2)设计中对于结构体系受力及刚度分配、收缩徐变、抗风分析、车桥振动分析等课题进行了深入研究，积累了应用经验。

4.19.6 获奖情况

获 2016 年中国中铁有限公司优秀工程设计一等奖。

4.20 黄韩侯铁路纵目沟特大桥

桥　　名：纵目沟特大桥
工程项目：黄韩侯铁路
工程位置：陕西省白水县
主　　跨：2×136 m
桥　　型：连续刚构
建设单位：西安铁路局
设计单位：中铁第一勘察设计院集团有限公司
施工单位：中铁二十局集团有限公司
设计人员：杨少军　曹增华　李宗建　马有强
　　　　　吴少海　李承根　欧阳辉来　盖小红
通车时间：2015 年 12 月

4.20.1 概　　况

黄陵—韩城—侯马铁路位于陕西省延安市、渭南市及山西省运城市、临汾市境内，设计时速 160 km/h，有砟轨道结构，双线电气化客货共线铁路，线间距 4.0 m。纵目沟特大桥属于黄土沟壑区，沟谷深切，岸壁陡峻，呈 V 字形，纵目沟主沟常流水，基岩出露，桥址处设计流量为 216 m^3/s，流量不控制设计。工点范围内出露地层主要为第四系黄土，三叠系中统砂岩、泥岩。桥址地震动峰值加速度为 0.1g，相当于地震基本烈度 7 度，动反应谱特征周期为 0.51 s。

主桥桥型方案的选择及孔跨布置受线路条件及主沟地形、地质条件控制，经过经济技术详细分析，主桥采用(78＋2×136＋78) m 连续刚构，桥面至谷底 129 m，主墩墩高 105 m，为西北铁路第一高墩。主桥立面如图 4-20-1 所示。

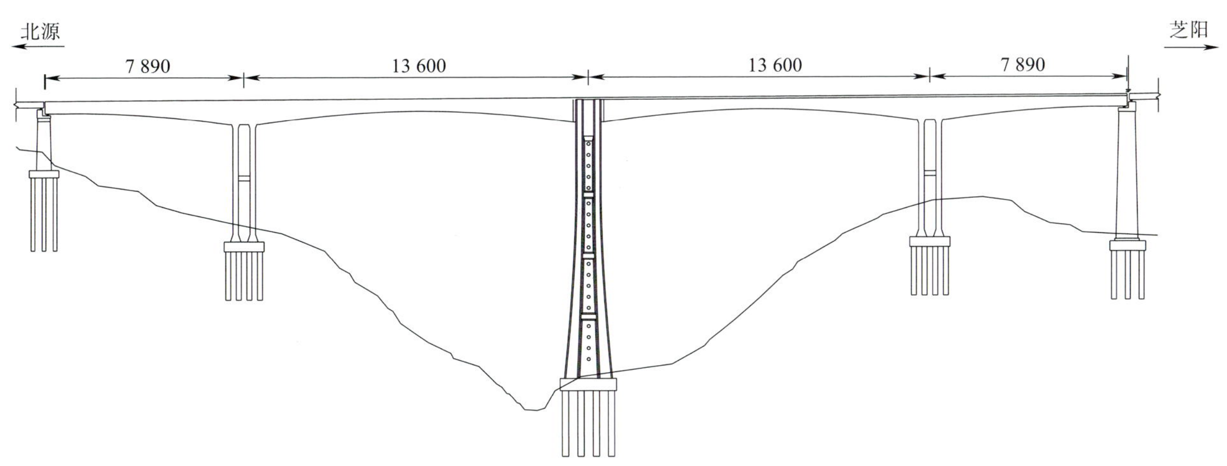

图 4-20-1　主桥立面(单位：cm)

4.20.2　结构设计

综合国内外高墩应用及研究现状，国内铁路高墩设计多采用结构整体性好、经济性能优越的传统圆端形或矩形空心墩，由于受刚度条件控制，桥墩截面尺寸与圬工量很大，占工程总投资的比例较高。在罕遇地震作用下墩身结构处于弹性工作状态，而基础往往由于受力过大，设计困难，这是传统空心高墩的致命弱点。

目前在国外多柱格构式桥墩已成为高墩抗震研究发展方向之一，各墩柱间依靠横梁联系，由于横梁的刚度相对较弱，轴力较小，且横梁梁端弯矩明显大于柱端弯矩，在罕遇地震作用下塑性铰容易形成且发生在较为理想的部位，通过横撑的变形消耗地震能量，从而保护主体墩柱及基础的安全。这样就提高了结构的整体抗震性能，从而大幅降低工程造价。

借鉴国内外高墩的研究成果及成功的应用经验，提出了新型柱板式空心高墩的构造形式：新型柱板式空心高墩由墩柱、横梁、连接板组成，墩柱和横梁为主要受力构件，将建筑结构框架—剪力墙结构成功移植到铁路桥墩上：主桥 5 号主墩墩高 105 m，采用新型柱板式空心墩。墩顶以下 30 m 为直线段，墩顶尺寸 10 m×10 m(纵向×横向)，直线段以下 75 m 按照 1.6 次抛物线变化，墩底尺寸 19 m×28 m(纵向×横向)。墩柱为正四边形，内接圆半径尺寸 3～5.5 m。连接板厚度 0.8～1.0 m。沿墩高方向设置三道 2 m 高的横梁，横梁中心距离墩顶的距离分别为：29 m、54 m、79 m。墩身纵横向、内外侧均按照 1.6 次抛物线变化。纵横向连接板中心也按照 1.6 次抛物线变化。

箱梁采用单箱单室变高度直腹板箱形截面，主墩、次主墩墩顶处梁高 10 m，合龙段及边墩现浇段梁高 5 m，梁底曲线为 1.8 次抛物线。箱顶宽度为 11.5 m，箱梁底宽 7.2 m，单侧悬臂长 2.15 m，悬臂端厚 25 cm，悬臂根部厚 85 cm。

4.20.3　施工方法

纵目沟特大桥 5 号柱板式高墩，模板体系采用液压自爬升模板和悬臂模板相结合，其中外模、内模通过对拉螺栓连接，并与墩身内劲性骨架相连，组成稳固的空间体系。垂直运输采用臂长为 47 m 的塔式起重机，塔式起重机安装在墩身小里程侧；人员上下通过施工电梯。混凝土浇筑时，墩身下部(25 m 以下)采用汽车泵泵送入模；墩身上部采用地泵泵送入模，地泵泵管固定在塔式起重机塔身内，上部直达施工平台连接内爬式壁挂安装式布料机。混凝土采用喷淋养护法进行养护，养护龄期不小于 7 d。施工情况如图 4-20-2、图 4-20-3 所示。

图 4-20-2 墩身施工

图 4-20-3 梁部施工

4.20.4 主要技术经济指标

主要技术经济指标见表 4-20-1。

表 4-20-1 主桥主要技术经济指标

指标类型		数值
结构性能指标	边跨竖向挠跨比	1/6 500
	中跨竖向挠跨比	1/3 778
	梁端转角	0.36‰
	强度安全系数(主力/主+附)	2.4/2.15
	罕遇地震下主墩混凝土压应力(MPa)	16.1
	罕遇地震下主墩钢筋拉应力(MPa)	280
主要工程量	主墩混凝土数量(m^3)	10 731.0
	主墩横梁钢绞线(t)	30.4
	HRB400 钢筋(t)	2 111.1

4.20.5 技术特点和创新点

(1)新型柱板式空心高墩的力学性能介于传统空心高墩与多柱格构式桥墩之间，它既继承了传统空心高墩结构整体性好的优点，又兼有多柱格构式桥墩抗震性能优越的特性。

(2)分离式受力柱板式空心高墩应用到铁路桥墩上是一次大胆尝试，最大限度发挥了各设计构件的作用，在保证设计安全的前提下，减小了墩身自重。

(3)一旦遭遇强烈地震，薄壁板开裂后，结构刚度迅速下降，周期延长，地震作用得到大幅度消减，从而保护主体结构免受损伤。另外，如果地震力过大，柱底区域也可形成塑性铰，从而确保基础安全，避免桥梁结构整体垮塌。

4.20.6 获奖情况

(1)获 2016 年中国铁建科学技术二等奖。

(2)获 2018 年陕西省优秀工程设计一等奖。

(3)获 2018 年中国铁建优秀工程设计一等奖。

4.21　林织铁路纳界河特大桥

桥　　名：纳界河特大桥

工程项目：林织铁路

工程位置：贵州省织金县

主　　跨：352 m

桥　　型：上承式钢桁拱桥

建设单位：贵阳市域铁路有限公司

设计单位：中铁二院工程集团有限责任公司

施工单位：中铁二局集团有限公司

设计人员：陈　列　徐　勇　游励晖　何庭国　戴晓春　艾智能　许　敏　田　壮

通车时间：2015 年 12 月

4.21.1　概　　况

林织铁路为国家Ⅱ级客货共线铁路，设计速度 120 km/h，单线。纳界河特大桥位于贵州省织金县境内，跨越乌江峡谷。桥址处溶蚀、侵蚀深切河谷地貌，两岸地形高陡，河谷呈 V 形峡谷，桥高约 320 m。基岩为白云质灰岩，岩性致密，岩质硬。桥址区无道路相通，交通极为不便。极端最高气温 34.0 ℃，极端最低气温 −12.1 ℃。多年平均风速 2.3 m/s，历年实测最大风速 20.0 m/s。地震动峰值加速度 0.05g，地震动反应谱特征周期 0.35 s。

纳界河特大桥主桥采用 352 m 上承式钢桁拱，引桥及拱上梁跨布置为(3×24＋32) m 简支梁＋2×48 m 预应力混凝土 T 构＋11×24.7 m 钢—混结合连续梁＋2×48 m T 构＋7×32 m 简支梁，桥梁全长 810.1 m。设计荷载为中—活载。主桥立面如图 4-21-1 所示。

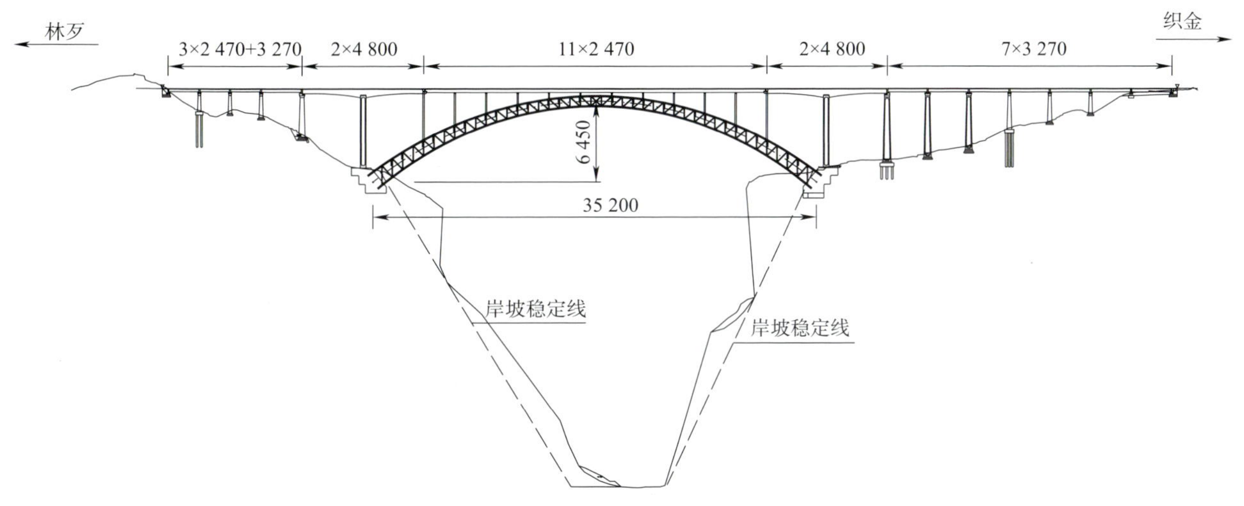

图 4-21-1　主桥立面(单位：cm)

4.21.2　结构设计

主桥采用上承式提篮钢桁拱。拱圈跨度为 352 m，矢高 64.5 m，矢跨比为 1/5.46，拱轴线为悬链线，拱轴系数 m=1.5，拱肋内倾角 8.378 67°(图 4-21-2)。拱肋采用 N 形桁架，面内拱顶处桁高 8 m，拱脚处桁高13 m，节间水平长度 8.233 m。拱顶处拱肋横向中心距 8 m，拱脚处拱肋横向中心距 27 m。拱肋弦杆采用箱型截面，腹杆采用 H 形截面。拱圈上平面和下平面均设平联（图 4-21-3），两片拱肋间间隔设置横联。

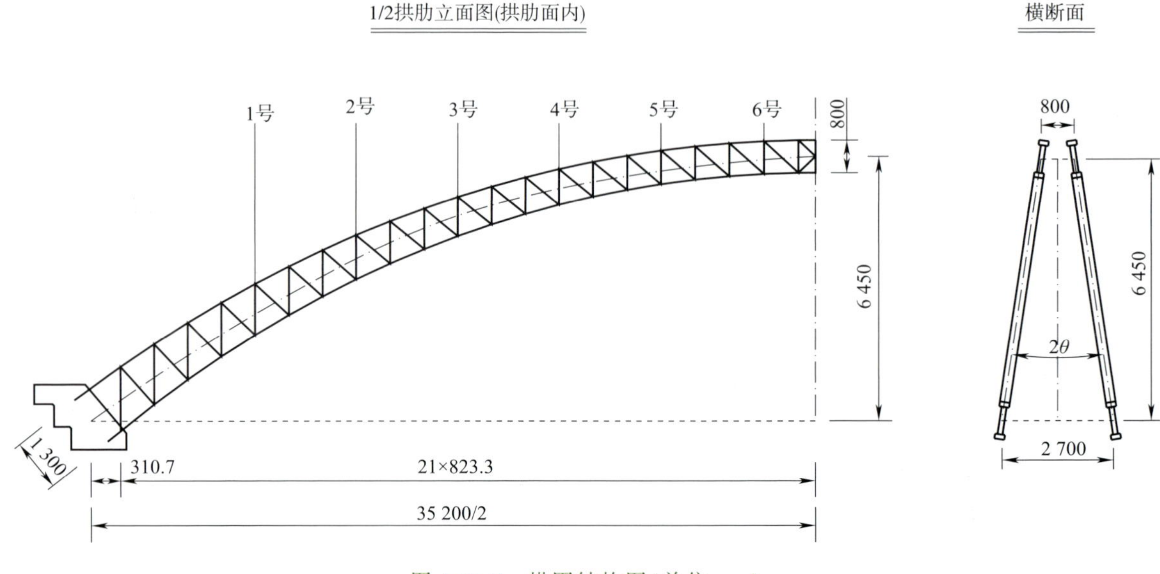

图 4-21-2　拱圈结构图(单位：cm)

拱上梁采用 2×48 m 预应力混凝土 T 构＋11×24.7 m 钢—混结合连续梁＋2×48 m T 构。钢—混结合梁梁高 2.3 m(图 4-21-4)，钢梁高 2.0 m，混凝土桥面板厚 0.3 m。

拱上立柱采用钢结构双柱式刚架墩。立柱横向倾角与拱肋一致，立柱之间设置 X 形横联(图 4-21-5)。

拱肋弦杆钢材材质 Q370qE 和 Q345qE，拱肋联结系、拱上立柱及拱上梁钢结构采用 Q345qD。

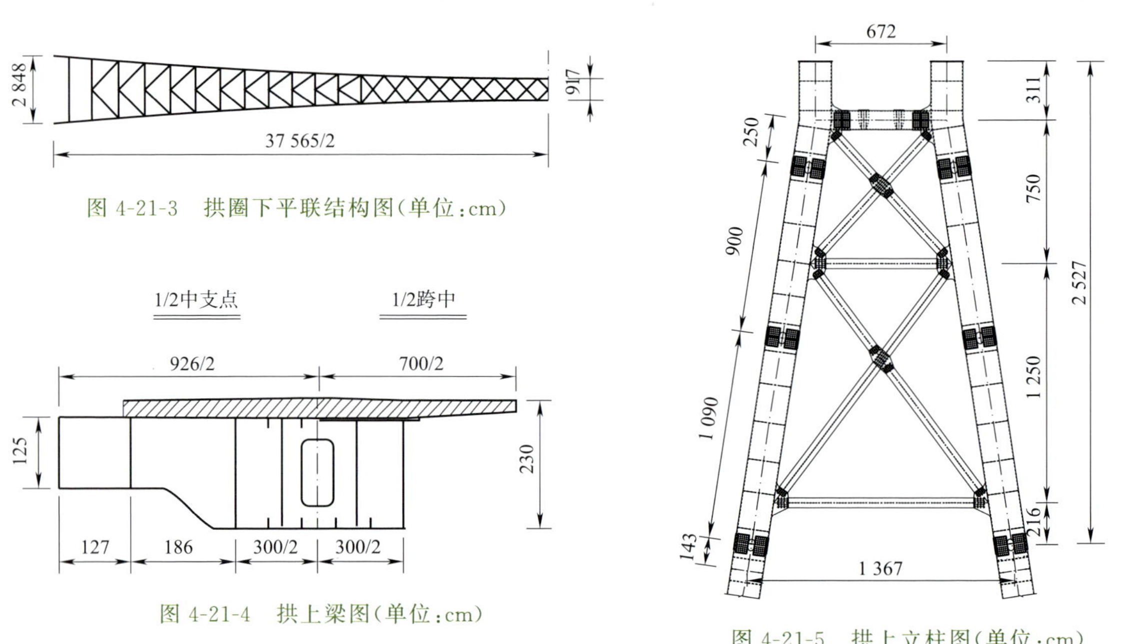

图 4-21-3　拱圈下平联结构图(单位：cm)

图 4-21-4　拱上梁图(单位：cm)

图 4-21-5　拱上立柱图(单位：cm)

交界墩采用矩形空心墩，墩高 56 m。纵向采用直坡，纵向宽度 4.5 m，横向外坡 25∶1，墩顶横向宽 5.3 m。墩身采用 C40 混凝土。拱座采用顶部带横梁的分离式明挖扩大基础，2×48 m 的 T 构交界墩置于拱座横梁之上。

4.21.3　施工方法

拱圈、拱上立柱和拱上钢梁均利用缆索吊吊装施工，缆索吊设计吊装质量 100 t。其中拱圈采用“缆索吊装、吊扣分离、散件拼装”悬臂架设，拱上梁先从跨中向两端对称拼装钢结构，然后再从中间向两端对称浇筑桥面板，T 构采用挂篮悬臂浇筑施工。施工情况及成桥远景如图 4-21-6～图 4-21-8 所示。

图 4-21-6　拱圈施工

图 4-21-7　拱上结构施工

图 4-21-8　成桥远景

4.21.4　主要技术经济指标

主要技术经济指标见表 4-21-1。

表 4-21-1　主要技术经济指标

指　标　类　型		数　　值
结构性能指标	竖向挠跨比	1/3 718
	横向挠跨比	1/4 292
	梁端转角(rad)	0.185‰
主要工程量	拱圈(t)	5 469.9
	钢立柱(t)	963.2
	拱上结合梁钢材(t)	774.8
	拱上结合梁混凝土(m^3)	548.0
	拱座混凝土(m^3)	17 755.8
	桥墩普通钢筋(t)	490.6

4.21.5　技术特点和创新点

(1)在保证大桥横向刚度要求下，结合本桥特点，在铁路桥梁建设上首次采用经济性更优、造型优美流畅的钢桁提篮拱桥。

（2）拱上梁采用钢—混结合连续梁结合预应力混凝土 T 构，在增强行车道系横向刚度的基础上，减小了拱上墩高度及钢材用量。

（3）拱上墩梁间采取先活动、后锁定的施工工法，有效优化了成桥后钢梁受力状态。

4.21.6 获奖情况

（1）获 2017—2018 年中国建设工程鲁班奖。

（2）获 2017 年四川省优秀工程设计一等奖。

（3）获 2018 年中国铁道学会科学技术二等奖。

（4）获 2019 年中国交通运输协会科学技术二等奖。

4.22 云桂铁路南盘江特大桥

桥　　名：南盘江特大桥
工程项目：云桂铁路
工程位置：云南省丘北县和弥勒市
主　　跨：416 m
桥　　型：上承式钢筋混凝土拱桥
建设单位：云桂铁路云南有限责任公司
设计单位：中铁二院工程集团有限责任公司
施工单位：中铁十八局集团有限公司
设计人员：陈克坚　徐　勇　任　伟　胡玉珠　何庭国　胡京涛　韩国庆　黄　毅
通车时间：2016 年 12 月

4.22.1 概　　况

云桂铁路为近期设计时速 200 km 的客货共线、远期设计时速 250 km 的客运专线铁路，双线，线间距 4.6 m，有砟轨道。设计荷载为中—活载和 ZK 活载。南盘江特大桥位于云南省弥勒市和丘北县交界处，桥址区地处高山峡谷地区，地面高程 960～1 520 m，相对高差 80～560 m，地形陡峻，坡面植被茂密桥高 280 m。测区上覆第四系全新统人工填筑土、坡崩积块石土等，下伏基岩为三叠系中统法郎组灰岩及泥灰岩。桥区地震动峰值加速度 0.116g，反应谱特征周期为 0.45 s。

南盘江特大桥主桥为 416 m 上承式钢筋混凝土拱桥，引桥及拱上梁孔跨布置为 3×42 m 混凝土连续梁＋(60＋104＋60) m 混凝土连续刚构＋8×39.5 m 混凝土连续梁＋2×60 m 混凝土 T 构＋1×42 m 混凝土简支梁，全长 852.430 m。主桥立面如图 4-22-1 所示。

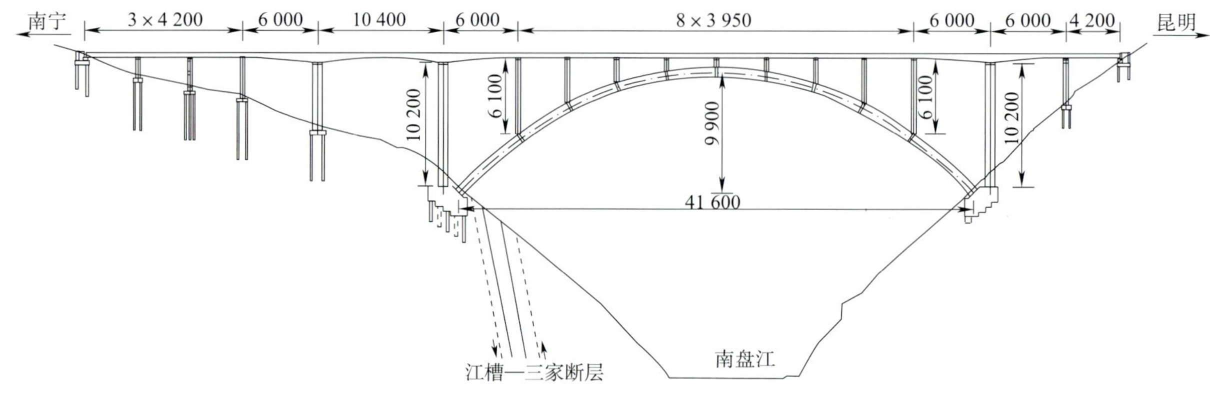

图 4-22-1　主桥立面(单位：cm)

4.22.2　结构设计

(1)主拱圈

主拱圈采用整体箱拱结构。拱圈中心跨度 416 m,矢高 99.0 m,矢跨比 1/4.2,拱轴线为悬链线,拱轴系数 1.8。拱圈为单箱三室、等高、变宽箱形截面,高度 8.5 m,拱顶 315 m 段为 18 m 等宽,拱脚 65 m 段为 18～28 m 变宽(图 4-22-2)。

拱圈采用劲性骨架法施工,内置钢管混凝土空间桁架作为拱圈施工期间的支架,在拱圈混凝土浇筑完成后,成为永久结构的一部分共同参与受力。拱圈外包混凝土采用 C60,钢管内压注 C80 混凝土。

(2)梁部

2×60 m T 构和(60＋104＋60) m 连续刚构梁部采用相同的单箱单室箱形截面,顶宽 13.4 m,底宽 8.0 m,箱梁根部高度 7.5 m,跨中及梁端高度 4.0 m(图 4-22-3)。引桥 1×42 m 简支梁、3×42 m 连续梁及拱上 8×39.5 m 连续梁均采用相同外部尺寸的箱梁,以节约模板,方便施工。梁部均采用 C55 混凝土。

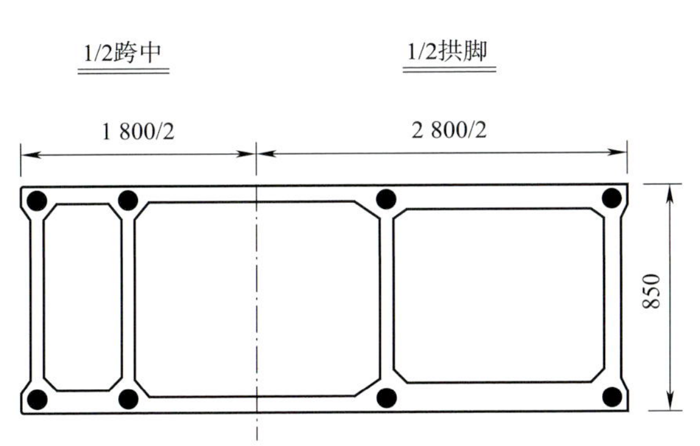

图 4-22-2　拱圈截面(单位:cm)

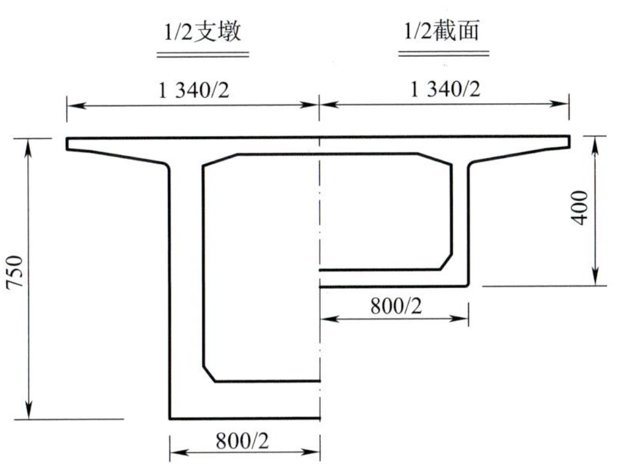

图 4-22-3　连续刚构和 T 构箱梁典型断面(单位:cm)

(3)桥墩或立柱

引桥和拱上墩柱均采用双柱刚架墩,其中交界墩高 102 m,拱上最高 1 号墩高 61.19 m。交界墩纵向采用直坡,横向双柱之间的内侧距离不变,双柱外侧分两级放坡;双柱间设三道横联。拱上 1 号～3 号墩柱采用空心截面,4 号～5 号墩为实体墩。墩身采用 C40 混凝土。

(4)拱座基础

桥址处地质条件较差,采用分块式明挖＋桩基组合拱座基础(图 4-22-4)。基础上部为阶梯式明挖基础,明挖基础下部增设 36 根 2.2 m 桩径的钻孔桩,将桩底置于弱风化层 W_2 内。

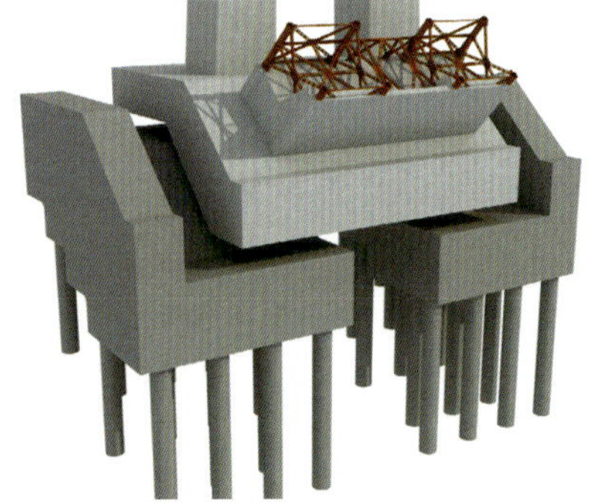

图 4-22-4　组合式拱座基础示意

4.22.3　施工方法

拱圈混凝土浇筑采用斜拉扣索调整骨架内力的大节段平衡加载法。拱圈外包混凝土以钢管劲性骨架作为施工支架,首先依托劲性骨架外包拱圈两侧边箱混凝土,待两边箱浇筑形成后,再浇筑中室顶、底板混凝土。在外包两侧边箱混凝土时,利用斜拉扣索调整拱圈内力状态。施工情况及成桥如图 4-22-5～图 4-22-8 所示。

图 4-22-5　拱圈外包混凝土施工

图 4-22-6　劲性骨架吊装

图 4-22-7　拱上梁移动模架施工

图 4-22-8　成桥

4.22.4　主要技术经济指标

主要技术经济指标见表 4-22-1。

表 4-22-1　主要技术经济指标

指标类型		数值
结构性能指标	竖向挠跨比	1/8 320
	横向挠跨比	1/8 525
	梁端转角(rad)	0.69‰
主要工程量	拱圈混凝土(m^3)	25 600.0
	引桥及拱上墩混凝土(m^3)	24 000.0
	梁部混凝土(m^3)	14 150.0
	劲性骨架钢材(t)	4 050.0
	劲性骨架管内混凝土(m^3)	1 500.0
	拱座混凝土(m^3)	51 000.0

4.22.5　技术特点和创新点

(1)首创拱上墩水平位移控制法的横向刚度控制方法,大幅优化了拱圈结构尺寸。

(2)首次提出并采用了斜拉扣索调整骨架内力的大节段平衡加载混凝土拱圈建造方法,该方法可显著增加施工节段长度,大幅缩减施工工序和材料用量,施工工期短,经济性显著提高。

(3)在拱桥设计中首次采用了连续刚构＋T 构的大跨度连续拱上结构,降低了拱上结构的施工难度,减小了边坡开挖量和拱座开挖对周边环境的影响。

(4)首次采用分块式组合拱座基础,实现了在地质条件较差地区修建上承式混凝土拱桥。

4.22.6　获奖情况

(1)获 2019 年第十七届中国土木工程詹天佑奖。

(2)获 2018 年四川省优秀工程设计一等奖。

(3)获 2018 年中国中铁优秀工程设计一等奖。

(4)获 2018 年中国铁道学会科学技术一等奖。

(5)获 2016 年中国施工企业管理协会科学技术特等奖。

4.23　沪昆客运专线北盘江特大桥

桥　　名：北盘江特大桥
工程项目：沪昆客运专线
工程位置：贵州省关岭县、晴隆县
主　　跨：445 m
桥　　型：上承式混凝土拱桥
建设单位：沪昆铁路客运专线贵州有限公司
设计单位：中铁二院工程集团有限责任公司
施工单位：中铁广州工程局集团有限公司
设计人员：陈　列　徐　勇　谢海清　何庭国　胡京涛
　　　　　黄　毅　杨国静　韩国庆
通车时间：2016 年 12 月

4.23.1　概　　况

沪昆客运专线为设计时速 350 km 的高速铁路，双线，线间距 5.0 m，无砟轨道，设计荷载为 ZK 活载。北盘江特大桥位于贵州省关岭县与晴隆县之间，在光照水电站下游约 1.2 km 处跨越北盘江峡谷。北盘江河谷深切，两岸岸坡陡峻，自然坡度为 37°～62°，局部为陡崖，桥面距离谷底约 300 m。桥址缓坡地带覆盖有第四系冲洪积、坡残积层，下伏基岩为三叠系中统杨柳井组白云岩、泥质白云岩。桥区地震峰值加速度为 0.089g，地震动反应谱特征周期为 0.65 s。

北盘江特大桥主桥为 445 m 的上承式钢筋混凝土拱桥，引桥及拱上孔跨布置为 1×32 m 简支梁＋(2×65 m＋8×42 m＋2×65) m 预应力混凝土 T 构-连续组合体系＋2×37 m 预应力混凝土连续梁，桥梁全长 721.25 m，主桥上采用聚氨酯固化道床的有砟轨道。主桥立面如图 4-23-1 所示。

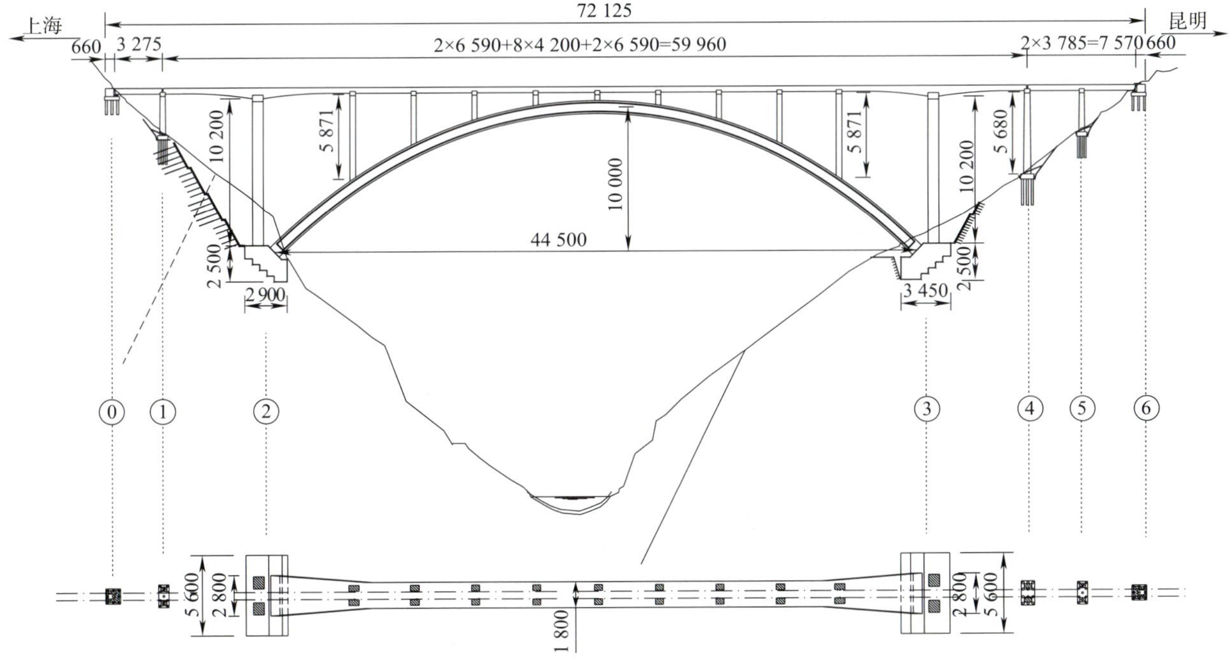

图 4-23-1　主桥立面(单位：cm)

4.23.2 结构设计

（1）拱圈构造

主拱圈采用拱脚局部线性变宽的整体箱拱结构，既保证了大桥整体横向刚度和稳定性，又可节约主拱圈混凝土圬工，且施工更为安全、便利。拱圈中心拱轴线采用悬链线，跨度 445 m，矢高 100.0 m，矢跨比 1/4.45，拱轴系数采用 1.6。拱圈为单箱三室、等高、变宽箱形截面，拱圈高度 9.0 m，拱圈中央 315 m 范围为 18 m 等宽，拱脚 65 m 范围为 18～28 m 线性变宽（图 4-23-2）。拱圈内部在拱上墩柱下方一共设置了 11 道横隔板，横隔板与拱轴线垂直。

拱圈采用劲性骨架法施工，内置钢管混凝土空间桁架作为拱圈施工期间的支架，在拱圈混凝土浇筑完成后，成为永久结构的一部分共同参与受力。拱圈外包混凝土采用 C60，钢管内压注 C80 混凝土。

（2）拱上梁构造

拱上梁采用一联（2×65＋8×42＋2×65）m 预应力混凝土 T 构-连续梁组合体系，在主拱范围不设梁缝，从而彻底解决了梁端转角过大引起的桥面不平顺，保证了列车设计时速 350 km 行驶的安全性和舒适性。交界墩处采用 2×65 m 预应力混凝土 T 构，可有效降低两侧桥墩的高度。T 构梁采用单室箱梁，顶宽 13.4 m，底宽 8.0 m，支墩梁高 7.5 m，梁端梁高 4.0 m（图 4-23-3）。引桥 1×32 m 简支梁、2×37 m 连续梁及拱上 8×42 m 连续梁梁高为 4 m，与 T 构梁顺接，截面采用相同的外轮廓尺寸，方便模板，方便施工。梁部均采用 C55 混凝土。

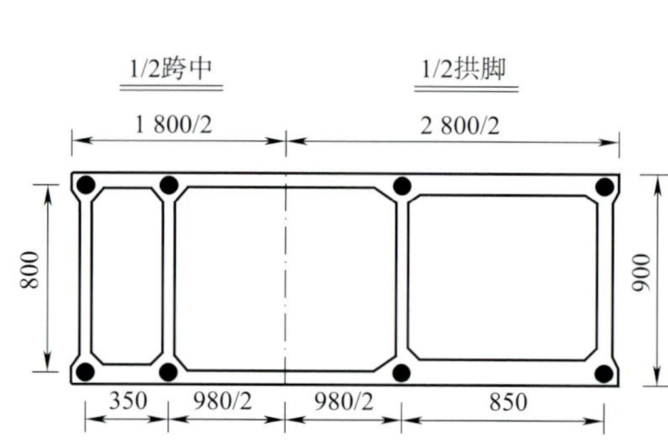

图 4-23-2 拱圈截面（单位：cm）

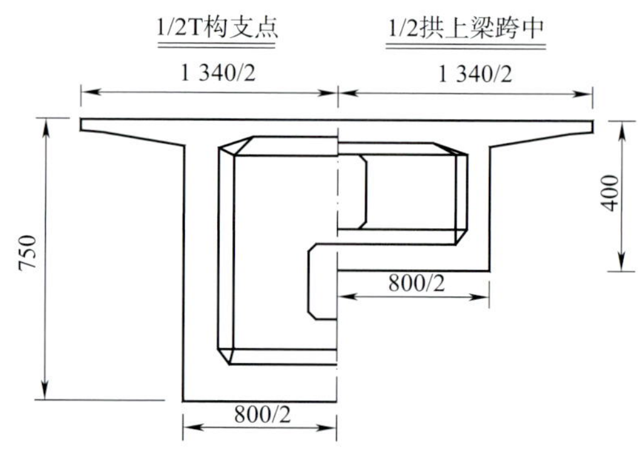

图 4-23-3 拱上梁断面（单位：cm）

（3）交界墩及拱上墩

全桥桥墩均采用双柱刚架墩，其中交界墩高度 102 m，拱上最高墩高 58.9 m，最矮墩高 5.0 m。交界墩纵向采用直坡，纵向宽度 7.5 m，横向双柱之间的内侧距离不变，双柱外侧分两级放坡，双柱间设三道横联，间距为 25 m。墩身均采用 C40 混凝土。

（4）拱座基础

拱座采用台阶式明挖基础，基础整体呈品字形分布，拱座结构依据传力途径分别设计，与拱圈连接的顶部受力较大，采用 C40 钢筋混凝土结构，底部应力扩散后受力较小，采用 C30 素混凝土，为避免大体积混凝土收缩开裂，在横向采用钢板断缝将结构分为对称的左右两块。上海侧拱座横向宽度 56 m，纵向长度 29 m，高度 25 m；昆明侧拱座横向宽度 56 m，纵向长度 34 m，高度 25 m。

4.23.3 施工方法

拱圈采用钢管混凝土劲性骨架法施工，劲性骨架成形后，拱圈混凝土外包主要工序如下：①纵向分 6 个工作面同步浇筑拱箱边室底板混凝土，其中拱脚 45 m 段，中室底板也一同浇筑，从而形成了安全的施工通道和平台；②浇筑拱脚段拱箱，水平长度 45 m，具体方法是两岸由拱脚向拱顶，5 m 一个节段，分段浇筑拱箱的腹板和顶板，每浇筑一个节段张拉一组斜向扣、背索；③剩下的拱圈再分成 6 段，分 6 个工作面同步浇筑腹板混凝土；腹板浇筑完成后再分 6 工作面同步浇筑边室顶板混凝土；④分 6 工作面同步浇筑中室底板混凝土，中室底板浇筑完成后再分 6 工作面同步浇筑中室顶板混凝土，至此拱圈全部形成。拱脚段张拉的扣索和背索在拱箱全部浇筑形成之前逐步拆除。施工情况如图 4-23-4、图 4-23-5 所示。

图 4-23-4　拱上墩施工

图 4-23-5　劲性骨架施工

4.23.4　主要技术经济指标

主要技术经济指标见表 4-23-1。

表 4-23-1　主要技术经济指标

指标类型		数值
结构性能指标	竖向挠跨比	1/5 719
	横向挠跨比	1/8 428
	梁端转角(rad)	0.64‰
主要工程量	拱圈混凝土(m^3)	28 000.0
	劲性骨架钢材(t)	4 500.0
	梁部混凝土(m^3)	11 700.0
	桥墩及基础混凝土(m^3)	26 000.0
	拱座混凝土(m^3)	55 310.0

4.23.5　技术特点和创新点

北盘江特大桥为目前世界最大跨度的混凝土拱桥，主要创新成果如下：

(1)创新了高速铁路特大跨度混凝土拱桥结构体系。

(2)建立了高速铁路特大跨度混凝土拱桥变形高精度分析理论和评价体系。

(3)创新发展了特大跨度混凝土拱桥二阶段成拱方法。

(4)形成了艰险山区特大跨度混凝土拱桥拱圈施工成套关键技术。

(5)首次研发应用了高速铁路特大跨度混凝土拱桥智能运维系统。

4.23.6　获奖情况

(1)获 2019 年中国铁路工程总公司科学技术特等奖。

(2)获 2017—2018 年国家铁路局铁路优秀工程设计一等奖、铁路优质工程奖。

(3)获 2019 年施工企业协会国家优质工程奖。

4.24　渝黔铁路夜郎河特大桥

桥　　名：夜郎河特大桥
工程项目：渝黔铁路
工程位置：贵州省桐梓县
主　　跨：370 m
桥　　型：上承式钢筋混凝土提篮拱桥
建设单位：渝黔铁路有限责任公司
设计单位：中铁二院工程集团有限责任公司
施工单位：中铁一局集团有限公司
设计人员：马庭林　宋随弟　郭伦波　袁　明　冯振兴
　　　　　赵　通　陈玉刚　赵启华
通车时间：2018 年 1 月

4.24.1　概　　况

渝黔铁路为设计时速 200 km 的客货共线铁路，双线，线间距 4.4 m。夜郎河特大桥在贵州省桐梓县境内跨越夜郎河峡谷。桥址处为沟谷地形，河谷深切呈 V 形，相对高差约 330 m，线路距谷底高差约 210 m。桥下河宽 10～20 m，水位较浅。桥区下伏基岩为砂岩、泥质夹砂岩，岩性较软。桥址地震动峰值加速度 0.05g，反应谱特征周期 0.35 s。

夜郎河特大桥主桥采用 1×370 m 上承式钢筋混凝土提篮式拱桥，引桥及拱上主梁孔跨布置为：5×32 m 混凝土简支 T 梁＋(4×38＋3×38＋4×38) m 钢—混组合连续梁＋16×32 m 混凝土简支 T 梁，桥梁全长 1 118.55 m。因大桥邻近夜郎车站，桥上线间距为 5.0 m，设计荷载为中—活载。主桥立面如图 4-24-1 所示。

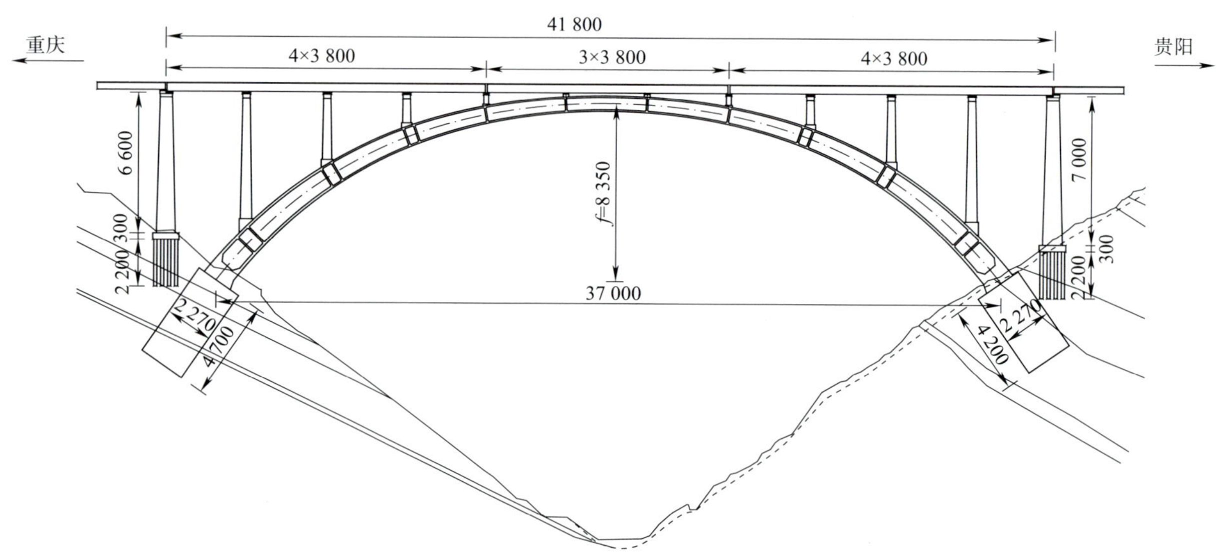

图 4-24-1　主桥立面(单位：cm)

4.24.2　结构设计

(1) 主拱圈及劲性骨架

主拱圈采用劲性骨架法施工的钢筋混凝土结箱形结构，拱脚中心跨度 370 m，矢高 83.5 m，拱肋中心线采用悬链线，拱轴系数 m＝5.0。为提高桥梁横向刚度，拱圈采用提篮式，拱脚横向中心距 33 m。

主拱圈采用 C55 补偿收缩混凝土。主拱圈箱体横向变宽，箱体横向宽度从拱脚处 9.4 m(单肢宽)

过渡到拱顶合并截面处的 15.4 m；主拱圈箱体纵向也是变高度，拱箱外缘高度由拱脚 13.4 m 变至跨中 7.4 m(图 4-24-2)；拱圈顶底板厚从拱脚的 1.4 m 变化至跨中的 0.8 m；拱圈腹板厚从拱脚的 1.2 m 变化至跨中的 0.6 m。拱圈顶、底板及横隔板均配置了横向预应力钢筋。

劲性骨架采用钢管组成的桁架式结构，肋宽从拱脚处 8.0 m(单肢宽)过渡到拱顶合并截面处的 14.0 m；肋高从拱脚处 12.1 m 过渡到拱顶合并截面处的 6.1 m。主弦管及部分直径较大的弦管、上下平联、腹杆内灌注 C60 补偿收缩混凝土。

(2)拱上梁及立柱

拱上钢—混组合梁梁高为 3.4 m，其中钢梁高为 3.112 m。混凝土顶板宽 12.6 m，厚度 0.2～0.39 m；钢梁采用双箱室断面，单箱宽 2.4 m，箱室中心距 5.0 m(图 4-24-3)。

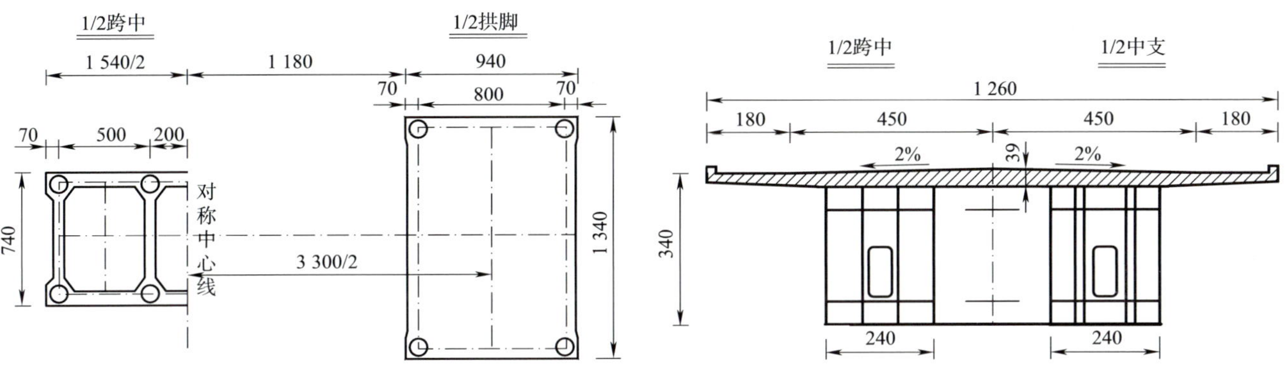

图 4-24-2　主拱圈断面(单位：cm)

图 4-24-3　拱上主梁断面图(单位：cm)

拱上共设置 10 道混凝土双柱刚架墩。立柱最高 58.6 m，立柱横向内倾角度 8.4°，立柱采用空心截面，立柱横向之间设置钢结构 K 撑(图 4-24-4)。

(3)拱脚基础

拱脚采用新型超大截面整体式斜桩基础，采用隧道式整体开挖方式开挖。拱脚基础断面如图 4-24-5 所示。

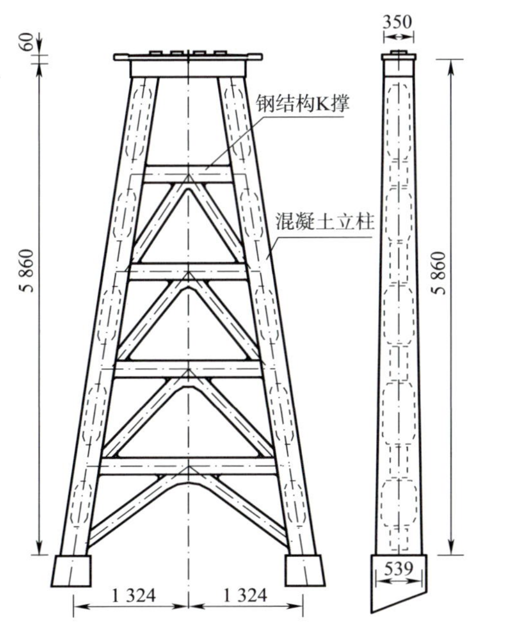

图 4-24-4　拱上 1 号、10 号混合结构立柱(单位：cm)

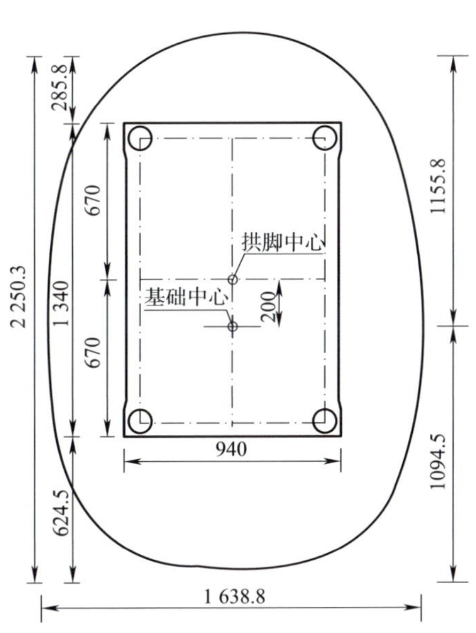

图 4-24-5　拱脚基础断面(单位：cm)

4.24.3 施工方法

拱圈采用劲性骨架法施工，钢结构骨架、拱上墩和拱上梁钢结构均采用缆索吊分节段吊装，缆索吊设计吊装能力 200 t。拱上梁先从一端向另一端拼装钢结构节段形成整体后，再浇筑桥面混凝土板。施工情况及成桥实景如图 4-24-6、图 4-24-7 所示。

图 4-24-6 拱肋外包混凝土施工

图 4-24-7 成桥实景

4.24.4 主要技术经济指标

主要技术经济指标见表 4-24-1。

表 4-24-1 主要技术经济指标

指标类型		数值
结构性能指标	竖向挠跨比	1/10 755
	横向挠跨比	1/31 667
	梁端转角(rad)	0.25‰
	一阶横向周期(s)	1.67
主要工程量	拱圈外包混凝土(m^3)	29 400.0
	拱脚基础混凝土(m^3)	42 642.0
	组合梁用钢量(t)	2 266.0
	劲性骨架用钢量(t)	5 721.0

4.24.5 技术特点和创新点

(1)首次在铁路桥梁建设采用大跨度提篮式(X 形)钢筋混凝土拱桥，在不增加造价的基础上明显提高了桥梁的横向刚度。

(2)首次采用了新型的超大断面倾斜式独桩基础，既减小了开挖量，又保证了施工安全。

(3)拱上墩 K 撑采用钢结构，利用缆索吊整体吊装安装。

(4)为减轻拱上结构自重，降低结构自振周期，拱上主梁采用了钢—混凝土组合结构，钢梁利用劲性骨架施工用的缆索进行节段拼装。

4.25　成贵铁路鸭池河特大桥

桥　　名：鸭池河特大桥
工程项目：成贵铁路
工程位置：贵州省毕节市、清镇市
主　　跨：436 m
桥　　型：中承式钢—混凝土结合提篮拱桥
建设单位：成贵铁路有限责任公司
设计单位：中铁大桥勘测设计院集团有限公司
施工单位：中铁大桥局集团有限公司
设计人员：梅新咏　苏　杨　王乐冰　肖德存　张先蓉　袁　毅
通车时间：2019 年 12 月

4.25.1　概　　况

成贵铁路为设计时速 250 km 的高速铁路，双线，线间距 4.6 m，铺设无砟轨道。鸭池河特大桥位于乌江上游鸭池河段索风营水库库区，距水电站约 8 km，两岸分属毕节市黔西县和贵阳清镇市。桥址区为典型的喀斯特高原、V 形峡谷地貌类型，岩溶发育，桥面距沟底约 270 m。两岸覆盖层较薄，以坡残积黏性土和崩坡积块石土为主，基岩为三叠系下统茅草铺组和中统松子坎组，以灰岩、白云岩为主。桥区地震动峰值加速度为 0.057g，反应谱特征周期 0.3 s。

鸭池河特大桥主桥采用跨度 436 m 中承式钢混凝土结合提篮拱桥，主桥两侧采用 61 m 预应力混凝土 T 构过渡，其余采用 32 m、24 m 标准跨简支梁。主桥立面如图 4-25-1 所示。

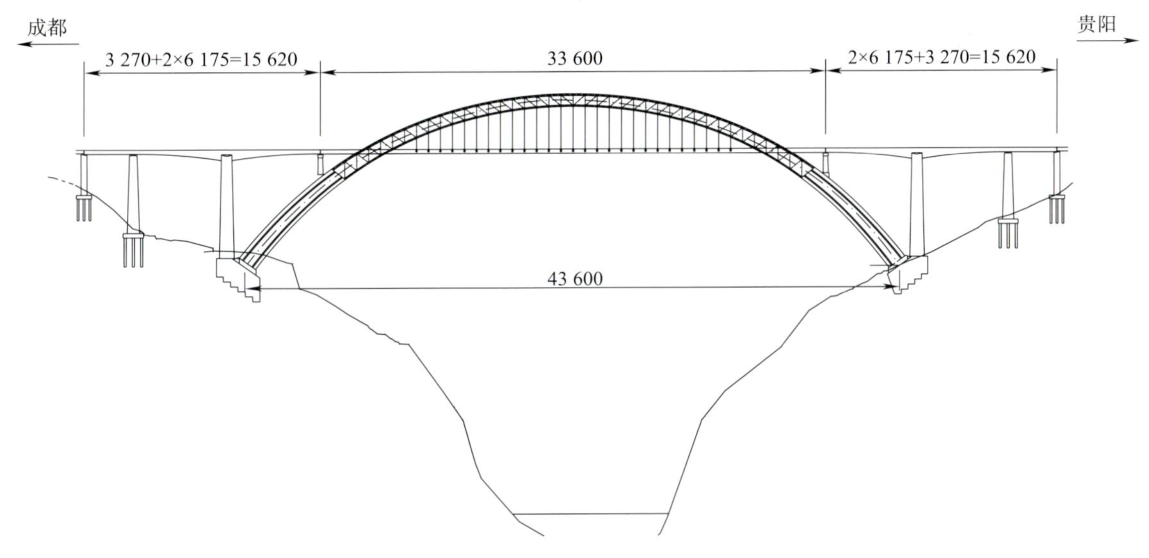

图 4-25-1　主桥总体布置(单位:cm)

4.25.2　结构设计

(1)拱肋结构

拱肋采用钢—混凝土组合桁架结构。两片拱肋内倾 4.62°形成提篮拱形式，拱顶处横向中心距为 15 m，拱脚处横向中心距为 33.6 m。拱肋计算跨度 436 m，矢高 115 m，矢跨比 1/3.8，拱轴线为悬链线，拱轴系数 m=3.5(图 4-25-2)。

拱肋根据受力特点采用三种钢—混凝土组合形式，从拱脚至拱顶依次为：拱脚段采用全包混凝土组合结构；中间段上下弦采用钢—混凝土组合结构；拱顶段上弦采用钢—混凝土组合结构，下弦采用钢结构。

（2）主梁结构

拱上主梁共长 336 m，采用预应力混凝土单箱三室截面，标准段主梁顶宽 22 m，底宽 13.5 m，中心梁高 3.167 m(图 4-25-3)，顺桥向每隔 8 m 设置一道横梁。

（3）吊杆

吊杆顺桥向间距 8 m 布置，采用 $\phi 7$ 镀锌平行钢丝，标准强度为 1 670 MPa，全桥共 108 根吊杆，吊杆规格分别为 PES(FD)7-163、PES(FD)7-85、PES(FD)7-73。

（4）拱上立柱

拱上立柱采用双柱式混凝土框架墩，墩顶盖梁长 25.5 m，单箱单室截面，截面尺寸为 3.5 m×3.0 m，立柱高度 12.6 m。

（5）拱座基础

拱座基础采用明挖扩大基础，贵阳岸拱座基础尺寸为 50 m×28.5 m×26.2 m，成都岸拱座基础尺寸为 60 m×28.5 m×30.2 m。

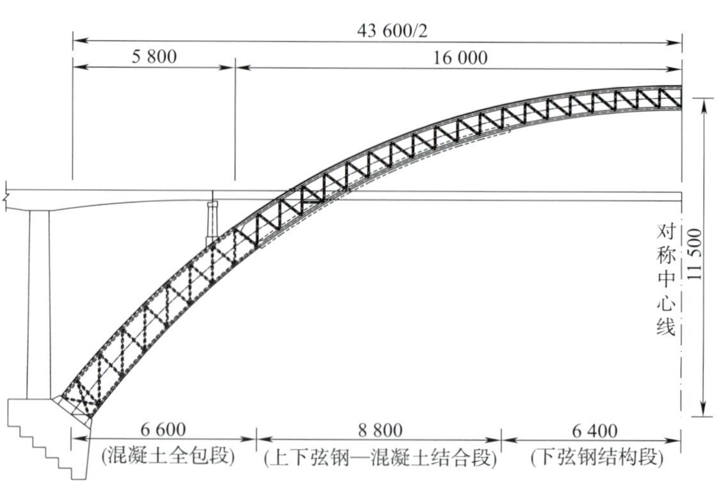

图 4-25-2 拱肋立面图(单位：cm)

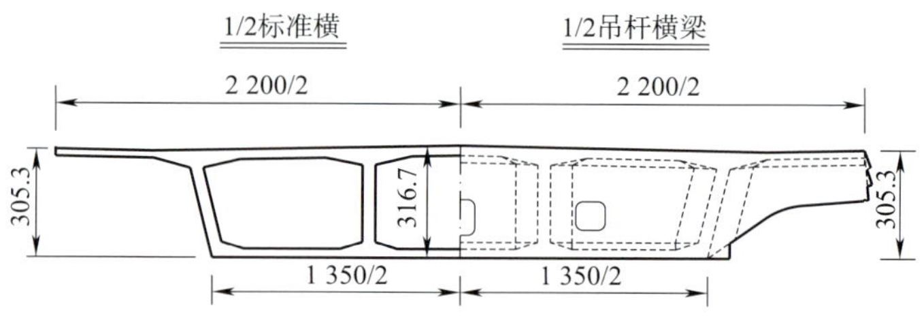

图 4-25-3 主梁截面图(单位：cm)

4.25.3 施工方法

拱座基础采用明挖法施工。拱肋采用缆索吊吊装，斜拉扣挂法施工，钢结构成拱后，拱脚段外挂模板浇筑外包混凝土，其余段利用钢结构作为底模浇筑上下弦混凝土。拱上主梁采用支架施工，拱圈内主梁采用满布吊架法施工。施工情况如图 4-25-4～图 4-25-6 所示。

图 4-25-4 拱肋杆件拼装

图 4-25-6 拱肋合龙

图 4-25-5 拱肋混凝土施工图

4.25.4　主要技术经济指标

主要技术经济指标见表 4-25-1。

表 4-25-1　主要技术经济指标

指标类型		数值
结构性能指标	竖向挠跨比	1/2 781
	梁端转角(rad)	1.7‰
	横向挠跨比	1/7 043
主要工程量	拱肋总用钢量(t)	11 508.0
	拱肋混凝土(m^3)	16 204.0
	吊杆平行钢丝(t)	74.4
	主梁混凝土(m^3)	6 059.0
	拱座混凝土(m^3)	46 196.0

4.25.5　技术特点和创新点

(1)世界上首次在拱桥上采用钢—混凝土组合桁架结构,充分发挥组合结构的优点,节约钢材,受力明确,丰富了桥梁结构形式。

(2)拱肋钢桁架采用弦杆焊接、腹杆栓接形式,减少拼接板用钢量,方便施工对接。

(3)拱脚全包混凝土段采用大尺寸钢箱横撑组合结构,降低拱脚弯矩,减小拱座基础规模,提高拱肋横向刚度和抗风能力。

(4)引桥采用大跨 T 构衔接过渡,减少拱上立柱数量及高度,降低拱脚弯矩,同时使桥梁景观通透简洁。

(5)主梁采用满布吊架法大节段施工,减少主梁浇筑节段,缩短工期,降低施工风险。

(6)钢拱肋吊装采用二次横移法,很好地适应狭窄施工场地,为艰险山区峡谷场地杆件吊装施工提供了新的解决方案。

4.26　成贵铁路宜宾金沙江公铁两用大桥

桥　　名:宜宾金沙江公铁两用大桥
工程项目:成贵铁路
工程位置:四川省宜宾市
主　　跨:336 m
桥　　型:钢箱系杆拱桥
建设单位:成贵铁路有限责任公司
设计单位:中铁大桥勘测设计院集团有限公司
施工单位:中铁大桥局集团有限公司
设计人员:高宗余　梅新咏　苏　杨　王　志　肖德存　袁　毅　谢瑞杰
通车时间:2019 年 6 月

4.26.1　概　　况

成贵铁路为设计时速 250 km 的客运专线铁路,双线,线间距 4.6 m,无砟轨道。为节约过江通道资源、降低投资,成贵铁路、预留客运专线铁路以及六车道城市快速路在宜宾金沙江特大桥上合建。四线铁路和六车道城市快速路上下层布置,铁路在上层,公路在下层。铁路采用有砟轨道,设计速度

250 km/h，设计荷载为 ZK 活载；公路设计速度 60 km/h。

大桥位于四川省宜宾市，桥址区金沙江水流湍急，枯水河宽约 400 m，汛期河宽可达 900 m 左右。通航等级为Ⅲ-(2)级，单孔双向理论最小通航净宽为 150 m，通航净高 10 m。两岸为山岭重丘地貌，地形南高北低。桥址区丘陵表部多覆盖薄层残坡积黏性土，局部存在少量崩坡积土，山顶大部基岩裸露，阶地表部覆盖碎石类土及砂类土；基岩为侏罗系上沙溪庙组砖红色泥岩及灰紫色砂岩。桥区地震动峰值加速度为 0.19g，反应谱特征周期 0.45 s。

宜宾金沙江公铁两用特大桥桥跨布置为(116＋120＋336＋120＋116) m，其中 336 m 跨主拱采用双层钢箱系杆拱桥，120 m 和 116 m 跨边拱采用混凝土简支系杆拱桥。主桥立面如图 4-26-1 所示。

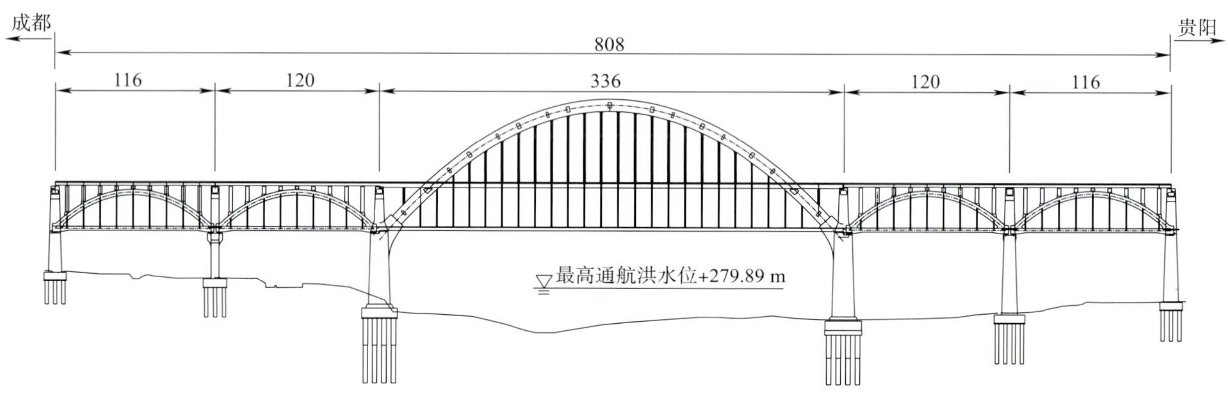

图 4-26-1　主桥立面(单位：m)

4.26.2　结构设计

(1)拱肋

拱肋采用钢箱结构，与桥墩固结，拱轴线为抛物线，矢跨比为 1/3.36，横向布置为两片平行拱肋，拱肋中心间距 28.5 m。拱肋采用等高截面，高 9 m，宽 3 m(图 4-26-2)。拱肋间采用一字形和 K 形横撑连接。

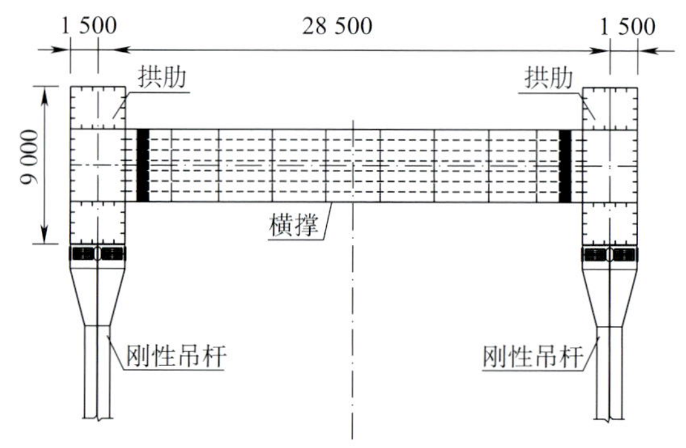

图 4-26-2　拱肋截面图(单位：mm)

(2)桥面

铁路桥面布置在上层，采用箱形边主梁、纵横梁体系的正交异形整体钢桥面板。标准段主梁宽 28.5 m，边主梁高 3.0 m，宽 1.4 m(图 4-26-3)，标准段长 12 m。边主梁分段制造，工地用高强度螺栓连接。在吊杆位置设置横梁，横梁为倒 T 形截面，跨中处横梁高为 4 m。铁路桥面通过刚性吊杆连接到拱肋上。

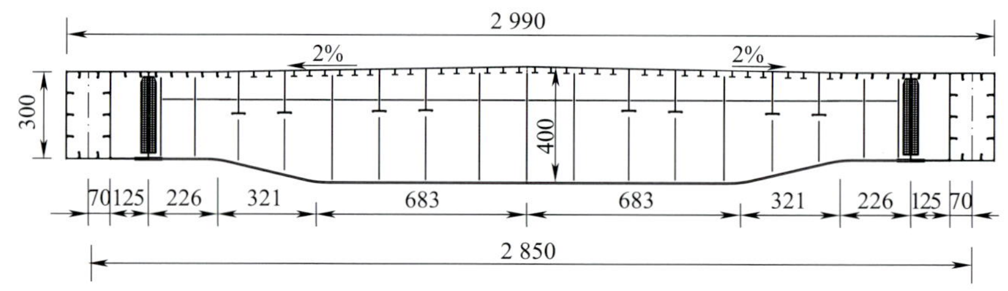

图 4-26-3　铁路桥面断面图(单位：cm)

公路桥面布置在下层，采用工字形边主梁形式的正交异性板钢桥面。边主梁的中心间距 28.5 m，外侧布置 4 m 宽的挑臂，桥面全宽 36.5 m(图 4-26-4)，梁高 2.6 m。公路桥面通过吊索连接在拱肋上。

桥面每隔 3 m 设置一道横梁，横梁为倒 T 形式，标准节段长 12 m。

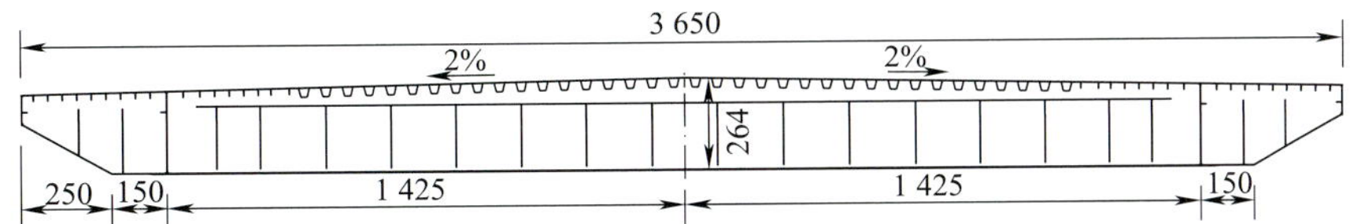

图 4-26-4 公路桥面断面图(单位：cm)

(3)吊杆

刚性吊杆将铁路桥面连接于拱肋上，顺桥向间距 12 m。采用八边箱形断面，高 1.4 m，宽 1.4 m。

柔性吊杆内穿于铁路桥面的刚性吊杆将公路桥面连接于拱肋，纵向间距 12 m，双吊索体系，吊杆采用 PES7-55(109)低松弛镀锌高强钢丝，标准强度 f_{pk}=1 670 MPa。

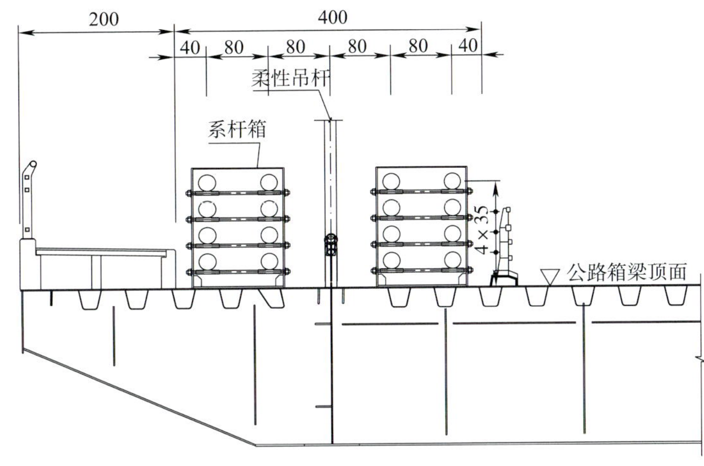

图 4-26-5 单侧系杆布置断面图(单位：mm)

(4)系杆

系杆采用可换型镀锌钢绞线索，布置在公路桥面吊杆两侧。系杆规格为 55ϕ15.2，标准强度 f_{pk}=1 860 MPa，全桥共用 32 根(图 4-26-5)。

(5)下部结构

主墩采用钢筋混凝土框架墩，北岸主墩高 89.6 m，南岸主墩高 98.1 m。北岸主墩采用 28 根直径 3.4 m 桩基，南岸主墩采用 36 根直径 3.4 m 桩基。

4.26.3 施工方法

主墩基础采用钻孔法施工，承台采用钢围堰法施工。墩身采用滑模法施工。钢箱拱肋采用缆索吊吊装、斜拉扣挂法施工，主梁采用缆索吊吊装、节段拼装施工。施工情况如图 4-26-6、图 4-26-7 所示。

图 4-26-6 拱肋施工

图 4-26-7 吊杆施工

4.26.4 主要技术经济指标

主要技术经济指标见表 4-26-1。

表 4-26-1 主要技术经济指标

指标类型		数值
结构性能指标	竖向挠跨比	1/2 200
	梁端转角(rad)	0.95‰
	横向挠跨比	1/5 650

续上表

指 标 类 型		数 值
主要工程量	主梁总用钢量(t)	22 028.0
	铁路梁用钢量(t/m)	17.4
	公路梁用钢量(t/m)	14.2
	吊索(t)	110.0
	系杆索(t)	660.4
	下部结构(m^3)	93 139.0

4.26.5 技术特点和创新点

(1)目前世界上最大跨度的公铁两用钢箱系杆拱桥。

(2)国际首例高速铁路在上,公路在下的公铁两用桥梁。

(3)公路桥面距离铁路桥面高差达到 32 m,在公铁两用桥梁中目前属世界第一。

(4)国内首例公路柔性吊索内穿铁路刚性吊杆的锚固体系,并取得实用新型专利技术。

(5)拱肋与铁路桥面间设置链杆结构,提高了结构的整体性,改善了刚性吊杆疲劳性能,并获得发明专利技术。

(6)铁路桥面采用边箱主梁、纵横梁体系的正交异性板整体钢桥面,具有自重轻、整体性好、桥面连续、传力更直接等特点,该技术已申请发明专利。

4.27 黔张常铁路阿蓬江特大桥

桥　　名：阿蓬江特大桥
工程项目：黔张常铁路
工程位置：重庆市黔江区
主　　跨：240 m
桥　　型：部分斜拉桥
建设单位：黔张常铁路有限公司
设计单位：中铁第一勘察设计院集团有限公司
施工单位：中交第三航务工程局有限公司
设计人员：陈应陶　谢小兰　李　侠　张景利　郑继平　王　辉　魏亮道　闫　岩
通车时间：2019 年 12 月

4.27.1 概　　况

黔张常铁路为设计速度 200 km/h 的客货共线Ⅰ级电气化双线铁路,线间距 4.4 m,设计速度 200 km/h,有砟轨道。阿蓬江特大桥位于重庆市黔江区境内,跨阿蓬江主河槽及其支流榔溪沟,$Q_{1\%}=6\ 520\ m^3/s$,桥址处河谷宽阔,地形起伏变化大,桥面离谷底约 140 m,桥高超过 80 m 段落达 820 m,考虑地形地貌特点需要采用高墩大跨桥梁结构。

该桥设计充分考虑地形地貌特点,采用高墩大跨度的刚构体系部分斜拉桥结构,增加了结构刚度,提高了行车的舒适性和安全性,同时减小了边跨现浇段的长度,降低了施工安全风险。长联大跨的高墩斜拉结构形式与地形景观和谐统一。全桥孔跨布置为 13×32 m 预应力混凝土简支梁+(135+240+135) m 预应力混凝土部分斜拉桥+(78+135+135+66) m 预应力混凝土刚构连续梁,桥全长 1 360.45 m。主桥立面如图 4-27-1 所示。

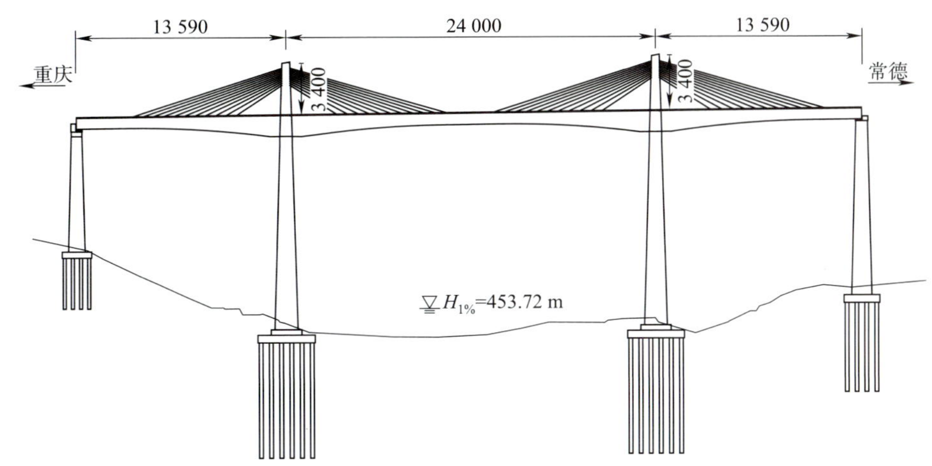

图 4-27-1　主桥立面(单位:cm)

4.27.2　结构设计

桥梁结构采用双塔双索面预应力混凝土部分梁斜拉桥,塔墩梁全固结体系。主墩高 122.5 m,边墩分别高 79 m、114 m。

(1)主梁

采用变高度变截面箱梁,一联总长 511.5 m,边支座中心至梁端距离 0.75 m,计算跨度为(135+240+135) m,箱梁采用单箱双室直腹板箱形截面,中支点梁高 13.5 m,边支点梁高 7.0 m,高跨比 1/17.8～1/34.3;梁体下缘按 1.8 次抛物线变化,抛物线方程为 $y=0.001\ 311x^{1.8}$;箱梁顶宽 12.6 m,宽跨比为 1/19.1,底宽 12.0 m;箱梁顶板厚 0.5 m,底板厚 0.5～1.5 m,边腹板厚 0.5～0.9 m,中腹板厚 0.5 m(图 4-27-2)。梁体端部设置 1.5 m 的隔墙,刚构墩部位设置两道 1.6 m 的隔墙,所有隔墙设置 1.6 m×2.0 m 过人洞,在主桥刚构墩与主梁连接部位设置 0.8 m×0.8 m 的桥墩检修通道;箱梁腹板设置直径 10 cm 的通风孔,箱梁根部底板设置直径 16 cm 的排水孔。

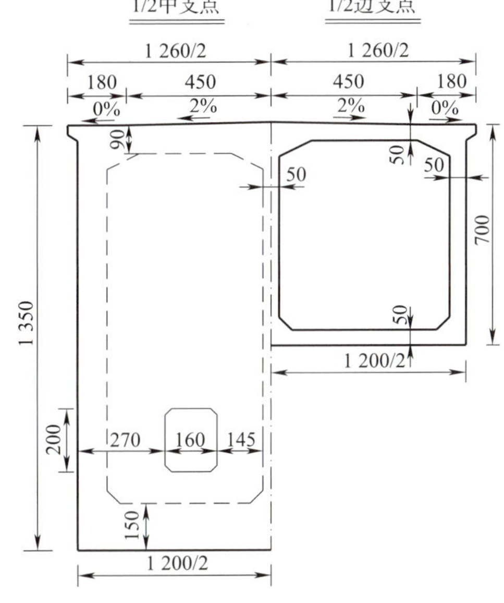

图 4-27-2　主梁典型断面(单位:cm)

(2)桥塔

墩顶尺寸较箱梁底板宽 5.6 m,桥墩外包箱梁后在桥面以上收窄为 13.8 m,形成钻石形外观的 H 形桥塔,桥面以上设置两塔柱间横梁,梁顶面以上塔高为 34 m,塔高与跨度比 34/240=0.142。

(3)斜拉索

采用 ϕ15.2 的钢绞线索体,全桥共有 M250-55、61、73 三种规格。梁上斜拉索锚固点间距 7.0 m,塔上斜拉索间距 1.2 m。桥塔根部无索区长度 30 m(单侧),跨中无索区长度 34 m。拉索锚固端位于桥塔侧,主梁侧为张拉端。张拉端和锚固端均采用 M250 系列锚具锚固,锚具规格与钢绞线索体匹配。为增强拉索防腐性能,拉索采用具有抗风雨激振的双螺旋线 HDPE 全防腐索体。同时为保证桥面附近索体人为或意外划伤而破坏索体外层防腐涂层,在离桥面 2.0 m 范围内的索体采用亚光薄钢管保护。钢绞线抗拉强度标准值 $f_{pk}=1\ 860$ MPa,弹性模量 $E=1.95\times10^5$ MPa,$0.45f_{pk}$、应力范围 300 MPa 的疲劳试验不少于 2×10^6 次,疲劳试验后的静载试验不小于 $0.95f_{pk}$,偏张拉系数不大于 20%。

(4)基础

基础采用钻孔灌注桩基础,其中小里程侧边墩采用 20ϕ200 cm 桩基,大里程侧采用 20ϕ250 cm 桩基，主墩采用 36ϕ250 cm 桩基。

4.27.3 施工方法

主梁采用悬臂浇筑施工，设置斜拉索的梁段滞后两个梁段张拉斜拉索，合拢顺序采用先合龙中跨，浇筑边跨段，再合龙边跨的次序，减少边跨现浇段长度。施工流程：施工准备→桩基及桥墩施工→0 号段及桥塔施工→悬臂浇筑梁段（张拉斜拉索）→合龙中跨→悬臂浇筑边跨→合龙边跨→桥面系→附属设施。施工情况及成桥实景如图 4-27-3、图 4-27-4 所示。

图 4-27-3 主梁施工

图 4-27-4 成桥实景

4.27.4 主要技术经济指标

主要技术经济指标见表 4-27-1。

表 4-27-1 主要技术经济指标

指标类型		数值
结构性能指标	边跨竖向挠跨比	1/3 394
	中跨竖向挠跨比	1/2 234
	梁端转角（rad）	1.05‰
	横向挠跨比	1/200 000
	主梁中跨最大温度变形（mm）	35.5
	主梁边跨最大温度变形（mm）	15.6
	一阶纵向自振频率（Hz）	0.399
	一阶横向自振频率（Hz）	0.251
主要工程量	主梁混凝土（m^3）	17 282.0
	主梁钢筋（t）	3 327.6
	主梁预应力（t）	897.5
	斜拉索（t）	492.7
	桥塔混凝土（m^3）	5 009.4
	桥塔钢筋（t）	1 312.7
	墩台混凝土（m^3）	51 610.9
	墩台钢筋（t）	3 021.4
	基础混凝土（m^3）	59 645.4
	基础钢筋（t）	4 479.6

4.27.5　技术特点和创新点

(1)采用塔墩梁全固结的结构形式，大大提高了结构的刚度，降低了跨中挠度及梁端转角，提高了行车舒适性及安全性。

(2)采用塔墩梁全固结的结构形式，避免了高桥大吨位支座安装困难的风险。

(3)通过先合龙中跨，继续悬臂浇筑边跨，减小边跨现浇段长度，利用边墩墩顶空间现浇边跨现浇段，避免了高墩搭设现浇支架预压的风险。

(4)斜拉索锚固于箱梁梁体内，降低了高桥斜拉索后期检修维护的风险。

4.28　银西客运专线漠谷河 2 号特大桥

桥　　名：漠谷河 2 号特大桥
工程项目：银西客运专线
工程位置：陕西省咸阳市乾县
主　　跨：2×180 m
桥　　型：钢桁加劲连续刚构
建设单位：西成铁路客运专线陕西有限责任公司
设计单位：中铁第一勘察设计院集团有限公司
施工单位：中铁四局集团有限公司
设计人员：文　强　张鹏举　冯亚成　吴少海　康　炜　李小军　杨少军　李　伟
通车时间：预计 2020 年 12 月

4.28.1　概　　况

银西客运专线漠谷河 2 号特大桥位于乾县车站与永寿西站之间，地处陕西省咸阳市乾县漠西乡和梁山乡交界处，双线有砟铁路，线间距 5.0 m，设计速度 250 km/h，预留 350 km/h 提速条件。桥址位于渭北黄土台塬及沟壑区，地形起伏，线路行进在黄土台塬地段，途经地区冲沟发育，桥跨布置充分利用两支沟之间黄土梁，采用(97＋2×180＋97) m 加劲钢桁连续刚构，主跨分别跨越司家沟和漠谷河两条大型黄土冲沟，最大桥高 105 m，为全线最大跨度桥梁。主桥立面如图 4-28-1 所示。

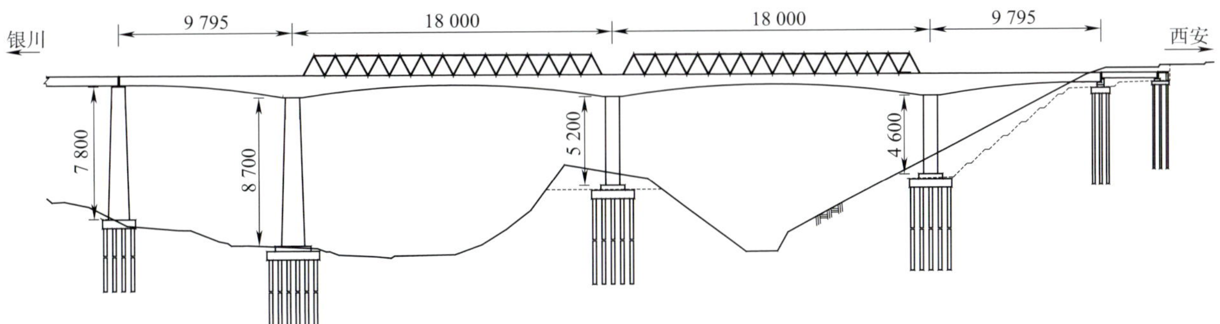

图 4-28-1　主桥立面(单位：cm)

4.28.2　结构设计

(97＋2×180＋97) m 加劲钢桁连续刚构，主梁采用单箱双室变高度箱形截面，边跨及中跨梁高 4.8 m，中支点处梁高 12.5 m，梁高按 1.6 次抛物线变化，主梁中跨跨中 40 m 为等高段，梁高 4.8 m。主梁顶板全梁等宽 14.9 m，底宽 11.4 m，箱梁顶板厚 0.5～1.7 m，底板厚 0.45～2.5 m，腹板厚度 0.45～1.5 m(图 4-28-2)。中支点处设置两道 150 cm 厚横隔墙，端支点处设 150 cm 厚横隔墙。

加劲钢桁为无竖杆三角形桁，整体式节点，中跨 156 m 范围内设置加劲钢桁，节间长度 12.0 m，主桁中心距 11.0 m，桁高 12.0 m。弦杆采用焊接箱形截面，弦杆内宽为 730 mm，竖板高 880 mm，板厚 24～36 mm；腹杆采用 H 形截面，截面高 730 mm，翼缘宽 700 mm，板厚 16～24 mm。上平联截面均为工字形截面，N 字形布置。主桁钢材均采用 Q370qE。

下节点采用埋入式构造，依靠 PBL 键与梁体连接（图 4-28-3），节点板范围内梁顶设凸台，凸台高 44 cm，外包钢板，内灌混凝土。端节点高 2 480 mm，长 2 600 mm，宽 1 100 mm，中节点高 2 480 mm，长 3 280 mm，宽 1 100 mm，节点埋入混凝土 800 mm。

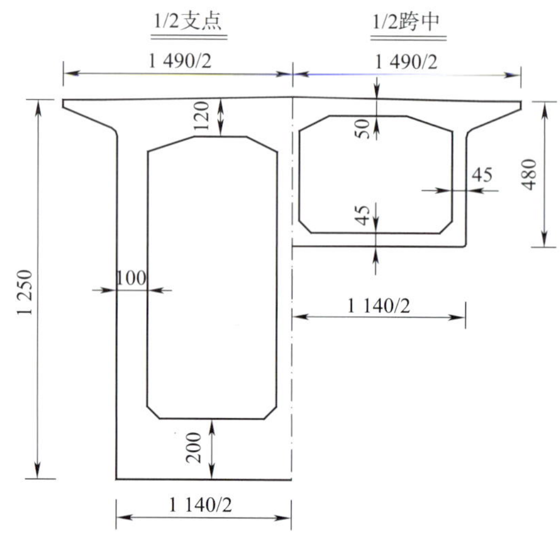

图 4-28-2　箱梁典型断面图（单位：cm）

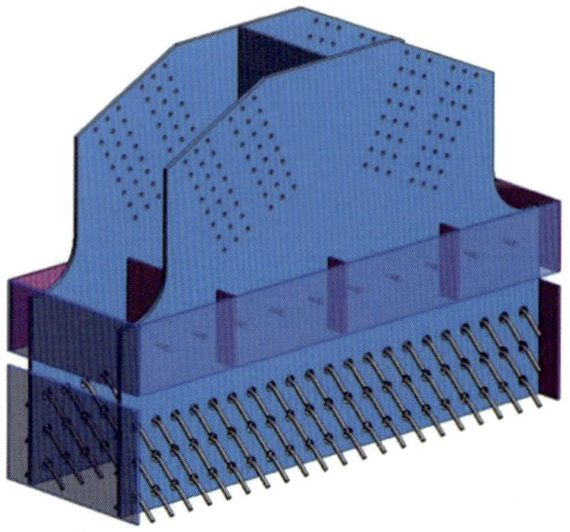

图 4-28-3　下弦预埋节点

主墩采用矩形空心墩，墩顶纵横向尺寸为 8.0 m×11.4 m，主墩基础均采用直径 2.0 m 的摩擦桩。

4.28.3　施工方法

施工采用先梁后桁的施工方案。混凝土主梁采用悬臂挂篮施工，梁体施工时预埋钢桁下弦节点，待主梁合龙后，再采用汽车吊安装钢桁。施工情况如图 4-28-4、图 4-28-5 所示。

图 4-28-4　混凝土主梁合龙

图 4-28-5　钢桁合龙

4.28.4　主要技术经济指标

主要技术经济指标见表 4-28-1。

表 4-28-1　主要技术经济指标

指　标　类　型		数　　值
结构性能指标	边跨竖向挠跨比	1/3 529
	梁端转角	0.74‰
	跨中徐变下挠（mm）	17

续上表

指标类型		数值
主要工程量	主梁 C55 混凝土(m^3)	18 796.0
	预应力钢绞线(t)	1 114.0
	加劲钢桁 Q370qE(t)	1 566.0

4.28.5 技术特点和创新点

(1)(97+2×180+97) m 钢桁加劲连续刚构,为目前国内高速铁路同类型桥梁最大跨度。混凝土和加劲钢桁刚柔相济,有效控制后期徐变变形,拓展了该结构在高速铁路中的应用范围。

(2)结构采用先梁后桁的施工方案,钢桁安装简单,施工效率高。

(3)下弦节点板螺栓采用现场钻孔方式,保证了钢桁安装精度,形成了梁—桁组合结构的成套建造技术,将梁—桁组合结构研究推向一个新的高度。

4.29 张吉怀铁路酉水大桥

桥　　名: 酉水大桥
工程项目: 张吉怀铁路
工程位置: 湖南省永顺县芙蓉镇
主　　跨: 292 m
桥　　型: 非对称上承式钢管混凝土拱桥
建设单位: 怀邵衡铁路有限责任公司
设计单位: 中铁第四勘察设计院集团有限公司
施工单位: 中铁大桥局集团有限公司
设计人员: 文望青　严爱国　张　杰　柳　鸣　郭远航　胡方杰　周　继　王小飞
通车时间: 预计 2021 年 5 月

4.29.1 概　　况

张吉怀铁路设计速度 350 km/h,双线 ZK 活载,正线线间距 5.0 m,无砟轨道,于湖南省湘西永顺县距芙蓉镇约 2 km 处跨越 U 形深谷。桥址地形两侧岸坡陡峭,坡角 45°~75°,植被茂密、乔灌丛生。桥址处河面宽约 200 m,最高通航水位 205 m。河床为卵石夹砂,岸线稳定。桥址处地层简单,覆盖层为粉质黏土,层厚 0~1.8 m,基岩为泥质灰岩,岩体较完整,基本承载力 1 000 kPa。地震基本烈度为 6 度。

结合地形特点,大桥采用主跨 292 m 不对称上承式拱,张家界侧拱脚高 49.41 m,怀化侧拱脚高 92.91 m。主桥立面如图 4-29-1 所示。

4.29.2 结构设计

桥全长 468.5 m,主桥采用 1×292 m 不对称上承式钢管混凝土拱桥,拱上结构分两联,孔跨布置为:0 号台~6 号墩间为(2×43+32+3×24) m 刚构连续组合梁,1、2 号墩处墩梁固结,其他墩台顶设支座;6 号墩~13 号台间为(3×24+32+2×59+46) m 刚构连续组合梁,8~11 号墩处墩梁固结,其他墩台顶设支座。其中 2×43 m 梁与(2×59+46) m 梁采用预应力混凝土刚构;拱上 24 m、32 m 采用钢—混凝土组合梁。

(1)拱肋

采用提篮式钢管混凝土桁架拱结构,因两侧拱脚高程不同,拱肋分为两个半形悬链线,拱肋计算跨度 l=292 m,小里程侧拱肋矢高 49.473 m,矢跨比 1/4.992,大里程侧拱肋矢高 93.029 m,矢跨比

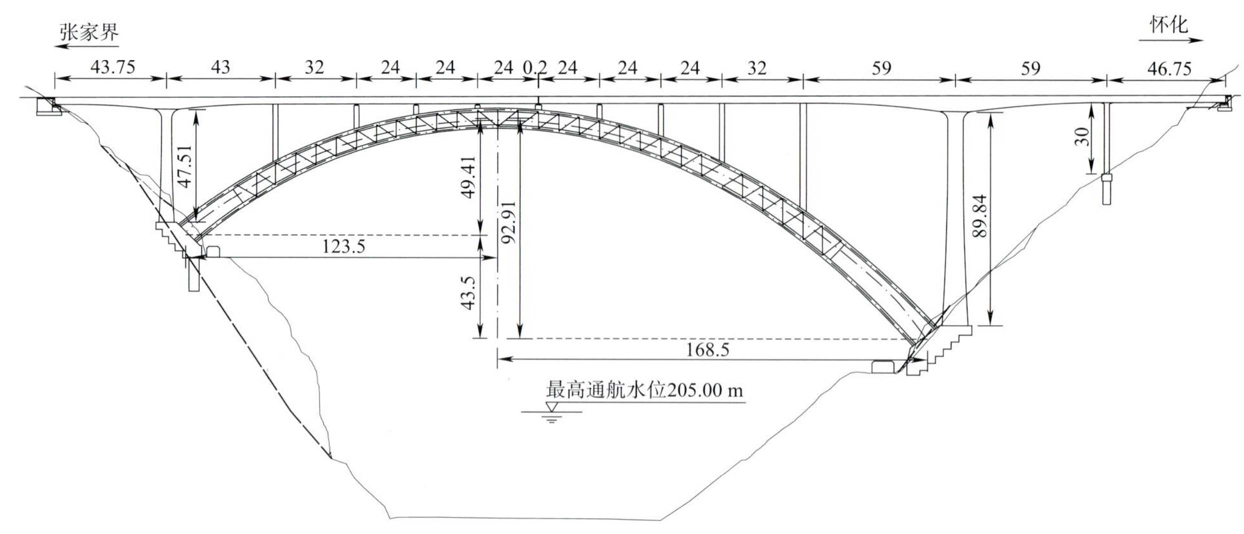

图 4-29-1　主桥立面(单位:m)

1/3.62。拱肋中心轴线采用悬链线,小里程侧拱肋拱轴系数 1.9,大里程侧拱肋拱轴系数 1.6;拱肋分左右两幅,单副拱肋由两根内径 1 500 mm 钢管及腹杆组成桁架拱(图 4-29-2)。拱顶处弦管中心高度 7.0 m,张家界侧、怀化侧拱脚处弦管中心高度分别为 9.0 m、11.0 m。拱顶处拱肋中心间距为 9.5 m,张家界测拱脚拱肋中心间距为 14.5 m,怀化侧拱脚拱肋中心间距为 18.902 m。上、下弦管之间在拱脚部分长度内采用缀板连接,其余部分采用 N 形桁式腹杆连接(图 4-29-3)。腹杆主要采用工字形截面,钢立柱对应位置竖腹杆及部分受力较大腹杆采用箱形截面。腹杆与上、下弦管通过焊接与节点板相连。两副拱肋之间通过横向连接系及水平纵联连接。联结系采用工字形杆件。

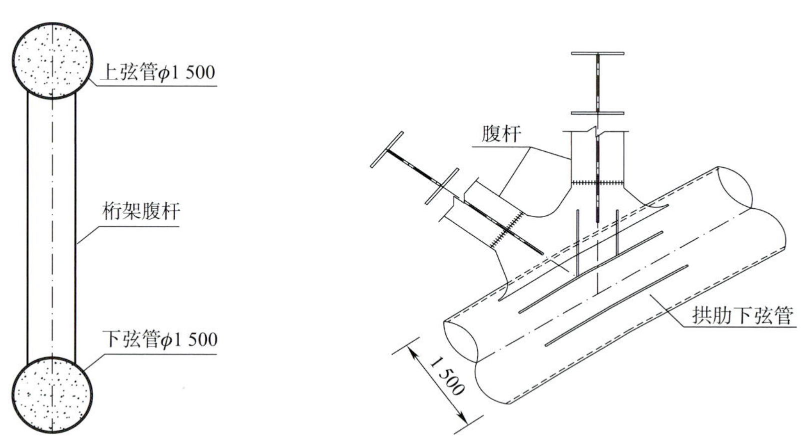

图 4-29-2　单片主拱肋截面(单位:mm)　　图 4-29-3　拱肋下弦(单位:mm)

(2)桥面结构

2×43 m 刚构连续梁采用单箱单室变高度截面,中支点梁高 5.2 m,端部梁高 3.0 m;(2×59+46) m 刚构连续梁采用单箱单室截面,拱座立柱顶梁高 7.0 m,其他支点梁高 3.0 m。拱上 32 m、24 m 梁跨采用钢—混凝土组合梁、高 3.0 m,单箱单室截面。组合梁典型截面如图 4-29-4 所示。

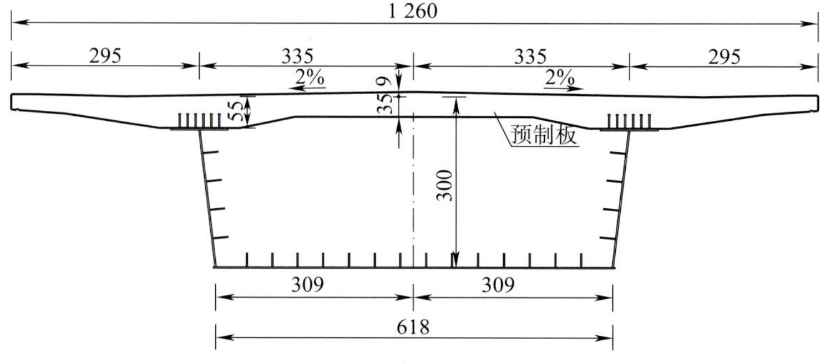

图 4-29-4　组合梁典型截面(单位:cm)

(3)拱上立柱

拱上立柱墩采用钢桁架墩,高 1.35～43.96 m,倾角与拱肋一致,立柱横桥向截面内宽 1 200 mm,顺桥向截面内侧高度 1 600 mm、2 000 mm、2 500 mm,立柱板厚 28 mm、44 mm。横桥向两根立柱间设置 X 形横联。两拱座处桥墩高分别为 47.5 m、89.8 m,为圆端形空心墩,12 号桥墩为圆端实体墩。

(4)拱座基础

张家界侧主拱基础为减少开挖量,采用扩大基础+竖直桩方案,桩底进入岸坡稳定线内,拱座顺桥向水平投影长 18.0 m,横桥向水平投影长 22.0 m,竖直桩直径 3.8 m,长度为 14.0 m,共 3 根。怀化侧拱座采用明挖扩大基础,顺桥向水平投影长 25.0 m,横桥向水平投影长 26.0 m。

4.29.3 施工方法

拱肋采用 2×150 t 缆索吊装悬臂扣挂法进行施工。钢管拱单元采用工厂制造,汽车运输至桥位预拼场内进行预拼,拱肋节段整体拼装后,采用缆索吊双组索起吊安装拱肋节段,主拱施工采用扣挂法悬拼,两岸同步进行,在拱顶处合龙(图 4-29-5)。

图 4-29-5 主拱肋合龙

钢立柱杆件采用工厂化制造,汽车运输至预拼场内,组拼成节段后采用缆索吊运至拱顶进行拼装。

刚构混凝土梁采用挂篮悬臂浇筑施工,怀化侧 46 m 边跨梁采用支架现浇施工。组合梁钢梁在预拼场拼成整孔后利用缆索吊吊至设计位置安装。桥面板在预制场内预制,运输至桥位后采用缆索吊机安装,最后浇筑桥面板间湿接缝连成整体。

4.29.4 主要技术经济指标

主要技术经济指标见表 4-29-1。

表 4-29-1 主要技术经济指标

指标类型		数值
结构性能指标	竖向挠跨比	1/5 792
	梁端转角(rad)	0.895‰
主要工程量	主拱用钢量(t)	3 974.9
	拱上立柱用钢量(t)	981.0
	主梁用钢量(t)	1 497.7
	主拱钢管内混凝土(m^3)	2 439.0
	刚构主梁混凝土(m^3)	3 709.8
	钢混结合梁主梁混凝土(m^3)	1 198.5
	桥墩混凝土(m^3)	6 115.7
	拱座混凝土(含基础)(m^3)	11 325.0

4.29.5 技术特点和创新点

(1)张吉怀铁路酉水大桥为主跨 292 m 非对称上承式钢管混凝土桁架拱桥,目前在同类桥中属跨度最大。两侧拱脚竖向高差达 43.5 m,创世界之最。

(2)首次在大跨度拱桥上采用双肢钢管的桁架式拱肋,构造简洁、施工方便,提升了景观效果。

(3)拱上结构及两侧的引桥采用刚构连续组合梁,拱上较高立柱采用墩梁固结,增强了结构的整体刚度及稳定性。

(4)施工中两片拱肋同时整节段吊装,属国内首次。该施工方法减少了高空焊接工作量,增强了拱肋节段稳定性，加快了拱肋节段安装进度。

（5）主拱结构及拱上钢立柱采用耐候钢，减少后期维护工作量。

4.30 拉林铁路藏木雅鲁藏布江特大桥

桥　　名：藏木雅鲁藏布江特大桥
工程项目：拉林铁路
工程位置：西藏自治区加查县
主　　跨：430 m
桥　　型：中承式钢管混凝土拱桥
建设单位：西藏铁路建设有限公司
设计单位：中铁二院工程集团有限责任公司
施工单位：中铁广州工程局集团有限公司
设计人员：刘忠平　张志勇　陈克坚　戴胜勇　陈建峰　袁　明　李　恒　胡华万
通车时间：预计 2021 年 6 月

4.30.1 概　　况

拉林铁路为设计时速 160 km 的单线客货共线铁路，有砟轨道。藏木雅鲁藏布江特大桥位于西藏加查县境内桑加峡谷内，在梯级电站街需和藏木之间，在藏木水电站大坝上游约 1.2 km。桥址水面宽约 400 m，主桥采用一跨过江。水电站正常蓄水位高程为 3 310 m，水深约 65 m。覆盖层主要为第四系全新统人工填土层、碎石土、卵石土，下覆基岩为角闪黑云花岗岩。桥址处于高原温带半干旱季风型气候区，光照充足，辐射强，日温差大。年均气温 9.3 ℃，极端最低气温 −12 ℃，极端最高气温 29.1 ℃，桥址最大风速 33.9 m/s。桥区地震动峰值加速度为 0.24g，地震动反应谱特征周期为 0.5 s。

藏木雅鲁藏布江特大桥全长 525.1 m，主桥采用 430 m 中承式钢管混凝土拱桥，桥上设越行车站，双线，线间距 5.0 m，设计荷载为中—活载。主桥立面如图 4-30-1 所示。

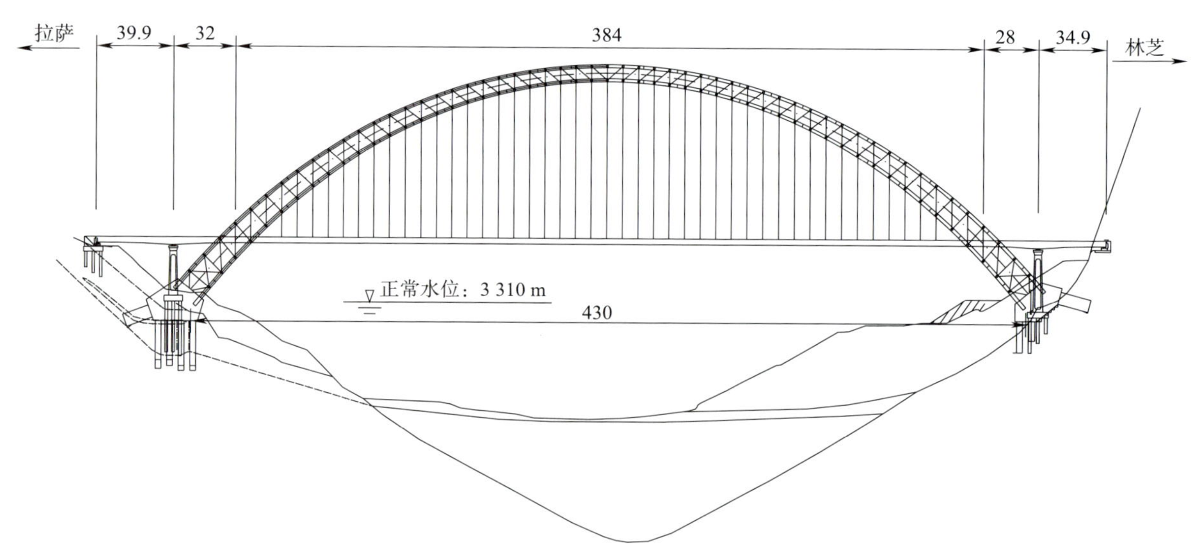

图 4-30-1　主桥立面（单位：m）

4.30.2 结构设计

主桥为主跨 430 m 中承式钢管混凝土提篮拱桥，梁体采用五跨连续预应力混凝土箱梁，箱梁孔跨布置为（39＋32＋384＋28＋34）m。全桥钢结构采用免涂装耐候钢。

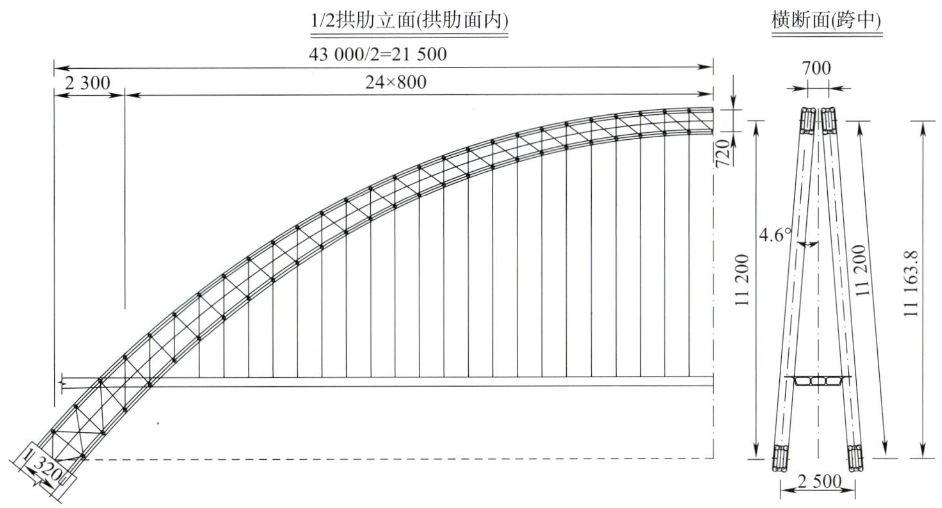

图 4-30-2 拱肋结构图(单位:cm)

拱肋拱轴线采用悬链线,拱轴系数为 1.8。拱肋计算跨径为 430 m,矢高 112 m,矢跨比 1/3.84。采用内倾式拱肋,拱肋内倾角 4.6°。拱顶处拱肋中心距为 7 m,拱脚处拱肋中心距为 25 m(图 4-30-2)。拱肋截面采用四肢桁式的截面形式,横断面如图 4-30-3 所示。钢管采用变管径,拱脚直径 1.8 m,拱顶直径 1.6 m,钢管内灌注 C60 无收缩混凝土。拱肋按变桁高设计,拱顶处桁高 8.8 m,拱脚处桁高15 m;采用平行式腹杆,腹杆为箱形和 H 形截面杆件,腹杆与拱肋节点板连接高强螺栓对拼方式连接;拱肋横撑采用一、N 及米字形。横撑直杆采用直径 1.1 m 的空钢管,横撑斜杆采用空钢管。吊索采用单吊索结构形式,顺桥向间距 8 m,全桥共设 86 根。吊索采用抗拉强度 1 860 MPa 钢绞线。

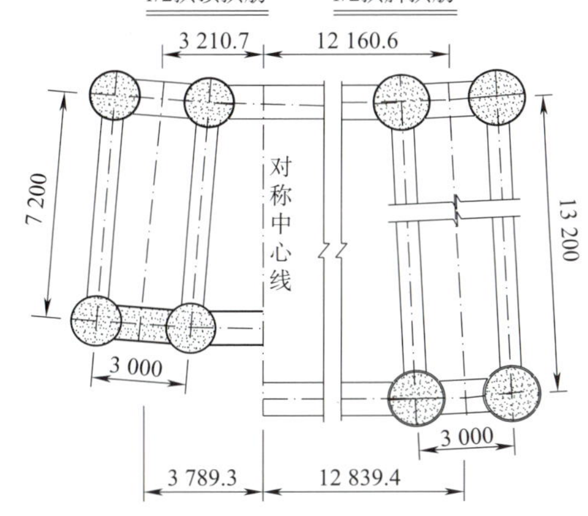

图 4-30-3 拱肋横断图(单位:mm)

主梁为 C55 全预应力混凝土连续梁,单箱双室变高、变宽度、斜腹板箱梁截面。主跨梁高 3 m,桥面宽 18 m,箱底宽 12 m。小里程右侧主拱拱座基础采用整体嵌固基础,其余采用斜、竖桩嵌固基础。

4.30.3 施工方法

拱肋采用缆索吊装+斜拉扣挂悬臂拼装架设,梁部采用空间长吊索吊架法,分节段两岸对称悬臂现浇。缆索吊设计吊装自重 250 t。施工情况如图 4-30-4、图 4-30-5 所示。

图 4-30-4 拱肋架设

图 4-30-5 梁部及吊杆施工

4.30.4 主要技术经济指标

主要技术经济指标见表 4-30-1。

表 4-30-1 主要技术经济指标

指标类型		数值
结构性能指标	竖向挠跨比	1/3 596
	横向挠跨比	1/3 875
	梁端转角(rad)	0.83‰
主要工程量	拱圈用钢量(t)	12 800.0
	吊杆钢绞线(t)	260.0
	主梁混凝土(m^3)	7 549.1
	主梁预应力钢绞线(t)	452.1
	主梁普通钢筋(t)	1 875.6

4.30.5 技术特点和创新点

(1)本桥为世界最大跨度的铁路钢管混凝土拱桥。

(2)国内第一座采用免涂装耐候钢的铁路桥。

(3)拱肋首次采用变管径设计，有效节省钢材用量，降低拱肋钢管混凝土自重。

4.31 丽香铁路金沙江特大桥

桥　　名：金沙江特大桥
工程项目：丽香铁路
工程位置：云南省丽江市、迪庆藏族自治州
主　　跨：660 m
桥　　型：上承式钢桁梁悬索桥
建设单位：滇西铁路建设指挥部
设计单位：中铁二院工程集团有限责任公司
施工单位：中铁大桥局集团有限公司
设计人员：陈克坚　游励晖　许志艳　刘　伟　艾智能
　　　　　胡玉珠　余　浪　李俊龙　姚　南　韩国庆
通车时间：预计 2021 年 7 月

4.31.1 概　　述

丽香铁路为设计时速 120 km 的客货共线铁路，单线，有砟轨道。金沙江特大桥在丽江和香格里拉交界处，著名景点虎跳石上游 3.1 km 跨越金沙江。桥位下游 2.0 km 处为规划的金沙江中游水电开发的龙头电站——龙盘水电站，设计蓄水位为 2 010 m。线路大角度穿越金沙江深切 V 形峡谷，丽江岸陡，基岩多裸露，平均自然横坡约 45°，香格里拉岸稍缓，平均自然坡度约 39°。两岸基岩出露，为片理化玄武岩，岩体处于卸荷带内，节理裂隙发育。桥区属低纬暖温带高原山地季风气候，极端最低气温 −10.3 ℃，极端最高气温 34.1 ℃，年平均降雨日数 176 天，桥面设计风速 30.6 m/s。桥址地震动峰值加速度 0.254g，反应谱特征周期 0.40 s。

金沙江特大桥桥跨布置为(110+660+98) m 上承式钢桁梁悬索桥，桥梁全长 882.5 m。桥上设有越行车站，双线，线间距 5 m，设计荷载为中—活载。主桥立面如图 4-31-1 所示。

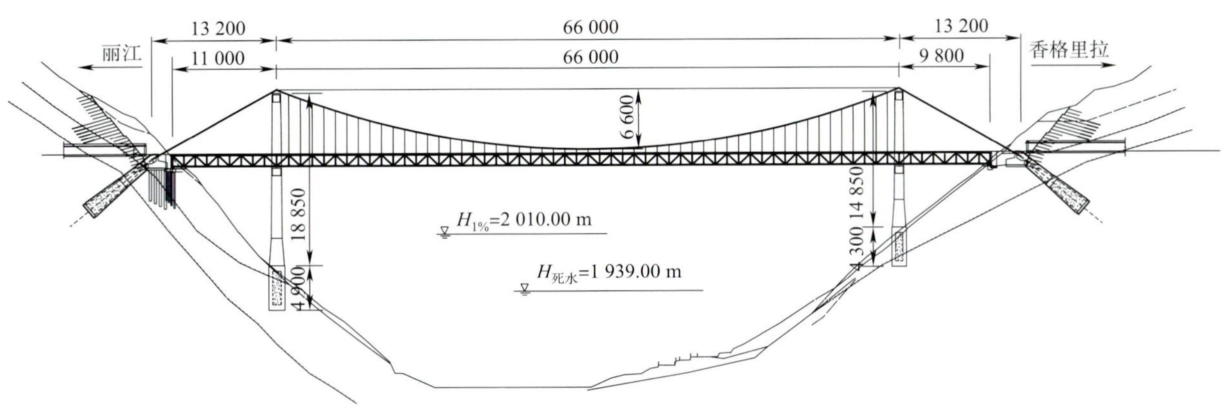

图 4-31-1　主桥立面(单位:cm)

4.31.2　结构设计

(1)缆索工程

主缆孔跨布置(132+660+132) m,主跨垂跨比 1/10。主跨采用平行缆,边跨采用空间缆,边缆水平倾角 1.52°。每根主缆由 127 根通长索股,边跨设置 6 根背索股,每根索股由 127 丝直径 5.4 mm 组成(图 4-31-2)。主缆材质为设计强度 1 770 MPa 的镀锌高强度钢丝,采用预制平行钢丝索股架设法(PPWS)。主缆采用 S 形缠丝+除湿系统防护系统。

吊索采用钢丝绳,强度级别 1 870 MPa。公称直径 64 mm,结构形式 6×55WS+IWR,吊索最小破断力 2 730 kN。吊索与索夹采用骑跨式连接,吊索与加劲梁为销铰式连接,每一吊点设 3 根吊索。

主索鞍和散索鞍采用铸焊组合结构。

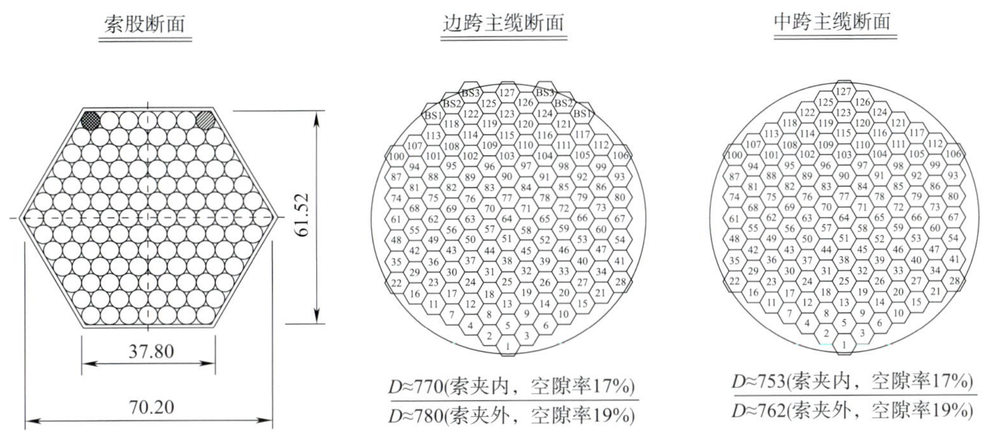

图 4-31-2　主缆断面图(单位:mm)

(2)锚碇工程

两岸均采用隧道式锚碇。锚碇平面内竖向倾角 40°,水平倾角 1.52°。前锚室长 40 m,锚塞体长 45 m,锚塞体顶部截面 12.5 m×13 m,底部截面 18 m×19 m。锚塞体采用 C35 聚丙烯纤维微膨胀混凝土。主缆锚固系统采用可更换式挤压式多股成品索预应力锚固系统。

(3)桥塔工程

采用双柱式门式结构。丽江岸左塔柱高 194.5 m,右塔柱高 188.5 m(图 4-31-3),香岸左塔柱高 155.5 m,右塔柱高 148.5 m。塔柱采用变截面矩形空心墩,塔顶顺桥向宽 9 m,横向宽 6 m,纵横向均放坡。塔底 40 m 设边坡点,对塔柱进行局部加强。桥塔采用分离式钢筋混凝土嵌固基础。丽江岸深度 42 m 和 49 m,香岸深度均为 40 m。

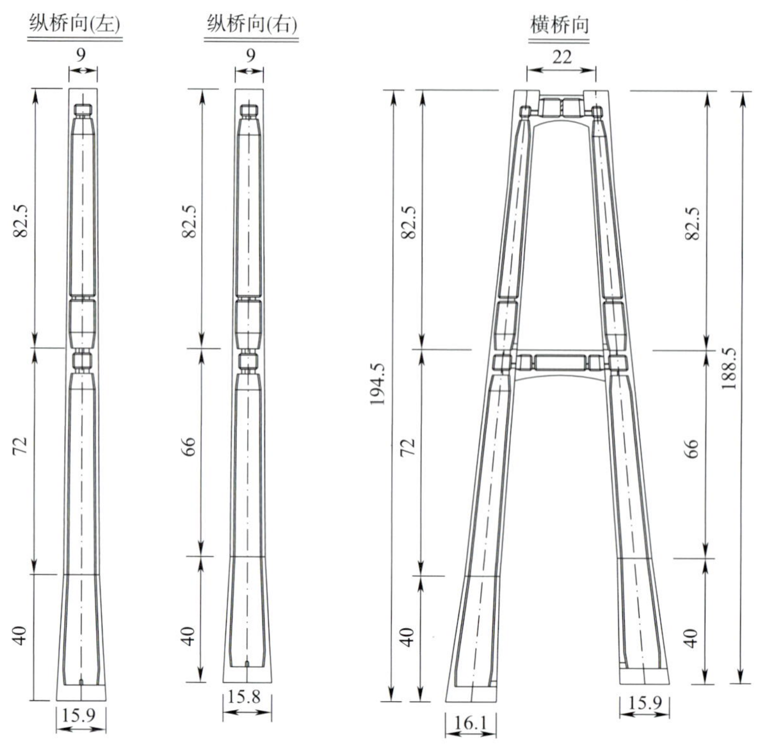

图 4-31-3　丽江岸桥塔构造图(单位:m)

(4)钢梁

钢梁采用带竖杆的平行华伦式桁架。标准节间长 12.2 m,桁高 12 m,桁宽 22 m(图 4-31-4)。下弦平面设置 K 形纵向联结系,节点间断面设置倒 V 形横向联结系。

上弦杆和下弦杆采用箱形截面,最大厚度 50 mm;斜腹杆采用箱形截面,竖腹杆采用 H 形截面。

桥面系采用带水平桁架的正交异性钢桥面,正交异性钢桥面采用纵、横梁体系,水平桁架采用三角形桁架。

钢梁主桁杆件和桥面系板件采用 Q370qE 钢材,联结系杆件采用 Q345qD 钢材。

支座采用球形钢支座,纵向活动支座、横向活动支座和固定支座在设计地震作用下释放相应限位功能。桥塔和桥台设置纵向和横向阻尼器,全桥共设 12 个横向阻尼器、8 个纵向阻尼器。

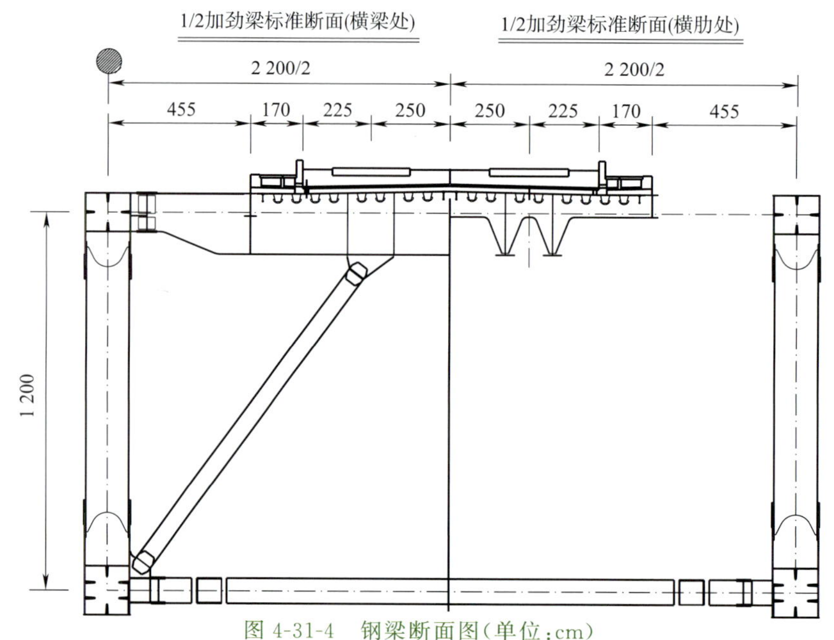

图 4-31-4　钢梁断面图(单位:cm)

(5)边坡防护

丽江岸，隧道第 1、3 级和 4 级仰坡采用锚杆框架梁防护，第 2 级仰坡采用锚索框架梁防护；隧道锚及桥台临时开挖边坡采用土钉墙防护；附近危岩，结合现场情况清除，并挂主动防护网。

香格里拉岸，隧道第 1、3 级及 4 级仰坡采用锚杆框架梁防护，隧道第 2 级仰坡采用锚索框架梁防护；隧道锚及桥台临时开挖边坡采用土钉墙防护；附近危岩，结合现场情况清除，并挂主动防护网。

4.31.3　施工方法

隧道锚施工：锚洞采用台阶法控制爆破开挖，左、右锚洞掌子面错开掘进，机械有轨出渣；锚塞体采用分层浇筑混凝土。

嵌固基础施工：分级开挖分层支护，采用挂网喷射混凝土和型钢框架支撑措施。

主塔施工：采用爬模法施工，浇筑节段 6 m。下横梁与塔柱异步施工，采用钢托架，分层浇筑。

钢梁施工：边跨在支架上拼装，向跨中顶推；中跨采用 880 t 缆索吊、双节段钢梁吊装。施工情况如图 4-31-5～图 4-31-7 所示。

图 4-31-5　隧道锚边坡防护

图 4-31-6　桥塔施工

图 4-31-7　880 t 缆索吊

4.31.4　主要技术经济指标

主要技术经济指标见表 4-31-1。

表 4-31-1　主要技术经济指标

指标类型		数值
结构性能指标	竖向挠跨比	1/391
	横向挠跨比	1/2 237
	梁端转角(rad)	1.89‰
	一阶横向周期(s)	5.112 5

续上表

指　标　类　型		数　　值
主要工程量	主缆 1 770 MPa 钢丝(t)	6 182.0
	钢梁钢材(t)	22 356.0
	主塔 C50 混凝土(m^3)	36 651.0
	锚碇 C30 混凝土(m^3)	48 320.0

4.31.5　技术特点和创新点

丽香铁路金沙江特大桥是我国第一座开始研究的铁路悬索桥，也是我国首座开工建设的山区铁路悬索桥。其技术特点和创新点如下：

(1)通过拟合梁体竖向、横向变形进行曲线与线路平、竖曲线要求对比，结合风—车—桥耦合动力分析结果，确定悬索桥能满足铁路列车行车要求。

(2)提出了上承式钢桁梁、空间主缆、高梁高加劲梁等适用于山区大跨度铁路悬索桥的合理结构构造和结构体系。

(3)通过实桥风场模拟、风洞模型试验，确认了山区峡谷大跨度铁路悬索桥的抗风性能。

(4)通过数值仿真分析、地震台大比例尺模型试验，考虑了高桥塔墩水耦合效应，对高烈度近场地震区铁路悬索桥进行了抗震性能、减震措施研究。

(5)提出了适合于铁路悬索桥的活载加载模式、动力系数、主缆安全系数等主要设计参数，形成了《铁路悬索桥设计指南》。

(6)考虑二期恒载大的特点，提出了大跨度铁路悬索桥钢梁合理的架设工序和线型控制方法；采用 880 t 缆索吊双节段梁段吊装，节省了工期。

4.32　玉磨铁路阿墨江特大桥

桥　　名：阿墨江特大桥
工程项目：玉磨铁路
工程位置：云南省普洱市墨江县
主　　跨：216 m
桥　　型：连续刚构
建设单位：滇南铁路建设指挥部
设计单位：中铁二院工程集团有限责任公司
施工单位：中铁四局集团有限公司
设计人员：王应良　陈克坚　徐　勇　刘　伟　姚　南
　　　　　黄　毅　岳　强　何庭国
通车时间：预计 2021 年 12 月

4.32.1　概　　况

玉磨铁路是设计时速 160 km 客货共线铁路，其中玉溪至景洪段为双线，线间距 4.4 m，设计荷载为中—活载。阿墨江特大桥地处云南省普洱市墨江县，位于普西桥水电站库区内，水电站设计常用蓄水位 737 m，最大水深达 59 m。桥区为云贵高原中部，地面高程 670～1 500 m，相对高差大于 500 m；地面横坡陡峻，自然坡度 20°～50°，局部陡峻，坡角大于 80°。桥址覆第四系全新统坡残积层粉质黏土、角砾土，下伏基岩为侏罗系中上统坝注路组泥岩夹砂岩、泥灰岩。地震动峰值加速度为 0.05g，反应谱特征周期为 0.45 s。

阿墨江特大桥全桥孔跨布置为 2×32 m 简支梁＋(112＋216＋112) m 预应力混凝土连续刚构＋3×32 m 简支梁的桥跨布置，桥梁全长 617.05 m。主桥立面如图 4-32-1 所示。

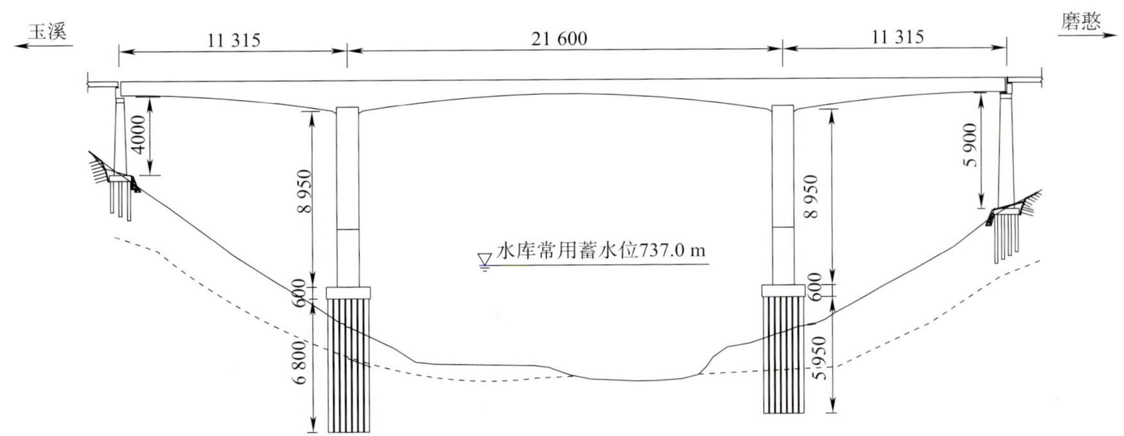

图 4-32-1　主桥立面(单位:cm)

4.32.2　结构设计

(1)主梁

主桥为(112+216+112) m 双线预应力混凝土连续刚构桥。梁部为单箱单室、直腹板、变截面箱梁,梁底曲线采用二次抛物线,方程为 $y=7.2+8.5x^2/922$,曲线段长度为 92 m。墩顶处梁高 15.7 m,边跨直线段及跨中处梁高为 7.2 m。箱梁顶板宽 14.0 m,底板宽 10.0 m(图 4-32-2)。顶板厚度 60 cm,腹板厚度 60～130 cm,在梁高变化范围直线变化,底板厚度 62～150 cm 渐变。

全桥共分为 123 个梁段,最长梁段为 4.0 m,最大悬灌体积 145.6 m³。

(2)预应力

主梁纵向预应力采用了大规格、高强度、低松弛的钢绞线,抗拉强度标准值 $f_{pk}=1\ 960$ MPa;顶板设置横向预应力钢绞线,腹板设置竖向预应力筋。为了优化体内预应力布置,减轻连续刚构梁体自重,减小中跨跨中由于收缩徐变产生的工后变形,在中跨和边跨分别布置了 6 根和 4 根体外可换索式钢绞线成品索。

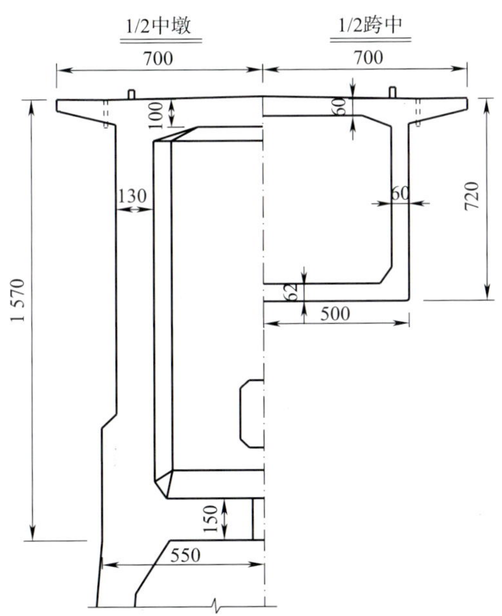

图 4-32-2　箱梁支墩和跨中截面(单位:cm)

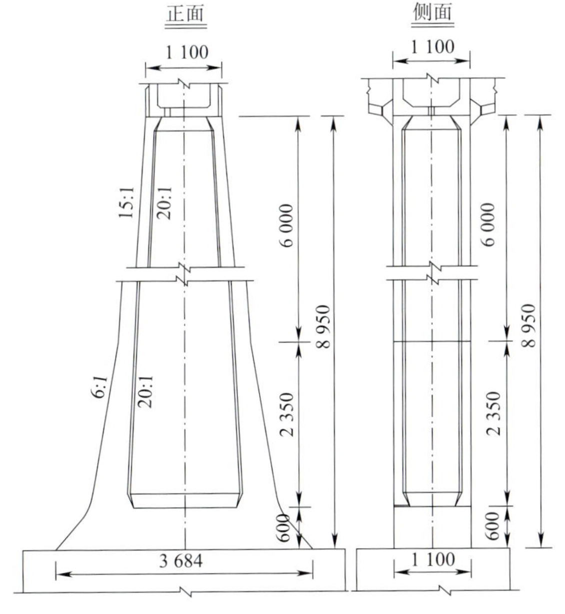

图 4-32-3　主墩构造图(单位:cm)

(3)桥墩及基础

主墩采用矩形空心墩，墩高 89.5 m。墩身纵向不放坡，横向采用两级放坡，一级坡率 15∶1，二级坡率 6∶1。墩身纵向尺寸均为 11 m，墩顶横向尺寸为 11 m，墩底横向尺寸为 36.84 m(图 4-32-3)。

主墩采用 34 根直径 2.5 m 的高桩承台群桩基础，最长桩长 68 m。

4.32.3 施工方法

两主墩位于水库采用钢吊箱围堰方案进行施工。主桥梁部采用悬臂浇注法施工(图 4-32-4)，先合龙中跨，再合龙边跨。

图 4-32-4 主梁悬灌施工

4.32.4 主要技术经济指标

主要技术经济指标见表 4-32-1。

表 4-32-1 主要技术经济指标

指标类型		数值
结构性能指标	竖向挠跨比	1/3 402
	横向挠跨比	1/10 300
	梁端转角(rad)	0.5‰
	一阶横向周期(s)	1.94
主要工程量	主梁混凝土(m^3)	17 432.0
	主梁预应力钢绞线(t)	1 206.7
	主梁普通钢筋(t)	2 027.4
	刚构墩混凝土(m^3)	18 558.8
	刚构墩普通钢筋(t)	1 686.8

4.32.5 技术特点和创新点

(1)玉磨铁路阿墨江特大桥为山我国山区铁路最大跨度的预应力混凝土连续刚构桥，在梁部截面设计，高墩大跨桥梁高桩承台设计等方面均有所突破。

(2)主桥梁部结构采用体内、体外预应力相结合的布置形式，这在国内同类桥梁尚为首次。由于考虑了体外预应力的贡献，本桥在国内同等跨度混凝土梁桥中有着更小的截面尺寸和更佳的经济指标。

4.33 玉磨铁路元江特大桥

桥　　名：元江特大桥
工程项目：玉磨铁路
工程位置：云南省元江县
主　　跨：249 m
桥　　型：上承式连续钢桁梁桥
建设单位：滇南铁路建设指挥部
设计单位：中铁二院工程集团有限责任公司
施工单位：中铁四局集团有限公司
设计人员：陈克坚　王应良　徐　勇　刘　伟　游励晖
　　　　　戴晓春　何庭国　许　敏
通车时间：预计 2021 年 12 月

4.33.1 概　　况

玉磨铁路是设计时速 160 km 客货共线铁路，其中玉溪至景洪段为双线，线间距 4.4 m，设计荷载为中—活载。元江特大桥位于云南省元江县境内，地处云贵高原中部，区内群山连绵，山间沟渠纵横，属构造侵蚀峡谷地貌。大桥横跨红河深切 V 形峡谷区，桥高约 250 m，两岸坡陡峻，地质结构复杂。测区上覆第四系全新统人工弃土，滑坡堆积层碎石土，下伏基岩为页岩、砂岩，岩质较为破碎。桥区地震动峰值加速度为 0.16g，反应谱特征周期为 0.4 s。

元江特大桥桥跨布置为(108＋152＋249＋152＋108) m 上承式连续钢桁梁，其中磨憨侧主墩墩高 154 m，桥梁全长为 832.2 m。主桥立面如图 4-33-1 所示。

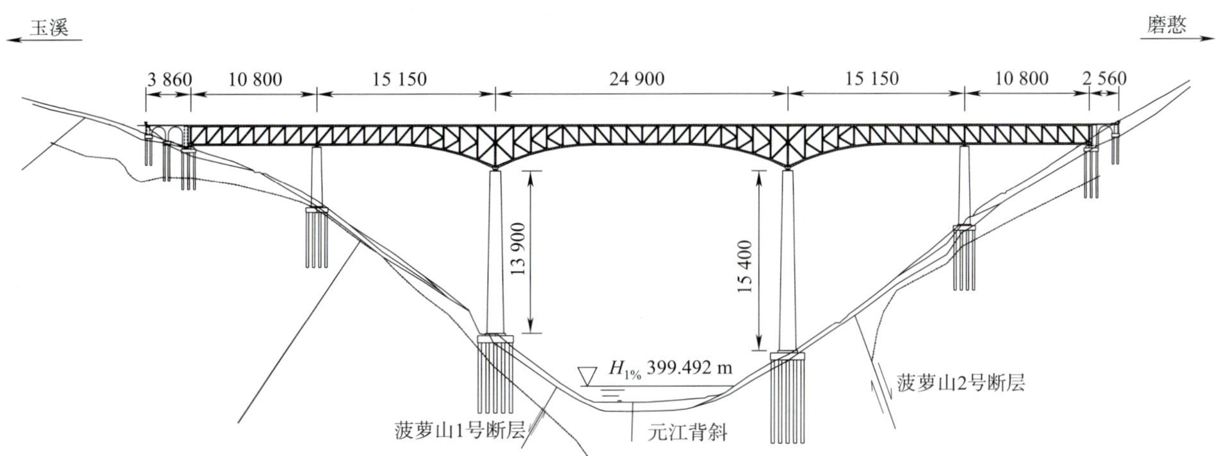

图 4-33-1　主桥立面图(单位:cm)

4.33.2 结构设计

桥跨布置为(108＋152＋249＋152＋108) m 上承式连续钢桁梁，其中 2 号和 3 号主墩高分别为 139 m 和 154 m，采用拱式钢筋混凝土桥台。

主桥钢桁梁为变高度钢桁结构，边支点及中跨跨中处桁高 16 m，中支点处渐变至 36 m，钢桁梁下弦采用二次抛物线匀顺过渡。主桁采用 N 形及 K 形桁架，一般布置为 N 形桁架，支点附近桁高较大时布置为 K 形桁架。主桁桁间距 16 m(图 4-33-2)，除中

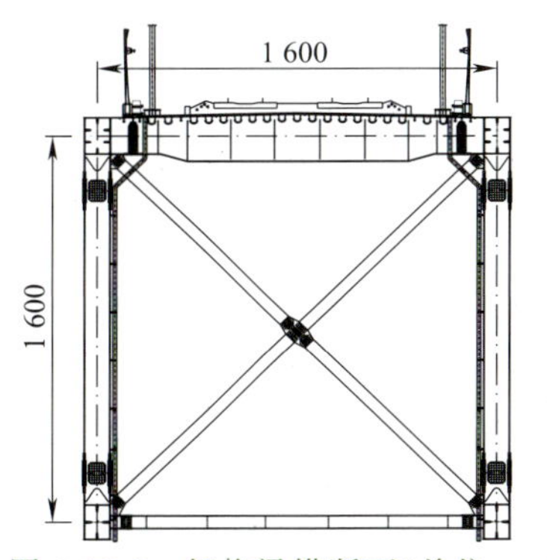

图 4-33-2　钢桁梁横断面(单位:cm)

支点附近四个节间长度为 15 m 外，其余节间长度均为 13.5 m。行车道桥面板设置在主桁上方，每个节间设置钢横梁 5 道，主桁下弦杆节间设置交叉式平联，每个主桁节点间横桥向设置横向联结系。

桥墩采用带钢结构横向连接系的钢—混组合刚架墩。1 号和 4 号墩墩顶横向宽度 22 m，纵向宽度 7.6 m，设 4 m 实体段，墩颈壁厚 0.6 m；主墩顶横向宽度 24 m，纵向宽度 9 m，设 4 m 实体段，墩颈壁厚 0.8 m。桥墩纵横向均放坡，外坡 55∶1，内坡 80∶1。主墩基础采用直径 2.5 m 桩基础，最长桩长 71 m。双柱式桥墩如图 4-33-3 所示。

图 4-33-3　双柱式桥墩

4.33.3　施工方法

桥墩采用爬模方法施工。钢桁梁采用由边跨往中跨的悬臂拼装法施工（图 4-33-4），边跨设超高临时墩，在中跨跨中合龙（图 4-33-5）。

图 4-33-4　钢桁梁悬臂拼装

图 4-33-5　钢桁梁合龙

4.33.4　主要技术经济指标

主要技术经济指标见表 4-33-1。

表 4-33-1　主要技术经济指标

指标类型		数　值
结构性能指标	竖向挠跨比	1/1 440
	横向挠跨比	1/4 064
	梁端转角（rad）	1.58‰
主要工程量	钢桁梁（t）	19 740.7
	桥墩钢结构横联（t）	195.9
	桥墩混凝土（m^3）	35 090.1
	桥墩普通钢筋（t）	5 282.0

4.33.5　技术特点和创新点

（1）主跨 249 m 是目前国内最大跨度的铁路钢桁梁桥，提高了铁路钢桁梁的适应性。

（2）墩高 154 m 是目前世界同类铁路桥墩的最大高度，采用带交叉形钢横梁的混凝土双柱墩，抗震性能优良，整体结构轻盈通透。

(3)提出高烈度地震区超高桥墩大跨钢桁梁桥的抗震及减振控制方法，通过合理布置减振耗能装置实现地震荷载在墩台间合理传递。

4.34 大瑞铁路澜沧江特大桥

桥　　名：澜沧江特大桥
工程项目：大瑞铁路
工程位置：云南省大理白族自治州永平县
主　　跨：342 m
桥　　型：上承式钢筋混凝土提篮拱桥
建设单位：云桂铁路云南有限责任公司
设计单位：中铁工程设计咨询集团有限公司
施工单位：中铁大桥局集团有限公司
设计人员：徐升桥　任为东　彭岚平　田　青　张付宾　焦亚萌　魏　宇　金正凯
通车时间：预计 2021 年 12 月

4.34.1 概　　况

大瑞铁路为国铁Ⅰ级客货共线铁路，单线，客车设计最高行车速度 160 km/h，设计荷载为中—活载。澜沧江特大桥为大瑞铁路的重要控制工程，桥上预留复线，线间距 4.4 m。大桥跨越澜沧江，桥址处河谷深切，两岸陡峭，桥面离江面约 200 m。桥址范围内表层为第四系全新统坡残积粉质黏土，洪积碎石土、断层角砾岩，大理拱座附近表层出露基岩。除大理桥台下部为泥盆系下统温泉组浅变质砂岩、板岩夹泥晶灰岩，其他均为三叠系上统大水塘上段的灰岩、角砾状灰岩、泥晶灰岩、白云质灰岩、白云岩及砾岩。桥址处地震动峰值加速度为 0.17g，地震动反应谱特征周期 0.4 s。

澜沧江特大桥全长 528.1 m，主桥为 342 m 上承式钢筋混凝土提篮拱桥，拱桥上设 102 m Ⅱ形梁和两联 4×32 m 预应力混凝土连续箱梁。主桥立面如图 4-34-1 所示。

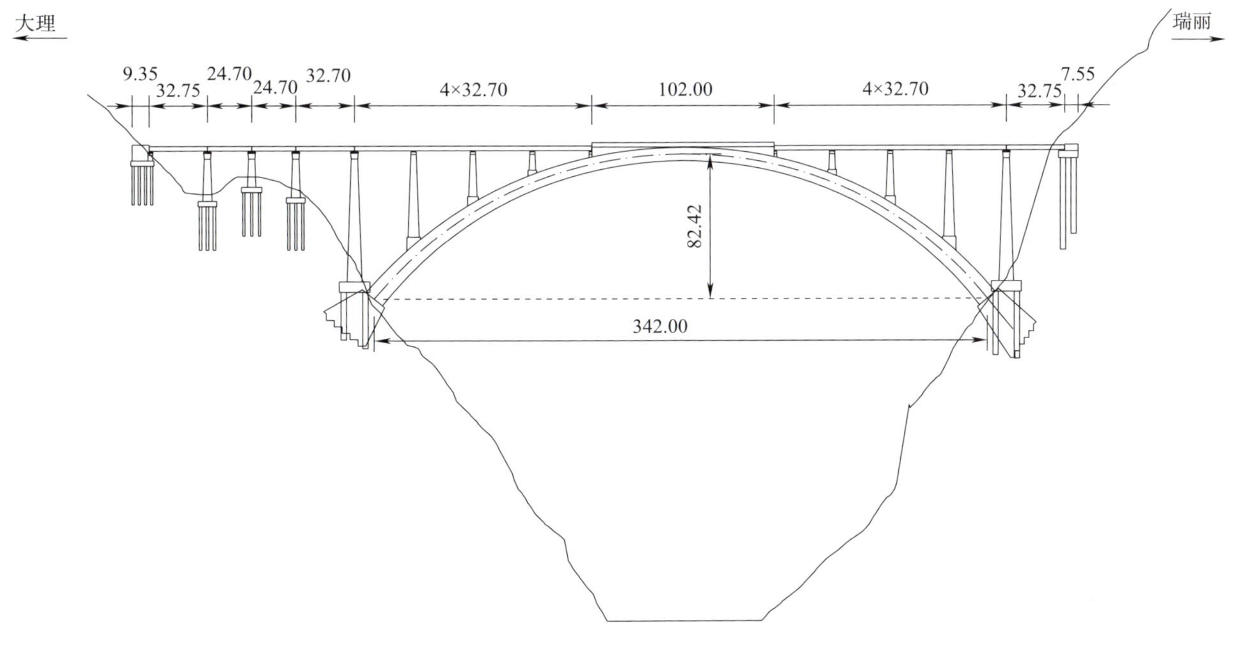

图 4-34-1　主桥立面(单位：m)

4.34.2 结构设计

大桥主拱跨度 342 m，矢高 82.416 m，矢跨比为 1/4.15，拱轴线为拱轴系数 $m=3.4$ 的悬链线。

拱圈采用内倾 6.8°的两片拱肋提篮拱。拱肋为单箱单室混凝土箱形截面，拱脚处截面高 10.9 m，拱顶处截面高 6.9 m（图 4-34-2）。拱肋内包钢管混凝土劲性骨架；劲性骨架为四管式桁架，拱脚处桁架高 9.5 m，拱顶高 5.5 m，上、下弦管的钢管外径为 1.0 m。拱上立柱采用双柱式刚架墩，立柱横向倾斜角度与拱肋一致，纵向坡率 30∶1，全桥共设置 8 个拱上立柱，最高 46.963 m。拱上墩立柱顶部截面形式为空心截面，拱上墩横撑及斜撑截面形式均为矩形空心截面。典型立柱结构如图 4-34-3 所示。

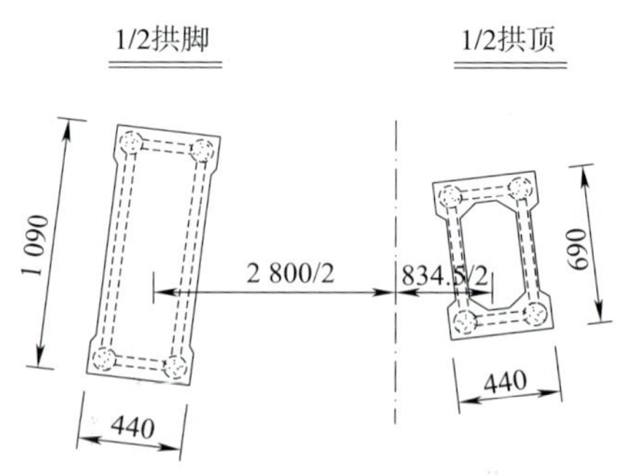

图 4-34-2 拱肋截面图（单位：cm）

拱顶 102 m 范围内设置 Π 形梁，约 10 m 设置一道分隔缝。两侧拱上立柱墩上均为 4×32 m 混凝土连续箱梁，两岸引桥为 32 m 及 24 m 混凝土简支箱梁，箱梁高度均为 2.6 m，底宽 7 m，顶面宽度 14.5 m（图 4-34-4）。

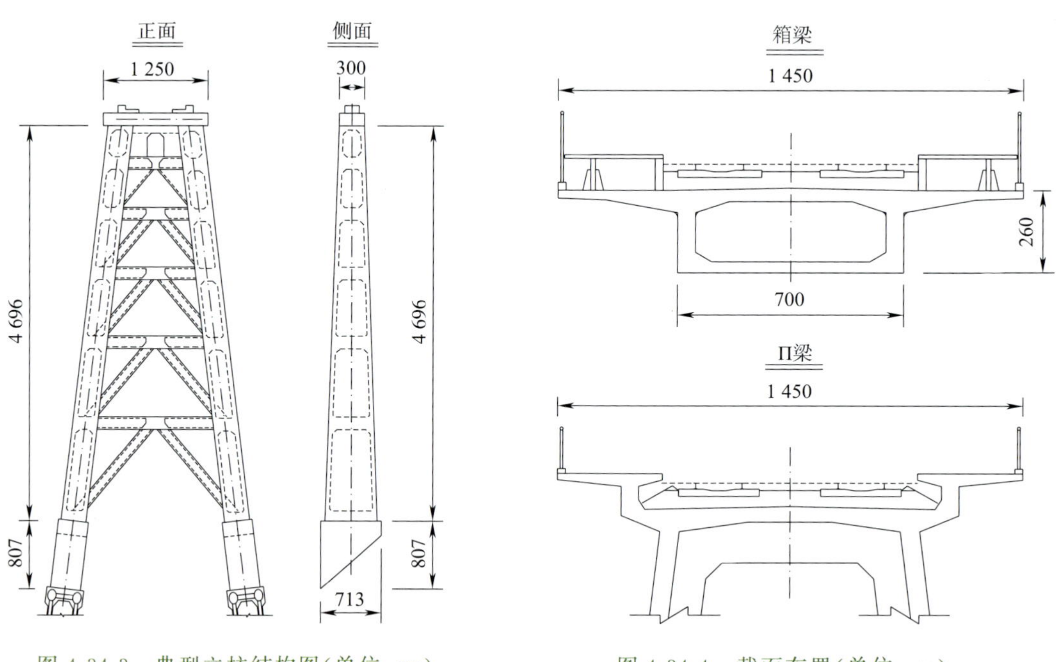

图 4-34-3 典型立柱结构图（单位：cm）　　图 4-34-4 截面布置（单位：cm）

交界墩墩高 70 m，为钢筋混凝土桥墩，墩身截面均采用矩形空心截面。拱座为扩大基础，两条拱肋的拱座位于相应位置桥墩的两侧。

4.34.3 施工方法

主要施工过程如下：

（1）施工两岸基础、桥墩、桥台、拱座。

（2）安装岸上拱肋预拼平台，依附拱肋预拼平台及山体完成拱肋劲性骨架、转铰等钢结构的拼装，通过二次竖转（图 4-34-5）的施工方法完成劲性骨架的合龙。

（3）施工劲性骨架钢管内填混凝土。

（4）施工拱肋外包混凝土及拱肋横撑。

（5）施工拱上立柱墩（图 4-34-6）。

(6)施工拱顶范围 Ⅱ 形梁，对称施工拱上两联 4×32 m 连续箱梁。

图 4-34-5　二次竖转

图 4-34-6　拱上立柱墩施工

4.34.4　主要技术经济指标

主要技术经济指标见表 4-34-1。

表 4-34-1　主要技术经济指标

指　标　类　型		数　　值
结构性能指标	主拱竖向挠跨比	1/10 059
主要工程量	主拱混凝土(m^3)	19 259.5
	主拱劲性骨架用钢量(t)	5 466.2
	主拱外包混凝土钢筋(kg/m^3)	160.0

4.34.5　技术特点和创新点

本桥同时创造了三项“世界第一”的桥梁纪录，填补了国内及世界桥梁建设技术上的空白：

(1)创造性地采用了二次竖转的施工方法，钢管劲性骨架分两部分别于两岸完成拼装，每岸先将上半部分拱肋竖转扳起，完成半跨拱肋连接，再向下竖转，完成拱肋劲性骨架合龙，该施工工艺在世界建桥史上尚属首次。

(2)二次竖转角度之和达 130°，在目前世界上也为最大角度。

(3)大桥单边竖放质量达 2 500 t，是目前世界桥梁竖放质量之最。

4.35　大瑞铁路怒江特大桥

桥　　名：怒江特大桥
工程项目：大瑞铁路
工程位置：云南省保山市
主　　跨：490 m
桥　　型：上承式钢桁拱桥
建设单位：云桂铁路云南有限责任公司
设计单位：中铁二院工程集团有限责任公司
施工单位：中铁十八局集团有限公司
设计人员：陈克坚　游励晖　许智焰　何庭国　余　浪
易大伟　黄　毅　田　壮
通车时间：预计 2023 年 12 月

4.35.1 概　况

大瑞铁路为设计时速 140 km 的客货共线铁路，单线，有砟轨道，设计荷载为中—活载。怒江特大桥位于云南省保山市怒江中下游河谷，属构造剥蚀、溶蚀高中山河谷地貌，地面相对高差约 825 m，桥面距怒江水面高约 212 m。桥址处东岸岸坡较缓，局部为怒江阶地，西岸岸坡陡峭，植被较发育。基岩以玄武岩、泥灰岩、泥岩、砂岩为主，东岸局部夹有挤压形成的压碎岩。桥面设计基本风速 29 m/s。桥区地震动峰值加速度为 0.248g，反应谱周期为 0.45 s。

怒江特大桥主桥为 490 m 上承式钢桁提篮拱桥，引桥及拱上梁孔跨布置为 7×41 m 连续钢混结合梁＋14×37.2 m 拱上连续钢箱梁＋5×41 m 连续钢混结合梁。桥上设客运车站，四线，线间距 5 m。主桥立面如图 4-35-1 所示。

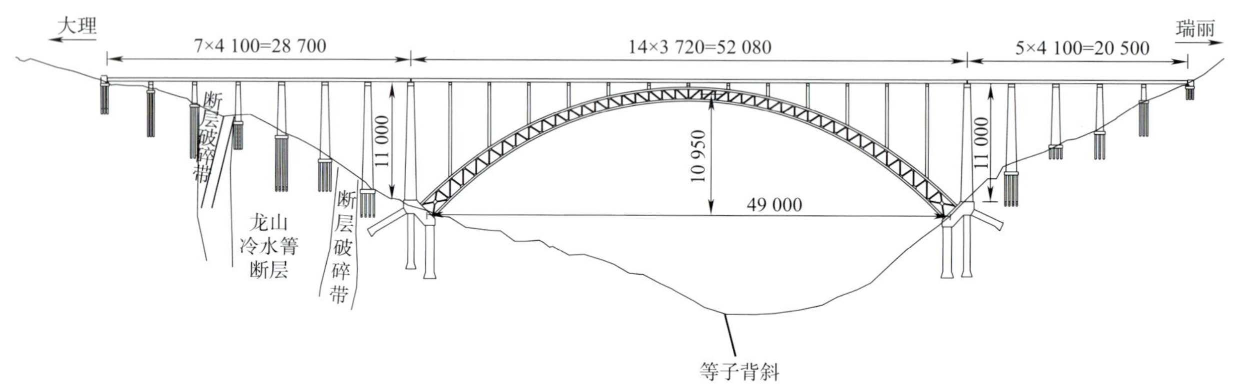

图 4-35-1　主桥立面(单位:cm)

4.35.2 结构设计

(1)拱圈

拱圈跨度 490 m，矢高 109.5 m，矢跨比 1/4.47，拱轴线为悬链线，拱轴系数 m＝2.0。拱圈采用四片桁的提篮拱，每侧拱肋由两片平行桁组成，桁间距 3.4 m，内倾角 3.658°。每片桁采用 N 形桁架，面内拱顶处桁高 11 m，拱脚处桁高 16 m，节间水平长度 12.4 m。拱顶处拱肋横向中心距 18 m，拱脚处拱肋横向中心距 32 m(图 4-35-2)。拱肋弦杆采用箱形截面，腹杆采用 H 形截面。拱肋两片桁之间采用水平撑杆连接，拱肋上平面和下平面均设平联，拱上立柱对应拱肋间设置横联。

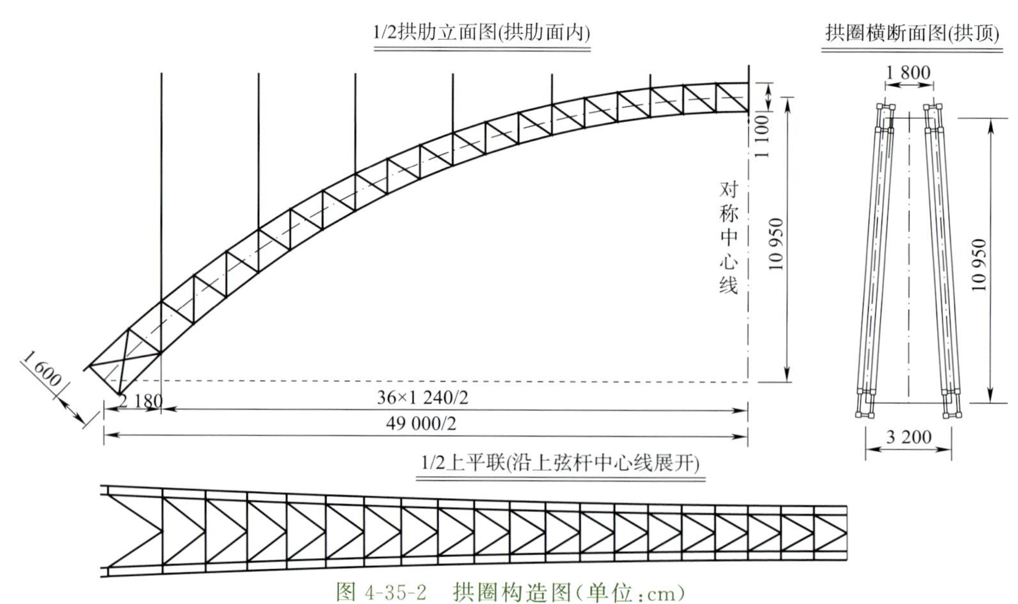

图 4-35-2　拱圈构造图(单位:cm)

(2)拱上立柱

拱上立柱采用钢结构刚架墩，由帽梁、立柱和斜撑组成。帽梁高度 2.2 m，立柱截面尺寸纵向为 2.6 m 或 2.8 m(图 4-35-3)，横向为 2 m 或 2.6 m。

(3)拱上梁

拱上梁采用钢箱梁，桥面宽 12.45 m，梁高 3 m。两箱梁并置形成四线桥，桥面总宽 24.9 m (图 4-35-4)。桥面中间 2 线布置正线，两侧各 1 线布置停靠线，并设置旅客站台。

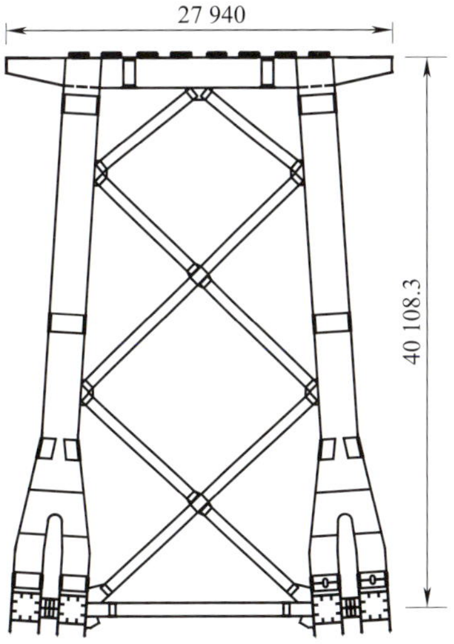

图 4-35-3　拱上立柱结构图(单位：mm)

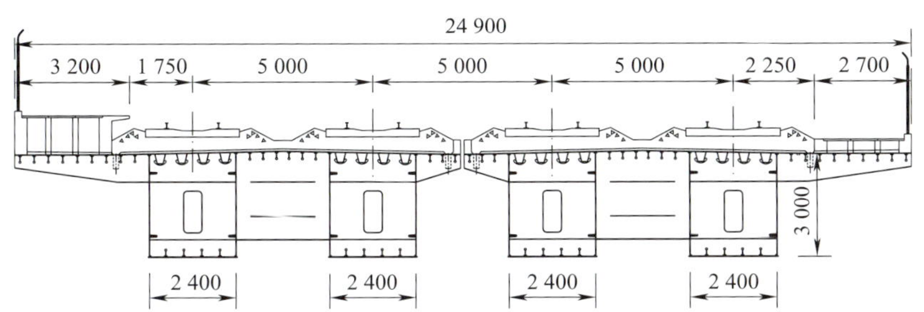

图 4-35-4　拱上梁截面图(单位：mm)

(4)拱座基础

拱座基础采用斜竖撑嵌固基础，为一斜二竖一拱座的复合基础形式，左右分修。斜撑截面尺寸 6 m×10 m，竖撑截面尺寸 8 m×10 m 和 6 m×10 m，斜竖撑长度 25～58 m。

4.35.3　施工方法

拱圈采用缆索吊装＋多扣塔斜拉扣挂悬臂拼装架设技术，设计吊装重量不超过 100 t。拱圈先悬臂拼装内侧两片桁，再拼装内侧桁片间的平联和横联，最后拼装外侧两片桁。拱上立柱采用分段吊装施工。拱上梁采用缆索吊吊装＋步履式顶推同步施工技术，单箱节段运输，桥位组装成整体节段。施工及建成情况如图 4-35-5～图 4-35-8 所示。

图 4-35-5　拱圈悬臂拼装

图 4-35-6　拱圈合龙

图 4-35-7　拱上梁顶推

图 4-35-8　主体工程建成

4.35.4 主要技术经济指标

主要技术经济指标见表 4-35-1。

表 4-35-1 主要技术经济指标

指标类型		数值
结构性能指标	竖向挠跨比	1/3 577
	横向挠跨比	1/5 697
	梁端转角(rad)	1.80‰
主要工程量	拱圈用钢量(t)	27 957.1
	拱上立柱用钢量(t)	5 626.9
	拱上梁用钢量(t)	7 550.8
	拱座基础混凝土(m^3)	48 994.6
	拱座基础普通钢筋(t)	2 386.3

4.35.5 技术特点和创新点

(1)主桥跨度 490 m,建成后为世界第一大跨度铁路拱桥。

(2)主桥具有跨度大、荷载大、温度变形大、地震烈度高、峡谷风大的特点。

(3)拱圈采用四片桁,能够减小弦杆尺寸,在艰险山区交通条件差、施工场地狭窄等恶劣施工条件下,能较好地解决钢杆件的制造、运输及安装的困难。

(4)拱脚弦杆采用钢混组合结构,增大了大跨度钢桁拱桥刚度,提高列车运行安全性和舒适性;同时解决了拱脚弦杆受力较大的问题,节省了钢材。

(5)立柱与拱圈连接段采用分叉式连接构造,解决了拱上立柱与多片桁拱圈的连接问题。

(6)拱上梁采用通长连续钢箱梁结构,保证了桥面的平顺性和行车安全性。

(7)拱上梁与拱上立柱采用固定支座连接,将拱上立柱纵向串联,充分利用结构的整体刚度,提高了拱上立柱的稳定性。支座采用了纵向先活动后固定的特殊设计,调整了钢桁拱及拱上立柱的受力状态。

(8)拱座基础采用斜竖撑嵌固基础,受力明确,角度小,出渣简单,开挖量小,对环境破坏小,施工难度小。

大瑞铁路澜沧江特大桥

大瑞铁路怒江特大桥

第 5 章　长 江 大 桥

5.1　综　　述

5.1.1　建桥条件与技术特点

从被称为长江的金沙江与岷江汇合口起点至入海口长约 2 900 km，在这段流域内跨越长江桥梁建设受包括水文、地质自然条件，水上航运交通、两岸沿岸建设规划外部要求等众多因素影响控制，就自然因素对桥梁建设影响在长度范围分为三段：上游宜宾至宜昌段，长约 1 040 km，属山区河流航道及库区航道，流经峡谷、丘陵和阶地间，平面形态复杂，水位涨落幅度大，库区水位变幅较大，航行条件相对较差，现桥梁需以多孔覆盖通航范围或一孔跨越通航水域；中游宜昌至湖口段，长约 955 km，属平原河流，两岸地势平坦，河道蜿蜒曲折，比降变小、水流平缓，局部河床演变剧烈，航行条件、通航环境相对较优，现区域内桥梁通航孔须满足多线通航基本需求，而对于河势不稳、航槽摆动较大的敏感江段，桥梁须以一跨过江或一孔跨越通航水域；下游湖口至长江口段，长约 938 km，流经平原地区，两岸地势平坦，河道宽浅相间，为多分汊河型，水流平缓，江面开阔；安徽段、江苏段现实行船舶定线制规定，桥梁须适应船舶定线制规定的航路设置及 12.5 m 深水航道布置要求，目前采用一孔跨越通航水域或多跨单孔双向方案。长江上游区域内地质结构以褶皱和断褶为主，新构造运动主要为褶皱隆起，在构造复合、岩体破碎、边坡陡峭的顺向河段特别是有松散堆积物的斜坡地带，滑坡、崩塌和泥石流等较为发育；中、下游区域属扬子准地台的下扬子台褶带，系位于淮阳地盾和江南古陆之间的条状构造单元，自燕山期以来便有大面积的向斜或断陷沉降，地质结构以断陷或拗陷较普遍，区域内除极少河段基岩直接裸露外，各处覆盖层厚度不一，25～100 余米不等，总体上向下游逐渐增厚。

长江航运极为繁忙，河道狭窄，航道运输及施工安全风险大；跨长江铁路桥梁主桥桥墩通常处于水深流急、水流流速及水位变化频繁位置，长江汛期对桥梁基础施工影响大，长江一般每年有两个汛期，4 月进入汛期，7 月进入主汛期，具体涨水时间和水位无规律，由于汛期水位变化大且无规律，对基础施工极为不利。

铁路跨长江的桥梁早期以桁架结构构成的钢梁为主，目前因外部条件要求的限制，特别是水上航道、水利的要求，桥梁跨度大幅提高，桥型中更多采用了以钢桁作为加劲梁的斜拉桥，以钢箱作为加劲梁的斜拉桥和钢桁主梁的悬索桥也开始在工程中应用。桥梁跨度增大、承载的铁路线数增多、行车对桥梁结构性能要求的提高，使桥梁结构的规模加大、受力增加，带来了许多新的挑战，与此同时，大量新技术、新材料、新结构、新装备的应用，为难题的解决提供了有力的支撑，保证了桥梁建设的顺利实施与成功建成。众多的工程实践已使多项建造的关键工艺及方法得到了完善和固化，如：上部钢梁结构施工主要采用桥面架梁吊机对称悬臂安装方案，其中部分工程借助临时结构辅助的悬臂拼装架设方法；桥塔采用液压自动爬模技术施工，横梁采用支架法分次浇筑；桩基础采用平台辅助钻孔、灌注混凝土施工，围堰辅助承台浇注混凝土施工；沉井基础施工的钢沉井节段制造、下水、运输利用抛设锚碇定位，整体接高、精确定位、井壁注水着床，吸泥下沉入土至稳定深度，钢沉井井壁填充水下混凝土、吸泥下沉，钢筋混凝土沉井接高、吸泥下沉，沉井清基、封底施工。

5.1.2 40年来发展历程

(1)20世纪80年代

国家刚开始进行改革开放，经济实力贫弱，铁路长江桥梁建设按国家的计划进行，80年代中仅有一座1973年开工的九江公铁长江大桥正在建设中，大桥在80年代后半期才开始进入正桥梁部结构的施工设计阶段，逐步进行钢结构构件的工厂制造加工和工地安装。

(2)20世纪90年代

九江长江大桥仍在建设，于1993年1月16日公路桥通车，1995年6月1日铁路桥正式开通运营；它的建成使长江上桥梁的跨越能力超越了100 m，开启了栓焊结构在大型桥梁中的应用，并在多方面取得了技术突破，成为长江桥梁建设的新里程碑。随国家铁路网建设的需求，1997年动工兴建芜湖枢纽芜湖公铁两用长江大桥。10年间长江大桥新开工1座，完成建设1座。

(3)21世纪首个10年

随着铁路路网建设的加快，多条铁路新线开工建设，多座铁路长江大桥也开始建造，先后有：隆叙铁路泸州长江大桥，3孔144 m主跨的五跨连续刚构桥2004年建成；渝怀铁路长寿长江大桥2001年开建，2005年建成；宜万铁路万州桥2002年开建，宜昌桥2004年开建。随着高速铁路干线的建设，位于京广客运专线上的武汉天兴洲公铁长江大桥于2004年、位于京沪高速铁路线上的南京大胜关长江大桥于2006年开始建造。2009年天兴洲长江大桥建成并通车，是国内首座完全按照斜拉桥技术建造的铁路斜拉桥，形成了完整的成套技术用于指导后续铁路斜拉桥的建设，并使铁路桥梁的跨越能力实现了从300 m级向500 m级的飞跃，成为长江桥梁建设的又一个里程碑。其他的工程还有：渝利铁路韩家沱长江大桥于2008年开建；宁安城际安庆长江大桥于2008年开建。10年间长江大桥完成建设1座，新开工并建成3座，新开工建设3座。这10年中的铁路长江大桥建设，完善并提升了铁路斜拉桥建造技术，同时钢桁拱桥、刚构组合桥建造技术也得到了成功应用。

(4)21世纪第二个10年

21世纪前10年开工的多座长江大桥陆续建成通车：2010年宜万铁路的万州和宜昌两座长江大桥、2011年南京大胜关长江大桥、2013年韩家沱长江大桥、2015年安庆长江大桥。跟随国家高速铁路网的建设，更多的铁路长江大桥也相继兴建，武汉城际铁路黄冈公铁两用长江大桥于2010年开建，2014年建成通车；合福铁路铜陵公铁两用长江大桥于2010年开建，2015年建成铁路通车；渝黔铁路新白沙沱大桥于2013年开建，2018年建成通车；沪苏通铁路公铁两用长江大桥于2014年开建，2020年建成通车；商合杭铁路芜湖长江公铁两用长江大桥于2015年开建，2020年建成通车；浩吉铁路公安长江于2015年开建，2019年建成通车；合安九铁路九江鳊鱼洲长江大桥于2017年开工建设；重庆东环铁路线明月峡长江大桥于2018年开工建设；渝昆铁路川南城际铁路共通道的宜宾临港长江大桥于2019年开工建设。10年间长江大桥完成建设5座，新开工建设9座(其中建成4座)。这10年中，铁路长江大桥中的南京大胜关长江大桥具有铁路桥梁建设里程碑意义，沪苏通长江公铁大桥和五峰山长江大桥实现了公铁两用桥梁跨越能力突破千米级，更显其里程碑风采。

改革开放后，大江两岸经济的高速发展，我国掀起了前所未有的基础设施建设高潮，国内公路、铁路路网建设的不断扩大，客观上的必然趋势要求修建更多的长江大桥以满足大江两岸人流物流的沟通和交往，因此九江长江大桥的建设得以加速，并于1995年6月铁路桥通车，促进了芜湖长江大桥的动工兴建。进入21世纪后，国内开始了高速铁路的建设，随着2009年高速铁路长江第一桥——武汉天兴洲公铁两用长江大桥的建成通车，我国铁路大跨桥梁建设进入了一个飞速发展的黄金时期，相继建成了十多座铁路、公铁两用长江大桥。目前，已建和在建的长江大桥涵盖了所有主要的桥梁类型。一座座跨越天堑的气势雄伟、造型优美的桥梁正构筑起神州大地全新的铁路网络，成为沟通大江南北、连贯祖国各地的咽喉和纽带。这些大桥结构新颖、技术复杂、设计和施工难度大、现代化品位和科技含量极高，展现了我国建桥能力的极为丰富的内涵，迅速使我国的桥梁建设水平跻身于国际先进的行列。桥梁事业的蓬勃发展，从侧面验证了改革开放给我国带来的巨变，正如“华夏巨变桥为证”。40 年的建设历程，为长江铁路大桥技术发展的代表方面有：

①深水基础

沉井基础在我国铁路桥梁墩台中的应用最早可追溯到 19 世纪末期，1898 年开工修建的滨州线哈尔滨松花江桥，采用了木制或石制沉井，20 世纪 20 年代起，开始使用混凝土、钢筋混凝土修建沉井基础，1959 年开工修建的南京长江大桥采用了矩形混凝土沉井、浮式钢沉井和浮式钢筋混凝土沉井。在 20 世纪 60 年代国内铁路桥梁沉井基础施工开始采用触变泥浆套，70 年代从九江长江大桥建设中开始采用空气幕等减阻技术措施，以减少沉井下沉时的阻力，从而可以减薄井壁厚度，实现节省圬工、加快下沉进度、减小偏移等方面的效果。沉井基础在我国铁路桥梁工程建设中多有使用。

我国长江上的铁路桥梁使用了管柱桩和灌注桩。桩基础需结合承台施工确定合理的施工方法，较常用的有：双壁钢围堰法、平台法、吊箱围堰平台法等。双臂钢围堰钻孔基础首次在九江长江大桥应用，其后大多数的深水铁路桥梁基础工程均采用此方法施工。随技术的不断完善，桩基础形式已发展成为我国桥梁深水基础的主要形式之一。

②钢梁材料及构造

1980 年起，九江长江大桥完成了国内铁路桥梁用 15MnVNq 钢的研发，并应用于大桥结构中，其构件最大板厚 56 mm；依托芜湖长江大桥建设，开发并应用了综合性能优异的 14MnNbq(Q370q) 钢，解决了原中强桥梁钢的板厚效应问题，构件最大板厚 50 mm；在南京大胜关长江大桥的建设中，开发出了高强度高性能的 Q420q 结构钢，应用于构件中的最大板厚 68 mm；2014 年动工建设的沪苏通长江大桥，针对其因跨度大、荷载重带来的结构巨大受力，研发具有高韧性与良好焊接性能的 Q500q 高强度新型钢材，构件最大板厚 80 mm。随着现代冶金装备与冶金工艺技术的进步，高强度钢采用低碳含量和微合金化的成分设计，轧制采用现代 TMCP 工艺技术，保证了铁路桥梁用钢具备高强度、高韧性和良好焊接性能的优异品质，除 Q370q 外，Q420q 及 Q500q 也成为铁路桥梁的可选用钢种。

1980 年国内桥梁钢结构已由早期的铆接构造发展为构件工厂焊接、现场高强度螺栓连接的拆装式节点构造。1991 年 9 月开工建设的京九铁路孙口黄河大桥，在国内首次采用了焊接整体节点构造，在芜湖长江大桥中再次应用，随后焊接整体节点构造在铁路钢桁梁中几乎替代了拆装式节点构造，得到广泛使用。京福铁路铜陵长江大桥钢桁梁在国内首次采用了全焊桁片工厂制造、现场整片吊装的桁架构造，沪苏通长江公铁大桥钢桁梁采用了全焊桁段工厂制造、现场整吊装的桁架构造。基于桁架构造的箱桁组合结构应用于铜陵长江大桥和沪苏通长江公铁大桥，在商合杭铁路芜湖长江公铁大桥中采用了基于钢箱构造的箱桁组合结构。宜宾临港长江大桥采用了钢箱梁结构，是在铁路长江大桥中首次应用。

③钢梁架设设备

桥梁结构构造的创新，现场钢桁梁吊装已由单一杆件单元到桁片、到桁(梁)段以及整孔钢梁，现场吊装设备的起吊能力也跟随由十多吨，提升到数百吨，再到超千吨，由人工操作的桅杆发展到智能控的各类型大型吊机，为桥梁结构的大型化工厂制造、整体化现场吊装的实现提供了有力的保障。

5.1.3 经验及教训、技术改进

（1）经验及教训

①随着桥梁跨度的增大，特别是斜拉桥、悬索桥类大跨索承重桥型，较小的荷载变化，也会引起较大的竖向变位。对采用有砟桥面的铁路桥梁结构，设计分析时道砟的容重按规范规定的 21 kN/m^3 取值，而新铺道砟的实际容重与其存在较大差异，使得恒载完成后的桥跨立面线形与设计阶段的设计线形间差异较大，差异值几乎都超出了桥梁既有验收标准的限值，从天兴洲及随后建设的铁路长江大桥都存在这一问题。

②采用三主桁梁跨结构，对非斜拉桥的桁梁进行悬臂拼装架设时，都出现了中间主桁变位大于两边主桁，且随悬臂长度增加变位差值加大的问题。

③整体钢桥面、全焊桁段技术在工程中的应用，使结构的整体性更好，但自然排水的能力降低，存在较多积水的小空间。

④养护、防护用的栏杆、检查车走道等结构布置考虑的因素要全面。

（2）技术改进

对于桥梁的立面线形，设计阶段充分考虑结构恒载变化，提供对应的成桥线形变化的范围，并考虑活载、温度、风等多种荷载综合作用引起的平、立面线形变化包络范围，在设计阶段开展车桥耦合分析的基础上，还应根据实际载荷计算出理论线形供验收使用，同时提供给线路专业对桥面结构的设计进行对应调整。结合桥梁结构随荷载作用动态变化的特点，相关专业需联合研究，制定出符合实际情况的桥梁上轨道线形验收标准，提供桥梁上轨道线形容许的变化范围。

5.1.4 发展及展望

一系列适用于大跨高墩、深基桥梁的设计规范、设计软件，施工和监理的控制性标准、规范，工程管理和运作的新理念和体系等已得到不断完善和发展。

在众多大跨、高墩、深基桥梁的建设进展中，为克服遇到的众多技术难题，科学研究、工程试验、技术监控、新建筑材料的研发均随之蓬勃发展，诸如索系统的各类风致振动（颤振、抖振、涡振）问题，各式大跨结构的非线性分析问题，特高墩塔的抗震性能，大跨结构施工过程中的稳定问题，满足各类特殊需要的高品质钢材、高品质混凝土以及保证它们的耐久性的问题，特大型桥梁的施工控制问题，各类特殊条件下（深水、恶劣地质条件、通航影响）大型基础的施工等，都取得了巨大的成果。一座大桥的兴建引发十多项甚至几十项科研课题的启动，我国桥梁科学研究试验工作也迎来了十分可喜和成果累累的形势。

从九江长江大桥主跨 216 m 起，到芜湖长江大桥主跨 312 m，天兴洲长江大桥主跨 504 m，铜陵长江大桥主跨 630 m，沪苏通长江公铁大桥及五峰山长江大桥主跨 1 092 m，经过 40 多年的努力，长江上铁路桥梁的跨度已经实现了千米级突破。可以预见，长江上的建桥形势将在今后一定时期内继续持久的蓬勃发展。未来的铁路桥梁将在安全经济的前提下，更加关注运行舒适性、环保和景观，在深水基础、结构形式、材料应用和施工工艺等诸多方面的技术取得更大的发展。

40年铁路长江大桥建设桥梁简表

桥址	桥名	桥型	功能	所在线路
四川宜宾	临港长江大桥	钢箱梁斜拉桥	公铁两用	渝昆高铁/川南城际
四川泸州	泸州长江大桥	混凝土连续刚构	铁路	隆叙铁路
重庆	新白沙沱长江大桥	钢桁梁斜拉桥	铁路	渝黔高铁
重庆	明月峡长江大桥	钢桁梁斜拉桥	铁路	重庆东环铁路
重庆长寿区	长寿长江大桥	连续钢桁梁	铁路	渝怀铁路
重庆涪陵区	韩家沱长江大桥	钢桁梁斜拉桥	铁路	渝利铁路
重庆万州区	万州长江大桥	钢桁拱桥	铁路	宜万铁路
湖北宜昌	宜昌长江大桥	拱加劲混凝土连续钢构	铁路	宜万铁路
湖北公安	荆州长江大桥	钢桁梁斜拉桥	公铁两用	浩吉铁路
湖北武汉	天兴洲长江大桥	钢桁梁斜拉桥	公铁两用	京广高铁

40年铁路长江大桥建设桥梁简表

桥址	桥名	桥型	功能	所在线路
湖北黄冈	黄冈长江大桥	钢桁梁斜拉桥	公铁两用	湖北城际铁路
湖北九江	鲫鱼洲长江大桥	钢箱梁斜拉桥	铁路	安九高铁
湖北九江	九江长江大桥	钢桁刚性梁柔性拱桥	公铁两用	京九铁路
安徽安庆	安庆长江大桥	钢桁梁斜拉桥	铁路	宁安城际铁路
安徽铜陵	铜陵长江大桥	钢桁梁斜拉桥	公铁两用	合福铁路
安徽芜湖	芜湖长江大桥	钢桁梁斜拉桥	公铁两用	芜湖铁路枢纽
江苏南京	大胜关长江大桥	连续钢桁拱桥	铁路	京沪高铁
江苏镇江	五峰山长江大桥	钢桁梁悬索桥	公铁两用	连淮扬镇铁路
江苏南通	沪苏通长江大桥	钢桁梁斜拉桥	公铁两用	沪苏通铁路

40年铁路长江大桥各年代建设数量表(座)

年代	开工建设	建设期	建成开通
1980年~1989年		1	
1990年~1999年	1	2	1
2000年~2009年	8	9	4
2010年~2019年	9	14	9

5.2　京九铁路九江长江大桥

桥　　名：九江长江大桥
工程项目：京九铁路
工程位置：江西省九江市
主　　跨：216 m
桥　　型：刚性桁梁柔性拱桥
建设单位：铁道部
设计单位：中铁大桥勘测设计院集团有限公司
施工单位：中铁大桥局集团有限公司
设计人员：陈　新　方秦汉　粟　杰　李瀛沧　吴皋声
　　　　　徐　烈　龙于淇　蒋家仁　华有恒　徐圣文
通车时间：1995 年 6 月

5.2.1　概　　况

京九铁路是中国境内一条连接北京市至香港特别行政区的国铁Ⅰ级铁路，设计速度 120 km/h(初始)、160 km/h(改造)。大桥铁路为双线铁路，设计速度 160 km/h，线间距 4.2 m，设计荷载为中—活载。桥址处位于九江港到张家洲段长江处，河道比较顺直，近百年来一直比较稳定，流向北东，桥中线与流向接近垂直。正桥位置长江宽度 1 800 m 左右，常水位河槽宽约 1 580 m，主河槽偏南岸，河床高程在−5.0 m 左右，靠北岸侧为浅滩，高程在 5.0 m 左右，经常冲淤，变化幅度较大。在靠北岸大堤边，有近 200 m 左右的漫滩，高程在 18～19 m。正桥部分在 Q_1 层硬黏土面上见有近代胶结层，由中砂、粗砂及少量砾石组成，钙质胶结，较硬，厚度约 7 m。河床由细砂和中砂组成，厚度 5～30 m；靠南侧主河槽主要由卵石土组成，厚度 3～5 m。最高通航水位＋22.87 m，主通航孔按内河Ⅰ级航道标准进行设计，主通航孔净空高度按不小于 24 m，通航净宽不小于 160 m，按 3 孔布置，地震按设计烈度 7 度设防。

正桥共 11 孔，自北向南为：两联 3×162 m 连续钢桁梁，一联(180＋216＋180) m 的柔性拱加劲的钢桁梁和一联 2×126 m 连续钢桁梁。正桥全长 1 806.6 m。主桥立面如图 5-2-1 所示。

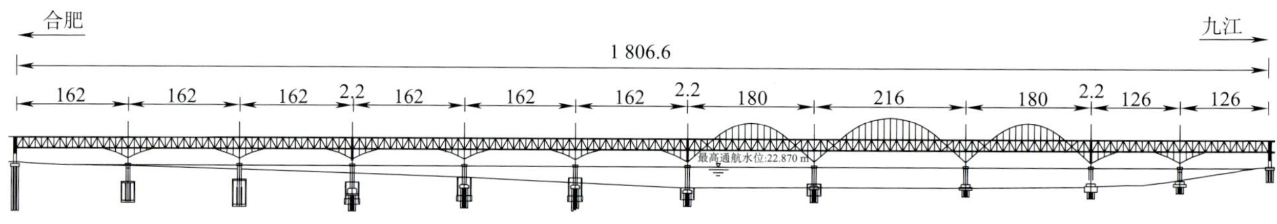

图 5-2-1　主桥立面(单位：m)

5.2.2　结构设计

(1)主梁及桥面结构

钢桁梁为华伦式形桁架，桁高 16 m，节间长度为 9 m，在支点处设有下加劲桁(桥台处除外)，跨度 162 m 梁及 126 m 梁加劲弦杆的起点设在距支点 36 m 处，加劲桁高 14 m(与跨度 180 m 梁相接处的加劲桁高增至 16 m)，(180＋216＋180) m 梁除设有下加劲桁外，还设有加劲拱，成为刚性桁梁柔性拱体系，下加劲桁的起点设在距支点 18 m 处。支点处加劲桁高 16 m，180 m 跨的加劲拱矢高为 24 m，216 m 跨的加劲拱矢高为 32 m(自上弦至拱顶)。两主桁中心距 12.5 m，如图 5-2-2 所示。

两主桁的弦杆间(含拱圈及加劲弦)设有平面纵向联结系，每隔一节间的竖杆处设横向联结系，加劲弦处每一节间均设有横向联结系，各支点处均设有桥门架。

双线铁路布置于钢梁的下弦，采用纵横梁体系，铁路明桥面，两线路中心距4.2 m。为了减少铁路纵横梁与主桁的共同作用，设有伸缩纵梁。

公路位于钢桁梁的上弦，钢纵梁叠置在横梁上，钢纵梁设计成4跨连续梁(4×9 m)，以减少公路面的伸缩缝，预制的轻质陶粒钢筋混凝土板搁置在钢纵梁上。

(2)下部结构

正桥共11孔，计2台10墩。0号台位于北岸大堤上，11号台位于南岸堤内与引桥相接，根据不同的地质、水文条件，采用多种类型的基础形式。1号墩为钢筋混凝土沉井基础，2号墩为浮运钢壳混凝土沉井基础，3、5、6、7号墩为双壁钢围堰钻孔基础，4号墩为浮运钢壳混凝土沉井钻孔基础，8、9、10号墩为钢板桩围堰大直径管柱钻孔基础。

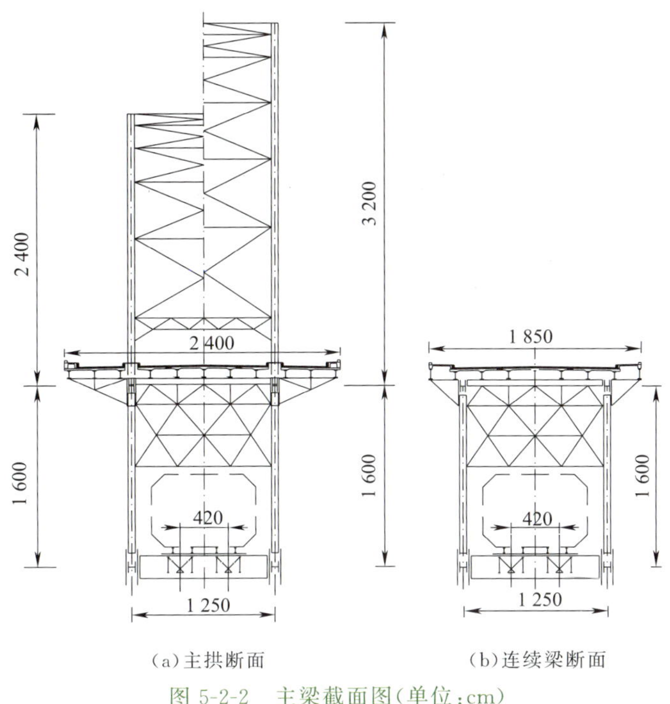

图5-2-2 主梁截面图(单位:cm)

5.2.3 施工方法

1、2号墩沉井下沉施工，4号墩沉井下沉＋钻孔施工，3～7号墩双臂钢围堰辅助钻孔施工，8～10号墩为钢板桩围堰辅助钻孔施工。

第1、11孔钢桁梁采用临时支架辅助全伸臂安装，第2～6孔钢桁梁采用临时塔架＋单层拉索辅助全伸臂安装，第10孔钢桁梁采用全伸臂安装，第7、9两孔180 m跨钢桁梁平弦部分采用临时塔架＋双层拉索辅助全伸臂安装，第8孔216 m跨钢桁梁平弦部分采用两岸对称悬臂安装跨合龙。平弦部分钢桁梁安装完毕后，在梁上临时支架辅助安装柔性拱，先合龙180 m跨拱肋，再合龙216 m跨拱肋。施工情况及成桥实景如图5-2-3～图5-2-6所示。

图5-2-3 双臂钢围堰施工

图5-2-4 造桥机吊装

图 5-2-5　钢梁合龙

图 5-2-6　成桥实景

5.2.4　主要技术经济指标

主要技术经济指标见表 5-2-1。

表 5-2-1　主要技术经济指标

指标类型		数值
结构性能指标	竖向挠跨比(162 m 跨度)	1/910
	竖向挠跨比(180 m 跨度)	1/1 389
	竖向挠跨比(216 m 跨度)	1/1 377
主要工程量	15MnVNq 钢(t)	15 183.0
	16Mnq 钢(t)	14 252.0
	A3 钢(t)	1 128.0
	高强度螺栓(t)	1 457.0
	铸铁及锻钢(t)	1 024.0
	桥面混凝土(m^3)	10 097.0
	桥面钢筋、钢材、铸铁(t)	2 548.0

5.2.5　技术特点和创新点

(1)首创双壁钢围堰大直径钻孔基础施工法。

(2)首次将触变泥浆套和空气幕工艺用于下沉深度达 50 m 的正桥和引桥沉井基础。

(3)首次采用简易水上工作平台法修建管柱钻孔基础,创该类型基础在洪水期开工的先例。

(4)首次采用浮式基础,解决了在地质极为复杂条件下修建基础的难题。

(5)首次在铁路桥上采用跨度 40 m 的无砟无枕预应力钢筋混凝土简支箱梁。

(6)首次在国内采用最大跨径 216 m 的三跨连续刚性梁柔性拱结构。

(7)研制、应用成功屈服强度不小于 412 MPa 的 15MnVNq 新钢料并大量采用,使该桥梁用钢步入世界先进行列。

(8)钢梁 15MnVNq 低合金高强度钢焊接杆件的板材最大厚度为 56 mm,为当时全国铁路桥梁之最,且很好地解决了焊接技术问题。

(9)研制成功了材质为 35VB 并经磷化处理的大直径高强度螺栓,并制订了相应的施拧工艺。

(10)首次采用双层吊索架全伸臂安装 180 m 钢桁梁。

(11)首次采用 216 m 大跨跨中合龙及柔性拱合拢工艺。

(12)国内首次在三大拱的吊杆上采用抑制振动的新型质量调谐阻尼器(TMD)。

(13)采用自行设计制造的吊重 300 t、跨度 40 m 的架桥机,为国内首创。

(14)试制成功直径 2.5 m 反循环旋转钻机,并首次在我国桥梁施工中采用。

5.2.6 获奖情况

(1)“九江桥双壁钢围堰大直径钻孔基础设计”获 1979 年国家优秀工程设计金奖。

(2)“TMD 减振技术及其在九江长江大桥的应用”获 1996 年国家科技进步三等奖。

(3)“京九线九江长江大桥建桥新技术”获 1998 年国家科技进步一等奖。

(4)九江长江大桥获 1996 年中国建筑工程鲁班奖。

(5)九江长江大桥获 2000 年中国土木工程詹天佑大奖。

5.3 芜湖枢纽芜湖长江大桥

桥　　名:芜湖长江大桥
工程项目:芜湖枢纽
工程位置:安徽省芜湖市
主　　跨:312 m
桥　　型:低塔钢桁梁斜拉桥
建设单位:铁道部与安徽省联合建设
设计单位:中铁大桥勘测设计院集团有限公司
施工单位:中铁大桥局集团有限公司
设计人员:秦顺全　方秦汉　林国雄　屈匡时　黄燕庆　徐　伟　梅新咏　刘汉顺
通车时间:2000 年 9 月

5.3.1 概　　况

芜湖长江大桥为 4 车道公路+2 线铁路的公铁两用桥,铁路为Ⅰ级双线,线间距 4.0 m,采用有砟轨道,铁路设计速度 160 km/h。

大桥位于安徽省芜湖市及巢湖市所辖无为、和县两县境内。桥址两岸大堤相距约 2 540 m,断面为不对称的 W 形,西侧 1 800 m 范围岩面平缓,东侧 700 m 岩面自西向东渐高,高差达 27 m。基岩岩性组合复杂,主槽以变质角岩为主,风化层厚,有破碎带。西侧河槽为花岗闪长岩,风化层薄,强度达 50 MPa,覆盖层为粉细砂,层厚变化较大。本桥设计水位 11.47 m,最高通航水位 11.0 m,航道标准为Ⅰ-(1)级,主通航孔净宽不小于 160 m,净高不小于 24 m;主通航孔净宽不小于 120 m,净高不小于 20.5 m。正桥上部结构的梁底高程受通航净空控制,铁路桥面线路高程受与既有编组站的接线高程控制,桥梁位于机场侧净空范围内,桥梁建筑高度受飞行净空控制。地震按设计烈度 7 度设防。

大桥铁路全长为 10 521 m,其中主航道桥采用低塔钢桁梁斜拉桥,跨径布置为(180+312+180) m,副航道桥为孔径 120 m 及 144 m 的连续钢桁梁。主桥立面如图 5-3-1 所示。

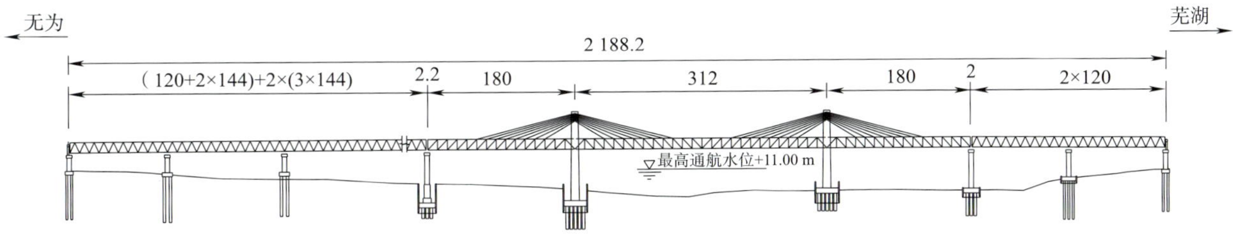

图 5-3-1　主桥立面(单位:m)

5.3.2 结构设计

(1)主梁及桥面结构

主通航孔桥主梁为钢桁梁，N形桁架，桁宽12.5 m(图5-3-2)，节间长12 m，最大板厚为50 mm。主桁弦杆和部分斜杆采用箱形截面，其余斜杆和副桁杆件均为H形截面。主桁弦杆最大杆力约5.5×10^4 kN。主桁箱形弦杆宽度为1 100 mm，上弦杆高约1 460 mm，下弦杆高约1 680 mm，板件均设置有纵向加劲肋；主桁采用整体节点板高强度螺栓连接，腹杆均采用插入式。主桁宽为12.5 m，上层公路行车面宽约22 m，上层两索面中心距为23.4 m，因此索下端无法直接锚于主桁节点。为解决索力向主桁的传递问题，在每个锚点位置设副桁与主桁连接，斜拉索上端与主塔锚固，下端锚固连于副桁的锚箱，通过副桁传递给主桁。每个锚点处副桁均由3根杆件组成，从锚点处两根水平向连于对应及相邻的上弦节点，一根向下斜向连于下弦节点。

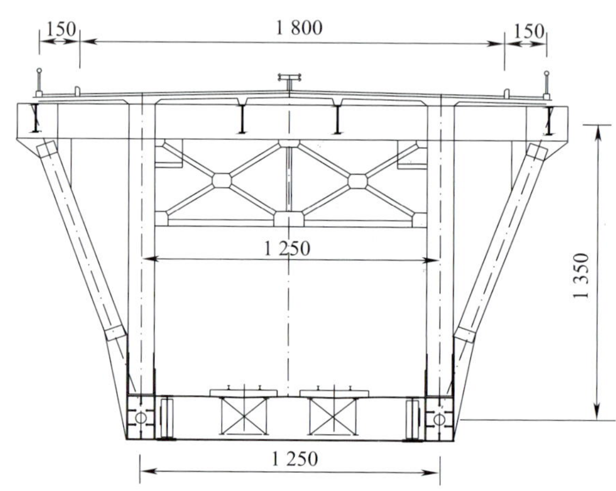

图5-3-2 主梁截面图(单位：cm)

为增加桥梁竖向及横向刚度，并有利于公路行车及钢梁养护，公路桥面采用了钢筋混凝土板桁结合体系，公路桥面板与钢桁梁上弦杆及公路纵横梁通过剪力钉结合成整体共同受力。采用结合梁有效地降低了桁梁高度，并可节省钢材及降低工程造价。铁路桥面系采用纵横梁体系，在每一下弦节点处设置铁路横梁，普通铁路横梁高约2 209 mm。副桁处铁路横梁由于副桁传来斜索拉力，使铁路横梁增加一项轴向拉力，因此须加大截面。4片铁路纵梁均匀布置，相邻纵梁间距为2 m，外侧距离主桁中心线3.25 m。铁路纵梁高为1 480 mm，工字形截面。铁路纵梁两端下设牛腿，牛腿与纵梁下翼缘焊为一体，腹板端部一对连接角钢贯通纵梁腹板和牛腿与铁路横梁相连，纵梁与横梁的连接顶面齐平，设鱼形板相连。

主桁下弦设有纵向平面联结系，均为交叉式桁架，杆件采用焊接工字形截面，高480 mm，宽460 mm。

由于本桥为公铁两用桥，且上层混凝土桥面板与主桁及公路桥面系相结合可提供一定刚度，因此钢桁梁仅在支点处设置强劲的桥门架而不另设中间横联。

(2)桥塔

由于主桥纵轴线位于机场飞行范围内，桥梁的建筑高度受飞机起航的飞行禁空控制，因此主塔塔顶高程取为+84.2 m，桥面以上主塔高为33.272 m，为中跨跨度的1/9.5，决定了芜湖长江大桥斜拉桥为低塔体系的斜拉桥。

主塔采用倒梯形结构，横梁以上为两个独立的上塔柱，柱高50.9 m，单箱单室截面，壁厚为0.9 m和1.2 m；主塔柱上端15.2 m范围为锚固区，横桥向宽度为4.4 m，壁厚为2.1 m(图5-3-3)。主塔横梁以下15.3 m为下斜腿，斜率为3.9∶15.3，斜腿顶宽4.4 m，底宽5.4 m，断面亦为单箱单室截面。主塔高程

+12.00 m 以下为下塔柱，考虑船舶撞击的影响，下塔柱为整体结构，横向宽度为 22 m，单箱双室截面，顺桥向壁厚为 1.61～2.59 m，横桥向为 1.8 m。塔柱顺桥向顶宽为 8.5 m，底宽为 14 m。下横梁高 5 m，宽 6 m，为单箱单室截面，下横梁顶部设置铸钢支座。主塔塔柱共设 8 对斜拉索，索距为 1.2 m。

(3)斜拉索

斜拉索为双面扇形布置，每个吊点 2 根索，全桥 32 对共 128 根斜拉索，梁上索距为 12 m，塔上索距为 1.2 m，外索的夹角为 15.08°，内索夹角为 33.61°，单根索最大索力为 8 700 kN。斜拉索设计采用 ϕ7 低松弛大吨位高强镀锌钢丝，冷铸锚，钢丝的极限强度为 σ_b=1 670 MPa，每根索的钢丝数按索力大小确定由 283 丝至 337 丝。

(4)下部结构

正桥 9～12 孔为斜拉桥基础，采用抗撞能力强的低桩承台。9 号和 12 号墩为边墩，左、右桥墩基础各采用直径 2.8 m 的钻孔桩；10 号和 11 号墩为斜拉桥主墩，基础采用 19 根直径 3 m 的钻孔桩。主桥桥墩均采用双壁钢围堰作为施工结构。

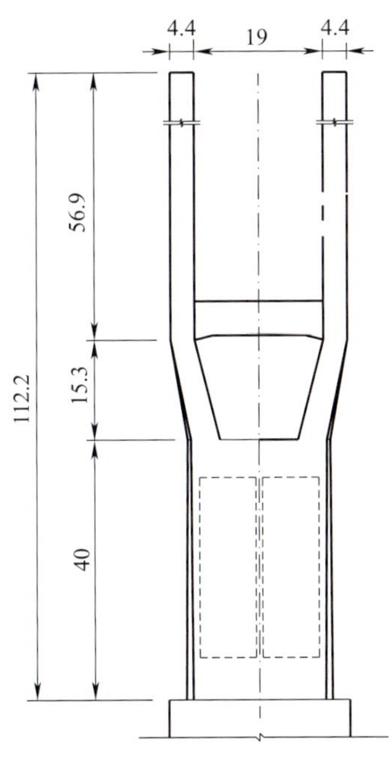

图 5-3-3　桥塔结构图(单位：m)

5.3.3　施工方法

正桥 9～12 孔位于水深流急的主河槽内，水深与覆盖层厚都有 20 余米，均采用双壁钢围堰施工。

斜拉桥钢梁架设分别从主塔墩处开始，先用附壁吊机在主塔托架上架设三个节间钢梁和桥面板，然后在钢梁上拼装架梁吊机，由架梁吊机架设第四个节间钢桁梁和桥面板后，再由附壁吊机拼装第二台架梁吊机，双向悬臂对称架设钢梁及桥面板，直至钢梁合龙。施工情况及成桥实景如图 5-3-4～图 5-3-8 所示。

图 5-3-4　桥塔施工

图 5-3-5　钢梁对称悬拼

图 5-3-6　边跨合龙

图 5-3-7　中跨合龙

图 5-3-8 成桥实景

5.3.4 主要技术经济指标

主要技术经济指标见表 5-3-1。

表 5-3-1 主要技术经济指标

指标类型		数值
结构性能指标	竖向挠跨比	1/566
	桁宽跨度比（边跨）	0.07
	桁宽跨度比（中跨）	0.04
主要工程量	主梁用钢量（t/m）	16.41
	斜拉索平行钢丝（t）	1 137.0
	主梁混凝土板（m^3）	11 390.0
	桥塔混凝土（m^3）	22 134.0

5.3.5 技术特点和创新点

为实现大跨、整体、轻型、高强的目标，芜湖长江大桥在正桥上部结构中大量地采用了新技术、新材料、新结构和新工艺，许多技术为国内首创，达到国际领先水平，主要技术成就如下：

（1）主桥为孔跨布置（180＋312＋180）m 的低塔斜拉桥，是当时我国最大跨度的公铁两用桥。

（2）高性能 14MnNb 桥梁用钢的开发，并首次采用 14MnNbq 厚板焊接整体节点。

（3）我国首次采用钢桁梁与公路桥面混凝土结合的板桁组合结构。

（4）研制开发了 250 MPa 大吨位高疲劳应力幅斜拉索。

（5）斜拉桥钢梁双向对称悬臂架设，同时结合桥面板，中跨跨中采用双铰合龙技术，使斜拉桥跨中迅速、精确合龙。

5.3.6 获奖情况

（1）获 2001 年铁道部优质工程一等奖。

（2）获 2001 年中国建设工程鲁班奖。

（3）获 2002 年中国铁道学会科学技术奖。

（4）获 2002 年国家科技进步一等奖。

（5）获 2004 年中国土木工程詹天佑奖。

（6）获 2004 年中国首届十大建设科技成就工程。

5.4　宜万铁路万州长江大桥

桥　　名：万州长江大桥
工程项目：宜万铁路
工程位置：重庆市万州区
主　　跨：360 m
桥　　型：钢桁拱桥
建设单位：宜万铁路建设指挥部
设计单位：中铁大桥勘测设计院集团有限公司
施工单位：中铁大桥局集团有限公司
　　　　　中铁山桥集团有限公司
设计人员：徐　伟　朱旭初　段雪炜　陈　炜　蒋益民
　　　　　陈　英　张晓勇　杜　萍
通车时间：2005 年 12 月

5.4.1　概　　况

宜万铁路属于地质复杂的山区铁路，Ⅰ级铁路，设计速度 160 km/h，有砟轨道，线间距 4.2 m，设计活载采用中—活载。本桥桥址位于重庆市万州区，属三峡工程腹地。大桥位于万州市区长江上游 7 km 的沱口河段，上距重庆市 322 km，下至三峡大坝约 291.5 km，桥址处河槽及两岸为典型的峡谷地貌。大桥按照单线Ⅰ级铁路标准建设，设计速度 160 km/h。

大桥桥址处河槽及两岸为典型的峡谷地貌，江岸两侧凸出压缩河道呈葫芦颈状，具有江面较窄、深槽、陡坎、流速较急的特点。枯水时江面宽约 210 m，最大水深 50 余米，为江中深槽；三峡水库蓄水后，水位至 175 m(吴淞高程)时，桥位处江面宽约 950 m，水深达百米以上。桥址地处长江上游的(重庆至宜昌)三峡河段，是川渝物质水运的必经之地。桥址区位于万县向斜的东南翼，且接近轴部，属单斜构造。区内第四系不甚发育，以崩、坡积的块石土、碎石土为主，主要分布在陡崖下的软岩出露带，厚度小于 5 m。基岩为中生界侏罗系陆相沉积，由巨厚层硬质砂岩与不等厚互层的泥质粉砂岩、粉砂质泥岩及泥钙质粉砂岩相间组成，岩层倾角平缓。按岩石性质可归纳为两个工程地质岩组。桥梁建造期桥址河段为Ⅱ级航道，标准维护尺度 60 m×2.9 m×750 m(航宽×水深×弯曲半径)。本桥建成后三峡水库正常蓄水时，万吨级船队在用常车、常舵情况下，可以按照设计航线航行并安全通过桥区河段。地震动峰值加速度为 0.05g，地震动反应谱特征周期为 0.35 s。

大桥全长 1 106.3 m，其中主桥长 696 m，采用跨度布置为(168＋360＋168) m 的连续钢桁系杆拱桥。万州侧引桥为一联(46.6＋46＋50＋51.3) m 预应力混凝土连续箱梁，梁高 3.65 m；宜昌侧引桥为一联(43.6＋3×42.7＋43.3) m 预应力混凝土连续箱梁，梁高 3.05 m。主桥立面如图 5-4-1 所示。

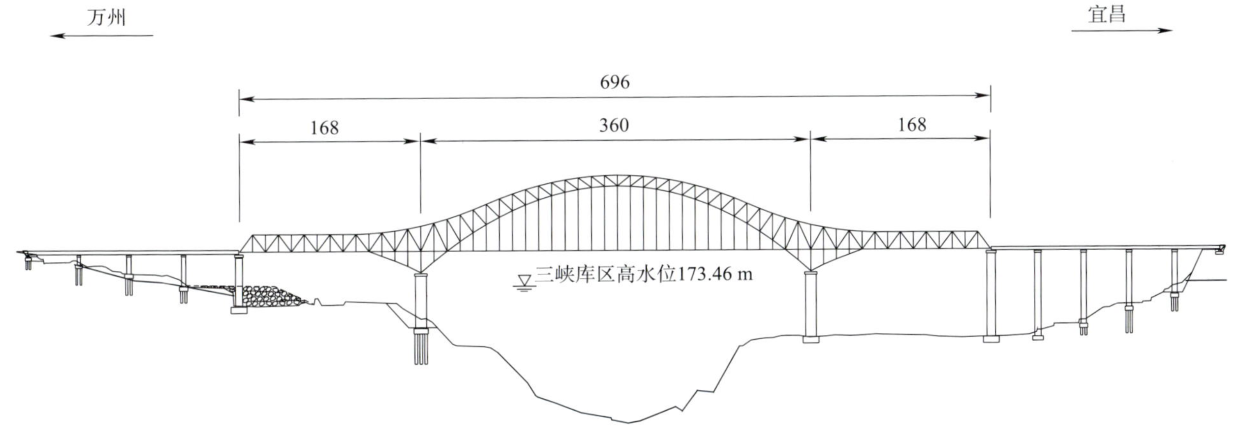

图 5-4-1　主桥立面(单位：m)

5.4.2 结构设计

(1)主梁及桥面结构

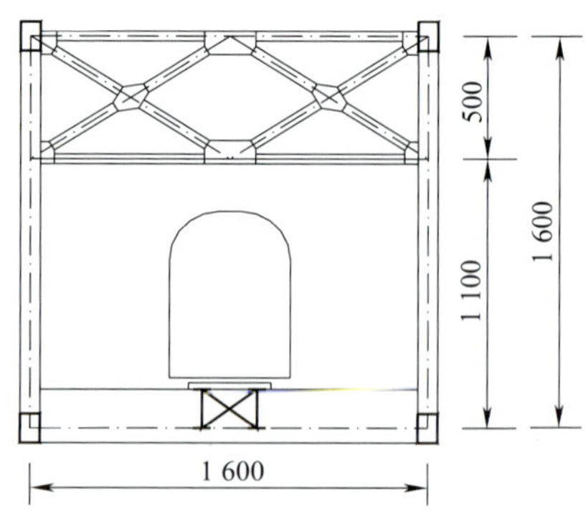

图 5-4-2 主梁横截面图(单位:cm)

主桥钢梁为(168＋360＋168) m 连续钢桁系杆拱桥，两侧边跨为平弦桁梁，中跨为刚性拱柔性梁(系杆)的钢桁系杆拱桥。边跨主桁采用有竖杆的三角形桁式，桁高 16 m，桁宽 16 m(图 5-4-2)，节间长度 12 m；中间支点处设下加劲弦，高 20 m，加劲弦的设置增加了支点处主梁桁高，改善了结构受力，同时与钢桁拱拱肋下弦匀顺过渡并连为一体，使得整体结构显得简洁美观、刚劲有力；中跨钢桁拱拱肋采用变高度 N 形桁架，中间支点处桁高 41 m(包括加劲弦高度)，跨中拱肋桁高 8 m，拱顶至桥面高度 63 m。拱肋桁架上、下弦拱轴线分别采用矢高不同的二次抛物线，上弦拱轴线与边跨上弦杆轴线采用圆曲线匀顺过渡。拱肋在其下弦与桥面相交点之间设有钢系杆，以承受拱肋产生的水平推力。拱肋与系杆之间采用刚性吊杆连接，吊杆间距 12 m，吊杆最大长度 55 m。

主桥所采用的连续钢桁系杆拱桥为结构内部自平衡体系，结构无外部推力，拱肋推力由系杆拉力平衡。上部结构的支承体系类似于连续梁，设一个固定铰支座和三个活动铰支座，固定支座采用铸钢铰轴支座，活动支座采用四氟滑板式铸钢铰轴支座。

加劲弦和拱肋下弦采用焊接箱形截面；边跨平弦部分弦杆、中弦和拱肋上弦采用焊接 H 形截面；腹杆采用箱形及 H 形截面；系杆采用焊接 H 形截面。铁路桥面系采用纵横梁体系，铁路明桥面。各部分平联均设置为交叉型，杆件采用焊接 H 形构件。

(2)下部结构

5 号、6 号主墩高分别为 54 m 及 59 m，采用 10 m×19 m 的矩形空心墩，为单箱双室截面，在顺桥向中部设竖隔墙，壁厚 1.5～2.0 m。5 号墩采用 15ϕ2.5 m 的群桩基础，承台平面尺寸为 22.1 m×13.1 m，基底置于中风化硬质砂岩顶，钻孔桩呈纵向 3 排，横向 5 排行列式布置。6 号墩位于宜昌侧整体性较好的黑盘石上，采用 26 m×15 m×6 m 的扩大基础，嵌入基岩；4 号墩为主桥万州侧边墩，墩高 48.9 m，采用 6.5 m×19 m 矩形空心墩，壁厚 0.8 m。7 号墩为主桥宜昌侧边墩，墩高 80.1 m，为全桥最高墩，采用 8 m×19 m 矩形空心墩，壁厚 1.25～1.5 m。

(3)主桥防腐涂装

万州是我国酸雨较为严重的地区，酸雨 pH 值一般在 4 左右，冬季最低值达 3.68，酸雨概率约为 70%。鉴于所处的恶劣腐蚀环境，传统的涂装体系已经不能适用，而氟碳涂料在耐久性方面具有明显的优势。氟碳涂料因其采用的氟碳树脂分子中含有高能的氟碳键(C—F)，原子间结合力强，表面自由能低，因而具有优异的耐候性、保光性，耐化学介质等性能。在试验研究的基础上，本桥所采用的涂装体系如下：

特制环氧富锌底漆　干膜厚度 2×40 μm

环氧云铁中间漆　干膜厚度 2×40 μm

氟碳涂料面漆　干膜厚度 2×35 μm

在万州桥钢结构防腐研究试验及应用的基础上，该涂装体系纳入了之后改版的《铁路钢桥保护涂装》(TB/T 1527—2004)。

5.4.3 施工方法

主桥边跨采用部分膺架结合临时墩的半伸臂方法架设，其中端部两个节间区域设置膺架，利用墩旁吊机架设该段钢梁，然后在钢梁上弦拼装架梁吊机。利用架梁吊机伸臂架设钢梁至中间墩。中跨采用两侧对称的吊索塔架辅助半孔全伸臂安装、在跨中合龙的施工方法。中跨钢梁架设时，同时进行吊索塔架的安装，当伸臂架设至 120 m 时，挂设拉索并进行初张拉，然后继续架设钢梁至跨中合龙。为确保梁体的抗倾覆稳定性，中跨伸臂架设过程中对边跨端部进行逐步压重。中跨主桁结构安装分两部分进行，为增加钢梁伸臂安装的安全度，同时减少压重，系杆区段的桥面系、行车系平联和吊杆横联均在钢桁拱合龙后进行安装。施工情况及成桥实景如图 5-4-3～图 5-4-5 所示。

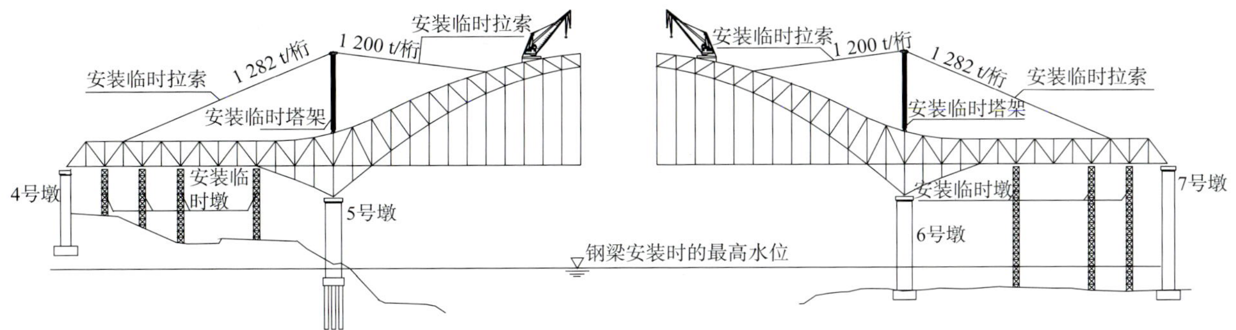

图 5-4-3　钢梁安装施工示意

图 5-4-4　钢桁拱跨中

图 5-4-5　成桥实景

5.4.4　主要技术经济指标

主要技术经济指标见表 5-4-1。

表 5-4-1　主要技术经济指标

指标类型		数值
结构性能指标	中跨竖向挠跨比	1/1 506
	边跨竖向挠跨比	1/1 159
	横向挠跨比	1/3 314
主要工程量	钢梁(t)	9 976.0

5.4.5　技术特点和创新点

(1)首次在国内采用连续钢桁系杆拱桥型和结构体系。

(2)建成时是国内最大跨度的铁路桥，是世界上跨度最大的铁路拱桥。

(3)国内首次在铁路钢桥上采用氟碳涂料新型涂装体系。

(4)在板件上开孔抑制了刚性吊杆风振。

5.4.6　获奖情况

(1)获 2012 年中国铁道学会科技技术二等奖。

(2)获 2012 年中国铁路工程总公司科技进步一等奖。

(3)获 2012 年中国中铁优秀工程设计一等奖。

5.5 渝怀铁路长寿长江特大桥

桥　　名：长寿长江特大桥
工程项目：渝怀铁路
工程位置：重庆市长寿区境内
主　　跨：2×192 m
桥　　型：连续钢桁梁
建设单位：渝怀铁路指挥部
设计单位：中铁二院工程集团有限责任公司
施工单位：中铁大桥局集团有限公司
设计人员：袁　明　陈建峰　李慧君　马庭林　游励晖
通车时间：2007 年 4 月

5.5.1 概　　况

渝怀铁路为国家Ⅰ级客货共线铁路，设计行车速度 120 km/h，单线，有砟轨道。长寿长江特大桥为渝怀铁路的重点控制工程之一，桥上为明桥面，预留复线，线间距 4.0 m，设计荷载为中—活载。大桥于重庆市长寿区境内跨越长江，本段河道较顺直，河谷呈 U 形，枯水期江面宽 360 m 左右，水流较平缓，洪水期江面较宽阔约为 600 m，水流顺畅。航道标准为Ⅰ-(2)级，两通航孔净空不小于 180 m，净高不小于 18 m。桥址处属丘陵及长江河谷地貌，地形起伏较大，桥区出露第四系人工填筑土、冲积层，下伏地层为侏罗系中统泥岩夹砂岩。

长寿长江大桥桥跨布置为(2×24＋3×32) m 简支梁＋(144＋2×192＋144) m 下承式连续钢桁梁＋2×32 m 简支梁，桥梁全长 898.36 m。主桥立面如图 5-5-1 所示。

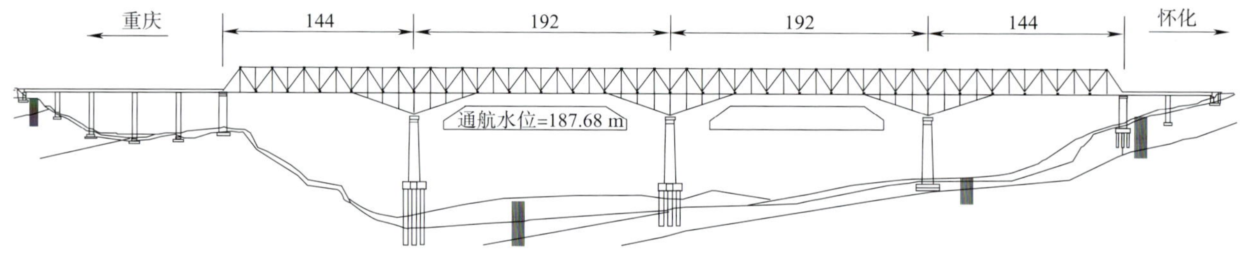

图 5-5-1　主桥立面(单位：m)

5.5.2 结构设计

(1)钢桁梁

钢桁梁采用有竖杆平行弦三角桁、中间支点采用下弦加劲桁式，平行弦桁高 18 m，中间支点处桁高 34 m，节间长度 12 m，主桁中心距为 12 m(图 5-5-2)。

主桁采用腹杆插入式、弦杆节点外拼接的整体节点。根据主桁杆件在节点交汇的数量及角度不同，分为 8 种不同的节点形式。主桁节点板厚度选用考虑了弦杆和斜杆对节点板厚度的要求，并进行了节点板的局部稳定、撕裂应力等检算，节点板最大厚度为 50 mm。

主桁上、下弦杆及中间支点加劲弦杆均采用箱形截面，其内宽 800 mm，高度为 1 090 mm，板厚 20～42 mm，各弦杆竖腹板均设置了水平加劲板。腹杆根据受力情况采用箱形截面及 H 形截面，用截面板厚 20～46 mm。主桁最长杆件 19.7 m，杆件最大质量 32.3 t。

桥面系为纵横梁体系、明桥面，双线纵梁中心距为 4 m，每线两片纵梁间距 2 m，纵梁高 1 480 mm，采用工字形截面。为减少与主桁弦杆共同作用，在两边跨中设置一套纵梁断开装置，在两中跨各设置两套断开装置。端横梁及中间横梁均采用工字形截面。

(2)主墩及基础

主桥桥墩均采用钢筋混凝土圆端形空心墩,为满足船舶撞击的影响,各墩圆端处墩壁加厚,提高混凝土强度等级,并加强配筋。主墩高度为 49.3 m、47.3 m。墩颈横桥向宽度 14.4 m,顺桥向宽度 6.6 m,墩顶最小壁厚 0.85 m,墩身外边坡为 45∶1,内边坡为 75∶1。

小里程端主墩采用明挖扩大基础。大里程两主墩采用钻孔桩基础,桩径 3.0 m,桩数均为 10 根,双壁钢围堰施工(图 5-5-3)。

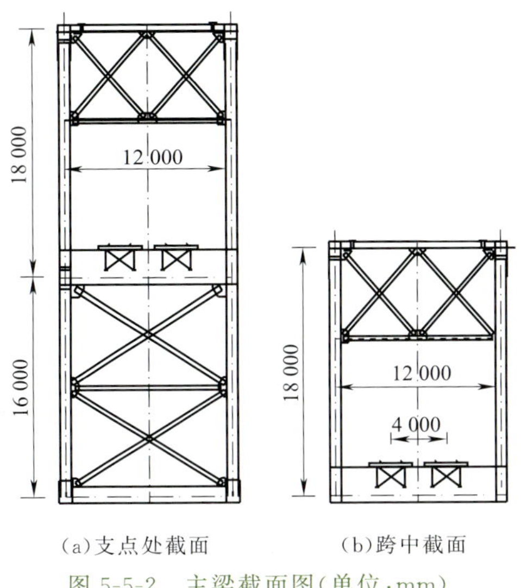

图 5-5-2　主梁截面图(单位:mm)

图 5-5-3　钢围堰施工平台

5.5.3　施工方法

桥位两侧施工场地较狭窄,地形高差较大,对钢桁梁构件的进场、预拼和存放影响很大。经过综合比较,钢桁梁架设采用从怀化岸往重庆岸方向拼装的架设方案。第一孔钢桁梁采用临时支墩半悬臂拼装,由于怀化端无条件设置第二孔的平衡梁,因此采用预应力后锚系统代替平衡梁压重。第二孔及第三孔由于悬拼跨度大(192 m,为当时国内第一),设计采用单层吊索塔架进行架设,悬臂端最大挠度为 2.5 m。后锚系统是为悬拼第二孔钢桁梁时代替压重而设,其倾覆稳定系数按不小于 1.3 设计,后锚固束的束力为每桁 10 000 kN。后锚系统由两部分组成,一部分是采用 4 束 19ϕ15.72 钢绞线束对第一孔怀化端墩身施加预应力;另一部分是采用 8 束 84ϕ7 高强钢丝束一端锚固于钢桁梁,另一端锚固于墩顶实体段。单层吊索塔架高 60 m,其主结构采用 H 形钢及万能杆件组拼而成。吊索塔架共用 4 组拉束,每桁最大束力为 13 500 kN。施工情况如图 5-5-4、图 5-5-5 所示。

图 5-5-4　单端大悬臂拼装

图 5-5-5　预应力后锚

5.5.4 主要技术经济指标

主要技术经济指标见表 5-5-1。

表 5-5-1 主要技术经济指标

指标类型		数值
结构性能指标	竖向挠跨比	1/768
	自振特性：一阶横向周期(s)	1.63
钢桁梁数量	14MnNbq 钢(t)	6 775.3
	16Mnq 钢(t)	2 032.6
	16Mn 钢(t)	124.0
	M24 高强螺栓(t)	76.0
	M30 高强螺栓(t)	194.1

5.5.5 技术特点和创新点

(1)主跨 192 m 为当时国内最大跨度铁路下承式连续钢桁梁桥。

(2)首次将整体节点用于带加劲弦的钢桁梁桥上。

(3)采用 44 000 kN 新型铰轴滑板钢支座，为当时国内外同类型支座之最。

(4)在国内首次创新使用平台围堰一体化的双壁吊箱围堰。

(5)钢桁梁采用单层吊索塔架、预应力后锚技术进行架设，悬拼跨度 192 m 为当时国内之最。

5.5.6 获奖情况

(1)获 2006 年中国铁路总公司优秀工程设计一等奖。

(2)获 2007 年铁道部优秀工程设计二等奖。

(3)获 2008 年第八届中国土木工程詹天佑奖。

5.6 武广客运专线武汉天兴洲长江大桥

桥　　名：武汉天兴洲长江大桥
工程项目：武广客运专线
工程位置：湖北省武汉市
主　　跨：504 m
桥　　型：三主桁三索面钢桁梁斜拉桥
建设单位：沪汉蓉铁路湖北有限责任公司
设计单位：中铁大桥勘测设计院集团有限公司
施工单位：中铁大桥局集团有限公司
设计人员：高宗余　徐　伟　刘汉顺　石建华　李明华　杜　萍　刘红燕
通车时间：2009 年 10 月

5.6.1 概　况

武汉天兴洲长江大桥为公路 6 车道+铁路 4 线的公铁两用桥，铁路上游侧为客运专线双线，下游侧为Ⅰ级铁路双线，线间距客运专线 5.0 m，Ⅰ级线 4.2 m。采用有砟轨道，铁路设计速度 200 km/h，预留 250 km/h 条件。

武汉天兴洲长江大桥是中国湖北省武汉市境内连接青山区与江岸区的过江通道，桥位处于微弯分汉型河段，河势演变较复杂，河道中发育一江心洲——天兴洲。桥址北岸以黏性土为主，北汊以粉细砂为主，天兴洲上部以黏性土为主，中、下部以砂类土为主，南汊覆盖层以细砂为主，南岸覆盖层顶部为填筑土和黏性土，中、下部以粉细砂为主。最高通航水位＋25.68 m，主通航孔按内河Ⅰ-(1)级航道标准进行设计，净空高度不小于 24 m，宽度不小于 455 m；北汊按Ⅲ-(3)级航道标准设计，净空高度不小于 10 m，考虑洪水期可通航小型船舶，统一设置两个净宽不小于 60 m 的通航孔。地震按设计烈度 7 度设防。

大桥铁路全长 4 657.1 m，其中主航道桥采用钢桁梁斜拉桥，跨径布置为(98＋196＋504＋196＋98) m，其他采用 40 m 简支箱梁及主跨 80 m 的 4 跨连续箱梁。主桥立面如图 5-6-1 所示。

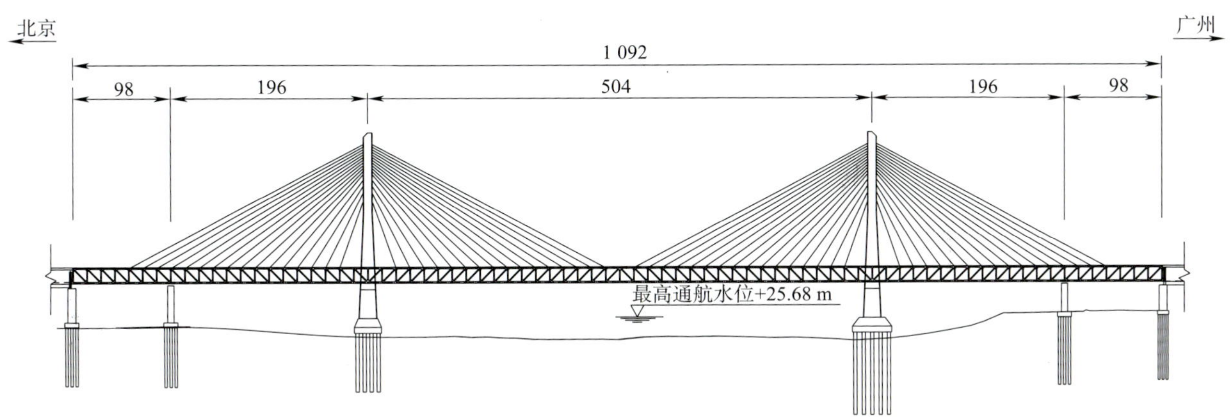

图 5-6-1 主桥立面(单位：m)

5.6.2 结构设计

(1)主梁及桥面结构

加劲梁横断面首次采用三片主桁结构。三片主桁间距 15 m，总桁宽 30 m，桁高 15.2 m(图 5-6-2)，节间长度 14 m。主桁采用焊接整体节点结构形式，材质 Q370qE。

主梁为板桁结合钢桁梁，上弦中部 756 m 范围是钢正交异性板桥面，加劲梁公路面两端各 168 m 范围采用混凝土结合板桥面。公路桥面板与钢桁梁上弦杆及公路纵横梁通过剪力钉结合成整体共同受力。斜拉索锚箱焊接于主桁节点。

主桁上下弦杆采用箱形截面，杆件内宽 1 300 mm。下弦杆截面尺寸 1 300 mm×1 740 mm，每侧竖板各设两道板式加劲肋，上、下水平板各设一道板式加劲肋；上弦杆中、边桁采用不同的断面尺寸，主梁中部正交异性板区域，边桁 1 300 mm×1 320 mm，中桁因桥面横坡而加高为 1 300 mm×1 580 mm，主梁两端混凝土结合板处中、边桁均 1 300 mm×1 020 mm，桥面横坡由混凝土结合板形成。主桁斜杆采用箱形或 H 形截面，主桁竖杆均采用 H 形截面，主桁杆件最大板厚 50 mm。

铁路桥面系采用纵横梁体系，道砟桥面。为了减小桥面系与主桁共同作用的不利影响，每隔一个节间设置一道铁路伸缩纵梁。

(2)桥塔

采用倒 Y 形桥塔，C50 混凝土，上塔柱高 75.71 m，中塔柱高 85 m，下塔柱高 29.29 m，总塔高 190.0 m(图 5-6-3)。上塔柱截面为 12.2 m(顺桥向)×9 m(横桥向)，空心矩形截面，设三个锚室，壁厚 0.8～1.5 m。下塔柱为 18.0 m×10.0 m 的空心矩形截面。主塔墩上除设有竖向支座和约束梁体横向位移的铸钢滑板支座外，还设有约束梁体纵向位移的阻尼装置。

(3)斜拉索

采用三索面，全桥共 192 根斜拉索。斜拉索采用 $\phi 7$ 平行钢丝束，极限抗拉强度 1 670 MPa，索的规格分为 241、253、283、337、379、409、421、451 八种规格，下端锚固在钢桁梁的上弦节点上，上端通过混凝土锯齿块锚固于桥塔上塔柱。

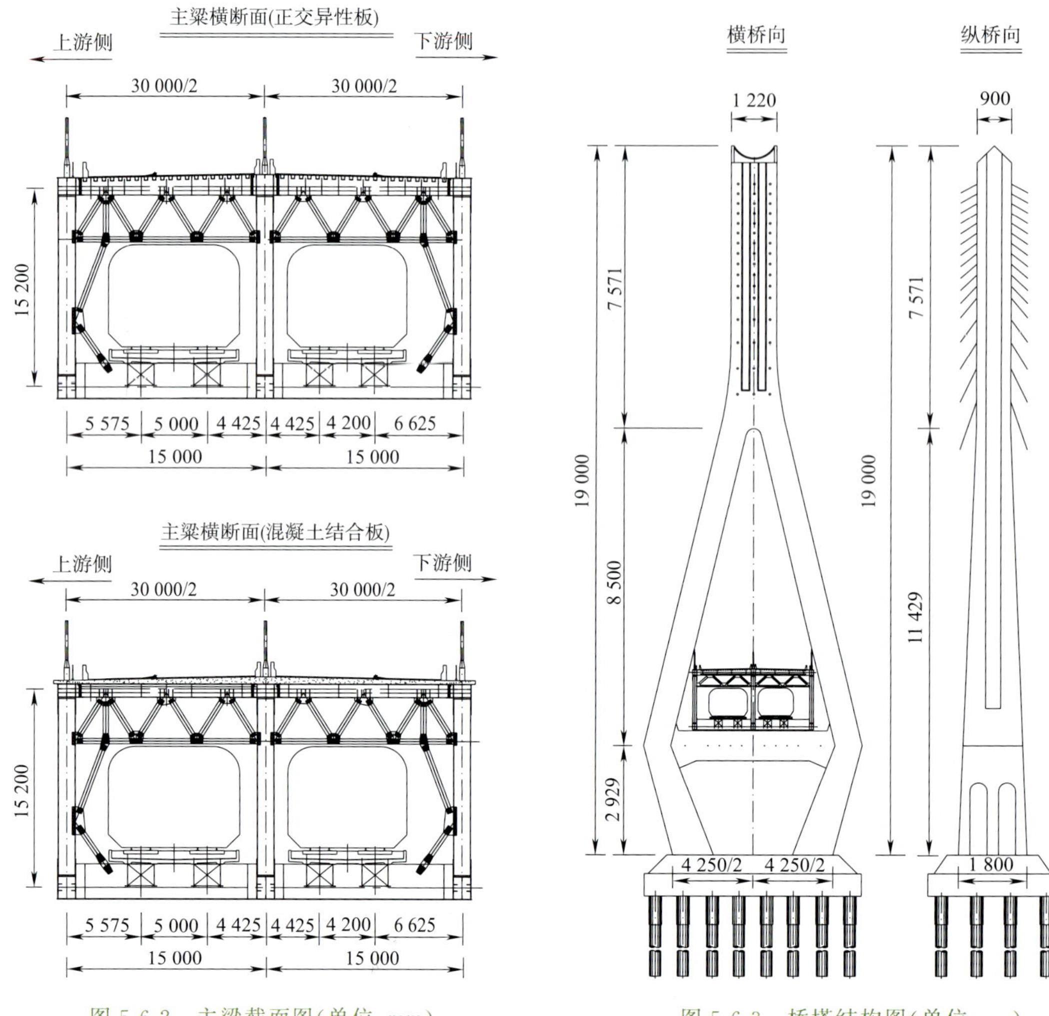

图 5-6-2　主梁截面图(单位：mm)

图 5-6-3　桥塔结构图(单位：cm)

(4)下部结构

2 号、3 号主塔基础均采用大直径钻孔灌注桩。2 号墩基础按嵌岩桩设计；3 号墩基础按摩擦桩设计。2 号墩 32 根，桩长约 60 m；3 号墩 40 根，桩长 84 m。

5.6.3　施工方法

2 号、3 号主墩基础采用 3.4 m 的超大直径钻孔桩，基础施工采用锚墩定位和围堰带载升降技术，使用 KTY4000 型钻机一次性成孔。2 号、3 号主墩下塔柱外侧采用万能杆件拼装膺架，剩下三面利用全液压爬模施工，横梁采用膺架支承现浇，中塔柱在内侧采用万能杆件拼装 A 形支架，三面爬模施工，上塔柱采用爬模施工。

图 5-6-4　钢围堰采用锚墩定位

钢桁梁在桥梁厂制造成单杆件，在整体节段生产线上通过 2＋1 的短节段匹配方法制造成桁段，通过水上运输，运到桥位，由桥上具有三吊点荷载平衡和微调对位功能的 700 t 架梁吊机进行对称拼装。边拼装钢桁梁，边进行铁路混凝土道砟槽板和公路钢正交异性桥面板的安装。斜拉桥先合龙中跨，后悬拼边跨的无束节段。现场施工情况如图 5-6-4～图 5-6-6 所示，成桥如图 5-6-7 所示。

图 5-6-5　主塔施工

图 5-6-6　钢梁整节段吊装

图 5-6-7　成桥实景

5.6.4　主要技术经济指标

主要技术经济指标见表 5-6-1。

表 5-6-1　主要技术经济指标

指标类型		数值
结构性能指标	竖向挠跨比	1/750
	梁端转角(rad)	1.3‰
主要工程量	主梁延米用钢量(t)	40.6
	斜拉索平行钢丝(t)	4 204.0
	边跨主梁混凝土(m^3)	3 979.0
	桥塔混凝土(m^3)	44 254.0

5.6.5　技术特点和创新点

(1)四线铁路、六车道公路合建,有效利用资源、节约工程投资。

(2)首创三索面三主桁斜拉桥新结构。

(3)首创钢桥面板、混凝土桥面板与主桁结合的混合组合体系。

(4)混凝土道砟槽板与铁路钢纵梁结合的铁路钢桁梁斜拉桥新型桥面系统。

(5)主塔桩基础直径设计为 3.4 m,刷新当时国内深水桥梁桩径记录。

(6)采用液压阻尼器与磁流变阻尼混合阻尼控制新技术。

5.6.6　获奖情况

(1)获 2011 年中国中铁优秀工程设计一等奖。

(2)获 2011 年中国铁道学会科学技术特等奖。

(3)获 2011 年中国钢结构协会科学技术特等奖。

(4)获 2011 年湖北省科学进步奖特等奖。

(5)获 2010 年国际桥梁大会乔治·理查德森奖。

(6)获 2013 年中国建设工程鲁班奖。

(7)三索面三主桁公铁两用斜拉桥建造技术获 2013 年国家科学进步一等奖。

(8)获 2016 年中国土木工程詹天佑奖。

5.7 宜万铁路宜昌长江大桥

桥　　名：宜昌长江大桥
工程项目：宜万铁路
工程位置：湖北省宜昌市
主　　跨：2×275 m
桥　　型：连续刚构柔性拱组合桥
建设单位：武汉铁路局宜万铁路工程建设指挥部
设计单位：中铁第四勘察设计院集团有限公司
施工单位：中铁大桥局集团有限公司
设计人员：罗世东　严爱国　刘振标　任　征　寇延春
通车时间：2010 年 12 月

5.7.1 概　　况

宜万铁路属于地质复杂的山区铁路，设计速度 160 km/h，双线Ⅰ级铁路，中—活载，线间距 4.2 m，有砟轨道，在湖北省宜昌市跨越长江大桥。桥址区域百年一遇流量 55 000 m^3/s，水位 50.44 m，流速 2.87 m/s。桥址处长江主河槽表层为第四系冲积新近沉积层（细砂或卵石土），松散、饱和，厚 0.34～17.5 m。

桥区河段目前航道等级为Ⅱ-(3)级，远期规划为通过万吨级船队，要求通航净空为双孔 244 m×18 m。主桥采用(130＋2×275＋130) m 连续刚构柔性拱组合桥式结构，将连续刚构和钢管混凝土拱两种结构结合在一起。主桥立面如图 5-7-1 所示。

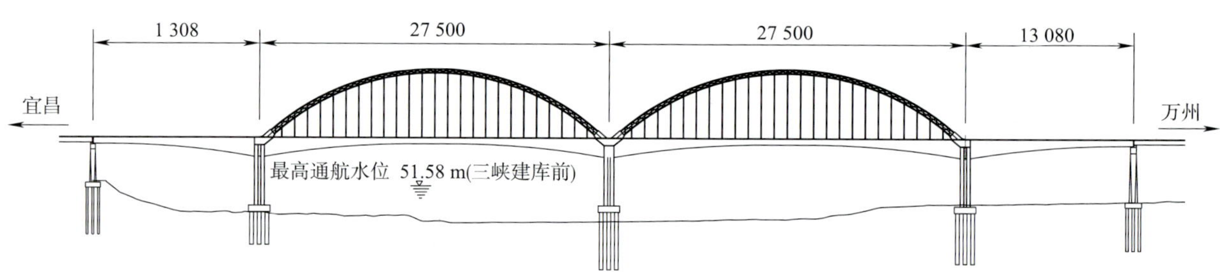

图 5-7-1　主桥立面(单位：cm)

5.7.2 结构设计

(1)箱梁

主梁采用单箱双室截面，两边腹板为斜腹板，吊杆采用箱内锚固形式。箱梁中支点处梁高 14.5 m，端支点及中跨中处 4.8 m(图 5-7-2)，其中中支点处（梁高 14.5 m）平段长 11.0 m，中跨中（梁高 4.8 m）平段长 25.0 m，中间 119.5 m 长度变高段梁底曲线为圆曲线。

主梁顶板全梁等宽 14.4 m(图 5-7-3)，顶板厚 40 cm、50 cm。中支点处箱梁底板宽 9.2 m，跨中处箱梁底板宽 12.727 m，底板厚度由中跨处的 35 cm 渐变至中支点附近处 132.5 cm、局部加厚至 200 cm。箱梁外腹板斜率 1∶5.5，腹板厚度 30 cm、45 cm、60 cm，梁拱墩结合块附近一定区域渐变加厚到 100 cm。

全梁共 177 个梁段，悬臂梁段长 3.0 m、3.5 m、4.0 m、4.5 m、5.0 m，悬浇梁段最重 3 583 kN。

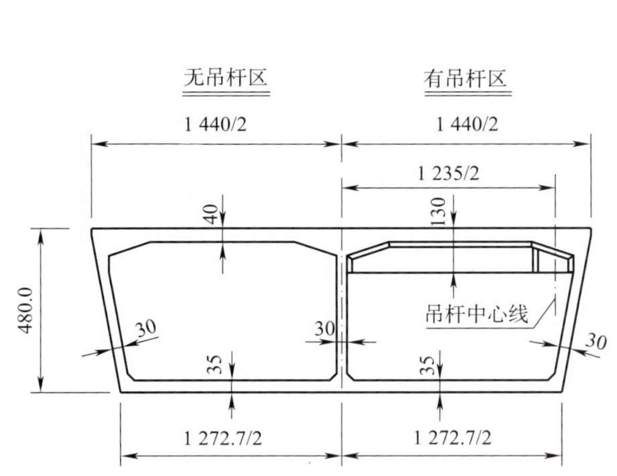

图 5-7-2　跨中标准横截面(单位：cm)

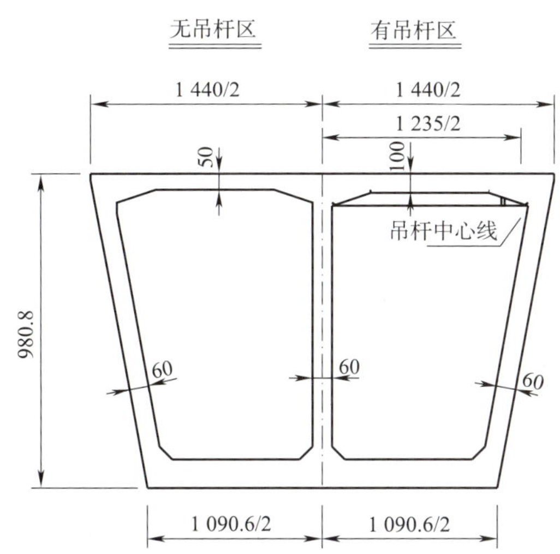

图 5-7-3　中支点附近标准横截面(单位：cm)

采用纵横竖三向预应力体系。顶板束及下弯束分别采用规格为 31ϕ15.24 和 27ϕ15.24，底板束及合龙束采用规格 19ϕ15.24。箱梁横向索采用规格 5ϕ15.24 扁锚，竖向预应力筋采用抗拉极限强度 930 MPa 精轧螺纹钢。

(2)拱肋

拱肋计算跨度 264 m，矢跨比 1/5，矢高 52.8 m，拱轴线为二次抛物线。

每片拱肋由 4ϕ750 钢管混凝土、横向平联板、竖向腹杆连接成为钢管混凝土桁架。拱肋钢管中心高度由拱脚处的 4.0 m 渐变至拱顶处 3.0 m。每片拱肋钢管横向中心距 1.7 m，两片拱肋中心距 12.35 m。

每跨拱肋共布置 11 道横撑，靠近拱脚的两道横撑为 K 字撑，其他均为米字撑与一字撑的组合撑。

(3)吊杆

吊杆采用外包 PE 涂油性蜡镀锌、外套 HDPE 与复合不锈钢管、抗拉强度标准值 1 770 MPa 钢绞线拉索体系，分别锚于拱肋上平联板与主梁箱内的混凝土锚固底座，单根张拉，整体调索。每组吊杆顺桥向中心间距 10 m，每吊点设双吊杆，顺桥向布置，双吊杆间距 0.6 m。

(4)主桥下部结构

边主墩采用双壁墩柱，总高度 38.5 m，壁厚 3.0 m，双壁中心距 5 m。中主墩采用空心单柱墩，壁厚 1.5 m，墩柱总高度 38.5 m，顺桥向 8.0 m，直坡；横桥向承台以上 24.637 m 高度范围等宽度 12.0 m，其上以圆弧自下至上展宽。

主墩均采用 12ϕ3.0 m 钻孔嵌岩桩。

图 5-7-4　梁上拼装拱肋

5.7.3　施工方法

主桥采用先梁后拱的施工方案，连续刚构自 0 号段逐段现浇注至合龙，合龙后利用刚构桥面为工作面，在桥面上搭设支架，卧拼拱肋，在墩顶设置塔架，并安装竖转拱肋用的扣索，竖转拱肋，就位后合龙，安装吊杆，最后完成桥面铺装。施工情况如图 5-7-4 所示。

5.7.4 主要技术经济指标

主要技术经济指标见表 5-7-1。

表 5-7-1 主要技术经济指标

指标类型		数值
结构性能指标	竖向挠跨比	1/3 562
	梁端下挠转角(rad)	1.21‰
主要工程量	主梁混凝土(m^3)	27 919.0
	钢管用钢(t)	3 680.0
	钢管混凝土(m^3)	2 838.0
	吊杆(t)	133.1

5.7.5 技术特点和创新点

(1)首创大跨度混凝土连续刚构—柔性钢管拱组合桥新结构，梁拱协同受力，竖向刚度、跨越能力强。

(2)创新采用组合桥式徐变主动控制技术，后期变形小，桥面线形稳定，有效解决了大跨度混凝土结构后期徐变控制的关键技术难题，提高了行车安全性和乘坐舒适性。

(3)铁路大跨度混凝土桥梁首次研发采用高性能混凝土，降低了水化热，提高了混凝土抗裂能力，增强了结构耐久性。

(4)首创钢管内抽真空灌注混凝土技术，有效地抑制了混凝土与管壁间的气膜形成，增强了管壁与混凝土黏结性，提高了混凝土密实度。

(5)研发橡胶弹簧块隔振技术，使通过桥梁的不规则高频激励振动转化成线性和谐低频率振动，为环境敏感区提供了新型减振解决方案。

5.7.6 获奖情况

(1)获 2011—2012 年铁道部优质工程设计一等奖。

(2)获 2011 年湖南省科学技术进步二等奖。

5.8 京沪高速铁路南京大胜关长江大桥

桥　　名：南京大胜关长江大桥
工程项目：京沪高速铁路
工程位置：江苏省南京市
主　　跨：2×336 m
桥　　型：钢桁拱桥
建设单位：京沪高速铁路股份有限公司
设计单位：中铁大桥勘测设计院集团有限公司
施工单位：中铁大桥局集团有限公司
设计人员：高宗余　易伦雄　肖海珠　李华云　梅大鹏　张成东　胡辉跃　张晓勇
通车时间：2011 年 6 月

5.8.1 概　　况

京沪高速铁路南京大胜关长江大桥是两线京沪高速铁路和两线沪汉蓉铁路共用的越江通道，同时两侧搭载南京市的两线地铁，设计速度 300 km/h，京沪高速铁路线间距 5 m，沪汉蓉铁路线间距 4.6 mm，设计速度 250 km/h；采用有砟轨道。桥址区长江河道宽约 1.4 km，河道顺直，江水流向为北东向，主河槽偏南岸，水下河床断面呈不对称 V 形，江底狭窄，南陡北缓。河槽南侧遭受冲刷，近岸处抛有石块，并设有片石护坡，为冲蚀岸；河槽北侧淤积，浅滩发育，江底平缓，为淤积岸。桥址区属下扬子地层区，宁镇—江浦地层小区。第四系覆盖层为全新统、上更新统黏性土及砂类土组成；基岩以白垩系上统浦口组泥岩、砂岩为主，局部出露侏罗系龙王山组安山岩及中下统象山群组砂岩。最高通航水位＋8.78 m，主通航孔按内河Ⅰ-(1)级航道标准进行设计，设置 2 孔通航孔，净空高度不小于 24 m，宽度不小于 200 m。地震按设计烈度 7 度设防。

大桥主桥采用大跨度双主拱拱桁组合结构，孔跨布置为(108＋192＋336＋336＋192＋108) m。主桥立面如图 5-8-1 所示。

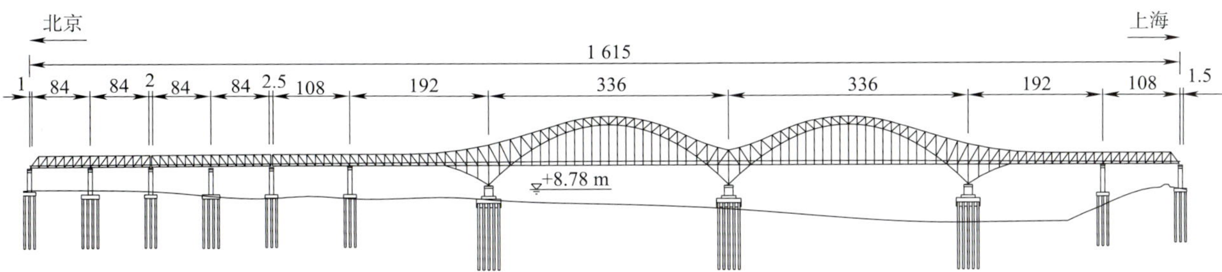

图 5-8-1　主桥立面(单位：m)

5.8.2 结构设计

(1)主拱及桥面结构

主桥钢桁梁由三片主桁架组成，每两片主桁间的中心距皆为 15.0 m，上游侧是两线沪蓉铁路；下游侧是两线高速铁路。在两边桁的外侧，各外挑 5.5 m 的悬臂托架，支撑城市轻轨铁路，结构总宽 41.0 m。主梁横截面如图 5-8-2 所示。

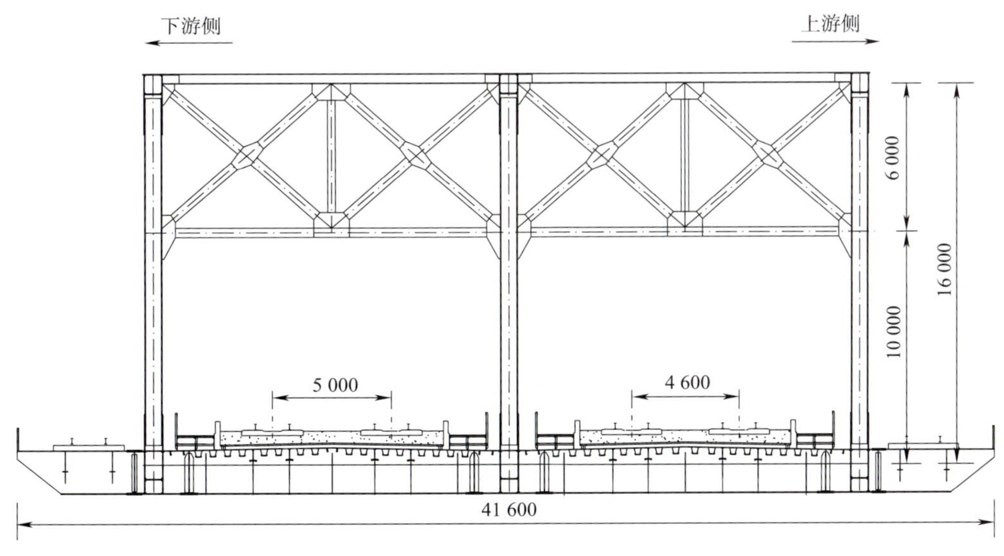

图 5-8-2　主梁横截面图(单位：mm)

主桁设计为杆件和节点构件焊接成一体的整体节点,杆件在节点外用高强度螺栓拼接的结构形式。大部分主桁结构和桥面系构件采用 Q370qE 材质的钢板,杆力大的拱肋杆件采用了 Q420qE 钢板。

主桁截面的内宽在梁端 600 mm,平弦 1 000 mm、拱弦 1 400 mm 的三种宽度和 1 000 mm、1 200 mm、1 400 mm、1 820 mm 四种高度,以适应不同的结构受力区段。

杆力大的腹杆设计为箱形截面,截面内高 1 000 mm 以下,与节点及节点内的隔板四面对拼连接;杆力小的腹杆为 H 形截面,杆件宽度较节点板净距小 2.0 mm,插入节点板间连接,杆件高 960 mm 以下,腹杆的板厚不超过 52 mm。最长的单根竖杆 24.2 m,整根制造。最长的吊杆约 52 m,将分 3～4 段制造,到工地拼装。

主桁设计中将箱形下弦杆的上水平板加宽 400 mm,伸过竖板与 16 mm 厚的桥面顶板通过不等厚对接焊焊连。遇主桁节点处,在弦杆的上水平板上开槽,开槽端部避开节点板的圆弧起点,让节点板从槽中穿出,使节点板保持为一个整体。节点板两侧及开槽的端部以熔透焊缝与上水平板连接,使桥面板有效地和下弦杆、主桁节点板连接。

正交异性钢桥面板厚度为 16 mm,钢桥面顶板之下,横桥向每隔 500 mm,焊有高 212 mm 的 T 形纵肋。在每条线路的轨道之下焊有 500 mm 高的倒 T 形纵梁,T 肋和纵梁的跨距都是 3.0 m,遇横梁、横肋的腹板时开孔穿越。顺桥向每隔 3.0 m 设一道倒 T 形横肋,横肋的高度与 1.2～1.4 m 的主桁下弦杆相等,翼、腹板均和弦杆焊连。在主桁 12 m 节间的节点处横桥向焊有 2.0 m 高的横梁;15 m 的为 2.4 m 高。横梁的腹板与主桁的节点板用角焊缝焊连,腹板上缘与桥面板焊连。

上平联和拱肋的下平联设计成交叉式斜杆的结构,斜杆为工字形截面,截面的高和宽都是 460 mm。横撑杆为箱形截面高 460 mm,宽 520 mm。每个节间均设横向联结系,形式为双交叉形,以增强结构的横向刚性,利于荷载在三桁间的分配。杆件截面都是 H 形,高 500 mm,宽 400 mm 和 460 mm。加劲弦平联由于受力大,截面尺寸为 900 mm×1 000 mm 及 600 mm×700 mm 的箱形杆件。

(2)下部结构

主墩基础采用 46 根直径 2.8 m 的钻孔桩,最大桩长 112 m。承台平面尺寸 34 m×76 m,厚度6 m,墩身为 12 m×40 m 圆端形空心墩。

5.8.3 施工方法

主桥 6 号主墩基础采用双壁套箱围堰施工,7、8 号主墩基础采用双壁吊箱围堰施工,其余主墩采用先平台钻孔后围堰施工承台。钢桁拱采用墩旁托架固定双伸臂施工,墩顶吊索塔架辅助安装,爬行吊机吊装桁拱构件,整体桥面采用水上船舶运输,垂直吊装。平弦钢桁梁采用临时墩辅助安装,全伸臂架设。施工情况及成桥实景如图 5-8-3～图 5-8-6 所示。

图 5-8-3 边跨悬拼

图 5-8-4 中跨悬拼

图 5-8-5　全桥施工

图 5-8-6　成桥实景

5.8.4　主要技术经济指标

主要技术经济指标见表 5-8-1。

表 5-8-1　主要技术经济指标

指　标　类　型		数　　值
结构性能指标	竖向挠跨比	1/1 073
	梁端转角(rad)	1.179‰
	横向挠跨比	1/1 768
主要工程量	钢梁(t)	67 057.0

5.8.5　技术特点和创新点

(1)世界上首次研究采用了双主拱三主桁拱桁组合结构,并研发应用了 Q420qE 新型桥梁钢,解决了大桥面临的高速、重载、大跨的技术难题,该桥建成时是当时世界上设计速度 300 km/h 级别最大跨度的桥梁。

(2)国内首次在高速铁路桥梁上研究采用了钢正交异性板整体桥面,从根本上解决了大跨度钢桁梁(拱)明桥面结构刚度小、整体性差的难题,开创了我国高速铁路钢桁梁(拱)整体桥面技术先河,对大跨度高速铁路桥梁的建设起到了引领和示范作用。

(3)世界上首创了多重拉索调整双主拱安装合龙技术,解决了双主拱支点反力大常规顶落梁措施难以实现、中主墩支点无法顶落梁进行合龙的技术难题,实现了钢桁拱桥架设合龙技术的重大突破。

(4)研发采用双壁钢围堰整体浮运、精确定位技术,有效解决了钢围堰在水文变化频繁的潮汐河流中悬浮状态精确定位的难题。

(5)研究采用矩形大切角断面吊杆和新型液体质量双调谐减振器,解决了长吊杆起振风速低、常规减振器减振效果及耐久性差的技术难题,实现了长吊杆施工至成桥全过程的多重抑振。

5.8.6　获奖情况

(1)获 2013 年中国铁路工程总公司科学技术特等奖。

(2)获 2013 年湖北省科技进步一等奖。

(3)获 2013 年中国铁道学会科学技术特等奖。

(4)获 2012 年美国国际桥梁大会乔治·理查德森奖。

(5)获 2013 年中国建筑工程鲁班奖。

(6)获 2014 年中国土木工程詹天佑大奖。

(7)以本桥为重要创新点的“京沪高速铁路工程”获 2015 年国家科技进步特等奖。

5.9 渝利铁路韩家沱长江大桥

桥　　名：韩家沱长江大桥
工程项目：渝利铁路
工程位置：重庆市涪陵区
主　　跨：432 m
桥　　型：钢桁梁斜拉桥
建设单位：渝利铁路有限责任公司
设计单位：中铁二院工程集团有限责任公司
施工单位：中铁大桥局集团有限公司
设计人员：陈克坚　陈思孝　曾永平　陈天地　袁　明
通车时间：2013 年 12 月

5.9.1 概　　况

渝利铁路是设计速度为 200 km/h 的客货共线铁路，双线，线间距 4.4 m，有砟轨道。韩家沱长江大桥于涪陵城区下游 6 km 处跨越长江，桥址区属丘陵地貌，河谷较窄，河道顺直，河段属三峡水库常年回水区，水位高差变化大。河段通航等级为国家Ⅰ级，通航净宽不小于 350 m，净高不小于 18 m。桥位地处中侏罗系陆相碎屑岩地层中，上覆第四系人工堆积层、冲洪积层，下伏侏罗系中统上沙溪庙组泥岩夹砂岩、砂岩。地震动峰值加速度为 0.05g，反应谱特征周期为 0.35 s。

韩家沱长江大桥全长 1 137.49 m，主桥孔跨布置为(8×32＋81＋135＋432＋135＋81) m 下承式钢桁梁斜拉桥。主桥立面如图 5-9-1 所示。

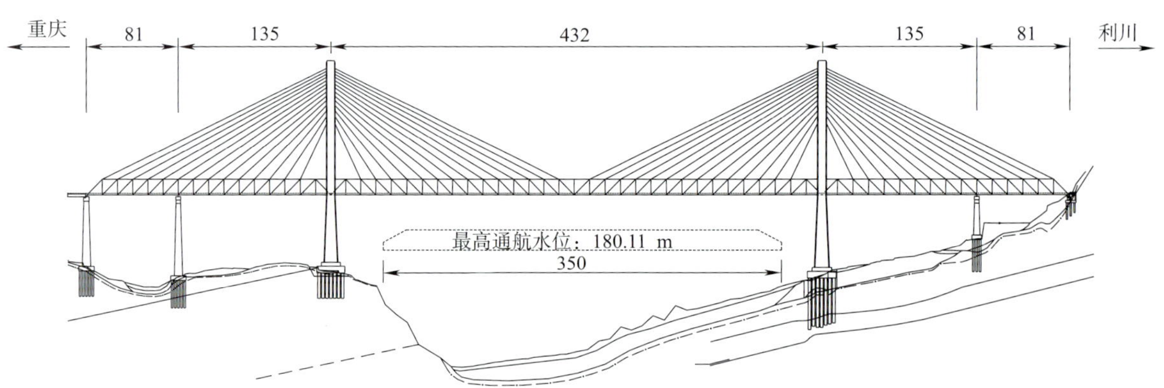

图 5-9-1　主桥立面(单位：m)

5.9.2 结构构造

(1)钢桁梁

主梁为平行弦钢桁梁，N 形桁架，两片主桁，桁间距 18 m，桁高 14 m(图 5-9-2)，节间长度 13.5 m。主桁采用焊接整体节点结构形式，主桁与桥面系均采用 Q370qD 钢材，最大板厚 50 mm。

主桁上下弦杆均采用箱形截面，杆件内宽 1 002 mm，上弦杆高 1 300 mm，板厚 24～40 mm；下弦杆高 1 400 mm，板厚 24～44 mm。腹杆采用箱形截面和 H 形截面，腹杆箱形截面外宽 1 000 mm，高 800～1 000 mm，板厚 30～40 mm。腹杆 H 形截面外宽 1 000 mm，高 760～900 mm，板厚 30～40 mm。

桥面采用正交异性板整体桥面结构，由纵肋(梁)、横梁及其加劲的 16 mm 厚钢桥面板组成。为承载道砟等桥面设施恒载，其下部设置间距 600 mm 的 U 形纵肋。U 形纵肋板厚 8 mm，顶宽 300 mm、底宽 180 mm、高度 260 mm。在每条线路的轨道之下设置两道高 600 mm 的倒 T 形纵梁。顺桥向每隔 3.375 m 设一道倒 T 形横梁，横梁的高度为 1.4～1.556 m，端部与主桁下弦杆等高，并与下弦杆采用螺栓连接；在主桁的节点处横桥向连接有 1.4～2.0 m 高的横梁。

两桁间的桥面板块宽 15.602 m，因面积和质量都较大，为了便于制造和安装，纵桥向每节间分成两段，均长 6.75 m，与横梁焊为一体出厂，最大的桥面板块质量约 40 t。

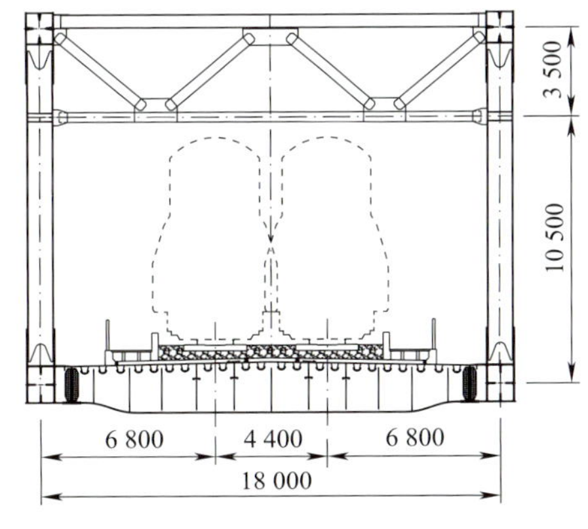

图 5-9-2 钢桁主梁横断面图(单位:mm)

上平联为交叉式斜杆的构造，斜杆为工字形截面，高 520 mm，宽 540 mm。横撑杆为箱形截面，高 520 mm，宽 520 mm。每个上弦节点处均设有横联，横联为三角形桁架形式，桁架高约 3.5 m，杆件截面都是 H 形，高 500 mm，宽 400 mm。边墩、辅助墩及桥塔处主桁均设置有桥门架。

为增强钢桥面板在道砟使用条件下的耐磨、防腐蚀性能，在钢桥面板与道砟层之间设置厚 15 cm、宽 13.2 m 的混凝土板，与两侧挡砟墙、人行道栏杆底座、竖墙构成整体。道砟槽为钢筋混凝土结构，混凝土采用 C40，在钢桥面板顶焊接 ML15 的 $\phi19\times100$ mm 圆柱头栓钉与道砟槽底板结合成一体。

(2)斜拉索

斜拉索采用镀锌高强钢束斜拉索，布置为平行的扇形双索面，全桥共 56 对斜拉索，规格型号为：PES7-301、PES7-283、PES7-253、PES7-223、PES7-211。塔上索距为 2.5～4 m，梁上索距均为 13.5 m，最外侧斜拉索倾角为 26.5°。为减少锚固点上非铰效应的影响，梁端锚具设计成球铰。

(3)桥塔及基础

主塔顺桥向采用单柱式、横向采用刚度相对较大、基础要求相对较小、构造、受力、施工相对简单的花瓶形(折线 H 形)桥塔(图 5-9-3)。主塔采用 C50 混凝土，两塔高分别为 182.5 m、187.5 m。塔柱采用矩形空心截面，上塔柱采用等截面，截面尺寸为 5 m×7.5 m，中塔柱横桥向等宽为 5.0 m，顺桥变坡尺寸为 7.5～10.38 m，下塔柱纵横向均变坡，横桥向宽 5.02～10 m，顺桥向宽为 10.38～13.06 m。

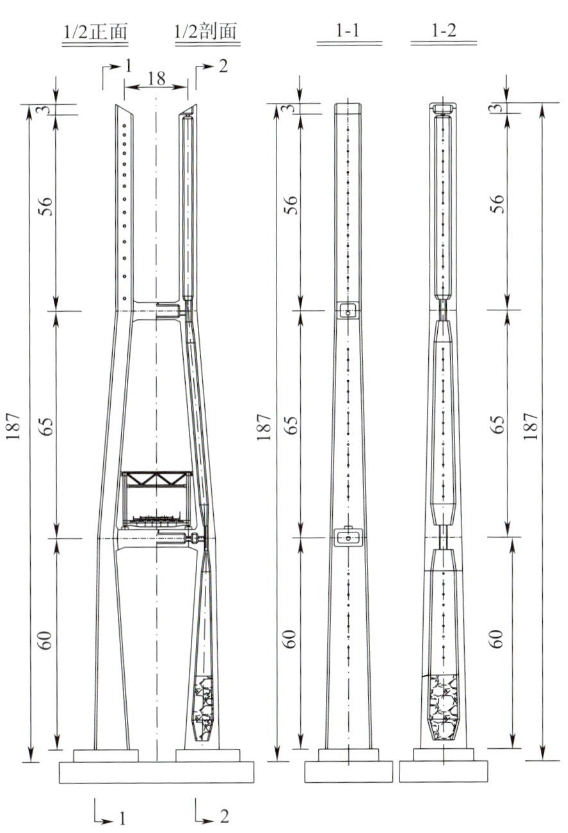

图 5-9-3 桥塔构造图(单位:m)

桥塔基础采用直径 2.5 m 钻孔桩基础，重庆端主墩设置 34 根长度 23 m 桩，利川端主墩设置 38 根长度 40～46 m 桩。为减少流水阻力与通航船舶的撞击力，承台与塔底垫块均采用圆弧端面形式。

5.9.3 施工方法

基础采用双壁钢套箱围堰施工。主塔采用液压自爬模板施工，每节施工高度 6 m。钢梁架设采用从主墩 0 号节间向中跨和边跨对称架设、跨中合龙的方案。钢梁从水上运输至码头，通过码头吊机将钢梁提升上岸运输至预拼场，在预拼场预拼后运至大型塔吊下，利用塔吊将钢梁提升至墩旁托架上安装。整节间安装完成后滑移直至完成墩顶 4 个节间的钢梁架设。之后利用大型塔吊拼装 4 台全回转架梁吊机，后续架梁利用全回转架梁吊机进行钢梁的悬臂架设和直至跨中合龙。施工情况如图 5-9-4、图 5-9-5 所示。

图 5-9-4　塔梁同步施工

图 5-9-5　钢桁梁合龙

5.9.4 主要技术经济指标

主要技术经济指标见表 5-9-1。

表 5-9-1　主要经济技术指标

指标类型		数值
结构性能指标	边跨竖向挠跨比	1/4 050
	次边跨竖向挠跨比	1/2 647
	中跨竖向挠跨比	1/799
	梁端转角(rad)	1.3‰
主要工程量	主梁用钢量(t/m)	19.7
	斜拉索(t)	1 338.0
	桥塔混凝土(m^3)	35 581.0

5.9.5 技术特点和创新点

韩家沱长江大桥建成时是当时世界跨度最大、延米恒载最轻的双线铁路钢桁梁斜拉桥。

(1)提出了大跨度钢桁梁铁路斜拉桥横、竖向刚度取值标准建议值。

(2)在钢桁梁上分段设置导流板以抑制主梁涡激振动的新技术，解决了主梁在低风速下的竖向涡激振动问题。

(3)采用了整体式双锚拉板—锚箱复合式索梁锚固结构，提高了抗疲劳性能，减少了用钢量。

(4)提出并采用了铁路斜拉桥塔—梁—索同步施工工法，扩大了作业面，缩短了工期。

(5)研发了带控制开关的锁定装置和黏滞阻尼器组合控制的新技术。

5.9.6　获奖情况

（1）获 2015 年四川省工程勘察设计"四优"一等奖。

（2）获 2015 年中国中铁优秀工程设计一等奖。

（3）获 2015 年中国铁道学会科学技术一等奖。

（4）获 2015 年中国铁路工程总公司科学技术一等奖。

5.10　武冈城际铁路黄冈长江大桥

桥　　名：黄冈长江大桥
工程项目：武冈城际铁路
工程位置：湖北省黄冈市
主　　跨：567 m
桥　　型：钢桁梁斜拉桥
建设单位：湖北城际铁路有限责任公司
设计单位：中铁大桥勘测设计院集团有限公司
施工单位：中铁大桥局集团有限公司
设计人员：徐　伟　杨光武　李卫华　张　州　文　坡　张巨生　吴国强　毛向东
通车时间：2014 年 6 月

5.10.1　概　　况

黄冈长江大桥是新建武汉至黄冈城际铁路与黄冈至鄂州高速公路的关键性控制工程。大桥采用公铁合建形式，上层布置四车道高速公路，下层布置双线武汉至黄冈城际铁路，铁路线间距为 4.6 m，设计速度 200 km/h，有砟轨道。

大桥位于长江黄州河段上端三江口附近、唐家渡综合码头上游约 240 m 位置，北岸位于黄冈市黄州区，南岸位于鄂州市华容区。桥位处河道两侧大堤相距宽 1 253 m，枯水河宽约 980 m，主深槽居河中；设计最低通航水位下，水深大于 5 m 域宽 927 m，大于 10 m 水域宽 727 m。最高通航水位 25.83 m，航道技术等级按Ⅰ-(1)级航道设计，主通航孔净空高度按不小于 24 m，通航净宽不小于 400 m。地震按设计烈度 7 度设防。

大桥全长约 4 011 m，其中公铁合建段全长 2 566 m，主桥采用钢桁梁斜拉桥，桥跨布置为(81＋243＋567＋243＋81) m。主桥立面如图 5-10-1 所示。

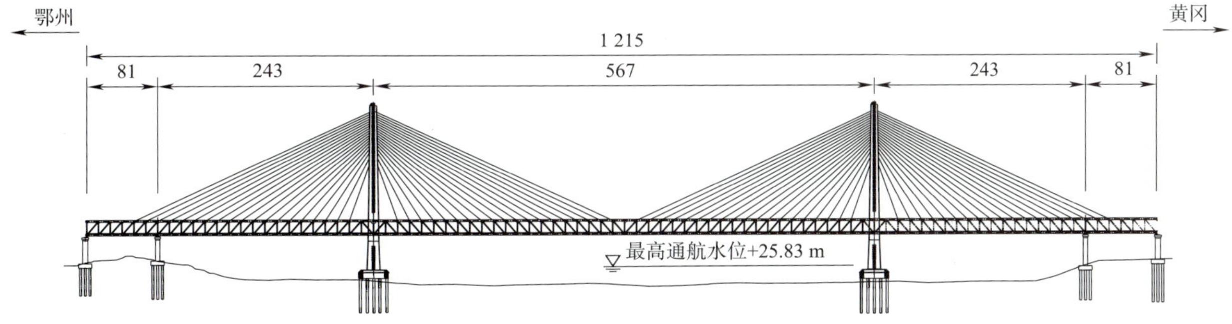

图 5-10-1　主桥立面(单位：m)

5.10.2 结构设计

（1）主梁及桥面结构

主梁钢桁梁采用上宽下窄的倒梯形断面，上弦主桁间距 27.5 m，下弦主桁间距 16.0 m（图 5-10-2），腹杆倾斜设置，单片主桁空间倾斜角度达 20.353 2°。

为适应斜桁布置形式，主桁上、下弦杆均采用平行四边形截面，杆件最大板厚 44 mm，为方便制造，杆件截面按内宽尺寸控制，水平、竖直方向内宽分别为 1 300 mm、1 800 mm；斜杆及竖杆根据受力不同，分别采用箱形或 H 形截面，为与斜桁形式相适应，简化节点构造，方便加工制造，斜杆腹板倾斜设置，倾斜角度为 13.2°。主桁采用焊接整体节点、节点外拼接方式，工地连接采用 M30 高强螺栓。

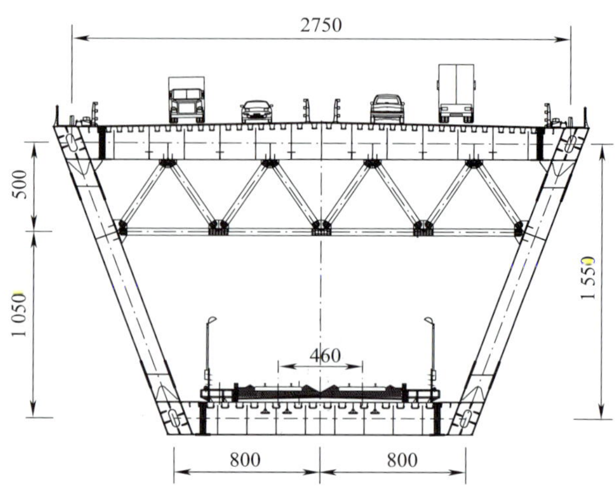

图 5-10-2　主梁截面图（单位：cm）

根据受力需要，公路桥面系采用纵横梁支承正交异性钢桥面板体系，桥面每隔 13.5 m 设置一道大横梁，大横梁间每隔 2.7 m 设置一道小横梁，纵向在车道划分线位置每隔 3.9 m 布置一道大纵梁。铁路桥面采用密横梁体系，每个节间设置 5 道横梁，横梁间距 2.7 m，同时在铁路轨道下方另布设有小纵梁。

（2）桥塔

主塔采用 C55 混凝土，由塔座、下塔柱、上塔柱、下横梁与上横梁组成，3 号、4 号主塔结构相同。塔柱全高 190.5 m（图 5-10-3），下横梁以上为上塔柱，高 156.5 m，单箱单室截面，横桥向宽 6.5 m，壁厚 0.8 m，锚固区壁厚加厚为 1 m，顺桥向宽 8～12.5 m，壁厚 1.5 m；下横梁以下为下塔柱，高 34 m，单箱双室截面，横桥向宽 6.5～9.0 m，壁厚 1.0 m，顺桥向宽 12.5～15.0 m，壁厚 1.8 m。

（3）斜拉索

斜拉索为空间索面，采用直径 7 mm 镀锌平行钢丝成品拉索，标准抗拉强度为 1 770 MPa，斜拉索有 301、349、379、409、439、451、479 共 7 种规格，共计 152 根，其中 479 丝规格斜拉索设计破断力达 32 356 kN，锚具采用冷铸墩头锚。

（4）下部结构

主塔塔座与承台连为一体，塔座高 3.0 m，承台高 6.5 m，横桥向宽 51.2 m，顺桥向宽 34.2 m；主塔墩桩位处岩性均以泥质砂岩、砾岩为主，基岩单轴极限抗压强度为 15 MPa 以上，上部结构作用到墩底的反力巨大，宜采用大直径嵌岩柱桩；每个塔墩基础均由 31 根直径 3.0 m 的钻孔灌注桩组成群桩基础，按 5 排 7 列矩形布排，横桥向间距 7.5 m，顺桥向间距 7 m；为保证桩尖置于微风化泥质砂岩、砾岩中，2 号塔桩长 42.5 m，3 号塔桩长 37.5 m。

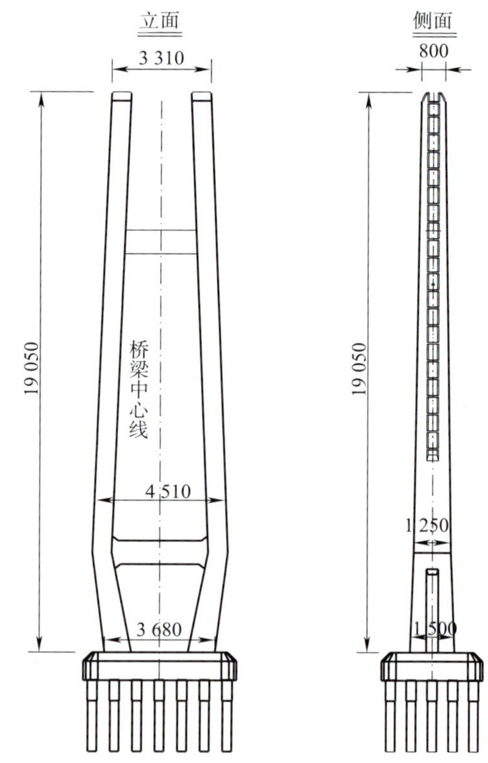

图 5-10-3　桥塔结构图（单位：cm）

5.10.3 施工方法

黄冈长江大桥主塔墩基础采用双壁钢吊箱围堰法施工，围堰岸边整体组拼制造后，气囊下水浮运至墩位，定位后插打钢护筒形成钻孔平台进行钻孔桩施工，钻孔桩施工后围堰截稿、下放、水下封底、抽水后进行承台施工。

主塔采用 6 m 节段液压爬模施工，共分 33 个节段，下横梁与塔柱同步施工，上横梁与塔柱异步施工。

钢梁整体架设采用散拼法架设。首先在 2、3 号墩旁先拼装墩旁托架，在托架上拼装主塔 4 个节间钢梁和 70 t 全回转架梁吊机，再以主塔为中心，利用架梁吊机对称悬臂拼装其他节间钢梁及挂设斜拉索。先中跨合龙，后架设剩余边跨节间钢梁。每节间钢梁架设周期为 10～12 d。施工情况及成桥实景如图 5-10-4～图 5-10-7 所示。

图 5-10-4　桥塔施工

图 5-10-5　双悬臂拼装

图 5-10-6　钢桁合龙

图 5-10-7　成桥实景

5.10.4　主要技术经济指标

主要技术经济指标见表 5-10-1。

表 5-10-1　主要技术经济指标

指标类型		数值
结构性能指标	竖向挠跨比	1/706
	梁端转角	0.972‰
主要工程量	主梁用钢量(t/m)	37.9
	斜拉索平行钢丝(t)	3 831.0
	桥塔混凝土(m^3)	38 071.0

5.10.5　技术特点和创新点

(1)大桥建成时是当时世界最大跨度公铁两用斜拉桥。

(2)首次在大跨度斜拉桥中采用上宽下窄的新型倒梯形主桁断面。

(3)首次采用索梁内置式钢锚箱。

(4)首创自抗风牛腿平衡装置，将横风转换为塔与梁间纵向力，替代了抗风临时墩。

5.10.6 获奖情况

(1)获 2016 年中国铁道学会科学技术一等奖。

(2)获 2016 年中国钢结构协会科学技术一等奖。

(3)获 2017 年湖北省科技进步二等奖。

(4)获 2015—2016 年铁路优秀工程设计一等奖。

(5)获 2016 年湖北省优秀工程勘察设计一等奖。

(6)获 2017 年国家优质工程金质奖。

5.11 合福铁路铜陵公铁两用长江大桥

桥　　名：铜陵公铁两用长江大桥
工程项目：合福铁路
工程位置：安徽省铜陵市
主　　跨：630 m
桥　　型：钢桁梁斜拉桥
建设单位：京福铁路客运专线安徽有限责任公司
设计单位：中铁大桥勘测设计院集团有限公司
施工单位：中铁大桥局集团有限公司
设计人员：高宗余　万田保　刘汉顺　张　强　杜　萍　李　伟　方绪镯
通车时间：2015 年 6 月

5.11.1 概　　况

铜陵公铁两用长江大桥是连接安徽省长江两岸的一条快速通道。大桥共通行四线铁路，其中京福铁路客运专线双线设计速度 250 km/h，线间距 5 m，庐江至铜陵Ⅰ级铁路双线设计速度 160 km/h，线间距 5 m，均采用有砟轨道。

大桥桥位位于长江下游铜官山河段荻港水道的中部。荻港水道虽然为弯曲型河道，但荻港一带具有良好的抗冲边界，加之金牛渡、顺安河口陆续实施护岸工程，河势总体稳定。大桥桥位场区基岩岩性主要为泥质粉砂岩、砂质泥岩和砂岩。岩面起伏较大，总体由无为往铜陵方向岩面渐浅。最高通航水位 12.68 m，通航等级按内河Ⅰ级，主通航孔净空高度按不小于 32 m，通航净宽不小于 532 m。

主桥采用钢桁梁斜拉桥，跨度布置为(90＋240＋630＋240＋90) m。主桥立面如图 5-11-1 所示。

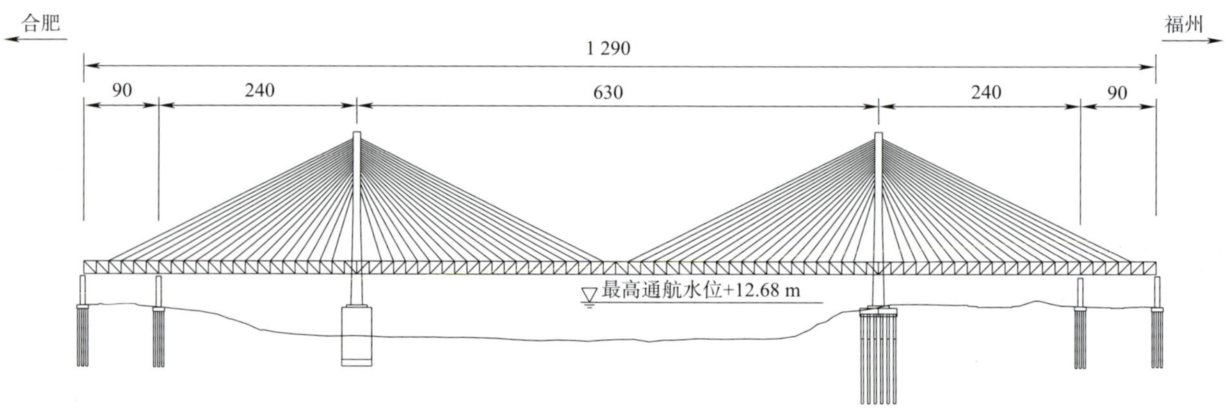

图 5-11-1　主桥立面(单位：m)

5.11.2 结构设计

(1)主梁及桥面结构

主梁采用钢桁梁,上层桥面布置 6 车道高速公路,下层桥面布置 4 线铁路。主桁采用矩形断面布置,主桁宽度为 2×17.1 m,总桁宽 34.2 m,桁高 15.5 m(图 5-11-2)。

主梁采用三片主桁,N 形桁架,桁高 15.5 m,节间长度 15 m(图 5-11-3)。设计时考虑主桁和桥面板的共同作用,上、下弦杆均采用箱形截面。主桁腹杆采用箱形截面或 H 形截面。斜拉索锚管置于上弦节点内,焊接于主桁节点。边桁上弦杆高约 1.32 m,中桁上弦杆高 1.608 m,上弦杆内宽为 1.6 m,上弦杆上、下水平板的板厚为 28～36 mm,竖板厚为 32～40 mm;下弦杆高约 1.62 m,杆件内宽为 1.6 m,下弦杆的上、下水平板的板厚为 24～44 mm,竖板厚为 28～50 mm;斜杆采用箱形、工字形及王字形截面,杆件高为 800～1 300 mm,杆件宽为 1.6 m,竖杆采用工字形或王字形截面,杆件翼缘宽为 900～1 100 mm。

主桁采用全焊桁片式设计。将每两个节间(30 m)范围内的上弦杆、下弦杆、腹杆及斜杆通过整体节点焊接在一起,形成稳定的桁片单元。桁片之间通过高强度螺栓进行连接。主桁采用全焊桁片的设计优势在于:减少工地的拼接和焊接工作量,提高了工作效率和质量。吊重较轻,对运输、吊装设备要求较低。外观平整,改善了钢梁外观效果。

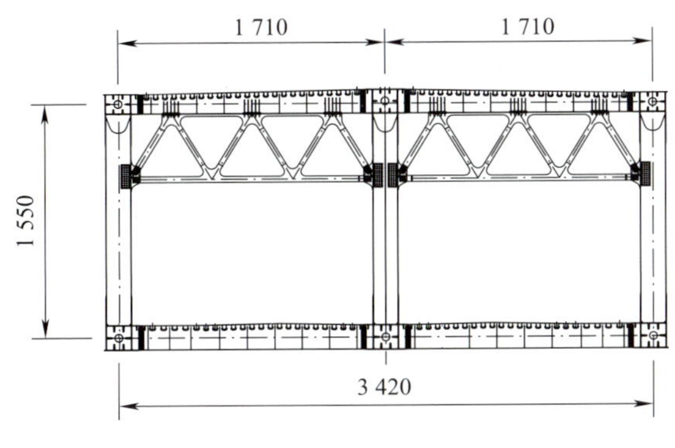

图 5-11-2 主梁断面布置(单位:cm)

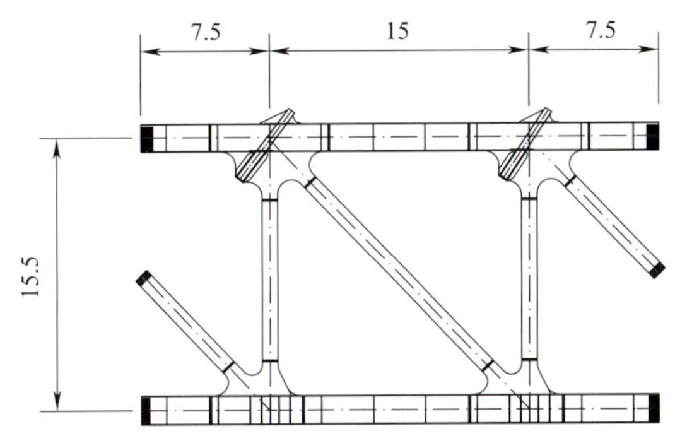

图 5-11-3 全焊桁片构造(单位:m)

铁路桥面系采用正交异性整体钢桥面,每隔 3 m 设置 1 道横梁。在主塔根部及压重区等受力较大的区域铁路桥面采用下缘封闭的钢箱桥面。采用钢箱铁路桥面,有效减小了主桁下弦杆截面尺寸,降低了杆件制造安装难度。

钢箱顶板与下弦杆的上盖板焊连,钢箱底板与下弦杆的下盖板焊连,横梁腹板与主桁杆件栓接。钢箱顶板厚度 16～24 mm,底板厚 12～20 mm。

在中跨结构受力较小的范围内,取消钢箱底板及其加劲肋,仅在横梁处设置横梁下缘底板,此时铁路桥面从钢箱结构变为正交异性钢板桥面结构,横梁下翼缘 960 mm×40 mm,腹板厚为 16 mm。

在辅助墩和边墩压重区段,采用在钢箱内灌注素混凝土的压重方式,桥面顶板开灌注孔,灌注完成后封闭。

公路桥面系采用正交异性钢桥面,桥面板厚 16 mm。沿桥纵向每 15 m 长节间内设 4 道横梁,横梁间距 3 m。横梁与主桁上弦杆高度相同。横梁下缘与桁架式横联相连。

每个竖杆处均设有桁架式横联,以提高结构抗扭转能力。横联为三角形桁架形式,桁架高约 5 m,工字形截面,杆件高 440 mm、宽 400 mm。边墩、辅助墩及主塔处设置有桥门架。

(2)主塔

桥塔采用 C50 混凝土,倒 Y 形,承台以上主塔高 212 m(图 5-11-4)。上塔柱 81 m 高度部分顺桥向宽度均为 9.6 m,再逐渐增大至塔底的 16 m。上塔柱横向尺寸为 11～21.1 m,中塔柱横向尺寸为

8.0 m，下塔柱采用横向尺寸为 8～14 m。

桥塔上塔柱采用单箱三室结构，顺桥向壁厚为 80 cm，横桥向壁厚为 180 cm。中塔柱采用单箱单室结构，壁厚 180～200 cm，下塔柱采用单向双室结构，壁厚 180 cm。中下塔柱采用梯形截面，上塔柱采用八边形截面，塔壁倾斜角度为 10°。

桥塔索锚区预应力采用 8ϕ15.2 高强度低松弛钢绞线，低回缩量锚具系统，通过二次张拉工艺将绞线的回缩量控制在1 mm。预应力钢绞线在截面上按井字形布置。

(3)下部结构

3 号主墩基础选用沉井基础。3 号主墩处圆砾土层的厚度大、承载能力高，可作为沉井基础良好的持力层。沉井支撑在圆砾土层之上，穿越土层的厚度约 35 m。

沉井外形轮廓尺寸为 62 m×38 m，沉井总高度为 68 m，其中下部 50 m 采用浮运钢沉井，上部 18 m 采用混凝土沉井。

4 号主塔墩位于南岸高滩处。墩位处覆盖层为淤泥质粉质黏土和圆砾土，圆砾土层中夹砂层和粉质黏土层。下伏基岩为泥质粉砂岩。4 号主墩采用 55 根直径 2.8 m 钻孔桩基础，桩基按梅花形布置，桩基长度为 101 m，桩尖位于微分化的泥质粉砂岩层。

边墩和辅助墩均位于陆地，采用钻孔桩基础。边墩采用 19 根直径 2.0 m 钻孔桩基础，辅助墩采用 21 根直径 2.5 m 钻孔桩基础。

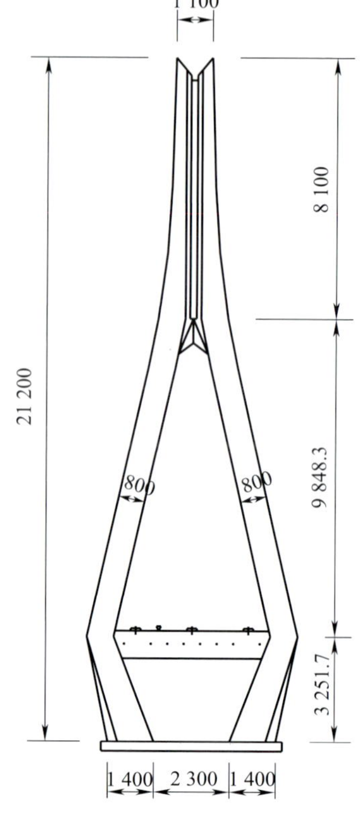

图 5-11-4　桥塔结构示意(单位：cm)

(4)斜拉索

桥塔两侧各布置 3×19 根钢绞线斜拉索。公路桥面处索距 15 m，桥面三索面横向相邻索面中心距为 17.1 m。钢绞线斜拉索索体由多股无黏结高强度镀锌钢绞线组成，股数根数为 61～127 股。单股钢绞线公称直径为 15.2 mm，抗拉强度为 1 860 MPa。

5.11.3　施工方法

(1)3 号墩沉井施工

根据 3 号墩沉井结构特点及桥址水域的施工条件，可将沉井施工分为如下几个阶段：

第一阶段：钢沉井节段制造、组拼、下水装船、运输，第一节起吊入水、抛设锚碇系统，临时锚碇定位，整体接高至第 6 节；

第二阶段：精确定位，井壁注水着床，吸泥下沉入土 5 m 至稳定深度；

第三阶段：钢沉井井壁填充水下混凝土，吸泥下沉至−38.0 m；

第四阶段：钢筋混凝土沉井接高、吸泥下沉至−62.0 m；

第五阶段：沉井清基、封底施工。

(2)主桥上部结构施工

钢桁梁在工厂内完成制造、试拼，水路运输至桥位直接起吊安装，钢梁不上岸。北岸边跨钢梁岸上部分采用拖拉法架设，水中边跨钢梁和主跨钢梁采用浮吊和架梁吊机双悬臂架设；南岸边跨钢梁采用顶推法架设，由 4 号墩向 6 号墩单点单向顶推，顶推点设置在 4 号墩，钢梁前端设置 30 m 长导梁作为顶推的辅助设施。主跨钢梁采用架梁吊机单悬臂架设。边跨设置合龙口，主跨设置一个合龙段。施工情况如图 5-11-5～图 5-11-7 所示。

图 5-11-5　南岸边跨钢梁顶推施工

图 5-11-6　中跨钢梁悬臂施工

图 5-11-7　中跨钢梁合龙

5.11.4　主要技术经济指标

主要技术经济指标见表 5-11-1。

表 5-11-1　主要技术经济指标

指　标　类　型		数　　值
结构性能指标	竖向挠跨比	1/711
	横向挠跨比	1/4 960
	梁端转角	0.958‰
主要工程量	主梁用钢量(t/m)	53.6
	斜拉索钢绞线(t)	6 327.0
	桥塔混凝土(m^3)	54 260.0

5.11.5　技术特点和创新点

(1)提出了大跨度高速铁路桥轨道动态平顺性分析作为结构设计控制标准,全面满足了高速列车行驶各项要求。

(2)首次提出箱桁组合主梁结构,采用全焊接桁片式制造与架设工艺,保障了大跨度公铁两用斜拉桥桥面系刚度均匀,大幅度节省了连接材料。

(3)研发了新型锚固体系高性能钢绞线斜拉索和基于智能控制的索力均匀性保障技术,实现了高铁桥梁斜拉索受力性能和振动控制的长效保障。

(4)研发了深水急流条件下大型沉井浮态接高和振动控制技术,解决了大型沉井施工受汛期限制的难题,提高了沉井着床精度,大幅度节省了工期。

5.11.6　获奖情况

(1)获 2015—2016 年国家铁路局铁路优秀工程设计一等奖。

(2)获 2016 年中国中铁优秀工程设计一等奖。

(3)获 2014 年中国铁道学会科学技术一等奖。

(4)获 2016 年中国铁路工程总公司科学技术特等奖。

5.12 宁安铁路安庆长江大桥

桥　　名：安庆长江大桥
工程项目：宁安铁路
工程位置：安徽省安庆市
主　　跨：580 m
桥　　型：钢桁梁斜拉桥
建设单位：宁安铁路有限公司
设计单位：中铁大桥院勘测设计院集团有限公司
施工单位：中铁大桥局集团有限公司
设计人员：徐　伟　肖海珠　傅战工　陈　翔　梅大鹏　罗　扣　李　奇
通车时间：2015 年 12 月

5.12.1 概　　况

安庆长江大桥位于安庆前江口汇合口处下游官山咀附近。大桥通行双线宁安城际客运专线，两线Ⅰ级铁路。大桥为四线铁路，按线路别布置，上游侧宁安铁路为两线客运专线，速度目标值 200 km/h 以上，下游侧阜景铁路为两线Ⅰ级干线，速度目标值 160 km/h，预留 200 km/h 条件。正线线间距均为 4.6 m，采用有砟轨道。

工程区段地形开阔平坦。长江西侧为冲湖积平原，地面高程一般为 9～12 m，有蛇曲、牛轭湖沉积及湖沼相软土沉积，主要为耕地及鱼塘。江东主要为垄岗及坳谷区，地面高程一般为 20～40 m，沿江阶地宽约 200～300 m，高程为 12～14 m。

桥址区长江河道宽约 1.7 km，河道微弯，江水流向为北向，主河槽偏东岸，水下河床断面呈不对称 V 字形，江底狭窄，东陡西缓。西岸有边滩，多年来断面总体变化不大。桥址区大部分覆盖第四系全新统冲积层，包括粉质黏土、淤泥质粉质黏土、粉细砂等，东岸垄岗区覆盖第四系更新统黏性土，基岩为白垩系宣南组泥质粉砂岩夹砾岩、泥岩。最高通航水位 16.505 m，航道技术等级按Ⅰ-(1)级航道设计，主通航孔净空高度按不小于 24 m，通航净宽不小于 555 m。

大桥全长 2 996.8 m，主桥为跨度布置为：(101.5＋188.5＋580＋217.5＋159.5＋116) m 连续钢桁梁斜拉桥；河滩区引桥和跨安庆大堤分别为 64 m 简支、(48.9＋86＋48.8) m 连续预应力混凝土箱梁；陆地引桥 32.7 m 预应力混凝土箱梁。主桥立面如图 5-12-1 所示。

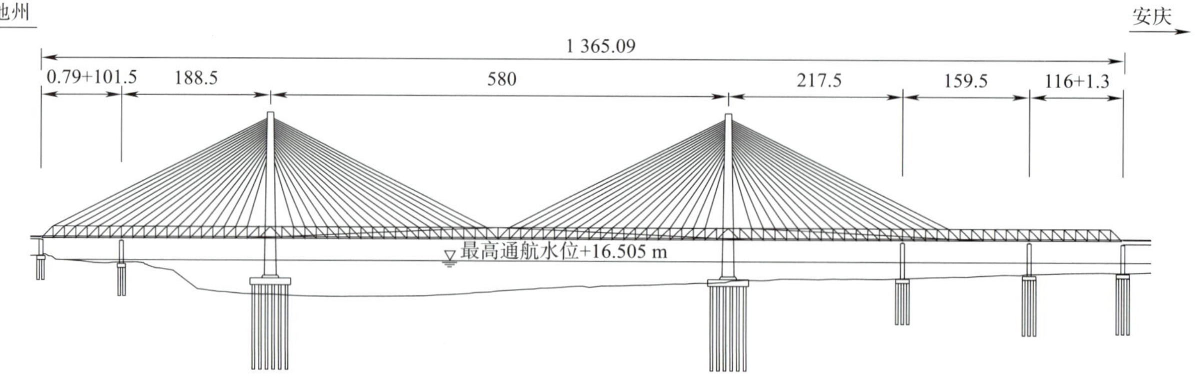

图 5-12-1　主桥立面（单位：m）

5.12.2　结构设计

(1)主梁及桥面结构

主桁采用焊接整体节点构造，下弦杆与铁路钢正交异性面板组合成板桁结构参与整体受力。节间长 14.503 m。上平纵向联结系分两幅设置交叉式斜杆和横向撑杆。索梁锚固采用锚拉板结构。主桁构件采用 Q420qE 和 Q370qE 钢材，最大板厚 64 mm。主梁截面如图 5-12-2 所示。

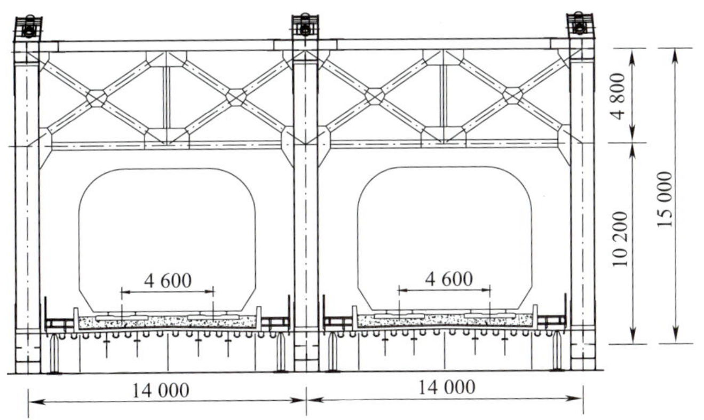

图 5-12-2　主梁横截面图(单位：mm)

(2)桥塔

桥塔为钢筋混凝土结构，上塔柱为单箱三室矩形截面，中塔柱为单箱单室截面，下塔柱为单箱双室截面。横梁为预应力混凝土结构，为单箱双室截面，支座处设横隔板。索塔锚区横向为井形布置预应力混凝土结构。桥塔结构如图 5-12-3 所示。

主梁 4 号桥塔处设置纵向固定支座，5 号桥塔处设置纵向固定支座，两桥塔与主梁间均设置纵向阻尼装置。

(3)斜拉索

斜拉索采用三索面空间扇形布置，全桥共 216 根。斜拉索为强度 1 670 MPa 平行钢丝。

(4)下部结构

主桥基础均为钻孔摩擦桩。

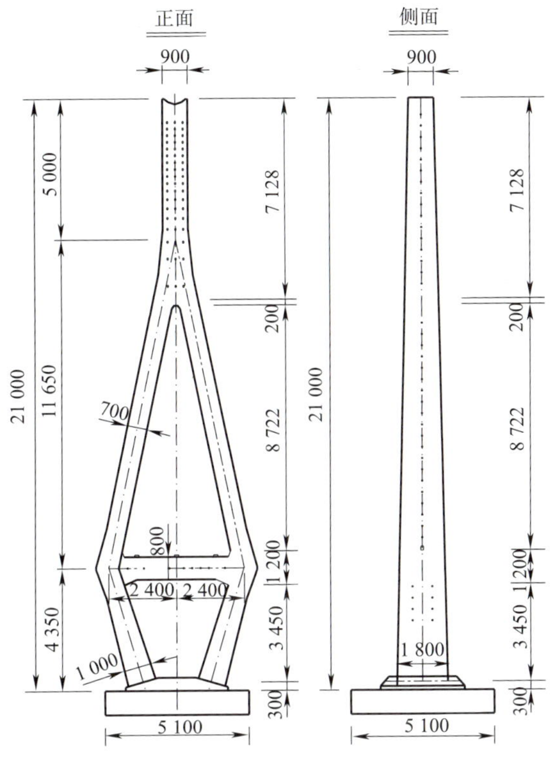

图 5-12-3　桥塔结构图(单位：cm)

5.12.3　施工方法

3～5 号基础采用双壁钢围堰施工，其余主桥基础采用钢板桩围堰施工。塔柱采用爬模施工。主梁架设采用从主墩对称悬拼安装，边跨 6～7 号墩采用支架法向主跨方向安装，先主跨跨中合龙，再在 7 号墩附近合龙边跨钢梁。施工情况及成桥实景如图 5-12-4～图 5-12-7 所示。

图 5-12-4　塔梁同步施工

图 5-12-5　中跨悬拼

图 5-12-6　钢桁合龙

图 5-12-7　成桥实景

5.12.4　主要技术经济指标

主要技术经济指标见表 5-12-1。

表 5-12-1　主要技术经济指标

指标类型		数值
结构性能指标	竖向挠跨比	1/700
	梁端转角(rad)	1.919‰
	横向挠跨比	1/3 314
主要工程量	钢梁(t)	48 460.0
	斜拉索(t)	4 023.0
	桥塔混凝土(m^3)	50 700.0

5.12.5　技术特点和创新点

(1)黏滞液压阻尼器加固定支座非对称支承体系。
(2)新型钢桁梁结构。
(3)钢正交异性板整体桥面压重新技术。
(4)深水光板岩低桩承台套箱围堰新技术。

5.12.6　获奖情况

(1)获 2017 年中国铁路工程总公司科学技术一等奖。
(2)获 2018 年湖北省优秀工程设计一等奖。
(3)获 2019 年国家优质工程奖。

5.13　渝黔铁路新白沙沱长江特大桥

桥　　名：新白沙沱长江特大桥
工程项目：渝黔铁路
工程位置：重庆市长江白沙沱河段
主　　跨：432 m
桥　　型：钢桁梁斜拉桥
建设单位：渝黔铁路有限公司
设计单位：中铁二院工程集团有限责任公司
　　　　　中铁大桥勘测设计院集团有限公司
施工单位：中铁大桥局集团有限公司
设计人员：陈克坚　徐　伟　袁　明　鄢　勇　艾宗良
　　　　　刘汉顺　刘　岩　童登国　袁　蔚　向律楷
　　　　　杜　萍　苟智平　顾春丽　方绪镯
通车时间：2018 年 1 月

5.13.1 概　　况

渝黔铁路扩能改造工程为设计速度 200 km/h 客货共线铁路，双线，线间距 4.4 m，有砟轨道。为节约过江通道资源、降低投资，新白沙沱长江特大桥上设置渝黔客车线双线、渝黔货车线双线，预留渝湘铁路双线。桥上共有六线铁路，分上下层布置。下层为货车线，设计速度 100 km/h，上层为四线客车线，设计速度 200 km/h，均为有砟轨道。

新白沙沱长江特大桥在既有川黔铁路白沙沱长江大桥下游约 100 m 处跨越长江，该河段河道顺直，岸线稳定，长江航道等级为Ⅰ-(3)级，主通航孔、右侧辅助通航孔净宽分别为 413.5 m，149.2 m，通航净高 24.0 m。桥区位于重庆市大渡口区跳蹬镇与江津区珞璜镇接壤地带，地面高程 180～270 m，两岸为构造剥蚀丘陵地貌区。地表上覆第四系全新统人工堆积层、冲洪积层，下伏基岩为侏罗系中统下沙溪庙组泥岩夹砂岩、砂岩。地震动峰值加速度为 0.05g，反应谱特征周期为 0.35 s。

大桥全长 920.4 m，主桥桥跨布置为(81＋162＋432＋162＋81) m 钢桁梁斜拉桥。主桥立面如图 5-13-1 所示。

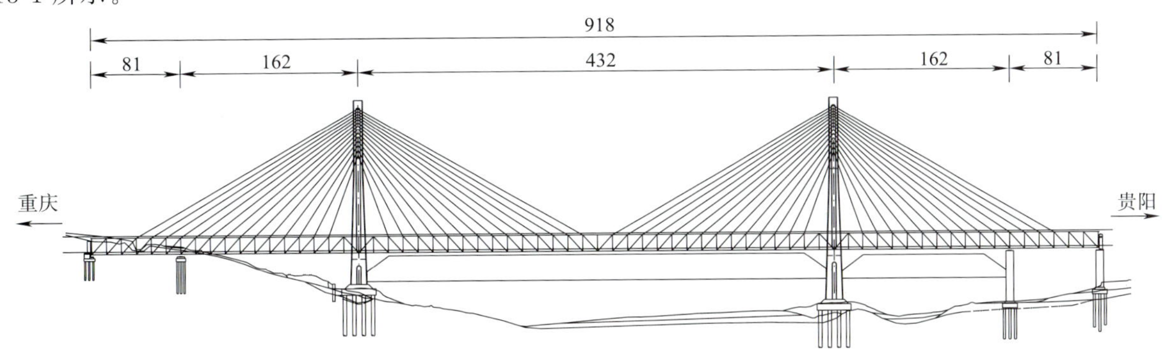

图 5-13-1　主桥立面图(单位：m)

5.13.2 结构设计

(1)钢桁梁

斜拉桥钢桁梁采用两片主桁、直桁结构、双塔双索面、半漂浮体系，塔墩固结，塔梁分离。桁宽 24.5 m，桁高 15.2 m(图 5-13-2)，节间长度 13.5 m。上、下弦杆均采用箱形截面。主桁腹杆采用箱形截面或 H 形截面。主桁节点采用焊接整体节点，节点外拼接。上层桥面为正交异性钢板整体桥面，采用板式加劲肋。下层铁路桥面采用纵横梁体系，下层桥面共设 4 道纵梁，上面铺设道砟槽板。

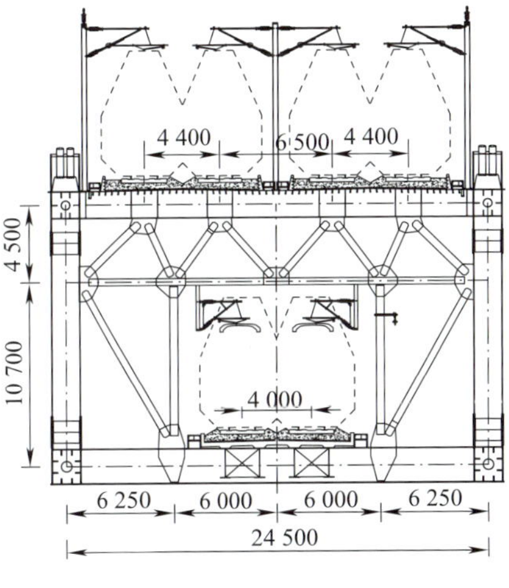

图 5-13-2　钢梁横断面(单位：mm)

(2)斜拉索

斜拉索布置为平行的扇形双索面，全桥共 56 组斜拉索。单个锚固点处斜拉索根数为两根。为了降低斜拉索的规格，利于索的运输和安装，斜拉索横向设并置双索(379ϕ7)。

(3)桥塔及基础

桥塔采用折线 H 形塔，小里程塔柱高度 181 m，大里程塔柱高 198 m。桥塔四周设置钢质浮式等截面多级消能柔性防撞方案，能够承载 5 000 t 级船舶以不同角度的碰撞。两主塔基础分别采用 32 根、36 根直径 3.2 m 大直径钻孔灌注桩，最大桩长 69 m。桥塔构造如图 5-13-3 所示。

5.13.3 施工方法

采用常规斜拉桥悬臂施工方案进行施工。

针对大里程桥塔桩基承台处岩面倾斜、嵌入光板岩，且施工面临水位变化大、流速大等复杂条件，提出了深水无覆盖层倾斜岩面基础快速施工技术，采用爆破与平台拼装同步＋定位桩与钢护筒插打同步＋钻孔桩与围堰拼装同步以及平台低位拼装整体提升、平台整体下放兼围堰内支撑综合快速施工方案，实现了基础的快速施工。

在小里程桥塔两侧场地均受限（小里程靠近运营铁路、大里程紧邻长江主航道）的条件下，重庆岸边跨钢梁施工中首次采用了在有限空间拼装式顶推平台上，分步安装钢梁，先反向后正向往复顶推施工技术。采用双主桁、无导梁、多点同步、分次顶推施工方法，实现了场地两侧受限条件下跨多股道既有铁路干线顶推施工，大幅降低施工风险。施工情况及成桥如图 5-13-4～图 5-13-6 所示。

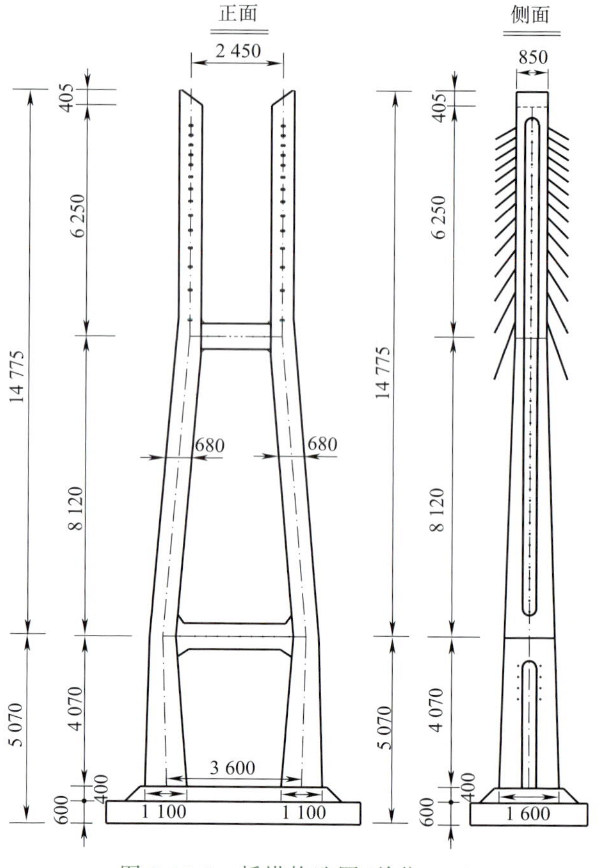

图 5-13-3　桥塔构造图（单位：cm）

图 5-13-4　钢梁顶推施工

图 5-13-5　成桥实景

图 5-13-6　新旧两座大桥跨越长江

5.13.4　主要技术经济指标

主要技术经济指标见表 5-13-1。

表 5-13-1　主要技术经济指标

指标类型		数值
结构性能指标	竖向挠跨比	1/787
	横向挠跨比	1/4 954
	梁端转角（rad）	0.90‰
主要工程量	钢桁梁钢材（t）	39 100.0
	斜拉索（t）	3 330.0
	主塔混凝土（m^3）	39 404.0

5.13.5 技术特点和创新点

大桥具有多线、大跨、重载、双层铁路桥等特征，其主要技术特点和创新点如下：

(1)大桥采用双层桥面、六线铁路布置，为铁路桥梁首次采用。

(2)大桥每延米恒载达 97.5 t，活载达 33.6 t，是世界上承受延米载荷最大的铁路斜拉桥。

(3)大桥拉索单点锚固力达 1 800 t，超过了以往铁路斜拉桥的锚固索力，采用并置双索整体双锚拉板-锚箱复合式索梁锚固结构承受单点 1 800 t 的锚固索力。

(4)下层桥面采用纵横梁体系且纵梁连续，通过制动架与横梁组成的桁架来抵抗由于桥面纵梁和主桁之间的共同作用引起的横梁旁弯的面外力，提高了列车运营的舒适性，降低了养护工作量。

(5)采用两片主桁矩形断面承受六线铁路荷载，避免了三片主桁受力分配复杂、制造安装难度大的缺点。

5.13.6 获奖情况

获 2019 年中国中铁优秀工程设计一等奖。

5.14 浩吉铁路荆州长江公铁大桥

桥　　名：荆州长江公铁大桥
工程项目：浩吉铁路
工程位置：湖北省荆州市
主　　跨：518 m
桥　　型：双塔钢桁梁斜拉桥
建设单位：浩吉铁路股份公司
设计单位：中铁大桥勘测设计院集团有限公司
施工单位：中铁大桥局集团有限公司
设计人员：易伦雄　王东晖　王为玉　张晓勇　别业山
　　　　　李　奇　邱　峰　龚　俊
通车时间：2019 年 9 月

5.14.1 概　况

浩吉铁路(原蒙华铁路)为国家Ⅰ级电气化铁路，设计速度 120 km/h，双线重载铁路、线间距 4.0 m。浩荆州长江公铁大桥是浩吉铁路及沙市—公安高速公路跨越长江的公铁合建特大桥梁。大桥全长 6.318 km，其中公铁合建段长 2.245 km。公铁合建段上层为高速公路，下层为双线重载铁路。铁路等级为Ⅰ级，采用有砟轨道，线间距 4.2 m，牵引质量 5 000 t，预留万吨条件，设计活载为中—活载(2005)之 ZH 标准($Z=1.2$)，客货共线，设计速度 120 km/h；高速公路为双向四车道，桥面宽 26.0 m，设计速度 100 km/h，设计荷载为公路Ⅰ级。

桥位处地下水均与长江水连通，桥址两岸地下水位基本一致，仅局部受地形和地层影响，稍有变化。地下水埋深洪水期一般在 0.5～2.0 m，枯水期最深达 8.5 m。桥址区地下水主要接受长江水侧向补给和大气降水入渗补给，地下水与地表水关系密切，其水位受长江水位影响大，主要靠长江水位变化交替排泄，水位及水量随长江水位季节性波动。最高通航水位 39.810 m，航道技术等级按Ⅰ级航道设计，主通航孔净空高度按不小于 18 m，通航净宽不小于 450 m。抗震设防类别为 A 类，场地地震的峰值加速度为 0.05g，对应的抗震设防烈度为 6 度，地震动反应谱特征周期为 0.35 s。

主桥跨度布置为(98＋182＋518＋182＋98) m 双塔钢桁斜拉桥。桥面分两层布置，均采用正交异性整体钢桥面板。上层为四车道高速公路，下层为双线重载铁路，有砟轨道。主桥立面如图 5-14-1 所示。

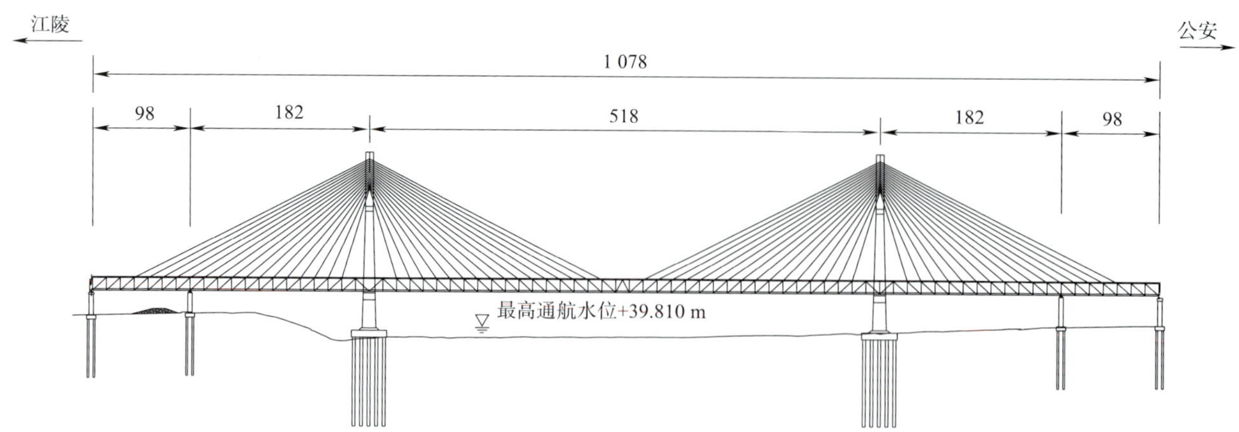

图 5-14-1 主桥立面（单位：m）

5.14.2 结构设计

（1）上部结构

荆州长江公铁大桥主桥为双塔钢桁斜拉桥，跨度布置为（98＋182＋518＋182＋98）m，全长 1 078 m。主塔为钢筋混凝土结构，斜拉索为平行双索面，主梁为钢桁架结构，主桁中心距 14.0 m，桁高 13.0 m（图 5-14-2），采用 N 字形桁式，主桁节点处两侧设倾斜副桁。桥面分两层布置，上层桥面为 4 车道公路，桥面宽 26.0 m；下层桥面为双线铁路，线路中心间距 4.2 m。斜拉索布置在上层桥面外侧，中心距为 26.7 m。

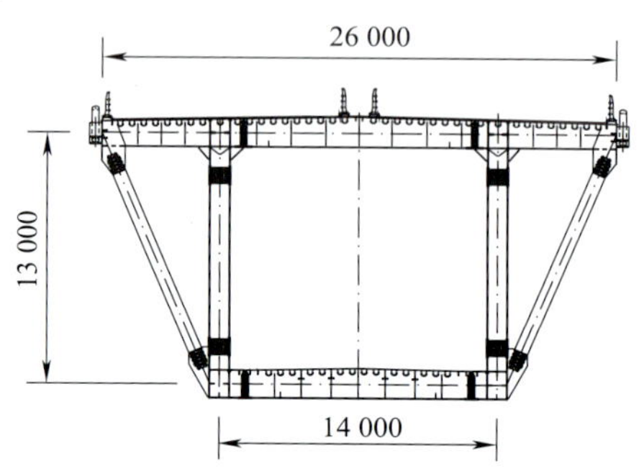

图 5-14-2 主梁横截面图（单位：mm）

主桁采用焊接的整体节点，桥面板分块制造和安装。每节间的桥面板横桥向分为三块，由两侧边缘至主桁上弦杆焊连桥面板端头以及中间桥面板组成。工地安装时，除桥面板的纵横向连接都为熔透焊缝外，其余采用高强度螺栓连接。主桁结构和桥面系构件均采用 Q370qE 材质的钢板。

铁路桥面板厚 16 mm，板顶设 2.0％的双向排水坡，下部设置间距 600 mm 的 U 形纵肋。在每条线路的轨道之下设置高 600 mm 的倒 T 形纵梁，以增强轨下的线路刚度。顺桥向每隔 3.5 m 设一道倒 T 形横肋（梁），横梁（肋）的下翼板与主桁下弦杆的下翼板顶面齐平。横梁布置在下弦节点处，横梁腹板厚 20 mm，中心高 1 574 mm，底板厚 44 mm，宽 720 mm。横肋布置在横梁之间，横肋腹板厚 16 mm，中心高 1 570 mm，底板厚 40 mm，宽 580 mm。

在钢梁 E0～E2、E4～E10 节间范围设压重段，E0～E2 节间范围压重荷载为 162 kN/m，E4～E10 节间范围压重荷载为 374 kN/m。

主塔采用 H 形桥塔，钢筋混凝土结构。承台以上塔高 182.5 m，塔柱顺桥向尺寸 8～14 m，上塔柱横桥向尺寸为 4.5 m，中塔柱横桥向尺寸为 5.5 m，下塔柱横向尺寸为 5.5～8.0 m（图 5-14-3）。下塔柱采用双

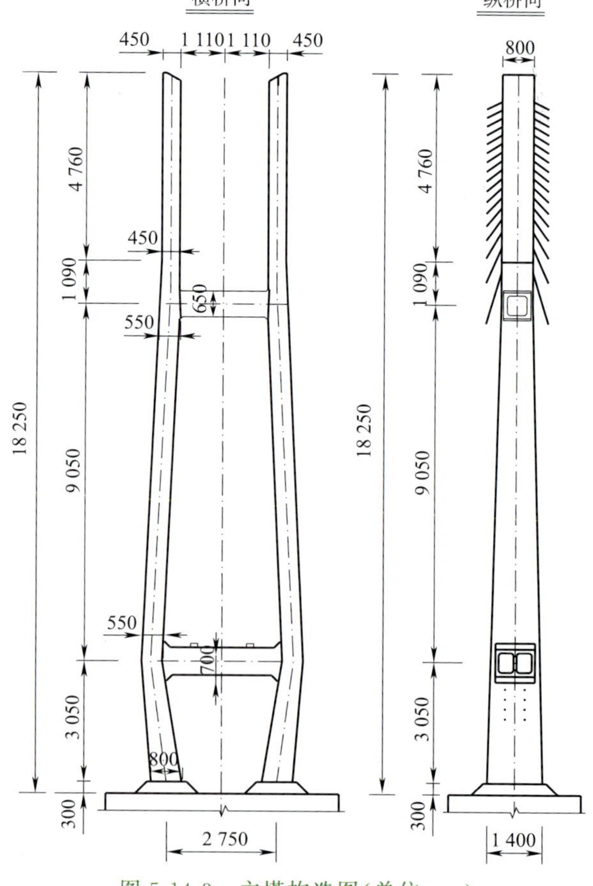

图 5-14-3 主塔构造图（单位：cm）

室空心矩形截面，壁厚 1.5 m，中隔板厚 0.8 m。

斜拉索采用双索面扇形布置，立面上每塔两侧共 17 对索，全桥 136 根斜拉索。斜拉索采用 ϕ7 平行钢丝索，外包双层 PE 护套，两层 PE 护套间设置隔离层，σ_b = 1 670 MPa，分 199ϕ7、283ϕ7、313ϕ7、349ϕ7、367ϕ7 五种规格。

(2)下部结构

主塔基础采用 2.8 m 大直径钻孔桩基础，每个主塔基础桩数为 36 根，3 号塔基础桩长 85 m，4 号塔基础桩长 90 m；桩基础在高程+0.5 m 以上直径为 3.1 m，+0.5 m 以下直径为 2.8 m。承台尺寸 58.4 m×35.6 m，承台厚度 6 m。

5.14.3　施工方法

主桥钢桁梁采用对称悬臂吊装施工(图 5-14-4)，在中跨跨中合龙(图 5-14-5)。为减少现场连接及高空作业量，实现钢桁梁工厂化拼装，提高安装工效，钢桁梁采用整节间桥面板制造、吊装，节省了接头连接及施工脚手等材料用量；进行焊缝收缩变形及螺栓接头滑移研究，优化桥面板连接接头施工工序，减少了工序转换次数，实现了施工连续性，加快了施工速度；中跨合龙口有两根斜杆，通过对钢梁杆件合龙顺序的比较分析，确定合理的合龙顺序，降低了合龙难度，实现了钢梁的快速、精确合龙。

图 5-14-4　悬臂对称吊装钢桁梁

图 5-14-5　施工至中跨合龙

5.14.4　主要技术经济指标

主要技术经济指标见表 5-14-1。

表 5-14-1　主要技术经济指标

指标类型		数值
结构性能指标	竖向挠跨比	1/516
	梁端转角(rad)	2.7‰
主要工程量	钢梁(t)	30 340.0
	斜拉索(t)	2 475.0
	桥塔混凝土(m^3)	31 250.0

5.14.5　技术特点和创新点

(1)大桥建成时是当时国内跨度最大的重载铁路公铁两用大跨度斜拉桥。

(2)首次采用直主桁加斜副桁的主桁断面布置，上、下层桥面受力合理。

(3)首次采用开口截面上弦杆，便于结构养护维修。

(4)索梁锚固体系设置在上层公路桥面外侧。

(5)采用整节间桥面板结构，创新桥面板接头栓焊技术。

(6)双斜杆钢梁节间快速、精确合龙技术。

5.15 商合杭铁路芜湖长江公铁大桥

桥　　名：芜湖长江公铁大桥
工程项目：商合杭铁路
工程位置：安徽省芜湖市
主　　跨：588 m
桥　　型：钢桁梁斜拉桥
建设单位：京福铁路客运专线安徽有限责任公司
设计单位：中铁大桥勘测设计院集团有限公司
施工单位：中铁大桥局集团有限公司
设计人员：黄燕庆　易伦雄　王东晖　张　州　吴国强
　　　　　邹敏勇　方绪镯　朱　伟
通车时间：2020 年 6 月

5.15.1 概　况

芜湖长江公铁大桥为公铁合建桥梁，上层通行 8 车道城市主干路，设计速度 60 km/h，下层通行 2 线商合杭铁路，设计速度 250 km/h，正线线间距 4.6 m；预留两线城际铁路，设计速度 160 km/h，正线线间距 4.6 m。均采用有砟轨道。

大桥连接芜湖市鸠江区与镜湖区，在弋矶山附近跨越长江。桥址位于芜裕河段下段芜裕分汊河段，包括芜湖段和曹姑洲、陈家洲汊道。桥址区水域覆盖层为第四系全新统冲积层。发育厚度从左岸向右岸方向逐渐变薄，近左岸最厚处约 30 m，近右岸基岩则直接裸露于水底。覆盖层岩性主要为冲、洪积稍密～中密状粉、细砂，少量中～粗砂，底部发育有薄层细圆砾土。场区基岩主要为燕山期侵入的火成岩(闪长玢岩)及三叠系中晚期黄马清群陆相沉积碎屑岩后因火山岩侵入而形成热液接触变质岩(角岩、角岩化砂岩、角岩化砂质泥岩)。

大桥通航等级按Ⅰ-(1)级航道设计，主通航孔净空高度按不小于 32 m，通航净宽不小于 543 m。长江大桥建筑高程受芜湖机场航空限高限制，根据相关规范核准桥梁建筑高程为右岸塔顶标高＋125.0 m，左岸塔顶标高＋141.5 m。

主桥采用非对称矮塔钢桁梁斜拉桥，跨度布置为：(99.3＋238＋588＋224＋85.3) m。主桥立面如图 5-15-1 所示。

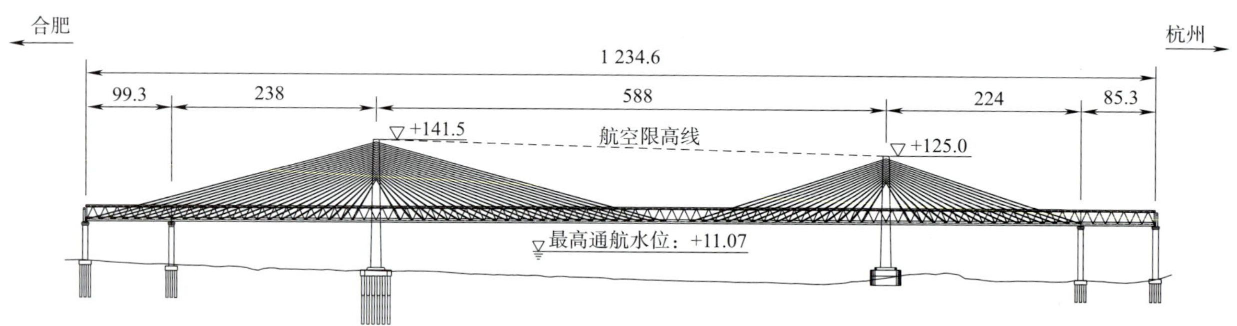

图 5-15-1　主桥立面(单位：m)

5.15.2 结构设计

(1)主梁及桥面结构

主梁上层为板桁结合，下层为钢箱结合钢桁梁，三角形桁架，两片主桁，上层桁中心距 33.8 m，下层桁中心距为 38 m，主桁桁高 15.0 m(图 5-15-2)，节间长度 14 m。桥梁横断面采用两片主桁的形式，全桥不设横联，只在支点处设板式桥门架。

上、下弦杆均采用箱形截面。主桁腹杆采用箱形截面或 H 形截面。主桁节点采用焊接整体节点，节点外拼接。斜拉索锚箱置于下弦杆件节点内，焊接于主桁下弦节点腹板。上弦杆高 2.16 m，内宽 1.2 m，上弦杆上、下水平板的板厚为 28～44 mm，竖板厚为 28～44 mm；在杆件的竖板上设三道板式加劲肋，上、下水平板各设一道板式加劲肋；节段间顶板采用焊接，腹板与底板均采用栓接。

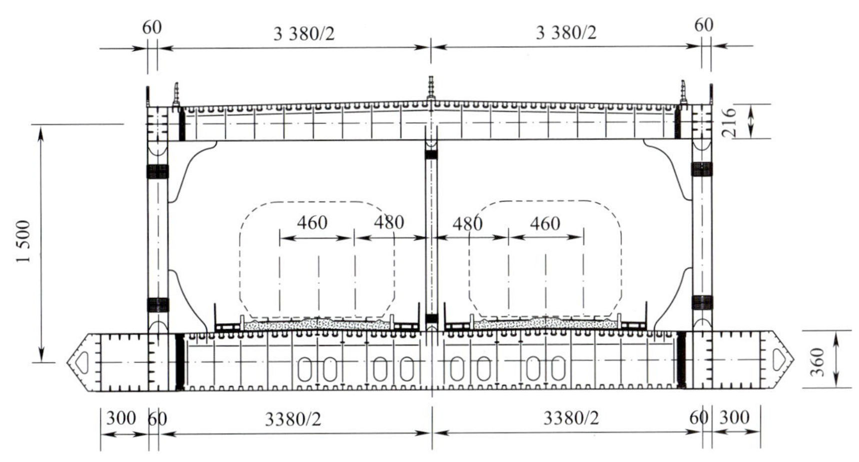

图 5-15-2　主梁横断面(单位：cm)

下弦杆高 3.6 m，外宽为3 m，杆件的竖板上设五道板式加劲肋，上、下水平板设四道板式加劲肋，下弦杆的上、下水平板的板厚为 24～40 mm，竖板厚为 24～40 mm；斜杆采用箱形、工字形截面，杆件高为 840～1 480 mm，杆件内宽为 1.2 m，竖杆采用工字形，杆件翼缘宽为 800～1 200 mm。

铁路桥面系采用正交异性钢箱桥面，每隔 3.5 m 设置一道横梁，端部高 3.6 m，铁路中心高约 3.77 m。钢箱顶板厚 16 mm，底板厚 12 mm。在主塔根部及压重区等受力较大的区域钢箱各部分的板厚需适当加厚。

公路桥面系采用正交异性钢桥面板，桥面板厚 16～24 mm，在主塔附近区域、主梁无索区域，桥面板需加厚，采用 20～24 mm 板厚。

(2)桥塔

桥塔采用钢筋混凝土结构，C55 混凝土。桥塔外轮廓为门式框架形状，设置上下 2 道横梁。为充分利用机场限高要求，改善大桥总体受力，南北主塔采用高低塔造型，其中 2 号主塔塔顶高程为＋141.5 m，承台以上塔高 155 m，3 号主塔塔顶高程为＋125.0 m，承台以上塔高 130.5 m。

2 号主塔塔柱顺桥向尺寸 8～9～13 m，其中 9 m 为下横梁顶处的塔柱顺桥向尺寸，上塔柱高 98 m，下塔柱高 54 m。上塔柱标准段横桥向尺寸为 8 m 等宽，下塔柱横向尺寸为 8.0～10.0 m。2 号主塔主要结构如图 5-15-3 所示。

3 号主塔塔柱顺桥向尺寸 8～9～12 m，其中 9 m 为下横梁顶处的塔柱顺桥向尺寸，上塔柱高 81.5 m，下塔柱高 46 m。上塔柱标准段横桥向尺寸为 8 m 等宽，下塔柱横向尺寸为 8.0～9.7 m。3 号主塔主要结构如图 5-15-4 所示。

(3)斜拉索

斜拉索采用直径 7 mm 平行钢丝拉索，标准抗拉强度为 2 000 MPa，采用双索面布置，每个锚固位置布置有 2 根斜拉索。全桥共布置拉索 304 根，选用 PESC7-211、265、313、379、421、451、475、499、511、547 共 10 种规格的材料。

(4)下部结构

2 号主塔墩墩位处粉细砂厚约 30 m，其下为破碎岩石，基础采用 44 根直径 3.0 m 钻孔灌注桩，承台采用圆端形结构，外轮廓尺寸 67 m×30.8 m，承台厚 7.5 m。

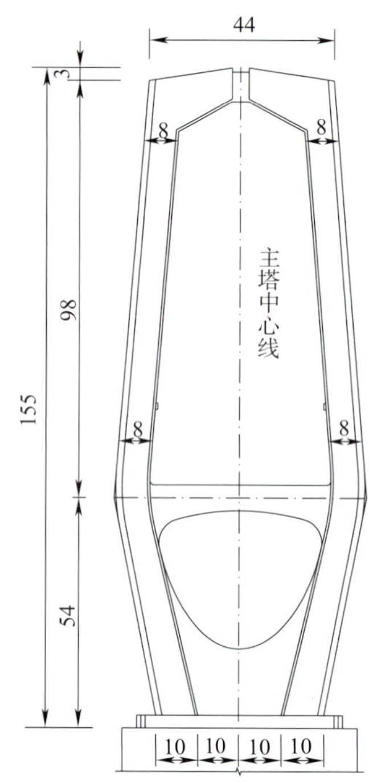

图 5-15-3　2 号主塔结构图(单位:m)

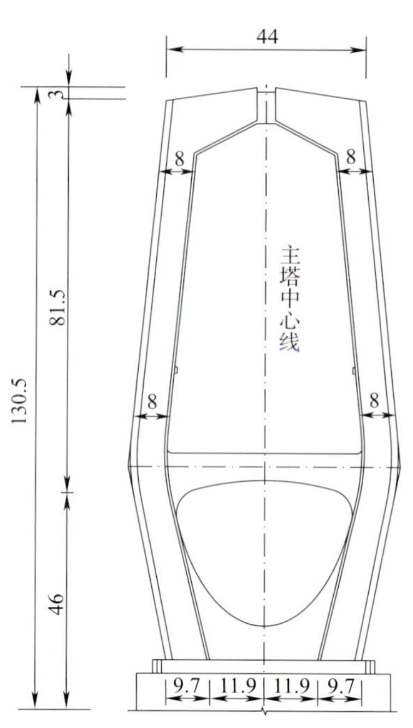

图 5-15-4　3 号主塔结构图(单位:m)

3 号主塔墩墩位处基础弱,微风化基岩直接裸露于河床底部,岩性为燕山期侵入闪长玢岩(图 5-15-5),岩石强度较高,为硬质岩。由于地基承载力较高,研究采用设置沉井基础。沉井基底尺寸为 65 m×35 m,基底置于基础弱、微风化闪长玢岩中,沉井高 19.5 m,沉井平面分为 21 个井孔。先对表面的强风化岩石进行适当爆破、整平,然后将在工厂预制好的钢沉井结构浮运到墩位,下沉设置在处理好的岩石地基上。

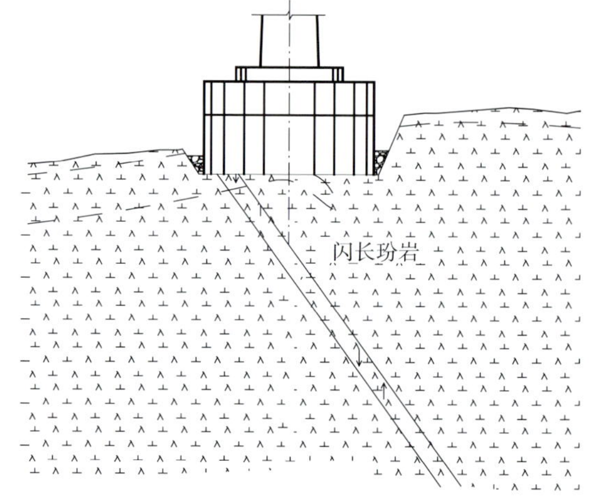

图 5-15-5　3 号主塔基础结构图

5.15.3　施工方法

2 号主塔墩基础采用先围堰后平台的施工方案,围堰既是承台施工的挡水结构,同时也是钻孔桩施工的平台。围堰结构形式为双壁钢套箱围堰。

3 号主塔基础采用沉井+钢围堰组合施工方案。先对表面的强风化岩石进行适当爆破、整平,然后将在工厂预制好的钢沉井结构浮运到墩位,下沉设置在处理好的岩石地基上。由于钢沉井顶面设计高程在水面以下,故其上需另接高 16.5 m 的围堰,作为沉井盖板及塔柱施工的挡水结构。

塔柱施工采用液压爬模系统,上、下横梁均采用支架法施工。

钢梁架设采取 750 t 变幅式桥面架梁吊机两主塔对称悬臂安装方案。架梁吊机直接从水面取梁架设,先整体起吊安装铁路梁、腹杆及铁路桥面,然后架梁吊机变幅,越过已架铁路梁整体起吊公路梁及公路桥面,再收幅拼装到位。边墩、辅助墩顶钢梁由浮吊先吊放至墩旁托架上,再由架梁吊机进行拼装。施工情况如图 5-15-6～图 5-15-8 所示。

5.16 沪苏通铁路沪苏通长江公铁大桥

桥　　名：沪苏通长江公铁大桥
工程项目：沪苏通铁路
工程位置：江苏省南通市、张家港市
主　　跨：1 092 m
桥　　型：钢桁梁斜拉桥
建设单位：沪通长江大桥建设指挥部
设计单位：中铁大桥勘测设计院集团有限公司
施工单位：中铁大桥局集团有限公司
　　　　　中交第二航务工程局有限公司
设计人员：高宗余　徐　伟　梅新咏　张燕飞　徐　力
　　　　　郑清刚　彭振华　胡文军
通车时间：2020 年 7 月

5.16.1 概　　况

沪苏通铁路位于上海市和江苏省北部，属于长江三角洲地区。线路起点南通市，位于江苏省北部、长江中下游北岸，南通市区南濒长江，隔江与张家港市相望。线路终点上海市位于长江入海口与黄浦江交汇处，东临东海。沪苏通大桥下层为 4 线铁路，均采用有砟轨道，其中 2 线为通沪铁路，设计速度 200 km/h；另 2 线为通苏嘉甬铁路，设计速度 250 km/h；上层为六车道高速公路，设计速度 100 km/h。

大桥位于长江下游河段，桥位区陆域地貌属长江冲积平原的新长江三角洲，是长江三角洲的近前缘地段，一般标高 2～3 m，通常低于长江的最高潮位和洪水位，形成洪水期暂时性悬河景观。陆域地势平坦开阔，地面自西向东微倾，两岸向江边低倾。北岸地面标高相对较低，一般为 2～3 m，南岸地面标高 2～5 m。近桥位的两岸平原区河网纵横交错。大桥主通航孔（单孔双向）通航净空尺度：通航净空宽度不小于 900 m，通航净空高度不小于 62 m；辅助通航孔（单孔单向）通航净空尺度：通航净空宽度不小于 200 m，通航净空高度不小于 62 m；洪季上行孔（单孔单向）通航净空尺度：通航净空宽度不小于 73 m，通航净空高度不小于 15 m；天生港水道专用通航孔（单孔单向）通航净空尺度：通航净空宽度不小于 284 m，通航净空高度不小于 45 m。

大桥公铁合建跨江正桥全长 5 827 m。主航道桥为跨度（140＋462＋1092＋462＋140）m 的钢桁梁斜拉桥，天生港专用航道桥为跨度（140＋336＋140）m 的钢桁梁拱桥，其余跨江部分由 26 孔 112 m 简支钢桁梁桥构成。主桥立面如图 5-16-1 所示。

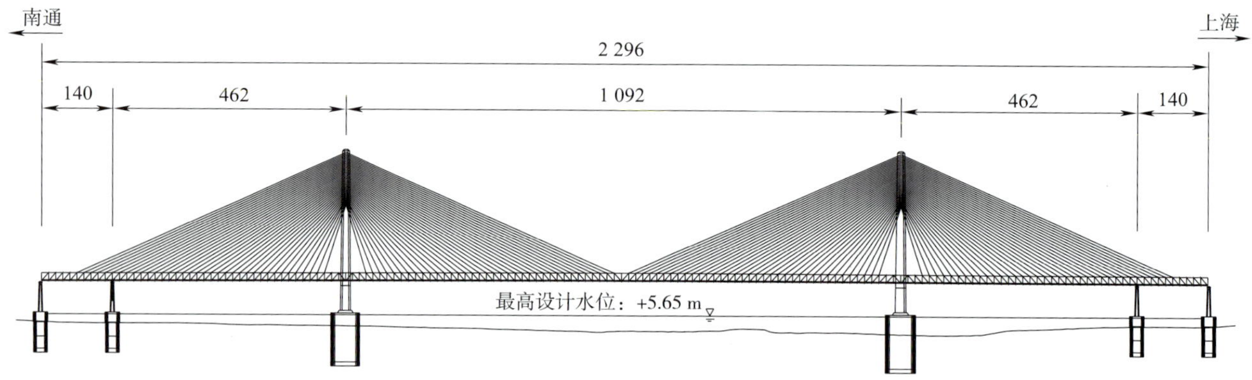

图 5-16-1　主桥立面（单位：m）

5.16.2　结构设计

(1)主航道桥

主梁及桥面结构:主梁采用新型箱桁组合桁架结构,桁架下弦铁路桥面由与主梁断面同宽的钢箱组成,钢箱同时兼作整体桥面。上弦公路桥面采用正交异性钢桥面板,并与主桁结合。公路、铁路桥面均为整体钢桥面,参与主桁受力。主梁采用三片主桁结构,标准段主梁边桁桁高为 16.0 m,中桁桁高 16.308 m,桁宽 2×17.5 m(图 5-16-2),桁式采用 N 形桁,节间距分为 14 m。公路桥面设 2%单向横坡,铁路桥面设 2%人字坡。

桥塔:主塔为钢筋混凝土结构,塔身采用 C60 混凝土,塔座采用 C50 混凝土。桥面以上为倒 Y 形,桥面以下塔柱内收为钻石形。塔顶高程为+333 m,塔根(承台顶)高程为+8.0 m,承台以上塔高 325 m。塔柱顺桥向尺寸 14~21 m,上塔柱标准段横桥向尺寸为 14~15 m,中塔柱和下塔柱横向尺寸为 8.7~16.7 m。最大壁厚 1.8 m。

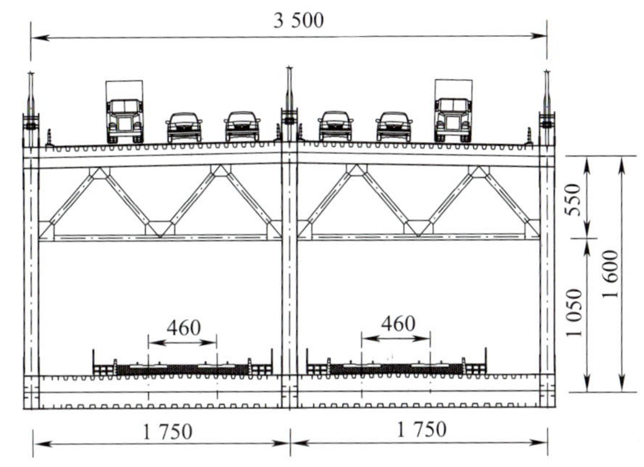

图 5-16-2　主梁横截面图(单位:cm)

斜拉索:斜拉索边中跨对称布置,斜拉索主梁上间距 14 m,塔上间距 2.8~3.4 m,每塔立面布置 36 对斜拉索,配合主梁三桁结构,拉索横向采用三索面布置。斜拉索采用直径 7 mm 平行钢丝拉索,标准抗拉强度为 2 000 MPa,单根最大长度为 583.8 m 最大索重 78.2 t。

主墩基础:主墩基础采用沉井基础。28 号主塔混凝土沉井高 105 m,钢沉井高度为 50 m,29 号主塔混凝土沉井高 115 m,钢沉井高度为 56 m。

(2)专用航道桥

天生港专用航道桥采用刚性梁柔性拱钢桁桥。主梁采用三主桁双层板桁组合结构,主拱采用抛物线形的钢箱拱肋,拱肋与主桁的上弦杆采用柔性吊杆连接,吊杆纵向间距 14 m(图 5-16-3)。

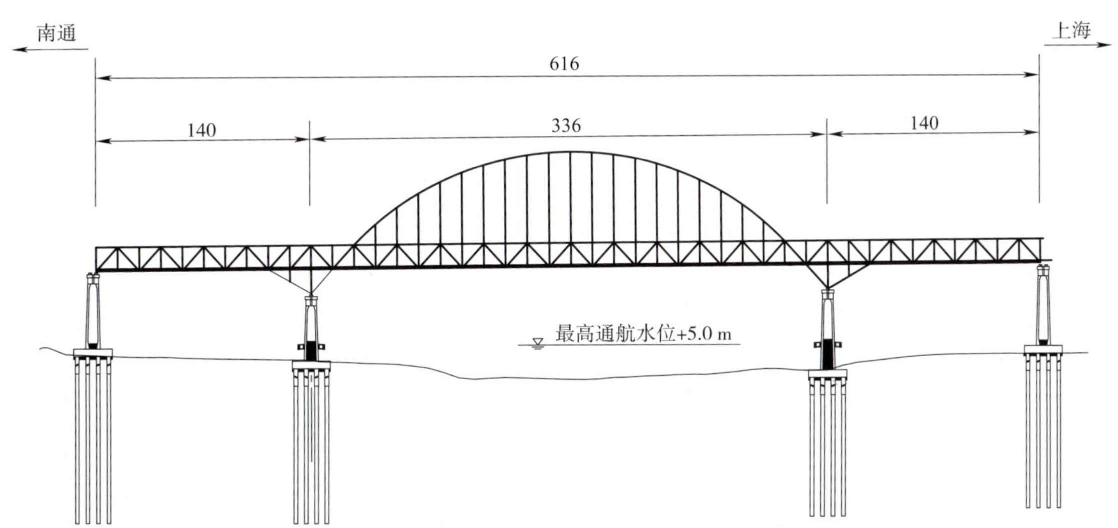

图 5-16-3　专用航道桥立面布置图(单位:m)

主梁:桁架节间长度为 14 m,主桁宽度为 2×17.25 m,中桁高 16.0 m,边桁高 15.7 m;中支处下加劲腿高 16 m;拱肋为箱形截面柔性拱肋,边拱肋矢高 60 m,中拱肋矢高 59.7 m。

主墩基础:采用钻孔桩基础。3、4 号主墩承台顶位于河床面以下,承台为矩形,平面尺寸 55×25 m

（横桥向×纵桥向），承台厚度为 7 m，4 号墩封底混凝土厚度 4.2 m。承台下设 36 根直径 2.5 m 钻孔摩擦桩，3 号主墩基础的桩长 120 m，4 号主墩基础的桩长 115 m，行列式布置，桩底持力层为硬塑黏土。

2、5 号墩也采用钻孔桩基础。承台为矩形，平面尺寸 43 m×25 m（横桥向×纵桥向），承台厚度为 5 m，承台顶位于平均高潮位以上，承台顶常年露出水面，承台底位于水面以下。承台下 28 根直径 2.5 m 钻孔摩擦桩，桩长 117 m，行列式布置，桩底持力层为密实砂层。

墩身：采用墩顶设置墩帽的单箱三室的空心墩结构。墩身横向宽度均为 37 m，3、4 号主墩顶纵桥向 8 m，2、5 号墩顶纵桥向 7 m，墩身纵向外轮廓采用 40∶1 坡度放坡至墩底，空心墩内壁采用 60∶1 放坡至墩底。空心截面顶墩身横向壁厚 1.0 m，墩顶纵向壁厚 0.8 m。

5.16.3 施工方法

（1）主航道桥

钢沉井部分工厂整体制造、出坞、浮运、定位、下沉，混凝土沉井部分现场接高。桥塔采用爬模逐节现浇施工。钢梁各墩顶节段采用浮吊吊装到位放置，利用 1 800 t 架梁吊机进行其余节段对称悬臂拼装，钢梁合龙依次为辅助跨、北侧边跨、1 092 m 主跨、南侧边跨。主航道桥施工情况如图 5-16-4～图 5-16-6 所示。

图 5-16-4 桥塔施工

图 5-16-5 中跨悬拼

图 5-16-6 钢桁合龙

（2）专用航道桥

基础采用搭设栈桥先钻孔后围堰施工承台方法进行施工。3 号～4 号采用钢套箱围堰，2 号、5 号墩采用钢吊箱围堰。墩身采用翻模法施工，各墩旁分别设置 1 台塔式吊机辅助施工。

从 3 号和 4 号墩开始分别向两侧对称架设钢梁，边跨架设完毕后再进行中跨合龙，最后吊装拱肋（图 5-16-7）。架设主要分为平弦钢梁架设和柔性拱肋架设两部分。成桥实景如图 5-16-8 所示。

图 5-16-7 拱肋竖转

图 5-16-8 成桥实景

5.16.4　主要技术经济指标

主航道桥主要技术经济指标见表 5-16-1，专用航道桥主要技术经济指标见表 5-16-2。

表 5-16-1　主要技术经济指标(主航道桥)

指标类型		数值
结构性能指标	竖向挠跨比	1/524
	梁端转角(rad)	1.42‰
	横向挠跨比	1/1 519
主要工程量	钢梁(t)	130 387.0
	斜拉索(t)	18 891.0
	桥塔混凝土(m^3)	146 990.0

表 5-16-2　主要技术经济指标(专用航道桥)

指标类型		数值
结构性能指标	竖向挠跨比	1/2 162
	梁端转角(rad)	1.97‰
主要工程量	钢梁(t)	34 558.0

5.16.5　技术特点和创新点

(1)公铁两用斜拉桥主跨 1 092 m，开启了中国铁路斜拉桥进入千米级时代。

(2)自主研发了 2 000 MPa 平行钢丝斜拉索及 Q500qE 高性能桥梁钢新型材料，并在工程中成功应用。

(3)自主研制了 1 800 t 架梁吊机，实现两节间大节段钢桁梁整体制造架设。

(4) 超深大尺度沉井空间定位着床技术，在施工过程中实现多向快速调整，保证了沉井姿态，实现了多向潮流复杂水动力环境下巨型沉井空间精确定位。

(5)提出了超高索塔 C60 高性能混凝土抗裂理论、耐久性设计方法及成套施工工艺。

(6)研究出了 2 000 mm 级梁端伸缩装置及钢轨伸缩调节器结构合理参数取值。

(7)专用航道桥主跨 336 m，是目前世界上同类型结构中最大跨度的公铁两用钢拱桥。

(8)专用航道桥采用对称双悬臂安装主梁、主梁上节段安装拱肋、三片拱肋同步竖向转体的成拱新型施工工艺。

5.16.6　获奖情况

获 2014 年全国优秀工程咨询成果一等奖。

5.17 连镇铁路五峰山长江大桥

桥　　名：五峰山长江大桥
工程项目：连镇铁路
工程位置：江苏省镇江市
主　　跨：1 092 m
桥　　型：钢桁梁悬索桥
建设单位：上海铁路局南京枢纽指挥部
设计单位：中铁大桥勘测设计院集团有限公司
施工单位：中铁大桥局集团有限公司
　　　　　中交第二航务工程局有限公司
设计人员：徐恭义　刘汉顺　唐贺强　胡　骏　王东晖
　　　　　罗　扣　王东绪　李振岭
通车时间：预计2020年11月

5.17.1 概　　况

五峰山长江大桥是新建连云港至镇江铁路跨越长江的关键工程，也是京沪高速公路G2南延与江宜高速公路共同跨越长江的工程。大桥下层通行4线铁路，2线连镇铁路设计速度250 km/h，正线线间距4.6 m；预留2线城际铁路，设计速度200 km/h，正线线间距4.6 m，有砟轨道。

五峰山长江大桥南岸位于镇江五峰山脚下，桥位处江面狭窄，水深流急，常水位水面宽约1 200 m。桥位处通航航道靠近北岸，通航净宽790 m，通航净高50 m，而水道深槽位于南岸。

北塔墩位于岸边浅水区，覆盖层厚度62.5～71.4 m，以细砂为主夹黏性土，基岩为闪长玢岩，桩底进入微风化石英闪长斑岩。南塔墩位于岸上原散货码头处。上游塔柱基岩以含砾凝灰质泥岩为主，不均匀夹杂凝灰质砂岩、泥岩、角砾岩，底部为侵入的石英闪长斑岩，岩体破碎，岩块强度变化大且软硬不均，勘探深度内无较好持力层。下游塔柱基岩为凝灰质砂岩，岩体裂隙发育，强度高，微风化岩面在－53～－34 m，是基础良好的持力层。北锚碇位于长江大堤外侧，地面高程1.0～4.0 m，地形较平坦，覆盖层主要为粉质黏土、砂层，下伏基岩为石英闪长斑岩，基岩顶板高程－63.7～－54.6 m。南锚碇位于五峰山山坳冲沟处，地形与岩面起伏较大，地面高程6～25 m，覆盖层主要为残坡积黏性土，基岩为凝灰质砂岩，埋深约16～20 m，弱、微风化基岩岩体较破碎，岩质硬，微风化岩面高程－23.78～－12.56 m。最高通航水位6.64 m，通航等级为按Ⅰ-(1)级，主通航孔净空高度不小于50.9 m，通航净宽不小于790 m。

主桥采用钢桁梁悬索桥，主梁跨度布置为(84＋84＋1092＋84＋84) m，主缆跨度布置为(350＋1092＋350) m，垂跨比1/10。主桥立面如图5-17-1所示。

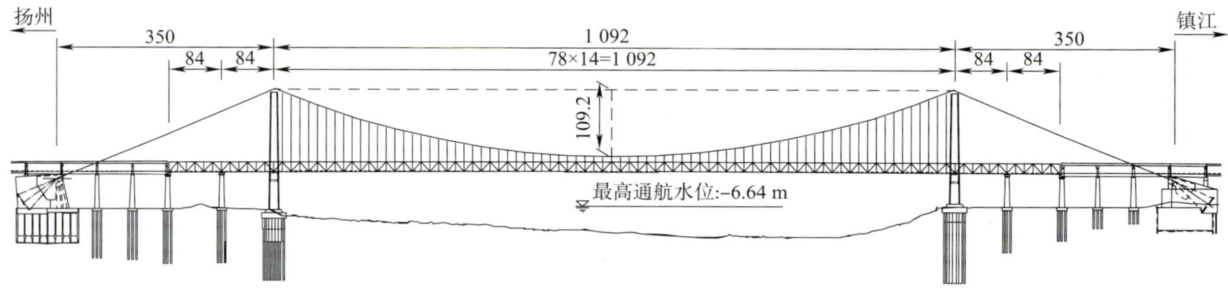

图5-17-1　主桥立面(单位：m)

5.17.2 结构设计

（1）支承体系

主梁在主塔下横梁处、边墩顶、辅助墩顶均设置竖向支座与横向抗风（抗震）支座。主梁纵向在主塔下横梁处采用阻尼约束体系，共设置 8 台黏滞阻尼器。

（2）主梁及桥面结构

加劲梁立面采用华伦式桁架，为板桁结合桥面系钢桁梁。加劲梁横断面采用带副桁的直主桁形式，两片主桁间距 30 m，桁高 16 m（图 5-17-2），节间长度 14 m，副桁中心距 43 m。上、下弦杆均采用箱形截面，主桁腹杆采用箱形截面或 H 形截面。每个竖杆处均设有桁架式横联，横联为三角形桁架形式，桁架高约 5 m，工形杆件。钢桁梁采用大节段设计，材质采用 Q370qE 钢。

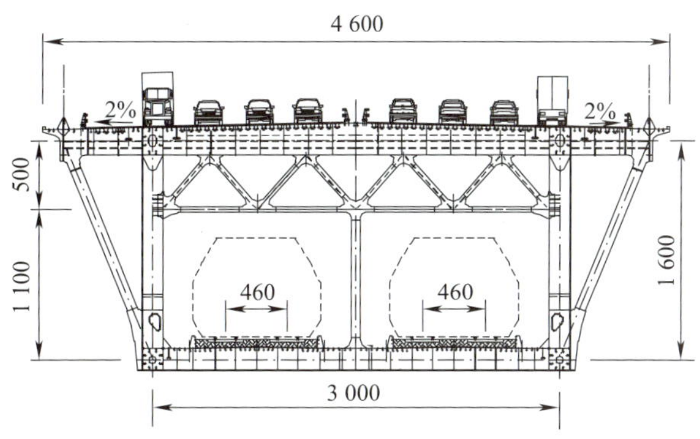

图 5-17-2 主梁截面图（单位：cm）

（3）缆索系统

全桥共设 2 根主缆，横向中心距 43 m。主缆采用预制平行高强钢丝索股结构（PPWS），每根主缆由 352 股索股组成，每股索股由 127 丝 $\phi5.5$ 镀锌高强平行钢丝构成正六边形断面，钢丝标准抗拉强度采用 1 860 MPa。主缆在索夹外、索夹内挤圆后的空隙率分别按照 20%、18%设计，挤圆后直径分别为 1 300 mm、1 284 mm。主缆索股及断面图如图 5-17-3 所示。

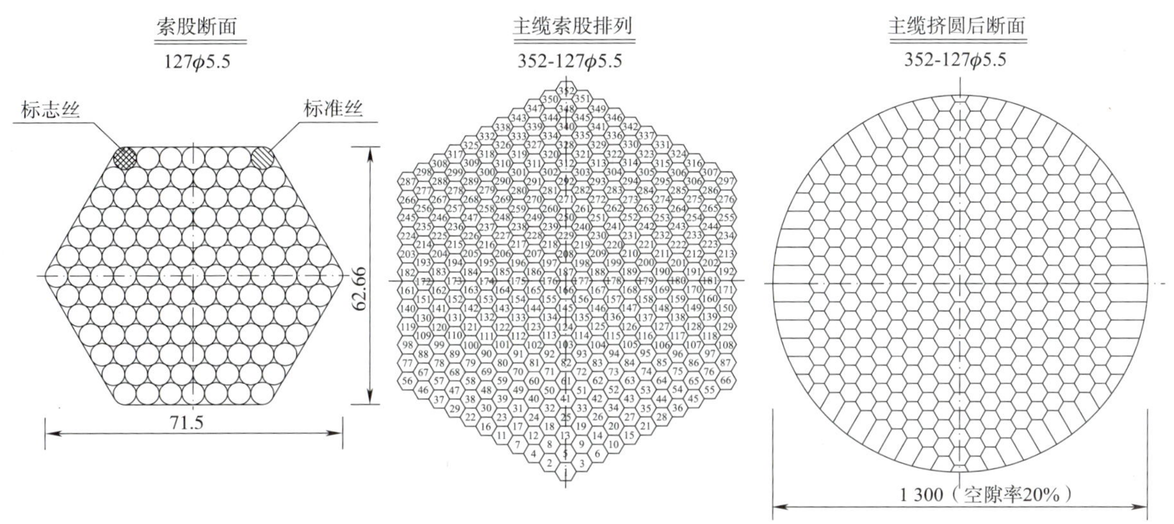

图 5-17-3 主缆索股及断面图（单位：mm）

吊索与索夹采用销接式结构。吊索采用预制平行钢丝束，钢丝束外挤包双护层 PE 进行防护。钢丝采用 $\phi5.0$ 镀锌高强钢丝，钢丝标准抗拉强度不小于 1 770 MPa。吊索标准间距为 14 m，每根吊索由 337 根钢丝组成，每个吊点处设置 2 根吊索。对于成桥状态吊索索长 30 m 以上的吊索，设置减振架，以减小吊索的风致振动。

索夹分为有吊索索夹和无吊索索夹。所有索夹均采用上下对合型结构形式，用高强螺杆连接紧固，为保证在预紧高强螺杆作用下索夹能紧抱主缆，在两半索夹间留有适当的缝隙。索夹内径 1 284 mm。

主索鞍采用铸焊结合式，鞍体长约 9 100 mm，宽 4 000 mm，高 4 300 mm，鞍槽宽 1 381 mm，设计为双纵肋传力结构。为减轻吊装、运输质量，并方便制造，鞍体纵向分三块制造，吊至塔顶用高强螺栓拼接成整体。

散索鞍为摆轴式结构,主缆理论散索点到散索鞍底混凝土面的距离为 6 800 mm,鞍槽底竖弯半径从边跨向锚跨分四次变化。

主缆采用钢结构锚固系统,由后锚梁和锚杆组成。后锚梁埋于锚体混凝土内,锚杆一端连接在后锚梁上,另一端伸出锚体前锚面,与主缆相连。锚杆分单束股锚杆和双束股锚杆,每一根主缆对应的锚体上一端共布置锚杆 192 根,其中单束锚杆 32 根,双束锚杆 160 根。

(4)桥塔与基础

桥塔采用钢筋混凝土框架结构。北(南)塔高 203 m(191 m)(图 5-17-4),分别塔柱、上下横梁及塔顶鞍罩房等部分组成。桥塔横桥向为门式框架结构,两塔柱间的横向中心间距,塔顶为 43.0 m,北(南)塔底塔座顶为 56.7 m(55.9 m)。塔柱为箱形截面,横桥向尺寸为等宽 9.0 m。北(南)塔柱纵桥向尺寸从塔顶面 11.0 m 变化到塔底 16.0 m(15.7 m)。桥塔采用 C55 混凝土。

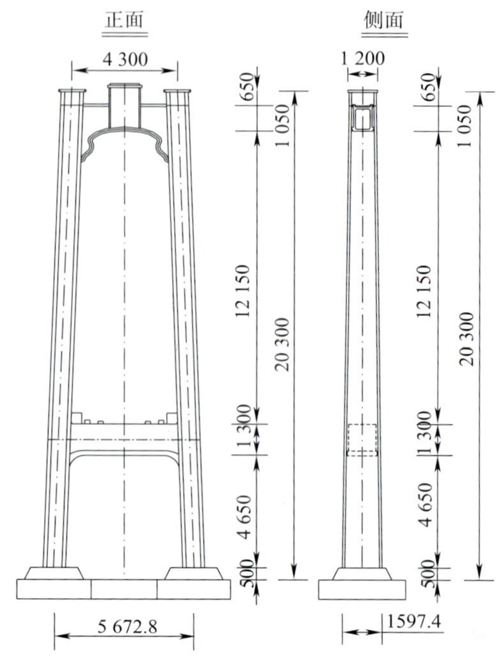

图 5-17-4 桥塔结构图(单位:cm)

桥塔基础采用左右塔柱分离式承台、群桩基础形式。3 号北塔基础布置 70 根直径 2.8 m 钻孔灌注桩,单塔柱承台均采用 35 根桩。根据地质情况,4 号南塔布置 67 根桩,单塔柱承台上游侧采用 35 根桩,下游侧采用 32 根桩,按照长短桩设计。

(5)锚碇

北锚碇采用沉井基础,沉井长和宽分别为 100.7 m 和 72.1 m(图 5-17-5),沉井高 56 m,共分十节,第一节为钢壳混凝土沉井;第二至第十节均为钢筋混凝土沉井,沉井封底混凝土厚为 12 m。

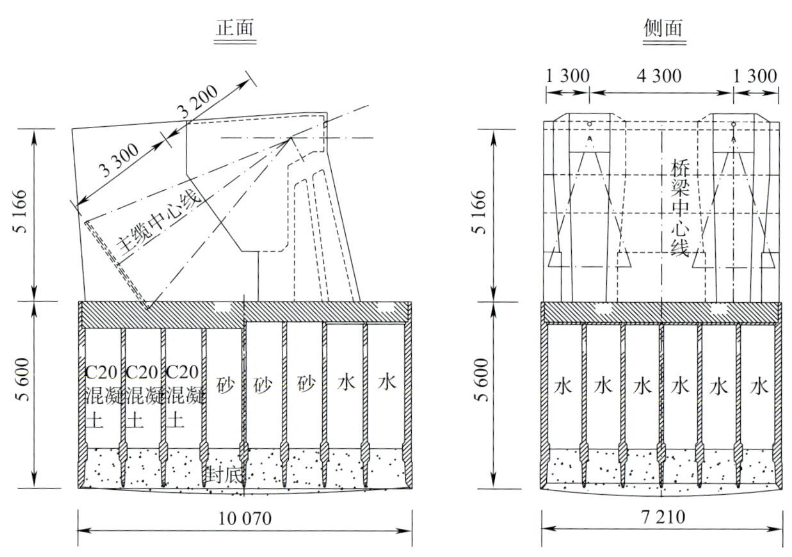

图 5-17-5 北锚碇结构图(单位:cm)

南锚碇基础为现浇圆形扩大基础,采用地下连续墙支护开挖的施工方法,采用不等深台阶式结构。基坑开挖深度约 22～38 m。基础平面为圆形,平面尺寸直径为 87 m(图 5-17-6),地连墙厚 1.5 m,外径 90 m。

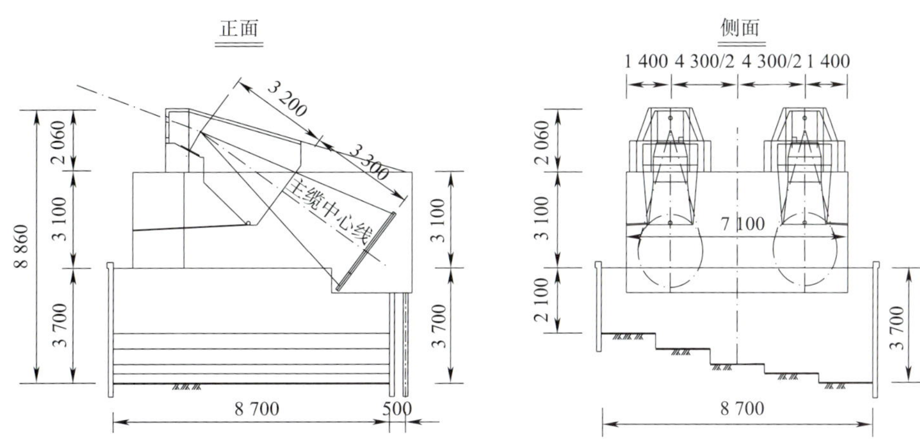

图 5-17-6　南锚碇结构图(单位:cm)

5.17.3　施工方法

北锚碇基础采用沉井分次下沉施工,南锚碇基础采用地连墙支护开挖施工。北主塔基础采用双壁钢围堰施工,南主塔基础采用钢板桩围堰施工,主塔塔身采用爬模法施工。主缆采用预制平行索股法施工(PPWS 法),边跨钢桁梁采用大节段浮吊吊装、拖拉顶推法施工,主跨钢桁梁采用大节段缆载吊机垂直吊装施工。施工情况如图 5-17-7～图 5-17-9 所示。

图 5-17-7　主缆锚固系统安装

图 5-17-8　主索鞍安装

图 5-17-9　主桥节段吊装

5.17.4 主要技术经济指标

主要技术经济指标见表 5-17-1。

表 5-17-1 主要技术经济指标

指标类型		数值
结构性能指标	竖向挠跨比	1/481
	横向挠跨比	1/2 853
	梁端转角(rad)	1.04‰
主要工程量	主梁用钢量(t/m)	48.0
	主缆(t)	3.3
	桥塔混凝土(m^3)	7.4×10^4
	桥塔基础混凝土(m^3)	17.5×10^4
	北锚锭混凝土(m^3)	48×10^4

5.17.5 技术特点和创新点

(1)中国首座公铁两用悬索桥，世界首座高速铁路悬索桥。

(2)主梁上下层均采用板桁结合的正交异性板整体钢桥面，上层公路面顶板与 U 肋之间采用了双面埋弧焊全熔透焊缝，下层铁路面道砟槽面板首次采用轧制不锈钢复合钢板。

(3)目前世界上设计荷载最大的悬索桥。

(4)目前世界上主缆直径最大的悬索桥。

(5)北锚碇沉井为目前世界上平面面积最大的沉井。

5.18 安九铁路鳊鱼洲长江大桥

桥　　名：鳊鱼洲长江大桥
工程项目：新建安庆至九江铁路
工程位置：江西省九江市至湖北省黄梅
主　　跨：672 m(南汉)，2×140 m(北汉)
桥　　型：南汉钢箱混合梁交叉索斜拉桥；
　　　　　北汉预应力混凝土箱梁独塔斜拉桥
建设单位：武九铁路客运专线湖北有限责任公司
设计单位：中铁大桥勘测设计院集团有限公司
施工单位：中铁大桥局集团有限公司
设计人员：宁伯伟　石建华　李世文　张巨生　李江刚
　　　　　方绪镯　胡秋贵　梅曙辉
通车时间：预计 2022 年 10 月

5.18.1 概　　况

鳊鱼洲长江大桥是安九铁路的控制性工程，按两线 350 km/h 高速铁路及两线 200 km/h 客货共线标准设计。正线线间距 5 m，除南汉航道桥为有砟轨道外，其余均采用无砟轨道；客货共线线间距 4.4 m，均采用有砟轨道。

大桥位于九江长江公路二桥上游 5.3 km 处，大桥起于南侧九江市，跨越鳊鱼洲，终于北侧黄梅县，南、北大堤之间约 2.4 km。桥址区下伏基岩为灰岩及泥质粉砂岩，岩面起伏较大，溶洞较发育，岩面由鳊鱼洲向两岸逐渐抬高；其覆盖层由上至下为软塑～可塑状黏性土或松散状的粉、细砂，中密～密实状的砂砾石层，硬塑～坚硬状黏性土。鳊鱼洲将河道分为南、北两汊，历年河势稳定，南汊断面形态呈偏V形，为主航道，最高通航水位 21.85 m，通航等级为按Ⅰ-(1)级，孔净空高度不小于 24 m，通航净宽不小于 630 m；北汊断面形态呈平底 U 形，为备用航道。

大桥正桥全长 2.76 km，南汊航道桥采用双塔钢箱混合梁交叉索斜拉桥，跨径布置为(2×50＋224＋672＋174＋3×50) m；北汊航道桥采用独塔竖琴式预应力混凝土梁斜拉桥，跨径布置为(49＋2×140＋49) m；鳊鱼洲及北汊非通航孔区采用 48 m 简支梁桥，跨北岸大堤采用主跨 100 m 变高连续梁桥。南汊、北汊航道桥立面如图 5-18-1、图 5-18-2 所示。

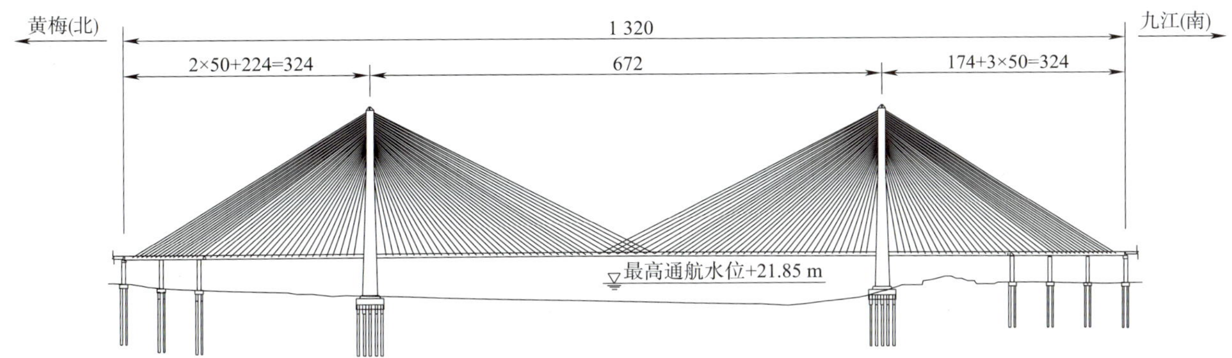

图 5-18-1　南汊航道桥立面图(单位：m)

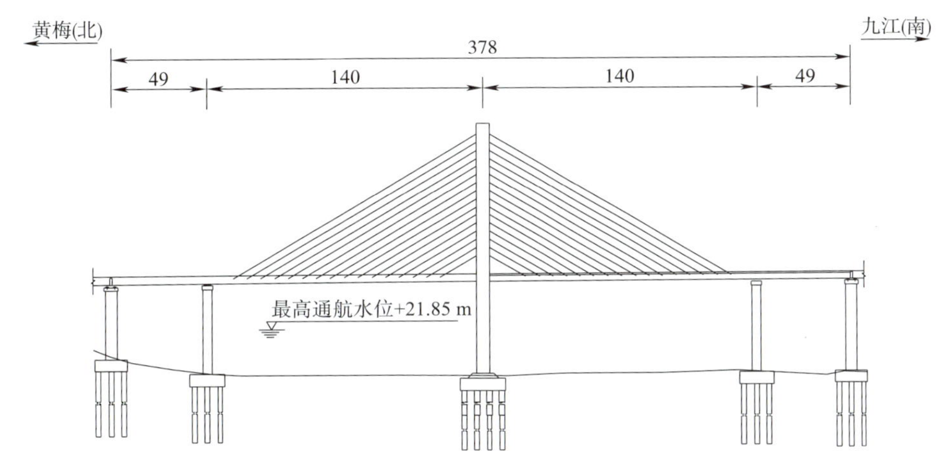

图 5-18-2　北汊航道桥立面图(单位：m)

5.18.2　结构设计

(1)南汊航道桥

主梁：主、辅跨钢箱梁长 1 060 m，锚跨预应力混凝土箱梁长 260 m。其中钢—混结合段设置在易于施工、变形较小的辅助墩附近，黄梅侧结合面距 3 号墩 8 m、九江侧结合面距 6 号墩 6 m，均在辅助跨一侧。结合段长度均为 2 m，采用承压传力的结构形式，在承压板上设置剪力钉传递剪力，通过穿过结合面锚固于钢梁内的预应力传递弯矩。钢箱梁采用宽 32.2 m(图 5-18-3)、高 4.79 m、设 2％双向横坡的单箱三室截面，桥面铺有 15 cm 厚混凝土道砟槽板，两者通过剪力钉连接。钢箱梁共分 63 个节段，标准节段长18 m，交叉索区钢梁节段长 12 m，钢箱梁标准节段自重约 550 t。顶、底板采用正交异性板，每隔 3 m 设置 1 道横隔板。顶板采用 316L 不锈钢＋Q370qE 复合钢板，其余采用 Q370qE 钢。钢箱梁节段连接除钢轨下方小纵梁腹板栓接外其余板件均采用焊接。锚跨采用单箱单室 C55 预应力混凝土箱梁，梁宽 32.2 m、高 4.94 m，腹板厚 2.8 m，每隔 3 m 设置 1 道横隔板。

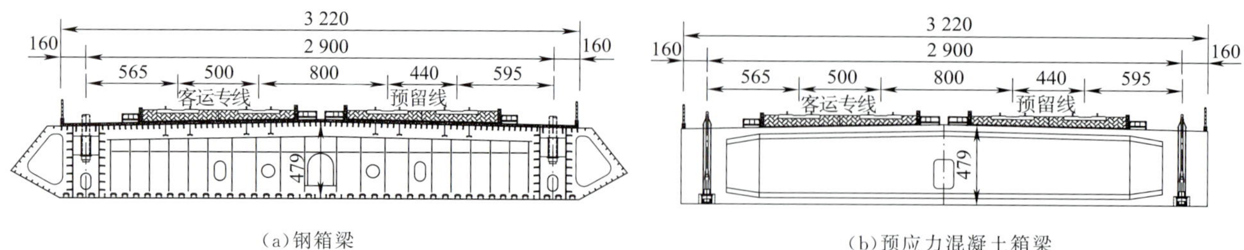

图 5-18-3　主梁断面图(单位:cm)

桥塔:桥塔设计为 H 形混凝土结构,混凝土强度等级为 C55。4 号桥塔高 252 m、5 号塔高 242 m(图 5-18-4)。主塔设上、下两道横梁,塔柱及横梁均采用单箱单室截面。塔柱及横梁分别按钢筋混凝土及预应力混凝土构件设计。主塔索锚区采用钢锚箱结构,钢锚箱与混凝土塔壁间通过剪力钉连接,钢锚箱节段间设断缝,每个钢锚节段锚固 3 对斜拉索,钢锚箱采用节段整体吊装。

斜拉索:斜拉索采用抗拉标准强度为 1 670 MPa 的锌铝合金平行钢丝斜拉索,全桥共 152 对斜拉索,扇形布置,塔上索距 1.5 m,钢梁上索距 9 m 及 12 m(索交叉区)、锚跨混凝土梁上索距 9 m 及 6 m。斜拉索最大规格为 PES7-379。

下部结构:桥塔基础按柱桩设计,每塔布置 45 根直径 3.0 m 的钻孔灌注桩。4、5 号墩平均桩长分别为 58 m 及 47 m,桩基呈行列式布置,纵向 5 行,行间距 7.7 m;横向 9 列,列间距为 6.2 m,承台平面尺寸横向 55.2 m、纵向 36.4 m,承台厚 7.5 m,塔座厚 4 m。

(2)北汊航道桥

主梁:采用单箱六室预应力混凝土箱梁,混凝土强度等级为 C55,全宽 32.5 m,顶宽 31 m,底宽 19 m,梁高 4 m(图 5-18-5),主跨箱梁在桥塔处塔墩梁固结,斜拉索对应的索梁锚固处设横隔板,间距 7 m,边跨箱梁除支点处设有横隔墙外,其余未设横隔板。

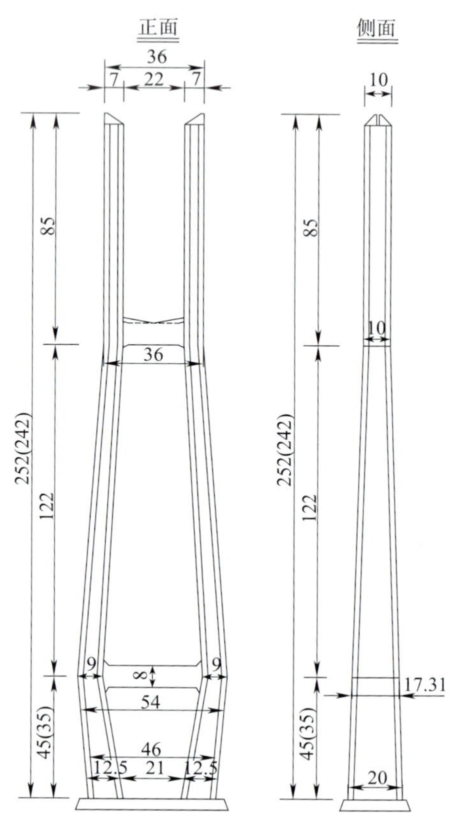

图 5-18-4　桥塔构造(单位:m)

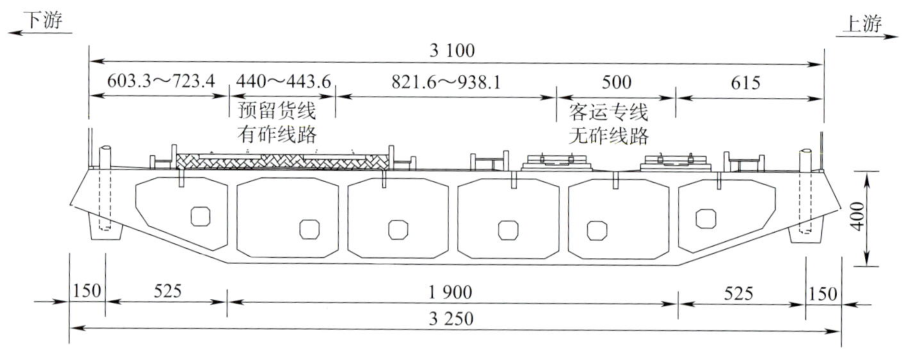

图 5-18-5　北汊航道桥主梁断面(单位:cm)

桥塔:桥塔设计为 H 形混凝土结构,混凝土强度等级为 C50,塔座以上塔高为 129.652 mm,塔柱采用单箱单室截面,塔柱顺桥向长 7 m,上、下塔柱横桥向分别宽 5 m、11 m(图 5-18-6)。塔柱及横梁分别采用钢筋混凝土及预应力混凝土结构。斜拉索锚固区采用预应力锚固结构。

斜拉索：采用 $\phi 7$ 抗拉标准强度为 1 770 MPa 的平行钢丝斜拉索，竖琴式双索面布置，全桥共设 32 对斜拉索。在塔、梁端斜拉索横向中心距均为 29.5 m，在梁上顺桥向索距为 7 m，在塔上竖向索距为 4.2 m。

下部结构：桥塔基础采用 26 根直径 2.5 m 的钻孔灌注桩，按柱桩设计，桩基呈梅花形布置。

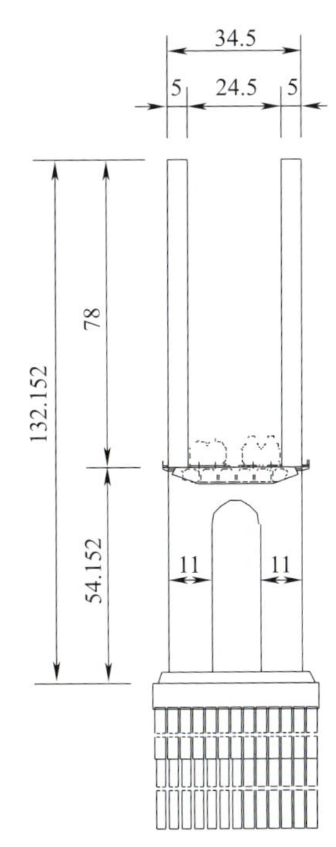

图 5-18-6　北汊航道桥桥塔断面(单位:m)

5.18.3　施工方法

主塔基础均采用先平台后围堰的施工方案。塔柱施工采用液压爬法施工，横梁采用支架法施工。施工情况如图 5-18-7、图 5-18-8 所示。

(1)南汊航道桥

锚跨混凝土箱梁采用支架现浇施工，跨九江大堤的 174 m 辅助跨钢箱梁采用顶推法施工，其余钢箱梁采用节段吊装施工。

(2)北汊航道桥

主梁边跨采用支架现浇、主跨采用牵索挂篮施工，节段长 7 m，挂篮按 380 t 控制。

图 5-18-7　5 号塔围堰封底混凝土施工

图 5-18-8　北汊 N17 主塔施工

5.18.4　主要技术经济指标

主要技术经济指标见表 5-18-1。

表 5-18-1　南汊航道桥主要技术经济指标

指标类型		数值
结构性能指标	竖向挠跨比	1/684
	梁端转角	0.3‰
主要工程量	主梁用钢量(t/m)	30.4
	全桥主体钢结构(t)	3.52×10^4
	斜拉索平行钢丝(t)	7 282.0
	边跨混凝土(m^3)	19 428.0
	桥塔混凝土(m^3)	67 578.0

5.18.5 技术特点和创新点

(1)南汉航道桥设计为钢箱混合梁交叉索斜拉桥，为首座大跨度交叉索铁路斜拉桥。

(2)南汉航道桥斜拉桥主跨 672 m，为目前跨度最大的四线铁路箱形梁斜拉桥。

(3)南汉航道桥斜拉桥索塔锚固采用钢锚箱结构，为国内铁路斜拉桥首次采用。

(4)北汉航道桥设计为双主跨 140 m 独塔竖琴式索面曲线混凝土箱梁四线铁路斜拉桥。

5.19 重庆铁路枢纽东环线明月峡长江大桥

桥　　名：明月峡长江大桥
工程项目：重庆铁路枢纽东环线
工程位置：重庆市南岸区
主　　跨：425 m
桥　　型：钢桁梁斜拉桥
建设单位：中国铁路成都局集团有限公司
　　　　　重庆铁路枢纽东环线建设指挥部
设计单位：中铁二院工程集团有限责任公司
施工单位：中铁二局集团有限公司
设计人员：陈克坚　袁　明　刘　伟　曹洪武　胡玉珠
　　　　　杜细春　王　煦　秦　煜
通车时间：预计 2022 年 6 月

5.19.1 概　　况

重庆铁路枢纽东环线为设计速度 160 km/h 客货共线铁路，双线，线间距 4.2 m，有砟轨道。明月峡长江大桥位于重庆市南岸区广阳镇，两岸属低山河谷地貌，地面高程 155.52～404 m。所跨长江河段为河面较窄弯道，上下游河段水面均较开阔，规划航道等级为Ⅰ级，通航净宽要求 320 m，通航净高要求 24 m，$H_{1\%}$ = 186.60 m。桥址属亚热带季风湿润气候区，气候温和，年平均气温 18.5 ℃，极端最高气温 41.9 ℃，极端最低气温 −2.6 ℃，年平均降雨量 1 182.9 mm，最大风速 25 m/s。桥址上覆第四系全新统冲积层卵石土和残坡积粉质黏土层，下伏基岩为侏罗系珍珠冲组泥岩夹砂岩和三叠系上统须家河组砂岩夹页岩。桥区地震动峰值加速度 0.05g，反应谱特征周期 0.35 s。

明月峡长江大桥全长 877.5 m，主桥采用(62.5＋125＋425＋175＋75) m 高低塔钢桁梁斜拉桥。为节约过江通道资源，桥上预留了设计速度 250 km/h 城际铁路，双线，线间距 4.6 m。四线铁路按双层布置，上层为双线客货共线铁路，下层为双线城际铁路。主桥立面如图 5-19-1 所示。

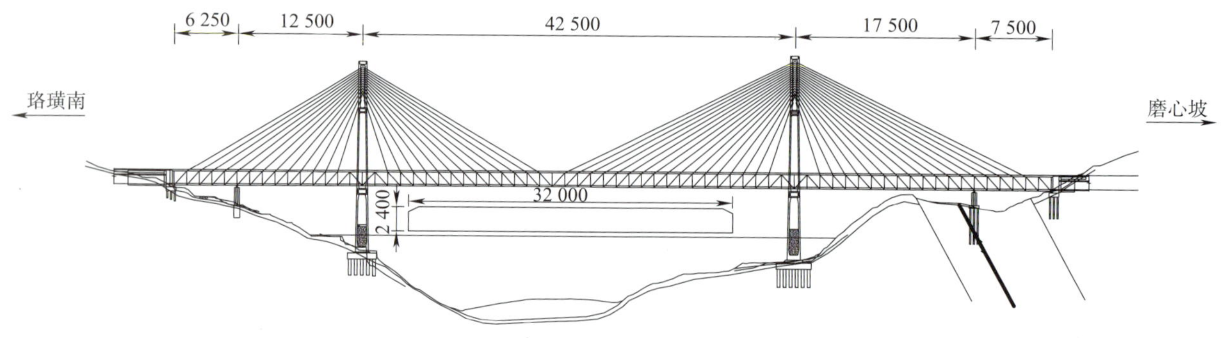

图 5-19-1　主桥立面(单位：cm)

5.19.2　结构设计

(1)主梁

钢桁梁由两片 N 形主桁架组成，桁宽 17 m，桁高 14 m(图 5-19-2)，节间距为 12.5 m。主桁上下弦杆均为箱形截面，上弦杆内高 1 600 mm，内宽 1 400 mm，板厚 24～40 mm。下弦杆内高 1 600 mm，内宽1 400 mm，板厚 24～44 mm。下弦杆顶板向桁内侧加宽 700 mm 与正交异性钢桥面板焊接。腹杆采用 H 形、箱形截面，杆件宽1 400 mm，高 900/1 100 mm，板厚 28～44 mm。受力较大的梁段腹杆采用箱形截面杆件。

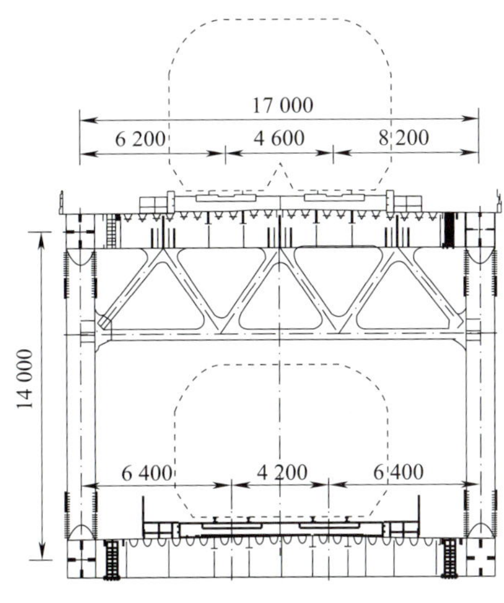

图 5-19-2　主梁截面图(单位：mm)

上下层桥面系均为密横梁正交异性板整体桥面系，桥面板厚 16 mm，下设 U 形加劲肋，纵向加劲肋肋高 260 mm，板厚 8 mm。每一钢轨的正下方设一道小纵梁，小纵梁腹板厚 16 mm，高 480 mm，下翼缘为 240 mm×20 mm。沿桥纵向每一节间处设 4 道横梁，横梁间距 3.125 m。横梁端部与主桁上下弦杆高度相同，上层横梁端部高 1 400 mm，腹板厚 20 mm，下层横梁端部 1 600 mm，非压重区腹板厚 20 mm，压重区腹板厚 24 mm。上层桥面节间横梁下翼缘尺寸为 600 mm×32 mm，节点横梁下翼缘尺寸为 600 mm×28 mm；下层桥面非压重区横梁翼缘板尺寸为 600 mm×32 mm，压重区横梁翼缘板尺寸为 600 mm×36 mm。下层端横梁采用箱形杆件，箱高为 1 600 mm，箱宽 800 mm。

(2)桥塔

主塔采用花瓶形桥塔，C50 混凝土。小里程侧桥塔塔高为 189.5 m(图 5-19-3)，大里程侧桥塔塔高为 203 m，塔柱之间增设上、中、下三道横梁。塔柱采用单箱单室截面，桥塔上塔柱高度分别为 48.5 m 和 56.5 m。两主塔中塔柱高度相同均为 81.0 m，下塔柱高度分别为 60.0 m 和 65.5 m，横梁均采用单箱单室截面，下横梁高 6 m，横桥向长 26 m，顺桥向宽 9.5 m；上横梁和中横梁高 5 m，横桥向长 3.5 m，顺桥向宽 7.5 m。

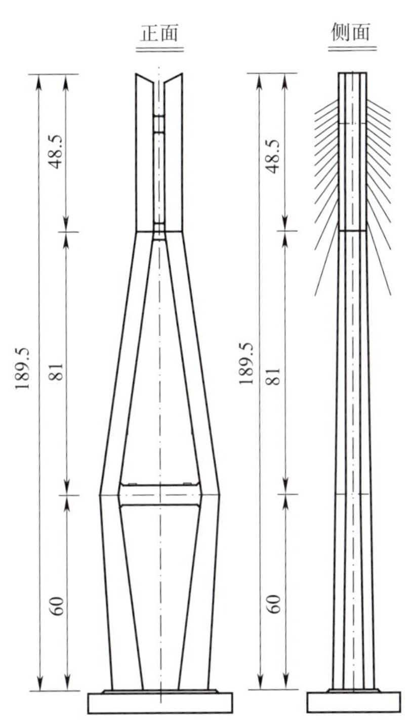

图 5-19-3　桥塔结构图(单位：m)

(3)斜拉索

采用双索面空间扇形布置，梁上间距 12.5 m，小里程主塔两侧各设 13 对斜拉索，大里程主塔两侧各设 17 对斜拉索，全桥共计 120 根。斜拉索采用 M250 钢绞线拉索体系，钢绞线采用镀层(涂层)+油脂+HDPE 层的防护结构，抗拉强度标准值 f_{pk}=1 860 MPa，拉索规格分为 127、109、91、85、73 五种规格。下端通过钢锚箱锚固在钢桁梁的上弦节点上，上端通过混凝土锯齿块锚固于桥塔上塔柱。

(4)辅助墩及基础

辅助墩采用 H 形混凝土实体墩。小里程侧辅助墩采用嵌固式基础，大里程侧辅助墩采用 18 根直径 1.25 m 的钻孔桩，桩长 36 m。两桥塔分别采用 34、40 根直径 2.8 m 的钻孔桩，桩长 16～25 m 不等。

5.19.3 施工方法

(1)主塔基础采用双壁钢围堰+钻孔平台施工。

(2)主塔采用液压爬模系统施工,施工节段标准高度为 6 m。

(3)钢梁采用杆件散拼架设,采用从主塔向中跨和边跨对称架设、跨中合龙的方案。钢梁构件从水上运输至桥位钢梁存放场地,利用墩旁托架安装架梁吊机站位支架,拼装全回转架梁吊机,完成墩顶节段的钢梁架设。随后安装钢梁提升站,钢梁构件利用提升站提吊至上桥面,运梁台车将钢梁运至两端,利用全回转吊机悬拼架设直至跨中合龙,钢梁悬臂超过两个节间后安装斜拉索,斜拉索对称挂设、同步张拉。施工情况如图 5-19-4 所示。

图 5-19-4 主塔施工及钢梁拼装

5.19.4 主要技术经济指标

主要技术经济指标见表 5-19-1。

表 5-19-1 主要技术经济指标

指标类型		数值
结构性能指标	竖向挠跨比	1/695
	横向挠跨比	1/2 485
	梁端转角(rad)	1.9‰
主要工程量	主梁用钢量(t/m)	29.3
	斜拉索(t)	1 965.0
	桥塔混凝土(m^3)	40 467.0

5.19.5 技术特点和创新点

(1)国内首座双层四线铁路钢桁梁斜拉桥,充分利用断面空间。

(2)结合河谷两岸地形采用高低塔形式,采用花瓶形桥塔,斜拉索为空间索面,主塔造型纤细美观。

(3)首次采用了一种桥面板下封闭小箱室钢混结合压重构造,解决了多线斜拉桥压重难题。

(4)采用固定支座+阻尼器支承体系,分别在日常运营和强震作用下工作。

(5)钢梁横联采用全焊接设计,避免了横联螺栓断裂掉落对下层铁路的不利影响。

(6)钢梁采用脱氢工艺高强螺栓,降低螺栓断裂率。

5.20　川南城际铁路宜宾临港公铁两用长江大桥

桥　　名：宜宾临港公铁两用长江大桥
工程项目：川南城际铁路及渝昆铁路
工程位置：宜宾市临港区、叙州区
主　　跨：522 m
桥　　型：钢箱梁斜拉桥
建设单位：川南城际铁路有限责任公司
设计单位：中铁二院工程集团有限责任公司
　　　　　中铁大桥勘测设计院集团有限公司
施工单位：中铁大桥局集团有限公司
　　　　　四川公路桥梁建设集团有限公司
设计人员：中铁二院 王应良　袁　明　朱　敏　任万敏
　　　　　　　　　王玉珏　王　亮　李秀华　何庭国
　　　　　大 桥 院 徐　伟　张燕飞　郑清刚　孙立山
　　　　　　　　　张金涛　付岚岚　徐科英　周子明
通车时间：预计 2023 年 6 月

5.20.1　概　　况

川南城际铁路为设计速度 350 km/h 高速铁路，双线，线间距 5.0 m，无砟轨道。为节约过江通道资源、降低投资，川南城际铁路、渝昆铁路以及连接宜宾市临港区和叙州区的市政道路在宜宾临港长江特大桥上合建。四线高速铁路(川南城际铁路、渝昆铁路)和六车道城市快速路同层布置。铁路采用有砟桥面，设计速度 300 km/h，设计荷载为 ZK 活载；公路设计速度 80 km/h，设计荷载为城-A 级。

工程所在宜宾志诚河段属长江上游河段，大桥跨河处正位于瞌睡坝坝头处，枯水河宽约 400 m，汛期河宽可达 900 m 左右。通航等级为Ⅰ-(3)级，单孔双向理论最小通航净宽为 365 m，通航净高 18 m。长江河床地段，地表覆土为第四系全新统冲洪积层卵石土，下伏基岩为侏罗系下统珍珠冲组地层，岩性以泥岩为主夹砂岩，局部为厚层状砂岩。桥区地震动峰值加速度为 0.132g，反应谱特征周期为 0.4 s。

宜宾临港公铁两用长江特大桥孔跨布置为 9×40 m 简支梁+(72.5+203+522+203+72.5) m 公铁同层钢箱梁斜拉桥+7×40 m 简支梁，桥梁全长 1 742.1 m。大桥于 2019 年 1 月 1 日开工建设。主桥立面如图 5-20-1 所示。

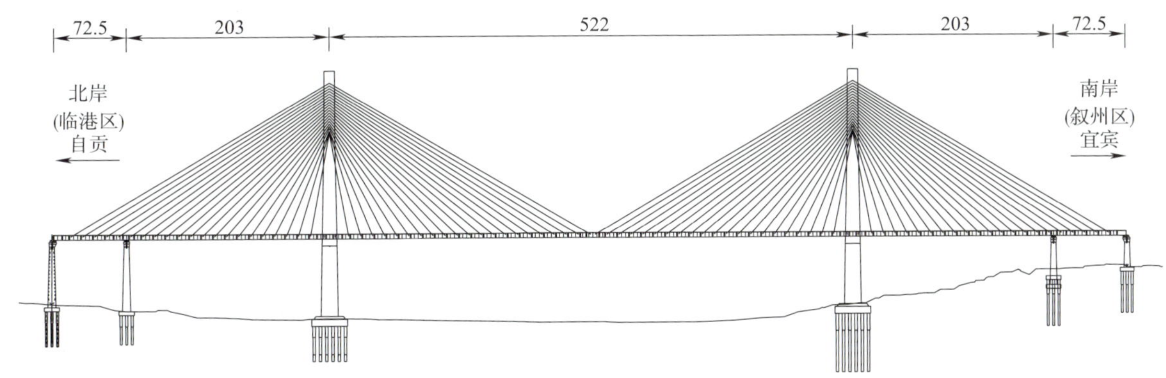

图 5-20-1　主桥立面(单位：m)

5.20.2　结构设计

(1)桥面布置(图 5-20-2)

桥面公铁同层布置，四线高铁设置在桥面中间。铁路桥面宽 26.2 m，两侧三车道公路各宽 12.75 m，公铁并行间距(索梁锚固区域)为 1.8 m，非机动车道(2.5 m)、人行道(1.5 m)和护栏(0.3 m)宽 4.3 m，桥面总宽 63.9 m(图 5-20-3)。

铁路桥面是在正交异性板上铺设 6 cm 厚环氧沥青，然后铺设道砟；公路桥面是在正交异性板上铺设 15 cm 混凝土形成正交组合板，然后铺设 9 cm 厚普通沥青铺装。

（2）钢箱梁设计

钢箱梁采用流线型断面，单箱五室结构，箱宽 54.2 m，两侧翼缘各宽 4.85 m，梁高 5 m，桥面设双向 2% 横坡。主梁节段标准长度 12 m，标准段桥面板厚度 16 mm，铁路箱顶板设置间距 600 mm 的 U 形纵肋，U 形纵肋板厚 8～10 mm；公路箱顶板设置间距 600 mm 的 U 形纵肋，U 形纵肋板厚 8～10 mm；锚固箱室顶板设置高 260 mm 的倒 T 形纵肋；腹板及底板采用 U 形纵肋加劲，间距 800 mm，U 形纵肋板厚 6～8 mm。标准段横隔板顺桥向每隔 4 m 设一道，墩顶区域加密至 3 m 一道。

图 5-20-2　桥面布置图

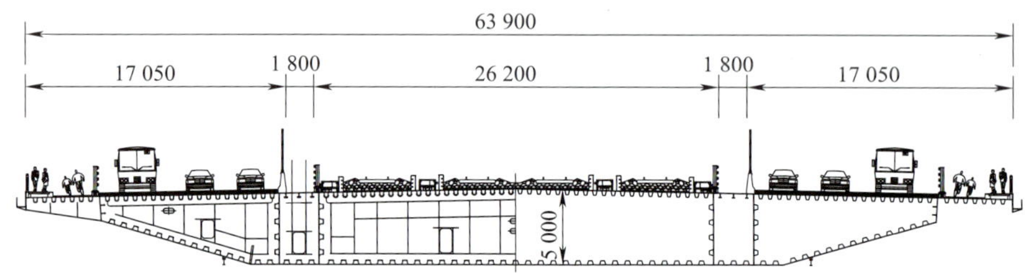

图 5-20-3　主梁断面图（单位：mm）

（3）斜拉索设计

斜拉索采用双索面扇形布置，立面上单塔柱一侧共 21 对索，全桥共计 336 根斜拉索。斜拉索采用 $\phi 7$ 平行钢丝索，外包双层 PE 护套，两层 PE 护套间设置隔离层，斜拉索抗拉强度标准值 f_{pk}=1 860 MPa。锚具为冷铸锚，梁上锚固构造为内置式钢锚箱，塔上锚固构造为钢锚梁。

（4）桥塔及基础

主塔为钻石形桥塔，C55 钢筋混凝土结构，两主塔塔高分别为 250.8 m、239.9 m。其中上塔柱高 70.8 m，中塔柱高 108 m，下塔柱高分别为 72 m、61.2 m（图 5-20-4）。

上、中塔柱采用六边形截面，在下横梁顶由六边形截面变为四边形截面，上塔柱标准段横桥向尺寸为 7.2 m，中塔柱由 7.2 m 渐变为 8.5 m；下塔柱由 8.5 m 渐变为 12 m。

为保证船撞时的安全，下塔柱内采用 C25 混凝土自塔座顶向上浇筑填充至最高通航水位位置。

小里程侧主墩基础采用 66 根直径 2.5 m 钻孔灌注桩，桩长为 29～36.0 m；大里程侧主墩基础采用 64 根直径 2.5 m 钻孔桩，桩长为 67.0 m。主墩承台为变截面台体结构，上层为棱台体结构，顶面尺寸为 59.0 m（横向）×27.75 m（纵向），底面尺寸为 63.0 m（横向）×31.75 m（纵向），厚度 3.0 m；下层为等截面长方体结构，截面尺寸为 67.0 m（横向）×35.75 m（纵向），厚度 7.0 m。

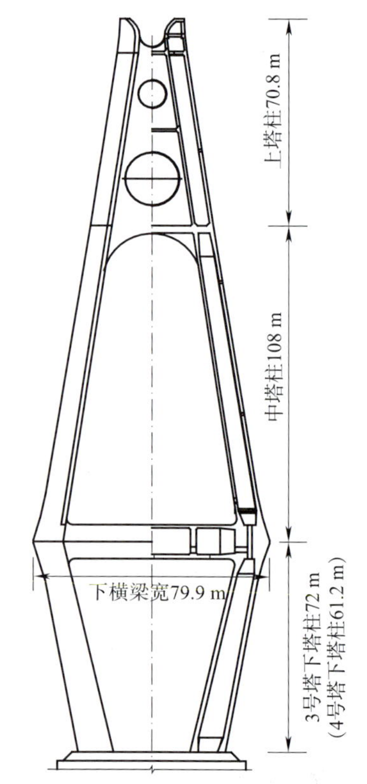

图 5-20-4　桥塔立面布置图（单位：m）

5.20.3　施工方法

（1）小里程侧主墩基础采用咬合桩接高双壁钢围堰施工，大里程侧主墩基础采用钢板桩围堰施工。

(2)主塔采用液压爬模系统施工，施工节段标准高度为 6 m。

(3)钢箱梁采用北岸从主塔向中跨和边跨对称架设，在对应梁段施工斜拉索并初张拉；南岸边跨顶推，中跨采用单悬臂架设方案，边跨顶推与桥塔上塔柱同步施工，在跨中合拢后补张拉斜拉索。施工情况如图 5-20-5、图 5-20-6 所示。

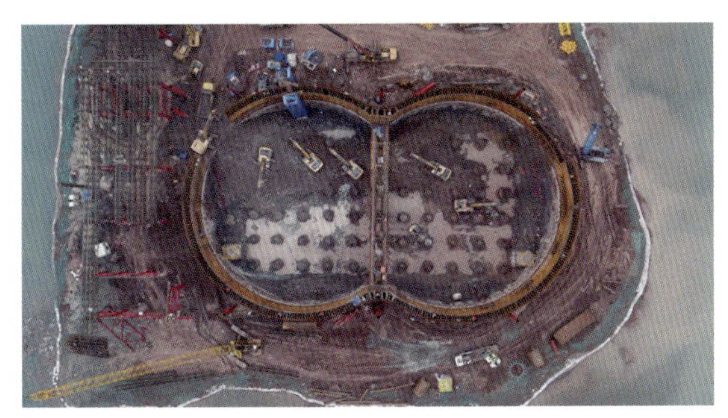

图 5-20-5　基础施工

图 5-20-6　桥塔施工

5.20.4　主要技术经济指标

主要技术经济指标见表 5-20-1。

表 5-20-1　主要技术经济指标

指标类型		数值
结构性能指标	竖向挠跨比	1/707
	横向挠跨比	1/8 420
	梁端转角	1.401‰
主要工程量	主桥钢箱梁(t)	46 620.0
	斜拉索(t)	4 766.0
	桥塔混凝土(m^3)	77 360.0

5.20.5　技术特点和创新点

宜宾临港长江大桥承载四线铁路，六车道公路，设计荷载大。大桥设计因地制宜，采用公铁平层布置，箱梁宽度大，其主要技术特点及创新点如下：

(1)国内首座高速铁路与城市快速路平层布置的钢箱梁斜拉桥。

(2)目前世界上最宽公铁平层钢箱斜拉桥。

(3)目前世界上跨度最大公铁平层钢箱斜拉桥。

(4)采用交叉索的公铁平层钢箱斜拉桥。

5.20.6　获奖情况

(1)获 2018 年中国中铁优秀工程咨询成果一等奖。

(2)获 2018 年全国优秀工程咨询成果奖三等奖。

(3)获 2019 年四川省优秀工程咨询成果二等奖。

商合杭铁路芜湖长江公铁大桥

第6章　黄河大桥

6.1　综　　述

6.1.1　建桥条件

黄河是我国第二长河，全长约 5 464 km，流域面积约 75.2 万平方公里，呈几字形，自西向东沿途流经青海、四川、甘肃、宁夏、内蒙古、陕西、山西、河南及山东 9 省(区)，汇纳百川，最后注入渤海。黄河中上游以山地为主，中下游以平原、丘陵为主，由于河流中段流经黄土高原携带了大量的泥沙成为世界上含沙量最大的河流。

黄河建桥条件具有覆盖层厚、河槽摆动剧烈、河床冲淤变化显著等地质、水文特点，建桥需要充分考虑防洪、防凌的影响，黄河两岸地形复杂，上、中、下游不同河段的地形条件差异显著，中、上游流经广袤的黄土高原进入下游平原后河道变缓流速变慢。黄河大部分河段几乎不能通航，规划的通航等级在宁夏青铜峡以上河段为Ⅴ级航道、青铜峡以下河段为Ⅳ级航道，通航净高在最高通航水位以上不小于 8 m。按照黄河河道管理范围内建设项目技术审查标准(黄建管〔2007〕48 号)相关要求，桥梁在不同河段主槽与滩地的孔跨布置 80～180 m 与 30～50 m 有不同要求，不同河段桥梁允许间距要求 3～6 km 不等，黄河下游干流桥梁跨越堤防需采取立交方式。

黄河上游西起青海海拔 4 500 余米的巴颜克拉山北麓东至海拔千余米的内蒙古托克托县河口镇，沿程 3 472 km，水面落差 3 496 m，流经高山、峡谷、平原，水流较清。上游龙羊峡以上属高寒区段，流经高山峡谷水流湍急；龙羊峡至宁夏下河沿河段长 794 km，河流川峡相间，落差集中；下河沿至内蒙古托克托县河口镇河段流经宁蒙平原，河道展宽平缓。按照黄建管〔2007〕48 号文件相关要求，上游区段主槽与滩地孔跨要求在青甘河段不小于 80 m 与 30 m，在宁蒙河段三盛公以下不小于 100 m 与 40 m。

黄河中游河段自内蒙古河口至河南郑州市附近桃花峪，河道长 1 206 km，水面落差达 890 m。中游来沙量占全河总沙量的九成，其中河口至禹门口段为峡谷河段，两岸支流绝大部分来自水土流失严重的黄土丘陵沟壑区，是黄河洪水泥沙的主要来源地区；禹门口至三门峡间河谷展宽，其中禹门口至潼关段是宽、浅、散、乱的游荡性河道；三门峡至小浪底是黄河干流的最后一个峡谷河段。按照黄建管〔2007〕48 号文相关要求，中游区段主槽与滩地孔跨要求在禹门口至潼关河段不小于 100 m 与 40 m，其余河段不小于 80 m 与 40 m。

黄河下游河段自桃花峪以下，河道长 786 km，落差 94 m，是一条水少沙多、严重淤积的堆积性河道，下游河道是在长期排洪输沙的过程中淤积塑造形成的，河床普遍高出两岸地面，是海河流域与淮河流域的分水岭，在沁河口以下成为举世闻名的地上悬河，洪、枯期流量悬殊，枯水期流量较小，多次出现过断流现象，自小浪底水库建成后，河道淤积与断流现象得以缓解，黄河下游河段河床至少可以保证 20 年不抬升，截至目前，黄河下游河段还处于自然冲刷状态，预计 2030 年后黄河下游河段开始淤积，各河段淤积抬升的速率范围约为 0.05～0.1 m/年。下游山东菏泽高村以上为游荡性河段，高村至陶城埠为游荡性河段到弯曲型过渡段，陶城埠以下河段为弯曲型性河段。按照黄建管〔2007〕48 号文件相关要求，下游区段主槽与滩地孔跨要求，在桃花峪至高村河段不小于 100 m 与 40 m，在高村至陶城铺河段不小于 120 m 与 40 m，在陶城铺以下河段不小于 180 m 与 50 m。

黄河流域冬季受西北风影响，气候干燥寒冷。最低气温一般都在 0°以下，纬度越高气温越低，极端气温上游可达－53～－25 ℃，下游也可达－22～－15 ℃，因此黄河一些河段冬季出现结冰封河情况，主要在上游宁夏、内蒙古河段及下游花园口至河口河段，上游河段年年封河，长度最大可达 800 km，冰盖厚度最大可达 1.2 m，下游河段 85%年份封河，长度最长 703 km，冰盖厚度最大可达 0.5 m。这两个河段的共同特征为两端纬度相差较大，气温上暖下寒、冰层上薄下厚，封河溯源而上，开河自上而下，当上游先开河而上游仍然处于封河状态时，大量冰水沿程集聚涌向下游，形成明显的冰凌洪水，对于堤防与桥梁结构的安全产生不利影响，是建桥时需要考虑的重要条件之一。

黄河各河段桥址区地震基本烈度约为 6 度至 7 度、地震动反应谱特征周期约为 0.3～0.7 s。

6.1.2 40 年来发展历程

20 世纪 80 年代，先是 1976 年建成的京沪铁路济南黄河大桥于 1982 年投入使用，长达 5.7 km，开通时是黄河上最长的桥梁。跟随国家铁路网的建设，位于河南省长垣县与山东省东明县间的新菏铁路长东黄河大桥，1983 年开工修建，1985 年通车。

20 世纪 90 年代，1993 年大准铁路黄河特大桥建成通车，1996 年京九铁路孙口黄河大桥建成通车，1999 年新菏线增建二线长东黄河大桥建成通车。

21 世纪首个 10 年，2006 年兰武二线河口南黄河特大桥建成通车，2010 年石武客运专线郑州黄河公铁两用大桥建成通车。

21 世纪第二个 10 年，我国铁路大跨桥梁建设进入了一个快速发展，相继建成了多座铁路、公铁两用黄河大桥。2011 年建成通车太中银铁路中宁黄河特大桥、京沪高速铁路济南黄河大桥；2014 年建成通车大西客运专线晋陕黄河特大桥、山西中南部铁路将军渡黄河特大桥；2015 年建成通车德大铁路黄河特大桥、黄韩侯铁路新黄河特大桥；2016 年建成通车黄大铁路黄河特大桥、呼准铁路大路黄河特大桥；2019 年建成通车石济客运专线济南黄河公铁两用桥、朔准铁路黄河特大桥、浩吉铁路三门峡黄河公铁两用大桥及浩吉铁路龙门黄河大桥、银西铁路银川机场黄河特大桥。

40 年来，黄河上铁路桥梁伴随着国家经济快速发展与铁路网的不断完善，在桥梁规模、技术标准、桥式方案、结构形式、材料、建造方法等方面均取得了长足的发展。

(1)桥梁规模

1982 年投入使用的京沪铁路济南黄河大桥长达 5.7 km，为当时黄河上最长的桥梁，当时仅次于南京长江大桥的规模，桥梁主跨 120 m；1985 年通车的新菏铁路长东黄河大桥长达 10.3 km，主跨 108 m，是当时国内最长的铁路桥；2010 年通车的石武客运专线郑州公铁两用黄河大桥合建段长达 9.2 km、铁路桥总长 15 km，是世界上最长、规模最大的公路和设计速度 350 km/h 高速铁路两用桥，桥梁主跨 168 m、联长达 1 080 m；2014 年通车的大西客运专线晋陕黄河大桥长达 9.980 km、桥高达 50 m。

(2)技术标准

黄河上的铁路桥梁早期多为单线，随着我国经济的快速发展、桥梁承载功能的需求不断增长，双线桥、多线桥、公铁合建桥、重载铁路桥、高铁桥梁在黄河铁路桥上不断发展。1985 年建成通车的新菏线长东黄河大桥为单线Ⅰ级铁路桥梁，1996 年建成的京九铁路孙口黄河桥通行双线Ⅰ级铁路，2014 年通车的山西中南部铁路将军渡黄河大桥为双线重载铁路桥梁，2011 年建成通车的京沪高速铁路济南黄河大桥为四线高速铁路桥，2014 年建成通车的郑焦铁路黄河大桥为四线铁路桥；公铁合建桥方面，2010 年建成通车的石武客运专线郑州黄河公铁两用大桥为上层通行六车道公路、下层通行两线高铁，2019 年建成通车的浩吉铁路三门峡黄河公铁两用桥、石济客运专线济南黄河大桥以及将于 2021 年建成的郑济客运专线郑州黄河大桥均为上层通行六车道公路、下层通行四线铁路。

(3)桥式方案

由于黄河航道通航等级Ⅳ～Ⅴ级、对于桥梁的跨度的要求总体而言并不太高，下游河段的游荡性特征较为明显，主河槽以多个等跨主孔布置以适应河槽摆动，铁路桥梁以梁式桥为主，组合结构桥、斜拉桥、拱桥亦均取得一定的发展。在梁式桥中，黄河主河槽中钢桁梁的采用较为广泛，如 1982 年通车的京沪高速铁路济南黄河大桥为 120 m 主跨的钢桁梁桥，1985 年及 1996 年、1999 年通车的长东、孙口、长东二桥均为 108 m 主跨的钢桁梁桥，再到 2011 年太中银铁路中宁黄河大桥主跨 96 m 钢桁梁、2014 年郑焦铁路郑州黄河大桥主跨 100 m 钢桁梁、2015 年德大铁路、2016 年黄大铁路黄河大桥主跨 180 m 钢桁梁等。预应力混凝土梁桥方面，2006 年通车的兰州至武威增建二线河口南黄河特大桥主跨 56 m 联长 300 m 曲线预应力混凝土箱梁为国内首次，2016 年通车的呼准铁路大路黄河特大桥为主跨 5×168 m 预应力混凝土刚构连续梁桥，是国内外已建成铁路桥梁联长最长的大跨刚构连续梁；组合结构桥方面，2014 年通车的大西客运专线晋陕黄河大桥为多联 2×108 m T 形刚构加劲钢桁混凝土梁；斜拉桥方面，2010 年建成通车的石武客运专线郑州黄河公铁两用大桥为主跨 5×168 m 六塔钢桁结合梁斜拉桥；拱桥方面，在黄河中游区段结合地形条件亦有所建树，2019 年通车的朔准铁路黄河特大桥为主跨 380 m 上承式钢管混凝土拱桥，浩吉铁路龙门黄河大桥为主跨 202 m 中承式钢管混凝土提篮桁拱桥，银西铁路银川机场黄河特大桥为主跨 3×168 m 连续钢桁柔性拱桥。

(4)桥梁结构形式

从基础结构到上部钢梁、预应力混凝土梁以及组合结构均有不同程度的发展。从基础结构形式方面来说，基于黄河上铁路桥梁结合覆盖层较厚的地质特点和河床冲淤变化显著的水文特点，基础结构主要采用沉井与钻孔桩形式，钻孔桩主要采用摩擦桩，且其桩径与桩长有所发展。20 世纪 90 年代孙口、长东桥等桥的水中基础以沉井结构为主，随着钻孔桩技术的成熟，后续及其他黄河铁路桥水中基础主要采用钻孔桩形式。从上部结构钢桁梁方面来说，整体节点技术、国产桥梁钢材研发应用、钢桁式(三角桁)、三主桁结构、钢桁与拱组合、钢桁与混凝土板组合、斜桁结构、钢桁与斜拉组合、刚性悬索加劲钢桁、铁路整体桥面结构等方面均取得了显著的发展，铁路上承式拱桥、中承式拱桥亦取得了发展，采用钢管混凝土桁拱结构，如整体节点技术在孙口黄河大桥中成功研发应用后在国内铁路桥梁中得到了普遍的推广。在新材料方面，长东黄河桥采用我国研制的 16Mnq 钢推动了国产桥梁钢的发展，石武客运专线郑州黄河公铁两用大桥中集成了钢桁与板组合、斜桁、三主桁结构、钢桁与斜拉组合技术，京沪高速铁路济南黄河桥、石济客运专线济南黄河桥则分别采用柔性拱加劲主桁、刚性悬索加劲主桁的结构形式，变高度钢桁梁在德大铁路黄河桥、郑焦铁路郑州黄河桥中采用。在上部预应力混凝土结构方面，大跨长联预应力混凝土刚构连续梁结构在呼准铁路大路黄河特大桥中应用，该桥设计为主跨5×168 m 刚构连续梁并采用了体外束控制后期线形，预应力混凝土 T 构钢桁加劲组合结构则在大西客运专线晋陕黄河特大桥中采用，其梁端通过钢桁加劲来减小梁端转角以满足高速铁路行车要求，该桥主桥设计为 15 联 2×108 m。

(5)建造方法

结合黄河地质、水文特征与运输条件等，在桥梁基础施工、钢梁、PC 梁架设等建造方法上均有不同程度的发展，沉井基础施工、钢梁顶推法等一些建造方法具有显著的特点。桥梁下部基础 20 世纪 90 年代沉井施工过程中采用了爆破法、泥浆套、空气幕等辅助下沉技术用以辅助控制沉井下沉，在孙口、长东桥等工程中应用，钻孔桩技术成熟后在 20 世纪 90 年代以后成为黄河铁路桥梁基础的主要选择。钢桁梁建造方面，顶推拖拉技术在多座桥梁中得以应用并发展，顶推拖拉技术从初期的单点拖拉已发展到目前的多点同步连续顶推控制，顶推长度与质量均得到了较大的发展。早期的黄河禹门口铁路桥单孔 144 m 下承式钢桁梁采用全伸臂拖拉法架设，近十余年来，京广客运专线郑州黄河大桥、郑焦铁路郑州黄河桥、黄大铁路黄河特大桥、浩吉铁路三门峡桥均采用顶推法施工，其中浩吉铁路三门峡桥顶推长度达 1.14 km、质量达 4.3 万 t。悬臂拼装技术在孙口、长东桥、中宁桥、将军渡桥、郑济铁路郑州黄河桥、德大铁路黄河大桥等桥采用，其中经历了半伸臂法、全伸臂法的技术发展过程。拱桥建造方面大节段缆索吊装、斜拉扣挂悬拼法技术在浩吉铁路龙门黄河桥、朔准铁路黄河桥中应用，悬臂拼装、先梁后拱安装技术在钢桁柔性拱桥中应用于京沪高速铁路济南黄河桥、银西铁路黄河大桥等。在上部预应力混凝土结构方面，悬臂浇筑方法、移动模架施工方法分别在大西客运专线晋陕黄河桥、呼准铁路大路黄河桥和兰武二线河口南黄河桥中采用。

6.1.3 经验及教训

40 年铁路桥梁建设历程中，黄河上的水利工程同步在发展，小浪底水库在这期间建成，对于下游河道的冲淤、桥梁跨越河道时的孔跨布置、桥梁与堤防相交方式等方面的要求也在发展变化，黄河河道的冲淤变化、凌汛等对于桥梁结构影响方面的认识在不断提高。

在桥梁建设中在处理建桥与防洪的关系中，涉及桥梁的长度与桥梁孔跨总体布置。早期在处理桥梁与堤防的关系方面，可采用平交与立交两种方式，但平交对堤顶防汛抢险车辆通行有不利影响，过去桥梁设计时，遇到滞洪区或堤距较宽时也有采用路桥结合的方式、在考虑防洪安全的情况下尽量减小桥梁长度与跨度以节约投资。从目前黄河河道管理方面对于桥梁的要求来看，桥梁孔跨布置的跨度要求比以往均有提高，桥梁与堤防相交方式明确要求立交方式，堤身设计断面内不得设置桥墩，基础边缘线距离堤角不得小于 5 m，这更有利于黄河河道的行洪安全，同时在大堤范围内要求全桥跨越，河道内桥梁最低梁底标高须同时满足防洪、防凌要求，通航孔跨的梁底标高还应满足《内河通航标准》(GB 50139—2014)的要求。

在桥梁建设的标准方面，受经济条件的制约，早期的铁路桥多采用单线铁路标准，后期在经济条件许可时再修建复线，也出现过在建设过程中提高建设标准的情况，后来随着经济的发展，桥梁建设标准在不断提高，尤其是多线铁路桥的建设、公铁合建的方式，对于桥位资源、土地资源的节约利用是有利之举，在今后的桥梁建设中在规划层面宜尽量按照多通道共用的标准考虑。

在桥梁基础结构方面，黄河河段地质条件的显著特点是覆盖层厚、岩层埋深过大，河道冲淤变化显著，桥梁基础结构形式与埋深对于桥梁结构的变形影响认识在不断提高，既有桥梁中出现过桥梁基础变形过大的情况，一定程度上对桥梁的运营管养产生不利影响，在后续的桥梁建设中对于桥梁基础结构、埋深、淤背区基础负摩擦影响及措施等方面的认识逐步提高，桥梁基础结构形式选择、埋置深度、冲淤变化、冰压力的应对措施考虑等方面更加合理。

6.1.4 发展及展望

回顾过去 40 年黄河上铁路桥梁的发展历程，桥梁的建设规模、建设标准、结构形式、施工工法等均取得了长足的发展。

随着未来铁路事业的发展与建桥技术的进步以及更加注重桥梁美观等方面的需求不断发展，今后黄河上铁路桥梁在公铁合建、形式多样化、更大跨度、快速化等方面有进一步的发展空间。

在桥梁跨度方面，在研究中的京沪二通道滨州黄河公铁两用大桥位于德大铁路与黄大铁路黄河大桥之间，由于距离两座桥梁约 2～3 km，为了满足行洪、排凌及通航要求，方案可研阶段桥梁跨度达到 600 m，随着经济的发展与大跨度铁路桥梁技术的积累，未来黄河上铁路桥梁以大跨方式跨越可较好适应河道变化，是一个重要的发展方向。

在桥梁功能方面，多通道共建的多线铁路或公铁合建桥梁可以很好地节约利用宝贵的桥位与土地资源，从最近几十年黄河铁路桥的发展来看，经历了由单线铁路桥到双线铁路桥再到公铁合建的过程，未来黄河上多通道共用桥梁将是一个重要的优势选择。

在桥梁结构形式方面，最近几十年桥梁的上部结构形式在不断发展，呈现出多样化的结构形式，随着桥梁设计与建造技术的不断提高，桥梁造型、美观需求亦在不断增长，未来黄河上将出现形式多样的更加美观的桥梁。

6.2 新菏铁路长东黄河大桥

桥　　名：长东黄河大桥
工程项目：新菏铁路
工程位置：山东省东明县和河南省长垣县
主　　跨：108 m
桥　　型：连续钢桁梁
建设单位：铁道部
设计单位：中铁大桥勘测设计院集团有限公司
施工单位：中铁大桥局集团有限公司
设计人员：潘　耀　方秦汉　朱旭初　申天成
通车时间：1985 年 12 月

6.2.1 概　　况

新菏铁路线路等级为国家Ⅰ级干线单线铁路，采用有砟轨道，设计荷载为中—活载。桥位位于山东省东明县堡城险工下首，所处河段为黄河下游，为华北平原黄河冲击平原，第四系沉积厚度 150～300 余米，以河流冲击相、洪积相的黏性土及碎屑土为主。表部 10～20 m 左右土质松软，其下为中密、密实状粉细砂及软、硬塑黏性土，局部含姜石。设计最高气温 42 ℃，最低气温 −18 ℃；地震基本烈度为 7 度。长东黄河大桥是新荷铁路的控制和关键工程，是横跨黄河经河南长垣和山东东明的单线Ⅰ级干线铁路，设计桥梁荷载等级为中—活载。按照设计时相关部门要求，通航净空采用 9 000 m^3/s 相应水位作为最高通航水位(64.50 m)，再加上 10.5 m 的综合高度作为大桥的通航标准，不再分通航净高尺寸和预留淤积高度。抗震设防烈度 7 度。

主桥在主河道及可能摆动的河道范围内设置了 1.6 km 的 16 孔大跨钢桁梁。其中 96 m 简支钢桁梁 9 孔；4×108 m 和 3×108 m 连续钢桁梁各一联共 7 孔。主桥桥式立面如图 6-2-1 所示。

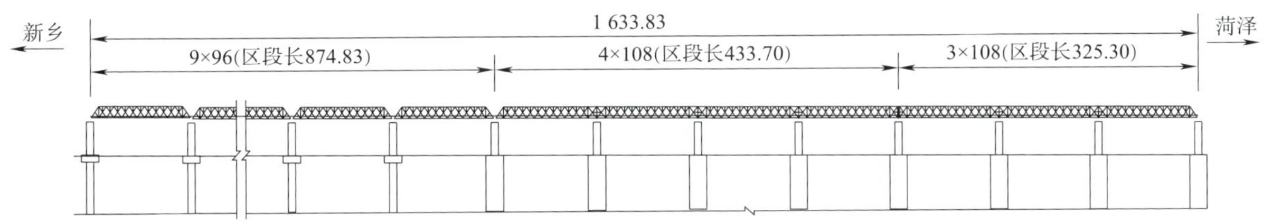

图 6-2-1　主桥桥式立面(单位：m)

6.2.2 结构设计

(1)上部结构

主桥采用下承式等高钢桁梁，钢桁梁采用米字形桁架，桁高 16 m，桁宽 5.758 m(图 6-2-2)，节间长上弦 6 m，下弦 12 m，主要结构采用 16Mnq 钢。员工走道及检查设备等辅助结构采用 A3 钢。主桁截面采用 H 形截面，最大板厚 32 mm。联结系截面采用 H 形截面，下平联设制动联结系。梁端设斜桥门架。桥上设上下弦检查车、风水管路、电力通信槽道、照明及电力通信线路、岗亭及巡守房等。钢梁油漆为二度底漆、三度面漆，纵梁盖板涂耐磨底漆二度、耐磨面漆三度，其中工厂为二度底漆、一度面漆；工地为二度面漆，以喷漆为主，刷漆为辅。

(2)下部结构(图 6-2-3)

本桥位于较厚的第四系覆盖层范围，好的持力层埋藏较深，大都在河床面 40 m 以下，加上河床面冲刷较深，并需按 7 度地震区设计，宜采用深基础，研究比选后连续钢桁梁 8 个桥墩基础采用浮运或筑岛沉井基础，其余桥墩均采用钻孔桩基础。

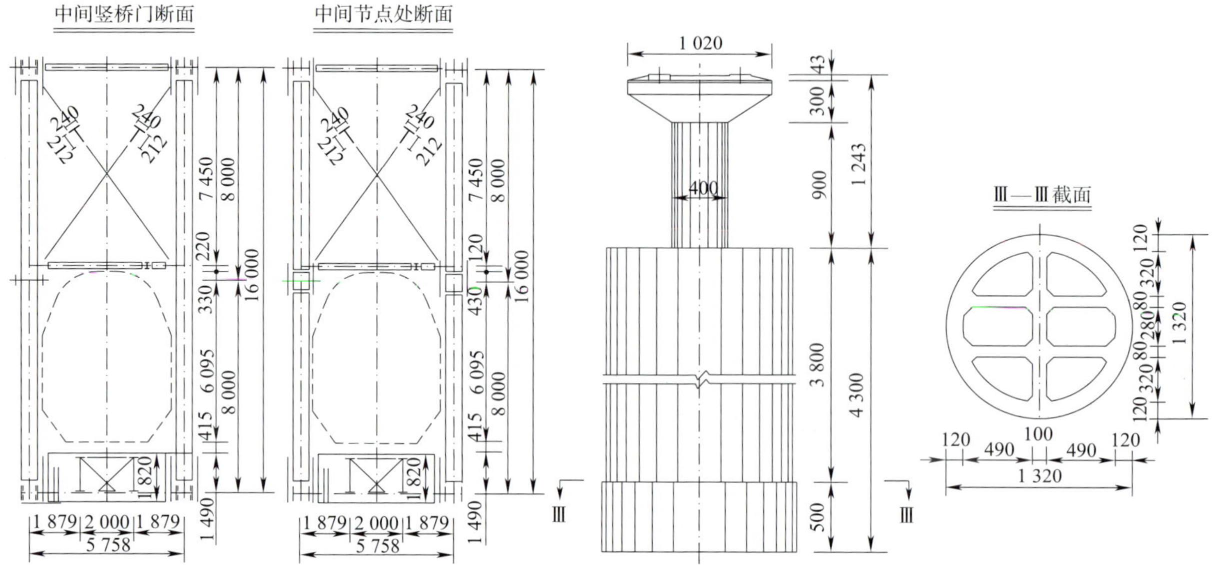

图 6-2-2　主桥钢梁截面图（单位：mm）　　图 6-2-3　固定墩基础结构图（单位：cm）

固定墩钢沉井采用底节直径为 13.2 m 带十字隔墙的钢沉井，全高 43 m，底节钢壳高 3.3 m，壁厚 1.3 m，十字隔墙壁厚 1 m，十字隔墙与井壁相接处未设置梗肋，底节钢壳内壁竖直段设有剪力槽。底节钢壳以上接高 12 m 双壁钢壳中间节，壁厚为 1.2 m，中间钢壳以上用钢筋混凝土节段接高，高 24.7 m，由 3×6.4 m 三段和 5.5 m 一段组成，顶节高 3 m，是一个壁厚为 0.9 m 的钢筋混凝土围圈，井孔盖以上预制钢筋混凝土盖板封口，在顶节围圈内灌注承台混凝土。

活动墩沉井采用底节直径为 10.2 m 的圆筒式钢沉井，底节钢壳高 3.3 m，壁厚 1.7 m，上接每节高 3 m 的中间双壁钢壳节 4 节，共 17 m，钢壳内壁剪力槽设在底节的上一中间节段内。在双壁钢壳上接高 2×6.75 m 和 6.6 m 高的钢筋混凝土中间节段，顶节高 4.6 m，顶节下部 1.1 m 高设有放置盖板梁的槽口，上部 3.5 m 高也是一个壁厚 0.9 m 的钢筋混凝土围圈，在顶节预留槽口内安放支承预制盖板的横梁及上盖预制钢筋混凝土盖板后，灌注承台混凝土。

6.2.3　施工方法

长东黄河大桥桥长、工程量大、工期紧迫，除了在结构设计上创造一些必要的条件外，在施工组织上从实际出发，突破了以往施工中的老框框、旧办法，尽可能地利用和引进一批比较先进的施工、运输和起重设备，再根据桥址处滩面开阔和主河槽仅汛期可能有水的情况，采用多工点施工方案，恰当解决了建桥难题，争取了工期。

（1）上部结构施工

连续钢桁梁第一孔在满布膺架上安装，其余各孔采用半悬臂法安装。简支钢桁梁第一孔也在满布膺架上安装，其余各孔采用全悬臂法安装。钢板梁采用 300 t 架桥机架设。

（2）下部结构施工

采用浮运沉井施工时，用导向船、拼装船定位起吊下沉，用施工便桥、墩旁吊机运输混凝土及施工料等。

墩基础筑岛沉井时，用草袋围堰填土进行筑岛，按漂运法施工。

滩地无水沉井施工时，就地平整加固地基后施工钢筋混凝土圆形沉井。

以上所有沉井下沉时开始用抓泥斗，以后主要用吸泥机取土并辅以高压射水和空气幕下沉。

6.2.4　主要技术经济指标

主要技术经济指标见表 6-2-1。

表 6-2-1　主要技术经济指标

指标类型			数值
结构性能指标	挠跨比	96 m 简支钢桁梁	1/1 532
		3×108 m 连续钢桁梁	1/1 773
		4×108 m 连续钢桁梁	1/1 762
主要工程量	全桥用钢(t)		29 487.0

6.2.5　技术特点和创新点

(1)首次采用厚 32 mm 16Mnq 的厚钢板。

(2)我国首座桥上设会让站的铁路桥梁。

(3)桥渡区为黄河下游游荡性河段,是有名的“豆腐腰”,在复杂河段上选择桥位、确定桥长、主孔布置时采用动床水工模型试验作为参考。

6.2.6　获奖情况

(1)获 1989 年国家优质工程银奖。

(2)获 1989 年国家优秀工程设计铜奖。

6.3　大准铁路黄河特大桥

桥　　名:黄河特大桥
工程项目:大准铁路
工程位置:内蒙古自治区清水河县
主　　跨:132 m
桥　　型:拱加劲连续钢桁梁
建设单位:中国神华准能大准铁路公司
设计单位:中国铁路设计集团有限公司
施工单位:中铁十二局集团有限公司
设计人员:闫汝良　张秉和　周世东　邢洁自　周四思　陆秀兰　陈启宇
通车时间:1993 年 3 月

6.3.1　概　　况

大准铁路为国家Ⅰ级单线重载电气化铁路,采用有砟轨道,是我国煤炭系统最长的企业自建自管的专用铁路,于内蒙古清水河县岔河口村跨越黄河。桥位所处河段为黄河中游上段,坡陡流急,河床较稳定;下覆土层为素填土、粉质黏土、圆砾土、卵石土、细砂、中砂和砾砂,下伏白云岩和石灰岩;设计最高气温 38 ℃,最低气温 −32 ℃,最冷月平均气温 −13.2 ℃,属寒冷地区;地震基本烈度 7 度,地震动峰值加速度 0.15g,地震动反应谱特征周期为 0.45 s。

黄河特大桥主桥与黄河水流线夹角为 75°,黄河主槽宽约 300 m,浅滩狭窄,右岸陡峻,左岸平缓,黄河设计流量 Q=9 800 m^3/s,设计水位 $H_{1\%}$=977.80 m,桥址位于万家寨水库回水区,有流冰现象,水库回水位为 982.60 m。经与相关单位协商,此处规划为Ⅳ级航道,设置两个通航孔,主通航孔净跨不小于 120 m,边通航孔净跨不小于 75 m,通航净高为设计最高通航水位以上 8 m。主桥根据通航、桥高、地震等条件，采用(96＋132＋96) m 无竖杆刚性梁柔性拱连续栓焊钢桁梁结构，引桥采用 32 m 单线简支梁。主桥立面如图 6-3-1 所示。

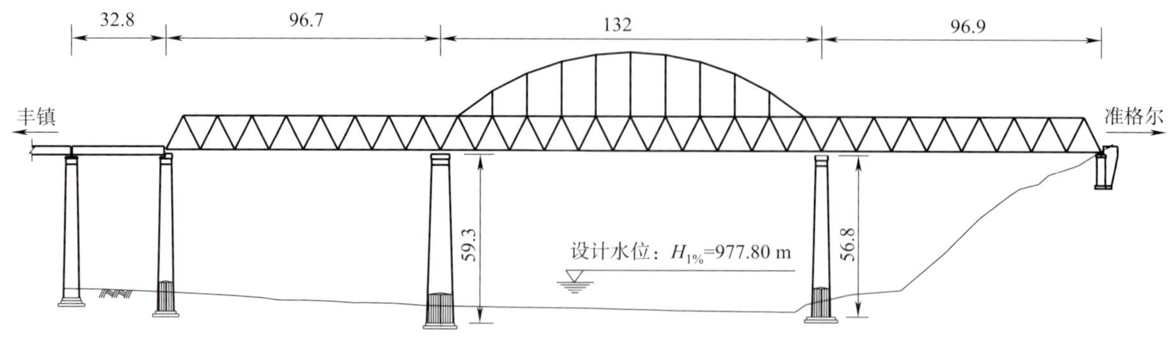

图 6-3-1　主桥立面图(单位：m)

6.3.2　结构设计

(1)主梁

主桥钢桁梁为栓焊结构，板材及型钢采用 16Mnq 低合金钢，高强度螺栓采用 20MnTiB，型号 M22。

钢桁梁节间距 12 m，桁高 12 m，两主桁中心距 7 m，柔性拱矢高 22 m(图 6-3-2)，桥高约 56 m，拱顶高约 90 m。上下弦杆截面均为 H 形，宽 600 mm，高 640 mm，杆件长 11.94 m，最大杆件质量 5.448 t。端部和中间桥门架斜杆采用箱形截面，宽 600 mm，高 640 mm，内设隔板；其他斜杆均为 H 形截面，宽 600 mm，高 640 mm 或 600 mm，最大杆长 12.180 m，最大杆件质量 6.018 t。

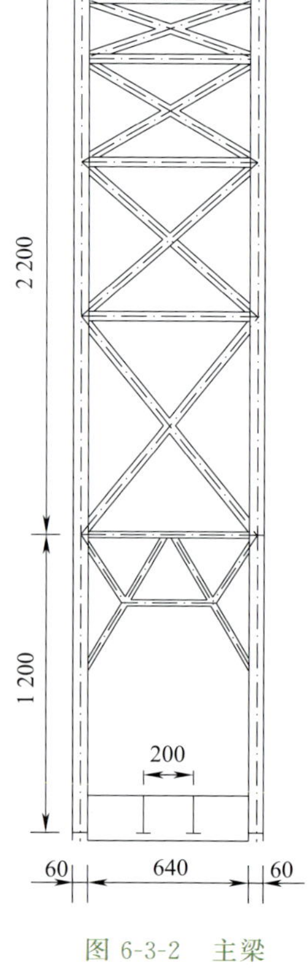

图 6-3-2　主梁横断面图(单位：cm)

(2)拱肋

拱肋截面均为箱形，宽 600 mm，高 640 mm，最大杆长 14.040 m，最大杆件质量 4.871 t。吊杆截面均为 H 形，宽 600 mm，高 440 mm 或 460 mm，其中桥梁中心部位的 6 根系杆长度超过 16 m，采用两根短杆栓接而成。

(3)纵、横梁

桥面纵梁中心距采用 2.0 m，计算跨度 12 m，梁高 1.5 m，每片质量 3.04 t。横梁计算跨度 7.0 m，按受力及构造分端横梁、中间支承处横梁、中间横梁和制动撑架横梁 4 种，高度均为 1.81 m，最大质量每片 3.11 t。

(4)上下平联

平纵联有下平纵联、上平纵联及拱面纵联三个系统。上下平纵联的交叉斜杆及撑杆均采用高 250 mm 的 I 形截面，拱面纵联的交叉斜杆及撑杆均采用高 380 mm 的 I 形截面。钢梁在中跨与边跨内各设制动撑架 1 处，位于下平联平面内，撑杆采用槽形截面，杆高 250 mm。钢梁端部及中部设桁架式桥门架，杆件采用高 250 mm 的 I 形截面；横联设于主桁斜杆平面，结构图式与桥门架相同，杆件采用高 210 mm 的 T 形截面。

(5)桥墩及基础

主桥高 55～59 m 的 3 个桥墩承受风力、制动力、地震力、水压力等较大的水平力，其中 10 号墩(制动墩)为实体混凝土墩，9、11 号墩为空心墩，结冰水位以下为实体。水中墩上游侧均设破冰凌，在流冰作用的高度内设防冰钢板围套，明挖基础置于基岩上。

6.3.3　施工方法

主墩基础采用单壁钢围堰施工。

钢梁施工采用临时支墩半悬臂拼装法，即在小里程边跨端搭设膺架，在其上拼装半跨钢梁，然后以这半孔梁作平衡重悬拼剩下的半孔梁，再以整个边孔梁作为平衡重拼装中跨梁（为减小钢梁悬臂长度，在中跨中部设一临时墩），再拼装大里程侧边跨。完成三孔连续钢桁梁安装后，再进行柔性拱安装，最后利用中孔临时支墩顶高进行拱肋零应力合龙。施工情况如图6-3-3～图 6-3-6 所示。

图 6-3-3　主墩施工

图 6-3-4　利用临时支墩悬拼钢桁梁

图 6-3-5　拱肋在拱脚处合龙

图 6-3-6　成桥照片

6.3.4　主要技术经济指标

主要技术经济指标见表 6-3-1。

表 6-3-1　主桥主要技术经济指标

指标类型		数值
结构性能指标	中跨竖向挠跨比	1/2 349
	边跨竖向挠跨比	1/1 345
	中跨主桁中心距与跨度之比	1/18.9
	边跨主桁中心距与跨度之比	1/13.7
	一阶横向基频（Hz）	1.035
主要工程量	主梁钢材（t）	1 591.0
	主梁钢材（t/m）	4.89

6.3.5 技术特点和创新点

（1）主桥结构形式被应用于铁路桥梁当时在我国尚属首次，主桥钢桁梁设计将当时国内大跨钢梁通常采用的 8 m 节间带竖杆式桁架发展为 12 m 大节间距无竖杆式三角桁架，据分析，该桥采用 12 m 无竖杆三角桁比 8 m 节间有竖杆三角桁约可节省 6% 的钢材。

（2）首次将大吨位盆式橡胶支座应用于钢桥，技术先进，经济合理。

6.3.6 获奖情况

1994 年获铁道部优秀工程设计三等奖。

6.4 京九铁路孙口黄河大桥

桥　　名：孙口黄河大桥
工程项目：京九铁路
工程位置：山东省梁山县、河南省台前县
主　　跨：108 m
桥　　型：钢桁梁桥
建设单位：铁道部
设计单位：中铁大桥勘测设计院集团有限公司
施工单位：中铁大桥局集团有限公司
设计人员：朱旭初　林荫岳　宁伯伟　刘杰文　赵廷衡　刘承虞　陈　伟　杨若斌
通车时间：1996 年 8 月

6.4.1 概　况

京九铁路线路全长 2 407 km，为国家Ⅰ级铁路，设计速度 120 km/h，预留 160 km/h 条件。孙口黄河是一座京九铁路线上跨越黄河的双线铁路桥，设计速度 120 km/h，正线线间距 4.0 m，采用道砟桥面。

大桥位于山东省梁山县和河南省台前县交界处的黄河上，桥位地处黄河下游游荡性向弯曲性河道过渡的过渡性河段，两岸受大堤控制，由于大量泥沙在大堤之间落淤使其成为一条堆积性河流。大桥桥址区域地质土以砂性土为主，夹有砂黏土和黏土互层，土性疏松，粒径较小，层次变化大，层位也不稳定。土层以粉砂和黏砂土为主，较好的持力层都在 45 m 以下，因而基础埋置深度较深。最高通航水位：47.99 m，通航等级按级Ⅳ航道考虑，通航净高 10.5 m。抗震设防烈度 7 度。

大桥全长 6 829.6 m，共 173 孔，178 个墩台。正桥为四联 4×108 m 的下承式连续刚桁梁桥，全长 1 735.2 m。主桥立面如图 6-4-1 所示。

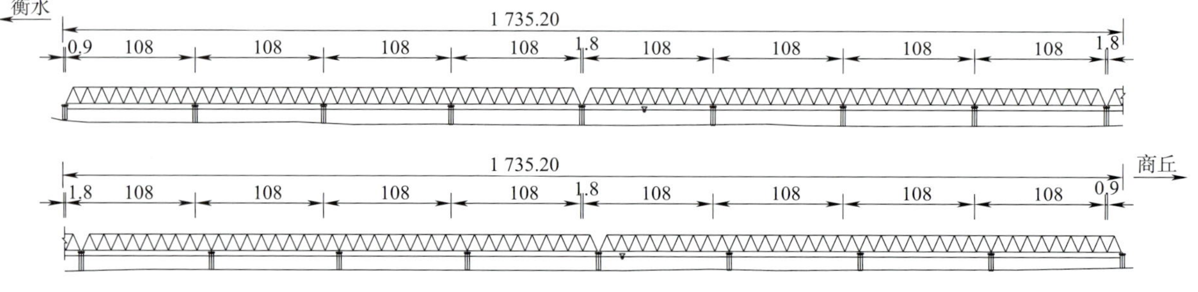

图 6-4-1　主桥立面（单位：m）

6.4.2　结构设计

(1)上部结构

正桥钢梁为四联 4×108 m 栓焊钢桁梁,无竖杆三角形桁式。桁高 13.6 m,横宽 10 m(图 6-4-2),节间长度 12 m,斜杆倾斜角度 66.2°。箱形弦杆高 720 mm,内宽 660 mm。支点处斜杆为箱形,其他斜杆为 H 形。杆件板厚 16～36 mm,节点板厚 24～36 mm。桁宽与跨径之比为 10.8,桁高与跨径比 1/7.94。钢梁两联端支座中心间距 1.8 m,每联长 433.8 m,正桥钢梁全长 1 735.2 m,总质量约 14 093 t。钢梁墩箱形端斜杆与整体节点对拼连接,H 形斜杆则插入整体节点板内连接。桥门架及横联为斜向非平行盖板Ⅰ形横撑门形整体板式门架。上弦整体节点、端斜杆与板式桥门架、板式横联如图 6-4-3～图 6-4-5 所示。

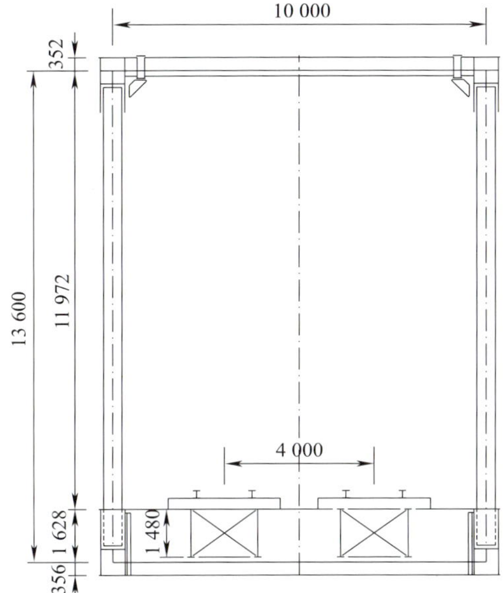

图 6-4-2　主桥断面图(单位:mm)

图 6-4-3　上弦整体节点

图 6-4-4　箱形端斜杆及板式桥门

图 6-4-5　板式横联

引桥采用三种跨径的预应力混凝土简支梁,按桥梁所在区域的功能要求选用,共有 157 孔,其中 122 孔为 32 m 跨(专桥 2059 图),20 孔位 40 m 跨(专桥 2045 图),25 孔 24 m 跨(专桥 2091 图)。

(2)下部结构

孙口黄河大桥正桥 17 个桥墩采用尖端形实体墩、圆形沉井基础,其中固定支座墩 4 个,底节直径 14.4 m,底节以上直径 14 m;活动支座墩 12 个,底节直径 12.4 m,底节以上直径 12 m,沉井内设十字隔墙,墙厚 0.8 m。沉井周壁设空气幕气龛,每龛有效面积下部为 1 m^2,上部为 2 m^2,底节和顶节不设空气幕。引桥墩台基础采用直径 1.0 m 或 1.2 m 钻孔桩,部分采用 50 cm×50 cm 预制钢筋混凝土打入桩。

6.4.3 施工方法

正桥基础 0 至 16 号墩为圆形沉井基础，采用空气幕辅助下沉，其中 1～5 号墩、11～16 号墩为滩地施工的钢筋混凝土沉井基础。6、7 号墩采用筑岛法施工，8、9、10 号墩采用桩柱平台拼装悬挂钢沉井施工。主桥墩身均在围堰内收水后施工，墩身墩帽采用无拉杆大片钢模板灌注混凝土。

图 6-4-6 成桥实景

正桥钢梁安装北岸由 0 号墩开始架第一联，从 E0′起始自北向南拼装；南岸由 16 号墩开始架设第四联，亦从 E0′起始自北向南拼装。南北两岸第一孔钢梁架设均为排架法施工，以后各孔采用梁上吊架悬臂法辅以临时墩架设，悬臂长度 84 m。成桥实景如图 6-4-6 所示。

6.4.4 主要技术经济指标

主要技术经济指标见表 6-4-1。

表 6-4-1 主要技术经济指标

指标类型		数值
结构性能指标	竖向挠跨比	1/986
主要工程量	主梁用钢量(t/m)	7.55

6.4.5 技术特点和创新点

(1)国内首次采用钢桁梁整体节点新技术和板式桥门、横联结构。

(2)新型薄壁轻型沉井及空气幕辅助下沉新工艺。

6.4.6 获奖情况

(1)获 1997 年铁道部优秀工程设计一等奖。

(2)获 1998 年全国第八届优秀工程设计金奖。

6.5 兰新铁路河口南黄河特大桥

桥　　名：河口南黄河特大桥
工程项目：兰新铁路兰武段
工程位置：甘肃兰州河口南
主　　跨：(37.2+4×56+37.2) m
桥　　型：连续弯梁
建设单位：兰州铁路局工程建设指挥部
设计单位：中铁第一勘察设计院集团有限公司
施工单位：中铁大桥局集团有限公司
设计人员：李承根　王　胜　徐永利　李小军　何　涛　高明昌　陈　侃　倪燕平
通车时间：2006 年 8 月

6.5.1 概　　况

兰新铁路兰武段(增建二线)为国家单线Ⅰ级电气化铁路,客货共线;设计最高行车速度 160 km,中—活载。河口南黄河特大桥位于兰武二线铁路河口南出站端,所处河段属黄河上游河段,桥位距上游八盘峡水库 1 km,距下游既有黄河桥 480 m。河道主槽宽度 200～300 m,水深约 4～6 m,河床纵坡 $i=1.2‰\sim2‰$。本桥位于 $R=600$ m 的曲线上,受黄河通航净空的要求,主桥采用 56 m 跨度。河口南黄河特大桥主桥采用(37.2+4×56+37.2) m 连续弯梁,其他采用常用跨 32 m、24 m 标准简支 T 梁及 32 m 预应力混凝土节段拼装简支箱梁。工点范围内地层主要为第四系全新统人工填筑土、冲积黏质黄土、砂质黄土、圆砾土、卵石土;下伏白垩系泥岩夹砂岩及页岩。本桥位于 8 度地震烈度区。

本桥造型美观,全桥均处于 600 m 曲线上,宛如一条彩虹横亘在黄河两岸。采用移动支架造桥机在曲线上逐孔预制拼装连续弯梁,无论设计还是施工均是一项全新的技术,国内尚属首次。该工法的研究成功,增加了铁路选线的自由度,对今后特别是高速铁路中等跨度连续梁的建造拓宽思路。主桥立面如图 6-5-1 所示。

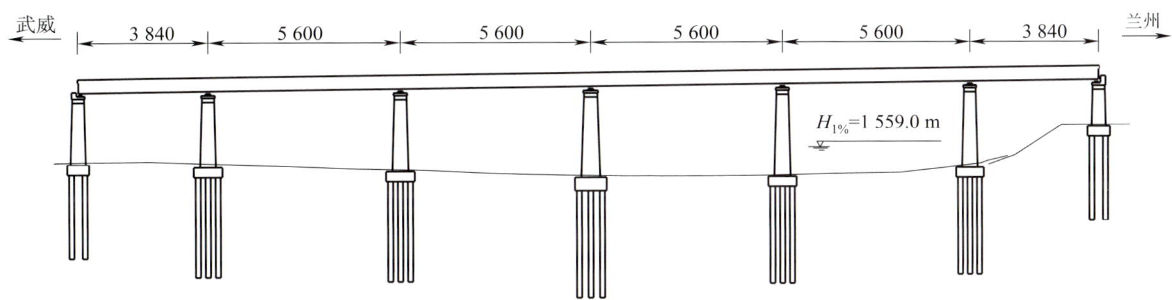

图 6-5-1　主桥立面(单位:cm)

6.5.2 结构形式

主桥梁体为单箱单室、等高度、变截面预应力混凝土连续梁,联长 300.8 m,位于 $R=600$ m 的圆曲线上。梁高 4.0 m 箱梁顶宽为 3.9 m,底宽为 3.0 m,支座处截面局部加宽。除支点处外顶板厚均为 28 cm,腹板厚为 30～65 cm,底板厚为 30～85 cm(图 6-5-2)。顶板与腹板相交处设 45 cm×15 cm 梗肋,腹板与底板相交处设 20 cm×20 cm 梗肋。全梁在端支点和中支点设置带过人孔的横隔墙,墙厚分别为 80 cm 和 120 cm,过人孔的宽度为 100 cm,高 180 cm。

箱梁预制梁段长度根据梁段重量控制在 800 kN 以内,跨中、墩顶不设湿接缝及减少梁段种类的原则,共划分为 5.0 m³、6 m 及 3.8 m 三种长度,其中边跨箱梁划分为 8 个预制梁段,7 个湿接缝;中间跨箱梁两种。全联共计 55 个预制梁段,54 个湿接缝。

主桥桥墩采用钢筋混凝土圆端形实心墩,其余桥墩均为混凝土圆端形实心墩。河道中主桥基础采用钻孔桩基础,桩基直径为 1.5 m。其余桥墩采用挖井或明挖基础。

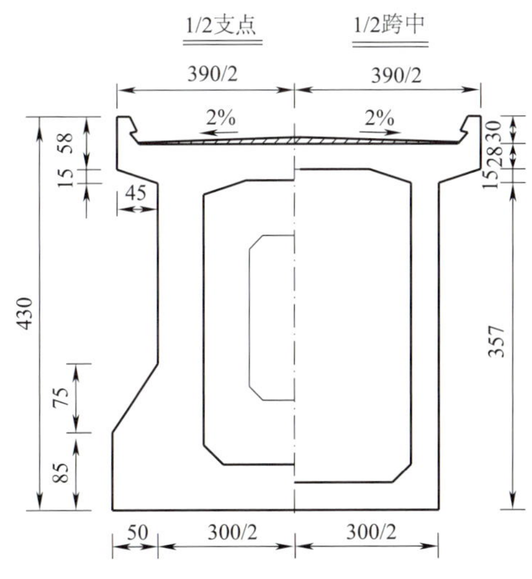

图 6-5-2　跨中截面(单位:cm)

6.5.3 施工方法

主桥和引桥 32 m 简支箱梁采用移动支架造桥机施工。主桥主要施工步骤如下:

(1)将拼装好的移动支架造桥机支撑在第一孔及第二孔的

桥墩上，施工第一孔及第二孔的 1/4 梁段，张拉相应梁段预应力。

（2）移动支架造桥机移至第二孔及第三孔，施工剩余第二孔 3/4 梁段及第三孔的 1/4 梁段，张拉相应预应力。

（3）重复施工步骤（2），直至施工完第五孔及第六孔的 1/4 梁段。

（4）施工第六孔的剩余 3/4 梁段，张拉相应预应力，至此拼装施工完成。主桥梁部施工情况如图 6-5-3 所示。

（5）桥面系等施工。主桥水中桥墩采用草袋围堰或铅丝笼围堰筑岛，采用冲击钻机施工桩基础，设注浆帷幕防护，并下沉钢筋混凝土套箱施工承台。通车后大桥远景如图 6-5-4 所示。

图 6-5-3　主桥梁部施工

图 6-5-4　大桥远景

6.5.4　主要技术经济指标

主要技术经济指标见表 6-5-1。

表 6-5-1　主桥主要技术经济指标

指标类型		数值
结构性能指标	竖向挠跨比	1/1 070
主要工程量	主梁混凝土（m^3）	1 523.0
	纵向钢绞线（t）	65.7
	普通钢筋（t）	263.0

6.5.5　技术特点和创新点

河口南黄河特大桥自运营以来，各项性能指标良好，满足了列车安全、平稳、舒适性的要求。其技术水平先进性主要体现在：

（1）本桥是国内首次在小曲线半径 $R=600$ m 条件下，采用主跨 56 m，联长 300 m 的曲线连续箱梁。

（2）首次在国内铁路弯梁施工中，采用移动支架造桥机在曲线上逐孔预制拼装连续箱形弯梁，该装备在适应不同跨度及曲线半径的能力方面，是当时国内铁路行业中最先进的装备。

6.5.6　获奖情况

（1）获 2007 年中国铁建优秀工程设计一等奖。

（2）获 2007 年甘肃省优秀工程设计三等奖。

6.6 石武客运专线郑州黄河公铁两用大桥

桥　　名：郑州黄河公铁两用大桥
工程项目：石武客运专线
工程位置：河南省郑州市
主　　跨：5×168 m
桥　　型：六塔钢桁结合梁斜拉桥
建设单位：京广铁路客运专线河南有限公司
设计单位：中铁大桥勘测设计院集团有限公司
　　　　　中国铁路设计集团有限公司
施工单位：中铁大桥局集团有限公司
设计人员：大桥院　高宗余　徐　伟　宁伯伟　肖海珠
　　　　　　　　　王为玉　孙英杰　张晓勇　郭子俊
　　　　　中国铁设　王召祜　孙树礼　王　祯　张　雷
　　　　　　　　　刘　凯　吴大宏　乔晋飞　周岳武
通车时间：2010 年 9 月

6.6.1 概　　况

大桥是京广客运专线与郑州至新乡高速公路跨越黄河的共用桥梁，大桥全长 14.906 km，公铁合建段长 9.177 km。上层为六车道一级公路设计速度 100 km/h，下层铁路等级：客运专线，正线数目：双线，设计速度：350 km/h，线间距：5.0 m。

该区地层以第四系河流相粉、细、中砂为主，其间多夹粉土、粉质黏土薄层或透镜体。自上而下可分为 6 大层：第①大层主要为人工填土和种植土。第②大层为全新统冲积上层（Q_4^{al}），岩性主要由软塑的粉质黏土、粉土、粉细砂组成。第③大层为全新统冲积下层（Q_4^{al}），岩性主要由中密状细砂组成，夹粉质黏土、粉土、中砂透镜体。第④～⑥大层为更新统冲积层（Q_3^{al}），第④大层岩性主要由密实状中砂、细砂组成，夹密实状粉土透镜体；第⑤大层岩性主要为硬塑状粉质黏土，夹细砂、粉土透镜体，在里程 DK650＋900 以北段缺失；第⑥大层岩性主要为密实状细砂，夹密实状粉土、中砂、硬塑状粉质黏土透镜体。最高通航水位 96.06 m（黄海高程），通航等级为国家Ⅳ（2）级通行航道，通航净高不小于 8 m。桥区地震动峰值加速度系数为 0.15g，抗震设防烈度 7 度。

主桥位于公铁合建段，全长 1 684 m，由两联组成。第一联采用（120＋5×168＋120）m 六塔单索面连续钢桁结合梁斜拉桥，第二联采用 5×120 m 连续钢桁结合梁。桥面分两层布置，上层为六车道公路，下层为双线客运专线。主桥立面如图 6-6-1 所示。

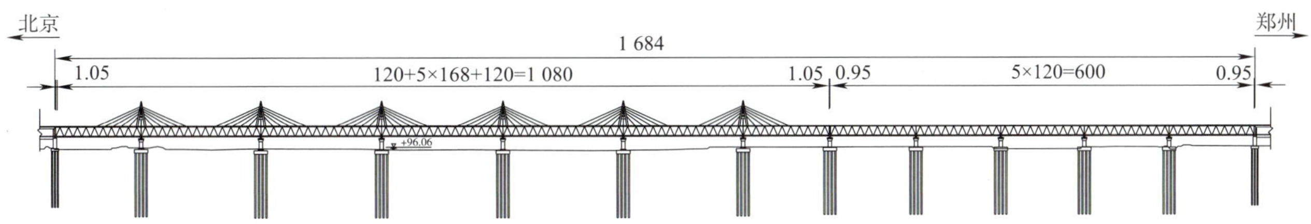

图 6-6-1　主桥立面（单位：m）

6.6.2 结构设计

（1）上部结构设计

主桥分两联布置，总长 1 684 m。第一联采用（121.05＋5×168＋121.05）m 六塔单索面钢桁结合梁斜拉桥，联长 1 082.1 m，立面上布置成多塔长联的构造形式，结构造型连续；在 1 号～6 号墩上弦布置桥塔，桥塔采用钢箱结构，塔梁固结，塔高 37 m，每座钢塔上设置 5 对斜拉索，单索面扇形布置。第二联采用(120.95+3×120+120.95) m连续钢桁结合梁方案，联长601.9 m。两联均采用三角形桁式钢梁结构。立面上布置成多塔长联的构造形式，结构造型连续，首次采用三主桁斜边桁的空间桁架形式，钢梁桁高14 m，节间距12 m。横向布置为3片桁，中桁垂直，边桁倾斜，倾斜角度14.036°。下弦桁间距8.5 m，桁宽17 m(图6-6-2、图6-6-3)，上弦桁间距12 m，桁宽24 m。钢桁梁上弦顶面安装公路桥面板，通过钢梁上弦顶面的剪力钉与钢桁梁结合后共同受力形成结合梁，下弦杆与铁路正交异性钢桥面板连接成整体。主桥钢桁梁均采用Q370qE钢材，桥面板采用C60预应力混凝土结构。

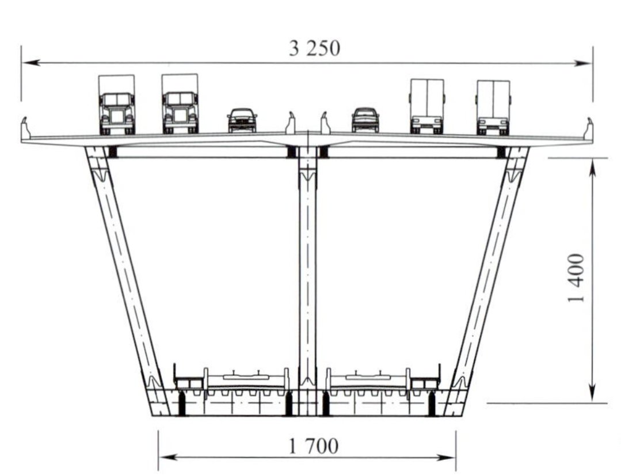

图6-6-2 一般位置主梁截面图(单位:cm)

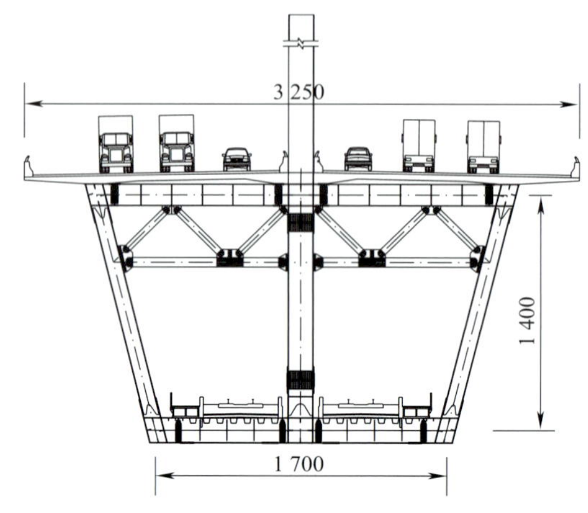

图6-6-3 第一联墩顶处主梁截面图(单位:cm)

钢桁梁主桁上、下弦杆均为箱形截面，其中边桁弦杆适应斜桁的形式，采用平行四边形截面，中桁采用矩形截面；腹杆采用H形和箱形两种截面。主桁采用整体节点形式，上下弦杆四面等强对接拼装。箱形腹杆与节点板对拼，H形腹杆采用插入式拼接。

铁路桥面为正交异性整体钢桥面板。节点处设节点横梁，间距12 m，节点横梁为倒T形结构。腹板高1 400 mm，板厚16 mm，翼板宽480 mm，板厚24 mm，支点处节点横梁翼板加强，宽560 mm，厚24～32 mm。两片横梁中间设节间横梁，节间横梁间距3 m，倒T形结构，腹板高1 400 mm，板厚12 mm，翼板宽400 mm，板厚24 mm。横梁上下翼板同主桁下弦杆上下翼板连接。桥面板纵向采用U形加劲肋和板式加劲肋，U形加劲肋横向间距800 mm，顶宽400 mm，底宽300 mm，高300 mm，板厚10 mm，板式加劲肋高160 mm，厚14 mm，桥面板厚16 mm。桥面板与主桁的连接在工地现场完成。桥面板顶板连接采用焊接，桥面板纵肋连接和横梁腹板、底板连接均采用M24螺栓连接，U形加劲肋纵向采用M22螺栓连接。

公路桥面采用预应力混凝土预制板，架设完成后通过浇筑纵横向湿接缝浇筑成整体。桥面板支撑于钢桁梁上弦顶面，混凝土桥面板与钢桁梁上弦及端横梁通过ϕ22圆柱头剪力钉结合后共同受力。

在1号～6号墩墩顶位置钢梁中桁布置桥塔，桥塔采用钢箱结构，塔梁固结，塔高37 m，每个主塔布置有5对斜拉索。主塔立面布置为人字形，从塔顶的单箱截面向塔根渐变为双箱截面，塔横桥向宽2 m，纵向宽度逐渐变化。箱内设置横隔板，隔板间距约4 m。塔根部双箱间距12 m，锚固在墩顶两侧的上弦节点。

桥塔竖向共分四节，底节为分离的双箱形截面，其余三节为单箱截面，塔顶节最长，约13 m，单节段最大质量52.6 t(含拼接板)。各节段工厂制造，在现场栓接。钢塔上下游两侧面及钢塔接头位置四周焊接覆盖4 mm装饰板。钢塔构造如图6-4-4所示。

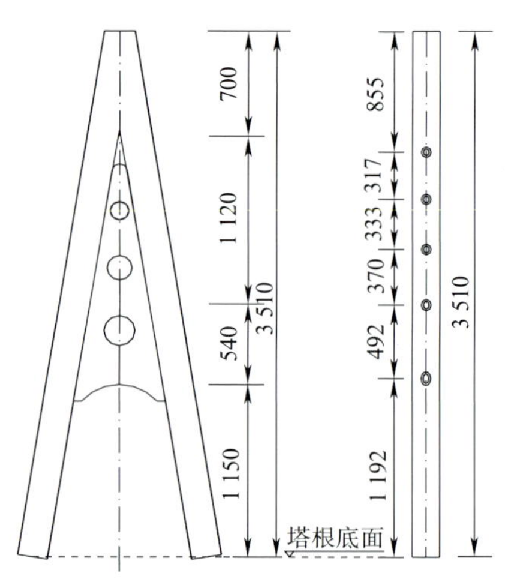

图6-6-4 钢塔构造图(单位:cm)

每座钢塔上布置5对斜拉索，斜拉索采用单索面扇形布置，梁上间距为 12 m，塔上索距 2.8 m。单根斜拉索采用 253 根标准强度 1 670 MPa 的 $\phi7$ 平行钢丝，平行钢丝表面采用双层 PE 护套，外层 PE 的护套与钢塔颜色保持一致。锚具采用冷铸锚。斜拉索一端锚固在主塔箱体内，一端锚固在主梁的上弦节点上。梁端锚固，塔端张拉。

(2)下部结构

主桥 0 孔～12 孔均采用钻孔灌注摩擦桩群桩基础，承台均为 C45 钢筋混凝土实心结构。主桥边墩 0 孔、12 孔采用框架墩结构，墩身由三立柱组成；主桥 1 孔～11 孔墩身均采用圆端形。

6.6.3 施工方法

(1)基础施工

主桥水中墩采用栈桥和墩位平台方案施工，承台采用插打钢板桩围堰施工。

主桥滩地段及引桥钻孔桩均采用筑岛或平整场地法施工，地下水位较高地段承台采用井点降水法开挖施工。

(2)上部结构施工

第一联钢梁安装采用多点同步连续顶推施工方法，第二联钢梁采用悬臂拼装方法。

主桥第一联六塔斜拉连续钢桁结合梁联长 1 080 m，跨越黄河。为减少高空作业量，实现钢桁梁工厂化拼装，提高安装工效，采用了大跨长联钢桁梁多点同步连续顶推技术安装。

采用大跨长联钢桁梁多点同步连续顶推技术(图 6-6-5)，实现了多点动态平衡控制和中线偏差自动纠正。新型导梁结构实现全悬臂自动上墩过孔。设置钢桁梁拼装作业平台，杆件拼装及正交异性板焊接可实现工厂化，有效保证钢桁梁的施工质量。

图 6-6-5 大跨长联钢桁梁多点同步连续顶推

该技术的成功应用，将水上施工转化为陆上施工，将高空作业转化为地面作业，将现场作业转化为工厂作业，更有利于保证工程质量，减少安全风险，缩短建设工期。施工情况及成桥实景如图 6-6-6、图 6-6-7 所示。

图 6-6-6 第二联钢梁采用龙门吊悬臂拼装

图 6-6-7 成桥实景

6.6.4 主要技术经济指标

第一联、第二联的主要技术经济指标见表 6-6-1、表 6-6-2。

表 6-6-1 主要技术经济指标(第一联)

指标类型		数值
结构性能指标	竖向挠跨比	1/2 637
	梁端转角(rad)	1.19‰

续上表

指 标 类 型		数 值
主要工程量	钢主塔(t)	1 345.0
	斜拉索(t)	214.5
	混凝土板(m^3)	14 109.0

表 6-6-2 主要技术经济指标(第二联)

指 标 类 型		数 值
结构性能指标	竖向挠跨比	1/4 477
	梁端转角(rad)	1.09‰
主要工程量	钢梁(t)	13 380.0
	混凝土板(m^3)	7 777.0

6.6.5 技术特点和创新点

(1)首次采用边桁斜置的三主桁结构。

(2)大跨长联钢桁梁多点同步连续顶推技术。

(3)国内首次采用新型双重板桁组合结构。

(4)国内首次采用新型内置索桁锚固结构。

(5)斜主桁制造及拼装技术。

6.6.6 获奖情况

(1)获 2014 年中国铁道学会科学技术一等奖。

(2)获 2014 年湖北省优秀工程设计一等奖。

(3)获 2013 年中国铁路工程总公司科学技术奖特等奖。

(4)获 2013 年中国中铁股份有限公司优秀工程设计一等奖。

(5)获 2014 年 FIDIC 优秀奖。

6.7 京沪高速铁路济南黄河大桥

桥　　名：济南黄河大桥
工程项目：京沪高速铁路
工程位置：山东省济南市
主　　跨：3×168 m
桥　　型：钢桁梁
建设单位：京沪高速铁路股份有限公司
设计单位：中铁大桥勘测设计院集团有限公司
施工单位：中铁一局集团有限公司
设计人员：徐　伟　朱旭出　宁伯伟　刘汉顺　张　强　杜　萍　张　伟　兰　阳
通车时间：2011 年 6 月

6.7.1 概 况

京沪高速铁路济南黄河大桥是京沪高铁第二大单体桥梁工程。大桥采用四线共建(京沪 2 线、太青 2 线),设计速度为 350 km/h,采用有砟轨道,正线线间距 4 m。

大桥位于黄河下游河段,河道水少沙多、淤积严重。桥址处河道属弯曲性的河道,其特点是河道窄而弯曲多,弯曲半径小。桥位处设计洪水流量为 11 000 m^3/s,考虑河道淤积,2055 年的设计洪水位为

40.72 m。桥位处工程地质地层以第四系河流相粉质土为主，其间多夹粉、细、中砂及粉土、黏土薄层或透镜体。自上而下可分为三大层：第①大层主要为人工填土。第②大层的上部主要由软塑的粉质黏土、黏土及稍密的粉土组成，厚 9.60～22.50 m；下部主要由硬塑的粉质黏土、黏土、中密的粉土及中密的砂层组成，厚 0.70～11.85 m。第③大层主要由硬塑状的粉质黏土组成，厚度不详，顶面高程为 −1.83～9.42 m。其中钻孔深 40 m 以下姜石含量较高，姜石层分布较多。济南河段历史上曾季节性通航，但由于冬季封冻、枯水期水深很小，洪水期流速很大，且洪枯流量变化很大，通航条件十分困难，随着工农业用水的不断增加，黄河下游河道多年发生断流，航运条件更差，已不具备通航条件，济南河段航运已停业。按照设计时相关部门要求，设计以 9 000 m^3/s 相应水位作为最高通航水位(34.35 m)，通航等级按级Ⅳ航道考虑。

主桥采用刚性梁柔性拱钢桁梁桥，跨径布置为(112＋3×168＋112) m。主桥立面如图 6-7-1 所示。

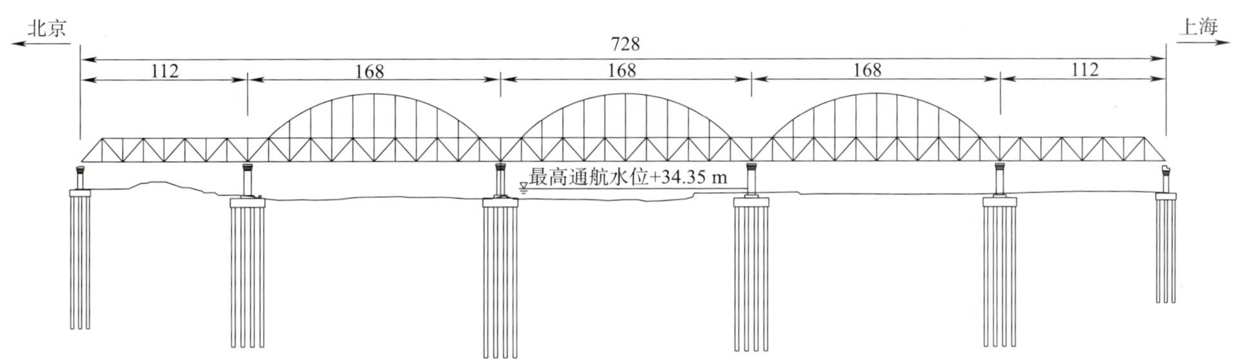

图 6-7-1　主桥立面(单位：m)

6.7.2　结构设计

主桥钢梁采用刚性梁柔性拱方案。主梁采用带竖杆的等高度三角形桁架，桁高 16.0 m，节间 14.0 m，桁宽 30 m，横向布置两片主桁(图 6-7-2)。柔性拱肋按圆曲线布置，矢高 30.0 m，矢跨 140.0 m，矢跨比为 1/4.67，拱肋在拱脚与支点处斜杆通过节点相连。

(1)主梁弦杆及吊杆

主桁上下弦杆采用箱形截面，杆件内宽 1 300 mm。下弦杆内高 1 240 mm，每侧竖板各设一道板式加劲肋，上、下水平板各设一道板式加劲肋；上弦杆内宽 1 300 mm，杆件高 1 500 mm，每块板件各设一道板式加劲肋。

拱肋弦杆采用箱形截面，杆件外宽 1 300 mm，杆件高 1 280 mm，每块板件各设一道板式加劲肋。

主桁斜杆采用箱形或 H 形截面，主桁竖杆及拱肋吊杆均采用 H 形截面。

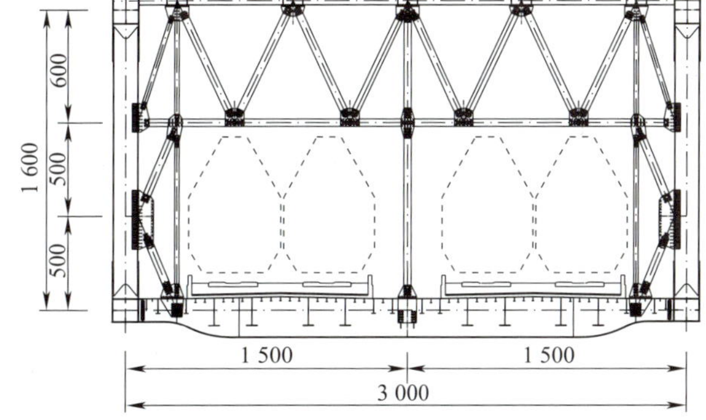

图 6-7-2　主桁断面布置(单位：cm)

主桁平弦部分节点采用整体节点设计，考虑制造及安装方便，拱肋节点采用拼装节点。主桁最大板厚控制在 50 mm 以内。

(2)桥面结构

桥面采用正交异性板整体式桥面。桥面纵肋采用开口肋，具有制作、焊接方便等优点。

桥面板的板厚 16 mm，下设 T 形纵向加劲肋，间距 500 mm，T 形肋高 200 mm，板厚 12 mm；设八道纵梁，纵梁高 1 500～1 540 mm，腹板厚 12 mm，下翼缘 600 mm×28 mm，腹板上端与顶板焊连；沿桥纵向每 14 m 长节间内设 6 道横肋，横肋高约 600 mm，腹板厚 14 mm，下翼缘 300 mm×14 mm。节点处横梁采用工形截面、鱼腹式变高度梁，跨中高约 2 100 mm，端部高约 1 296 mm，下翼缘 960 mm×40 mm～400 mm×40 mm，腹板厚 14～32 mm。

(3)上平纵联

主桁上弦设交叉型上平联，杆件采用焊接工形构件，截面高 500 mm，上平联节点板与主桁为焊缝连接。

拱肋弦杆间设交叉型平联，杆件采用焊接工形构件，截面高 730 mm。

(4)横联

每个上弦节点处均设有横联，横联为三角形桁架形式，桁架高约 6 m，工形杆件高约 400 mm，宽 400 mm。

横联设计为带 K 撑的结构。为减小横梁的跨度，改善横梁的变形和受力，在节点横梁中间设置吊杆，吊杆上端与横联连接。

(5)下部结构

主桥基础采用适应性好的钻孔灌注桩基础。经比选，主桥 1～4 号中间主墩采用直径 2.5 m 钻孔桩基础，桩长 90～102 m，0、5 号边墩采用直径 2.0 m 钻孔桩基础，桩长 70～90 m。

主桥基础墩身截面为适应凌汛期间破冰的要求而采用尖端形实体墩身，截面外形尺寸为 33 m×4 m。为减小墩身对水流的横向影响，在墩身上开孔。

6.7.3 施工方法

主桥钢梁的制造在钢梁制造厂完成，杆件运输至工地钢梁拼装厂，经试拼合格后，再进行起吊安装。钢梁采用散拼的工艺。拼装顺序由南侧 5 号墩向北侧 0 号墩方向。5 号墩和 4 号墩之间的钢梁位于滩地上，采用在支架上拼装的方式，其余区段的钢梁采用悬臂拼装，为减小拼装时悬臂长度，各中跨悬臂拼装跨时设置临时墩。施工情况及成桥实景如图 6-7-3～图 6-7-6 所示。

图 6-7-3 首孔钢梁支架法施工

图 6-7-4 悬拼照片钢梁平弦

图 6-7-5 拱肋拼装

图 6-7-6 成桥实景

6.7.4　主要技术经济指标

主要技术经济指标见表 6-7-1。

表 6-7-1　主要技术经济指标

指标类型		数　值
结构性能指标	竖向挠跨比	1/3 733
	梁端转角(rad)	1.4‰
主要工程量	主梁用钢量(t/m)	34.4

6.7.5　技术特点和创新点

(1)首次在四线高速铁路采用两片主桁结构。

(2)新型纵横梁整体式桥面设计。

(3)带 K 撑和吊杆的复合横联结构设计。

(4)护筒外喷涂乳化沥青的淤背区桩基负摩阻力降低措施。

6.7.6　获奖情况

(1)获 2006 年中国铁路工程总公司优秀咨询成果二等奖。

(2)获 2013 年中国中铁优秀工程设计一等奖。

(3)获 2013—2014 年度铁路优秀工程设计一等奖。

6.8　太中银铁路中宁黄河特大桥

桥　　名：中宁黄河特大桥
工程项目：太中银铁路
工程位置：宁夏回族自治区中宁县
主　　跨：96 m
桥　　型：简支钢桁梁
建设单位：太中银铁路有限责任公司
设计单位：中国铁路设计集团有限公司
施工单位：中铁十七局集团有限公司
　　　　　中铁武桥集团有限公司
设计人员：李凤芹　王召祜　何　伟　左家强　谢跃军
　　　　　浑铁链　刘　凯　李　艳
通车时间：2011 年 1 月

6.8.1　概　　况

太中银铁路线路等级为国铁Ⅰ级，设计速度 160 km/h，预留提速 200 km/h 条件，采用有砟轨道，双线、线间距 5.0 m，于宁夏回族自治区中宁县泉眼山东北跨越黄河。桥位处于冲积性平原河道，两岸开阔，地层上部为粗圆粒土，下部为细圆粒土，并夹有粉砂和细砂层。桥址处极端最高温度 39.7 ℃，极端最低温度−26.9 ℃，地震基本烈度为 8 度，地震动峰值加速度为 0.2g，地震动反应谱特征周期为 0.45 s，最大冻结深度为 1.3 m。

中宁黄河特大桥主桥轴线与黄河水流线夹角为 87°，黄河河面宽 700～800 m，设计流量 $Q_{1\%}=$ 6 160 m^3/s，设计水位 $H_{1\%}=$1 111.68 m，规划有Ⅵ级航道，航道要求净宽 80 m、净高 8 m，最高通航水位 1 111.55 m。主桥采用 6×96 m 简支钢桁结合梁，引桥采用 24 m、32 m 简支 T 梁、48 m 简支箱梁和(48+40+64+40) m 连续梁。主桥立面如图 6-8-1 所示。

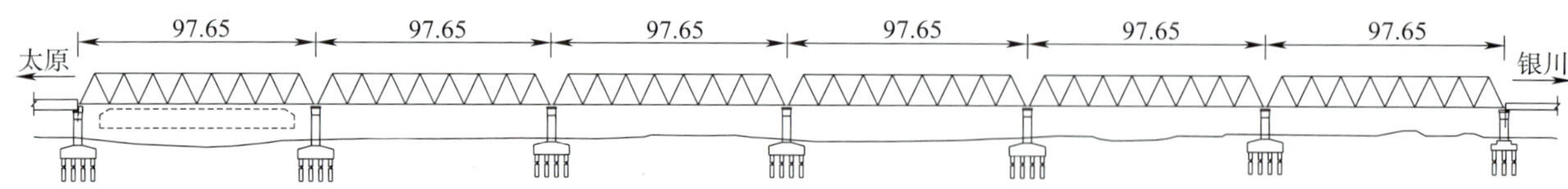

图 6-8-1　主桥立面布置(单位:m)

6.8.2　结构设计

主桁采用无竖杆三角桁,桁高 12.3 m,节间长度 12 m,主桁横向中心距 11.2 m(图 6-8-2)。

上、下弦杆采用箱形截面,上弦杆高 1 100 mm,下弦杆高 1 500 mm,上、下弦杆腹板内宽均为 800 mm。斜腹杆采用箱形截面和 H 形截面,翼板内宽 800 mm,杆件高 700～760 mm。

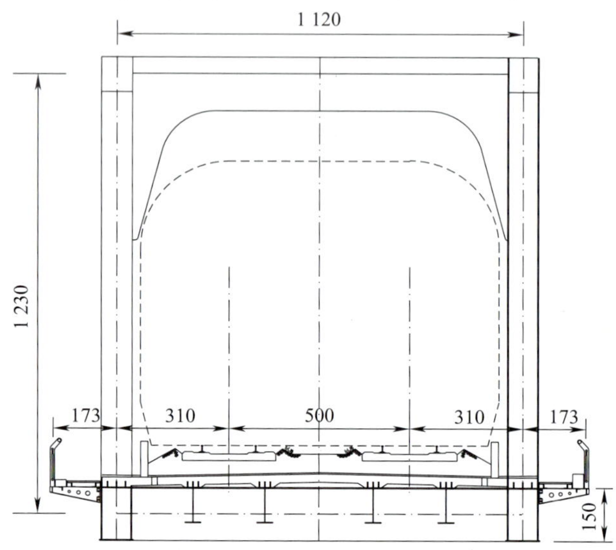

图 6-8-2　主梁横断面图(单位:cm)

除端横梁为焊接箱形截面外,中间横梁均采用焊接工形截面。端横梁箱形截面腹板内宽 800 mm;中间横梁翼缘板宽 600～700 mm。共设 4 片纵梁,每线两片,间距 2.0 m,两线之间纵梁间距 3.0 m;纵梁梁高 1.0 m,翼缘板宽 450 mm。纵梁连续设置,不设伸缩纵梁。

主桁及桥面系纵横梁钢材采用 Q370qE,上平纵联采用 Q345qD,型钢杆件及附属结构采用 16Mnq 及 Q235B。桥面板采用 C40 聚丙烯纤维网补偿收缩混凝土。

轨底至梁底高度双线桥仅为 2.5 m。在节点横梁之间设置一道中间横梁,在纵梁、横梁及下弦杆上翼缘焊有直径 22 mm 的剪力钉与混凝土桥面板连接。

主桁节点采用整体节点,不仅使传统钢桁梁美观性较差的问题得以改善,而且受力性能好,构造简单,便于加工制作及现场拼装。

主桥支座采用 15 000 kN 铰轴滑板钢支座。

主桥下部结构采用钢筋混凝土尖端形桥墩及直径 1.5 m 的钻孔桩基础。主墩墩身 3.4 m×12.55 m,钻孔桩 16 根;边墩墩身 4.5 m×12 m,钻孔桩 12 根。

6.8.3　施工方法

钢桁梁采用半悬臂拼装法架设,由主桥一端向另一端逐孔拼装。

(1)利用桅杆吊机在临时支墩上拼装第一孔钢桁梁前 5 个节间;

(2)在拼装好的 5 个节间上压重作为平衡重,用移动式拼装吊机悬臂拼装其余 3 个节间钢桁梁,完成第一孔梁的架设;

(3)安装已架设孔和悬臂拼装孔钢桁梁之间的临时杆件,利用已拼装好的钢桁梁作为平衡重,并在跨中设置一个临时支墩半悬臂拼装;

(4)拆除已架设好钢桁梁的临时连接杆件,重复步骤(3)完成其他剩余孔钢桁梁的架设。施工

图 6-8-3　钢桁梁拼装

情况及成桥实景如图 6-8-3～图 6-8-5 所示。

图 6-8-4 桥面系施工

图 6-8-5 成桥实景

6.8.4 主要技术经济指标

主要技术经济指标见表 6-8-1。

表 6-8-1 主桥主要技术经济指标

指标类型		数值
结构性能指标	竖向挠跨比	1/1 975
	梁端转角(rad)	2.0‰
主要工程量	主梁用钢量(t)	1 246.8
	主梁用钢量(t/m)	12.99
	桥面板混凝土(m^3)	313.4

6.8.5 技术特点和创新点

(1)本桥为国内首次采用矮桥面系钢桁结合梁结构形式,轨底至梁底高度仅为 2.5 m。混凝土桥面板参与体系受力,具有增加钢梁整体刚度、降低噪声、减少用钢量的优点。

(2)主桁采用整体节点形式,相较于传统钢桁梁美观性更好,且受力性能好,构造简单,便于加工制作及现场拼装。

(3)本桥钢桁梁采用半悬臂拼装法架设,通过增加主墩悬臂拼装长度和减小临时墩悬臂拼装长度来降低临时墩上的荷载,减少了临时工程用量。

6.8.6 获奖情况

(1)获 2013—2014 年铁路优秀工程设计二等奖。

(2)获 2013 年中国中铁优秀工程设计二等奖。

6.9 郑焦(京广)铁路郑州黄河大桥

桥　　名：郑州黄河大桥
工程项目：郑焦铁路/京广铁路改建
工程位置：河南省郑州市
主　　跨：11 联 2×100 m
桥　　型：下承式变高度连续钢桁梁桥
建设单位：河南城际铁路有限公司
设计单位：中铁工程设计咨询集团有限公司
施工单位：中铁大桥局集团有限公司
设计人员：徐升桥　金　令　陈进昌　邱柏初　乔俊飞
　　　　　陈文斌　赵　博　冯　祁
通车时间：2014 年 5 月

6.9.1 概　　况

郑州至焦作城际铁路设计速度 200 km/h，预留 250 km/h 条件，有砟轨道，双线、线间距 4.6 m。改建京广铁路设计速度 160 km/h，有砟轨道，双线、线间距 4.4 m。

郑焦（京广）铁路郑州黄河大桥位于黄河大观景区东北侧，黄河下游河道的最上端，距既有京广铁路郑州黄河大桥下游 110～190 m 处，为郑焦铁路暨改建京广铁路跨越黄河的共用四线铁路桥梁。桥址处航道等级为规划Ⅳ级，净空要求为 8 m。桥址区位于黄河由西部山区注入东部平原的喇叭形河口地带，第四系堆积物分布极为广泛，厚度大。桥址处地震动峰值加速度 0.16g，地震动反应谱特征周期为 0.55 s。

郑州黄河大桥主桥为 11 联 2×100 m 下承式变高度连续钢桁梁桥，全联长 2 200 m。主桥采用了受力较平弦更为合理的变高度曲弦桁架，巧妙地利用每两跨 200 m 长度作为一个变化段形成韵律。曲线的变化一改平弦钢桁梁平淡、单调的画风，形成了类似吊桥的景观效果。主桥立面如图 6-9-1 所示。

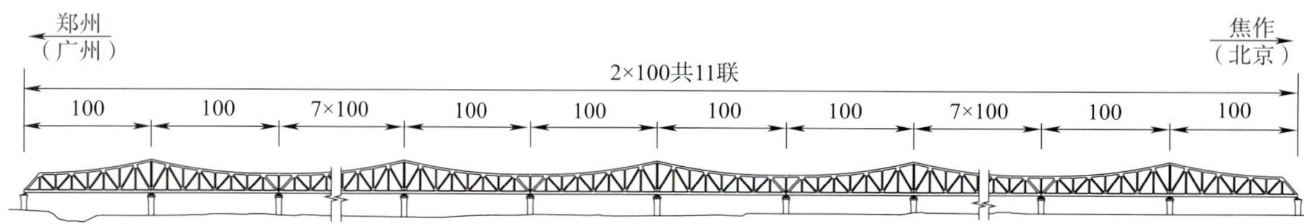

图 6-9-1　主桥立面（单位：m）

6.9.2 结构设计

（1）主梁

主梁采用三桁下承式连续钢桁梁，跨度为（99.1＋99.1）m，中支点梁高 25 m，端部梁高 14 m，主桁形式为带竖杆的华伦式桁架，节间距 12.5 m，上弦呈曲线变化，线形为二次抛物线。主梁梁宽 25 m，横断面布置三主桁，主桁间距为（12.5＋12.5）m（图 6-9-2、图 6-9-3）。桥面上四线铁路并列布置，郑焦线在上游侧，京广线在下游侧。

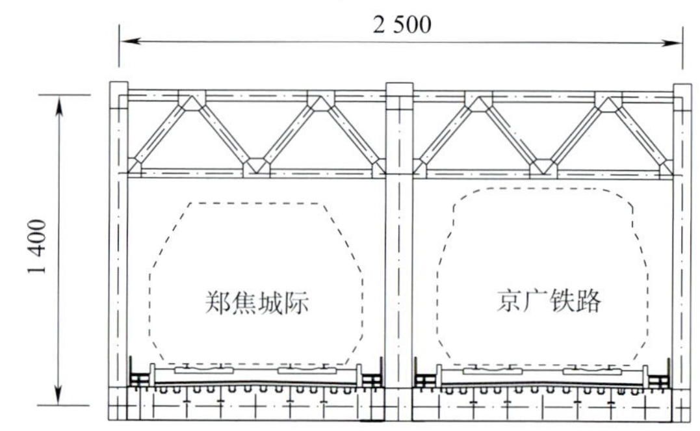

图 6-9-2　主梁边支截面图（单位：cm）

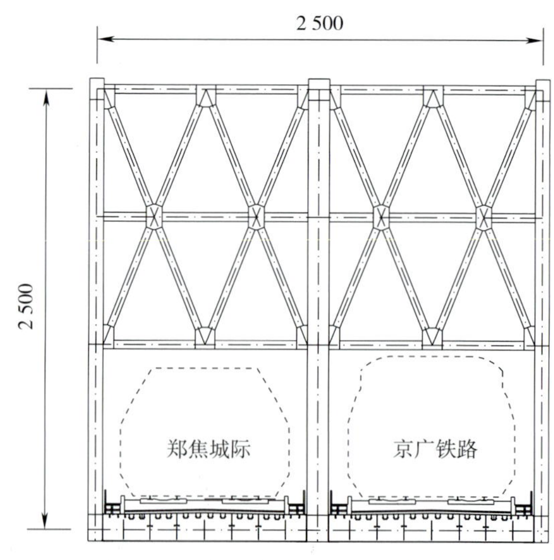

图 6-9-3　主梁中支截面图（单位：cm）

主桁上下弦杆均为箱形截面，上弦杆内高 1 200 mm，外宽 800～1 200 mm，板厚 28～46 mm；下弦杆内高 1 500 mm，内宽 800～1 200 mm，板厚 16～50 mm；腹杆采用箱形杆件与 H 形杆件，竖腹杆宽 800～1 200 mm，高 1 000～1 200 mm，板厚 16～32 mm；斜腹杆宽 800～1 200 mm，高 1 000～1 500 mm，板厚 16～42 mm。

主桁下弦采用整体节点形式，上弦采用拼装式节点，上下弦杆四面等强对接拼装。腹杆均采用插入式拼接。

主桁钢材主要采用 Q345qE，厚板采用 Q370qE，拼接采用 M30 高强螺栓。

（2）桥面结构

桥面采用与下弦杆一体连接的正交异性钢桥面板结构，每节间主桁节点处设置一根主横梁，每节间范围内增设 4 根次横梁，间距 2.5 m。线路下方设置两道纵梁，纵梁间距 1.5 m。横梁与主桁下弦等高，高度 1 500 mm，纵梁高 700 mm，桥面板厚 16 mm，板下设置 U 形纵肋，间距 600～700 mm。

钢桥面板上铺设 150 mm 厚钢筋混凝土道砟槽板，上设防水保护层。

桥面系钢材采用 Q345qE，拼接采用 M24 高强螺栓。

(3)联结系

主梁采用交叉斜杆式上平联体系，通过在节点处弯折实现曲弦布置，平联及横联的截面均为工字形。由于采用整体桥面，不设下平纵联。

(4)下部结构

桥墩为圆端型实体墩，采用流线型设计，墩厚 4.2 m，宽 27.6 m，直坡。中墩基础采用 24 根直径 2 m 的钻孔摩擦桩，承台分层设置，下层长 29.7 m，宽 19.1 m，厚 4.5 m，上层长 28 m，宽 10 m，厚 2 m。边墩基础采用 17 根直径 2 m 钻孔摩擦桩，承台分层设置，下层长 29.7 m，宽 13.8 m，厚 4 m，上层长 28 m，宽 7 m，厚 1 m。交界墩采用 16 根直径 2 m 钻孔摩擦桩，承台尺寸与边墩相同。

6.9.3　施工方法

主桥下部基础采用旋挖钻或旋转钻机气举反循环方式施工，有水区域搭设栈桥，水中墩搭设水中平台施工。水中部分按照水中施工方法施工，陆上墩采用常规陆地施工方案。承台采用双壁钢围堰/钢板桩围堰方案施工。墩身采用墩旁支架辅助、整体模板一次浇筑完成。位于水中区域钢梁(位于当前主槽范围的六联 12 孔)采用顶推施工，位于滩地区域钢梁(主溜摆幅范围内的其他五联 10 孔)采用悬臂拼装法架设。

鉴于主桥钢梁两孔一联的结构特性，设计采用单联无导梁顶推，多联同时进行的单向顶推施工方案，费用低、速度快、效率较长联同步顶推大幅提升。施工情况及成桥实景如图 6-9-4～图 6-9-6 所示。

图 6-9-4　钢梁架设

图 6-9-5　多联顶推

图 6-9-6　成桥实景

6.9.4 主要技术经济指标

主要技术经济指标见表 6-9-1。

表 6-9-1 主要技术经济指标

指标类型		数值
结构性能指标	竖向挠跨比	1/3 570
	梁端转角(rad)	1.424‰
主要工程量	上部结构(Q370qE)(t)	13 595.0
	上部结构(Q345qE)(t)	59 902.0
	下部结构 C40 混凝土(m^3)	98 128.0
	下部结构 C30 混凝土(m^3)	135 348.0

6.9.5 技术特点和创新点

(1)首次在国内采用多联 2×100 m 连续钢桁梁跨越大江大河，其优点是避免了轨道伸缩调节器的设置，提高了列车舒适性，结构简单牢靠，维修量少，同时满足本河段桥梁跨度要求。

(2)采用受力更为合理的变高度曲弦桁架，巧妙地利用每两跨 200 m 长度作为一个变化段形成韵律，改善了普通钢桁梁平淡、单调的缺憾，具有良好的景观效果。

(3)创新采用一联一顶推、边拼装边顶推的架设方法，并且省去了钢桁梁架设中常用的导梁和导梁拆卸平台，施工速度快、工序简单、节约费用。

6.9.6 获奖情况

(1)获 2016 年中国铁道学会科学技术二等奖。

(2)获 2015 年中国铁路工程总公司科学技术一等奖。

(3)获 2014 年中国施工企业管理协会科学技术奖一等奖。

6.10 大西客运专线晋陕黄河特大桥

桥　　名：晋陕黄河特大桥
工程项目：大西客运专线
工程位置：陕西省合阳县、山西省永济市
主　　跨：108 m
桥　　型：单 T 刚构加劲钢桁组合结构
建设单位：大西铁路客运专线有限责任公司
设计单位：中铁第一勘察设计院集团有限公司
施工单位：中铁上海工程局集团有限公司
设计人员：康　炜　刘红绪　方桂芬　郑继平　吴少海　乔雷涛　李　佚　文　强
通车时间：2014 年 7 月

6.10.1 概　况

大西客运专线为双线铁路，线间距 5.0 m，设计最高行车速度 350 km/h，ZK 活载，无砟轨道。晋陕黄河特大桥位于黄河禹门口至潼关段，桥址处地形平坦，地势开阔，河道宽阔，总宽约 10 km，主河槽宽约 3 km，Ⅳ级通航，黄委会要求本河段宽 3 km 以上的主河道内桥梁净跨不小于 100 m。同时本桥从洽川国家湿地风景名胜区边缘通过，桥位所处位置为鸟类栖息地，本区域内鸟类栖息、觅食等活动时飞行高度 30 m 以下，迁徙时飞行高度 100 m 以上，故桥下最小净空需 35 m 左右。桥址处地震烈度为 8 度。

桥梁孔跨布置需满足环保、防洪、通航施工等要求，全桥孔跨布置为 31×32 m 简支梁＋(54＋2×90＋54) m 连续梁＋17×48 m 简支梁＋2×40 m 简支箱梁＋15 联 2×108 m 单 T 刚构加劲钢桁组合结构＋63×48 m 简支梁＋8 联 2×48 m 单 T 刚构＋(48＋80＋48) m 连续梁＋3 联 2×48 m 单 T 刚构＋2×35 m 单 T 刚构，桥梁总长 9 979.9 m，桥梁总高 50 m。本桥是目前我国高速铁路跨越黄河主桥长度最长的桥梁。主桥立面如图 6-10-1 所示。

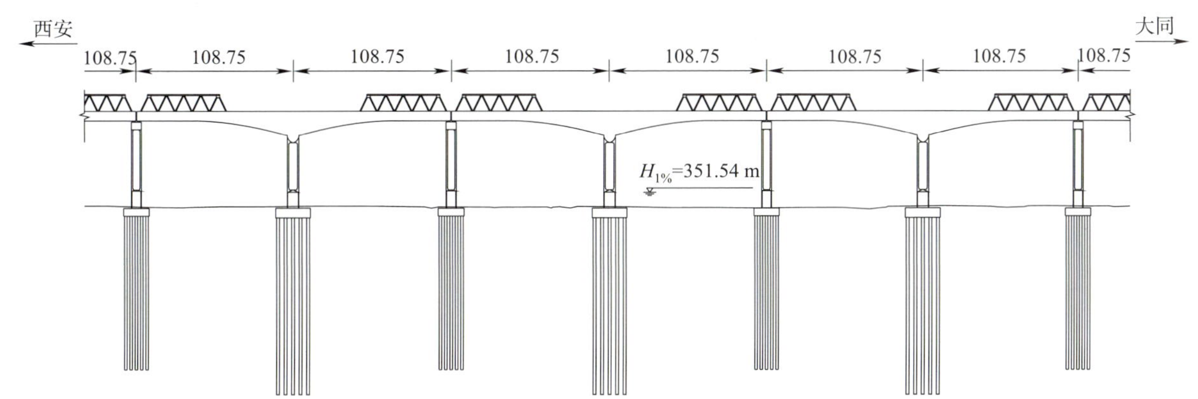

图 6-10-1　主桥立面(单位：m)

6.10.2　结构形式

该桥主墩高 38 m、跨度(108＋108) m。梁部为单箱双室、变高度箱梁，中支点处梁高 12.5 m，梁端 40.75 m 直线段梁高为 5.0 m，箱梁梁底按 1.8 次抛物线变化，箱梁顶宽 13.8 m，底宽 11.5 m(图 6-10-2)；主桁采用无竖杆三角形桁架，桁高 9.35 m，桥面以上桁高 8.75 m，节间长度 12 m，主桁中心距 11 m，上弦杆采用槽形截面，高 650 mm，内宽为 800 mm；端及次端腹杆采用箱形截面，高 600 mm，宽 752 mm，其余腹杆采用工形截面，高 600 mm，宽 752 mm。

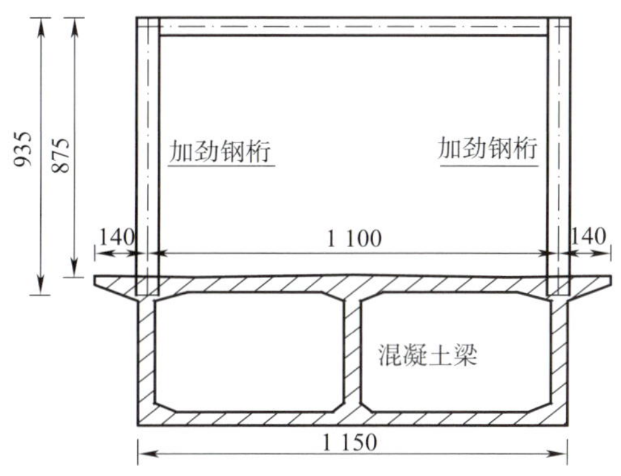

图 6-10-2　加劲钢桁横断面图(单位：cm)

桥墩采用圆端形空心直坡桥墩，主墩采用墩梁固结的刚构墩，墩身尺寸 8 m×11.5 m，桥墩壁厚 1.0 m，墩顶 1 m 范围采用与梁同强度等级的混凝土，墩顶 3 m 范围内桥墩由矩形变为圆端形。边墩及连接墩设圆端形顶帽及托盘，顶帽尺寸 7 m×13 m×2 m，托盘高 2.0 m，墩身尺寸7 m×11 m，壁厚 1.0 m。所有桥墩墩底设实体过渡段，墩壁四周交错设置通风孔，空实交界处设置梗肋。

6.10.3　施工方法

采用常规的爬模方法施工高墩、悬臂挂篮施工梁体，利用联间墩(边墩)设置施工托架施工梁端现浇段，避免了施工时河道内设置临时墩的问题。

加劲钢桁下节点在主梁悬灌时预埋，待主梁合龙后在梁顶采用支架安装其余杆件接节点。施工情况如图 6-10-3～图 6-10-5 所示。

图 6-10-3　基础施工

图 6-10-4　梁部施工 1

图 6-10-5　梁部施工 2

6.10.4　主要技术经济指标

主要技术经济指标见表 6-10-1。

表 6-10-1　主要技术经济指标

指标类型		数　值
结构性能指标	竖向挠跨比	1/4 909
	梁端转角(rad)	0.75‰
	加劲钢桁最大疲劳应力幅(MPa)	55.6
主要工程量(15 联合计)	主梁混凝土(m^3)	98 941.5
	加劲钢桁(t)	4 914.0
	下部结构混凝土(m^3)	319 466.0

6.10.5　技术特点和创新点

(1)提出一种加劲钢桁—混凝土梁组合的新型桥梁结构并成功应用于高速铁路。

(2)设计了一种开孔钢板连接键结构(PBL 键)来确保加劲钢桁与混凝土的联结。

(3)对加劲钢桁上弦节点连接设计了一种插入直埋式的钢桁连接结构，便于施工。

(4)满足鸟类栖息及迁徙活动空间，融入了最新环保和生态理念。

6.10.6　获奖情况

(1)获 2014 年中国铁建科学技术一等奖。

(2)获 2015 年陕西省优秀工程设计一等奖。

(3)获 2016 年中国铁建优秀工程设计一等奖。

(4)获 2018 年陕西省科技进步二等奖。

6.11　山西中南部铁路将军渡黄河特大桥

桥　　名：将军渡黄河特大桥

工程项目：山西中南部铁路(瓦日铁路)

工程位置：河南省台前县

主　　跨：10×128 m

桥　　型：简支钢桁梁

建设单位：晋豫鲁铁路通道股份有限公司

设计单位：中铁工程设计咨询集团有限公司

施工单位：中铁大桥局集团有限公司

设计人员：徐　辉　沈　平　高静青　张世基　严章荣　胡国华

通车时间：2014 年 12 月

6.11.1 概 况

山西中南部铁路(瓦日铁路)为国铁Ⅰ级双线重载铁路,设计速度 120 km/h,有砟轨道,正线线间距 4.0 m,是国内首条 30 t 轴重重载铁路。

将军渡黄河特大桥位于河南省台前县马铁炉村西侧,是山西中南部铁路通道重点桥梁工程。桥址区地层按其成因分类,主要为第四系全新统人工填土层,第四系全新统冲积层淤泥质粉质黏土、粉质黏土、粉土、粉砂、细砂、中砂,第四系上更新统冲积层、粉质黏土、粉土、粉砂、细砂、中砂、粗砂、砾砂。桥址处地震动峰值加速度 0.171g,地震动反应谱特征周期 0.5 s。

本桥跨越黄河处为规划Ⅳ级航道,通航净宽 45 m,净高 8 m。为满足行洪、通航及跨越黄河大堤的需要,大桥跨越黄河主河槽采用 1×99.05 m 钢桁梁＋10×128 m 钢桁梁,堤内滩地采用 48 m 简支箱梁,跨堤采用 1×128 m 简支钢桁梁。主桥立面如图 6-11-1 所示。

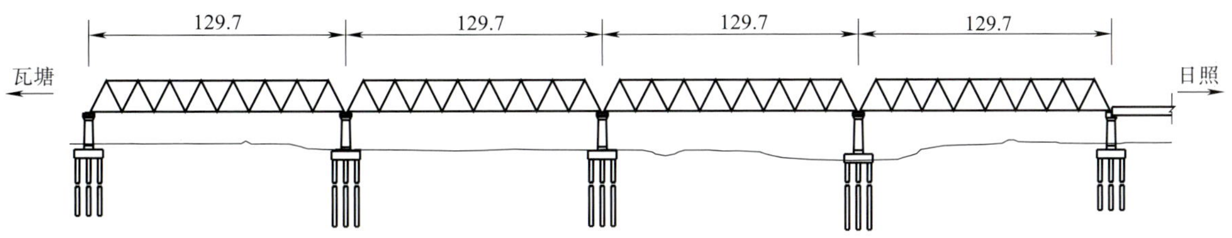

图 6-11-1 主桥立面(单位:m)

6.11.2 结构设计

(1)主桁构造

主桁桁高 16 m,桁宽 12.8 m(图 6-11-2),上、下弦杆截面均采用焊接箱形断面,竖板设板式加劲肋。斜杆截面形式主要为箱形,部分采用 H 形截面。

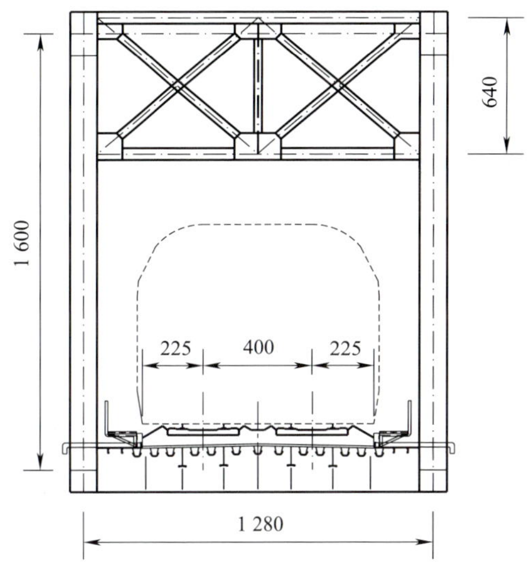

图 6-11-2 横截面图(单位:cm)

主桁节点采用整体节点形式,主桁上、下弦杆以控制内高、内宽为基准,腹杆除端斜杆采用对接式拼接外,其余均采用插入式与主桁整体节点连接,对接式腹杆内宽与弦杆内宽相同。

上平纵联节点板焊于整体节点板上,焊缝要求熔透,焊后必须打磨匀顺。上、下弦杆拼接采用四面拼接。

主桁、联结系及桥面系均采用 Q370qE,高强度螺栓采用 10.9S 级高强度螺栓,螺栓型号为 M30,材质为 35VB。桥面系、联结系高强度螺栓型号 M24,材质为 20MnTiB,螺母及垫圈均采用 45 号优质碳素钢。传剪器采用 ϕ22 圆柱头焊钉,焊钉材料为 ML15。

(2)桥面板

桥面板为密布横梁正交异性整体钢桥面板(图 6-11-3),道砟桥面,所有横梁上缘挡砟墙范围内均设置 2%的人字坡。

节点处设置节点横梁,除端支点外,节点横梁采用倒 T 形结构。端支点节点横梁采用箱形结构,相邻节点横梁间设置 4 片节间横梁,节间横梁为倒 T 形截面。

每线铁路下设 2 道纵梁,间距 1.5 m,纵梁采用倒 T 形截面。在横梁腹板上开槽,纵梁在横梁处不间断连续通过。

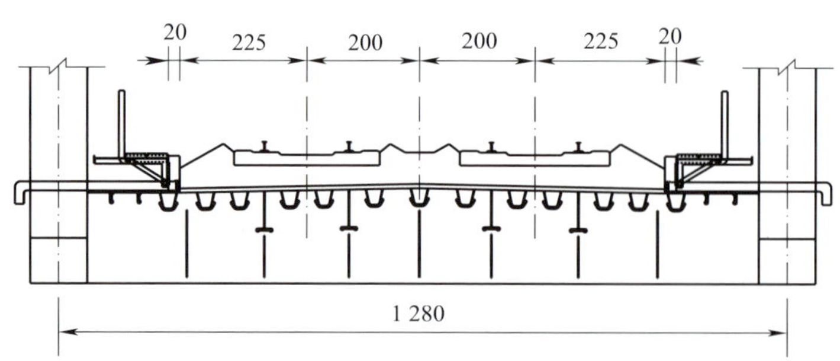

图 6-11-3 密横梁钢面板结构(单位:cm)

桥面板厚 16 mm,纵向采用 U 形加劲肋和板式加劲肋,U 形加劲肋横向间距 600 mm 左右,顶宽 300 mm,底宽 170 mm,高 280 mm,板厚 10 mm,板式加劲肋高 160 mm,厚 20 mm。桥面板与主桁的连接在工地现场连接完成。桥面板顶板连接采用焊接,纵、横梁腹板、底板和桥面板纵肋连接采用 M24 高强度螺栓连接。桥面板与下弦杆件的连接采用弦杆顶板加宽伸出弦杆竖板、与钢桥面板工地对接焊,节点板范围内桥面板开槽以便节点板穿过,该连接方法需要处理好节点两端箱形杆件竖板、节点板与桥面板焊接的平顺过渡。

(3)防腐体系

高强度螺栓连接部位摩擦面涂装采用电弧喷铝或采用无机富锌防锈防滑涂料,电弧喷铝层厚度为(150±50) μm,无机富锌防锈防滑涂料的涂层厚度为(120±40) μm,涂层的抗滑移系数出厂时应不小于 0.55。

封闭箱形杆件采用端隔板封闭,其内表面做一道环氧富锌底漆涂装,漆膜厚度 40 μm。

氟碳面漆选用氟含量高、结构单元交替性好、耐候性突出的四氟乙烯—乙烯基醚共聚型 FEVE 氟碳树脂。

(4)主桥下部结构

桥墩采用圆端型实体墩,墩顶纵向宽 4 m,桥墩坡比 45∶1,墩高 13～16 m,桥墩迎水面设置破冰棱体。主墩基础均采用 17ϕ2.0 m 钻孔灌注桩。

6.11.3 施工方法

主桥钢梁采用上弦架梁吊机架梁并在每跨跨中设置临时墩的方法进行半悬臂架设,架设过程中在主墩墩顶设钢梁临时连接杆件,架设完成后拆除临时杆件,进行连续变简支体系转换,最后完成桥面铺装。施工情况如图 6-11-4、图 6-11-5 所示。

图 6-11-4 主梁杆件拼装

图 6-11-5 主桥合龙

6.11.4　主要技术经济指标

主要技术经济指标见表 6-11-1。

表 6-11-1　主要技术经济指标

指标类型		数值
结构性能指标	竖向挠跨比	1/1 667
	梁端转角(rad)	2.0‰
主要工程量	主桁用钢量(t/m)	14.4
	连接系及桥面系用钢量(t/m)	6.05
	钢桥面板防护体系(m^2)	1 100.8

6.11.5　技术特点和创新点

(1)128 m 钢桁梁在重载铁路上首次采用密布横梁正交异性板钢桥面系。有效解决了重载铁路轴重大,疲劳问题突出的难题;长达 16 m 的节间长度,也是同类桥梁结构的最大节间长。

(2)首次采用了新型高效的钢桥面柔性防水保护层。与一般刚性保护层相比,其自重小,能极大减少后期铺装质量,显著降低结构每延米用钢量。本桥的用钢量与载重和跨度的比值是同类结构中最小的。

(3)河滩部分采用了 48 m 重载现浇简支箱梁,有效解决了河滩行洪要求,缩短了施工周期。

6.11.6　获奖情况

获 2015～2016 年中国中铁优秀工程设计二等奖。

6.12　德大铁路黄河特大桥

桥　　名:黄河特大桥
工程项目:德龙烟铁路德州至大家洼段
工程位置:山东省东营市利津县
主　　跨:180 m
桥　　型:下承式变高度连续钢桁梁桥
建设单位:德龙烟铁路有限责任公司
设计单位:中铁工程设计咨询集团有限公司
施工单位:中铁一局　中铁山桥
设计人员:徐升桥　沈　平　杨永明　陈进昌　彭岚平　胡国华　刘　刚
通车时间:2015 年 9 月

6.12.1　概　　况

新建德龙烟铁路德州至大家洼段为国铁Ⅰ级单线铁路、预留双线条件,设计速度 160 km/h,有砟轨道。本桥区段预留双线及 200 km/h 技术条件。

德大铁路黄河特大桥位于麻湾水位站下游 580 m 处,穿越处黄河左右岸大堤桩号分别为 K297+670、K193+930,区域地貌单元为黄河河床及黄河漫滩,地势平缓、开阔。桥址处设防水位+22.28 m(85 高程),最高通航水位+21.67 m(85 高程),桥址处规划Ⅳ级航道,通航净宽 50 m,净高 8 m。桥址范围地层为第四系全新统、上更新统、中更新统冲积物和海陆交互相沉积物,按时代、成因、岩性特征分为 15 个大层及 30 个亚层,主要为粉土、粉砂、粉质黏土等。部分粉土、粉砂为可液化土层,最大液化深度 18.05 m，液化等级为轻微～严重。桥址处地震动峰值加速度 0.1g，地震动反应谱特征周期 0.55 s。

德大铁路黄河特大桥主桥为双线桥，线间距 5.0 m，上部结构采用（120＋4×180＋120）m 下承式变高度连续钢桁梁，全联长 961.4 m。主桥立面如图 6-12-1 所示。

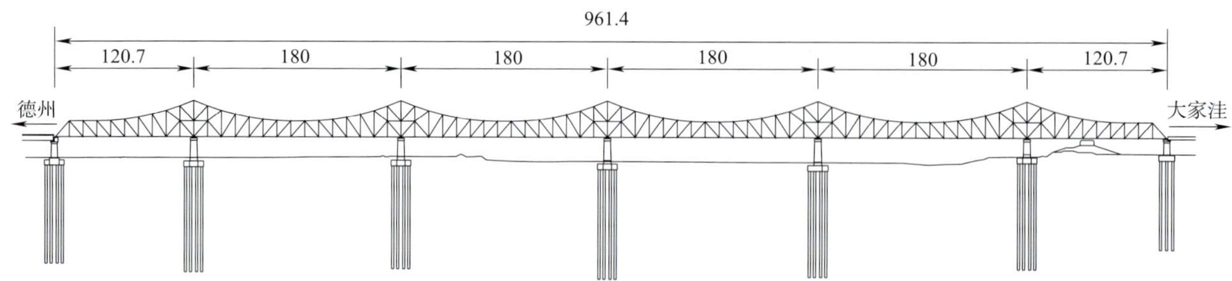

图 6-12-1　主桥立面（单位：m）

6.12.2　结构设计

（1）主梁及桥面结构

主桁采用 N 形桁上弦变高桁式，双桁结构。边支点及中跨跨中桁高 14 m，中支点桁高 32 m（图 6-12-2），上弦桁高变化曲线为二次抛物线。主桁桁宽 12.4 m，节间 12 m（图 6-12-3）。主桁上、下弦杆、腹杆均采用箱形截面，上弦杆内高 1 400 mm，内宽 1 000 mm，板厚 28～50 mm；下弦杆内高 1 600 mm，内宽 1 000 mm，板厚 24～50 mm；腹杆外宽 1 000 mm，高 700～1 100 mm，板厚 20～44 mm。主桁上、下弦杆节点均采用整体节点形式，上、下弦杆均采用四面对拼，除端斜杆外其余腹杆均采用插入节点板内拼接。

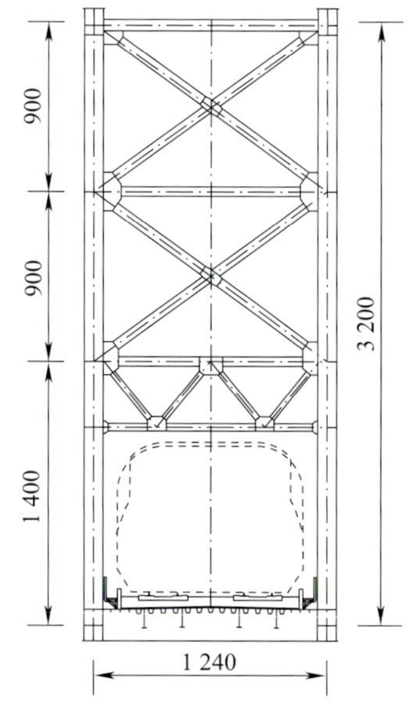

图 6-12-2　主梁中支截面图（单位：cm）

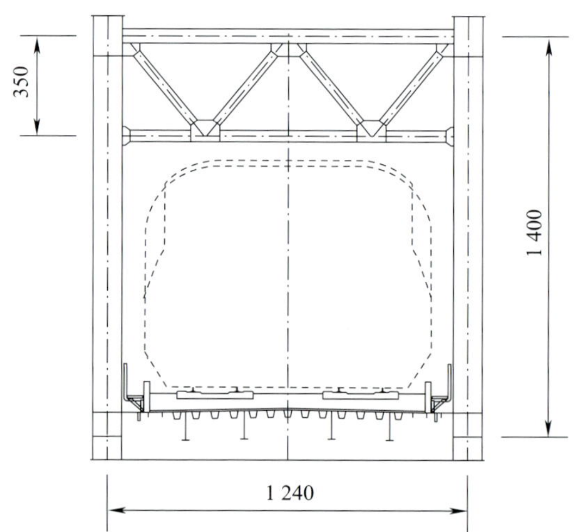

图 6-12-3　主梁标准截面图（单位：cm）

桥面采用正交异性钢桥面板结构，每节间主桁节点处设置一根节点横梁，每节间范围内均匀布置三根节间横梁。每线线路下方设置两道纵梁，间距 2 m。钢桥面板厚 16 mm，纵肋采用 U 形闭口肋及板肋，U 肋间距 600～700 mm。钢桥面板上摊铺 6 cm 厚环氧沥青混凝土柔性防水保护层。

（2）下部结构

中墩和边墩均采用混凝土圆端形实体墩。中墩采用 26 根直径 2.0 m 的钻孔桩基础，位于堤内的边墩采用 18 根直径 2.0 m 的钻孔桩基础，位于堤外的边墩采用 12 根直径 2.0 m 的钻孔桩基础。

6.12.3　施工方法

主桥钢桁梁采用悬臂拼装法施工，首先在两边跨搭设拼梁支架，钢桁梁架设按从东、西两侧向中间的顺序进行。利用跨线龙门吊机架设前 4 个节间钢梁，在钢梁上拼装 70 t 液压式全回转架梁吊机，利用吊机继续悬臂架设钢梁，架梁吊机可实现爬坡、下坡和翻越尖点走行。由于本桥中跨跨径较大，且为变高度结构，在中跨设置临时支墩，利用栈桥运输钢梁、利用架梁吊机悬臂架设钢梁。通过支点顶梁、落梁等措施，实现钢梁跨中无应力合龙。施工情况及成桥实景如图 6-12-4～图 6-12-6 所示。

图 6-12-4　钢梁悬拼

图 6-12-5　钢梁合龙

图 6-12-6　成桥实景

6.12.4　主要技术经济指标

主要技术经济指标见表 6-12-1。

表 6-12-1　主要技术经济指标

指标类型		数值
结构性能指标	竖向挠跨比	1/1 265
	横向挠跨比	1/5 538
	梁端转角(rad)	2.062‰
主要工程量	主梁用钢量(t/m)	23.0
	钢桥面柔性防水保护层(m^2/m)	9.5

6.12.5　技术特点和创新点

(1)“飞燕展翅”造型的长联多跨大跨径连续钢桁梁桥式方案解决了经济性与建筑美学的平衡问题。

(2)创新了挡砟墙的连接构造，实现了混凝土挡砟墙在钢桥面板上的应用，在铁路、公路桥梁领域均有一定的推广意义。

(3)采用了可爬坡过尖顶的架梁吊机悬臂架梁施工技术，实现了架梁吊机与检查车轨道的共用，做到了永临结合，适合在曲弦钢桁梁或钢桁拱上推广使用。

(4)钢桥面板防腐采用柔性防水保护层体系，既可避免道砟槽板的设置，减轻结构自重，同时也可有效地提高结构的耐久性。

6.12.6　获奖情况

(1)获 2016 年中国中铁优秀工程设计一等奖。

(2)获 2016 年中国铁路工程总公司科学技术一等奖。

(3)获 2015—2016 年国家铁路局铁路优秀工程设计一等奖。

(4)获 2016—2017 年中国施工企业管理协会国家优质工程奖。

(5)获 2018 年中国铁道学会科学技术三等奖。

6.13 黄韩侯铁路新黄河特大桥

桥　　名：新黄河特大桥
工程项目：黄韩侯铁路
工程位置：陕西省韩城市
主　　跨：1×156 m
桥　　型：下承式简支钢桁梁
建设单位：中国铁路西安局集团有限公司
设计单位：中铁第一勘察设计院集团有限公司
施工单位：中铁二十局集团有限公司
设计人员：李承根　杨少军　杨　珑　陈　侃　曹增华　沈晓锋　高明昌　项育德
通车时间：2015 年 12 月

6.13.1 概　　况

黄陵—韩城—侯马铁路位于陕西省延安市、渭南市及山西省运城市、临汾市。本桥设计时速 120 km/h，单线有砟轨道，中—活载。新黄河特大桥位于黄韩侯铁路禹门口车站与下峪口车站之间，大桥跨越龙门断裂带，地质条件差，存在地震液化现象。地震动峰值加速度 0.161g，特征周期 0.46 s。

本桥孔跨布置为(1×32＋1×24＋1×32＋1×24) m 预应力混凝土梁＋1×156 m 简支钢桁梁＋1×32 m 预应力混凝土梁＋(40＋4×64＋40) m 连续梁＋(3×32＋2×24) m 预应力混凝土梁桥，其中主桥为 1 孔 156 m 下承式简支钢桁梁。主桥立面如图 6-13-1 所示。

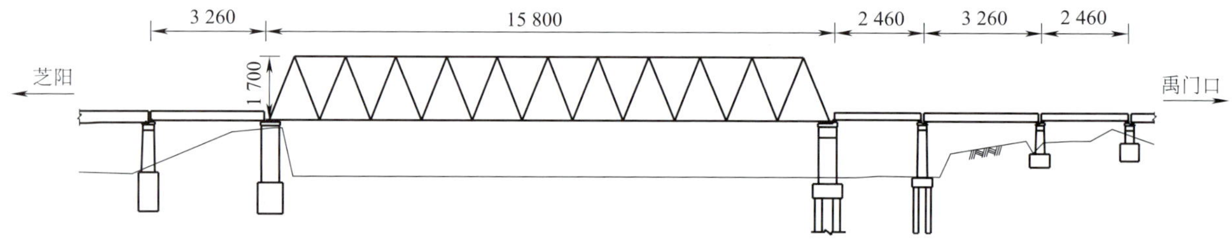

图 6-13-1　主桥立面(单位：cm)

6.13.2 结构设计

主桥钢桁架基本位于直线上，仅在侯马侧有极少部分位于 R＝600 m 的缓和曲线上，梁体按平分中矢布置。主桥采用 1 孔 156 m 下承式简支钢桁梁，主桁采用两片钢桁梁，整体节点板拼接，桁高 17 m，桁式为三角形桁架(图 6-13-2)；桁宽 8.5 m。节间距(14.1＋9×14.2＋14.1) m。主桥立面如图 6-13-2 所示。

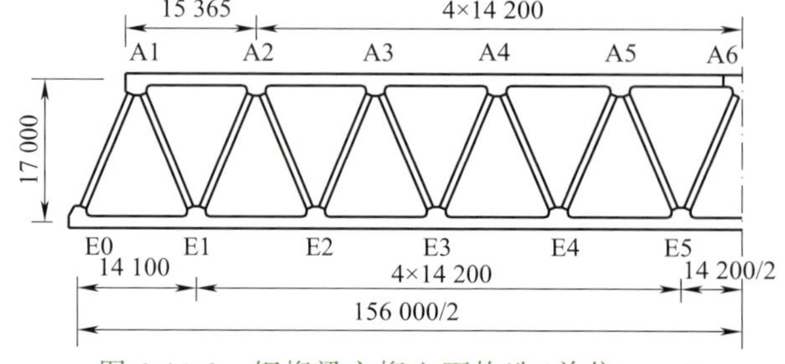

图 6-13-2　钢桁梁主桁立面构造(单位：mm)

主桁材质采用 Q370qE 及 Q345qE 钢材，上下弦杆截面为带肋箱形，箱形截面内宽 1 000 mm，内高 1 400 mm，最小厚度 14 mm，最大厚度 40 mm，肋高 200 mm。斜杆截面为带肋箱形和 H 形两类，箱形截面内宽 1 000 mm，内高 800 mm，肋高 200 mm，H 形截面腹板高 1 000 mm，翼板宽 800 mm。

在每条钢轨下方附近各设置一道纵梁，全桥共 2 道。纵梁采用等高度工字钢梁，梁高为 1 500 mm，上、下翼板宽度 480 m；上、下翼板厚 28 mm，腹板厚度 16 mm；横隔板板厚 12 mm，间距不大于 1 775 mm。两纵梁之间的中心距离 2.0 m。全桥纵梁断开设置两处。结构横断面如图 6-13-3 所示。

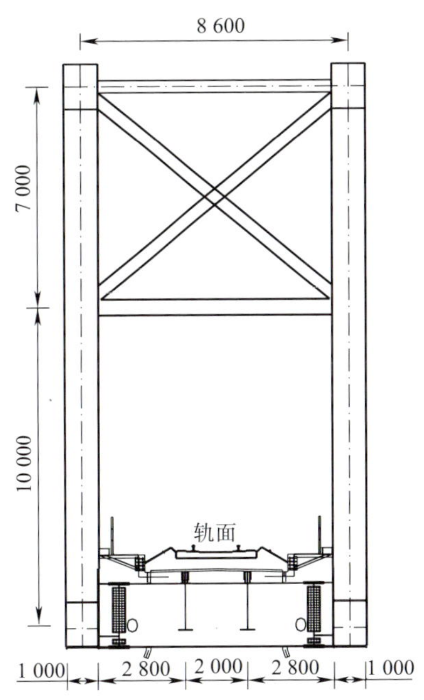

图 6-13-3　结构横断面图(单位：mm)

横梁采用带悬臂箱形钢梁，梁高 2 020 mm，上、下翼板宽度 600 mm；上、下翼板厚 20 mm，腹板厚度 16 mm；横向加劲板厚 14～16 mm。

上、下平纵联的斜杆及水平杆截面均为工字形断面，采用交叉式。为便于施工，杆件采用对拼式与平联节点板相连。上、下平纵联节点板焊于整体节点板上，焊接后必须打磨匀顺。上平纵联直杆截面：翼板 400 mm×16 mm，腹板 398 mm×12 mm；斜杆截面：翼板 420 mm×16 mm，腹板 398 mm×12 mm；下平纵联截面全部采用：翼板 360 mm×24 mm，腹板 312 mm×16 mm。

两片纵梁的上翼板采用缀条连接，同时每个节间设计三道横隔。横隔和缀条均采用 90 mm×90 mm×10 mm 的角钢。

本桥桥台采用单线 T 形桥台，桥墩采用圆端形实体桥墩，基础为柱桩。

6.13.3　施工方法

主桥施工采用临时墩辅助下的支架拼装与悬臂拼装组合方法。具体为分别在左右两边第三个节间处设置临时支墩，在永久墩与临时墩之间架设六四军便梁，在两侧六四军便梁上各拼装 3 个节间的钢桁梁，在已经拼装好的部分钢桁梁上安装走行吊机，利用走行吊机悬拼剩余部分钢桁梁，直至钢桁梁合龙。合龙顺序：主桁下弦→主桁斜腹杆→主桁上弦→联结系杆件→桥面系杆件。

桥台采用 T 台明挖满灌基础。桥墩均采用圆端形实体墩，1～3 号墩采用明挖满灌基础，5 号墩采用岩石挖井基础，其余均为桩基础。其中 4 号墩基础采用钻孔桩平台，有底钢套箱施工。施工步骤及桥梁全景如图 6-13-4、图 6-13-5 所示。

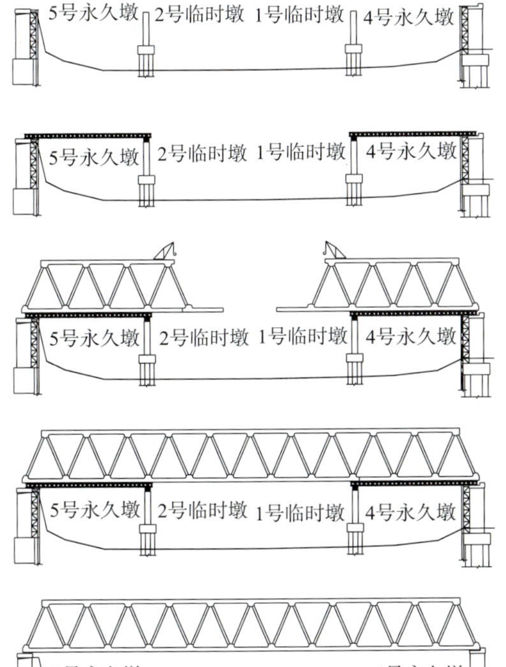

图 6-13-4　施工步骤图

图 6-13-5　桥梁全景

6.13.4 主要技术经济指标

主要技术经济指标见表 6-13-1。

表 6-13-1 主要技术经济指标

指标类型		数值
结构性能指标	静活载挠跨比	1/2 127
	梁端转角(rad)	1.55‰
	横向挠跨比	1/4 000
主要工程量	用钢量(t/m)	13.4
	高强螺栓(t)	0.41

6.13.5 技术特点和创新点

(1)采用 1×156 m 下承式简支钢桁梁，该跨度为当时国内铁路同类型桥梁之最。

(2)采用了 RPC 混凝土道砟槽板桥面，大幅度减少了钢桁梁用钢量，既改善了结构受力条件，又节省了投资，在很大程度上减少了运营后的养护工作量。

6.13.6 获奖情况

获 2019 年陕西省优秀工程设计二等奖。

6.14 呼准铁路大路黄河特大桥

桥　　名：大路黄河特大桥
工程项目：呼准铁路
工程位置：内蒙古自治区呼和浩特市托克托县
主　　跨：5×168 m
桥　　型：刚构连续梁
建设单位：呼准鄂铁路公司
设计单位：中国铁路设计集团有限公司
施工单位：中铁十一局集团有限公司
设计人员：张　雷　杨欣然　宋顺忱　窦建军　朱先意　甄津津
通车时间：2016 年 12 月

6.14.1 概　　况

呼准铁路为国铁Ⅰ级双线电气化快速铁路，设计速度 160 km/h，采用有砟轨道，双线、线间距 4.2 m，于呼和浩特市托克托县与准格尔旗交界处跨越黄河。桥位处属土默川平原，地势平坦，下覆土层为填筑土、粉土、粉质黏土、粉砂、细砂、中砂和粗砂，下伏砂岩和泥岩。桥址处地震基本烈度为 7 度，地震动峰值加速度为 0.15g，特征周期分区为二区，场地类别为Ⅱ类，土壤最大冻结深度为 1.55 m。

大路黄河特大桥主桥轴线与黄河水流线夹角为 85°，黄河河道较顺直，河面宽达 600 m，设计水位 $H_{1\%}$=988.67 m，通航条件较好，规划Ⅳ级航道，航道要求净宽 60 m、净高 8 m，最高通航水位 987.30 m。桥址位于水库上游末端，凌汛期容易形成冰塞、冰坝。主桥采用(98+5×168+98) m 预应力混凝土刚构连续梁，平均墩高 60.5 m，北侧引桥采用 32 m 简支 T 梁和(50+50) m T 构，南侧引桥采用 48 m 简支箱梁、32 m 简支 T 梁和(32+48+32) m 连续箱梁，全桥长 4 910.36 m。主桥立面如图 6-14-1 所示。

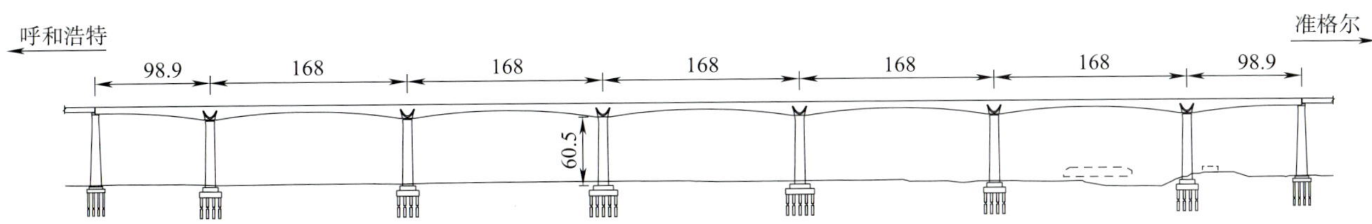

图 6-14-1　主桥立面(单位:m)

6.14.2　结构设计

(1)主梁

梁体为单箱单室变高度变截面箱梁结构,中支点处梁高 12.0 m,高跨比为 1∶14,中跨跨中和边支点梁高 6 m。梁体下缘除中支点处 8.3 m、中跨中部 11.5 m 和边跨端部 20.45 m 梁段为等高直线段外,其余按二次抛物线变化。

箱梁顶板宽 11.66 m,底板宽 7.0 m,在中支点处箱梁局部加宽(图 6-14-2)。除梁端附近区段及刚壁墩顶外,顶板厚度均为 55 cm,底板厚度按二次抛物线由 50 cm 变化至 125 cm,腹板厚度按直线由 60 cm 变化至 120 cm。梁体在端部、各中跨跨中和中支点处共设置了 15 道横隔板,梁端横隔板厚度 1.9 m,跨中横隔板厚度 1.0 m,刚壁墩墩顶处横隔板厚度 1.5 m,其余中支点处横隔板厚度 3.5 m。为方便检查人员,横隔板上均设有过人孔洞,并在隔板上设置简易爬梯。

主桥采用挂篮悬臂灌注法施工,悬臂施工现浇梁段分段长度为 3～4.75 m,最大悬浇段浇筑质量为 295.5 t。0 号段长度考虑挂篮所需的长度等因素,节段长度采用 11.5 m,边跨现浇段长度 10.95 m,各中跨合龙段长度均为 2 m。

梁体按纵、横、竖三向预应力体系设计。

(2)桥墩及基础(表 6-14-3)

中间两个桥墩为刚壁墩,墩高均为 60.5 m,采用截圆形空心截面,空心墩顶与梁体连接部分设高度为 0.7 m 的实体段,墩底设置高度为 11 m 的实体段。其余桥墩均为活动墩,采用截圆形空心截面,空心墩顶设置高度为 5.0 m 的实体段,墩底设置的实体段高度与墩高有关。

主桥各桥墩均采用 2.0 m 桩径的钻孔灌注桩基础。

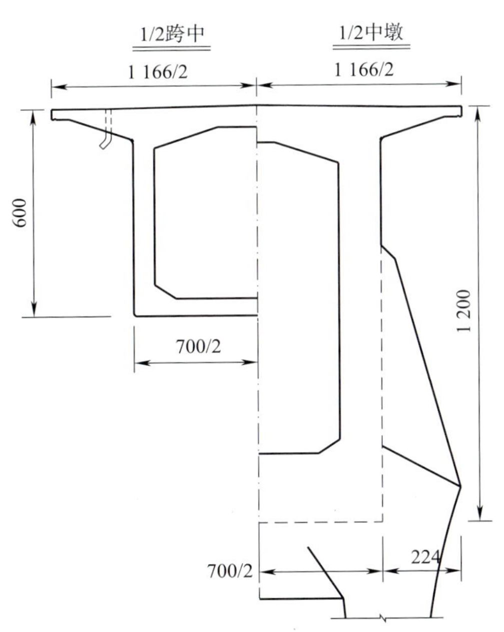

图 6-14-2　主梁横截面(单位:cm)

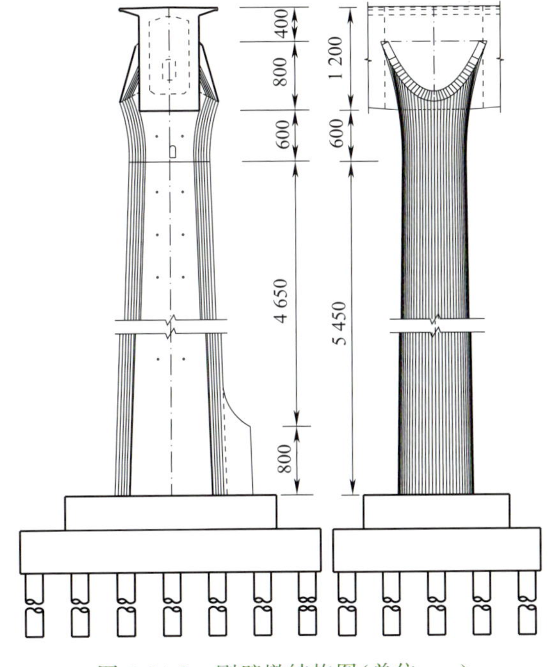

图 6-14-3　刚壁墩结构图(单位:cm)

6.14.3 施工方法

主梁采用挂篮悬臂灌注法施工，各桥墩采用翻模施工，基础形式为钻孔灌注桩基础，承台施工时采用双壁钢围堰防护。施工情况及成桥实景如图 6-14-4～图 6-14-6 所示。

图 6-14-4　主桥施工

图 6-14-5　主梁合龙段施工

图 6-14-6　成桥实景

6.14.4 主要技术经济指标

主要技术经济指标见表 6-14-1。

表 6-14-1　主桥主要技术经济指标

指标类型		数值
结构性能指标	边跨竖向挠跨比	1/3 404
	次边跨竖向挠跨比	1/1 449
	次中跨竖向挠跨比	1/1 650
	中跨竖向挠跨比	1/2 282
	梁端转角(rad)	1.12‰
主要工程量	主梁混凝土用量(m^3)	29 227.6
	主梁混凝土(m^3/m)	28.1
	预应力钢束(t)	2 555.0
	刚壁墩混凝土(m^3)	7 657.6

6.14.5 技术特点和创新点

（1）该桥主桥是国内外已建成铁路桥梁联长最长的大跨刚构连续梁，集大跨、长联和高墩于一体，设计中解决了徐变控制、抗震设计、合龙顺序等诸多技术难题。

（2）通过合理设计有效控制了长联大跨混凝土梁的徐变变形，并首次采用了箱内预留体外预应力条件的措施，方便后期调整主梁线形。

(3)研究了多跨刚构连续梁的合龙顺序，减小了长联桥梁的梁端纵向位移量；创新性采用支座下座板设置预偏量的方式，解决了预偏量过大导致支座无法安装的难题。

(4)本桥防凌措施从桥跨、墩形、破冰棱构造等方面进行了研究，解决了防凌技术难题。

(5)设计力求在结构经济合理的前提下，体现结构造型的艺术性，例如在梁与墩连接处进行了犹如雕刻的艺术造型处理；桥墩在保证刚度的同时，通过外轮廓与横截面的造型，体现出优雅挺拔、刚柔相济的风格。

6.14.6　获奖情况

(1)获 2018 年中国铁道学会科学技术二等奖。

(2)获 2018 年中国铁路工程总公司科学技术二等奖。

(3)获 2018 年中国中铁优秀工程设计二等奖。

6.15　黄大铁路黄河特大桥

桥　　名：黄河特大桥
工程项目：黄大铁路
工程位置：山东东营
主　　跨：(120＋4×180＋120) m
桥　　型：连续钢桁梁
建设单位：黄大铁路有限责任公司
设计单位：中铁第一勘察设计院集团有限公司
施工单位：中铁十四局集团有限公司
设计人员：乔雷涛　李承文　张小坤　王东民　方桂芬
　　　　　陈　应　陶康炜　王兴盛
通车时间：2016 年 7 月(验收完成)

6.15.1　概　　况

新建铁路黄骅南至大家洼线是环渤海湾铁路通道的重要组成部分，为朔黄铁路煤炭运输的后方通道，是一条以煤运为主，连通冀东、鲁北地区的重要铁路，远期可形成京津唐地区与华东东部地区连接的一条便捷通道，为国铁Ⅰ级单线电气化铁路(黄河桥预留双线条件)，线路全长 216.8 km，速度目标值 120 km/h。黄河特大桥是黄大线的重点控制工程，位于山东省东营市利津县北宋镇大田家村，桥址区属黄河下游鲁北平原区，距离黄河入海口约 120 km，地势平缓。桥位处黄河属平原型河流，桥址范围内地表以下 80 m 范围内第四系地层以粉质黏土、粉土为主，本桥位于 7 度地震区，地震动峰值加速度 0.1g，反应谱特征周期 0.70 s。

桥梁全长 8 999.91 m，主桥采用 1 联(120＋4×180＋120) m 连续钢桁梁跨越黄河主河槽。设计速度 160 km/h，中—活载，主桥钢梁采用明桥面木枕桥面系，其余桥梁采用道砟桥面，线间距 4.0 m。本桥考虑近远期要求并根据黄河水利委员会要求，主桥采用双线设计，堤外引桥采用单线设计，并考虑预留双线条件。主桥立面如图 6-15-1 所示。

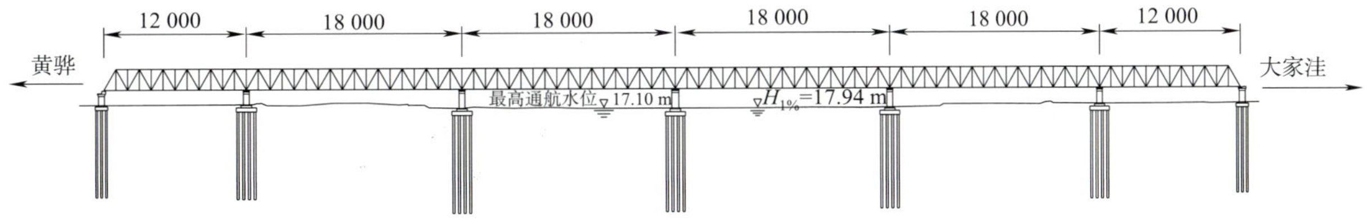

图 6-15-1　主桥立面(单位：cm)

6.15.2 结构形式

(1)钢桁梁及桥面

(120＋4×180＋120) m连续钢桁梁全长962.08 m，为下承式平弦结构，两片主桁中心距11 m。采用带竖杆三角形桁式，节间长度10 m，桁高18 m(图6-15-2)，斜腹杆倾角29.1°。上下弦设置平纵联，下平纵联与下弦杆、横梁连接，端斜杆处设置桥门架，横联每隔一个节间设置于竖杆上，联结系均为交叉形布置。桥面系的纵、横梁不等高，全桥横向共设4根纵梁，间距2 m；每个下弦节点处设置一道横梁，横梁与主桁下弦节点连接。

主桁上、下弦杆均采用箱形截面，杆件内高1 200 mm，内宽800 mm，板厚16～48 mm；腹杆根据受力需要采用箱形截面和H形截面，箱形斜腹杆内高800 mm，内宽800 mm，板厚20～44 mm，工字形斜腹杆腹板高800 mm、翼缘板宽800 mm，板厚20～40 mm；直腹杆采用箱形或工字形截面，翼板厚度24 mm，腹板厚度16 mm，其中支座与跨中处直腹杆采用箱形截面，翼板宽度650 mm，腹板内高750 mm，且两腹板中心距380 mm，其他部位直腹杆均采用工字形截面，翼板宽度500 mm，腹板内高750 mm。

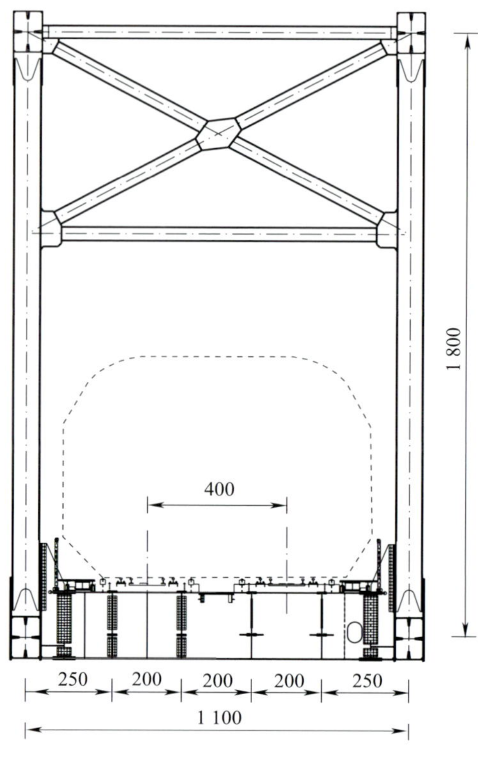

图6-15-2 主桥横断面布置图(单位：cm)

主桁采用整体节点，杆件和节点板均在工厂完成，主桁直腹杆采用插入式，其余杆件与节点板均采用对接方式进行现场拼接。

本桥木枕与纵梁采用螺栓连接，在纵梁上预留螺栓孔，使连接更加稳定可靠，即使松动也不会使木枕脱离钢梁，降低了列车运行过程中的安全隐患。

本桥在下平联设置了10处制动撑架，制动撑均位于断开纵梁的跨中断缝处。

主桥在4个活动墩顶各设置4个黏滞阻尼器，位于桥墩两侧主桁下，共16个。

(2)下部结构

主桥均采用直坡圆端形桥墩，墩高范围11～17 m。桥址处黄河段冬季冰凌现象严重，凌汛期时间长。为确保结构安全，桥墩迎水侧设置三角形的混凝土破冰凌椎体，椎体前端包裹耐候钢板，椎体顶面标高比冰凌水位高1 m。基础均采用钻孔灌注桩基础，桩径1.5 m、1.8 m，制动墩采用24根桩，活动墩采用20根桩，过渡墩采用15根桩，桩长范围73～84 m。

6.15.3 施工方法

主桥连续钢桁梁采用多点同步连续顶推法进行施工，钢桁梁前端设120 m钢导梁，最大悬臂状态达到了180 m，创国内钢桁梁无支墩顶推施工悬臂长度之最。施工情况及成桥实景如图6-15-3、图6-15-4所示。

图6-15-3 连续钢桁梁顶推施工

图 6-15-4 成桥远景

6.15.4 主要技术经济指标

主要技术经济指标见表 6-15-1。

表 6-15-1 主要技术经济指标表

指标类型		数值
结构性能指标	竖向挠跨比	1/1 094
	梁端转角(rad)	2.98‰
	横向挠跨比	1/4 865
主要工程量	主桁用钢量(t/m)	10.6
	桥面系用钢量(t/m)	2.4
	上平联用钢量(t/m)	0.4
	下平联用钢量(t/m)	0.4
	横联用钢量(t/m)	0.2
	全联用钢量(t/m)	14.0
	高强螺栓用钢量(t/m)	0.7

6.15.5 技术特点和创新点

(1)黄大线黄河特大桥作为新型木枕明桥面连续钢桁梁桥，为国内联长最长，跨度最大的平弦连续钢桁梁。

(2)桥面系采用了双纵梁木枕明桥面，减轻二期恒载，减少用钢量，节省投资。

(3)采用纵梁上翼缘板开孔与木枕螺栓连接的方式，解决了明桥面木枕容易松动的问题。

(4)采用悬臂无支墩顶推施工方案，钢导梁长度 120 m，最大悬臂状态达到了 180 m，创国内钢桁梁无支墩顶推施工悬臂长度之最。

6.15.6 获奖情况

(1)获 2016 年中国施工企业管理协会科学技术一等奖。

(2)获 2017 年中国铁建科学技术一等奖。

6.16 浩吉铁路三门峡黄河公铁两用大桥

桥　　名：三门峡黄河公铁两用大桥
工程项目：浩吉铁路
工程位置：山西省运城市和河南省三门峡市
主　　跨：108 m
桥　　型：连续钢桁结合梁
建设单位：浩吉铁路股份有限公司
设计单位：中铁大桥勘测设计院集团有限公司
施工单位：中国铁建大桥工程局集团有限公司
设计人员：宁伯伟　李华云　刘俊锋　胡辉跃　黄　玲　戴慧敏　熊　锴
通车时间：2019 年 9 月

6.16.1 概　　况

浩吉铁路(原蒙华铁路)为双线Ⅰ级重载铁路,线间距 4.0 m,设计速度 120 km/h。运三铁路为双线Ⅰ级铁路,线间距 4.2 m,设计速度 160 km/h。运三高速公路为双向六车道,公路桥面宽 32 m,设计速度 100 km/h。

桥址区为三门峡水库库区,黄河水流呈由西南向东北方向,主河槽靠南岸边,宽约 1 050 m。工程场区新生界第四系地层厚度在 1 000～2 000 m 之间,以硬塑黏性土以及中密～密实状的砂、细砂、圆砾土为主,冲沟及人工坑洞不深,无其他不良地质现象。库区一年中水位变化比较大,蓄水位和敞泄水位高差一般为 13 m 左右。南岸有防护工程,北岸有宽约 2 200 m 的河滩地带。桥址处通航等级为Ⅳ级,最高通航水位 326 m,通航净高不小于 8 m。桥址区地震动峰值加速度为 0.18g,场地类别为Ⅲ类。

全桥由北至南桥式布置为:54×40 m 简支箱梁+(40.7+60+40.7) m 连续箱梁(跨沿黄公路)+22×40 m 简支箱梁(含 8 孔公铁合建段)+(84+9×108+84) m 连续钢桁结合梁(跨黄河主河槽)+11×32 m 简支 T 梁(含 9 孔公铁合建段)+(55+82+55) m 连续箱梁(跨 G310 线、地下管线)+5×32 m 简支 T 梁+1×24 m 简支 T 梁+16×32 m 简支 T 梁。桥梁全长 5 663.754 m,其中公铁合建段长 1 762.733 m,蒙西与运三合建总长 2 266.083 m。本桥桥墩较高,最大墩高 72 m,公路桥面距水面最高达 90 m 以上。

主桥采用(84+9×108+84) m 连续钢桁结合梁,桥长 1 142.5 m,为一联布置。主桥立面如图 6-16-1 所示。

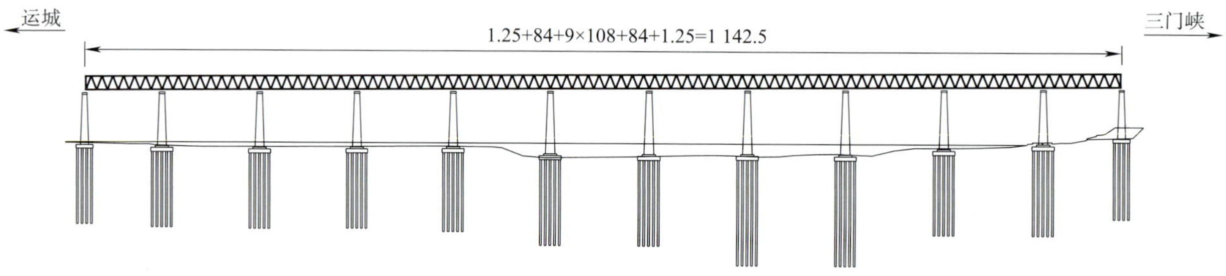

图 6-16-1　主桥立面(单位:m)

6.16.2 结构设计

(1)上部结构

主桥采用钢桁结合梁的结构体系,横向为 3 片桁架,中边桁中心距 13.6 m,主桁采用三角形桁式,桁高 15 m,节间 12 m(图 6-16-2)。下层为铁路桥面,上游侧布置运三铁路双线,线间距 4.2 m,下游侧布置浩吉铁路双线，线间距 4 m。浩吉铁路与运三铁路在主桥段线间距 9.5 m。铁路桥面采用密横梁体系的正交异性整体钢桥面板，铁路轨道下设置小纵梁。上层公路桥面采用 C60 的钢筋混凝土结合板，全宽 32 m，标准厚度 30 cm，混凝土板分块预制，现场通过湿接缝和剪力钉，与钢主桁上弦及横梁结合为整体，即钢桁结合梁体系。

（2）下部结构

主桥桥墩均采用圆端形门式空心墩，墩高 60～72 m。主墩均采用 40 根直径 2.0 m 的钻孔桩基础，边墩采用 28 根直径 2.0 m 的钻孔桩基础。

图 6-16-2 主梁横断面布置图(单位：cm)

6.16.3 施工方法

连续钢桁梁采用顶推法施工（图 6-16-3），由南岸向北岸单向顶推。钢桁梁顶推安装平台设在与主桥相接的南引桥 4 孔 32 m 梁范围内，顶推导梁长 72 m。

公路混凝土桥面板提前预制，并放置 300 d 以上。钢桁梁顶推到位后，再进行公路混凝土桥面板结合施工。为增加墩顶负弯矩区混凝土板内的预压应力，提高混凝土板的安全度和耐久性，采用分区域结合及与支点顶落梁相配合的施工工艺，即跨中部分混凝土板与钢主桁先结合，再起顶单墩支点，将当前支点区域混凝土与钢主桁结合，最后将支点回落，逐墩进行顶落梁作业，直至结合完成。

图 6-16-3 钢桁梁顶推施工

6.16.4 主要技术经济指标

主要技术经济指标见表 6-16-1。

表 6-16-1 主要技术经济指标

指 标 类 型		数 值
结构性能指标	竖向挠跨比	1/2 700
	梁端转角(rad)	2.3‰
	横向挠跨比	1/10 800
主要工程量	钢梁(t)	41 472.0

6.16.5 技术特点和创新点

（1）本桥为四线铁路与六车道高速公路合建的桥梁，设计活载合计达 473.2 kN/m，查新结果表明，本桥为世界上设计活载最大的公铁两用大桥。

（2）高烈度区的高墩长联重载钢桁结合梁桥，设计采用双曲面减隔震支座及合理的构造处理有效提高了结构抗震性能，节省了工程投资。

（3）首次采用无横联三主桁结构，整体通透美观，节省钢料，同时施工、养护便捷。

（4）主桥钢桁梁采用多点同步整体顶推施工技术，墩高最高 72 m，施工技术含量高，难度大，单联连续顶推 11 孔，顶推距离 1 142.5 m、顶推质量 4.3 万 t。查新结果表明，本桥为世界上连续顶推质量最大的公铁两用桥梁。

6.17 石济客运专线济南黄河公铁两用桥

桥　　名：济南黄河公铁两用桥
工程项目：石济客运专线
工程位置：山东省济南市
主　　跨：180 m
桥　　型：刚性悬索加劲连续钢桁梁
建设单位：石济客专铁路有限公司
设计单位：中国铁路设计集团有限公司
施工单位：中铁四局集团有限公司
设计人员：李凤芹　王召祜　苏　伟　冯　沛　孙宗磊　孙大斌　李战胜　张　上
通车时间：2019 年 1 月

6.17.1 概　　况

石济客运专线设计速度 250 km/h，双线、线间距 4.6 m，于山东省济南市东郊傅家庄跨越黄河，距上游济南黄河公路大桥约 5.2 km，距下游青银高速公路黄河大桥约 8 km。桥位处属华北平原，地势平坦，下覆土层主要由粉砂、粉质黏土、粉土、黏土、胶结层土层等组成，地震基本烈度为 6 度，按 7 度设防。

济南黄河公铁两用桥是石济客运专线、邯长邯济铁路联络线和济乐济广高速公路连接线共用的跨越黄河通道，其中，邯济铁路设计速度 140 km/h，双线、线间距 4 m，石济客运专线和邯济铁路均采用有砟轨道；公路为双向六车道高速公路，设计速度 80 km/h。济南黄河公铁两用桥主桥轴线与黄河水流线基本正交，桥址处黄河设防流量 11 000 m^3/s，为国家Ⅳ-(2)级通行航道。主桥采用(128＋3×180＋128) m 刚性悬索加劲连续钢桁梁，铁路桥引桥采用 32 m、52 m 简支梁和 125 m 简支钢桁梁，公路桥引桥在主河道范围内与铁路桥孔跨一致，跨北堤采用(90＋132＋90) m 连续刚构桥，全桥长 1 792.42 m。主桥立面如图 6-17-1 所示。

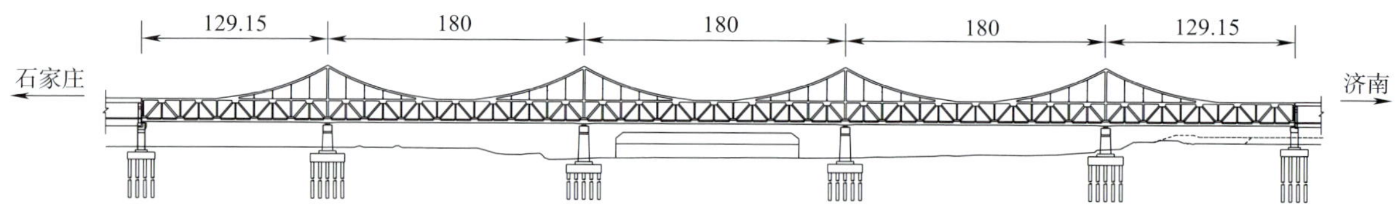

图 6-17-1　主桥立面(单位：m)

6.17.2 结构设计

(1)主梁

钢桁梁采用三片主桁，桁中心距 14.75 m，桁高 15 m，桁式为有竖杆三角形桁式，整体节点。上、下弦杆均采用箱形截面；腹杆采用箱形截面或 H 形截面。支点及跨中横断面如图 6-17-2、图 6-17-3 所示。

加劲弦线形采用圆曲线，支点高 24 m，在主跨跨中与上弦杆叠置，加劲弦和立柱杆件截面均采用箱形。吊杆采用直径 120 mm 的钢拉杆。

铁路桥面和公路桥面均采用纵横梁体系的正交异性板整体桥面。节点处设横梁，间距 12.8 m 和 13.0 m，节点横梁中间设置 3 道横肋，肋间距 3.2～3.25 m，均为倒 T 形截面。为提高轨道的竖向刚度，桥面板上对应每条铁路的两根钢轨分别设置高 0.6 m 的倒 T 形纵梁。

仅在钢桁梁支点位置和加劲弦立柱上设桥门架或横联。加劲弦平联采用交叉式的腹杆体系。

(2)桥墩及基础(图 6-17-4)

主桥桥墩采用三柱式框架墩结构，梁部传力直接，结合破冰棱功能，外形曲线布置，如黄河流域古代货币“刀币”造型，外侧墩柱截面采用带尖角五边形截面，上游侧设置破冰棱。

主墩基础采用 50 根直径 2.0 m 钻孔桩基础，桩长 91～94 m。

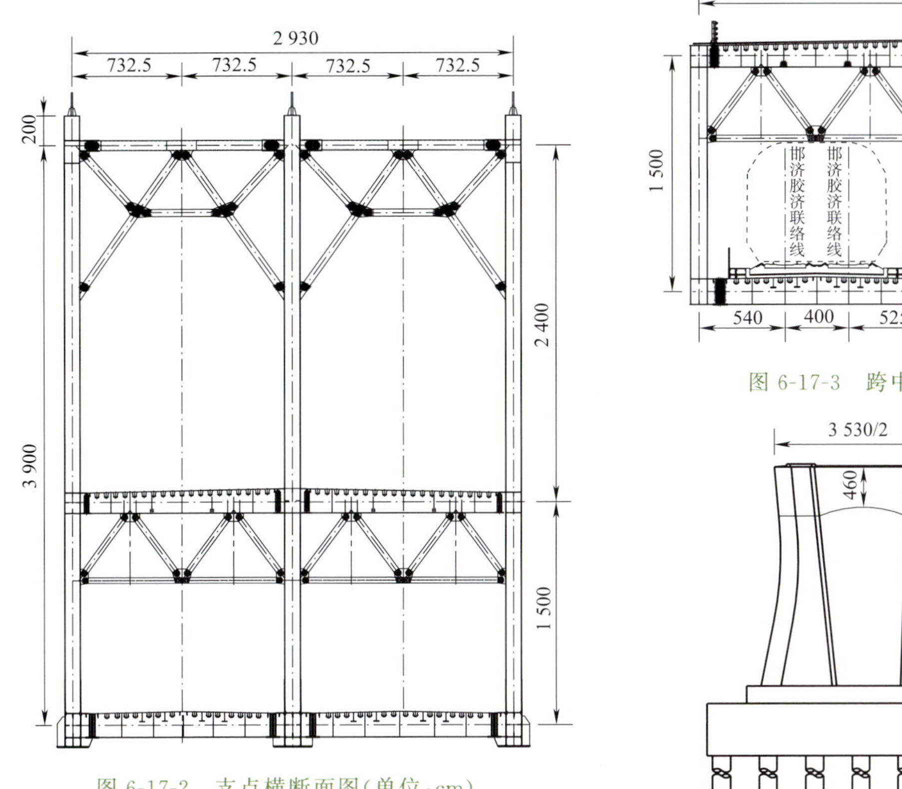

图 6-17-2 支点横断面图(单位：cm)

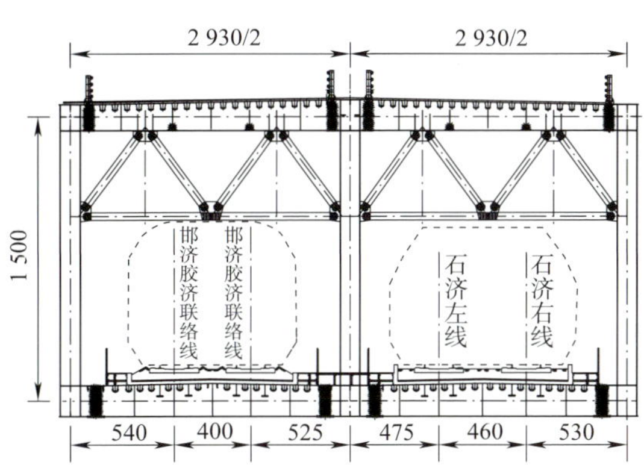

图 6-17-3 跨中横断面图(单位：cm)

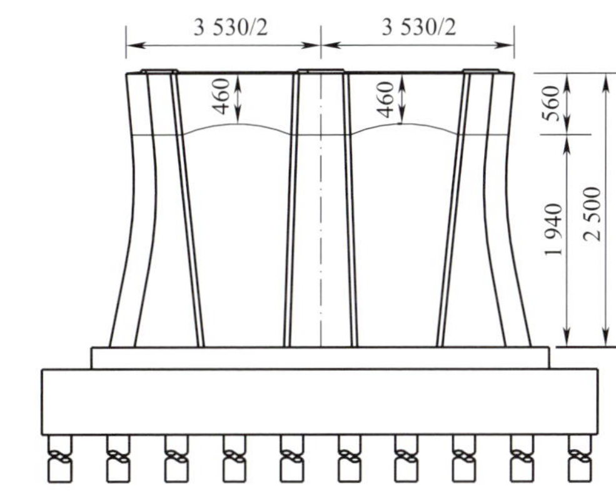

图 6-17-4 框架墩结构图(单位：cm)

6.17.3 施工方法

主墩基础采用钢板桩和钢围堰搭建水上施工平台，旋挖钻施工桩基础。

主梁采用在黄河滩地搭设拼装支架，单侧多点顶推施工。施工情况及成桥实景如图 6-17-5～图 6-17-8 所示。

图 6-17-5 主梁拼装施工

图 6-17-6 加劲弦吊装

图 6-17-7 主梁顶推就位后落梁

图 6-17-8 成桥实景

6.17.4 主要技术经济指标

主要技术经济指标见表 6-17-1。

表 6-17-1 主桥主要技术经济指标

指标类型		数值
结构性能指标	竖向挠跨比	1/1 903
	中桁梁端转角(rad)	1.726‰
	边桁梁端转角(rad)	1.234‰
主要工程量	主梁用钢量(t)	36 052.2
	主梁用钢量(t/m)	45.18
	吊杆及锚具(t)	196.9

6.17.5 技术特点和创新点

(1)本桥提出并采用了刚性悬索加劲钢桁梁的公铁两用桥梁方案，使桥梁建筑景观与黄河流域文化及结构功能协调统一，有效降低了公铁两用桥建筑高度，满足了工程需要，具有较好的经济性。

(2)提出的新型刚性悬索与上弦杆叠置的整体节点构造及两端铰接的钢吊杆构造方案，解决了加劲体系连接与传力问题，显著降低了刚性悬索和吊杆的疲劳应力。

(3)提出了带刚性悬索单向多点同步顶推施工方案，显著改善了钢梁拼装作业条件，减少了水中临时墩等临时工程，有效缩短了工期、降低了工程造价。

6.17.6 获奖情况

(1)获 2019 年中国铁道学会科学技术一等奖。

(2)获 2019 年天津市“海河杯”优秀工程勘察设计一等奖。

6.18 朔准铁路黄河特大桥

桥　　名：黄河特大桥
工程项目：朔准铁路
工程位置：山西省河曲县
主　　跨：380 m
桥　　型：上承式钢管混凝土拱桥
建设单位：准朔铁路有限责任公司
设计单位：中国铁路设计集团有限公司
施工单位：中铁六局集团有限公司
设计人员：李凤芹　王召祜　宋顺忱　杨克鉴　左家强
　　　　　张亚丽　乔晋飞　周岳武
通车时间：2019 年 1 月

6.18.1 概　　况

朔准铁路为国家Ⅰ级铁路和单线万吨重载运煤电气化铁路，采用有砟轨道，于山西省河曲县万家寨水库大坝下游 19 km、龙口水库大坝上游 6.5 km 处跨越黄河。桥位处黄河河道较顺直，河床平坦且基岩裸露，两岸岸坡为奥陶系中统石灰岩，地层产状平缓，岩层节理裂隙发育，准格尔方岸坡表层为白云质灰岩，具溶蚀现象，一般溶孔 5～20 mm。朔州岸自然稳定坡角为 73°，荷载作用稳定坡角为 67°；准格尔岸边坡自然稳定坡角为 75°，荷载作用稳定坡角为 67°。桥址处地震基本烈度为 6 度，地震动峰值加速度 0.05g。

黄河特大桥主桥轴线与黄河水流线基本正交，黄河河道宽 362 m，两岸悬崖峭壁，岸边高出河底约 70 m，水库正常蓄水位水深 29 m，本桥设计流量采用龙口水库的设计标准 $P=1\%$ 入库流量 10 632 m^3/s，设计水位采用 $H_{1\%}=898.0$ m，龙万库区内目前没有通航要求。主桥为一次建成双线桥，采用 1×380 m 上承式钢管混凝土拱桥，引桥采用 24 m、32 m 预应力混凝土简支 T 梁。主桥立面如图 6-18-1 所示。

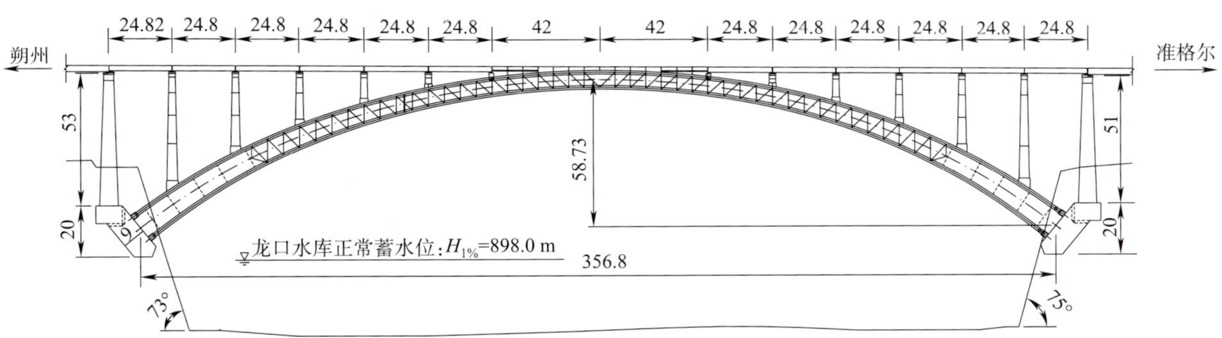

图 6-18-1　主桥立面(单位：m)

6.18.2　结构设计

(1)主拱结构

主跨结构为提篮式钢管混凝土拱，矢跨比为 1/6.0。拱轴线采用悬链线，理论拱轴系数 $m=2.5$。主拱结构由两根拱肋与横向联结系组成，拱肋横向内倾角 8°(图 6-18-2)，拱肋中心距在拱顶部位为 8.335 m，拱脚部位为 25.2 m。拱肋采用等宽变高截面，每根拱肋由 4 肢 $\phi 1.5$ m、壁厚 30～35 mm 的钢管组成，其高度在拱脚处 12.5 m、拱顶处 7.5 m。拱肋弦管横向采用实腹板连接，上下弦管采用空、实腹相结合的方式。

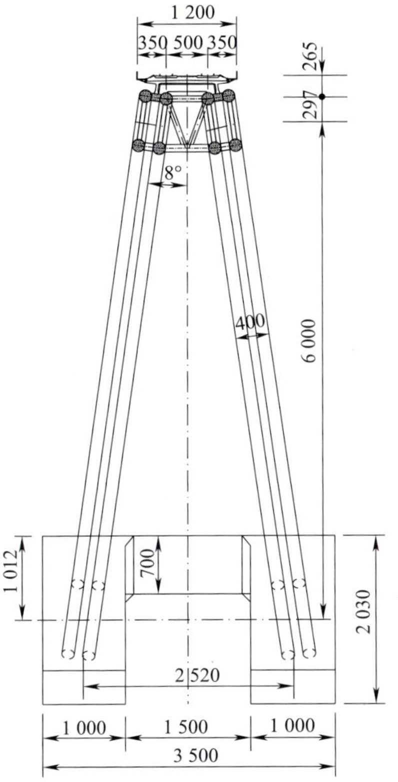

图 6-18-2　横断面布置图(单位：cm)

(2)拱上建筑

拱上建筑采用简支 T 梁(图 6-18-3)和 Ⅱ 形刚架相结合的形式，孔跨布置为 6×24 m 简支 T 梁+14×6.0 m Ⅱ 形刚架+6×24 m 简支 T 梁。

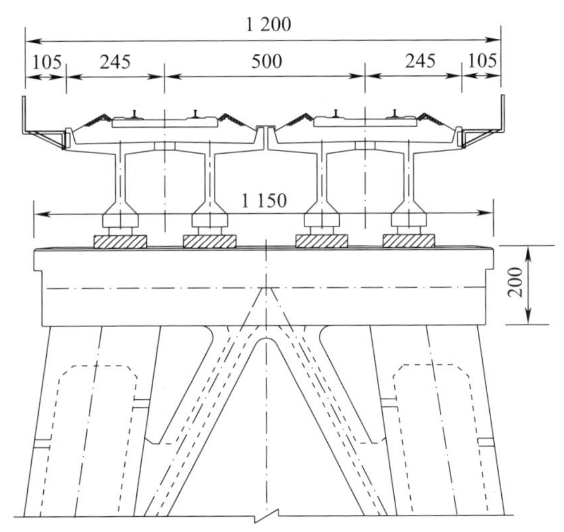

图 6-18-3　T 梁桥面系布置图(单位：cm)

(3)拱脚

拱脚采用分离式拱座，拱座基础高 20.0 m，纵向最大尺寸 23.6 m，两侧分离式拱座各宽 15 m，中间设厚 2.2 m、宽 10 m 的系梁。

6.18.3 施工方法

拱上建筑采用预制与现浇相结合的方法施工。拱上桥墩横向内倾角为 8°，与拱肋一致，并采用混凝土空心墩，拱上桥墩 K 撑杆件采用预制，墩柱混凝土采用现浇。为了保证墩柱与 K 撑接头部位混凝土的灌注质量，K 撑与墩柱连接的接头部位预留 1.5 m 的湿接头与立柱混凝土一起浇筑。

图 6-18-4　拱圈拼装施工

钢管拱采用缆索吊装、斜拉扣挂悬拼法施工，左右半跨拱肋分别划分为 16 个吊装节段，一个合龙段，节段最大质量 280 t。钢管拱吊装采用单、双肋相结合的吊装方式，拱脚实腹段采用单肋吊装，中间空腹段采用双肋整体吊装，可最大限度地减少拱肋和联结系桥位焊接工作量，减少吊装时间，并且能充分发挥缆索吊的吊装能力。拱肋混凝土采用连续接力顶升法灌注，并采用抗拉强度为 7.0 MPa 的钢纤维混凝土提高拱肋抗拉承载能力。施工情况及成桥实景如图 6-18-4～图 6-18-6 所示。

图 6-18-5　拱圈合龙

图 6-18-6　成桥实景

6.18.4 主要技术经济指标

主要技术经济指标见表 6-18-1。

表 6-18-1　主桥主要技术经济指标

指标类型		数值
结构性能指标	活载向下竖向位移(mm)	71.1
	残余收缩徐变变形(mm)	−17.0
	横向最大位移(mm)	35.6
主要工程量	拱肋混凝土(m^3)	6 762.0
	拱肋钢材(t)	9 717.0
	拱上刚架墩混凝土(m^3)	3 606.0
	拱上刚架墩钢材(t)	398.0
	拱上 Π 形结构混凝土(m^3)	620.0
	拱上 Π 形结构钢材(t)	28.0
	拱座基础混凝土(m^3)	13 138.0
	拱座基础钢材(t)	75.0
	拱上 24 m 简支 T 梁(孔)	24

6.18.5 技术特点和创新点

(1)本桥于 2010 年初开工,创造了当时世界上承式钢管混凝土铁路拱桥跨度之最。

(2)钢管拱采用较小矢跨比,拱上建筑采用拱顶刚架与梁式结构相结合的方式,较好地适应了线路纵断面和黄河两岸地形条件,减小了拱座基础岩体挖方量。

(3)利用悬拼扣索对拱肋弦管及混凝土应力进行调整,使拱肋混凝土的承载能力得到充分发挥,降低了弦管管壁厚度,节省了用钢量。

(4)钢管拱节段吊装采用拱脚实腹段单榀、中间空腹段双榀,单、双榀相结合的吊装方式最大限度地利用了缆索吊的吊装能力,提高了作用效率。

(5)在拱脚部位拱管内采用钢纤维混凝土,以适应结构受力需要,顶升灌注法施工且抗拉强度达到 7 MPa 的钢纤维混凝土在钢管拱结构中是首次采用。

(6)拱脚设置临时铰,有效释放了钢管拱拼装因张拉扣索而产生的拱脚次内力,而且利用临时铰铰轴转动使其拼线形及管口对接精度得到了较好的控制。

6.19 浩吉铁路龙门黄河大桥

桥　　名：龙门黄河大桥
工程项目：浩吉铁路
工程位置：山西省、陕西省交界处的禹门口
主　　跨：202 m
桥　　型：中承式钢管混凝土提篮桁拱桥
建设单位：浩吉铁路股份有限公司
设计单位：中国铁路设计集团有限公司
施工单位：中铁一局集团有限公司
设计人员：李凤芹　徐洪权　杨欣然　周岳武
通车时间：2019 年 9 月

6.19.1 概　　况

浩吉铁路(原蒙华铁路)为国家Ⅰ级电气化铁路,设计速度 120 km/h,双线重载铁路、线间距 4.0 m,于晋、陕交界处的禹门口地区跨越黄河。桥位处河道较顺直,河床平坦且基岩裸露,地层上覆第四系全新统冲洪积细砂、砂质新黄土,下伏石灰岩、白云质灰岩、角砾状泥灰岩。累年平均气温 11.4 ℃,极端最高气温 42.5 ℃,极端最低气温−19.9 ℃,最热月平均气温 26.4 ℃,最冷月平均气温−1.7 ℃,累年最大风速 26 m/s。桥址处地震基本烈度为 7 度,地震动峰值加速度为 0.15g,地震动反应谱特征周期为 0.30 s。

龙门黄河大桥主桥轴线与黄河水流线基本正交,黄河河道宽 90～150 m,岸边高出河底约 50 m,桥位处为Ⅳ级通航标准,通航要求净空 45×8 m,不控制桥面设计,设计洪水位为 391.157 m,校核洪水位为 391.947 m。主桥采用 1×202 m 中承式钢管混凝土提篮桁拱桥,桥面系支承跨度为(2×19.0+2×13.5+14×9.0+2×13.5+2×19.0) m,无引桥。主桥立面如图 6-19-1 所示。

6.19.2 结构设计

主跨结构采用 202 m 中承式钢管混凝土提篮桁拱桥,为拱梁分离的半漂浮结构体系。

拱肋计算跨度 202 m,拱肋矢高立面投影 50.5 m,矢跨比为 1/4.0,拱轴线采用悬链线,拱轴系数取 m=1.6。

主拱结构由两榀拱肋与横向联结系组成,拱肋横向内倾角采用 6°,拱肋中心距在拱顶部位为 9.384 m,

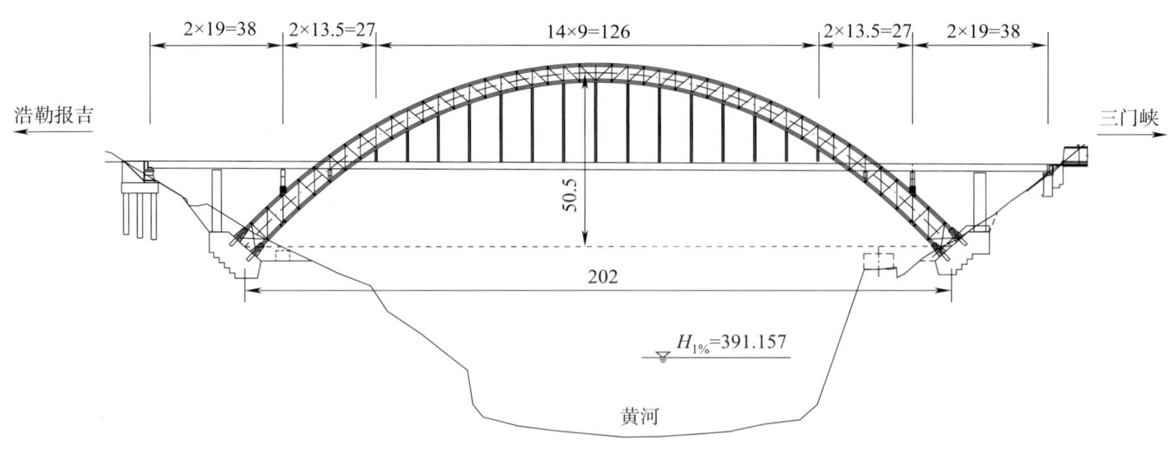

图 6-19-1 主桥立面(单位:m)

拱脚部位为 20.0 m(图 6-19-2)。拱肋采用等宽变高截面,每榀拱肋由 4 肢钢管组成,每榀拱肋全宽为 2.9 m,其高度在拱脚处为 7.5 m、拱顶处为 5.5 m。

每榀拱肋内、外侧弦管横向中心距 2.0 m,横向采用横缀管连接(图 6-19-3)。拱肋弦管竖向采用 H 形或箱形腹杆组成的 N 形桁架连接,在拱脚位置采用交叉形式连接。

两榀拱肋之间设置横撑,其中在拱脚位置每侧各设置一道 X 形横撑,桥面系以上每侧各设置三道 K 形横撑,拱顶位置设置一道一字形横撑,全桥共对称设置 9 道横撑。

桥面系为以双主纵梁为主的钢纵横梁与混凝土预制桥面板结合的多跨连续钢—混结合梁。桥面横断面如图 6-19-4 所示。

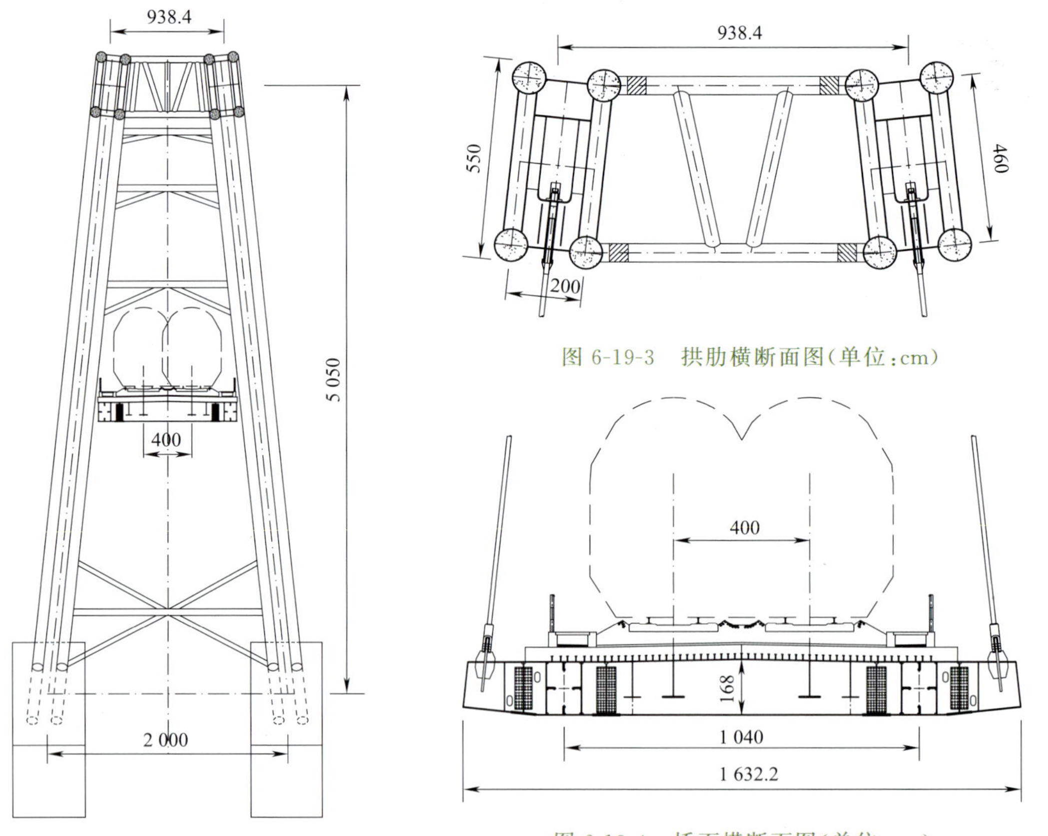

图 6-19-3 拱肋横断面图(单位:cm)

图 6-19-2 一般横断面图(单位:cm)

图 6-19-4 桥面横断面图(单位:cm)

下部分别为混凝土桥台和框架墩、拱上下弦钢支墩和上弦钢横梁,分离式拱座坐落于基岩之上。

6.19.3 施工方法

全桥充分体现出大节段制造安装的施工理念，钢管拱采用缆索吊装、斜拉扣挂法施工，节段最大吊装质量 76 t，拱肋混凝土采用连续接力顶升法灌注。桥面系钢梁采用缆索吊拼法施工、吊杆同步张拉、预制桥面板一次铺设后整体现浇湿接缝，钢梁节段最大质量 103 t。

本桥大型临时工程施工充分结合地形分别采用缆塔和扣塔一体的塔架和岩锚体系。施工情况及成桥实景如图 6-19-5～图 6-19-7 所示。

图 6-19-5 拱肋施工

图 6-19-6 拱肋合龙

图 6-19-7 成桥实景

6.19.4 主要技术经济指标

主要技术经济指标见表 6-19-1。

表 6-19-1 主桥主要技术经济指标

指标类型		数值
结构性能指标	跨中竖向挠跨比	1/3 677
	拱肋 1/4 处竖向挠跨比	1/1 885
	梁端转角(rad)	1.67‰
主要工程量	主梁钢材用量(t/m)	5.2
	主梁混凝土用量(m^3/m)	4.1
	钢管拱肋钢材(t)	2 481.0
	钢管拱肋混凝土(m^3)	1 286.0
	吊杆(t)	24.8

6.19.5 技术特点和创新点

(1)主桥结构采用拱梁分离的半漂浮体系，有利于释放拱梁之间因不同步变形引起的温度次应力，同时吊杆下锚固端采用销接以适应拱梁间纵向变形差。

(2)腹杆与拱肋节点板采用栓焊结合连接，外形简洁美观，便于制造。拱肋采用大节段制造、安装技术，减少了现场焊接作业。

(3)钢管拱和桥面系钢梁均采用缆索吊吊装，缆索吊可横向移动，适应提篮式单榀拱肋吊装的需要，更好地发挥其承载能力。

(4)每个吊点设纵向双吊杆，便于更换。基于重载铁路吊杆疲劳应力幅较高，提出试制 300 MPa 疲劳应力幅吊杆产品的要求，并在本桥成功应用。

(5)龙门黄河桥位于龙门景区，设计中注重桥梁美学、结构受力、构造细节、施工方案及与相关专业接口等系统性设计，实现了设计与施工相结合、建筑与自然环境相融合。

6.20 银西客运专线银川机场黄河特大桥

桥　　名：银川机场黄河特大桥
工程项目：银西客运专线
工程位置：宁夏回族自治区银川市
主　　跨：3×168 m
桥　　型：三等跨连续钢桁柔性拱桥
建设单位：中国铁路兰州局集团有限公司银川工程建设指挥部
设计单位：中铁第一勘察设计院集团有限公司
施工单位：中国铁建大桥工程局集团有限公司
设计人员：乔雷涛　周友权　康　炜　方桂芬　李小军　吴少海　杨少军　张　蕾
通车时间：2019 年 12 月

6.20.1 概　　况

银西客运专线连接西安与银川，全长 618 km，设 18 个客运车站。银川机场黄河特大桥位于银川市东南方向、银川河东机场西侧，为跨黄河、京藏高速公路等道路及灌溉渠而设，桥址距离机场不到 2 km，是银西客运专线重点控制性工程。2019 年 12 月 29 日建成通车。

本桥全长 13 814 m，其中主桥长度 1 200 m，孔跨布置为 1 孔 96 m 简支钢桁梁+2 联 3×168 m 连续钢桁柔性拱+1 孔 96 m 简支钢桁梁。本桥设计速度 250 km/h，双线有砟轨道，ZK 活载，线间距 4.6 m。

桥址范围第四系上更新统冲积层分布于全桥地层下部，最大揭示厚度 110 m，以细砂为主，夹粉质黏土、粉土、粉砂、中砂、砾砂及细(粗)圆砾土。位于 8 度区，峰值加速度 0.2g，特征周期 0.55 s，地震烈度高、场地地质条件差，存在地震液化现象。本桥位于西北寒冷地区，极端最低气温 −23.7 ℃，桥址处凌汛水位高，冬季冰凌现象严重，持续时间长。本桥最显著的特点为采用 3 孔一联等跨度连续钢桁柔性拱结构，主河槽多跨等跨布置满足防洪要求，很好地适应黄河主槽位置经常发生摆动的情况。主桥中墩处采用了 V 撑加劲，而目前国内建成的大跨度钢桁柔性拱结构均为主跨加拱、边跨为平行弦钢桁结构。主桥立面如图 6-20-1 所示。

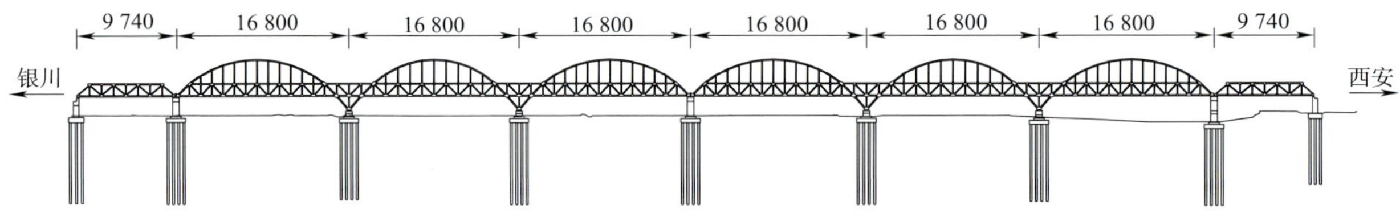

图 6-20-1　主桥立面(单位：cm)

6.20.2 结构形式

(1)主梁及拱肋

3×168 m 连续钢桁柔性拱结构，主桁采用有竖杆三角形桁式，全长 506 m，桁高 12.8 m，节间长度 11 m、12 m，桥面系采用正交异性板钢桥面。拱肋采用二次抛物线线形，矢高受河东机场净空所限采用 28 m(上弦以上)，矢跨比 1/4.714。上弦及拱肋设置纵向联结系，横桥向每隔 22～24 m

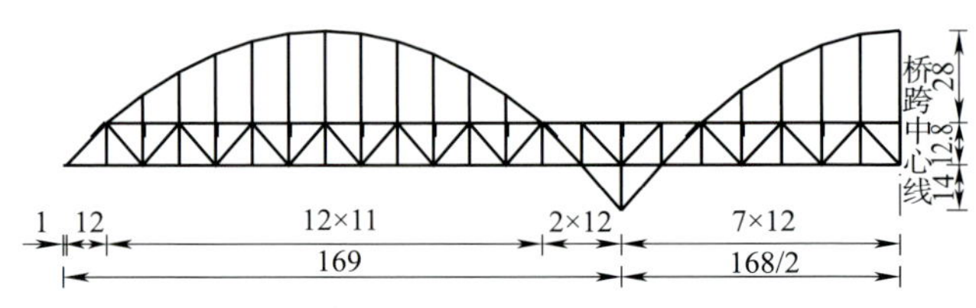

图 6-20-2　连续钢桁柔性拱结构立面构造(单位：m)

设置一道横向联结系。为加大结构刚度，减小主梁分担弯矩，在中墩设置加劲拱，加劲拱高 14 m（图 6-20-2）。

主桁桁宽 13.8 m，桁高 12.8 m（图 6-20-3），桥面系采用正交异性板钢桥面，纵向设置 U 形加劲肋及板式加劲肋，横向除端横梁采用箱形横梁外，余均采用倒 T 形横梁及横肋。

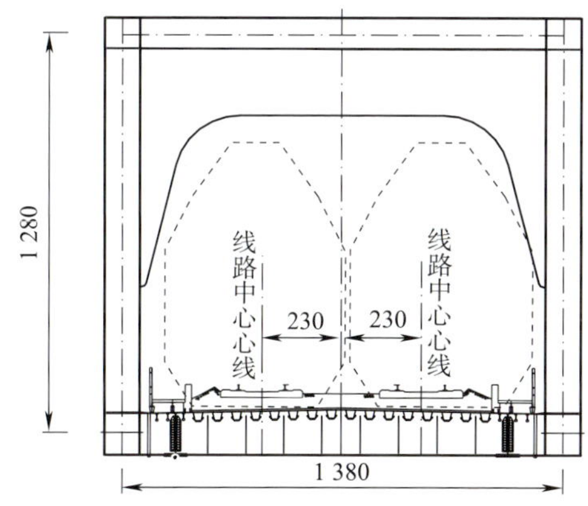

图 6-20-3　结构横断面图（单位：cm）

钢桥面板与道砟之间采用轻质垫层体系，其组成为 3.0 mm 甲基丙烯酸甲酯（MMA）高性能防水体系及厚度为 60 mm 的纤维混凝土保护层。

主桁上、下弦杆采用带肋箱形截面，上弦杆截面内宽 1 000 mm，高 1 100 m；下弦杆截面内宽 1 000 mm，内高 1 300 mm；拱肋弦杆及加劲弦采用箱形截面，杆件内宽 1 000 mm，杆件高 1 300 mm，上、下弦及拱弦截面每块板各设一道共 4 道加劲肋。主桁斜腹杆采用箱形或 H 形截面，箱形杆件腹板内宽 1 000 mm，翼板宽 1 000 mm、1 300 mm；H 形截面斜杆腹板内宽 1 000 mm，翼缘板宽 900 mm。

竖杆除中墩墩顶附近采用箱型截面外，其余均采用 H 形截面，截面高 1 000 mm，翼缘板宽 700 mm、900 mm；箱形截面内宽 1 000 mm，高 1 000 mm、1 100 mm。

（2）吊杆

一联连续钢桁柔性拱结构共设 62 根刚性吊杆，边跨吊杆间距 11 m、中跨 12 m。吊杆与上弦及拱肋采用外拼式螺栓连接。为减小吊杆风振响应，吊杆截面采用八角形截面，截面内宽 1 000 mm、高 800 mm，切角为 200 mm×200 mm。

（3）下部结构

桥墩均采用直坡的双柱式桥墩，主墩墩柱纵桥向 6.5 m，横桥向 5.0 m，边墩墩柱纵桥向 5.5 m，横桥向 5.0 m。墩柱中心距 13.8 m（与钢桁中心距同宽），墩顶设置高 4 m、长 8.8 m 的横梁。由于桥址处黄河段冬季冰凌现象严重，且凌汛期时间长，为确保结构安全，桥墩迎水侧设置三角形的混凝土破冰凌椎体，椎体前端包裹耐候钢板，椎体顶面标高比冰凌水位高 1 m。主墩采用 20ϕ2 m 钻孔摩擦桩，边墩采用 15ϕ2 m 钻孔摩擦桩。

每个主墩设置 4 个 400 t 黏滞阻尼器，为能同时控制罕遇地震下结构纵横向的最大位移，阻尼器与纵桥向成 45°角布置。

6.20.3　施工方法

连续钢桁柔性拱结构每联采用多临时墩从中间往两侧悬臂拼装、96 m 简支钢桁梁采用满堂支架法施工，两联以同样的方法同步进行。施工情况如图 6-20-4 所示。

图 6-20-4　施工过程

采用本架设方案，主桥桩基础与拼装平台同时开工，钢梁悬拼期间进行主墩的承台及桥墩建设，桥墩避开了冬季施工，确保了施工质量。从中跨向两侧悬拼作业，每联同时开了 3 个工作面，施工效率高。悬拼作业一直到边墩截止，无钢桥合龙问题，减小了施工难度。

本桥从开工至主桥合龙仅用了14个月，刷新了铁路桥梁建设的记录，在铁路桥梁建造史上属于一次突破性的创新。成桥实景如图6-20-5所示。

图6-20-5　成桥实景

6.20.4　主要技术经济指标

主要技术经济指标见表6-20-1。

表6-20-1　主要技术经济指标

指标类型		数值
结构性能指标	竖向挠跨比	1/2 400
	梁端转角(rad)	1.99‰
	横向挠跨比	1/5 753
主要工程量	主桁用钢量(t/m)	16.3
	桥面系用钢量(t/m)	3.5
	平纵联用钢量(t/m)	1.5
	横联用钢量(t/m)	0.4
	全联用钢量(t/m)	21.7

6.20.5　技术特点和创新点

银川机场黄河特大桥自运营以来，各项性能指标良好，满足了列车安全、平稳、舒适性的要求。其技术水平先进性主要体现在以下几个方面：

(1)三等跨连续钢桁柔性拱首次应用于高速铁路建设中。

(2)首次提出采用降低平联螺栓预紧力及更换高强螺栓材质的方案，较好地解决了高强螺栓延迟断裂的难题。

(3)采用独特的八角形刚性吊杆，优化了拱桥吊杆风致振动性能。

(4)提出并成功实施了连续钢桁柔性拱快速施工方法，大幅缩短施工工期，丰富了我国铁路桥梁建设施工技术。

6.21　郑济铁路郑州黄河特大桥

桥　　名：郑州黄河特大桥
工程项目：郑济铁路
工程位置：河南省郑州市
主　　跨：6×168 m
桥　　型：上承式变高度连续钢桁梁桥
建设单位：河南城际铁路有限公司
设计单位：中铁工程设计咨询集团有限公司
施工单位：中铁大桥局集团有限公司
设计人员：徐升桥　金　令　任为东　彭岚平　高静青
　　　　　杨永明　殷晓波　韩广晖
通车时间：预计 2021 年

6.21.1　概　　况

郑济铁路设计速度 350 km/h，正线以 CRTSⅢ型板式无砟轨道为主，黄河桥共建段铺设 CRTSⅠ型双块式无砟轨道，郑州市域铺设有砟轨道，双线、线间距 5.0 m。

郑济铁路郑州黄河特大桥于郑州市东北部跨越黄河，航道等级为规划Ⅳ级，净空要求为 8 m。桥址位于黄河冲积平原区，地形平坦，地势开阔，沿线所经过的地层岩性较复杂，按其成因和时代分类主要有：第四系全新统人工堆积层（Q_4^{ml}）填土，第四系全新统冲积层（Q_4^{al}）粉土、粉细砂、中砂、粉质黏土，第四系上更新统冲积层（Q_3^{al}）粉土、粉细砂、中砂、粉质黏土。桥址处地震动峰值加速度 0.151g，地震动反应谱特征周期 0.5 s。

主桥全长 2 016 m，其中（112＋6×168＋112）m 连续钢桁梁结构长 1 232 m，计算跨度（110.75＋6×168＋110.75）m。主桥钢桁梁为三主桁结构、双层桥面布置，上层为双向六车道公路桥面，下层为郑济双线铁路和市域双线铁路共四线铁路桥面。桥梁平面位于直线上，纵断位于 6‰的上坡段和－6‰的下坡段，竖曲线半径 30 000 m。主桥立面如图 6-21-1 所示。

上层公路桥面宽 32.5 m，路幅布置为：0.5 m（防撞栏杆）＋2.5 m（硬路肩）＋3×3.75 m（行车道）＋0.75 m（路缘带）＋0.5 m（防撞栏杆）＋1.5 m（中间带）＋0.5 m（防撞栏杆）＋0.75 m（路缘带）＋3×3.75 m（行车道）＋2.5 m（硬路肩）＋0.5 m（防撞栏杆）。下层铁路桥面为双线高速铁路、双线市域铁路，线间距为（5.0＋10.0＋5.0）m。

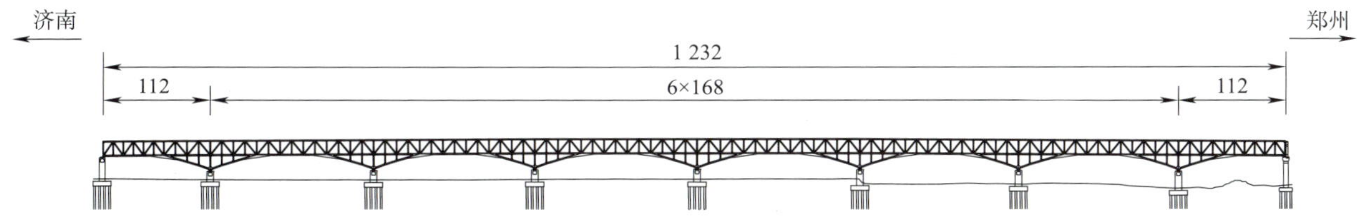

图 6-21-1　主桥立面（单位：m）

6.21.2　结构设计

（1）主桁

主桥为三主桁下弦加劲钢桁梁，平行弦部分边桁桁高 15.0 m、中桁桁高 15.24 m，中支点桁高加高 15.0 m（图 6-21-2），通过调整加劲弦杆竖板形状使桥梁立面呈现拱形构造。桁宽（13.4＋13.4）m，边跨节间长 10.25 m、10.5 m、12 m，中跨节间长度 12 m。桥梁设计为四线铁路、六车道公路（图 6-21-3）。

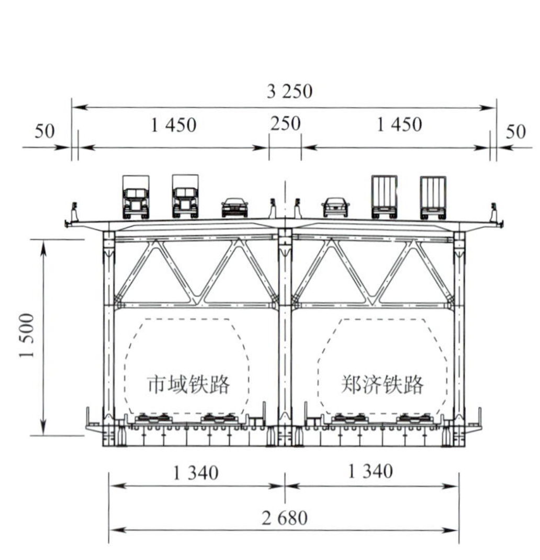

图 6-21-2　标准横断面图(单位:cm)

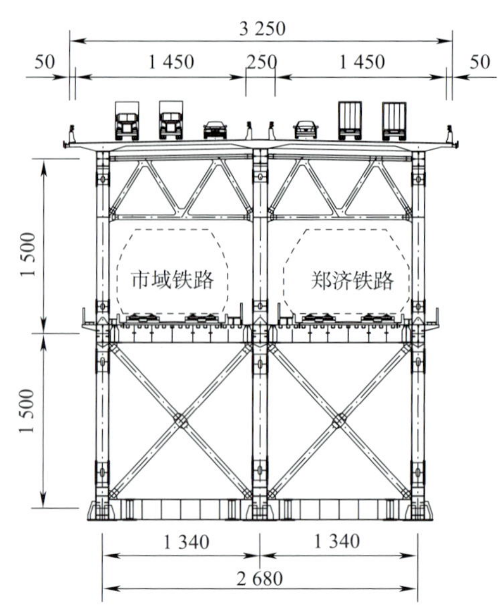

图 6-21-3　中支点横断面图(单位:cm)

主桁弦杆均采用箱形截面,板件根据需要设板式加劲肋。上弦杆外高 1 300 mm,边桁内宽 800 mm,局部加宽至 1 000 mm;中桁内宽 1 000 mm,局部加宽至 1 200 mm。下弦杆内高 1 500 mm,边桁内宽 800 mm,局部加宽至 1 000 mm;中桁内宽 1 000 mm,局部加宽至 1 200 mm。腹杆大部分采用箱形截面,部分竖杆采用 H 形截面。

主桁上下弦杆节点、加劲弦节点均采用整体节点形式,上弦杆采用上翼缘对接焊、腹板及底板螺栓栓接的形式,下弦杆、加劲弦杆采用四面螺栓栓接形式。箱形腹杆与主桁节点板对接拼接,H 形腹杆采用插入式拼接。

(2)桥面系

公路混凝土桥面板全宽 32.5 m,支承于钢梁上弦,混凝土桥面板与钢桁梁上弦通过剪力钉结合后共同受力。混凝土桥面板结构分为预制和现浇两部分,桥面板中配置纵、横向预应力钢束,其中横向预应力钢束分为两部分,一部分在桥面板预制过程中采用先张法工艺施工,另一部分在预制板现场吊装、湿接缝浇筑后张拉。

铁路桥面系采用正交异性钢桥面板,钢桥面板上防护墙内侧铺设 15 cm 厚混凝土桥面板,桥面板与无砟轨道底座板连接,桥面两侧防护墙外设置通信、信号、电力电缆槽。

(4)下部结构

桥墩采用三柱式圆端形桥墩,纵桥向设置圆端,分制动墩和非制动墩。制动墩采用 36 根直径 2.0 m 钻孔桩,非制动墩采用 32 根直径 2.0 m 钻孔桩;交界墩采用 21 根直径 2.0 m 钻孔桩。

(5)无砟轨道

为达到设计速度 350 km/h,减少养护维修,提高结构全寿命周期,综合考虑安全、经济性和施工,郑州黄河特大桥采用 CRTSⅠ型双块式无砟轨道(图 6-21-4)。

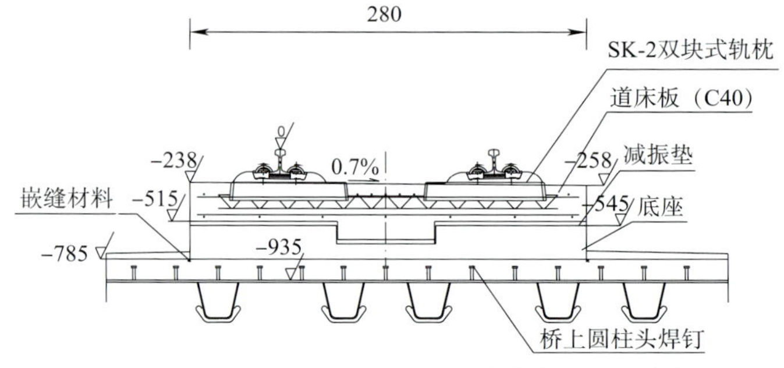

图 6-21-4　CRTSⅠ型双块式无砟轨道横断面图(单位:cm)

6.21.3　施工方法

钢桁梁采用悬臂架设钢梁。施工流程：施工准备→栈桥→钻孔桩基础、承台、墩身→临时支墩、墩旁托架、拼装龙门吊机→中间向两侧，两侧向中间相对悬臂架设钢梁→两合龙口钢梁起顶，分别跨中合龙→吊装公路预制桥面板→次边墩起顶，现浇负弯矩区公路纵、横桥向湿接缝→次边墩落梁，张拉该范围内纵、横向预应力钢束→依次向内桥墩处重复上一步骤→浇筑剩余公路桥面板→拆除上平联临时斜杆→张拉各中跨跨中及梁端范围纵、横向预应力钢束→铁路混凝土桥面板→附属设施。施工现场如图 6-21-5 所示。

图 6-21-5　施工现场

6.21.4　主要技术经济指标

主要技术经济指标见表 6-21-1。

表 6-21-1　主要技术经济指标

指标类型		数值
结构性能指标	竖向挠跨比	1/2 526
	梁端转角(rad)	1.036‰
	线路横向相对位移(mm)	0.193
主要工程量	主梁用钢量(t/m)	37.0

6.21.5　技术特点和创新点

郑州黄河特大桥是我国第一座速度 350 km/h 跨越大江大河的长联大跨无砟轨道钢桁梁桥。

(1)在长联钢桁梁上采用无砟轨道道床及对应的减振降噪技术，确保了 350 km/h 高速运营条件下的安全可靠，减少养护维修，提高轨道结构寿命。

(2)提出了适用于长联大跨无砟轨道连续钢桁梁桥的车—线—桥耦合动力方针分析方法，实现因温度、恒活载引起桥梁变形造成轨道初始几何形态变化条件下的列车高速运行安全性和舒适性评价。

(3)提出铺设无砟轨道的钢桁梁桥刚度限值，形成系列变形控制措施及相关技术，有助于解决高速铁路重要工点桥梁设计速度低于全线标准这一长期困扰铁路设计的问题，有利于提升线路的整体运量，提高运行速度，缩短旅行时间。

银川机场黄河特大桥

第 7 章　大江大河桥梁

7.1　综　　述

7.1.1　我国水系概况

我国是一个水资源丰富的国家，江河湖泊纵横密布。据统计，我国拥有大小江河 5 800 多条，天然湖泊 900 多个，河流总长 43 万多公里，流域面积在 1 万 km^2 的就有 80 多条。我国的河流大多自西向东流入海洋，构成了约占全国面积三分之二的外流区，其中大多数属于太平洋流域，其中长江、黄河、淮河、松花江、辽河、海河、珠江被称为中国"七大水系"。

长江作为我国第一大河，流经九省两市，全长 6 300 km，可通航的支流就有 3 600 多条，其中包括上游四川及重庆境内的岷、沱、嘉、涪、渠、乌、赤水河等主要支流，中游的湘、资、沅、汉、赣、抚、信、修、青弋江等。下游的京杭运河将长江与四大湖区和淮河水系诸河串联起来，黄浦江在上海境内汇入长江。

黄河是我国北部的大河，全长 5 464 km，是我国第二大河流，干流多弯曲，素有"九曲黄河"之称，跨越黄河干流的桥梁在第 6 章中进行了介绍。黄河水系按地貌可分为山地、山前和平原三个类型，这些不同类型的河流分布于流域各地，由于复杂的地质构造、基岩性质与地表形态的影响，使水系的平面结构呈现出多种不同的形式，河网密度各地也不同，其中渭河、汾河、洛河、洮河等是主要支流。

珠江是我国四大河流之一，其水系主要由东江、北江、西江、珠江干流和珠江三角洲组成，主要分布在广西、广东两省境内，水系内各河流均具有较好的航运条件。

淮河大体自西向东流，全长 1 050 km，其干流流经河南、安徽、江苏三省。

海河横贯天津市境内，干流长 76 km，是我国华北地区最大的水系，主要由海河干流和北运河、永定河、大清河、子牙河、南运河五大支流组成。

松花江是黑龙江在中国境内的最大支流，上游江段流经松嫩平原的草原、湿地，下游江段两岸地势平坦，河道和滩地比较开阔，其最大支流为嫩江。

辽河同为中国七大水系之一，位于中国东北地区的西南部，源于河北，流经内蒙古、吉林、辽宁等省区，最终汇入渤海。

除以上七大水系外，还有钱塘江、闽江、澜沧江、雅鲁藏布江等诸多水系，共同构成了我国得天独厚的水资源条件。

40 年来，中国铁路的建设飞速发展，铁路网越织越密，铁路线与大江大河的交叉点也越来越多，桥梁作为铁路跨越大江大河等障碍物的构筑物，其建造技术也得到了迅猛的发展。

7.1.2　20 世纪 80 年代

改革开放以后，党和国家把工作重点转移到经济建设上来，铁路建设也进入了以"扩能"为中心的建设时期。在早期的铁路建设中，由于桥梁建造技术和经济发展水平的限制，跨越大江大河的桥梁往往成为局部线路的控制点，在符合线路总体方向的前提下，根据水文条件进行桥址选线，达到经济和安全的目的。

20 世纪 80 年代的跨越大江大河的桥梁(表 7-1-1)跨度均以中小跨度为主，跨度相对较大的有十余座，这些桥梁在桥式、跨度、材料和施工方法等方面较 20 世纪 70 年代均有了进一步的发展。

表 7-1-1　20 世纪 80 年代竣工的大江大河铁路桥梁

桥　名	所在地	桥　式	主桥跨度(m)	线路情况	竣工年份
永定新河桥	天津	连续栓焊钢桁梁	3×144	双线	1980
红水河桥	广西来宾	PC 斜拉桥	48+96+48	单线	1981
浊漳河桥	山西潞城	PC 斜腿刚架	23.5+44+23.5 斜腿间距 82	单线	1981
安康汉江桥	陕西安康	钢斜腿刚架	56+64+64+64+56 斜腿间距 176	单线	1982
淮南桥	安徽淮南	连续钢桁梁	3×96	双线铁路+公路	1982
西淝河桥	安徽阜阳	简支钢桁梁	64	双线	1982
滦河桥	河北迁安	简支钢桁梁	2×64	单线	1983
蓟运河桥	天津汉沽	连续钢桁梁	3×80	单线	1983
西江桥	广东肇庆	铆焊连续钢桁梁	5×144	单线铁路+公路	1985
江村南桥	广东江村	连续钢桁梁	128	双线	1986
江村北桥	广东江村	简支钢桁梁	128	双线	1986
茅岭江桥	广西钦州	PC 连续梁	48+80+48	单线	1986
曲江桥	广东韶关	简支钢桁梁	2×64	双线	1986
武水桥	广东乐昌	简支钢桁梁	128	双线	1987
白面石武水桥	广东韶关	PC 连续梁	32+64+32	双线	1987
京杭运河桥	（京浦线）	简支钢桁梁	96	双线	1987
北江桥	广东四会	简支钢桁梁 简支钢箱梁	14×64	单线铁路+公路	1988
汉北河桥	（汉川专用线）	简支钢桁梁	64	单线	1988

(1)20 世纪 80 年代的钢桁梁桥

钢桁梁是 20 世纪 80 年代以及更早时期跨大江大河的主要桥式结构。从新中国成立初期开始，我国即对简支钢桁梁及连续钢桁梁开展标准图设计，跨度范围覆盖了 20～128 m。经过几个年代的发展，到了 20 世纪 80 年代，钢桁梁的主要特点体现在以下几个方面。

①钢桁梁的标准化程度提高，使用范围广泛。

②在材料方面，逐步采用更高强度的钢材。

③连接方式由铆接发展为栓焊。焊接工艺以自动焊为主，工地连接采用高强度螺栓代替铆钉。采用工厂焊接件，在工地用高强螺栓连接的栓焊梁取代铆接钢梁，是钢梁生产技术的一大变革。

④根据不同的建设条件，钢桁梁的安装方法灵活多样，各具特色，主要包括拖拉安装、浮运安装、伸臂安装等施工方法。

位于京秦线的滦河桥采用 2 孔 64 m 的简支钢桁梁跨越滦河，是我国第一座采用表面磷化处理的高强度螺栓，解决了螺栓的扭矩系数离散、轴力不稳定的问题，此技术在后续的钢桥建设中得到了推广应用。

建成于 1983 年的京山线永定新河大桥(图 7-1-1)是当时我国最大跨度的栓焊梁桥。采用 3×144 m 连续栓焊钢桁梁结构跨越永定河，部分杆件采用了新钢种 15MnVNq 钢。

位于广东肇庆的西江桥(图 7-2-2)建成于 1985 年，采用了 5×144 m 的连续钢桁梁结构跨越西江，双层桥面，上层为宽度 9 m 的公路，下层为单线铁路。

广东四会北江桥同样是一种公铁两用桥，公路和铁路在同一平面上各居一侧，铁路部分为 14 孔 64 m 简支钢桁梁，公路部分为 14 孔 64 m 简支钢箱梁。该桥的纵向工地焊接采用了陶衬垫和铜衬垫单面焊双面成型进行焊接，这在当时属首创工艺。

图 7-1-1 建设中的永定新河大桥

图 7-1-2 广东肇庆西江桥

(2)20 世纪 80 年代的 PC 连续梁桥

20 世纪 80 年代以前，受限于材料、设计手段、施工工艺技术等因素，我国的铁路混凝土桥梁主要以小跨度桥梁为主。进入 20 世纪 80 年代后，我国在广西钦州和广东白面石分别建设了茅岭江桥和白面石武水桥两座较大跨度的 PC 连续梁。从一定意义上来说，这两座较大跨度的 PC 连续梁的成功建设为我国后续的铁路大跨度 PC 连续梁的技术发展积累了宝贵的经验，也逐渐拉开了大跨度 PC 连续梁新发展阶段的序幕。

建成于 1986 年的茅岭江桥采用了(48＋80＋48) m 变高度 PC 连续梁跨越茅岭江，是我国当时最大跨度的铁路 PC 连续梁桥。结构采用了三向预应力体系，纵向预应力筋采用的是 24ϕ5 mm 高强度钢丝束，横向、竖向预应力均采用 ϕ25 mm 螺纹粗钢筋。

位于广东韶关的衡广复线白面石武水大桥建成于 1987 年，是我国第一座双线铁路大跨度预应混凝土连续梁，其跨度为(32＋64＋32) m。首次改变了在 PC 梁中广泛使用的高强度钢丝束预应力系统，采用的 6-7ϕ5 高强度钢绞线成束的预应力体系将预应力从 60 t 级提高至百吨级。

茅岭江桥和白面石武水大桥均采用了吊篮悬臂灌注的施工方法。悬臂灌注施工方法相比顶推施工方法简化了施工程序，更重要的是其特点与连续梁的孔跨布置、受力特点相吻合，为 PC 连续梁向大跨度发展提供了一种重要的施工手段。

(3)20 世纪 80 年代的其他桥型

20 世纪 80 年代建设的铁路大江大河桥梁除钢桁梁和 PC 连续梁外，另外的几座桥梁也颇具特色，在我国铁路的桥梁技术发展史上占据了重要的地位。

图 7-1-3 红水河Ⅱ线斜拉桥

一座是建成于 1981 年的湘桂线红水河Ⅱ线桥(图 7-1-3)。该桥位于广西来宾，是我国第一座预应力混凝土斜拉桥，这也是继西德、英国、日本之后世界上建成的第四座具有现代先进技术水平的铁路预应力混凝土斜拉桥。主桥采用(48＋96＋48) m 双塔三跨斜拉桥，结构体系为塔梁固结、塔墩分离。

主梁采用单箱双室三跨预应力混凝土连续梁，索塔采用 H 形塔柱，塔柱下横梁与主梁固结成整体，塔柱为矩形截面，宽 1.2 m，长 3 m，梁底至塔顶全高 23 m，塔柱横向中心距 6.1 m，如图 7-1-4 所示。

斜拉索采用柔性斜缆，共设 6 对斜拉索，竖琴式布置，每组斜拉索由 6 根 10 股 7 丝 ϕ5 钢绞线束构成，钢束极限强度 1 500 MPa。

斜拉桥的边跨在膺架上分段浇筑，中跨梁段采用悬臂挂篮浇筑。

红水河桥是我国第一座铁路预应力混凝土斜拉桥，也是我国铁路斜拉桥建设的一次有益尝试。

另一座是建成于1981年的邯长铁路浊漳河桥。该桥位于山西潞城，是我国第一座预应力混凝土斜腿刚构铁路桥。主桥斜腿间的跨度为82 m，主梁的支撑跨度为(23.5+44+23.5) m。

浊漳河桥的主梁和斜腿均为单箱单室截面，基础设置于基岩上。

浊漳河桥采用的施工方法为在钢拱架上现场浇筑。浇筑前在钢拱架跨中部分6个节点上施以预加载，同时浇筑两斜腿，然后自跨中逐段连续向两端对称浇筑，并相应卸去预加载。

斜腿刚构在结构上既有拱桥的优点，又具有连续梁的特点，但是构造较复杂，对施工的要求较高。

第三座是建成于1982年的安康专用线安康汉江桥。该桥的主桥采用主跨为176 m斜腿刚构薄壁箱型钢梁桥，其跨度在当时世界同类型铁路钢桥中居领先地位。

图 7-1-4　红水河斜拉桥桥塔

安康汉江桥(图 7-1-5)主梁按(56+64+64+64+56) m分跨，斜腿底铰间距176 m。斜腿长度76.43 m，倾角42.9°，每个斜腿分为两肢，按1∶6斜向叉开，两肢间设6根横杆。斜腿下端支撑在斜向枢轴的铰支座上。斜腿刚构为栓焊带肋的箱型结构，采用了16锰桥低合金钢和日本的SM53CN，在工厂内焊成梁段(共106块，最重梁段24.3 t)，经铁路运至工地安装。工地连接采用直径22 mm的高强螺栓。主梁截面为3.0 m×4.4 m，斜腿截面宽1.5 m，上端高4 m、下端高1.5 m，中间直线过渡。

施工方法采用竖直拼装斜腿，转体就位；在浮船上组装中孔，整体吊装与两斜腿合龙；向两端对称悬臂拼装64 m及56 m的边孔。

安康汉江桥的建成，在钢斜腿刚构桥的设计、制造、施工及科研方面为此后发展大跨度钢桥积累了宝贵经验。

图 7-1-5　安康汉江桥

7.1.3　20世纪90年代

进入20世纪90年代后，我国的铁路建设稳步发展。在此期间，以京九铁路、南昆铁路为代表的一批铁路大动脉建成通车，10年间共建成铁路线路总长10 690 km，桥梁座数12 160座，桥梁总长1 110.5 km，约相当于20世纪80年代的2.67倍。与此同时，跨越大江大河的大跨度铁路桥梁的技术也取得了长足的进步。

20世纪90年代跨越大江大河的大跨度桥梁结构仍然采用预应力混凝土桥和钢桁梁桥为主，尤其以预应力混凝土桥梁的数量最多。

(1)预应力混凝土桥梁

20世纪90年代铁路预应力混凝土桥梁的快速发展时期，在此期间建成的预应力混凝土桥梁数量众多，主要具有以下5个特点。

①预应力混凝土桥梁往长联、大跨方向发展。20世纪90年代预应力混凝土桥梁的最大跨度发展到168 m，跨数从3跨发展到多跨，最大联长达1 340 m。

②从单一的连续梁体系向结构体系往多样化方向发展，出现了形式多样的结构体系如连续刚构体系、刚构—连续梁组合体系、V形支撑连续梁体系等。

③中等跨度和大跨度桥梁开始采用部分预应力结构。部分预应力结构允许混凝土出现拉应力，可使预压应力减小，从而减少预应力钢筋的材料用量，同时也可减少施工的工作量。

④研发了一些预应力混凝土桥梁的新材料、新结构、新工艺、新技术，具体体现在：通过引进消化，高强度低松弛钢绞线可实现国产化；研制了技术先进的张拉设备和锚具；硅粉混凝土在铁路桥梁中得到了应用；自主研发了大跨度造桥机并成功应用于石长线湘江铁路大桥。

⑤悬臂灌注施工方法日趋成熟，为预应力混凝土桥梁向大跨度发展提供了一种重要的施工手段。悬臂灌注施工最主要的设备是挂篮，挂篮既是梁段的施工场地又是承重结构，挂篮性能的优劣直接影响施工的质量和速度。在此期间研制的多种轻型挂篮，技术性能达到了先进水平。

1992 年建成的沪杭、浙赣铁路钱塘江二桥采用(45＋65＋14×80＋65＋45) m 预应力混凝土连续梁，首次采用 18 跨一联 1 340 m 长的预应力混凝土结构，其联长居世界第一。

1993 年建成的广深准高速铁路石龙特大桥采用(40.5＋3×72＋40.5) m 部分预应力混凝土连续梁跨越东江南、北干流，是我国第一座大跨度 PPC 连续梁桥，其梁高是当时我国建成的同类跨度部分 PPC 连续梁中梁高最低。

1996 年建成的南昆铁路清水河桥采用(72＋128＋72) m 连续刚构梁跨越南盘江支流清水河，是我国第一座铁路连续刚构桥，建成时其墩高和跨度都位于国内首位。

1997 年建成的南昆铁路八渡南盘江特大桥采用(54＋2×90＋54) m 部分预应力混凝土 V 形支撑连续梁，首次在铁路上采用了 V 形支撑连续梁结构体系。

1998 年建成的石长铁路长沙湘江桥(图 7-1-6)采用(62＋7×96＋62) m 预应力混凝土连续梁，其最大的特点是首次采用了大跨度造桥机悬臂拼装法施工。主梁采用预制拼装法施工，预制梁体节段和下部结构同步施工，拼装成桥速度较快，梁段采用工厂化长线法制造，避免了混凝土高空作业，有利于提高施工质量。此外，由于节段预制，减小了因混凝土收缩引起的预应力损失。

图 7-1-6　石长铁路长沙湘江桥

(2)钢桁梁

纵观 20 世纪 90 年代，跨越大江大河的钢桁梁的建设数量较 20 世纪 80 年代有所减少。但是基于在长江、黄河上的几座钢桁梁桥的建设，钢桁梁桥的技术取得了几项重要的突破，主要体现在以下两个方面。

①成功研制并应用了 15MnVNq 低合金高强度钢，屈服强度不小于 412 MPa，使我国桥梁用钢材料步入了世界先进行列。

②在钢桁梁上采用整体式节点，将节点板与一端的弦杆焊接成为一个整体，主桁节点板成为箱形弦杆的一部分。与散拼节点相比，整体节点具有明显的优点：节点板部位增加了板厚，使钢材截面得到了充分利用；整体节点与其他杆件采用对拼连接，减小了节点板尺寸。采用整体式节点可节省钢材 5%～10%，减少连接螺栓 15%～30%，施工速度可加快 50%以上。

1996 年建成的京九铁路吉安赣江桥采用(4×96＋1×64) m 下承栓焊钢桁梁。96 m 钢桁梁为平行弦米字桁，桁高 16 m，节间长 8 m。64 m 钢桁梁为带竖杆华伦式桁架，桁高 11 m，桁宽 9.732 m。该桥结合场地和结构特点，采用相邻跨临时连接的全悬拼架设钢桁梁的施工方案，解决了场地狭窄、浮运困难、顶推周期太长等问题。

(3)其他类型桥梁

建成于 1994 年建成的京九铁路卫运河特大桥主桥采用(32.5＋65＋32.5) m 三角形连续桁架结构，是我国第一次采用此桥型。斜拉预应力混凝土连续桁架梁综合了斜拉桥、连续梁和桁架梁的优点，使之具有了斜拉桥和桁梁的外形，又具有连续梁的刚度。

7.1.4　2000 年以后

进入 21 世纪，我国的铁路进入了跨越式发展时期。尤其是以京沪、武广高速铁路的开工建设为标志，我国的高速铁路建设迎来了黄金发展时期。高速铁路的技术标准高，线路曲线半径大，跨越河流的桥位选择与高速铁路选线的矛盾突出，跨越大江大河的桥位大多数情况下不再决定线位。再加上内河航运的快速发展，通航部门对桥跨也提出了越来越高的要求，因此催生出了数量更多、跨度更大的铁路桥梁。

21 世纪的前 20 年间，跨越大江大河的铁路桥梁尤其是高速铁路桥梁的建设取得了巨大成就，在设计、施工及科研等方面均取得了很大的突破，主要体现在以下几个方面。

①形成了常用跨度桥梁设计、制造、运输、架设的成套技术。系统掌握了常用跨度桥梁的动力性能、徐变精细控制，大型施工装备等成套技术。

②系统掌握了大跨混凝土桥梁的徐变控制技术。徐变控制一直是国际上混凝土桥梁设计的难题，采用限制梁体恒载应力差值、设置拱、拉索、钢桁等加劲结构，从减小弹性变形的途径有效实现对混凝土梁徐变变形的控制。

③系统掌握了混合梁、组合梁斜拉桥设计关键技术。对铁路斜拉桥的行车动力性能、刚度控制、关键构造等方面进行系统研究，并将混合梁、组合梁成功应用于铁路大跨度桥梁。

④大幅提升了施工建造技术。适用于各种桥型、各种施工方法的桥梁结构施工装备技术均达到领先地位，大直径钻孔灌注桩及深水基础、大型沉井基础施工技术日趋成熟，大型装备自动控制技术得到广泛应用。

21 世纪以来，跨越大江大河的桥梁主要有以下几个类型。

(1)预应力混凝土梁式桥

进入 21 世纪以后，预应力混凝土梁式桥获得了更大的发展。预应力混凝土梁式桥具有刚度大、整体性好、经济性能好、养护维修量小等优点，是跨越中、小河流的首选桥型。针对跨越河流和道路的特殊孔跨，铁道部组织编制了适用于普速铁路、城际、高速铁路等不同线路标准的通用参考图，供各条线路选择套用，常用的跨度主要有 48 m、56 m、64 m、72 m、80 m、100 m、125 m。对于跨越更大的河流或等级更高的航道则一般采用跨越能力更大的连续刚构桥，墩梁固结体系的结构整体受力性能更优越，同时也解决了跨度加大而使用大吨位支座的难题。

2011 年建成的广珠城际铁路容桂水道特大桥主桥采用(108.85＋2×185＋115.5) m 连续刚构桥，首次在大跨度混凝土桥梁上铺设城际铁路无砟轨道。针对桥梁铺设无砟轨道的特殊需要，以及列车高速行车安全性、乘坐舒适性的要求，对桥梁成桥后的位移要求非常严格，针对控制工后徐变进行了深入计算分析并在设计中采取了针对性措施。

2018 年建成的南三龙铁路闽江特大桥主桥采用非对称的(118＋216＋138＋83) m 双线预应力混凝土刚构连续梁跨越闽江，主跨跨径 216 m 为目前世界最大跨度双线铁路预应力混凝土刚构连续梁。考虑到大跨度混凝土梁桥后期收缩徐变的不确定性，设计时在边跨、中跨均预留了增设体外索的条件，作为后期调整主梁线形的预备措施。

(2)组合体系桥梁

即便预应力混凝土梁式桥具有建造技术成熟、经济性能好、维修养护方便等优势，想实现 200 m 以上或者更大的跨度，采用加高梁体截面、加大预应力的方法已不可行。此时，在梁式桥的基础上，派生出了形式多样的组合结构。连续刚构—柔性拱结构利用柔性拱的辅助作用将混凝土梁式桥的跨度提升至 300 m；部分斜拉桥则是采用索、塔加劲，索和塔在承担了部分荷载的同时也提高了结构的刚度；钢桁梁柔性拱桥同样是一种典型的组合结构体系，在拱的加劲作用下提升了钢桁梁的跨越能力，具有竖向刚度大、承载能力高、景观效果好等优点。

宜万铁路宜昌长江桥首创了第一座铁路大跨度连续刚构—柔性拱桥，温福铁路昆阳特大桥则是我国第一座设计开工建设的连续梁—拱组合结构桥梁。此后连续刚构—拱桥、连续梁—拱桥在跨越大江大河桥梁上获得了大量的应用。

2019 年建成通车的汉十铁路崔家营汉江特大桥采用了(135＋2×300＋135) m 连续刚构拱桥，为四联拱结构，是世界上最大跨度的铁路混凝土连续刚构拱桥。

进入21世纪的第二个10年，部分斜拉桥由于具有工期短，斜拉索可在施工过程中也可参与受力的特点，在跨大江大河的铁路桥梁中得到了推广应用。

正在建设的福平铁路乌龙江特大桥主桥采用(144＋288＋144) m混凝土部分斜拉桥，是首座超过150 m部分斜拉桥，该桥也是目前世界跨度最大的铁路混凝土部分斜拉桥。

正在建设的赣深铁路剑潭东江特大桥主桥为(136＋260＋136) m四线铁路预应力混凝土部分斜拉桥，四线均铺设无砟轨道，是国内外最大跨度的高速铁路无砟轨道混凝土桥。通过限制恒载主梁应力差，并在斜拉体系的辅助作用下使主梁的徐变位移值控制在较优的状态，为无砟轨道的铺设创造了良好的条件。

此外，2011年建成的广珠城际铁路西江特大桥主桥首次采用了斜拉—刚构组合体系，该桥主跨为(100＋2×210＋100) m，具有桥面以上塔高相对较高、主跨无索区长度小的特点，满足了铁路大跨桥梁跨中后期徐变变形小、结构竖向刚度大的要求，为大跨度铁路混凝土桥梁的发展提供了一种新思路。

2013年建成的厦深铁路榕江特大桥采用(110＋2×220＋110) m连续钢桁梁柔性拱组合桥，是我国首座采用无纵梁正交异性钢桥面板技术的连续钢桁梁柔性拱的铁路桥梁，针对刚性吊杆的风致振动问题，首次采用了永磁式电涡流调谐质量阻尼器的抑振措施。

正在建设的南沙港铁路洪奇沥特大桥采用了(138＋2×360＋138) m跨越洪奇沥水道，是国内外最大跨度的铁路钢桁梁柔性拱桥。

(3)斜拉桥

随着新世纪铁路建设加快了步伐，对铁路桥梁建设提出了更高要求，斜拉桥是跨越各大水系的优先选择。斜拉桥本身属于柔性结构，斜拉桥结构用于铁路，由于列车荷载大，运行安全性和平稳性要求高，往往是结构刚度控制设计。现代斜拉桥自20世纪70年代在中国开始修建以来获得了迅速的发展，但是早期的铁路斜拉桥的发展却十分缓慢。

进入21世纪，随着对铁路斜拉桥研究的不断深入，我国桥梁工作者逐渐掌握了铁路斜拉桥的刚度标准和不同列车速度下桥上轨道行为的相关要求，同时随着一系列新材料、新结构、新设备、新工艺的研发和应用，我国铁路斜拉桥的建设取得了重大的突破，将其成功应用于200～600 m的跨度范围的跨大江大河桥梁。尤其是300 m以上的跨度，斜拉桥已经成为了主力的桥型。2010年以后的10年时间里，铁路斜拉桥的主梁从最初单一的钢桁梁形式，发展成混凝土主梁、钢箱—混凝土混合主梁、钢—混组合梁等多种材料和形式的格局，主梁形式的多样化能够更好地适应每座桥不同的建设条件，实现了良好的技术经济效益。

2014年建成的贵广铁路思贤窖特大桥采用(58.5＋109.25＋230＋109.25＋58.5) m钢桁梁斜拉桥，为国内首座四线铁路采用两片主桁的大跨度宽桁斜拉桥，采用带水平K撑的新型桥面结构，减少了节点间横梁的跨度。

正在建设的杭绍台铁路椒江特大桥主桥采用(84＋156＋480＋84＋156) m四线钢桁梁斜拉桥，该桥是最大跨度的四线纯高速铁路桥梁。

2014年建成的宁波铁路枢纽北环线甬江特大桥采用(53＋50＋50＋66＋468＋66＋50＋50＋53) m钢箱混合梁斜拉桥，桥梁与下游紧邻的既有宁波绕城公路清水浦大桥对孔布置。甬江特大桥在国内外铁路桥梁上首次采用了混合梁斜拉桥结构，以流线型箱形加劲梁承载双线铁路，创建了铁路大跨斜拉桥的新桥式，改变了铁路大跨斜拉桥主梁采用钢桁梁的单一技术格局。

2020年8月合龙的南沙港铁路西江特大桥主桥采用(2×57.5＋172.5＋600＋4×57.5) m非对称混合梁斜拉桥，是目前国内外最大跨度的双线铁路斜拉桥。

2019年建成的昌赣客运专线赣州赣江特大桥主桥采用(35＋40＋60＋300＋60＋40＋35) m双塔双索面组合梁斜拉桥，铺设CRTSⅢ型板式无砟轨道，是国内外首座铺设无砟轨道的高速铁路斜拉桥，突破了在大跨度桥上铺设无砟轨道并通行时速350 km高速列车的技术瓶颈。

2019 年建成的浩吉铁路洞庭湖特大桥采用(99.12＋140＋406＋406＋140＋99.12) m 三塔钢箱桁组合梁斜拉桥，为世界首座重载铁路三塔斜拉桥。采用了新型钢箱桁组合梁新结构、设置中塔稳定索的三塔斜拉桥结构体系，进一步创新了大跨度铁路斜拉桥的关键技术。

正在建设的广汕铁路增江特大桥主桥采用(48＋84＋260＋84＋48) m 节段预制拼装混凝土梁斜拉桥，首次在高速铁路斜拉桥上采用节段预制拼装混凝土箱梁的主梁结构。混凝土主梁采用短线法节段预制拼装工法施工，创新应用了多项节段预制拼装混凝土梁斜拉桥后期变形控制技术。

7.2 安康水电站铁路专用线石庙沟汉江大桥

桥　　名：石庙沟汉江大桥
工程项目：安康水电站铁路专用线
工程位置：陕西省安康市
主　　跨：192 m
桥　　型：钢箱斜腿刚构桥
建设单位：铁道部基建总局
设计单位：中铁工程设计咨询集团有限公司
　　　　　中铁二院工程集团有限责任公司
施工单位：中铁一局集团有限公司
设计人员：中铁设计 东玉振　李上雷　伦厚诚　李兴云
　　　　　　　　　肖振兴　王玉春　吴惠敏
　　　　　铁 二 院 倪鹤龄　钱宗渊　张守山　杨佩明
　　　　　　　　　徐淑佩　范文理
通车时间：1982 年 12 月

7.2.1 概　　况

石庙沟汉江大桥位于陕西省南部安康市境内，位于汉江上游，在襄渝铁路石庙沟车站附近。桥上为单线铁路，设计荷载为中—活载。

桥位处河段顺直，河床断面呈梯形，平时河面宽约 180 m，水流平稳。汛期水位猛涨暴落，一般水位差可达 10～12 m，历史最大流量 Q=33 000 m^3/s，相应计算平均流速 v=7.34 m/s。河床冲淤严重，覆盖层很不稳定。桥址区为构造剥蚀的中低山地形。两岸谷坡较陡，地面横坡约 1∶0.8～1∶1。除左岸缓凹山坡中堆积有部分襄渝线弃渣外，两岸其余地段均基岩裸露，基岩为震旦系千枚岩。桥址处地震基本烈度 6 度。

汉江大桥孔跨布置为 4×24 m 简支梁＋(56＋192＋56) m 斜腿刚构＋4×32 m 简支梁，桥梁全长 542.08 m。主桥部分为斜腿刚构薄壁箱型钢梁，梁部支点跨度为(56＋3×64＋56) m，斜腿下端铰中心距 176 m。始端 4 孔 24 m 的引桥位于半径 250 m 的曲线上，其余均在直线上段。全桥线路平坡，桥高约 75 m。主桥立面如图 7-2-1 所示。

7.2.2 结构形式

(1)主梁

钢梁采用高 4.4 m、宽 3.2 m 的单箱栓焊结构。全梁等高，分成 10～12 m 一段，共 58 段，每段分上下两层，在工厂焊成块件后，发送工地组拼成设计断面，如图 7-2-2 所示。主梁每隔 4 m 设一道横隔板，两横隔板之间每侧腹板设一根加劲肋，支点附近设两根竖向加劲肋。

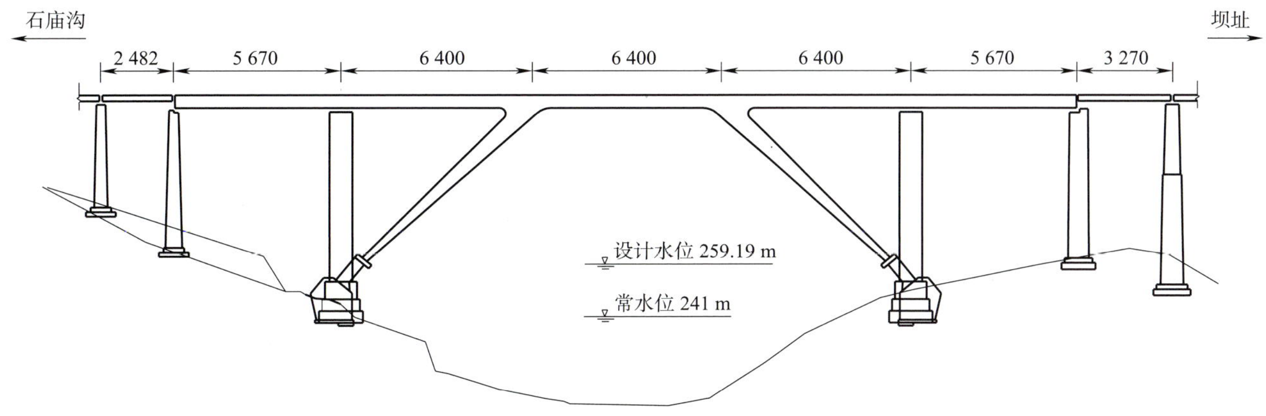

图 7-2-1　主桥立面(单位:cm)

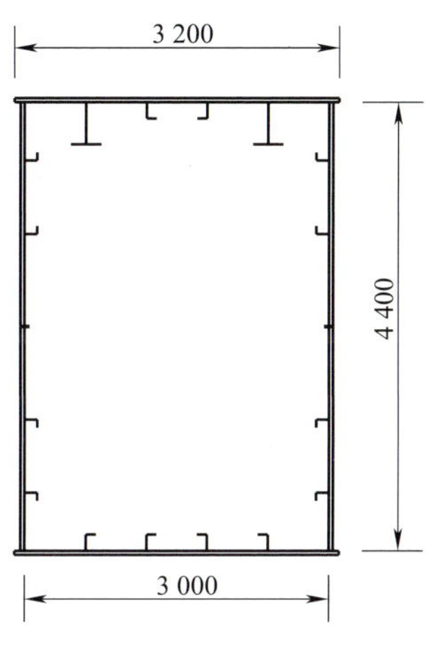

图 7-2-2　主梁断面(单位:mm)

(2)钢斜腿

钢斜腿亦为箱形栓焊结构,其上端支于中跨两侧 1/3 处,底部设铰,支承于主墩两侧支墩上,理论长 76.4 m,两斜腿铰间中心距离为 176 m,梁中心线至斜腿铰支座之间高差为 52.014 m。钢斜腿倾角 42°53′,呈 A 字形斜立于两岸。斜腿横向以 6∶1 坡度分两肢叉开,其同岸两肢下端中心距 25.647 m,两肢间以 6 根箱型水平横杆相连。

斜腿单肢为等宽变高箱形截面,高度呈线性变化,从上端 4.032 m 变化到下端 1.532 m。箱宽均为 1.535 m。箱内设横隔板,间距不大于 3 m。斜腿每肢共分 7 节段,节段间采用高强螺栓连接。箱型水平横杆宽 1 m,高度为斜腿连接处高度的 2/3。

钢斜腿上端通过法兰盘与主梁连接。下端亦采用法兰盘与设在支墩上的铰支座连接。

(3)墩身及基础

两主墩墩高均为 64 m,设计采用圆形收坡式钢筋混凝土空心墩,墩顶直径 6.0 m,壁厚 0.72～0.9 m,空心墩墩底直径为 6.96 m,墩顶无顶帽,墩顶附近有高 9.5 m 的实体段,墩底附近设一段高 6 m 直径 8.4 m 的实体段,加大桥墩的刚度。

小里程边墩墩高 37 m,采用圆形实体墩,在墩顶设水平联杆与箱梁腹板相连,传递水平力。墩顶直径 8 m,地面以上墩身直坡,地面以下 7 m 墩身采用 1∶0.6 放坡。大里程边墩墩高 56 m,采用圆形收坡式空心墩,墩顶直径 6.0 m,壁厚 0.9 m。

全桥墩台均采用明挖扩大基础。

7.2.3　施工方法

基于 20 世纪 70 年代初国外有 4 座大跨度箱形钢梁相继在架设阶段发生坠落事故,尽管原因不一,但引起人们对架设工作的深切关注。为了慎重起见,该桥经过反复认真讨论和技术经济比较,采用了最终方案—竖直拼装斜腿,旋转就位;水上组拼中孔,整体吊装就位,两端与斜腿合龙,形成刚构;对称悬拼两侧边跨,由端连杆与小里程墩合龙,如图 7-2-3 所示。

图 7-2-3　主桥施工

7.2.4 主要技术经济指标

主要技术经济指标见表 7-2-1。

表 7-2-1 主要技术经济指标

指标类型		数值
结构性能指标	竖向静活载挠跨比（中跨）	1/950
	竖向静活载挠跨比（边跨）	1/1 070
	一阶横向自振周期(s)	0.943
主要工程量	主桥钢材(t)	1 653.0
	主墩及支墩混凝土(m^3)	6 721.0
	主墩及支墩普通钢筋(t)	224.0

7.2.5 技术特点和创新点

(1)我国铁路桥梁首次采用斜腿刚构这一新颖桥型，也是当时世界上同类结构中最大跨度。

(2)该组合结构体系外形轻盈，通过斜腿作为中间支撑，运用较小跨度的梁部截面取得较大跨越能力。

(3)钢斜腿两肢按 6∶1 坡度撑开，肢间以六根箱形水平横杆相连，提高了大跨钢箱主梁的横向刚度，满足铁路运营的要求。

(4)斜腿刚构采用了竖直拼装斜腿，放置至设计位置后，整孔起吊中孔形成折线拱稳定结构，然后再向两端悬臂拼装边孔及边跨的安装方案。

7.2.6 获奖情况

(1)获 1983 年国家优质工程金奖。

(2)获 1984 年国家优秀工程设计奖。

(3)获 1985 年国家科技进步一等奖。

7.3 南防铁路茅岭江大桥

桥　　名：茅岭江大桥
工程项目：南防铁路
工程位置：广西壮族自治区
主　　跨：80 m
桥　　型：预应力钢筋混凝连续箱梁
建设单位：铁道部
设计单位：中铁大桥勘测设计院集团有限公司
施工单位：中铁大桥局集团有限公司
设计人员：严国敏　赵国藩　朱华民　黄汝杞　吴建中　姚传顺　杨　进　陈文进　胡壮卿
通车时间：1987 年 5 月

7.3.1 概　　况

南防铁路设计速度 80 km/h，单线铁路，设计活载为中—活载，有砟轨道。桥址位于茅岭江注入钦州湾的入口 2.1 km 处，受潮汐及强风影响，日潮差最大近 4 m，每年 5～10 月份为台风季，台风登陆点多出现在桥址区。桥址墩位高潮时水深 6～7 m，低潮时水深 3～47 m，水位频繁变化幅度较大，河床表面有厚约 1 m 粗砂层，其下为细沙岩夹页岩。水中氯离子含量较高、对混凝土及钢筋具有中等腐蚀性。

茅岭江大桥是一座铁路、公路平行并列而结构分离的桥梁，全长 733.3 m，其中主桥采用预应力混凝土单箱室变截面三跨连续梁，跨度布置为(48+80+48) m，两岸引桥共 17 孔 32 m 预应力混凝体简支梁。主桥立面如图 7-3-1 所示。

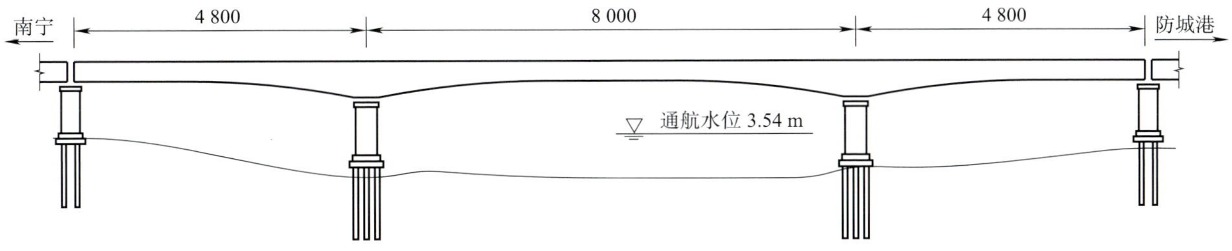

图 7-3-1　主桥立面(单位:cm)

7.3.2　结构形式

(1)主梁

主梁为变高度、变截面单箱室结构，在支点与中跨跨中处共设 5 道横隔板。中支点处梁高 6 m，边、中跨直线段梁高 3.3 m，过渡段梁高按二次抛物线变化。箱梁顶面宽度 6 m，底面宽度 4 m、在支座处 4.3 m，如图 7-3-2 所示。腹板中心线间距为 3.7 m。支座区段腹板厚度 60 cm，其余部分后 30 cm。桥面板全桥等厚为 30 cm，底板厚度中支座处 60 cm，边支座处 80 cm，跨中处厚 30 cm。

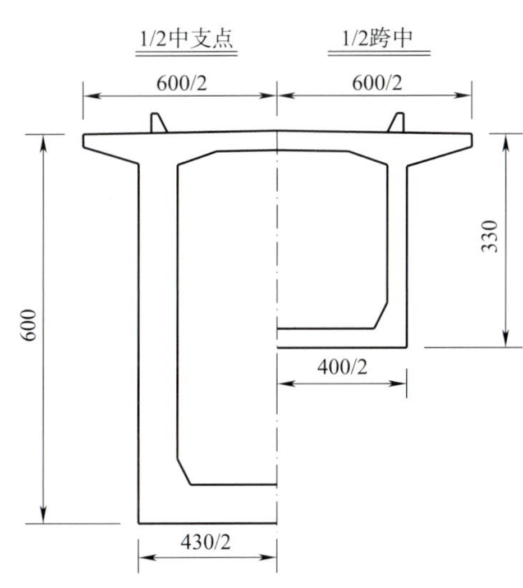

图 7-3-2　主梁截面图(单位:cm)

梁体采用纵向与竖向双向预应力体系。纵向预应力采用 25ϕ5 mm 高强度钢丝束，顶、底、腹板共布置 496 根，其中最长为 87.54 m，用抽拔胶管成孔，采用钢质锥形锚。竖向和横向预应力均采用 ϕ25 螺纹钢筋，用铁皮管预埋成孔。竖向螺纹钢筋在腹板和隔板内共布置 1 250 根，采用轧制螺纹锚具。横向螺纹钢筋在中支点处的横隔板内共布置 24 根。

(2)墩身及基础

桥墩高约 4～6 m，每墩用直径 1.35 m 的钢套筒柱桩 7 根，下部以直径 1.25 m 的钻孔嵌入新鲜基岩。

7.3.3　施工方法

主梁采用对称挂篮悬臂浇筑法施工，先在连续梁中间两个墩采用墩旁托架浇筑 0 号节段，然后在 0 号节段上用挂篮悬臂浇筑 1～9 号节段，节段最大质量 65 t。边跨端部 9.6 m 节段在支架上浇筑。先边跨合龙，后中跨合龙，合龙段长为 2 m。

水中主墩基础施工为尽可能避开潮涨潮落影响和压缩施工辅助工程，以减少强台风的干扰，采用了将围囹、套箱等多种功能综合与一体化的平台式套箱围囹新方案。结构由底部箱体、定位桩及其起顶吊挂设备、上围堰及井形平台等部件组成。从箱体起吊就位插打定位桩开始到两墩全部完成实际仅用两个月 14 天，在一个枯水期内实现了主墩基础的快速施工。

7.3.4 主要技术经济指标

主要技术经济指标见表 7-3-1。

表 7-3-1 主要技术经济指标

指标类型		数值
结构性能指标	竖向挠跨比	1/3 177
主要工程量	主梁混凝土(m^3)	1 300.0
	高强预应力钢丝(t)	85.0
	预应力粗钢筋(t)	17.0
	普通钢筋(t)	130.0

7.3.5 技术特点和创新点

(1)预应力混凝土连续梁桥主跨达 80 m,为当时国内同类型铁路桥梁跨度之最。

(2)建立完善了“预应力混凝土桥综合设计程序”与“箱型梁结构扭转计算分析程序”等一批计算程序,为后续同类桥梁在设计理论与计算方法等方面积累了成功经验。

(3)桥址为台风多发区,在无规范可循且无先例情况下研究制定了抗风稳定计算原则与设置临时支点、浮箱等抗风稳定措施,成功经受了 12 级台风考验,为沿海地区悬浇梁施工及抗风计算与稳定措施提供了先例。

(4)针对中小型桥墩基础和潮汐变化的水流条件制定了综合围囹、套箱等多种功能于一体的平台式套箱围囹新方案,实现了一个枯水期完成全部水中主墩施工。

(5)针对江水中氯离子含量较高对混凝土及钢筋的中等腐蚀性,研究制定了拌合用水要求,提高了混凝土密实度;混凝土掺引气型减水剂提高了抗渗性能等耐久性措施。

7.3.6 获奖情况

获 1989 年铁道部科技进步三等奖。

7.4 沪杭、浙赣铁路钱塘江二桥

桥　　名：钱塘江二桥
工程项目：沪杭、浙赣铁路
工程位置：浙江省杭州市
主　　跨：80 m
桥　　型：预应力混凝土箱形连续梁
建设单位：铁道部
设计单位：铁道部大桥局勘测设计院
施工单位：铁道部大桥工程局
设计人员：陈　新　林国雄　朱华民　华惠敏
通车时间：1992 年 4 月

7.4.1 概　况

钱塘江二桥为沪杭铁路的控制性工程,公路桥和铁路桥分离并列建设,两桥孔跨布置相同,中心间距 16.4 m,铁路桥面布置双线铁路,正线线间距 4 m,采用有砟轨道。

大桥桥址处两岸地势平坦,北岸为杭州市区,南岸为萧山,桥址上游 1.5 km 处为钱塘江与运河沟通工程的出口，下游 200 m 处为农用水渠五堡闸。

正桥采用总长 1 340 m、18 孔一联的预应力混凝土箱形连续梁，跨径布置(45＋65＋14×80＋65＋45) m。主桥立面如图 7-4-1 所示。

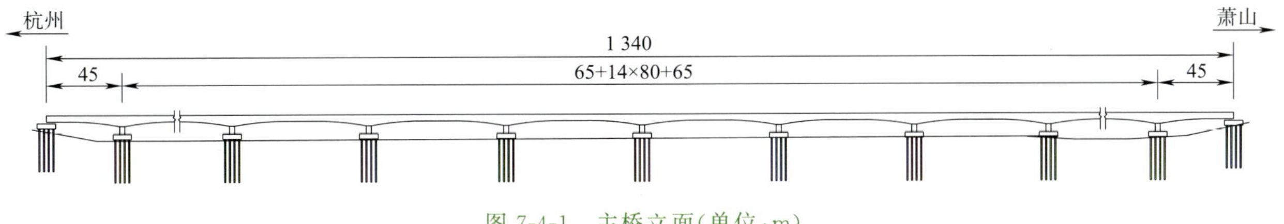

图 7-4-1 主桥立面(单位：m)

7.4.2 铁路桥上部结构形式

(1)截面形式

采用单箱室直腹板截面，支点处梁高 5.5 m，跨中梁高 2.8 m，下缘呈曲线形。箱梁顶宽 11.4 m，底宽 6.3 m，如图 7-4-2 所示。腹板、地板、顶板厚度分别为 70～48 cm，100～65 cm，48～35 cm，悬臂板宽 2.55 m。支承点及跨中处设横隔板。

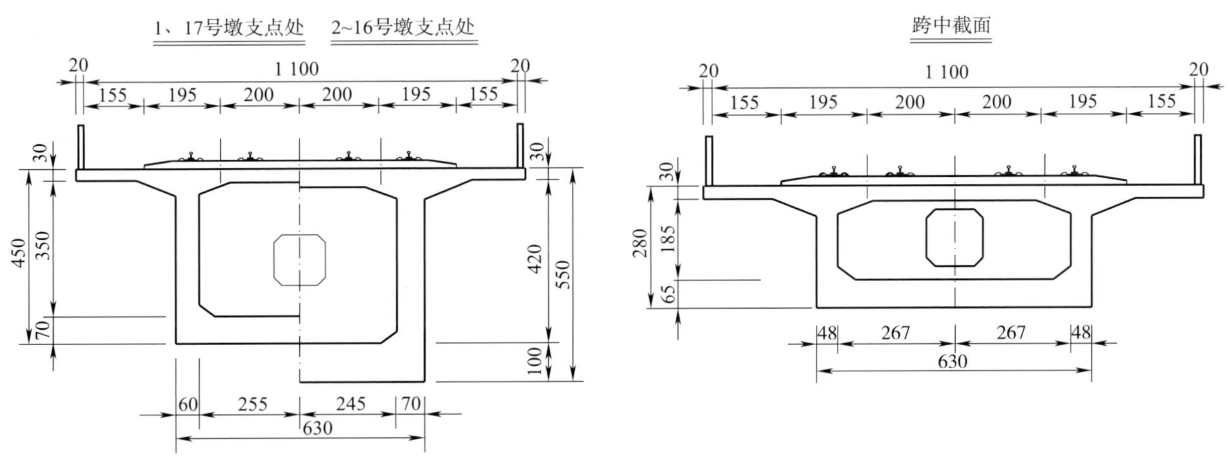

图 7-4-2 主梁截面图(单位：cm)

(2)支座布置

支座设置在腹板下方，根据支点反力分别选用了 27 000 kN、20 000 kN 和 6 000 kN 三种吨位的盆式橡胶支座。活动支座纵向位移量选用五种级别，其最大的位移量为±280 mm。每个活动支座的桥墩横向布置为：一个单向纵向活动支座，限制了箱梁横向位移，一个多向活动支座，释放横向变形，以减少箱梁由于经常性单侧日照所产生的旁弯。

(3)预应力体系

箱梁采用三向预应力体系。纵向束采用 ϕ15(7ϕ5)预应力钢绞线，群锚体系，布置在箱梁顶、底、腹板内。竖向束采用 ϕ25 冷拉Ⅳ级螺纹钢筋，螺帽式锚具，布置在腹板和横隔板内。横向采用 24ϕ5 高强度平行钢丝束，钢质锥形锚具，布置在顶板和横隔板内。

纵向束箱梁顶、底板布置了 12 根 7ϕ5 钢绞线，腹板布置了 9 根 7ϕ5 钢绞线。

(4)墩身及基础

铁路桥正桥共 17 个主墩，两个边墩，9 号墩为纵向固定支座桥墩。1 号、13～17 号墩基础布置 2×12 根 ϕ1.5 m 钻孔桩，2～8 号、10～12 号墩布置 2×14 根 ϕ1.5 m 钻孔桩，0 号、18 号桥墩各布置 6 根 ϕ1.5 m 钻孔桩。

7.4.3 施工方法

正桥预应力钢筋混凝土连续箱梁采用平衡悬臂法施工。从岸边开始逐孔灌注，两相邻的“T”构连成一个“Π”，直至最后一个“Π”合龙后，再从中间开始直至岸边最后一个“Π”逐段合龙，如图 7-4-3～图 7-4-6 所示。

图 7-4-3 钢围堰

图 7-4-4 悬臂浇筑

图 7-4-5 悬浇即将合龙

图 7-4-6 成桥实景

7.4.4 主要技术经济指标

主要技术经济指标见表 7-4-1。

表 7-4-1 主要技术经济指标

指标类型		数值
结构性能指标	竖向挠跨比	1/818
主要工程量	混凝土指标(m^3/m)	14.92
	预应力筋指标(t/m)	1.24
	普通钢筋指标(t/m)	1.57

7.4.5 技术特点和创新点

(1)在钱塘江涨潮历时短、潮头落差大、潮速快的涌潮河段，成功进行桥梁基础施工，积累了经验，开创涌潮河段修建桥梁的新技术。

(2)首次采用 18 跨一联 1 340 m 长的预应力混凝土连续梁结构，开拓了大跨度预应力混凝土桥梁结构在我国铁路桥梁建设中的新领域。

(3)国内首次采用单箱单室截面的铁路双线连续梁。

(4)连续梁长度达 1 340 m，梁体两端的伸缩量达 506 mm，设计适合桥梁结构大伸缩量的铁路伸缩装置，为国内首创。

（5）采用新型的国产大吨位预应力体系及锚具。

7.4.6 获奖情况

（1）1993 年钱江二桥涌潮河段桥梁基础设计与施工技术获铁道部科技进步一等奖。

（2）1993 年钱塘江二桥获铁道部甲级优质工程。

（3）1994 年钱江二桥正桥长联大跨度预应力混凝土连续的设计与施工获铁道部科技进步一等奖。

（4）1994 年钱塘江二桥获中国建筑工程鲁班奖。

7.5 湘黔铁路复线湘江特大桥

桥　　名：湘江特大桥
工程项目：湘黔铁路复线及电气化工程
工程位置：湖南省湘潭市
主　　跨：75 m
桥　　型：预应力混凝土箱形连续梁
建设单位：中国铁路广州局集团有限公司
设计单位：中铁第四勘察设计院集团有限公司
施工单位：铁道部大桥工程局
设计人员：沈文进　谭冠生　陈　林　张　宇　崔可森
通车时间：1996 年

7.5.1 概　　况

湘黔铁路复线及电气化工程，为客货共线铁路，客车行车速度 120 km/h，单线中—活载，有砟轨道，在湘江特大桥在既有铁路桥下游 40 m 处跨越湘江。桥位处河面宽阔，为三级航道，设计流量 $Q_{1\%}=24\ 300\ m^3/s$，设计水位 $H_{1\%}=41.33$ m，通航水位 $H_{通}=39.96$ m。桥址区域河床上部为圆砾土所覆盖，厚约 2～5 m，下伏基岩为紫红色泥质粉砂岩。风化严重～颇重，极严重风化带厚 0.5～5 m。

为与既有湘江特大桥孔径及墩中心位置相对应，主桥采用（42＋10×75＋42）m 预应力混凝土连续梁，引桥采用后张法预应力混凝土简支梁，全桥孔跨布置为 5×32 m 简支梁＋（42＋10×75＋42）m 预应力混凝土连续梁＋5×32 m 简支梁＋20×24 m 简支梁，桥梁全长 1 670.46 m。主桥立面如图 7-5-1 所示。

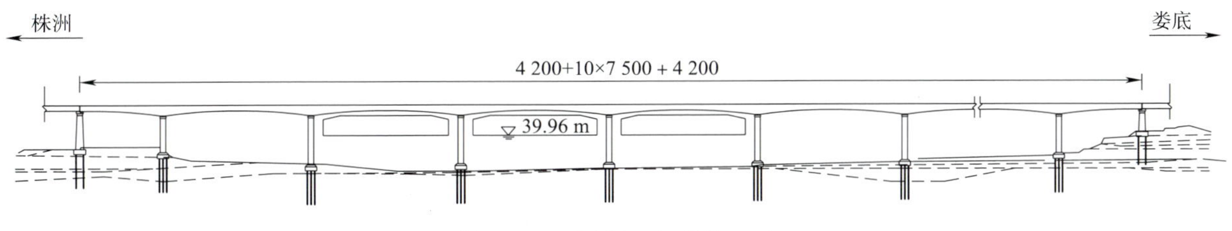

图 7-5-1　主桥立面（单位：cm）

7.5.2 结构形式

（1）主梁

主梁为变截面 12 跨连续梁，在端支点及跨中处梁高 2.9 m，中间支点处梁高 5.3 m 端支点处下缘有 5.0 m 长等高平段，中间支点两侧各有 1.25 m 等高平段，两平段间以半径 $R=274.963$ m 圆曲线相连。

桥上挡砟墙宽 3.9 m，于主梁合龙后另行灌注。避车台沿全梁中支点及跨中附近交错设置，边跨跨中不设置，避车台长 2 m，兼作桥上机械化养路平台。中支点、跨中局部加强挑臂，设置电气化接触网支架基座均设于右侧。

主梁横截面为单箱单室，箱梁底宽 3.7 m，在支点附近局部加宽至 4.5 m，梁顶宽 6.5 m，顶板厚 0.30 m，腹板厚 0.28～0.50 m，底板厚 0.40～0.86 m，如图 7-5-2 所示。全梁在支点及大跨跨中设置横隔板，共计 25 处。中支点处横隔板厚 1.2 m，跨中隔板厚 0.5 m，边支点隔板厚 0.9 m。为便于检查，横隔板设有过人孔，主梁两端底板各设一处进人洞。全梁设一个活动检查吊篮。

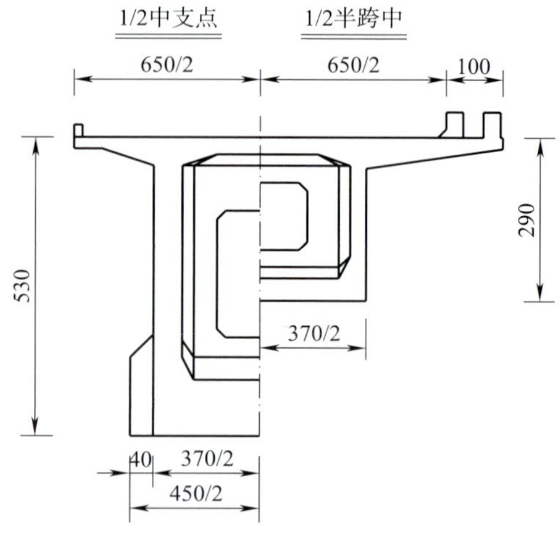

图 7-5-2　箱梁横截面图(单位：cm)

(2)预应力体系

梁体仅设纵向预应力，纵向束采用 7ϕ15 钢绞线束，YM15-7 锚固体系，配合 YCL-150 型千斤顶两端张拉。为简化构造及降低摩阻损失，所有钢索竖直平面内弯曲，无平弯，亦无全联通长钢束。底板、腹板各束采用内径 65 mm 波纹管制孔，顶板各束管道除合龙段外余均以外径 65 mm 波纹管抽拔形成。管道压浆一般在钢束端部进行，对于长束，施工时在适当位置增设辅助压浆三通口。

(3)墩身及基础

大桥采用单线圆端形桥墩及单线耳墙型桥台，主跨桥墩基础采用直径为 1.5 m 钻孔桩基础，其余桥墩和桥台基础采用直径 1.0 m 的钻孔桩基础或扩大基础。

7.5.3　施工方法

湘江特大桥采用悬臂灌注法施工，0 号节段分别在各墩墩顶灌注，1 号节段采用墩顶灌注或挂篮施工，其余各梁段采用活动挂篮悬臂灌注，如图 7-5-3 和图 7-5-4 所示。

图 7-5-3　悬臂灌注法施工

图 7-5-4　中跨合龙

主墩基础采用双壁钢围堰，其余采用钢板桩围堰。

全梁沿着纵向共分为 112 个梁段，主墩上除 0 号段长 6.4 m 及主跨合龙段长 2.0 m(两侧梁端 4.5 m 长边直段及边跨合龙段 1.5 m)外，其余梁段分 4.0 m 和 3.1 m 两种长度悬臂灌注梁段。基础应施工水位较高，大部分墩基础采用钢板桩围堰，部分墩(8 号、9 号、10 号)基础采用双壁钢围堰。

由于主桥孔数较多，须严格控制合龙顺序：

(1)在 6 号、14 号、15 号、16 号墩上托架灌注 0 号、1 号节段，并张拉相应预应力钢索。利用挂篮悬臂灌注 2 号～9 号节段并张拉相应钢束。

(2)在 5 号、17 号墩旁安装边孔支架，在支架上进行预压重，拆除挂篮，灌注两边孔 4.5 m 节段以及边孔合龙段，张拉第一批底板钢束及连续钢索。

(3)在 5 号～6 号以及 16 号～17 号墩之间分别灌注 1.5 m 合龙段，张拉相应底板钢索及连续钢索。

(4)在 7 号、8 号、12 号、13 号墩上托架灌注 0 号、1 号节段并张拉相应节段钢束。拆除边孔支架后悬臂灌注 2 号～9 号节段并张拉相应节段钢束。

(5)拆除挂篮并完成 7 号～8 号以及 12 号～13 号墩之间的 2 m 合龙段。张拉底板 B0、B5、B6 钢索及顶板、腹板钢索。

(6)参照(4)、(5)步完成 9 号、10 号、11 号墩上主梁并与相邻节段合龙。

(7)参照(4)、(5)步完成 11 号、12 号墩上主梁并与相邻节段合龙。

(8)张拉 10 号～12 号墩间 B1～B4 钢束后，在 8 号～9 号和 13 号～14 号墩之间同时灌注 2 m 合龙段，张拉底板 B0、B5、B6 钢索及顶板、腹板钢索。

(9)张拉 8 号～10 号、1 号～14 号墩间 B1～B4 钢束后，在 6 号～7 号和 15 号～16 号墩之间同时灌注 2 m 合龙段，张拉底板 B0、B5、B6 钢索及顶板、腹板钢索。

(10)最后张拉 6 号～8 号、14 号～16 号墩间 B1～B4 钢束后进行挡砟墙浇筑、栏杆安装、道岔钢轨铺设等二期工程工作。

成桥近景如图 7-5-5 所示。

图 7-5-5　成桥近景

7.5.4　主要技术经济指标

主要技术经济指标见表 7-5-1。

表 7-5-1　主要技术经济指标

指标类型		数值
结构性能指标	竖向挠跨比	1/1 185
主要工程量	主梁混凝土指标(m^3/m)	6.76
	预应力钢绞线(kg/m^3)	59.5
	普通钢筋(kg/m^3)	115.2

7.5.5　技术特点和创新点

(1)国内联长最长的单线铁路多跨长联预应力连续梁。

(2)由于温度联长较长，主梁采用在全梁中部中支点布置一个固定支座，其余支点均布置活动支座，这样受力更加合理。

7.6　京九铁路吉安赣江特大桥

桥　　名：吉安赣江特大桥

工程项目：京九铁路吉安至赣州段新建工程

工程位置：江西省吉安市

主　　跨：96 m

桥　　型：下承钢桁梁

建设单位：京九铁路南昌指挥部

设计单位：中铁第四勘察设计院集团有限公司
中铁工程设计咨询集团有限公司

施工单位：中铁十六局集团有限公司

设计人员：铁四院　罗作仁　李仁斌　冯楚桥　廖启睿　冯东迎　万立新　潘晓蕾
中铁设计　杨新民　高静青　李兴云　魏凤香　刘春彦　望树岑　赵啟儒　吴惠敏

通车时间：1997 年 5 月

7.6.1 概　　况

京九铁路为客货共线铁路，设计速度 120 km/h，双线中—活载，线间距 4.0 m。吉安赣江特大桥位于江西省吉安市永和乡境内，桥址上游有已建成的万安水库，下游有规划中的峡江水库，桥址处左侧有堤。桥址处为Ⅲ级航道，通航孔净宽 70 m，净高 10 m，设计最高通航水位 55.42 m；百年一遇 $Q_{1\%}=21\ 400\ m^3/s$，$H_{1\%}=5.75\ m$，$v_{1\%}=1.43\ m/s$。桥址区为河滩及一级阶地，主要覆盖黏土、黏砂土、细砂、中砂，其下及河槽为粗砾砂、卵石、碎石、碎石土，下伏白垩系红砂岩及石炭系灰岩、二迭系灰岩。桥址处于岩溶极其发育的灰岩地区与红砂岩交界地区，溶洞形成串珠状，地质情况十分复杂。

为了满足通航、防洪要求，通航主跨采用了 4×96 m 简支下承钢桁梁，跨越南堤采用 64 m 下承钢桁梁，两侧分别为 25 孔和 42 孔 32 m 预应力混凝土后张梁。主桥立面如图 7-6-1 所示。

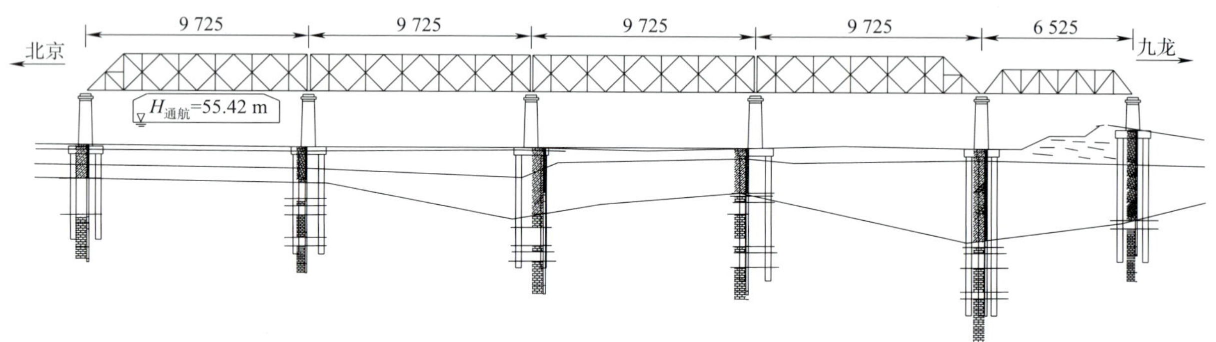

图 7-6-1　主桥立面（单位：cm）

7.6.2 结构形式

（1）下承式简支钢桁梁

96 m 钢梁为平行弦米字桁，桁高 16 m，桁宽 9.88 m，钢梁节间长 8 m，主桁杆件宽均为 600 mm，端斜杆及上弦杆等采用 650 mm 高的箱型杆件，下弦杆采用高为 640 mm 和 650 mm 的 H 形杆件，主桁均为 H 形截面。

64 m 钢梁为带竖杆华伦式桁架，桁高 11 m，桁宽 9.732 m，主桁杆件宽均为 460 mm，上、下弦杆为 H 型杆件，杆件高为 600 mm，端斜杆及腹杆个别杆件为箱形截面，其余腹杆均为 H 形杆件。

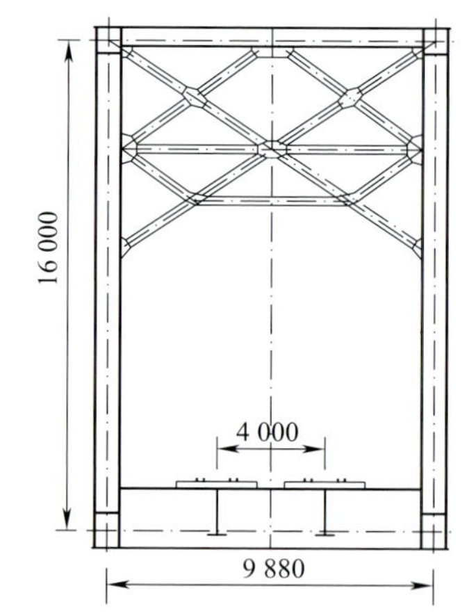

图 7-6-2　96 m 钢梁桥门架图（单位：mm）

64 m、96 m 钢梁桥面系的纵梁高为 1 290 mm，均为焊接工型截面，横梁全高为 1 970 mm。钢梁端斜杆处均设有桥门架，如图 7-6-2 所示。

（2）墩身及基础

钢梁桥墩为 25 号墩～30 号墩，位于主河槽中，最大墩高 20 m，采用圆端形实体墩，坡率 50：1。

桥址处于岩溶极其发育的灰岩地区，溶洞形成串珠状，桥梁桩基岩溶处理采用抛填黏土、片石、钢护筒跟进等方法施工，如图 7-6-3 所示。主墩基础采用 15 根、18 根直径 1.25 m 嵌岩桩。

（3）岩溶基础设计

①覆盖层及岩溶形态

桥梁地段位于岩溶发育地段，沿线下部基岩多为灰岩，基岩面起伏较大，岩溶发育，溶沟溶槽发育，溶洞大小不一，埋深差异较大，部分呈串珠状发育，分为充填、半充填或未充填的溶洞，充填物主要为流塑、软塑及硬塑状粉质黏土、中粗砂及少量灰岩碎块。地质情况十分复杂，属于地质灾害危险性较大的区域。典型桩基展示如图 7-6-4 所示。

图 7-6-3　水上钻孔桩施工

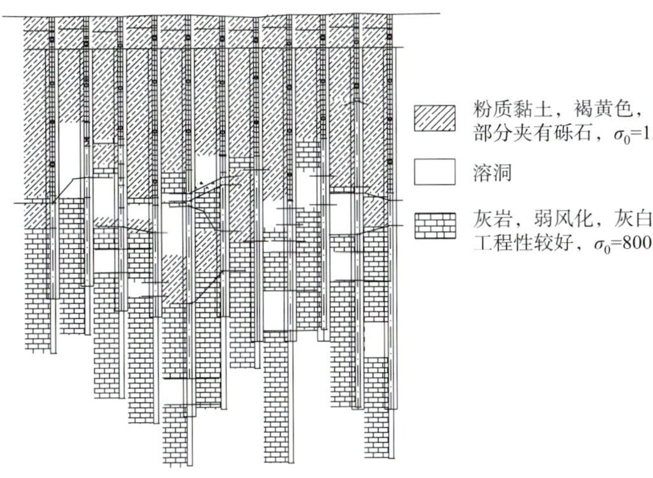

图 7-6-4　典型桩基展示图

②基础设计原则

岩溶地区桥梁基础的设计，应根据岩溶形态的具体情况，结合桥梁跨度和桥墩荷载的大小，以及岩面以上覆盖层的土质、厚度和稳定性等加以综合考虑。一种是不扰动岩溶地基，利用岩溶地基下卧层的固有强度，修筑基础；另一种是采用钻、挖孔桩穿过溶洞，支承于有一定厚度的稳固岩层上。

a. 支承桩底的溶洞顶板厚度应视岩石强度、节理发育程度、溶洞的大小、形态及桩受力大小等确定。岩溶桩基础嵌岩分两种情况：直接入岩或穿过多层溶洞时溶洞顶板作为嵌岩。

• 当桩的直径 1.5 m 及以下时，支承桩底的首层溶洞顶板厚度宜不小于桩径的 4～5 倍，且宜不小于 5 m，桩底以下的顶板厚度宜不小于桩径的 3～4 倍。

• 当上部岩溶顶板厚度不能达到上述要求，桩应穿越溶洞设置时，桩身穿过顶板的累计厚度（厚度小于桩径者不计）达 5 倍桩径或桩身穿过的上述顶板累计厚度的桩周容许承载力达到设计轴向力的 1.5～2 倍后，桩底可置于厚度不小于 2～3 倍桩径的顶板上，桩底伸入溶洞底 0.5 m。

b. 在累计岩层顶板厚度时，要考虑邻近钻孔的岩层情况，避免将石笋尖当作岩层顶板。

c. 在同一桩基中，容许桩的长度相差悬殊。

d. 在同一桩基中容许支承于厚顶板的桩与桩侧一定累计厚度岩壁，桩尖有适当岩层顶板厚度支承的桩同时采用。

7.6.3　施工方法

96 m 钢梁采用拖拉法施工，64 m 钢梁采用鹰架法施工。本桥大部分桥梁基础位于岩溶区，桩基采用冲击钻施工。主桥全景如图 7-6-5 所示。

图 7-6-5　主桥全景

一般岩溶地段桩基础施工中优先采用回填处理的措施。当钻孔进入空溶洞且空洞范围不大（一般溶洞深度在 2 m 以内，亦可从失浆多少和快慢的情况判断）或普通的串珠状溶洞桩基础施工采用填充压实的方法。大部分溶洞应采用回填片石、黏土、水泥、混凝土等混合料（其中混凝土只在斜岩处采用）。

高度大于 3.0 m 的封闭型较大溶洞及部分较大的连通型溶洞采用钢护筒跟进，单层钢护筒跟进的最大长度不超过 25 m，有多层溶洞的部分桩位处采用双层钢护筒跟进。

7.6.4　主要技术经济指标

主要技术经济指标见表 7-6-1。

表 7-6-1　主要经济技术指标

指　标　类　型		数　　值
结构性能指标	96 m 挠跨比	1/1 057
	64 m 挠跨比	1/1 145
主要工程量	96 m 用钢量(t)	594.5
	64 m 用钢量(t)	301.1

7.6.5　技术特点和创新点

(1)系统地总结和发展了岩溶地区桥梁设计技术。结合岩溶发育形态和岩溶特点，分别采用了桩尖置于溶洞顶板上、桩侧壁累计穿过溶洞顶板和桩尖支承溶洞顶板等不同类型的桩基础。对桩长度相差悬殊的桥墩基础，采取了钢护筒调节各桩自由长度的方法，针对不同溶腔大小，分别采用抛填片石、钢护筒跟进等不同施工措施，确保了工程顺利进行。

(2)4 孔 96 m 长距离大悬臂(最大悬臂 80 m)拖拉法钢桁梁施工技术。结合场地和结构特点，采用了相邻跨临时连接的拖拉架设方案，较好地解决了场地狭窄、浮运困难、临时墩设置困难、悬臂拼装周期长等多种不利因素带来的影响。

7.7　包西铁路神延段秃尾河特大桥

桥　　名：秃尾河特大桥
工程项目：包西铁路神延段
工程位置：陕西省神木县
主　　跨：64 m
桥　　型：节段拼装简支箱梁
建设单位：神延铁路建设指挥部
设计单位：中铁第一勘察设计院集团有限公司
施工单位：中铁十二局集团有限公司
设计人员：殷俊章　吴延伟　江忠贵　刘俊凯　张　祥
　　　　　李承根　王吉盈　章家骏
通车时间：2001 年 11 月

7.7.1　概　　况

包西铁路神延段北起神木北站，南至延安北站，途经榆林和延安的七县两区，是包头至柳州南北大通道上的重要组成部分。设计标准为国铁Ⅰ级干线，单线铁路，预留复线条件；内燃牵引，预留电化条件，设计活载为中—活载。秃尾河特大桥位于神木县城以西约 40 km 处，神榆公路上游约 400 m，地处毛乌苏沙漠前缘。大桥跨越 U 形河槽宽 550 m，桥址处河道顺直，河槽平坦开阔。两岸为风积砂，砂质岸坡高陡，自然坡度 22°～33°，相对高差 70～100 m，坡顶为梁窝状砂丘，植被稀疏，地形波状起伏。桥位表层为第四系全新统冲积中、细砂，厚约 20～33 m，下伏侏罗系中下统砂岩夹页岩，风化层厚约 1～3 m，完整基岩 σ_0 = 800 kPa。桥址处地震动峰值加速度为 0.05g，地震动反应谱特征周期 0.35 s。

全桥孔跨布置为：32 m＋11×64 m＋3×32 m，全长 875.3 m，主河槽设置 9 个空心高墩。32 m 及 64 m 梁均为预应力混凝土简支箱梁，梁体采用“移动支架”造桥机架设。部分桥跨立面如图 7-7-1 所示。

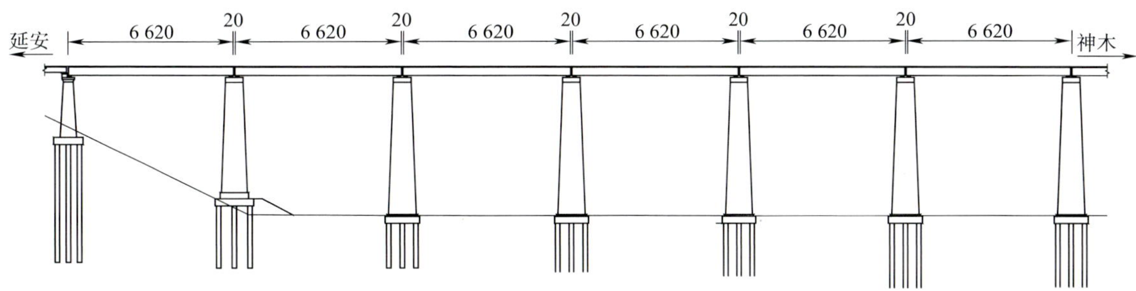

图 7-7-1　部分桥跨立面(单位:cm)

7.7.2　结构形式

64 m 简支梁采用单箱单室等高度箱形截面,梁高 4.3 m,上缘宽 3.9 m,下缘宽 3.0 m,梁端局部加宽至 3.48 m,顶板厚 38 cm,底板厚 36～90 cm,腹板采用直腹板,厚度 29～53 cm,梁端及跨中均设置横隔板,如图 7-7-2 所示。

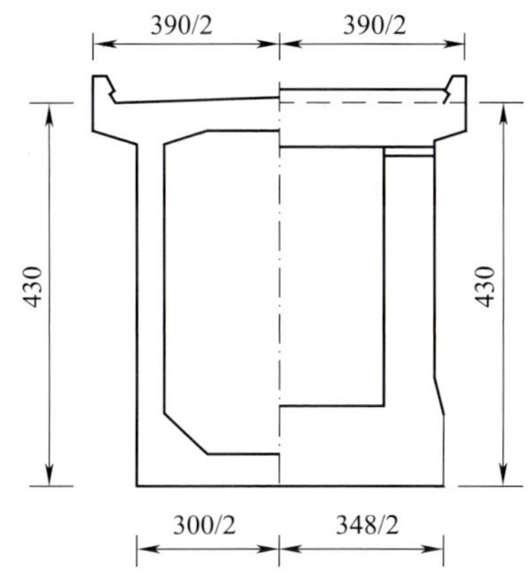

图 7-7-2　1/2 跨中及梁端断面图(单位:cm)

箱梁全长 66.2 m,梁段采用奇数分块,跨中不设湿接缝,对称布置。每个梁段的重量根据移动支架的起重条件控制在 700 kN 以内,同时为了方便施工,减少梁段类型,全梁共划分了 13 个预制梁段,长度分别为 3.65 m(端块)和 4.7 m(中间梁段),12 个现浇湿接缝,长度 0.60 m。

梁体采用 C55 混凝土,全梁仅设纵向预应力钢束,按全预应力结构设计,预制节段采用橡胶抽拔棒成孔,湿接缝采用金属波纹管成孔。

主河槽中高墩采用圆形厚壁空心墩,墩身外坡 35∶1,内坡 42∶1,基础为钻孔桩,桩径 1.8 m。墩身材料为 C20 混凝土,桩基为 C25 混凝土。

7.7.3　施工方法

“移动支架”造桥机架设 64 m 简支箱梁是一种新型的施工工艺,其施工方法是:箱梁梁段在桥头预制场预制,由运梁车送到移动支架的尾部,由支架上的桁吊吊起放在支架腹内的移梁小车上,运到预定位置,待全部梁段就位后,进行湿接头的施工及张拉预应力筋,张拉完毕后,梁体就位,脱离支架。将支架移到下一桥跨待下托架复位后,重复梁段安装工作,如图 7-7-3 所示。

图 7-7-3　节段拼装梁施工

7.7.4　主要技术经济指标

主要技术经济指标见表 7-7-1。

表 7-7-1　主桥主要技术经济指标

指标类型		数值
结构性能指标	竖向挠跨比	1/1 368
主要工程量	主梁 C55 混凝土(m^3)	357.4
	主梁钢绞线(t)	24.1
	普通钢筋(t)	44.1

7.7.5 技术特点和创新点

（1）主跨 64 m 简支箱梁系国内铁路同类桥梁最大跨度，采用移动支架造桥机架设 64 m 简支箱梁亦为国内首次应用。

（2）为我国铁路中等跨度混凝土桥梁提供了一种新的施工方法，是我国铁路桥梁建设的重大创新和突破，对推动国内铁路桥梁技术的发展和进步有重要意义。

（3）空心高墩墩身边坡采用：外坡 35∶1，内坡 42∶1，采用外翻内滑施工工艺，突破了当时滑模施工墩身坡率不缓于 45∶1 的惯例。

7.7.6 获奖情况

（1）获 2002 年铁道部优秀工程设计三等奖。

（2）获 2002 年铁道部优质工程一等奖。

7.8 长荆铁路钟祥汉江特大桥

桥　　名：钟祥汉江特大桥
工程项目：长荆铁路
工程位置：湖北省钟祥市
主　　跨：100 m
桥　　型：部分预应力混凝土连续箱梁
建设单位：湖北长荆铁路有限责任公司
设计单位：中铁第四勘察设计院集团有限公司
施工单位：中铁十一局集团有限公司
设计人员：罗世东　高文军　严爱国　寇延春　廖祖江
张水先　苏竹松　谢晓明
通车时间：2002 年 10 月

7.8.1 概　　况

长荆铁路设计速度 80 km/h，单线铁路，有砟轨道，在钟祥市汉江公路大桥上游约 980 m 处跨越汉江。汉江为Ⅲ级航道，跨越处水面宽约 500 m，水深约 7～8.5 m。百年一遇设计流量 $Q_{1\%}$＝28 730 m^3/s，设计水位 $H_{1\%}$＝49.31 m，设计流速 $v_{1\%}$＝3.43 m/s。桥址所处河段表层为粉细砂～细砂，其下为卵石土、圆砾土，基岩为泥质砂岩，两岸表层为黏土，厚 5 m 左右，软塑，下为砂黏土，硬塑，其下为卵石土、圆砾土，基岩为泥质砂岩。

桥址段汉江为内河Ⅲ级航道，单孔单向通航，通航净宽 70 m，净高为 10 m，通航水位 47.57 m。为满足通航需要，主桥采用（56＋3×100＋56）m 单线部分预应力混凝土连续梁跨越汉江通航区域，其余跨河堤、道路、水沟等采用 32 m 或 24 m 简支 T 梁。主桥布置如图 7-8-1 所示。

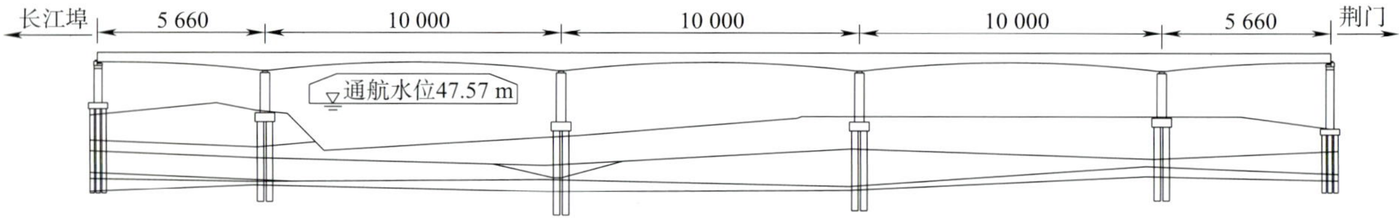

图 7-8-1　主桥布置（单位：cm）

7.8.2　结构形式

(1)主梁

跨汉江主桥为(56+3×100+56) m预应力混凝土连续梁,为减小桥梁长度,降低工程投资,主梁按部分预应力混凝土连续梁设计,以尽量降低结构高度。主梁中支点梁高6.0 m,跨中梁高3.2 m,分别为跨度的1/16.67与1/31.25,在同类型铁路桥梁中高跨比最小。

主梁为单箱单室、直腹板、变截面箱梁,梁底曲线采用圆曲线变化,曲线半径R=421.445 m。箱梁宽度按桥面布置综合考虑,顶板宽6.9 m,底宽采用4.6 m,顶板厚度38 cm,腹板厚度40～60～70 cm变化,底板厚度35～70 cm渐变,如图7-8-2所示。全桥共分为116个梁段,最长梁段为4.0 m,最大悬灌体积35.8 m^3。

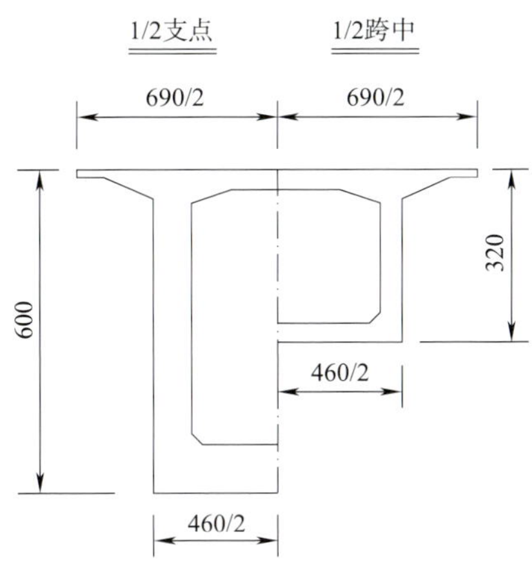

图7-8-2　箱梁典型截面图(单位:cm)

(2)墩身及基础

58～61号四个主墩采用圆端形实体桥墩,顺桥向为3.2 m,横桥向7.4 m,直坡,墩高分别为13.5 m、16.5 m、16.5 m、15 m,57、62号边墩采用圆端形实体桥墩,顺桥向为2.7 m,横桥向5.0 m,直坡,墩高分别为12.5 m、21 m;58～61号主墩基础为钻孔桩基础,承台长8.29 m、宽12.94 m、厚3.0 m,基础采用6ϕ2.2 m的钻孔桩,57、62号边墩基础为钻孔桩基础,承台长6.5 m、宽9.44 m、厚2.5 m,基础采用5ϕ1.5 m的钻孔桩。

7.8.3　施工方法

结合现场施工条件,右岸至59号墩设置栈桥,墩旁设置施工平台,59号墩采用吊箱围堰施工,58号、60号、61号、62号墩采用套箱围堰施工,57号墩位于河岸,采用常规方法施工;桥墩墩身采用翻模施工;主梁采用挂篮悬臂浇筑法,边直段及零号块采用支架现浇施工,先进行次中跨合龙,后边跨合龙,最后中跨合龙,全桥合龙后施工桥面和附属工程,如图7-8-3～图7-8-5所示。

图7-8-3　主梁悬臂施工

图7-8-4　主梁合龙

图7-8-5　成桥实景

7.8.4 主要技术经济指标

主要技术经济指标见表 7-8-1。

表 7-8-1 主要经济技术指标

指标类型		数值
结构性能指标	竖向挠跨比	1/1 071
主要工程量	梁部混凝土(m^3)	3 945.0
	钢绞线(t)	244.9
	普通钢筋(t)	441.5

7.8.5 技术特点和创新点

(1)采用部分预应力混凝土结构，充分发挥材料的力学性能，使结构高度显著降低，缩短桥长，节省工程投资。

(2)在同类型铁路桥梁中，该桥在当时为国内最大跨度。主梁中支点梁高 6.0 m，跨中梁高 3.2 m，分别为跨度的 1/16.67 与 1/31.25，在同类型铁路桥梁中高跨比最小。

7.8.6 获奖情况

(1)获 2003 年湖北省优秀工程设计二等奖。

(2)获 2005 年国家优质工程银奖。

7.9 广珠城际铁路容桂水道特大桥

桥　　名：容桂水道特大桥
工程项目：广珠城际铁路
工程位置：广东省佛山市
主　　跨：185 m
桥　　型：连续刚构
建设单位：广珠城际轨道交通有限责任公司
设计单位：中铁第四勘察设计院集团有限公司
施工单位：中铁三局集团有限公司
设计人员：罗世东　陈　勇　陈　新　王　斌　马　明　杨　光
通车时间：2011 年 1 月

7.9.1 概　　况

广州至珠海城际铁路，设计速度 200 km/h，双线 ZC 载荷、无砟轨道，线间距 4.4 m，在广东省佛山市顺德区跨越容桂水道。容桂水道现为Ⅳ级航道，规划改造为Ⅰ级航道，最高通航水位 4.064 m，通航净高为 18 m。线路法线与水流方向夹角为 88°，桥址处容桂水道水文 $Q_{1\%}=9\ 824\ m^3/s$，$v_{1\%}=1.67\ m/s$，$H_{1\%}=4.374\ m$。桥址地层从上到下依次为淤泥层，全风化粉质黏土，弱风化泥质砂岩，主桥为满足通航要求和受到河堤闸门位置的控制，采用(108＋2×185＋115) m 非对称大跨度连续刚构。主桥立面如图 7-9-1 所示。

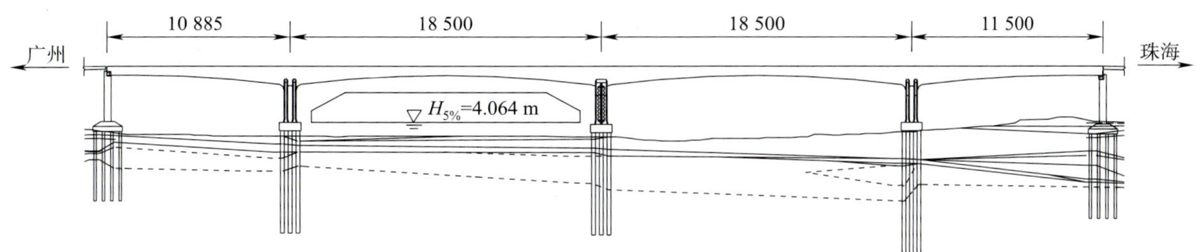

图 7-9-1 主桥立面(单位:cm)

7.9.2 结构形式

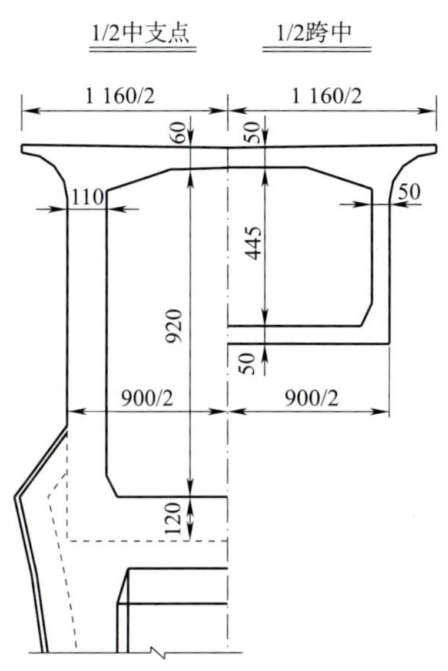

图 7-9-2 主梁截面图(单位:cm)

(1)主梁

主桥跨度为(108.85＋2×185＋115.50) m 连续刚构,全长 594.35 m。主梁截面采用单箱单室直腹板变截面,箱顶宽 11.60 m,箱底宽 9.0 m;如图 7-9-2 所示;箱梁顶板厚 55～60 cm,底板厚 50～120 cm,腹板厚 50～70～90～110 cm;边跨直线段和跨中处梁高为 5.5 m,中支点处梁高 11.0 m,高跨比分别为 1/33.6、1/16.8,梁高按圆曲线变化。全梁设置 10 道横隔板,并设置孔洞,供检查人员通过。

主桥箱梁设计为全预应力结构,三向预应力体系。纵向预应力钢索除顶板索采用 27ϕ15.2 钢绞线,其余采用 21ϕ15.2 钢绞线。采用塑料波纹管制孔,抽真空压浆技术。横向预应力钢索采用 5ϕ5 钢绞线,间距 0.5 m,张拉端与固定端交错设置。箱梁腹板竖向预应力筋采用预应力混凝土用螺纹钢筋 PSB830,间距 0.5 m。

(2)墩身

桥墩中主墩采用空心墩,墩高 23 m,为主跨的 1/8,墩身尺寸 7 m×10 m,壁厚 1.5 m,边主墩墩高 22 m,采用双薄壁矩形形墩,墩身尺寸 2.2 m×10 m,双薄壁中心距 5 m,墩身采用 C45 混凝土,如图 7-9-3 所示。

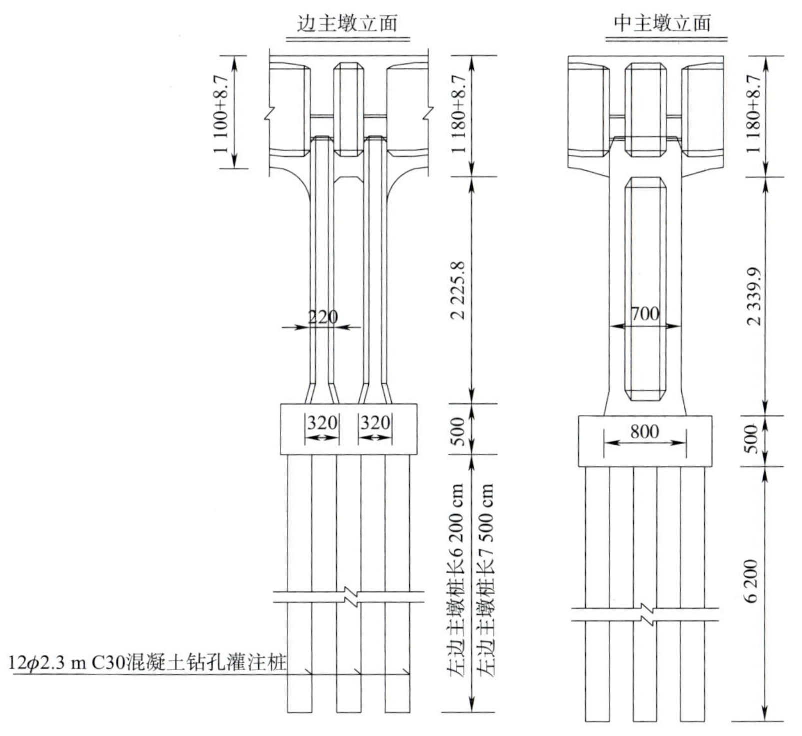

图 7-9-3 主墩及其础构造图(单位:cm)

（3）基础

持力层为基本承载力 400 kPa 的微风化泥质砂岩，主墩基础采用 12ϕ2.3 m 钻孔桩，承台尺寸 12.88 m×17.48 m×5.0 m。连接墩基础采用 16ϕ1.5 m 钻孔桩，承台尺寸 17.6 m×14.6 m×3.0 m。

7.9.3 施工方法

主桥采用悬臂浇筑施工方法，合龙顺序先边跨后中跨，合龙中跨前，施加一定的对顶力，如图 7-9-4～图 7-9-8 所示。

图 7-9-4 水上栈桥施工

图 7-9-5 承台钢吊箱施工平台

图 7-9-6 主墩墩身施工

图 7-9-7 主跨悬臂段施工

图 7-9-8 浇筑合龙段施工

7.9.4 主要技术经济指标

主要技术经济指标见表 7-9-1。

表 7-9-1 主要经济技术指标

指 标 类 型		数 值
结构性能指标	竖向挠跨比	1/3 606
	梁端转角(rad)	0.888‰
	工后徐变(中跨/边跨)(mm)	(29.3/13.8)
主要工程量	梁部混凝土(m^3)	17 048.0
	梁部预应力钢筋(t)	1 314.0

7.9.5 技术特点和创新点

(1)当时为国内最大跨度无砟轨道桥梁。

(2)主桥为特矮刚构,设计难度大。主桥墩高仅 23 m,而主跨为 2×185 m,墩高仅为单孔跨度的1/8.04,属特矮刚构,由收缩和降温引起的向内水平推力控制设计,计算时通过合理选取下部结构形式,优化基础尺寸、墩身壁厚,调整合龙索张拉次序,并在中跨中合龙前施加对顶力,成功使主桥的受力和各项检算指标达到理想状态。

7.9.6 获奖情况

获 2012 年中国铁建优秀工程设计二等奖。

7.10 广珠城际铁路小榄水道特大桥

桥　　名:小榄水道特大桥主桥
工程项目:广珠城际铁路
工程位置:广东省佛山市
主　　跨:220 m
桥　　型:V 构—拱组合桥
建设单位:广珠城际轨道交通有限责任公司
设计单位:中铁第四勘察设计院集团有限公司
施工单位:中铁三局集团有限公司
设计人员:罗世东　金福海　陈　勇　瞿国钊　马　明　杨　光　蔡德强
通车时间:2011 年 1 月

7.10.1 概　　况

广州至珠海城际快速轨道交通设计速度 200 km/h,0.6UIC,双线,线间距 4.4 m,于广东省佛山市跨越小榄水道。小榄水道桥位处的百年流量为 3 943 m^3/s,$H_{1\%}=5.494$ m,$Q_{1\%}=3\ 943$ m^3/s,$v_{1\%}=1.38$ m/s。桥址处为三角洲平原区,地貌属海冲积相平原地区及河流水系网,两岸分布有鱼塘、种植地、河流、民居等,桥址范围为第四系沉积物,厚达 40~60 m,沉积物上部由淤泥、软土和松散的粉细砂组成(局部地段有中砂),下部为黏性土,呈软塑~硬塑状,底部为结构中密的中砂、粗砂和砾砂层,下伏基岩花岗岩。

桥位处小榄特大桥河面较宽、水深条件良好,规划为Ⅰ级航道,通航 1 000 t 级海轮,代表船型为1 000 t 级海轮,其尺度为 65.0 m×11.0 m×4.4 m(总长×型宽×吃水),通航净高不小于 18 m。主桥采用了(100＋220＋100) m 的 V 构—拱组合桥。主桥立面如图 7-10-1 所示。

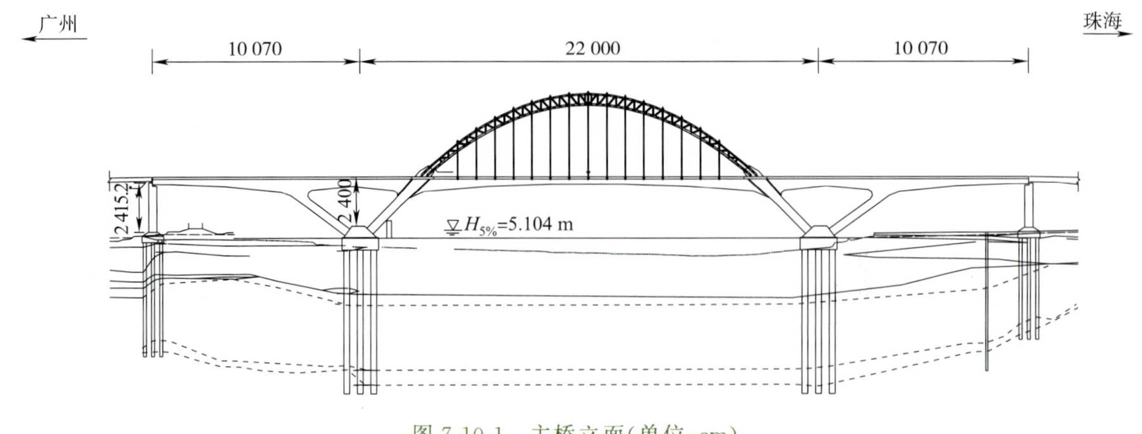

图 7-10-1　主桥立面(单位:cm)

7.10.2　结构形式

(1)主梁

本桥主跨为(100＋220＋100) m 的 V 构—拱组合桥,外侧斜腿与水平面的夹角为 34.6°,采用单箱双室箱形截面,横桥向宽 10 m,高 4 m,横桥向壁厚 1.5 m,高度方向壁厚 1.2 m,中隔板厚 1.0 m;内侧斜腿与水平面的夹角为 46.4°,采用单箱双室箱形截面,横桥向宽 13.8 m,高 4 m,横桥向壁厚 2.0 m,壁厚 1.2 m。

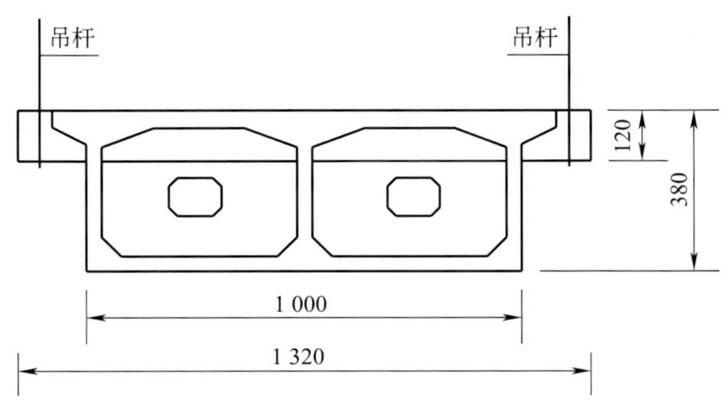

图 7-10-2　主梁截面图(单位:cm)

主梁采用单箱双室截面,桥面宽度为 11.6 m,底板宽 10 m。支点处梁高采用 7.8 m,主跨跨中和边跨支座处梁高 3.8 m,V 构内部最小梁高采用 4.8 m,如图 7-10-2 所示。

(2)主梁预应力

主梁设纵向、横向和竖向三向预应力。

纵向预应力采用 27ϕ15.24 钢绞线,配套使用 OVM15-27 型锚具,采用内径 ϕ115 塑料波纹管成孔。

竖向预应力采用 ϕ25 和 ϕ32 的高强精轧螺纹钢筋,ϕ25 竖向预应力筋采用 JLM-25 型锚具,采用内径 ϕ35 铁皮管成孔,ϕ32 竖向预应力筋采用 JLM-32 型锚具,采用内径 ϕ45 铁皮管成孔,竖向预应力筋顺桥向间距一般为 0.3 m。腹板厚 0.80 m 梁段,横桥向各腹板布置两根 ϕ32 竖向预应力筋;腹板厚 0.55 m 梁段,横桥向各腹板布置一根 ϕ32 竖向预应力筋;腹板厚 0.35 m 梁段,横桥向各腹板布置一根 ϕ25 竖向预应力筋。竖向预应力筋均于梁顶张拉。

主梁顶板内横向预应力采用 5ϕ15.24 钢绞线,配套使用 OVMB15-5 型扁锚,采用 90 mm×23 mm 扁塑料波纹管成孔。

(3)拱肋

拱肋采用月牙造型 N 形桁架,在靠近拱脚位置采用变高度哑铃形截面,如图 7-10-3 所示。上、下弦管直径为 900 mm,壁厚分 24 mm、22 mm 和 20 mm 三种,为钢管混凝土结构;腹杆采用 ϕ600×16 mm 的空钢管。拱肋拱的计算跨径 l=160 m,拱月牙形钢管拱下弦钢管矢高 35 m,上弦钢管矢高 40 m。

(4)横撑

两榀拱肋之间共设 7 道横撑，靠近拱顶三个横撑为米字撑，其余四道横撑为 K 字撑，各横撑由 ϕ500×12 mm、ϕ300×10 mm、ϕ350×12 mm、ϕ200×10 mm 钢管组成，钢管内部不填混凝土。

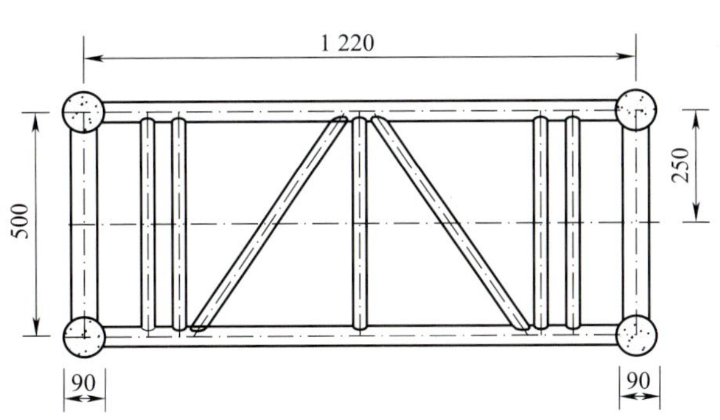

图 7-10-3　跨中拱肋横断面图(单位：cm)

(5)吊杆

吊杆顺桥向间距 9 m，全桥共设 15 对吊杆。吊杆采用 PES(FD)7-73I 型低应力防腐拉索(平行钢丝束)，外套复合不锈钢管，配套使用 LZM7-73 型冷铸镦头锚。吊杆上端穿过拱肋，锚于拱肋上缘张拉底座，下端锚于吊杆横梁下缘固定底座。

(6)墩身及基础

主桥边墩采用 12 根 ϕ1.5 m 的柱桩，主墩采用 12 根 ϕ2.8 m 的柱桩。

7.10.3　施工方法

主桥采用“先梁后拱”施工方法，主要施工步骤如下：利用临时支墩、临时拉索和支架施工 V 构内外斜腿及三角区梁段，然后挂篮悬臂浇筑主梁；合龙主梁边孔；继续挂篮悬臂浇筑中跨主梁至中跨合龙；在桥面架设支架及钢管拱肋转体塔架，转体安装钢管拱肋；依次灌注拱肋上弦管、下弦管内混凝土；按指定次序张拉吊杆，调整吊杆力；施工桥面系；调整吊杆力到设计索力；如图 7-10-4～图 7-10-7 所示。

图 7-10-4　V 腿施工

图 7-10-5　梁部施工

图 7-10-6　拱肋施工

图 7-10-7　成桥实景

7.10.4 主要技术经济指标

主要技术经济指标见表 7-10-1。

表 7-10-1 主要技术经济指标

指标类型		数值
结构性能指标	中跨竖向挠跨比	1/6 470
	边跨竖向挠跨比	1/7 143
	梁端转角(rad)	0.8‰
主要工程量	主梁混凝土(m^3)	14 084.0
	拱肋用钢量(t)	823.0
	吊杆平行钢丝(t)	27.0
	V 构斜腿混凝土(m^3)	4 427.0

7.10.5 技术特点和创新点

(1)国内首座 V 构—拱组合桥，构思新颖、技术先进。在跨越道路和河流时采用 V 形连续刚构桥，既不侵入道路和通航净空，又可减小主梁跨度，减小梁高。

(2)V 构—拱组合桥把 V 形混凝土连续刚构良好的刚度和拱的较大的跨越能力很好地结合起来，新桥型具有二者的优点：结构刚度大，跨越能力强。

(3)本桥利用外腿的内力来平衡拱脚的巨大的水平推力，克服了传统拱桥对地基要求极高的缺点，扩大了拱桥的应用范围。

(4)拓宽了设计思路，丰富了桥型，推动了组合结构的发展，促进了桥梁的技术进步，社会效益和技术价值高。

7.10.6 获奖情况

获 2012 年中国铁建优秀工程设计二等奖。

7.11 广珠城际铁路西江特大桥

桥　　名：西江特大桥主桥
工程项目：广珠城际铁路
工程位置：广东省江门市
主　　跨：210 m
桥　　型：独塔—斜拉连续刚构组合桥
建设单位：广珠城际轨道交通有限责任公司
设计单位：中铁第四勘察设计院集团有限公司
施工单位：中铁二局集团有限公司
设计人员：罗世东　刘振标　陈　勇　杨　光　马　明
通车时间：2011 年 1 月

7.11.1 概　　况

广珠城际快速轨道交通为城际铁路，设计速度 200 km/h，双线采用 0.6UIC，线间距 4.4 m，无砟轨道。

西江特大桥起于中山市古镇，止于江门市外海，是广珠城际快速轨道交通江门支线上的重要桥梁，主桥横跨西江。主桥所跨西江为国家Ⅲ级航道，规划Ⅰ级航道，两孔通航，通航 3 000 t 级海轮，要求双孔通航，单孔净空不小于 200 m×22 m。设计最高通航水位 4.874 m，最低通航水位 0.104 m；设计水位 $H_{1\%}=5.264$ m，流速 $v_{1\%}=2.31$ m/s，施工水位 4.164 m，最大水深超过 30 m。桥址处地层主要为灰白色、灰色、灰黑色流塑状淤泥质土、淤泥质黏性土，中部夹有粉细砂层、砾砂层、淤泥质粉细砂层、圆砾土，厚约 15～30 m，下伏基岩为细砂岩、泥质粉砂岩。桥址处地震基本烈度为 7 度，Ⅲ类场地土，设计地震动峰值加速度 0.1*g*，反应谱特征周期 0.35 s。

主桥采用(100+2×210+100) m 独塔斜拉连续刚构组合桥式结构，立面位于±25‰纵坡上，对称于索塔中心，平面位于直线上，铺设有砟轨道，桥上不设伸缩调节器。主桥立面如图 7-11-1 所示。

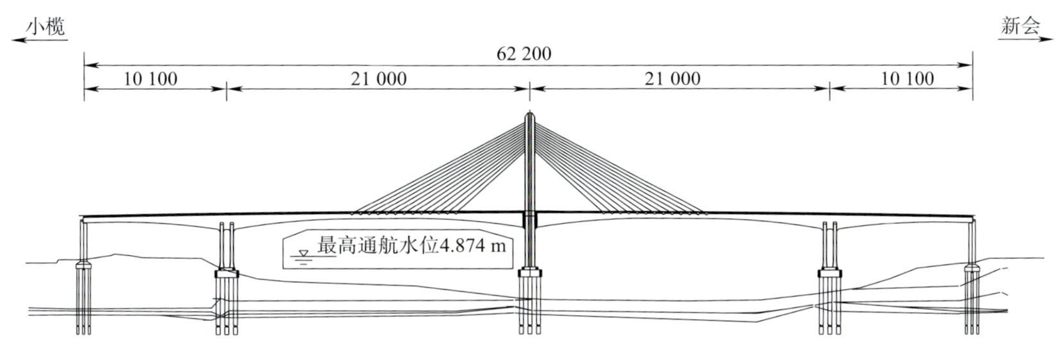

图 7-11-1　主桥立面(单位：cm)

7.11.2　结构形式

(1)主梁

主梁采用单箱双室直腹板截面，箱梁中支点处梁高 11 m，端支点及中跨中处梁高 4.5 m，分别为主跨的 1/19.1 与 1/46.7。

中支点处平段长 10 m，中跨中平段长 44 m，中间 78.0 m 长度变高段梁底曲线为二次抛物线。

主梁顶板除索梁锚固区局部加宽到 13.8 m 外，其余宽为 11.6 m，顶板厚 42 cm，如图 7-11-2 所示。箱梁底板宽 10 m，底板厚由中跨 4.5 m 梁高处的 35 cm 渐变至中支点附近处 120 cm，局部加厚到 140 cm。箱梁腹板厚分 30 cm、45 cm、60 cm 三种，并在梁墩(塔)结合块附近渐变加厚到 75 cm。

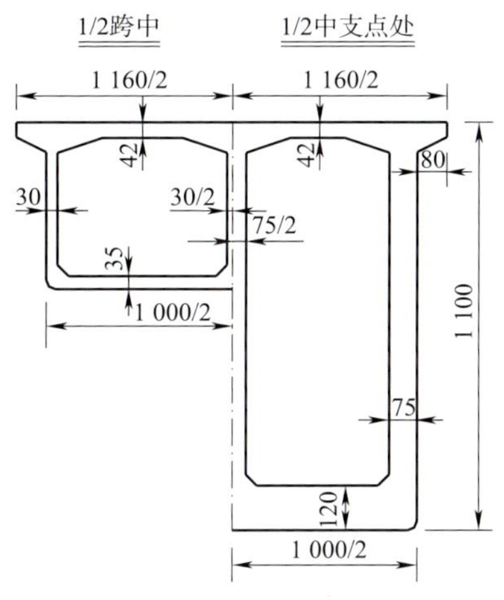

图 7-11-2　主梁跨中截面图(单位：cm)

主梁采用 C60 高性能混凝土。中跨斜拉索各锚固点主梁箱内分别设置 1.7 m、1.6 m、1.5 m 高横梁一道，全梁共计 26 道。

主梁采用纵横竖三向预应力体系。纵向预应力束设置了顶板悬臂束、腹板下弯束、中跨底板束、边跨底板束、中跨顶板合龙束、边跨顶板合龙束和备用束共 7 种，顶板悬臂束、腹板下弯束及备用束采用规格为 21ϕ15.2 低松弛预应力钢绞线，中跨顶板合龙束、边跨顶板合龙束采用规格 19ϕ15.2 低松弛预应力钢绞线，边、中跨底板束采用规格 17ϕ15.2 低松弛预应力钢绞线。箱梁横向索采用规格 5ϕ15.2 低松弛预应力钢绞线，交错一端张拉，横向索顺桥向间距 60 cm。竖向预应力筋采用抗拉极限强度 $f_{pk}=$ 930 MPa 精轧螺纹钢筋。

(2)索塔

索塔采用曲线钻石形桥塔，桥面以上塔高 70 m，桥面以上塔的高跨比为 1/3，如图 7-11-3 所示。

上塔柱高 28 m，单箱单室截面，顺桥向宽 7 m，横桥向宽 5.0～7.33 m，纵向壁厚 1.2 m，横向壁厚 0.8 m；中塔柱为两分离的单箱单室截面，顺桥向宽 7 m，横桥向宽 3 m，纵向壁厚 1.0 m，横向壁厚 0.7 m；下塔柱采用单箱双室截面，壁厚 1.5 m。索塔四周设 20 cm×20 cm 切角，在索塔侧面自上而下设 240 cm

宽、20 cm 深的嵌槽。

上塔柱与中塔柱间设置高 2.5 m 上横梁。中塔柱、箱梁及下塔柱间分别设置中横梁、下横梁。

上横梁、中横梁、下横梁及索塔锚固区均采用 C50 预应力混凝土，中塔柱、下塔柱采用 C50 钢筋混凝土。上横梁预应力束采用规格 19ϕ15.2 低松弛预应力钢绞线，中横梁、下横梁采用规格 17ϕ15.2、19ϕ15.2 低松弛预应力钢绞线，索塔锚固区采用“井”字形布置的 ϕ32 高强精轧螺纹钢筋。

（3）斜拉索

采用空间双索面体系，斜拉索梁上间距 6.0 m，塔上间距为 1.6 m 和 1.7 m。斜拉索采用环氧涂层填充型钢绞线体系，外套 HDPE。斜拉索规格分 43-7ϕ5、37-7ϕ5、31-7ϕ5、27-7ϕ5 和 22-7ϕ5 五种，端索水平夹角为 28.192°，斜拉索最长约 139 m，最短约 68 m。

斜拉索与塔、梁采用设置齿块的锚固方式，张拉端设置在索塔内，固定端设置于主梁箱外牛腿。

（4）墩身及基础

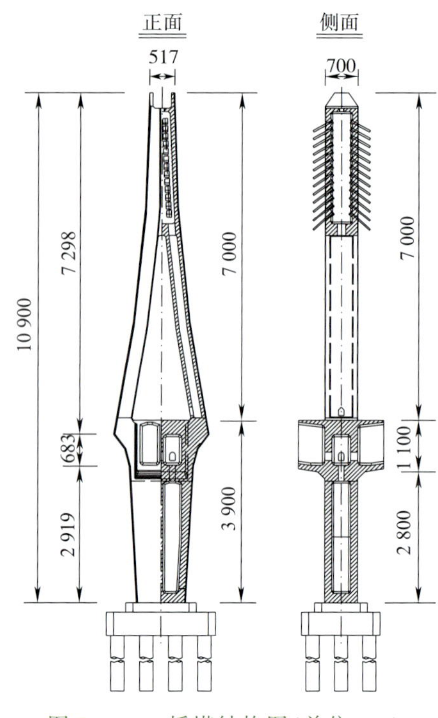

图 7-11-3　桥塔结构图（单位：cm）

连接墩采用矩形钢筋混凝土桥墩，基础采用 12ϕ1.5 m 钻孔桩基础；边主墩采用双薄壁墩柱，墩柱总高度 27.0 m，壁厚 2.4 m，两墩壁中心距 7 m。三主墩承台尺寸相同，分上下两层，上层承台顺桥向×横桥向×厚度为 11.2 m×14.6 m×2.0 m，下层承台顺桥向×横桥向×厚度为 16.6 m×22.6 m×5.0 m。主墩桩基础均采用 12ϕ2.8 m 钻孔柱桩，顺桥三排，横桥向四排，桩中心距 6.0 m。主桥承台、桩基采用 C30 混凝土。

7.11.3　施工方法

钻孔桩采用搭设水上栈桥及固定施工平台的方案进行施工，承台采用钢吊箱围堰施工。

主梁采用普通挂篮悬臂浇筑，斜拉索滞后一个梁段安装。具体步骤如下：

（1）先按常规方法施工 40、42 号墩 0 号梁段及索塔，张拉相应预应力束。

（2）两边主跨 40、42 号墩同步对称挂篮悬臂浇筑两侧梁段，张拉预应力束。

（3）中主跨 41 号墩对称挂篮悬浇，张拉预应力束，安装相应斜拉索，并张拉至指定值以协助悬臂浇筑，随后中主跨继续挂篮悬浇梁段，安装并张拉相应斜拉索，重复以上施工步骤。

（4）采用墩旁托架施工边直段，然后合龙边跨，张拉相应预应力束。

（5）对中跨合龙段两侧主梁截面施加 12 500 kN 对顶力，然后合龙中跨，张拉预应力束，安装并张拉相应斜拉索。全桥合龙后进行桥面和附属工程施工，调整斜拉索索力至设计值，如图 7-11-4～图 7-11-7 所示。

图 7-11-4　深水基础施工

图 7-11-5　中塔柱及梁段施工

图 7-11-6　主桥梁部悬臂施工

图 7-11-7　主桥中跨合龙

7.11.4　主要技术经济指标

主要技术经济指标见表 7-11-1。

表 7-11-1　主要技术经济指标

指标类型		数值
结构性能指标	竖向挠跨比	1/1 795
	梁端转角(rad)	0.97‰
主要工程量	主梁混凝土(m^3)	15 270.0
	斜拉索(t)	222.0
	桥塔混凝土(m^3)	3 125.0

7.11.5　技术特点和创新点

(1)首次在铁路桥梁采用独塔斜拉—连续刚构组合桥式结构,丰富和扩大了铁路组合桥内涵,为大跨度铁路混凝土桥梁提供了一种新的结构类型。

(2)为满足铁路大跨度桥梁跨中后期徐变变形小而可控、结构竖向刚度大的特殊需要,本组合结构的独特性体现在:桥面以上塔高相对较高、斜拉索布设于跨中、塔梁墩固结提高结构的整体刚度。

7.11.6　获奖情况

(1)获 2014—2015 年国家优质工程奖。

(2)获 2011—2012 年铁道部优秀工程设计一等奖。

7.12　哈大客运专线第二松花江特大桥

桥　　名:第二松花江特大桥
工程项目:哈大客运专线
工程位置:吉林省扶余市
主　　跨:5×80 m
桥　　型:预应力混凝土连续梁
建设单位:哈大铁路客运专线有限责任公司
设计单位:中铁第一勘察设计院集团有限公司
施工单位:中交第一航务工程局有限公司
设计人员:刘彦明　许振中　李承根　何　涛　刘　琛
　　　　　杨　珑　屈建增　陈　勇
通车时间:2012 年 12 月

7.12.1 概　　况

哈大客运专线是世界首条高纬度严寒地区高速铁路，起自哈尔滨西站，终于大连北站。哈大客运专线设计时速 350 km，采用无砟轨道结构，正线线间距 5.0 m，设计荷载为双线 ZK 活载，全线采用无砟轨道结构。本桥主要为跨越第二松花江、饮马河及既有京哈高速公路、301 省道等而设。第二松花江设计流量为 8 280 m^3/s，河道设计为双向通航，按照黑龙江水系Ⅳ级航道过水建筑物通航净空尺寸为：单项通航最净宽 50 m，净高 8 m，上底宽 41 m，侧高 5 m。桥址范围内地层主要为第四系全新统粉质黏土、淤泥质土、砂类土和上更新统黏质黄土、砂类土、碎石类土，下浮白垩系泥岩。桥址地震动峰值加速度值为 0.1g，地震动反应谱特征周期为 0.45 s。

设计采用(48＋5×80＋48) m 连续梁跨越，全桥长度 56.5 km。主桥(48＋5×80＋48) m 连续梁联长 497.5 m，为严寒地区最长联高铁桥梁。立面示意如图 7-12-1 所示。

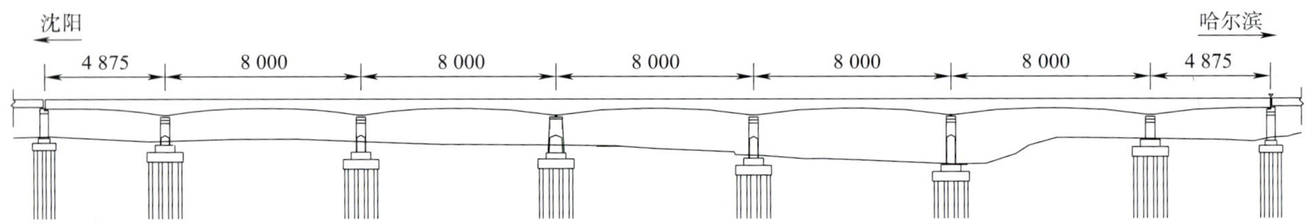

图 7-12-1　第 4 孔、第 5 孔通航部分立面示意(单位：cm)

7.12.2 结构形式

主桥(48＋5×80＋48) m 连续梁采用单箱单室变高度直腹板箱形截面，支点梁高 6.65 m，跨中梁高 3.85 m，箱梁顶宽 13.4 m，箱梁底宽 6.7 m，单侧悬臂长 3.35 m，如图 7-12-2 所示。箱梁腹板厚度 48～90 cm、箱底板厚度 40～150 cm、顶板厚 40 cm，墩顶加厚至 80 cm。

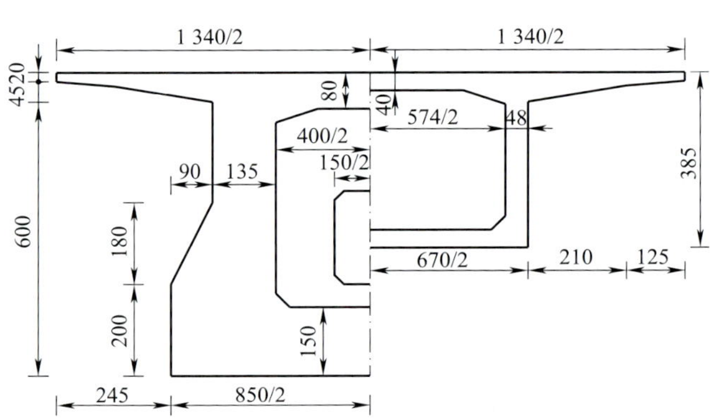

图 7-12-2　1/2 梁端及跨中断面示意(单位：cm)

本桥联长近 500 m，且所处地区极端温度为 39.8 ℃和－39.9 ℃，最冷月和最热月平均温度－23.2 ℃和 28 ℃，在这种环境下桥梁与轨道温度跨不同引起较大的相对变形，通过设置轨道伸缩调节器的方式解决梁轨相对变形。全桥采用圆端形实体桥墩外包耐候钢板并设置破冰棱以解决浮冰对桥墩产生各向动、静压力和撞击力等不利影响。主桥基础均为直径 1.5 m 的钻孔灌注桩。

7.12.3 施工方法

该地区冬季时间长，气温寒冷，在露天要进行高质量的混凝土施工非常困难，且冬季施工费用很高，因此对施工工期的把握尤为重要。主跨连续梁采用悬臂灌注法施工，为争取施工工期，本桥设计施工工序时考虑第一年冬季来临前完成连续梁桥主墩、次边墩的基础及墩身的施工；来年严寒期结束开始连续梁施工，其间连续梁的 5 个 T 构同步施工，经过各种不同组合合龙顺序的计算比较，最终选择了先合龙 1、3、5、7 跨梁，形成 4 组 Π 形结构，再由中间第 4 跨向两边依次合龙，确保了施工进度，仅用了 6 个月就完成了本连续梁主体的施工，如图 7-12-3 和图 7-12-4 所示。

图 7-12-3　深泓区桥墩施工

图 7-12-4　施工便桥及刚浇筑完成的梁体

7.12.4　主要技术经济指标

主要技术经济指标见表 7-12-1。

表 7-12-1　主要技术经济指标

指 标 类 型		数 值
结构性能指标	跨中静活载挠度(mm)	3.6
	梁端转角(rad)	0.7‰
	徐变上拱值(mm)	1.5
主要工程量	主梁混凝土(m^3)	7 900.0
	预应力钢束(t)	466.0
	普通钢筋(t)	1 465.0

7.12.5　技术特点和创新点

(1)本桥联长 497.5 m 为严寒地区最长连续梁结构,也是在国内严寒地区长联大跨连续梁上首次采用轨道伸缩调节器以解决梁轨相对变形问题。

(2)最大河心冰厚 1.35 m,最大岸边冰厚 1.55 m,最大冰速 0.96 m/s,通过设置破冰棱、提高桥墩材料抗冻性、墩身外包耐候钢板等措施满足严寒环境要求。

7.12.6　获奖情况

(1)获 2015 年 FIDIC 工程项目优秀奖。

(2)获 2015 年陕西省优秀设计一等奖。

7.13　广珠铁路虎跳门特大桥

桥　　名:虎跳门特大桥
工程项目:广珠铁路
工程位置:广东省珠海市、江门市
主　　跨:248 m
桥　　型:连续刚构柔性拱组合桥
建设单位:广州铁路(集团)公司
设计单位:中铁第四勘察设计院集团有限公司
施工单位:中铁六局集团有限公司
设计人员:罗世东　王新国　刘振标　王鹏宇　曹忠强　蔡建业
通车时间:2012 年 12 月

7.13.1 概　　况

广珠铁路设计速度 120 km/h，有砟轨道，单线，于广东省江门市新会区乾务镇、珠海市斗门区沙堆镇之间跨越虎跳门水道。两岸为低山丘陵和平原，平原地区地势较为平坦开阔，多辟为农田和鱼塘。最高通航水位 2.974 m，百年一遇设计水位 3.240 m，百年一遇设计流量 3 081 m^3/s。桥址范围的岩土层按其成因分类主要有上覆第四系（Q_4）素填土层、种植土、淤泥、淤泥质黏土、淤泥质细砂、粉质黏土、粗砂、砾砂、黏土等，下伏燕山晚期（γ_5^3）花岗岩。桥址处地震动峰值加速度为 0.1g，地震动反应谱特征周期 0.35 s。

主桥与水流夹角为 85°，虎跳门水道为规划Ⅰ级航道，单孔双向通航，通航尺度 230 m×22 m。主桥采用（120＋248＋120）m 连续刚构柔性拱组合桥式结构，其他采用常用跨 32 m、24 m 标准简支梁及 48 m、64 m 常用跨度的预应力混凝土连续梁。主桥立面如图 7-13-1 所示。

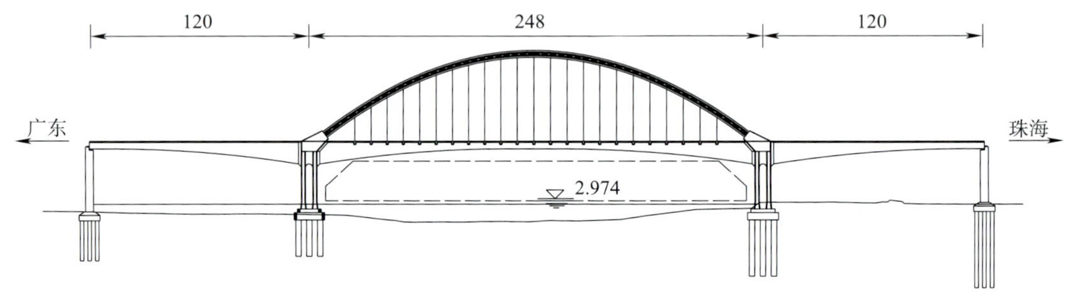

图 7-13-1　主桥立面（单位：m）

7.13.2 结构形式

（1）主梁

主梁采用单箱双室直腹板截面，墩顶处梁高 12.5 m，中跨跨中及端支点处梁高均为 4.2 m，分别为主跨的 1/19.8 与 1/59.0。梁底曲线为二次抛物线。

主梁宽为 12.0 m，箱梁顶板厚度为 60 cm 和 42 cm；箱梁底板宽均为 10.4 m，底板厚度由跨中处的 40 cm 渐变至墩顶附近处的 125 cm，墩顶附近加厚至 150 cm，如图 7-13-2 所示。腹板厚度有 35 cm、50 cm、65 cm 三种。

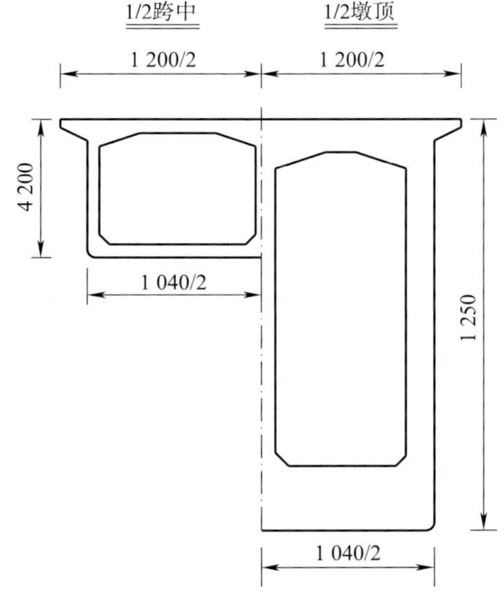

图 7-13-2　半墩顶—半跨中横截面图（单位：cm）

主梁设纵向、横向和竖向三向预应力，纵向预应力采用 15～31ϕ15.24 五种规格的钢索，横向预应力采用 5ϕ15.24 钢索，竖向预应力采用 ϕ32 高强精轧螺纹钢筋。

主梁共分 107 个梁段，悬臂梁段长分 3.0 m、3.5 m、4.0 m、4.5 m 四种，悬浇梁块段最重 3 832.5 kN。

（2）拱肋

拱轴线立面投影采用二次抛物线，拱肋计算跨度 240 m，矢高 48.0 m，矢跨比 1/5。

每片拱肋由两根平行管和提篮内倾单管组成，由矩形钢箱直腹杆和圆钢管斜腹杆连接成三肢桁架拱。两片平行双管中心距 11.2 m，截面高（上下弦管中心距）3 m；提篮内倾单管倾角为 3.468 23°，中心距由拱顶处 3 m 渐变至拱脚处 8.818 2 m。上、中、下弦管规格均为 850 mm，壁厚从拱脚至拱顶分别为 24 mm、20 mm、18 mm、16 mm。弦管内灌注 C50 微膨胀混凝土，如图 7-13-3 和图 7-13-4 所示。

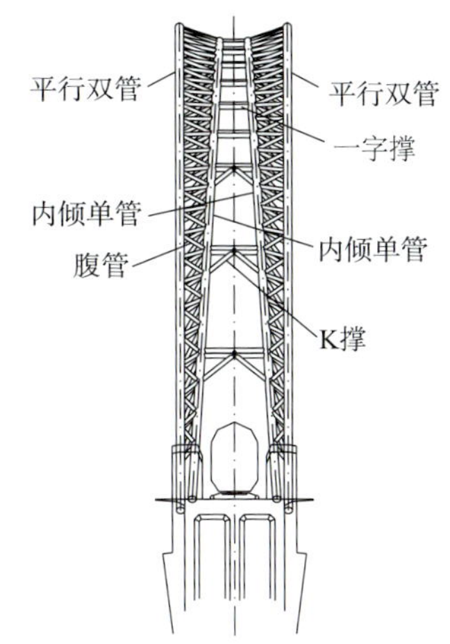

图 7-13-3　主拱侧面布置图

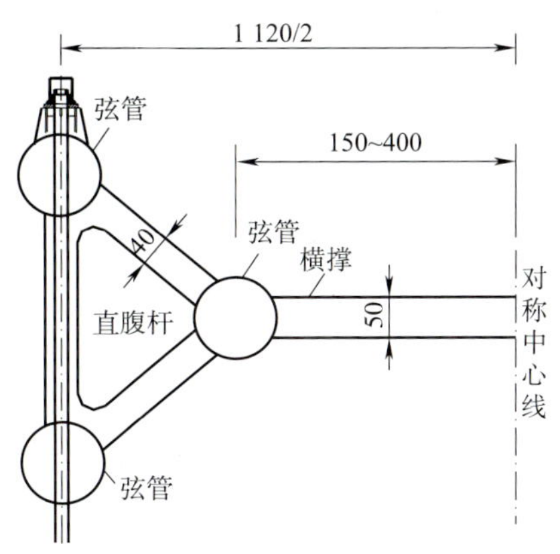

图 7-13-4　拱肋截面(单位:cm)

(3)腹管

三角形直腹杆采用矩形钢箱截面(图 7-13-5),截面高、宽均为 400 mm,板厚 12 mm、14 mm,由节点板与三主弦管连接。斜腹杆采用圆钢管,规格为 ϕ400,壁厚 14 mm。

(4)横撑

全桥拱肋共布置横撑 19 道,其中跨中共布置 13 道双管一字撑,水平间距 9 m;拱肋两端各布置三道 K 字撑,水平间距18 m;如图 7-13-6 所示。

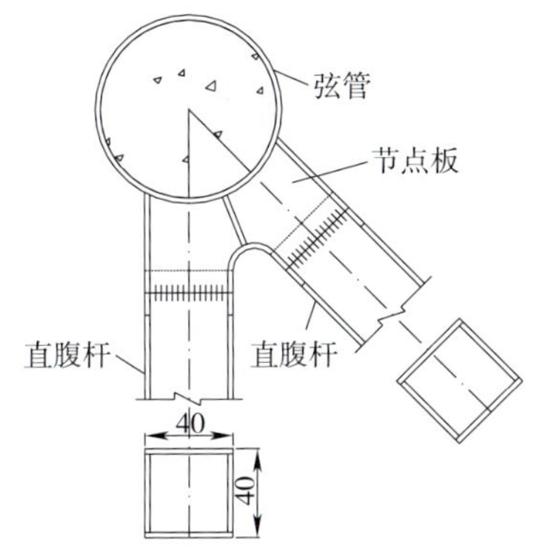

图 7-13-5　直腹杆构造图(单位:cm)

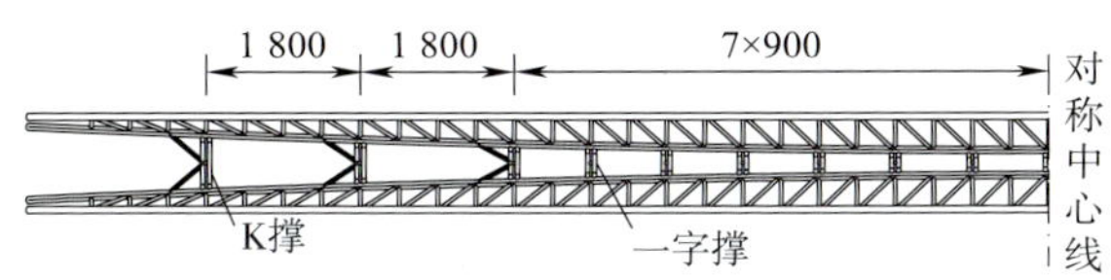

图 7-13-6　横撑布置图(单位:cm)

(5)吊杆

吊杆索采用抗拉标准强度 1 860 MPa 整束挤压式钢绞线拉索体系,分别锚于拱肋上弦管与主梁箱外的混凝土锚固底座,吊杆顺桥向中心间距 9 m。

(6)墩身及基础

两主墩均采用双薄壁墩柱,墩柱高度 25.0 m,实心截面,壁厚 2.4 m,墩底壁厚逐渐加厚至 3.2 m,两墩壁中心距 6.4 m;横桥向承台以上 13.8 m 高度范围等宽度 12.0 m,其上以圆弧自下至上展宽。

主墩均采用 12ϕ3.0 m 钻孔嵌岩桩。

7.13.3　施工方法

主桥采用“先梁后拱”的施工方案,连续刚构自悬臂逐段现浇至合龙,合龙后利用刚构桥面为工作面,在桥面上搭设支架,卧拼拱肋,在墩顶设置塔架,并安装竖转拱肋用的扣索,竖转拱肋,就位后合龙,安装吊杆,最后完成桥面铺装,如图 7-13-7 和图 7-13-8 所示。

图 7-13-7　钢管拱吊装

图 7-13-8　成桥实景

7.13.4　主要技术经济指标

主要技术经济指标见表 7-13-1。

表 7-13-1　主要经济技术指标

指标类型		数值
结构性能指标	竖向挠跨比	1/5 124
	梁端转角（rad）	1.112‰
	后期徐变（mm）	6.0
主要工程量	主梁混凝土（m^3）	14 148.0
	钢管拱肋（t）	997.0
	吊杆（t）	84.1

7.13.5　技术特点和创新点

（1）首创外侧双管平行、内侧单管提篮内倾的三肢桁式拱，解决了单线铁路大跨度连续刚构—柔性拱组合结构的梁、拱刚度合理匹配的关键技术难题。

（2）创新了拱肋加劲主动控制技术，有效解决了大跨度混凝土结构后期徐变控制的关键技术难题，提高了单线铁路混凝土梁竖向刚度及跨越能力。

（3）铁路桥梁首创腹杆与主弦管之间采用节点板连接技术，有效地改善了相贯线的应力集中。

（4）创新了梁上拱肋综合安装系统技术，解决了"先梁后拱"施工面临的拱肋节段多、组拼焊接时间长、多次封航对航道影响大、桥面场地受限、后锚固体系经济性差等诸多难题，保证了钢管拱预拼的精度和线形。

广珠铁路虎门特大桥创新提出适用于 200～300 m 跨度区间的外侧两管平行-内侧单管提篮内倾的三肢桁式拱桥，结构构件功能明确，受力合理，解决了大跨单线铁路窄桥横向稳定性问题，研究成果具有独创性，具有良好的推广应用价值。

7.13.6　获奖情况

（1）获 2014 年中国铁道学会科学技术一等奖。

（2）获 2013—2014 年国家铁路局铁路优质工程设计一等奖。

（3）获 2014 年中施协科学技术特等奖。

（4）获 2014 年中国铁建科学技术一等奖。

（5）获 2013 年中国铁建优秀工程设计一等奖。

7.14　南昌枢纽东新赣江特大桥

桥　　名：东新赣江特大桥
工程项目：向莆铁路引入南昌枢纽
工程位置：江西省南昌市东新乡
主　　跨：196 m
桥　　型：钢桁连续梁
建设单位：向莆铁路有限责任公司
设计单位：中铁二院工程集团有限责任公司
施工单位：中铁大桥局集团有限公司
设计人员：马庭林　袁　明　陈思孝　戴胜勇　艾宗良
　　　　　胡步毛　杨善奎　童登国
通车时间：2013 年 9 月

7.14.1　概　　况

向莆铁路引入南昌枢纽设计时速 200 km，有砟轨道，双线，线间距 4.6 m。拟建的杭南长客运专线与向莆线在赣江段共用桥位，考虑四线共建方案。杭南长设计时速 350 km，双线，线间距 5.0 m，赣江桥上铺设有砟轨道。东新赣江特大桥位于南昌市南昌县，于生米赣江公路大桥上游约 1.5 km 处的东新乡跨越赣江。跨江段约为 1 900 m，通航等级为Ⅱ-3 级，单向通航孔净宽不小于 105 m，双向通航孔净宽不小于 180 m，通航净高按不小于 10 m。桥址位于赣江冲积沉积区，为第四系广泛覆盖，下伏基岩为泥质砂岩。桥址区地震动峰值加速度 0.05g，地震动反应谱特征周期为 0.35 s。

东新赣江特大桥全长为 27 303.68 m，主桥采用（126＋196＋126）m 下承式变高度连续钢桁梁跨越赣江主航道。主桥立面如图 7-14-1 所示。

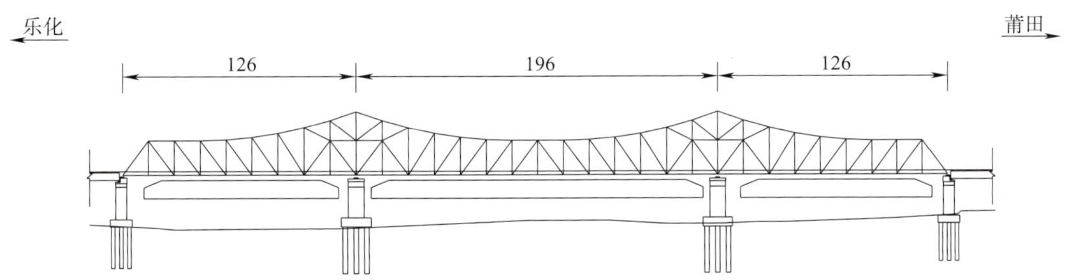

图 7-14-1　主桥立面布置（单位：m）

7.14.2　结构形式

（1）主梁

桥梁孔跨受到通航净空控制，单向通航（边跨）净宽不小于 105 m，双向通航（中跨）净宽不小于 180 m；根据节间长度模数主跨采用 196 m，边跨采用 126 m，边中跨比为 0.643。桥址处于平原地区，为满足通航净空并降低线路标高，采用上弦加劲钢桁连续梁。桁高采用二次抛物线变化，增加了结构的观赏性。

大桥采用四线双主桁结构，主桁中心距为 28.8 m，桁梁横断面内设吊杆和 K 撑以降低横梁面外弯矩；主桁钢材主要采用 Q370qD；中跨跨中和边跨端部桁高 19 m，中间支点桁高 35 m，节间长度 14 m；如图 7-14-2 所示。N 形桁架，下弦采用整体节点，上弦采用拼装节点，腹杆与主桁连接采用插入式节点，杆件宽度 1 300 mm。

桥面采用大纵梁大横梁整体正交异性钢板。全桥四线铁路，每线对应位置设 2 道大纵梁，间距 2.0 m，桥面采用整体正交异性钢桥面板，板厚 16 mm，横向与主桁下弦杆连接处设变坡。桥面每隔 2 m 设一道横向加劲肋，均采用倒 T 形截面，横向加劲肋不与主桁下弦相连。横断面设若干倒 T 形加劲肋或板肋。桥面环氧沥青混凝土施工如图 7-14-3 所示。

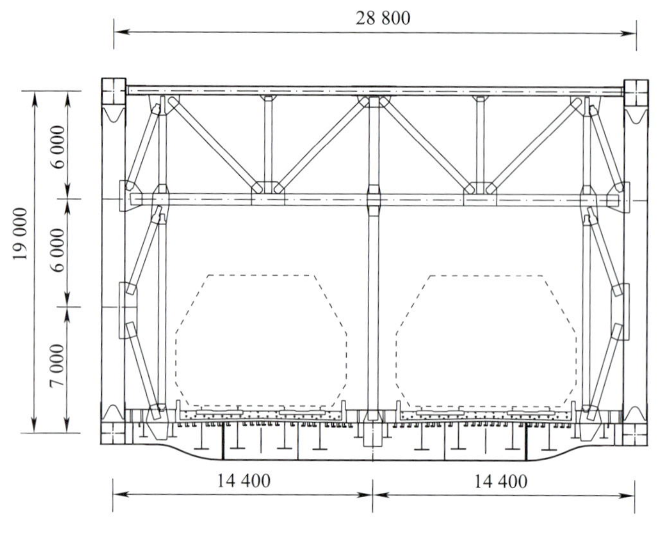

图 7-14-2　主桁截面（单位：mm）

图 7-14-3　桥面环氧沥青混凝土施工

（2）墩身与基础

两主墩墩高均为 21.5 m，采用 C40 混凝土圆端形实体墩，直坡。墩身纵向尺寸 8.5 m，横向尺寸 35.8 m。基础采用 22 根直径 2.50 m 钻孔桩基础，桩基嵌入基岩，最长桩长 26.0 m。

7.14.3　施工方法

钢梁各部位杆件在工厂制造，边跨部分现场支架安装。两侧向跨中对称悬臂拼装，中跨合龙。考虑架梁吊机上弦行走难度以及主墩支点位置上弦转角较大，该桥采用了大型拼装浮吊水上吊装杆件，仅用 137 d 就完成了钢梁架设，如图 7-14-4 所示，成桥如图 7-14-5 所示。

图 7-14-4　大桥准备合龙

图 7-14-5　大桥落日

7.14.4　主要技术经济指标

主要技术经济指标见表 7-14-1。

表 7-14-1　主要技术经济指标

指标类型		数值
结构性能指标	竖向挠跨比	1/1 935
	梁端转角（rad）	2.95‰
	横向挠跨比	1/7 557
主要工程量	钢材（t）	16 500.0

7.14.5 技术特点和创新点

(1)该桥为当时国内最大跨度的梁式铁路桥梁。

(2)该桥采用上弦二次抛物线变桁高加劲连续钢桁梁,有效降低了线路标高。

(3)荷载重,四线铁路;主桁宽,四线双桁桁宽 28.8 m。

(4)设 K 撑和吊杆解决横梁跨度过大的问题,桥面采用纵横梁正交异性钢桥面板。

(5)为了适应受力横联与主桁竖杆的连接,采用了新型亚字形杆件截面形式。

(6)国内首次将环氧沥青混凝土应用于铁路钢桥面防水保护层。

7.14.6 获奖情况

(1)获 2013—2014 年国家铁路局优秀工程设计一等奖。

(2)获 2015 年中国铁道学会科学技术一等奖。

(3)获 2016 年中国中铁科学技术特等奖。

7.15 厦深铁路榕江特大桥

桥　　名:榕江特大桥
工程项目:厦深铁路
工程位置:广东省揭阳市
主　　跨:2×220 m
桥　　型:连续钢桁梁柔性拱桥
建设单位:厦深铁路广东有限公司
设计单位:中铁第四勘察设计院集团有限公司
施工单位:中铁十三局集团有限公司
设计人员:薛照钧　陈　勇　张　杰　董春燕　余晓燕　柏华军　刘显陆
通车时间:2013 年 12 月

7.15.1 概　　况

厦深铁路设计速度近期 200 km/h,远期 250 km/h,双线客货共线铁路,有砟轨道,线间距 4.6 m。于广东省揭阳市东县地都镇及汕头市潮阳区关埠镇石井村交界处跨越榕江,线路基本与河流流向垂直。桥位处位于平原微丘陵地区,地势较为平坦。通航万吨级海轮航道,设双向通航孔,通航净宽 180 m,净高 38 m,最高通航水位为 2.956 m。桥址处岩土层划分为素填土、淤泥质土、粉质黏土、粉砂、中砂、粗砂、砾砂、细圆砾土、全分化花岗岩、强风化花岗岩、弱风化花岗岩等工程地质层,地震动峰值加速度 0.15g,地震动反应谱特征周期为 0.45 s。

主桥采用(110+2×220+110) m 连续钢桁梁柔性拱组合桥式,其他采用常用跨 32 m、24 m 标准简支梁及 40~64 m 常用跨度的预应力混凝土连续梁。主桥立面如图 7-15-1 所示。

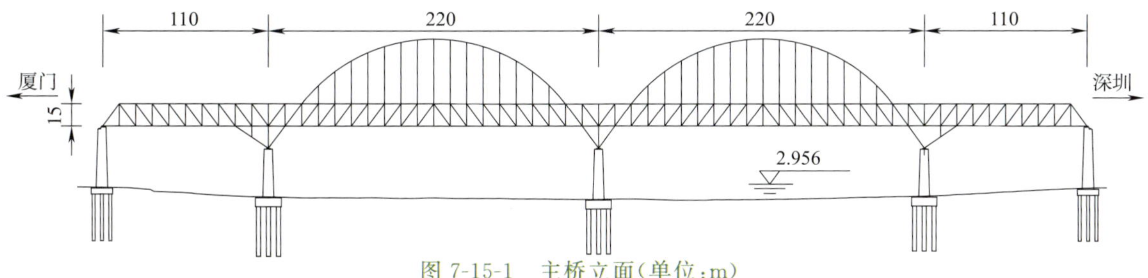

图 7-15-1 主桥立面(单位:m)

7.15.2 结构形式

(1)主梁

主梁采用有竖杆N形三角桁式，节间长度11 m，其中边跨10个节间，中跨2×20个节间；桁高15 m，斜腹杆倾角53.7°；拱轴线采用二次抛物线形，矢高(上弦以上)44 m，矢跨比为1/5。

横向采用两片主桁，主桁中心距15 m。纵向平联均为交叉形布置，每隔一个节间设置一道横联(桥门)，拱脚处节间加设桥门架，均采用两格横联；吊杆为箱形截面，中间不设置横撑。典型横断面图如图7-15-2所示。

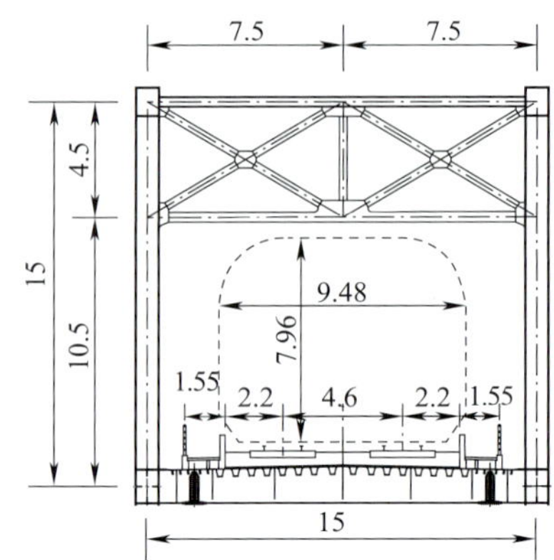

图7-15-2 典型横断面图(单位：m)

弦杆及拱肋的基本截面形式为箱形截面，内设加劲肋。根据结构受力，弦杆的宽度做了一次改变，加劲弦以外的上下弦杆内宽850 mm，其他部分内宽1 050 mm，杆件内高1 260 mm。拱肋及加劲弦承受巨大压力，杆件内高由拱顶1 260 mm渐变至拱脚1 860 mm，杆件内宽1 050 mm。最大板厚56 mm，最大节点重54.9 t。

腹杆基本截面形式采用H形，与主桁节点采用插入式连接；部分受拉较大的腹杆采用王字形截面，与主桁节点采用三面拼接；个别压力较大的腹杆采用箱形截面，与主桁节点采用四面对接的方式连接。

主桁上下弦杆及拱肋采用箱型截面整体节点结构，弦杆与腹杆、拱肋与吊杆采用插入式连接，弦杆与吊杆采用四面对接的方式连接。

(2)桥面系

桥面系采用整体正交异性钢桥面，主桁中心距15.0 m，双线铁路，线间距4.6 m，道砟槽(内到内)9.0 m，人行道宽1.3 m，如图7-15-3所示。本桥采用正交异性板整体桥面，但是不同之处在于本桥在道砟槽范围内采用合理密布U肋的形式，用U肋代替传统纵梁，同样达到了效果并减少了纵向加劲肋的截面形式，便于施工。

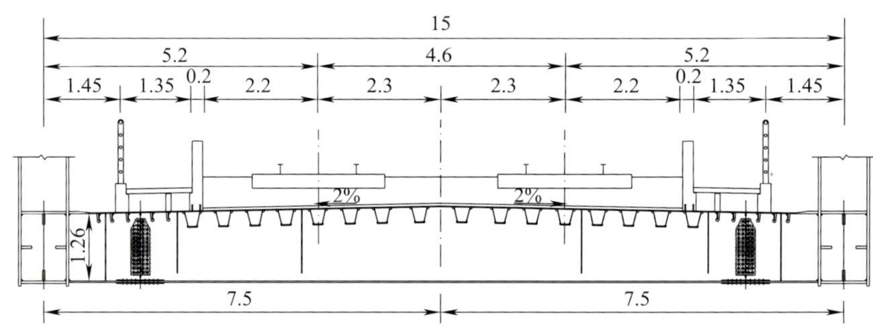

图7-15-3 钢桥面系布置图(单位：m)

本桥道砟与钢桥面板之间采用轻质垫层体系，其组成为MMA(甲基丙烯酸甲酯)高性能防水体系及厚度为5.0 cm的CAP(Concrete with Adhesive Pads混凝土黏着垫板)高黏着轻质防护垫层。

(3)墩身及基础

主桥采用圆端形钢筋混凝土桥墩，边墩采用15根直径2.0 m钻孔灌注桩，桩长85～86 m；中墩采用11根直径2.8 m钻孔灌注桩，桩长78～90 m。

7.15.3 施工方法

钢桁梁柔性拱桥采用先梁后拱法施工，中主墩处用墩旁托架与钢桁梁固结，两侧钢梁双悬臂对称悬臂拼装；两侧边跨采用临时支墩支架法半悬臂拼装，主跨采用中间临时墩辅助合龙。

兼顾通航的方便和安全，主梁合龙分两次完成。先合龙厦门侧中跨主梁，后合龙深圳侧中跨主梁。

主梁合龙后，施工上部拱肋及吊杆部分。单孔拱肋从一侧拱脚开始，在另一侧拱脚处合龙，全桥合龙后完成第二次体系转换，如图7-15-4～图7-15-6所示。

图7-15-4 主梁中跨悬拼施工

图7-15-5 拱肋施工

图7-15-6 主桥全景

7.15.4 主要技术经济指标

主要技术经济指标见表7-15-1。

表7-15-1 主要技术经济指标

指标类型		数值
结构性能指标	竖向挠跨比	1/3 225
	梁端转角(rad)	1.86‰
主要工程量	总用钢量(t)	16 050.0
	用钢指标(t/m)	24.32

7.15.5 技术特点和创新点

(1)我国铁路桥梁首次采用无纵梁正交异性钢桥面板，简化了正交异性钢桥面板构造，方便加工制造，推动了正交异性钢桥面技术发展。

(2)首次采用无混凝土垫层的铁路正交异性板钢桥面系。道砟与钢桥面板之间取消常规混凝土垫层，采用轻质垫层体系，由MMA(甲基丙烯酸甲酯)高性能防水体系及厚度为5.0 cm的CAP(Concrete with Adhesive Pads混凝土黏着垫板)高黏着轻质防护垫层组成。大大减轻了桥面荷载，减小了结构尺寸，使本桥更加经济合理，推动了铁路正交异性板桥面技术发展。

（3）首次采用永磁式电涡流调谐质量阻尼器抑制吊杆风振。本桥吊杆最大长度达 44 m，长细比较大，且本桥接近入海口，受潮汐、台风影响大，永磁式电涡流调谐质量阻尼器减振系统有效地抑制吊杆风振。该阻尼器依托本项目设计与研制，获国家专利。

7.15.6 获奖情况

（1）获 2015 年中国铁道学会科学技术三等奖。

（2）获 2015 年中国铁建科学技术二等奖。

（3）获 2016 年湖北省勘察设计“四优”优秀设计二等奖。

7.16 拉日铁路雅鲁藏布江峡谷高烈度地震区桥梁群

桥　　名：雅鲁藏布江峡谷高烈度地震区桥梁群
工程项目：拉日铁路
工程位置：西藏自治区仁布县雅鲁藏布江峡谷区
主　　跨：148 m、120 m
桥　　型：连续刚构
建设单位：铁道部拉日铁路建设总指挥部
设计单位：中铁第一勘察设计院集团有限公司
施工单位：中铁五局　中铁十二局　中铁二十一局
设计人员：郑继平　康　炜　刘宗峰　谢小兰　吴少海　李　侠　张景利　闫希文
通车时间：2014 年 8 月

7.16.1 概　　况

拉日铁路为国铁Ⅰ级非电气化铁路，客货共线，设计速度 160 km/h，单线，中—活载。雅鲁藏布江峡谷区桥梁群位于尼木县与仁布县之间。雅鲁藏布江 V 字形峡谷山势巍峨，岸坡陡峻，相对高差 500～1 000 m，重力夷平下切强烈，两岸交通极为困难。拉日铁路在雅鲁藏布江峡谷区走行约 80 km，峡谷中心是湍急的雅鲁藏布江流。该区域力场强烈、高烈度地震频发、地热活动频繁。在区域新构造活动作用下，峡谷岸坡风化壳、卸荷、岩堆、崩塌等不良地质广泛分布，高原气候致使峡谷岸坡物理风化强烈。桥址地层主要为粉砂、细砂、砾砂、细圆砾土、粗圆砾土、卵石土。桥址处地震动峰值加速度 0.20g，地震动反应谱特征周期 0.45 s。

拉日铁路三次跨越雅鲁藏布江，分别设有雅鲁藏布江一号特大桥、二号特大桥、三号特大桥。这三座桥也是首次修建铁路桥跨越雅鲁藏布江，结束了雅鲁藏布江上没有铁路桥的历史。雅鲁藏布江一号特大桥桥长 868 m，桥高 62 m，孔跨形式：4×32 m 简支梁＋（72＋120＋72）m 连续刚构＋14×32 m 简支梁。雅鲁藏布江二号特大桥桥长 883 m，桥高 64 m，孔跨形式：11×32 m ＋（72＋120＋72）m 连续刚构＋2×32 m＋2×24 m＋4×32 m 简支梁。

雅鲁藏布江三号特大桥，桥梁孔跨布置采用 16×32 m 简支梁＋（88＋148＋88）m 梁＋19×32 m 简支梁，桥梁全长 1 485 m，主跨处桥高约 60 m。桥址处属高烈度地震区，桥式比选后采用抗震性能好的连续刚构桥式。设计中充分考虑桥墩根部塑性铰、设置防落梁、采用橡胶垫片等塑性变形耗能机理进行结构的减隔震设计。主桥立面如图 7-16-1 所示。

三座雅鲁藏布江特大桥较类似，以下以拉日铁路雅鲁藏布江三号特大桥为例，重点介绍。

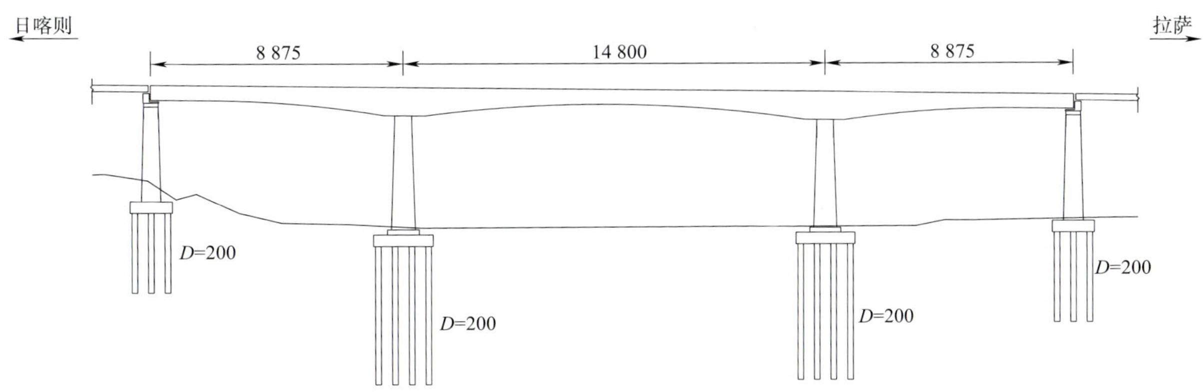

图 7-16-1　主桥(88＋148＋88) m 连续刚构立面(单位:cm)

7.16.2　结构形式

(1)主梁

主梁采用单箱单室变高度直腹板箱形截面,梁高 5.8～11.0 m,梁底变化段曲线为 2.0 次抛物线。箱梁顶宽 9.0 m,箱梁底宽 7.4 m,梁体采用 C55 混凝土,如图 7-16-2 所示。梁体采用纵、横、竖三向预应力体系,纵向按全预应力体系设计。纵、横向预应力采用钢绞线,竖向采用精轧螺纹钢筋。

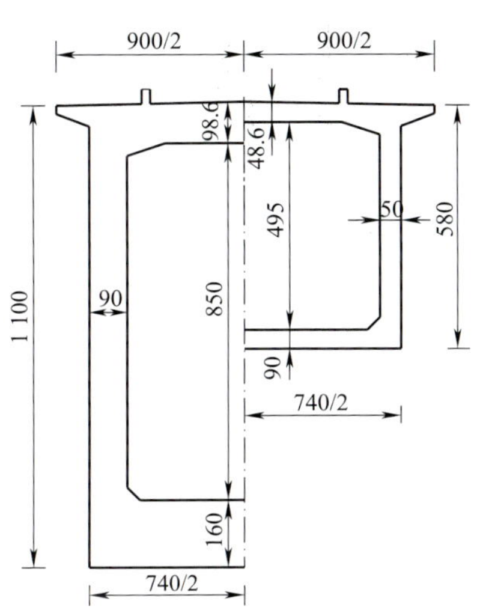

图 7-16-2　(88＋148＋88) m 连续刚构 1/2 支点和跨中截面(单位:cm)

(2)墩身及基础

主墩承台 27 m×21 m×4.5 m,为满足刚性角要求,设 12.6 m×11.2 m 加台。由承台内埋置散热钢管。主墩基础采用 20 根 200 cm 钻孔灌注桩,边墩采用 9 根 200 cm 钻孔灌注桩,桩顶均低于局部冲刷线。施工期充分考虑水位高差变化及湍急江水的影响,主墩基础设筑岛围堰的尺寸既要满足施工空间又不能过多压缩河道。

7.16.3　施工方法

主桥基础及桥墩施工完成后,施工墩梁结合处梁段,再依次对称悬臂灌注其余梁段,直至合龙,如图 7-16-3 和图 7-16-4 所示。

图 7-16-3　主桥墩身施工

图 7-16-4　雅鲁藏布江三号特大桥远景

7.16.4 主要技术经济指标

主要技术经济指标见表 7-16-1。

表 7-16-1 主要技术经济指标

指标类型		数值
结构性能指标	边跨竖向挠跨比	1/3 667
	中跨竖向挠跨比	1/10 571
主要工程量	主桥梁部混凝土(m^3)	7 452.0
	主桥梁部钢筋量(t)	965.0
	主桥梁部预应力钢筋量(t)	432.0
	主桥墩身及桩基混凝土(m^3)	15 938.0

7.16.5 技术特点和创新点

(1)雅鲁藏布江峡谷高烈度地震区桥跨、桥式选型与布设。
(2)青藏高原强紫外线、高寒大温差、低气压区桥梁混凝土的相关技术。
(3)墩身喷淋养护升降架及混凝土自动智能养护装置保证了高墩混凝土的施工及养护的质量。
(4)湍急江流大水位变化区桥墩与基础的设计及施工。
(5)基于高原脆弱生态的工程环境保护措施。

7.16.6 获奖情况

(1)获 2015—2016 年国家铁路局优秀工程设计二等奖。
(2)获 2016 年中铁建优秀工程设计二等奖。
(3)获 2018—2019 年国家优质工程奖。
(4)获 2019 年拉日铁路获中国土木工程詹天佑奖。

7.17 宁波铁路枢纽北环线甬江特大桥

桥　　名：甬江特大桥
工程项目：宁波铁路枢纽北环线
工程位置：浙江省宁波市
主　　跨：468 m
桥　　型：混合梁斜拉桥
建设单位：萧甬铁路有限责任公司
设计单位：中铁第四勘察设计院集团有限公司
施工单位：中铁四局集团有限公司
设计人员：罗世东　刘振标　潘茂盛　曾甲华　黄北平
　　　　　王国彬　万信华　聂利芳　陈　可　李　靖
通车时间：2014 年 12 月

7.17.1 概　况

宁波铁路枢纽北环线为双线货运铁路，线间距 4 m，设计速度 120 km/h，有砟轨道，在宁波绕城高速公路桥位上游 64.8 m 处跨越甬江，大桥全长 14.92 km。桥区河段属感潮河段，河道顺直，主槽位于大里程侧，主槽宽约 180 m，水深在 8.0 m 以上，边滩宽浅，两岸为陆地，地势平坦。桥位段航道等级为Ⅲ级，通行 3 000 t 海轮，最高通航水位 3.241 m。桥址位于甬江口台风频繁登陆区，属台风次重影响区，基本风速为 31.3 m/s。桥址区淤泥质土及流～软塑黏土等软弱覆盖层分布厚度较大，北塔软弱层厚 29 m 以上，南塔厚约 45 m。基岩埋深 110～130 m，为软硬不均岩层，岩性较差。

充分适应了防洪、通航以及紧邻公路桥景观协调的要求，主桥采用(53＋50＋50＋66＋468＋66＋50＋50＋53) m 钢箱混合梁斜拉桥，与下游紧邻的既有宁波绕城公路清水浦大桥对孔布置。主梁全长 909 m，边跨及部分中跨主梁为预应力混凝土箱梁，其余中跨主梁为钢箱梁，钢—混分界面位于主梁中跨侧距离桥塔中心 24.5 m 处。主桥立面如图 7-17-1 所示。

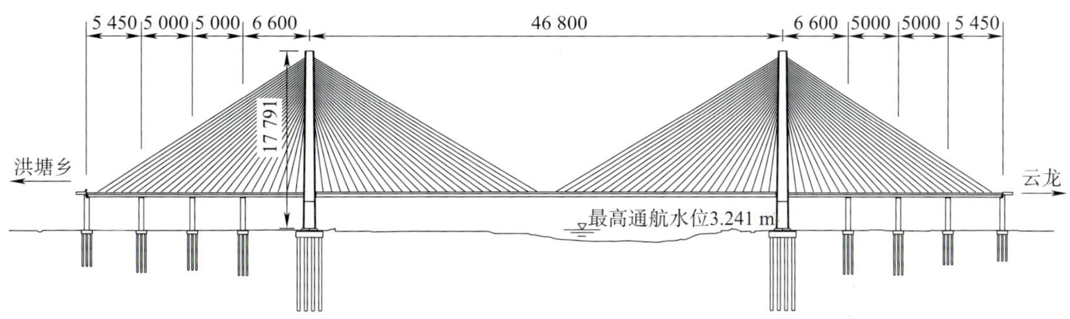

图 7-17-1　主桥立面(单位：cm)

7.17.2　结构形式

(1)主梁

主梁由混凝土箱梁和钢箱梁两部分组成，中跨 419 m 范围为钢箱主梁(含刚度过渡段及部分钢—混结合段)。

混凝土箱梁采用单箱三室等高截面，截面全宽 21 m，中心处梁高 5.0 m，如图 7-17-2 所示。

混凝土箱梁每 8～9 m 布置一道厚 35 cm 斜拉索横梁，与斜拉索位置对应设置。桥塔、连接墩顶及辅助墩顶箱梁各设置一道横隔梁。

斜拉索在混凝土箱梁上的锚固结构采用位于主梁两侧实体区下方的混凝土锚固块形式。

中跨钢箱梁采用带风嘴的单箱五室截面(图 7-17-3)，截面外轮廓尺寸与混凝土箱梁相同。中间三室与混凝土主梁三室相对应，两侧单室为钢锚箱，兼作风嘴。

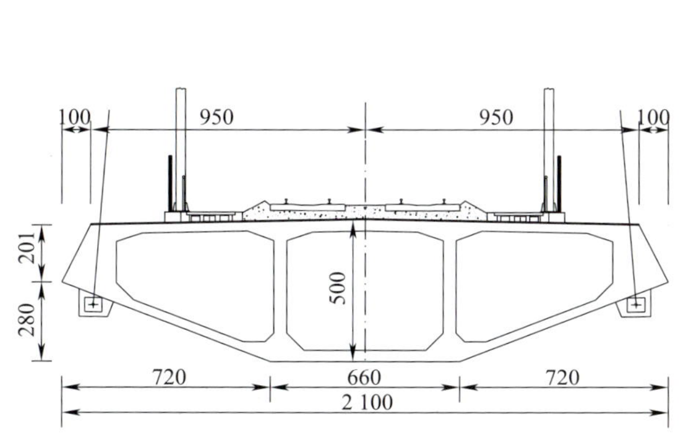

图 7-17-2　混凝土箱梁标准横断面(单位：cm)

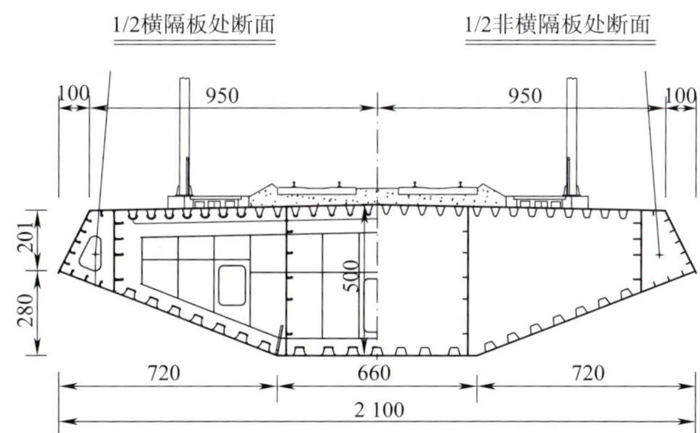

图 7-17-3　钢箱梁标准横断面(单位：cm)

钢箱梁为正交异性板结构，由顶板、底板、斜底板、中纵腹板、边纵腹板及边板围封而成。顶板厚度 16～25 mm，底板厚度 16～22 mm，钢箱梁设两道中纵腹板和两道边纵腹板，中纵腹板厚度 20～28 mm，边纵腹板厚度 30 mm；根据正交异性钢桥面板疲劳试验结果，箱内顶板在道砟槽范围内纵向设置 V 肋，其余位置设置 U 肋，加劲肋板厚 10 mm、间距 600 mm。底板纵向均采用 U 肋，U 肋板厚 8 mm、间距 800 mm。

钢箱梁标准节段长 9 m,中跨合龙段长 4.9 m。标准节段每隔 3 m 设置一道实腹横隔板。钢—混凝土结合段重约 381.1 t,其他节段最大吊重约 181.2 t。钢箱梁节段连接除桥面板 U 肋和 V 肋采用高强度螺栓连接外,其余均为工地焊接连接。

钢—混结合段全长 14.05 m,包含 3 m 顶底腹板变厚混凝土箱梁过渡段、2 m 混凝土横隔梁、4.05 m 顶底腹板变厚钢混过渡段、5 m 顶底板梯形(V)肋加焊变高 T 肋钢箱梁过渡段共 4 部分。钢—混接头采用阶梯式填充混凝土后承压板,通过将钢箱梁端部的顶板、底板和腹板做成双壁板,使填充的混凝土与紧邻的混凝土箱梁的顶板、底板和腹板通过 PBL 剪力板、纵向预应力索、横向预应力索及普通钢筋等连接,如图 7-17-4 所示。

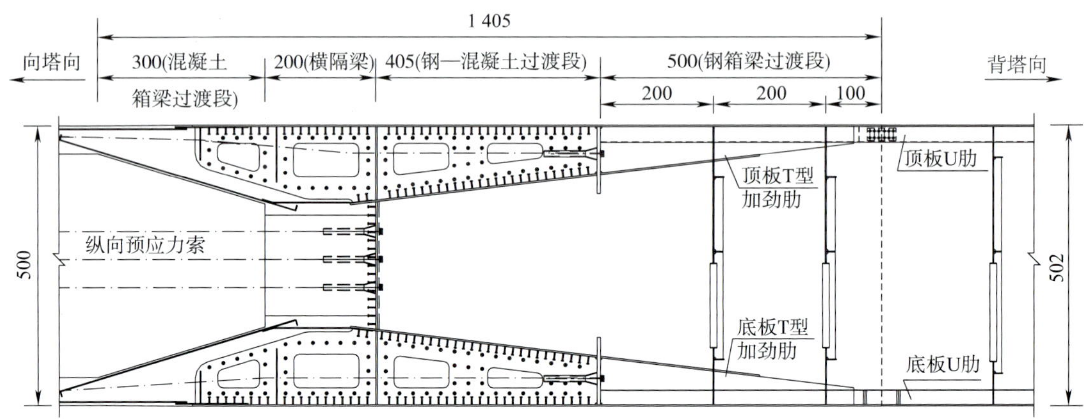

图 7-17-4　钢—混结合段构造(单位:cm)

(2)桥塔

采用钻石型索塔,桥面以上索塔采用倒 Y 形,桥面以下塔柱内缩为钻石形,如图 7-17-5 所示。塔底以上索塔全高为 177.91 m,桥面以上塔高 141.5 m,桥面以下塔高 36.41 m,桥面以上塔高与主跨比为 1/3.435。索塔纵向宽度由塔顶 9 m 线性加宽至塔底 12.53 m。

斜拉索索塔锚固采用内置式钢锚箱。全桥桥塔钢锚箱共 96 节,节段最大吊重 29.6 t。

(3)斜拉索

斜拉索采用抗拉标准强度 1 670 MPa 镀锌平行钢丝拉索,空间双索面体系,扇形布置,全桥共 100 对斜拉索。斜拉索梁上间距 8～9 m,塔上索距 1.829～4.703 m,斜拉索张拉端设置在塔内。斜拉索最长(含锚具)266.8 m,最大规格为 PES(C)7-223。

(4)墩身及基础

辅助墩及连接墩采用矩形实体墩。桩基础均采用 12ϕ1.5 m 钻孔桩,桩中心距 4 m,桩长 85.5～100.5 m。

两桥塔承台顺桥向×横桥向×厚度为 27 m×38.9 m×6 m,塔座为高 3 m 的楔形体。桥塔桩基础均采用 24ϕ3 m 钻孔灌注桩,最大桩长 132.5 m。

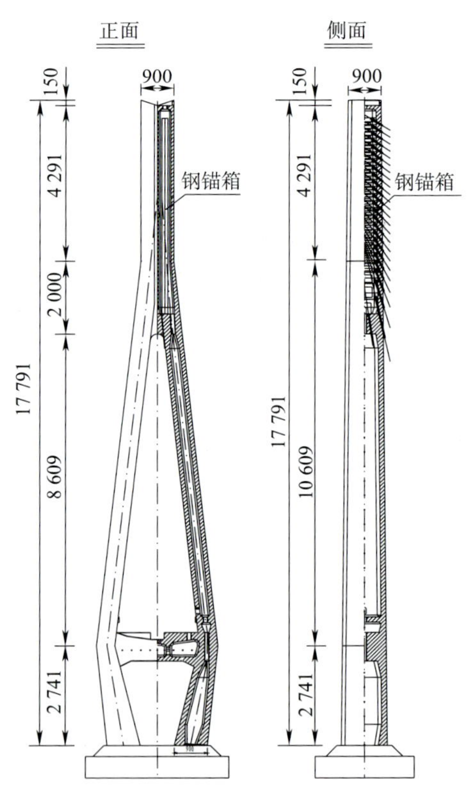

图 7-17-5　桥塔结构图(单位:cm)

7.17.3　施工方法

混凝土主梁采用支架逐孔现浇施工，主跨钢箱梁采用单悬臂逐段悬拼的方法施工，如图 7-17-6 和图 7-17-7 所示。

图 7-17-6　边跨混凝土箱梁支架现浇

图 7-17-7　钢箱梁单悬臂节段拼装

综合考虑混合梁斜拉桥的设计特点，利用边跨混凝土梁作为运输通道，中跨钢箱梁采用了"边跨提梁→梁上运梁→旋转悬拼钢箱梁"综合施工技术；钢—混结合段钢箱梁采用了模块化组拼技术，如图 7-17-8～图 7-17-10 所示。

图 7-17-8　旋转拼装钢箱梁

图 7-17-9　主桥中跨合龙

图 7-17-10　航拍全景图

7.17.4 主要技术经济指标

主要技术经济指标见表 7-17-1。

表 7-17-1 主要技术经济指标

指标类型		数值
结构性能指标	竖向挠跨比	1/701
	梁端转角(rad)	0.329‰
	横向挠跨比(有车横向荷载)	1/5 480
主要工程量	钢箱梁用钢量(t)	7 791.0
	钢箱梁用钢量指标(t/m)	18.3
	主梁混凝土(m^3)	16 117.0
	主梁混凝土(m^3/m)	32.9
	索塔混凝土(m^3)	27 618.0
	斜拉索(t)	1 882.0

7.17.5 技术特点和创新点

(1)国内外铁路桥梁上首次采用了混合梁斜拉桥结构，以流线型箱形加劲梁承载双线铁路，创建了铁路大跨度斜拉桥的新桥式，改变了铁路大跨度斜拉桥主梁采用钢桁梁的单一技术格局，被评价为中国铁路桥梁的五大技术成就之一。

(2)构建了铁路大跨度混合梁斜拉桥结构新体系。提出预加力刚度法，建立了铁路混合梁斜拉桥“塔偏梁拱”的预加刚度成桥理论，解决了铁路活载大、恒活比小引起的结构受力不均衡性难题。

(3)首次采用钢混结合段梯形填充混凝土连接构造技术，解决了铁路荷载作用下结合段刚度过渡平顺性技术难题，确保了传力可靠性及行车安全性。

(4)国内铁路桥梁首次采用 V 肋加劲正交异性钢桥面板，采用加厚加高型 V 肋，优化过焊孔形状，强化加劲肋约束方式，显著改善了铁路钢桥面结构疲劳性能。

(5)首创“边跨提梁→梁上运梁→旋转悬拼钢箱梁”综合施工技术，研制新型施工装备系统，解决了江海滩涂及浅水区钢箱梁运输架设难题。

(6)国内桥梁首创通长走行旋转过墩梁底检查车，避免设置多套检查设备，一套装置做到了全桥可达、可检、可维。

(7)国内首次将钢锚箱应用于铁路斜拉桥索塔，减少了现场高空施工难度，保证了锚固区受力的可靠性和运营耐久性、安全性。

(8)铁路大直径超长桩首次采用桩端后压浆技术，提高了桩的承载力、减小了桩基的沉降量、降低了工程风险。

7.17.6 获奖情况

(1)获第十五届中国土木工程詹天佑大奖。

(2)获 2016 年 FIDIC 优秀工程项目奖(年度全球唯一获奖铁路桥梁)。

(3)获 2016—2017 年中国建设工程鲁班奖。

(4)获 2018 年安徽省科学技术进步奖一等奖。

(5)获 2015—2016 年国家铁路局铁路优质工程设计一等奖。

(6)获 2015 年中国铁建科学技术一等奖。

7.18　贵广铁路东平水道特大桥

桥　　名：东平水道特大桥
工程项目：贵广铁路
工程位置：广东省广州市
主　　跨：286 m
桥　　型：钢桁梁斜拉桥
建设单位：中国铁路广州局集团有限公司
设计单位：中铁第四勘察设计院集团有限公司
施工单位：中铁大桥工程局集团有限公司
设计人员：罗世东　廖祖江　王庭正　冯光明　张文华
　　　　　朱军涛　曾　敏　李元俊
通车时间：2014 年 12 月

7.18.1　概　　况

贵广客货共线铁路客车行车速度 200 km/h，直线，有砟轨道，双线线间距 5.3 m。东平水道位于珠江三角洲河网区北部，属北江水系的下游，其 $Q_{1\%}=2\ 818\ \mathrm{m^3/s}$，$H_{1\%}$（洪潮水位）$=3.694$ m，$v_{1\%}=2.31$ m/s。东平水道为Ⅱ级航道，最高通航水位 3.42 m，要求通航净宽不小于 160 m，通航净高 18 m，侧高 8 m。桥址区第四系地层发育，沉积了黏性土、粉土、粉细砂等松散软弱地层，厚度一般 6～18 m，其下伏紫红色含砾砂岩或褐灰、灰黑等色泥岩。桥址处地震动峰值加速度为 0.10g，地震动反应谱特征周期 0.35 s。

主桥与既有武广高铁东平水道特大桥（99＋242＋99）m 四线连续钢桁拱桥相邻并行，两桥桥梁中心线横向间距为 30 m。桥址处东平水道河正宽约 200 m，线路法线与水流方向夹角约为 20°，结合地形、地貌，行洪安全，通航顺畅，同时考虑到经济、施工、美观等因素，新设计主桥的总长度、总高度应与既有主桥基本一致，以保持两主桥相互协调，节省工程投资，经过比选分析后确定贵广、南广铁路跨东平水道特大桥主桥采用（85＋286＋85）m 双拱肋钢桁架拱桥。其他采用常用跨 32 m、24 m 标准简支梁及 40～116 m 常用跨度的预应力混凝土连续梁。主桥立面如图 7-18-1 所示。

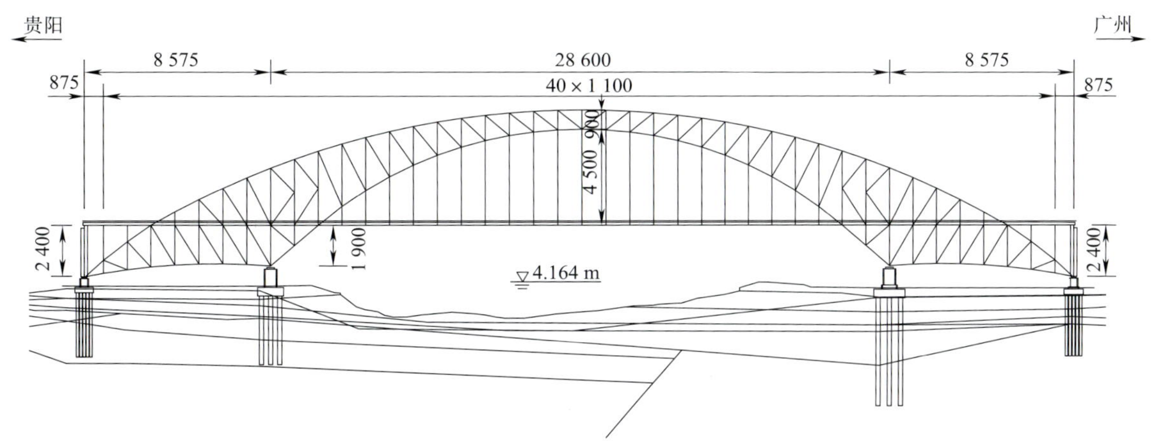

图 7-18-1　主桥立面（单位：cm）

7.18.2　结构形式

钢桁拱桥孔跨为（85＋286＋85）m，桁宽 15 m，轨面至主桁下弦中心高度 1.656 m，轨面至边支座顶高度 26.168 m，轨面至中支座顶高度 21.415 m，除边跨第一个节间 8.25 m 外，其余节间长度 11 m，边跨 8 个节间，中跨 26 个节间。边跨梁端为钢结构门式墩，由两根高为 24 m 的立柱与横梁构成，立柱之间、立柱与横梁体内均灌注压重混凝土；主桥拱上立柱及其两立柱之间提供了大量的压重空间，与钢梁相连的 24 m 预应力混凝土简支 T 梁架在门式墩横梁上，从而解决了边支座负反力与施工期间抗倾覆稳定的问题。拱顶桁高 9 m，拱顶至桥面高度 54 m，内拱肋矢高 64 m，矢跨比 1/4.47；外拱肋矢高 78 m，矢跨比 1/5.85。拱肋上、下弦杆分别采用不同的圆曲线。两拱趾之间设钢箱系杆，以承受拱肋产生的巨大水平推力。拱肋与系杆之间采用吊杆连接，最长吊杆 45 m。主桁采用整体节点，三角形桁式，钢桁拱节点的杆件最大质量达 55 t。

（1）主桁

主桁采用箱形截面，主桁杆件内宽 1 000 mm，最大板厚 52 mm。上拱肋采用箱形截面，内高 1 200 mm，内宽 1 000 mm，杆件板厚 16～40 mm，腹板、翼板均在中部设置加劲肋。下弦及系梁采用箱型截面，内高 1 600 mm，内宽 1 000 mm，杆件板厚 16～44 mm，翼板在中部设置加劲肋，腹板设置 2 个加劲肋，截面总共 6 个加劲肋。下拱肋采用箱型截面，内宽 1 000 mm，边跨部分下拱肋内高 800 mm，中跨部分内高由拱顶至拱脚 1 000～1 800 mm，杆件板厚 16～52 mm，翼板在中部设置加劲肋，腹板设置 2 个加劲肋，截面总共 6 个加劲肋。

（2）吊杆

采用八边形截面，内宽 1 000 mm，内高根据吊杆由短到长 800～1 200 mm，板厚 16 mm，箱形吊杆与主桁节点采用四面对接的方式连接；边吊杆由于长度短，面外弯矩引起的应力较大，板厚加大至 32 mm，采用内宽、内高均为 1 000 mm 的箱型截面。

（3）腹杆

采用 H 形截面与箱形截面，为节约材料及改善杆件的局部稳定，压杆采用箱形截面，拉杆采用 H 形截面；H 形截面与主桁节点采用三面拼接，箱形截面采用四面对接的方式连接；腹杆内宽 1 000 mm，内高 800 mm。

（4）桥面构造

①总体布置

钢桥面由桥面板、横梁、横肋、纵梁、纵肋、横梁端头及水平 K 撑 7 个部分组成，其中钢桥面板全桥纵向连续，横向与主桁下弦杆分离，焊接在两横向中心距为 9.4 m 的纵梁上，纵向分别以长度 3 m、8 m 分段焊接。横梁与主桁节点相连，为减小横梁端头面外弯矩，在每个横梁端头两侧各设置一个工字形水平斜杆，形成水平 K 撑，连接主桁节点与横肋和纵梁。钢桥面顶板配置 MMA 防水体系。桥面横向布置如图 7-18-2 所示。

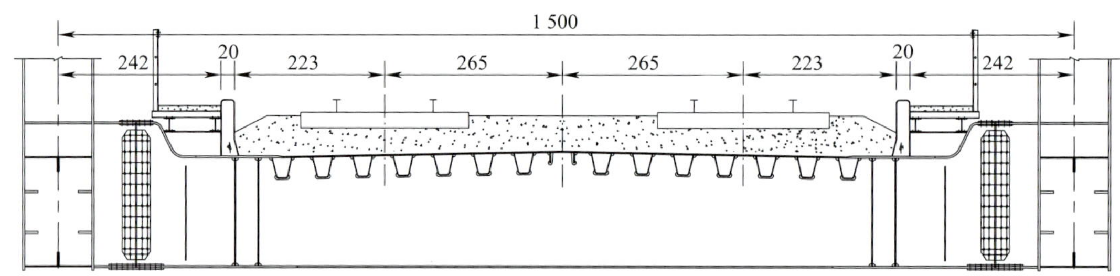

图 7-18-2　桥面横向布置图（单位：cm）

②横梁及横肋

边跨第一节间横梁间距 8.25 m 外，其余横梁间距 11 m。采用倒 T 形截面，内高 1 600～1 683 mm，腹板厚 16 mm，底板宽 740 mm，厚 24 mm，腹板与纵梁腹板焊接，底板与纵梁底板焊接。两道横梁之间设 3 道横肋，间距 2 750 mm，采用倒 T 形截面，内高 1 600～1 683 mm，腹板厚 14 mm，底板宽 580 mm，厚 20 mm，腹板与纵梁腹板焊接，底板与纵梁底板焊接。

③纵梁及纵肋

两片主桁内侧各设置一道纵梁，横向中心距9.4 m。纵梁采用箱形截面，内高1 600 mm，腹板厚14 mm，顶底板厚28 mm、宽900 mm，大于腹板中心距340 mm，便于与桥面其他杆件相连。两道纵梁之间，钢桥面板下设置了14道U肋和2道I肋，其中I肋设置在跨中位置。U肋高度300 mm，厚8 mm，间距600 mm，I肋高度150 mm，厚16 mm。纵肋全桥连续，遇横梁、横肋腹板则开孔穿过。

④横梁端头及水平K撑

横梁端头采用变高度的工字形截面，与桥面相连一端腹板高度1 600 mm，与主桁节点相连一端2 100 mm，腹板厚28 mm，上下翼板宽740 mm，厚28 mm；为减小桥面纵向变形，主桁下弦节点处设置水平K撑，K撑也采用变高度工字形截面，与纵梁和横肋交点相连的一端腹板高度1 600 mm，与主桁节点相连一端2 100 mm，腹板厚14 mm，上下翼板宽420 mm，厚28 mm；如图7-18-3所示。

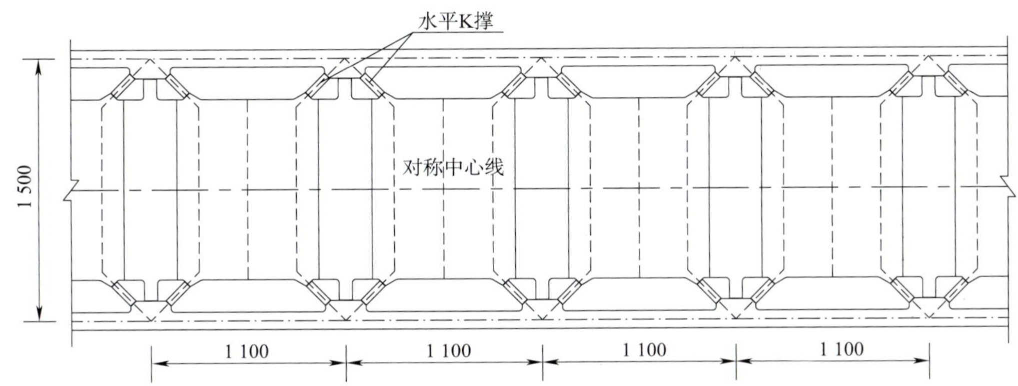

图7-18-3　带水平K撑桥面平面布置图(单位:cm)

(5)纵联

采用交叉式结构，包括上拱肋平联及下拱肋平联，为保证列车通过上下拱肋桥面以上的第一个节间不设平联。

纵向平联采用H形截面的杆件，翼板宽420 mm，总高420 mm，翼板厚16～32 mm，腹板厚12～24 mm；中支座处拱肋平联采用翼板宽600 mm，总高为600 mm的H形截面，翼板厚36 mm，腹板厚28 mm。

(6)横联

主桁隔节间设置横联，包括：①边跨桥面以下部分上弦与上下拱肋满布横联。②边跨桥面以上部分下弦与上拱肋间及部分中跨半框横联。③中跨上下拱肋间满布横联。

横联采用桁式结构，基本截面为H形截面，外高420 mm，翼板宽400 mm，腹板厚12 mm，翼板厚16 mm，局部加厚腹板和翼板，特别位置加宽翼板与加高腹板。

(7)边跨梁端部门式墩

边跨端部门式墩柱中心线高24 m，横向间距15 m，箱型截面为3 000 mm×3 000 mm，板厚24 mm，竖向设置环向加劲肋，16 mm加劲隔板将立柱分成9个腔体。横梁采用箱形截面，尺寸为3 000 mm×2 000 mm，板厚24 mm，16 mm加劲隔板将横梁分成3个腔体，每个腔体内均设置环向加劲肋；墩柱与横梁体内灌注混凝土，横梁以下与墩柱间区域也灌注混凝土。

(8)墩身及基础

桥墩采用混凝土矩形实体墩，两主桥墩采用18根直径2.0 m桩基础；两连接桥墩采用18根直径1.25 m桩基础。

7.18.3　施工方法

边跨借助临时墩支架并利用架梁吊机原位散拼施工，中跨钢桁架拱及桥面系通过拱上架梁吊机和施工塔架(带扣索)悬臂散拼施工，如图7-18-4～图7-18-6所示。

图 7-18-4　中跨悬拼施工

图 7-18-5　中跨合龙施工

图 7-18-6　主桥全景

7.18.4　主要技术经济指标

主要技术经济指标见表 7-18-1。

表 7-18-1　主要技术经济指标

指　标　类　型		数　　值
结构性能指标	竖向挠跨比	1/2 152
	梁端转角(rad)	0.595‰
主要工程量	钢桁架拱桥总用钢量(t)	14 045.3
	钢桁架拱桥用钢指标(t/m)	30.7
	梁端门式墩混凝土(m^3)	2 440.9

7.18.5　技术特点和创新点

(1)本桥为铁路首例飞燕式钢桁架拱桥，边中跨比仅为 0.3。

(2)桥面采用水平 K 撑结构形式

桥面采用带水平 K 撑正交异性板桥面系结构，主桁节点与主横梁端部两侧的边纵梁之间通过水平 K 撑连接，利用桥面板、边纵梁及水平 K 撑组成的纵向力传递体系有效地将桥面制动力等纵向荷载传递到主桁节点，解决了桥面系纵向水平力传递积累的问题。

(3)桥面采用新型防护防水层

本桥在钢桥面系上取消铺设混凝土桥面板，直接采用铺设 3 mm 厚甲基丙烯酸甲酯(MMA)耐磨防水保护层，有效减轻结构自重，提高桥面结构耐久性。

7.18.6　获奖情况

(1)获 2015 年中国铁建优秀工程设计二等奖。

（2）获 2015 年湖北省优秀工程设计二等奖。

（3）获 2015—2016 年国家铁路局优秀工程设计二等奖。

7.19　南广铁路肇庆西江特大桥

桥　　名：肇庆西江特大桥
工程项目：新建南广铁路
工程位置：广东省肇庆市
主　　跨：450 m
桥　　型：中承式钢箱提篮拱桥
建设单位：南广铁路有限责任公司
设计单位：中铁工程设计咨询集团有限公司
施工单位：中铁大桥局集团有限公司
设计人员：徐升桥　任为东　彭岚平　王德华　张　华　杨喜文
通车时间：2014 年 12 月

7.19.1　概　　况

新建南广铁路设计时速 250 km，有砟轨道，双线、线间距 4.6 m，设计活载为中—活载和 ZK 活载。南广铁路于广东省肇庆市西北跨越西江，桥址位于西江三榕峡区的上游段，此处西江深切地表，形成峡谷，两岸为中低山，河道在此弯曲转折，江面宽度约 410 m，最大水深约 80 m。桥址范围内西江为Ⅱ级航道，船舶吨级 2 000 t，按Ⅱ级 2 排 2 列通航的航道等级进行设计，双向通航孔净宽 210 m，上底宽 183 m，净高 18 m。

桥位处西江两岸覆盖层为第四系地层，包括全新统人工填土（Q_4^{ml}）、全新统冲积（Q_4^{al}）卵石土和全新统残坡积（Q_4^{el+dl}）粉质黏土，厚度 13.9～29.8 m，其下为泥盆系中统（D_2）砂岩及泥质砂岩。桥址处设计地震动峰值加速度为 0.05g，特征周期为 0.35 s。

受通航和行洪条件限制，要求主桥一跨过江。根据地形、地质条件和经济技术比选，主桥采用计算跨径为 450 m 的中承式钢箱提篮拱桥，矢跨比为 1/4，桥梁全长 618.30 m。主桥立面如图 7-19-1 所示。

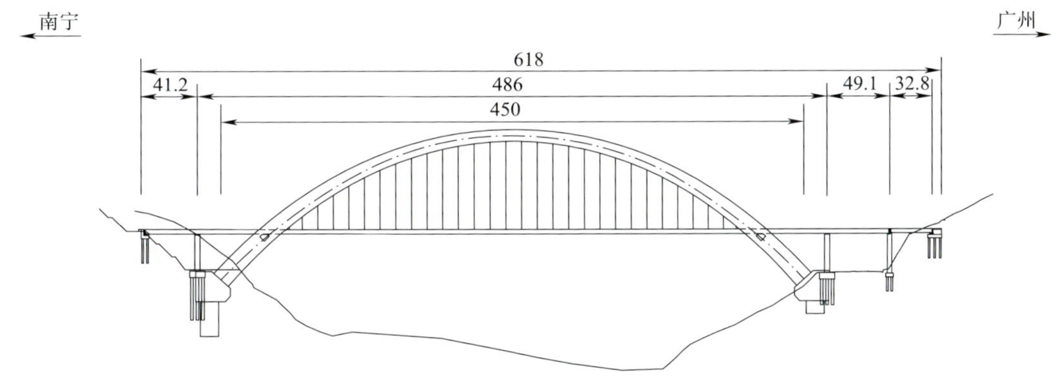

图 7-19-1　主桥立面（单位：m）

7.19.2　结构形式

（1）拱肋

拱肋为变高度钢箱结构，为便于工厂制造及验收，拱肋各节段按“以折代曲”的原则设计。拱脚处拱肋截面径向高度 15.1 m，拱顶截面径向高度 9.1 m。拱肋为陀螺形截面，拱肋横截面下端为倒梯形，径向高度 4.0 m；上端为矩形截面，径向高度在 5.0～11.0 m 间变化。拱肋顶、底板厚度为 50 mm，中间水平板为 20 mm，腹板厚度 24 mm，如图 7-19-2 所示。

拱肋各节段间采用栓焊混合的方法连接，即箱内各纵肋采用高强度螺栓连接，箱形断面采用工地对接焊。

(2)组合式拱桥基础结构

根据钢箱拱桥的受力特点，主拱基础采用本桥首创的"拱座＋矩形挖井"组合式拱桥基础结构，有效解决了破碎岩体内主拱基础承受巨大推力的受力难题。

全桥共设置 4 个组合式拱桥基础。单个拱座横桥向宽 12 m，高 23.4 m，长 26.597 m。拱座下方设置单根矩形挖孔桩基础，挖孔桩截面为 14 m×5 m，南宁侧桩长 27 m，广州侧桩长 10 m。

施工过程中，先采用沉井下沉的施工方法施工拱座，然后将拱座作为下部挖井基础开挖施工的防护结构，如图 7-19-3 所示。

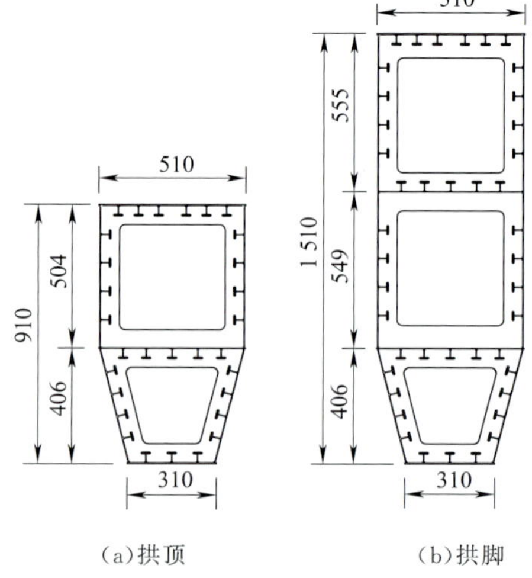

图 7-19-2 陀螺形拱肋断面图(单位：cm)

图 7-19-3 拱座作为沉井下沉施工

(3)主拱与拱座连接构造

拱肋与拱座采用"固结"连接方案，拱肋伸入拱座基础内，伸入深度 10 m。拱肋钢箱内设钢混过渡段，延伸至拱座以上一定高度，拱肋内壁设剪力钉，过渡段混凝土采用 C50 补偿收缩混凝土，内设普通钢筋。拱肋在过渡段混凝土端面以上通过 T 肋的高度变化完成刚度渐变，并与端面钢隔板焊连。

(4)钢—混组合梁桥面系

桥面系由钢横梁、钢主纵梁、钢次纵梁、钢筋混凝土桥面板组成，为半漂浮式桥面结构体系。主纵梁横向中心距为 20 m，横梁纵向间距为 9～12 m，横梁与主纵梁连接，横截面上设 6 道次纵梁，钢横梁、主纵梁、次纵梁组成桥面格子梁体系，在钢桥面系顶面均布置 $\phi22$ 圆柱头焊钉与钢筋混凝土桥面板形成组合结构，如图 7-19-4 所示。

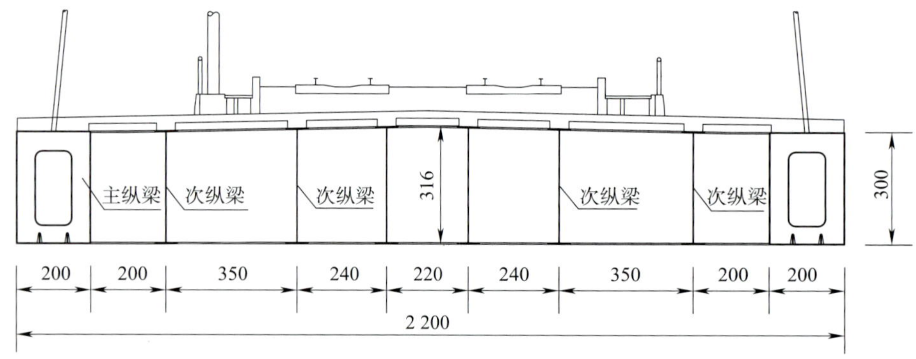

图 7-19-4 钢—混组合梁桥面系(单位：cm)

(5)吊杆和锚拉板

拱肋与钢主纵梁间采用镀锌平行钢丝束吊杆,吊杆上端锚固在拱肋顶面,下端通过锚拉板锚固于钢主纵梁顶面,以便于吊杆的安装、检查维修和更换。

由于西江桥吊杆为空间线形,要求吊索锚固构造能够适应转动及三向空间变位,通过系列技术和试验研究,设计采用了可满足空间变位要求的新型锚拉板结构。

7.19.3 施工方法

西江桥采用缆索吊机节段悬拼的总体施工方案。主拱肋开始 3 个节段利用 5 000 kN 浮吊安装,其余节段采用缆索吊机节段悬拼施工。

两岸主拱横梁至桥台范围内的"钢纵横梁＋桥面板"采用缆索吊机先水上整体提升,再在支架上纵向滑移的施工方法完成;而主拱横梁之间的"钢纵横梁＋桥面板"和所有吊杆均采用缆索吊机直接架设完成,如图 7-19-5 和图 7-19-6 所示。

图 7-19-5　拱肋合龙

图 7-19-6　桥面系吊装完成

西江桥施工过程中,共设 2 座扣(缆)索塔架,每座塔架对应 6 个锚碇。锚碇采用安全风险低、更加环保的预应力岩锚锚碇。

7.19.4 主要技术经济指标

主要技术经济指标见表 7-19-1。

表 7-19-1　主要技术经济指标

指标类型		数值
结构性能指标	竖向挠跨比	1/3 466
	梁端转角(rad)	1.4‰
主要工程量	桥面系用钢指标(t/m)	12.02
	桥面系混凝土指标(m^3/m)	2.35
	拱肋用钢量(t)	18 756.5
	吊索平行钢丝(t)	212.2
	拱座＋矩形挖井混凝土方量(m^3)	32 342.8

7.19.5 技术特点和创新点

南广铁路西江特大桥主跨 450 m,列车运营时速 250 km,目前为世界上最大跨度的高速铁路拱桥。主要创新有:

(1)提出了跨度 450 m 中承式高速铁路钢箱提篮拱桥的主要设计参数、传力途径和缆索吊机节段悬拼的总体施工方案。

（2）首创了可承担巨大水平推力的新型拱桥基础结构形式，并研发了临江面施工水位以下 30 m 的止水及深基坑开挖与安全防护技术。

（3）采用新型预应力岩锚锚碇，更好地解决了软弱围岩区万吨以上施工荷载的锚固问题。

（4）研究了大跨度拱桥在温度荷载下的轨道平顺性问题，并提出了轨道静态调整方法和相应施工工艺。动车组试运营测试速度达到 272.7 km/h，各项指标均满足要求。

（5）提出的加厚桥面板设计方案，在解决大跨度钢箱拱风振问题的同时提高了大桥的高速列车运行性能。

（6）设计的新型锚拉板和吊索体系，可以适应空间吊索结构的锚头转动需要，有效避免了应力集中，改善了锚头受力。

7.19.6 获奖情况

（1）获 2016 年中国钢结构协会钢结构工程大奖。

（2）获 2017 年中国中铁优秀工程设计一等奖。

（3）获 2017 年中国铁路工程总公司科学技术特等奖。

（4）获 2018 年中国铁道学会科学技术一等奖。

7.20 贵广铁路思贤窖特大桥

桥　　名：思贤窖特大桥
工程项目：贵广铁路
工程位置：广东省佛山市
主　　跨：230 m
桥　　型：钢桁梁斜拉桥
建设单位：中国铁路广州局集团有限公司
设计单位：中铁第四勘察设计院集团有限公司
施工单位：中交第四航务工程局有限公司
　　　　　中铁山桥集团有限公司
设计人员：罗世东　廖祖江　瞿国钊　夏正春　康小英
　　　　　朱军涛　周细宝
通车时间：2014 年 12 月

7.20.1 概　　况

贵广和南广铁路在肇庆至广州段合并成四线跨越思贤窖水道，中间 2 线布置贵广铁路，两侧各 1 线布置南广铁路，设计速度 250 km/h，有砟轨道，于广东省佛山市跨思贤窖水道。思贤窖水道是连接西江和北江的重要通道，为Ⅱ级航道，设计流量 $Q_{1\%}=6\ 059\ m^3/s$，设计水位 $H_{1\%}=9.7$ m，设计流速 $v_{1\%}=1.3$ m，最高通航水位 $H=11.01$ m，通航净宽 205 m，净高 10 m。桥址范围内地势平坦，鱼塘密布，沟渠纵横；桥址地质条件较好，持力层为弱风化灰岩。

思贤窖特大桥线间距为(4.6+5.3+4.6) m，采用(58.5+109.25+230+109.25+58.5) m 钢桁梁斜拉桥，H 形桥塔，平行双索面。靠近两桥端各 9 个节间的桥面采用钢筋混凝土板，其余桥面采用 U 肋正交异性板。主桥立面如图 7-20-1 所示。

7.20.2 结构形式

（1）主梁

加劲梁采用宽桁结构，桁宽 24 m，桁高 14 m，节间距 11.5 m。下弦杆采用箱形截面，内宽 1 300 mm，内高 1 600 mm，板厚 24～50 mm。上弦杆件箱形截面，内宽 1 300 mm，内高 1 300 mm，板厚 24～32 mm；

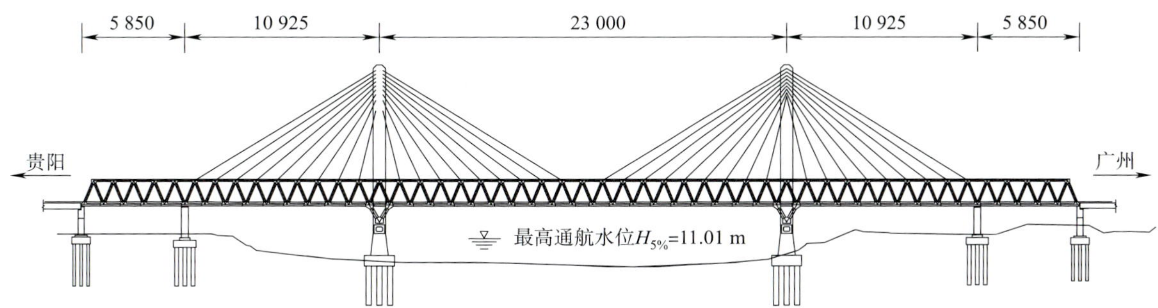

图 7-20-1　主桥立面(单位:cm)

腹杆箱形截面,内宽 1 300 mm,外高 1 280 mm,板厚 32～50 mm。主桁采用整体节点板高强螺栓连接,腹杆采用插入式,如图 7-20-2 所示。

在密横肋桥面结构基础上增设两根边纵梁,边纵梁中心距 19.58 m。在边纵梁和主桁节点间设置水平 K 撑。桥面横梁间距 11.5 m,其端部与主桁节点相连;在两片横梁间设置三道次横梁,间距 2.8 m,次横梁两端与边纵梁相连。

(2)桥塔

采用 H 形桥塔,C50 混凝土,上塔柱横桥向中心距 24 m,上塔柱高 35.5 m,中塔柱高 65 m,下塔柱高 16.2 m,总塔高 116.7 m,如图 7-20-3 所示。塔柱为单箱单室矩形截面,中塔柱和上塔柱横桥向宽 4.5 m,下塔柱横桥向自 4.5 m 增加到 9.5 m;中塔柱和上塔柱纵桥向宽 7.0 m,下塔柱纵桥向宽自 7 m 增加到 10 m。

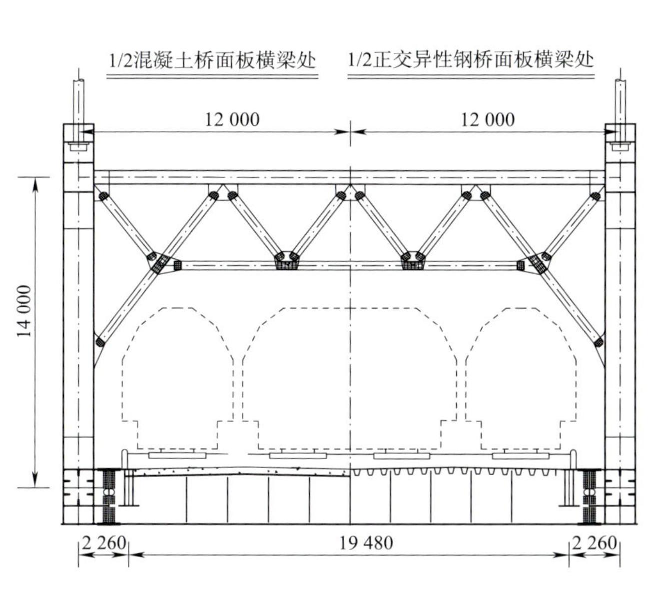

图 7-20-2　主梁截面图(单位:mm)

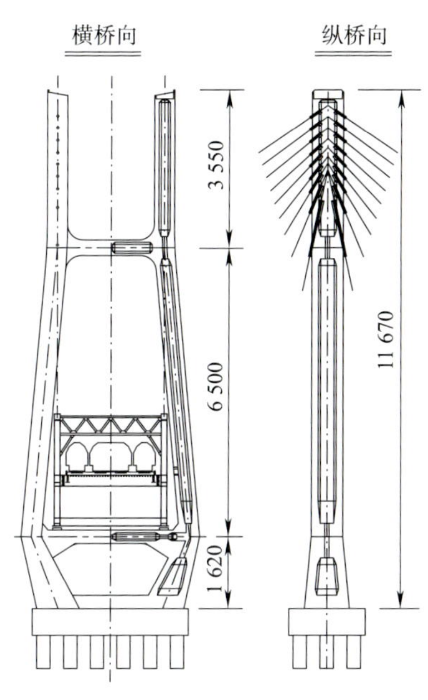

图 7-20-3　桥塔结构图(单位:cm)

(3)斜拉索

采用平行双索面,索面间距 24 m,全桥共 36 对斜拉索。斜拉索采用 $\phi7$ 平行钢丝束,极限抗拉强度 1 670 MPa,索的规格分为 421、409、379 三种规格,下端通过钢锚箱锚固在钢桁梁的上弦节点上,上端通过混凝土锯齿块锚固于桥塔上塔柱。

(4)墩身及基础

连接墩和辅助墩均采用混凝土实体墩。左、右塔各采用 18 根直径 3.0 m 的桩基,左、右连接墩各采用 18 根直径 2.2 m 的桩基,左、右辅助墩亦各采用 18 根直径 2.2 m 的桩基。

7.20.3 施工方法

边跨钢桁梁采用支架散拼，中跨钢桁梁采用单悬臂拼装，如图 7-20-4～图 7-20-7 所示。

图 7-20-4 桥塔施工

图 7-20-5 中跨悬拼

图 7-20-6 钢桁合龙

图 7-20-7 成桥实景

7.20.4 主要技术经济指标

主要技术经济指标见表 7-20-1。

表 7-20-1 主要技术经济指标

指标类型		数值
结构性能指标	边跨竖向挠跨比	1/1 020
	梁端转角（rad）	0.69‰
	横向挠跨比	1/7 258
主要工程量	主梁总用钢量（t）	18 934.0
	主梁用钢指标（t/m）	33.6
	斜拉索平行钢丝（t）	693.0
	结合梁混凝土（m^3）	1 179.0
	桥塔混凝土（m^3）	15 168.0

7.20.5　技术特点和创新点

（1）首座在四线铁路采用两片主桁的钢桁梁斜拉桥，平行双索面，结构受力更明确，桥面更紧凑，空间更开阔，并为大型机械养护和行车创造了良好的条件，为多线铁路桥梁的设计提供一种全新的思路。

（2）首次采用带水平 K 撑新型钢桥面系结构，实现了水平力就近连续分散到主桁节点的传递，极大地减小了四线铁路横梁的面外弯矩；同时，边纵梁使桥面与主桁分离，主桁下弦杆只受节点力，改善了主桁受力，同时减小了横梁和横肋的跨度，优化了传力路径，改善了主桁的受力。

（3）首次将 MMA 树脂防水防护技术应用在砟铁路钢桥面上，较传统钢—混结合桥面大幅减轻了恒载，并形成了 MMA 施工工法。

7.20.6　获奖情况

（1）获 2016 年湖北省优秀工程设计二等奖。

（2）获 2016 年中国铁道学会科学技术二等奖。

（3）获 2017 年中国铁建科学技术二等奖。

7.21　深茂铁路潭江特大桥

桥　　名：潭江特大桥
工程项目：新建深茂铁路江门至茂名段
工程位置：广东省江门市
主　　跨：256 m
桥　　型：独塔混合梁斜拉桥
建设单位：中国铁路广州局集团有限公司
设计单位：中铁第四勘察设计院集团有限公司
施工单位：中铁广州工程局集团有限公司
设计人员：刘振标　曾　敏　文望青　马　广　赵　涛
　　　　　陈正驰　康小英　张晓江
通车时间：2018 年 7 月

7.21.1　概　　况

新建深圳至茂名铁路江门至茂名段是国铁Ⅰ级，有砟轨道，客货共线铁路，设计速度 200 km/h，设计活载采用中—活载，正线线间距 4.4 m，线路全长 266 km。

潭江特大桥于广东省江门市跨越潭江水道，桥区属感潮河段，河面宽约 540 m，桥轴线法线方向与水流流向交角约为 24°，水深良好，最大水深 13 m，Ⅲ级航道，通行 1 000 t 级海轮，通航净高 13 m，设计最高通航水位 2.94 m。桥址属南亚热带海洋性气候，多年平均气温 21.9 ℃，设计基本风压 1 000 Pa。场址表层为素填土、淤泥、粉质黏土、细砂、中砂和细圆砾土。场地类别为Ⅱ类，地震基本烈度为 7 度，设计基本地震加速度值为 0.10g。

主桥采用（31.85＋57＋130＋256＋63.9）m 独塔混合梁斜拉桥跨越潭江水道，主桥长 540.55 m，钢—混结合面设置于小里程辅助墩主跨侧，边跨主梁为分离式双箱单室预应力混凝土箱梁，其余边、中跨主梁为分离式双箱单室钢箱梁。主桥两侧接 48 m 现浇简支箱梁。采用独塔双索面布置，索塔采用 H 形索塔，索塔全高约 154.1 m。斜拉索采用抗拉标准强度 1 670 MPa 镀锌平行钢丝拉索，空间双索面扇形布置，全桥共 30 对斜拉索。结构体系采用固定支座＋液压锁定熔断组合体系。主桥立面如图 7-21-1 所示。

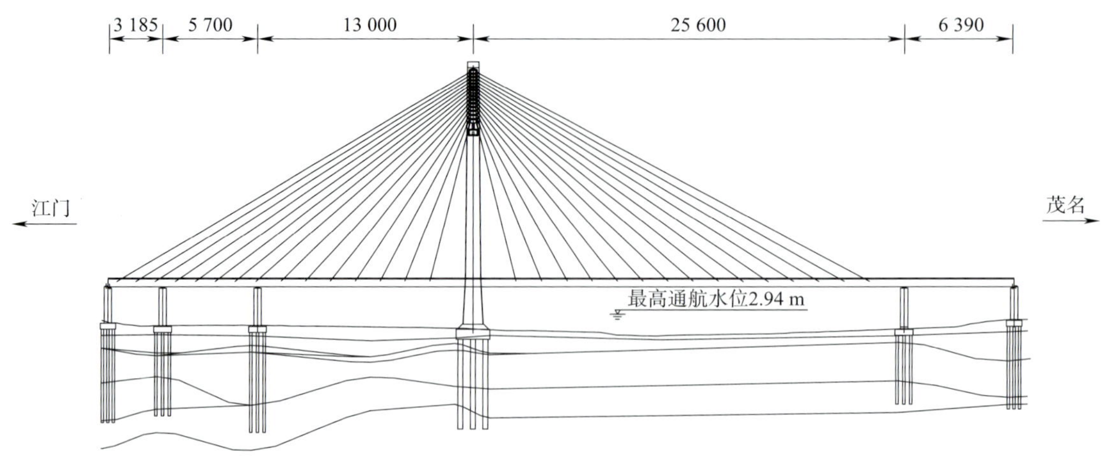

图 7-21-1　主桥立面(单位:cm)

7.21.2　结构形式

(1)主梁

主梁采用双主梁结构形式。除边跨第一、二跨采用预应力混凝土箱梁外，其他均采用钢箱梁。梁高 4.6 m，桥面宽 14 m，混凝土主梁两侧各设 0.6 m 宽风嘴，钢箱梁两侧各设 2.6 m 宽风嘴，梁总宽度 15.2 m，顶面设 2%的 4 面横向排水坡。边主梁箱梁顶宽 3.75 m，底宽 2 m，梁外侧高 4.596 m，如图 7-21-2 和图 7-21-3 所示。

钢结构桥面系为密横梁正交异性板体系，V 形加劲肋，横梁腹板及底板与主梁栓接，桥面板与主梁上缘焊接接。

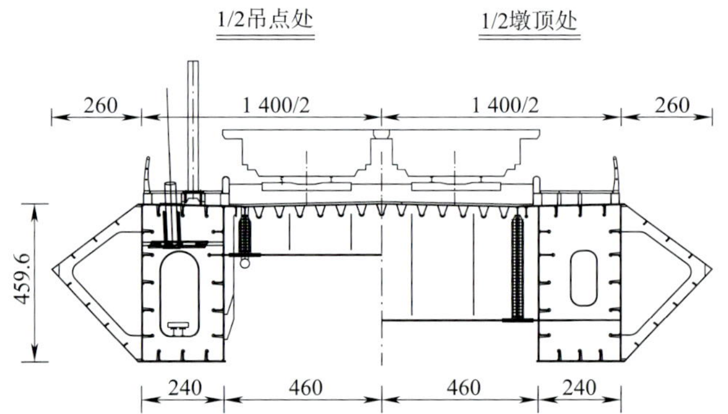

图 7-21-2　钢箱梁标准横断面(单位:cm)

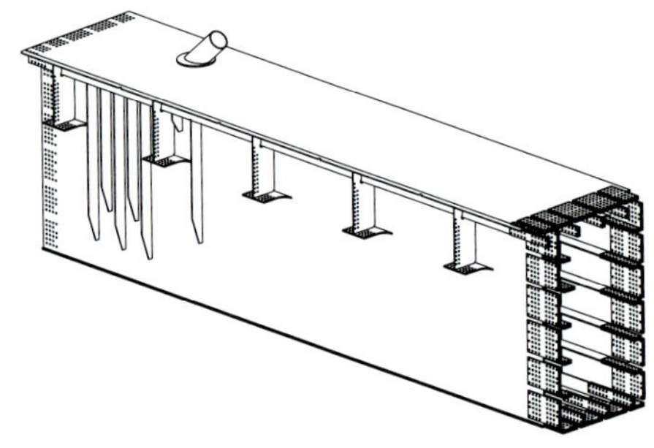

图 7-21-3　钢箱边主梁三维图

混凝土梁边主梁一般梁段顶板厚 80 cm，墩顶处加厚至 120 cm。底板厚 80 cm，墩顶加厚至 140～180 cm。中腹板一般段厚 70 cm。支座处加厚至 90 cm。预应力混凝土梁分两端采用支架现浇施工，如图 7-21-4 所示。

(2)桥塔

桥塔采用 H 形索塔。桥面以上塔高 127 m，桥面以下塔高 27.1 m。塔柱顺桥向宽度由塔顶 6.5 m 渐变为桥面处的 9 m，再桥面处的 9 m 渐变为塔底处的 12 m。上、中塔柱横桥向宽 4 m，下塔柱横桥向宽由 4 m 渐变为 7 m。塔柱均采用单箱单室结构，上塔柱前后塔壁厚

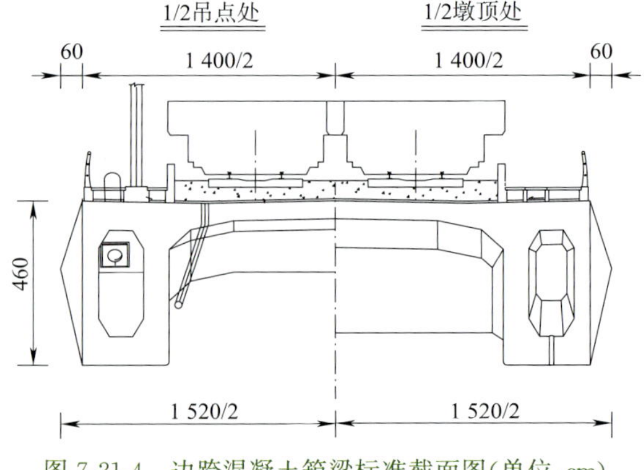

图 7-21-4　边跨混凝土箱梁标准截面图(单位:cm)

1 m，侧壁厚 0.8 m；中塔柱前后塔壁厚 1.3 m，侧壁厚 0.8 m；下塔柱前后塔壁厚 1.7 m，侧壁厚 1.0 m。桥塔设一道上横梁、一道下横梁，均采用单箱单室全预应力混凝土结构。索塔锚固采用内置式钢锚箱，并布置纵、横向高强精轧螺纹预应力钢筋，“井”字形布置。

(3)拉索及锚固体系

拉索为双索面布置，全桥共 30 对斜拉索。主跨钢箱梁侧桥面锚点顺桥向间距 15 m，边跨混凝土梁侧桥面锚点顺桥向间距 11～15 m。梁上锚点横桥向间距 12.2 m，塔上锚点横桥向间距 20 m。拉索采用强度等级为 1 670 MPa 的 ϕ7 镀锌平行钢丝斜拉索，斜拉索规格为 PES(c)7-199～PES (c)7-337。拉索最大长度 265.8 m，与水平面最小倾斜角 28.1°。在塔顶，拉索锚固于塔上钢锚箱，锚点竖向间距 2～2.5 m；在主梁上，拉索锚固于边主梁箱内。拉索在塔顶张拉。斜拉索在桥面附近设外置式阻尼器以抑振。

(4)墩身及基础

索塔承台平面尺寸为 20.2 m×33.2 m，厚 6 m，设 3 m 高塔座。基础采用桩基础，承台底按行列式布设 15 根 ϕ3 m 钻孔灌注桩。边墩及辅助墩均采用变截面花瓶形实体墩，墩高 19.3～25.2 m，均采用 ϕ1.5 m 钻孔灌注桩。

7.21.3　施工方法

混凝土箱梁采用逐段支架现浇，主跨钢箱梁采用悬臂拼装，边跨钢箱梁采用大节段吊装、现场高强螺栓连接，如图 7-21-5～图 7-21-7 所示。

图 7-21-5　双壁钢围堰接高下放

图 7-21-6　主跨钢箱梁悬臂拼装

图 7-21-7　大桥近景

7.21.4 主要技术经济指标

主要技术经济指标见表 7-21-1。

表 7-21-1 主要技术经济指标

指标类型		数值
结构性能指标	竖向挠跨比	1/580
	梁端转角(rad)	2.49‰
	横向挠跨比	1/4 654
主要工程量	主跨钢箱梁用钢指标(t/m)	15.7
	主梁混凝土(m^3)	2 635.1
	桥塔混凝土(m^3)	9 009.8
	斜拉索(t)	918.9

7.21.5 技术特点和创新点

(1)目前世界最大跨度双线铁路独塔斜拉桥，提出了铁路大跨度独塔混合双主梁斜拉桥结构体系，突破了传统的竖向刚度指标，解决了大跨度铁路斜拉桥钝体钢箱主梁的涡振问题，形成了铁路大跨度独塔混合双主梁斜拉桥设计方法。

(2)提出并采用了双箱主梁高强螺栓拼接技术及边跨大节段架设技术，大幅度减少了工地焊缝，保证了主梁线形和现场连接施工质量，显著加快了施工进度。

(3)首次在大跨度铁路桥梁领域全程采用 BIM 技术正向设计，并用于施工及运维指导。

(4)提出了基于未知荷载识别技术的大型桥梁船撞损伤智能评估方法，应用于潭江桥船舶撞击桥梁监测与评估系统中，解决了强随机性、未知荷载条件下船桥碰撞损伤评估难题，为船桥碰撞损伤评估与预警提供了高效率、智能化、信息化的途径。

7.21.6 获奖情况

(1)获 2019 年中国铁建优秀工程设计一等奖。

(2)获 2019 年中国铁建科学技术一等奖。

7.22 潜江铁路支线岳口汉江特大桥

桥　　名：岳口汉江特大桥
工程项目：潜江铁路支线
工程位置：湖北省天门市
主　　跨：268 m
桥　　型：混合梁独塔斜拉桥
建设单位：湖北省江汉铁路有限责任公司
设计单位：中铁第四勘察设计院集团有限公司
施工单位：中铁十五局第一工程有限公司
设计人员：文望青　高文军　张晓江　付小军　柳　鸣　李的平
通车时间：2018 年 11 月

7.22.1 概　况

潜江铁路支线设计速度 100 km/h，单线有砟轨道，在湖北省天门市岳口镇跨越汉江，与既有岳口公路桥间距1 050 m。桥位处百年一遇水位 $H_{1\%}=38.43$ m，流量 $Q_{1\%}=15\ 000\ m^3/s$，流速 $v_{1\%}=2.38$ m/s。桥址区域内主要为第四系全新统冲湖积层淤泥质黏土、粉质黏土、黏性土、粉土、砂类土和碎石类土。

汉江为Ⅲ级航道，桥位处水面宽约350 m，通航孔净宽150 m，净高10 m，设计最高通航水位38.07 m。岳口汉江特大桥是潜江铁路支线的关键性控制工程，全桥总长6 387.4 m。由于与既有岳口公路桥间距不满足通航间距要求，采用(32+50+93.7+260+38) m钢箱混合梁独塔斜拉桥跨越。主桥采用主跨260 m钢箱梁混凝土梁矮塔斜拉桥、半漂浮体系。边跨及部分中跨主梁为混凝土梁，其余中跨为钢箱梁，钢混分界点位于主梁中跨侧距索塔23 m处。主桥立面如图7-22-1所示。

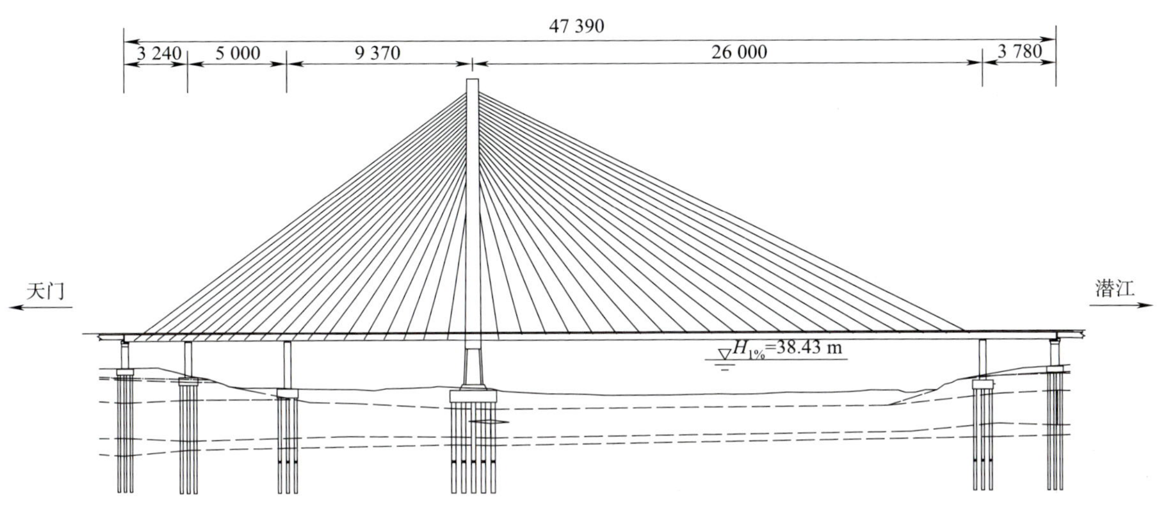

图7-22-1 主桥立面(单位:cm)

7.22.2 结构形式

(1)混凝土主梁

混凝土箱梁采用单箱三室等高截面，普通截面全宽13 m，中心处梁高3.5 m，如图7-22-2所示。标准横截面中室梁顶板厚度为40 cm，底板厚度为60 cm，中腹板厚50 cm，斜底板厚60 cm。加厚横截面中室梁顶板厚度为40 cm，底板厚度为60 cm，中腹板厚70 cm，斜底板厚60 cm。加宽段截面中室梁顶板厚度为40 cm，底板厚度为60 cm，中腹板厚70 cm，斜底板厚60 cm。混凝土箱梁每5.5～9.5 m布置一道厚50 cm横梁，与斜拉索位置对应设置，全桥共计22道斜拉索横梁。

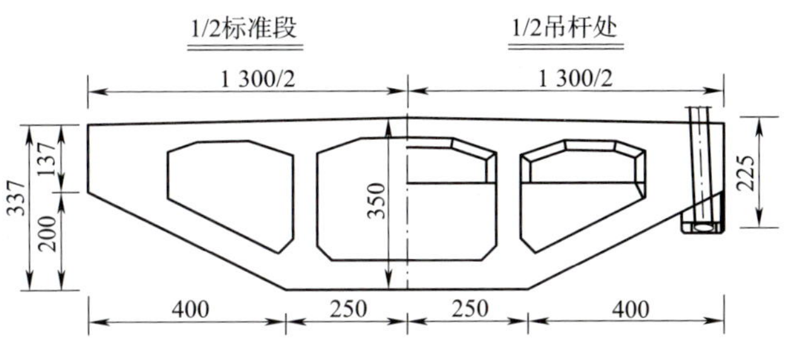

图7-22-2 混凝土主梁截面图(单位:cm)

(2)钢箱梁主梁

钢箱梁采用带风嘴的单箱三室截面(图7-22-3)，截面外轮廓尺寸与主跨混凝土箱梁相同，中间三室与混凝土主梁三室相对应。钢箱梁为正交异性板结构，由顶板、底板、斜底板、中腹板、边腹板及风嘴围封而成。顶、底板厚度16～28 mm，钢箱梁设两道中腹板和两道边腹板，中腹板厚度20～28 mm，边腹板厚度30 mm、40 mm。顶板均设置纵向V肋，加劲肋厚10 mm、间距600 mm。底板纵向均采用U肋，U肋板厚8 mm、平底板上U肋间距700 mm，斜底板上间距800 mm。

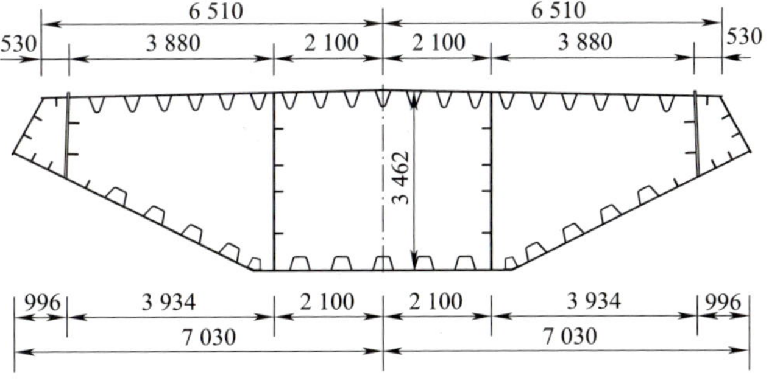

图7-22-3 钢箱梁主梁截面图(单位:mm)

（3）桥塔

采用钻石形索塔，桥面以上索塔采用倒Y形，桥面以下塔柱内缩为钻石形，如图7-22-4所示。塔底以上索塔全高为156.5 m，桥面以上塔高130.0 m，桥面以下塔高26.5 m，桥面以上塔的高跨比为1/2。索塔纵向宽度由塔顶6 m线性加宽至塔底10 m，索塔四周设100 cm×30 cm切角。

上塔柱斜拉索锚固区横桥向宽度为6 m，采用单箱单室截面，顺桥向壁厚0.8 m，横桥向壁厚0.8 m。中塔柱为两分离式倾斜塔柱，倾斜度1∶14.68。单箱单室截面，每柱横桥向宽度为4.0 m，顺桥向壁厚1.5 m，横桥向壁厚1.0 m。下塔柱亦为两分离倾斜塔柱，中心线倾斜度1∶8.014 7。单箱单室截面，每柱横向宽度由4.6 m渐变至5.6 m，顺桥向、横桥向壁厚均为1.5 m，底部加厚。

中塔柱和下塔柱在塔梁交接处设下横梁，下横梁采用等宽度变高度截面，截面宽7 m，高4～7.8 m。

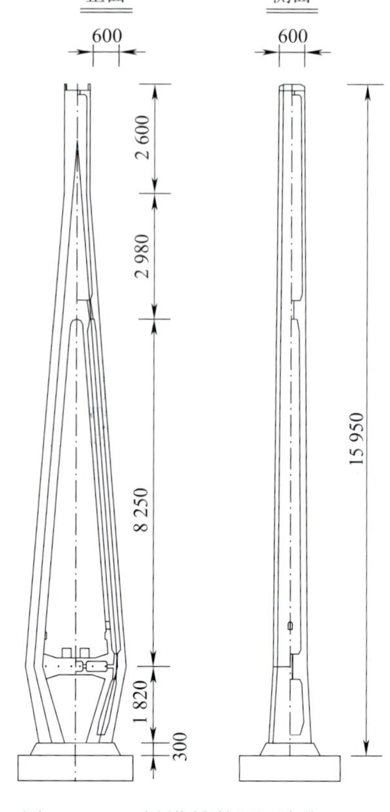

图7-22-4　桥塔结构图（单位：cm）

（4）斜拉索

斜拉索为空间双索面，扇形布置，立面上桥塔两侧共42对索，全桥共84根拉索，斜拉索梁上间距6～12 m，塔上索距（锚点竖向间距）1.7～4.625 m。斜拉索采用抗拉标准强度1 670 MPa热镀锌平行钢丝拉索，分109ϕ7、121ϕ7、127ϕ7、139ϕ7、151ϕ7、163ϕ7、199ϕ7七种规格。

斜拉索与索塔采用内置式钢锚箱的锚固方式，钢箱梁上采用锚拉板锚固，混凝土梁采用齿块，张拉端设置在塔内。

（5）墩身及基础

连接墩和辅助墩均采用混凝土实体墩。桥塔采用23根直径2.2 m的桩基，连接墩分别采用8根、9根、10根直径1.25 m的桩基，辅助墩采用8根直径1.25 m的桩基。

7.22.3　施工方法

边跨混凝土梁采用支架现浇施工，中跨钢箱梁采用单悬臂拼装，如图7-22-5～图7-22-8所示。施工流程：施工准备→栈桥→钻孔桩基础→承台→混凝土支架现浇→主塔→主塔安装斜拉锚索→悬臂安装钢箱梁→主跨钢箱梁合龙→斜拉锚索锚固到位（调整钢箱梁线形）→桥面系→附属设施。

图7-22-5　栈桥和钻孔平台

图7-22-6　上塔柱施工

图 7-22-7　钢箱梁吊装

图 7-22-8　成桥实景

7.22.4　主要技术经济指标

主要技术经济指标见表 7-22-1。

表 7-22-1　主要经济技术指标

指标类型		数值
结构性能指标	竖向挠跨比	1/710
	梁端转角(rad)	0.116‰
	横向挠跨比	1/5 591
主要工程量	主梁混凝土(m^3)	4 326.0
	主梁用钢量(t)	3 581.2
	桥塔混凝土(m^3)	6 703.0
	斜拉索(t)	586.3

7.22.5　技术特点和创新点

(1)国内最大跨度的铁路独塔斜拉桥。

(2)首次在铁路梁上采用承压板式锚拉板的结构形式,很好克服了目前常用索梁锚固结构的应力集中、局部应力和疲劳应力幅过大甚至超限的问题。

(3)首次在大跨度铁路桥上采用基于支点负弯矩区钢梁受力与压重一体化设计,参与截面整体受力,增加截面刚度,减少钢箱梁顶底板板厚同时兼作压重混凝土避免支点出现负反力。

7.22.6　获奖情况

获 2019 年中国铁建科学技术进步二等奖。

7.23　南三龙铁路闽江特大桥

桥　　名：闽江特大桥
工程项目：南平至龙岩铁路扩能改造工程
工程位置：福建省南平市延平区
主　　跨：216 m
桥　　型：连续刚构
建设单位：福建福平铁路有限责任公司
设计单位：中铁第四勘察设计院集团有限公司
施工单位：中铁十二局集团有限公司
设计人员：薛照钧　潘茂盛　张朝霞　吴伟宏　章开东
尹书军　曹忠强
通车时间：2018 年 12 月

7.23.1 概　　况

南平至龙岩铁路扩能改造工程为客货共线铁路、有砟轨道，设计速度 200 km/h，双线，线间距 4.4 m。线路于南平市跨越闽江，桥址位于西溪与建溪两江汇流口下游 7 km、距南龙铁路新建合福联络线闽江特大桥 1.5 km，河道微弯、航槽基本稳定，桥轴线法线与水流流向夹角为 22°；规划为Ⅳ级航道，最高、最低通航水位分别为 69.02 m、57.02 m。设计水位 73.87 m，设计流速 3.3 m/s。桥位处地质覆盖层为卵石土、粉质黏土，基岩为弱风化的花岗岩。

闽江特大桥上跨了既有峰福铁路、闽江、市政道路等多个复杂控制点。为了既能满足通航、防洪的要求，又能满足跨越既有峰福铁路和市政道路的要求，主桥采用（118＋216＋138＋83）m 双线非对称预应力混凝土刚构连续梁跨越闽江及朱熹路。主桥立面如图 7-23-1 所示。

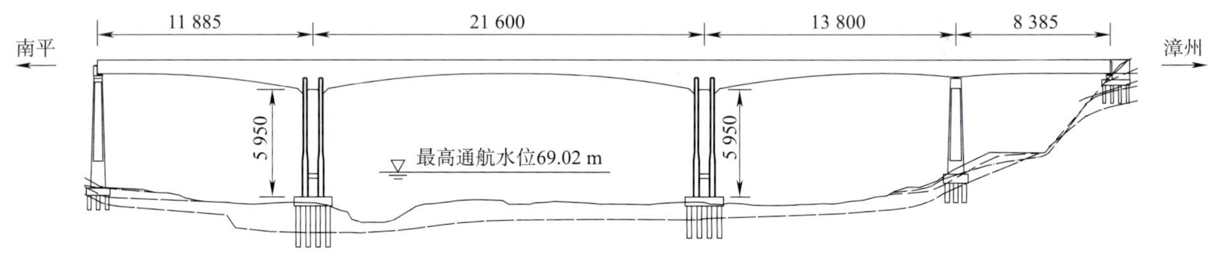

图 7-23-1　主桥立面（单位：cm）

7.23.2 结构形式

（1）主梁

刚构墩处梁高 16.50 m，边跨直线段及跨中段梁高为 7.50 m，梁底按圆曲线变化，圆曲线半径 R＝468.61 m；连续中墩处梁高 9.50 m，梁底圆曲线半径 R＝343.25 m。梁体截面采用单箱单室、变高度、变截面直腹板形式；箱梁顶宽 12.0 m，底宽 9.2 m，如图 7-23-2 所示。桥面横向设置 2% 排水坡。顶板厚度 62 cm，腹板厚度 55～75～95～105～130～200 cm，底板厚度 52～250 cm 渐变。全桥共分为 117 个梁段，最长梁段为 5.0 m，最大悬灌体积 175.2 m^3。

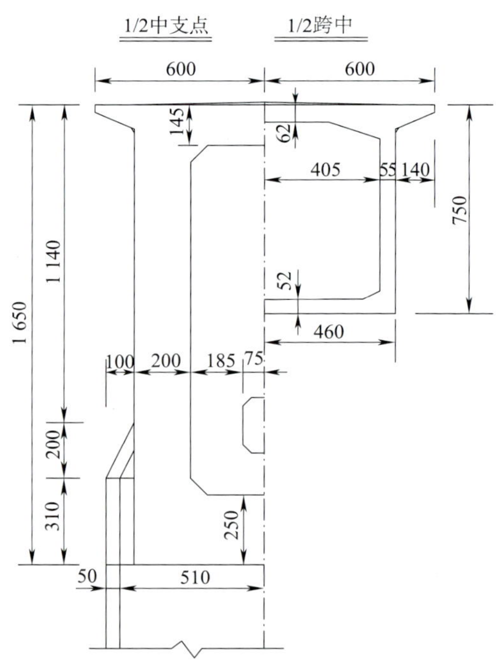

图 7-23-2　箱梁典型截面图（单位：cm）

（2）预应力

采用三向预应力体系。纵向采用 27/25/19ϕ15.2 三种规格的预应力钢绞线；竖向预应力采用 ϕ32Ⅳ级精轧螺纹钢筋；在横隔板内采用 5ϕ15.2 预应力钢绞线。

考虑收缩徐变的不确定性，设计时在边跨、中跨分别预留了 4 根 19ϕ15.2 的体外索备用。备用索采用环氧涂层无黏结钢绞线。体外备用索采用分体式转向器，可单根调索、换索。预留体外索成桥时不张拉，做好防腐保护措施。运营期间加强梁部位移的观测，若发现主梁发生异常变形时，可及时启用，以便改善桥梁受力状况和梁部变形。经计算，当备用索以 960 MPa 的锚下控制应力张拉时，跨中的十年后期徐变值可减少 7.8 mm。

（3）墩身及基础

刚构墩采用钢筋混凝土矩形双肢薄壁墩（图 7-23-3），纵向宽度 2.5 m，墩底部分加宽至 3.8 m，两柱中心距 8.7 m。横向宽度 11.2 m，双壁之间在距墩底 15 m 处设一道 2.5 m×11.2 m 的系梁；刚构墩墩高均为 59.5 m。连续梁墩采用钢筋混凝土圆端形空心桥墩，墩顶尺寸为 12.5 m×5.8 m，墩高53 m。桥墩的尺寸对主梁的影响很大，墩身刚度过大，不利于主梁受力，刚度过小则桥墩本身受力难以满足。本桥采用在墩底 10 m 范围内加厚墩臂，并在变截面处设置一道系梁，有效地解决了这个矛盾。在中跨合龙前，施加了 4 000 kN 的对顶力，改善了桥墩和基础的受力。

两个刚构墩承台尺寸均为 21.0 m×31.0 m×5.0 m(长×宽×高)，基础均采用 24ϕ2.5 m 钻孔灌注桩基础，桩长分别为 23 m 和 18 m，均按柱桩设计。连续梁墩承台尺寸为 13.4 m×19.8 m×5.0 m(长×宽×高)，基础采用 10ϕ2.5 m 钻孔灌注桩基础，桩长分别为 13 m，按柱桩设计。

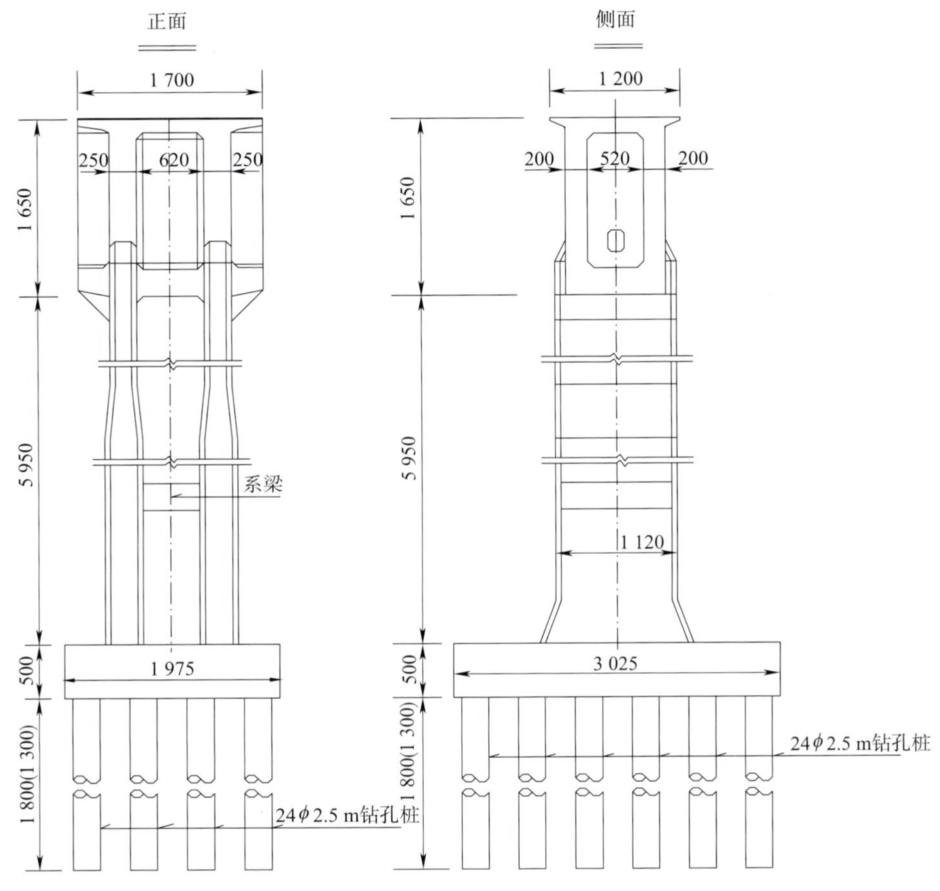

图 7-23-3 刚构墩结构图(单位:cm)

7.23.3 施工方法

水中基础施工时先将钢围堰浮运至墩位分节下沉到位，然后搭设简易平台安装 24 个钢护筒，进行钢围堰水下混凝土灌注封底，搭设钻孔平台进行钻孔桩施工，桩基施工完成后进行拆除钻孔平台、安装钢围堰内支撑，最后进行承台、墩身施工。

墩顶 0 号段施工方案:采用三角装配式托架+调坡桁架片+贝雷梁+碗扣支架浇筑施工。

刚构连续梁采用三角挂篮悬臂浇筑施工，挂篮设计为重型挂篮。考虑挂篮的重复利用性，主桁架采用双桁架;双桁架单套挂篮重量为 145 t，共计 6 套挂篮，T 构两边同时施工。

合龙段采用挂篮吊架施工，如图 7-23-4 和图 7-23-5 所示。合龙顺序:118 m 和 138 m 合龙→83 m 边跨合龙→216 m 中跨合龙。

图 7-23-4　梁部悬臂施工

图 7-23-5　合龙段施工

7.23.4　主要技术经济指标

主要技术经济指标见表 7-23-1。

表 7-23-1　主要经济技术指标

指标类型		数值
结构性能指标	竖向挠跨比	1/3 447
	梁端转角(rad)	0.499‰
	工后徐变(mm)	21.5
主要工程量	混凝土(m^3)	21 248.0
	预应力索用量(t)	1 142.8
	普通钢筋用量(t)	3 124.0

7.23.5　技术特点和创新点

(1)结合河道、航道、道路地形等控制条件，主桥采用(118＋216＋138＋83) m 不对称预应力混凝土刚构连续梁，主跨跨径 216 m 为目前世界最大跨度双线铁路预应力混凝土刚构连续梁。

(2)有效解决了大跨度预应力混凝土刚构连续梁变形控制难的问题。(118＋216＋138＋83) m 刚构连续梁设计时为了有效控制混凝土收缩徐变引起梁的后期变形，采取加大支点高跨比、同时降低跨中高跨比等措施，使得梁部受力合理；并通过调整预应力索的布置形式，控制梁部恒载下梁体上、下缘应力差等措施，将梁体变形控制在合理范围内。同时采取预设置体外预应力索措施，确保后期变形控制。

(3)双壁钢围堰采用适应水下地形的“异形块高低刃脚和插板”组合结构装置解决 V 形斜面岩河床面深水基础双壁钢围堰“悬空吊脚”的难题，节约工期，减少投资。

7.24　成贵铁路菜坝岷江特大桥

桥　　名：菜坝岷江特大桥
工程项目：成贵铁路
工程位置：四川省宜宾市
主　　跨：224 m
桥　　型：钢桁连续梁
建设单位：成贵铁路有限公司
设计单位：中铁二院工程集团有限责任公司
施工单位：中铁大桥局集团有限公司
设计人员：向律楷　鄢　勇　陈建峰　马庭林　袁　明
张志勇　滕炳杰
通车时间：2019 年 6 月

7.24.1 概　　况

成贵铁路设计速度 250 km/h,采用有砟轨道,双线、线间距 4.6 m,设计活载为 ZK 活载。大桥在宜宾市菜坝镇跨越岷江,常水位江面宽 850 m,桥位规划航道等级为Ⅲ-(3)级。因临近机场,桥梁结构受到航空限高控制。桥址处为川南红层丘陵河谷地貌,自然坡度 5°～20°,两岸岸坡为砂岩陡坎,引桥位于丘坡上,地形平缓。桥区上覆第四系全新统冲洪积层,下伏泥岩夹砂岩。地震动峰值加速度为 0.10g,地震反映谱特征周期为 0.45 s。

菜坝岷江特大桥主桥采用(140+224+140) m 下承式变高钢桁连续梁+32 m 简支梁+24 m 简支梁。主桥立面如图 7-24-1 所示。

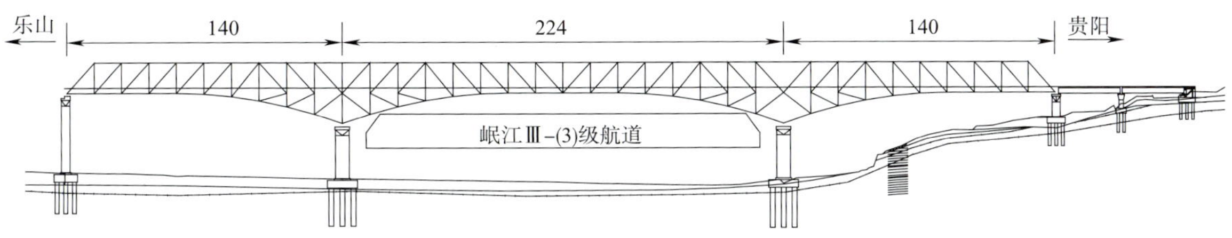

图 7-24-1　主桥立面(单位:m)

7.24.2 结构形式

(1)主梁

主桥钢桁梁采用 N 形、K 形组合桁式,跨中桁高 16 m,支点桁高 32 m,节间长度 14.0 m,两片主桁,主桁中心距 14 m,如图 7-24-2 所示。上、下弦杆均采用箱形截面,腹杆采用箱形截面及 H 形截面。主桁节点均采用焊接整体节点。

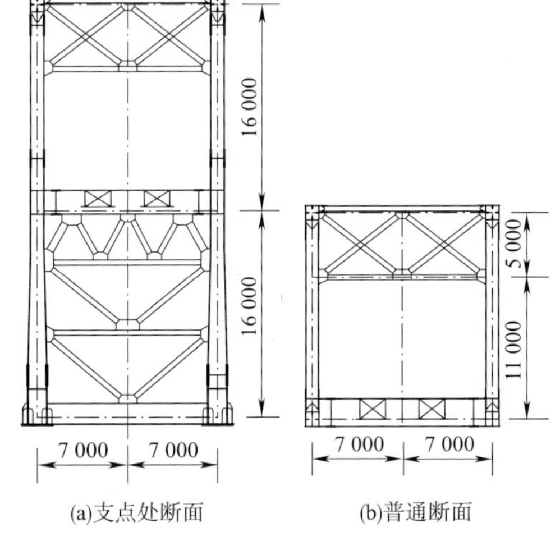

图 7-24-2　主梁截面图(单位:mm)

桥面采用纵横梁+混凝土道砟槽板的组合结构体系,每一线铁路下方设两道纵梁,间距 2.0 m,纵梁腹板高 1 500 mm×20 mm,下翼缘为 600 mm×28 mm。纵梁全桥连续,与横梁栓焊连接。沿桥纵向每一节间设 1 道横梁,横梁采用箱型断面,平弦段梁高 2.1 m,箱宽 1.1 m,变高段采用桁架式横梁。

主桁上弦平面、下弦平面均设交叉型纵向连接系,平纵联的杆件与所在平面弦杆相连,杆件采用 H 形及箱型断面。

每个竖杆处均设有桁架式横联,横联为交叉杆形式,桁架高约 5 m;边墩及主墩处设置有桥门架。横联和桥门架斜杆和撑杆均采用 H 形截面。

全桥设置 3 道制动撑,分别位于主跨和边跨跨中。

(2)墩身及基础

两主墩墩高均为 27 m,采用圆端形实体墩,直坡,墩身混凝土标号 C35。墩身纵向尺寸 7 m,横向尺寸 17.6 m。基础采用 12 根直径 2.50 m 钻孔桩基础,桩基嵌入基岩,最长桩长 21 m。

7.24.3 施工方法

钢桁梁采用从边跨往主跨悬臂拼装的工法,提出低限高条件下钢桁梁的施工技术,如图 7-24-3 和图 7-24-4 所示。

图 7-24-3 主梁合龙

图 7-24-4 成桥实景

7.24.4 主要技术经济指标

主要技术经济指标见表 7-24-1。

表 7-24-1 主要技术经济指标

指标类型		数值
结构性能指标	竖向挠跨比	1/1 403
	梁端转角(rad)	2.1‰
	横向挠跨比	1/6 257
主要工程量	钢材(t)	11 897.8

7.24.5 技术特点和创新点

(1)建成时是当时国内最大跨度的钢桁连续梁。

(2)提出了纵横梁＋混凝土道砟槽板的组合结构体系，采用纵梁连续结构，提高了列车运行的平顺性，减小了养护维修工作量。

7.25 浩吉铁路汉江特大桥

桥　　名：汉江特大桥
工程项目：浩吉铁路
工程位置：湖北省襄阳市
主　　跨：248 m
桥　　型：部分斜拉桥
建设单位：浩吉铁路股份有限公司
设计单位：中铁第四勘察设计院集团有限公司
施工单位：中铁十一局集团有限公司
设计人员：文望青　许三平　李桂林　董　伟　康红兵　严定国　周　继　潘文怡
通车时间：2019 年 9 月

7.25.1 概　　况

浩吉铁路设计速度 120 km/h，双线重载铁路，线间距为 4.0 m，有砟轨道。线路于在湖北省襄阳市汉江四桥上游约 40 m 处跨越汉江。桥址处河道宽阔，水深 6～8 m，设计流量 $Q_{1\%}$＝31 025.7 m^3/s，设计水位 $H_{1\%}$＝68.59 m，$v_{1\%}$＝2.78 m/s。内河Ⅲ级航道，单孔双向通航，通航净宽 150 m，净高为 10 m。最高通航水位 68.39 m，最低通航水位 62.7 m。桥址所处河段表层为粉细砂～细砂，其下为细圆砾土，基岩为泥灰岩。

考虑汉江通航及与下游汉江四桥对孔需要，主桥采用(72＋116＋248＋116＋72) m 部分斜拉桥跨越汉江通航区域，斜拉桥结构形式为塔梁固结、墩梁分离，其余跨河堤、道路、水沟等分别采用 32 m 或

24 m 简支 T 梁以及连续梁结构。主桥立面如图 7-25-1 所示。

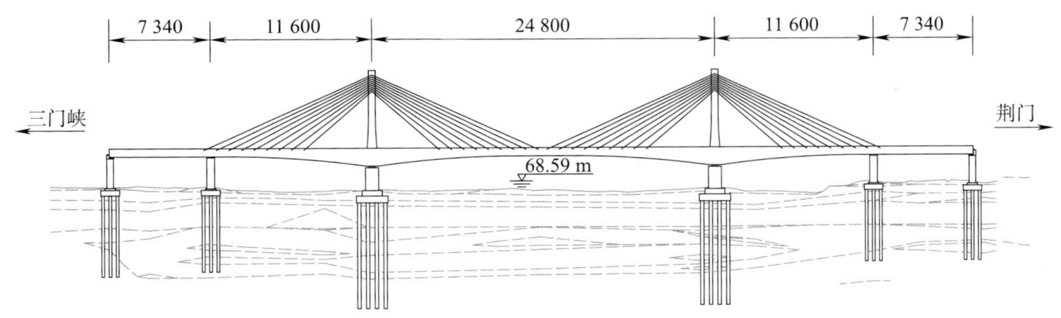

图 7-25-1 主桥立面图(单位:cm)

7.25.2 结构形式

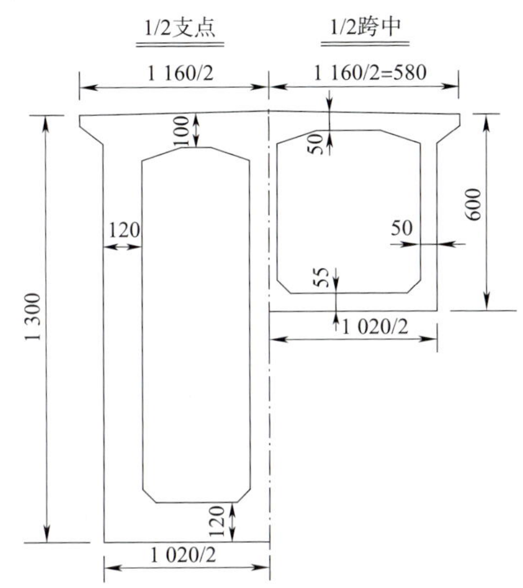

图 7-25-2 箱梁典型截面图(单位:cm)

(1)主梁

主梁采用 C60 混凝土,设纵向、横向和竖向预应力。主梁截面类型为单箱双室直腹板变高度箱梁,箱梁顶面宽 11.6 m,拉索处桥面加宽至 13.8 m,底面宽 10.2 m,斜拉索采用箱外锚固形式;中支点截面梁高 13.0 m,中跨跨中合龙段及边跨现浇段、边跨合龙段梁高 6.0 m,分别为主跨的 1/19.1 和 1/41.3;如图 7-25-2 所示。

梁底下缘按二次抛物线变化。除索梁锚固横梁外,全桥共设 7 道横隔梁,分别设于中跨中支点、边跨中支点、端支点和中跨跨中处。中支点处设置厚 7.0 m 的横隔梁,边跨中支点处设置厚 2.4 m 的中隔梁,边跨端支点处设置厚 1.8 m 的端横梁。中跨跨中合龙段设置厚 0.4 m 的中横隔梁。横隔梁处设有孔洞供检查人员通过。在索梁锚固点处分别设置高 2.0 m 横梁一道,全梁共设 36 道锚固横梁。全桥共分为 119 个梁段,最长梁段为 35.9 m,最大悬灌体积 189.8 m^3。

(2)桥塔

桥塔采用钢筋混凝土结构,横向为双柱式。桥面以上塔高 57.0 m;塔柱桥面以上 35 m 为矩形空心截面,35 m 以上索鞍锚固区域采用矩形实心截面,塔柱横截面轮廓四周设 0.5 m×0.5 m 的倒角处理,顺桥向塔底宽 7.2 m,塔顶宽 5.0 m;横桥向宽度 2.8 m;如图 7-25-3 所示。在桥塔塔顶顺桥向设有 1.0 m×1.5 m 的切角处理,塔底纵桥向两侧以及横桥向内侧设 0.25 m×0.25 m 的倒角。塔柱横向横联,为矩形实心截面,顺桥向为 3 m,竖向高度为 2 m。

(3)斜拉索

斜拉索横向为双索面布置,立面为半扇形布置,每个索塔设 9 对斜拉索,斜拉索塔上索间距 1.5 m,梁上索间距 9.0 m,斜拉索在索塔内通过,并通过鞍座锚固于塔身,两侧对称锚固于梁体,斜拉索采用单丝涂覆环氧涂层预应力钢绞线斜拉索体系,外套

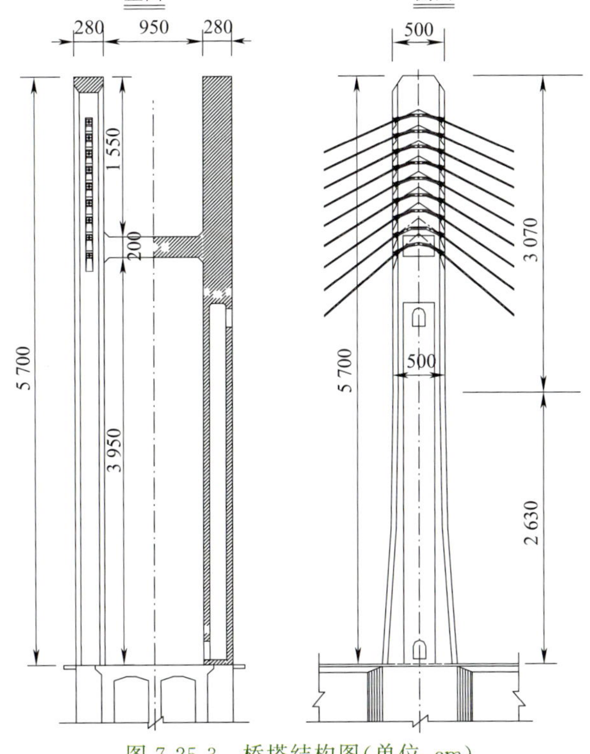

图 7-25-3 桥塔结构图(单位:cm)

HDPE，斜拉索规格为15.2-73、15.2-61两种形式，抗拉标准强度标准值1 860 MPa，斜拉索最长269.568 m，单根最大重量（不计锚具）约21.66 t。

（4）墩身及基础

主墩采用圆端形实体桥墩，顺桥向为9.5 m，横桥向25 m，直坡，墩高均为16 m；承台采用加台形式，其中底层承台顺桥向22.9 m，横桥向35.5 m，高5 m，顶层承台顺桥向14.5 m，横桥向28.0 m，高4 m；主墩基础采用24-ϕ2.5 m钻孔桩基础，桩基采用行列式布置，顺桥桩间距6.3 m，横桥向桩间距6.3 m，桩长分别为77.5 m、76 m。

7.25.3 施工方法

两岸均设置栈桥，59号、60号墩位于主河道中，采用ϕ630锁口钢管桩围堰、栈桥及船机配合施工，57号、58号、61号、62号墩位于河滩，采用钢板桩围堰施工；主桥桥墩墩身施工采用分两次浇筑施工，索塔采用液压爬模法施工；主梁采用挂篮悬臂浇筑法，边直段及零号块采用支架现浇施工，先进行边跨合龙，后中跨合龙，全桥合龙后施工桥面和附属工程，调整至斜拉索设计索力，如图7-25-4～图7-25-6所示。

图7-25-4 主梁悬臂施工

图7-25-5 主梁合龙

图7-25-6 主桥运营

7.25.4 主要技术经济指标

主要技术经济指标见表7-25-1。

表7-25-1 主要技术经济指标

指标类型		数值
结构性能指标	竖向挠跨比	1/1 122
	梁端转角(rad)	1.045‰
主要工程量	主梁混凝土(m^3)	22 942.4
	桥塔混凝土(m^3)	2 797.2
	斜拉索(t)	524.8

7.25.5 技术特点和创新点

（1）桥梁体系选择方面，采用连续梁拉索加劲结构体系（部分斜拉桥）充分发挥了混凝土、钢绞线拉索各自受力特点，主跨248 m，为重载铁路最大跨度的部分斜拉桥。

（2）创新性采用高塔型部分斜拉桥形式。通过对合理桥塔高跨比的研究，确定桥塔高跨比为1/4.35，较普通铁路部分斜拉桥桥塔高40%。高跨比的增大，有效改善了重载铁路主梁受力，保证了在重载铁路荷载作用下，结构具有足够的强度、刚度。

(3)创新性采用跨中拉索连续布置形式。重载铁路双线轴重合计 183 t/m，采用常规跨中设置 0.15～0.2 倍中跨跨径无索区已无法满足部分斜拉桥受力要求，结合跨中斜拉索对主梁受力改善最明显的特点，创新性的采用取消跨中无索区的拉索布置形式。

(4)创新性设计了一种超大吨位球形钢支座，支座首次提出采用不锈钢滑板包覆结构及分部密封方案，保证了支座耐久性、稳定性和长久的使用寿命。为便于支座的安装及支座下部砂浆的灌注密实，在支座下部增设具有振捣孔的预埋底座，解决支座垫板下方振捣难题。

(5)主桥桥墩承台基础附近主要为圆砾土、卵石土，施工水深约 7 m，结合现场实际情况，承台围堰采用 ϕ630 锁口钢管桩围堰形式，既减小了对桥址下游 40 m 襄阳四桥主桥基础的影响，又大大提高了围堰下沉施工效率，确保现场重要节点提前完成，为同类型深水基础施工提供了很好的参考价值。

7.26　浩吉铁路洞庭湖大桥

桥　　名：洞庭湖大桥
工程项目：浩吉铁路
工程位置：湖南省岳阳市
主　　跨：2×406 m
桥　　型：三塔钢箱桁组合梁斜拉桥
建设单位：浩吉铁路股份有限公司
设计单位：中铁大桥勘测设计院集团有限公司
施工单位：中铁大桥局集团有限公司
　　　　　中铁宝桥集团有限公司
设计人员：易伦雄　王东晖　王　为　玉康晋　李　奇
　　　　　胡文军　何东升
通车时间：2019 年 9 月

7.26.1　概　　况

洞庭湖特大桥为Ⅰ级铁路，线间距 4.2 m，设计活载为 1.2 倍 ZH 活载(2005)，牵引质量为 5 000 t，预留万吨条件，有砟轨道设计速度 160 km/h。

洞庭湖特大桥是浩吉铁路跨越洞庭湖与长江相连接出口处的一座特大桥，位于湖南省岳阳市，距上游洞庭湖公路桥约 4.2 km，距下游莲花塘水位站约 2.2 km，河道两岸均为湘江漫滩区。桥址河段航道等级为Ⅱ级航道，设计最高通航水位＋33.488 m，最低通航水位＋17.004 m。通航净高在设计最高通航水位以上不小于 18 m。场区地质构造远动复杂，发育多条次生断裂带，岩层产状陡，基岩以泥质、砂质板岩为主，岩体不均匀，断裂带内基岩多为破碎板岩及构造角砾夹泥。

洞庭湖特大桥采用(99.12＋140＋406＋406＋140＋99.12) m 三塔钢箱桁组合梁斜拉桥，为世界首座重载铁路三塔斜拉桥。全桥共 78 对斜拉索和 8 根中央稳定索，空间扇形索面，钻石形桥塔。桥面采用正交异性板整体道砟桥面结构。主桥立面如图 7-26-1 所示。

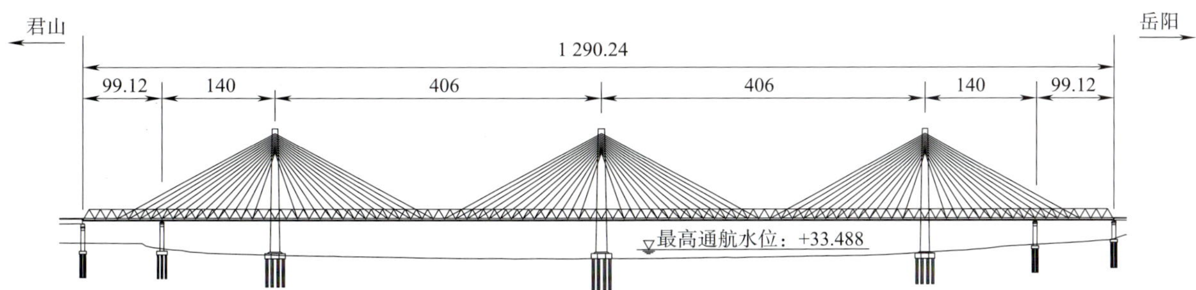

图 7-26-1　主桥立面(单位：m)

7.26.2 结构形式

(1)主梁

加劲梁采用钢箱桁组合梁结构,主桁采用内倾布置,上弦杆中心间距 12.0 m,下弦箱间距 14.0 m,全联桁架为不带竖杆的华伦式桁架,桁高 12.0 m,节间长 14.0 m,斜杆立面倾角 59.744°,全桥共 92 个节间,全桥以中塔对称布置,如图 7-26-2 所示。

主桁上弦杆为箱形截面,两竖板上各带 1 条加劲肋,上弦杆件内高 1 000 mm,内宽为 800 mm,板厚 20～60 mm。

下弦箱杆件内高 2 432 mm,顶板宽 2 400 mm,底板宽 1 950 mm,斜腹板净距 1 600 mm,钢箱腹板与顶底板夹角 85.236 4°,板厚 24～36 mm。顶板设 3 条纵向加劲肋,底板设 2 条纵向加劲肋,每个腹板设 3 条纵向加劲肋。为了便于主桁节点板与钢箱的连接,在钢箱内顶板节点板连接区段焊接有倒 T 形肋,以提供节点板所需刚度。在下弦钢箱外侧,为提高结构的抗风性能,设有风嘴,宽 2 200 mm。

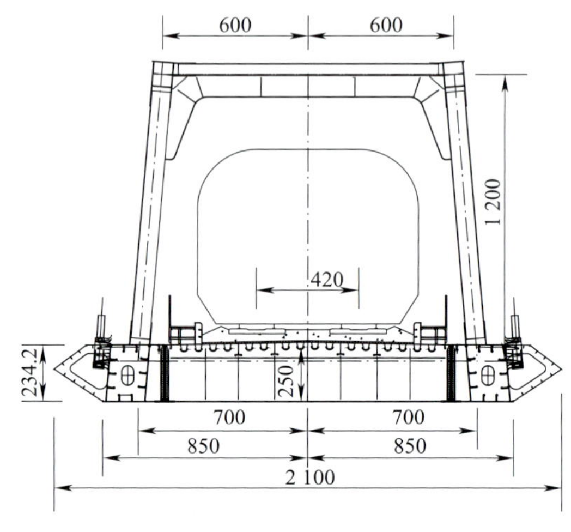

图 7-26-2 主梁截面图(单位:cm)

腹杆有箱形和 H 形两种截面形式。箱形截面外高 800 mm,内宽 800 mm,板厚 24～44 mm,与节点板及节点内的隔板四面对拼连接。H 形腹杆高 600 mm,杆件外宽 800 mm,板厚 16～32 mm,插入节点板间进行拼接。

上平面纵向联结系设置交叉式斜杆和横向撑杆。斜杆及横撑杆均为 H 形截面,截面高 500 mm,宽 460 mm,板厚分别为 16 mm 和 24 mm。

每个节间均设横向联结系,横向联结系分三种形式:板式桥门架、板式横联及隅撑。

桥面板厚 16 mm,板顶设 2.0%的双向排水坡,为承载道砟等桥面设施恒载,其下部设置间距 600 mm 的 U 形纵肋。U 形纵肋板厚 8 mm,顶宽 300 mm、底宽 184 mm、高度 280 mm。在每条线路的轨道之下设置高 600 mm 的倒 T 形纵梁,以增强轨下的线路刚度。U 肋和纵梁的跨距都是 3.5 m,并且全桥连续。

顺桥向每隔 3.5 m 设一道倒 T 形横梁,横梁的跨中高度为 2.5 m。

(2)桥塔

桥塔为钢筋混凝土结构,边塔采用 C50 混凝土,中塔采用 C55 混凝土。桥面以上为倒 Y 形,桥面以下塔柱内收为钻石形。3 号塔高 156.5 m,4 号塔高 154 m,5 号塔高 152.6 m。3 号塔柱顺桥向尺寸 6.0～12.75 m,上塔柱标准段横桥向尺寸为 13 m,中塔柱和下塔柱横向尺寸为 4～7.96 m;4 号塔柱顺桥向尺寸 6.0～12.47 m,上塔柱标准段横桥向尺寸为 13 m,中塔柱和下塔柱横向尺寸为 4～7.75 m;5 号塔柱顺桥向尺寸 6.0～12.32 m,上塔柱标准段横桥向尺寸为 13 m,中塔柱和下塔柱横向尺寸为 4～7.63 m。塔柱截面均采用矩形空心截面,如图 7-26-3 所示。

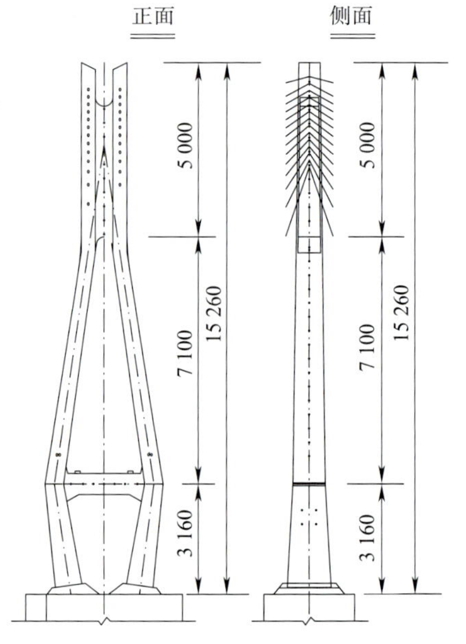

图 7-26-3 桥塔结构图(单位:cm)

(3)斜拉索

采用空间双索面,立面上每塔两侧共 13 对索,在中塔塔顶与边塔桥面横梁上方布置一对长索,全桥 164 根斜拉索。索面间距 24 m,全桥共 36 对斜拉索。斜拉索采用 ϕ7 mm 平行钢丝束,极限抗拉强度 1 670 MPa,索的规格分为 187、265、301、379、409、439 六种规格,下端通过钢锚箱锚固在下弦钢箱节点边腹板的外侧，上端通过混凝土锯齿块锚固于桥塔上塔柱。

（4）墩身及基础

主塔基础采用 22 根 ϕ3.0 m 钻孔桩，桩基呈梅花形布置，桩长 32 m～40 m，承台采用圆端形承台，平面尺寸 44.51 m×25.5 m，厚度 6.5 m。边墩、辅助墩采用圆端形门式墩，基础采用 10 根 ϕ1.8 m 钻孔桩，承台平面尺寸 24 m×9.2 m，厚度 3.5 m。

7.26.3　施工方法

主塔基础采用双壁钢围堰施工，针对大倾角破碎岩层，钻孔桩采用"桩周注浆＋优质泥浆护壁＋钻杆稳定器"的新工艺。

桥塔采用液压爬模施工，分节段浇筑，标准节段高度为 6 m，主塔横梁分两层浇筑，中塔柱施工时设置临时横撑。

钢梁架设采用边跨顶推、中跨悬拼、跨中合龙，先架设钢箱梁、后安装钢桁梁的总体方案。

施工如图 7-26-4～图 7-26-9 所示。

图 7-26-4　桥塔施工

图 7-26-5　边跨钢箱梁顶推

图 7-26-6　中跨钢箱梁悬拼

图 7-26-7　中跨钢箱梁合龙

图 7-26-8　钢桁架杆件安装

图 7-26-9　成桥近景

7.26.4 主要技术经济指标

主要技术经济指标见表 7-26-1。

表 7-26-1 主要技术经济指标

指标类型		数值
结构性能指标	竖向挠跨比	1/564
	梁端转角(rad)	1.713‰
	横向挠跨比	1/1 915
主要工程量	钢梁(t)	24 000.0
	斜拉索(t)	3 161.0
	桥塔混凝土(m^3)	31 774.0

7.26.5 技术特点和创新点

(1)研发了新型钢箱桁组合梁结构及设置中塔稳定索的三塔斜拉桥结构体系，解决了大跨度三塔重载铁路斜拉桥中塔受力大、结构变形大而不易满足行车要求的技术难题。

(2)研发了符合结构受力特点的先箱后桁二次成桥方法，创新了斜拉桥箱桁组合梁施工新方法，实现了一恒由承压能力强的钢箱梁承担、二恒及活载由抗弯能力强的箱桁组合断面共同承担的主梁结构高效能。

(3)创新了钢桁梁分段安装多点合龙、钢箱桁组合结构高精度匹配制造和基于索长影响矩阵线形控制的施工控制新技术，实现了设计制造施工监控相联合的多级分步施工控制，解决了二次安装不同结构间的精确拼装与合龙难题。

7.26.6 获奖情况

获 2019 年中国钢结构协会科学技术一等奖。

7.27 汉十铁路崔家营汉江特大桥

桥　　名：崔家营汉江特大桥
工程项目：汉十铁路
工程位置：湖北省襄阳市
主　　跨：2×300 m
桥　　型：连续刚构拱桥
建设单位：湖北汉十城际铁路有限责任公司
设计单位：中铁第四勘察设计院集团有限公司
施工单位：中铁大桥局集团有限公司
设计人员：王新国　李喜平　黄中平　陈　可　殷鹏程
　　　　　周　刚　陈佳宾　刘凯波
通车时间：2019 年 11 月

7.27.1 概　　况

汉十铁路是武汉至西安国家高速铁路的重要组成部分，是湖北省内连通武汉、襄阳、十堰的重要区域性高速铁路，正线设计速度 350 km/h，线间距 5.0 m，线路全长 399 km。

崔家营汉江特大桥位于湖北省襄阳市襄州区东津镇，在汉江中游崔家营航电枢纽水库的常年库区内，桥位下距崔家营坝址约 1.8 km，上距襄樊内环五桥 5.6 km，水库正常蓄水位 62.73 m，设计水位

$H_{1\%}$＝63.75 m，流量 $Q_{1\%}$＝21 710 m^3/s。航道规划等级为Ⅲ(2)级，设计最高通航水位为63.00 m，最低通航水位为62.23 m。桥址位于汉江冲积平原汉江一级阶地，江汉平原地势平坦、开阔。地层岩性主要为第四系全新统人工填土、冲洪积层；下伏晚第三系（N）泥白云岩，白垩～第三系（K～E）泥岩、泥质砂岩，震旦系（Z）砂砾岩、白云岩，基本承载力为50～1 000 kPa。不良地质主要为岩溶，桥址区下伏基岩主要为震旦系（Z）白云岩，岩溶较发育。

崔家营汉江特大桥为双线铁路，设计速度300 km/h，线间距5.0 m，有砟轨道，采用(135＋2×300＋135) m连续刚构拱桥，边支座距梁端距离为0.8 m，全长871.6 m。主桥立面如图7-27-1所示。

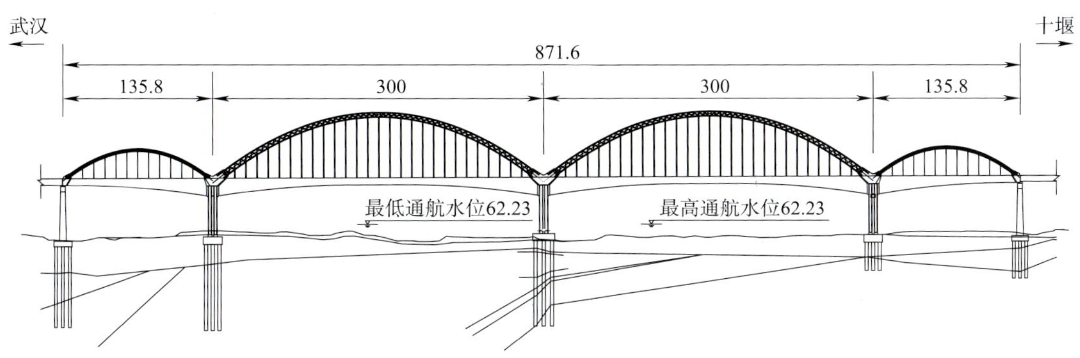

图7-27-1　主桥立面(单位：m)

7.27.2　结构形式

(1)主梁

主梁为预应力混凝土结构，梁体混凝土采用C60，箱梁中支点处梁高16.5 m，端支点及中跨跨中处6.5 m。箱梁为单箱双室截面，箱梁顶板宽度除中支点处受拱座影响加宽到19.15 m外，其余均为14.6 m，顶板厚度根据主梁纵向预应力索布置情况，在布置双层索区域的顶板厚63 cm，在布置单层索区域的顶板厚40 cm；箱梁底板宽度为12 m，底板厚度由6.5 m梁高处的0.35 m渐变至16.5 m梁高处的2.0 m，两边腹板为直腹板，腹板厚度分0.3 m、0.50 m、0.65 m、1.1 m四种。箱梁各腹板上下交错设置直径为 ϕ10 cm的通风孔，用以降低箱内外温差。箱梁共设14道横隔板，边支点横隔板厚3.0 m，中支点横隔板厚2.0 m，中间横隔板厚0.4 m，各横隔板均设进人孔。中跨共设54道吊点横梁，吊点横梁高1.6 m，横梁厚0.5 m，如图7-27-2和图7-27-3所示。

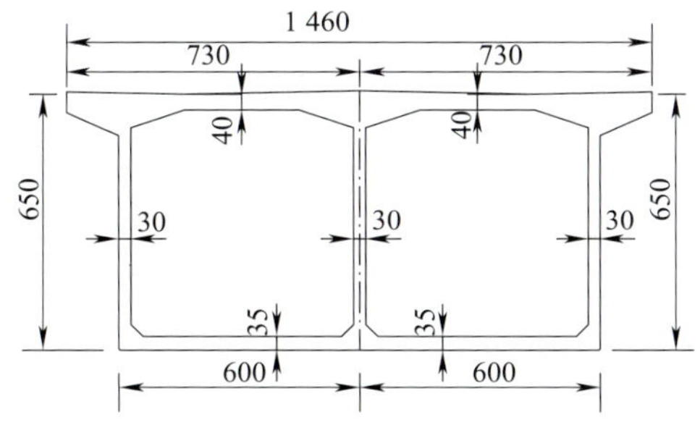

图7-27-2　主梁跨中截面图(单位：cm)

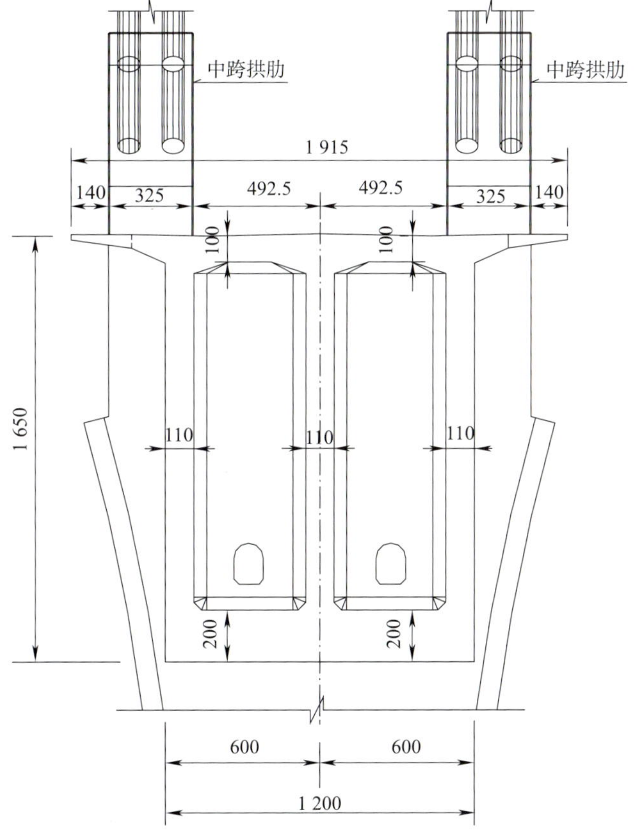

图7-27-3　主梁支点截面图(单位：cm)

(2)边拱肋

边跨拱肋计算跨度 $l=130$ m，设计矢高 $f=26$ m，矢跨比为 1/5，拱轴线采用二次抛物线。拱肋为钢管混凝土结构，钢管采用 Q345qD 钢。每片拱肋采用等高度哑铃形截面，截面高度 2.8 m，拱肋弦管 ϕ800，两片拱肋中心距 12.35 m，如图 7-27-4 所示。两榀拱肋之间共设 7 道横撑，横撑均采用空间桁架撑，各横撑由 ϕ450 主钢管和 ϕ250 连接钢管组成，钢管内部不填充混凝土。

(3)主拱肋

主拱肋计算跨度 289 m，矢高 57.8 m，矢跨比为 1/5，拱轴线为二次抛物线。每片拱肋由 4ϕ850 钢管混凝土组成，钢管采用 Q345qD，由横向平联板、竖向腹杆连接成为钢管混凝土桁架，横向平联板之间灌注混凝土，腹杆为空钢管。钢管及平联板钢板厚度分别为 36 mm、28 mm、20 mm 三种。平联板与对应位置钢管等厚，平联板之间用螺栓加强连接。拱肋钢管中心高度由拱脚处的 5.0 m（钢管中心间距离）渐变至拱顶处 4.0 m。每片拱肋钢管横向中心距 1.7 m，两榀拱肋中心距 13.1 m。拱肋腹杆规格为 ϕ500，壁厚为 12 mm、16 mm 两种。两榀拱肋之间共设 11 道横撑，横撑均采用空间桁架撑，各横撑由 ϕ500 主钢管和 ϕ250 连接钢管组成，钢管内部不填混凝土。主拱肋典型横断面如图 7-27-5 所示。

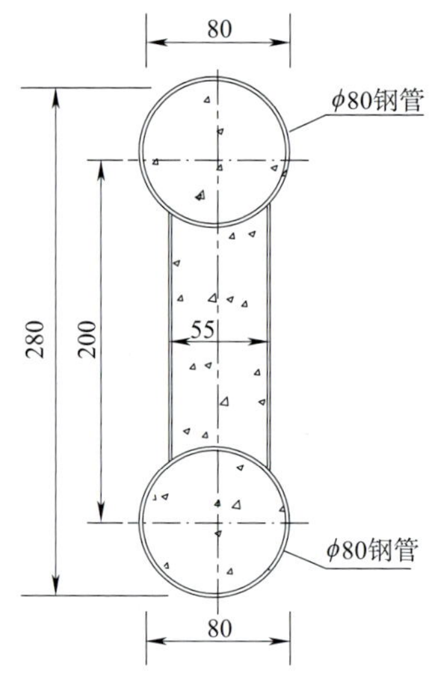

图 7-27-4 边拱肋典型横断面（单位：cm）

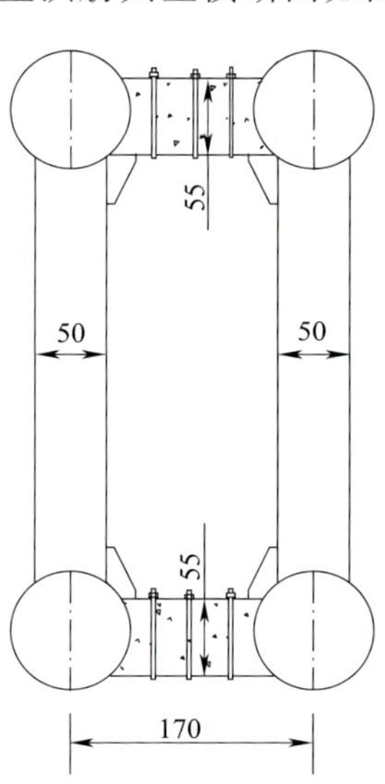

图 7-27-5 主拱肋典型横断面（单位：cm）

(4)吊杆

吊杆采用低应力防腐拉索（平行钢丝束），外套复合不锈钢管，配套使用冷铸锚。吊杆上端穿过拱肋，锚于拱肋上缘张拉底座，下端锚于吊点横梁下缘固定底座。吊杆顺桥向间距 10 m。每个边跨设 11 对吊杆，2 个边跨共 22 对吊杆，边跨吊杆均采用 PES(FD)7-85 型。每个中跨设置 54 对吊杆，两个中跨共 108 对吊杆，靠近拱脚处 3 对吊杆采用 PES(FD)7-55 型，其余采用 PES(FD)7-73 型。

(5)墩身及基础

两个边主墩采用双薄壁墩，桥墩混凝土采用 C60，双柱中心距为 5 m，净距为 2 m。墩身截面尺寸为 3 m（顺桥向）×12.5 m（横桥向），墩高均为 37.7 m。中主墩采用空心墩，墩身截面尺寸为 8 m（顺桥向）×12.5 m（横桥向），顺桥向和横桥向壁厚均为 1.5 m，墩高 35.7 m。

两个边主墩承台尺寸为 17 m（顺桥向）×35 m（横桥向）×7.0 m，四角以 $R=200$ cm 的圆弧倒圆；中主墩承台尺寸为 20 m（顺桥向）×35 m（横桥向）×6.5 m（厚度），四角以 $R=200$ cm 的圆弧倒圆。两个边主墩均采用 18ϕ3 m 钻孔柱桩，按柱桩设计。中主墩采用 15ϕ3 m 钻孔柱桩，按摩擦桩设计。

7.27.3 施工方法

桩基采用钻孔桩，承台采用双壁钢围堰施工，桥墩采用爬模法施工，主梁为悬臂浇筑，边拱肋采用原位支架法拼装架设，主拱肋采用大节段低位拼装、垂直提升法安装，如图 7-27-6～图 7-27-10 所示。

图 7-27-6　桥墩、0 号块施工

图 7-27-7　主梁悬臂浇筑

图 7-27-8　中跨顶推

图 7-27-9　中跨合龙

图 7-27-10　主拱分段施工

7.27.4　主要技术经济指标

主要技术经济指标见表 7-27-1。

表 7-27-1　主要经济技术指标

指标类型		数值
结构性能指标	竖向挠跨比	1/4 918
	横向挠跨比	1/12 500
	梁端转角(rad)	0.687‰
	最大工后徐变(mm)	−12.7
主要工程量	主梁混凝土(m^3)	37 042.7
	拱肋混凝土(m^3)	4 661.3
	拱肋钢材(t)	6 754.4
	吊杆(t)	249.3
	主墩、承台及桩基混凝土(m^3)	34 351.0

7.27.5 技术特点和创新点

（1）创新发展了高速铁路大跨度梁拱组合结构，边中跨均采用钢管混凝土拱加劲结构，提高了桥梁结构刚度，解决了超大跨混凝土桥梁端转角控制难题，满足了高速铁路行车平顺性要求。

（2）复杂岩溶地质条件下深水大直径超长钻孔桩设计施工技术。

（3）长联大跨混凝土梁悬臂设计施工技术。

（4）钢管拱主拱采用大节段低位拼装、垂直提升法，主拱和边拱可以同时平行施工，提高了工效，缩短施工工期。

7.28 穗莞深城际铁路东江南特大桥

桥　　名：东江南特大桥
工程项目：穗莞深城际铁路
工程位置：广东省东莞市红梅镇
主　　跨：264 m
桥　　型：刚性上加劲连续钢桁梁
建设单位：广东珠三角城际轨道交通有限公司
设计单位：中铁第四勘察设计院集团有限公司
施工单位：中国铁建港航局集团有限公司
设计人员：罗世东　陈　勇　黄纳新　任　征　蔡少明
　　　　　王　斌　凌玉芳
通车时间：2019 年 12 月

7.28.1 概　　况

穗莞深城际铁路设计速度 140 km/h，双线 ZK 活载，正线线间距 4.6 m，有砟轨道。东江南特大桥位于广东省东莞市红梅镇，跨越东江南支流主航道，单孔双向通航，按 5 000 t 级航道建设，通航净空为 230 m×34 m，最高通航水位为 3.07 m，桥址处 $Q_{1\%}$=7 275.0 m^3/s，$H_{1\%}$=3.14 m。桥址临近海边，位于台风多发地区及 7 度地震区。

受桥梁跨越河流通航、防洪及道路要求，并与下游 30 m 处在建的广深沿江高速公路东江南特大桥主跨（146+256+146）m 预应力混凝土连续刚构桥梁匹配，跨度拟定为（143+264+143）m。主桥立面如图 7-28-1 所示。

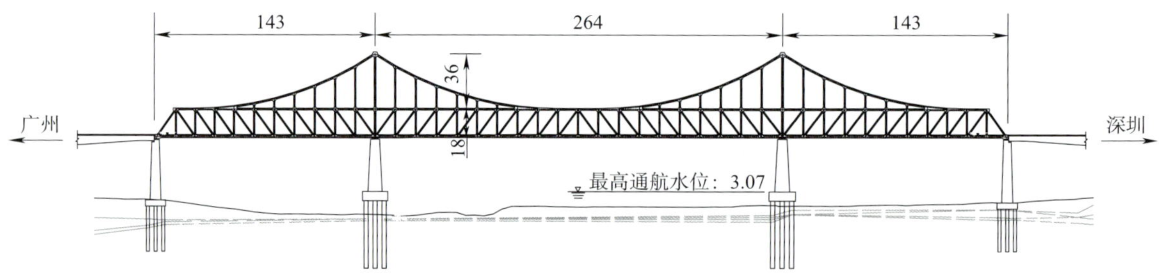

图 7-28-1　主桥立面（单位：m）

7.28.2 结构形式

（1）主桁及加劲桁

采用上加劲连续钢桁梁，刚性上加劲弦与钢桁梁主梁上弦间的竖杆连接，尤其是最外侧的短竖杆连接构造是本桥式结构的关键技术，如图 7-28-2 所示。最短竖杆高度（加劲弦弦杆中心至上弦弦杆中心)仅为 3.695 m,其主要承受弯矩和剪力,而所受轴力较小,且竖杆的弯矩值在竖杆上、下两端为极值,中间出现弯矩值零点。针对其受力特点,采用箱形竖杆两端局部扩大截面尺寸的方法,有效节省了竖杆钢材用量的 20% 左右。相对于采用柔性铰接方式,结构构造简洁、方便施工,有利于桥梁结构的整体稳定和安全可靠。

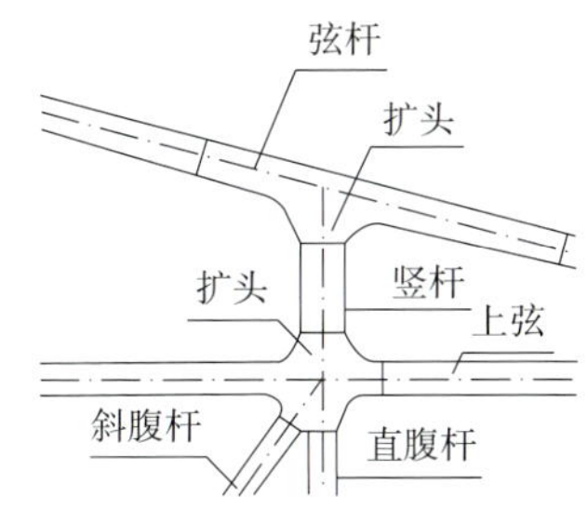

图 7-28-2　刚性短竖杆构造

钢桁梁横向采用两片主桁,桁间距 13 m,如图 7-28-3 所示。主桁跨中桁高 18 m,中支点处平弦桁高 18 m,加劲弦桁高 36 m,中支点处总桁高 54 m。主桁平弦采用 N 形桁式,加劲弦与上弦间设吊杆连接。加劲弦呈圆曲线形,在跨中和边支点附近与上弦合在一起。主桁节间长度有 13.2 m 和 12.65 m 两种,中跨由 20 个 13.2 m 节间组成,边跨由 7 个 13.2 m 节间和 4 个 12.65 m 节间组成。

下弦采用箱形截面,内宽 1 000 mm,内高 1 400 mm,杆件板厚 28～48 mm,顶底板和腹板均在中部设置加劲肋。上弦采用箱形截面,内宽 1 000 mm,内高 1 200 mm(与加劲弦结合处异形杆件除外),杆件板厚 24～48 mm,顶底板和腹板均在中部设置加劲肋。

加劲弦采用箱形截面,内宽 1 000 mm,内高 1 200 mm,杆件板厚 28～48 mm,顶底板和腹板均在中部设置加劲肋。

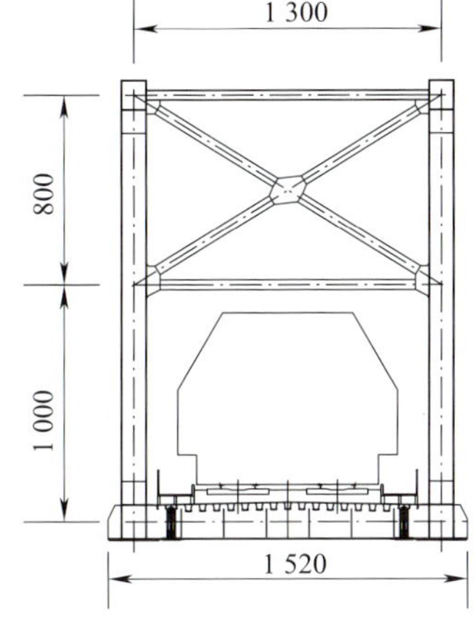

图 7-28-3　钢桁梁构造图(单位:cm)

(2)桥面系

桥面采用正交异性整体钢桥面结构,由横梁、横肋、桥面板、纵肋组成,如图 7-28-4 所示。

横梁间距 13.2 m 或 12.65 m,标准横梁采用倒 T 形截面,腹板高 1 400～1 512 mm、厚 16 mm,底板宽 740 mm、厚 28 mm。梁端为填充混凝土压重需要,边支点横梁与桥面板组合成箱形。

每两道横梁之间设 3 道横肋,13.2 m 节间,横肋间距 3.3 m;12.65 m 节间,横肋间距 3.15 m 或 3.2 m;横肋采用倒 T 形截面,腹板高 1 400～1 512 mm、厚 14 mm,底板宽 580 mm、厚 28 mm。

钢桥面板厚度 16 mm,道砟槽范围之内设置 U 肋,其他位置设 I 肋加劲,桥面防水采用 MMA。

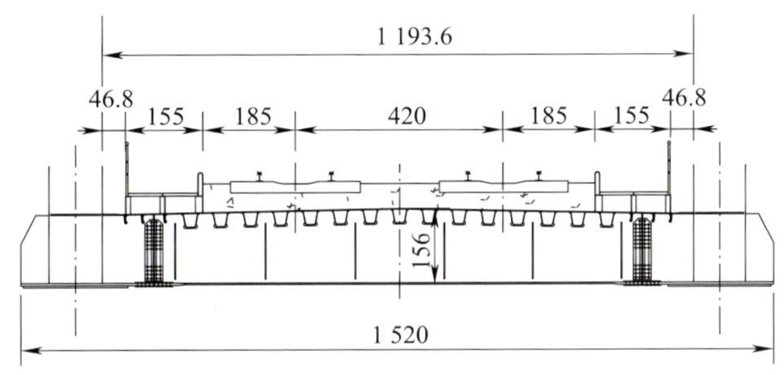

图 7-28-4　桥面系构造图(单位:cm)

(3)墩身及基础

主墩及边墩结合大桥景观设计,均采用双柱门式墩,外形美观,如图 7-28-5 所示。主墩墩高 34.2 m,顺桥向宽度由 6 m 渐变至 9.4 m,桩基础为 12ϕ2.8 m 钻孔桩;边墩墩高 40 m,顺桥向宽度由 5 m 渐变至 7 m,桩基础为 12ϕ2.0 m 钻孔桩。

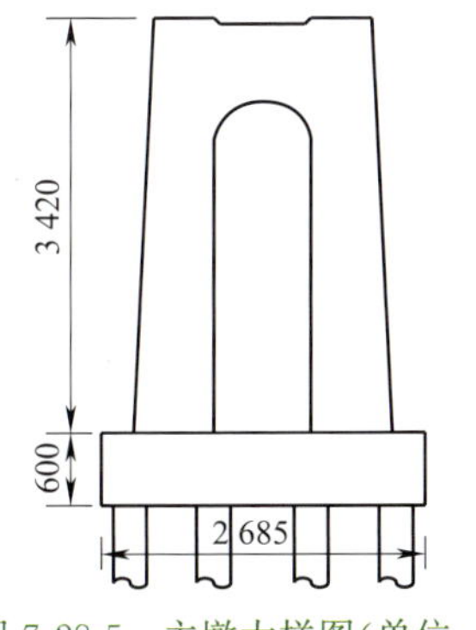

图 7-28-5　主墩大样图(单位:cm)

7.28.3　施工方法

为减少桥梁建设期间对桥下航运干扰、减少大临设施、方便主桁合龙,主桥提出采用上加劲弦与主桁同步架设、边跨支架拼装、中跨悬臂拼装、先合龙上加劲桁后合龙主梁的施工方法，即上加劲弦与主桁同步拼装提高主梁刚度满足中跨无大临措施悬拼施工条件，先搭设支架完成边跨支架拼装，然后继续单悬臂拼装中跨主梁，先合龙上加劲弦后合龙主桁，成桥，如图 7-28-6 所示。

图 7-28-6　现场施工

7.28.4　主要技术经济指标

主要技术经济指标见表 7-28-1。

表 7-28-1　主要经济技术指标

指标类型		数值
结构性能指标	竖向挠跨比	1/763
	梁端转角(rad)	1.6‰
主要工程量	主梁总用钢量(t)	14 599.2
	主梁用钢量(t/m)	26.45
	压重混凝土(m^3)	262.6

7.28.5　技术特点和创新点

(1)首次在城际铁路采用的上加劲连续钢桁梁，也是世界上最大跨度的上加劲连续钢桁梁桥，建筑高度低，适应线路控制标高需求。

(2)采用上加劲连续钢桁梁结构，通过其对钢桁梁主梁的加劲作用提升了桥梁的整体刚度及跨越能力，构造简洁。

(3)首创了短竖杆与弦杆间的刚性连接构造，其结构构造简洁、方便施工，既保证了桥梁结构的整体稳定和安全可靠，又节约了钢材。

(4)首次提出的“先合龙刚性上加劲桁后合龙钢桁梁主梁”施工方案，确保钢桁梁主梁合龙的安全可靠和方便易行，保障了钢桁梁主梁的顺利合龙。

7.28.6　获奖情况

(1)获 2016 年中国铁建科学技术一等奖。

(2)获 2018 年中国铁道学会科学技术二等奖。

7.29　商合杭铁路淮河特大桥

桥　　名：淮河特大桥
工程项目：商合杭铁路
工程位置：安徽省淮南市
主　　跨：224 m
桥　　型：连续梁拱桥
建设单位：京福铁路安徽有限责任公司
设计单位：中铁第四勘察设计院集团有限公司
施工单位：中铁八局集团有限公司
设计人员：文望青　彭文成　付小军　余艳霞　李　雁
罗春林　涂杨志
通车时间：2019 年 12 月

7.29.1　概　　况

商合杭铁路设计速度 350 km/h，双线线间距 5 m，无砟轨道。淮河特大桥位于安徽省淮南市，沿线跨越济祁高速公路、淮河、老河、新河、靖淮路等多条道路、河流。桥位处整体的地势平坦，沿途多为水田和旱地，多种有经济作物，水系发达，有淮河流域和东淝河流域等。本桥跨越的新河为规划引江济淮工程，限制性Ⅱ级航道，双向通航。桥址处水文资料：$Q_{1\%}=1\ 110.3\ m^3/s$，$H_{1\%}=25.79\ m$，$v_{1\%}=1.6\ m/s$，线路法线与水流方向夹角为 48°。场区的岩土层主要由第四系全新统人工填土、第四系全新统冲积层、第四系上更新统冲积层、下第三系角砾岩、侏罗系上统张桥组泥质砂岩、侏罗系上统张桥组灰质砾岩、下元古界霍邱群组成。

主桥采用(112＋224＋112) m 连续梁拱桥，为目前国内已建成的 350 km 无砟轨道连续梁体系拱桥中的最大跨。主桥立面如图 7-29-1 所示。

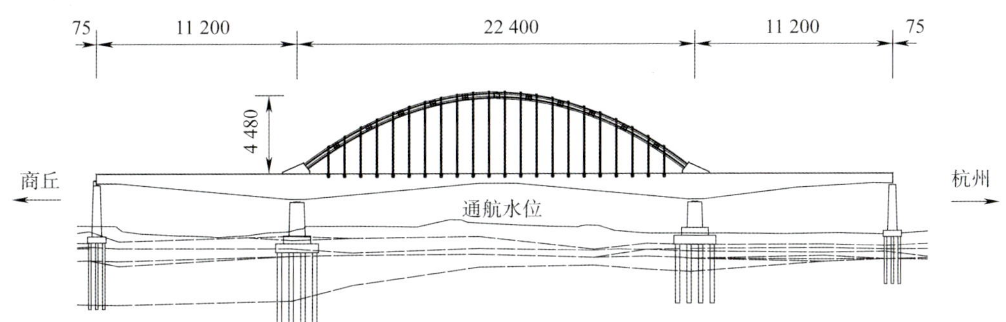

图 7-29-1　主桥立面(单位：cm)

7.29.2　结构形式

(1)主梁

采用 C55 混凝土，为纵、横、竖三向预应力体系。主梁截面类型为单箱双室直腹板混凝土箱梁，梁高 5.5～14.5 m，梁底按 1.6 次抛物线变化。

箱梁顶宽 14.2 m，中支点处局部顶宽 17.1 m；箱梁顶板厚 0.435 m、0.655 m，中支点处局部顶板厚 1.155 m，边支点处局部顶板厚 0.935 m；箱梁底宽 11 m，中支点处局部底宽 14.4 m；底板厚度 0.40～2.0 m，中支点处局部底板厚 2.5 m，边支点处局部底板厚 0.9 m；如图 7-29-2 所示。箱梁采用直腹板，腹板厚分 0.4 m、0.6 m、

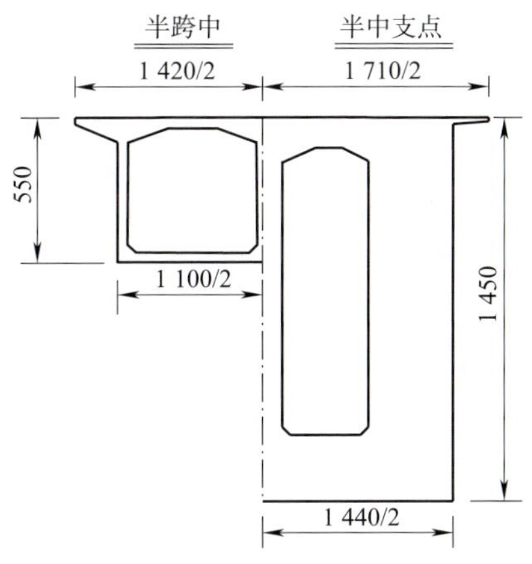

图 7-29-2　主梁截面图(单位：cm)

0.8 m、1.0 m 四种，中支点处局部腹板厚 1.5 m，拱座处边腹板加厚到 3.2 m，边支点处局部腹板厚 0.7 m。

箱梁共设 5 道横隔板，边支点横隔板厚 1.6 m，中支点横隔板厚 5.0 m，中跨中横隔板厚 0.4 m，各横隔板均设进人孔。箱梁于各吊杆处共设 22 道吊点横梁，吊点横梁高 1.8 m，横梁厚 0.4 m。

(2)拱肋及横撑

拱肋计算跨度 l=224 m，设计矢高 f=44.8 m，矢跨比 f/l=1/5，拱轴线采用二次抛物线。

拱肋采用钢管混凝土结构，采用等高度哑铃形截面，截面高度 3.8 m，拱肋弦管直径 ϕ1.3 m，由 δ=26 mm、32 mm 厚的钢板卷制而成，弦管之间用 δ=20 mm 厚钢缀板连接，拱肋弦管及缀板内填充 C55 无收缩混凝土，如图7-29-3 所示。两榀拱肋间横向中心距 12.2 m。

两榀拱肋之间共设 11 道横撑，横撑均采用空间桁架撑，各横撑由 4 根 ϕ600×20 mm 主钢管和 32 根 ϕ300×16 mm 连接钢管组成，钢管内部不填混凝土。

图 7-29-3 拱肋截面图（单位：cm）

(3)吊杆

吊杆顺桥向间距 9 m，全桥共设 22 组双吊杆。吊杆采用 PES(FD)7-61 型低应力防腐拉索（平行钢丝束），外套复合不锈钢管，配套使用 LZM7-61 型冷铸镦头锚。吊杆上端穿过拱肋，锚于拱肋上缘张拉底座，下端锚于吊点横梁下缘固定底座。

(4)墩身及基础

边墩及主墩均采用混凝土实体墩，两边墩墩高分别为 29 m、26 m，两中墩墩高分别为 19 m、14.5 m。边墩均采用 15 根 ϕ1.5 m 的桩基，桩长分别为 38 m、27 m，两主墩均采用 20 根 ϕ2.5 m 的桩基，桩长分别为 76.5 m、70.5 m。

7.29.3 施工方法

本桥采用“先梁后拱”的施工方案，主梁利用挂篮逐段悬浇，先边跨合龙，再中跨合龙。拱肋采用大节段整体提升施工，之后安装吊杆，如图 7-29-4 所示。

图 7-29-4 拱肋提升施工

7.29.4 主要技术经济指标

主要技术经济指标见表 7-29-1。

表 7-29-1 主要经济技术指标

指标类型		数值
结构性能指标	竖向挠跨比	1/5 561
	梁端转角(rad)	0.804‰
	工后徐变(mm)	18.9
主要工程量	混凝土(m^3)	20 783.0
	拱肋钢材(t)	1 432.6
	吊杆(t)	118.1

7.29.5 技术特点和创新点

(1)为目前建成的时速 350 km 高速铁路最大跨度连续梁拱桥。

(2)采用拱肋加劲，梁拱共同受力的结构形式，更好地解决了大跨连续梁桥徐变变形过大难以满足高速铁路刚度要求的难题，能极好的适应高速铁路刚度及平顺性要求。

(3)采用连续梁体系，能克服刚构体系温度应力过大的缺点，特别适合桥墩高度较矮刚构体系难以适应的情况。

(4)本桥拱肋施工采用大节段整体提升，提升吨位大。

7.30　昌赣客运专线赣江特大桥

桥　　名：赣江特大桥
工程项目：昌赣客运专线
工程位置：江西省赣州市
主　　跨：300 m
桥　　型：组合梁斜拉桥
建设单位：昌九城际铁路股份有限公司
设计单位：中铁第四勘察设计院集团有限公司
施工单位：中铁十六局集团有限公司
设计人员：严爱国　李的平　王　斌　谢晓慧　柳　鸣　张晓江
通车时间：2019年12月

7.30.1　概　　况

昌赣客运专线位于江西省中南部，是规划京九客运专线的重要组成部分，线路全长415.165 km，设计速度350 km/h，正线线间距5.0 m，全线铺设无砟轨道。

赣州赣江特大桥位于章水、贡江两江汇合口下游1.9 km，既有赣江公路大桥上游1.1 km。赣江为Ⅲ级航道，通航孔净宽266.5 m，净高10 m，设计最高通航水位101.18 m；设计流量$Q_{1\%}=18\ 700\ m^3/s$，设计水位$H_{1\%}=105.46$ m，流速$v_{1\%}=2.38$ m/s。桥址区主要位于河流一级阶地及垄岗地区，小里程侧河滩较宽，多为荒地，大里程侧河滩较窄，其后地势较高。桥址区域内主要出露的岩性地层为第四系新近人工堆积层人工填土、素填土；第四系全新统冲洪积层淤泥、淤泥质黏土、粉质黏土、圆砾土、砾砂、细砂；第四系残坡积层粉质黏土；下伏基岩为白垩系上统南雄组泥质砂岩、砂岩等。

赣州赣江特大桥全长2 155.64 m，跨赣江主桥采用(35+40+60+300+60+40+35) m双塔双索面组合梁斜拉桥，铺设CRTSⅢ型板式无砟轨道，为国内外首座铺设无砟轨道的高速铁路斜拉桥。

主桥结构采用半飘浮体系，桥塔与主梁之间设置竖向支座和横向抗风支座，竖向支座内设置纵向黏滞阻尼器。主桥立面如图7-30-1所示。

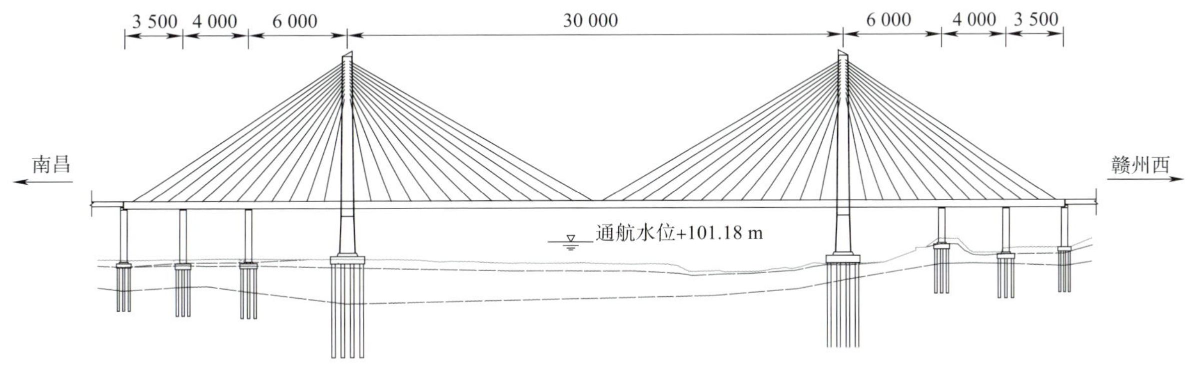

图7-30-1　主桥立面(单位：cm)

7.30.2　结构形式

（1）主梁

边跨、辅助跨及部分中跨主梁采用混凝土箱梁，其余中跨主梁采用箱形钢—混凝土组合梁，钢—混结合段位于主梁中跨侧距离索塔 20 m 处。

中跨钢—混组合梁顶宽 16.3 m，中心梁高 4.5 m，混凝土桥面板厚 30 cm，局部加厚至 50 cm，钢梁为槽形断面，高 400 cm，如图 7-30-2 所示。横隔板间距 6 m，采用空腹式，满足结构受力的同时兼顾了经济性及施工便利性。横隔板之间设置一道横隔肋，可以保证主梁具有足够的横向刚度及抗扭刚度。

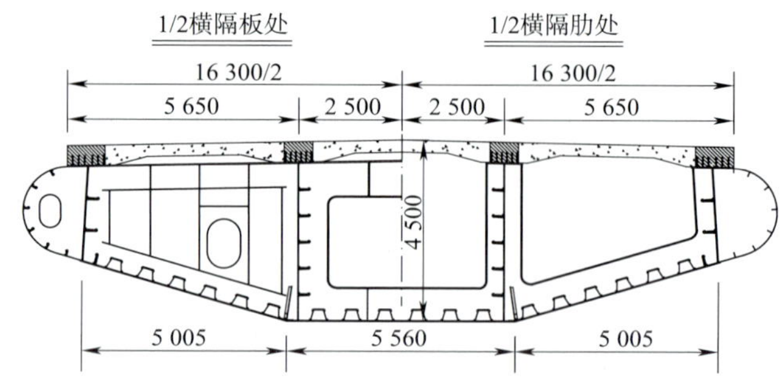

图 7-30-2　钢—混组合梁截面图(单位:mm)

组合梁标准节段长 12 m，钢梁采用工厂分节段制造，现场焊接连接的方式。每个节段混凝土桥面板横桥向分 3 块在工厂预制，存放 6 个月以上再吊装上桥，通过剪力钉与槽形钢梁连接成整体。

为防止混凝土板开裂，在混凝土板内布置纵向预应力筋，有在悬拼过程张拉和合龙后张拉两种类型索。悬拼过程中采用 5ϕ15.24 钢绞线，合龙后张拉预应力筋采用 12ϕ15.24 钢绞线。

混凝土箱梁采用单箱三室等高截面，截面全宽 16.8 m，中心处梁高 4.5 m，如图 7-30-3 所示。标准横截面梁顶板厚度为 40 cm，底板厚度为 40 cm，中腹板厚 50 cm，斜底板厚 40 cm；加厚横截面梁顶板厚度为 70 cm，底板厚度为 70 cm，中腹板厚 110 cm，斜底板厚 70 cm。

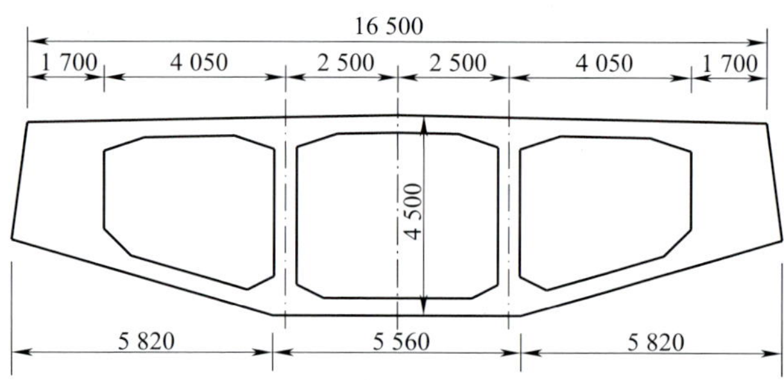

图 7-30-3　混凝土梁截面图(单位:mm)

混凝土箱梁每 10.5 m 布置一道高 2 m，厚 50 cm 横梁，与斜拉索位置对应设置，全桥共计 26 道斜拉索横梁。

混凝土箱梁与钢—混组合梁采用钢—混结合段过渡，采用腹板埋入式＋顶底板渐变式钢—混接头。整个结合段长 10 m，包含 2 m 钢梁埋入段、3 m 顶底板渐变段、5 m 刚度过渡段共 3 部分。

（2）桥塔

桥塔采用曲线人字形混凝土塔，索塔全高为 124.5 m（含塔帽），桥面以上塔高 88 m，为主跨的 1/3.409；索塔纵向宽度由塔顶 6 m 加宽至塔上横梁处 8 m 再加宽至塔底 9.57 m；如图 7-30-4 所示。

中、上塔柱为曲线，横向宽度 4 m，内外曲线半径分别为 500 m、504 m，上塔柱在顶端微合，中间通过弧形板连接。下塔柱为直线，宽度由 4 m 渐变至 5.59 m。

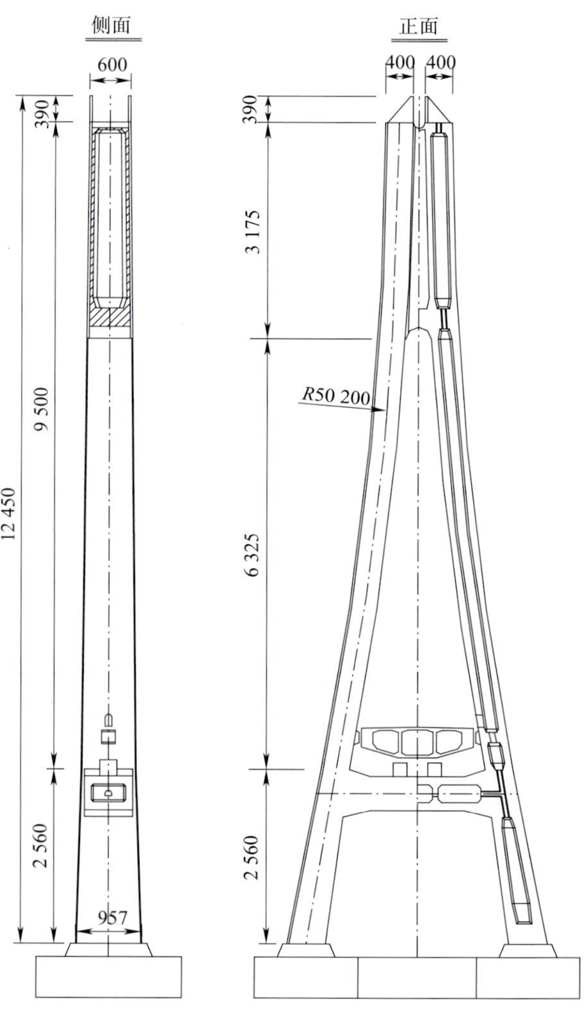

图 7-30-4　桥塔结构图(单位:cm)

(3)斜拉索

斜拉索采用抗拉标准强度 1 670 MPa 镀锌平行钢丝拉索，空间双索面，扇形布置，全桥共 48 对拉索，分 163、187、199、223、253、265 六种规格。斜拉索混凝土梁上索距 10.5 m，钢—混箱形组合梁上索距 12 m，塔上索距 1.8～3.0 m。

斜拉索与桥塔采用内置式钢锚箱的锚固方式，与混凝土箱梁采用齿槽锚固，与钢—混组合梁采用锚拉板锚固，张拉端设置在塔内。

(4)墩身及基础

主塔采用 2-12ϕ2.2 m 哑铃形钻孔桩基础，摩擦桩，行列式布置。边墩及辅助墩采用圆端形实体墩，采用 ϕ1.25 m、ϕ1.5 m 钻孔桩基础。

7.30.3 施工方法

混凝土主梁采用逐孔支架现浇施工，由边跨向中跨方向分段浇筑混凝土，并张拉相应预应力索。

钢—混凝土板组合梁中钢梁先在工厂加工好后，通过船舶水路运输到桥位，在混凝土主梁施工完成后进行单向悬臂拼装各钢箱节段，对中调整后正式连接，张拉相应斜拉索，吊装预制桥面板，再浇筑湿接缝，重复该过程直至全桥合龙。最后拆除桥面吊机，调整索力，进行桥面和附属工程施工，如图 7-30-5～图 7-30-7 所示。

图 7-30-5 混凝土桥面板施工

图 7-30-6 中跨悬拼

图 7-30-7 成桥实景

7.30.4 主要技术经济指标

主要技术经济指标见表 7-30-1。

表 7-30-1 主要技术经济指标

指标类型		数值
结构性能指标	竖向挠跨比	1/880
	梁端转角(rad)	0.129‰
	横向挠跨比	1/8 547
主要工程量	主梁混凝土(m^3)	11 996.0
	桥塔混凝土(m^3)	13 024.0
	组合梁用钢量(t)	3 418.0
	斜拉索(t)	741.0

7.30.5 技术特点和创新点

赣江桥通过技术创新，突破了在大跨度桥上铺设无砟轨道并通行时速 350 km 高速列车的技术瓶颈。

(1)以高速列车通过时的安全性及旅客乘坐舒适性为前提条件，提出了高速铁路无砟轨道大跨度桥梁变形控制技术标准，填补了大跨桥梁铺设无砟轨道理论技术空白。

(2)为满足时速 350 km 运行并铺设无砟轨道的需求，创新性地将空腹式箱形钢—混组合梁应用于高速铁路斜拉桥上，具有整体和局部刚度大，徐变变形小，经济性好等优点，与无砟轨道连接技术成熟可靠，为铺设无砟轨道和高速列车运行提供了优越的条件。

(3)通过桥面预加载获取结构的真实刚度以及监测温度线形变化规律，利用无砟轨道多层分级调控，逐级修正施工误差，实现了大跨桥上无砟轨道毫米级精度铺设。

(4)利用物联网、云计算、大数据等先进技术，首次在高速铁路斜拉桥上建立了铁路桥梁—无砟轨道一体化全生命周期健康管理体系，实现传统桥梁向智慧桥梁的转变。

7.31 成昆铁路攀枝花金沙江大桥

桥　　名：攀枝花金沙江大桥
工程项目：成昆铁路扩能改造工程
工程位置：四川省攀枝花市
主　　跨：208 m
桥　　型：部分斜拉桥
建设单位：成昆铁路有限责任公司
设计单位：中铁二院工程集团有限责任公司
施工单位：中铁二十三局集团有限公司
设计人员：马庭林　袁　明　朱　敏　任万敏　马雅林　侯　勇　王玉珏　刘晓琴
通车时间：2020 年 5 月

7.31.1 概　　况

成昆铁路扩能改造工程为设计速度 160 km/h 新建客货共线铁路，双线中—活载，有砟轨道，线间距 4.2 m。大桥在攀枝花市郊跨越金沙江，桥址处枯水期水面宽度约 200 m，河床断面呈 U 形，桥轴线法向与水流夹角为 9.8°，航道等级为Ⅲ级。桥区属构造侵蚀、剥蚀中山河谷堆积地貌，金沙江下切强烈，地形起伏较大，地面高程 970～1 100 m。桥区上覆第四系全新统人工填筑土，下伏晋宁期花岗闪长岩，局部夹辉绿岩脉。动峰值加速度为 0.175g，震动反应谱特征周期为 0.45 s。

攀枝花金沙江大桥孔跨布置为(120＋208＋120) m 预应力混凝土部分斜拉桥，全长 473.5 m。全桥立面如图 7-31-1 所示。

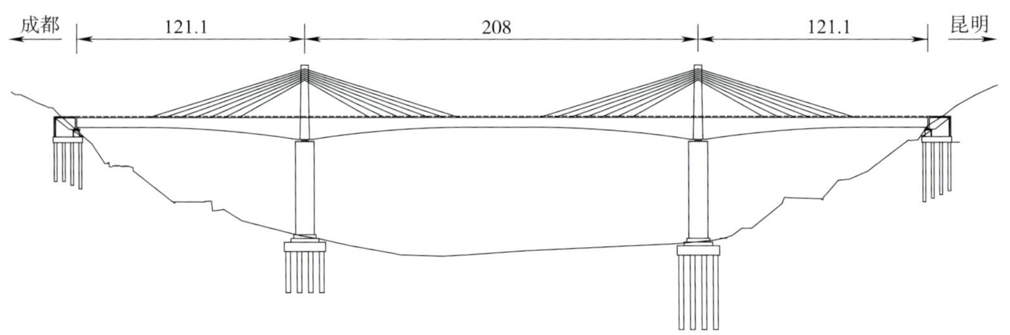

图 7-31-1　全桥立面(单位：m)

7.31.2　结构形式

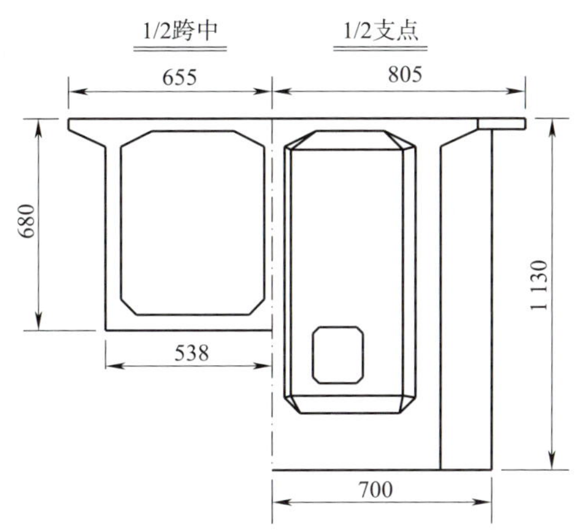

图 7-31-2　主梁断面图(单位:cm)

主桥为双塔双索面预应力混凝土部分斜拉桥,采用塔梁固结、墩梁分离的结构体系。

主梁采用单箱双室变高度直腹板箱梁截面,顶宽 13.10 m,箱宽 10.75 m,中支点截面高度 11.30 m,边跨平直段截面高度 6.80 m,截面高度按二次抛物线变化,箱梁顶板厚度 40 cm,腹板厚度 50～80 cm,底板厚度 50～90 cm,如图 7-31-2 所示。混凝土标号为 C55。

塔横向布置为 H 形钢筋混凝土结构,桥面以上塔高 28.0 m。塔柱及连接横梁均采用矩形截面(图 7-31-3)。塔柱截面尺寸为 4.6 m×2.4 m(顺×横),塔柱连接横梁截面尺寸为 2.8 m×2.0 m(顺×高)。桥墩采用钢筋混凝土圆端形空心墩,两主墩墩高分别为 49 m、51.5 m。纵桥向墩顶尺寸 10.0 m,内外坡均为直坡;横桥向墩顶尺寸为 15 m,并按外坡 1∶40 内坡直坡向墩底放坡。

斜拉索采用双索面扇形布置,全桥设置 7 对共 28 组拉索,塔上拉索间距 1.0 m,梁上拉索水平间距 8.0 m。斜拉索采用 ϕ15.2 的单丝涂覆环氧涂层钢绞线索体,分 AT-61 和 AT-73 两种规格。斜拉索通过设置在主塔上的分丝管式索鞍,并采用单侧可换式抗滑锚固于主塔,张拉端设在主梁梁顶。

7.31.3　施工方法

利用墩顶托架,立模施工箱梁 0 号段。在桥面搭设支架进行桥塔的施工。箱梁 T 构梁段施工采用悬臂灌筑法施工,对应斜拉索的安装和初张拉。先中跨合龙(图 7-31-4),再悬灌边跨不平衡段,再完成边跨现浇段。待施工桥面系施工完成后,补张拉斜拉索至设计吨位。

图 7-31-4　中跨合龙

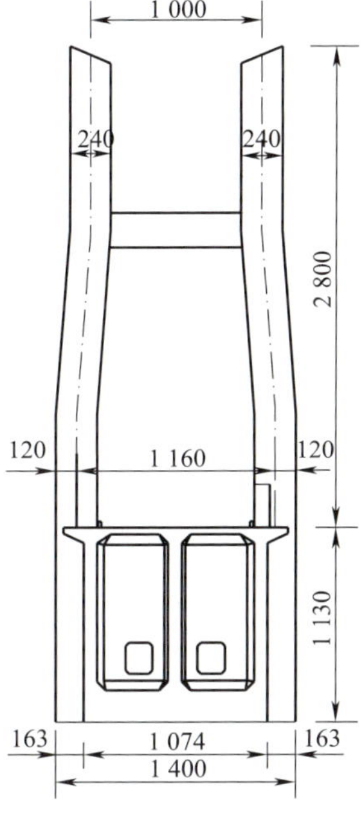

图 7-31-3　桥塔断面图(单位:cm)

7.31.4　主要技术经济指标

主要技术经济指标见表 7-31-1。

表 7-31-1　主要技术经济指标

指　标　类　型		数　　值
结构性能指标	竖向静活载挠跨比	1/1 338
	梁端转角(rad)	1.6‰

续上表

<table>
<tr><th colspan="3">指 标 类 型</th><th>数 值</th></tr>
<tr><td rowspan="7">主要工程量</td><td rowspan="2">主塔</td><td>C55 混凝土(m^3)</td><td>548.0</td></tr>
<tr><td>普通钢筋(t)</td><td>181.0</td></tr>
<tr><td rowspan="4">主梁</td><td>C55 混凝土(m^3)</td><td>14 391.0</td></tr>
<tr><td>钢绞线(t)</td><td>498.0</td></tr>
<tr><td>普通钢筋(t)</td><td>2 724.0</td></tr>
<tr><td>PSB830 螺纹钢筋(t)</td><td>140.0</td></tr>
<tr><td>斜拉索</td><td>钢绞线(t)</td><td>249.0</td></tr>
</table>

7.31.5 技术特点和创新点

(1)研发了 140 000 kN 大吨位双曲面球型减隔震支座及剪力榫减隔震体系，解决罕遇地震作用下斜拉桥整体受力及位移控制的难题。

(2)提出梁顶组合式索梁锚固结构，将斜拉索的锚固块设置在梁顶腹板上方，传力直接、施工简便、便于维养。

(3)研发带聚脲防护涂层的钢绞线，提高了斜拉索体系耐久性。

(4)创新了铁路矮塔斜拉桥施工工法，解决了梁段浇筑与索梁锚固块协同施工、斜拉索精确定位、主梁线形控制等技术难题。

7.32 商合杭铁路裕溪河特大桥

桥　　名：裕溪河特大桥
工程项目：商合杭铁路
工程位置：安徽省芜湖市
主　　跨：324 m
桥　　型：钢箱桁梁斜拉桥
建设单位：京福铁路客运专线安徽有限责任公司
设计单位：中铁第四勘察设计院集团有限公司
施工单位：中铁三局集团有限公司
设计人员：文望青　彭文成　张晓江　付小军　林　骋　柳　鸣　李的平　李　雁
通车时间：2020 年 6 月

7.32.1 概　　况

商合杭铁路设计速度 350 km/h，双线 ZK，正线线间距 5.0 m，无砟轨道，在安徽省马鞍山市含山县与芜湖市鸠江区跨越裕溪河。裕溪河为Ⅲ级航道，通航孔净宽 110 m，净高 10 m，设计最高通航水位 10.3 m；设计流量 $Q_{1\%}=2\ 601.8\ m^3/s$，设计水位 $H_{1\%}=11.39$ m，流速 $v_{1\%}=1.86$ m/s。桥址范围内广泛分布第四系冲积层地层，饱水松软，地基软弱，下覆基岩为白垩系泥质粉砂岩、砂岩和钙质砂岩等，岩面起伏不大，总体地层平稳。

主桥采用(60＋120＋324＋120＋60) m 双塔钢箱桁梁斜拉桥，为世界跨度最大的无砟轨道桥梁。主桥结构采用半飘浮体系，桥塔与主梁之间设置竖向支座和横向抗风支座以及带限位功能的无泄漏阻尼器，其余桥墩上均设竖向和横向约束。主桥立面如图 7-32-1 所示。

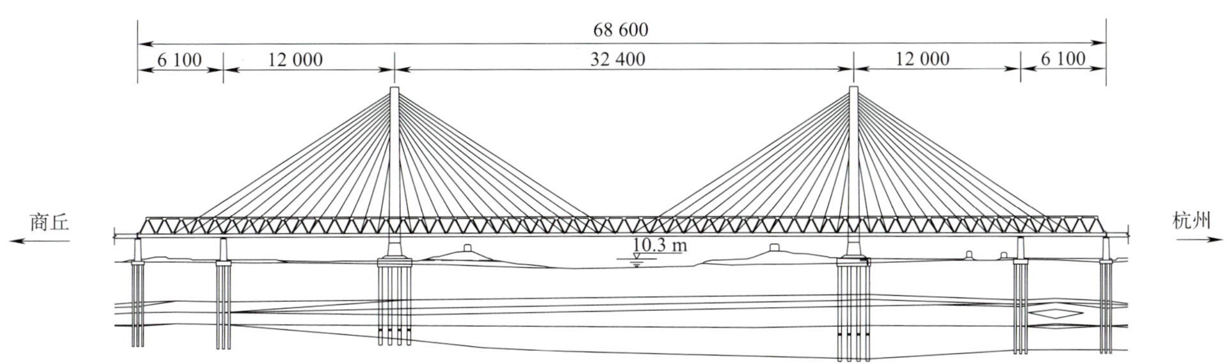

图 7-32-1　主桥立面(单位:cm)

7.32.2　结构形式

(1)主梁

主桁为空间两片桁架结构上弦杆中心间距 14.0 m,下弦箱间距 14.0 m,全联桁架为不带竖杆的华伦式桁架,桁高 12.0 m,节间长 12.0 m,主桁上弦杆为箱形截面,如图 7-32-2 所示,上弦杆件内高 1 000 mm,内宽为 800 mm,板厚 20～24 mm。腹杆有箱形和 H 形两种截面形式。箱形截面外高 800 mm,板厚 24 mm。H 形腹板带肋截面,高 600 mm,板厚 16～24 mm。主桁采用整体节点板高强螺栓连接,腹杆采用插入式。

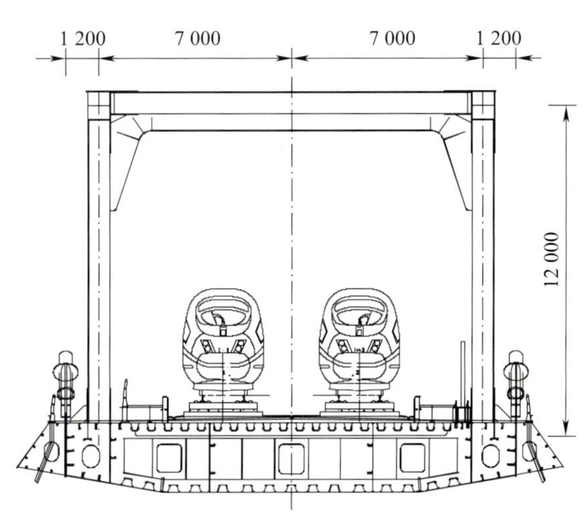

图 7-32-2　主梁截面图(单位:mm)

下弦钢箱梁为正交异性板结构,钢箱梁标准节段长 12 m(主跨),标准节段每隔 3 m 设置一道实腹横隔板。顶板采用 321-Q370qD 不锈钢复合板,厚 17 mm(14 mm+3 mm)～25 mm(22 mm+3 mm)。中腹板厚 20～28 mm。次边腹板厚 25 mm,边腹板 40 mm。

上平面纵向联结系设置交叉式斜杆和横向撑杆。斜杆及横撑杆均为工字形截面,截面高 500 mm,宽 460 mm,板厚分别为 16 mm 和 24 mm。

(2)桥塔

索塔采用 H 形索塔,塔底以上索塔全高为 121.0 m,桥面以上塔高 105.8 m,桥面以下塔高 15.2 m,桥面以上塔的高跨比为 1/3.06,如图 7-32-3 所示。索塔顺桥向由塔顶 6 m 线形加宽至下横梁 8.0 m,再加宽至塔底 10.0 m。

上塔柱为分离式竖直塔柱,塔柱中心距 16.4 m,单箱单室截面。每柱横桥向宽度为 4 m,顺桥向宽度由 6 m 线形增加到 6.971 m。中下塔柱为两分离式倾斜塔柱,单箱单室截面,中塔柱横向尺寸由 4 m 变化到 5 m,纵向尺寸由 6.971 m 变化至 8 m。下塔柱横向尺寸由 5 m 变化至 6 m,纵向尺寸由 8 m 变化至 10 m。

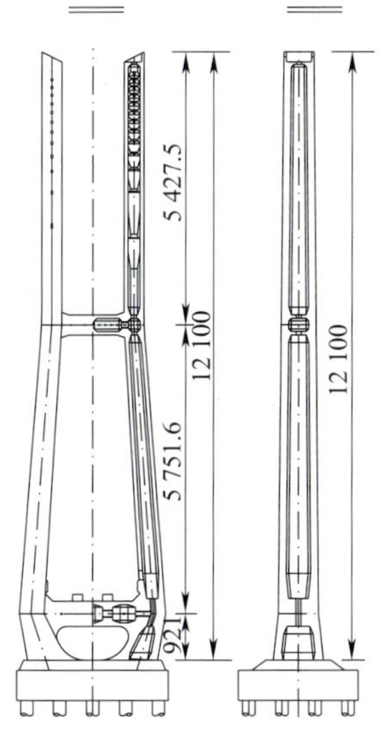

图 7-32-3　桥塔结构图(单位:cm)

(3)斜拉索

斜拉索为空间双索面,扇形布置,立面上每塔两侧共 13 对索,全桥共 104 根拉索,斜拉索梁上间距 12 m,塔上索距(锚点竖向间距)2.14～15.58 m。斜拉索采用抗拉标准强度 1 670 MPa 热镀锌平行钢丝拉索，分 121ϕ7、151ϕ7、187ϕ7、199ϕ7、223ϕ7、265ϕ7、313ϕ7、337ϕ7、421ϕ7、439ϕ7 十种规格。

斜拉索索塔锚固采用齿块，梁上采用锚拉板锚固，张拉端设置在塔内。

（4）墩身及基础

交界墩和辅助墩均采用实体墩。交界墩承台顺桥向×横桥向×厚度为 9 m×12.3 m×2.5 m，桩基础均采用 10ϕ1.25 m 钻孔灌注桩，梅花形布置，桩长分别为 58.5 m、64.5 m。辅助墩承台顺桥向×横桥向×厚度为 10.4 m×14.3 m×3.5 m，桩基础均采用 12ϕ1.5 m 钻孔灌注桩，行列式布置，桩长分别为 59.5 m、64.5 m。

索塔承台顺桥向×横桥向×厚度为 23.9 m×30.5 m×6 m，塔座为高 2 m 的楔形体，上截面尺寸顺桥向×横桥向为 13 m×27.67 m，下截面尺寸顺桥向×横桥向为 18.5 m×29.5 m。桩基础均采用 20ϕ2.5 m 钻孔灌注桩，桩中心距 6.6 m，桩长 92 m、99 m。

7.32.3 施工方法

边跨钢箱桁梁采用推顶施工，中跨钢箱桁梁采用单悬臂拼装，如图 7-32-4～图 7-32-6 所示。施工流程：施工准备→栈桥→钻孔桩基础→承台→主塔→临时墩→顶推施工钢箱桁→顶推至 NA15 号节段，主塔安装斜拉锚索→斜拉锚索钢箱桁梁连接→悬臂安装剩余钢桁梁→主跨钢箱梁合龙→主跨桁梁合龙→斜拉锚索锚固到位（调整钢箱桁梁线形）→桥面系→附属设施。

图 7-32-4 钢箱梁吊装

图 7-32-5 中跨合龙

图 7-32-6 成桥实景

7.32.4 主要技术经济指标

主要技术经济指标见表 7-32-1。

表 7-32-1 主要技术经济指标

指标类型		数值
结构性能指标	竖向挠跨比	1/1 094
	梁端转角(rad)	0.537‰
	横向挠跨比	1/9 000
主要工程量	主梁用钢量(t)	13 474.8
	桥塔混凝土(m^3)	25 273.0
	斜拉索(t)	1 145.5

7.32.5　技术特点和创新点

(1)主桥为世界最大跨度无砟轨道斜拉桥，首次在高速铁路斜拉桥上采用箱桁组合结构，提高了结构刚度，保证了对无砟轨道适应性要求。

(2)桥面利用复合不锈钢桥面板的耐腐蚀、耐磨损等特性，减少后期养护以及维修，实现成本和高性能的完美结合。

(3)轨温调节器与大位移伸缩缝一体化装置，具有行车平稳、减少养护维修工作量、提高旅客舒适度等优点。

(4)在理论分析的基础上，运用等效荷载法修正计算模型，通过实际测量结构体系温度和变形、桥面系分步加载、分层厚度调整、轨道线形拟合等措施，解决了大跨度桥梁铺设无砟轨道的关键技术。轨道几何尺寸检测结果，主桥范围内峰值检测消灭了所有等级偏差，最大差异 6 mm，均值指标平均 1.6 mm。根据车辆动力学响应检测数据，稳定性指标满足要求、平稳性指标优良。

7.33　乐清湾港区铁路瓯江特大桥

桥　　名：瓯江特大桥
工程项目：乐清湾港区铁路
工程位置：浙江省温州市
主　　跨：300 m
桥　　型：混凝土斜拉桥
建设单位：浙江乐清湾铁路有限公司
设计单位：中铁第四勘察设计院集团有限公司
施工单位：中铁大桥局集团有限公司
设计人员：薛照钧　潘茂盛　曾甲华　陈英贵　黄北平
　　　　　聂利芳　陈　可　柯朝辉
通车时间：2020 年 7 月

7.33.1　概　　况

温州乐清湾港区铁路为单线货运铁路，设计时速 80 km，有砟轨道。瓯江特大桥主桥与桥址下游约 130 m 处的既有 G104 公路瓯江大桥并行跨越瓯江主航道，桥址位于瓯江口台风频繁登陆区，属台风重影响区，桥位处的基本风速为 33.8 m/s。河段受洪水径流、潮汐共同影响，桥位处水域宽约 580 m，最大水深 19.4 m。航道等级现状为Ⅳ级、通行 500 t 级船舶，规划Ⅲ级、通行 1 000 t 级海轮，通航最高水位 5.63 m，设计水位 $H_{1\%}=6.51$ m。桥址区第四系地层发育，分布有人工填土、淤泥、淤泥质粉质黏土、粉细砂等，软弱覆盖层厚 15.0～21.2 m，下伏基岩为弱风化凝灰岩，埋深 17.1～66.3 m。桥址区为冲海积平原区，场地土类型为软弱土～中软土，场地类别为Ⅲ～Ⅳ类，地震动峰值加速度为 0.057g，地震动反应谱特征周期 0.35 s。

主桥采用双塔双索面混凝土斜拉桥，桥跨布置为(52+90+300+90+52) m，半漂浮体系，全长 584 m，主桥位于平坡、直线上。主桥立面如图 7-33-1 所示。

7.33.2　结构形式

(1)主梁

主梁采用预应力混凝土箱梁，单箱双室等高截面，截面全宽 13 m(塔区 G0 梁段横向两端各做 0.75 m 竖切角后，主梁实宽为 11.5 m)，中心处梁高 4.0 m，宽跨比、高跨比分别为 1/23.08、1/75。箱梁底部为半径 10.702 m 的圆弧，两侧风嘴尖角作半径 0.5 m 的倒圆。

主梁横截面分标准横截面和加厚横截面两种(图 7-33-2 和图 7-33-3)，紧临索塔边跨侧第一对索与

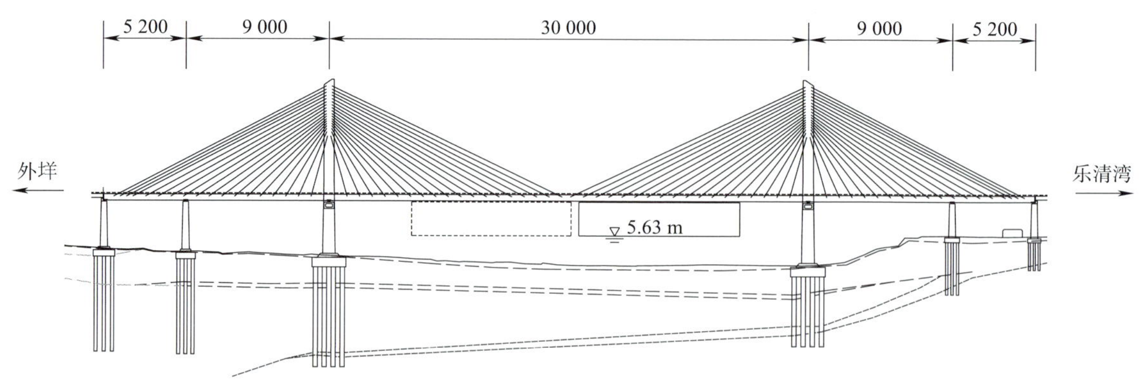

图 7-33-1　主桥立面图(单位:cm)

中跨侧第一对索之间(塔区)、辅助墩塔侧第二对斜拉索至梁端之间(边跨压重区)为加厚截面区域,其他为标准截面区域。标准横截面的顶板厚 38 cm,底板厚 35 cm,中腹板厚 35 cm;加厚横截面顶板、底板、中腹板厚度均为 60 cm。

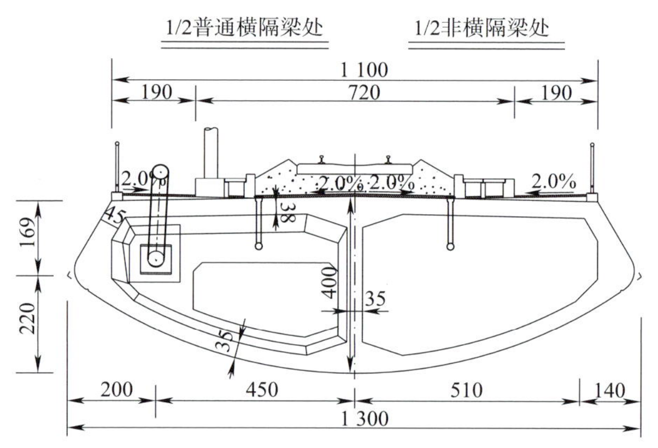

图 7-33-2　主梁标准横断面(单位:cm)

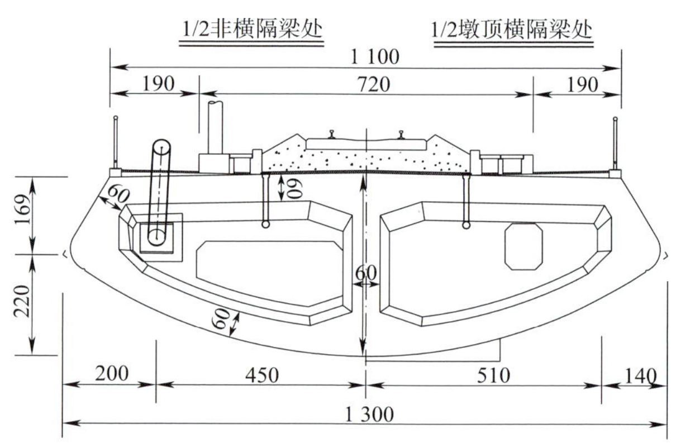

图 7-33-3　主梁加厚横断面(单位:cm)

混凝土主梁标准节段长 8 m,节段最大混凝土方量 203.1 m^3(对应边跨压重区 SG16 梁段)。塔区 0 号段长 9.5 m,梁端节段长 4.15 m,SG17 梁段长 3.3 m。主跨跨中和两个边跨各设一个合龙段,长度分别为 2.5 m 和 1.5 m。

混凝土箱梁每 4～8 m 设置一道厚 80 cm 斜拉索横隔梁,与斜拉索位置对应设置。索塔、连接墩及辅助墩支点处各设置一道加厚横隔梁,索塔处横隔梁厚 2.5 m,辅助墩处横隔梁厚 2.0 m,连接墩处端横隔梁厚 3.0 m。斜拉索梁端锚固于箱内混凝土锚固块。

混凝土箱梁采用双向预应力体系,梁体顶板、底板纵向预应力长索的规格采用 27ϕ15.2 或 25ϕ15.2,中跨中腹板纵向预应力索的规格为 19ϕ15.2,顶、底板短索采用 9ϕ15.2 的规格;横向预应力规格为 9ϕ15.2,基本间距 40 cm,设置于墩(塔)处横隔梁及普通横隔梁顶、底部。

(2)桥塔

桥塔采用钻石型索塔(图 7-33-4),桥面以上索塔采用倒 Y 形,桥面以下塔柱内缩为钻石形。塔底以上索塔全高为 118 m(17 号索塔为 112.5 m),梁顶(主梁横向中心处梁顶)以上塔高 75 m,梁顶塔高与主跨比为 1/4.0。索塔纵向宽度在塔顶至标高 41.843 m 范围为 6.5 m,标高 41.843 m 处至塔底由 6.5 m 线形加宽为 8 m。

上塔柱斜拉索锚固区横桥向宽 7 m,采用单箱双室截面,顺桥向标准壁厚 1.3 m,横桥向标准壁厚 0.8 m。

中塔柱为两分离式倾斜塔柱,单箱单室截面,每柱横桥向宽度为 3.5 m,顺桥向标准壁厚 1.1 m,横桥向标准壁厚 0.9 m。

下塔柱亦为两分离式倾斜塔柱，每柱横向宽度由 3.5 m 渐变至 4.5 m(塔底)。

中塔柱和下塔柱在塔梁交接处设下横梁，下横梁采用等宽度变高度截面，全预应力混凝土结构，配置 19ϕ15.2 低松弛预应力钢绞线，锚固于索塔外侧壁上。

为抵抗斜拉索的张拉力，上塔柱设有水平向的弯曲“井”字形预应力筋，并在中间纵墙设置了直索，预应力钢绞线规格均为 9ϕ15.2。

(3)斜拉索

斜拉索采用抗拉标准强度 1 860 MPa 镀锌平行钢丝拉索，空间双索面体系，扇形布置，全桥共 72 对斜拉索。斜拉索梁上基本间距 8 m，边跨端孔临梁端的 4 对拉索间距加密为 4 m；塔上索距 1.361～2.647 m。

斜拉索张拉端设置在塔内，在塔端的锚固采用混凝土锚固齿块结构。斜拉索最长(含锚具)162.021 m，最大规格为 PES(C)7-223，单根最大重量约 12.25 t(含锚具和护套)。

(4)墩身及基础

两索塔承台顺桥向×横桥向×厚度为 21.6 m×21.6 m×6 m，塔座为高 2.5 m 的楔形体。索塔基础采用 16ϕ2.8 m 钻孔灌注桩，桩中心距 5.7 m，最大桩长 63 m。

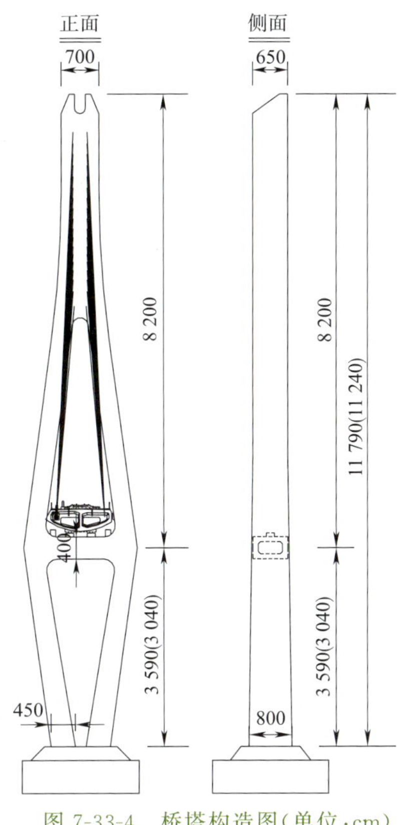

图 7-33-4　桥塔构造图(单位：cm)

辅助墩及连接墩均采用圆端形实体墩，墩高 22～30.5 m；基础采用钻孔灌注桩，小里程连接墩及辅助墩的桩径为 ϕ2.0 m，大里程辅助墩的桩径为 ϕ1.5 m，大里程连接墩的桩径采用 ϕ1.25 m。

7.33.3　施工方法

基础采用栈桥结合水上平台施工，承台采用双壁钢围堰施工，索塔采用爬模施工。塔区 25.5 m 范围及梁端 5.65 m 范围混凝土主梁采用墩(塔)旁托架现浇施工，其余主梁采用前支点挂篮(牵索式挂篮)节段悬灌施工，如图 7-33-5～图 7-33-8 所示。

图 7-33-5　桥塔及塔区主梁支架施工

图 7-33-6　主梁牵索式挂篮节段悬灌施工

图 7-33-7　混凝土主梁双悬臂悬灌施工

图 7-33-8　成桥实景

7.33.4　主要技术经济指标

主要技术经济指标见表 7-33-1。

表 7-33-1　主要技术经济指标

指标类型		数值
结构性能指标	竖向挠跨比	1/1 224
	梁端转角(rad)	0.374‰
	横向挠跨比(有车横向荷载)	1/4 167
	工后徐变(mm)	106
主要工程量	主梁混凝土(m^3)	11 344.0
	主梁混凝土指标(m^3/m)	19.4
	索塔混凝土(m^3)	9 445.0
	斜拉索(t)	793.5

7.33.5　技术特点和创新点

(1)主跨 300 m 混凝土斜拉桥结构，将铁路混凝土斜拉桥的跨度记录提升至 300 m，改变了混凝土斜拉桥只能应用于中小跨度(不大于 150 m)铁路桥梁的技术现状。

(2)创新设计了一种鱼腹式混凝土箱形主梁结构，对结构外形以及边腹板、底板、横隔板等构造进行了全新优化，传力简洁可靠、施工便捷、受力合理，造型新颖美观，解决了高窄桥面铁路桥在结构受力、外观造型和气动外形等方面的设计难题。

(3)构思了一种新型混凝土箱梁斜拉桥索梁锚固结构，该结构位于箱梁腔内，设于顶板、边腹板和横隔梁交会处，横隔板为大面积开孔的加厚隔板(厚 80 cm)，结构呈现三面剪压承载式传力形式，受力合理、传力可靠，在受力、施工、主梁外部美观和梁端拉索锚具长效耐久等方面具有显著优点。

(4)研制了适用于大跨度铁路混凝土斜拉桥的高性能混凝土，以解决或改善水化热所致早期开裂、长期收缩徐变所致主梁下挠等核心技术难题。

7.34　福平铁路乌龙江特大桥

桥　　名：乌龙江特大桥
工程项目：福平铁路
工程位置：福建省福州市
主　　跨：288 m
桥　　型：混凝土部分斜拉桥
建设单位：福平铁路有限责任公司
设计单位：中铁第四勘察设计院集团有限公司
施工单位：中铁十八局集团有限公司
设计人员：薛照钧　文望青　王德志　宋子威　杨利卫　曹忠强
通车时间：预计 2020 年 11 月

7.34.1　概　　况

新建福平铁路是连通福州至平潭岛的客货共线双线铁路，设计速度 200 km/h，有砟轨道。乌龙江特大桥位于福州南站东侧连接清凉山和金牛山，跨越闽江南支乌龙江，与既有福厦铁路乌龙江特大桥（主跨 3×144 m 连续梁）并行布置，桥址位于河段埡口处，水流速度大，自然条件复杂。该河段为内河Ⅳ级航道，通航净空 120 m×8 m，最高通航水位 4.52 m，最低通航水位 1.79 m。桥址处地层主要为中砂、粗砂，全风化、强风化、弱风化凝灰岩。

为满足桥下通航净空要求，同时兼顾景观效果，主桥采用（144＋288＋144）m 混凝土部分斜拉桥，主墩塔、梁、墩固结，边墩设置纵向活动支座。主桥总体布置如图 7-34-1 所示。

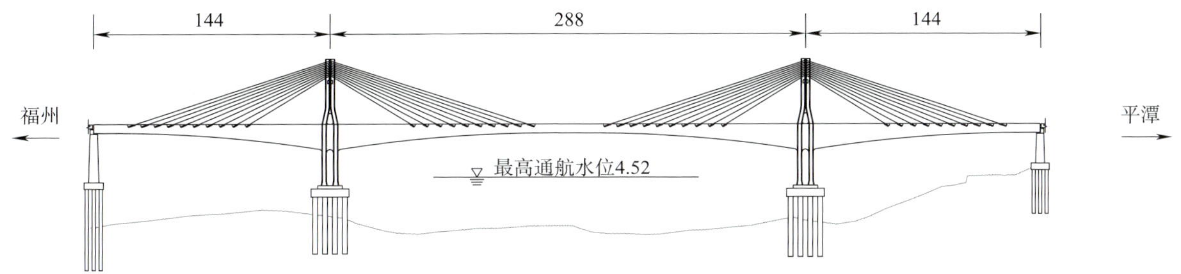

图 7-34-1　主桥总体布置（单位：m）

7.34.2　结构形式

（1）主梁

主梁采用直腹板单箱双室截面，斜拉索锚固于悬臂板。主梁中支点梁高/跨中梁高为 15.5 m/5.5 m，分别为主跨的 1/19.2和 1/52.4；箱梁顶板宽 13.4 m，底板宽 11.4 m，如图 7-34-2 所示。顶板全梁等厚 42 cm，在中支点附近处加宽至 110 cm；底板厚度由跨中 40 cm 渐变至中支点附近处 135 cm。腹板厚度分 35 cm、50 cm、70 cm 变化，在梁塔墩结合处渐变加厚到 120 cm。

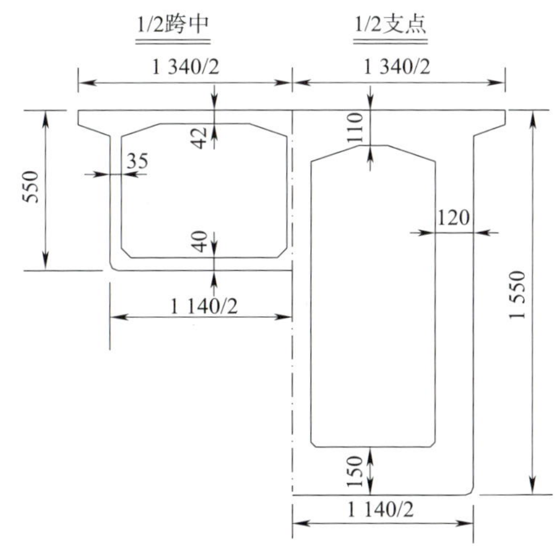

图 7-34-2　箱梁典型截面图（单位：cm）

纵向、竖向预应力体系。纵向按全预应力结构设计，纵向和超过 12 m 竖向预应力采用符合《预应力混凝土用钢绞线》（GB/T 5224—2014）标准的 ϕ15.20 低松弛钢绞线，强度标准值 f_{pk}＝1 860 MPa，长度小于 12 m 竖向预应力采用 ϕ32 预应力用螺纹钢筋，产品符合 GB/T 20065—2006 标准。

（2）桥塔

为适应分丝管索鞍设置，桥塔采用矩形双柱式钢筋混凝土桥塔，顺桥向宽 5.6 m，横桥向宽 2.8 m，桥面以上塔高 40.0 m，桥面以上塔的高跨比为 1/7.2，如图 7-34-3 所示。桥塔与主梁连接处设置倒 Y 形，桥塔外侧设置 0.4 m 凹槽，桥塔横向设置横梁，以增强结构造型表现力。

（3）斜拉索及锚固装置

斜拉索采用平行双索面扇形布置，每个桥塔设置 10 对斜拉索，斜拉索采用抗拉标准强度 1 860 MPa 单丝涂覆环氧涂层钢绞线拉索，外套 HDPE 管。其梁上索距 8.0 m，塔上索距 1.0 m，张拉端设置于主梁上。斜拉索规格分 55-7ϕ5、61-7ϕ5、73-7ϕ5，水平夹角为 20.8°～39.8°，斜拉索最长 105.9 m，最短 54.3 m。单根张拉、整体调索。索塔锚固装置采用分丝管索鞍，由多根钢管组焊而成，交叉抗滑。

（4）墩身与基础

主墩采用双壁墩柱，墩高 22.5 m，实心矩形截面，顺桥向双壁墩中心距 7 m，直坡；顺桥向 2.8 m，横桥宽度 12.0 m；主墩基础采用 16ϕ2.8 m 钻孔桩基础，行列式布置，顺桥桩间距 6.0 m，横桥向桩间距 7.5 m。对应承台尺寸 23.0 m×23.0 m×5.0 m，上设 15 m×18.7 m×2 m 加台。

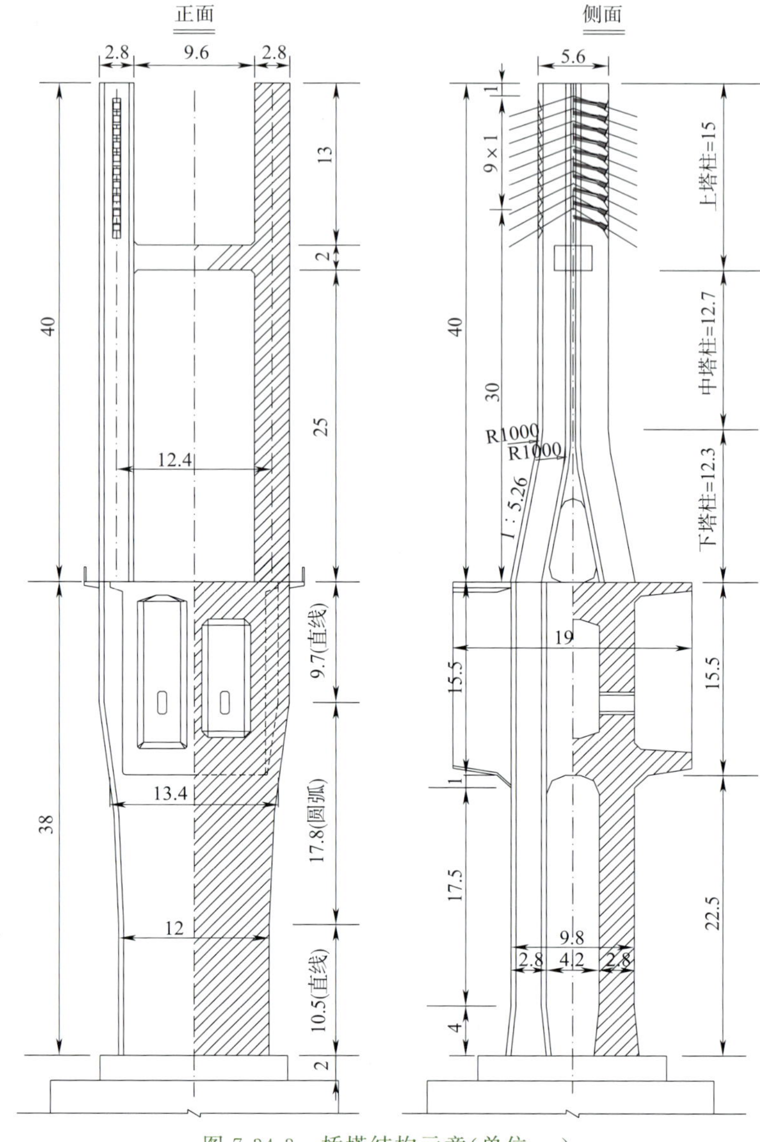

图 7-34-3　桥塔结构示意（单位：m）

7.34.3　施工方法

主梁采用挂篮悬臂浇筑法，滞后一个悬臂节段张拉斜拉索。边直段及零号块采用支架现浇施工。先进行边跨合龙，后中跨合龙，中跨合龙之前对其进行对顶（对顶力约为 11 000 kN）。主梁合龙后张拉梁内预应力，施工桥面和附属工程，调整至斜拉索设计索力，通车运营，如图 7-34-4 和图 7-34-5 所示。

图 7-34-4　主梁跨中合龙

图 7-34-5　成桥实景

7.34.4　主要技术经济指标

主要技术经济指标见表 7-34-1。

表 7-34-1　主要技术经济指标

指标类型		数值
结构性能指标	竖向挠跨比	1/1 589.2
	梁端转角(rad)	1.47‰
	工后徐变(mm)	27
主要工程量	主梁混凝土(m^3)	21 335.0
	桥塔混凝土(m^3)	1 545.0
	斜拉索(t)	665.6

7.34.5　技术特点和创新点

(1)目前世界跨度最大的铁路混凝土部分斜拉桥。

(2)部分斜拉桥与同跨度连续刚构拱进行比较,在刚度方面,连续刚构拱结构跨中活载位移为 82 mm,梁端转角 1.94‰,活载位移较部分斜拉桥减小,梁端转角则稍大于部分斜拉桥;在经济性方面,连续刚构斜拉组合结构斜拉索可以做到永久工程与临时工程结合,节约施工中临时钢材约 1 600 t,梁部施工工期可节约 6 个月。

7.35　福厦铁路闽江特大桥

桥　　名：闽江特大桥
工程项目：福厦铁路
工程位置：福建省福州市
主　　跨：198 m
桥　　型：连续钢桁梁柔性拱
建设单位：东南沿海铁路福建铁路有限责任公司
设计单位：中铁第四勘察设计院集团有限公司
施工单位：中铁建十八局集团有限公司
设计人员：薛照钧　王德志　杨利卫　冯光明　陈顺平　张　杰
通车时间：2010 年 4 月

7.35.1　概　　况

福州至厦门铁路为双线Ⅰ级铁路,客货共线,线间距 4.6 m;设计行车速度 250 km/h,中—活载。闽江特大桥地处福州市福州南站附近,是福厦铁路最大跨度的桥梁。桥址处河道宽阔,所在河道为感潮、通航河段且较为顺直,航道稳定,水深 10～14 m。设计流量 $Q_{1\%}=9\ 270\ m^3/s$,设计水位 $H_{1\%}=5.37$ m,设计流速 $v_{1\%}=2.45$ m/s。内河Ⅱ级航道,单孔双向通航,通航净宽 170 m,净高为 24 m。最高通航水位 4.58 m,最低通航水位 −1.38 m。桥址区以冲海积沉积为主,表层第四系粉质黏土、淤泥、中、粉砂松软地层,下伏燕山中晚期花岗岩和后期侵入辉绿岩,地震动峰值加速度为 0.1g。

主桥采用(99+198+99) m 连续钢桁梁柔性拱桥式,其他采用常用跨度 24 m、32 m 简支 T 梁及一般跨度连续梁,桥全长 2 692.23 m。主桥立面如图 7-35-1 所示。

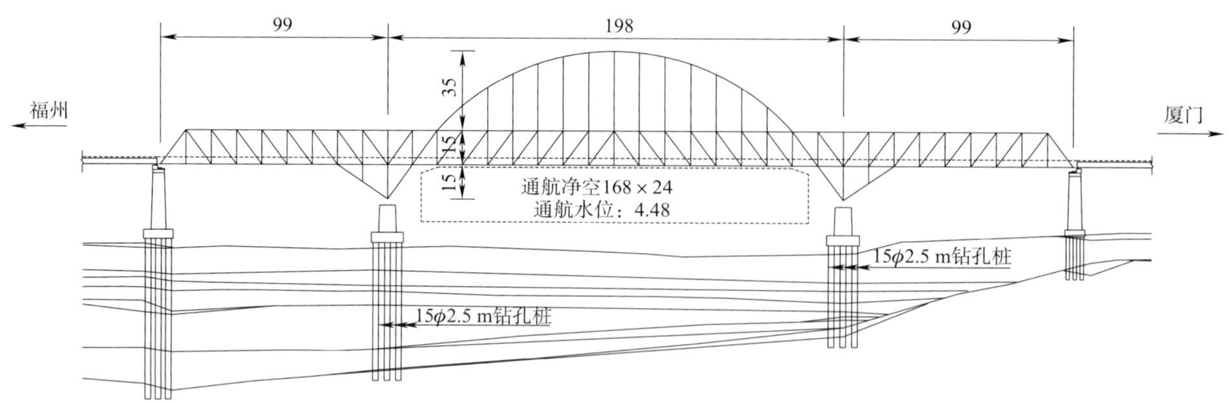

图 7-35-1　主桥立面(单位:m)

7.35.2　结构形式

(1)主梁

连续钢桁梁采用有竖杆 N 形三角桁式，节间长度 11 m，桁高 15 m，其中边跨 9 个节间，中跨 18 个节间；拱肋采用圆曲线，矢高 35 m，矢跨比 1/4.4。主桁中心距 15 m，桥面宽 12.6 m，吊杆采用 H 字形截面(外宽 83.8 cm，翼板宽 80 cm)，最大吊杆长度 35 m。钢梁全长 398 m。

主桁采用有竖杆 N 形三角桁式，桁高 15 m，桁宽 15 m，节间长度 11 m，加劲弦高 15 m，拱肋采用圆曲线，主梁横断面如图 7-35-2 所示，桥面采用道砟桥面，混凝土槽形梁与主桁纵梁之间采取不结合的形式，即钢横梁上设小支座支承小跨度的预应力混凝土槽形梁，槽形梁上铺道砟形成道砟桥面。结构设有钢纵梁，但钢纵梁不承受自重以外的其他竖向荷载，主要用于支撑钢横梁。

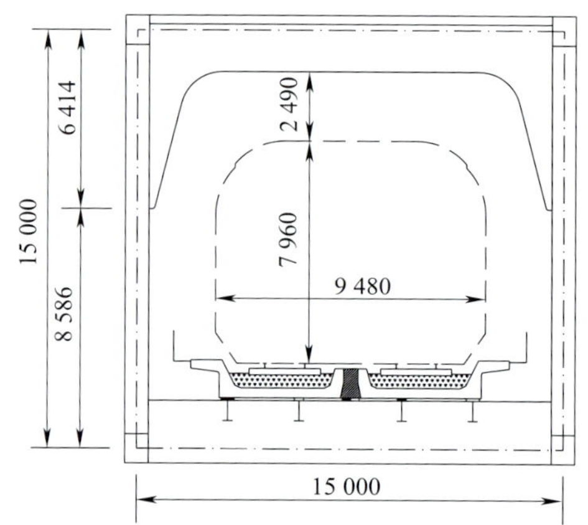

图 7-35-2　主梁横断面(单位:mm)

主桁弦杆及拱肋均采用箱形截面，上弦、下弦内高 1 060 mm，内宽 840 mm，最大板厚 44 mm。拱肋及加劲弦内高 1 060～1 660 mm，内宽 840 mm，最大板厚 50 mm。主桁节点采用整体节点的形式，板厚大于 40 mm 者采用 Q370qE 钢，小于或等于 40 mm 者采用 Q370qD 钢。腹杆有箱形截面和工字形截面两种，翼板宽度为 840 mm。

吊杆采用工字形形截面，外高 838 mm，翼缘板宽 800 mm，腹板厚 14～28 mm，翼板板厚 20～36 mm。

桥面采用槽形道砟梁，支承在钢横梁上，纵向为简支梁，横向为两侧带翼板的“山”形截面。全桥槽形梁分为两种跨度，端槽形梁跨度为 10.73 m，梁长 11.98 m；中槽形梁跨度为 10.46 m，梁长 10.96 m。槽形梁梁体采用纵向三斜腹板式槽形梁，边腹板高度 1.35 m，中腹板高度 1.05 m，底板厚度 35 cm，梁体全宽 11.2 m，梁体底宽 8.35 m，支座处底板加宽至 9.2 m，如图 7-35-3 所示。

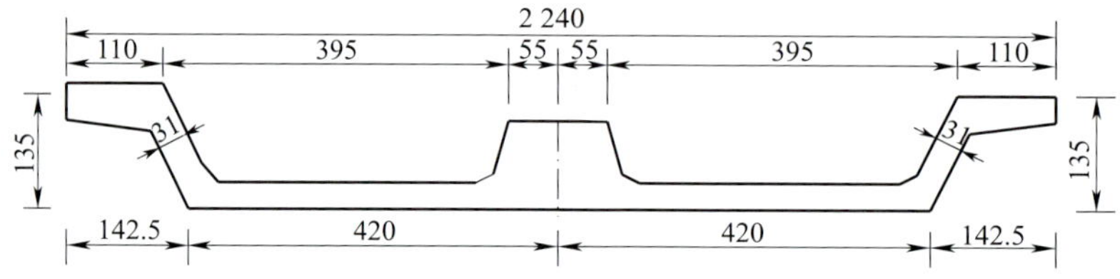

图 7-35-3　槽形梁截面图(单位:cm)

(2)墩身及基础

主墩采用圆端形实体墩，主墩顶纵向 7.0 m，横向 21.5 m。边墩纵向 5.0 m，横向 19.2 m。主跨桥墩基础为钻孔桩高桩承台，主墩采用 15ϕ2.5 m 的嵌岩桩，边墩采用 15ϕ1.5 m 的嵌岩桩。

7.35.3 施工方法

钻孔桩采用搭设水上栈桥及固定施工平台的方案进行施工，承台采用钢吊箱围堰施工。

钢梁先施工边跨后施工中跨，悬臂施工钢桁梁，先梁后拱，施工过程中钢桥面与主桁同步安装。钢桁梁合龙以后，在中跨钢桁梁上施工柔性拱并预留拱顶合龙口，施加对顶力合龙柔性拱，最后放松顶力，拆除辅助施工设施实现第二次体系转换。

钢梁架设完成后，预制槽形梁并吊装就位，安装槽形梁支座，如图 7-35-4～图 7-35-8 所示。

图 7-35-4　基础施工

图 7-35-5　钢桁梁拼装施工

图 7-35-6　主拱拼装施工

图 7-35-7　主拱合龙施工

图 7-35-8　大桥远景

7.35.4 主要技术经济指标

主要技术经济指标见表 7-35-1 和表 7-35-2。

表 7-35-1 主要结构性能指标

序 号	项 目	钢梁性能指标	槽形梁性能指标
1	中跨净活载挠跨比	1/2 833	1/2 833
2	梁端转角(rad)	1.48‰	0.73‰

表 7-35-2 主要工程数量表

序 号	项 目	钢梁性能指标	槽形梁性能指标
1	主桥用钢量(t)	8 448.0	—
2	C55 混凝土(m^3)	—	1 860.0

7.35.5 技术特点和创新点

(1)国内首次采用不结合道砟铁路桥面结构。采用简支于钢桁梁横梁上的双线槽形梁，受力明确，构造简洁，解决了钢—混结合梁受力不明确、混凝土开裂等问题，为大跨度钢桁梁道砟桥面的设计开辟了一条新的途径。

(2)大跨度连续钢桁梁柔性拱结构技术。连续钢桁梁柔性拱结构具有建筑高度低、结构刚度大以及外形美观等诸多优点。

(3)系统分析了不同开孔条件下 H 形吊杆的受力性能，提出了各类吊杆的最佳开孔形状和开孔尺寸，有效地抑制涡振和驰振的发生，确保桥梁在强风作用下吊杆使用的安全性。

7.35.6 获奖情况

2011 年获中国铁建优秀工程设计二等奖。

7.35.7 邻近桥梁

本桥上游 40 m 为福平铁路闽江特大桥(图 7-35-9)，与之并行跨越闽江，桥梁全长 2 563.51 m。主桥采用对孔设计，采用(110＋198＋110) m 预应力混凝土连续刚构桥式。闽江特大桥为目前国内铁路第二大跨度连续刚构桥，已于 2019 年 2 月合龙，预计 2020 年 11 月通车。

图 7-35-9 福平铁路闽江特大桥远景

7.36　南沙港铁路洪奇沥特大桥

桥　　名：洪奇沥特大桥
工程项目：南沙港铁路
工程位置：广东省中山市
主　　跨：2×360 m
桥　　型：钢桁梁柔性拱
建设单位：南沙港铁路有限公司
设计单位：中铁第四勘察设计院集团有限公司
施工单位：中铁六局集团有限公司
　　　　　中铁九桥工程有限公司
　　　　　中铁山桥集团有限公司
设计人员：薛照钧　瞿国钊　刘振标　夏正春　周　刚
　　　　　王小飞　蒋杰锋　张运波
通车时间：预计 2021 年 9 月

7.36.1　概　　况

南沙港铁路设计速度 120 km/h，设计活载采用双线 ZH 活载，线间距 4.0 m，在广东省中山市跨越洪奇沥水道。桥位处地势平坦，水域复杂，洪奇沥、上横沥、下横沥及黄沙沥四河在桥址上游 0.5 m 处交汇，两岸为鱼塘和农田。设计流量 $Q_{1\%}$=5 943 m^3/s，相应的设计洪潮水位 $H_{1\%}$=3.524 m，设计流速 $v_{1\%}$=1.14 m/s，三百年一遇校核水位 3.72 m。桥梁位于沿海强风区，设计风速 35.4 m/s。桥址范围工程地质主要为第四系海陆交互堆积层和燕山期花岗岩，其中堆积层自上而下为淤泥、淤泥质土、粉质黏土、砂类土。基本地震动峰值加速度为 0.1g；地震动反应谱特征周期均为 0.60 s。

桥址处洪奇沥水道宽 770 m，航迹线复杂，按双通航孔，每个通航孔双向通航 1 000 t 级海轮航道标准进行建设，每个通航孔 24 m×300 m(净宽×净高)。主桥采用(138+2×360+138) m 钢桁梁柔性拱，钢桁节间分为 13.5 m 和 14 m，拱肋矢高 65 m(自上弦算起)。主桥立面如图 7-36-1 所示。

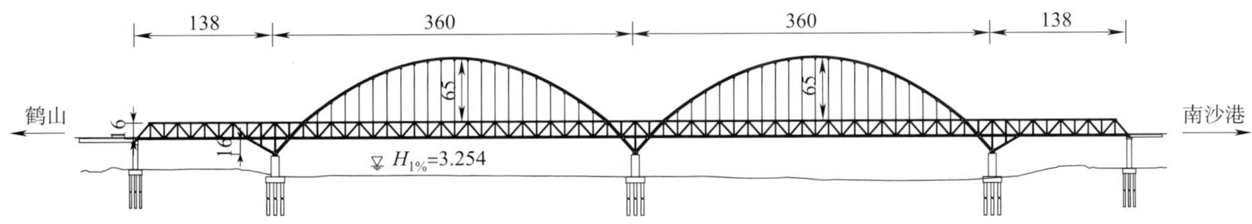

图 7-36-1　主桥立面(单位：m)

7.36.2　结构形式

(1)钢桁及拱肋

钢桁梁采用华伦式，节间长度为 13.5 m 和 14 m，拱肋拱轴线采用二次抛物线。钢桁梁和拱肋、平联及横联采用 Q370qD。钢桁梁的弦杆、拱肋均采用焊接箱形截面(图 7-36-2)。上弦杆内宽 1 200 mm，内高 1 200 mm；下弦杆内宽 1 200 mm，内高 1 400 mm；拱肋内宽 1 200 mm，内高 1 800～2 300 mm。钢桁梁杆件采用整体节点栓接，拱肋杆件采用焊接。

(2)吊杆

全桥共设置 84 组平行钢丝拉索吊杆，每组 2 根。吊杆与上弦及拱肋均采用钢锚箱锚固，钢锚箱与上弦节点栓接，钢锚箱与拱肋采用耳板相连，吊杆的张拉端设在下端，如图 7-36-3 所示。

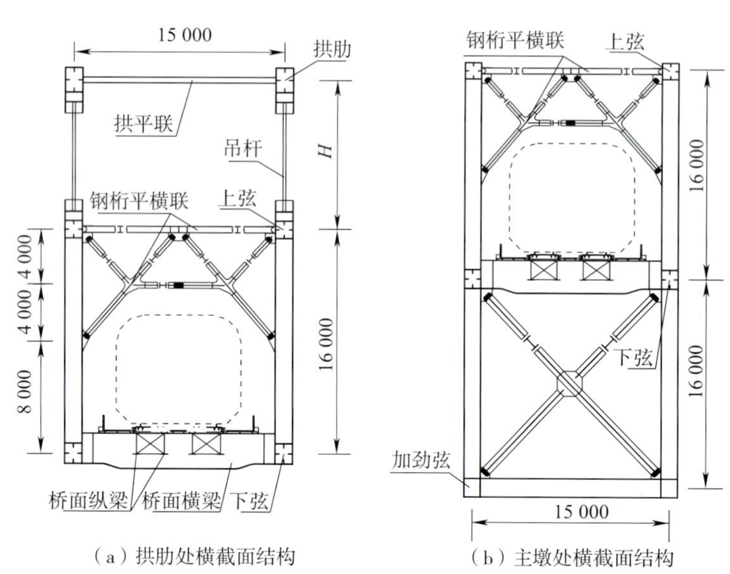

（a）拱肋处横截面结构　（b）主墩处横截面结构

图 7-36-2　横截面图（单位:mm）

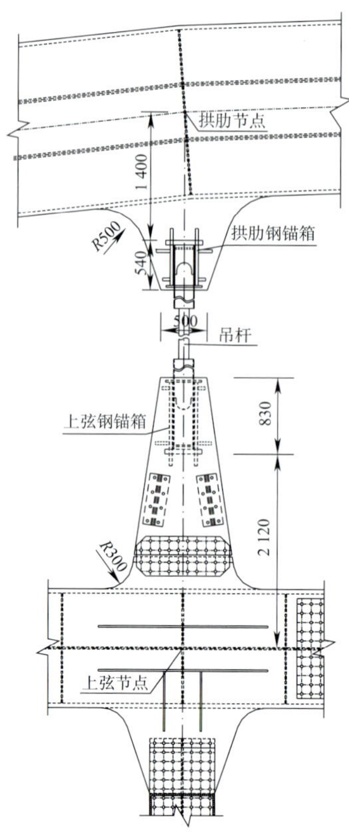

图 7-36-3　吊杆钢锚箱结构（单位:mm）

（3）桥面结构

桥面结构由纵横梁、混凝土轨枕板、轨枕板与钢梁间的垫层、扣件、钢轨等组成。在 2 片钢桁下弦节点处设置横梁，横梁间通过 4 根纵梁相连，纵梁在横桥向间距 2 m，每条线下的 2 根纵梁间通过系杆相连。横梁采用鱼腹形变高截面，中间高 2 500 mm，端部渐变至 2 150 mm。为减小桥面纵向力对横梁面外的作用，纵梁设置纵向活动铰来释放纵向力。轨枕板采用预应力混凝土工厂预制结构，现场铺设，与钢梁间设置混凝土调整垫层，与桥面钢梁间采用螺栓栓接，如图 7-36-4 所示。

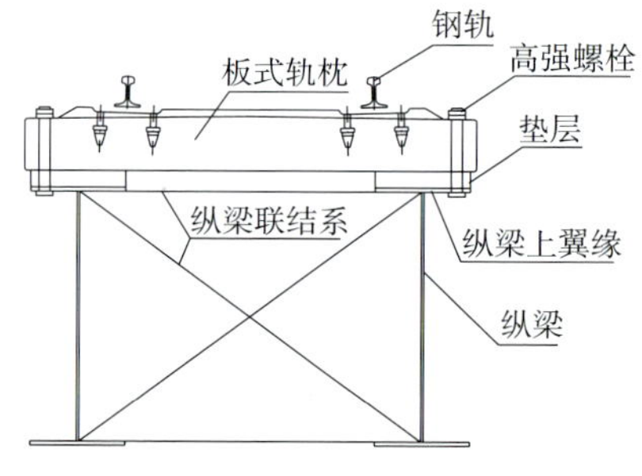

图 7-36-4　板式轨枕桥面系结构

（4）约束体系

由于场地特征周期较长，对抗震不利。为获得较好的抗震效果，采用水平向熔断型支座、纵向黏滞阻尼器、横向 E 型钢阻尼器的组合抗震措施。约束体系示意如图 7-36-5 所示。

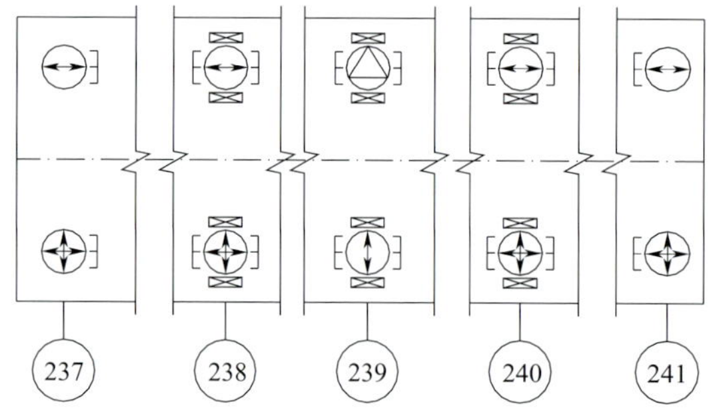

图 7-36-5　约束体系示意

7.36.3　施工方法

采用“先梁后拱、拱肋卧拼整体提升”的施工方案，具体为：在边跨设置临时支架，在三个主墩旁设墩旁托架，在两主跨各设两个临时墩→边跨钢桁梁在临时支架上由梁端向跨中拼装，过边主墩后单悬臂拼装→中主墩利用墩旁托架对称双悬臂拼装→纵移和顶落的方式实现钢桁合龙姿态的调整和合龙→钢桁上弦支架卧拼拱肋→整体提升拱肋和合龙→张拉吊杆。施工如图 7-36-6～图 7-36-8 所示。

图 7-36-6　钢桁梁拼装

图 7-36-7　拱肋卧拼

图 7-36-8　主桥全景

7.36.4　主要技术经济指标

主要技术经济指标见表 7-36-1。

表 7-36-1　主要技术经济指标

指标类型		数值
结构性能指标	边跨竖向挠跨比	1/1 957
	中跨竖向挠跨比	1/2 023
	梁端转角(rad)	2.53‰
	横向挠跨比	1/2 216
主要工程量	主梁总用钢量(t)	27 453.0
	主梁用钢指标(t/m)	27.5
	吊杆平行钢丝(t)	699.0
	主墩基础混凝土(m^3)	20 691.0

7.36.5　技术特点和创新点

(1)最大跨度的铁路钢桁梁柔性拱桥，将刚性桁梁与柔性拱组合，充分发挥拱肋和钢桁梁的结构性能。

(2)首次在 300 m 以上跨度的桥梁上采用纵横梁轻型板式轨枕无道砟桥面系，减轻了桥面恒载，节省工程投资。

(3)首次在大跨度双线铁路纵横梁的顶板采用不锈钢复合板，减轻养护维修的工作，提高结构耐久性。

(4)首次在近海高风速区对双主跨高位钢箱柔性拱肋采用大节段整体提升的架设方法，提高施工期间的抗风性能，降低施工风险。

7.37 南沙港铁路西江特大桥

桥　　名：西江特大桥
工程项目：南沙港铁路
工程位置：广东省江门市
主　　跨：600 m
桥　　型：混合梁斜拉桥
建设单位：南沙港铁路有限公司
设计单位：中铁第四勘察设计院集团有限公司
施工单位：中铁十一局集团有限公司
　　　　　中铁山桥集团有限公司
设计人员：薛照钧　刘振标　曾　敏　印　涛　胡方杰
　　　　　蒋杰锋　张运波
通车时间：预计 2021 年 9 月

7.37.1 概　　况

南沙港铁路设计速度 120 km/h，货运铁路，双线有砟轨道、线间距 4.0 m。桥位在广东省江门市境内，于西江与古镇水道的分流口处跨越西江，西江为Ⅰ级航道，通航 3 000 t 级海轮，设计最高通航水位 6.53 m。主桥区域内淤泥质土和粉质黏土层深厚，持力层为泥质砂岩和钙质砂岩层。西江断裂带与线路大角度相交，主跨跨越弱活动性西江断裂带。桥址处地震动峰值加速度为 0.1g，地震动反应谱特征周期 0.6 s。

桥址处河宽约 840 m，下游 67 m 处为广中江高速公路主跨 400 m 混凝土梁斜拉桥。为适应防洪通航、上下游建筑物要求，并充分利用地形地质条件，主桥采用(2×57.5＋172.5＋600＋4×57.5) m 钢箱混合梁斜拉桥，其中 172.5 m 边跨和中跨采用钢箱梁，其余边跨采用混凝土箱梁。主桥立面如图 7-37-1 所示。

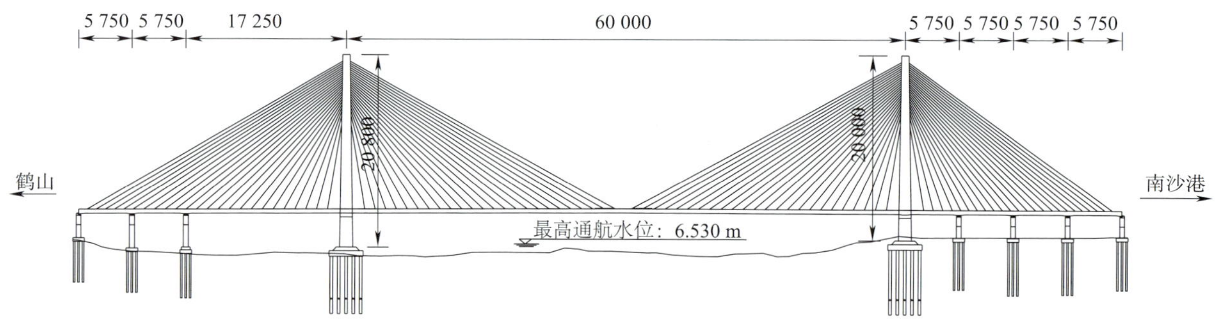

图 7-37-1　主桥立面(单位：cm)

7.37.2 结构形式

(1)主梁

混凝土箱梁采用单箱三室等高截面，截面全宽 21 m，中心处梁高 4.5 m，在墩顶附近中心梁高加高至 5.0 m，如图 7-37-2 所示。小里程混凝土箱梁中室梁顶板、底板厚度为 40～60 cm，边室顶板、斜底板厚 32～50 cm，直腹板厚 45～70 cm。大里程混凝土箱梁中室梁顶板、底板厚度为 50～60 cm，边室顶板、斜底板厚 40～50 cm，直腹板厚 60～70 cm。

钢箱梁采用带风嘴的单箱五室截面(图 7-37-3)，截面外轮廓尺寸与混凝土箱梁相同。中间三室与混凝土主梁三室相对应，两侧单室为钢锚箱，兼作风嘴。钢箱梁为正交异性板结构，由顶板、底板、斜底板、中纵腹板、边纵腹板及边板围封而成。钢箱梁顶板厚度 18～28 mm、底板厚度 18～28 mm；钢箱梁设两道中纵腹板和两道边纵腹板，中纵腹板厚度 20～28 mm，边纵腹板厚度 32 mm；箱内顶板纵向设置 U 肋、V 肋，U 形加劲肋板厚 14 mm、V 形加劲肋板厚 10 mm、间距 600 mm；底板纵向设置 U 肋，U 肋板厚 8 mm、间距 800～850 mm。钢箱梁过渡段在 V/U 形肋上设置顶、底板变高 T 形加劲肋。

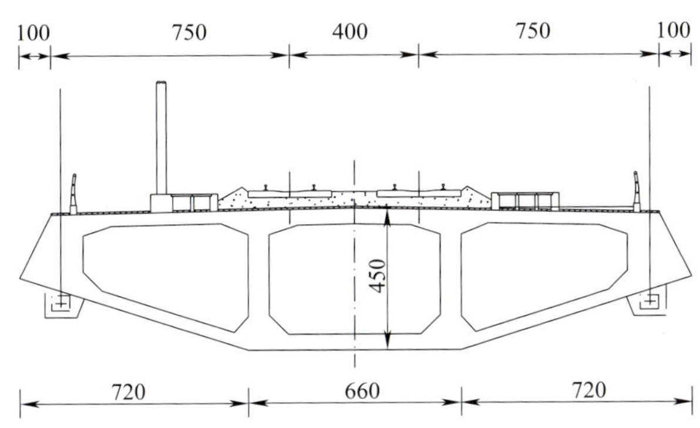

图 7-37-2　混凝土梁截面(单位:cm)

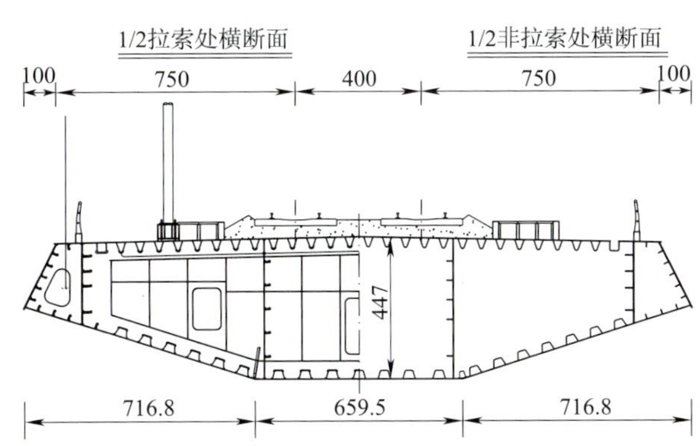

图 7-37-3　钢箱梁截面(单位:cm)

钢箱梁与混凝土梁之间采用钢混结合段相连，整个结合段长 13 m，包含 1.8 m 混凝土箱梁过渡段、1.5 m 混凝土横隔梁、1.7 m 钢混过渡段、6.3 m 钢箱梁过渡段共 4 部分。

(2)索塔及桥墩

小里程桥塔(P156 号)位于水中，大里程桥塔(P157 号)位于岸上，采用 H 形桥塔，塔柱截面为单箱单室截面，如图 7-37-4 所示。

P156 号、P157 号塔底以上索塔全高分别为 208 m、200 m，其中上塔柱为两分离式竖直塔柱，高 66.5 m，横桥向塔柱中心距(索面距)18.4 m；中塔柱为两分离式倾斜塔柱，高 109.1 m，横桥向塔柱中心距由 18.4 m 逐渐加宽至 28.2 m；下塔柱亦为两分离式倾斜塔柱，P156 号下塔柱高 32.4 m，P157 号下塔柱高 24.4 m，横桥向塔柱中心距由 28.2 m 内收至 20.5 m。

辅助墩及连接墩均采用变截面花瓶形实体墩，墩高 23～36 m。

(3)斜拉索

斜拉索采用抗拉标准强度 1 670 MPa 锌—5%铝混合稀土合金镀层平行钢丝拉索，空间双索面体系，扇形布置，全桥共 96 对斜拉索。根据索力的不同，规格分为 PES(C)7-121～PES(C)7-301，共 13 种；斜拉索最长(含锚具)336.8 m，单根最大重量约 25.7 t(不含锚具和护套)。

(4)墩身及基础

桥塔、辅助墩和过渡墩均为群桩基础。桥塔采用 30 根 ϕ3.0 m 的钻孔桩，172.5 m 边跨辅助墩采用 15 根 ϕ1.8 m 的钻孔桩，其余过渡

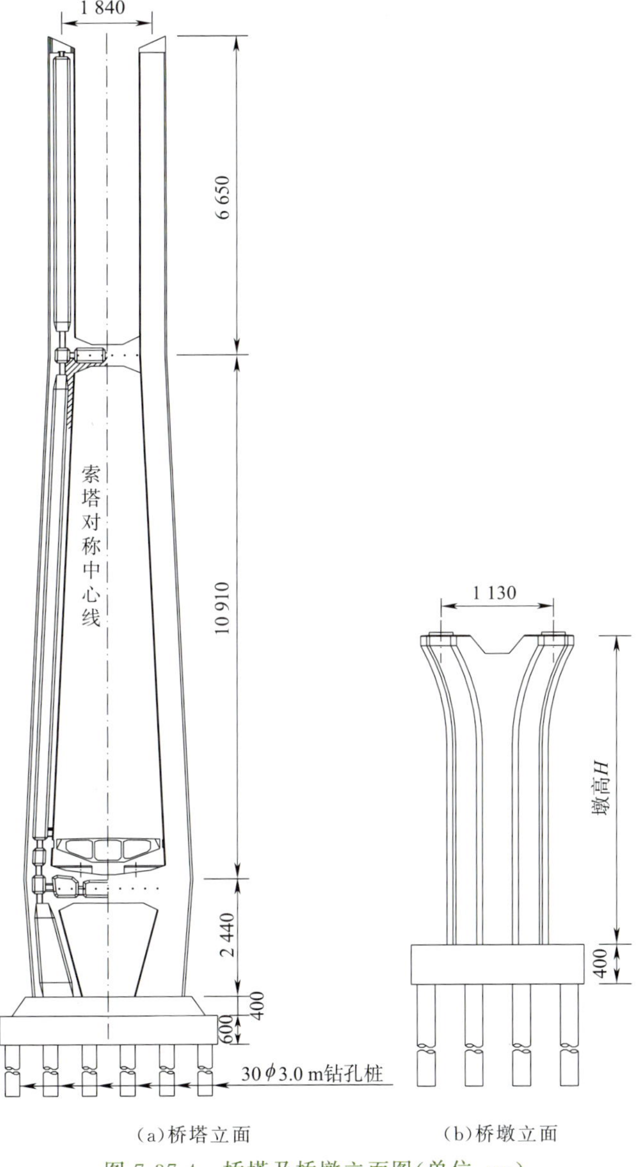

图 7-37-4　桥塔及桥墩立面图(单位:cm)

墩和辅助墩均采用 12 根 ϕ1.8 m 的钻孔桩。

7.37.3 施工方法

本桥混凝土梁采用支架逐段现浇施工。172.5 m 边跨钢箱梁采用浮吊大节段(节段长 36 m)吊装施工,中跨钢箱梁采用桥面吊机悬臂拼装法施工,基本节段长 12 m,如图 7-37-5 所示。

图 7-37-5 钢梁架设

7.37.4 主要技术经济指标

主要技术经济指标见表 7-37-1。

表 7-37-1 主要技术经济指标

指标类型		数值
结构性能指标	中跨竖向挠跨比	1/535
	梁端转角(rad)	0.69‰
	中跨横向挠跨比	1/2 197
主要工程量	主梁总用钢量(t)	13 547.2
	主梁用钢指标(t/m)	18.4
	斜拉索(t)	2 682.1
	主梁混凝土(m^3)	14 153.8
	桥塔混凝土(m^3)	34 182.6

7.37.5 技术特点和创新点

(1)采用混合梁斜拉桥结构体系,主跨采用钢梁,具有较大的跨越能力;边跨采用混凝土梁,既起到很好的锚固作用,提高结构的刚度,又减少用钢量,提高经济性。

(2)首次在铁路斜拉桥索塔锚固区采用新型钢锚梁技术,适应铁路活载大的特点。

(3)因地制宜采用非对称布置混合梁斜拉桥,包括边跨、结合段、斜拉索以及约束体系的非对称,结构布置合理。

(4)结合货运铁路,开展结构刚度合理性研究,整体竖向挠跨比控制不小于 1/500,横向控制不小于 1/2 000,是国内双线大跨度铁路桥梁刚度的重大突破。

7.38　赣深铁路剑潭东江特大桥

桥　　名：剑潭东江特大桥
工程项目：赣深铁路
工程位置：广东省惠州市
主　　跨：260 m
桥　　型：预应力混凝土部分斜拉桥
建设单位：广铁集团深圳指挥部
设计单位：中铁第四勘察设计院集团有限公司
施工单位：中交第三航务工程局有限公司
设计人员：刘振标　文望青　罗春林　段　鋐　陈海桦
印　涛　殷鹏程
通车时间：预计 2021 年 10 月

7.38.1　概　　况

赣深铁路正线和广汕铁路惠州北上下行联络线在广东省惠州市惠城区并行跨越东江。赣深正线设计速度 350 km/h，双线、线间距 5.0 m。广汕联络线设计速度 250 km/h，双线、线间距 4.6 m。赣深正线和广汕联络线之间线间距 14.0 m，四线均铺设Ⅰ型双块式无砟轨道。

桥址处属东江冲积平原及丘陵地貌，地势平坦开阔。桥址区下伏基岩为燕山期侵入期花岗岩，平均埋深约 12 m。地震动峰值加速度为 0.05g，反应谱特征周期为 0.35 s。东江设计流量为 11 970 m^3/s，东江主航道规划为Ⅲ级航道，设计水位 15.55 m。

主桥采用(136＋260＋136) m 预应力混凝土部分斜拉桥跨越东江，结构体系为墩塔梁固结。引桥采用 32 m 或 24 m 简支梁。主桥立面如图 7-38-1 所示。

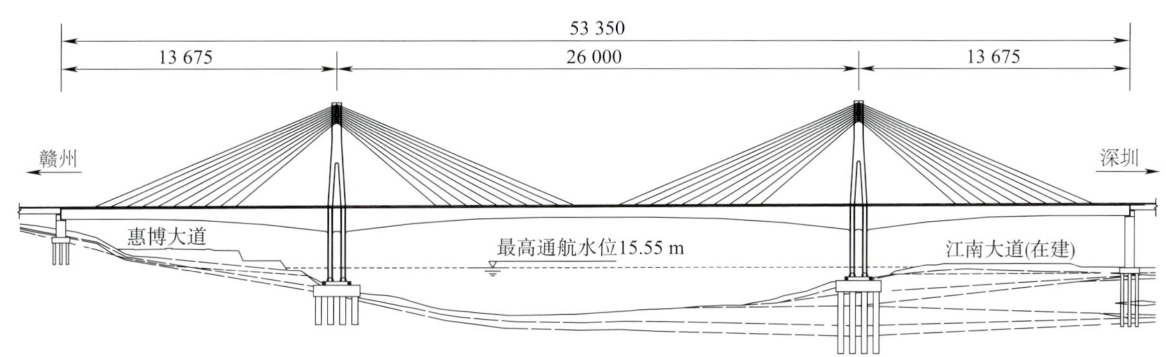

图 7-38-1　主桥立面(单位：cm)

7.38.2　结构形式

(1)主梁

主梁为预应力混凝土结构，采用单箱三室变高度整体箱形截面，跨中及边支点处最低点梁高 6.0 m，中支点处最低点梁高 13.0 m，梁底按圆曲线变化。箱梁顶宽 31.2 m，箱梁顶板厚度分 0.45 m、0.65 m 两种，边支点局部加厚到 0.75 m，中支点处局部顶板厚 1.25 m；箱梁底宽由边支点及跨中的 22.61 m 变化至中支点的 19.11 m；底板厚度 0.45～1.4 m，中支点处局部底板厚 1.8 m，边支点处局部底板厚 0.95 m；如图 7-38-2 所示。

箱梁采用斜腹板，腹板斜率为 1∶4；腹板厚分 0.5 m、0.75 m、1.0 m 三种，中支点处局部腹板厚 1.6 m，边支点处局部腹板厚 1.0 m。

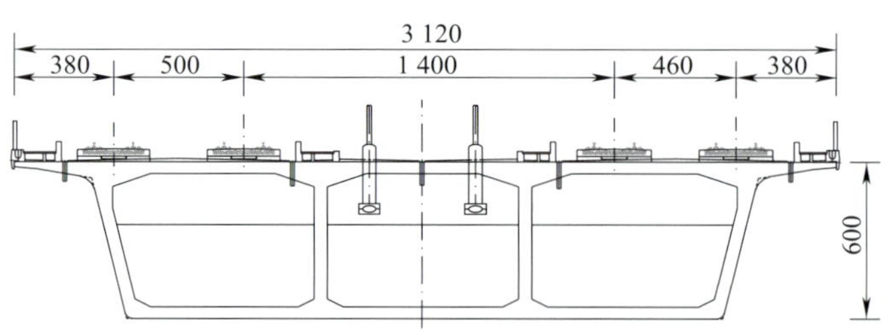

图 7-38-2　典型横截面图(单位:cm)

(2)桥塔

索塔为钢筋混凝土结构,设置于桥面中间,塔柱桥面以上高 56.0 m,为主跨跨度的 1/4.64。索塔横向为双柱,每肢柱的横向宽度 2.4 m,两肢柱紧邻并置,横向间距 4.0 m,整体上呈独柱式。塔柱上部双柱之间设置板式横向联结系。塔柱截面为矩形实体截面,桥塔上段标准截面为 2.4 m×4.8 m。塔柱下段在墩塔梁固结处纵向分叉为两个独立塔柱,呈倒 Y 形,每个塔柱为截面为 2.4 m×2.4 m,如图 7-38-3 所示。

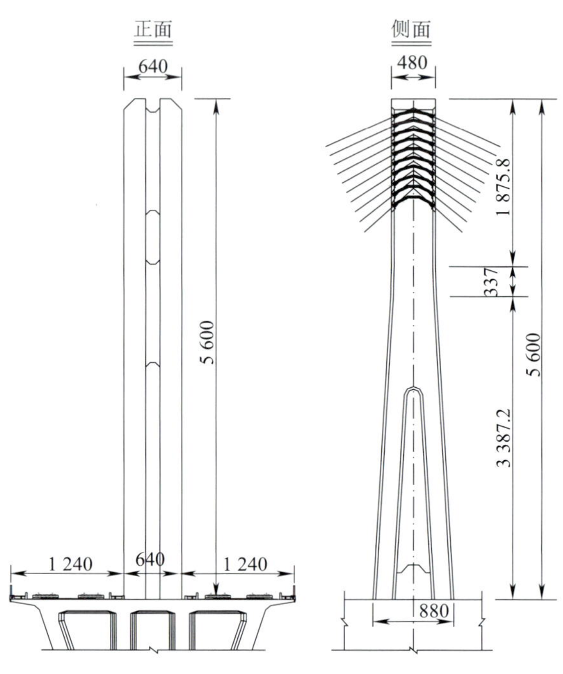

图 7-38-3　桥塔结构图(单位:cm)

(3)斜拉索

斜拉索采用单丝涂覆环氧涂层钢绞线拉索体系,横向为双索面体系,竖直平行布置。斜拉索在梁上锚固于箱梁内中间箱室,主梁内设置锚固梁,张拉端设置在梁上,斜拉索在塔端采用分丝管索鞍贯通。斜拉索规格分 91-7ϕ5、109-7ϕ5 两种。

(4)墩身及基础

主墩采用双肢薄壁墩,双柱中心距离 6.4 m,净间距 4.0 m,墩身的横桥向宽度为 23.0 m,纵桥向厚度为 2.4 m。3 号主墩墩高 27.0 m,4 号主墩墩高 25.5 m。

主墩桩基为 24 根 ϕ3.0 m 的钻孔灌注桩,桩基按行列式布置,均按柱桩设计。

7.38.3　施工方法

主梁采用挂篮悬臂浇筑施工,如图 7-38-4 所示,全桥共分 32 个悬臂节段,节段长 3.0～4.0 m,单个节段最大混凝土方量为 312.9 m^3,质量约 821 t。

图 7-38-4　主桥施工

7.38.4　主要技术经济指标

主要技术经济指标见表 7-38-1。

表 7-38-1　主要技术经济指标

指标类型		数值
结构性能指标	竖向挠跨比	1/2 062
	梁端转角(rad)	0.92‰
	工后徐变(mm)	−11.2
主要工程量	主梁混凝土(m^3)	36 609.0
	主梁纵向预应力钢绞线(t)	1 802.7
	桥塔混凝土(m^3)	2 835.0
	主墩混凝土(m^3)	6 605.2
	斜拉索(t)	928.5

7.38.5　技术特点和创新点

(1)主桥采用(136+260+136) m 预应力混凝土部分斜拉桥，四线均铺设无砟轨道，是目前国内外最大跨度的高速铁路无砟轨道混凝土桥。

(2)采用中穿独柱桥塔、单箱三室整体式箱梁，桥面宽达 31.2 m，是国内最宽的大跨度混凝土铁路桥，单节段 821 t 质量也创下纪录。

(3)通过优化主梁纵向预应力钢束布置，并在斜拉体系的辅助作用下，主梁的徐变位移值控制在 11.2 mm，为无砟轨道的铺设创造了良好的条件。

7.39　杭绍台铁路椒江特大桥

桥　　名：椒江特大桥
工程项目：杭绍台铁路
工程位置：浙江省台州市
主　　跨：480 m
桥　　型：钢桁梁斜拉桥
建设单位：杭绍台铁路有限公司
设计单位：中国铁路设计集团有限公司
施工单位：中铁大桥局集团有限公司
设计人员：张　雷　王召祜　苏　伟　马　广　王江波
　　　　　谢远超　李战胜　张海圈
通车时间：预计 2021 年

7.39.1　概　　况

杭绍台铁路设计速度 350 km/h，双线、线间距 5.0 m，于浙江省台州市跨越椒江。桥址处于浙江省东南沿海地区，属亚热带季风气候区，受台风影响严重。下覆土层以粉质黏土、淤泥、淤泥质黏土、细砂、粗砂、细圆砾土等为主，下伏基岩较深，为侏罗系上统凝灰岩。桥址处为Ⅱ类场地，地震基本烈度为 6 度，地震动峰值加速度值为 0.05g，地震动反应谱特征周期为 0.35 s。

椒江特大桥为四线高速铁路桥，线间距分别为 5.3 m、5 m、5.3 m，其中双线为新建杭绍台高速铁路，双线为预留沿海高速铁路，设计速度 250 km/h，采用有砟轨道、无缝线路。椒江特大桥位于椒江河口区域，主桥轴线与椒江水流线夹角 94°，桥位处河道顺直，江面宽约 1.5 km，设计流量为 18 669 m^3/s，通航等级为Ⅳ级航道，通航净空高度不小于 30.5 m，主通航孔单孔双向通航净宽不小于 228.3 m，单向通航孔净宽不小于 137 m，后期考虑既有椒江一桥拆除后通航 5 000 t 级海轮，通航净空高度按不小于

38 m 设计。

主桥孔跨布置采用(84＋156＋480＋156＋84) m 四线钢桁梁斜拉桥，引桥采用 24～32 m 简支箱梁、2×72 m 四线 T 构、(72＋4×124＋72) m 四线连续梁、(48＋80＋48) m 四线连续梁、(60＋100＋60) m 四线连续梁和 6×32.7 m 双线道岔连续梁。主桥立面如图 7-39-1 所示。

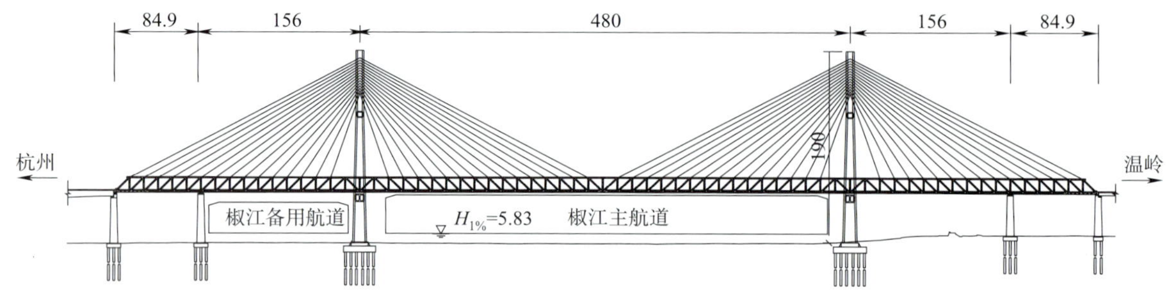

图 7-39-1 主桥立面(单位：m)

7.39.2 结构形式

主桥结构采用(84＋156＋480＋156＋84) m 钢桁斜拉桥，全梁长 962.7 m(含梁缝)，纵向为半漂浮体系，墩塔固结，塔、梁间设竖向支承及纵向阻尼器。

(1)主梁

主梁采用钢桁结构，两片主桁，正 N 形桁式。一般节间长度为 14 m，在主塔的主跨和边跨两侧对称的 4 个节间采用 14.5 m 的节间长度，全桥共 68 个节间。主桁高度 14 m，两主桁中心距 24.3 m，如图 7-39-2 所示。

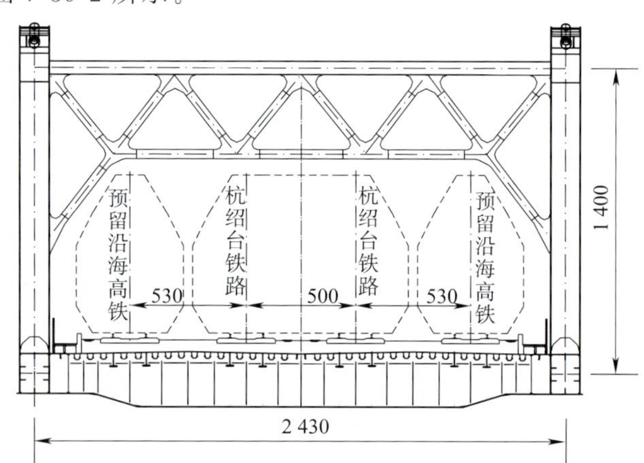

图 7-39-2 主梁横截面图(单位：cm)

桥面系采用正交异性桥面板并与主桁结合，桥面布置为主桁附近桥面板上部设置电缆槽和人行道，桥面中间部分设置道砟、轨道等设备，桥面板顶面横向 21.2 m 范围内设置不锈钢复合桥面板。

(2)桥塔

桥塔采用 H 形桥塔，由塔座、下塔柱、中塔柱、上塔柱、下横梁、上横梁六部分组成，塔高(塔座顶面至塔顶)为 190 m；桥塔顺桥向宽度为 8.0～14.0 m(不含塔座)。桥塔侧面布置有通风孔，塔柱四角均设倒角，塔座高 4.0 m，顶面纵向宽 17.0 m，横向宽 12.0 m，底面纵向宽 21.0 m，横向宽

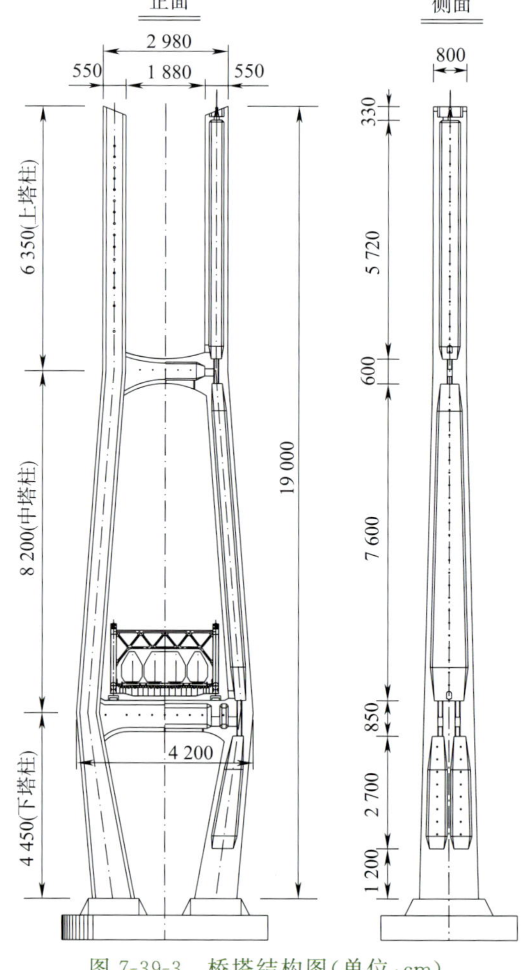

图 7-39-3 桥塔结构图(单位：cm)

16.0 m;如图 7-39-3 所示。

(3)斜拉索

斜拉索采用抗拉标准强度 1 860 MPa 的锌铝合金镀层钢丝拉索,平行双索面体系,半扇形布置,全桥共 60 对索,斜拉索在钢桁梁上间距 14.0 m 及 14.5 m,塔上索距(理论锚点竖向间距)2.5 m。斜拉索采用梁端锚固,塔端张拉的方式。塔端锚固在索塔内部齿块上,梁端采用锚拉板的形式。

(4)墩身及基础

主桥联间墩和辅助墩采用拱形双柱门式墩,双柱为单箱单室空心截面,横梁为实体截面,水中墩下部设防撞实体段。

主塔采用桩基础,主塔下部承台采用圆端形承台,桩基础采用梅花式平面布置,采用了 42 根 ϕ2.5 m 的摩擦桩。其余基础采用矩形承台配以行列式布置的摩擦桩基础。

7.39.3 施工方法

本桥施工方案的总体原则是钢桁梁尽量在工厂预制为大节段,利用通航条件浮运吊装,减少现场拼接的工作量。

主桁采用大节段全焊设计建造技术,以双节间(7+14+7) m 规格主桁节段为基本单元,全桥共采用 41 个节段,节段内构件全部采用焊接,整体吊装就位后,节段间栓焊混合连接。

根据现场条件,研究确定了边跨顶推、中跨悬拼的施工方法。首先在主塔处设置墩旁托架,在墩旁托架上拼装导梁。钢桁梁预制节段浮运至桥位后,由架梁吊机整体吊装,每安装一个预制节段钢梁,便向边跨侧顶推,直至边跨侧钢梁架设完成。然后利用架梁吊机悬臂拼装中跨侧钢梁,每架设一个预制节段钢梁,便对称挂设斜拉索,直至合龙,如图 7-39-4～图 7-39-7 所示。

图 7-39-4 桥塔基础施工

图 7-39-5 桥塔、桥墩施工

图 7-39-6 桥塔施工

图 7-39-7 成桥效果图

7.39.4 主要技术经济指标

主要技术经济指标见表 7-39-1。

表 7-39-1 主桥主要技术经济指标

指标类型		数值
结构性能指标	竖向挠跨比	1/720
	梁端转角(rad)	1.2‰
主要工程量	主梁用钢指标(t/m)	31.7
	斜拉索(t)	2 521.1
	桥塔混凝土(m^3)	34 556.0
	预应力钢绞线(t)	513.1

7.39.5 技术特点和创新点

(1)本桥首次在主跨 400～500 m 的跨度区间应用了四线双主桁、双索面的宽桁主梁形式，同时 480 m 的主跨也创造了四线纯高速铁路桥梁跨度之最。

(2)开展了四线宽桁横向布置研究，采用的双榀桁架结构受力明确，桥面紧凑，对于本桥而言较为经济。

(3)本桥处于台风区，围绕本桥的抗风问题，开展了桥位处风参数调查研究、加劲梁节段模型测力测振试验、桥塔自立状态气弹模型风洞试验、施工节段最大悬臂状态和全桥气弹模型风洞试验、CFD 数值模拟以及风—车—桥耦合响应分析研究。

(4)椒江航运繁忙，在防船撞方面，通过仿真模型对船舶撞击力进行计算分析，制定了主动防撞设施结合被动防撞设施的整体解决方案。

(5)主桥施工在国内首次提出了在"边跨拼装顶推＋中跨单悬臂拼装"的塔梁同步建造方法，使得近一半的主梁能够与主塔的中上塔柱同时施工，节省工期约 5 个月。

7.40 新福厦铁路乌龙江特大桥

桥　　名：乌龙江特大桥
工程项目：新福厦铁路
工程位置：福建省福州市
主　　跨：432 m
桥　　型：高低塔混合梁斜拉桥
建设单位：东南沿海铁路福建有限责任公司
设计单位：中铁第四勘察设计院集团有限公司
施工单位：中铁大桥局集团有限公司
设计人员：薛照钧　王新国　王德志　任　征　王存国
　　　　　王小飞　杨　恒　陈　玉
通车时间：预计 2022 年 12 月

7.40.1 概　　况

新建福厦高速铁路为国家双线Ⅰ级电气化铁路，客运专线，无砟轨道(部分为有砟轨道)，设计速度 350 km/h，双线 ZK 活载。乌龙江特大桥位于福建省福州市，所在河段为国家内河Ⅳ级航道，代表船型为 2×500 t 级顶推船队和 500 t 级船舶，主跨跨越两个航道，单航道通航净空为 120 m×8 m。最高通航水位采用十年一遇洪水位 4.52 m，最低通航水位 −1.79 m，百年一遇洪峰流量 $Q_{1\%}$ = 32 660 m^3/s，$H_{1\%}$ = 5.08 m。桥位处水位受潮汐影响，三百年一遇洪水高潮位为 5.38 m，历年最高水位 H_{max} = 4.61 m，历年最低水位 H_{min} = −2.39 m。基岩为弱风化凝灰岩，基本承载力 800 kPa。

主桥采用(72+109+432+56+56) m 高低塔钢箱混合梁斜拉桥，四线有砟轨道，线间距为(5+5+5) m，设计时速 160 km。采用半飘浮体系。高塔处设置固定支座以减小高塔侧温度跨，满足动走线曲线上桥要求。桥塔与主梁之间设置竖向支座和横向抗风支座，桥塔及辅助墩均设置纵向阻尼器。主桥立面如图 7-40-1 所示。

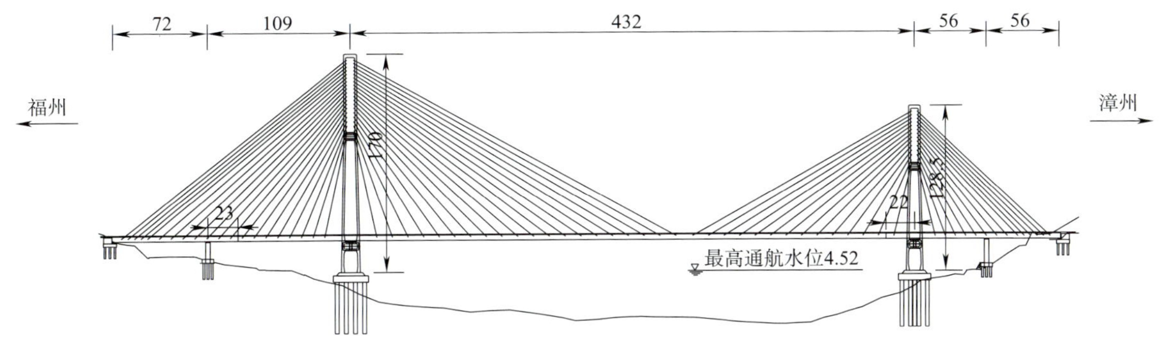

图 7-40-1 主桥立面(单位：m)

7.40.2 结构形式

(1)主梁

主梁由混凝土箱梁和钢箱梁两部分组成，小里程钢—混分界点位于 109 m 边跨，距离辅助墩 23.0 m 处，大里程钢—混分界点位于 432 m 主跨，距离 3 号桥塔 22.0 m 处。混凝土箱梁总长 230.6 m，钢箱梁总长 496.0 m。

混凝土箱梁采用与钢箱梁相同的单箱单室等高截面，截面全宽 29.2 m，中心处梁高 4.047 m，顶板、底板厚度均为 40 cm，如图 7-40-2 所示。混凝土箱梁采用两侧双主梁+中间密横隔梁结构体系，横隔梁标准间距 4.0 m，部分区域根据受力及结构要求间距 2.5～3.0 m，无索横隔梁厚 40 cm，斜拉索横隔梁厚 70 cm，与斜拉索位置对应设置。为满足边跨配重要求，3 号索塔处设 4 m 厚横隔梁、辅助墩顶设 8 m 厚横隔梁、0 号桥台处设 6.9 m 厚端隔梁，5 号桥台处设 7.9 m 厚端隔梁。

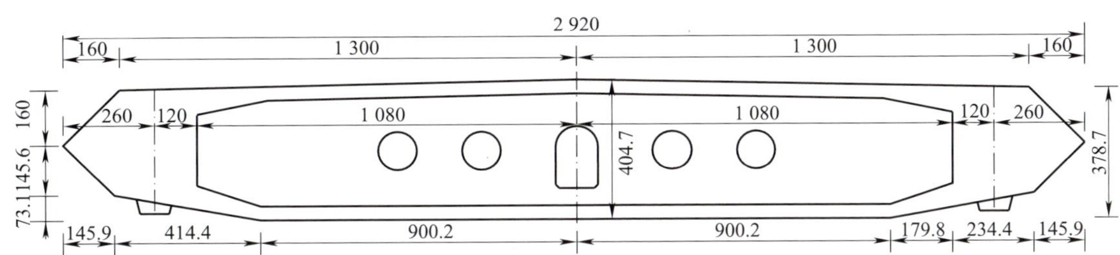

图 7-40-2 混凝土梁截面图(单位：cm)

钢箱梁采用带风嘴的闭合双主梁箱形截面，两侧单室为钢锚箱，外挂风嘴。钢箱梁桥面宽度 26.0 m，含风嘴全宽 29.1 m，箱梁高度 4.047 m，如图 7-40-3 所示。

钢箱梁为正交异性板结构，由顶板、底板、斜底板、纵腹板围封而成。顶板厚度 16～24 mm(结合段及刚度过渡段顶板厚 24 mm)，底板厚度 14～20 mm(结合段及刚度过渡段底板厚 20 mm)，钢箱梁两侧各设两道纵腹板，纵腹板厚度 32 mm；顶、底板纵向设置 U 肋。主跨钢箱梁标准节段长 12 m，中跨合龙段长 6 m。节段纵向每隔 3 m 设置一道实腹横隔板。全桥共计 42 个钢箱梁节段；钢—混凝土结合段重约 401.5 t 和 481.1 t，最大标准节段重约 268.8 t。

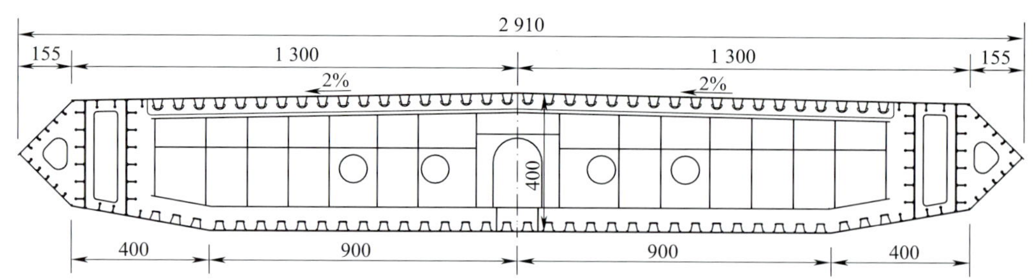

图 7-40-3 钢箱梁截面图（单位：cm）

钢混结合过渡段结构设计按功能区分为三部分，即混凝土梁刚度过渡段（4.9 m）、钢—混凝土结合段（4.7 m）和钢箱梁刚度过渡段（4.4 m），总长 14.0 m，如图 7-40-4 所示。

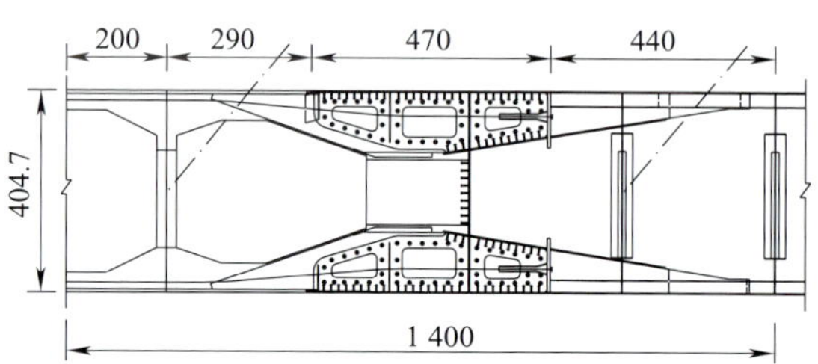

图 7-40-4 钢—混凝土结合段截面图（单位：cm）

（2）桥塔

小里程 2 号塔（高塔）和大里程 3 号塔（低塔）均采用 H 形桥塔，塔柱截面为单箱单室截面，塔底以上索塔全高分别为 170 m、128.5 m，两侧索塔塔顶高差为 41.5 m，如图 7-40-5 所示。

2 号桥塔顺桥向宽度由塔顶 10 m 线性加宽至塔底 14.5 m，3 号桥塔顺桥向宽度由塔顶 9 m 线性加宽至塔底 13.0 m。

索塔横桥向为两分离式塔柱，2 号桥塔两塔柱横向净距为 18.0 m，塔柱横向宽度为 6.0 m，在桥面附近开始加宽，在塔柱底部加宽至 10.0 m；3 号桥塔两塔柱横向净距为 19.0 m，塔柱横向宽度为 5.0 m，在桥面附近开始加宽，在塔柱底部加宽至 9.0 m。

上塔柱和中塔柱在钢锚梁下方设上横梁，2 号桥塔上横梁中心处高 5.0 m，宽 8.8 m，3 号桥塔上横梁中心处高 5.0 m，宽 7.8 m；中塔柱和下塔柱在主梁下方设下横梁，2 号桥塔下横梁高 6.0 m，宽 12.0 m，3 号桥塔下横梁高 6.0 m，宽 10.0 m。索塔上、下横梁为全预应力混凝土结构，分别配置 17ϕ15.2 和 19ϕ15.2 预应力钢绞线，锚固于索塔外侧壁上。

全桥索塔锚固梁共 60 节，钢锚梁与牛腿同时吊装，最大吊重 15.2 t。

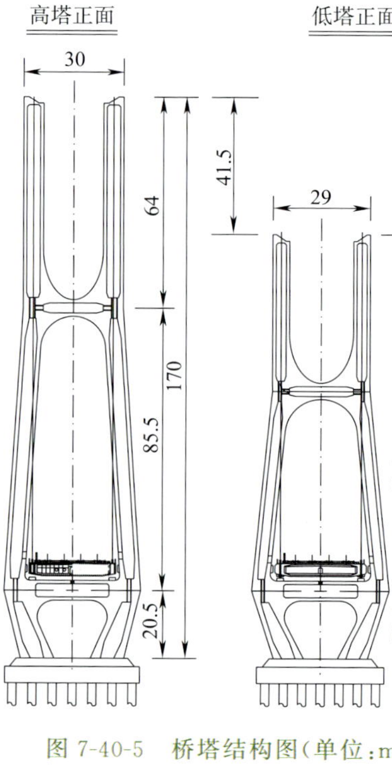

高塔正面　低塔正面

图 7-40-5 桥塔结构图（单位：m）

（3）斜拉索

斜拉索采用抗拉标准强度 1 770 MPa 的环氧涂层平行钢丝拉索，平行双索面体系，扇形布置，全桥共 68 对斜拉索。索梁锚固于边箱上，锚固点横向间距 24.0 m，纵向间距钢箱梁上为 12.0 m，混凝土箱梁上为 5.0～9.0 m，塔上索距（钢锚梁锚点竖向间距）2.8～3.5 m。

根据索力的不同，斜拉索规格为 PES(C)7-211～PES(C)7-475 共 8 种，最长（含锚具）224.7 m，单根最大重量约 43.1 t（不含锚具和护套）。

(4)基础

主塔采用 ϕ2.5 m 钻孔桩基础,嵌岩桩,行列式布置,高塔 35 根,低塔 28 根。两端接桩基础桥台,辅助墩采用分离式矩形实体墩,分别采用 24ϕ1.25 m 和 18ϕ1.5 m 钻孔桩基础。

7.40.3 施工方法

混凝土主梁采用逐孔支架现浇施工,由边跨向中跨方向分段浇筑混凝土,并张拉相应预应力索。

钢箱梁先在工厂加工好后,通过船舶水路运输到桥位,在混凝土主梁施工完成后进行悬臂拼装,对中调整后正式连接,张拉相应斜拉索,重复该过程直至全桥合龙。最后拆除桥面吊机,调整索力,进行桥面和附属工程施工。施工如图 7-40-6～图 7-40-9 所示。

图 7-40-6 基础施工

图 7-40-7 桥塔施工

图 7-40-8 钢混结合段钢箱梁制造

图 7-40-9 成桥效果图

7.40.4 主要技术经济指标

主要技术经济指标见表 7-40-1。

表 7-40-1 主要技术经济指标

指标类型		数值
结构性能指标	竖向挠跨比	1/744
	梁端转角(rad)	1.4‰
	横向挠跨比	1/9 000
主要工程量	混凝土箱梁(m^3)	13 030.3
	混凝土箱梁(m^3/m)	56.5
	钢箱梁用钢量(t)	12 796.8
	钢箱梁用钢量(t/m)	25.8
	斜拉索(t)	2 486.0
	桥塔混凝土(m^3)	28 729.7

7.40.5 技术特点和创新点

（1）根据建桥条件和桥跨不对称布置这一情况，新福厦铁路乌龙江特大桥主桥采用高低塔混合梁斜拉桥结构，经济合理地解决了桥跨布置受限问题，是世界首座大跨度四线铁路高低塔混合梁斜拉桥。

（2）首次在铁路斜拉桥上采用了高塔处塔梁间设固定支座、低塔处塔梁间设单向活动支座的支承体系。以满足小里程侧平面曲线进入主桥梁端轨道无法设置钢轨伸缩调节器的受力要求。

（3）首次将耐候钢应用于索塔锚固钢锚梁及桥面电缆槽结构。结合新福厦铁路乌龙江特大桥气候环境特点，采用耐候钢材质钢锚梁和桥面电缆槽结构，提升了大桥耐久性能，减少了后期大桥的维修养护工作，全寿命周期经济性良好。

7.41 广汕铁路增江特大桥

桥　　名：增江特大桥
工程项目：广汕铁路
工程位置：广东省广州市增城区
主　　跨：260 m
桥　　型：节段预制拼装混凝土梁斜拉桥
建设单位：中国铁路广州局集团有限公司
设计单位：中铁第四勘察设计院集团有限公司
施工单位：中铁广州工程局集团有限公司
设计人员：文望青　刘振标　陈　勇　任　征　郭远航　段　鋐　马木欣　柯朝辉
通车时间：预计 2022 年 12 月

7.41.1 概　　况

新建广州至汕尾铁路为国家Ⅰ级电气化铁路，客运专线，无砟轨道（部分为有砟轨道），设计行车速度 350 km/h，线间距 5.0 m，ZK 活载，于广州市增城区跨越增江，桥址处为规划Ⅲ级航道，通航净高 10 m、净宽 110 m。桥址处百年一遇流量 5 070 m^3/s，流速 1.31 m/s。表层为人工填土及淤泥，基岩为弱风化石英片岩，基本承载力 600 kPa。

主桥采用（48＋84＋260＋84＋48）m 混凝土梁斜拉桥，双线有砟轨道，设双向 6‰的纵坡上，变坡点位于主跨跨中处，竖曲线半径为 30 000 m，平面位于直线上，采用节段预制拼装。

主桥结构采用半漂浮体系，桥塔与主梁之间设置竖向支座和横向抗风支座，桥塔下横梁与主梁之间设置纵向黏滞阻尼器。主桥立面如图 7-41-1 所示。

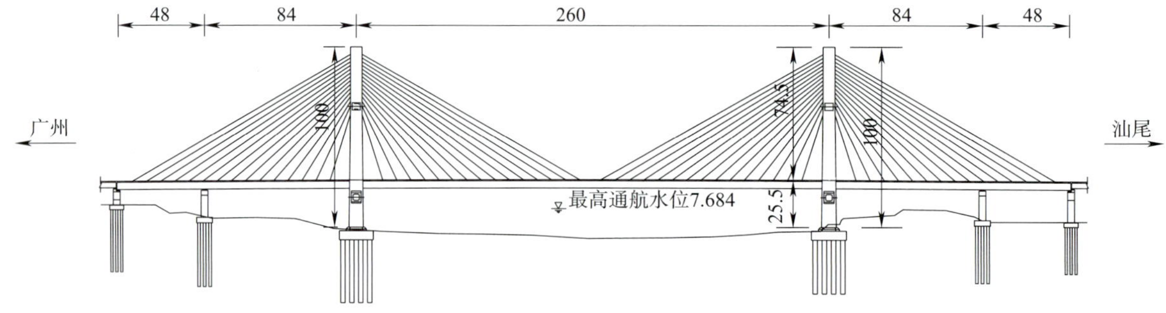

图 7-41-1　主桥立面（单位：m）

7.41.2　结构形式

（1）主梁

加劲梁采用单箱三室等高混凝土箱梁，为双边主梁受力形式。箱梁全宽 14.4 m，底宽 13.0 m，中心处梁高 4.0 m，如图 7-41-2 所示。加劲梁采用节段预制胶拼法施工，预制节段标准长度 4.0 m，全桥共划分 133 个预制节段和 1 个合龙现浇梁段，边跨梁段最大吊装质量约 294.8 t，中跨梁段最大吊装质量约 194.4 t。

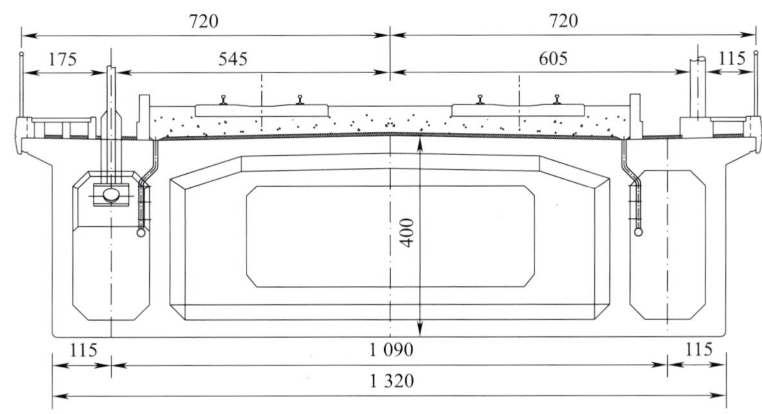

图 7-41-2　主梁截面图（单位：cm）

（2）桥塔

采用 H 形桥塔，C50 混凝土，上塔柱横桥向中心距 10.9 m，上塔柱高 33.0 m，中塔柱高 50.5 m，下塔柱高 16.5 m，总塔高 100 m，如图 7-41-3 所示。塔柱为单箱单室矩形截面，上塔柱横桥向宽 4.5 m，中塔柱为两分离式倾斜塔柱，横桥向宽度 4.5 m，下塔柱横向宽度由 4.5 m 线性变化至 6.0 m，索塔顺桥向尺寸由塔顶 6.5 m 线性加宽至塔底 8.0 m。

（3）斜拉索

斜拉索采用抗拉标准强度 1 960 MPa 平行钢丝拉索，平行双索面扇形布置，全桥共 60 对斜拉索。加劲梁上斜拉索顺桥向布置间距为 8.0 m，主跨跨中最外侧索理论水平倾角 30.0°，斜拉索锚固于加劲梁双侧边室内，横桥向布置间距为 10.9 m；斜拉索于索塔内张拉，除最下侧 2 对斜拉索直接锚固于索塔上横梁上外，其余斜拉索均采用钢锚梁锚固，塔上竖向布置间距 2.0 m、横桥向布置间距 10.9 m。

除最底下两对斜拉索采用混凝土锚固块锚固外，其余斜拉索—塔锚固均采用内置式钢锚箱形式。

（4）墩身及基础

连接墩和辅助墩均采用类下塔柱形混凝土实体墩。左、右塔各采用 17 根 ϕ2.5 m 的桩基，左、右辅助墩各采用 11 根 ϕ1.5 m 的桩基，左、右连接墩各采用 12 根 ϕ1.25 m 的桩基。

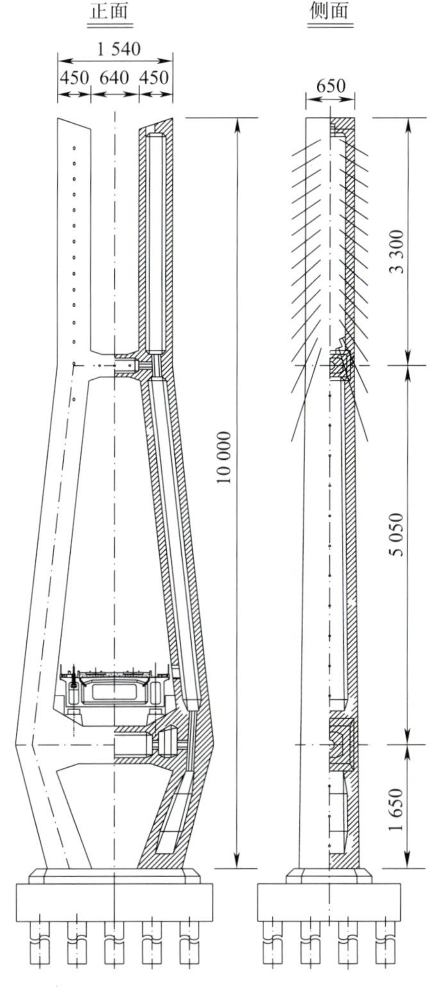

图 7-41-3　桥塔结构图（单位：cm）

7.41.3　施工方法

两岸均设置栈桥，34 号、35 号墩（塔）位于水中，采用双壁钢围堰、栈桥及船机配合施工。32 号为陆上桩施工，33 号、36 号、37 号墩位于岸上，地势较为平坦，建议在枯水期采用钢板桩防护施工。32 号、33 号、36 号、37 号桥墩墩身施工采用翻模法施工，34 号、35 号索塔采用液压爬模法施工。加劲梁采用节段预制拼装法施工，以桥塔处 A0 节段为中心向两侧施工节段梁。先采用支架上拼装施工塔区及边跨预制梁段，然后再采用桥面吊机单向悬臂拼装施工中跨预制梁段，对应梁段张拉斜拉索，直至合龙。全桥合龙后施工桥面。施工如图 7-41-4 和图 7-41-5 所示。

图 7-41-4　桥塔基础钢围堰施工

图 7-41-5　主梁预制模架

7.41.4　主要技术经济指标

主要技术经济指标见表 7-41-1。

表 7-41-1　主要技术经济指标

指　标　类　型		数　　值
结构性能指标	竖向挠跨比	1/999
	梁端转角(rad)	0.41‰
	横向挠跨比	1/11 428
主要工程量	主梁混凝土(m^3)	10 841.5
	主梁混凝土指标(m^3/m)	20.6
	斜拉索(t)	704.6
	桥塔混凝土(m^3)	9 872.6

7.41.5　技术特点和创新点

(1)首次在高速铁路大跨度斜拉桥上采用节段预制拼装混凝土箱梁，通过截面选型、合理预制节段存梁期、斜拉索合理索力、预应力混合布束、剪力键构造以及后期备用措施等控制后期变形，确保大桥能够满足高速铁路的运营要求。

(2)结合桥梁两侧边跨墩高较小的有利地形条件，利用跨线龙门吊先对边跨足量支架原位存梁、拼装，后桥面吊机悬臂拼装中跨主梁的施工方案，既节省存梁场地，又可使边跨主梁与桥塔同步施工，节省了工期。

(3)通过开展高速铁路节段预制拼装混凝土斜拉桥施工参数敏感性分析，研究施工过程中主梁制造、拼装等误差的传播方式和途径，建立误差参数识别的方法，制定线形调整措施，从而保证节段预制和现场拼装的线形质量。

(4)应用自动化监测手段，及时、准确、高效获取桥梁各种敏感性参数(如应力、应变、索力、结构温度、环境温湿度、风力风向计以及结构体的形变量、安装误差、沉降等结构几何信息)，实现对桥梁的实时监测、同步采集、无线传感、智能分析与修正，建立智能监测管理与数据分析平台指导施工过程及时调整监控指令，保障大桥施工过程主梁线形的精准控制。

7.42　杭温铁路楠溪江特大桥

桥　　名：楠溪江特大桥
工程项目：杭温铁路义乌至温州段
工程位置：浙江省温州市永嘉县
主　　跨：216 m
桥　　型：钢混连续梁
建设单位：百盛联合杭温铁路有限公司
设计单位：中铁第四勘察设计院集团有限公司
施工单位：中铁大桥局集团有限公司
设计人员：王德志　杨朝龙　余泽宽　占将德　聂利芳
　　　　　张朝霞　邓世海
通车时间：预计 2024 年 6 月

7.42.1　概　　况

杭州至温州铁路永嘉站右行联络线设计速度 160 km/h，单线、有砟轨道，设计活载 ZK 荷载，于永嘉县跨越楠溪江。桥址位于既有甬台温铁路楠溪江特大桥上游 25 m，新建杭温铁路二期正线楠溪江特大桥上游约 65 m。楠溪江是瓯江下游最大的支流，受潮汐顶托影响，桥址处常水位水面宽 210 m，设计水位 7.05 m；内河五级航道，通航净高 6.25 m，净宽 2×45 m，最高通航水位 5.98 m。桥址处分布深厚软土，主要为冲海积层淤泥、淤泥质粉质黏土，下覆基岩为泥灰岩。场地类别为Ⅳ类，地震动峰值加速度 0.05g，地震动反射谱特征周期为 0.35 s。

永嘉站右行联络线跨越既有甬台温楠溪江特大桥全长 1 907 m，其中跨越楠溪江采用(100＋216＋100) m 钢混刚构连续梁，其他采用常用跨度 24 m、32 m 简支梁及 32～48 m 连续梁。主桥立面如图 7-42-1 所示。

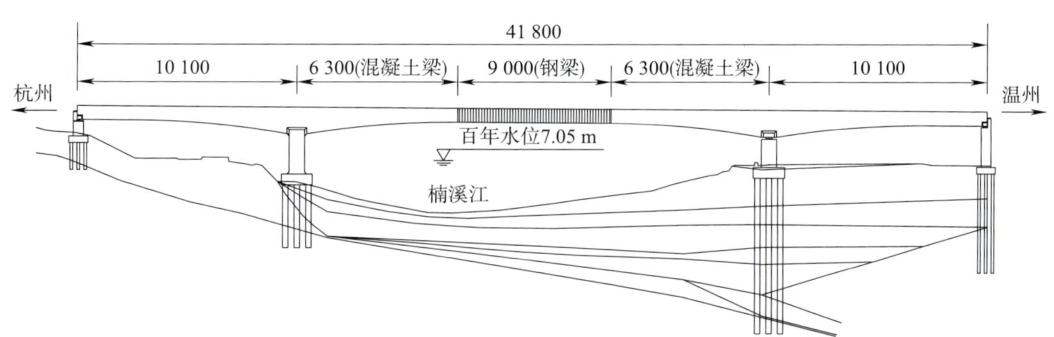

图 7-42-1　主桥立面(单位:cm)

7.42.2　结构形式

主桥全长 418 m，小里程侧部分位于缓和曲线上。主梁为钢箱混合连续梁结构，边跨及部分中跨为预应力混凝土箱梁，中跨跨中部分为钢箱梁。

(1)主梁

主梁由混凝土箱梁和钢箱梁两部分组成。混凝土结构为单箱单室、直腹板、变截面箱梁。箱梁顶宽 10.0 m，底板宽 8.5 m，顶板厚度 50 cm，腹板厚度 60～125 cm，底板厚度由跨中的 50～150 cm。刚臂墩及中支点处梁高采用 12.6 m，高跨比为 1/17.1；边直段及跨中梁高为 6.2 m，高跨比 1/34.8，如图 7-42-2 所示。

混凝土箱梁采用三向预应力体系，纵向预应力索为 17ϕ15.2、21ϕ15.2、27ϕ15.2。横向预应力索为 5ϕ15.2，竖向预应力筋采用 ϕ21.8 缓黏结预应力钢绞线。

中跨钢箱梁为单箱双室正交异性钢箱梁结构，中间 50 m 等高钢箱梁＋2×16 m 变高钢箱梁＋2×4 m 钢混结合段，全长 90 m。梁高 6.2～6.61 m，顶板宽 10.0 m，底板宽 8.5 m，如图 7-42-3 所示。顶板厚度 16～24 mm，采用 U 形加劲肋，间距 600 mm，厚度为 8 mm；底板厚度 16～20 mm，底板采用 T 形加劲肋，横向间距 600 mm；钢箱梁设 3 道纵腹板，纵腹板厚度 16～20 mm，腹板加劲肋采用 180 mm×16 mm 的钢板，竖向间距 700 mm。

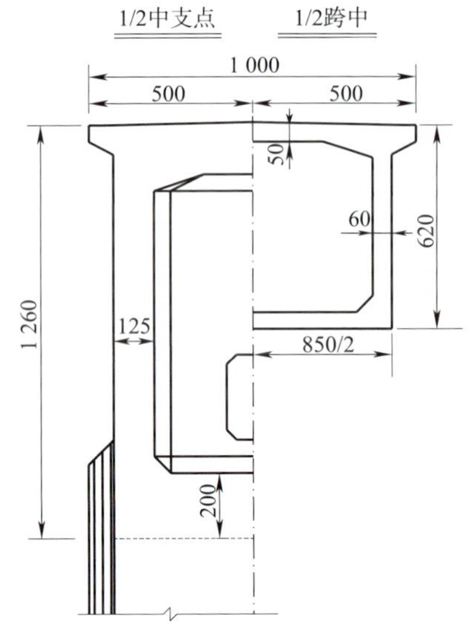

图 7-42-2　混凝土箱梁标准断面(单位：cm)

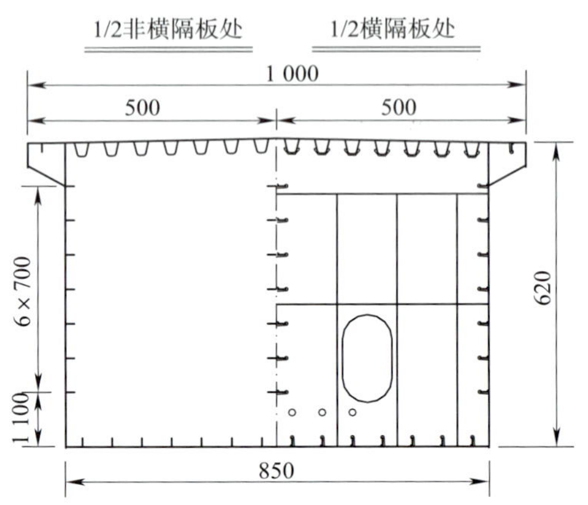

图 7-42-3　钢箱梁标准断面(单位：cm)

4 m 长的钢—混结合段和 2.5 m 的钢箱连接段一起加工制作，其余 77 m 钢箱梁为工厂制作整体吊装钢箱梁，如图 7-42-4 所示。

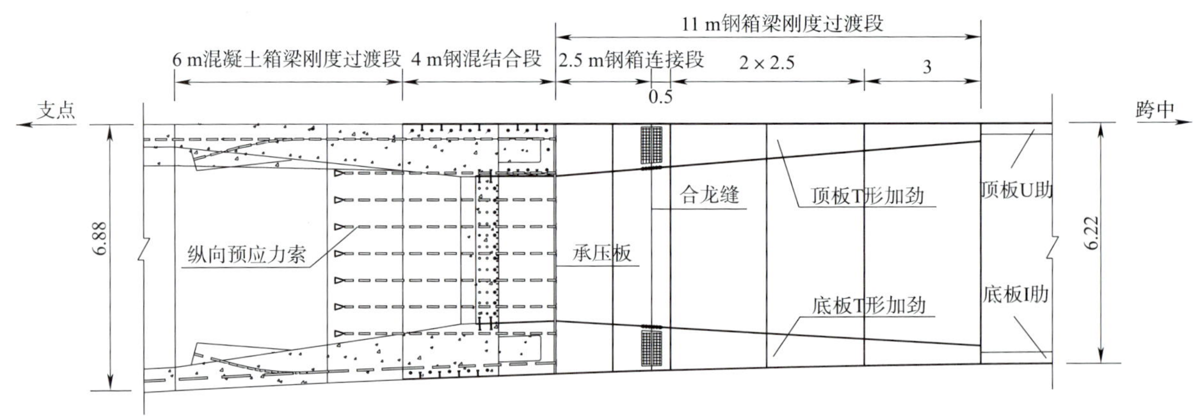

图 7-42-4　钢—混结合段构造(单位：m)

钢—混结合段全长 4 m，钢—混接头采用填充混凝土后承压板，通过将钢箱梁端部的顶板、底板和腹板做成双壁板，使填充的混凝土与紧邻的混凝土箱梁的顶板、底板和腹板通过 PBL 剪力板、纵向预应力索及普通钢筋等连接。

(2)体外索

考虑收缩徐变的不确定性，设计时在中跨设置了 6 根 27ϕ15.20 的体外索，如图 7-42-5 所示。体外索采用环氧涂层无黏结钢绞线。体外索采用分体式转向器，可单根调索、换索。体外索施工期间初始张拉控制应力为 500 MPa。

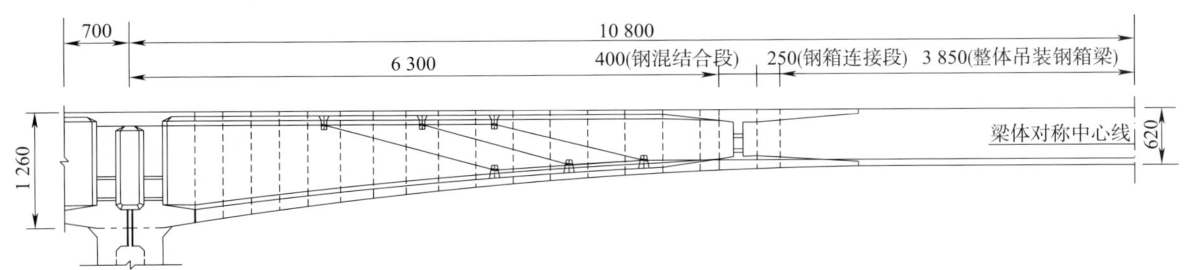

图 7-42-5　体外索布置示意图(单位:cm)

(3)墩身及基础

小里程主墩采用刚构墩,大里程主墩采用支座形式,均采用矩形空心墩,如图 7-42-6 所示。小里程墩高 18.5 m,顺桥向宽 7.0 m,横桥向宽 10.0 m,壁厚 2.0 m,基础采用 12ϕ2.5 m 钻孔灌注桩,桩长 29 m。大里程墩高 13 m,顺桥向宽 7.0 m,横桥向宽 10.0 m,壁厚 2.0 m,基础采用 12ϕ2.5 m 钻孔灌注桩,桩长 72 m。

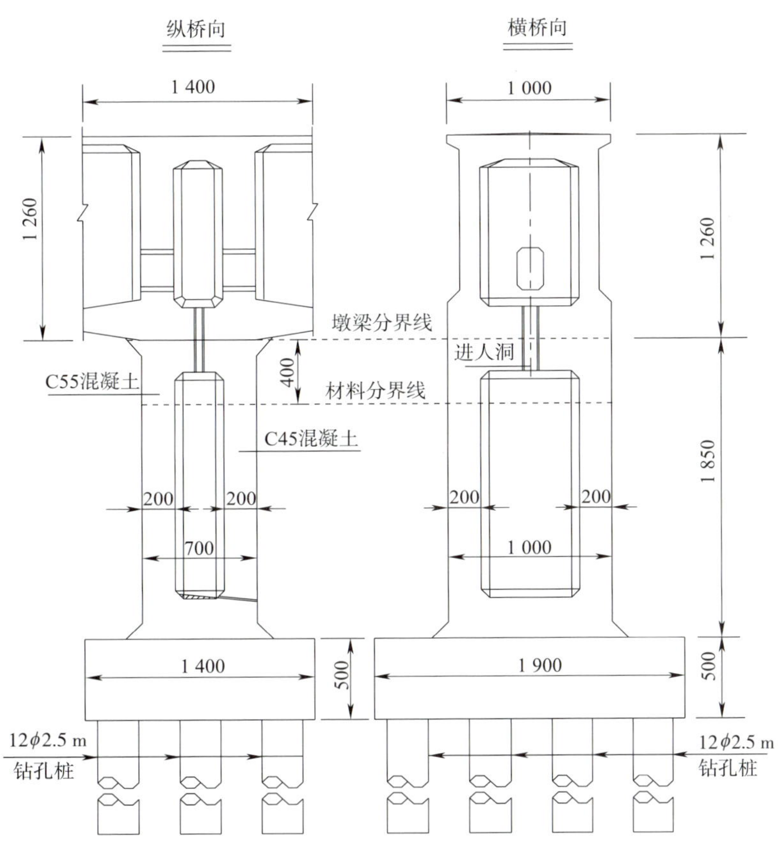

图 7-42-6　刚构墩结构图(单位:cm)

7.42.3　施工方法

主墩基础采用双壁钢围堰施工,主梁混凝土部分采用悬灌施工,先边跨合龙,然后施工钢混结合段,最后整体吊装 82 m 长钢箱梁,中跨合龙。

7.42.4 主要技术经济指标

主要技术经济指标见表 7-42-1。

表 7-42-1 主要经济技术指标

指标类型		数值
结构性能指标	竖向挠跨比	1/2 149
	梁端转角(rad)	0.723‰
	工后徐变(mm)	35.5
主要工程量	主梁混凝土(m^3)	10 430.0
	预应力钢筋(t)	788.0
	钢箱梁(t)	1 009.0

7.42.5 技术特点和创新点

(1)铁路桥梁首次采用了大跨度钢混连续梁的结构。中间部分采用钢箱梁结构，降低了梁高，减轻了自重，提高了梁桥的跨越能力，为大跨度铁路桥梁结构提供了一种新的技术思路。

(2)国内最大跨度单线铁路曲线连续梁桥。为避免曲线及墩高对结构的不利影响，采用一个墩梁固结、一个设置支座的刚构连续梁方案，技术合理可行。

武广客运专线东平水道特大桥

广珠城际铁路西江特大桥

第 8 章　沿海跨海大桥

8.1 综　　述

我国海岸线总长度约 3.26 万 km(包括大陆海岸线 1.8 万多公里、岛屿海岸线 1.4 万多公里)；面积 500 m^2 以上的岛屿 6 536 个、面积超过 500 km^2的岛屿有 4 个(台湾岛、海南岛、崇明岛、舟山岛)，岛屿分布在辽东半岛、山东半岛、浙闽、华南等沿海及台湾、南海海域；自北向南依次有黄河、长江、钱塘江、珠江等大型江河入海，分布着渤海、台湾、琼州三大海峡。

沿海、跨海铁路建设条件复杂、技术难度高、工程投资大、施工风险高，我国的沿海、跨海铁路建设起步相对较晚。自 21 世纪初，随着我国经济实力的增强，以及沿海地区经济社会发展的需要，我国陆续建成福厦、甬温、温福、青连、青荣等沿海铁路。随着设计、建造技术能力的提高和铁路网延伸拓展的需要，福平跨海铁路即将建成通车，甬舟跨海铁路正在开展设计研究。随着多个项目的建成通车，我国在沿海、跨海大桥的设计、施工技术上得到了全面发展。

8.1.1　沿海跨海铁路桥梁的工程条件及特点

河口、海湾等近海工程面临软弱覆盖层厚、持力层深、浅水及滩涂区宽、潮差大、海床冲淤显著、深槽摆动突出等不利条件，海峡及连岛桥梁则面临深水、风暴、海床起伏，覆盖层薄，岩面倾斜且裸露等复杂建设条件的挑战。

沿海、跨海大桥面临的技术挑战主要包括：

(1)强风环境：受台风(热带气旋)和季风季节影响较大，最大风速值高(基本风速可达 35～65 m/s)，全年 6 级以上的大风天数多，造成了桥梁自身抗风稳定性、桥面行车安全性、海上施工作业安全及效率等方面的技术难题。

(2)复杂海域水文条件：河口、海湾等近海工程、海峡及连岛工程面对水深、浪大、流急、潮差大、波流力大等严酷条件，显著增大了下部结构设计和施工的难度。

(3)通航等级及防船撞标准高：当海岸线分布大型港口、海域通行大型船舶(如 10 万 t 级)，通航净空尺寸大，对通航孔桥的工程规模和桥墩防船撞提出了高要求。

(4)特殊工程地质条件：位于河口、海湾的近海桥梁面临软弱覆盖层厚、持力层深、浅水及滩涂区宽、海床冲淤显著、深槽摆动突出等不利条件，海峡及连岛桥梁则面临海床起伏、覆盖层薄、岩面倾斜且裸露等挑战，对海上基础设计与施工、通航孔桥及非通航孔桥的桥跨桥式选择和施工方法提出了技术挑战。

(5)高盐高湿的腐蚀环境：跨海大桥面临海水氯离子、海洋大气盐分及湿度等腐蚀环境，对混凝土钢结构的长效耐久性带来了严峻考验。

(6)极为不利的施工条件：风大、浪高，远离陆地，淡水及场地资源稀缺，施工条件受制因素较多，对桥梁设计、装配式快速建造(标准化、工厂化、大件化)、海上施工组织、施工技术装备、关键施工技术提出了更高要求。

(7)高烈度地震区的不利条件：沿海、海湾及海峡地区(特别是太平洋沿岸)大多位于大陆板块与海洋板块交界区的地震带或断裂带等高烈度地震区，地震及海啸考验大桥的灾害抵抗能力。

综上可知，强风环境、复杂海域水文条件、特殊工程地质、海洋腐蚀、高地震烈度区、通航及防船撞等工程条件，决定了沿海/跨海大桥的工程特点以及对结构设计(通航孔桥、深水区非通孔桥、浅水滩涂区桥)、设计理论及理念、耐久性措施、快速建造技术、施工技术装备、关键施工技术等提出了特殊要求。

8.1.2 2010年以前

受限于国民经济水平和工程技术水平等因素,我国跨海铁路工程起步较晚,我国第一条跨海铁路——粤海铁路于1998年8月30日开工,掀开了我国跨海铁路建设的序幕;2004年国务院批准实施《中长期铁路网规划》以来,我国铁路实现了快速发展,2005年开工建设的温福、甬台温铁路开启了我国沿海、跨海铁路桥梁建设的序幕。

2003年1月7日,我国第一条跨海铁路轮渡——粤海铁路轮渡建成通航(前期开办铁路货运业务),并于2004年12月5日开通铁路客运,结束了海南与大陆不通铁路的历史,粤海铁路轮渡从雷州半岛南端的海安,横跨琼州海峡至海南岛的海口,全长26 km,全长95.35 m的南港栈桥是我国第一座自行设计、建设的跨海铁路栈桥。

2006年8月开通运营的烟大铁路轮渡工程,纵贯渤海海峡,海上距离约159.8 km,是我国铁路网规划中"八纵八横"之一的东北至长江三角洲地区陆海铁路大通道的重要组成部分;全长82.5 m的铁路轮渡栈桥为两跨式下承式钢板梁(包括跨度52.645 m陆区桥和跨度29.855 m船区桥),首次在铁路栈桥中采用了两跨栈桥桥间连接技术及升降控制系统自动连续调节技术、超厚钢板的焊接技术、超大构件热处理技术、超大钢梁整体吊装技术以及多种新结构钢。

2009年9月开通运营的宁波至温州至福州(甬台温、温福)铁路建成了我国第一批跨越小型河口或滨海海湾的沿海铁路桥梁。温福铁路白马河特大桥为我国第一座跨越海湾的铁路桥梁,根据通航要求及海域水深条件,通航孔主桥采用(80+3×145+80) m多跨长联刚构连续梁,深水引桥采用64 m大跨简支箱梁,同时,在铁路桥梁首次开展了海洋环境桥梁结构耐久性技术、大跨混凝土简支箱梁及造桥机节段预制整孔拼装、风—车—桥耦合振动分析等技术研究及工程应用。

8.1.3 2010年至今

近十年期间,党的十八大提出了"海洋强国"战略,2016年修编的《中长期铁路网规划》(规划期2016~2025年)实施,沿海铁路进入快速发展的新时期。随着沿海、京港(台)、京港澳、包(银)海等"八纵八横"高速铁路主通道以及沿海普速铁路的陆续开建或建成,我国开始建造更大规模的沿海、跨海铁路大桥,并逐步拓展到大型海湾、海峡等宽阔海域。

2012年12月1日通车运营的哈大客运专线为我国第一条严寒地区修建的高速铁路。普兰店海湾特大桥跨越岩溶强发育的海域,海域存在结冰和流冰问题,水中桥梁采用18孔56 m预应力混凝土简支箱梁,并采用简支箱梁场地预制节段、移动模架整孔拼架现浇湿接缝的施工工艺,针对冻融及海水多重腐蚀环境采用抗腐蚀环氧涂层钢筋、喷涂混凝土保护剂、桥墩水位变动区设置C80铁钢砂混凝土等耐久性措施,针对海域岩溶地区采用了泥浆止漏及溶洞封堵技术、溶洞顶板及溶洞内钻进技术、岩溶注浆设计等技术。

2014年12月28日运营的青荣城际铁路为胶东半岛地区城际铁路的主干路段,也是"八纵八横"高速铁路网沿海通道的组成部分。双岛湾跨海特大桥位于双岛湾湾口浅海区,主桥采用(72+128+72) m预应力混凝土连续梁,建立了浅海区桥梁混凝土结构耐久性监测及评估体系。

2014年12月30日建成通车的山西中南部铁路通道(瓦日铁路)是连接我国东西部的重要煤炭资源运输通道和国内一次建成最长的30 t轴重万吨重载铁路。付疃河特大桥约1.452 km区段位于日照港近海浅水区,为国内首座重载铁路沿海桥梁,桥梁包括预应力混凝土连续梁和简支T梁,针对近海海洋环境采用了混凝土结构表面增加(防腐)涂层和环氧涂层钢筋等耐久性强化措施。

2018年12月26日开通运营的青连铁路为青岛至盐城铁路的一部分,也是"八纵八横"高速铁路沿海通道北段的重要组成部分。胶州湾特大桥跨越胶州湾海域采用40孔50 m双线预应力混凝土简支箱梁,节段预制拼装法施工;针对高侵蚀海湾环境,采用了耐候钢支座,桥墩受波浪侵袭部位采用了耐蚀钢筋，建立了铁路跨海桥梁混凝土结构无线监测体系和耐蚀钢筋混凝土结构服役寿命评估体系。

在建的南沙港铁路是珠三角西部货运通道的重要组成部分。龙穴南特大桥跨越珠江河口的龙穴南水道，主桥采用主跨 448 m 双塔钢箱混合梁斜拉桥，创新采用了矩形截面栓焊结合钢箱梁以实现快速施工，448 m 主跨范围采用了下稳定板＋抑流板栏杆的气动措施以减小或抑制风致振动。

在建的珠机城际铁路金海特大桥跨越磨刀门水道（西江入海口），主桥采用(58.5＋116＋3×340＋116＋58.5) m 四塔三主跨斜拉桥，三主跨对应设置 3 个通航孔，在满足通航要求的同时显著减小了主跨规模；采用了挑臂式钢箱梁结构，双线城际铁路居中布置、六车道高速公路分置两侧的公铁同层合建方式，为国内首座公铁平层合建多塔斜拉桥；首次在多塔斜拉桥上采用刚构连续体系，即中塔塔梁墩固结，边塔塔梁固结，塔墩分离，在梁底设双排支座，提高了体系刚度并释放长联温度效应；贯彻“大型化、工厂化、标准化、装配化”的理念，钢梁及钢塔采用大节段整体吊装，以提高施工工效、保证施工质量。

预计 2022 年 9 月建成通车的新福厦铁路为“八纵八横”高速铁路主通道沿海通道的组成部分，设计行车速度 350 km/h，为我国第一条真正意义上的海洋服役环境高速铁路工程，国内外行车速度最高的沿海、跨海铁路。全线先后跨越湄洲湾、泉州湾及安海湾三个海湾，跨海段桥梁总长约 20.5 km，湄洲湾及泉州湾两座跨海大桥跨海段长度均在 8 km 以上。湄洲湾跨海大桥位于湄洲湾顶部（近岸）海域，通航孔主桥采用(96.8＋180＋96.8) m 斜拉加劲预应力混凝土刚构桥，浅水及滩涂区引桥采用整孔预制架设施工的 40 m 预应力混凝土简支梁，减少了海上施工工期和对滨海海湾环境的影响。泉州湾跨海大桥跨越泉州湾中部海域，深水区及滩涂区宽阔，跨海段长 8.95 km，为世界首座高速铁路跨海大桥、世界第四长跨海铁路大桥，主桥采用(70＋130＋400＋130＋70) m 斜拉桥跨越泉州湾主航道（航道等级为双向通航 5 000 t 级杂货船），国内外铁路斜拉桥首次全联长采用钢—混结合梁，构件均在工厂预制或制造，可实现主梁在大型海湾深水区装配化快速建造，主梁采用流线箱形结构并附加有效气动措施，减少了复杂风环境下的风致振动、满足了跨海大桥通行高速铁路列车的技术要求；深水区引桥（墩高 20～50 m）采用 21 联 3×70 m 刚构桥，在国内铁路上首次采用无支座整体式桥梁，缩短了海上施工作业时间，实现海上长联引桥不设支座，减少了后期维养；耐久性设计方面，索塔钢锚梁和支座在国内首次采用耐海洋大气腐蚀钢，免涂装、不设除湿系统，为全球首座采用免涂装耐候钢的大型跨海工程，适应了高盐高湿的海洋腐蚀大气环境，钢梁涂装体系的底漆采用了石墨烯纳米材料改性鳞片型醇溶无机富锌涂料，耐盐雾性可达 5 000 h，外表面采用三氟氯乙烯单体/乙烯基醚交替共聚物的超耐候氟碳面漆，耐盐雾性和耐人工加速老化性为现有技术的 2 倍以上，可实现钢结构在高湿高盐强紫外线海洋大气环境下 30 年及以上的超长寿命耐久目标，混凝土结构采用涂装防护、外表面设置不锈钢抗裂钢丝网、透水模板布等多种技术并用的综合防腐蚀措施；综合采用纵向黏滞阻尼器、可剪断的耐候双曲面球型钢支座、金属阻尼器的综合减隔震体系及技术，解决了台湾海峡西岸地震高烈度区（基本烈度 8 度，厚软弱覆盖层的Ⅲ类场地类别）长联高墩大跨桥梁的抗震设计难题。此外，跨越围头湾顶部安海湾海域的安海湾特大桥，跨海段全长 1.57 km，主桥采用主跨 300 m 钢—混结合梁斜拉桥，全桥铺设无砟轨道。

预计 2020 年 11 月建成通车的福平铁路是京福铁路的重要延伸，合肥—福州—台北铁路的组成部分。平潭海峡公铁两用大桥全长 16.34 km，采取公铁分层合建方式，为我国第一座跨海峡公铁两用大桥和世界上最长的公铁跨海大桥，技术含量高、施工难度大，大桥建设突破了建桥禁区（平潭海峡为世界三大风暴海域之一），为世界跨海大桥的里程碑式工程，大桥为“跳岛建设”的连岛工程，由四个水（航）道桥组成：元洪航道桥、鼓屿门水道桥、大小练岛水道桥，通航孔主桥分别为主跨 532 m、364 m、336 m 钢桁梁斜拉桥，北东口水道桥通航孔主桥采用(92＋2×168＋92) m 预应力混凝土连续刚构桥，深水区（非通航孔）引桥根据水深不同采用 40 m、48 m、64 m 简支箱梁以及 80 m、88 m 简支钢桁梁。面对风大、浪高、涌急、强台风、复杂地质、强腐蚀等恶劣条件，大桥在结构设计、施工技术、施工装备等方面进行了系统集成创新：①通航孔斜拉桥采用钢桁结合梁斜拉桥，首创了带副桁的两节间整节段全焊钢桁梁结构，采用大节段整体吊装方案，适应了现场快速施工的要求；②深水高墩区引桥采用了双层结合整孔全焊简支钢桁梁结构，利用大型浮吊整孔架设；③采用 4.4 m、4.9 m 超大直径钻孔桩，为目前世界最大直径桥梁钻孔桩，并研制了大型钻机设备；④首次采用倒“品”字形组合式混凝土连续刚构设计，铁路居中位于下层，公路位于上层并分幅设于铁路两侧；⑤北东口水道非通航孔采用双线 40 m、64 m 大跨度节段拼装简支箱梁，并首创双孔连做节段拼装技术，成倍加快了海上节段预制拼装速率；⑥研制和采用了 3 600 t“大桥海鸥”号起重船、800 t 平台式钻爆施工船、KTY5000 钻机、可悬臂吊装 1 100 t 两节间整节段钢桁梁的世界最大架梁吊机、世界上负荷最重的 2×64 m 节段拼装双孔连做造桥机等大型海上施工装备；⑦在海上光板岩施工、大直径钻孔桩施工、深水围堰及承台施工、简支钢桁梁架设、混凝土箱梁节段预制拼装等诸多方面研究采用了系列施工新技术。

21 世纪的前 20 年，中国桥梁工程界由“后起之秀”和“追赶者”逐步转变为“引领者”，在国民经济快速发展需求和“海洋强国”国家战略的驱动下，依托我国 40 年来的工程科技发展和实践经验积累并不断创新和突破，正在设计的甬舟铁路(西堠门公铁两用大桥跨度突破千米级、达到 1 488 m，基础水深达 60 m)及其他大型跨海工程将推动我国铁路跨海大桥向超深水、超大跨迈进的更大规模发展。

8.2 烟大铁路轮渡栈桥

桥　　名：轮渡栈桥
工程项目：烟大铁路
工程位置：山东省烟台市、辽宁省大连市
主　　跨：52.645 m
桥　　型：液压油缸提升得可动式钢板梁
建设单位：中铁渤海铁路轮渡有限责任公司
设计单位：中国铁路设计集团有限公司
　　　　　德国 Pahl 公司
施工单位：中铁四局集团有限公司
　　　　　中铁十三局集团有限公司
设计人员：李凤芹　苏　伟　宋顺忱　李明刚　刘　凯
　　　　　牛远志
通车时间：2006 年 8 月

8.2.1 概　　况

烟大铁路轮渡栈桥设计速度 10 km/h，铁路轮渡栈桥与渡船轨道连接采用“一对五”形式，船上线间距为(4.0+4.2+6.9+4.0) m，桥位一端位于辽东半岛南端的大连市旅顺口区羊头洼港，一端位于山东半岛北部的烟台四突堤港。桥址区下覆土层主要由粉质黏土、淤泥质粉质黏土、圆粒土和云母片岩构成。烟台端历史极端最高气温 37.1 ℃，极端最低气温−13.1 ℃；大连端历史极端最高气温 35.3 ℃，极端最低气温−21.1 ℃。烟台端设计水位 $H_{1\%}=1.55$ m，大连端设计水位 $H_{1\%}=1.33$ m。烟台及大连桥址区地震基本烈度 7 度，地震动峰值加速度 0.10g。

由于渡船受潮汐的影响及所装载的火车重量的影响，渡船轨面高程随时都在发生变化，因此，栈桥接船端必须与渡船一起随动，使栈桥与船桥接口部位的轨面高程保持一致。线路坡度限值为±30‰，栈桥钢梁总长度应满足 82.5 m。一跨式栈桥最大跨度一般不超过 60 m，以减小栈桥作用到渡船艉部的荷载。为此，烟大轮渡铁路栈桥采用两跨下承式梯形钢板梁，陆区桥跨度 52.645 m，船区桥跨度 29.855 m，桥梁总长 82.5 m。主桥立面如图 8-2-1 所示。

8.2.2 结构形式

(1)梁部构造

栈桥与渡轮轨道连接方式为“一对五”，通过设在陆区桥上的钢轨转辙器实现轨道对接，栈桥横向变宽，平面呈等腰梯形，陆区桥接陆端宽 9 m，船区桥接船端 17.82 m。

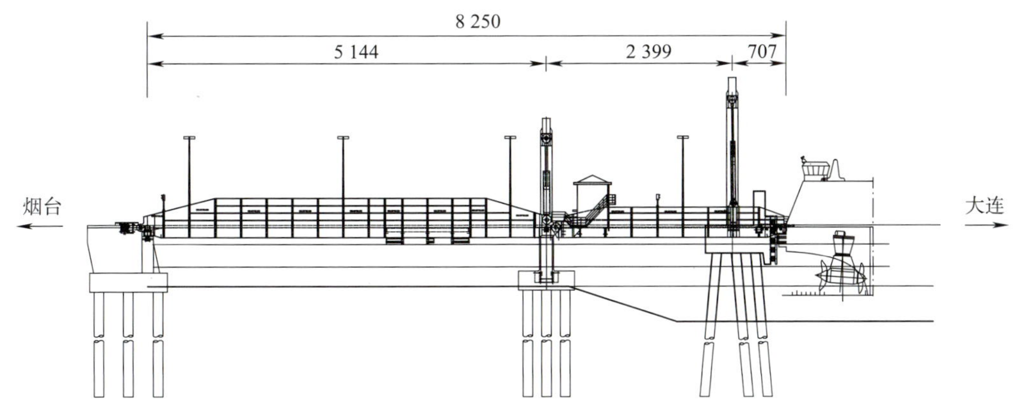

图 8-2-1 主桥立面(单位:m)

栈桥为纵横梁体系,由主梁、横梁、纵梁及桥面板组成,采用正交异性钢桥面板。

主梁沿全桥长度设置在两侧的人行道外侧。由于弯矩的变化,主梁在桥端的截面呈锥形。主梁腹板受压区陆区桥设 3 道、船区桥设 2 道纵向加劲肋,主梁腹板外侧对应横梁的位置增加腹板竖向加劲肋,通过提供附加支撑来抵抗横向位移。沿栈桥的长度方向,车行道两侧均布置 1.15 m 宽的人行道,人行道高出车行道路面 300 mm。

陆区桥主梁接陆端宽 9.0 m,接船端宽 14.628 m,梁高 5.2 m,上翼缘板宽 750 mm,下翼缘板宽 450 mm;共设 19 道横梁,横梁间距 2.009～3.3 m,纵梁高 737～800 mm。除辙叉区桥面板厚 25 mm、加劲肋横桥向布置外,其他区域的桥面板厚 14 mm,加劲肋均顺桥向布置。

船区桥主梁陆区侧宽 14.628 m,接船端宽 17.82 m,梁高 4.0 m,上翼缘板宽 500 mm,下翼缘板宽 300 mm;共设 10 道横梁,横梁间距 2.707～3.31 m;共设五道纵梁,纵梁高 800 mm。船区桥桥面板厚均为 25 mm,桥面加劲肋均横向布置,接船端桥中心桥面板局部加厚至 40 mm。

钢轨转辙器结构为纵横梁体系,纵向长 11.034 m、宽 3.08 m、高 500 mm,由 3 道纵梁、5 道横梁及带有横向梯形加劲肋的正交异性桥面板组成,纵、横梁均为工字型截面,横梁间距 2.082～3.245 m,纵梁间距 1.43 m。

(2)墩台基础

下部结构采用钢筋混凝土 T 形桥台、钢门式提升架及直径为 1.25 m 的钻孔桩或打入桩基础。桥台高度 6 m,基桩 15 根,桩长 52 m;提升架横梁和立柱分别采用箱型截面和直径 1.5 m 的钢管。中心提升架立柱高 17.795 m,柱距 18.354 m,基桩 2×5 根,桩长 53 m;船区提升架立柱高 17.200 m,柱距 21.128 m,船区桥提升架与防撞墩基础合建。

8.2.3 施工方法

下承式钢板梁和钢门式提升架均采用浮吊整体架设,承台采用钢板桩围堰施工,如图 8-2-2～图 8-2-6。

图 8-2-2 钢梁制造

图 8-2-3　陆区桥架设

图 8-2-4　提升架安装

图 8-2-5　成桥远景

图 8-2-6　成桥近景

8.2.4　主要技术经济指标

主要技术经济指标见表 8-2-1。

表 8-2-1　主桥主要技术经济指标

指标类型		数值
结构性能指标	陆区桥主梁竖向挠跨比	1/1 097
	船区桥主梁竖向挠跨比	1/1 572
	提升架横梁竖向挠跨比	1/5 244
主要工程量	主梁用钢量(t)	1 349.2
	提升架用钢量(t)	311.8

8.2.5　技术特点和创新点

(1)烟大铁路轮渡栈桥首次在铁路栈桥中采用了两跨栈桥桥间连接技术及升降控制系统自动连续调节技术、超厚钢板的焊接技术和超大构件热处理技术、超大钢梁整体吊装技术以及多种新结构钢的应用技术等，均达到了国内领先水平。

(2)双组分环氧树脂桥面铺装及环氧树脂聚合物砂浆桥面铺装技术有效降低了桥梁结构自重，解决了沥青混凝土轨道间隙碾压不密实问题，这一桥面铺装技术为国内桥梁首次采用。

(3)通过栈桥升降控制系统与栈桥结构完美地结合，实现栈桥集技术先进性、功能完善性及建筑景观性于一体，新颖别致的栈桥令人耳目一新，使人赏心悦目，海蓝色的钢梁、白色的提升架与美丽的渡船遥相呼应，成为港口一道靓丽的风景线。

8.2.6　获奖情况

(1)获 2007 年天津市科技进步二等级。

(2)获 2008 年中国铁道学会科学技术特等奖。

(3)获 2011 年国家科学技术进步二等奖。

8.3 温福铁路白马河特大桥

桥　　名：白马河特大桥
工程项目：温福铁路
工程位置：福建省宁德市
主　　跨：3×145 m、64 m
桥　　型：连续刚构、简支梁
建设单位：东南沿海铁路福建有限责任公司
设计单位：中铁第四勘察设计院集团有限公司
施工单位：中铁大桥局集团有限公司
设计人员：严爱国　王德志　陈顺平　郑水清　凌玉芳
　　　　　赵　昱　寇延春　余泽宽
通车时间：2009 年 9 月

8.3.1 概　　况

温福铁路为国家Ⅰ级电气化铁路，设计速度 250 km/h，客货共线，双线中—活载，线间距 4.6 m，有砟轨道。白马河特大桥桥址区位于白马河海湾潮间带，受潮水影响明显。通航 1 000 t 级海轮，通航净空为 2 孔 120×29 m，设计最高通航水位 5.67 m，$H_{1\%}$=5.75 m，$v_{1\%}$=1.43 m/s，施工高水位 4.97 m，最大水深 20 m，平均水深 15 m。

桥区内温州台出露燕山期花岗岩，福州台主要为侏罗系南园组凝灰熔岩，无区域性大构造带通过，地表多为厚层海积砂层及软土层、冲洪积层所覆盖。场地地震动峰值加速度为 0.05g。海水对混凝土结构具硫酸盐侵蚀、盐类结晶侵蚀、硫酸型酸性侵蚀。主桥立面如图 8-3-1 所示。

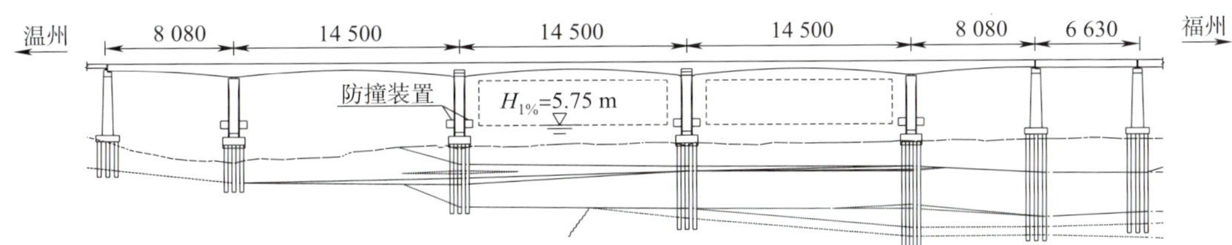

图 8-3-1　主桥立面(单位:cm)

8.3.2 结构形式

(1)(80+3×145+80) m 刚构连续梁

白马河特大桥主桥要求通航尺度为 2 孔 120×29 m，为了减少主槽中水中墩个数，因此在白马河主槽中增加一个主跨，从而形成(80+3×145+80) m 五跨连续结构。为充分发挥连续刚构方案及连续梁方案各自的优点，设计中仅将两个中主墩与主梁固结，主墩统一采用单柱空心墩形式以增加其抵抗船舶撞击的能力，如图 8-3-2 所示。

①主梁

本桥受通航和两端接线标高的控制，主桥中支点梁高、边支点梁高分别被压缩至 8.8 m、4.5 m，高跨比分别达到 1/16.5(中支点)、1/32.2(边支点)，梁高按 1.8 次抛物线变化。主桥全长 596.6 m，主梁横向为单箱单室直腹板截面，道砟桥面，桥面全宽 13.0 m，如图 8-3-3 所示。

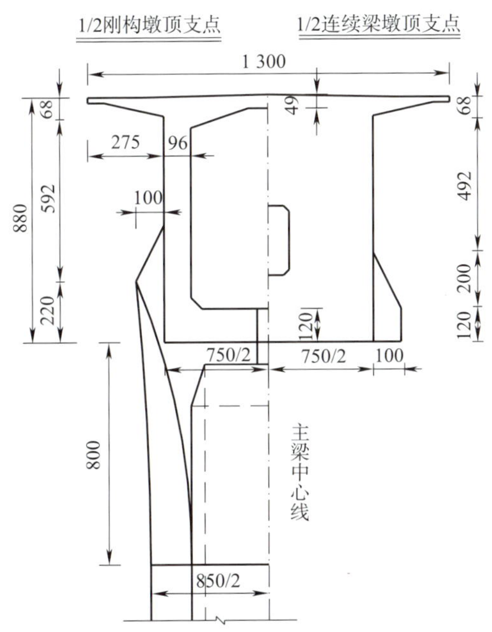

图 8-3-2　主桥墩顶截面(单位:cm)

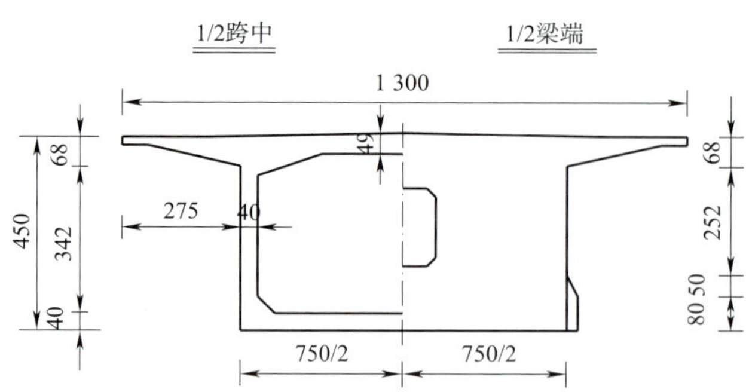

图 8-3-3 主梁半中跨半端部截面(单位:cm)

梁体采用三向预应力体系，纵向预应力钢索除底板索采用 12-7ϕ5 钢绞线，余均采用 19-7ϕ5 钢绞线。塑料波纹管制孔，抽真空压浆技术。所有钢索仅在竖直平面内弯曲，无平弯，亦无全联通长索。横向预应力钢索采用 5-7ϕ5 钢绞线，张拉端与固定端交错设置。

箱梁腹板竖向及刚构墩顶墩梁结合部横向预应力筋采用预应力混凝土用螺纹钢筋 PSB830(抗拉强度标准值 830 MPa)。

主梁边支座 8 000 kN，边主墩支座 65 000 kN 均采用球型钢支座，支座横向中心间距 690 cm，端支座中心(纵向)距梁端 80 cm。

②下部结构

主墩采用矩形截面单柱空心墩，纵向壁厚 1.2 m，纵向外侧间距 7 m；横向壁厚及外侧间距沿墩高变化。主墩基础为钻孔桩高桩承台，每个主墩采用 12 根直径 2.5 m 的嵌岩桩，在两个通航孔处的主墩上分别设置悬浮式防撞设施。

主墩基础均采用 12 根 ϕ2.5 m 钻孔桩，边墩基础采用 9～12 根直径 2.5 m 钻孔桩，最大桩长 56 m。

(2)64 m 简支箱梁

引桥跨度受地质条件和深水基础的影响，结合我国铁路造桥设备和技术经济合理性，引桥深水区采用 64 m 简支箱梁方案，共 15 孔。为减少安装阶段梁重，梁体采用双箱并置，纵向分段预制，采用 MZ3200t 移动造桥机节段组拼。

①箱梁构造

计算跨度 64 m，结构全长 66.3 m，双箱单室双线简支箱梁，桥面宽度 13.0 m，梁高为 5 m，如图 8-3-4 所示。纵向划分 13 个预制梁段，两幅箱梁间顶板、纵向梁段间及外侧悬臂部分采用湿接缝现浇。单箱梁顶宽 6.4 m，底宽 3.4 m；顶板厚 0.3 m，跨中底板厚 50 cm，梁端局部加厚至 0.9 m，腹板厚度从跨中 40 cm 变到支点 50 cm。共设 5 道横隔板，受施工方法的控制，在梁端预留 0.6 m 的张拉空间。箱梁预制节段长度有 5.15 m，4.5 m，4.4 m 三种规格，全梁纵向有 12 个湿接缝，缝宽 0.6 m。梁体采用纵向、横向双向预应力体系。

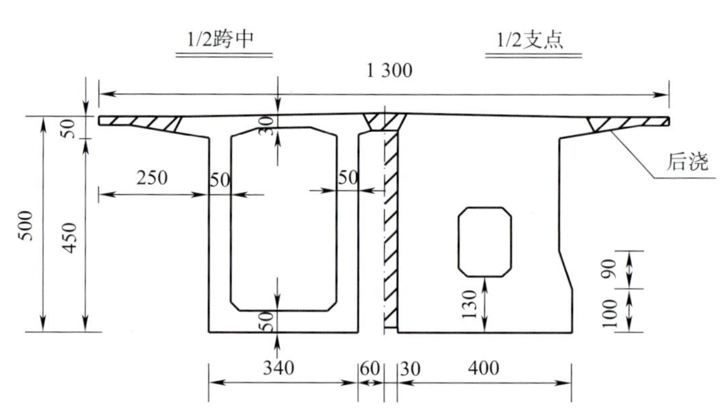

图 8-3-4 64 m 简支梁横截面(单位:cm)

②预应力钢束的布置

梁体采用纵向、横向双向预应力体系，纵向预应力索腹板采用 19-7ϕ5 钢绞线，底板采用 15-7ϕ5 钢绞线，一个单箱梁共采用 12 束腹板索，17 束底板索，塑料波纹管成孔，抽真空压浆。为了克服混凝土初期收缩和温度带来的裂缝，预应力钢索采取分步张拉的措施，用初张拉钢索来消除初期混凝土的收缩和温度裂缝。

8.3.3　施工方法

海上钻孔桩施工采用搭设水上栈桥及固定施工平台方案，承台采用钢吊箱围堰施工，如图 8-3-5 所示。

(80＋3×145＋80) m 刚构连续梁主梁采用悬臂灌注法施工，先合龙边主跨，再合龙边跨，最后合龙中主跨。在合龙中主跨时需在合龙段两侧梁体上施加 5 000 kN 对顶力，如图 8-3-6 所示。

图 8-3-5　钻孔桩施工

图 8-3-6　主桥施工

64 m 简支箱梁采用分段预制，用固定龙门吊提升到桥面，采用 MZ3200t 移动造桥机节段组拼，纵横向湿接缝联结。整孔张拉，分两步实施，即初张拉和终张拉，一次形成 64 m 双箱单室简支梁，如图 8-3-7 和图 8-3-8 所示。

图 8-3-7　简支梁节段拼装施工

图 8-3-8　成桥

8.3.4　主要技术经济指标

主要技术经济指标见表 8-3-1。

表 8-3-1　主要技术经济指标

指标类型		数值
结构性能指标	(80＋3×145＋80) m 竖向挠跨比	1/1 502
	64 m 竖向挠跨比	1/2 987
	64 m 梁端转角(rad)	1.626‰
主要工程量	(80＋3×145＋80) m 混凝土(m^3)	12 840.1
	64 m 混凝土(m^3)	1 190.8

8.3.5 技术特点和创新点

(1)主跨跨度及联长为当时国内客运专线刚构连续梁桥之最。白马河特大桥是目前我国沿海第一座跨越海湾桥梁，主桥采用(80+3×145+80) m大跨刚构连续梁，一联全长596.6 m，深水引桥采用64 m大跨简支梁桥，两者跨度大小相宜，与墩高匹配合理，总体布局具有独创性。主桥跨度和联长及引桥跨度皆为国内同类桥梁之最。

(2)主桥技术指标先进，且确保了桥梁结构整体受力性能。本桥受通航和两端接线标高的控制，其主桥中支点梁高、边支点梁高分别被压缩至8.8 m、4.5 m，高跨比分别达到1/16.5(中支点)、1/32.2(边支点)。以上指标在国内双线铁路同类型桥梁中居于领先地位。

(3)沿海强台风环境下，首座铁路高墩大跨长联混凝土梁桥，且首次在国内客运专线上进行风—车—桥时变系统耦合振动分析研究。研究结果表明，在强台风作用下本桥列车的走行安全性和舒适性满足要求。

(4)率先采用海洋环境下桥梁结构耐久性技术，确保了桥梁使用寿命。开展了海洋环境下混凝土耐久性技术研究，首次提出采用耐久(防腐)混凝土的新理念，并根据混凝土构件所处部位进行新材料研发与应用；首次在路内采用防腐涂层钢筋和外接电流阴极保护措施，确保了薄壁空心墩混凝土的使用安全；首次在铁路客运专线上研究并使用了耐蚀球型支座，在沿海大气使用环境中具有较好的耐久性，确保桥梁的正常使用提供了技术保障。

(5)率先采用双线64 m简支箱梁，提出采用3 200 t造桥机节段预制整孔拼装新工艺。首次在客运专线上使用3 200 t造桥机拼装技术，填补我国铁路双线大跨度简支梁整孔拼装的空白，保证了箱梁质量和线形控制要求。

8.3.6 获奖情况

获2010年铁道部优秀工程设计一等奖。

8.4 哈大客运专线普兰店海湾特大桥

桥　　名：普兰店海湾特大桥
工程项目：哈大客运专线
工程位置：辽宁省大连市
主　　跨：56 m
桥　　型：预制拼接简支箱梁
建设单位：哈大铁路客运专线有限责任公司
设计单位：中国铁路设计集团有限公司
施工单位：中铁大桥局集团有限公司
设计人员：白鸿国　林兆宗　张金枝　刘洪占
通车时间：2012年12月

8.4.1 概　　况

哈大客运专线设计速度350 km/h，采用Ⅰ型板式无砟轨道，双线、线间距5.0 m，于辽宁省大连市跨越普兰店海湾。普兰店海湾属渤海海域，海湾海面宽3 350 m，深水区宽约1 000 m，湾内水流主要受潮汐影响，桥址处最大水深10 m，潮差2.20 m。深水区岩溶强发育、深厚流淤泥质，海水对混凝土结构具H5、L3、D4多种侵蚀共同作用，海湾内桥墩同时受流冰影响。地震基本烈度为8度，地震动峰值加速度为0.20g。

普兰店海湾特大桥为跨越普兰店海湾而设，桥梁全长4.96 km，深水区主桥采用18-56 m预制拼接简支箱梁，引桥采用 24 m、32 m 标准跨度简支箱梁。主桥立面如图 8-4-1 所示。

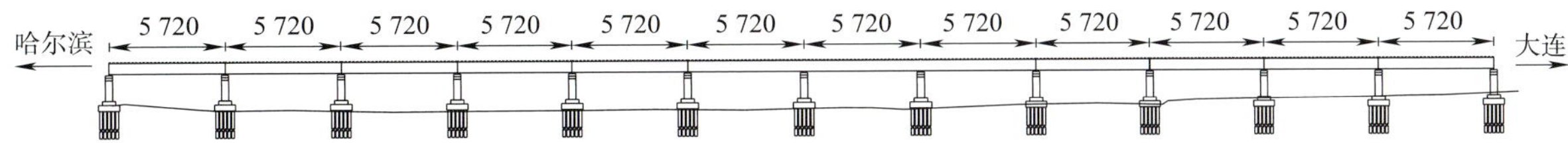

图 8-4-1 主桥立面(单位：cm)

8.4.2 结构形式

56 m 简支箱梁采用单箱单室直腹板，箱梁顶板全宽 13.4 m，底板宽 6.7 m，中心梁高采用梁高 5.3 m，跨中顶板 35 cm，底板 30 cm，腹板 50 cm，支点至两端 85 cm，支点间距 55.4 m，梁全长 57.1 m，如图 8-4-2 所示。

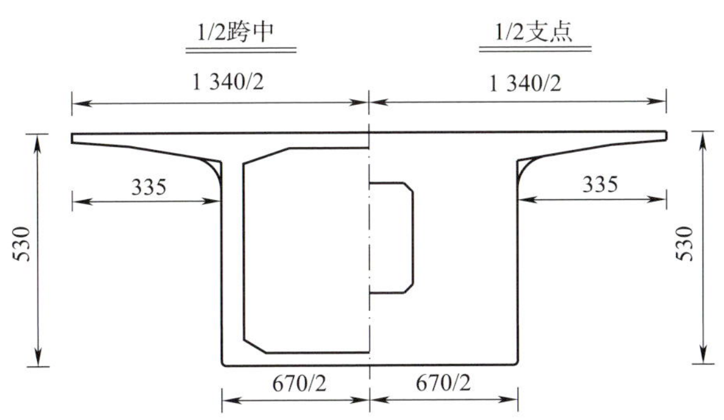

图 8-4-2 主梁横断面图(单位：cm)

整孔箱梁共分为 11 个节段，10 道湿接缝，节段长度除箱梁两端节段为 2.6 m 外，其余节段长度均为 5.1 m，湿接缝长度均为 0.6 m。除箱梁端部节段为变截面外，其余中间节段均为等截面箱梁。采用 35 束 15-7ϕ5 预应力钢绞线，均锚固在梁端腹板、底板，两端对称张拉。

大跨度双线无砟轨道简支箱梁采用对称布置纵向预应力钢束、梁端对称张拉的布束形式，可以大幅度地简化梁体的结构形式，避免在箱内设齿块，简化了施工工艺，便于梁体施工质量的保证。

8.4.3 施工方法

普兰店海湾大桥 56 m 简支箱梁整孔梁重在 2 000 t 以上，并且桥位处于深水环境下，考虑周边施工场地条件、建设工期及易于保证施工质量等因素，56 m 主梁采用场地预制节段、移动模架整孔拼架现浇湿接缝的施工工艺。

移动支架设备系统、节段的预制运输、湿接缝混凝土的配制及施工、节段箱梁拼架的线形控制等均是本桥施工的关键技术点，需要结合拼架模架设备的刚度、梁段尺寸、现浇湿接头施工工艺加强控制，来保证节段箱梁架设、线路在运营状态下梁部的整体线形。

普兰店海湾特大桥实践证明，通过根据制定的移动支架施工技术措施，并且优化节段预制梁场布置和相应机具、设备配置，现场施工严格按要求执行，可以实现超大吨位梁重的大跨度预应力混凝土简支箱梁施工的控制，如图 8-4-3～图 8-4-5 所示。

图 8-4-3 56 m 简支箱梁移动模架

图 8-4-4 移动模架节段箱梁吊装

图 8-4-5 成桥实景

8.4.4 主要技术经济指标

主要技术经济指标见表 8-4-1。

表 8-4-1 主要技术经济指标

指标类型		数值
结构性能指标	竖向挠跨比	1/4 541
	梁端转角(rad)	0.69‰
	强度安全系数	2.39
	理论残余徐变拱度值(mm)	6.3
	竖向自振频率为(Hz)	2.94
主要工程量	主梁混凝土(m^3)	15 170.1
	主梁钢束(t)	631.3

8.4.5 技术特点和创新点

(1)56 m 简支箱梁为当时国内外铁路客运专线建设中实施的最大跨度简支箱梁，对其受力行为及设计参数进行研究，并确定了合理梁高。

(2)56 m 简支箱梁采用对称布置纵向预应力钢束、梁端对称张拉的布束形式，简化了梁体的结构形式，避免在箱内设齿块，简化了施工工艺，便于梁体施工质量的保证。

(3)根据造桥机连续施工的施工工艺特点，确定了 56 m 简支箱梁预应力钢束的合理布束形式，解决了 56 m 简支箱梁大吨位群锚条件下梁端受力分析、局部构造形式。

(4)完成了简支箱梁节段预制、桥位整孔拼架法施工设备研制、施工监测等综合技术研究。

(5)采用抗腐蚀环氧涂层钢筋，喷涂混凝土保护剂，在桥墩水位变动区设置 C80 铁钢砂混凝土等措施防止海洋环境对桥梁主体结构混凝土的腐蚀，解决了在冻融及海水多重环境作用下结构的耐久性问题，保证了桥梁高性能混凝土的抗蚀及抗冻能力。

(6)在实践中针对深水岩溶地区研发出了泥浆止漏及溶洞封堵技术、溶洞顶板及溶洞内钻进技术、岩溶注浆设计等，保证了施工安全和进度。

8.4.6 获奖情况

获 2013 年中国铁道学会科学技术二等奖。

8.5 青荣城际铁路双岛湾跨海特大桥

桥　　名：双岛湾跨海特大桥
工程项目：青荣城际铁路
工程位置：山东省威海市
主　　跨：128 m
桥　　型：连续箱梁
建设单位：青荣城际铁路有限责任公司
设计单位：中国铁路设计集团有限公司
施工单位：中交第三航务工程局有限公司
设计人员：孙宗磊　理　锋　乔晋飞
通车时间：2014 年 12 月

8.5.1 概 况

青荣城际铁路设计速度 250 km/h，采用Ⅰ型双块式无砟轨道，双线、线间距 4.6 m，于山东省威海市跨越双岛湾。双岛湾处于海洋环境，海域潮汐为不规则半日潮，雨雪多发。桥址区氯盐侵蚀、化学侵蚀、盐类结晶破坏、冻融环境破坏等并存，对混凝土、钢筋等建筑材料腐蚀严重。沿线处于胶东半岛近海地区，部分地段分布有广泛的软土，部分区段岩溶发育，多次与地质断层交叉或并行。另外，双岛湾是当地出名的“黑风口”，突发性风非常多。桥址区地震基本烈度为 7 度，地震动峰值加速度为 0.1g。

双岛湾跨海特大桥为跨越双岛湾及新初张公路而设，桥梁全长 6 726.79 m，是青荣城际沿线最长的跨海大桥。主桥孔跨布置采用(72＋128＋72) m 连续箱梁，引桥采用 24 m、32 m 标准跨度简支箱梁和 48 m、64 m 常用跨度连续箱梁。主桥立面如图 8-5-1 所示。

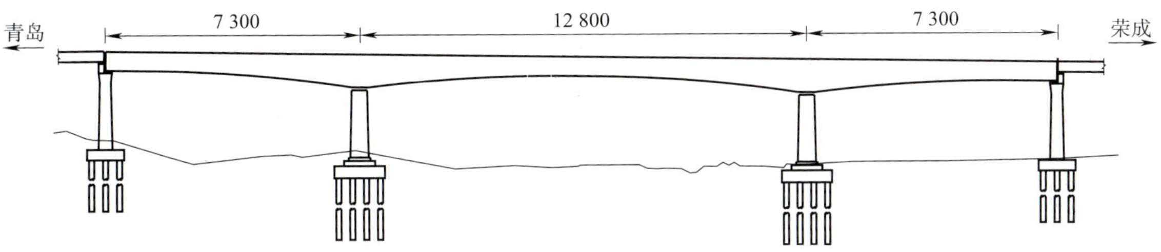

图 8-5-1 主桥立面(单位:cm)

8.5.2 结构形式

主梁为单箱单室、直腹板、变高度、变截面结构。中支点处梁高 9.6 m，跨中 9 m 直线段，边跨 13.35 m 直线段，梁高为 5.6 m，梁底下缘按二次抛物线变化，边支座中心线至梁端 0.85 m，如图 8-5-2 所示。

箱梁顶宽 12.2 m，箱梁底宽 7.0 m。挡砟墙内侧净宽 9.0 m，桥上人行道栏杆内侧净宽 12.1 m，桥面板宽 12.2 m。顶板、腹板、底板厚度均按折线变化，全联在端支点、中跨跨中及中支点处共设 5 道横隔板，横隔板厚度分别为 1.5 m、0.8 m 和 3 m。

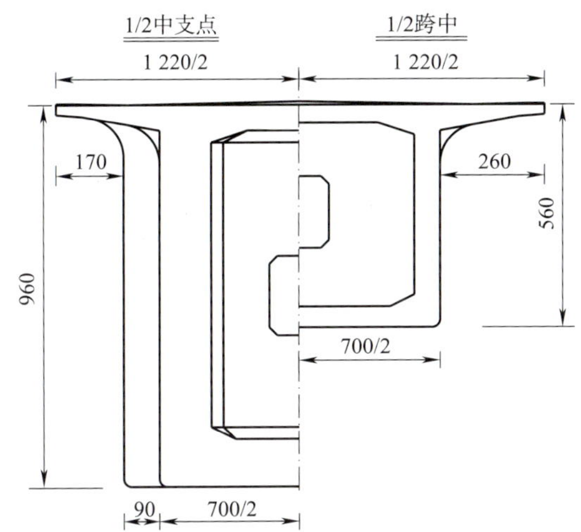

图 8-5-2 主梁横断面图(单位:cm)

8.5.3 施工方法

主桥预应力混凝土连续梁采用悬臂浇筑法施工，简支箱梁采用预制架设施工，如图 8-5-3 和图 8-5-4 所示。

图 8-5-3 连续梁悬臂浇筑施工

图 8-5-4 成桥实景

8.5.4 主要技术经济指标

主要技术经济指标见表 8-5-1。

表 8-5-1 主桥主要技术经济指标

主桥指标类型		数值
结构性能指标	竖向挠跨比	1/2 810
	梁端转角(rad)	0.65‰
主要工程量	主梁混凝土(m^3)	6 621.9
	主梁预应力钢束(t)	380.2

8.5.5 技术特点和创新点

依托本桥开展了铁路总公司科研课题“浅海区海洋环境铁路桥梁混凝土结构耐久性关键技术研究”，技术创新点主要有以下几个方面：

(1)揭示了环境—静/动态荷载耦合作用下高性能混凝土的损伤劣化机理，建立了环境—荷载耦合作用下高性能混凝土的寿命预测模型，突破了耐久性设计无法计算使用年限的难点。

(2)针对浅海区桥梁混凝土结构所处环境类别及作用等级，研制出适用于结构不同部位的高性能混凝土。

(3)研发了浅海区海洋环境桥梁结构混凝土减缩抗裂、原位增韧与早期养护，耐久性防护与提升技术等成套技术。

(4)研究了浅海区桥梁混凝土结构耐久性监测技术，建立了桥梁混凝土结构耐久性监测与评估体系。

8.5.6 获奖情况

(1)获 2016 年中国中铁优秀工程咨询成果一等奖。

(2)获 2016 年中国铁道学会科学技术一等奖。

8.6 山西中南部铁路付疃河特大桥

桥　　名：付疃河特大桥
工程项目：山西中南部铁路通道(瓦日铁路)
工程位置：山东省日照市
主　　跨：85 m
桥　　型：简支梁、连续梁
建设单位：晋豫鲁铁路通道股份有限公司
设计单位：中铁工程设计咨询集团有限公司
施工单位：中铁二十三局集团有限公司
设计人员：徐　辉　沈　平　严章荣　张世基　冯　凯　殷晓波　傅　源　郭　剑
通车时间：2014 年 12 月

8.6.1 概　　况

山西中南部铁路通道(瓦日铁路)为国铁Ⅰ级双线重载铁路，设计速度 120 km/h，有砟轨道，线间距 4.0 m，是国内首条 30 t 轴重重载铁路。

山西中南部铁路付疃河特大桥位于日照市南侧，桥梁位于冲积平原区和滨海区，地形较为平坦。

地层主要为第四系全新统冲洪积层粉质黏土、粉砂、细砂、中砂、粗砂、砾砂、细角砾土等。桥址处地震动峰值加速度为 0.10g，地震动反应谱特征周期 0.4 s。

桥梁起于高兴镇张小庄村，向东先后上跨沈海高速、国道 G204 和滨海路，后沿海边折向东北方向进入日照站，采用的主要梁型有连续箱梁和简支 T 梁，其中跨越滨海路采用了（46.25＋85＋46.25）m 预应力混凝土连续梁。本桥部分段落位于日照港近海区，属海洋环境—浪溅区（非炎热地区），受潮水位及波浪高影响，海水腐蚀较为严重。立面如图 8-6-1 所示。

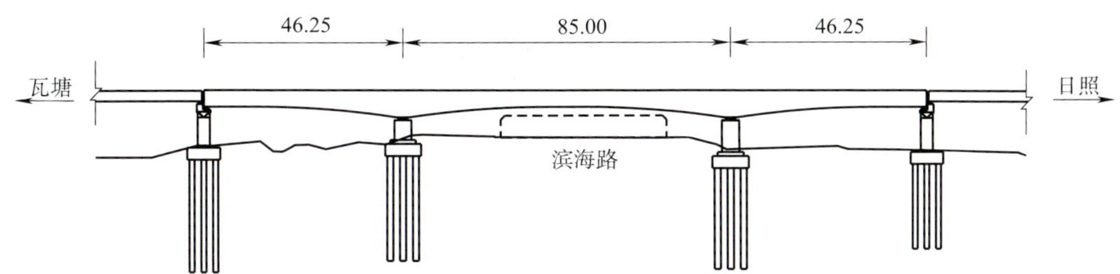

图 8-6-1　跨滨海路立面图（单位：m）

8.6.2　结构形式

（1）跨滨海路连续梁

主桥结构类型为有砟轨道支架现浇（46.25＋85＋46.25）m 预应力混凝土双线连续梁，梁全长为 177.5 m。梁体为单箱单室、变高度、变截面结构。箱梁顶宽 9.107 m，箱梁底宽 6.0 m。顶板厚度 35 cm，底板厚度 40～90 cm，按直线线性变化，腹板厚 50～70 cm、70～90 cm，按折线变化，如图 8-6-2 所示。底板、腹板、顶板局部向内侧加厚。全联在端支点、中跨跨中及中支点处共设 5 个横隔板，横隔板设有孔洞，供检查人员通过。挡砟墙内侧净宽 8.707 m，桥面板宽 9.107 m。桥面两侧设人行道，人行道宽度与两端简支 T 梁一致。人行道角钢支架与预埋在挡砟墙处 T 形钢拴接。

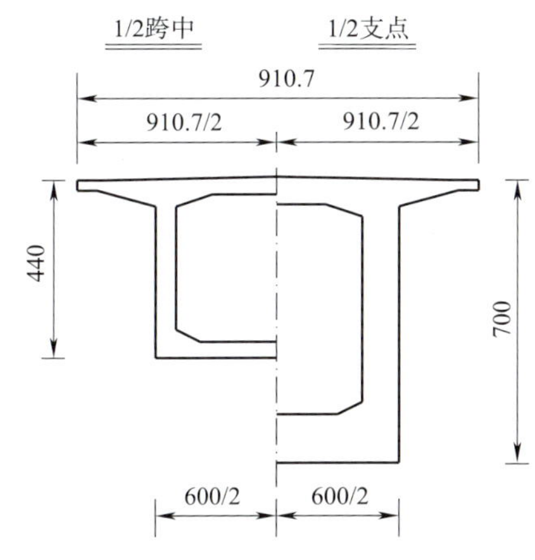

图 8-6-2　主梁边、中支截面图（单位：cm）

（2）桥梁防腐设计

本桥部分段落具氯盐侵蚀、硫酸盐侵蚀及镁盐侵蚀，环境作用等级分别为 L3、H2、H1。DK1264＋521.5～DK1267＋440 段地下水对混凝土结构具二氧化碳侵蚀，化学环境作用等级为 H1。

1）设计时针对重载铁路桥梁海洋环境的混凝土保护层厚度、水灰比、添加剂等耐久性指标进行提高，采用低渗透性的防腐耐久混凝土，提高混凝土的高体积稳定性、适宜的工作性、高抗硫酸盐侵蚀性，并且无碱—骨料反应危害。

2）对混凝土结构表面增加（防腐）涂层，有效阻止水分子、氯离子等有害介质侵入混凝土内部，延缓混凝土碳化和钢筋腐蚀，提高混凝土的防腐蚀功能，并起到外观装饰功能。

3）对桥梁结构对易受侵蚀的墩身、承台内所有钢筋均采用环氧涂层钢筋，降低外界腐蚀介质对钢筋的侵蚀作用，延长混凝土结构的使用寿命。

4）特殊设计了重载铁路滨海区域 L2 氯盐环境的简支梁（后张法预应力混凝土简支 T 梁（适用于 L2 环境）），设计荷载“中—活载（2005）ZH 标准（z＝1.2）”。并研制了沿海地区 T 梁球型钢支座，球型钢支座钢件外露表面（不锈钢滑动面除外）进行表面防腐蚀处理，其防腐涂装基层采用喷锌（60 μm）处理，表层采用《铁路钢桥保护涂装及涂料供货技术条件》（TB/T 1527—2011）规定的第 7 套涂装体系，如图 8-6-3 所示。

图 8-6-3　墩身表面防腐涂层

(3)下部设计

桥墩采用圆端形实体墩，根据上部结构孔跨布置和墩身高度不同，墩身截面直段长和圆端半径按不同尺寸设计。全桥墩台基础均采用钻孔灌注桩基础，桩径根据不同跨度和地质条件分别采用1.0 m、1.25 m、1.5 m。

8.6.3 施工方法

32 m和24 m简支梁由梁场预制，架桥机架设。连续梁采用悬臂灌注法施工，如图8-6-4和图8-6-5所示。

图 8-6-4 日照港近海区域实景

图 8-6-5 成桥实景

8.6.4 主要技术经济指标

主要技术经济指标见表8-6-1。

表 8-6-1 主要技术经济指标

指标类型		数值
结构性能指标	(45+85+45) m连续梁中跨竖向挠跨比	1/2 279
	(45+85+45) m连续梁梁端转角(rad)	0.862‰
主要工程量	24 m简支T梁(孔)	28
	32 m简支T梁(孔)	287
	(45+85+45) m连续梁(联)	1
	(40+64+40) m连续梁(联)	1
	(32+48+32) m连续梁(联)	1
	下部结构混凝土(m^3)	165 000.0
	下部结构钢筋量(t)	9 600.0

8.6.5 技术特点和创新点

设计时根据本桥所处的环境选择了合理的耐久性设计方案，提高了桥梁结构的防腐蚀效果和质量，减轻了有害物质对桥梁结构的腐蚀破坏，延长了结构的使用寿命并节省了维修费用。

8.6.6 获奖情况

获2016年中国中铁优秀工程设计三等奖。

8.7　海南西环铁路珠碧江特大桥

桥　　名：珠碧江特大桥
工程项目：海南西环铁路
工程位置：海南省儋州市、昌江黎族自治县
主　　跨：32 m
桥　　型：简支梁
建设单位：海南高速铁路有限公司
设计单位：中铁二院工程集团有限责任公司
施工单位：中铁四局集团有限公司
设计人员：王波涛　陈思孝　陈扬义　陈建峰　袁　明
通车时间：2015 年 12 月

8.7.1　概　　况

海南西环铁路为设计速度 200 km/h 的客货共线铁路，双线，线间距 4.4 m，有砟轨道，设计荷载为中—活载。珠碧江特大桥是海南西环铁路技术复杂的关键工程，大桥位于海南省昌江县珠碧江入海口，SO_4^{2-}、Cl^- 含量极高，为 L3、H4、以及大于 Y4 环境的高硫酸盐含量的极端腐蚀环境，属于高温高湿强腐蚀海洋环境。桥区总体覆盖层较厚，多为砂土、粉质黏土，无基岩出露，工程地质条件较差。地震动峰值加速度为 0.05g，地震动反应谱特征周期为 0.35 s。

珠碧江特大桥孔跨布置为(67×32+1×24+54×32) m 简支 T 梁，桥梁全长 3 991.4 m。部分桥跨布置如图 8-7-1 所示。

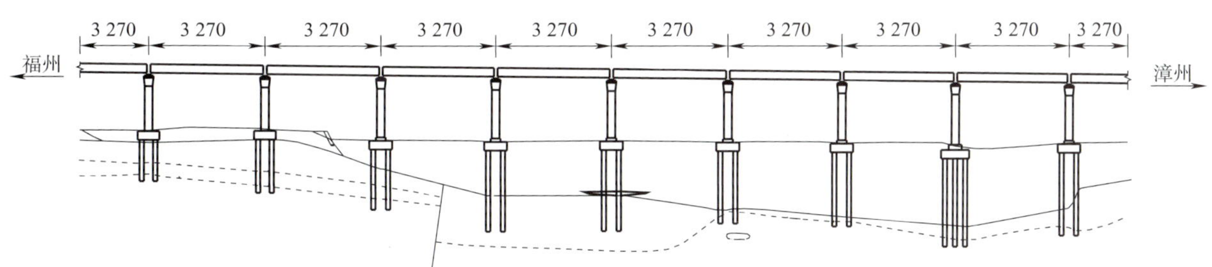

图 8-7-1　珠碧江大桥部分桥跨布置(单位:cm)

8.7.2　结构形式

简支梁采用“通桥(2005)2201”系列梁图；桥台采用 T 形空心桥台，基础采用 ϕ1 m、ϕ1.25 m 钻孔桩，如图 8-7-2 所示。海西线桥高普遍较低，墩身采用景观效果较好的中空式圆端形桥墩，墩高在 3～19 m 均采用直坡等截面设计，与常规双线实体桥墩相比，海西线桥墩则显得轻盈、通透，更加美观。

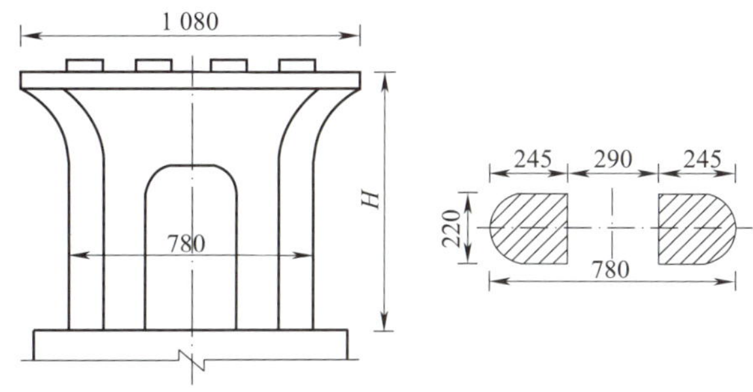

图 8-7-2　墩身立面图(单位:cm)

针对 H4、L3、Y4 腐蚀环境，百年水位上 1.0 m 以下的墩身、承台、桩基均采用 C50 混凝土，外露部分采用了“硅烷浸渍材料喷涂＋氟碳漆”的防护涂装。

8.7.3 施工方法

简支梁采用预制架设法架设，墩台采用整体模板现浇施工，基础采用钻孔桩基础，如图 8-7-3 所示。

图 8-7-3 中空式圆端形桥墩施工

8.7.4 主要技术经济指标

主要技术经济指标见表 8-7-1。

表 8-7-1 主要技术经济指标

指标类型		数值
中空式桥墩	H=10 m 墩身混凝土（m^3）	69.1
	H=10 m 普通钢筋（t）	2.8
	H=15 m 墩身混凝土（m^3）	4.2
	H=15 m 普通钢筋（t）	1.6
混凝土表面涂层	硅烷浸渍材料喷涂（g/m^2）	300
	氟碳底漆两道（μm）	40～60
	氟碳中间漆两道（μm）	100～150
	氟碳面漆两道（μm）	70～100

8.7.5 技术特点和创新点

（1）研究了高温高湿强腐蚀海洋环境混凝土结构防腐蚀强化措施，提出了“严重腐蚀环境防腐蚀强化措施施工工法”，编制了《高温高湿强腐蚀海洋环境下混凝土结构防腐蚀技术规程》（建议稿）。

（2）开展了高温高湿强腐蚀海洋环境混凝土结构耐久性设计研究，提出了混凝土结构基于钢筋设置、保护层设置、混凝土强度保证、防腐蚀强化措施等综合措施。

8.7.6 获奖情况

获 2017 年中国中铁优秀工程设计三等奖。

8.8　青连铁路胶州湾特大桥

桥　　名：胶州湾特大桥
工程项目：青连铁路
工程位置：山东省青岛市
主　　跨：50 m
桥　　型：预制拼接简支箱梁
建设单位：青连铁路有限责任公司
设计单位：中国铁路设计集团有限公司
施工单位：中铁十四局集团有限公司
设计人员：孙宗磊　左家强　王　博　张　海　张　帅
通车时间：2018 年 12 月

8.8.1　概　　况

青连铁路为国铁Ⅰ级双线电气化快速铁路，设计速度 200 km/h，采用有砟轨道，双线、线间距 4.4 m，于山东省青岛市跨越胶州湾。胶州湾位于山东半岛南部，为半封闭型海湾，湾内宽阔开敞，自然条件相对独立。下覆土层为淤泥质粉质黏土、粉质黏土、中砂、粗砂，下伏泥质粉砂岩、流纹岩。桥址区地震基本烈度为 7 度，地震动峰值加速度为 0.10g。

胶州湾特大桥桥梁全长 8.941 km，跨越胶州湾段约 2 km，胶州湾风大浪急、海水腐蚀严重，主桥采用 40 孔 50 m 双线预制拼接简支箱梁跨越跨胶州湾，其他孔跨布置为 20 m、24 m、32 m 双线简支箱梁以及 48 m、64 m、80 m 和 100 m 常用跨度双线连续箱梁。主桥立面如图 8-8-1 所示。

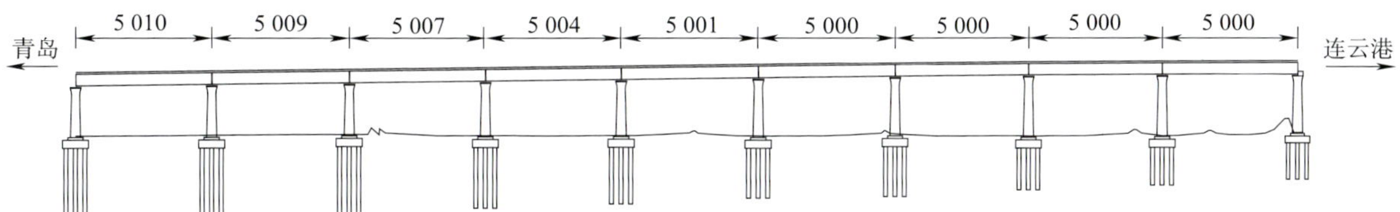

图 8-8-1　主桥立面(单位：cm)

8.8.2　结构形式

50 m 预制拼接简支箱梁全长为 49.9 m，计算跨度为 48.2 m，梁高 4.3 m，支座中心至梁端 0.85 m，横桥向支座中心距为 5.1 m，桥面板宽 11.6 m，如图 8-8-2 所示。

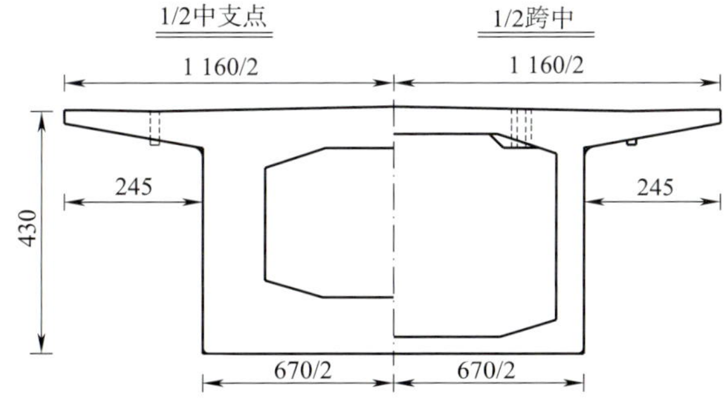

图 8-8-2　50 m 简支箱梁横断面图(单位：cm)

主梁截面类型为单箱单室等高度简支箱梁，梁端腹板、底板局部向内侧加厚，在结构外侧的腹板与顶底板相交处均采用圆弧倒角过渡，在腹板上设直径 100 mm 的通风孔，底板上设直径 100 mm 的泄水孔。

全梁预制梁段分为 11 个梁段，两端梁段长 2.55 m，中间梁段长 4.2 m，湿接缝 10 道，箱梁中心处标准缝宽 0.7 m。

8.8.3 施工方法

跨越胶州湾梁部采用了的 40 孔 50 m 预制拼接简支箱梁桥式设计，梁部采用了节段预制拼装法施工，梁部施工速度快，缩短工期，解决了整体工期控制的难题，如图 8-8-3 和图 8-8-4 所示。

针对高侵蚀海洋环境，设计中采用提高预压应力，优化钢筋布置、减小裂缝宽度，增加保护层厚度、表面涂装等方式解决位于高侵蚀海洋环境中移动支架大跨简支梁设计问题。

图 8-8-3 节段拼装施工

图 8-8-4 成桥实景

8.8.4 主要技术经济指标

主要技术经济指标见表 8-8-1。

表 8-8-1 主要技术经济指标

指标类型		数值
结构性能指标	竖向挠跨比	1/3 468
	梁端转角(rad)	0.92‰
	残余徐变值(mm)	4.98
主要工程量	主梁预制段混凝土(m^3)	596.1
	主梁现浇段混凝土(m^3)	107.9
	主梁预应力钢束(t)	36.8

8.8.5 技术特点和创新点

(1)首次在铁路桥墩受波浪侵袭部位采用了耐蚀钢筋，解决了桥墩波浪侵袭部位耐久性问题。

(2)提出了跨海桥梁结构各部位环境作用等级划分方法；研究了耐蚀钢筋在多因素作用下的腐蚀劣化过程；构建了混凝土结构耐久性可靠度理论，建立了跨海桥梁耐蚀钢筋混凝土耐久性设计方法，提出了混凝土结构耐久性设计指标、耐蚀钢筋力学性能及连接方式以及耐蚀钢筋混凝土质量控制措施。

(3)构建了跨海桥梁混凝土结构无线监测体系，建立了跨海桥梁耐蚀钢筋混凝土结构服役寿命评估体系。

(4)由于胶州湾高浓度的盐含量使大气中含有大量的 Cl^-，造成本桥面临着严峻的支座腐蚀问题。针对该问题，本桥在国内首次将耐候钢支座应用于铁路建设，解决了铁路跨海桥梁支座易腐蚀的困难，为跨海桥梁建设提供了参考。

8.9 福平铁路平潭海峡公铁两用大桥

桥　　名：平潭海峡公铁两用大桥
工程项目：福平铁路
工程位置：福建省福州市
主　　跨：532 m、364 m、336 m、168 m(四座)
桥　　型：钢桁梁斜拉桥、连续刚构桥、简支钢桁梁桥、大跨简支梁
建设单位：福平铁路有限责任公司
设计单位：中铁大桥勘测设计院集团有限公司
　　　　　中铁第四勘察设计院集团有限公司
施工单位：中铁大桥局集团有限公司
　　　　　中国铁建大桥工程局集团有限公司
设计人员：大桥院 高宗余　梅新咏　徐　伟　段雪炜
　　　　　　　　 孙英杰　康　晋　陈　翔　张兴志
　　　　　铁四院 薛照钧　文望青　严爱国　王德志
　　　　　　　　 杨利卫　杨　勇　李喜平　刘　涛
通车时间：预计 2020 年 11 月

8.9.1 概　　况

(1)概述

福州至平潭铁路平潭海峡公铁两用大桥位于福建省中东部沿海、海坛海峡北口，跨海大桥全长约 16.344 km。大桥经长乐松下跨越人屿岛、长屿岛、小练岛、大练岛至平潭岛。依次跨越元洪航道、鼓屿门水道、大小练岛水道、北东口水道等四个航道。大桥采取公路在上层、铁路在下层的公铁合建方式。铁路等级为Ⅰ级双线铁路，设计速度 200 km/h，公路为双向六车道高速公路，设计速度 100 km/h，公路桥宽 35.5 m。

平潭海峡公铁两用大桥共有四座航道桥，其中元洪航道桥采用主孔跨径 532 m 的钢桁梁斜拉桥，满足 50 000 t 级航道单孔双向通航；鼓屿门水道桥采用主孔跨径 364 m 的钢桁梁斜拉桥，满足 5 000 t 级航道单孔双向通航；大～小练岛水道桥采用主孔跨径 336 m 的钢桁梁斜拉桥，满足 50 000 t 级航道单孔单向通航。北东口水道桥采用主孔跨径 2×168 m 的双层预应力混凝土连续刚构桥，满足 500 t 级航道双孔通航。

大桥平面示意如图 8-9-1 所示。

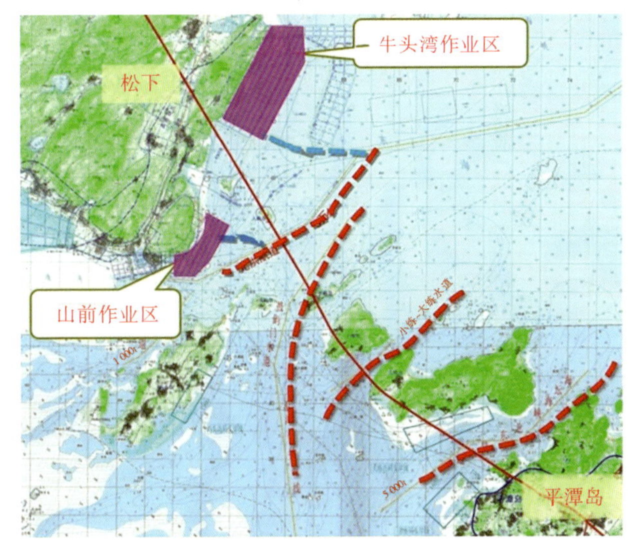

图 8-9-1　大桥平面示意

(2)建设条件

桥址海域为典型海洋季风气候，季风期主要集中在 10 月～次年 4 月，持续时间长。百年重现期十分钟平均最大风速 44.8 m/s。台风登陆频次高，年平均登录 6～8 次。6 级以上大风超过 300 d，有效作业时间短，如图 8-9-2 和图 8-9-3 所示。

工程海域平均高潮位高程＋2.39 m，平均低潮位为－1.89 m，平均潮差 4.28 m。

年平均波高为 1.1 m，平均周期为 5.4 s；百年一遇波高 3.09～9.69 m。流速 3.09 m/s，最大潮差 7.09 m。

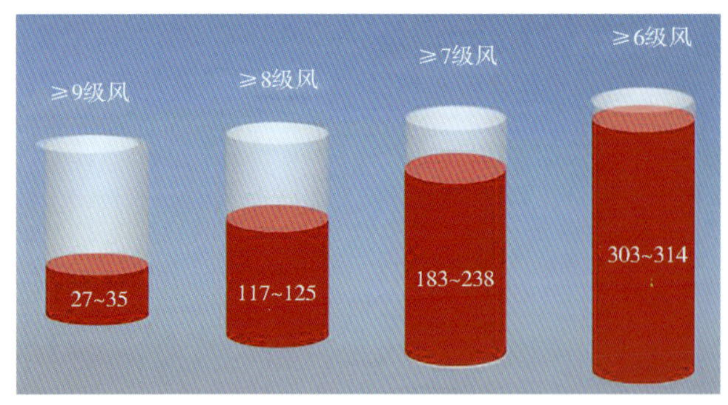

图 8-9-2　全年大风天数(单位:d)

图 8-9-3　台风影响

海域最高通航水位为+4.62 m,最低通航水位为-3.40 m。各航(水)道的通航标准及通航净空尺寸见表 8-9-1。

表 8-9-1　各航道通航标准一览表

序　号	航　道	代表船型(t)	通航净高(m)	通航净宽(m)	通航方式
1	元洪航道	50 000	52.1	461	单孔双向
2	鼓屿门水道	5 000	40.91	246	单孔双向
3	大小练岛水道	50 000	52.1	280	单孔双向
4	北东口水道	500	19.7	75	双孔单向

岛屿多,海床起伏,覆盖层薄,岩面倾斜、裸露;海床起伏大,单墩范围高差达 11 m;岩面倾斜裸露(光板岩区段长达 8 km,50%)。

表层基岩:风化程度低,完整性好、强度高,管桩插打难以入岩;深层基岩:桩位处深层基岩为以花岗岩、凝灰岩、流纹岩和火山角砾岩为主,岩石极其坚硬,岩石强度高(高达 213 MPa)。

根据《港口工程桩基规范》(JTS 167-4—2012),本海域钢材腐蚀速度为 0.5 mm/年,经现场实测,腐蚀速度达 1 mm/年,为规范腐蚀速率的 2 倍。

施工材料需海运至物流码头中转存储,海运受制因素多,可控性差。山多地少,临时用地困难;码头资源稀缺,现场难以寻找到大型施工码头和场地,施工生产规划困难。施工所需淡水、碎石、河砂需从岛外船运。

8.9.2　桥式方案

从福州至平潭方向桥跨主桥布置依次为元洪航道桥、鼓屿门水道桥、大小练岛水道桥和北东口水道桥,孔跨布置分别为:(133.1+196+532+196+133.25) m 钢桁混合梁斜拉桥,(129.1+154+364+154+129.2) m 钢桁混合梁斜拉桥,(81.1+140+336+140+81.15) m 钢桁混合梁斜拉桥,(92+2×168+92) m 连续刚构,引桥根据水深不同铁路分别采用 40 m、48 m、64 m 简支箱梁以及 80 m、88 m 简支钢桁梁,公路采用同等跨跨度的预应力混凝土连续梁和简支钢桁梁。主桥立面如图 8-9-4 所示,主桥一览表见表 8-9-2。

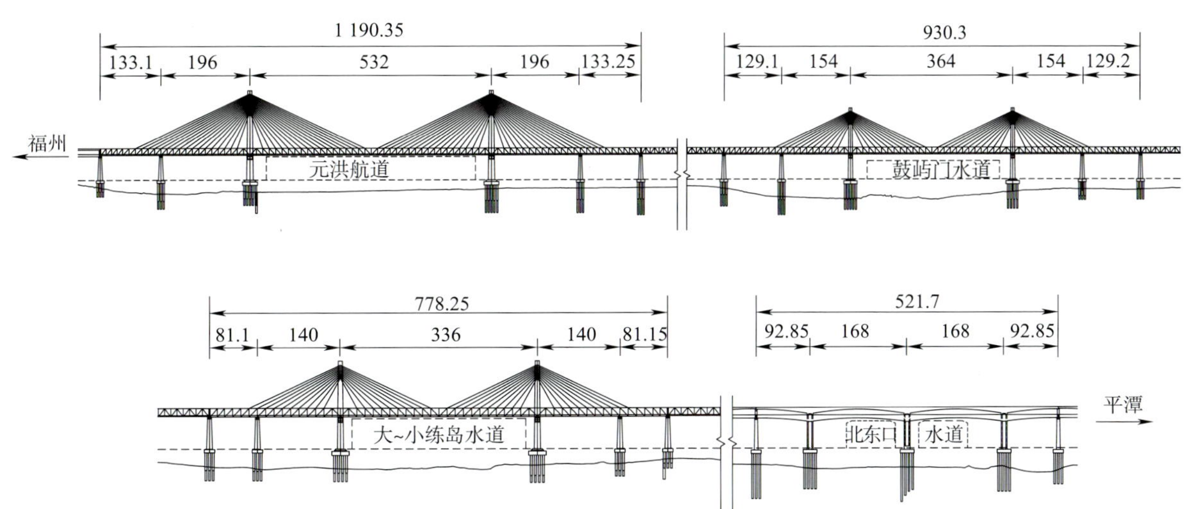

图 8-9-4　主桥立面布置图(单位:m)

表 8-9-2　平潭海峡公铁两用大桥主桥一览表

序　　号	航　　道	孔　跨　布　置	结　构　类　型
1	元洪航道	(133.1＋196＋532＋196＋133.25) m	钢桁混合梁斜拉桥
2	鼓屿门水道	(129.1＋154＋364＋154＋129.2) m	钢桁混合梁斜拉桥
3	大小练岛水道	(81.1＋140＋336＋140＋81.15) m	钢桁混合梁斜拉桥
4	北东口水道	(92.85＋2×168＋92.85) m	双层预应力混凝土连续刚构桥

采用公铁合建(双线铁路＋六车道高速公路)形式,在桥梁横断面布置时根据铁路、公路的线路技术标准、车道宽度、荷载特点、建筑限界、水电搭载、运营安全、后期养护等各方面出发,本着安全、适用、经济、美观、合理的原则统筹考虑。依据相关技术标准,公路桥面总宽 35.5 m。铁路桥面总宽 12.2 m,如图 8-9-5～图 8-9-7 所示。

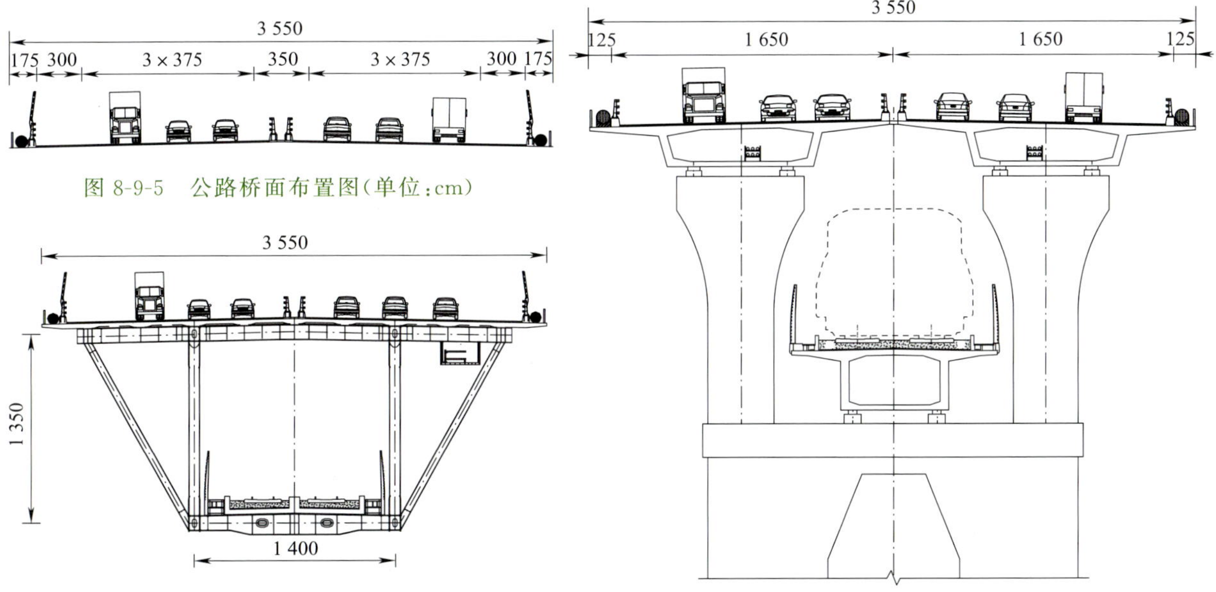

图 8-9-5　公路桥面布置图(单位:cm)

图 8-9-6　钢桁梁桥横断面布置图(单位:cm)

图 8-9-7　混凝土桥横断面布置图(单位:m)

8.9.3 结构形式

(1)主航道斜拉桥(以元洪航道桥为例)

主跨(132+196+532+196+132) m钢桁混合梁斜拉桥，全长1 190.35 m。公路和铁路桥面系在拉索梁段均范围采用正交异性钢桥面板；在边跨无拉索区公路桥面采用预制混凝土桥面板，铁路采用正交异性钢桥面板，如图8-9-8所示。

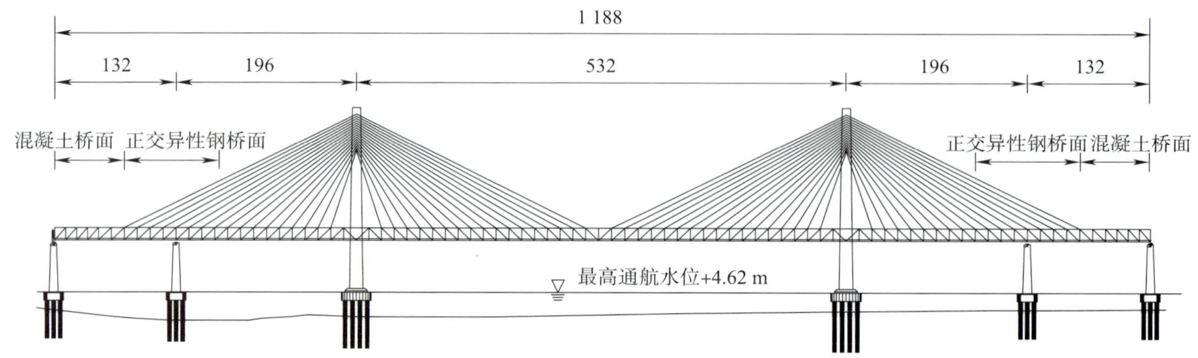

图8-9-8 元洪航道桥总体布置图(单位：m)

主梁：采用带斜副桁的直桁截面，N形桁式，桁高13.5 m，下弦桁宽15 m，节间长度分为14 m和12 m两种类型，如图8-9-9和图8-9-10所示。主桁上下弦杆均为箱形截面，上弦杆内高1 600 mm，内宽1 200 mm。下弦杆内高1 600 mm，内宽1 200 mm。腹杆采用箱形和H形截面，杆件内宽1 200 mm，高900 mm。

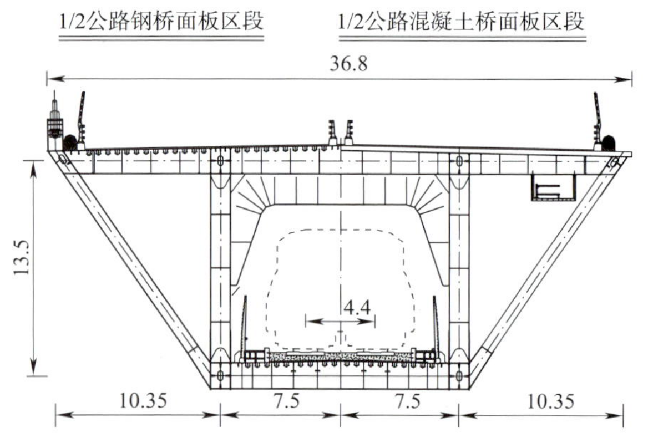

图8-9-9 斜拉桥主梁截面布置图(单位：m)

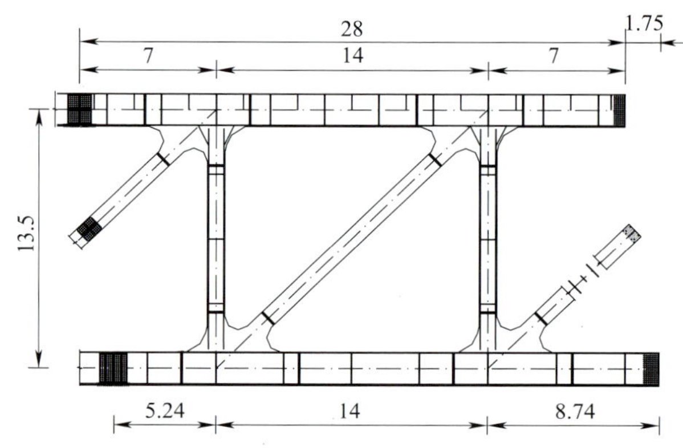

图8-9-10 钢桁梁标准节段立面构造(单位：m)

斜拉索：采用ϕ7平行钢丝，空间双索面，扇形布置。梁上纵向间距14 m，横向间距35.6 m。塔上竖向索距2.5 m，横向索距44 m。斜拉索采用ϕ7平行钢丝索，钢丝的标准强度为R_{by}=1 860 MPa。锚具采用冷铸锚。

主塔：采用H形混凝土结构，塔高200 m，如图8-9-11所示。塔柱纵向尺寸由塔顶9 m按线性增加到塔底14.4 m；上塔柱和中塔柱横桥向尺寸为6 m，下塔柱横向尺寸为6～10 m。主塔设上、下两道横梁，下横梁高8.0 m，宽12.0 m；上横梁高7.0 m，宽9.5 m。基础：N03主塔墩基础采用24根直径4.0 m钻孔桩，N04主塔墩采用22根直径4.0 m钻孔桩。承台均为圆端哑铃形的低桩承台，承台顶高程为+5.0 m，平面尺寸81 m×33 m，厚9 m。

辅助墩基础采用10根直径4.0 m钻孔桩。承台平面尺寸33.5 m×17.7 m，厚5.5 m；桥墩采用门式桥墩，横桥向总宽24 m，单柱横向宽8 m。

边墩基础均采用直径4.0 m钻孔桩。承台平面尺寸33.5 m×17.7 m，厚5.5 m；桥墩采用门式桥墩，横桥向总宽 24 m，单柱横向宽 8 m。

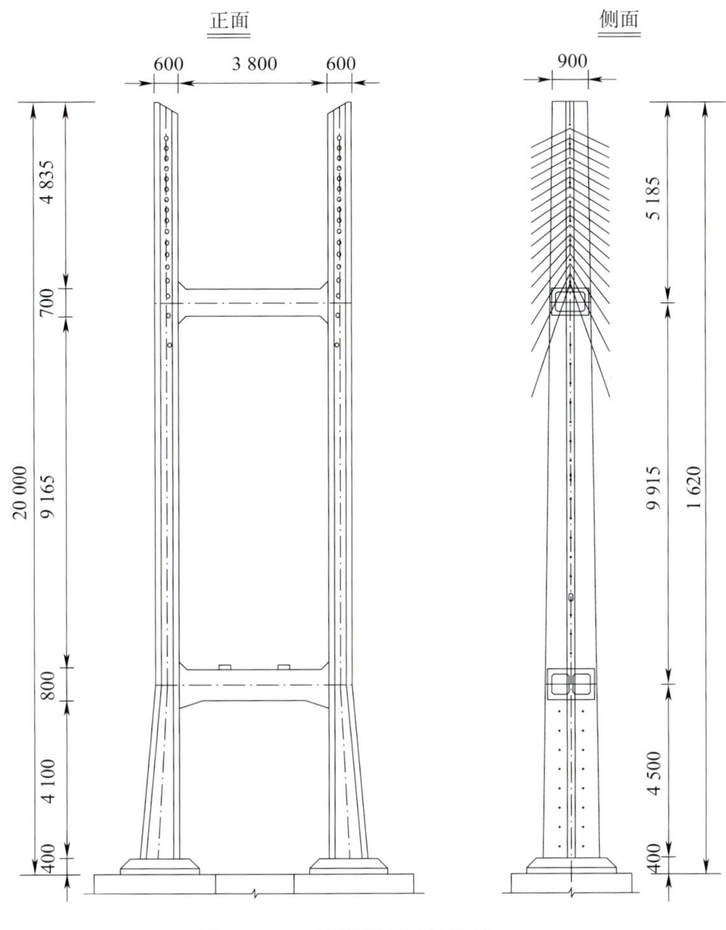

图 8-9-11 桥塔结构图（单位：cm）

（2）简支钢桁梁桥

深水高墩区引桥全长 2 784 m，由 26 孔跨径 80 m 简支钢桁梁和 8 孔跨径 88 m 简支钢桁梁组成，如图 8-9-12 所示。

主梁：采用双层钢桁结合梁结构，华伦式桁架，桁高 13.5 m，桁宽 14.0 m，如图 8-9-13 所示。上下弦杆均采用箱形截面，上弦杆内高 800 mm，内宽 720 mm。下弦杆内高 1 000 mm，内宽 720 mm。

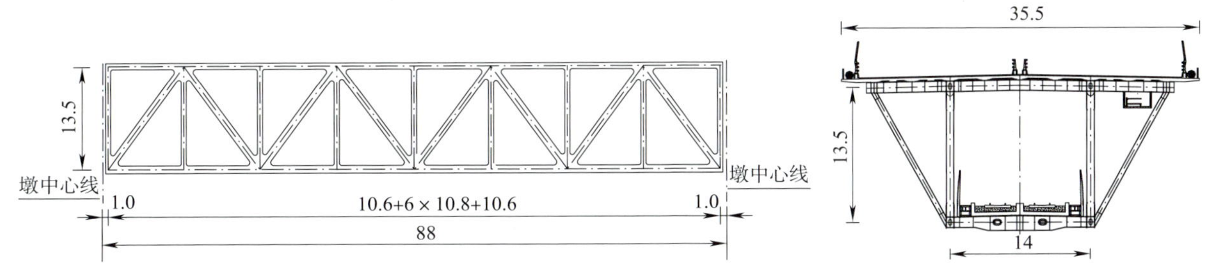

图 8-9-12 简支钢桁梁结构设计图（单位：m）

图 8-9-13 简支钢桁梁断面图（单位：m）

桥面：公路混凝土预制桥面板标准厚度 25 cm，采用剪力钉与上弦杆、公路纵梁及横梁连接。铁路桥面采用混凝土预制槽梁结构，槽梁底板厚 36 cm，腹板厚 36 cm，采用剪力钉与铁路横梁连接。

桥墩：采用横向等宽、纵向变宽的门式桥墩结构，横桥向宽度分 20.0 m 和 21.4 m 两种，单柱横向宽 6 m。桥墩顺桥向采用 1∶30 的放坡，墩顶顺桥向宽度 6.5 m。承台采用矩形承台，厚度 5.0 m。基础采用钻孔桩设计，桩径采用 3.0 m。

（3）北东口水道桥

跨北东口水道采用(92.85＋2×168＋92.85) m 双层连续刚构，全长 521.7 m(含两侧梁端至边支座中心各 0.8 m)大桥横向分为三幅桥，中间为一幅双线铁路桥，两侧各有一幅三车道高速公路桥，三幅桥孔跨布置相同，梁部和墩身分离，共用承台和桩基础，如图 8-9-14 所示。大桥桥面布置分上下两层，下层为双线铁路桥，上层为两幅三车道高速公路桥，从断面上看，三幅桥形成一个倒写的“品”字形。三幅桥的边主墩均采用双壁墩，中主墩均采用箱形截面墩，如图 8-9-15 所示。

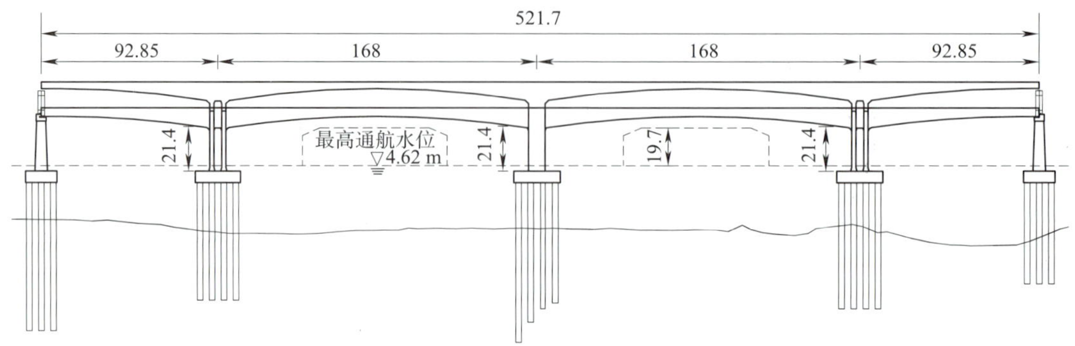

图 8-9-14　北东口水道桥立面图(单位：m)

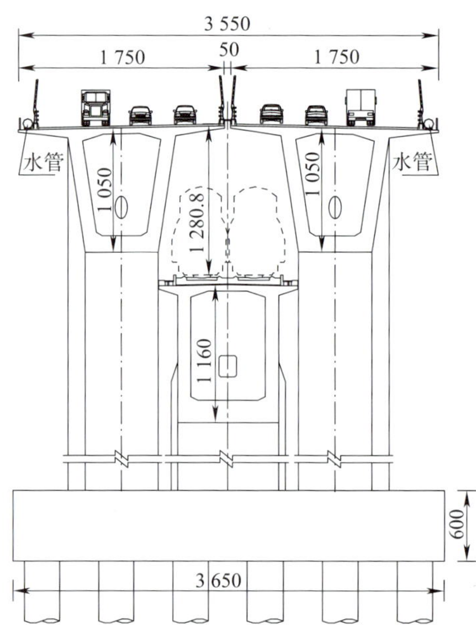

图 8-9-15　刚构桥墩横向布置图（单位：cm）

铁路梁部设计：主梁截面采用单箱单室直腹板变截面，全桥箱梁顶宽 12.2 m(中墩顶宽为 11.7 m)，底宽 8.5 m，顶板厚 0.54 m，腹板厚分别为 50～70～100～110 cm，底板厚由跨中的 0.50 m 按圆曲线变化至中支点梁根部的 1.25 m，全梁共设 7 道横隔梁，中墩处设置厚 2.2 m 的横隔梁，边支点处设置厚 1.6 m 的端横隔梁，跨中合龙段设置厚 0.6 m 的中横隔梁。梁体混凝土强度等级为 C60，采用纵、横、竖三向预应力体系，如图 8-9-16 所示。

公路梁部设计：公路桥分左右两幅，结构对称。采用单箱单室斜腹板变截面，箱顶宽 17.5 m，箱底宽 6.2～8.272 m，主墩附近梁高 10.5 m，中跨中梁高 3.60 m，分别为主跨的 1/16、1/44.2；梁底缘采用 1.8 次抛物线。箱梁顶板等厚 30 cm，底板厚 30～190 cm，腹板厚 48～65～85～100 cm。梁体混凝土强度等级为 C60，采用纵、横、竖三向预应力体系，如图 8-9-17 所示。

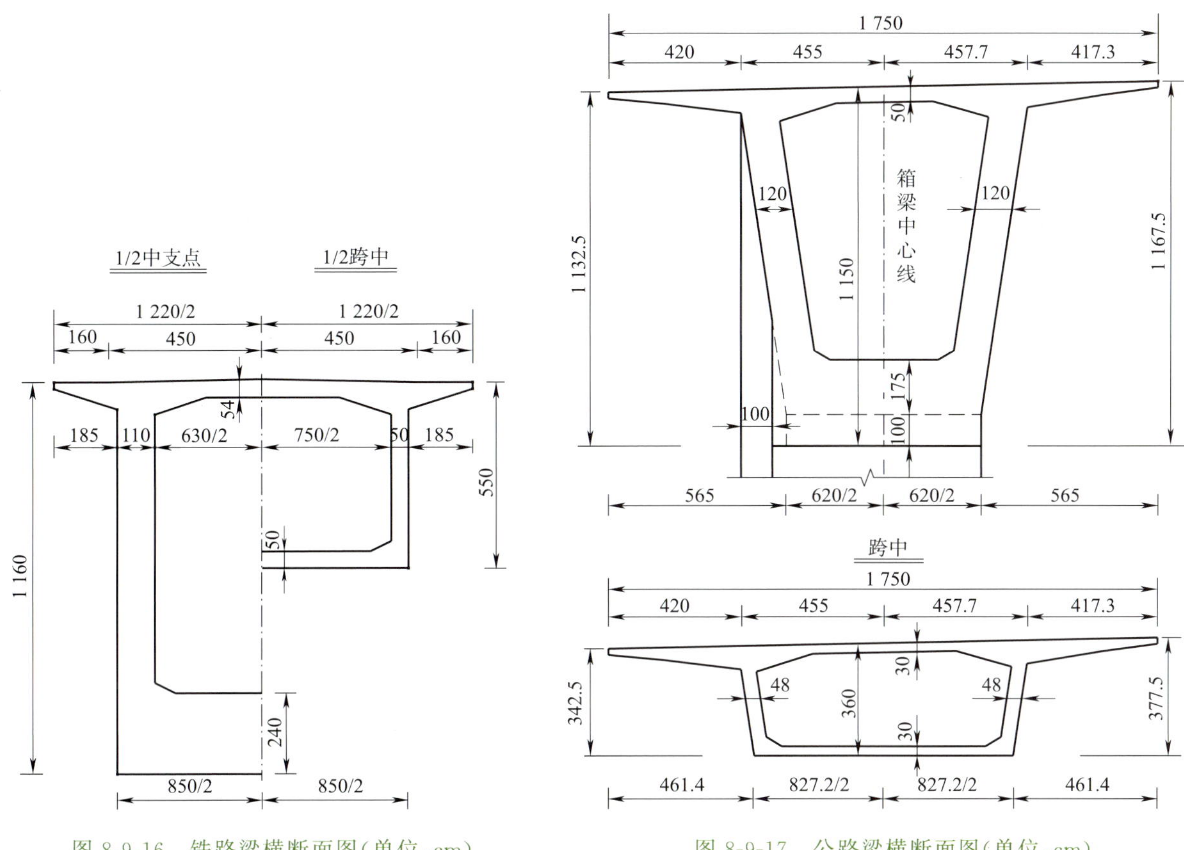

图 8-9-16 铁路梁横断面图(单位:cm)

图 8-9-17 公路梁横断面图(单位:cm)

下部结构设计:铁路桥边主墩采用圆端形双壁墩,双柱中心距离 8.0 m,净距 5.8 m,墩身截面横向长 9.6 m×纵向宽 2.2 m,墩高均为 22 m。中主墩采用箱型截面,截面纵向长 10.2 m×横向宽 8.5 m,纵向壁厚 2.2 m,横向壁厚 1.6 m,墩高 22 m。

公路桥边主墩采用双薄壁墩,纵向壁厚 2.0 m,横向宽 7.65 m,其中 6.65 m 的直段和 1 m 的圆弧段,迎水面为圆弧,双薄壁墩净距为 6 m,中心距为 8 m。中主墩采用空心矩形墩,墩纵向长 10 m,壁厚 1.5 m,横向宽 7.65 m,靠线路外侧壁厚 2.65 m,内侧壁厚 1.2 m。边主墩和中主墩高度均为 35.904 m(墩高是从 10.5 m 高梁的梁底到承台顶)。

左右两幅公路桥和中间铁路桥共用基础,两个边主墩承台尺寸相同,每个承台尺寸为长 36.5 m×宽 23.9 m×高 6.0 m。每个承台下设 24 根直径 3.0 m 的桩。桩基均按柱桩设计。

(4)大跨度混凝土简支箱梁

非通航孔采用双线 40 m、48 m 和 64 m 大跨度简支箱梁,其中福州侧 40 m 和 48 m 简支箱梁采用移动模架现浇施工,平潭侧 40 m 和 64 m 简支箱梁采用节段预制拼装施工。

64 m 梁采用单箱单室等高度简支箱梁,全长 63.9 m,计算跨度 61.4 m,如图 8-9-18 所示。箱梁每孔纵向分 11 个节段,梁端节段长 4.2 m,中间标准节段长 5.5 m,全梁纵向 10 道湿接缝,单个接缝长 0.6 m,最大梁段质量 248.2 t。

箱梁采用直腹板结构,顶板宽 12.2 m,底板宽 6.4 m,梁高 5.5 m,如图 8-9-19 所示。跨中顶板、腹板、底板分别厚 35 cm、50 cm、50 cm。梁体 C50 混凝土 974.7 m^3。支座采用 TQZ(NS)-15 000 kN 铁路耐蚀球形钢支座。

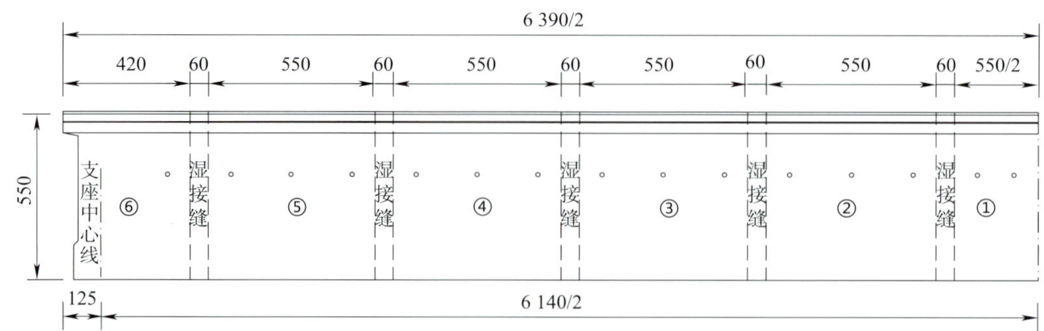

图 8-9-18　简支梁节段划分图(单位:cm)

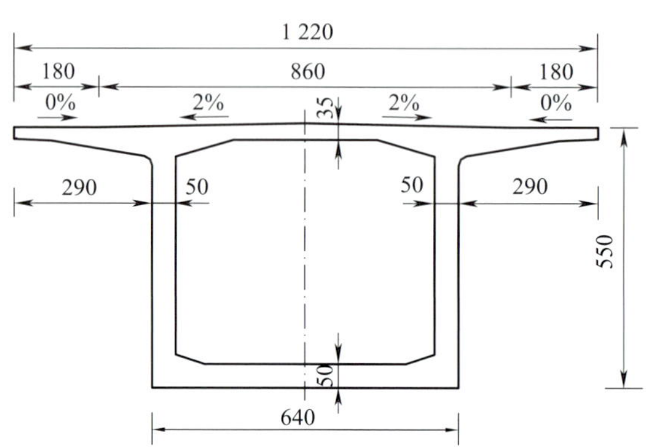

图 8-9-19　简支梁跨中断面图(单位:cm)

8.9.4　耐久性设计

(1)设计年限

桥梁主体结构的设计使用年限为 100 年,电缆沟槽、栏杆、墩顶吊兰围栏等可更换小型构件设计使用年限为 30 年。

(2)混凝土结构耐久性设计

结合《铁路混凝土结构耐久性设计规范》《海港工程混凝土结构防腐蚀技术规范》及本工程服役条件,并参考借鉴既有跨海桥的研究成果和实践经验,开展了平潭海峡公铁两用大桥混凝土结构专项设计。

对于严重腐蚀环境(L3、H4、Y4、D4、M3)条件下,混凝土结构采用了混凝土表面涂层耐久性强化措施,见表 8-9-3。

表 8-9-3　混凝土耐久性强化措施

涂装体系	区域名称	涂装方案	工程部位
Ⅰ	陆上大气区	环氧封闭底层涂料+氟碳面层涂料	人屿岛、长屿岛、小练岛、大练岛、平潭岛上桥梁梁部和墩台,包括现浇梁和全部桥墩、台身等
Ⅱ	海上大气区	环氧封闭底层涂料+氟碳面层涂料	海上整体现浇梁、节段拼装梁、悬灌现浇梁
Ⅲ	海上大气区	无	桥墩高程+9 m 以上墩身部分、索塔上部区等
Ⅳ	干湿交替区、浪溅区	硅烷浸渍	水中区桥墩浪溅区及以下部分至最低水位(高程+9 m～承台底),包括下塔柱

(3)钢结构耐久性设计

根据国内相关试验研究成果,充分吸取了国内类似工程应用的经验和教训,制定了平潭海峡公铁两用大桥钢梁防腐涂装标准,见表 8-9-4。

表 8-9-4 钢梁防腐涂装标准

涂层名称	每道干膜最小厚度(μm)	涂装道数	总干膜最小厚度(μm)
特制环氧富锌防锈底漆	40	2	80
云铁环氧中间漆	40	2	80
氟碳面漆	35	2	70

8.9.5 施工方法

(1)总体施工方案

本桥为国内在跨海峡桥梁领域在恶劣的海况环境中首次尝试。其建设所面临的风大、浪高、涌急、强台风、复杂地质等恶劣条件等,给大桥施工带来了巨大挑战和超高风险。

施工方案总体思路:以工厂化技术为指导、信息化技术为保障,化部分海上施工为半陆地施工,化高空作业为地面作业,化强风为弱风,化强浪涌集中受力为分散多点抵抗,降低环境施工作业风险。

基础:采用长栈桥、先平台后围堰的方法。其中栈桥全长约 10.1 km。通航孔桥采用打入、导管架及“打入桩+锚桩”3 种钻孔平台。其中直径为 4.0 m 和 4.5 m 的大直径钻孔桩基础采用 KTY5000 型旋转钻机施工。

桥塔墩承台:采用防撞吊箱围堰施工。

桥塔:采用具有包围结构的爬模施工。

主梁:通航孔桥利用浮吊及架梁吊机双悬臂法进行两节间全焊整节段架设施工,施工时主梁采用两节间节段全焊、整节段架设。非通航孔桥的简支钢桁梁采用工厂整孔制造、浮吊整孔架设施工。混凝土连续刚构采用挂篮悬臂施工。节段混凝土简支箱梁采用梁场短线法预制节段、造桥机桥位拼装施工。整孔混凝土简支箱梁采用移动模架法、满堂支架施工。

(2)工点施工方案

①深水基础施工

导管架+支撑桩平台施工:导管架整体平面尺寸为 114 m×75.4 m,其中最大组件平面尺寸 70 m×39 m,导管架最大设计高度为 47.36 m,为目前桥梁基础施工中最大体量导管架。导管架采用工厂整体制造,整体运输至桥位现场利用大型浮吊吊装、下放安装,如图 8-9-20 所示。

图 8-9-20 吊装导管架

搭建裸岩区埋置式组合平台:针对深水涌急倾斜裸岩区,北东口水道段共计 12 个裸岩平台、5 个浅覆盖平台,研发了“埋置式组合平台”,使钢结构、混凝土与基岩固结形成能抗台、抗涌的作业平台,为国内首创。

②大直径钻孔桩施工

利用研发的 KTY5000 钻机和截锥形三瓣组合式滚刀钻头,完成进行 4.9 m 大直径钻孔桩施工。大桩断面积达 16.2 m^2,单根桩混凝土量高达 1 500 m^3,通过工艺试桩,确定采用内径 ϕ406×10 mm 直升单导管法进行水下混凝土灌注,为国内首次采用。创新了复杂海域超大直径钢护筒埋设技术,研发了 C45 高标号高性能水下海工混凝土,以及直升式大直径单导管灌注技术,解决了复杂海域超大直径钻孔桩施工难题,首次实现了直径 4.9 m 世界最大直径桥梁钻孔桩施工。

③深水围堰及承台施工

主塔墩防撞箱围堰最大需承受超过 2 000 t 波浪力,是内河水流力的 10 倍以上。主塔墩的防撞箱围堰,最大外轮廓尺寸长 96.8 m,宽 36.8 m,高 16.6 m,最大设计重量为 3 937 t。通过围堰工厂整体制造现场整体吊装安装、多层限位导向辅助下放、系梁桁架设计及分块封底等多种工艺,防撞箱既作为主体防撞结构，又兼作承台施工用的围堰侧板，永临结合。有效解决了强波流力海域大型围堰及承台施工难题，如图 8-9-21 所示。

图 8-9-21　海上围堰施工

塔柱采用 6 m 标准分节进行混凝土浇筑，竖向钢筋标准分节为 12 m，以提高施工效率。为实现快速施工，主塔上、下横梁与塔柱均采用异步施工，上横梁采用非落地支架法施工，下横梁采用落地支架法施工。为改善台风工况下主塔受力，在上横梁支架下方约 5.0 m 处设一道空间桁架式横撑。液压爬模采用全封闭防风设计，有效改善了施工作业环境；爬模和塔吊采用特殊抗风设计，满足大风施工要求；增设塔柱空间桁架式临时横撑，解决塔柱施工期间抗风难题，如图 8-9-22 所示。

④简支钢桁梁海上整孔架设

80(88) m 简支钢桁梁在厂内整孔全焊制造完成后，整孔运输至桥位现场，利用 3 600 t 大型浮吊进行整孔吊装架设，在工厂整孔进行全焊接制造，为首次采用，如图 8-9-23 所示。

图 8-9-22　海上桥塔施工

图 8-9-23　简支钢桁梁整孔架施工

(3)大型海上施工装备

①“大桥海鸥”号起重船：是国内最大桥梁施工起重船，实现钢梁高位架设。船长 114 m；型宽 48 m；最大吊重：3 600 t；主钩最大吊高 110 m；副钩最大吊高 130 m，如图 8-9-24 所示。

②800 t 平台式钻爆施工船中铁港航 1 号：船上安装有四条桩腿（桩腿长 36 m）和四具锚（锚重 2.5 t），四台锚机（拉力 15 t）。最大钻孔深度达 40 m。纵向和横向可以来回移动；船舶每定一次位可爆破面积约 260 m^2，如图 8-9-25 所示。

图 8-9-24　海上吊装施工

图 8-9-25　海上施工船

③KTY5000 钻机：研发了新型国内最大液压动力头气举反循环全换转钻机——KTY5000 钻机，最大钻孔直径可达 5 m。最大钻孔深度 100 m；最大施钻扭矩 450 kN · m；动力头提升能力 3 000 kN；总功率 356 kW。

④国内最大架梁吊机：实现 1 100 t 两节间整节段钢桁梁的悬臂架设，如图 8-9-26 所示。额定吊重 1 100 t(不含吊具)；最大起重力矩 24 750 t · m；钢梁顶面以下吊高 80 m；吊点纵移量 2.7 m；吊点横移量 ±0.1 m；起升速度 0～1.5 m/min；走行速度：0～0.5 m/min。

图 8-9-26　架梁吊机施工

⑤双孔连做节段拼装造桥机：研制首台 2×64 m 双孔连做节段拼装造桥机，如图 8-9-27 所示，达到过孔一次完成两孔梁的造桥任务，降低恶劣自然条件下造桥机过孔的安全风险，提高工效。适应 40 m、64 m 桥跨；门吊额定起重量 300 t；门吊起吊高度 15.5 m、最大承载重量 2×2 700 t；允许作业风力：过孔 7 级、正常作业 8 级、抗台 14 级；造桥机自重 2 550 t。刚构桥悬臂施工如图 8-9-28 所示。

成桥实景，如图 8-9-29 和图 8-9-30 所示。

图 8-9-27　双孔连做节段拼装造桥机施工

图 8-9-28　刚构桥悬臂施工

图 8-9-29　简支梁成桥实景

图 8-9-30　大桥近景

8.9.6　主要技术经济指标

主要技术经济指标见表 8-9-5。

表 8-9-5　主要技术经济指标

指标类型			数值
结构性能指标	元洪航道桥	竖向挠跨比	1/666
		梁端转角(rad)	1.5‰
	鼓屿门水道桥	竖向挠跨比	1/787
		梁端转角(rad)	1.5‰
	大小练岛水道桥	竖向挠跨比	1/837
		梁端转角(rad)	0.94‰
	北东口水道桥	竖向挠跨比	1/3 262
		梁端转角(rad)	0.67‰
	64 m 简支箱梁	竖向挠跨比	1/3 570
		梁端转角(rad)	0.9‰

续上表

<table>
<tr><th colspan="3">指　标　类　型</th><th>数　值</th></tr>
<tr><td rowspan="6">主要工程量</td><td rowspan="3">元洪航道桥</td><td>钢梁(t)</td><td>39 798.0</td></tr>
<tr><td>桥塔混凝土(m^3)</td><td>33 678.0</td></tr>
<tr><td>斜拉索用钢量(t)</td><td>2 794.0</td></tr>
<tr><td colspan="2">简支钢桁梁主梁用钢指标(t/m)</td><td>17.3</td></tr>
<tr><td colspan="2">铁路连续刚构混凝土指标(m^3/m)</td><td>35.2</td></tr>
<tr><td colspan="2">64 m简支箱梁混凝土指标(m^3/m)</td><td>15.3</td></tr>
</table>

8.9.7　技术特点和创新点

平潭海峡是世界上著名的三大风暴海域之一，大桥建设突破了建桥禁区，技术含量高、施工难度大。

(1)我国首座公铁两用跨海大桥。大桥全长16.34 km，也是世界上最长的公铁跨海大桥；元洪航道桥主跨532 m是目前世界上跨度最大的公铁跨海峡钢桁梁斜拉桥。创立了海洋环境条件下公铁两用大桥设计体系。

(2)首创直径4.9 m超大直径钻孔桩。斜拉桥基础首次采用4.9 m超大直径钻孔桩，为目前世界最大直径桥梁钻孔桩。

(3)首次采用斜拉桥钢桁梁整节段全焊设计。节段内各构件通过焊接连接；节段间采用高栓连接及现场焊接；标准桁段包括2个节间，最大长度28 m，单个桁段最大设计重量为1 250 t。首创了带副桁的两节间整节段全焊钢桁梁结构，采用大节段整体吊装方案，适应了现场快速施工的要求，并减少后期运营维护工作量。

(4)首次采用双层钢—混结合全焊简支钢桁梁设计。深水区非通航桥创造性的采用了双层结合简支钢桁梁结构，钢桁主梁首次采用整孔全焊结构设计，首创主桁预压减小主桁与桥面系共同作用，设计了大间距箱型横梁—预应力混凝土槽形梁新型铁路结合桥面。

(5)恶劣海洋环境长效防腐体系设计。研发了适应恶劣海洋环境的新型防腐体系，成倍提高了耐盐雾和耐人工老化试验性能指标。

(6)主墩防撞设计。主塔墩采用了带复合材料填充V形防撞梁的钢防撞箱，采用了“永临结合设计”的思路，兼作主体防撞结构和施工围堰，充分将主体设计和施工设计相结合。

(7)大规模全线风屏障设计。公路风障形式整体透风率50%，总高度在3.7～4.5 m。铁路透风率36.5%，铁路风屏障高4.2 m，在轨顶以上3.75 m。全桥通过在公路和铁路上设置风屏障，适应了桥址大风环境的运营需要，满足海上桥梁和陆上同等行车条件要求，满足频繁大风环境下的行车安全性。

(8)多功能大桥设计。除满足双向六车道高速公路与双线Ⅰ级铁路通行外，还可满足过桥电力线路及水管线路搭载。搭载管线多且重，管线混合搭载在公铁桥梁中也属首次应用。

(9)倒“品”字形组合式混凝土连续刚构设计。公路、铁路桥连续刚构梁分上下层，横断面呈倒品字布置，为新型结构组合，为国内首次采用。

(10)研发了世界上负荷最重、双孔同步施工的节段拼装双孔连做造桥机(SPZ2700×2/64)。

8.10 南沙港铁路龙穴南特大桥

桥　　名：龙穴南特大桥
工程项目：南沙港铁路
工程位置：广东省广州市南沙区
主　　跨：448 m
桥　　型：混合梁斜拉桥
建设单位：南沙港铁路有限公司
设计单位：中铁第四勘察设计院集团有限公司
施工单位：中铁广州工程局集团有限公司
　　　　　中铁山桥集团有限公司
设计人员：薛照钧　刘振标　夏正春　胡方杰　曹阳梅
　　　　　蒋杰锋　张运波　黄纳新
通车时间：预计 2021 年 9 月

8.10.1 概　　况

南沙港铁路设计速度 120 km/h，双线 ZH 活载，线间距 4.0 m，在广州南沙区跨越龙穴南水道，河道较顺直，两岸为农田。龙穴岛所在的蕉门水道主要受西、北江洪水影响较大。北江洪水历史洪水最大流量为 1915 年的 22 000 m^3/s(归槽流量)；西江洪水历史洪水最大流量为 1915 年的 54 500 m^3/s；设计最高通航水位 3.194 m。主桥区域的地层岩性按其成因和时代分类主要有：第四系海陆交互相沉积的淤泥、淤泥质黏土、粉质黏土及粉中粗砂层、圆砾土；下伏基岩主要为：白垩系含砾砂岩及燕山期花岗片麻岩等。

桥址处河面宽约 850 m，根据通航和防洪要求，主桥采用(60＋60＋70＋448＋70＋60＋60) m 混合梁斜拉桥，边中跨比值 0.42，其中两端预应力混凝土梁各长 135.75 m，钢箱梁长 535.9 m。钢箱梁采用基于快速施工的栓焊结合连接工艺。主桥立面如图 8-10-1 所示。

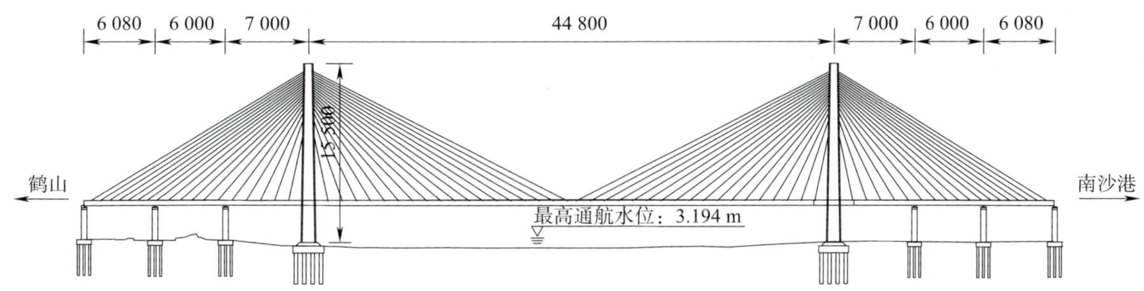

图 8-10-1　主桥立面(单位：cm)

8.10.2 结构形式

(1)主梁

钢箱梁总宽 16.88 m(不含风嘴)，中心处内高 4.5 m，两侧各布置两道距离桥面中心分别为 6.5 m 和 8.0 m 的纵腹板。纵腹板和顶、底板形成宽 1.5 m，距离桥面中心线 7.25 m 的双主梁封闭钢箱截面。风嘴角度 105°。

预应力混凝土梁外轮廓与钢箱主梁基本相同。截面宽 17.0 m(不含风嘴)，中心处梁高 4.5 m，顶板横桥向设 2%的“人”字横坡，两侧各设一道厚度为 1.8 m 的纵腹板。两道纵腹板形成距离桥面中心线 7.25 m 的双主梁混凝土箱形截面，如图 8-10-2 所示。

钢箱梁与混凝土梁之间采用钢混结合段相连，整个结合段长 11.3 m，包含混凝土箱梁过渡段、混凝土横隔梁、钢混过渡段、钢箱梁过渡段 4 部分。

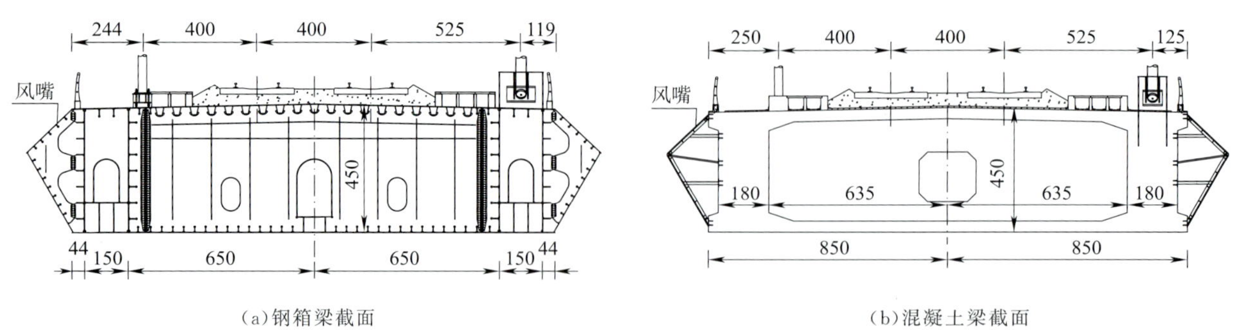

(a)钢箱梁截面

(b)混凝土梁截面

图 8-10-2　主梁横截面图(单位:cm)

为了满足抗风要求,在主跨范围增加了下稳定板＋抑流板栏杆的气动措施,下稳定板与梁底检查车轨道合并,抑流板安装在栏杆上,如图 8-10-3 所示。

(2)索塔及桥墩

两个索塔的塔高、结构形式完全相同,采用 H 形桥塔,总高 155.0 m,其中上塔柱为两分离式竖直塔柱,高 55.5 m,横桥向塔柱中心距(索面距)14.5 m;中塔柱为两分离式倾斜塔柱,高 72 m,横桥向塔柱中心距由 14.5 m 逐渐加宽至 27.8 m;下塔柱亦为两分离式倾斜塔柱,高 27.5 m,横桥向塔柱中心距由 27.8 m 内收至 16.6 m,如图 8-10-4 所示。

为了景观上与索塔下塔柱形式一致,辅助墩及连接墩均采用变截面门式墩,墩高 28～30 m。

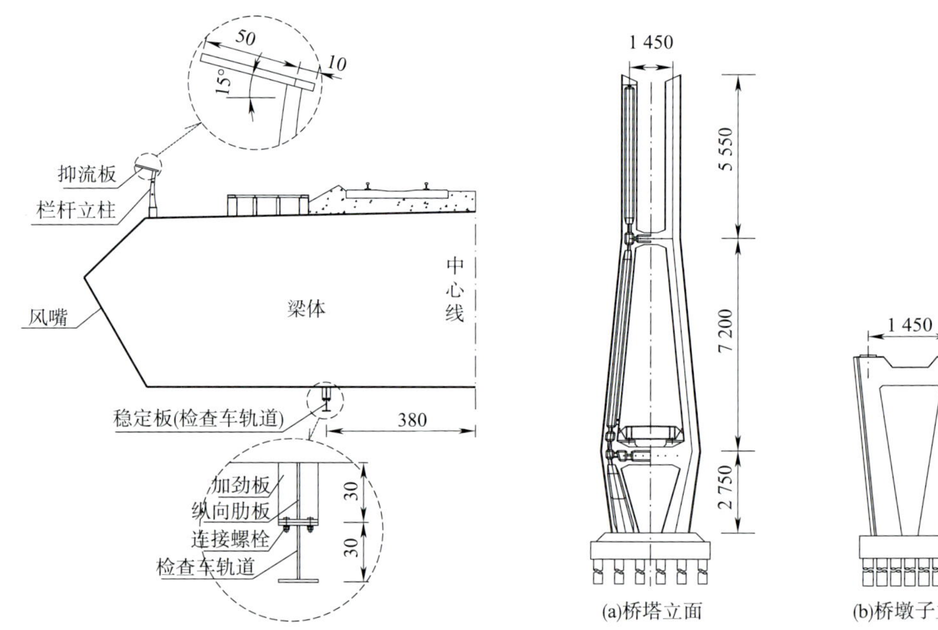

(a)桥塔立面

(b)桥墩子立面

图 8-10-3　气动措施示意(单位:mm)

图 8-10-4　桥塔及桥墩立面图(单位:cm)

(3)斜拉索

斜拉索为空间双索面体系,扇形布置,全桥共 72 对斜拉索。采用钢绞线斜拉索,根据索力的不同,规格为 61ϕ15.2、55ϕ15.2、31ϕ15.2。

(4)基础

桥塔、辅助墩和过渡墩均为群桩基础。桥塔采用 24 根直径 3.0 m 的钻孔桩,过渡墩和辅助墩均采用 11 根直径 1.8 m 的钻孔桩。

8.10.3 施工方法

边跨混凝土梁采用组合支架逐段现浇施工，边跨钢箱梁采用浮吊吊装，中跨钢箱梁采用塔梁同步单悬臂吊装，钢梁节段间采用栓焊结合连接，即顶板现场焊接，腹板、底板现场采用高强螺栓栓接，如图 8-10-5 所示。

图 8-10-5 合龙施工

8.10.4 主要技术经济指标

主要技术经济指标见表 8-10-1。

表 8-10-1 主要技术经济指标

指标类型		数值
结构性能指标	竖向挠跨比	1/557
	梁端转角(rad)	0.5‰
	横向挠跨比	1/2 897
主要工程量	主梁总用钢量(t)	9 471.0
	主梁用钢指标(t/m)	16.9
	斜拉索钢绞线(t)	1 310.5
	主梁混凝土(m^3)	6 898.4
	桥塔混凝土(m^3)	22 292.0

8.10.5 技术特点和创新点

(1)采用混合梁斜拉桥结构体系，主跨采用钢梁，具有较大的跨越能力；边跨采用混凝土梁，既起到很好的锚固作用，提高结构的刚度，又减少用钢量，提高经济性。

(2)提出了基于快速施工的栓焊结合连接体系。本桥工期紧，安装精度和桥面线形要求高，需要在架设工艺上进行优化，采用栓焊结合的安装方式，拼装速度快、安装精度高、桥面线形控制好。

(3)采用底板封闭的双箱边主梁整体闭合截面，优化了结构受力，在竖向抗弯和横向抗弯上充分发挥了钢材性能。

(4)研究了新型抗风措施，矩形截面的气动性能得到了有效改善，涡激振动的竖弯振幅和扭转振幅均控制在规范的限值范围内，同时颤振稳定性能也能满足规范要求。

(5)提出外置式锚拉箱，将锚拉箱设置桥面以上，优化结构受力，方便安装和维修。

(6)采用钢绞线拉索，抗疲劳性能高，可以在不影响正常运营的情况下完成换索。

8.11 新福厦铁路湄洲湾跨海大桥

桥　　名：湄洲湾跨海大桥
工程项目：新福厦铁路
工程位置：福建省莆田市
主　　跨：180 m、40 m
桥　　型：斜拉刚构、40 m 简支梁
建设单位：东南沿海铁路福建有限责任公司
设计单位：中铁第四勘察设计院集团有限公司
施工单位：中铁十一局集团有限公司
设计人员：文望青　王德志　杨　恒　殷鹏程　杨添涵　崔国宏
通车时间：预计 2022 年 9 月

8.11.1 概　　况

福厦铁路设计速度 350 km/h，Ⅰ型双线无砟轨道，双线、线间距 5.0 m，在福建省莆田市境内跨越 S306 省道、规划联十一路、规划滨海大道及湄洲湾海域。桥梁全长 14.7 km，其中 10 km 位于湄洲湾顶部海域内，水深较浅，受湾内岛屿、岬角等地形的掩护，湾顶风浪较小。桥址区上覆土层主要为第四系人工填土素填土、杂填土；第四系冲海积淤泥、淤泥质粉质黏土、粉质黏土、含砾粉质黏土、砂等；第四系冲洪积粉质黏土；残积粉质黏土；下伏基岩主要为燕山早期侵入二长花岗岩、闪长岩。桥址处基本地震动峰值加速度 0.1g，地震动反应谱特征周期为 0.45 s。

主桥采用 180 m 矮塔斜拉桥跨越湄洲湾规划 3 000 t 级主航道，夹角 48°，通航尺寸为 159 m×30.94 m，最高通航水位为 5.47 m，最低通航水位为－3.74 m。引桥简支梁全部 40 m 预应力混凝土简支梁，斜拉桥福州侧 298 孔 40 m 梁采用预制架设施工。主桥立面如图 8-11-1 所示。

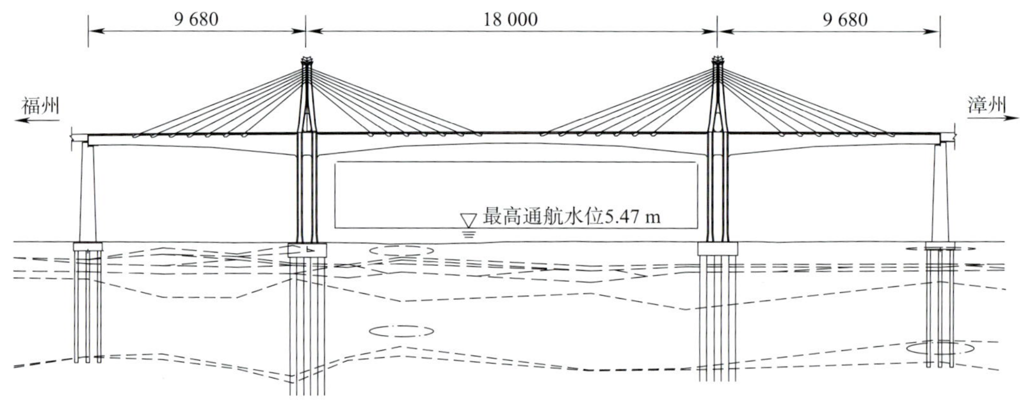

图 8-11-1　主桥立面（单位：cm）

8.11.2 结构形式

（1）主跨 180 m 部分斜拉桥

①主梁

主桥为(96.8＋180＋96.8) m 预应力混凝土部分斜拉桥，全长 373.6 m（含两侧梁端至边支座中心各 0.8 m）。

梁体各控制截面梁高分别为：边跨直线段及中跨跨中截面最低点处梁高为 5.0 m，中支点最低点处梁高为 10.0 m，梁高按圆曲线变化，圆曲线半径 R＝542.725 m；箱梁顶宽 14.1 m，底宽 11.0 m。箱梁横截面为单箱双室直腹板截面，如图 8-11-2 所示。顶板厚 42 cm，腹板厚分别为 40 cm、55 cm、70 cm，底板厚由跨中的 52 cm 按圆曲线变化至中支点梁根部的 120 cm，中支点处局部加厚到 250 cm；全桥共设 7 道横隔梁，分别设于中支点、端支点和中跨跨中截面。中支点处设置厚 2.4 m 的横隔梁，边支点处设置厚 1.8 m 的端隔梁，跨中合龙段设置厚 1.0 m 的中横隔梁。隔板设有孔洞，供检查人员通过。

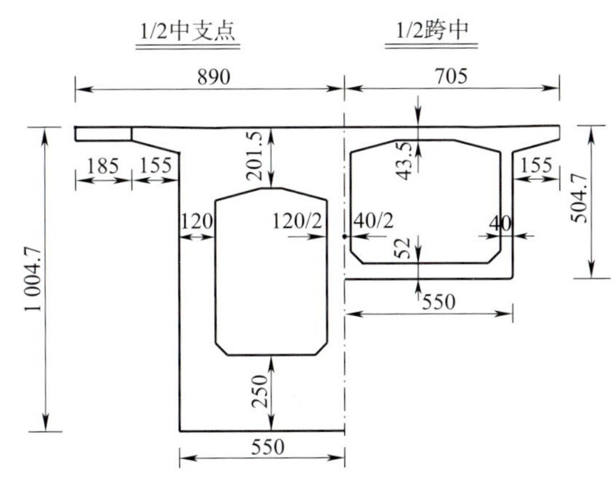

图 8-11-2 主梁截面图(单位：cm)

②桥塔及主墩

该塔采用双柱式桥塔形式，桥面以上塔高 30.0 m(不含塔顶造型结构高度)，桥面以上塔的高跨比为 1/6.0。为适应分丝管索鞍，塔柱采用矩形实体截面，顺桥向宽 4.2 m，横桥向宽 2.4 m，四周设 30 cm×30 cm 切角。在墩塔梁固结处桥塔分叉为两个独立塔柱，呈倒 Y 形，每个塔柱截面最小尺寸为 2.19 m×2.19 m，相交处以圆弧连接。

主墩采用双肢墩柱，单肢为实心矩形截面，顺桥向为 2.4 m，设 50 cm×50 cm 切角，两墩壁中心距 6.6 m；横桥向等宽度 15.1 m，主墩顶端为与主梁底板平顺过渡，设置 $R=10$ m 的圆弧连接，如图 8-11-3 所示。

③斜拉索

斜拉索采用单丝涂覆环氧涂层钢绞线拉索体系，外套 HDPE，空间双索面体系。斜拉索梁上间距 8.0 m，与主梁采用成品梁端锚具形式，主梁内设置锚固梁，张拉端设置在梁上。斜拉索在塔端采用分丝管索鞍贯通，间距为 1.0 m。斜拉索规格分 61-7ϕ5、55-7ϕ5 两种，端索水平夹角为 21.34°，斜拉索(锚固点至桥塔理论交点)最长约 166.0 m，最短约 76.0 m。斜拉索采用单根张拉。

④墩身及基础

主墩承台顺桥向×横桥向×厚度为 17.4 m×23.7 m×6.0 m，桩基础均采用 12ϕ3.0 m 钻孔柱桩，行列式布置。边墩承台顺桥向×横桥向×厚度为 12.6 m×19.4 m×3.5 m，桩基础均采用 15ϕ1.5 m 钻孔柱桩，行列式布置。

(2)40 m 预制架设简支梁

①箱梁构造：40 m 双线无砟轨道后张法预应力混凝土双线简支整孔箱梁，整孔预制架设施工；单箱单室截面；梁全长 40.6 m，计算跨度 39.3 m。防护墙内侧净宽 9.0 m，桥面宽 12.6 m，桥梁建筑总宽 12.9 m。横桥向支座中心距 4.4 m，箱梁梁体中心线处高度为 3.235 m，如图 8-11-4 所示。

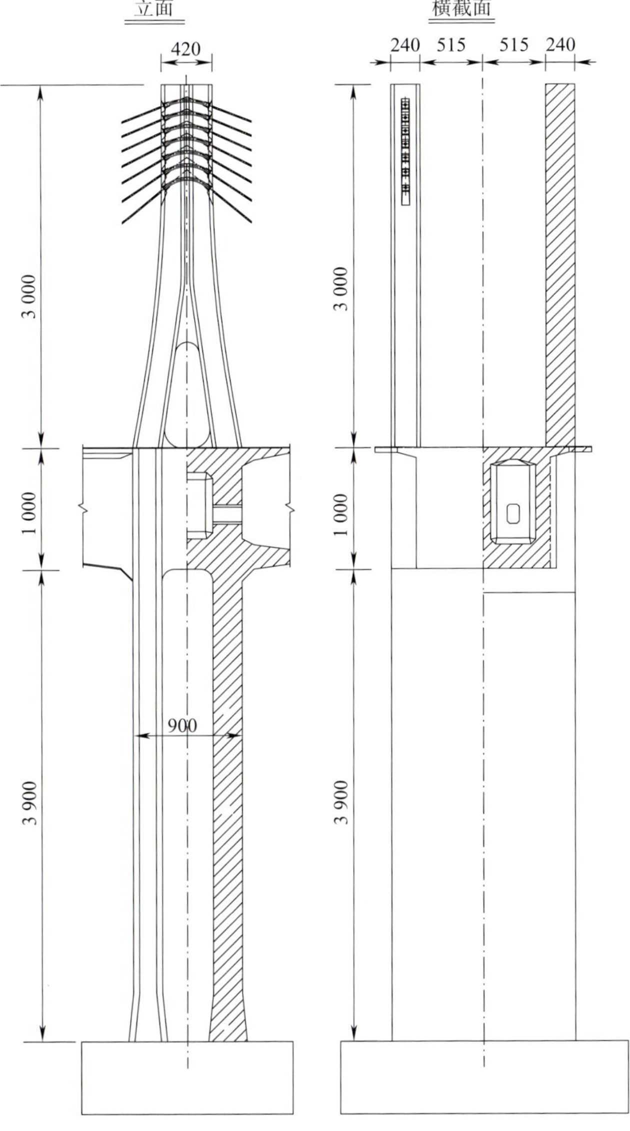

图 8-11-3 桥塔断面图(单位：cm)

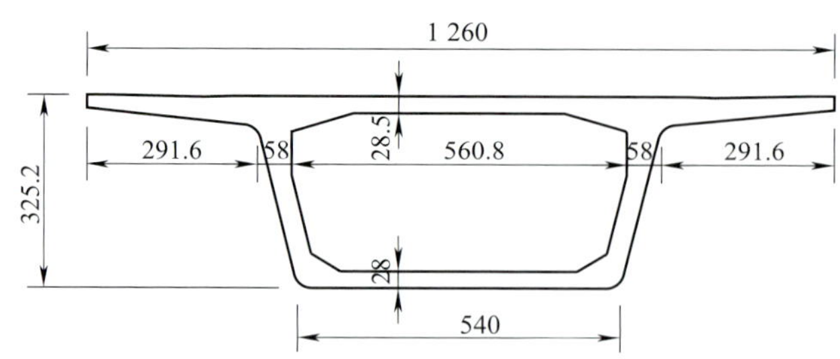

图 8-11-4　跨中截面图（单位：cm）

②箱梁结构：梁部混凝土 C50，顶板厚 0.285～0.685 m，底板厚 0.28～0.7 m，腹板厚 0.36～0.95 m。箱梁体积为 370.86 m^3，梁重为 9 768 kN。支座采用耐候钢支座，支座吨位为 7 000 kN。

③裂缝控制

考虑到全桥所处氯盐环境等级，根据《铁路桥涵混凝土结构设计规范》（TB 10092—2017）要求，结合本线设计原则，裂缝宽度在主力作用下容许值为 0.15 mm，主力＋附加力作用下容许值为 0.18 mm。

8.11.3　施工方法

（1）主跨 180 m 部分斜拉桥

海上钻孔桩采用搭设水上栈桥及固定施工平台的方案施工，承台采用双臂钢围堰方案施工。梁部采用悬浇施工＋斜拉索张拉的方式进行施工，如图 8-11-5 和图 8-11-6 所示。

图 8-11-5　海上主墩施工

图 8-11-6　现场施工

（2）40 m 简支梁

陆上基础施工采用放坡及钢板桩防护，海上钻孔桩采用搭设水上栈桥及固定施工平台的方案进行施工，承台采用钢板桩围堰施工。

40 m 简支梁采用梁场预制，“昆仑号”千吨级运架一体机架设，如图 8-11-7 所示。

图 8-11-7　架桥机架梁

8.11.4　主要技术经济指标

(1)主跨 180 m 部分斜拉桥主要技术经济指标见表 8-11-1。

表 8-11-1　部分斜拉桥主要技术经济指标

指　标　类　型		数　值
结构性能指标	静活载竖向挠跨比	1/2 965
	梁端转角(rad)	0.73‰
	工后徐变(mm)	−6.86
主要工程量	梁部混凝土(m^3)	12 600.2
	桥塔混凝土(m^3)	1 340.9
	斜拉索(t)	236.6

(2)40 m 预制架设简支梁主要技术经济指标见表 8-11-2。

表 8-11-2　简支梁主要技术经济指标

指　标　类　型		数　值
结构性能指标	竖向挠跨比	1/3 338
	梁端转角(rad)	0.943‰
	工后徐变(mm)	6.91
主要工程量	混凝土(m^3)	370.9

8.11.5　技术特点和创新点

(1)基于预制架设模式，在高速铁路建设中实现跨度 40 m 简支梁的规模化工程应用。

海上引桥全部采用 40 m 简支梁预制架设施工，降低了梁部现浇施工中的质量控制风险和受恶劣天气影响的施工安全风险，极大缩短了海上施工工期。

(2)主桥采用(96.8+180+96.8) m 预应力混凝土部分斜拉桥，墩塔梁固结有效解决了曲线上大跨度跨越航道的轨温调节器设置问题。

(3)针对海洋腐蚀环境，项目进行了专项研究，海域中桥墩根据浪溅区及大气区采用不同的防腐涂装体系(硅烷浸渍及氟碳面漆)，保证了结构的耐久性。

8.12　新福厦铁路泉州湾跨海大桥

桥　　名：泉州湾跨海大桥
工程项目：新福厦铁路
工程位置：福建省泉州市
主　　跨：400 m、3×70 m
桥　　型：钢—混结合梁斜拉桥、无支座整体式刚构
建设单位：东南沿海铁路福建有限责任公司
设计单位：中铁第四勘察设计院集团有限公司
施工单位：中交第二航务工程局有限公司
设计人员：文望青　严爱国　王德志　曾甲华　杨　恒
聂利芳　武　兵　凌玉芳　谢晓慧　寇延春
郭安娜　李桂林　吴　成　杨得旺
通车时间：预计 2022 年 9 月

8.12.1 概　　况

新建福建至厦门铁路为高速铁路，设计速度 350 km/h，双线，线间距 5 m，采用双块式无砟轨道。泉州湾跨海大桥位于福建省东南沿海中部，跨越泉州湾中部海域，大桥上游紧邻已建成的泉州绕城高速公路大桥，两桥并行对孔跨越泉州湾。桥区水域宽约 6 km，主深槽靠近海域东北侧。桥位处两侧潮滩发育，滩涂面宽阔平缓，平均潮位时为主桥范围水深 6.01～8.66 m。航道等级为双向通航 5 000 t 级杂货船同时兼顾单向通航 10 000 t 级杂货船。工程位于沿海高风速带，桥位处的基本风速为 34.0 m/s。桥址区第四系地层发育，沉积了淤泥、淤泥质粉质黏土、粉质黏土、含砾粉质黏土等，软弱覆盖层厚 19.9～29.2 m，下伏基岩为弱风化花岗闪长岩，埋深 15.9～39 m。桥址区为冲海积平原区，场地整体土性偏软，场地类别属Ⅲ类，桥址处设计地震动峰值加速度为 0.215g，设计地震动反应谱特征周期 0.75 s。

大桥全长 20.29 km，跨海段长 8.95 km，大桥跨海段与既有公路桥对孔布置，主桥的桥跨布置为（70＋130＋400＋130＋70）m，半漂浮体系，桥长 800 m，主梁全长采用钢—混结合梁结构。主桥立面如图 8-12-1 所示。

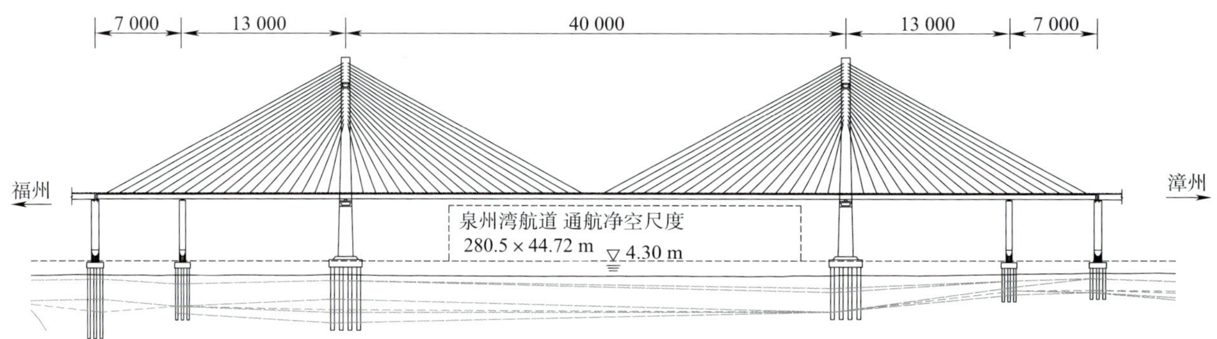

图 8-12-1　主桥立面（单位：cm）

两侧深水区引桥采用 3×70 m 无支座整体式刚构桥，共 21 联，最小墩高 20 m，最大墩高 50 m，总长约 4.3 km。3×70 m 无支座整体式刚构的边中墩均不设支座，主梁采用变高度箱形截面，刚壁墩采用实体墩或空心墩，两相邻联边墩共用基础，如图 8-12-2 所示。该桥型在国内高铁上首次应用。

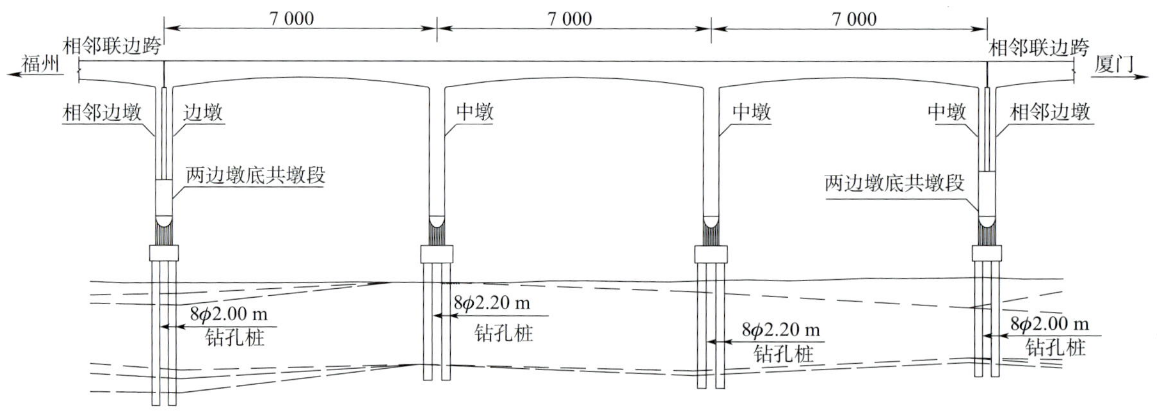

图 8-12-2　3×70 m 无支座整体式刚构立面图（墩高 40 m 区段，单位：cm）

8.12.2 结构形式

1. 主桥结构设计

（1）主梁

主梁全长采用混凝土桥面板＋槽形钢箱梁的结合梁结构，为封闭箱形断面形式，梁宽（不含风嘴）

17.03 m，主梁含风嘴全宽 21 m，梁高 4.25 m，如图 8-12-3 所示。拉索在梁端锚固采用锚拉板结构。槽形钢箱梁(不含风嘴)采用单箱三室等高截面。

结合梁的钢梁部分由平底板、斜底板、中腹板及边腹板围封而成。底板厚 14～32 mm；中纵腹板厚 24 mm；边腹板厚度在拉索锚固区段为 40 mm，余为 30 mm。边腹板、中腹板、底板均采用直板加劲肋。

横隔板标准间距 3.5 m，支点处、拉索处、压重区、梁端、塔梁临时固结处的横隔板采用实腹横隔板，其余位置采用空腹横隔板。

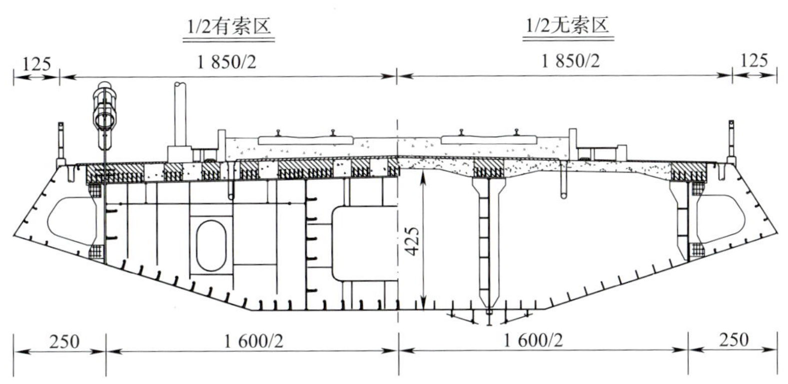

图 8-12-3　主梁横截面图(单位：cm)

钢梁节段间的工地连接采用栓焊组合连接：钢梁顶板、边腹板、边腹板加劲肋、中腹板及中腹板加劲肋采用高强螺栓连接，底板及底板加劲肋采用焊接。

混凝土桥面板全宽 17.03 m，全桥长 798.8 m。标准段桥面板标准厚度 30 cm，在钢梁腹板上翼缘和拉索横梁上翼缘附近区域加厚至 50 cm，中间设置倒角过渡。桥面板在端跨 77.9 m 范围和塔区梁段作加厚，厚度均为 50 cm。

混凝土桥面板采用分块工厂预制，最大尺寸为 4.65 m(横向)×9.7 m，重约 42 t(加厚区为 61 t)，预制后需存放 6 个月以上后与钢梁进行结合。

桥面板分为预制板与纵向湿接缝以及横向湿接缝三部分制作，单个梁段横向分 3 块预制板，板宽分别为 4.65 m、4.20 m、4.65 m，纵向湿接缝宽包括两种：边腹板顶部 0.965 m 和中腹板顶 0.8 m。横向湿接缝宽为 90 cm，设置在梁段连接处。预制桥面板在吊索横梁顶板剪力钉群处设置预留槽。

混凝土桥面板纵向按全预应力结构设计，悬拼过程中采用 5ϕ15.2 mm 钢绞线，根据受力需要，辅助墩、塔区、中跨中部区段还配置了 15ϕ15.2 mm 规格的钢绞线。

斜拉索与结合梁之间锚固采用新型锚拉板结构——剪压承载式锚拉板结构，该结构由锚垫板、锚拉管、锚拉板、承压板、锚拉管支承板、上圆板、上套筒等板件构成。

(2)桥塔

采用带曲线造型的 H 形混凝土索塔，索塔全高为 160.254 m，梁顶以上塔高 109.626 m，梁顶塔高与主跨比为 1/3.649。索塔纵向宽度在塔顶至高程 111.129 m 范围为 7 m，高程 111.129 m 处至塔底由 7 m 线性加宽为 12 m，如图 8-12-4 所示。

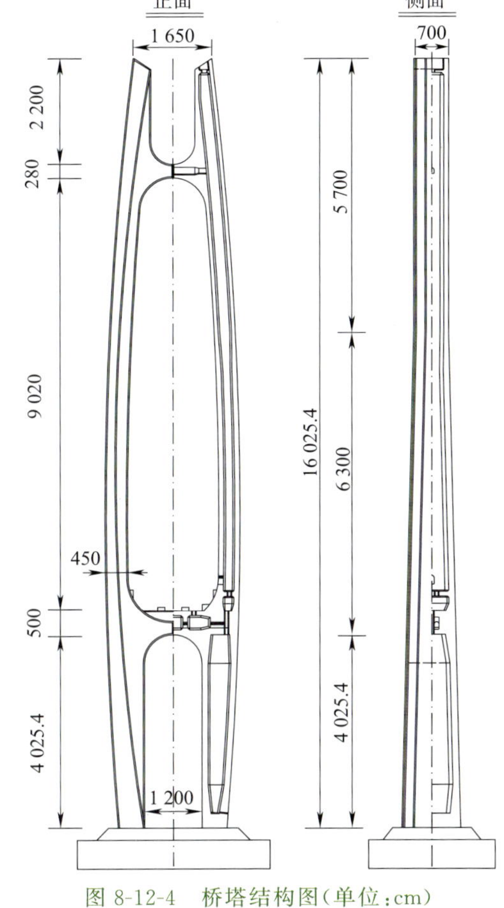

图 8-12-4　桥塔结构图(单位：cm)

上、中塔柱采用单箱单室截面，每柱横桥向宽度为 4.5 m，顺桥向标准壁厚 1.0～1.3 m，横桥向标准壁厚 0.8～1.1 m。

下塔柱采用单箱单室截面，每柱横向宽度由 7.464 m 渐变至 5.3 m（塔底）；采用单箱单室截面，塔柱顺桥向标准壁厚 1.4 m，横桥向标准壁厚 1.3 m。

索塔设下横梁、上横梁，均采用等宽变高的单箱单室截面。

斜拉索在塔端采用了两种锚固方式，S/M4～S/M18 采用钢锚梁＋钢牛腿结构，S/M1～S/M3 采用混凝土锚固齿块结构。

索塔钢锚梁结构位于曲线塔柱，采用镍系耐候钢（1％镍），不做涂装、不设除湿系统。

（3）斜拉索

斜拉索采用抗拉标准强度 1 770 MPa 环氧涂层平行钢丝拉索，空间双索面体系，扇形布置，全桥共 72 对斜拉索（144 根）斜拉索，张拉端设置在塔内。斜拉索在梁上索距为 10.5 m，塔上索距 2.6～3.5 m。

（4）墩身及基础

两索塔承台尺寸为 26.5 m×40.5 m×6.0 m，塔座为高 2.5 m 的楔形体，基础采用 24 根 ϕ3.0 m 钻孔灌注桩。

辅助墩及连接墩下部 5 m 范围采用圆端形实体墩、顶部 4 m 范围采用矩形实体墩，余采用矩形空心墩；基础均采用 10 根 ϕ2.0 m 钻孔桩。

2. 深水区引桥结构设计

（1）主梁

主梁采用单箱单室变高度箱形截面，一联梁体全长 209.85 m，梁缝 0.15 m。箱梁顶宽 12.6 m，底宽 7 m；边墩和中墩处梁高 6.6 m，跨中梁高 4.1 m，梁高按圆曲线变化，圆曲线半径 201.278 m；顶板厚 40 cm，底板厚由跨中的 52 cm 按圆曲线变化至中支点梁根部的 120 cm，刚构墩处局部加厚到 150 cm；主梁共在刚臂墩处设置 4 道横隔板，梁端横隔板预留埋设横向限位装置的后浇槽口，如图 8-12-5 所示。

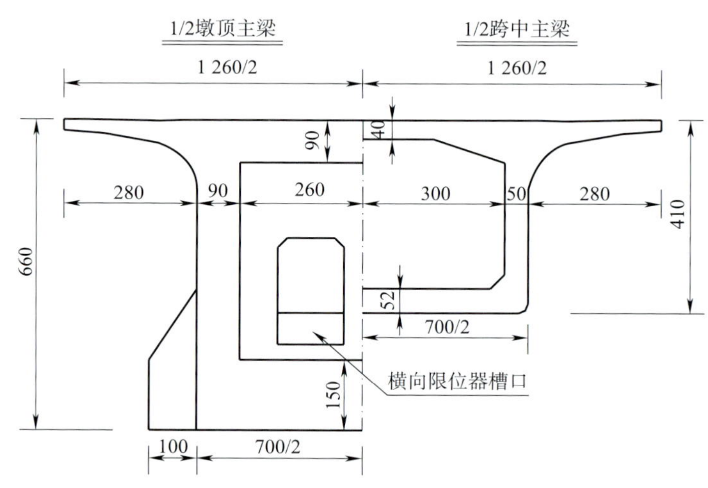

图 8-12-5 主梁截面图（单位：cm）

梁部采用纵向预应力体系，包括永久索和临时索。永久纵向预应力采用 19、15、12-ϕ15.2 三种规格的钢绞线。施工临时索主要用于相邻边墩悬灌施工时临时锁定，采用 12ϕ15.2 预应力钢索和 ϕ32 预应力用螺纹钢筋临时固结。

（2）刚壁墩

刚构边墩和中墩均与主梁固结，边墩采用薄壁墩，与相邻联边墩共用基础，对于墩高大于 30 m 的边墩下部还有一定高度共有实体桥墩，上部 30 m 长度分为两肢。中墩随墩高不同采用实体墩或空心墩。

边墩上部采用带圆角的矩形薄壁墩，当墩高 $H \leqslant 30$ m 时，边墩纵桥向×横桥向尺寸为 1.4 m×9 m，下部共墩的尺寸为 3.95 m×9 m。墩高 $H>30$ m 时边墩尺寸 1.6 m×10 m，分叉高度 30 m，下部共墩的截面尺寸为 4.35 m×10 m，如图 8-12-6 所示。

中墩上部采用矩形实体墩或空心墩，当墩高 $H \leqslant 30$ m 时，中墩纵桥向×横桥向尺寸采用 3.0 m×9 m实体墩，当墩高 30 m$<H<$40 m 时，中墩采用 3.5 m×10 m 空心墩，当墩高 $H \geqslant 40$ m 时中墩采用 4.0 m×10 m 空心墩。边墩和中墩下部承台以上 7.5 m 范围为了防船撞需要均采用带圆弧的圆端形截面。

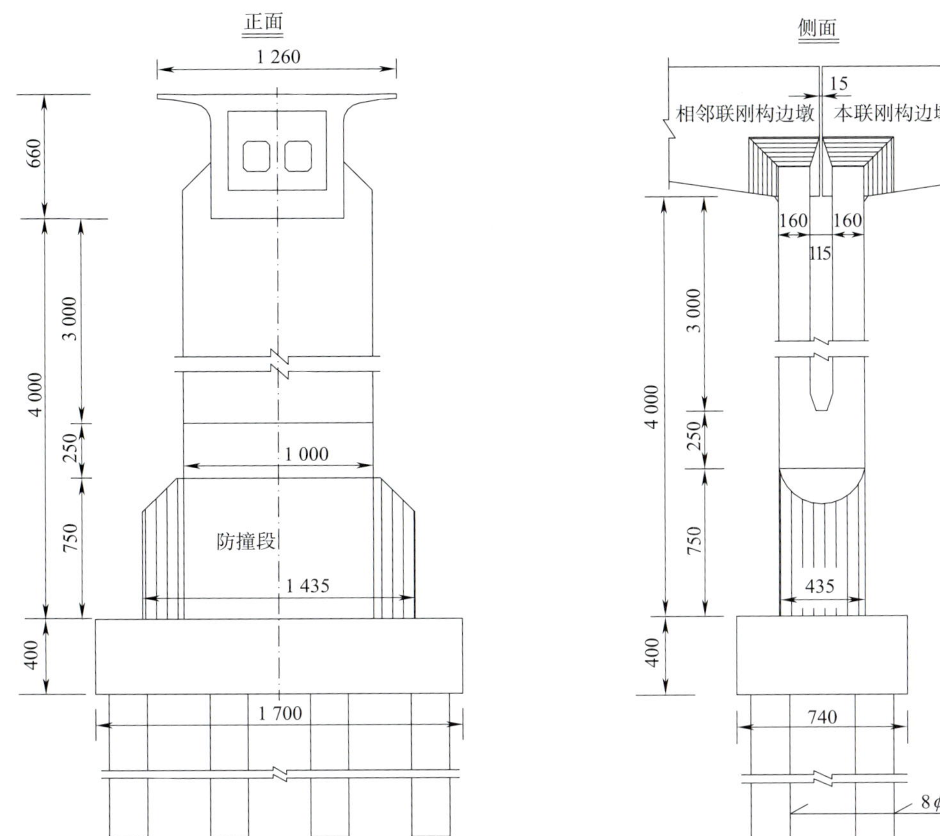

图 8-12-6　边墩结构图(单位:cm)

(3)基础

边墩和中墩均采用钻孔灌注嵌岩桩，为减少结构纵向次内力，桩基础均按 2×4 行列式布置，边墩基础随墩高不同采用 1.5～2.0 m 不同桩径的桩基，中墩基础随墩高不同采用 1.8～2.2 m 不同桩径的桩基，如图 8-12-7 所示。

图 8-12-7　引桥效果图

8.12.3　耐久性设计

大桥位于海洋环境，环境侵蚀性较强。为确保主体结构的设计使用年限 100 年要求，制定了混凝土结构和钢结构的耐久性综合措施。

(1)混凝土结构主要耐久性措施：①对混凝土抗氯离子渗透性能、抗硫酸盐结晶破坏性能、电通量等指标提出量化要求；②根据所处环境分区采用了不同的混凝土结构涂装体系；③桥塔底部、墩身底部和承台采用设置双向不锈带肋钢筋网片、钢模板内侧粘贴透水模板布等措施；④混凝土保护层厚度的合理选择和混凝土表面裂缝宽度的控制；⑤预应力锚具采用镀锌或者镀氧化膜工艺进行强化防腐处理，预应力管道采用镀锌金属波纹管，管道灌浆掺入除锈剂，防止预应力索锈蚀。

(2)钢主梁及斜拉索主要耐久性措施：①索塔钢锚梁采用镍系耐海洋大气腐蚀钢(1%镍)，不进行涂装、不设除湿系统，靠其自身生成致密稳定的钝化锈层，阻止氯离子渗透，实现全寿命期的长效防腐，钢锚梁在出厂前采用锈层稳定化技术对表面进行处理，以尽早形成稳定致密锈层；②钢主梁采用重防腐涂装体系，底漆采用石墨烯纳米材料改性的鳞片型醇溶无机富锌涂料，以实现 30 年及以上防腐年限目标；③斜拉索钢丝采用 $\phi 7$ 环氧涂层钢丝，塔端和梁端均采用多重防腐体系，梁端套筒管口密封防水结构采用柔性密封铝合金气囊技术，设计防腐周期为 25～30 年。

8.12.4 施工方法

(1)主桥施工：塔区、辅助墩、连接墩的主梁采用浮吊整体吊装，其余梁段利用桥面吊机对称悬臂吊装并完成相应的湿接缝及预应力施工，如图 8-12-8～图 8-12-10 所示。

图 8-12-8 主桥施工

图 8-12-9 桥塔施工

图 8-12-10 桥塔钢锚梁吊装

(2)深水区引桥施工：孔跨布置为多联相邻 3×70 m 整体式刚构，中墩顶部梁段采用悬灌施工，边墩顶梁段的施工采用了临时固结悬灌施工的方法。施工过程中结构经历先中跨合龙、边跨合龙、最后拆除边墩临时固结三次结构体系转换，如图 8-12-11～图 8-12-13 所示。

图 8-12-11 边墩施工

图 8-12-12 海上施工

图 8-12-13　泉州湾跨海大桥跨海段施工全景

8.12.5　主要技术经济指标

主要技术经济指标见表 8-12-1。

表 8-12-1　主要技术经济指标

<table>
<tr><th colspan="3">指　标　类　型</th><th>数　　值</th></tr>
<tr><td rowspan="6">结构性能指标</td><td rowspan="3">主桥</td><td>竖向挠跨比</td><td>1/786</td></tr>
<tr><td>梁端转角(rad)</td><td>0.842‰</td></tr>
<tr><td>横向挠跨比</td><td>1/4 837</td></tr>
<tr><td rowspan="3">3×70 m 引桥</td><td>竖向挠跨比</td><td>1/3 867</td></tr>
<tr><td>梁端转角(rad)</td><td>0.67‰</td></tr>
<tr><td>横向挠跨比</td><td>1/5 638</td></tr>
<tr><td rowspan="8">主要工程数量</td><td rowspan="5">主桥</td><td>钢梁用钢量(t)</td><td>10 880.0</td></tr>
<tr><td>钢梁用钢量指标(t/m)</td><td>13.6</td></tr>
<tr><td>主梁混凝土板(m^3)</td><td>5 671.0</td></tr>
<tr><td>索塔混凝土(m^3)</td><td>22 461.0</td></tr>
<tr><td>斜拉索(t)</td><td>1 536.0</td></tr>
<tr><td rowspan="3">3×70 m 引桥</td><td>主梁混凝土(m^3)</td><td>4 116.4</td></tr>
<tr><td>预应力索(t)</td><td>162.7</td></tr>
<tr><td>桥墩混凝土(m^3)</td><td>5 486.0</td></tr>
</table>

8.12.6　技术特点和创新点

(1)泉州湾跨海大桥跨海段全长 8.95 km,设计速度 350 km/h,为世界首座高速铁路跨海大桥、世界第四长跨海铁路大桥。

(2)国内外铁路斜拉桥首次全联长采用钢—混组合梁,可实现主梁在大型海湾深水区装配化快速建造,主梁采用流线箱形结构并附加有效气动措施,减少了复杂风环境下的风致振动、满足了跨海大桥通行高速列车的技术要求。

(3)索塔钢锚梁和支座在国内首次采用耐海洋大气腐蚀钢,免涂装、不设除湿系统,为全球首座采用免涂装耐候钢的大型跨海工程,适应了高盐高湿的海洋腐蚀大气环境。

(4)钢梁底漆采用了石墨烯纳米材料改性鳞片型醇溶无机富锌涂料,耐盐雾性能为现有技术的 2 倍以上,可实现钢结构在高湿高盐强紫外线海洋大气环境下 30 年及以上的超长寿命耐久目标。

(5)深水区引桥采用 21 联 3×70 m 刚构桥,在国内铁路上首次应用无支座整体式桥梁,与相邻公路桥对孔布置,景观协调;边中墩均与主梁固结,受力效率高,不设支座,后期养护成本低;梁端安装横向限位器满足无砟轨道对梁端相对横向变形的要求;施工中采用了相邻交接墩临时固结悬灌施工的方法,避免了海上高墩设置临时支架,解决了相邻刚构边跨施工的难题。

8.13 珠机城际铁路金海特大桥

桥　　名：金海特大桥
工程项目：珠机城际铁路
工程位置：广东省珠海市
主　　跨：340 m
桥　　型：挑臂式钢箱梁斜拉桥
建设单位：广珠城际轨道交通有限责任公司
设计单位：中铁第四勘察设计院集团有限公司
施工单位：中铁大桥局集团有限公司
设计人员：文望青　严爱国　李的平　黄纳新　段　鋐　柯朝辉　马木欣
通车时间：预计 2023 年 12 月

8.13.1 概　　况

珠海市区至机场城际轨道交通设计速度 160 km/h，双线线间距 4.6 m，有砟轨道。金海特大桥跨越磨刀门水道，与金海高速公路合建跨海大桥，高速公路设计时速 100 km，双向 6 车道。因受铁路设站、公路陆上接线控制，采用公铁平层布置。

磨刀门是西江的主要出海口门，水道水面宽 2.3 km 左右，地形较平缓，天然水深约 8～12 m。规划通航 5 000 t 级海轮，规划为Ⅰ级航道，通航净度 310.2 m，净高 32 m，最高通航水位为 2.94 m。百年一遇洪水位 $H_{1\%}=3.894$ m，流量 $Q_{1\%}=15\ 054\ m^3/s$，流速 $v_{1\%}=2.04$ m/s。桥区为海积平原地貌，海滩前缘，第四系海陆交互相堆积层厚度约 40 m，场区下伏基岩为花岗岩，基本承载力 1 000 kPa。磨刀门地处珠江三角洲口门台风多发地带，设计基准风速 48.5 m/s。

主桥采用(58.5＋116＋3×340＋116＋58.5) m 四塔三主跨斜拉桥，全长 1 371.8 m，是国内首座公铁平层合建多塔斜拉桥，中间通行城际列车，两侧通行汽车。首次在多塔斜拉桥上采用刚构—连续体系，即中塔塔梁墩固结，边塔塔梁固结，塔墩分离，在梁底设双排支座，支座纵向间距 10.4 m，每墩设竖向承载力 10 000 t 和 12 000 t 的支座各 2 个。主桥立面如图 8-13-1 所示。

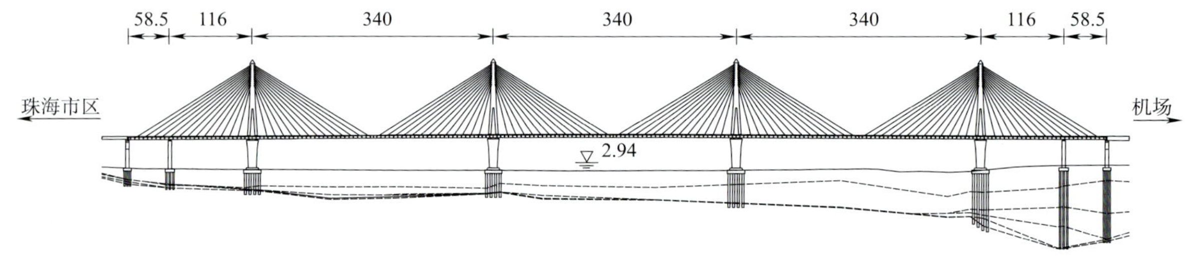

图 8-13-1　主桥立面(单位：m)

8.13.2 结构形式

(1)主梁

主梁采用了一种新型的大挑臂式钢箱梁结构，由中间主箱加两侧挑臂组成，中间布置荷载较重的双线城际列车，两侧布置荷载较轻的高速公路，桥面宽度达 49.6 m，挑臂长 16 m，梁高 4.676 m(横断面中心处内高)，如图 8-13-2 所示。

沿纵向每隔 3 m 设置一道顶板横梁，在箱外每隔 6 m 设置一道斜撑，无斜撑的横梁通过小纵梁支承于有斜撑的横梁上。主箱中室内横隔板采用通透性好且节省材料的空腹桁架式结构，每隔 3 m 设置一道斜撑，边室内每隔 3 m 设置一道横隔板。

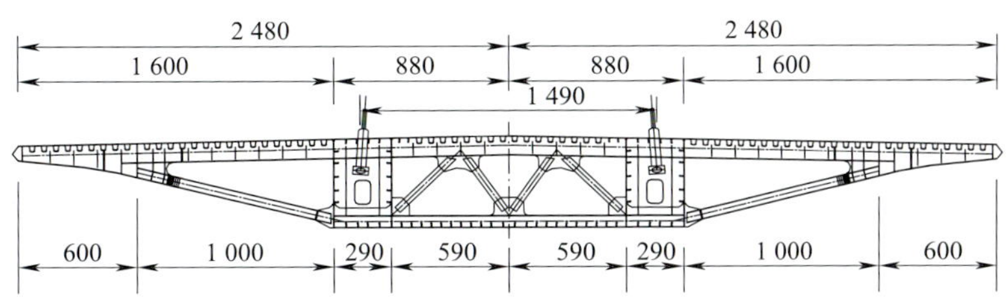

图 8-13-2　主梁截面图(单位:cm)

结合受力需要及方便加工,钢箱梁除顶板行车区域采用 U 肋外,其余均采用板肋。为提高正交异性钢桥面板局部刚度,在桥面板铺设 10 cm 厚钢筋混凝土层,混凝土通过剪力钉与钢板连接。

箱梁顶板厚 16 mm,钢箱梁底板厚 16～24 mm,钢箱梁主箱共设 4 道直腹板,外腹板与内腹板板厚一致,板厚 24 mm。斜撑采用箱形截面,箱外斜撑内宽 600 mm,外高 500 mm。箱内斜撑外宽 360 mm,外高 360 mm。

(2)桥塔

主桥共 4 个桥塔,均为钢结构,桥面以上塔高 101.8 m,为主跨的 1/3.340,桥面以上纵横向均为倒 Y 形。桥塔上塔柱顺桥向宽度 7 m,在距塔顶 61.5 m 处分成两肢,下塔柱每肢纵向宽度 3.6 m,在梁顶塔肢距离 10.4 m;桥塔上塔柱横桥向宽度 6.4 m,下塔柱横桥向宽 2.9 m,如图 8-13-3 所示。

与桥塔对应的主墩采用钢筋混凝土双肢薄壁结构,每肢厚度 3.6 m,墩高 40 m。

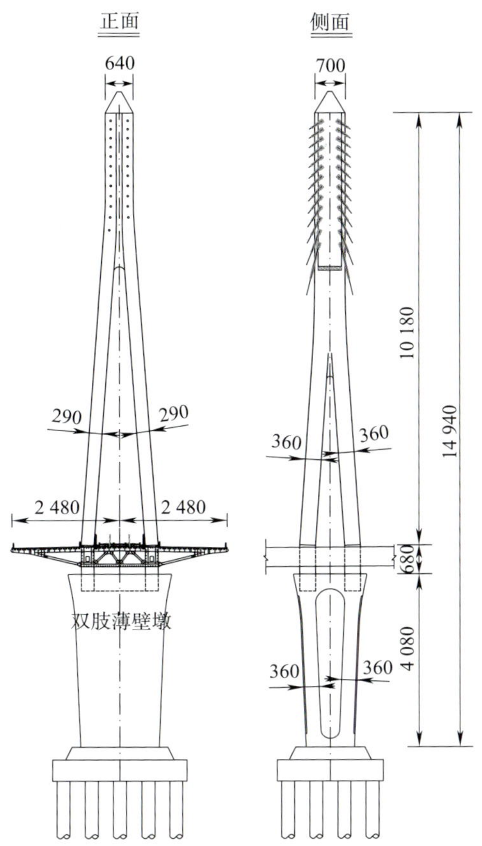

图 8-13-3　桥塔结构图(单位:cm)

金海大桥两个中塔采用塔梁墩固结形式,钢桥塔下部 4 个塔肢与钢梁边箱采用高强螺栓连接,将钢箱梁内斜撑调整为实腹式横隔板,纵向间距 3.6 m,与塔肢纵向尺寸对应。由此沿梁高方向形成两个纵向长 3.6 m,横向宽 17.6 m 的箱室,该箱室伸出梁底 5.8 m,其中 4 m 埋入桥墩内,与桥墩形成固结连接,预留 1.8 m 后期检修空间,如图 8-13-4 所示。

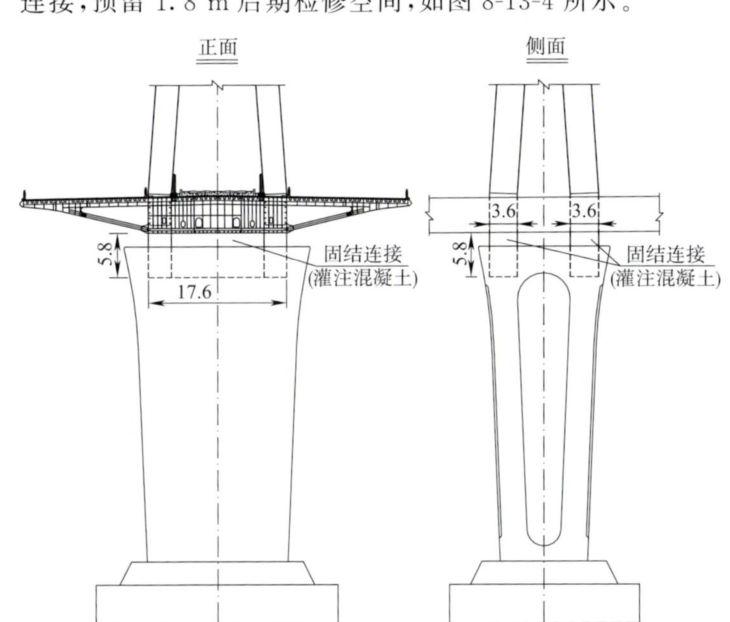

图 8-13-4　塔梁墩固结构造(单位:m)

(3)斜拉索

斜拉索采用 LPES7-199～LPES7-379 型Ⅱ级松弛平行钢丝拉索($\phi7$ 镀锌平行钢丝成品索,钢丝标准强度 $f_{pk}=1\ 770$ MPa),桥塔每侧各设 13 对斜拉索,全桥共设 104 对,按两平行索面扇形布置,下端锚于主箱边室内，锚点纵向间距 12.0 m，横桥向间距 14.9 m；上端锚于塔柱内，锚点竖向间距 2.0～3.0 m，横桥向间距 3.9～5.0 m。

（4）墩身及基础

桥塔基础采用 20 根 ϕ3.0 m 钻孔桩，边墩及辅助墩采用钢筋混凝土板式墩，边墩基础采用 17 根 ϕ2.0 m 钻孔桩，辅助墩基础采用 12 根 ϕ2.0 m 钻孔桩。桥塔和桥墩钻孔桩桩尖均嵌入 W2 弱风化岩层内。

8.13.3 施工方法

下部结构采用常规的水上施工方法；钢梁及钢塔在工厂制造，再浮运至桥位安装。钢梁按大节段施工，主墩墩顶梁段长 46 m，质量约为 2 200 t，钢塔质量约为 2 450 t，采用大型浮吊整体吊装。钢梁标准节段长 24 m，采用桥面吊机悬臂拼装，除桥面顶板、遮板焊接外，其余均为高强螺栓栓接，如图 8-13-5 和 8-13-6 所示。

图 8-13-5 钢塔整体吊装

图 8-13-6 成桥效果图

8.13.4 主要技术经济指标

主要技术经济指标见表 8-13-1。

表 8-13-1 主要技术经济指标

指标类型		数值
结构性能指标	竖向挠跨比	1/551
	梁端转角（rad）	0.864‰
	横向挠跨比	1/9 714
主要工程量	主梁用钢量（t）	42 074.0
	桥塔用钢量（t）	10 088.0
	斜拉索（t）	2 417.0

8.13.5 技术特点和创新点

（1）国内首座公铁同层多塔斜拉桥，首次在多塔斜拉桥上采用刚构连续体系，即中塔塔梁墩固结，边塔塔梁固结，塔墩分离，在梁底设双排支座，提高了体系刚度并释放长联温度效应。

（2）大挑臂式钢箱梁结构形式新颖，构思巧妙，用钢量省。为提高正交异性钢桥面板局部刚度，改善其疲劳性能，在桥面铺设 10 cm 混凝土。

（3）首次采用空间四柱式钢塔，抗震性能好，钢塔与钢主梁连接细节处理较容易。

（4）贯彻“大型化、工厂化、标准化、装配化”的理念，钢梁及钢塔采用大节段整体吊装，提高施工工效，保证施工质量。

温福铁路田螺大桥

福平铁路平潭海峡公铁两用大桥

第 9 章　严酷环境地区桥梁

9.1　综　　述

本章主要介绍我国青藏高原，新疆戈壁大风区，北部严寒地区及西部高地震烈度区 40 年来铁路桥梁发展情况。

9.1.1　我国严酷环境地区概况

青藏高原位于中国西南部，平均海拔 4 000 m 以上，素有“世界屋脊”之称，其地理、国防位置十分重要，是西部开发重点区域。该区域铁路建设面临高寒缺氧、高原冻土、生态脆弱三大世界性难题。

新疆戈壁大风区包含烟墩风区、百里风区、三十里风区、达坂城风区四大风区。大风区自然条件恶劣，人烟稀少，多为戈壁，是我国乃至世界上铁路风灾最严重的地区之一。我国古丝绸之路及“一带一路”对外开放国际大通道，均需通过以上地区。狂风之日，天昏地暗，飞沙走石，交通中断，严重影响铁路列车运营安全。

在西北、内蒙古、山西北部及东北严寒地区，混凝土结构物面临冻胀破坏、冻融剥蚀等问题，桥梁钢结构面临低温冷脆、防腐涂层耐久性能降低等问题，对桥梁结构安全、耐久性和运营维护造成较大挑战。

我国是世界上地震活动最强烈和地震灾害最严重的国家之一，西部大部分地区位于地震活动区。高地震烈度区的桥梁减、隔震技术对铁路桥梁工程安全十分重要。

9.1.2　20 世纪 80～90 年代

改革开放以来，伴随着共和国发展、富强的步伐，铁路桥梁勘测设计手段和科技水平快速发展，相继建成青藏铁路西格段、南疆铁路吐鲁番至库尔勒、兰新铁路西延线及全线复线、大准铁路、宝中铁路、神朔铁路、包兰二线、南疆铁路库喀什段等铁路。

1984 年青藏铁路西格段建成通车，南疆铁路吐鲁番至库尔勒正式投入运营。

1990 年兰新铁路西延线全线通车，贯通了东起中国连云港，西至荷兰鹿特丹的第二座亚欧大陆桥，使新疆由封闭的内陆地区一跃成为中国对外开放的桥头堡。

1993 年大准铁路建成通车，该铁路是国家“西煤东运”大通道。1993 年通车的大准铁路黄河特大桥(96＋132＋96) m 三跨连续桁梁柔性拱，是我国第一座无竖杆三角形钢桁梁桥。

1995 年灵武支线铁路建成通车，节段拼装法建造大跨简支梁技术在杨家滩黄河特大桥 10×48 m 简支箱梁中首创，并在 1999 年通车的包兰二线三盛公黄河特大桥进一步推广，跨度加大为 54 m 简支梁。

1996 年宝中铁路建成通车，宝中铁路是穿越中国大西北腹地的重要铁路干线。宝中线黄河桥 2 联 7×48 m 连续梁，采用体外索辅助多点顶推技术，克服了顶推梁“十梁九裂”的通病。1996 年神朔铁路建成通车，与包神铁路、朔黄铁路共同组成我国西煤东运的第二条大通道。保府黄河特大桥(48＋8×80＋48) m 连续梁，当时为联长仅次于钱塘江桥的铁路连续梁。

1999 年通车的包兰铁路二线三道坎黄河特大桥(64＋104＋64) m，建设期为国内跨度最大的铁路双线连续梁。1999 年通车的南疆铁路布谷孜大桥在国内首次采用铅芯橡胶支座，实现了铁路桥梁减、隔震设计的突破。

结合上述工点的科研工作，为国内其他后续大跨度简支梁、连续梁及钢梁的设计积累了宝贵经验。

9.1.3 21世纪以来

进入21世纪以来，随着科技进步和国家西部开发战略深入、振兴东北地区战略实施以及“一带一路”倡议推动，西部及东北铁路迎来快速发展的有利时机。开工建设青藏铁路、拉日铁路、拉林铁路、兰新客运专线、南疆吐库二线、格库铁路、和若铁路、哈大客运专线、哈齐客运专线、吉图珲铁路、滨北铁路、阿富准铁路、中俄同江黑龙江铁路、包西铁路、集包二线、太中银铁路、神延铁路、呼准铁路、准朔铁路、乌锡铁路等。

新时期的桥梁人以前辈创造和积累的光辉业绩及宝贵经验为基础，承前启后、锐意进取，在高原冻土、戈壁大风、严寒冻胀、强侵蚀环境、西部高地震烈度区的铁路简支梁、连续梁、新型组合结构、部分斜拉桥、中等跨度钢桥设计及桥梁抗震及减隔震技术等方面取得了新的进步和发展。

(1)高原冻土环境桥梁进展

2006年7月青藏铁路格拉段建成通车，沿线大部分处于高海拔地区和“生命禁区”，铁路建设解决了高原冻土环境的三大世界性难题，掌握了保持多年冻土“不融化”技术，成为世界铁路史上一座丰碑。针对青藏高原“高原、冻土”两大特点，在中国铁路桥梁设计中首次提出了“高耐久、少维修、免维护”的耐久性设计原则。长江源沱沱河特大桥、三岔河特大桥，梁部采用“专桥青藏07”耐久T梁，支座采用“青藏线YZM圆柱面钢支座”。多年冻土区桥梁基础采用钻孔灌注桩基础，旋挖钻成孔，减小对冻土的扰动。研制了防腐、低温、早强、耐久混凝土添加剂，为铁路混凝土结构耐久性规范的编制奠定了基础。清水河特大桥，采用以桥代路工程措施，成功解决高温极不稳定冻土区修建铁路的难题，首次为野生动物特别是藏羚羊的迁徙留出了通道。拉萨河特大桥，采用主跨108 m五孔三拱大跨度下承式连续梁钢管混凝土叠拱组合结构体系，体现了民族特色和时代气息，多孔钢管混凝土叠拱连续梁组合结构体系及拱肋拱脚锚固方式、吊索承拉式锚箱锚固体系、大吨位少维护钢支座均为国内铁路首次采用。

2014年8月通车的拉日铁路年楚河特大桥，主跨采用148 mV撑连续梁—拱组合结构，将大跨连续梁、V形刚构、拱三种体系有机结合，结构体系合理新颖；高矢拱肋气势恢宏，与扎什伦布寺遥相辉映，环境协调，景观优美。

2014年12月通车的兰新客运专线西宁进站跨兰西高速公路特大桥，主跨168 m连续梁—钢桁组合桥，为国内首次采用，为组合结构的技术创新和工程实践积累了宝贵的经验。

(2)戈壁大风及强侵蚀环境桥梁进展

2014年12月通车的兰新客运专线是我国第一条穿越戈壁大风区高速铁路，铁路通过大风区长达580 km。铁路建设解决了“强风力、长风期条件下高速铁路如何安全、高效运营”的世界性技术难题，建立了我国戈壁大风区高速铁路防风技术理论体系。位于达坂城风区的达坂城湿地特大桥，首次提出并应用了适合高速铁路箱梁的桥梁挡风结构，并首次将耐候钢应用于桥梁挡风屏，形成大风区高速铁路桥梁防风结构技术体系。主跨136 m连续梁拱是国内大风地区修建的最大跨度梁拱组合结构。位于百里风区的十三间房子特大桥，采用具有挡风功能的梁体与挡风屏组合使用的新理念，首次成功将16 m分片式槽形梁应用于高速铁路。

2015年6月通车的位于三十里风区克尔碱风口的南疆吐库二线铁路托克逊特大桥，采用整体式挡风结构保证普速列车在大风条件下的运行安全。

预计2020年10月通车的格库铁路台特玛湖特大桥，穿越强侵蚀及风沙地区。针对L3、H4、Y4强侵蚀环境，采用基础底部加铺沥青混凝土、基础四周涂刷热沥青、墩身涂刷防腐涂料等附加防腐措施，提高混凝土耐久性。

(3)严寒环境地区桥梁进展

2012年12月通车的哈大客运专线是我国第一条高纬度严寒地区修建的时速350 km客运专线，铁路桥梁建设克服了严寒、冻胀、冻融剥蚀、基础融沉等诸多技术难题。新开河特大桥主跨138 m钢箱叠拱桥为国内铁路桥梁中首次应用钢箱叠拱桥型及实体圆钢吊杆形式；伊通河特大桥为42号高速无缝道岔首次设置于小跨钢筋混凝土连续梁桥上；第二松花江特大桥主桥是严寒地区联长最长的混凝土连续梁。

2014 年 12 月通车的兰新客运专线跨乌鲁木齐河特大桥主桥 128 m 简支梁拱组合结构是目前国内严寒地区采用平行吊杆体系跨度最大的高速铁路简支系杆拱桥，实现了－47 ℃下 Q345qE 钢材焊接接头纵向冲击功大于 47 J 的要求。

2015 年 8 月通车的哈齐客运专线扎龙特大桥，采用防冻、抗裂、防水密实剂等新型材料改善混凝土抗裂性能，提出了严寒条件下大体积混凝土制备技术。

2015 年 9 月通车的吉图珲铁路第二松花江特大桥，对处于冻融环境水中墩，采用不同强度混凝土和钢筋保护层厚度以适应不同的冻融环境。桥梁支座选用球形钢支座适应严寒地区需要。

2016 年 10 月通车改建铁路滨北线松花江公铁两用桥主桥采用(96＋2×144＋96) m 连续钢桁梁，是目前严寒地区规模及跨度最大的双层整体正交异性钢桥面、板—桁结合的公铁两用特大桥。钢结构最低设计温度－43 ℃，首创了低温 Q420qE“V-N 处理”微合金化新技术，提高了 Q420qE 防低温脆断性能。

2020 年 7 月通车的中俄同江黑龙江特大桥主桥 144 m 主桁采用的三角再分形桁式，具有鲜明的特色。在国内为首次采用。桥面采用能够通行不同轨距中、俄列车的单线套轨形式。

2020 年 9 月通车阿富准铁路喀腊塑克水库特大桥采用主跨 270 m 矮塔斜拉桥，是目前最大跨度单线铁路部分斜拉混凝土桥，也是严寒地区首座铁路矮塔斜拉桥。本桥位于高烈度地震区，桥梁减隔震设计、水库深水区桥梁基础施工等技术均处于国内领先水平。

(4)西部高地震烈度区桥梁进展

在桥梁减、隔震技术方面。依托国家 863 项目，研发了高速铁路简支梁桥的减隔震装置—减震榫，并应用于工程实践。乌锡铁路黄河桥设计中，采用活动墩设置黏滞阻尼器来实现合理的结构抗震设计。上述工程应用为铁路桥梁减、隔震设计的创新和实践积累了宝贵的经验。

回顾 40 年严酷环境下铁路桥梁的建设历程，奋发图强的建设者用智慧和汗水不断创新和发展，我国铁路桥梁在高原冻土、戈壁大风、严寒冻胀环等严酷环境下的设计及建造技术均进入了世界先进行列，部分技术达到国际领先水平，谱写出绚丽篇章。

9.2 青藏铁路清水河特大桥

桥　　名：清水河特大桥
工程项目：青藏铁路格尔木至拉萨段
工程位置：青海省玉树藏族自治州
桥　　长：11 703.6 m
桥　　型：先张法预应力混凝土耐久简支 T 梁
建设单位：青藏铁路公司
设计单位：中铁第一勘察设计院集团有限公司
施工单位：中铁十二局集团有限公司
设计人员：李承根　吴少海　许振中　杨少军　雷晓峰　高翰青　周志强　陈天雷
通车时间：2006 年 7 月

9.2.1 概　　况

青藏铁路东起青海省西宁市，西至西藏自治区拉萨市，是我国新世纪四大工程之一，又是通往西藏腹地的第一条铁路，还是世界上海拔最高、线路最长的高原铁路，线路全长 1 956 km。青藏铁路为客货共线Ⅰ级单线非电气化铁路，设计时速 120 km，中—活载。清水河以桥代路特大桥位于青藏高原昆仑山南麓的楚玛尔河高准平原区，高程约 4 470 m。沿途跨越的最大河流为清水河，暖季有流水，寒季冰封河面；青藏公路从线路右侧通过；全桥位于可可西里自然保护区。桥址位于连续多年冻土地带，属高温极不稳定多年冻土亚区（TCP-Ⅰ），冻土地温一般在－0.2 ℃左右。桥址范围内主要地层上部为第四系全新统洪积黏性土、砂类土、碎石类土，下伏为上第三系泥灰岩，局部地层中分布含土冰层。含土冰层距地表深 2～7 m，厚度 0～10 m，最大厚度大于 17 m。不良地质现象主要表现为冻土上限以下地层大多为多冰、富冰、饱冰冻土及含土冰层，而且含土冰层厚度大、埋深浅、分布范围广，下伏的泥灰岩承载力低，地下水具硫酸盐中等侵蚀性。桥址处地震动峰值加速度为 0.15g，地震动反应谱特征周期 0.40 s。

桥跨布置除具有排洪和立交的功能外，还是青藏铁路穿越可可西里自然保护区重要的野生动物迁徙通道。全桥采用 1 366 孔 8 m 先张法预应力混凝土耐久简支梁，全长 11 703.62 m，为世界高原铁路长桥之最。

9.2.2 结构形式

为了保证工程质量及施工工期，减小预架梁的难度，采用 8 m 跨先张法预应力混凝土耐久梁。该桥范围内的冻土属于高温极不稳定冻土，高含冰量冻土及含土冰层分布范围广，地温相对较高，地基持力层承载力较低。桥墩主要采用对冻土扰动小、不会产生法向冻胀力的单排双柱式桥墩，桩、柱直径相同。

根据桥梁高度不同分别采用 1.0 m 桩（柱）径及 1.25 m 桩（柱）径。采用 1.0 m 柱径时盖梁为矩形截面，采用 1.25 m 柱径时盖梁跨中截面为 T 形截面。为增加桥梁横向刚度，较高桥墩设 1～2 道横系梁。为了防止冻胀，横系梁底高于地面 30 cm。桩基设计中按冻结及融化两种状态计算，取其最不利者；地面以下 1.5 倍的冻土上限深度内的土层及含土冰层均不计桩周摩阻力，桩底地基土的承载力不修正提高。全桥每隔 170 m 左右设一个刚度相对较大的圆端形实体墩，实体墩上设机械化养路平台。桥台采用 T 形桥台；支座采用适用于高寒地区、抗震性能好的免维护 YZM 型圆柱面钢支座；现浇混凝土均采用低温、早强、防腐、耐久混凝土。双柱式桥墩构造如图 9-2-1 所示。

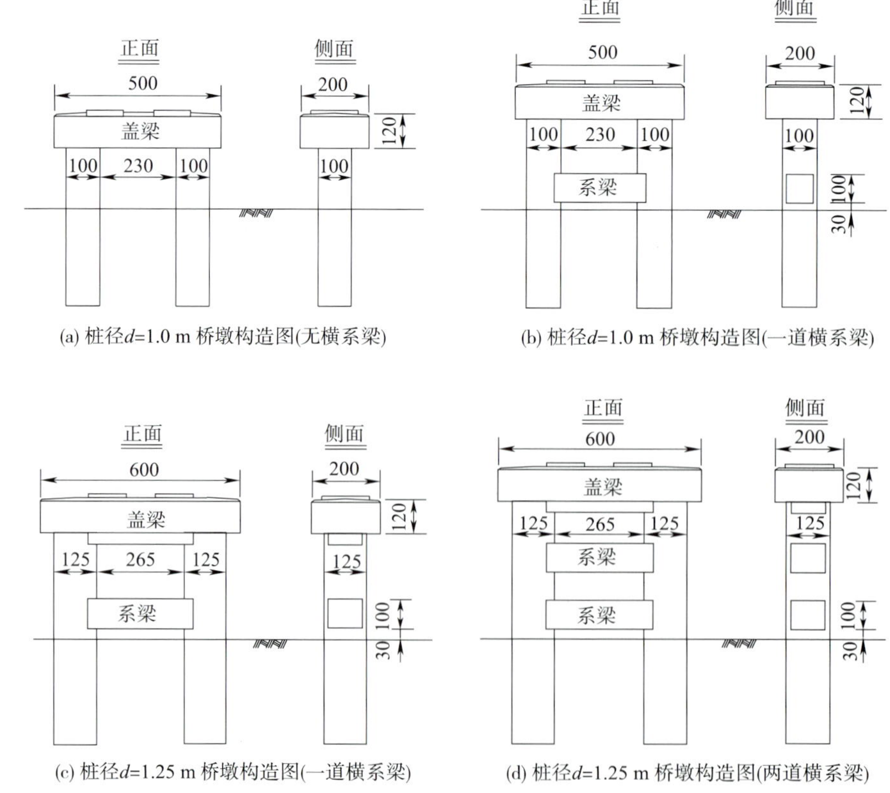

图 9-2-1　双柱式桥墩构造图（单位：cm）

9.2.3 施工方法

本桥梁体在制梁场集中预制，采用汽车运梁及汽车吊架梁；桩基础采用旋挖钻成孔，现场灌注混凝土；桥墩现场浇筑，采取保温措施。8 m 梁自重轻、运输方便，采用汽车吊可多工作面同时架设，铺架速度快、施工灵活性大。施工中的清水河特大桥桥墩如图 9-2-2 所示。

图 9-2-2　施工中的清水河特大桥桥墩

9.2.4 主要技术经济指标

主要技术经济指标见表 9-2-1。

表 9-2-1　主要技术经济指标

指标类型		数值
主要工程量	8 m 先张法预应力耐久梁(孔)	1 366
	下部混凝土(m^3)	83 526.4
	下部钢筋(t)	7 282.7

9.2.5 技术特点和创新点

青藏铁路建设需要克服两大难题：一是高原；二是沿线广泛分布的高原多年冻土。以桥代路的工程措施，是对高温极不稳定冻土区修建铁路的一种积极探索。本桥具有以下技术特点和创新点：

(1)提出以桥代路工程措施，成功解决高温极不稳定冻土区修建铁路的难题。

(2)适于桥址环境及施工条件的梁型、孔跨、下部构造设计是本桥施工周期短、施工质量容易得到保证的前提条件。

(3)在国内铁路桥梁上首次提出免维护、少维修及高耐久性的设计原则。

(4)在国内首次为野生动物特别是藏羚羊的迁徙留出了通道，设计施工中最大限度地减少对冻土和植被的破坏，使本桥成为我国桥梁史上第一座环保型桥梁。

9.2.6 获奖情况

获 2007 年铁道部优秀工程设计一等奖。

9.3 青藏铁路长江源沱沱河特大桥

桥　　名：长江源沱沱河特大桥
工程项目：青藏铁路
工程位置：青海省
桥　　长：1 389.6 m
桥　　型：简支梁
建设单位：青藏铁路公司
设计单位：中铁第一勘察设计院集团有限公司
施工单位：中铁三局集团有限公司
设计人员：吴少海　黎祖周　陈应陶　高翰青　姜志惠　张志英　齐绪平　周志强
通车时间：2006 年 7 月

9.3.1 概 况

青藏铁路东起青海省西宁市，西至西藏自治区拉萨市，为客货共线Ⅰ级单线非电气化铁路，设计时速 120 km，中—活载。桥址位于唐古拉山以北沱沱河盆地中部的沱沱河镇，高程 4 547 m。沱沱河发源于唐古拉山的主峰各拉丹东(高程 6 621 m)西南侧的姜根迪如冰川，设计流量 $Q_{1\%}=1\ 160\ m^3/s$。流域上游主要是终年积雪的冰川和雪山。桥址位于青藏高原多年冻土腹地的大河融区，属于多年高原冻土地段，局部有岛状冻土分布，融区最大冻结深度 5 m，兼有冻土及融区双重特性。桥址河床表层多为冲积成因的砂类土及圆砾土，下伏泥岩，灰绿夹紫红色，泥质结构，泥钙质胶结，成岩作用差，强风化为主。桥位范围分布岛状多年冻土，上限埋深 4.0～6.3 m。桥址处地震动峰值加速度为 0.15g，地震动反应谱特征周期 0.40 s。

沱沱河是典型的高平原宽浅型河流，河床纵坡较缓，行洪时河道变迁多变。考虑到冻土区内不宜设长大导流堤强行压孔，故按岸坎内满河设桥，桥梁孔跨布置采用 42×32 m 预应力混凝土 T 梁，全长 1 389.6 m。本桥位于长江源头，也被称为万里长江第一桥。全桥总布置如图 9-3-1 所示。

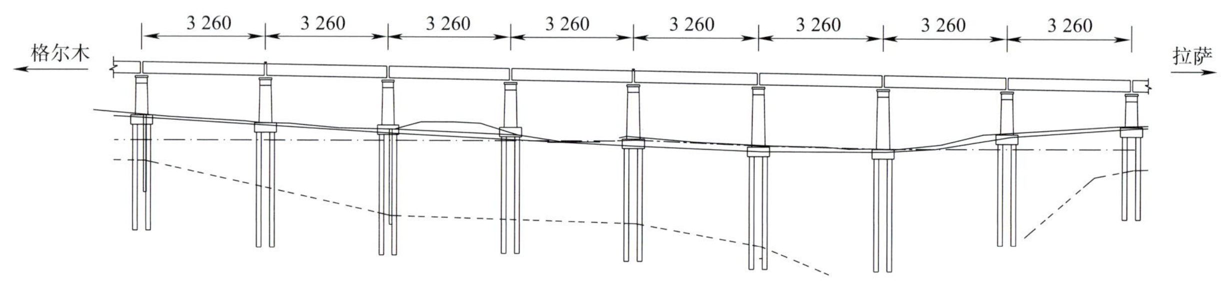

图 9-3-1 全桥总布置图(单位：mm)

9.3.2 结构形式

32 m 梁采用后张法预应力混凝土耐久梁“专桥青藏 07”，支座采用“青藏线 QZ-YZM 圆柱面钢支座”。桥上设双侧人行道，人行道宽 0.5 m。采用 T 形桥台，园端形桥墩。经调查下游既有公路桥受冰凌破坏严重，所以本桥河道中的桥墩均设破冰凌，破冰凌端头迎冰面以 10 mm 厚的钢板包裹(高 350 cm)。全桥均采用钻孔桩基础，桩底置于风化岩层，承台六面配筋。设计时进行了冰压力、基础切向冻胀力等计算。墩台身、承台与土接触部分涂 10 mm 的油渣涂层，以减少冻胀。承台底铺设 0.3 m 厚聚氨酯缓冲层，其下采用砂夹卵砾石换填厚 0.5 m，作为进一步防止冻胀的工程技术措施。为确保冻胀时桩身的抗拔力，桩基采用扩底桩(桩底 245 cm 高度范围内桩径由 125 cm 增加至 165 cm)，桩头 5 m 范围内增加 ϕ25 的加强纵向钢筋。

梁部采用 C50、C55 混凝土；支承垫石采用 C40 钢筋混凝土；承台、钻孔桩均采用 C25 钢筋混凝土；实体墩台身采用 C30 混凝土。现浇混凝土均采用低温、早强、耐久混凝土。

9.3.3 施工方法

本桥桩基采用旋挖钻施工，桥墩台现浇施工，T 梁采用梁场预制，架桥机架梁。大桥全景如图 9-3-2 所示。

图 9-3-2　大桥全景

9.3.4　主要技术经济指标

主要技术经济指标见表 9-3-1。

表 9-3-1　主要技术经济指标

图　号	图　名	全长(m)	梁高(m)	每片重(t)	宽度(梁顶/梁底)(m)	支座中心距(m)
专桥青藏 01	跨度 8 m 普通高度先张法预应力混凝土梁	8.5	1.1	20.86	2.07/0.68	2.0

9.3.5　技术特点和创新点

(1)针对青藏高原“高原、冻土”两大特点,在铁路上首次提出了桥梁工程的“高耐久、少维修、免维护”的耐久性设计原则。

(2)梁部采用“专桥青藏 07”耐久 T 梁,为了解决高原高寒地区后张法预应力混凝土梁预应力管道泌水冻胀的问题,在铁路桥梁中首次采用预应力管道真空灌浆技术。

(3)支座采用“青藏线 QZ-YZM 圆柱面钢支座”抗震性能好,线路适应性强。

(4)多年冻土区桥梁基础采用钻孔灌注桩基础,采用旋挖钻施工,极大地提高了成桩速度,减小了对冻土的扰动。设计中充分考虑冻结和融化两种状态,通过成桩试验,研究了钻孔机具、成孔工艺。

(5)为了抗严寒、抗冻融循环的破坏、抗盐类侵蚀及防止碱骨料反应,开发研制了防腐、低温、早强、耐久混凝土添加剂。为铁路混凝土结构耐久性规范的编制奠定了基础。

9.3.6　获奖情况

2008 年青藏铁路获国家科技进步特等奖。

9.4 青藏铁路拉萨河特大桥

桥　　名：拉萨河特大桥
工程项目：青藏铁路
工程位置：西藏自治区拉萨市
主　　跨：108 m
桥　　型：钢管拱连续梁组合体系
建设单位：青藏铁路公司
设计单位：中国铁路设计集团有限公司
施工单位：中铁大桥局集团有限公司
设计人员：孙树礼　王召祜　周四思　乔　健　王　祯
　　　　　李凤芹　周铁征　张　雷
通车时间：2006 年 7 月

9.4.1 概　　况

青藏铁路为国家Ⅰ级铁路，西宁至格尔木段设计速度 160 km/h，格尔木至拉萨段设计速度 100 km/h，采用有砟轨道，单线，于西藏自治区拉萨市跨越拉萨河，桥址距青藏铁路终点拉萨火车站约 2 km。桥位处地形较为平坦，地势开阔，起伏不大，地层单一，下覆土层主要为第四系全新统冲积层及下白垩系的石英岩，无不良地质，工程地质条件良好。地震基本烈度为 8 度，最大冻结深度 26 cm。

拉萨河特大桥主桥轴线与拉萨河水流线基本正交，拉萨河为雅鲁藏布江支流，河床宽 500～2 500 m，主流不稳定，属山区摆动性河流，桥址处设计流量 $Q_{1\%}=3\ 540\ m^3/s$，设计水位 $H_{1\%}=3\ 632.39$ m，设计流速 $v_{1\%}=2.41$ m/s。桥址以北为唐古拉山，以东为拉萨市区，且与布达拉宫古建筑群遥遥相对。设计中引入桥梁建筑美学的设计理念，主桥孔跨布置为(36＋72＋108＋72＋36) m 钢管混凝土拱连续梁组合体系，引桥采用 3×32 m 预应力混凝土连续箱梁，全桥长 928.8 m。主桥立面如图 9-4-1 所示。

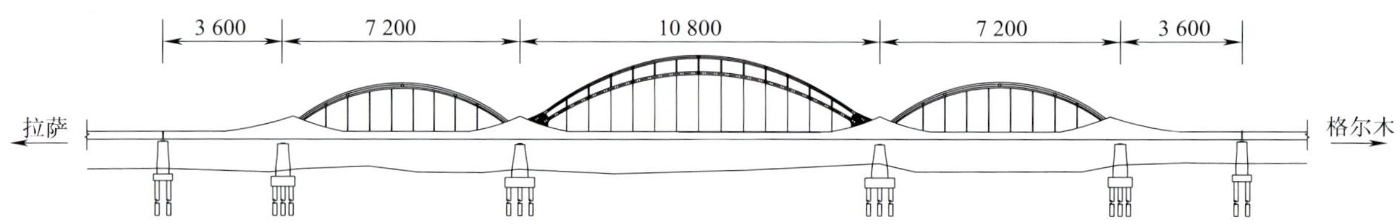

图 9-4-1　主桥立面(单位:cm)

9.4.2 结构设计

(1)主梁

预应力混凝土主纵梁采用矩形截面，主纵梁底宽 1.2 m，跨中梁高 2.4 m，高跨比 1/45，中支点梁高 7.17 m，高跨比为 1/15.1，如图 9-4-2 所示。主梁梁底等高，梁顶由跨中向支点按圆曲线变化，桥面板以下主梁外缘采用圆弧形，其矢高为 15 cm。主梁纵向变宽，主拱脚主梁加宽 0.25 m，边拱脚主梁加宽 0.20 m。两主纵梁之间设有横梁。各横梁间在横桥向对称桥面板中心线 1.0 m 处各设一道小纵梁，沿桥轴向共设两道连续小纵梁。主纵梁、小纵梁、横梁组成纵横梁体系，并与桥面板连接，整体现浇。

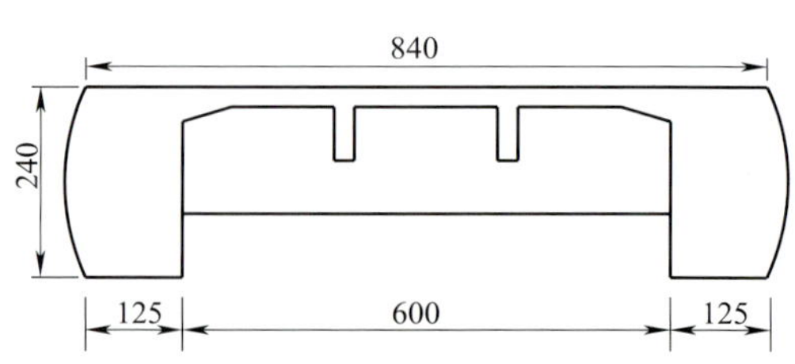

图 9-4-2　主梁横断面图(单位:cm)

(2)钢管拱

主桥钢管拱轴线均采用二次抛物线。上拱矢高 23 m，矢跨比 1/4.7；下拱矢高 20 m，矢跨比1/5.4。

上下拱间联杆采用圆端形钢管连接。边拱横截面采用哑铃型，矢高 15.0 m，矢跨比为 1/4.8。每孔设两片拱肋，两片拱肋横向中心距 7.2 m。中孔、边孔宽跨比分别为 1/15 和 1/10。中孔上拱设 1 道一字形横撑和 4 道 K 形横撑，下拱设 3 道一字形横撑和 2 道 K 形横撑，边孔拱肋设 1 道一字形横撑和 2 道 K 形横撑。

中孔拱每片拱肋设置 13 根吊杆，边孔拱每片拱肋设置 8 根吊杆，全桥共设有 58 根吊杆，吊杆间距均采用 6.6 m，每根吊杆钢索由 73 根 $\phi 7$ 镀锌低松弛预应力钢丝组成，钢丝抗拉强度标准值为 1 670 MPa。吊杆上下端均采用冷铸镦头锚进行锚固，在拱肋和主纵梁上预埋钢锚箱，吊索锚具与钢锚箱连接。

根据本桥特殊的地理环境条件和景观要求，钢管拱采用氟碳涂装配套体系。根据少维修和便于维修的设计理念，设计中开展了支座形式研究，采用新型铰轴（铰轴滑板）钢支座。

（3）桥墩及基础

主桥桥墩采用牦牛腿式的变截面的双圆柱墩，引桥桥墩采用雪莲花式的变截面圆端型墩。桥台采用 T 台。除拉萨方桥台外，桥墩台均采用 1.25 m 钻孔灌注桩。桥墩、承台、钻孔桩均采用 C25 混凝土。

9.4.3　施工方法

主桥施工顺序为“先梁后拱”。由于桥址处河床表面平坦，且地质条件良好，承载力高，因此，连续梁系杆采用满布支架施工。钢管拱的架设在形成刚性系杆的连续梁上进行，拱的推力由连续梁系杆承受，梁拱共同作用后再拆除主梁支架，如图 9-4-3～图 9-4-6 所示。

图 9-4-3　拱肋施工

图 9-4-4　吊杆安装

图 9-4-5　桥面施工

图 9-4-6　成桥实景

9.4.4 主要技术经济指标

主要技术经济指标见表 9-4-1。

表 9-4-1 主桥主要技术经济指标

指标类型		数值
结构性能指标	边跨竖向挠跨比	1/5 900
	次主跨竖向挠跨比	1/6 990
	主跨竖向挠跨比	1/4 690
主要工程量	主梁混凝土(m^3/m)	11.3
	预应力钢绞线(t)	35.8
	钢管拱混凝土(m^3)	710.0
	钢管拱钢材(t)	491.6
	吊杆(t)	14.2
	钢锚箱(t)	35.6

9.4.5 技术特点和创新点

(1)设计中引入桥梁建筑美学设计理念，主桥五孔三拱大跨度下承式连续梁钢管混凝土叠拱组合结构体系桥式方案实现了桥梁建筑美学、桥梁结构先进性与地域人文环境的有机融合，体现了民族特色和时代气息，具有创新性。

(2)多孔钢管混凝土叠拱连续梁组合结构体系及拱肋拱脚锚固方式、吊索承拉式锚箱锚固体系、大吨位少维护钢支座均为国内铁路首次采用。

(3)采用连续梁中支点向上变高作为拱脚，适应了景观设计需要，降低了桥梁建筑高度，结构受力合理，为一定条件下大跨度预应力混凝土连续梁的设计提供了经验和例证。

(4)长联大跨度连续梁体系分段现浇施工，主桥采用先梁后拱，钢管拱采用大节段吊装法施工，对类似结构体系的桥梁设计施工具有借鉴意义。

9.4.6 获奖情况

(1)获 2007 年铁道部优秀工程设计一等奖。
(2)获 2007 年中国建筑工程鲁班奖。
(3)获 2008 年中国铁道学会科学技术一等奖。
(4)获 2008 年第七届中国土木工程詹天佑奖。

9.5 拉日铁路年楚河特大桥

桥　　名：年楚河特大桥
工程项目：拉日铁路
工程位置：西藏自治区日喀则市
主　　跨：148 m
桥　　型：V 形刚构连续梁加拱组合结构
建设单位：拉日铁路建设总指挥部
设计单位：中铁第一勘察设计院集团有限公司
施工单位：中国葛洲坝集团股份有限公司
设计人员：吴少海　郑继平　文　强　康　炜　刘宗峰
谢小兰　方桂芬　张多平
通车时间：2014 年 8 月

9.5.1 概　　况

拉日铁路为国家单线Ⅰ级电气化铁路，客货共线；设计最高行车速度 120 km/h，中—活载。年楚河特大桥位于日喀则市，距离市区 4 km，跨越年楚河河谷及河堤道路，桥址位于年楚河湿地，地形平坦。桥址位于年楚河河床及河漫滩上，沉积物主要以细圆砾土为主，局部夹有砂层。工点区涉及主要地层为：第四系全新统冲积粉土、粉砂、细砂、中砂、粗砂、砾砂、细圆砾土、粗圆砾土。桥址区无大的区域性断裂构造通过，第四系覆盖层较厚，地震动峰值加速度为 0.15g，动反应谱特征周期为 0.40 s。

控制桥跨的主要因素为年楚河大堤间宽度及河堤顶道路净空要求，受日喀则车站高程影响，本桥桥高受限，综合考虑行洪、立交净空要求，对本桥的结构高度有较严格的限制。同时桥址处山水秀美，湖泊旖旎，不远处的扎什伦布寺金碧辉煌，气势宏伟，独特的高原地域自然及人文风光，要求本桥的设计不仅要追求结构上的合理及功能上的满足，更重要的是要有独特的造型，与周围景观协调一致，浑然一体。经多方案比选，本桥主桥采用(60+148+60) m 的 V 撑连续梁—拱组合结构，其他采用常用跨 32 m 标准简支梁。主桥立面如图 9-5-1 所示。

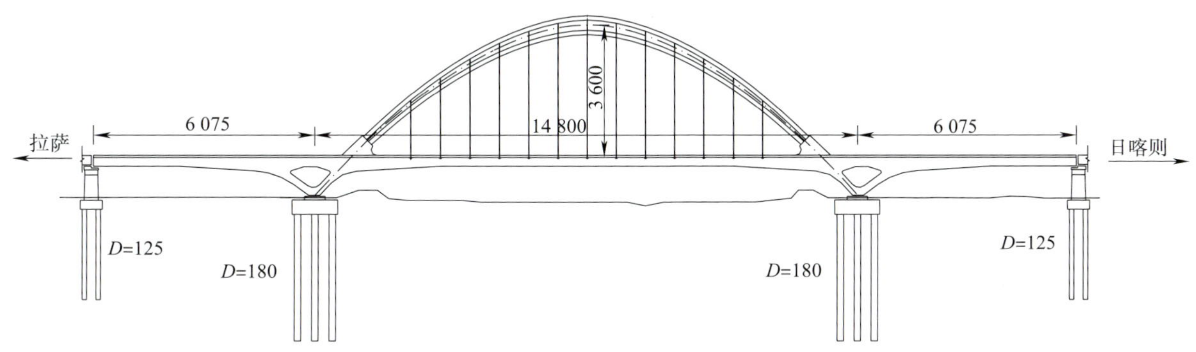

图 9-5-1　主桥立面图(单位：cm)

9.5.2 结构形式

(1)拱肋

本桥拱肋线形需与 V 墩内侧斜腿顺接，同时考虑景观效果，拱肋采用 1.8 次抛物线，计算跨度 134 m，矢高 39.3 m，矢跨比 1/3.4。拱肋横向间距 7.6 m，采用变高度哑铃形截面，内填 C55 微膨胀混凝土，钢管直径 1.2 m，壁厚 20 mm，弦管中心间距由拱脚处 1.97 m 渐变至拱顶处 4.0 m。腹板采用 22 mm 厚的钢板，间距 0.8 m。共设 7 道横撑，拱顶处设一道 I 字形撑，其余均为 K 形撑，横撑采用空钢管组成的桁式结构。

(2)吊杆

全桥共设 13 对吊杆，中心间距 8 m，每处吊杆均由双根 73 丝 $\phi 7$ 的平行钢丝束组成，双吊杆之间纵向间距 60 cm，吊杆锚固于箱梁腹板外侧。

(3)主梁

主梁采用单箱单室直腹板截面，主跨跨中 80 m 及边跨端部梁高为3 m，V 墩两斜腿支撑处梁高为 4.6 m；箱梁顶面宽 10.7 m，底面宽 6.8 m；如图 9-5-2 所示；顶板厚 40～60 cm，腹板厚 50～120 cm；主梁在 V 构内部梁高按圆弧变化，最小梁高为 3.2 m。主梁共分 7 个梁段，分段现浇。

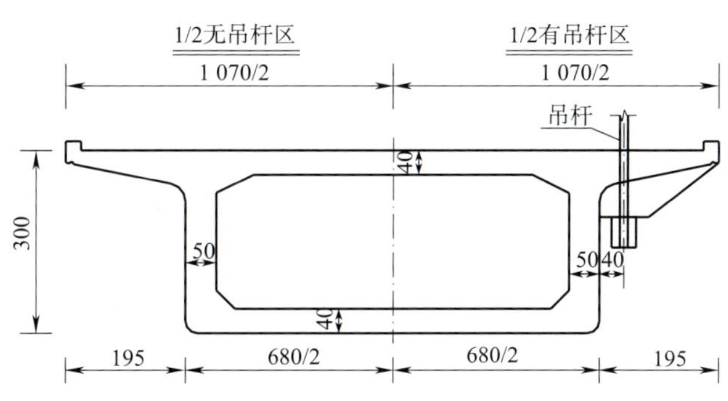

图 9-5-2　主梁中跨截面(单位：cm)

（4）V 撑

V 墩两斜腿夹角为 96.8°，截面采用矩形实心截面，为了使拱脚与箱梁连接牢靠，将 V 墩加宽至 9.7 m，外包拱脚范围箱梁腹板。V 墩纵向厚度 2 m，斜腿根部与梁底面设圆弧倒角平顺相接。V 构底部至梁顶高 11 m，V 墩底部设支座。

（5）基础

本桥均采用桩基础，主墩设 12 根直径 1.8 m 钻孔灌注桩。

9.5.3 施工方法

主桥采用先梁后拱的施工顺序。主梁分 7 段支架现浇施工，梁体施工完成后，在梁顶搭设支架安装拱肋，拱肋哑铃形钢管分 9 段吊装，焊接连接，如图 9-5-3 和图 9-5-4 所示。

图 9-5-3 拱脚施工

图 9-5-4 拱肋合龙

9.5.4 主要技术经济指标

主要技术经济指标见表 9-5-1。

表 9-5-1 主要技术经济指标

指标类型		数值
结构性能指标	次主跨竖向挠跨比	1/8 222
	梁端转角(rad)	1.2‰
主要工程量	梁体及 V 撑混凝土(m^3)	4 738.0
	钢管拱混凝土(m^3)	783.0
	钢管拱钢材(t)	662.0
	吊杆(t)	36.0

9.5.5 技术特点和创新点

（1）本桥开创性地提出在 V 墩底部与承台之间设置支座，使整体结构具有连续梁的特性。将大跨连续梁、V 形刚构、拱三种体系有机结合，结构体系合理新颖。

（2）拱脚构造造型独特，连接牢固。

（3）高矢拱肋气势恢宏，与扎什伦布寺遥相辉映，环境协调，景观优美。

9.5.6 获奖情况

（1）获 2015 年中国铁建优秀工程设计一等奖。

（2）获 2015 年国家铁路局优秀工程设计二等奖。

9.6　兰新客运专线跨兰西高速公路特大桥

桥　　名：兰新客运专线跨兰西高速公路特大桥
工程项目：兰新客运专线
工程位置：青海省西宁市
主　　跨：168 m
桥　　型：连续—钢桁组合结构
建设单位：兰新铁路甘青有限公司
设计单位：中铁第一勘察设计院集团有限公司
施工单位：中铁二十一局集团有限公司
设计人员：赵会东　李承根　吴少海　马有强　李小军
　　　　　贾超锋　董　义　万更新
通车时间：2014 年 12 月

9.6.1　概　　况

兰新客运专线连接甘肃省兰州市与新疆维吾尔自治区乌鲁木齐市，是世界上一次性建成通车里程最长的高速铁路，设计速度 250 km/h，预留 350 km/h，无砟轨道，双线、线间距 5.0 m。跨兰西高速公路特大桥位于西宁市西宁站东侧约 2 km 处，交叉处铁路与高速公路轴线夹角为 20°，兰西高速公路为双向 4 车道，路肩宽 24.5 m，交通十分繁忙。桥址范围内工表层砂质黄土、粉砂层为松软土，承载力低，中间夹层为 2～5 m 砾砂和碎石类土，最下层基岩为上第三系中新统泥岩、石膏岩、盐岩等。区域地质构造不发育。桥址处地震动峰值加速度值为 0.10g，地震动反应谱特征周期采用 0.45 s。

跨兰西高速公路主桥采用(80＋168＋80) m 连续—钢桁组合结构，其他采用常用跨 32 m、24 m 标准简支梁。立面示意如图 9-6-1 所示。

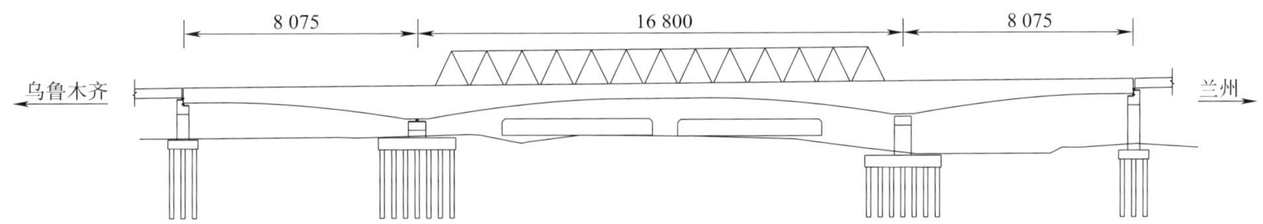

图 9-6-1　立面示意(单位：mm)

9.6.2　结构形式

主梁采用单箱双室变高度箱形截面，跨中及边支点处梁高 5 m，中支点处梁高 11 m，梁高按 1.8 次抛物线变化。主梁顶板全梁等宽 15.2 m，顶板厚 0.5 m，底宽 11.6 m，底板厚度由 0.5 m 变化至 1.2 m，腹板厚度由 0.45 m 渐变到 0.9 m，并在中支点根部一定范围内加厚到 1.5 m，如图 9-6-2 所示。

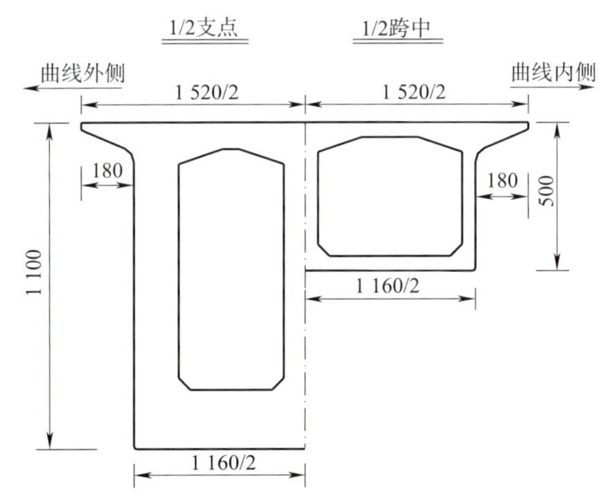

图 9-6-2　截面示意(单位：cm)

加劲钢桁采用无竖杆三角形桁，曲梁曲作，桁宽 11.2 m，桁高 12 m，节间长度 12 m；上弦杆采用箱型截面，高 1 000 mm，内宽 800 mm，板厚 24～36 mm；腹杆采用 H 形截面，外宽 750 mm，高 700 mm，板厚 20～24 mm。横联采用 H 形截面，外宽 400 mm，高 400 mm，板厚 12～

16 mm，上弦杆采用 H 形钢 N 字形横向连接；钢材均采用 Q370qE。

9.6.3 施工方法

采用“先梁后桁”的施工方法，即主梁采用挂篮悬臂浇筑，同时在相应梁段预埋加劲钢桁下节点，全桥合龙后，安装钢桁杆件，施工桥面等二期工程，如图 9-6-3～图 9-6-5 所示。

图 9-6-3 主梁采用挂篮悬臂浇筑

图 9-6-4 下节点后钻孔

图 9-6-5 安装钢桁

9.6.4 主要技术经济指标

主要技术经济指标见表 9-6-1。

表 9-6-1 主要技术经济指标

指标类型		数值
结构性能指标	边跨竖向挠跨比	1/6 557
	中跨竖向挠跨比	1/2 768
	梁端转角(rad)	0.74‰
主要工程量	主梁总用钢量(t)	807.0
	主梁用钢量(t/m)	5.17
	C55 混凝土(m^3)	10 969.0
	普通钢筋(t)	1 916.9

9.6.5 技术特点和创新点

(1)建设时为国内跨度最大的连续梁—桁组合结构。

(2)首次提出连续梁—桁组合结构中采用外接式节点构造,钢腹杆和混凝土采用 PBL 键连接,解决了钢混凝土连接的问题。

(3)提出了外接式节点和插入式焊接节点两种节点构造类型,并在国内首次进行了连续梁-桁组合结构节点区 1∶2 模型的破坏性试验。

(4)采用"先梁后桁"的施工方案,预应力混凝土连续梁承担结构自重,二期恒载和活载由加劲钢桁和主梁共同承担,加劲钢桁主要起增强刚度、控制徐变的作用。

9.6.6 获奖情况

(1)获 2015 年青海省科学技术进步二等奖。

(2)获 2016 年中国铁建科学技术一等奖。

(3)获 2016 年陕西省优秀工程设计二等奖。

(4)获 2018—2019 年国家优质工程奖。

9.7 南疆铁路布谷孜大桥

桥　　名:布谷孜大桥
工程项目:南疆铁路
工程位置:新疆维吾尔自治区阿图什市
主　　跨:32 m
桥　　型:简支梁
建设单位:乌鲁木齐铁路局
设计单位:中铁第一勘察设计院集团有限公司
施工单位:中铁一局集团有限公司
设计人员:李承根　廖蜀樵　张治忠　王　为
通车时间:1999 年 3 月

9.7.1 概　　况

南疆铁路库喀段连接库尔勒至喀什,设计时速 120 km,单线。布谷孜大桥位于南疆铁路阿图什市车站以西约 3 km，在布谷孜河阿湖水库下游约 21 km。桥址处布谷孜河槽呈 U 形，两岸均为耕地，岸坡为土质陡坎，库车一侧坎高约 4～5 m，局部有河水旁蚀现象。喀什一侧岸坎高约 10 m，有坍塌现象。桥址处地层为第四系全新统人工弃土，冲积的砂黏土层，粉、细、砾砂及圆砾土层。桥位处地下水埋藏较浅，库台端水位埋深 1～4.5 m，河床中部水位埋深 0～0.5 m，喀台侧水位埋深 6～8 m。河床内地表下厚 0～5.5 m 的粉细砂层为地震可液化层，桥址地震基本烈度 9 度。

全桥共设 9 孔 32 m 预应力混凝土简支 T 梁，桥长 305.5 m，为铁道部确定的抗震设计试验研究应用工点。

9.7.2 结构形式

本桥采用 32 m 预应力混凝土简支 T 梁，T 形桥台，圆端形实体桥墩，对墩高不小于 15 m 的桥墩设置了护面钢筋作为抗震措施。钢筋直径及根数可按不低于标准图八度地震区要求办理，布设范围按《震规》九度地震区要求办理。为提高抗震能力，桥墩最外排纵、横向设斜桩，桥台台前纵向两排设斜桩，斜度为 8∶1，桩底原则上不穿过第二层承压水层。为合理确定桩基承载力和承压水对施工工艺及工程的影响，设试桩三根。主桥立面如图 9-7-1 所示。

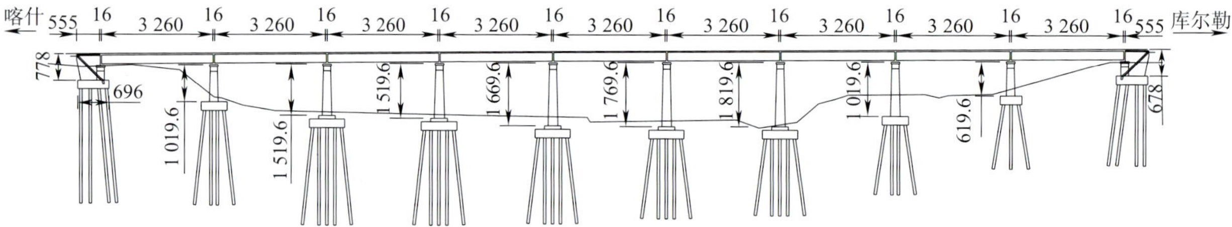

图 9-7-1　主桥立面图(单位:cm)

本桥为南疆铁路减隔震科研试验工点，采用铅芯橡胶隔震支座以减小梁部地震水平力，如图 9-7-2 所示，并在梁端设纵向活动连接板，以满足正常运营的温度伸缩位移要求，为保证罕遇地震时不落梁，采用 43 kg/m 钢轨支挡。

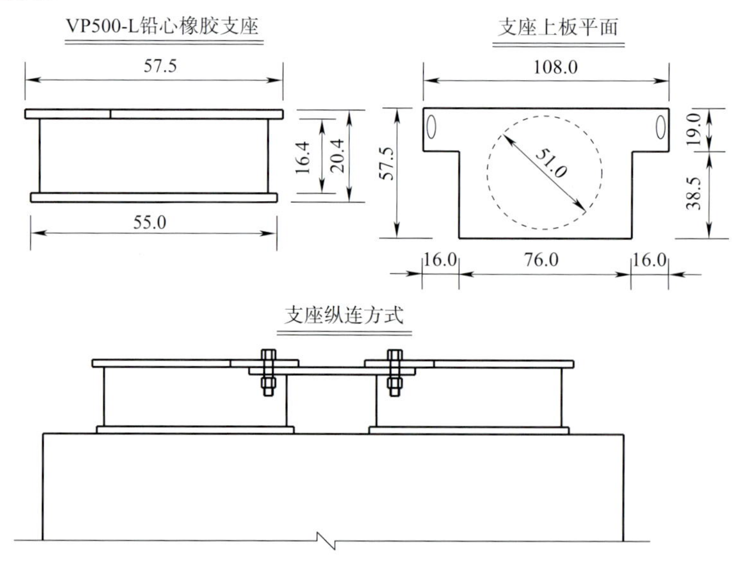

图 9-7-2　隔震支座轮廓图(单位:cm)

9.7.3 施工方法

桥梁上部结构，为厂制 32 m 预应力混凝土成品梁，运至工地，由架桥机架设。

本桥地下水具有硫酸盐中等侵蚀性，需对侵蚀性影响范围的墩台基础采取防腐措施。桥墩百年水位+0.5 m 以下的墩身、桥台及承台、ϕ55 cm 管桩均采用掺量为 4% 的 CMgt-1 防腐混凝土。墩台身及承台被土掩埋的侧面设环氧沥青保护涂层。

根据地质情况，采用内射水和锤击沉桩交替使用的方法施工。

9.7.4 主要技术经济指标

采用减隔震技术后，显著减少了下部结构基础数量。

9.7.5 技术特点和创新点

（1）布谷孜大桥为国内首座设置隔震支座的铁路桥。

（2）抗震试验研究了采用隔震技术设计应用的结构形式，设计参数及抗震措施；隔震技术的全桥仿真计算及软件编制；岸坡滑移地震稳定性分析及桥台抗震措施；地震液化地基基础抗震分析四项内容，为桥梁孔跨布置、支座类型及墩台基础的防震措施提供了理论基础。

（3）首次编写了《铁路桥梁隔震支座的维护与管理》，用来指导工务养护部门工作。

9.8 南疆吐库二线托克逊特大桥

桥　　名：托克逊特大桥
工程项目：南疆吐库二线
工程位置：新疆维吾尔自治区托克逊县
主　　跨：32 m
桥　　型：简支梁
建设单位：乌铁局南疆吐库二线铁路建设指挥部
设计单位：中铁第一勘察设计院集团有限公司
施工单位：中铁二局集团有限公司
设计人员：郑继平　吴少海　雷晓峰　宁未华　吴文华
通车时间：2015 年 6 月

9.8.1 概　况

改建铁路南疆线吐鲁番至库尔勒段，为双线Ⅰ级铁路，电化，客货共线；设计行车速度 160 km/h，中—活载。本线吐鲁番至鱼儿沟段为大风区段，大风区段长约 100.12 km，其中克尔碱风口属南疆线前百里风区四个特大型风口之一，主导风向 NW 10°～40°，桥址处百年一遇 10 min 平均最大风速 58.2 m/s，相当于 16 级以上台风的风力。桥址范围内主要地层为第四系全新统洪积细圆砾土，上第三系中新统砾岩夹泥岩夹砂岩。本段地震动峰值加速度值采用 0.10g，相当于地震基本烈度 7 度，地震动反应谱特征周期采用 0.40 s。

全线最长的托克逊特大桥位于三十里风区的克尔碱风口内，托克逊特大桥全长 1 949.96 m，桥高约 54 m，采用 59 孔 32 m 双线简支 T 梁，首次采用在通用简支 T 梁上设置整体式挡风结构。全桥立面如图 9-8-1 所示。

9.8.2 结构形式

1. T 梁改造

（1）铁路 T 梁桥面板在原厚度的基础上加厚 5 cm，桥面板内的纵向分布钢筋间距由 15 cm 调整为 10 cm，钢筋直径由 12 mm 加粗为 22 mm，以增大其与挡砟墙连接处的截面强度。

（2）挡砟墙的高度和横桥向宽度同时增加 5 cm，挡砟墙内的门形分布筋间距由 15 cm 调整为

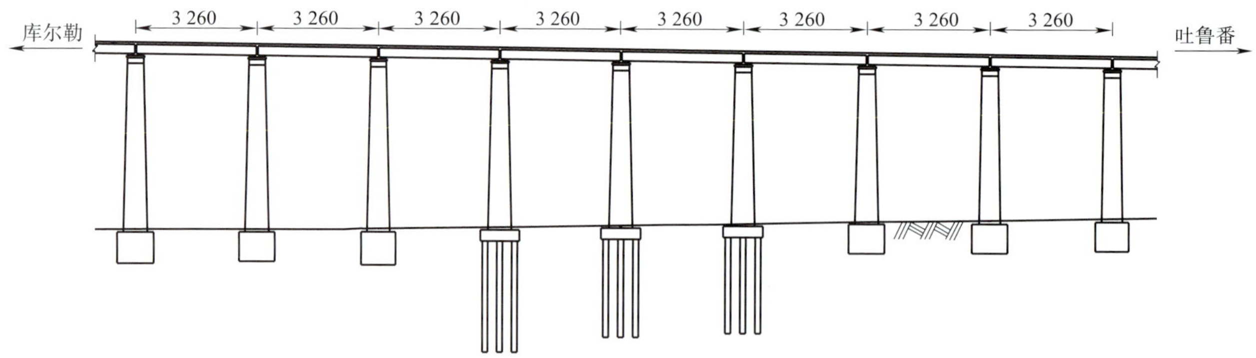

图 9-8-1　全桥立面(单位:mm)

10 cm,钢筋直径由 12 mm 加粗为 20 mm。

(3)挡砟墙侧面预埋 T 钢尺寸加宽加厚,间距 2.0 m,并相应调整纵断缝间距。

2. 挡风板布置形式及构造

挡风板采用 2.5 mm 厚 Q345qD 波形钢板,波高 60 mm,单块板高 550 mm,长 1 970 mm,板上开有直径 60 mm 间距 110 mm 左右的圆孔。其沿线路方向设置于人行道外侧,相应位置不再设人行道栏杆,板与板间设 10 cm 空隙。挡风板通过 M16 螺栓与立柱连接,如图 9-8-2 所示。

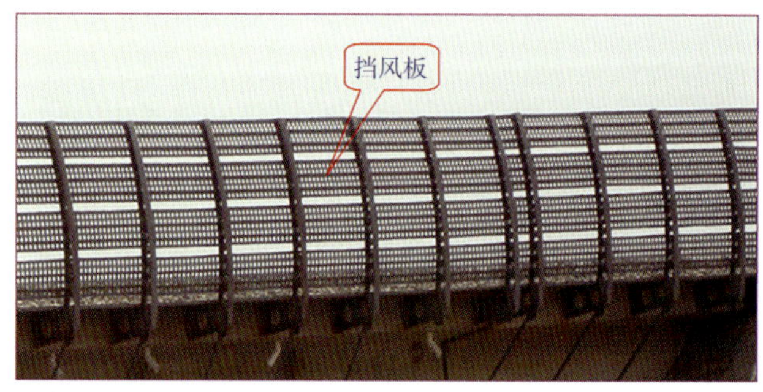

图 9-8-2　挡风板

3. 挡风立柱构造及其与 T 梁的连接

挡风立柱采用 8 mm 厚 Q345qD 钢板焊接而成,工字形截面,翼缘宽 160 mm,立柱根部断面高 480 mm,立柱末端断面高 150 mm,立柱腹板上留有圆孔,靠桥梁内侧的翼缘板上有螺栓预留孔,用来拴接挡风板。挡风结构立柱与预埋在挡砟墙中的 T 钢采用 M30 螺栓连接,柱底部采用直径 70 mm 壁厚 5 mm 的钢管撑杆与 T 梁马蹄部位的预埋钢板相连接以减小桥面板的受力,如图 9-8-3 所示。

图 9-8-3　挡风立柱

9.8.3 施工方法

挡风结构均为钢结构，加工精度要求高，要求工厂内加工并预拼。

立柱均采用钢板焊接而成。为保证螺栓抗拔及定位要求，螺栓与定位支架焊接在一起，定位支架采用角钢焊接而成。梁体预埋 T 钢焊接强度不低于母材，焊接性能与基材相匹配。

9.8.4 主要技术经济指标

主要技术经济指标见表 9-8-1。

表 9-8-1 主要技术经济指标

项目	指标	备注
列车侧向阻力系数	降低 78%	安装挡风结构后
列车侧向倾覆力矩	降低 78%	安装挡风结构后
挡风钢板最大拉应力	134.9 MPa	
挡风钢板最大拉应力	188.7 MPa	
挡风结构用钢量	236 kg/m	

9.8.5 技术特点和创新点

(1)整体式挡风结构采用了“改变风向进而损耗风能”的先进挡风原理，且挡风板采用带孔波形钢板，此种类型的挡风板结构新颖，不但提高其刚度而且还可以改变一部分来流风通过挡风板后的风向，同时可以使来流风通过挡风板以后形成板后空气紊流，能最大限度地损失来流风的动能，降低风速，从而达到挡风目的。

(2)整体式挡风结构其构造合理，制造、安装技术难度小、施工简便，经济合理且外形美观，自身所受风力小，挡风效果好，能有效保证列车在大风条件下的运行安全。

(3)南疆吐库二线的防风设计填补了国内普速铁路桥梁整体式挡风结构设计的空白。

9.8.6 获奖情况

(1)“新型铁路桥梁整体式挡风结构研究”获 2009 年中国铁道学会科学技术二等奖。

(2)“风区桥梁整体式挡风结构设计”获 2017 年陕西省优秀工程设计二等奖。

(3)“南疆吐库二线项目”获 2017 年国家铁路局优秀工程设计一等奖。

9.9 兰新客运专线十三间房子特大桥

桥　　名：十三间房子特大桥
工程项目：兰新客运专线
工程位置：新疆维吾尔自治区百里风区
主　　跨：16 m
桥　　型：分片式槽形梁
建设单位：兰新铁路新疆有限公司
设计单位：中铁第一勘察设计院集团有限公司
施工单位：中铁四局集团有限公司
设计人员：赵会东　吴少海　李小军　何　涛　缪文辉　俞　萍　李宗建　王昌鹏
通车时间：2014 年 12 月

9.9.1 概　　况

兰新客运专线是我国第一条穿越西北大风地区的客运专线，设计时速 250 km，线间距 5.0 m，ZK 活载，采用无砟轨道。桥址范围主要为第四系全新统冲、洪积细圆砾土，第三系砂岩、砾岩及泥岩。地层情况较为简单，特殊岩土主要为第三系泥岩，具膨胀性，易崩解，属弱膨胀岩。地震动峰值加速度 0.15g，相当于地震基本烈度 7 度，地震动反应谱特征周期 0.45 s。

十三间房子特大桥位于百里风区风口十三间房子附近，自然条件恶劣，人烟稀少，地区为戈壁地表，风速高、风期长，起风速度快，改风区内曾多次发生既有兰新铁路翻车、停轮，给铁路运输带来了巨大的经济损失和严重的社会影响。槽形梁在满足结构受力需要的同时，其腹板又能起到对列车防风作用，再通过槽形梁腹板上设置 3.5 m 高双侧挡风结构，梁腹板与其上挡风结构共同起到防横风作用，降低列车承受风速，是风区桥梁结构的最佳选择。全桥孔跨布置为 46 孔 16 m 预应力混凝土分片式双线简支槽形梁，桥全长 770 m。全桥立面如图 9-9-1 所示。

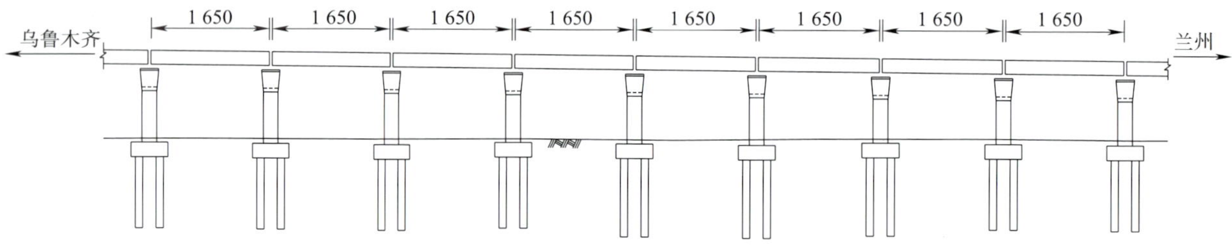

图 9-9-1　全桥立面图（单位：mm）

9.9.2 结构形式

梁体采用等高度槽形结构，横向为两片单线梁并置，计算跨径为 15.9 m，梁体全长为 16.5 m，桥面总宽度为 6.38 m，在支点处道床板向下局部加厚，如图 9-9-2 所示。桥墩采用三柱式花瓶形结构形式，每柱纵横向尺寸为 2.0 m×2.2 m，显著减少了桥墩及桩基础的工程数量，提高了桥墩结构的通透性，景观效果良好。

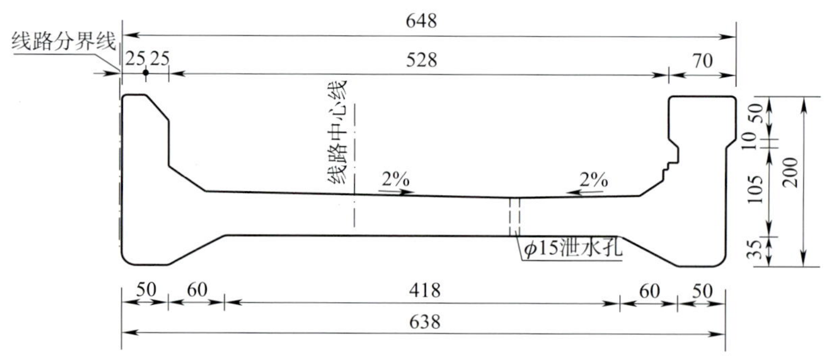

图 9-9-2　1/2 跨中断面图（单位：cm）

挡风结构由梁体预埋件、合建立柱和波形耐候钢挡风屏组成。合建立柱由挡风结构与接触网下锚功能的挡风立柱、新型立柱法兰、槽形梁腹板顶锚固构造组成，合建立柱与梁体的连接方式：通过翼缘处的螺栓，将合建立柱固定在结构之上，如图 9-9-3 所示。

9.9.3 施工方法

槽形梁采用集中预制架设的施工方法。后张法预应力混凝土槽形梁初张拉后移出台座，终张拉完成并且管道内浆体强度达到设计强度后方进行运架梁施工，如图 9-9-4 所示。

图 9-9-3　槽形梁成桥内侧

图 9-9-4　槽形梁施工架设

9.9.4　主要技术经济指标

主要技术经济指标见表 9-9-1。

表 9-9-1　主要技术经济指标

指标类型		数值
结构性能指标	竖向挠跨比	1/4 968
	梁端转角(rad)	0.54‰
主要工程量	每片梁梁体 C55 混凝土(m^3)	86.7
	每片梁梁体钢绞线(t)	2.7
	每片梁梁体普通钢筋(t)	27.1

9.9.5　技术特点和创新点

(1)首次提出具有挡风功能的梁体与挡风屏组合使用的新理念,并成功将槽形梁应用于高速铁路,保证列车强横风环境下的运行安全。

(2)首次研制槽形梁运、架设备,攻克了槽形梁制运架施工关键技术,研发了恶劣气候条件下混凝土防裂技术,完成了槽形梁静载试验方法及配套试验工装设备研究。

(3)首次研究接触网立柱与挡风立柱的合建,使其兼顾满足挡风结构受力需要与悬挂接触网线需要。

(4)采用新型耐磨蚀措施,提高了强风沙环境下桥墩的耐磨蚀性能。

9.9.6　获奖情况

(1)"兰新高铁防风关键技术研究"获 2016 年中国铁建科学技术一等奖。

(2)"戈壁大风区高速铁路防风关键技术研究与试验"获 2017 年中国铁道学会科学技术特等奖。

(3)"兰新客专大风区桥梁防风工程设计"获 2017 年陕西省优秀工程设计一等奖。

(4)获 2017 年中国铁建优秀工程设计二等奖。

9.10　兰新客运专线达坂城湿地特大桥

桥　　名：达坂城湿地特大桥
工程项目：兰新客运专线
工程位置：新疆乌鲁木齐市达坂城区
主　　跨：136 m
桥　　型：连续梁拱
建设单位：兰新铁路新疆有限公司
设计单位：中铁第一勘察设计院集团有限公司
施工单位：中铁十二局集团有限公司
设计人员：赵会东　吴少海　徐永利　郑继平　何　涛
　　　　　殷俊章　陈　勇　王昌鹏
通车时间：2014 年 12 月

9.10.1 概　　况

兰新客运专线是我国第一条穿越西北大风地区的客运专线，设计时速 250 km，线间距 5.0 m，ZK 活载。达坂城湿地特大桥位于新疆维吾尔自治区乌鲁木齐市达坂城区境内，为跨越达坂城湿地、吐乌大高等级公路、既有兰新铁路、312 国道、石油管道而设。桥址区上部地层为分布多层软土，下部为中密—密实的圆砾土，地下水位较高，具硫酸盐侵蚀。桥址地震动峰值加速度值为 0.07g，地震动反应谱特征周期采用 0.40 s。

桥址位于达坂城风区，年平均大风日数(大于等于 8 级)为 156.8 d，年平均大于等于 6 级风天数为 250 d 以上，最大瞬时风速 40.7 m/s(13 级风)。跨吐乌大高等级公路主桥采用(64＋136＋64) m 连续梁拱组合体系，其他采用常用跨 32 m、24 m 标准简支梁及 48～100 m 常用跨度的预应力混凝土连续梁。全桥立面如图 9-10-1 所示。

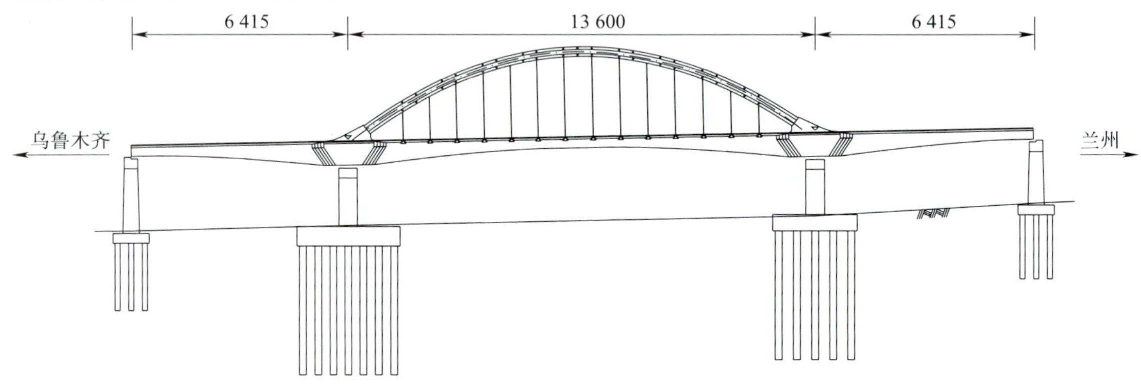

图 9-10-1　全桥立面(单位：cm)

9.10.2 结构形式

(64＋136＋64) m 连续梁—拱组合结构的主梁采用单箱双预应力混凝土连续箱梁，梁顶宽 13.9 m，跨中及边支点处梁高 3.5 m，中支点处梁高 7.5 m，梁高按 1.6 次抛物线变化。主拱采用矢跨比为 1/5 的钢管混凝土结构，采用外径 100 cm、壁厚 δ＝16 mm 的钢管混凝土哑铃形截面，上下两弦管中心距 2.0 m，拱高 3 m；弦管内填充 C50 微膨胀混凝土。全桥共设置 9 道横撑，其中拱顶设 1 道米字形横撑、其余均为 K 形横撑。吊杆顺桥向间距 8 m，全桥共设 14 对吊杆。梁部横截面如图 9-10-2 所示。

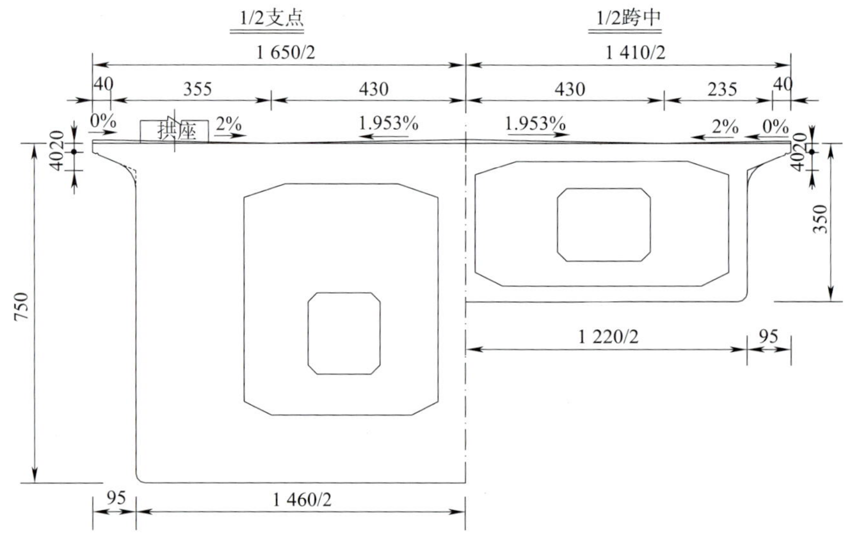

图 9-10-2　梁部横截面(单位：cm)

桥位受大风影响，连续梁拱的双侧桥梁挡风结构，由“立柱＋挡风板＋连接件”组成，挡风结构立柱与箱梁顶面进行连接，如图 9-10-3 所示。挡风结构与拱脚处采用叠加的方式，改善拱脚处的风场突变，解决了风环境下，列车通过拱脚处由于风场突变，带来的“晃车”问题。桥上挡风屏高 4 m。立柱采用 H250×250×9×14 截面，挡风屏单元板厚 4 mm。底部 2 m 高设 10%透空率挡风屏，上部 2 m 高设 20%透空率挡风屏，适用于桥面风压 4～6 kPa 地区。主墩采用双柱式桥墩，基础采用摩擦桩。

图 9-10-3　双侧桥梁挡风结构

9.10.3　施工方法

梁部采用先边后中合龙方式，边跨合龙后需悬浇两个梁段方能中跨合龙。采用钢管混凝土临时支墩解决大悬臂状态下的结构抗倾覆稳定性；采用边跨设置预应力钢绞线地锚，提供 3 500 kN 配重解决中跨两个节段不平衡施工时，边跨支座不出现拉力问题。该方式更为便捷、同时减少了施工中的不平衡弯矩，降低了临时支墩的设计难度，如图 9-10-4 和图 9-10-5 所示。

图 9-10-4　钢管混凝土临时支墩

图 9-10-5　边跨预应力地锚

为减少强风区拱肋施工的安全风险和施工难度，采用拱肋在桥头路基处采用非原位拼装，长距离滑移至主桥位置的施工方案，如图 9-10-6 和图 9-10-7 所示。钢管拱整体滑移是我国首次在强风区采用该项施工技术，滑移距离 832.7 m，在我国钢管拱滑移施工中是滑移距离最长的。

图 9-10-6　拱肋整体滑移施工中

图 9-10-7　拱肋整体滑移就位

9.10.4 主要技术经济指标

主要技术经济指标见表 9-10-1。

表 9-10-1 主要技术经济指标

指标类型		数值
结构性能指标	主跨竖向挠跨比	1/4 533
	梁端转角(rad)	0.6‰
主要工程量	系梁混凝土(m^3)	5 448.0
	钢管拱钢材(t)	235.0
	吊杆(t)	22.0

9.10.5 技术特点和创新点

(1)首次提出并应用了适合高速铁路的风区箱梁及大跨度梁拱组合结构的桥梁挡风结构，显著提高列车倾覆的临界环境风速，从而大幅提高强风区列车运营的安全性和可靠性，减少列车限速天数，为列车安全通过强风区桥梁提供了有力的保障。

(2)主桥是国内在大风地区修建的最大跨度的梁拱组合结构，填补了我国高速铁路大风、高烈度地震区大跨度钢管混凝土连续梁拱桥建设的空白。

(3)连续梁拱大跨度不对称悬臂状态；钢管拱肋桥头整体拼装后，大纵坡长距离整体滑移就位等施工技术，均首次在强风区出现。

(4)成功解决了大温差环境下梁体上拱变形、严寒条件下的拱肋焊接工艺、干旱地区拱肋混凝土徐变性能改善等关键技术难题。

(5)(64＋136＋64) m 梁拱组合结构主墩采用双柱式钢筋混凝土桥墩，并在系梁和桥墩间设置弹塑性限位装置，解决了高烈度地震区大跨度梁拱组合结构的抗震设计。

9.10.6 获奖情况

(1)获 2015 年中国铁建科学技术二等奖。

(2)“兰新高铁防风关键技术研究”获 2016 年中国铁建科学技术一等奖。

(3)“戈壁大风区高速铁路防风关键技术研究与试验”获 2017 年中国铁道学会科学技术特等奖。

(4)“兰新客专大风区桥梁防风工程设计”获 2017 年陕西省优秀工程设计一等奖。

(5)获 2017—2018 年国家铁路局优秀工程设计二等奖。

9.11 哈大客运专线伊通河特大桥

桥　　名：伊通河特大桥
工程项目：哈大客运专线
工程位置：吉林省长春市
主　　跨：道岔区 20 m
桥　　型：异形钢筋混凝土梁
建设单位：哈大铁路客运专线有限责任公司
设计单位：中铁第一勘察设计院集团有限公司
施工单位：中交第三航务工程局有限公司
设计人员：刘彦明　李承根　许振中　杨正华　蔡　正　刘　琛　屈建增　何　涛
通车时间：2012 年 12 月

9.11.1 概　　况

哈大客运专线是世界首条高纬度严寒地区高速铁路，设计采用 ZK 荷载，设计速度 350 km/h，正线采用无砟轨道，长春联络线采用有砟轨道。本桥地层较简单，表层为第四系中更新统的黏质黄土，下部为白垩系下统泥岩。地震动峰值加速度 0.1g，特征周期 0.45 s。

伊通河特大桥是哈大客运专线桥梁长度最长、工程规模最大的一座桥，全长 57 378.22 m，位于长春市西南侧，主要跨越伊通河、干雾海河及迎宾路、长白公路、青年路、长松高速、长白铁路、长春绕城高速等。桥址范围内交通发达，影响全桥孔跨布置因素较多。本桥在崔家营子线路所采用 42 号道岔接长春联络线，并在桥上设置安全线。针对 42 号道岔的设计要求，在对道岔梁梁型、跨度和支座布置等进行详细研究的基础上，结合本桥所处的严寒地区特殊气候条件，道岔区范围设计采用了三联钢筋混凝土连续梁，其余立交、排洪控制孔跨以连续梁结构为主。道岔区主桥立面示意如图 9-11-1 所示。

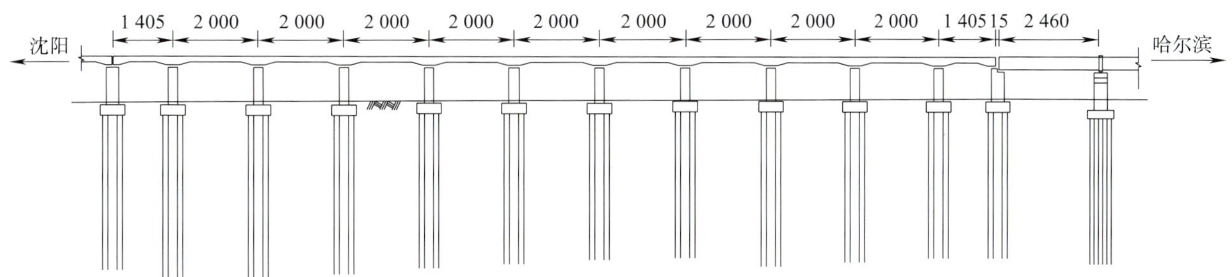

图 9-11-1　道岔区主桥立面示意(单位:cm)

9.11.2 结构形式

本桥位于崔家营子线路道岔区，第一联和第二联孔跨布置均为(18.98＋2×20＋18.98) m，均按双幅桥设计，纵向梁缝 2 cm，其间上部 5 cm 高用 HF-3 双组分聚硫建筑密封剂。第一、二联左幅桥梁顶采用等宽 1 580 cm，第一联右幅桥梁顶宽由 1 350 cm 渐变至 1 175 cm，第二联右幅桥梁顶宽由 1 175 cm 渐变至 1 010 cm。第三联孔跨布置为(14.05＋9×20＋14.05) m，按单幅桥设计，梁顶宽由 2 020 cm 渐变至 1 340 cm。主梁跨中梁高 1.35 m，支座附近梁高 2.05 m。单侧悬臂长 1.70 m，悬臂端部厚 20 cm，悬臂根部厚 40 cm，支座采用 3 或 2 支座等间距布置。

道岔区桥墩均采用板式实体墩，一般桥墩纵向厚度 2.3 m，制动墩纵向厚度 2.5 m。(18.98＋2×20＋18.98) m 和(14.05＋9×20＋14.05) m 连续梁均设置一个固定墩。对于左右分幅设计的第一、二联连续梁，桥墩和基础分开设置，左右幅桥承台间距 2 cm，左、右幅桥桥墩设置横向预偏心。桥梁基础均采用 ϕ1.25 m 的钻孔灌注摩擦桩。道岔区主桥横向布置示意如图 9-11-2 所示。

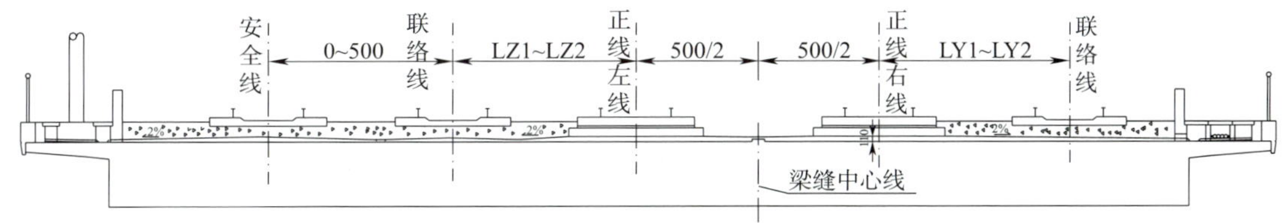

图 9-11-2　道岔区主桥横向布置示意(单位:cm)

9.11.3 施工方法

道岔区连续梁采用支架现浇法施工，连续梁采用悬灌法施工，一般简支梁均为预制架设，如图 9-11-3 和图 9-11-4 所示。

图 9-11-3 道岔区钢筋混凝土连续梁浇筑完成

图 9-11-4 无砟、有砟轨道铺设完成

9.11.4 主要技术经济指标

主要技术经济指标见表 9-11-1。

表 9-11-1 主要技术经济指标

指标类型		数值
结构性能指标	静活载挠度(mm)	1.3/2.9
	梁端转角(rad)	0.3‰
主要工程量	主梁混凝土(m^3)	10 589.0
	普通钢筋(t)	1 816.0

9.11.5 技术特点和创新点

(1)伊通河特大桥为严寒地区最长铁路桥梁，全桥采用无砟轨道，为哈大客运专线的控制性工程。

(2)道岔区主桥桥面布置有双线高铁无砟轨道和 3 线普速有砟轨道，桥面布置及结构受力复杂，国内首次在钢筋混凝土连续梁桥上设置 42 号高速无缝道岔。

9.11.6 获奖情况

(1)哈大客运专线获 2015 年 FIDIC 工程项目优秀奖。

(2)伊通河特大桥设计获 2015 年陕西省优秀工程设计一等奖。

9.12 吉图珲铁路第二松花江特大桥

桥　　名：第二松花江特大桥
工程项目：吉图珲铁路
工程位置：吉林省吉林市
主　　跨：2×96 m
桥　　型：连续梁、框架墩、简支梁
建设单位：长吉城际铁路有限责任公司
设计单位：中铁工程设计咨询集团有限公司
施工单位：中铁大桥局集团有限公司
设计人员：邱柏初　王勇军　刘玉亮　张　华　杨永明
　　　　　郑　辉
通车时间：2015 年 9 月

9.12.1 概　　况

吉图珲铁路穿行于长白山系的崇山峻岭中，设计速度 250 km/h，有砟轨道，双线，线间距 4.6 m。

吉图珲铁路在既有长图线松花江桥上游约 30 m 处跨越第二松花江。第二松花江航道等级为黑龙江水系Ⅳ级航道，通航净高要求 8 m，单向通航净宽 50 m，双向通航净宽 100 m，最高通航水位 187.80 m，最低通航水位 182.985 m。桥址范围第四系地层发育，表层为黏性土、粉土、粉细砂、粗砂、圆砾土、角砾土等地层，桩底为全风化、弱风化凝灰岩。桥址处地震动峰值加速度为 0.10g，地震动反应谱特征周期 0.35 s。

全桥主要跨越点有：嫩江路、解放北路、改建长图线、松江东路、第二松花江、规划滨江东路以及规划雾凇路，珲春侧桥台与吉林隧道进口相连。桥梁跨越嫩江街处，结合嫩江街西侧给水管线迁改要求，采用 48 m 预应力混凝土简支箱梁跨越；考虑城市地下管道及道路限界要求，采用(48＋80＋48) m 预应力混凝土连续梁跨越解放北路，采用(40＋64＋40) m 预应力混凝土连续梁跨越松江东路和规划雾凇路，采用(32＋48＋32) m 预应力混凝土连续梁跨越规划滨江东路。桥梁在 DK1＋736～DK1＋835 处范围内与改建长图线交叉，因交叉角度小，净空受限，采用 16 m 预应力混凝土简支 T 梁＋框架墩方式跨越改建长图线。主桥立面如图 9-12-1 所示。

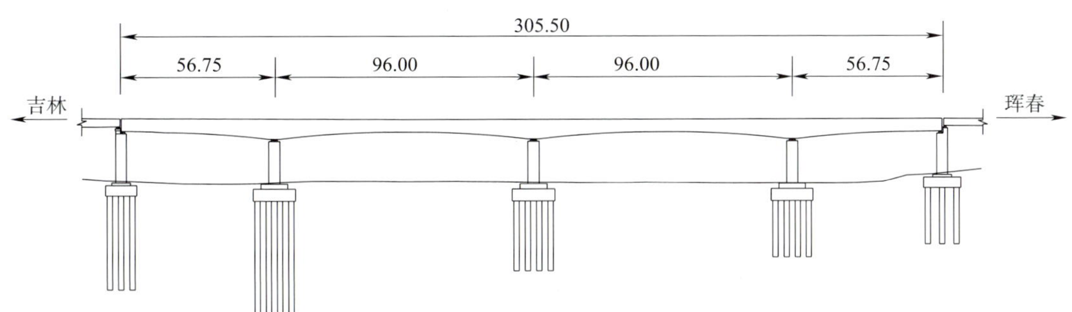

图 9-12-1 主桥立面(单位：m)

9.12.2 结构设计

(1)主桥

考虑通航要求以及与既有桥对孔，主桥结构采用(56.75＋96＋96＋56.75) m 预应力混凝土连续梁，连续梁全长 305.50 m。梁体为单箱单室、变高度、变截面结构；箱梁桥面宽 12.2 m，箱梁底宽 6.4 m，顶板厚度 35.4 cm，底板厚度 40～120 cm，按直线线性变化，腹板厚 60～80 cm、80～100 cm，按折线变化。全联在端支点、中跨跨中及中支点处共设 7 个横隔板，横隔板设有过人孔，以方便养护维修。

中支点梁高 7.29 m，高跨比为 1∶13.2；边直段及跨中处梁高 4.69 m，高跨比为 1∶20.5；如图 9-12-2 所示。

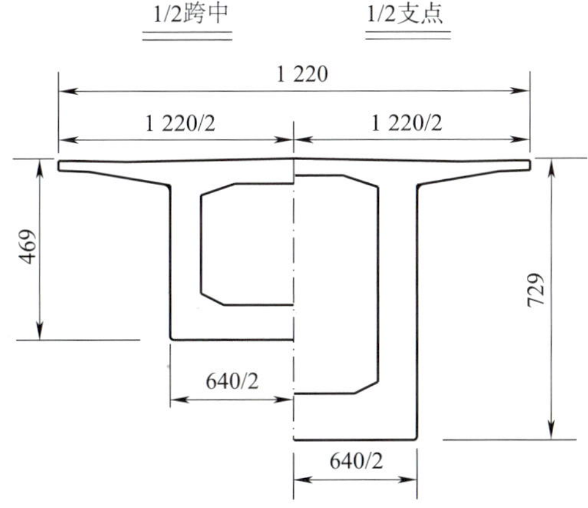

图 9-12-2 主梁边、中支截面图(单位：cm)

(2)下部结构

桥墩主要采用圆端形实体桥墩，根据上部结构孔跨布置和墩身高的不同，其墩身截面直段长和圆端半径按不同尺寸设计。框架墩墩高 17 m，横梁净跨度 13.6～15.6 m，横梁高 2.0 m。因与改建长图线同期施工，框架墩采用支架现浇法施工。

墩台基础均采用桩基础，直径有 1.0 m、1.25 m、1.5 m、2.0 m 四种，桩基根据地质情况分别采用摩擦桩、柱桩两种形式。正线 39 号普通简支梁桥墩桩基位于断裂带上，设计考虑将桩基础适当加强，采用直径 1.5 m 钻孔桩，并加强桩身配筋。

9.12.3 施工方法

主桥预应力混凝土连续梁采用悬臂浇筑法施工。跨越等级道路除跨越嫩江街处采用 48 m 预应力混凝土简支箱梁现浇施工外，其余各预应力混凝土连续梁为减少施工时对城市道路的影响，施工方法均采用悬臂浇筑法施工，如图 9-12-3 所示。

图 9-12-3 梁部施工

主桥桥墩承台以下正线与改建长图线基础合建，墩身分建。水中承台施工采用双臂钢围堰进行防护。

9.12.4 主要技术经济指标

主要技术经济指标见表 9-12-1。

表 9-12-1 主要技术经济指标

指标类型		数值
结构性能指标	主桥竖向挠跨比	1/2 880
主要工程量	主桥梁体混凝土（m^3）	5 944.7
	主桥梁体纵向钢绞线（t）	302.9
	主桥梁体横向、竖向钢绞线（t）	8.7
	主桥梁体普通钢筋（t）	1 301.2

9.12.5 技术特点和创新点

（1）通过选择合理的孔跨方案、桥梁结构形式和基础施工方案，既满足松花江的行洪和通航要求，又满足市政道路和铁路立交的限界要求。桥梁上部结构包含常规简支箱梁、16 m 简支 T 梁、48 m 简支箱梁、道岔连续梁和预应力混凝土连续梁等不同的结构形式。

（2）桥梁跨越改建长图线处因交叉角度小，且净空受限，采用 16 m 预应力混凝土简支 T 梁＋框架墩方式跨越改建长图线（图 9-12-4），降低结构净高，以较低的投资解决了铁路净空受限的问题。

（3）本线位于严寒地区，桥梁水中墩均处于冻融环境，设计中采用不同强度的混凝土和钢筋保护层厚度以适应不同的冻融环境。

（4）本线位于严寒地区，桥梁支座选用球形钢支座，支座具有传力可靠、转动灵活等优点，适应性更好。

图 9-12-4 跨改建长图线框架墩

9.12.6 获奖情况

（1）获 2016 年中国中铁优秀工程设计一等奖。

（2）获 2015—2016 年国家铁路局优秀工程设计一等奖。

9.13　哈齐客运专线扎龙特大桥

桥　　名：扎龙特大桥
工程项目：哈齐客运专线
工程位置：黑龙江扎龙国家级自然保护区
主　　跨：32 m
桥　　型：简支梁
建设单位：哈牡哈佳公司
设计单位：中国铁路设计集团有限公司
施工单位：中铁十三局集团有限公司
设计人员：尚海涛　张文建　商耀兆　郭新伟　康银庚
　　　　　刘孟云　霍智超　吴雪峰
通车时间：2015 年 8 月

9.13.1　概　　况

哈齐客运专线设计速度 250 km/h，采用Ⅰ型板式无砟轨道，双线、线间距 4.8 m，于黑龙江省齐齐哈尔市跨越扎龙国家级湿地自然保护区。扎龙属湿地生态保护区是乌裕尔河河水漫溢而成的一大片永久性淡水沼泽区，属于严寒地区。累年各月极端最高气温 40.8 ℃，累年各月极端最低气温 −36.7 ℃，累年最冷月平均气温 −18.2 ℃，累年最热月平均气温 23.2 ℃。本地区软土地基段落普遍，均为季节性冻土，下覆土层为粉质黏土、黏土、粉砂、砾砂、中砂等。桥址处地震基本烈度为 6 度震区，地震动峰值加速度为 0.05g，场地类别为Ⅲ类，反应谱特征周期为 0.45 s，土壤最大冻结深度 2.72 m。

扎龙特大桥孔跨布置为 10×24 m+944×32 m 双线简支箱梁，全桥长度 31.516 km。该桥并行既有滨洲线，线间距 15～35 m。扎龙特大桥作为哈齐客运专线长度最长且地理环境特殊的桥梁，设计中研究确定了其合理的梁跨形式、基础类型以及控制软土、松软土地段墩台工后沉降的措施，确保了结构的安全性、耐久性及景观效果，该桥为全线甚至整个地区的桥梁建设提供了实践经验和技术积累。部分桥梁立面如图 9-13-1 所示。

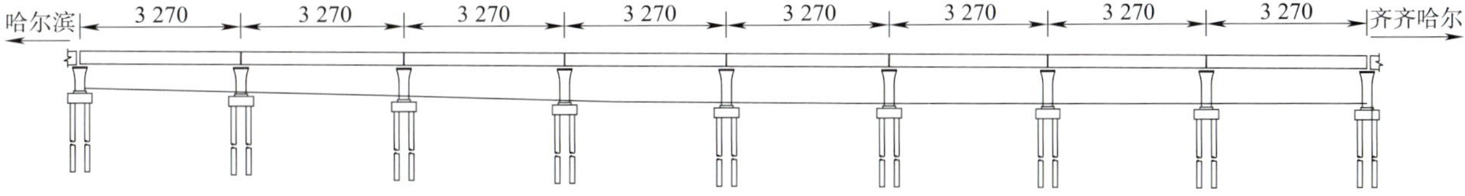

图 9-13-1　部分桥梁立面(单位:cm)

9.13.2　结构设计与施工

结合沿线地质条件、自然环境、施工工艺水平，在满足桥梁结构的刚度、基础沉降、动力性能的前提下，通过经济技术比较，确定本桥采用预应力混凝土双线简支箱梁、双线流线型圆端实体墩和钻孔灌注桩基础，经济、合理且满足周围景观要求，如图 9-13-2～图 9-13-4 所示。

图 9-13-2　薄壁沉井防护施工

双线简支箱梁设置制梁基地，集中预制达到设计强度后，用特制的运梁车运到桥头，用大吨位架桥机整孔(双线)架设。

图 9-13-3 并行既有滨洲线

图 9-13-4 成桥全景

9.13.3 主要技术经济指标

主要技术经济指标见表 9-13-1。

表 9-13-1 主要技术经济指标

指标类型		数值
结构性能指标	24 m 简支梁竖向挠跨比	1/8 393
	32 m 简支梁竖向挠跨比	1/3 795
主要工程量	24 m 双线无砟简支箱梁(孔)	10
	32 m 双线无砟简支箱梁(孔)	944
	墩台混凝土用量(m^3/m)	2.58
	承台混凝土用量(m^3/m)	3.80
	桩基混凝土用量(m^3/m)	8.33

9.13.4 技术特点和创新点

(1)基础沉降控制

扎龙特大桥墩台桩尖以下的土层主要为软塑或可塑的黏土和粉质黏土，压缩模量低且分布不均。设计研究了多种典型软土地段的沉降控制方法，先后进行了打入斜桩桩、注浆加固、短桩、长桩等方案的经济技术比较，最终选用长、短桩方案，分别通过调整梁跨、减小恒载，增加桩根数、缩短桩长或者增加桩长，使桩基位于砂类土或压缩性小的土层中，以满足墩台沉降要求；桥梁支座采用可调高盆式橡胶支座，为后期调整预留条件；设计要求从桩基开始承受竖向恒载开始即对桥梁不同施工阶段进行连续的沉降变形观测和评估，一方面检验理论计算结果，另一方面提出了铺设无砟轨道的合适时机。

(2)严寒地区耐久性的措施

我国东北地区气候寒冷，环境温度变化对混凝土材料的影响显著。设计从减少开裂角度出发，提出严寒条件下混凝土原材料的选择原则；冻结深度以上部分的桥梁墩台、基础添加防冻抗裂防水密实剂，并研究混凝土减缩防裂防水密实剂这一新材料对混凝土抗裂性能的影响；从降低水胶比、减少胶凝材料用量、优化骨料级配等方面入手，提出适用于严寒条件下大体积混凝土制备技术。

9.13.5 获奖情况

获 2016 年全国工程建设项目优秀设计成果二等奖。

9.14　哈大客运专线新开河特大桥

桥　　名：新开河特大桥
工程项目：哈大客运专线
工程位置：吉林省长春市
主　　跨：138 m
桥　　型：钢箱叠拱桥
建设单位：哈大铁路客运专线有限责任公司
设计单位：中铁第一勘察设计院集团有限公司
施工单位：中交隧道工程局有限公司
设计人员：刘彦明　李承根　许振中　陈　侃　许云生　欧阳辉来　刘　琛　何　涛
通车时间：2012 年 12 月

9.14.1　概　　况

哈大客运专线是国家“十一五”规划的重点工程，是我国《中长期铁路网规划》“四纵四横”高速铁路网中京哈高速铁路的重要组成部分，是世界首条高纬度严寒地区高速铁路，起自哈尔滨西站，终于大连北站。设计荷载采用 ZK 荷载，速度目标值为 350 km/h，正线采用无砟轨道。本桥地层主要为人工填土、第四系全新统冲积层淤泥质粉质黏土、粉质黏土、粉土、细砂、中砂、粗砂、砾砂；第四系中更新统黏质黄土；下伏白垩系下统泥岩夹砂岩。桥址地震动峰值加速度 0.10g，特征周期 0.45 s。

新开河特大桥在长春市跨越市区道路—富民大街，该路为双向八车道，路宽 80 m，与线路斜交 59°，建筑高度受立交净空和线路高度控制，采用 138 m 跨度的钢箱双层叠拱桥跨越。本桥是国内首次采用的新型拱桥结构，也是同期国际上同类桥梁中的跨度最大、位于最严寒地区的桥梁。主桥立面如图 9-14-1 所示。

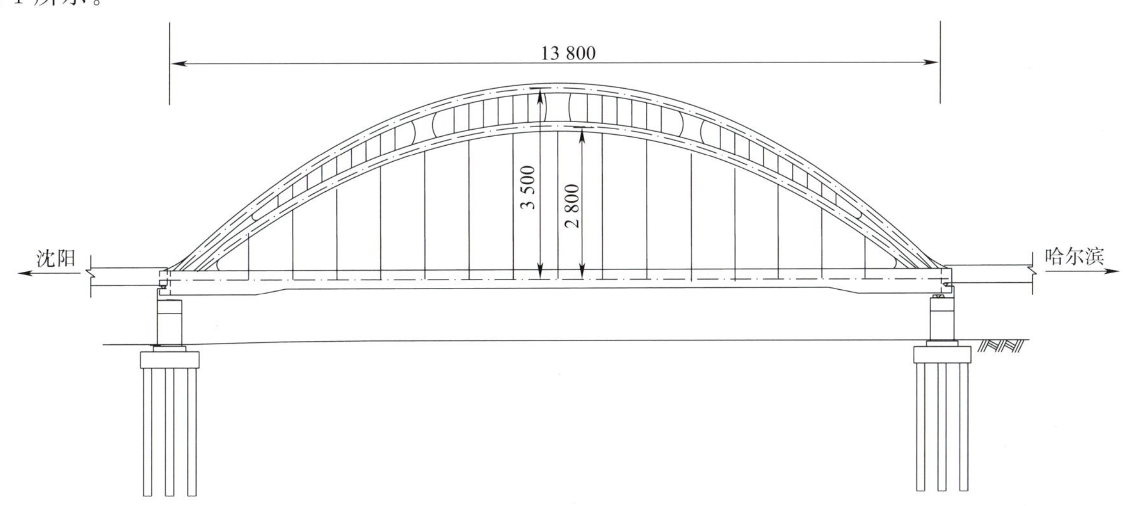

图 9-14-1　主桥立面(单位：cm)

9.14.2　结构形式

拱轴线采用二次抛物线，上拱矢跨比 1/4、下拱矢跨比 1/4.82，即上拱 $l=140$ m、$f=35$ m，下拱 $l=135$ m、$f=28$ m，吊杆间距 8 m；上下拱肋采用宽度 2 m、高度 1.8 m 的等截面钢箱；系梁采用等宽变高度钢箱，梁宽 2 m、梁高 3.4～4.5 m；全桥对应轨道下方设置 4 道等高工形纵梁，梁高 2.2 m、翼板宽度 0.8 m，两纵梁之间的中心距 2 m；中横梁采用等高工字钢梁，梁高 3.4 m、翼板宽度 0.8 m，相邻横梁之间的中心距除辅助横梁为 5 m 外其余均为 8 m；端横梁采用等高钢箱，梁高 4.5 m、梁宽度 6.5 m；为减少因梁端转角引起梁端竖向位移，端横梁内移 1.95 m；横向两榀拱肋之间设三道 X 横撑，横撑纵向间距 24 m，横撑采用等高度钢箱，梁高 0.9 m、梁宽度 0.9 m；上、下拱肋之间连杆采用强度等级为 460 MPa 实心圆钢连接，直径 100 mm、间距 2.667 m；拱肋与系梁间吊杆采用强度等级为 460 MPa 实心圆钢连接，直径 130 mm，间距 8 m；桥面板采用强度等级为 C50 的无收缩混凝土，厚度 32 cm；拱肋、系梁、纵横梁、横撑、横隔板及上下拱肋联结板均采用 Q370qE 钢材。耳板、拱脚加载试验如图 9-14-2 所示。

图 9-14-2　耳板、拱脚加载试验

9.14.3　施工方法

主桥桩基及墩身施工→施工临时墩及支架→架设系梁→分段吊装钢纵梁、横梁→横放工字钢横梁，上铺 20 mm 厚钢板，形成临时运梁通道→过运梁车及架桥机→安装拱脚段→搭设支架→架拼装拱肋→安装横撑修补拱肋涂装→拆除拱肋支架→安装吊杆→施加吊杆初张力→现浇桥面板→施工桥面系。部分施工如图 9-14-3 和图 9-14-4 所示。

图 9-14-3　吊装上拱肋 1 号段

图 9-14-4　横撑吊装

9.14.4　主要技术经济指标

主要技术经济指标见表 9-14-1。

表 9-14-1　主要技术经济指标

指标类型		数值
结构性能指标	竖向挠跨比	1/5 610
	梁端转角(rad)	0.88‰
	横向挠跨比	1/18 904

续上表

指 标 类 型		数 值
主要工程量	拱肋(t)	1 334.0
	圆钢吊杆(t)	57.0
	系梁及其他钢料(t)	2 592.0

9.14.5 技术特点和创新点

(1)国内第一座应用实体圆钢吊杆的铁路桥梁。

(2)首次对大跨双箱叠拱拱脚合理构造进行试验研究。

(3)世界上第一座铺设无砟轨道的钢箱叠拱桥。

(4)首次对高速铁路大跨度钢箱叠拱进行动力仿真分析研究。

9.14.6 获奖情况

(1)获 2013 年中国铁道学会科学技术一等奖。

(2)获 2013 年中国施工建筑业协会科学技术特等奖。

(3)获 2014 年中国铁建优秀工程设计一等奖。

(4)哈大客运专线获 2015 年 FIDIC 工程项目优秀奖。

9.15 兰新客运专线跨乌鲁木齐河特大桥

桥　　名：跨乌鲁木齐河特大桥
工程项目：兰新客运专线
工程位置：新疆维吾尔自治区乌鲁木齐市区
主　　跨：128 m
桥　　型：简支钢管混凝土拱
建设单位：兰新铁路新疆有限公司
设计单位：中铁第一勘察设计院集团有限公司
施工单位：中铁大桥局集团有限公司
设计人员：赵会东　吴少海　徐永利　李小军　何　涛
　　　　　杨正华　许云生　周有权
通车时间：2014 年 12 月

9.15.1 概　　况

兰新客运专线设计时速 250 km,线间距 5.0 m,ZK 活载。乌鲁木齐河特大桥位于新疆维吾尔自治区乌鲁木齐市境南郊,为跨越燕儿窝路、河滩路、乌鲁木齐河及和平渠、兰新铁路、雅山南路而设。桥址极端最高气温 42.1 ℃,极端最低气温 −41.5 ℃,最大定时风速达 34.9 m/s。桥址范围内地层主要为第四系全新统人工填土;第四系上更新统洪积粉土、细圆砾土、粗圆砾土、卵石土;三叠系下中统砂岩夹砾岩。桥址范围内地质构造不发育。地震动峰值加速度为 0.20g,动反应谱特征周期为 0.40 s。

跨河滩路高等级公路主桥采用 128 m 简支系杆拱,其他采用常用跨 32 m、24 m 标准简支梁及56~80 m 常用跨度的预应力混凝土连续梁。主桥立面如图 9-15-1 所示。

9.15.2 结构形式

乌鲁木齐河主桥位于平、竖曲线内,平面半径 R=2 800 m,竖向位于 −20‰和 5‰坡度差形成的竖曲线上,按刚性系杆刚性拱设计。系梁采用预应力混凝土简支箱梁,横截面为单箱双室截面。拱肋为

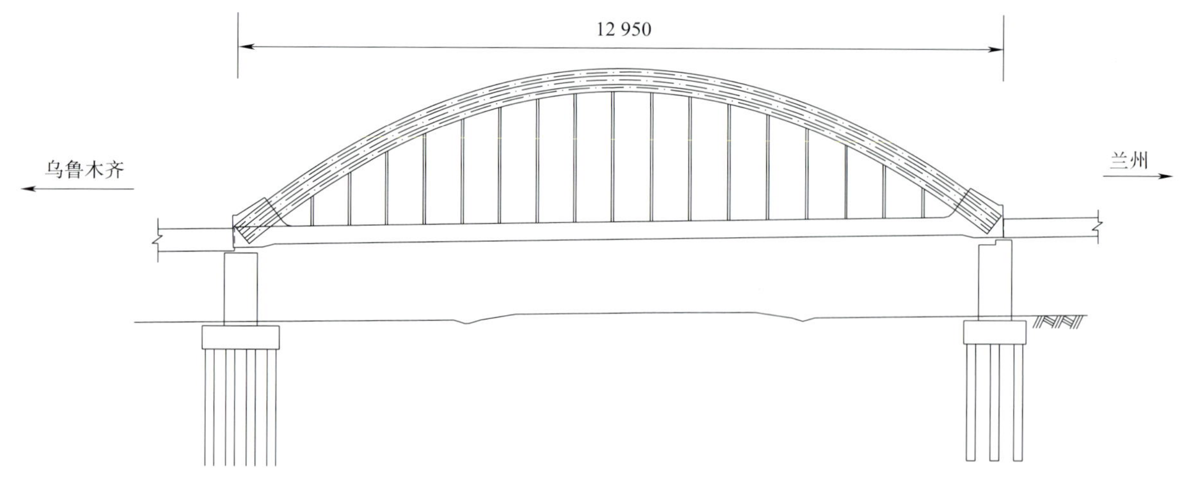

图 9-15-1 主桥立面(单位:cm)

钢管混凝土结构，拱轴线采用二次抛物线，矢跨比 $f/l=1/5$，矢高 $f=25.6$ m，理论计算跨度 $l=128$ m。

系梁采用预应力混凝土简支箱梁，横截面为单箱双室截面，按全预应力混凝土进行设计，全长 132.5 m。系梁除梁端局部加高至 3.5 m 外，其余梁高均为 3.0 m。跨中系梁顶宽 15.0 m，底宽 13.0 m，拱脚处一定范围内梁底加宽至 15.6 m，顶宽加宽至 16.1 m。系梁跨中边腹板 55 cm，中腹板厚 40 cm，拱脚处分别加厚至 185 cm 和 130 cm。系梁跨中顶、底板厚分别为 40 cm 和 35 cm，端部分别加厚 100 cm 和 80 cm。系梁端支点处设厚度 5.0 m 的横隔墙，并开设 1.5 m×1.2 m(宽×高)的过人洞。边、中腹板沿桥纵向每隔 3.0 m 左右设 ϕ10 cm 通风孔一处。截面示意如图 9-15-2 所示。

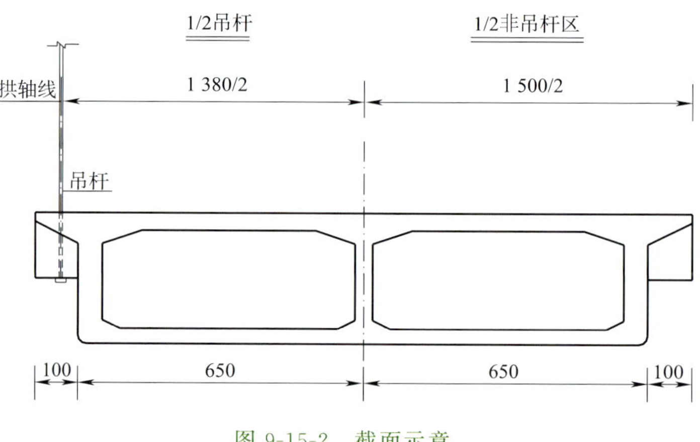

图 9-15-2 截面示意

横桥向设置两道拱肋，拱肋中心间距 13.8 m。拱肋采用外径 130 cm，壁厚 $\delta=20$ mm 的钢管混凝土哑铃形截面，钢管材质采用 Q345qE，钢管内灌注 C55 微膨胀混凝土，拱肋上下钢管中心距 2.6 m，拱肋截面高 3.9 m。拱肋上下弦管之间连接缀板 $\delta=20$ mm，缀板间距由 130 cm 渐变至 70 cm，缀板间除拱脚面以外 2 m 范围及吊杆纵向 1.5 m 范围灌注混凝土外其余均不灌注混凝土。拱肋之间共设 6 组 K 撑，每道 K 撑均为空钢管结构。K 撑中的横撑上、下弦管采用外径 ϕ800、壁厚 $\delta=12$ mm 的钢管，K 撑中上、下斜管采用外径 ϕ600、壁厚 $\delta=10$ mm 的钢管。

两片拱肋共设 17 对吊杆，吊杆垂直于系梁，第一对吊杆距离支点 14.4 m，其余吊杆中心间距均为 6.2 m。每处吊杆均由双根 85 丝 ϕ7 的环氧喷涂平行钢丝束组成，双吊杆之间纵向间距 50 cm，每处吊点系梁设 0.35 m 厚的隔板。在距梁顶 4 m 范围内，于吊杆 PE 护套外，加设 0.8 mm 厚的不锈钢管予以防护。吊杆上端锚于拱肋，对应吊杆处，拱肋设置钢锚箱，箱梁外侧翼缘板下设置高 1.5 m 梯形锚固块用于锚固吊杆，吊杆张拉端设在系梁下端。

桥墩采用钢筋混凝土双柱墩，墩柱为 5 m×5.6 m(横向×纵向)的矩形截面，桥墩顶帽尺寸为 18 m×5.6 m(横向×纵向)。基础采用钻孔灌注桩基础。

9.15.3　施工方法

图 9-15-3　拱肋施工

主桥采用先梁后拱的施工方法，系梁采用支架上分段现浇施工，钢管拱肋在系梁及支架上拼架上分段现浇施工，钢管拱肋在系梁及支架上拼装合龙，如图 9-15-3～图 9-15-5 所示。施工流程：施工准备→搭设支架→支架上分段现浇施工系梁及拱座→钢管拱肋施工→吊装横梁→安装吊杆→桥面系→附属设施。

图 9-15-4　拱桥冬季过冬

图 9-15-5　主桥全景

9.15.4　主要技术经济指标

主要技术经济指标见表 9-15-1。

表 9-15-1　主要技术经济指标

指标类型		数值
结构性能指标	主桥竖向挠跨比	1/5 818
	梁端转角(rad)	0.87‰
主要工程量	系梁混凝土(m^3)	2 965.0
	钢管拱钢材(t)	628.0
	吊杆(t)	31.5

9.15.5　技术特点和创新点

(1)128 m 简支拱桥是目前国内严寒地区采用平行吊杆体系跨度最大的高速铁路简支系杆拱桥。

(2)通过梁拱刚度比优化，并采取拱桥端横梁局部开槽，将简支梁嵌入方式，不增加构造尺寸前提下，满足了大温差严寒地区无砟轨道的梁端转角要求。

(3)通过对超低温下焊接工艺试验，实现了－47 ℃下 Q345qE 钢材焊接接头纵向冲击功达到 47 J 的要求，该焊接接头低温冲击韧性较规范要严。

(4)开展了钢管混凝土收缩徐变对比试验，解决了大温差、严寒地区钢管混凝土收缩徐变大的难题，保证了管内高强混凝土的性能。

(5)桥墩采用双柱式钢筋混凝土桥墩，并采用弹塑性限位装置，减少了罕遇地震下桥墩结构的受力，满足了双柱式钢筋混凝土桥墩延性设计的需要。

9.15.6　获奖情况

(1)获 2016 年中国铁建优秀工程设计三等奖。

(2)兰新客运专线(新疆段)获 2017 年第十五届中国土木工程詹天佑奖。

9.16 哈齐客运专线松花江特大桥

桥　　名：松花江特大桥

工程项目：哈齐客运专线

工程位置：黑龙江省哈尔滨市

孔跨布置：（77＋3×156.8＋77）m

桥　　型：系杆拱连续梁组合体系

建设单位：哈齐铁路客运专线有限责任公司

设计单位：中国铁路设计集团有限公司

施工单位：中铁二十二局集团有限公司

设计人员：苏　伟　杨欣然　王召祜　张　雷　张文建　尚海涛

通车时间：2015 年 8 月

9.16.1 概　　况

哈齐客运专线于哈尔滨市道外区与松北区之间、既有滨洲线下游 50 m 处跨越松花江，桥位处属松花江冲积平原，地势平坦开阔，松花江水面较宽，河床坡降较小，河道蜿蜒曲折，河谷宽阔平坦，地势低洼。下覆土层为第四系人工堆积层及全新统冲积层、第四系上更新统冰水冲积层及第三系上新统泰康组泥岩及砂岩。累年各月极端最高气温 39.2 ℃，极端最低气温 －37.7 ℃。桥址区地震基本烈度为 6 度，地震动峰值加速度为 0.05g，土壤最大冻结深度为 2.05 m。

松花江特大桥主桥为四线铁路桥，其中双线为新建哈齐客运专线，双线为改建滨州线，哈齐客运专线设计速度 200 km/h，改建滨洲线设计速度 160 km/h，四线铁路均采用有砟轨道，哈齐客运专线双线间距 4.4 m，改建滨洲线双线间距 4.4 m，哈齐客运专线与改建滨洲线相邻线路线间距为 8 m。

松花江特大桥主桥轴线与松花江水流线基本正交。松花江属黑龙江水系，桥位处常水位河面宽约 1 000 m，自然情况下百年一遇设计流量为 17 900 m^3/s，考虑丰满水库影响后对应的百年一遇设计水位为 120.78 m。松花江主槽应满足国家Ⅲ级航道黑龙江水系航道标准，净宽不小于 95 m、净高 13 m，需设置主通航孔两孔，备用通航孔 1～2 孔，最高通航水位为 119.73 m。主桥孔跨布置为（77＋3×156.8＋77）m 四线系杆拱连续梁，引桥采用 20～34 m 简支箱梁和 64～100 m 常用跨度连续梁，桥梁全长 3 460.94 m。主桥立面如图 9-16-1 所示。

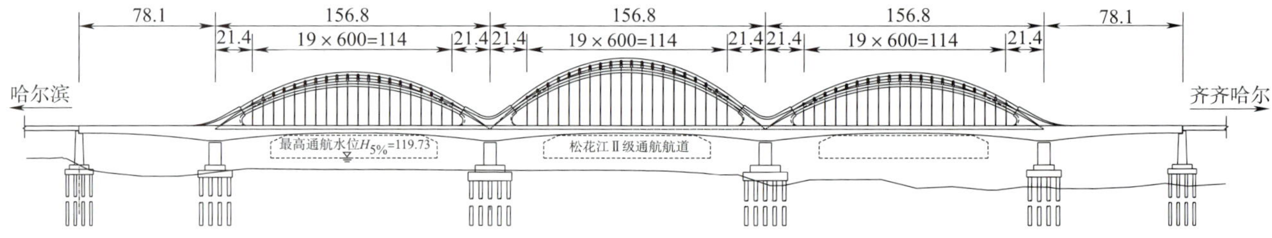

图 9-16-1　主桥立面（单位：m）

9.16.2 结构设计

主桥采用（77＋3×156.8＋77）m 预应力混凝土连续梁与三个主跨钢管混凝土加劲拱组合结构体系。

（1）梁部结构

主跨跨中 12.0 m 直线段及边跨 5.55 m 直线段梁高为 4.2 m，中支点处梁高 8.6 m，梁底下缘按二次抛物线变化，主梁采用单箱四室、直腹板、变高、变截面结构，箱梁顶宽 29.4 m，底宽 23.6 m。全桥共设置隔板 70 道，横隔板设有过人孔。

钢管混凝土拱拱轴线方程采用二次抛物线，横桥向采用三片不等高拱加劲，边主跨的边拱矢高 26.0 m，中拱矢高 31.0 m，中主跨的边拱矢高 34.0 m，中拱矢高 39.0 m。拱管内灌注 C50 补偿收缩混凝土。拱肋采用哑铃形钢管混凝土结构，拱肋间横向联结系采用密布一字形横撑，对应每根吊杆布置，全桥横撑共 84 根，如图 9-16-2 所示。

（2）支座

支座采用球形钢支座，最大设计荷载 200 000 kN，单个支座最大质量达到 168 t。

（3）墩台基础

主桥桥墩为四线 V 形挖孔圆形连体桥墩，单墩最大直径 7 m、整体宽度 23.6 m、高度 18 m。其余桥墩均采用圆端形实体桥墩，桥墩直径 2.0～2.8 m，宽度 6 m，桥墩高度 3～18 m，桥台采用双线一字形桥台。

全桥桩基础均采用钻孔灌注桩成桩，最小桩径 1.0 m，最大桩径 2.0 m，最大桩长 90 m。

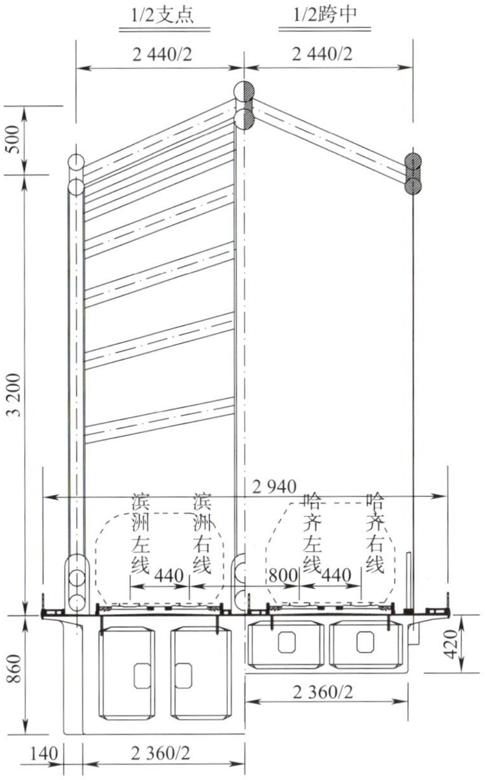

图 9-16-2　中跨主梁断面图(单位：cm)

9.16.3　施工方法

主桥采用先梁后拱的施工方法，主梁挂篮悬臂浇筑完成后，在梁上搭设支架拼装拱肋，并在梁面张拉吊杆。

主梁 0 号块节段长度 20.8 m，体积 2 937 m^3，其他节段采用挂篮悬臂浇筑施工方法、单侧单个悬臂节段最大质量 860 t。钢管拱质量 3 930 t，拱内混凝土 3 958 m^3，全桥钢管拱分为 101 个节段在厂内分段预制，然后在梁体面安装钢管支架作为钢管拱拼装托架，将加工好的钢管拱节段运至现场后使用大吨位吊车将钢管拱拼装就位，如图 9-16-3～图 9-16-6 所示。

图 9-16-3　主梁施工

图 9-16-4　拱肋施工

图 9-16-5　成桥实景

图 9-16-6　新老两座松花江铁路大桥

9.16.4 主要技术经济指标

主要技术经济指标见表 9-16-1。

表 9-16-1 主桥主要技术经济指标

指标类型		数值
结构性能指标	边跨竖向挠跨比	1/5 161
	梁端转角(rad)	0.54‰
主要工程量	主梁混凝土(m^3/m)	68.8
	预应力钢绞线(t)	3 156.9
	钢管拱混凝土(m^3)	3 958.6
	钢管拱钢材(t)	3 468.9
	吊杆(t)	247.8

9.16.5 技术特点和创新点

(1)主桥采用五跨连续、多矢跨比的梁拱组合结构，是国内外首座四线、五跨连续梁拱桥。主桥不同主跨拱肋不等高、各主跨横向三片拱不等高的设计造型形成了远近高低各不同、错落有致的景观效果。

(2)首次提出了双线 ZK 活载和双线中—活载的活载组合系数，填补了规范的空白。

(3)通过对多腹板、宽截面箱梁的空间受力行为计算分析，解决了多腹板受力、宽截面箱梁多支座布置的关键问题，具有创新性。

(4)主桥混凝土体量大，桥上活载重，首次研究采用了承载力为 200 000 kN 的超大吨位铁路球形钢支座。

9.16.6 获奖情况

(1)获 2017 年中国铁道学会科学技术三等奖。

(2)获 2017—2018 年国家铁路局优秀工程设计一等奖。

9.17 阿富准铁路喀腊塑克水库特大桥

桥　　名：喀腊塑克水库特大桥
工程项目：阿富准铁路
工程位置：新疆维吾尔自治区富蕴县
主　　跨：270 m
桥　　型：矮塔斜拉桥
建设单位：乌局哈密指挥部
设计单位：中铁第一勘察设计院集团有限公司
施工单位：中铁十局集团有限公司
设计人员：张小坤　殷俊章　吴少海　刘红绪　邓创成
　　　　　谢小兰　姜宁宁　刘骞儒
通车时间：2020 年 9 月

9.17.1 概　况

阿富准铁路正线长约 420.4 km，设计标准国铁Ⅰ级，单线，设计时速 120 km。喀腊塑克水库特大桥位于富蕴县境内喀腊塑克水利枢纽淹没区，水库水面宽约 402 m，水最深处达 64 m。两岸山体基岩出露，右岸阿勒泰侧山势较缓，自然坡度 30°，左岸富蕴侧岸边山势陡峻，切割强烈，自然坡度 65°，线路路肩与沟底的高差 102 m。

喀腊塑克水库特大桥孔跨布置 9×32 m+(140+270+140) m 矮塔斜拉桥+4×32 m 预应力混凝土梁桥，主跨采用双索面双塔扇形索布置，塔梁固结、塔墩分离的连续梁体系。主体立面如图 9-17-1 所示。

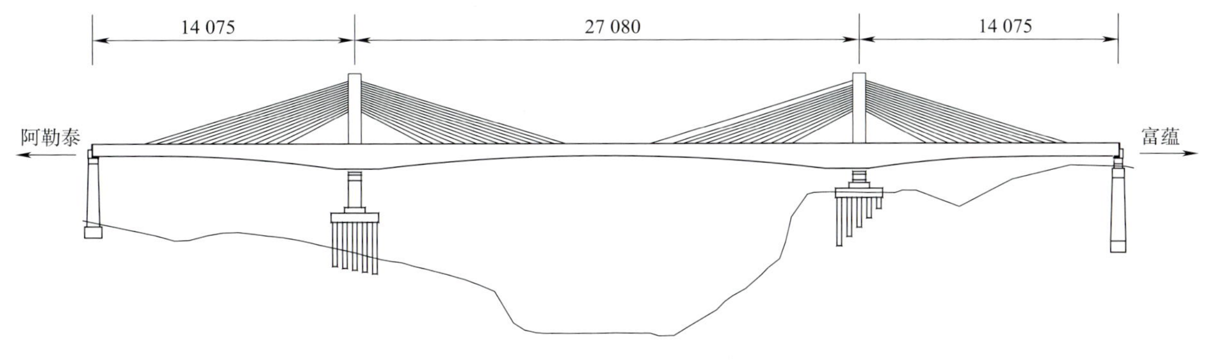

图 9-17-1　主桥立面(单位：cm)

9.17.2　结构形式

(1)主梁

梁体采用变高度混凝土箱梁，单箱单室直腹板箱型截面，中支点梁高 14.0 m，边支点梁高 7.0 m；梁体下缘按 1.8 次抛物线变化，抛物线方程为 $y=0.001\,211x^{1.8}$；箱梁顶宽 9.0 m，底宽 8.5 m；箱梁顶板厚 0.6 m，底板厚 0.5～1.2 m，边腹板厚 0.55～0.95 m，如图 9-17-2 所示。梁体端部设置 1.5 m 厚隔墙，中部设置 4.8 m 厚隔墙。梁体设计为纵、横、竖三向预应力体系，纵向按全预应力构件设计。纵、横向预应力采用钢绞线，竖向采用预应力混凝土用螺纹粗钢筋。

(2)主塔

桥塔高度为桥面以上 38 m，钻石形结构，截面为 7.0 m(纵向)×3.0 m(横向)的矩形，桥塔上部放坡比例 1∶12.5，底部收坡比例 1∶26.4，如图 9-17-3 所示。

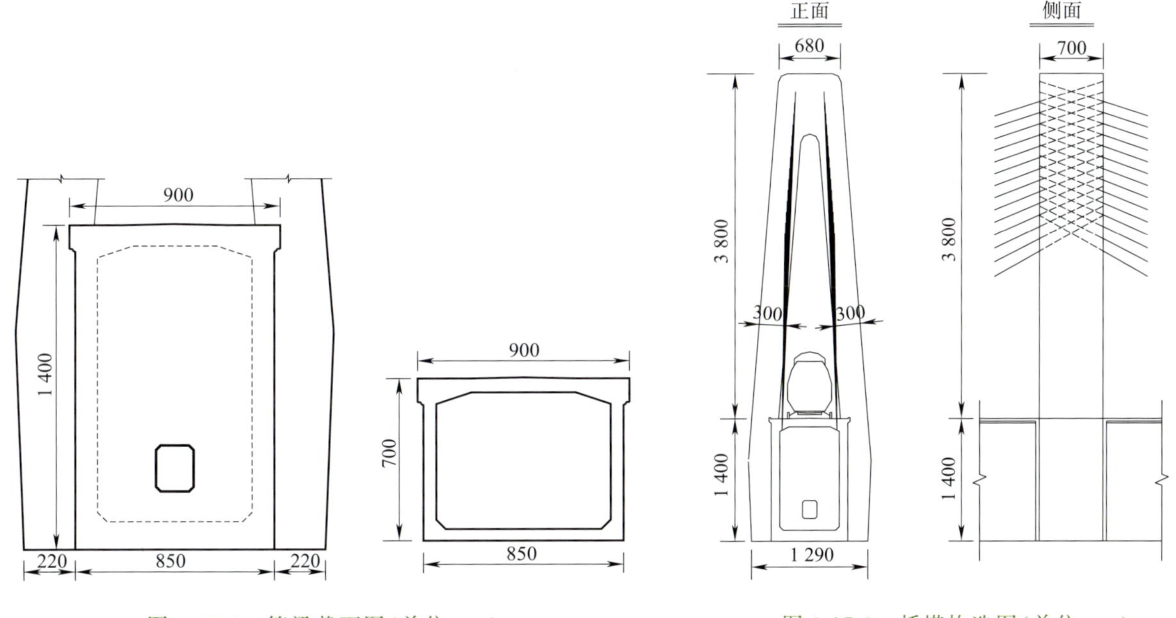

图 9-17-2　箱梁截面图(单位：cm)

图 9-17-3　桥塔构造图(单位：cm)

(3)斜拉索

斜拉索采用双索面扇形布置，全桥设置 56 对共 112 根拉索，梁上拉索水平间距 6.0 m，塔部斜拉索竖向间距 1.2 m。

（4）下部结构

主墩采用矩形实体墩，边墩采用圆端形桥墩，桩基采用不等长柱桩基础。

9.17.3 施工方法

施工流程：施工准备→施工栈桥→水中钻孔平台及钢套箱施工→桩基础及承台→墩身→浇筑梁部0号块→梁部梁段、桥塔、拉索施工→合龙边跨、中跨→桥面系→附属设施。部分施工如图9-17-4～图9-17-6所示。

图9-17-4 栈桥施工

图9-17-5 施工1号梁段

图9-17-6 张拉第一对索

9.17.4 主要技术经济指标

主要技术经济指标见表9-17-1。

表9-17-1 主桥主要技术经济指标

指标类型		数值
结构性能指标	竖向挠跨比	1/1 378
	梁端转角(rad)	1.6‰
主要工程量	主梁混凝土(m^3)	13 700.0
	预应力钢绞线(t)	820.0
	桥塔混凝土(m^3)	4 220.0
	拉索(t)	155.0
	桥墩混凝土(m^3)	2 450.0

9.17.5 技术特点和创新点

（1）为我国目前最大跨度单线铁路部分斜拉混凝土桥。

（2）本桥桥址处地震烈度高，两主墩墩身线刚度相差较大，抗震受力复杂，梁底采用140 000 kN双曲面减隔震支座，有效减小了下部结构工程量。

(3)地处新疆北部严寒地带，采用塔梁固结、塔墩分离的连续梁体系，使由温度力产生的墩顶反力得到有效释放。

(4)该桥主墩位于水库深水区，攻克了水库深水区桥梁基础施工难题。

9.18　中俄同江黑龙江铁路特大桥

桥　　名：同江黑龙江铁路特大桥
工程项目：中俄同江黑龙江铁路特大桥及相关工程
工程位置：黑龙江省同江市
主　　跨：144 m
桥　　型：简支钢桁梁
建设单位：同江中俄铁路大桥工程建设指挥部
设计单位：中国铁路设计集团有限公司
施工单位：中铁大桥局集团有限公司
设计人员：张　雷　王召祜　苏　伟　孙大斌　吴长发
张海荣　张　上　李恩良
通车时间：2020 年 7 月(中国段)

9.18.1　概　　况

中俄同江黑龙江铁路特大桥主桥设计速度 80 km/h，桥面轨道采用轨距分别为 1 435 mm 与 1 520 mm 的单线无砟套轨形式，可分别通行中国列车(中—活载)和俄罗斯列车(俄 CK 活载)，于黑龙江省同江市跨越黑龙江主河道。桥位处属黑龙江冲积平原，地形较为平缓，同时也是我国高纬度严寒地区，历年极端最高气温 37.2 ℃，极端最低气温 −37.7 ℃，平均封江期达 150 d 左右。主要地层为第四系全新统新近沉积的冲积层及第四系全新统冲积层，以中粗砂及砾石土层为主。桥址区地震基本烈度为 6 度，地震动峰值加速度为 0.05g。

中俄同江黑龙江铁路特大桥主桥轴线与黑龙江水流线基本正交，黑龙江主河道宽约 2 200 m，百年一遇设计流量 44 000 m^3/s，Ⅱ级航道。大桥全长 7 193.73 m，其中中方负责设计、建造的桥长为 6 865.15 m，主桥采用 1 孔 144 m 和 16 孔 108 m 简支钢桁梁桥，引桥采用 152 孔 32 m 预应力混凝土简支箱梁；俄方负责设计、建造的桥长为 328.58 m，采用 132 m、108 m 及 60 m 简支钢桁梁各 1 孔；该桥是第一座跨越中、俄界河—黑龙江的铁路大桥。主桥立面如图 9-18-1 和图 9-18-2 所示。

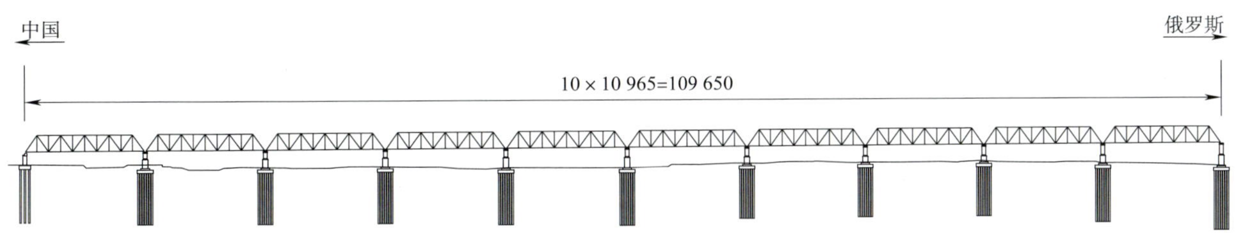

图 9-18-1　主桥立面图(一)(单位：cm)

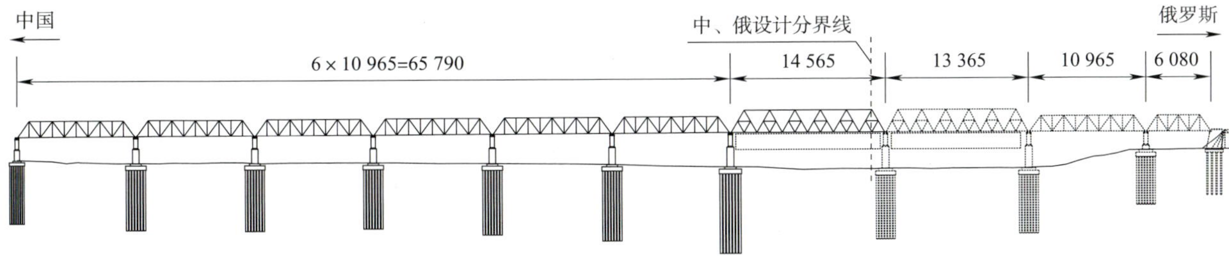

图 9-18-2　主桥立面图(二)(单位：cm)

9.18.2 结构设计

(1)主梁

中方设计施工的 144 m 钢桁梁立面形式采用三角再分形桁架，桁高 21 m，节间长 12 m，主桁横向中心距 8 m。在下弦各节点处设置横梁，间距 12 m。

108 m 钢桁梁立面采用华伦桁式，桁高 15 m，除端部节间长 10.5 m 外，其余节间长 11 m，主桁横向中心距 8 m。在下弦各节点处设置横梁，间距为 10.5 m 和 11 m。

全桁杆件均采用高强螺栓连接。钢桁梁结构如图 9-18-3 和图 9-18-4 所示。

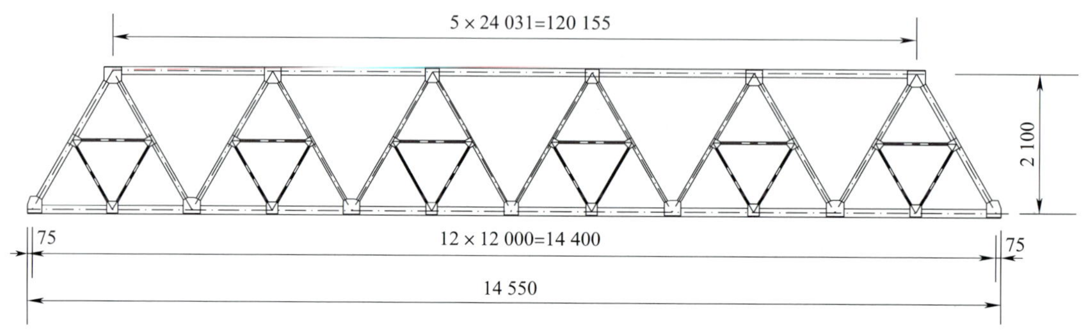

图 9-18-3　144 m 钢桁梁结构图(单位：cm)

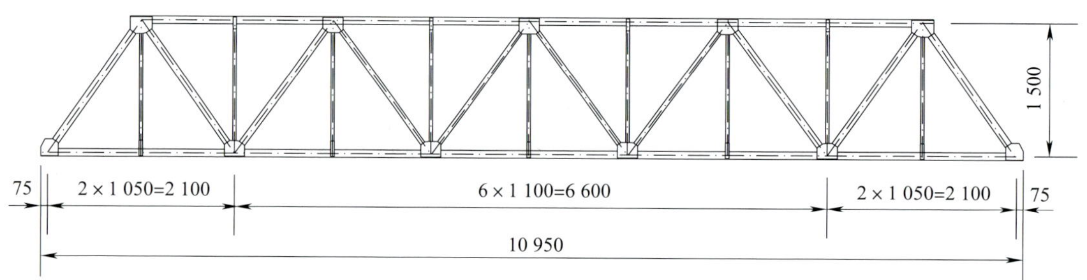

图 9-18-4　108 m 钢桁梁结构图(单位：cm)

(2)桥面系

钢桁梁的桥面系与下平纵联采用了新型结构形式(图 9-18-5)，将下平纵联杆件与纵梁下翼缘连接，纵梁通长而不断开，从而使桥面系与下平纵联形成联合体系，共同参与桁梁整体受力与变形。为进一步提高纵梁与下弦杆在纵向变形的一致性，在端部设置了强劲的撑杆。该种体系具有明显技术优势，一是整体性较好，纵梁与下弦杆纵向变形一致，横梁面外变形小；二是纵梁不必设置复杂的断开构造，方便检查维护。桥面布置如图 9-18-6 所示。

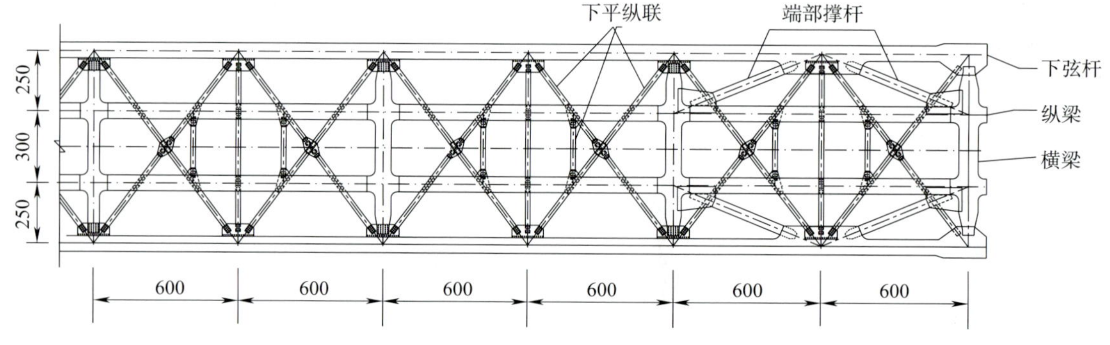

图 9-18-5　桥面系布置图(单位：cm)

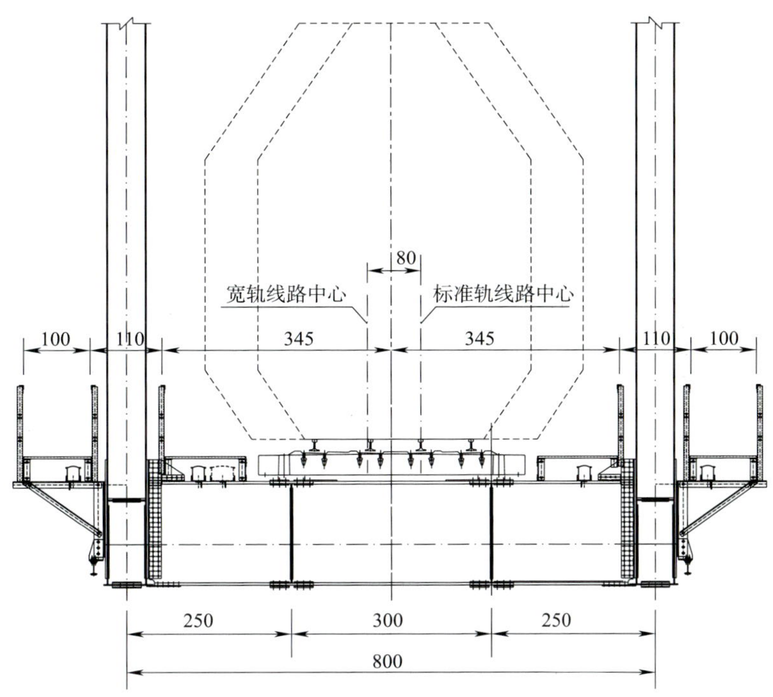

图 9-18-6　桥面布置图(单位:cm)

图 9-18-7　新型无砟轨道"套轨"

钢桁梁上采用了新型无砟轨道形式(图 9-18-7),将宽的钢筋混凝土轨枕板,通过支承垫块和螺栓固定在桥面系纵梁上。该种结构显著降低了桥面二期恒载,避免以往混凝土结合桥面板容易受拉开裂的问题,采用标准化预制装配施工。轨道采用轨距分别为 1 435 mm 与 1 520 mm 的单线套轨形式。

(3)桥墩及基础

主桥桥墩采用钢筋混凝土实体圆端形桥墩,下段墩身迎水面设计为船头状截面,并设置破冰凌构造,通航孔桥墩考虑船撞击力。基础采用钻孔灌注桩,桩径分别采用 ϕ150 cm、ϕ200 cm。主桥承台设置在河床以下。

针对跨境桥梁的特点,全桥结构设计同时采用中、俄两国规范设计验算,同时满足两国设计规范要求。

9.18.3　施工方法

深水桥墩基础采用双壁钢围堰施工方式。

144 m 跨钢桁梁采用膺架法进行架设施工。利用固定在 600 t 铁驳上的 75 t 履带吊施工墩间架梁支架,在支架上拼装钢梁。杆件总体拼装顺序为下弦杆→小节间纵横梁(整体吊装)→斜腹杆→上弦杆→横联、平联。

108 m 跨钢桁梁采用支架配合履带吊机或架桥机散拼架设方案。在墩位处搭设架梁支架,陆上利用汽车运输钢梁配合 150 t 履带吊机逐孔架设;水中采用栈桥运输钢梁,架桥机配合支架进行逐孔架设。

施工如图 9-18-8～图 9-18-11 所示。

图 9-18-8　江中栈桥及基础施工平台

图 9-18-9　144 m 钢桁梁拼装

图 9-18-10　108 m 钢桁梁拼装

图 9-18-11　成桥远景

9.18.4　主要技术经济指标

主要技术经济指标见表 9-18-1。

表 9-18-1　主桥主要技术经济指标

指标类型		数值
结构性能指标	144 m 梁竖向挠跨比	1/2 236
	144 m 梁梁端转角(rad)	2.2‰
	108 m 梁竖向挠跨比	1/2 168
	108 m 梁梁端转角(rad)	2.0‰
主要工程量	144 m 梁用钢量(t/m)	9.94
	108 m 梁用钢量(t/m)	7.41

9.18.5　技术特点和创新点

(1)144 m 主桁采用的三角再分形桁式，具有鲜明的结构特色。

(2)钢桁梁的纵梁连续、下平纵联与纵梁及横梁联结并参与主桁共同作用，在国内为首次采用。

(3)桥面采用能够通行不同轨距中、俄列车的单线套轨形式，桥梁设计同时满足中、俄两国设计规范要求。

(4)在纵、横梁上铺设无砟轨道板结构形式，在国内为首次采用。

(5)根据该桥所处严寒环境提出了钢材交货技术条件以及钢结构焊接低温冲击韧性技术要求。

9.19　改建铁路滨北线松花江公铁两用桥

桥　　名：松花江公铁两用桥
工程项目：改建铁路滨北线
工程位置：黑龙江省哈尔滨市
主　　跨：144 m
桥　　型：钢桁梁
建设单位：哈尔滨铁路局
设计单位：中铁第五勘察设计院集团有限公司
施工单位：中铁大桥局集团有限公司
设计人员：苏国明　刘桂红　胡　明　王合希　续宗宝
　　　　　刘　俊　高　磊　薛宪政
通车时间：2016 年 10 月

9.19.1　概　　况

改建铁路滨北线设计速度 120 km/h，有砟轨道，双线，线间距 5.0 m，于黑龙江省哈尔滨市境内跨越松花江。桥址位于松花江两岸滩地及一级阶地，地势平坦。松花江属于封冻性河流，具有明显的季节性和地域性，通航净高满足Ⅲ级航道通航净高 10 m 和现有实际船舶的要求，通航净宽按满足Ⅲ级航道单孔单线通航 95 m 的要求。桥址范围地层主要为第四系砂类土、碎石类土，下伏砂质泥岩、泥质砂岩。桥址处地震动峰值加速度为 0.088g，地震动反应谱特征周期 0.45 s。

松花江公铁两用桥主桥桥址处河道断面呈 W 形，滩槽明显，属复式河槽，分为主河槽（通航河槽）与汊河河槽（泄洪河槽）。两汊之间为约 350 m 宽的江心岛，两岸堤防之间宽度约 2 200 m。主桥采用(96＋2×144＋96) m 下加劲连续钢桁梁，其他孔采用 96 m 简支钢桁梁。主桥立面如图 9-19-1 所示。

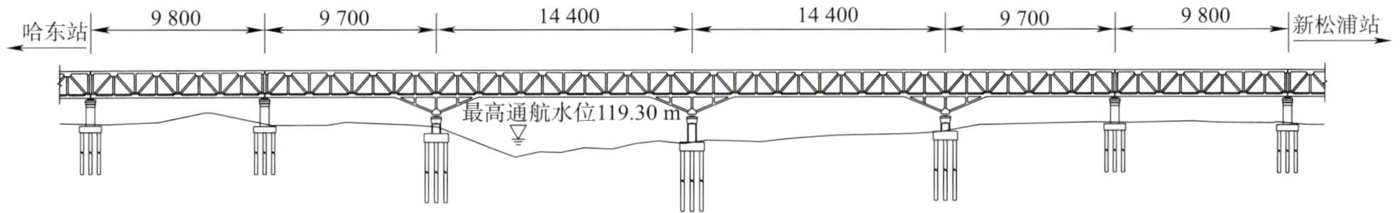

图 9-19-1　主桥立面（单位：cm）

9.19.2　结构设计

（1）主桁

主桁采用带竖杆的三角形桁架，两片主桁的横向中心距（桁宽）14.0 m，桁高 14.0 m，节间距 12.0 m；加劲弦高度 10.0 m，中墩及次边墩两侧分别设置两个节间；其余孔跨主桁为平行弦桁架；上层公路桥面悬臂长 8.0 m。

主桁上、下弦杆均采用箱形带肋截面，杆件内宽 1 000 mm；上弦杆外伸翼缘板长 800 mm，下弦杆外伸翼缘板长 500 mm；杆件内高 1 400 mm，板厚 20～40 mm 不等。主桁腹杆采用箱形及 H 形截面，箱形杆件内宽 1 100 mm，外高 998 mm，板厚 24～44 mm 不等；H 形杆件宽 720 mm，外高 998 mm，板厚 28～32 mm 不等。主桁加劲弦杆采用箱形带肋截面，杆件内宽 1 000 mm，内高 1 400 mm、1 600 mm，板厚 36～50 mm 不等。

加劲弦竖杆采用箱形带肋截面，杆件内宽 1 000 mm，内高 1 400 mm，板厚 44 mm，如图 9-19-2 和图 9-19-3 所示。

加劲梁采用宽桁结构，桁宽 14 m，桁高 14 m，节间距 11.5 m。下弦杆采用箱形截面，内宽 1 300 mm，内高 1 600 mm，板厚 24～50 mm。上弦杆件箱形截面，内宽 1 300 mm，内高 1 300 mm，板厚 24～32 mm；腹杆箱形截面，内宽 1 300 mm，外高 1 280 mm，板厚 32～50 mm。主桁采用整体节点板高强螺栓连接，腹杆采用插入式。

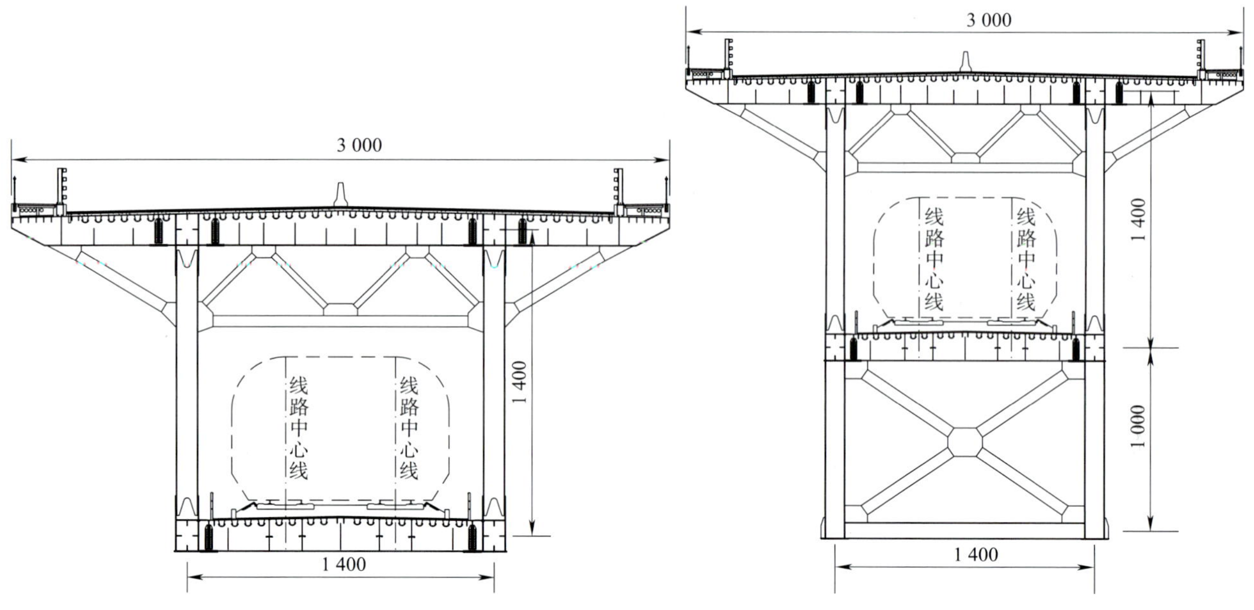

图 9-19-2　梁端横断面布置图(单位：cm)

图 9-19-3　中支点横断面布置图(单位：cm)

在密横肋桥面结构基础上增设两根边纵梁，边纵梁中心距 19.58 m。在边纵梁和主桁节点间设置水平 K 撑。桥面横梁间距 11.5 m，其端部与主桁节点相连；在两片横梁间设置三道次横梁，间距 2.8 m，次横梁两端与边纵梁相连。

(2)铁路桥面系

铁路桥面采用多横梁小纵梁正交异性板钢桥面，钢桥面板厚 16 mm，上铺 57.3 mm 厚 C55 混凝土耐磨层和 2.73 mm 聚氨酯防水层。钢桥面板下横桥向设置多道 U 形纵肋，板厚 8 mm，高 260 mm，横向间距 600 mm，共计 16 道；两侧各设置一道 I 形板肋，中间设置二道 I 形板肋，板厚 20 mm，高 200 mm。

沿桥纵向每隔 3 m 设置一道横梁，横梁采用倒 T 形截面，腹板厚 16 mm，下翼缘板宽 560 mm，厚 32 mm。横梁高 1 400～1 520 mm。钢桥面板(兼横梁上翼缘板)与下弦杆伸出肢焊接，横梁腹板及下翼缘板与下弦杆伸出肢栓接。每线铁路中心线下对称设置两道纵梁，中心距 1.5 m，共设置 4 道，对应两线铁路 4 根钢轨。纵梁采用倒 T 形截面，高 790 mm，腹板厚 12 mm，下翼缘板宽 400 mm，厚 20 mm。

(3)公路桥面系

公路桥面也采用正交异性板钢桥面，钢桥面板厚 16 mm，上铺 10 cm 厚混凝土＋防水层＋9 cm 厚沥青混凝土铺装层。钢桥面板下横桥向车行道范围内设置多道 U 形纵肋，板厚 8 cm，高 260 mm，横向间距 600 mm，共计 32 道；在人行道范围内设板肋加劲，板肋高 200 mm，板厚 20 mm。

沿桥纵向每隔 3 m 设置一道横梁，横梁采用倒 T 形截面，腹板厚 16 mm，底板宽 560 mm，厚 24 mm。公路桥面横梁长 30 m，其中两侧悬臂部分长 8 m，横梁高 800～1 400 mm；中间部分长 14 m，横梁高 1 400～1 514 mm。钢桥面板(兼横梁上翼缘板)与上弦杆伸出肢焊接，横梁腹板及下翼缘板与上弦杆伸出肢栓接。

(4)联结系

为保证主梁框架的横向稳定性，在平行弦每个节点处均设置了横向联结系。主桁内侧为单交叉式三角形桁架结构，主桁外侧设置一道斜撑。联结系杆件采用 H 形截面，杆件高 400 mm，宽 280 mm、400 mm，板厚 12 mm、16 mm。

(5)下部结构

主桥主体结构公铁合建段桥墩均采用圆端形实体墩，墩顶设顶帽和托盘。各墩采用钻孔灌注桩基础，桩径 2 m、1.8 m，均按摩擦桩设计。

交接墩采用双层门式框架墩。上层公路门式墩采用盖梁加双柱墩形式，下层铁路门式墩采用盖梁加三柱墩形式。

9.19.3　施工方法

钢桁梁杆件全部在工厂制造完成，并在工厂进行试拼装，通过汽车运输至工地，进行预拼。

钢梁预拼后运至架设位置，由 150 t 履带吊机在连续钢桁梁两侧架设起始两个节段钢梁。由 150 t 履带吊机在起始两个节段钢梁顶面拼装两台 50 t 全回转架梁吊机，接着由架梁吊机及 150 t 履带吊机分别对连续梁及简支梁继续架设。然后由边跨向中跨悬臂拼装钢梁，选择合适时机进行合龙。

连续梁架设完成后，两台架梁吊机调头分别悬臂架设两侧的简支梁。施工如图 9-19-4～图 9-19-8 所示。

图 9-19-4　基础施工

图 9-19-5　钢梁悬臂架设

图 9-19-6　钢桁合龙

图 9-19-7　成桥静动载试验

图 9-19-8 成桥远景

9.19.4 主要技术经济指标

主要技术经济指标见表 9-19-1。

表 9-19-1 主要技术经济指标

指标类型		数值
结构性能指标	竖向挠跨比	1/3 064
	梁端转角(rad)	1.33‰
	横向挠跨比	1/19 200
主要工程量	钢桁梁用钢量(t/m)	31.7

9.19.5 技术特点和创新点

(1)设计温度−43 ℃，钢板及其焊缝的力学性能在规范中尚无，根据断裂力学理论和实验数据，通过定量分析断裂抗力 K_c 与冲击韧性特征值间的相关性，制定钢板的质量标准。

(2)首创了低温 Q420qE“V-N 处理”微合金化新技术，优化晶体组织，提高了 Q420qE 防低温脆断性能。Q370qE 通过低温冲击功的热处理，低温冲击功提高近 3 倍。

(3)优化钢材成分及工艺，选择优质的焊材，通过合理地控制热输入、优化焊接工艺确保焊缝质量。

(4)工程所在地极端最低气温−38.1 ℃，规范规定最低设计温度为桥址处历年极端最低温度减 5 ℃，设计时杆件板厚的确定需根据计算应力对比规范规定进行相应调整。

(5)桥面铺装本身不考虑参与结构受力，但在温度作用下，其自身的拉应力很大。通过纵向设置断缝并加强钢筋配置，可避免桥面铺装的开裂。

9.19.6 获奖情况

(1)获 2016 年中国钢结构协会科学技术二等奖。
(2)获 2017 年中国铁建科学技术一等奖。
(3)获 2017 年中国铁建优秀工程设计一等奖。
(4)获 2017 年黑龙江省建设工程龙江杯奖。
(5)获 2018 年国家铁路局优秀工程设计二等奖。
(6)获 2018 年中国施工管理企业协会科学技术一等奖。
(7)获 2019 年中国交通运输协会科学技术进步一等奖。

兰新客运专线达坂城湿地特大桥

中俄同江铁路黑龙江特大桥

第10章　技术挑战与展望

40年来，伴随着我国铁路大规模建设，特别是近20年高速铁路的跨越式发展，铁路桥梁建设取得了举世瞩目的成就。截至2019年底，全国通车运营的高速铁路超过3.5万km，桥梁1万余座，总长约1.6万km，占线路长度的45.2%。全路已建和在建的桥梁中，跨度200 m及以上的达110余座，超过400 m的25座，超过500 m的11座，超过1 000 m的3座。

40年来，我国铁路桥梁在经历了“学习与追赶”“跟踪与提高”两个发展阶段后，目前处于“创新与突破”阶段，正在全面形成并不断完善具有中国自主知识产权的铁路桥梁设计技术、施工工艺、运维管养等成套理论和技术体系。在结构类型方面，常用跨度简支梁从吊装运输能力控制设计的多片式T梁，发展到静动力及景观性能更优、可制运架一体化的整孔箱梁；特殊结构从受力、构造较简单的几十米跨的预应力混凝土连续梁、百米跨左右的钢桁梁，发展到跨度100～300 m各类型组合结构、500 m级大跨拱桥、千米级跨斜拉桥及悬索桥。在设计理念上，从传统的安全、经济的实用理念，到统筹考虑安全、舒适、经济耐久、绿色环保并兼顾景观的先进建造理念。

随着全球化发展与人们对快速交通需求的不断提高，随着我国国民经济的持续发展以及铁路网的延伸，未来仍需要设计建造大量的桥梁(包括更多的铁路跨海通道)，这对桥梁如何满足超大跨度、超大水深的复杂建设条件，如何研发应用高强材料、高性能新材料，如何进一步完善提升桥梁技术标准体系，如何提升桥梁数字化、信息化、智能化水平等，将会提出更高的技术挑战。

10.1　超大跨度桥梁、超大水深基础

超大跨度桥梁的结构类型主要是斜拉桥、悬索桥和斜拉—悬索组合体系。随着沪苏通铁路沪苏通长江公铁大桥1 092 m斜拉桥、连镇铁路五峰山长江大桥主跨1 092 m悬索桥陆续建成开通，我国铁路斜拉桥和悬索桥的跨度均已达到1 092 m，主跨1 176 m的常泰长江大桥斜拉桥已经开工建设，川藏铁路三座千米级铁路悬索桥和500 m级大跨度拱桥正在设计中，此外，甬舟铁路西堠门特大桥1 500 m级跨度的斜拉—悬吊组合体系、巢湖至马鞍山铁路马鞍山2×1 120 m三塔公铁两用长江大桥也在开展设计，盐泰锡常宜铁路跨度1 780 m长江大桥正在研究。

随着我国铁路网不断向艰险山区、高原宽谷、大江、海洋等更广阔、更复杂地域的延伸(图10-1-1、图10-1-2)，渤海海峡、琼州海峡、台湾海峡等跨海工程的研究均日益受到重视，客观条件要求桥梁的跨度越来越大(2 000 m级)、基础越来越深(60～100 m)。为了实现更大的跨度，桥梁结构将向着轻柔方向发展，这也对设计理论、材料、施工建造设备与技术等提出了更高要求，引发了对各种组合体系、协作体系等创新结构体系的探索，主要包括：超大跨度铁路桥梁合理结构体系、结构形式及合理刚度评判方法和标准研究；超大跨度桥梁新型铁路桥面系统研发；新型高耸(350 m以上)钢—混组合桥塔合理构造与施工关键技术；梁—轨相互作用机理和梁端空间响应特性；适应大温差、大梁缝的一体化梁端和轨道伸缩装置和关键参数；震时震后桥上列车行车安全；强震作用下和可恢复性减隔震装置研发；高海拔深切峡谷山区风场时空特性形成机理及雨/雪/冰作用影响规律；超大跨度铁路桥梁抗风性能、桥上抗风行车安全、新型防风措施研发和大风行车实时超前预警系统开发；强风、大温差、列车活载及徐变等复杂耦合作用下的超大跨度铁路桥梁空间动力稳定性；大温差结构变形、风致振动等对超大跨度铁路桥梁轨道形位和行车安全性影响；复杂环境施工全过程结构行为和施工风险动态控制技术；高适应性

施工装备研发；复杂海洋环境下桥梁动力设计理论；海上风浪流环境下深水大跨桥梁建造关键技术等。

图 10-1-1　高原山区铁路

图 10-1-2　沿海跨海铁路

深水基础方面，近年来国内相继建设了多座大型跨海铁路桥梁，对于海洋桥梁大型深水基础的设计选型、特别是大直径钻孔桩桩和沉井基础的施工实施积累了一定经验。我国建成的铁路桥梁基础最大水深已突破 40 m，正在开展设计研究基础水深达到 60 m，当前深水基础形式以 3.0～5.0 m 大直径钻孔桩桩基础为主，正在开展直径超过 6.0 m 的钻孔桩设计研究，部分深厚覆盖层地质条件下采用了沉井基础。

超大水深的桥梁基础的技术要求，主要表现为三个方面：①复杂严酷的深水环境与更高的受力需求；②风、浪、海啸、地质等环境作用的不确定性和强耦合性；③强风、大浪、远离陆地等复杂的海上施工作业环境。现有大直径钻孔桩基础和沉井基础已难以满足工程需要，未来应针对水深流急、风大浪高、冲刷严重、硬质土层、光板岩、厚覆盖软弱层等复杂的建设环境，大力开展沉箱基础、设置或预制基础、复合基础、浮式基础等研究，解决各类型基础的受力机理、合理结构形式、环境多场耦合作用、冲刷等关键科学问题，积极研发大型水上施工设备，重点攻克超深水地勘、地基开挖、基础施工等成套施工技术，降低工程难度，节省工程造价。

10.2　桥梁新型材料

混凝土与钢一直是桥梁工程建设的主要建筑材料。持续提升改善材料的力学性能、研发运用新型材料，是桥梁材料的主要发展趋势。

在混凝土材料方面，C50 和 C60 高性能混凝土已经在铁路上广泛应用，C80 高性能混凝土也在铁路桥梁建设中得以应用，抗压强度达 120 MPa 的超高性能混凝土，开始应用于正交异性钢桥面板上铺装以及小型预制构件。目前《铁路桥涵混凝土结构设计规范》（TB 10092—2017）只纳入 C25～C60 混凝土，不能很好地指导实际工程设计，需要拓宽混凝土材料强度等级范围。在高性能混凝土方面，尚需继续探索超高性能混凝土（UHPC）、工程用水泥基复合材料（ECC）、自密实混凝土（SCC）等在铁路桥梁特殊构件、特殊部位或特定环境下的应用。

随着铁路向高寒高海拔地区延伸，需要研发较低胶凝材料用量下高工作性、低温早强的耐久混凝土材料，早龄期混凝土保温保湿养护技术，防止大温差收缩裂缝及强紫外线辐射开裂技术，大温差大风干燥环境下高墩混凝土韧性提升和控制混凝土收缩徐变技术等；纤维增强复合材料(FRP)在桥梁修复、加固方面得到了应用，其筋材可以在一定情况下代替普通钢筋和预应力钢筋，用于新桥建设。

随着绿色发展理念的实施，绿色混凝土将向节约资源、降低排放和智能化的方向发展。如激发具有潜在活性的无机固废物的活性，开发碱激发混凝土；研究再生骨料混凝土力学性能的改善和提高循环利用率；开发性能自感知、自调节及自修复等智能混凝土。

随着桥梁跨度需求的不断提高，高强、轻质、高耐久性和环境友好的材料是发展的必然方向，对于跨度超过 2 000 m 的悬索桥，如果使用现有强度标准的混凝土材料，恒载比例已超过 90%，因此只有发展高强、轻质的材料，才有可能大幅提升桥梁的跨越能力。

高强钢材方面，高强钢具有减少用钢量、减少焊接工作量、节省运费、减轻结构自重等优势，能够带来可观的社会经济效益。随着冶金技术的发展，钢材性能不断提高，各个国家定义的高强钢名义屈服强度也在不断提高，有些国家规范规定为 500～700 MPa。我国铁路桥梁已经应用 Q500qE 等桥梁钢材，同时已经研制 690 MPa 级的桥梁用钢，并正在进行试用，未来将有更多铁路桥梁采用这些高强钢材，甚至研制和采用更高强度的桥梁钢材。

高强钢丝方面，大跨铁路悬索桥和斜拉桥恒载占比较高，逐步采用更高强度的钢丝能够有效地减轻重量、方便施工，降低桥梁造价。我国已经在少数超大跨公铁两用悬索桥和大跨公铁两用斜拉桥中采用了 2 000 MPa 级的主缆和斜拉索，也在开展 2 100 MPa、2 400 MPa 级及以上高强钢丝的设计研究，未来将有更多的大跨铁路缆索桥梁采用该级强度的高强钢丝，甚至更高强度的高强钢丝。

耐候钢材方面，桥梁采用免涂装耐候钢材将节约建造过程防腐涂装和使用过程的养护涂装，节约桥梁全寿命周期过程的费用；耐候钢特别适合位于人烟稀少、高原与山区和深谷等环境恶劣、作业困难的桥梁使用；部分发达国家的耐候钢桥占钢桥总量的 50% 以上。我国已经在少数铁路桥梁上使用 Q345qENH 和 Q420qENH 等耐候钢材，未来将有更多的艰险山区铁路桥梁使用耐候钢材，以减少维修工作量和养修成本。

10.3　技术标准体系发展

依托国内大规模的铁路(包括高速铁路)桥梁工程建设、大量建成项目联调联试以及长期的运营实践，我国桥梁技术标准工作不断规范和完善，形成了具有中国自主知识产权的铁路桥梁设计、施工、运维管养等成套理论和技术体系。这为保障铁路桥梁质量安全、促进产业技术进步等方面发挥了重要作用。

设计规范是进行工程设计的依据，是反映工程技术水平先进程度的重要标志。我国现行的基于容许应力法的铁路桥涵设计规范，可满足高速、城际、客货共线和重载铁路上常规桥梁的设计要求；2018 年颁布的《铁路桥涵设计规范(极限状态法)》，为在铁路桥梁领域逐步推广应用基于可靠性理论的极限状态设计方法奠定了基础。

标准的制定需要大量的理论分析、试验研究和工程验证，是一项长期、持续的专业性工作。目前，在我国的铁路技术标准特别是高速桥梁技术标准方面，存在着控制指标不够严谨，刚度、变形等舒适度控制指标要求过严，大跨度桥技术标准缺乏，标准规范体系上与发达国家相比存在一定差距等，这导致单位工程材料用量偏大、舒适度指标偏高、经济指标偏高，在国际上缺乏竞争力。已颁布的极限状态法规范由于并轨等因素，与公路或国外通用极限状态法有较大的不同，还需结合理论分析、试验研究、工程实践进一步提升。相信随着桥梁科研成果的积累和工程设计实践的推进，更多成熟先进的技术及时体现在标准规范上，铁路桥梁设计规范的技术水平和内容将会进一步得到提高和完善。

铁路桥梁技术标准涉及建筑材料、设计、施工、管养、定型产品等，存在着相关专业技术标准的协调问题。进一步完善完整的、相互协调的技术标准体系，研究制定更加科学合理的控制指标，是今后铁路桥梁发展的一项重要任务。

随着铁路向近海和艰险山区延伸，桥梁建设环境条件恶劣，各种类型的大跨深水桥梁结构应用增多，面临的技术要求超越了现行规范。不断积累特殊结构的设计成果并逐步凝练形成指南或专门规范，是展现铁路桥梁创新能力、提升技术发展水平的重要内涵。

超高速交通作为我国未来交通的重要发展方向，400 km/h 轮轨、600～1 000 km/h 高速磁浮都需要对桥梁的相关设计参数及控制指标进行研究并形成技术标准体系，以促进中国超高速交通快速发展。

此外，我国的铁路桥梁标准国际认可度还有待提高，急需加强外文翻译出版和宣传工作，加强与国际铁路组织和国际标准组织等机构的交流与合作，积极参与国际标准化活动，进一步推进中国标准走向国际。

10.4 数字化、信息化、智能化技术应用

以国内外战略需求为背景，伴随全球科技创新呈现出的数字化、信息化新发展趋势，传统桥梁工程正在经历深刻变革。面向技术现状及未来需求，将桥梁全生命周期与现代信息技术深度融合，打造日趋智能化、高精度化的桥梁结构将成为未来发展方向。

随着勘察技术的发展，桥梁勘察设计方式已发生革命性的变化。在勘察技术领域，遥感、GNSS、地理信息系统等现代空间信息技术可被用来获取地质解析地图、正射影像地图、数字高程模型、点云数据等；无人机摄影技术在勘察领域应用取得很大进展，为智能选线和三维设计提供基础数据。未来铁路桥梁工程勘察领域总体发展趋势是全面实现数字化，运用网络通信技术、计算机技术、测绘技术及数据库技术等，通过计算机软件对信息进行集成，使勘察数据采集实现网络化、信息化和自动化。各种现代勘察技术如 CT 技术、探地雷达技术与 TSP 勘察技术等工程物探技术，GIS 勘察系统，GPS 与北斗卫星定位系统等，都将得到更加广泛而深入的应用，从而进一步提高桥梁工程勘察的效率与精度，大幅提升桥梁设计品质。

BIM 技术作为提高桥梁信息化水平的有效手段，在桥梁的设计、施工、管养等各个方面都展现出了巨大的发展潜力。在设计方面，BIM 技术提供的三维数字化平台可直接用于复杂形体的创意表达，通过将 BIM 技术与虚拟现实/增强现实（VR/AR）技术相结合，可以进行设计方案的快速优化；在施工方面，BIM 技术可以实现信息共享多方协同作业，推动桥梁施工的可视化和精准化发展；在管养方面，引入现代化信息技术，将升级桥梁养护管理技术、提高管理效率与能力。目前，打造基于 BIM+GIS 的全生命周期综合监养平台，构建多参数一体化实时在线监测系统，开展基于云计算和大数据技术的桥梁状态识别，进行基于检/监测历史数据挖掘的桥梁技术状况评价，使桥梁具备感知、互联、呈现、分析、预测、决策等能力是未来的主要发展趋势。利用 BIM 技术建立数字孪生模型，实现桥梁全生命周期中的信息实时更新，也将成为未来行业研究热点。

信息化水平的提高，将促进我国铁路桥梁建管养一体化平台的建立，有效提高桥梁建管养过程中的标准化、可视化、自动化和智能化水平，实现桥梁全生命周期的智能管理和状态评估，提升运营安全水平。

10.5 展望与建议

随着国民经济发展和铁路网的延伸，到 2030 年末形成“八纵八横”高速铁路格局，高速铁路网将连接主要城市群，基本连接省会城市和 50 万人口以上大中城市，尤其是铁路跨海通道的建设需求，桥梁设计还将迎来更大的机遇和挑战，为进一步减小桥梁徐变变形，宜适时研究部分预应力梁的设计，针对复杂环境和超千米大跨桥梁建设，宜尽快开展长寿命混凝土和高耐久性钢筋混凝土结构技术研究、开展强度等级 600～800 MPa 超高强度、高耐久性钢结构技术研究、开展强度等级 2 100～2 400 MPa 超高强度钢丝和钢绞线技术研究、开展海洋环境石墨烯高耐久新材料及节能环保新技术的研发，开展斜拉—悬吊协作结构体系新结构研究，开展海洋深水桥梁基础和重大装备研发，建造一批跨度 1 500～2 000 m 铁路或公铁两用桥和水深 100 m 以上跨海大桥，以适应川藏铁路等艰险山区和甬舟铁路等跨海工程建设的要求，也为未来琼州海峡、跨渤海湾、台湾海峡通道建设积累经验和技术储备。

附表　典型桥梁一览表

表 1　简支梁桥

序号	工程项目	桥名	代表梁型	简支梁图号	梁部参数(m)			梁部设计单位	工点设计单位	通车时间
					跨度	跨中梁高	顶宽			
1	北京铁路枢纽斜军线	永定河特大桥	简支T梁	叁标桥 2019	32	2.5	3.9	中铁设计	中国铁设	1985
2	广深铁路	深圳铁路高架桥	简支板梁	深铁桥施系列	10	0.6	4.1	中铁设计	中铁设计	1987
3	达成铁路	沱江特大桥	简支T梁	专桥 2059	32	2.5	3.9	中铁设计	中铁二院	1997
4	浙赣复线	向西总干渠桥	简支T梁	专桥 2091	32	1.95	3.9	中铁设计	中铁上海院	1995
5	内昆铁路	沙沙坡横江7号大桥	简支T梁	专桥(01)2051	32	2.5	3.9	中铁设计	中铁二院	2002
6	格库铁路	台特玛湖特大桥	简支T梁	通桥 2101	32	2.5	4.9(单) 9.1(双)	中铁设计	中铁一院	在建
7	青藏铁路	三岔河特大桥	简支T梁	专桥青藏系列	32	2.6	4.2	中铁设计	中铁一院	2006
8	浩吉铁路	华洪运河特大桥	简支T梁	蒙华桥 2103B、2104B	32	2.6	4.9(单) 8.9(双)	中铁设计	中铁设计	2019
9	秦沈客运专线	月牙河特大桥	简支箱梁	专桥秦沈系列	24	2	12.4	中铁设计	中国铁设	2002
10	合宁铁路	襄滁河特大桥	简支箱梁	通桥(2005)2221	32	2.8	13.0	中铁设计	中铁四院	2008
11	昌九城际铁路	永修特大桥	简支箱梁	通桥(2008)2224A-Ⅰ	32	2.7	12.2	中铁四院	中铁四院	2010
12	张呼铁路	集宁南特大桥	简支箱梁	通桥(2009)2229	32	2.6	12.2	中铁设计	中铁四院	2017
13	京沪高速铁路	镇江京杭运河特大桥	简支箱梁	通桥(2008)2322A	32	3.0	12.6	中铁设计	中铁四院	2011
14	郑济铁路	郑州黄河特大桥引桥	简支箱梁	40 m 简支梁	40	3.2	12.6	中铁设计	中铁设计	在建
15	新福厦铁路	湄洲湾跨海大桥	简支箱梁	40 m 简支梁	40	3.2	12.6	中铁四院	中铁四院	在建
16	南昆铁路	白水河1号大桥	简支箱梁	专桥(95)2104	56	3.8	3.9	中铁设计	中铁二院	1997
17	银西客运专线	渭河特大桥	组合简支梁		60	5.3	22.8(四线)	中铁一院	中铁一院	2020
18	黄韩侯铁路	芝水沟特大桥	胶拼简支箱梁		64	5.2	9.1	中铁一院	中铁一院	2015
19	玉蒙铁路	曲江大桥主桥	简支钢桁梁		96	12.8	7.5	中铁二院	中铁二院	2010
20	包西铁路	黄河特大桥	简支钢桁梁	包达施桥系列	108	13.5	11.6	中铁设计	中铁设计	2009

续上表

序 号	工程项目	桥 名	代表梁型	简支梁图号	梁部参数(m)			梁部设计单位	工点设计单位	通车时间
					跨 度	跨中梁高	顶 宽			
21	京张高速铁路	官厅水库特大桥主桥	简支钢桁梁	京张施桥系列	110	11～19	13.8	中铁设计	中铁设计	2019
22	浙赣复线	浦阳江大桥	简支钢桁梁	专桥 9535A	128	16	6.4	中铁设计	中铁上海院	1995
23	集包二线	古城湾特大桥	简支钢桁梁		132	16	13	中铁一院	中铁一院	2012
24	西成客运专线	跨西宝客专特大桥主桥	简支钢桁梁		132	20	13.9	中铁一院	中铁一院	2017

表 2 梁 式 桥

序 号	工程项目	桥 名	孔跨(m)	结构形式	截面形式	梁高(m)		梁宽(m)		设计单位	通车时间
						支点	跨中	顶	底		
1	青藏铁路	清水河特大桥	8	简支梁	T 梁	2.6	2.6	4.2		中铁一院	2006
2	兰新客运专线	十三间房子特大桥	16	槽形梁	槽形梁	2	2	6.38	6.38	中铁一院	2014
3	哈大客运专线	伊通河特大桥	20	道岔区钢混连续梁	箱梁	2.05	1.35	20.2	18.1	中铁一院	2012
4	京沪高速铁路	北京特大桥	5×24.9	空间刚架	纵横梁	3.4	3.4	35.3	35.3	中国铁设	2011
5	南疆铁路	布谷孜大桥	32	简支梁	T 梁	2.6	2.6	4.2		中铁一院	1999
6	青藏铁路	长江源沱沱河特大桥	32	简支梁	T 梁	2.6	2.6	4.2		中铁一院	2006
7	和若铁路	尼雅河特大桥	32	简支梁	T 梁	2.5	2.5	4.9		中铁一院	在建
8	南疆铁路	阿克苏新大河大桥	32	简支梁	T 梁	2.8	2.8	3.9		中铁一院	2000
9	山西中南部铁路	付疃河特大桥	32	简支梁	T 梁	2.6	2.6	8.9		中铁设计	2014
10	山西中南部铁路	东平湖滞洪区特大桥	32	简支梁	T 梁	2.6	2.6	8.9		中铁设计	2014
11	南疆吐库二线	托克逊特大桥	32	简支梁	T 梁	2.5	2.5	9.1～9.3		中铁一院	2015
12	哈齐客运专线	扎龙特大桥	32	简支梁	箱梁	3.02	3.02	12.6	5.5	中国铁设	2015
13	青连铁路	洋河 2 号大桥	32	简支梁	槽形梁	3.5	3.5	14.18	12.45	中国铁设	2018
14	京雄城际铁路	固霸特大桥	32	简支梁	箱梁	3.02	3.02	12.6	5.5	中国铁设	在建
15	深茂铁路	小鸟天堂特大桥	24、32	简支梁	箱梁	2.7	2.7	11.6	5	中铁四院	2018
16	郑阜铁路	淮沈特大桥	36	简支梁	槽形梁	3.7	3.7	13.8	11.1	中国铁设	2019
17	邯长邯济扩能改造	跨 308 国道中桥	40	简支梁	槽形梁	3.5	3.5	7.47	7	中国铁设	2014
18	郑西客运专线	渭南渭河特大桥	44	湿拼简支梁	箱梁	4.2	4.2	13.4	5.5	中铁一院	2010

续上表

序号	工程项目	桥名	孔跨(m)	结构形式	截面形式	梁高(m)		梁宽(m)		设计单位	通车时间
						支点	跨中	顶	底		
19	西成客运专线	纸坊一号隧道出口	2×44	T构	箱梁	6.5	3.5	12.2	6.7	中铁一院	2017
20	邯长铁路	浊漳河特大桥	23+44+23	斜腿刚构	箱梁	4.5	2.1	3.9	3	中国铁设	1984
21	灵武支线	杨家滩黄河特大桥	48	湿拼	箱梁	3.4	3.4	3.9	2.58	中铁一院	1995
22	太中银铁路	中宁黄河特大桥	48	简支梁	箱梁	4.4	4.4	12.06	6.4	中国铁设	2011
23	武广客运专线	武汉高架站桥	34 +48+34	连续梁	鱼腹式箱梁	3	3	15.5	—	中铁四院	2009
24	青连铁路	胶州湾特大桥	50	简支梁	箱梁	4.32	4.32	11.6	6.7	中国铁设	2018
25	包兰二线	三盛公黄河特大桥	54	湿拼简支梁	箱梁	3.6	3.6	4.2	3	中铁一院	1999
26	青连铁路	柘汪跨临海高速公路特大桥	55	简支梁	槽形梁	4	8	15.7	15.7	中国铁设	2018
27	兰武二线	河口黄河桥	38+4×56+38	曲线连续梁拼装	箱梁	4.3	4.3	3.9	3	中铁一院	2019
28	哈大客运专线	普兰店海湾特大桥	56	简支梁	箱梁	5.3	5.3	13.4	6.7	中国铁设	2012
29	郑阜铁路	周淮特大桥	40+56+40	胶拼连续梁	箱梁	4.335	3.035	12.6	6.7	中国铁设	2019
30	银西客运专线	渭河特大桥	60	钢斜撑加劲简支梁	箱梁	5.3	5.3	22.8	11.5	中铁一院	在建
31	浩吉铁路	汾河特大桥	64	简支梁	箱梁	5.5	5.5	12.1	6.4	中国铁设	2019
32	包西铁路神延段	秃尾河特大桥	64	湿拼简支梁	箱梁	4.3	4.3	3.9	3	中铁一院	2001
33	衡广复线	白面石武水大桥	32+64+32	连续梁	箱梁	5	3	9	6	中铁四院	1988
34	福平铁路	平潭海峡公铁两用大桥	64	节段拼装梁简支梁	箱梁	5.5	5.5	12.2	6.4	中铁四院	在建
35	宁启铁路	圩角河特大桥	40+64+40	连续槽形梁	槽形梁	1.25	0.45	10.8	10.8	中铁上海院	2018
36	京九铁路	卫运河特大桥	32+65+32	斜拉式连续桁架梁	纵横梁	13.64	1.5	11.3	11.3	中国铁设	1994
37	邯黄铁路	跨衡德高速公路特大桥	72	钢桁结合梁	纵横梁	12.3	12.3	主桁中心距为11.2	主桁中心距为11.2	中国铁设	2010
38	广深准高速铁路	石龙特大桥	40+3×72+40	连续梁	箱梁	4.8	2.6	10	5.2	中铁四院	1994
39	南昆铁路	板其2号大桥	44+72+44	混凝土连续刚构	箱梁	5	2.6	7	3.3	中铁二院	1997
40	湘黔铁路复线	湘江特大桥	42+10×75+42	连续梁	箱梁	5.3	2.9	6.5	3.7	中铁四院	1996
41	石长铁路	资水特大桥	50+4×80+50	连续梁	箱梁	5.8	3.0	6.0	4.0	中铁四院	1997
42	呼准铁路	托克托准格尔黄河特大桥	48+10×80+48	连续梁	箱梁	6	3.5	6.2	4	中铁一院	2006
43	神朔铁路	保府黄河特大桥	48+8×80+48	连续梁	箱梁	6.5	3.8	8.2	4.6	中铁一院	1995

续上表

序号	工程项目	桥名	孔跨(m)	结构形式	截面形式	梁高(m)		梁宽(m)		设计单位	通车时间
						支点	跨中	顶	底		
44	哈大客运专线	第二松花江特大桥	48+5×80+48	连续梁	箱梁	6.65	3.85	13.4	6.7	中铁一院	2012
45	南防铁路	茅岭江大桥	48+80+48	连续梁	箱梁	6	3.3	6	4.0	中铁大桥院	1988
46	郑西客运专线	偃师特大桥	48+80+48	V形刚构	箱梁	3.65	3.65	13.4	5.2	中铁四院	2010
47	浙赣铁路	钱塘江二桥	45+65+14×80+65+45	连续梁	箱梁	5.5	2.8	11.4	6.3	中铁大桥院	1992
48	徐盐铁路	跨汉阳大道特大桥	80	四线简支钢桁梁	纵横梁	14	14	24.5	24.5	中铁五院	2019
49	松陶铁路	第二松花江特大桥	48+4×80+48	刚构连续梁	箱梁	6.8	3.8	7	4	中铁五院	2014
50	侯月铁路	海子沟大桥	63+2×84+63	连续梁	箱梁	6.5	3.8	7.9	4.8	中铁一院	1993
51	南昆铁路	喜旧溪大桥	56+88+56	混凝土连续刚构	箱梁	5.8	3.3	6	4	中铁二院	1997
52	南昆铁路	八渡南盘江特大桥	54+2×90+54	V撑连续梁	箱梁	5.5	3.4	6.02	4.2	中铁一院	1997
53	西康铁路	关庙大桥	95+95	T构	箱梁	11.0	4.5	7.5	5	中铁一院	2009
54	哈尔滨铁路枢纽王万联络线	松花江特大桥	60+9×96+60	刚构连续梁	箱梁	7.2	3.9	10.4	6	中国铁设	2007
55	吉图珲铁路	第二松花江特大桥	56+2×96+56	连续梁	箱梁	7.2	4.6	12.2	6.4	中铁设计	2015
56	渝利铁路	新桥大桥	52+7×96+52	刚构—连续组合梁	箱梁	7.7	4.7	11.03	6.7	中铁二院	2013
57	太中银铁路	中宁黄河特大桥	96	钢桁结合梁	纵横梁	12.3	12.3	14.66	12	中国铁设	2011
58	京九铁路	吉安赣江特大桥	96	钢桁梁	纵横梁	16	16	6	6	中铁四院	1997
59	准朔铁路	前窑子水库大桥	58+3×96+58	连续梁	箱梁	7.5	4.5	10.9	7	中铁五院	2014
60	徐盐铁路	后马庄特大桥	96	简支钢桁梁	纵横梁	12.3	12.3	14	14	中铁五院	2019
61	黎钦铁路	飞龙郁江特大桥	62+2×100+62	连续梁	箱梁	7	3.6	7.2	4.8	中铁一院	1998
62	兰新客运专线	大平羌沟大桥	60+2×100+60	刚构连续梁	箱梁	7.85	4.85	12.2	6.7	中铁一院	2014
63	张呼铁路	怀安站特大桥	60+100+60	转体连续梁	箱梁	7.2	4.6	12.2	6.4	中铁设计	2019
64	西安北至机场线	渭河特大桥	8×100	连续梁	箱梁	6.6	3.2	10.3	5.5	中铁一院	2019
65	长荆铁路	钟祥汉江特大桥	56+3×100+56	部分预应力	箱梁	6	3.2	6.9	4.6	中铁四院	2002
66	郑焦(京广)铁路	郑州黄河大桥	11联2×100	下承式变高度连续钢桁梁	箱梁	25	14	25	25	中铁设计	2014
67	黔张常铁路	革勒车大桥	60+2×100+60	刚构连续梁	箱梁	7.85	4.85	12	6.7	中铁大桥院	2019
68	黔张常铁路	西湖冲大桥	60+2×100+60	刚构连续梁	箱梁	7.85	4.85	12	6.7	中铁大桥院	2019

续上表

序号	工程项目	桥名	孔跨(m)	结构形式	截面形式	梁高(m)		梁宽(m)		设计单位	通车时间
						支点	跨中	顶	底		
69	准朔铁路	大沙沟特大桥	64＋3×100＋64	刚构连续梁	箱梁	7.6	4.6	10.9	7	中铁五院	2014
70	包兰铁路二线	三道坎黄河特大桥	64＋104＋64	连续梁	箱梁	8	4.5	10.5	5.2	中铁一院	1999
71	内昆铁路	花土坡大桥	64＋2×104＋64	混凝土连续梁	箱梁	7.6	4.5	7	5	中铁二院	2002
72	包西铁路	黄河特大桥	8×106	简支钢桁梁	纵横梁	13.5	13.5	11.6	11.6	中铁设计	2009
73	乌锡铁路	乌锡黄河特大桥	64＋7×108＋64	连续梁	箱梁	8.4	4.8	7	5.8	中铁一院	2019
74	中俄同江黑龙江铁路特大桥	同江黑龙江铁路特大桥	108	简支钢桁梁	纵横梁	15	15	主桁中心距为8	主桁中心距为8	中国铁设	2020
75	新菏铁路	长东黄河大桥	4×108	连续梁	纵横梁	16	16	5.758	5.758	中铁大桥院	1985
76	京九铁路	孙口黄河大桥	4×108	连续梁	纵横梁	13.6	13.6	10	10	中铁大桥院	1996
77	新菏线增建二线	长东黄河大桥	4×108	连续梁	纵横梁	12	12	5.75	5.75	中铁大桥院	1999
78	浩吉铁路	三门峡黄河公铁两用大桥	84＋9×108＋84	连续梁	纵横梁	15	15	27.2	27.2	中铁大桥院	2019
79	青藏铁路	响河村湟水河大桥	64＋112＋64	连续梁	箱梁	9.3	5.2	11.2	6.3	中铁一院	2009
80	襄渝二线	老河口汉江特大桥	68＋2×112＋68	连续梁	箱梁	8.4	4.8	6.8	4	中铁一院	2007
81	黄韩侯铁路	金水沟大桥	2×112	T构	箱梁	12.8	5.1	12.8	7.3	中铁一院	2015
82	兰渝铁路	白龙江1号特大桥	65＋2×112＋65	连续刚构	箱梁	7	4	11.48	6.2	中铁一院	2017
83	宜万铁路	马水河大桥	116＋116	T构	箱梁	12.2	4.7	10.7	6	中铁四院	2010
84	太中银铁路	吴堡黄河特大桥	70＋4×120＋70	刚构连续梁	箱梁	8.9	4.9	11.46	6.4	中国铁设	2011
85	山西中南部铁路	蔚汾河特大桥	70＋3×120＋70	刚构连续梁	箱梁	9.5	5.5	12.38	6.8	中国铁设	2014
86	潍莱铁路	潍莱右线跨青荣铁路特大桥	120＋82	双曲弦连续钢桁梁＋框架墩体系	纵横梁	25	13	主桁中心距为10	主桁中心距为10	中国铁设	在建
87	京沪高速铁路	南仓特大桥	125	简支钢桁梁	纵横梁	13	13	主桁中心距为14	主桁中心距为14	中国铁设	2011
88	南昆铁路	清水河大桥	72＋128＋72	混凝土连续刚构	箱梁	8.8	4.4	8.1	6.1	中铁二院	1997
89	内昆铁路	李子沟大桥	72＋3×128＋72	刚构—连续组合梁	箱梁	8.8	4.4	8.1	6.1	中铁二院	2002
90	绥佳线整治工程	佳木斯松花江特大桥	96＋2×128＋96	连续钢桁梁	纵横梁	13.6	13.6	主桁中心距为9.88	主桁中心距为9.88	中国铁设	2006
91	山西中南部铁路	将军渡黄河特大桥	10×128	简支钢桁梁	纵横梁	16	16	12.8	12.8	中铁设计	2014

续上表

序号	工程项目	桥名	孔跨(m)	结构形式	截面形式	梁高(m)		梁宽(m)		设计单位	通车时间
						支点	跨中	顶	底		
92	连盐铁路	跨沿海高速特大桥	73+4×128+73	连续梁	箱梁	9.6	5.6	12.3	7	中铁五院	2018
93	中兰铁路	靖远黄河特大桥	70+104+128+104+70	连续梁	箱梁	7.6/9.6	5	12.2	6.4	中铁五院	在建
94	怀邵衡铁路	湘江特大桥	72+4×130+72	连续梁	箱梁	9.6	5.5	12	7	中铁四院	2018
95	大准铁路增二线	黄河特大桥	96+132+96	刚构连续梁	箱梁	9.2	5	8.1	6.1	中国铁设	2013
96	大准铁路	黄河特大桥	96+132+96	拱加劲连续钢桁梁	纵横梁	12	34	主桁中心距为7	主桁中心距为7	中国铁设	1993
97	太中银铁路	清河沟特大桥	78+3×134+78	刚构连续梁	箱梁	9.3	4.8	12.06	7	中国铁设	2011
98	沪昆客运专线	湘江特大桥	75+3×135+75	刚构连续梁	箱梁	9.8	4.8	12	7	中国铁设	2014
99	广深港客运专线	广深港沙湾特大桥	75+2×135+75	连续梁	箱梁	10.03	5.83	13.4	7	中铁四院	2009
100	沪昆客运专线	金华江特大桥	75+4×135+75	连续梁	箱梁	10.03	5.83	12	7	中铁四院	2014
101	汉十铁路	崔家营汉江特大桥	79+6×135+79	连续梁	箱梁	16.5	6.5	19.15/14.6	12	中铁四院	2019
102	黄韩侯铁路	纵目沟特大桥	78+2×136+78	连续刚构	箱梁	10	5	11.5	7.2	中铁一院	2015
103	沪昆客运专线	跨武广客运专线特大桥	75+136+75	连续梁	箱梁	10	5.5	12	7	中国铁设	2014
104	杭绍台铁路	绍兴北站特大桥	72+136+72	连续梁	箱梁	10	6	12.6	7	中国铁设	在建
105	梅汕铁路	贾里特大桥	72+136+72	连续刚构	箱梁	9.2	4.4	12.2	7.3	中铁四院	在建
106	宁安城际铁路	青弋江特大桥	72+136+72	连续梁	箱梁	11	5.5	22.8	16.5	中铁四院	2015
107	广珠铁路	北江特大桥	73.2+138+73.2	连续刚构	箱梁	8.5	4.5	11	6.5	中铁四院	2102
108	黄韩侯铁路	金水沟特大桥	80+3×140+80	连续刚构	箱梁	10.5	5.5	12.5	7.2	中铁一院	2015
109	郑阜铁路	扶华特大桥	78+140+78	连续梁	箱梁	10	5.5	12.6	7	中国铁设	2019
110	合安铁路	合九联络线引江济淮特大桥	80+140+80	连续梁	箱梁	10.5	6	18.2	13.1	中铁四院	2018
111	杭温铁路	跨诸水高速公路特大桥	57+142+100	连续刚构	箱梁	13	6	12.6	7.8	中铁四院	在建
112	黄韩侯铁路	大浴河特大桥	80+144+80	连续刚构	箱梁	10.5	5.5	11.5	7.2	中铁一院	2015
113	渝利铁路	蔡家沟大桥	80+3×144+80	刚构—连续组合梁	箱梁	11	6	10.96	7.2	中铁二院	2013
114	杭绍台铁路	嵊州特大桥	76+144+76	刚构连续梁	箱梁	9.632	4.832	12.6	7.5	中国铁设	在建

续上表

序号	工程项目	桥名	孔跨(m)	结构形式	截面形式	梁高(m)		梁宽(m)		设计单位	通车时间
						支点	跨中	顶	底		
115	中俄同江黑龙江铁路特大桥	同江黑龙江铁路特大桥	144	简支钢桁梁	纵横梁	21	21	主桁中心距为8	主桁中心距为8	中国铁设	2020
116	福厦铁路	乌龙江特大桥	80＋3×144＋80	连续梁	箱梁	11.0	6.0	13.4	7.2	中铁二院	2010
117	改建滨北线	松花江公铁两用桥	96＋2×144＋96	连续钢桁梁	纵横梁	24	14	33	14	中铁五院	2016
118	温福铁路	白马河特大桥	80＋3×145＋80	简支梁	箱梁	5	5	12.8	6.8	中铁四院	2009
119	广珠铁路	江门水道特大桥	85＋2×145＋85	T构连续梁	箱梁	8.8	4.5	8.5	6.8	中铁四院	2012
120	佛肇城际铁路	北江特大桥	77＋146＋80.3	连续刚构	箱梁	8.8	4.5	11.6	7	中铁四院	在建
121	衢宁铁路	灵山港大桥	87.3＋146＋87.3	连续刚构	箱梁	8.8	4.5	8.5	7	中铁四院	在建
122	拉日铁路	雅鲁藏布江三号特大桥	88＋148＋88	连续刚构	箱梁	11	5.8	9	7.4	中铁一院	2014
123	杭温铁路	仙居特大桥	84＋5×150＋84	连续刚构	箱梁	12	6.5	12.6	7.8	中铁四院	在建
124	昌景黄铁路	凤凰昌江特大桥	83.2＋152＋83.2	刚构连续梁	箱梁	9.886	4.886	12.6	8.2	中国铁设	在建
125	黄韩侯铁路	新黄河特大桥	156	简支钢桁梁	纵横梁	10	5	11.5	7.2	中铁一院	2015
126	昌景黄铁路	景北昌江大桥	88＋160＋88	刚构连续梁	箱梁	11.088	6.088	12.2	8.2	中国铁设	在建
127	昌赣客运专线	吉安赣江特大桥	48＋80＋160＋80＋48	刚构连续梁	箱梁	10.6	5.4	12.6	8.5	中铁设计	在建
128	赣深客运专线	潼湖特大桥	88＋160＋88	连续刚构	箱梁	10.6	5	12.6	8	中铁四院	在建
129	梅汕铁路	枫江特大桥	88＋160＋88	连续刚构	箱梁	10.6	5	12.2	8	中铁四院	2019
130	温福铁路	田螺大桥	88＋160＋88	连续刚构	箱梁	10.6	5	13	8.2	中铁四院	2009
131	南三龙铁路	城关沙溪大桥	96＋160＋96	连续刚构	箱梁	10.5	4.5	11.9	8.5	中铁四院	2018
132	渝怀铁路	黄草乌江大桥	96＋168＋96	连续刚构	箱梁	11.0	5.5	11.0	7.8	中铁二院	2007
133	太中银铁路	跨河口庙水库特大桥	96＋168＋96	刚构连续梁	箱梁	11.6	6	11.46	7.8	中国铁设	2011
134	沪昆客运专线	沅江大桥	88＋168＋88＋40	刚构连续梁	箱梁	12	6	12	7	中国铁设	2014
135	呼准铁路	大路黄河特大桥	98＋5×168＋98	刚构连续梁	箱梁	12	6	11.66	7	中国铁设	2016
136	汉宜铁路	沉湖汉江特大桥	102＋168＋102	连续刚构	箱梁	10.5	4.5	12.2	8.5	中铁四院	2012
137	天仙铁路支线	仙桃汉江特大桥	106＋168＋98	连续刚构	箱梁	10.5	4.5	8.5	7.5	中铁四院	2017
138	福平铁路	平潭海峡公铁两用大桥	92 ＋2×168＋92	连续刚构	箱梁	11.6	5.5	12.2	8.5	中铁四院	在建

续上表

序号	工程项目	桥名	孔跨(m)	结构形式	截面形式	梁高(m)		梁宽(m)		设计单位	通车时间
						支点	跨中	顶	底		
139	郑济铁路	郑州黄河特大桥主桥	112+6×168+112	上承式变高度连续钢桁梁桥	纵横梁	30	15	32.5	26.8	中铁设计	在建
140	京沈客运专线	温榆河特大桥	109+2×170+109	V撑连续梁	箱梁	10	6	12.6	7.4	中国铁设	在建
141	黄大铁路	黄河特大桥	120+4×180+120	连续钢桁梁	纵横梁	18	18	11	11	中铁一院	2016
142	连乐铁路	九峰岷江特大桥	100+3×180+100	混凝土连续梁	箱梁	13	7	9.1	7.2	中铁二院	在建
143	石济客运专线	济南黄河公铁两用桥	128+3×180+128	刚性悬索加劲连续钢桁梁	纵横梁	39	15	29.3	29.3	中国铁设	2019
144	广珠城际铁路	容桂水道特大桥	108.85+2×185+115.50	连续刚构	箱梁	11	5.5	11.6	9	中铁四院	2011
145	安康水电站专用线	石庙沟汉江大桥	56+192+56	钢箱斜腿刚构	箱梁	4.4	4.4	3.2	3.2	中铁二院、中铁设计	1982
146	襄渝二线	牛角坪大桥	100+192+100	混凝土连续刚构	箱梁	13.5	7.2	11.2	9.2	中铁二院	2009
147	渝怀增建二线	涪陵乌江右线大桥	98+192+94	混凝土连续刚构	箱梁	13.8	7.1	10.3	8.3	中铁二院	2020
148	渝怀铁路	长寿长江特大桥	144+2×192+144	连续钢桁梁	纵横梁	34	18	12	12	中铁二院	2007
149	向莆引入南昌枢纽	东新赣江大桥	126+196+126	连续钢桁梁	纵横梁	35	19	28.8	28.8	中铁二院	2013
150	福平铁路	闽江特大桥	100+198+110	连续刚构	箱梁	14	7.5	12.2	9.2	中铁四院	在建
151	玉磨铁路	阿墨江特大桥	112+216+112	混凝土连续刚构	箱梁	15.7	7.2	14	10	中铁二院	在建
152	杭温铁路	楠溪江特大桥	100+216+100	钢混连续刚构	箱梁	12.6	6.2	10	8.5	中铁四院	在建
153	南三龙铁路	闽江特大桥	118+216+138+83	连续刚构	箱梁	16.5	7.5	12	9.2	中铁四院	2018
154	成贵铁路	菜坝岷江特大桥	140+224+140	连续钢桁梁	纵横梁	32	16	14	14	中铁二院	2019
155	成贵铁路	五通岷江大桥	140+224+140	连续钢桁梁	纵横梁	32	16	14	14	中铁二院	2019
156	玉磨铁路	元江特大桥	108+152+249+152+108	上承式连续钢桁梁	纵横梁	36	16	16	16	中铁二院	在建
157	穗莞深城际铁路	东江南特大桥	143+264+143	刚性上加劲	纵横梁	18	18	13	15.2	中铁四院	2019

表 3 拱 桥

序号	工程项目	桥名	孔跨(m)	结构形式	矢跨比	拱肋截面形式	拱脚尺寸(m)		拱顶尺寸(m)		桥宽(m)	设计单位	通车时间
							宽度	高度	宽度	高度			
1	京津城际铁路	新开河特大桥	71.5	下承式	1/4.76	钢管混凝土叠拱	拱管直径 1.0	拱管间距 1.06	拱管直径 1.0	拱管间距 2.0	17.5	中国铁设	2008
2	张唐铁路	跨唐津高速公路特大桥	80	下承式	1/5	哑铃形	1	2.5	1	2.5	16.2	中国铁设	2015
3	甬台温铁路	雁荡山特大桥	2×90	钢箱叠合拱桥	1/5	钢箱	1.2	2.8	1.2	2.8	14.8	中铁四院	2009
4	京沪高速铁路	跨济兖公路特大桥	96	下承式	1/5	钢箱	1.2	5.5	1.2	2.8	25.7	中国铁设	2011
5	京沪高速铁路	跨京开高速公路特大桥	32+108+32	中承式	1/5.19	钢箱	1.6	2.6	1.6	2	13.6	中国铁设	2011
6	京雄城际铁路	黄固特大桥	112	下承式	88	钢箱	1.68	2.697	1.68	2.5	16.46	中国铁设	在建
7	北京铁路枢纽丰台站改建工程	跨北京四环路特大桥	112	下承式钢箱叠合拱	1/4.57	钢箱	1.6	4	1.6	上拱肋 1.6，下拱肋 1.2	38.6	中国铁设	在建
8	宣杭铁路	东苕溪特大桥	112	下承式系杆拱	1/5	哑铃形	1	3	1	3	15	中铁四院	2005
9	津秦客运专线	跨津山下行线特大桥	113	下承式	1/5	哑铃形	1.2	3	1.2	3	17.6	中国铁设	2013
10	成贵铁路	宜宾金沙江公铁两用大桥	116+120+336+120+116	钢箱系杆拱桥	1/3.36	钢箱	3	9	3	9	28.5	中铁大桥院	2019
11	青连铁路	大官庄跨 222 省道特大桥	122	下承式	1/5	哑铃形	1.2	3.2	1.2	3.2	17.6	中国铁设	2018
12	宜万铁路	野三河大桥	124	中承不对称坡拱桥		桁架式	4.4	7.6	4.4	7.6	61.2	中铁四院	2010
13	兰新客运专线	跨乌鲁木齐河特大桥	128	系杆拱	1/5	哑铃形	1.8	5.5	1.3	3.9	15	中铁一院	2014
14	济青铁路	淄博特大桥	128	下承式	1/5	哑铃形	1.2	3.4	1.2	3.4	19.3	中国铁设	2018
15	昌九城际铁路	永修特大桥	31.75+128+31.75	下承式钢箱系杆拱	1/5	钢箱	1.2	3.5	1.2	3.5	17	中铁四院	2010
16	合安九铁路	派河特大桥	128	钢管混凝土拱桥	1/5	哑铃形	1.2	3.4	1.2	3.4	11.6	中铁四院	在建
17	合福铁路	代桥河特大桥	128	下承式钢管混凝土提篮拱	1/5	哑铃形	1.2	3.4	1.2	3.4	17.8	中铁四院	2015
18	郑开城际铁路	郑州特大桥	128	下承式提篮拱	1/5	哑铃形	1.2	3.5	1.2	3.5	19	中铁四院	2014
19	红神专用铁路	格丑沟特大桥	136	系杆拱	1/5	哑铃形	1.5	4	1.1	3.6	11.2	中铁一院	2008
20	温福铁路	昆阳特大桥	64+136+64	下承式	1/5	哑铃形	0.8	2.8	0.8	2.8	16.1	中铁四院	2009
21	哈大客运专线	新开河特大桥	138	钢箱叠合拱	1/4	钢箱	2	4.39	2	8.8	18	中铁一院	2015
22	武广客运专线	汀泗河特大桥	140	下承式	1/4.7	钢箱	2	4.5	2	3	18	中铁四院	2009

续上表

序号	工程项目	桥名	孔跨(m)	结构形式	矢跨比	拱肋截面形式	拱脚尺寸(m)		拱顶尺寸(m)		桥宽(m)	设计单位	通车时间
							宽度	高度	宽度	高度			
23	赣龙铁路	吊钟岩特大桥	140	上承式混凝土拱	1/5	混凝土箱形	2.2	4.8	2.2	3.2	3.9	中铁四院	2005
24	宁杭客运专线	京杭运河特大桥	140	下承式混凝土拱	1/5	哑铃形	1.3	4	1.3	4	17.8	中铁四院	2014
25	商合杭铁路	西苕溪右线特大桥	140	下承式混凝土拱	1/5	哑铃形	1..2	3.8	1.2	3.8	12.4	中铁四院	2020
26	向莆铁路	尤溪大桥	140	上承式劲混凝土拱	1/4.5	箱形	2.3	5.4	2.3	3.2	9.56	中铁四院	2013
27	济青铁路	邹淄特大桥	144	下承式	1/5	哑铃形	1.3	4	1.3	4	19.3	中国铁设	2018
28	沪杭客运专线	跨沪杭高速公路特大桥	88+160+88	自锚上承式	1/6	钢箱	7.5	6	7.5	4	12.6	中铁四院	2010
29	银西客运专线	银川机场黄河特大桥	3×168	连续钢桁梁柔性拱	1/4.7	钢箱	1	1.3	1	1.3	13.8	中铁一院	在建
30	连徐铁路	东海特大桥	40+168+40	下承式	1/3.78	叠合拱	1.4		1.4		13.6	中铁四院	在建
31	宜万铁路	落步溪大桥	178	上承式劲性骨架混凝土拱桥	1/5	箱形	2.5	6	2.5	3.5	8.4	中铁四院	2010
32	浩吉铁路	龙门黄河大桥	202	中承式	1/5	桁架	2.9	7.5	2.9	5.5	23	中国铁设	2019
33	浩吉铁路	洛河大桥	220	上承式四肢钢管桁架拱	1/5	哑铃式	3.2	8.2	3.2	5.2	8.9	中铁四院	2019
34	水柏铁路	北盘江大桥	236	上承式	1/4	桁架	19.6	5.4	6.16	5.4	7	中铁二院	2001
35	成贵铁路	西溪河大桥	240	上承式	1/4.36	桁架	11.71	5.7	26.19	5.7	12.2	中铁二院	2019
36	南钦铁路	三岸邕江大桥	276	连续钢桁拱	1/4.76	钢桁	15	20	15	9	15	中铁二院	2011
37	张吉怀铁路	酉水大桥	292	不对称上承式拱	1/3.62	桁架	1.5	9	1.5	7	12.6	中铁四院	在建
38	京沪高速铁路	南京大胜关长江大桥	108+192+2×336+192+108	中承式钢桁拱桥	1/4	钢桁	1.4（单肢）	47.9	1.4	12	41	中铁大桥院	2011
39	瓮马铁路	乌江特大桥	337	上承式混凝土拱	1/5.48	箱形	10	6.5	10	6.5	9.9	中铁四院	在建
40	郑万铁路	奉节梅溪河特大桥	340	上承式	1/4.6	箱形	5	11	12	6	12.6	中铁二院	在建
41	林织铁路	纳界河大桥	352	上承式	1/5.3	钢桁	27	13	8	8	7	中铁二院	2015
42	宜万铁路	万州长江大桥	168+360+168	中承式钢桁拱	1/4.32	钢桁	0.8（单肢）	20	0.8	8	16	中铁大桥院	2005
43	渝黔铁路	夜郎河特大桥	370	上承式	1/4.43	箱形	9.4（单肢）	13.4	15.4	7.4	12.6	中铁二院	2018
44	朔准铁路	黄河特大桥	380	上承式	1/6	桁架	4	12.5	4	7.5	12	中国铁设	2019

续上表

序号	工程项目	桥名	孔跨(m)	结构形式	矢跨比	拱肋截面形式	拱脚尺寸(m)		拱顶尺寸(m)		桥宽(m)	设计单位	通车时间
							宽度	高度	宽度	高度			
45	云桂铁路	南盘江特大桥	416	上承式	1/4.2	箱形	28	8.5	18	8.5	13.4	中铁二院	2016
46	拉林铁路	藏木雅鲁藏布江特大桥	430	中承式	1/3.84	桁架	25	15	7	8.8	18	中铁二院	在建
47	成贵铁路	鸭池河特大桥	436	钢箱—混凝土结合桁架拱	1/3.8	钢混凝土桁架	4.2（单肢）	13.5	4.2	7.5	22	中铁大桥院	2019
48	沪昆客运专线	北盘江特大桥	445	上承式	1/4.45	箱形	28	9	18	9	13.4	中铁二院	2016
49	大瑞铁路	怒江特大桥	490	上承式	1/4.47	钢桁	32	16	18	11	24.9	中铁二院	在建
50	福厦铁路	木兰溪特大桥	128	系杆拱	1/5.33	钢箱	1.8	3.3	1.8	3.3	16	中铁二院	2010
51	福厦铁路	丘后特大桥	128	系杆拱	1/5.33	钢箱	1.8	3.3	1.8	3.3	16	中铁二院	2010
52	六沾铁路	宣天大桥	100	下承式	1/5	桁架	13.7	2.8	13.7	4.8	16.7	中铁二院	2010
53	郑万铁路	巫山大宁河大桥	282	中承式	1/4	哑铃式	4（单肢）	8	4（单肢）	5	14.6	中铁二院	在建
54	安九铁路	孔垄北站特大桥	80	四线系杆拱	1/5	哑铃形	1.1	2.8	1.1	2.8	25.8	中铁五院	在建
55	金台铁路	罗桥跨金台高速公路特大桥	156	单线系杆拱	1/5	哑铃形	1.2	3.4	1.2	3.4	11.6	中铁五院	在建
56	大瑞铁路	澜沧江特大桥	342	上承式拱桥	1/4.15	箱形	4.4	10.9	4.4	6.9	14.5	中铁设计	在建
57	南广铁路	肇庆西江特大桥	450	中承式提篮拱	1/4	钢箱	5.1	15.1	5.1	9.1	22.0	中铁设计	2014

表 4　梁拱组合桥

序号	工程项目	桥名	孔跨(m)	结构形式	梁部截面形式	梁高(m)		拱肋截面形式	拱肋高度(m)	矢跨比(m)	设计单位	通车时间
						支点	跨中					
1	石武客运专线	鹤壁特大桥	50+50	连续梁拱	双主梁体系	3.05	3.05	哑铃形	1.2	1/5	中国铁设	2012
2	青藏铁路	拉萨河特大桥	36+72+108+72+36	连续梁拱	箱梁	7.17	2.4	叠合拱	0.9	1/4.7	中国铁设	2006
3	京津城际铁路	跨北京四环路特大桥	60+128+60	连续梁拱	箱梁	7	3.5	哑铃形	3	1/6	中国铁设	2008
4	京雄城际铁路	霸雄特大桥	41.65+132+41.65	连续梁拱	箱梁	3.6	3.6	哑铃形	3.8	1/4.7	中国铁设	在建
5	宿淮铁路	京杭运河特大桥	62+132+62	单线连续梁拱	箱梁	7	3.5	哑铃形	2.8	1/6	中铁上海院	2013
6	西宝客运专线	咸阳西立交特大桥	64+136+64	连续梁拱	箱梁	7.5	3.5	哑铃形	3	1/5	中铁一院	2013
7	兰新客运专线	达坂城湿地特大桥	64+136+64	连续梁拱	箱梁	7.5	3.5	哑铃形	3	1/5	中铁一院	2014

续上表

序号	工程项目	桥　名	孔跨(m)	结构形式	梁部截面形式	梁高(m)		拱肋截面形式	拱肋高度(m)	矢跨比(m)	设计单位	通车时间
						支点	跨中					
8	京沪高速铁路	丹昆特大桥	70＋136＋70	连续梁拱	箱梁	7.5	4.0	哑铃形	2.8	1/5	中铁四院	2011
9	合福铁路	跨西岭互通特大桥	70＋136＋70	连续梁拱	箱梁	7.5	4.0	哑铃形	2.8	1/5	中铁四院	2015
10	拉日铁路	年楚河特大桥	60＋148＋60	V形刚构拱	箱梁	4.6	3.0	哑铃形	2～4	1/3.4	中铁一院	2014
11	大西客运专线	跨北同蒲铁路特大桥	74＋148＋128＋148＋74	连续梁拱	箱梁	8	4.3	哑铃形	3	1/5	中国铁设	2014
12	商合杭铁路	颍上特大桥	84＋150＋84	连续梁拱	箱梁	9.015	4.215	哑铃形	3.3	1/5	中国铁设	2019
13	金台铁路	灵江特大桥	92＋3×156＋92	连续梁拱	箱梁	9	4.6	哑铃形	3.1	1/5.5	中铁五院	在建
14	哈齐客运专线	松花江特大桥	77＋3×156.8＋77	连续梁拱	箱梁	8.6	4.2	哑铃形	3.5	1/4.2	中国铁设	2015
15	佛山西站	跨桂丹路特大桥	24＋160＋24	连续刚构拱	钢箱梁	3.7	3.7	哑铃形	4.2	1/5	中铁四院	2017
16	广深港客运专线	沙湾水道特大桥	76＋160＋76	连续梁拱	箱梁	8.5	4.0	哑铃形	3	1/5	中铁四院	2009
17	商合杭铁路	亳州特大桥	88＋168＋88	连续梁拱	箱梁	10	4.5	哑铃形	3.3	1/5	中国铁设	2019
18	徐连客运专线	邳州特大桥	83.9＋168＋83.9	连续梁拱	箱梁	9.5	4.2	哑铃形	3	1/5	中铁四院	在建
19	京沪高速铁路	济南黄河大桥	112＋3×168＋112	中承式钢桁拱	钢桁梁	16	16	钢箱拱	1.28	1/4.7	中铁大桥院	2011
20	昌景黄铁路	鄱阳湖特大桥	90＋180＋90	连续梁拱	箱梁	11	5.0	哑铃形	3.1	1/5	中国铁设	在建
21	合安铁路	花岗特大桥	90＋180＋90	连续梁拱	箱梁	11	5.5	哑铃形	3.1	1/5	中铁四院	在建
22	京沪高速铁路	京杭运河特大桥	90＋180＋90	连续梁拱桥	箱梁	10	4.5	哑铃形	3.1	1/5	中铁四院	2011
23	黄黄城际铁路	蕲河特大桥	100＋196＋100	连续梁拱	箱梁	12.5	5.5	哑铃形	3.2	1/5	中铁四院	在建
24	福厦铁路	闽江特大桥	99＋198＋99	连续钢桁梁拱	N形三角桁式	15	15	箱形	1.06～1.66	1/4.4	中铁四院	2010
25	郑万铁路	唐河特大桥	96＋200＋96	连续梁拱	箱形	11.5	5.5	哑铃形	3	1/5	中铁二院	2019
26	郑万铁路	彭溪河特大桥	96＋200＋96	刚构拱	箱形	11	5.0	哑铃形	3.2	1/5	中铁二院	在建
27	昌景黄铁路	跨义城昌江特大桥	90＋200＋90	刚构拱	箱梁	11.5	5.0	哑铃形钢	3.3	1/5	中国铁设	在建
28	汉十铁路	府河特大桥	90＋200＋90	连续刚构拱	箱梁	10.6	4.6	哑铃形	3.3	1/5	中铁四院	2019
29	徐盐铁路	徐洪河特大桥	100＋200＋100	连续梁拱	箱梁	12	6.0	哑铃形	3.2	1/5	中铁五院	2019
30	京九铁路	九江长江大桥	180＋216＋180	中承式钢桁拱	钢桁梁	32	16.0	钢桁拱	1.07	1/6.7	中铁大桥院	1995
31	郑万铁路	汉江特大桥	109＋220＋109	刚构拱	箱形	12	5.5	哑铃形	3.4	1/5	中铁二院	2019
32	郑万铁路	神农溪大桥	109＋220＋109	刚构拱	箱形	12	5.5	哑铃形	3.4	1/5	中铁二院	在建
33	广珠城际铁路	小榄水道特大桥主桥	100＋220＋100	V形刚构拱	箱梁	7.8	3.8	月芽形	5.0	1/4.57	中铁四院	2011

续上表

序号	工程项目	桥名	孔跨(m)	结构形式	梁部截面形式	梁高(m)		拱肋截面形式	拱肋高度(m)	矢跨比(m)	设计单位	通车时间
						支点	跨中					
34	厦深铁路	榕江特大桥	110+2×220+110	连续钢桁梁	N形三角桁式	15	15.0	箱形	1.86	1/5	中铁四院	2013
35	商合杭铁路	淮河特大桥	112+224+112	连续梁拱	箱梁	14.5	5.5	哑铃形	3.8	1/5	中铁四院	2019
36	盐通铁路	盐城南特大桥	110+228+110	连续梁拱	箱梁	14.5	5.5	哑铃形	3.9	1/5	中国铁设	在建
37	连盐铁路	灌河特大桥	120+228+120	连续钢桁柔性拱	钢桁梁	15	15.0	箱形	1.0～1.2	1/3.3	中铁五院	2018
38	南沙港铁路	西江特大桥	110+230+110	连续刚构拱	箱梁	5	4.5	四肢桁架	4.25	1/5	中铁四院	在建
39	合宁铁路	合肥经济开发区大桥	115+230+115	连续钢桁梁柔性拱	N形三角桁式	15	15.0	箱形	1.46～1.86	1/4.5	中铁四院	2008
40	新广州站	东平水道主桥	99+242+99	连续钢桁拱	钢桁架	34	14.0	钢桁架	9	1/5	中铁四院	2009
41	广珠铁路	虎跳门特大桥	120+248+120	连续刚构	箱梁	12.5	4.2	三肢桁架	3	1/5	中铁四院	2012
42	宜万铁路	宜昌长江大桥	130+2×275+130	连续刚构	箱梁	14.5	4.8	桁架结构	3	1/5	中铁四院	2010
43	贵广铁路	东平水道特大桥	85+286+85	双拱肋	钢桁梁	—	9.0	箱形	1.8	1/4.47	中铁四院	2014
44	汉十铁路	崔家营汉江特大桥	135+2×300+135	连续刚构拱	箱梁	16.5	6.5	哑铃形/桁架	2.8/4.0	1/5	中铁四院	2019
45	南沙港铁路	洪奇沥特大桥	138+2×360+138	钢桁梁柔性拱	钢桁梁	16	16	箱形	1.8～2.3	1/5.538	中铁四院	在建
46	沪昆客运专线	姚官屯特大桥	42+128+42	系杆拱组合连续梁	Π形截面	6.6	3.6	钢管叠拱	2～4	1/5.35	中铁二院	2016
47	玉磨铁路	景洪澜沧江大桥	70+200+70	刚构—拱组合体系	箱梁	11	4.5	桁架式	4.3	1/5	中铁二院	在建
48	玉磨铁路	橄榄坝澜沧江大桥	92+200+92	刚构—拱组合体系	箱梁	11	4.5	桁架式	4.3	1/5	中铁二院	在建

表 5 斜拉桥

序号	工程项目	桥名	孔跨(m)	结构体系	梁		塔		索距(m)	桥宽(m)	设计单位	通车时间
					截面形式	梁高(m)	塔形	塔高(m)				
1	常益长铁路	沅江特大桥	32+2×90+32	固定/活动	钢混	3.05	拱塔	66	12	16.3	中铁四院	在建
2	沪昆客运专线长沙西北上行联络线	跨武广客运专线特大桥	32+80+112	固结	槽形梁	3.5	A形	73.9	9	10.8	中铁四院	2011
3	福厦铁路	木兰溪特大桥	30+2×145+30	固结	鱼腹式	3.8	花瓶式	85.5	9	18	中铁四院	在建
4	贵广铁路	穗盐路特大桥	32.6+2×175+32.6	固结	钢箱梁	3.5	H形	138.9	9	24	中铁四院	2014
5	南广铁路	郁江大桥	36+96+228+96+36	半漂浮	钢桁梁	14	花瓶	102.5	12	15	中铁二院	2014

续上表

序号	工程项目	桥　名	孔跨(m)	结构体系	梁		塔		索距(m)	桥宽(m)	设计单位	通车时间
					截面形式	梁高(m)	塔形	塔高(m)				
6	贵广铁路	思贤窖特大桥	58.5+109.25+230+109.25+58.5	半漂浮	钢混	14	H形	116.7	24	24	中铁四院	2014
7	杭温铁路	楠溪江特大桥	40.5+79.5+240+79.5+40.5	半漂浮	箱形	3.85	H形	85.5	7.5	14.4	中铁四院	在建
8	深茂铁路	潭江特大桥	31.85+57+130+256+63.9	固结	钢混	4.6	H形	154.1	12.2	14	中铁四院	2018
9	潜江铁路支线	岳口汉江特大桥	32+50+93+260+38	固结	钢混	3.5	倒Y形	156.5	6.0～12.0	13.0/13.2	中铁四院	2018
10	广汕铁路	增江特大桥	48+84+260+84+48	连续	箱梁	4	H形	100	10.9	14.4	中铁四院	在建
11	乐清湾港区铁路	瓯江特大桥	52+90+300+90+52	固结	箱梁	4	倒Y形	112.5/118.0	8/1	13	中铁四院	2020
12	昌赣客运专线	赣江特大桥	35+40+60+300+60+40+35	半飘浮	钢混	4.5	曲线人字形	124.5	10.5/12.0	16.3/16.8	中铁四院	2019
13	徐盐铁路	盐城特大桥	72+96+312+96+72	半漂浮	钢桁梁	14	H形	128.5	12	15	中铁五院	2019
14	商合杭铁路	裕溪河特大桥	60+120+324+120+60	半飘浮	华伦式	12	H形	121	12	16.4	中铁四院	2020
15	汉巴南铁路	嘉陵江特大桥	45+55+58+335+58+49	固定/活动	混合梁	4.5	钻石形	164.5/120	12(中跨)/9(边跨)	19.5	中铁五院	在建
16	珠机城际铁路	金海特大桥	58.5+116+3×340+116+58.5	半飘浮	挑臂式	4.676	倒Y形	149.4	12	49.6	中铁四院	在建
17	浩吉铁路	洞庭湖大桥	99.12+140+406+406+140+99.12	固定/活动	钢箱桁组合	14.34	倒Y形	156.5/154/152.6	14	21	中铁大桥院	2019
18	重庆铁路枢纽东环线	明月峡长江大桥	62.5+125+425+175+75	半漂浮	钢桁梁	14	花瓶	203	12.5	17	中铁二院	在建
19	渝利铁路	韩家沱长江大桥	81+135+432+135+81	半漂浮	钢桁梁	14	H形	182.5/187.5	13.5	18	中铁二院	2013
20	渝黔铁路	新白沙沱长江大桥	81+162+432+162+81	半漂浮	钢桁梁	15.2	H形	181/198	13.5	24.5	中铁二院、大桥院	2018
21	新福厦铁路	乌龙江特大桥	72+109+432+56+56	固定/活动	钢混	4.047	H形	128.5/170.0	12	29.2/29.1	中铁四院	在建
22	南沙港铁路	龙穴南特大桥	60+60+70+448+70+60+60	半飘浮	钢混	4.5	H形	155	14	17	中铁四院	在建
23	宁波铁路枢纽北环线	甬江特大桥	53+50+50+66+468+66+50+50+53	半飘浮	钢混	5	倒Y形	177.91	8.0～9.0	21	中铁四院	2014
24	杭绍台铁路	椒江特大桥	84+156+480+156+84	半漂浮体系	钢桁梁	14	H形	190	14/14.5	25.68	中国铁设	在建

续上表

序号	工程项目	桥名	孔跨(m)	结构体系	梁		塔		索距(m)	桥宽(m)	设计单位	通车时间
					截面形式	梁高(m)	塔形	塔高(m)				
25	武广客运专线	武汉天兴洲长江大桥	98＋196＋504＋196＋98	固定/活动	三主桁钢桁梁	15.2	倒Y形	190	14	30	中铁大桥院	2009
26	浩吉铁路	荆州长江公铁大桥	98＋182＋518＋182＋98	固定/活动	双主桁钢桁梁	13	H形	182.5	14	26	中铁大桥院	2019
27	川南城际铁路及渝昆铁路	宜宾临港公铁两用长江大桥	72.5＋203＋522＋203＋72.5	半漂浮	钢箱梁	5	钻石形	250.8/239.9	12	63.9	中铁二院、大桥院	在建
28	福平铁路	平潭海峡公铁两用大桥	132＋196＋532＋196＋132	固定/活动	双主桁钢桁梁	13.5	H形	200	14	36.8	中铁大桥院	在建
29	武冈城际铁路	黄冈长江大桥	81＋243＋567＋243＋81	固定/活动	斜主桁钢桁梁	15.5	H形	190.5	13.5	27.5	中铁大桥院	2014
30	宁安铁路	安庆长江大桥	101.5＋188.5＋580＋217.5＋159.5＋116	固定/活动	三主桁钢桁梁	15	倒Y形	210	14.5	28	中铁大桥院	2015
31	商合杭铁路	芜湖长江公铁大桥	99.3＋238＋588＋224＋85.3	固定/活动	板桁结合＋钢箱结合	15	门式框架	130.5/155	14	38	中铁大桥院	2020
32	南沙港铁路	西江特大桥	2×57.5＋172.5＋600＋4×57.5	半飘浮	钢混	4.5	H形	208/200	12	21	中铁四院	在建
33	合福铁路	铜陵公铁两用长江大桥	90＋240＋630＋240＋90	固定/活动	三主桁钢桁梁	15.5	倒Y形	212	15	34.2	中铁大桥院	2015
34	安九铁路	鳊鱼洲长江大桥	2×50＋224＋672＋174＋3×50	固定/活动	钢箱梁	4.79	H形	252/242	9/12	32.2	中铁大桥院	在建
35	沪苏通铁路	沪苏通长江公铁大桥	140＋462＋1092＋462＋140	固定/活动	箱桁板桁组合桁架	16	钻石形	325	14	35	中铁大桥院	2020

表6 部分斜拉桥

序号	工程项目	桥名	孔跨(m)	结构形式	梁部截面形式	梁高(m)		塔高(m)	索距(m)	设计单位	通车时间
						支点	跨中				
1	京沪高速铁路	津沪联络线特大桥	64.6＋115＋115＋64.6	连续梁	箱梁	6	4	15	6	中国铁设	2011
2	京沈客运专线	跨承唐高速公路大桥	115＋95	连续刚构	箱梁	7.6	5	27.8	8	中国铁设	在建
3	杭温铁路	横店特大桥	70＋125＋125＋70	连续梁	箱形	7	4.2	18/20	6	中铁四院	2014
4	石武客运专线	郑州黄河公铁两用大桥	120＋5×168＋120	连续梁	斜主桁钢桁梁	14	14	35.1	12	中铁大桥院	2010

续上表

序号	工程项目	桥名	孔跨(m)	结构形式	梁部截面形式	梁高(m)		塔高(m)	索距(m)	设计单位	通车时间
						支点	跨中				
5	佛肇城际铁路	桂丹立交特大桥	75+86+168+86+75	连续梁	箱形	9.5	4.5	26	6	中铁四院	在建
6	广佛环线	东平水道大桥	96+176+96	连续刚构	箱梁	9.6	5.6	25	8	中铁一院	2019
7	京沈客运专线	潮白河特大桥	64.8+85+178+92.7	连续梁	箱梁	9.5	5.5	28	8	中国铁设	在建
8	广汕铁路	博罗东江特大桥	90+180+90	连续刚构	箱形	9.6	5	29	9	中铁四院	在建
9	福厦铁路	湄洲湾跨海大桥	96.8+180+96.8	连续刚构	箱形	10	5	30	8	中铁四院	在建
10	大张客运专线	智家堡御河特大桥	95+186+95	连续梁	箱梁	10	6	26	8	中国铁设	在建
11	成昆铁路	攀枝花金沙江大桥	120+208+120	连续刚构	箱形	11.3	6.8	28	8	中铁二院	2020
12	广珠城际铁路	西江特大桥主桥	100+2×210+100	连续刚构	箱梁	11	4.5	109	6	中铁四院	2011
13	商合杭铁路	颍上特大桥	94.2+220+94.2	连续梁	箱梁	11.5	6.5	66.5	8	中国铁设	2019
14	福厦铁路	雷公山特大桥	35+118+224+118+35	连续梁	箱形	13	6	44	8	中铁四院	在建
15	池黄铁路	太平湖特大桥	48+118+2×228+118+48	连续梁	箱梁	12	6	49.2	8	中铁上海院	在建
16	瓮马铁路	湘江特大桥	120+235+235+120	连续刚构	鱼腹式箱形	12.5	6.5	35.5/40.5	10	中铁四院	在建
17	黔张常铁路	阿蓬江特大桥	135+240+135	连续刚构	箱梁	13.5	7	34	7	中铁一院	2019
18	浩吉铁路	汉江特大桥	72+116+248+116+72	连续梁	箱梁	13	6	57	9	中铁四院	2019
19	赣深铁路	剑潭东江特大桥	136+260+136	连续刚构	箱形	13	6	56	8	中铁四院	在建
20	阿富准铁路	喀腊塑克特大桥	140+270+140	连续梁	箱梁	14	7	38	6	中铁一院	2020
21	福平铁路	乌龙江特大桥	144+288+144	连续刚构	箱梁	15.5	5.5	78	8	中铁四院	在建
22	芜湖枢纽	芜湖长江大桥	180+312+180	连续梁	钢桁梁	13.5	13.5	112.2	12	中铁大桥院	2000
23	津保铁路	子牙河特大桥	84+56+32	三线连续梁	单箱四室箱梁	6	3.8	20	6	中国铁设	2015

表7 悬索桥

序号	工程项目	桥名	孔跨(m)	垂跨比	梁		塔高(m)	吊杆间距(m)	主缆直径(m)	设计单位	通车时间
					截面形式	梁高(m)					
1	丽香铁路	金沙江特大桥	110+660+98	1/10	钢桁梁	12	194.5	12.2	0.76	中铁二院	在建
2	连镇铁路	五峰山长江大桥	84+84+1092+84+84	1/10	板桁结合	16	203/191	14	1.3	中铁大桥院	在建

表 8 其 他

序号	工程项目	桥名	孔跨(m)	结构简述	梁部截面形式	梁高(m)		梁宽(m)		加劲结构形式	设计单位	通车时间
						支点	跨中	顶	底			
1	京沪高速铁路	北京特大桥	5×24.9	空间刚架	钢纵横梁	3.4	3.4	35.3	35.3	—	中国铁设	2011
2	邯长铁路	浊漳河大桥	23+44+23	单线斜腿刚构	箱梁	4.5	2.1	3.9	3	—	中国铁设	1984
3	邯黄铁路	青介特大桥	32+48+32	单线槽形连续梁	槽形梁	4.1	3.5	8.8	8.3	—	中国铁设	2010
4	石太客运专线	孤山大桥	42.5+60+42.5	单线斜腿刚构	箱梁	4.65	3.4	8.4	3.8	—	中国铁设	2009
5	宁启铁路	跨沪通铁路特大桥	64	简支槽形梁拱	槽形梁	1	0.5	9.8	8.7	钢管混凝土拱肋,矢跨比 1/5	中铁上海院	2018
6	宁启铁路	圩角河特大桥	40+64+40	槽形连续梁	槽形梁	4.3/5.6	3.5	10.8	10.8	—	中铁上海院	2018
7	铜九铁路	跨 318 国道大桥	40+64+40	单线槽形连续梁	槽形梁	5.6	4.3	10.8	10.9	—	中国铁设	2008
8	青连铁路	红岛特大桥	40+70+70+40	槽形连续梁	槽形梁	5.8	3.8	16.1	16.1	—	中国铁设	2018
9	西平铁路	后河村特大桥	80	钢桁加劲槽形梁	槽形梁	2	1.5	9.4	7.8	钢桁	中铁一院	2013
10	赣韶铁路	韶关疏解线浈江特大桥	88	简支钢—混组合桁架梁	桁架+槽形梁	10	10	9.9	7.9	钢桁	中铁五院	2014
11	安九铁路	庐山特大桥	96	简支钢—混组合桁架梁	桁架+槽形梁	12.6	12.6	9.9	7.9	钢桁	中铁五院	在建
12	大西客运专线	晋陕黄河特大桥	2×108	钢桁加劲 T 构	箱梁	12.5	5	13.8	11.5	钢桁	中铁一院	2014
13	济青铁路	红岛特大桥	67.5+142+67.5	槽形连续梁拱	槽形梁	9	3.55	17.8	17	钢管混凝土拱肋,矢跨比 1/5	中国铁设	2018
14	兰新客运专线	跨兰西高速公路特大桥	80+168+80	钢桁加劲连续梁	箱形	11	5	15.2	11.6	钢桁	中铁一院	2014
15	郑阜铁路	界临特大桥	45+75+172+75+45	钢桁加劲连续梁	箱梁	11	5	15.6	13.5	钢桁	中国铁设	2019
16	郑阜铁路	沈界 1 号特大桥	86+172+86	钢桁加劲连续梁	箱梁	11	5	14.6	11.3	钢桁	中国铁设	2019
17	银西客运专线	漠谷河 2 号特大桥	2×180	钢桁加劲连续刚构	箱梁	12.5	4.8	14.9	11.4	钢桁	中铁一院	在建

参考文献

[1] 郑健. 中国高速铁路桥梁[M]. 北京:高等教育出版社,2008.
[2]《中国铁路桥梁史》编委会. 中国铁路桥梁史[M]. 2 版. 北京:中国铁道出版社,2009.
[3] 孙永福. 中国铁路建设史:1876—2000[M]. 北京:中国铁道出版社,2003.
[4] 何华武. 快速发展的中国高速铁路[J]. 中国铁路,2006.
[5] 郑健. 中国高速铁路桥梁画册[M]. 北京:人民交通出版社,2012.
[6] 铁道部工程设计鉴定中心,铁道第三勘察设计院集团有限公司. 中国铁路大桥资料选编:1995—2010[Z]. 2011.
[7] 项海帆. 高等桥梁结构理论[M]. 2 版. 北京:人民交通出版社,2013.
[8] 罗世东. 桥梁工程[M]. 武汉:湖北科学技术出版社,2015.
[9] 孙树礼. 高速铁路桥梁设计与实践[M]. 北京:中国铁道出版社,2011.
[10] 陈良江,周勇政. 我国高速铁路桥梁技术的发展与实践[J]. 高速铁路技术,2020.
[11] 乔健. 漫谈中国铁路桥梁发展的历程[J]. 铁道标准设计,2012.
[12] 陈良江,乔健. 中国高速铁路大跨度桥梁发展与实践[J]. 铁道经济研究,2010.
[13] 盛黎明. 中国高速铁路典型和特殊结构桥梁[J]. 中国铁路,2010.
[14] 高宗余,方秦汉,卫军. 中国铁路桥梁技术发展与展望[J]. 铁道工程学报,2007.
[15] 项海帆,吴定俊. 我国铁路桥梁的现状和展望[J]. 铁道建筑技术,2001.
[16] 孙树礼,张文建,王召祜,等. 京津城际铁路无砟轨道桥梁设计[J]. 铁道建筑技术,2009.
[17] 何华武. 无砟轨道技术[M]. 北京:中国铁道出版社,2005.
[18] 徐升桥. 客运专线常用跨度桥梁的设计特点与发展方向[J]. 铁道标准设计,2005(11):8-11.
[19] 陈良江. 京沪高速铁路常用跨度桥梁的技术特征及选型探讨[J]. 铁道标准设计,2003.
[20] 罗世东. 铁路桥梁大跨度组合桥式结构的应用研究[J]. 铁道标准设计,2005.
[21] 乔健,辛学忠. 世纪之交铁路桥梁发展的体会[J]. 铁道标准设计,2004.
[22] 铁道部衡广复线建设指挥部. 衡广铁路复线建设技术总结[M]. 北京:中国铁道出版社,1992.
[23] 吴克俭. 铁路客运专线工程技术的发展与创新[J]. 中国铁路,2008(S).
[24] 乔健. 中国高速铁路桥梁的技术路线和标准[C]//铁道部. 2008 高速铁路桥梁技术国际交流会论文集. 北京:中国铁道出版社,2008.
[25] 孙树礼. 京沪高速铁路桥梁工程[C]//2008 中国高速桥梁技术国际交流会论文集. 北京:中国铁道出版社,2008.
[26] 杨鹏健,周勇政,高策,等. 铁路常用跨度标准梁技术发展与创新[J]. 铁道标准设计,2020.
[27] 王振华. 我国铁路预应力混凝土桥梁及标准设计的发展[J]. 铁道标准设计,2004.
[28] 钱立新. 世界高速铁路技术[M]. 北京:中国铁道出版社,2003.
[29] 周勇政,陈良江,高策. 我国高速铁路桥梁设计技术及探索[J]. 桥梁建设,2018.
[30] 江忠贵,盛黎明. 铁路客运专线桥梁工程技术及建议[J]. 铁道工程学报,2008(S):40-52.
[31] 乔健,陈良江. 铁路预应力混凝土桥梁收缩徐变控制技术探索[J]. 铁道标准设计,2007.
[32] 金福海,徐勇. 武广客运专线武汉至韶关段桥梁设计技术总结[C]//武广客运专线技术汇编. 成都:西南交通大学出版社,2008.

[33] 王荣春. 从宝中、京九、南昆铁路的桥梁建设看铁路建桥技术的发展[J]. 铁道建筑技术,1997.
[34] 邓运清. 客运专线简支箱梁综述[J]. 铁道工程学报,2005.
[35] 刘勇,戴公连,康崇杰. 中国高速铁路简支梁综述[J]. 铁道科学与工程学报,2015.
[36] 罗世东,刘振标,陈勇,等. 广珠城际西江特大桥主桥方案设计研究[J]. 桥梁建设,2006(S).
[37] 肖海珠,高宗余. 郑州黄河公铁两用桥主桥结构设计[J]. 铁道勘察,2007(S).
[38] 甄津津. 客运专线铁路常用跨度桥梁桥墩设计[J]. 铁道标准设计,2007.
[39] 邓运清. 高速铁路简支箱梁设计研究[J]. 铁道标准设计,2004.
[40] 康小英,高丽,文望青. 高速铁路大跨度连续梁拱桥设计[J]. 铁道建筑技术,2009.
[41] 陈宝春. 钢管混凝土拱桥[M]. 2 版. 北京:人民交通出版社,2007.
[42] 马元根. 钢管混凝土拱桥的应用及发展[J]. 工程技术研究,2019.
[43] 王伯惠. 斜拉桥结构发展和中国经验[M]. 北京:人民交通出版社,2003.
[44] 陈从春,周海智,肖汝诚. 矮塔斜拉桥研究的新进展[J]. 世界桥梁,2006.
[45] 李国平. 连续拱梁组合桥的性能与特点[J]. 桥梁建设,1999.
[46] 王德志. 沿海铁路温福线桥梁设计综述[J]. 桥梁建设,2006(S).
[47] 薛照钧. 下承式尼尔森体系钢管混凝土提篮式系杆拱桥在铁路客运专线上的应用设计[J]. 桥梁建设,2006.
[48] 国家铁路局. 高速铁路设计规范:TB 10621—2014[S]. 北京:中国铁道出版社,2015.
[49] 国家铁路局. 铁路桥涵设计规范:TB 10002—2017[S]. 北京:中国铁道出版社,2015.
[50] 国家铁路局. 铁路桥梁钢结构设计规范:TB 10091—2017[S]. 北京:中国铁道出版社,2017.
[51] 国家铁路局. 铁路桥涵混凝土结构设计规范:TB 10092—2017[S]. 北京:中国铁道出版社,2017.
[52] 国家铁路局. 铁路桥涵地基和基础设计规范:TB 10093—2017[S]. 北京:中国铁道出版社,2017.
[53] 胡辉跃,刘俊锋,宁伯伟. 三门峡黄河公铁两用大桥主桥钢桁结合梁设计[J]. 桥梁建设,2018.
[54] 金令,邱柏初. 郑焦铁路郑州黄河大桥主桥桥式方案研究[C]//2010 年高速铁路特殊结构桥梁设计技术研讨会论文集. 北京:铁道部工程设计鉴定中心,2010.
[55] 康晋,段雪炜,徐伟. 平潭海峡公铁两用大桥主桥整节段全焊钢桁梁设计[J]. 桥梁建设,2015.
[56] 肖海珠,易伦雄. 南京大胜关长江大桥主桥上部结构设计[J]. 桥梁建设,2010.
[57] 张雷,马广,王召祜. 杭绍台铁路椒江特大桥主桥设计[J]. 桥梁建设,2019.
[58] 张强. 京沪高速铁路济南黄河大桥主桥设计[J]. 桥梁建设,2006.
[59] 邹敏勇,易伦雄,吴国强. 商合杭铁路芜湖长江公铁大桥主桥钢梁设计[J]. 桥梁建设,2019.
[60] 苏学波. 大跨度铁路矮塔斜拉桥钢主梁选型研究[J]. 世界桥梁,2016.
[61] 任万敏,任杰,袁明,等. 成昆铁路矮塔斜拉桥设计关键技术[J]. 桥梁建设,2019.
[62] 陈克坚,艾宗良,鄢勇. 渝黔铁路新白沙沱长江特大桥主桥设计关键技术[J]. 桥梁建设,2017.
[63] 刘清江. 福平铁路闽江特大桥主桥设计[J]. 桥梁建设,2014.
[64] 刘振标,罗世东,潘茂盛,等. 主跨 468 m 铁路钢箱混合梁斜拉桥设计[J]. 桥梁建设,2014.
[65] 史娣. 武汉站桥建合建结构桥梁设计的关键技术研究[J]. 桥梁建设,2008.
[66] 吴大宏,李凤芹,刘爱乔,等. 京沪高速铁路(32+108+32) m 中承式钢箱拱若干设计问题探讨[J]. 桥梁建设,2007.
[67] 刘振标,严爱国,罗世东. 宜万铁路宜昌长江大桥主桥结构设计[J]. 桥梁建设,2006.
[68] 李凤芹,王祯. 拉萨河特大桥主桥结构设计[J]. 桥梁建设,2005.
[69] 张雷,张海荣,孙大斌,等. 同江黑龙江铁路特大桥设计[J]. 桥梁建设,2016.
[70] 马庭林,徐勇,何庭国,等. 水柏铁路北盘江大桥设计[J]. 桥梁建设,2001.
[71] 易伦雄. 洞庭湖主跨 406 m 三塔铁路斜拉桥设计关键技术[J]. 桥梁建设,2018.
[72] 杜萍,万田保. 铜陵公铁两用长江大桥主桥钢梁设计[J]. 桥梁建设,2014.

[73] 陈晓波. 马水河特大桥 T 形刚构桥设计[J]. 桥梁建设,2011.
[74] 潘茂盛. 宣杭铁路东苕溪特大桥主桥设计[J]. 桥梁建设,2006.
[75] 马庭林,鄢勇,廖尚茂,等. 内昆铁路李子沟特大桥设计[J]. 桥梁建设,2002.
[76] 郭伦波. 渝贵铁路夜郎河大桥主桥设计[J]. 桥梁建设,2019.
[77] 夏正春,严爱国,刘振标,等. 南沙港铁路洪奇沥特大桥主桥设计[J]. 世界桥梁,2019.
[78] 宋子威,杨利卫,王德志. 平潭海峡北东口水道特大桥总体设计[J]. 世界桥梁,2018.
[79] 侯建军. 包西铁路黄河特大桥 48 m 节段拼装预应力混凝土箱梁设计[J]. 铁道标准设计,2007.
[80] 何伟,白鸿国. 石太客运专线孤山大桥设计[J]. 铁道标准设计,2007.
[81] 金福海,文功启,徐勇. 武广铁路客运专线 140 m 钢箱系杆拱桥设计及其在高速铁路中的应用[J]. 铁道标准设计,2010.
[82] 黎曙文,罗世东. 宜万铁路野三河不对称拱桥设计[J]. 铁道标准设计,2005.
[83] 任征,瞿国钊. 雁荡山 2×90 m 钢箱叠合拱桥设计研究[J]. 铁道标准设计,2005.
[84] 黄纳新,严爱国,罗世东. 温福铁路昆阳特大桥主桥连续梁拱施工设计[J]. 铁道标准设计,2005.
[85] 王德志,杨恒,曾甲华,等. 福州至厦门高速铁路桥梁总体设计[J]. 铁道标准设计,2019.
[86] 宋子威,杨利卫,王德志. 福平铁路乌龙江(144+288+144) m 部分斜拉桥主桥设计[J]. 铁道标准设计,2017.
[87] 王冰,李方柯,苏国明. 徐盐高铁盐城特大桥主跨 312 m 钢桁斜拉桥总体设计[J]. 铁道标准设计,2019.
[88] 乔雷涛. 高速铁路跨度 132 m 再分式简支钢桁梁设计研究[J]. 铁道标准设计,2018.
[89] 杨正华. 兰新高速铁路 128 m 简支系杆拱设计[J]. 铁道标准设计,2018.
[90] 张朝霞. 200 km/h 客货共线铁路主跨 216 m 连续刚构桥总体设计及技术创新[J]. 铁道标准设计,2017.
[91] 张文华. 东平水道特大桥(85+286+85) m 双拱肋钢桁拱设计[J]. 铁道标准设计,2015.
[92] 冯楚桥,潘茂盛. 赣龙铁路吊钟岩特大桥主桥设计[J]. 铁道标准设计,2005.
[93] 林兆宗. 哈大高速铁路桥梁设计概述[J]. 铁道标准设计,2018.
[94] 刘玉亮. 重载铁路简支 T 形梁设计[J]. 铁道标准设计,2011.
[95] 林兆宗,孙玉兰. 普兰店海湾特大桥深水岩溶区桥梁基础设计[J]. 铁道标准设计,2012.
[96] 许三平. 蒙华铁路洛河大桥总体设计[J]. 铁道工程学报,2018.
[97] 杨克鉴,李凤芹,张亚丽. 大跨度上承式钢管混凝土拱桥设计研究[J]. 铁道工程学报,2008.
[98] 艾宗良,马庭林,戴胜勇. 东新赣江特大桥主桥设计研究[J]. 铁道工程学报,2016.
[99] 秦顺全. 宜万铁路万州长江大桥设计与施工[J]. 铁道工程学报,2006.
[100] 刘振标,文望青,陈良江. 铁路混合梁斜拉桥设计创新与实践[J]. 铁道工程学报,2019.
[101] 瞿国钊. 思贤窖大桥四线铁路宽桁斜拉桥关键技术研究[J]. 铁道工程学报,2011.
[102] 刘浩. 时速 250 km 客运专线铁路(40+56+40) m 连续梁设计[J]. 铁道勘察,2017.
[103] 郭建勋,袁明,陈列,等. 福厦铁路 128 m 钢系杆拱桥设计[J]. 铁道勘察,2007.
[104] 黄纳新. 穗莞深城际东江南特大桥主桥设计[J]. 铁道勘察,2011.
[105] 李喜平. 汉十铁路崔家营汉江特大桥设计研究[J]. 铁道建筑,2019.
[106] 张杰. 厦深铁路榕江桥主桥设计及优化[J]. 铁道建筑,2011.
[107] 王亚超,徐升桥,任为东. 劲性骨架钢筋混凝土拱桥拱肋设计[J]. 铁道建筑技术,2013.
[108] 李晓波. 汀泗河特大桥 1～140 m 钢箱系杆拱施工技术[J]. 铁道建筑技术,2009.
[109] 贾优秀,徐家定. 跨沪杭高速公路特大桥转体球铰安装施工技术[J]. 铁道建筑技术,2011.